Korbinian
Kainz '11

Ákos Moravánszky (Hrsg.)

Architekturtheorie im 20. Jahrhundert

Eine kritische Anthologie

Unter Mitarbeit von
Katalin M. Gyöngy

SpringerWienNewYork

Prof. Dr. Ákos Moravánszky
Lehrbereich Architekturtheorie der ETH Zürich, Schweiz

Das Werk ist urheberrechtlich geschützt.
Die dadurch begründeten Rechte, insbesondere die der Übersetzung, des Nachdruckes, der Entnahme von Abbildungen, der Funksendung, der Wiedergabe auf photomechanischem oder ähnlichem Wege und der Speicherung in Datenverarbeitungsanlagen, bleiben, auch bei nur auszugsweiser Verwertung, vorbehalten.

© 2003 Springer-Verlag/Wien
Printed in Austria

Die Wiedergabe von Gebrauchsnamen, Handelsnamen, Warenbezeichnungen usw. in diesem Buch berechtigt auch ohne besondere Kennzeichnung nicht zu der Annahme, dass solche Namen im Sinne der Warenzeichen- und Markenschutz-Gesetzgebung als frei zu betrachten wären und daher von jedermann benutzt werden dürften.

Verlag und Herausgeber bitten um Verständnis dafür, dass in Einzelfällen ihre Bemühungen um die Abklärung der Urheberrechte von Bildmaterial oder von Textzitaten ohne Erfolg geblieben sind.

Textkonvertierung und Umbruch: Grafik Rödl, A-2486 Pottendorf
Druck und Bindung: Druckerei Theiss GmbH, A-9431 St. Stefan
Umschlagentwurf: Sascha Lötscher, Zürich

Gedruckt auf säurefreiem, chlorfrei gebleichtem Papier – TCF
SPIN: 11770060

Mit 108 Abbildungen

Bibliografische Information Der Deutschen Bibliothek
Die Deutsche Bibliothek verzeichnet diese Publikation in der Deutschen Nationalbibliografie; detaillierte bibliografische Daten sind im Internet über http://dnb.ddb.de abrufbar.

ISBN 3-211-83743-4 Springer-Verlag Wien New York

Inhaltsverzeichnis

	Einführung	1
	I. Vom Stilus zum Branding	7
Gottfried Semper	Ueber Baustile	34
Eugène-Emmanuel Viollet-le-Duc	Stil	37
Alois Riegl	Der geometrische Stil	41
Otto Wagner	Der Stil	43
Adolf Hildebrand	Einiges über die Bedeutung von Größenverhältnissen in der Architektur	47
Hermann Muthesius	Stilarchitektur und Baukunst	49
Hendrik Petrus Berlage	Gedanken über Stil in der Baukunst	52
Georg Simmel	Das Problem des Stils	55
Adolf Loos	Ornament und Verbrechen	58
Theo van Doesburg	Der Wille zum Stil	61
Le Corbusier	Ausblick auf eine Architektur	64
Hugo Häring	Wege zur Form	75
Leo Adler	Baukunst als Ereignis	78
Ludwig Hilberseimer	Großstadtarchitektur	81
Josef Frank	Vom neuen Stil. Ein Interview	85
Walter Curt Behrendt	Der Sieg des neuen Baustils	91
Peter Meyer	Modernität und Tradition	94
Robert Venturi, Denise Scott Brown, Steven Izenour	Lernen von Las Vegas	97
Alan Colquhoun	Historismus	108
Rem Koolhaas	Die Stadt ohne Eigenschaften	112
	II. Die Wahrnehmung des Raumes	121
Heinrich Wölfflin	Prolegomena zu einer Psychologie der Architektur	147
Adolf Hildebrand	Nachträgliche Aufsätze zum „Problem der Form"	150
August Schmarsow	Das Wesen der architektonischen Schöpfung	153
Theodor Lipps	Der dreidimensionale Raum	159

Wilhelm Worringer	Abstraktion und Einfühlung	160
Leopold Ziegler	Florentinische Introduktion zu einer Theorie der Architektur und der bildenden Künste	164
Paul Frankl	Die Entwicklungsphasen der neueren Baukunst	167
Herman Sörgel	Entstehung des architektonischen Kunstwerkes	176
El Lissitzky	K. und Pangeometrie	180
László Moholy-Nagy	der raum (architektur)	186
Fritz Schumacher	Sinnliche Wirkungen des baulichen Kunstwerks	192
Dagobert Frey	Quantitative und Qualitative Vorstellung	199
Walter Gropius	Gibt es eine Wissenschaft der Gestaltung?	206
Colin Rowe, Robert Slutzky	Transparenz	213
Colin Rowe	La Tourette	227
Gaston Bachelard	Das Haus von Keller zum Dachboden	233
Otto Friedrich Bollnow	Die Räumlichkeit des menschlichen Lebens	236
Dom H. van der Laan	Der architektonische Raum	240
Daniel Libeskind	Symbol und Interpretation	244
Gernot Böhme	Synästhesien	248
Peter Zumthor	Der harte Kern der Schönheit	251

III. Konstruktionen der Natur 257

Frank Lloyd Wright	Die Kunst und Fertigkeit der Maschine	290
Otto Wagner	Die Konstruktion	292
Richard Streiter	Konstruktion und Kunstform	295
Henry van de Velde	Die Belebung des Stoffes als Prinzip der Schönheit	300
Hermann Muthesius, Henry van de Velde	Leitsätze Gegen-Leitsätze	302
Alexander A. Wesnin	Kredo	305
Le Corbusier	Baukunst oder Revolution	307
Mart Stam	Kollektive Gestaltung	310
Karel Teige	Der Konstruktivismus und die Liquidierung der „Kunst"	312
Lewis Mumford	Architektur und Zivilisation	316
Werner Lindner	Grundsätzliches	321
Hannes Meyer	bauen	325
Richard Buckminster Fuller	Lightful Houses	328
Hans Poelzig	Der Architekt	332
Josef Frank	Wahn	337

Rudolf Schwarz	Die Landschaft. Geschicht und Gefüg	340
Konrad Wachsmann	Wendepunkt im Bauen	347
Raimund J. Abraham	Elementare Architektur	351
Archigram	Lose Fäden	354
Paul Virilio	Der echtwahre Augenblick	360

IV. Monumentalität 365

Gottfried Semper	Prinzip der Bekleidung in der Baukunst	393
Louis Henri Sullivan	Das große Bürogebäude, künstlerisch betrachtet	397
Alois Riegl	Der moderne Denkmalkultus, sein Wesen und seine Entstehung	401
Peter Behrens	Kunst und Technik	405
Gropius/Taut/Behne	Der neue Baugedanke	408
Paul Valéry	Eupalinos oder der Architekt	411
Ludwig Mies van der Rohe	Baukunst und Zeitwille!	413
Adolf Behne	Der moderne Zweckbau	415
Max Raphael	Die Idee des dorischen Tempels	418
Wilhelm Pinder	Zur Möglichkeit eines kommenden großen Stiles	422
Peter Meyer	Überlegungen zum Problem der Monumentalität …	427
José Luis Sert, Fernand Léger, Sigfried Giedion	Neun Punkte über: Monumentalität – ein menschliches Bedürfnis	433
Louis I. Kahn	Monumentalität	436
Hans Sedlmayr	Der Angriff auf die Architektur	441
Aldo Rossi	Architektur für die Museen	446
Rob Krier	Ein Begleitwort an die Architekten: „Nicht länger auf Architektur verzichten …"	451
Colin Rowe, Fred Koetter	Collage City	458
Rem Koolhaas	Europäer: Attention! Dalí und Le Corbusier erobern New York	463
Peter Eisenman	Aspekte der Moderne: Die Maison Dom-ino und das selbstreferentielle Zeichen	467
Massimo Cacciari	Nihilismus und Projekt	474

V. Der Ort der Architektur 481

Karl Scheffler	Der Unternehmer	501
Adolf Loos	Architektur	504
Heinrich Tessenow	Handwerk und Kleinstadt	506

Martin Heidegger	Bauen Wohnen Denken	510
Ernst Bloch	Die Bebauung des Hohlraums	514
Kevin Lynch	Das Bild der Umwelt	518
Georg Lukács	Grenzfragen der ästhetischen Mimesis. Architektur	521
Manfredo Tafuri	Probleme in Form von Schlussfolgerungen	524
Alexander Mitscherlich	Die Unwirtlichkeit unserer Städte	527
Robert Venturi	Für eine beziehungsreiche Architektur!	531
Charles Jencks	Die Arten der architektonischen Kommunikation	532
Umberto Eco	Funktion und Zeichen (Semiotik der Architektur)	539
Christian Norberg-Schulz	Das Phänomen „Ort"	543
Michel Foucault	Andere Räume	549
Jacques Derrida	Am Nullpunkt der Verrücktheit – Jetzt die Architektur	557
Marc Augé	Orte und Nicht-Orte	559
Vilém Flusser	Häuser entwerfen	563
Hubert Damisch	Fenster zur Straße	567
Jean Baudrillard	Architektur: Wahrheit oder Radikalität?	570
Péter Nádas	Der Lebensläufer	573

Die Autoren	577
Bildquellen	579
Personenregister	581

Einführung

Die Entstehung der Architektur hat Vitruv bis an die Ursprünge der Sprache, an das Nennen der Dinge zurückverfolgt[1] – und seitdem reißt die Diskussion über die Architektur nicht ab. Heidegger bezeichnete die Sprache als das „Haus des Seins" und zeigte damit, dass der Raum unseres Denkens von architektonischen Metaphern besetzt ist.[2] Was können wir jedoch von Wörtern erwarten, wenn sie die sinnliche Erfahrung von Räumen und Oberflächen, Farben und Stoffen nicht ersetzen können? Das Buch tötet die Architektur, hat Victor Hugo in seinem Roman *Notre-Dame de Paris* behauptet. Heute, nach einer Periode intensiver Auseinandersetzung mit theoretischen Fragen der Architektur, macht sich wieder eine skeptische Haltung bemerkbar: Ziegel und Stahl haben genug Last zu tragen, sie brauchen die zusätzliche Belastung der Theorie nicht. Die schwungvollen Formen, der Entwurf mittels vom Computer generierten Diagrammen sollen die Betrachtung der Architektur entlasten. Die theoretische Verpackung, die die Bauten der Dekonstruktivisten in den Augen der Architekturkritiker so aufregend erscheinen ließ und sie zugleich vor Kritik schützte, ist zum Genuss der fließenden, mit dem Computer entworfenen Formen nicht notwendig. Sie scheinen nicht wegen der theoretischen Grundlagen ihrer Computergenerierung oder wegen irgendeiner von den Architekten beabsichtigter Bedeutung zu gefallen. Die elastische Schönheit der Form erlaubt beliebige Assoziationen des Betrachters mit Werken der bildenden Kunst, der High-Tech-Industrie oder der Natur, keine dieser Interpretation ist jedoch „richtiger" als die andere. Vertreter des Pragmatismus in Amerika wie Richard Rorty sagen deshalb, dass man Werke der Kunst einfach genießen sollte, ohne sich von Theorien beirren zu lassen.[3]

Zugegeben, durch die praktische Anwendung einer Theorie ist noch keine nennenswerte Architektur entstanden. Viele Architekturtheorien wurden als nachträgliche Erklärungen von aktuellen Architekturbestrebungen ausgearbeitet. Theorie ist in diesem Sinne eine Disziplin der Reflexion und der Vermittlung. Sie macht sich jedoch von ihrem Ursprung im Büro eines Architekten oft unabhängig, um Anspruch auf allgemeine Gültigkeit zu erheben. Als ideologische Waffen gegen die „Feinde" geschmiedet, tragen solche normativen Theorien oft versteckt die Signaturen der Condottieri der Architektur. Diese verhelfen zu keiner Erkenntnis außerhalb der Architektur, die sie veranlasst hat und sind deshalb interessanter für den Historiker als für den Architekten.

---

1 Vitruv, *Zehn Bücher über Architektur*. Übersetzung Curt Fensterbusch (Berlin: Akademie-Verlag, 1964), S. 79.

2 Martin Heidegger, *Unterwegs zur Sprache* (Pfullingen: Neske, 1959).

3 Siehe zu dieser Frage die Beiträge im Sammelband von Stefan Collini (Hrsg.), *Umberto Eco: Interpretation and Overinterpretation* (Cambridge: Cambridge University Press, 1992).

Wozu also eine Textsammlung der Architekturtheorie? Vielleicht, weil die Texte uns erkennen lassen, dass selbst die pragmatischsten und theoriefeindlichsten Positionen in der Architektur ihre theoretischen Implikationen haben. Es ist unmöglich, selbst den einfachsten und natürlichsten Werkstoff der Architektur *an sich* zu betrachten. Ein Ziegel ist nicht nur ein banales Element des Bauens, sondern ein kultureller Artefakt, der von historischen Bedeutungsschichten nicht „bereinigt" werden kann. Diese verbinden das Material mit Vorstellungen über den Ort, die Region, die ehrliche Handarbeit oder die rationale Massenherstellung. Und obwohl viele dieser Vorstellungen als reine Mythen „dekonstruiert" worden sind: Der Genuss der Architektur, den auch Pragmatisten als Ziel betrachten, kann vom Wissen über diese Verbindungen oder von der Poetik dieser „Mythen" nicht getrennt werden. Wie Hans Blumenberg bemerkt, sind die Anstrengungen, unsere Mythen auszukehren, selbst Mythen in der Nachfolge der Arbeiten des Herakles.[4] Entwerfen jenseits kultureller Bedeutungen führt zu schnell zu einer neuen Pseudosachlichkeit, wo selbst die „wissenschaftlichsten" Diagramme zum Beispiel zu Metaphern zeitlicher Vorgänge stilisiert werden.

Die Texte in dieser Anthologie sollen verschiedene Wege darstellen, wie Architektur betrachtet, wahrgenommen und verstanden werden kann. Die Autoren – Philosophen, Schriftsteller, Architekten, Kunsthistoriker – setzen sich mit Fragen der Architektur auseinander, haben jedoch ihre spezifischen Interessen. Die Architektur ist dabei oft (auch) eine Metapher: Die Schichten des Mauerwerks sind zugleich diejenige der Zeit, wie die Räume des Hauses zugleich Speicher der Erinnerungen sind. Auch die Texte wurden von ihren Autoren sorgfältig gebaut, auch sie haben ihre eigene Tektonik – einen strengen und logischen Aufbau –, und öffnen sich zugleich wie die Baukunst, um Verbindungen mit anderen Bereichen wie Medientheorie oder Soziologie einzugehen.

Man würde denken, es brauche verschiedene Kompetenzen, um die Kuppel von Brunelleschis S. Maria del Fiore in Florenz zu analysieren und die dieser Konstruktion gewidmete *Florentinische Introduktion* von Leopold Ziegler – einem Essayisten, der sonst über den europäischen Geist, über den Gestaltwandel der Götter oder über den Tod schrieb – zu verstehen.[5] Geht es hier noch um die Kultur- und Architekturgeschichte der Renaissance oder schon um das Wesen des Konstruierens? Es öffnet sich zwischen verschiedenen Gebieten des Wissens eine Sphäre der Interferenzen, in der die Strenge der Einzeldisziplinen nachlässt. Viele neue Entwicklungen der Architektur sind nur in dieser Zwischenzone interpretierbar. Eine eher monolithische Darstellung wäre ihrer Komplexität nicht gerecht.

Die Begriffe der Architekturtheorie zeigen die Wirkungsweise solcher Interferenzen. Sie stammen oft aus anderen Disziplinen, meist aus den Naturwissenschaften. Der Begriff *Stoffwechsel* kommt zum Beispiel aus der Biologie, wo er bekanntlich den Kreislauf des Materials in der Natur bezeichnet. Gottfried Semper hat über den Stoffwechsel in den technischen Künsten als die Übertragung einer

---

4 Hans Blumenberg, *Arbeit am Mythos* (Frankfurt am Main: Suhrkamp, 1979).

5 Leopold Ziegler, *Florentinische Introduktion zu einer Philosophie der Architektur und der bildenden Künste* (Leipzig: Felix Meiner Verlag, 1912, Nachdr. Braunschweig, Wiesbaden: Vieweg, 1989).

Form von einem Material auf einen anderen Stoff geschrieben – meistens aus einem leichter bearbeitbaren wie Holz oder Leder auf einen dauerhaften wie Stein oder Keramik. In der japanischen Architektur der sechziger Jahre hatte Stoffwechsel ebenfalls eine Bedeutung: Für Architekten wie Kisho Kurokawa war *Metabolismus* Ausdruck der Analogie zwischen Stadt, Bauwerk und organischem Leben.[6] Hochhäuser in Form von Zellenkonglomeraten und DNA-Spiralen wurden als Zeichen für Vitalität und Flexibilität in der Stadt verwendet. Ein anderes Beispiel: Der Begriff *Heterotopie* stammt aus der Anatomie, wo er ein Gewebe am falschen Ort bezeichnet, in Organen, wo es nicht vorkommen sollte. Für Michel Foucault, den französischen Philosophen des Poststrukturalismus, ist Heterotopie ein Ort mit einer eigenen spezifischen sozialen und Raumstruktur innerhalb der Stadt – etwa ein Gefängnis oder ein Krankenhaus (s. Seite 549 f.).[7] Solche „entlehnten" Begriffe sind geeignet, um gewisse, bisher kaum erkannte Erscheinungen in der Architektur erfassen und analysieren zu können, was wiederum nicht ohne Einfluss auf das praktische Entwerfen bleiben kann.

Wie diese Beispiele zeigen, lenkt ein neu eingeführter Begriff die Aufmerksamkeit der Architekten auf ein Problem, strukturiert den Diskurs (siehe etwa die Verwendung von *Branding* für die Markierung „firmeneigener" Wörter in den Publikationen von Rem Koolhaas) und gestaltet die architektonische Form. Theorie ist also zugleich Praxis; sie hat tief greifende Konsequenzen – obwohl man von ihr eine eher „schonende" Haltung erwarten würde. Das Wort *theoria* (Anschauen) wurde ursprünglich für die Gesandten einer griechischen Stadt verwendet, die zu einem Orakel pilgerten und dort die religiösen Zeremonien und Tempel betrachteten.[8]

Die Frage der Theorie wird oft im Zusammenhang mit der Position der Architektur zwischen Wissenschaft und Kunst erhoben. Architektur als Kunst wäre – zumindest für ein naives Kunstverständnis – eine instinktive Formschöpfung „aus dem Bauch", die eine bewusste Reflexion gar nicht braucht. Architektur als Wissenschaft untersucht dagegen die vielschichtigen technischen und sozialen Prämissen der Architektur und leitet die Form daraus ab. Die Vertreter des Funktionalismus glaubten an die Logik der Funktionsdiagramme, die man unmittelbar in architektonische Form übersetzen konnte. Eines der prägnantesten Beispiele für diese Auffassung war das Unterrichtsprogramm der *Graduate School of Design* der Harvard-Universität, das zu der Zeit konzipiert wurde, als Walter Gropius der Chairman des Department of Architecture war: *„Das Entwerfen in Architektur, Landschaftsplanung, Städtebau oder Regionalplanung beginnt mit der Sammlung, dem Vergleich und der Interpretation von sozialen, wirtschaftlichen und physischen Daten. Nach diesem Anfang geht der Entwerfer weiter zur Schaffung einer imaginativen Ordnung und zur Entwicklung einer Ordnung, die aus Materialien besteht – aus Formen, Raumabgrenzungen, Strukturen, Oberflächen, Farben – die mit der im Inneren konzipierten Ordnung konform ist."*[9]

---

6 Alain Guiheux, *Kisho Kurokawa architecte: Le Métabolisme 1960–1975* (Paris: Centre Georges Pompidou, 1997).

7 Roland Ritter, Bernd Knaller-Vlay (Hrsg.), *Other Spaces* (Graz: HDA, 1998).

8 Vgl. *Kluge Etymologisches Wörterbuch der deutschen Sprache* (23. Aufl. Berlin, New York: Walter de Gruyter, 1999), S. 823.

9 *The Graduate School of Design Courses in Architecture, Landscape Architecture, City and*

Die Kritiker des Funktionalismus haben lange bemerkt, dass zwischen der Sammlung und Interpretation von Parametern und der Schaffung einer imaginären Ordnung etwas stattfindet. Damals war dieses „Etwas" entweder nicht erkannt, oder man schwieg darüber. „Der Grundriss errechnet sich aus folgenden Faktoren" war der Titel einer berühmten Demonstrationstafel im Bauhaus, gefertigt im Jahre 1930 von Philipp Tolziner und Tibor Weiner, Studenten von Hannes Meyer.[10] Trotz vernichtender Kritik der „dekorierten Diagramme" der Gropius-Schule[11] glauben heute viele Vertreter des computerisierten Entwerfens mittels Diagramme wieder daran, dass der Kurzschluss zwischen Funktionsparametern und Form möglich ist – *datascapes* heißen die von reinen Daten generierten, landschaftsähnlichen Raumformationen.

Die Suche nach einer objektiv-wissenschaftlichen, expertenhaften „Lösung" der Architektur muss desto mehr verwundern, als inzwischen die Paradigmen der Wissenschaft selbst als von der gegebenen soziokulturellen Situation abhängige, keinesfalls „objektive" Gebilde analysiert worden sind.[12] Wenn Architekten heute über Architektur als Wissenschaft oder über Entwerfen als Forschung sprechen, können sie davon nicht die gleiche legitimierende Wirkung erwarten wie früher – was nicht heißen soll, dass Architektur nichts mit Wissenschaft zu tun hat. Sie als reine Gestaltung zu konzipieren, wäre jedoch ebenso falsch: Selbst die bildende Kunst hat den Mythos des individuellen Schöpfers, der nur auf seine innere Stimme hört, längst aufgegeben.

Wir müssen deshalb Architektur in ihren vielfältigen kulturellen Verflechtungen zu betrachten, anstatt sie als Kunst oder Wissenschaft isolieren zu wollen. Dieses – nie restlose – Aufgehen in anderen technischen, künstlerischen, wissenschaftlichen Disziplinen ist das Wesentliche in der Architektur. Damit ist auch die Aufgabe der Architekturtheorie gestellt: die unter historischen Bedingungen entstandenen Gedanken, Programme, Ansichten auf diese disziplinspezifische Problematik hin zu untersuchen und nicht aus der Perspektive ihrer historischen Bedingtheit – was die Aufgabe der Architekturgeschichte wäre.

Die vorliegende Textanthologie ist ein Versuch, die Wege und Möglichkeiten der Architekturtheorie im 20. Jahrhundert zu erforschen. In den letzten Jahren erschienen vor allem in den Vereinigten Staaten mehrere Anthologien architekturtheoretischer Texte.[13] Diese Publikationen sind zwar verschieden, was ihren Umfang, die untersuchte Periode oder den Schwer-

---

Regional Planning (Cambridge, Mass.: Harvard University, 1946–47), Nachdruck in Klaus Herdeg, *The Decorated Diagram: Harvard Architecture and the Failure of the Bauhaus Legacy* (Cambridge, London: The MIT Press, 1983), S. 113.

10 *Hannes Meyer 1889–1954 Architekt Urbanist Lehrer* (Berlin: Ernst & Sohn, 1989), S. 247.

11 Herdeg, op.cit. (Anm. 9).

12 Vgl. Bruno Latour, *Science in Action: How to Follow Scientists and Engineers Through Society* (Cambridge, Mass.: Harvard University Press, 1987). S. auch Paul Feyerabend, *Wissenschaft als Kunst* (Frankfurt am Main: Suhrkamp, 1984).

13 Joan Ockman mit Edward Eigen (Hrsg.), *Architecture Culture 1943-1968* (New York: Rizzoli, 1993); Kate Nesbitt (Hrsg.), *Theorizing a New Agenda for Architecture: An Anthology of Architectural Theory 1965-1995* (New York: Princeton Architectural Press, 1996); Charles Jencks, Karl Kropf (Hrsg.), *Theories and Manifestoes of Contemporary Architecture* (Chichester: John Wiley/Academy Editions, 1997); Neil Leach (Hrsg.), *Rethinking Architecture* (London and New York: Routledge, 1997); K. Michael Hays (Hrsg.), *Architecture Theory Since 1968* (Cambridge, Mass.: The MIT Press, 1998); K. Michael Hays (Hrsg.), *Oppositions Reader* (New York: Princeton Architectural Press, 1998).

punkt des Interesses ihrer jeweiligen Herausgeber betrifft, haben jedoch alle gemeinsam, dass die Texte chronologisch geordnet sind. Solche Darstellungen zeigen trotz der sorgfältigen Forschung und Präsentation des Materials eine merkwürdige Ambivalenz: Jene Texte wurden ausgewählt, welche neue Wege für die Praxis öffneten. Ihre Einordnung in eine Chronologie dient also zur Unterstützung der Thesen ihrer Herausgeber, die entschieden haben, welche jene „neue Wege" sind – sei es die Entstehung der Funktionalismuskritik und der Postmoderne oder die Möglichkeit des Widerstands gegen die Konsumgesellschaft.[14] Die Chronologie wird also zum Instrument der Teleologie der „Wegbereiter" wie in den viel kritisierten Geschichten der Pioniere der modernen Bewegung.

Die meisten der bisher veröffentlichten Textanthologien konzentrieren sich auf von Architekten geschriebene Texte, was einigermaßen verwunderlich ist, da Werke der Publizistik, Kunstgeschichte, Literatur oder Wissenschaftstheorie die Diskussion über Architektur und das Denken der Architekten zumindest ebenso stark beeinflussen wie die Schriften von Berufskollegen.[15] Diese „Xenophobie" beschränkt sich übrigens nicht nur auf Anthologien. In einem der umfassendsten einschlägigen Handbüchern, in Hanno-Walter Krufts *Geschichte der Architekturtheorie*, ist das zwanzigste Jahrhundert fast ausschließlich durch bekannte praktizierende Architekten wie Frank Lloyd Wright, Walter Gropius, Ludwig Mies van der Rohe und Robert Venturi vertreten.[16] Die Verfasser von wichtigen architekturtheoretischen Werken wie August Schmarsow oder Herman Sörgel werden in dem umfangreichen Band nicht einmal erwähnt.

Die in diesem Buch zusammengefassten Essays werden in fünf nach Themen geordneten Gruppen untersucht. Selbstverständlich ist dies eine willkürliche Entscheidung: Die Bestimmung der Themenbereiche ist eine durchaus „retroaktive" Operation, da die einzelnen Texte, Textausschnitte sich nie genau einordnen lassen; es entstehen immer Querverbindungen zwischen den Hauptthemen. Trotz der Unmöglichkeit einer methodischen Strenge versprach eine solche Vorgehensweise mehr Vorteile als eine rein chronologische Gliederung des Stoffes. Eine chronologisch geordnete Textsammlung würde wieder einmal in einer „Geschichte der Architekturtheorie" resultieren – in einer institutionellen Genealogie der Disziplin Architekturtheorie, die eine kritische und lebhafte Auseinandersetzung zwischen Positionen erschwert. Unschwer lassen sich nämlich trotz Zeitunterschieden Gemeinsamkeiten bezüglich Positionen und Mentalitäten erkennen, es entstehen Dialoge zwischen Stimmen, die voneinander sowohl räumlich als auch zeitlich getrennt sind. Damit wird nicht behauptet, dass die genauen historischen Umstände der Entstehung dieser Texte unbedeutend sind – eine die historische Entwicklung bestimmende und regulierende Idee wird jedoch nicht vorausgesetzt. Eine historische Lokalisierung wird in dieser Sammlung in den die einzelnen Texte einleitenden Stichwörtern angestrebt. Insgesamt ist jedoch diese Einordnung weniger wichtig als unser

---

14 S. darüber die kritische Besprechung von Sylvia Lavin, „Theory into History, or, The Will to Anthology", in *Journal of the Society of Architectural Historians* Jg. 58 Nr. 3 (September 1999), S. 494-499.

15 *Rethinking Architecture* (s. Anm. 13) ist diesbezüglich eine Ausnahme.

16 Hanno-Walter Kruft, *Geschichte der Architekturtheorie: Von der Antike bis zur Gegenwart* (München: C.H. Beck, 1985).

heutiges (historisch bestimmtes) Interesse an gewissen Positionen.

Eine weitere Möglichkeit, um die Zementierung von Texten über die Architektur in eine monolithische Architekturtheorie zu vermeiden, war die Aufnahme von Schriften von Philosophen, Kunsthistorikern, Schriftstellern und anderen Nicht-Architekten in diesen Band. An der Diskussion über die Architektur nehmen seit jeher auch Nicht-Architekten teil; ein nicht gerade philosophischer Kommentar von Georg Lukács in einer Architekturdebatte markiert die populistische Basislinie solcher Auffassungen: Man braucht kein Schuster zu sein, um sagen zu können, wo der Schuh drückt. Die Behauptung vieler Architekten zeigt die andere Seite derselben Medaille: Nur wenn es um Architektur geht, wollen plötzlich alle mitreden, die sich in einer Diskussion über Musik oder Literatur ohne spezifische Kenntnisse eher zurückhalten würden. Trotz der offensichtlichen Banalität solcher Äußerungen machen sie auf etwas aufmerksam, was auch die in diesem Band veröffentlichten Schriften bestätigen: Die Frage, wer über Architektur glaubhaft reden darf, ist noch immer Gegenstand eines meistens verdeckt geführten Streites. Der Architekturtheoretiker ist im Architektenunterricht oft marginalisiert, zwischen Entwurfsstudio und etablierten Lehrstühlen der traditionellen Architekturgeschichte findet er kaum eine klare eigene Identität für seine Disziplin. Diese Ortlosigkeit der Architekturtheorie verstärkt nur ihre Bereitschaft, Methoden und Inhalte der Geistes- und Naturwissenschaften zu absorbieren.

Die fünf Themenbereiche in dieser Anthologie wollen weder die Architekturtheorie noch den Leser erschöpfen; es geht um eine Auslese, nicht aber um das Auslesen. Das Buch will dem Leser erlauben, nicht nur die Themen, sondern auch die Paradigmenwechsel der Architekturtheorie zu verfolgen, also rückwärts oder quer zu lesen. Er kann Texte oder Gedanken überspringen, da hier kein Ganzes präsentiert wird. Die Offenheit der Baustelle des Theoriebaus ist eine Aufforderung: Die Widersprüche und Spannungen zwischen Positionen fordern den Leser auf, Parallelen und Querverbindungen zu bemerken, Bezüge zwischen Gedanken herzustellen – und damit aus den hier bereitgestellten Elementen die eigene Theorie über die Architektur zu bauen.

Die Texte mussten gekürzt werden – manchmal geht es um kurze Ausschnitte aus umfangreichen Werken –, ich habe jedoch Beiträge ausgewählt, die in deutscher Sprache auffindbar sind. Die Studien zu den einzelnen Themen und die einführenden Bemerkungen sollten den Kontext herstellen, zum eingehenderen Studium der in den Texten vertretenen Positionen ist jedoch die Kenntnis der ungekürzten Schrift notwendig. Falls spätere Nachdrucke als Quellentexte zur vorliegenden Anthologie verwendet wurden, habe ich diese mit der ersten Veröffentlichung verglichen und eventuelle Fehler korrigiert.

Ich möchte den Verlagen meinen Dank aussprechen, die den Abdruck dieser Texte genehmigt haben. Ich bin Herrn David Marold vom Springer Verlag für die Anregung zu diesem Projekt und für die Unterstützung dankbar. Ich möchte mich bei Ole W. Fischer, Oya Atalay Franck, Christoph Franck, Bertalan Moravánszky, Christoph Schläppi und Martin Tschanz für ihre hilfreichen Ideen und Kommentare, Sascha Lötscher für seine Gestaltungsvorschläge bedanken. Und vor allem danke ich meiner Frau, Katalin M. Gyöngy, für ihre Mitarbeit bei der Verfassung der biografischen Stichworte zu den einzelnen Autoren und für die kritischen Anregungen zum Text.

I. Vom Stilus zum Branding

Der Griffel und seine Spuren

Der Begriff *Stil* ist in der heutigen Architekturdiskussion so auffallend vermieden, dass man darin zwangsläufig den wichtigsten Motor der Gestaltung ahnen muss. Als 1988 das Museum of Modern Art in New York (MOMA) eine Ausstellung mit dem Titel *Deconstructivist Architecture* organisierte, betonte Philip Johnson, einer der Kuratoren, dass es diesmal nicht um die Verkündigung eines neuen Stils gehe. *Diesmal* hieß: nicht wie im Jahre 1932, als Philip Johnson, Alfred Barr und Henry-Russell Hitchcock mit der legendären MOMA-Ausstellung *Modern Architecture* und dem gleichzeitig veröffentlichten Buch den Begriff *Internationaler Stil* prägten.[1] Die drei Kuratoren waren untereinander allerdings über die Wichtigkeit des Stilbegriffes für die Ausstellung schon damals nicht einig, von den teilnehmenden Architekten nicht zu sprechen.

Was die Dekonstruktivismus-Ausstellung betrifft: Trotz gegenteiliger Beteuerungen schreit *Stil* desto lauter aus Johnsons Text zum Katalog, je verzweifelter er versucht, das Wort zu vermeiden.[2] Es ist offensichtlich, dass die Arbeiten von Architekten wie Frank O. Gehry, Daniel Libeskind, Zaha M. Hadid, Peter Eisenman und Rem Koolhaas höchstens aufgrund formaler Ähnlichkeiten und als Ablehnung einer allzu zitierfreudigen Postmoderne zusammen diskutiert werden können – mit Dekonstruktion als philosophischer Richtung hat dies nichts zu tun. Im Vorwort des Katalogs verbinden Johnson und sein *associate curator* Mark Wigley das Werk der Dekonstruktivisten sogar mit dem russischen Konstruktivismus, wieder aus rein formalen Gründen.

Die junge Generation der heutigen Architekten, die bestrebt ist, den Architektenberuf neu zu definieren, will von Stilfragen ebenfalls nichts hören. Winy Maas, Mitbegründer des niederländischen Büros MVRDV, kritisiert die individualistische Obsession der Architekten, die ohne Formalismen und Stiletiketten wie „dirty realism" scheinbar nicht auskommt.[3] Er plädiert für eine designlose Meta-Architektur, die direkt aus der elektronischen Bearbeitung und Visualisierung von statischen Daten entsteht. Die Tatsache, dass die verschiedenen Produkte des Büros – nicht nur die Bauten, sondern auch die Publikationen, Gadgets wie Porzellanschüsseln, sogar die Diagramme – selbst direkt auf das Stilgefühl des Klienten oder des Architekturkonsumenten abzielen, zeigt, dass *Branding* als Mar-

---

1 S. Alfred H. Barr, jr., „Foreword", in *Modern Architecture: International Exhibition* (Ausst.-Kat, New York: Museum of Modern Art, 1932), S. 12–17; Henry-Russell Hitchcock und Philip Johnson, *The International Style: Architecture Since 1922* (New York: W.W. Norton, 1932).

2 Philip Johnson, Mark Wigley, *Deconstructivist Architecture* (Ausst.-Kat. New York: The Museum of Modern Art, 1988).

3 Winy Maas, „Metacity", in *MVRDV: Metacity Datatown* (Rotterdam: 010 Publishers, 1999), S. 17.

kierung einer Form oder eines Produkts als Firmeneigentum untrennbar von Stil und Stilisierung ist. Das Wort *Branding* bezeichnete ursprünglich das Einbrennen des Eigentumszeichens mit einem glühendem Eisenstempel.

Der Begriff *Stil* kann von einem ganz allgemeinen Hinweis auf die Art der technischen Bearbeitung des Artefakts über die Konsistenz seiner formalen Eigenschaften bis zu seiner Korrespondenz oder gar seiner Übereinstimmung mit einem Individuum, einer Gruppe oder einer Epoche vieles bedeuten. In der Zeit der Renaissance wurde der Stilbegriff, vor allem in der Jurisprudenz, normativ verwendet, um die verschiedenen Weisen des Sprachgebrauchs je nach Ziel und Inhalt zu kategorisieren. Stilbegriffe entstehen auch in historischem Rückblick, und zwar deduktiv oder induktiv. Entweder ist der Stilbegriff das Ergebnis einer morphologischen Betrachtung der großen Formwechsel in der Kunstgeschichte, wo das Substrat einer Epoche als Stilträger betrachtet wird; oder das Resultat der Verwendung vornherein festgestellter Kategorien, mit denen der Historiker einzelne Kunstwerke charakterisieren kann.

Stilus hieß ursprünglich der Griffel aus Eisen oder Rohr, ein spitzes Schreibinstrument, mit dem der Schreiber eine Spur der Gedanken auf dem Pergament oder der Wachstafel hinterlässt – eine etwas zartere Prozedur als das *Branding*. Im übertragenen Sinne deutet das Wort auf die individuellen Züge der Schrift und damit auf die Person des Schreibers hin, was in Ausdrücken wie „eine elegante Feder führen" weiterlebt. Die Individualität des Stils kann jedoch – durch Vergleich der Gemeinsamkeiten der „Stilspuren" – auf eine Gruppe oder auf eine historische Epoche bezogen werden. Von dieser Etymologie ausgehend, aber den Prozess des Schreibens betonend, hat Gottfried Semper den Stil definiert:

„Stil ist die Uebereinstimmung einer Kunsterscheinung mit ihrer Entstehungsgeschichte, mit allen Vorbedingungen und Umständen ihres Werdens. Vom stilistischen Standpunkte aus betrachtet tritt sie uns nicht als etwas Absolutes, sondern als ein Resultat entgegen. Stil ist der Griffel, das Instrument, dessen sich die Alten zum Schreiben und Zeichnen bedienten, daher ein sehr bezeichnendes Wort für jenen Bezug zwischen der Form und der Geschichte ihrer Entstehung."[4]

Die Spuren des Griffels sind im Vergleich zum Gedanken, der durch die Schrift übermittelt werden soll, unvollkommen und ärmlich; das wahrgenommene Wort wird beim Niederschreiben „stilisiert", zu ästhetischen Zeichen reduziert, die in die Tafel eingeritzt werden. Zugleich aber, durch den „Bezug zwischen der Form und der Geschichte ihrer Entstehung", erlaubt uns der Stil die ästhetische Betrachtung der Geschichte. Die Differenz zwischen der Wahrheit des „stillosen Wortes" und der unentrinnbaren Subjektivität und zugleich Geschichtlichkeit der Form beschäftigt die meisten Architekten der Moderne, obwohl ihre Erklärungen dafür verschieden ausfallen.[5]

Stilkleider, Stilmasken

Obwohl Gottfried Semper vom Stil als Griffel schrieb, interpretiert seine „Bekleidungstheorie" die Oberfläche der Bauten

---

[4] Gottfried Semper, „Ueber Baustile", in ders., *Kleine Schriften* hrsg. von Hans und Manfred Semper (Berlin und Stuttgart 1884, Reprint Mittenwald: Mäander 1979), S. 402.

[5] Vgl. Fritz Neumeyer, *Mies van der Rohe. Das kunstlose Wort. Gedanken zur Baukunst* (Berlin: Siedler, 1986).

und Gebrauchsgegenstände als vorwiegend geflochtene oder gewobene und nicht als gravierte Grenzflächen. Der Architekt gestaltet Wände, Verkleidungen, Schleier, Archi-Texturen. Durch das Zusammenweben von Notwendigkeit und Poesie, Inhalt und Form wird der Raum der Architektur von dem der Natur abgeschirmt.

Laut Semper ist Karnevalskerzendunst die „wahre Atmosphäre der Kunst"[6]: Schein und Wahrheit sind voneinander nicht zu unterscheiden. Die Stilkleider, Stilmasken verhüllen die alltägliche Wirklichkeit, um „die Mittel und den Stoff" vergessen zu machen und die Aufmerksamkeit auf das Wesentliche zu lenken. Martin Heidegger hat neunzig Jahre später über die Wahrheit ähnlich als *aletheia* geschrieben, als ein Spiel des Verhüllens und Enthüllens: Das Wesen der Wahrheit ist, entgegen der Überzeugung der Aufklärungszeit, nicht nackt. Oder ihre Nacktheit, ihre Unverborgenheit ist hilflos und schutzbedürftig. Deshalb die Notwendigkeit der „Verweigerung", der Bekleidung.[7] Sempers so genannte Bekleidungstheorie beansprucht für die Architektur genau diese kulturelle Verhüllung der partikularen Wahrheiten der Mittel, der Funktion, des Werkstoffs – im Interesse einer allgemeineren, vom Augenblick abgelösten Wahrheit, welche eine historische Perspektive öffnet und welche Individuum und Gemeinschaft zusammenknüpft. Genau das war die Funktion der Masken in den archaischen Gesellschaften. Durch die Maske, durch das Kleid wird die verhüllte Identität des Einzelnen, auch des einzelnen Bauwerks zum Bestandteil einer größeren Zusammenhangs – einer Zeit, einer Gesellschaft oder einer Stadt. Der Entwurf des Stilkleids ist deshalb zwar das Werk eines Individuums, der subjektive Schöpfungsakt ist jedoch untrennbar von der Wahrnehmung und Reflexion der allgemeineren, „objektiven" Gesetze, die bereits in der Technik enthalten sind.

Es ist verständlich, warum im zwanzigsten Jahrhundert Sempers Stillehre als veraltet galt – auch wenn sie in verschiedenen Auslegungen, oft reduziert oder missverstanden, noch lange weiter existierte. Die Auffassung von Stil in der Architektur als eine „gemachte", bewusst überhöhte Formensprache erschien nach dem kurzlebigen Jugendstil als dekadentes Spiel der Künstler-Architekten. Im zwanzigsten Jahrhundert galt das Interesse der Sprache als System, als soziales Phänomen und nicht ihrem individuellem Gebrauch. Die Mitglieder der niederländischen De-Stijl-Bewegung haben dies bereits in ihrem ersten Manifest betont: „Es gibt ein altes und ein neues Zeitbewusstsein. Das alte richtet sich auf das Individuelle. Das neue richtet sich auf das Universelle."[8] Der Architekt J.J.P. Oud, Mitglied der De-Stijl-Gruppe, schrieb, dass Stil Architektur und Gesellschaft verbinden solle; die Grundlage für den Stil sei

---

6 Gottfried Semper, *Der Stil in den technischen und tektonischen Künsten oder praktische Ästhetik*, Bd. 1. (Frankfurt a. M.: Verlag für Kunst und Wissenschaft, 1860), S. 231.

7 „Das Wesen der Wahrheit, d.h. der Unverborgenheit, wird von einer Verweigerung durchwaltet. Dieses Verweigern ist jedoch kein Mangel und Fehler, als sei die Wahrheit eitel Unverborgenheit, die sich alles Verborgenen entledigt hat, Könnte sie dieses, dann wäre sie nicht mehr sie selbst. *Zum Wesen der Wahrheit als der Unverborgenheit gehört dieses Verweigern in der Weise des zwiefachen Verbergens."* Martin Heidegger, „Der Ursprung des Kunstwerkes", in ders., *Holzwege* (Frankfurt am Main: Vittorio Klostermann, 1950), S. 40.

8 „Manifest I von ‚Der Stil', 1918", in: Hagen Bächler, Herbert Letsch (Hrsg.), *De Stijl. Schriften und Manifeste zu einem theoretischen Konzept ästhetischer Umweltgestaltung* (Leipzig und Weimar: Gustav Kiepenheuer Verlag, 1984), S. 49.

das notwendige „Zusammenwirken geistiger und gesellschaftlicher Tendenzen".⁹

Die Stile und der Stil

Sempers Lieblingsmetaphern für Kunst, das Theater und der Karneval, sind Überbleibsel von religiös-symbolischen Handlungen der Vergangenheit, die eine inszenierte Verwandlung der Identität erlauben. Solche Anlässe waren bereits im neunzehnten Jahrhundert Randphänomene – was Wunder, dass die Zeitgenossen immer weniger bereit waren, solche Inszenierungen als Schlüssel zum modernen Kultur- und Architekturverständnis zu akzeptieren. Sempers Interesse für Oberflächen und Bekleidungen wurde von all jenen beargwöhnt, die architektonische Wahrheit als die *nuda veritas* der rationalen Konstruktion verstanden.

Die „Entzauberung der Welt" (Max Weber) als Programm der aufgeklärten Moderne wollte in Sempers vom Schein der Karnevalskerzen belichteten Raum Klarheit schaffen. Der französische Architekt und Theoretiker des 19. Jahrhunderts, Eugène-Emmanuel Viollet-le-Duc betrachtete die Geschichte der Architektur als Teil der Geschichte der Natur, beherrscht von der Vernunft. Mit scharfer Beobachtung gewinnt der Architekt Einblick in die Strukturgesetze der Welt, die von den Kristallgittern der Minerale bis zu den Formen der Hochgebirge alles bestimmen. Die Anwendung der gleichen konstruktiven Logik in der Architektur führt dann, wie bereits im Mittelalter, zum Stil als natürliche Formensprache. Die Rolle der Intuition, des „divinatorischen Künstlersinns", die für Semper wesentlich war, weicht hier einem wissenschaftlichen Objektivitätsanspruch. Die entscheidende Rolle, die das Stilkleid und das Theatralische bei Semper spielten, wird von Viollet-le-Duc selbstverständlich abgelehnt. Er unterscheidet zwischen *dem Stil* und *den Stilen*: „*Il y a le style; il y a les styles*"¹⁰; nur *der Stil* interessiert ihn – als eine Gestalt, die der Zweckbestimmung eines Gegenstands oder dem Wesen eines Lebewesens entspricht. Der Gedanke, dass ein Tier Stil hat, hat einen organisch-morphologischen Grund; wie in Albertis Konzept der *concinnitas* wird damit die zweckbedingte Einheit von Objekten der Natur und der Kunst gemeint. „Stil haben die Flügel der Raubvögel und die Skelette der Fische",¹¹ schreibt Viollet-le-Duc, was später von Frank Lloyd Wright wiederholt wird: „Was ist Stil? Jede Blume hat ihn; auch jedes Tier; jedes Individuum, dieses Namens würdig, besitzt bis zu einem gewissen Grade Stil, ganz gleich, was das Sandpapier (die Universität) ihm angetan haben mag."¹² Mit dieser Ausklammerung der historischen Stilmasken aus dem eigentlichen Stilbegriff wird hier das Stilverständnis der Moderne vorbereitet. Der Stil ist für Viollet-le-Duc die Folge einer logisch strukturierten Einheit:

„Wenn wir alle Phasen der anorganischen wie der organischen Schöpfung auf der Erde verfolgen, erkennen wir in allen Werken, wie unterschiedlich sie auch immer sind oder uns erscheinen

---

9 J.J.P. Oud, „Kunst und Maschine", in: Hagen Bächler, Herbert Letsch, op.cit. (Anm. 8), S. 231.

10 Eugène-Emmanuel Viollet-le-Duc, „Style", in *Dictionnaire raisonné de l'architecture française*, Bd. 8. (Paris: Morel, o.J. [1866]), S. 477.
11 Eugène-Emmanuel Viollet-le-Duc, *Definitionen: Sieben Stichworte aus dem Dictionnaire raisonné de l'architecture* (Basel, Berlin, Boston: Birkhäuser, 1993), S. 29.
12 Frank Lloyd Wright, „Die Souveränität des Einzelnen", in ders., *Schriften und Bauten* (München, Wien: Albert Langen, Georg Müller, 1963), S. 99.

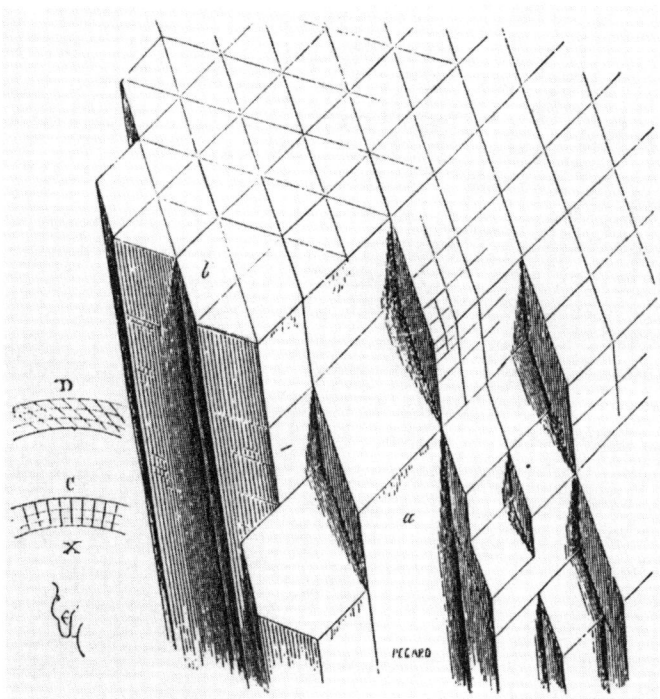

Abb. 1. Rhomboeder bestimmen die Formation des Granits. Illustration aus Eugène-E. Viollet-le-Duc, *Dictionnaire raisonné*.

mögen, immer wieder diese logische Ordnung, die von einem Prinzip, einem a priori aufgestellten Gesetz, ausgeht und nie davon abweicht. Und es ist diese Methodik, die den Stil hervorbringt, der alle Werke der Natur durchdringt.
Vom Gebirge bis zum kleinsten Kristall, vom Moos bis hin zur Eiche in unseren Wäldern, vom Tausendfüßler bis zum Menschen, alles in der irdischen Schöpfung hat Stil, mit anderen Worten, es gibt eine vollkommene Harmonie zwischen dem Ergebnis und den Methoden, die es hervorgebracht haben."[13]

„‚Stile' sind Lüge" – wird sechzig Jahre später Le Corbusier schreiben[14], um heute von Rem Koolhaas (natürlich im Anschluss an ein anderes, den Stilwechsel würdigendes Zitat von Gunnar Birkerts) zitiert zu werden.[15] Und der Kunsthistoriker Henri Focillon bemerkt zu dieser Frage: „Der Begriff Stil trägt zwei ganz verschiedene Bedeutungen, die eigentlich entgegengesetzt sind. Der Stil ist ein Absolutes. Ein Stil ist ein Veränderliches."[16] Stil als etwas Absolutes befürwortet ja auch Le Corbusier: Wenn eine entsprechende Anzahl typisierter Bauten, Möbel, Gebrauchsgegenstände entsteht, die die Anforderungen des modernen Lebens erfüllen, wird man in ihrer Gesamtheit den neuen Stil erkennen.

---

13 Viollet-le-Duc, op.cit. (Anm. 11), S. 25–26.
14 Le Corbusier, *Ausblick auf eine Architektur* (Berlin, Frankfurt am Main, Berlin: Ullstein, 1963), S. 22.
15 O.M.A., Rem Koolhaas, Bruce Mau, *S, M, L, XL* (New York: The Monacelli Press, 1995), S. 1188.
16 Henri Focillon, *Das Leben der Formen* (Bern: Francke, 1954), S. 18.

Viollet-le-Ducs positivistische Auffassung wurde von den Kunsthistorikern der Jahrhundertwende ebenso kritisiert wie Sempers komplexes System. Letzteres wurde fälschlicherweise oft als materialistisch abgestempelt, sogar von einem so aufmerksamen Beobachter wie der Wiener Kunsthistoriker Alois Riegl. Während Semper die Form nie in sich, sondern als Ergebnis komplexer zeitlicher und stofflicher Transformationsprozesse untersuchte, galt Riegls Interesse der autonomen Entwicklung der Formen, die er wahrnehmungsästhetisch betrachtete. Wie für Semper war auch für Riegl das Phänomen des Ornaments zentral für das Stilverständnis; der Untertitel seines ersten wichtigen Buches, *Stilfragen* (1893), lautet *Grundlegungen zu einer Geschichte der Ornamentik*. Es ist eben das Ornament, das – unbelastet von der Aufgabe der Darstellung – die gestalterischen Bestrebungen, die Richtung der Stilvektoren einer Zeit am klarsten erkennen lässt.

Für Semper war der Stoff einer der äußeren Faktoren, welche die Form bestimmen. Riegl sah dagegen im Material einen Widerstand, einen der Wirkung der stilbestimmenden Kräfte entgegengesetzten „Hemmungskoeffizienten". Diese stilbildenden Kräfte deutete Riegl mit dem Begriff des *Kunstwollens* an, den er jedoch nicht eindeutig definierte: Er bezeichnete die Richtung des Kunstwollens als eine von anderen Faktoren unabhängige Kraft, die den negativen Faktoren Zweck, Material und Technik entgegenwirkt.[17] Das Kunstwollen ist nicht mehr zurückführbar auf noch mehr primäre Ursachen, über solche können nur „metaphysische Vermutungen angestellt werden".[18] Die ornamentierte Oberfläche war für Riegl nicht als Symbol der Verhüllung, sondern als Ausdruck einer triebhaften Lust „an rhythmischen Fadenkreuzungen" bedeutsam. Von hier ist es nur ein kurzer Schritt zu Loos' Behauptung, das Kreuz wäre – als Symbol der sexuellen Vereinigung – das erste Ornament erotischen Ursprungs.[19]

Das Interesse des neunzehnten Jahrhunderts in Interpretationen des Stilphänomens hat ein Spektrum verschiedener Annäherungen hervorgebracht. Die positivistischen oder kulturgeschichtlich, psychologisch, geistesgeschichtlich beziehungsweise soziologisch motivierten Untersuchungen traten in Wechselwirkung zu der Entwurfspraxis des Historismus. Der Stilpluralismus des neunzehnten Jahrhunderts und die Stilparteien der Akademiker, die für den einen oder anderen der Neostile beziehungsweise für ihre Kombinationen argumentierten, ließen eindeutige Verbindungen zwischen Form, Stil, Geschmack und Epoche fragwürdig erscheinen. Zugleich wurde der Stilpluralismus als Zeichen des Zerfalls einer früheren Ganzheit verstanden und mit der Erfahrung der Modernisierung und ihrer gesellschaftlichen Folgen verbunden. Selbst der Begriff der „Stilparteien", mit dem die Befürworter von Stilen wie Neurenaissance oder Neugotik bezeichnet wurden, weist auf die Verbindung zwischen politischen Gruppierungen und ihren Stilpräferenzen hin. Aufgrund dieser meist negativ bewerteten Diagnose wur-

---

17 Vgl. Hans Sedlmayr, „Die Quintessenz der Lehren Riegls", in: Alois Riegl, *Gesammelte Aufsätze* (Augsburg, Wien: Dr. Benno Filser, 1929), S. XIV.

18 Ebenda, S. XV.
19 Adolf Loos, „Ornament und Verbrechen", in ders., *Trotzdem 1900–1930* (Innsbruck: Brenner-Verlag 1931, Nachdruck Wien: Prachner-Verlag, 1982), S. 78–79.

den verschiedene Vorschläge entwickelt, um wieder zwingende, kollektive Konstruktionsweisen des Artefakts, *den* Stil, zu finden.

Es war Friedrich Nietzsche, der den „großen Stil" als Befreiung von jeglicher Nachahmung, als Form des großen Willens beschrieb; in allem, was großen Stil hat, kommt „das höchste Gefühl von Macht und Sicherheit" zum Ausdruck.[20] Obwohl seine Unterscheidung zwischen apollinischen und dionysischen Prinzipien (s. Seite 371) auch als komplementäre Stiltypen verstanden werden könnten, spricht er über den Architekten als einen Schöpfer, der sich über diese Dualität erhebt. Hier ist es „der große Willensakt", „der Rausch des großen Willens", der seinen monumentalen Ausdruck findet.

„Die Größe des Künstlers bemisst sich nicht nach den ‚schönen Gefühlen' die er erregt [...]. Sondern nach dem Grade, in dem er sich dem großen Stile nähert, in dem er fähig ist des großen Stils. Dieser Stil hat das mit der großen Leidenschaft gemein, dass er es verschmäht zu gefallen; dass er es vergisst zu überreden; dass er befiehlt, dass er *will*... Über das Chaos Herr zu werden das man ist; sein Chaos zwingen, Form zu werden; Nothwendigkeit werden in Form: logisch, einfach, unzweideutig, Mathematik werden; *Gesetz* werden –: das ist hier die große Ambition. Mit ihr stößt man zurück; nichts reizt mehr die Liebe zu solchen Gewaltmenschen – eine Einöde legt sich um sie, ein Schweigen, eine Furcht wie vor einem großen Frevel..."[21]

Der von Ludwig Hevesi stammende Leitspruch über dem Eingang des Ausstellungsgebäudes der Wiener Secession – *Der Zeit ihre Kunst, der Kunst ihre Freiheit* – zeigte noch die Hoffnung, dass mit dem Jugendstil der Ausdruck des modernen Zeitgeistes gefunden würde. Auch andere Interpretationen des „großen Stils" von Nietzsche sind um 1900 entstanden; Van de Veldes schwungvoller Jugendstil oder Hendrik Petrus Berlages kubisch gestaltete Raumhüllen sind nur zwei der vielen Beispiele.

Der niederländische Architekt Berlage betrachtete die Arbeit an der Vorbereitung des neuen Stils als die Aufgabe der Zeit: „Denn worum handelt sichs?" – fragt er in seinem Buch *Gedanken über Stil in der Baukunst* (1905): „Darum, wieder einen Stil zu haben! Nicht nur ein Königreich, sondern der Himmel für einen Stil!"[22]. Dieser „Ausruf der Verzweiflung" ist zugleich Ausdruck seiner Suche nach der Wahrheit – um zu dem „vollen Körper" zu gelangen, ohne „Konfusion mit Kleidern", denn „die Wahrheit, die wir wollen, ist ganz nackt".[23] Diese Sehnsucht nach Stil als nackter Wahrheit muss allerdings in Anbetracht seiner Architektur stutzig machen – Berlage verwendet schwere Back-

---

20 Friedrich Nietzsche, „Götzen-Dämmerung oder Wie man mit dem Hammer philosophiert" (1889), in: Giorgio Colli, Mazzino Montinari (Hrsg.), *Friedrich Nietzsche. Sämtliche Werke. Kritische Studienausgabe*, Band 11 (Berlin, New York: Walter de Gruyter, 1988), S. 118.

21 Friedrich Nietzsche, „Nachgelassene Fragmente", in ders., *Sämtliche Werke,* Band 13, S. 246.

22 H(endrik) P(etrus) Berlage, *Gedanken über Stil in der Baukunst* (Leipzig: Julius Zeitler, 1905), neu abgedruckt in ders., *Über Architektur und Stil. Aufsätze und Vorträge 1894-1928*. Hrsg. von Bernhard Kohlenbach (Basel, Berlin, Boston: Birkhäuser, 1991), S. 62.

23 H(endrik) P(etrus) Berlage, *Grundlagen und Entwicklung der Architektur: Vier Vorträge gehalten im Kunstmuseum zu Zürich* (Rotterdam: W.L. & J. Busse, Berlin: Julius Bard, 1908), S: 79.

steinmauerwerk-Hüllen, die keine Assoziation mit Nacktheit aufkommen lassen. Vielleicht ist diese Ambivalenz die Folge der theoretischen Schwierigkeit, zwei so verschiedene Systeme wie diejenigen von Semper (s. Seite 365f.) und Viollet-le-Duc miteinander zu vereinen. Berlage war von beiden großen Architekturtheoretikern des 19. Jahrhunderts beeinflusst.

„Der Barockstil ist der letzte große Stil der Weltgeschichte. Was ihm folgte, Rokoko, Zopf und Empire, war mehr Mundart als Sprache."[24] Diese Überzeugung von Karl Ernst Osthaus, Direktor des Folkwang-Museums in Hagen und Gründungsmitglied des Deutschen Werkbundes, haben viele Zeitgenossen geteilt. Es fehlt „die Konvergenz der schaffenden Triebe"[25], alle Modalitäten der menschlichen Empfindungen können individuell ausgedrückt werden. Erst wenn die geistige Struktur unserer Zeit „zu einheitlichem Denken zurückkehren sollte, steht zu erwarten, dass auch die Sichtbarkeit unseres Daseins wieder einheitliche Formen annehme."[26]

Frank Lloyd Wright hat es versucht, in seinem Werk symbolische und rationalistische Positionen zu synthetisieren. Wright definierte Stil als „Nettoergebnis der künstlerischen Integrität des schöpferischen Architekten".[27] Mit einer für ihn – und für den amerikanischen Transzendentalismus des neunzehnten Jahrhunderts – typischen Aussage sprach er vom Stil als einer organischen Entwicklung in der Architektur, die nicht von außen appliziert ist, sondern in Harmonie mit den Umständen ihrer Existenz entsteht und dementsprechend „integral oder organisch ist"[28] Damit wurde Viollet-le-Ducs Bemerkung über den Stil von Lebewesen und Bauten, die auf einer rational-morphologischen Betrachtung der Formen beruhte, mit einer spirituellen Bedeutung erweitert:

„Eine harmonische Wesenheit, gleich welcher Art, kann in ihrer Gesamtheit des Stils im besten Sinn gar nicht ermangeln. Allein das Wesen ist lebendig. (…) Der ‚Stil' wird also, wenn man Schritt für Schritt konsequent und künstlerisch die Bedingungen beachtet, aus sich selbst heraus für sich selber sorgen. Dagegen ist jede Arbeit in einem vorher benannten ‚Stil', die über die natürliche Vorliebe für gewisse Formen hinausgeht, für den Urheber eines jeden wahrhaftigen Gebäudes, das den Namen Architektur verdient, ganz undenkbar."[29]

Der deutsche Architekt Ludwig Hilberseimer erläuterte von Nietzsches Zentralbegriff „Wille zur Macht" ausgehend seinen eigenen Willen zur Architektur.[30] Er zitierte im Jahr 1927 im Schlusskapitel seiner *Großstadtarchitektur* die Sätze Nietzsches über die logische und unzweideutige Form (s. Seite 85), um die Reduktion der architektonischen Form „auf das Knappste, Notwendigste, Allgemeinste" zu fordern.[31] Hilberseimers Entwurf für eine Hochhausstadt, der zur Ikone der Stadt-

---

24 Karl Ernst Osthaus, *Grundzüge der Stilentwicklung* (Hagen: Folkwang-Verlag, 1919), S. 69.
25 Ebenda, S. 7.
26 Ebenda, S. 69.
27 Frank Lloyd Wright, „Die Souveränität des Einzelnen", in ders., *Schriften und Bauten* (s. Anm. 12), S. 101.
28 Frank Lloyd Wright, „Stil", in ders., *Schriften und Bauten* (s. Anm. 12), S. 258.
29 Frank Lloyd Wright, Vorwort zu "Ausgeführte Bauten und Entwürfe" (1910), zitiert nach ders., *Schriften und Bauten* (s. Anm. 12), S. 99f.
30 Ludwig Hilberseimer, „Der Wille zur Architektur", in *Das Kunstblatt*, Jg. 7 (5/1923), S. 133–140.
31 Ludwig Hilberseimer, *Großstadtarchitektur* (Stuttgart: Verlag Julius Hoffmann, 1927), S. 103.

Abb. 2. Ludwig Hilberseimer, Schema einer Hochhausstadt, Ost-Weststrasse aus L. Hilberseimer, *Groszstadtarchitektur* (1927).

visionen des Funktionalismus geworden ist, zeigt, mit welcher Form er Nietzsches „großen Stil" verband: Die Individualität des Bauwerks verschwindet zugunsten der Monumentalität des Straßenzuges. Er erklärte die „überraschende Übereinstimmung der äußeren Erscheinungsform" der internationalen neuen Baukunst wie folgt: „Sie ist keine modische Formenangelegenheit, wie vielfach angenommen wird, sondern elementarer Ausdruck einer neuen Baugesinnung. Zwar vielfach differenziert durch örtliche und nationale Sonderheiten und durch die Person des Gestalters, im ganzen aber das Produkt gleicher Voraussetzungen. Daher die Einheitlichkeit ihrer Erscheinungsform. Ihre geistige Verbundenheit über alle Grenzen hinweg."[32]

Als im Jahre 1963 Hilberseimer die Entwicklung („Entfaltung") seiner Ideen über die Großstadt selbstkritisch beschrieb, erschien ihm der Vorschlag der Hochhausstadt im Rückblick als eine rein technische Lösung des Verkehrsproblems. „Dieses Ziel wurde erreicht, aber um welchen Preis! Als Ganzes gesehen, war das Konzept dieser Hochhausstadt bereits als Gedanke falsch. Das Resultat war mehr eine Nekropolis als eine Metropolis, eine sterile Landschaft von Asphalt und Zement, unmenschlich in jeder Hinsicht".[33]

Seh-Stile

Der Schweizer Kunsthistoriker Heinrich Wölfflin hat, wie Semper und Riegl, die Transformation der Form im Laufe der Geschichte untersucht, um allgemeine Interpretationsprinzipien zu finden. Als er über den Stil schrieb, ging er trotzdem nicht

---

32 Ludwig Hilberseimer, *Internationale Neue Baukunst* (Stuttgart: Julius Hoffmann, 1928), S. 5.

33 Ludwig Hilberseimer, *Entfaltung einer Planungsidee* (Frankfurt am Main, Berlin: Ullstein, 1963), S. 22.

von der Idee einer kontinuierlichen Entwicklung, bestimmt von dem Kunstwollen oder einem anderen „Causalitätsgesetz", aus. Wölfflins Geschichtsbild entsprach einer Pendelbewegung zwischen zwei Polen. Um diese zu charakterisieren, erarbeitete Wölfflin im Unterschied zu bereits existierenden, nach Weltanschauungstypen geordneten Systemen eine Typologie, die formalästhetische, an kunsthistorischem Material entwickelte Kriterien verwendet. In seiner 1915 veröffentlichten Arbeit *Kunstgeschichtliche Grundbegriffe* beschrieb Wölfflin die so genannten „Anschauungsformen" und die korrespondierenden „Darstellungsformen" mit fünf Begriffspaaren, die aufgrund psychologischer Theorien der Wahrnehmung entwickelt wurden. Die „Anschauungsformen", die charakteristischen Sehweisen einer Epoche, erfasste Wölfflin – darin lag das Wesentliche seiner Methode – mit Hilfe von Gegensatzpaaren. Malerisch und linear, flächenhaft und tiefenhaft, offene Form und geschlossene Form, Vielheit und Einheit beziehungsweise Klarheit und Unklarheit waren seine berühmte Grundbegriffe, die erlaubten, die Werke der Architektur, der bildenden Kunst (auch die Ornamentik) und sogar der literarischen Sprache mit einem einheitlichen Instrumentarium zu analysieren und sie in dem Lebensgefühl einer Epoche zu verankern. Im Unterschied zu Semper, der sich für die konkrete Geschichte von Gegenständen des Handwerks interessierte, wandte sich Wölfflin (wie früher Riegl) dem Phänomen des Wandels zu, dessen Symptom der Stil ist – auch das Sehen einer Zeit ist stilistisch gestaltet, nicht nur die korrespondierenden Objekte. Wölfflin sprach vom „optischem Schema", von der „optischen Entwicklung" in der Kunst – Gedanken, die Jahrzehnte später von Architekten und Theoretikern der Moderne wie Walter Gropius oder Sigfried Giedion begeistert aufgenommen werden. Aus diesem Interesse heraus ist es verständlich, dass Wölfflin alles, was nicht zum „Wesen" eines Stils gehört, in seinen Analysen eliminieren wollte – was jedoch für den einzelnen Artefakt oft verheerende Folgen hatte. Oft wurde er zum bloßen Demonstrationsstück einer Stil- oder Zeitgeist-Theorie; und wie Goethe im Faust bemerkte: „Was Ihr den Geist der Zeiten heißt, das ist im Grund der Herren eigner Geist." Wölfflins Formanalyse erscheint heute als eine relativ grobe Maschinerie, da die Starrheit seiner typologischen Verallgemeinerungen der Komplexität der Werke und der Vielschichtigkeit der Epochen kaum gerecht werden kann. Der Wert der typologischen Gegensätze für die Interpretation einzelner Werke ist deshalb beschränkt; man versteht „den Geist der Zeiten", kann aber über die Qualität des einzelnen Werkes wenig sagen, es sei denn, man setze Begriffe wie „Vereinfachung" oder „Beruhigung" wertend ein.

Dieser „wertende" Einsatz der Typologie in Wölfflins Werk zeigt den Einfluss der Theorie Adolf Hildebrands. Der Münchner Bildhauer Hildebrand hat in seinen Schriften die „oberflächliche", ausdrucksdeutende Betrachtung der Kunstwerke kritisiert und für eine „klassische" Sehweise – für eine Reduktion, eine Klärung der Form plädiert. Seinen Aufsatz „Einiges über die Bedeutung von Größenverhältnissen in der Architektur", veröffentlicht 1899 in der Kunstzeitschrift *Pan*, begann er mit dem Blick auf die geheimnisvolle Welt der Grashalme beim nächtlichen Laternenschein. Eine Märchenwelt des kleinen Maßstabs, der Betrachtung aus der Nähe – die beim Tageslicht erlischt, um dem Eindruck des Waldes Platz zu geben. Im Bezug auf die Architektur oszilliert die Aufmerksamkeit ähnlich zwischen dem Ganzen und dem Detail, zwischen der Erscheinung des Baues als ein Zusammengesetztes und der Vorstellung dessen als Gesamtmasse, aus dem die Details ausgearbeitet sind. Die Formerscheinungen in der Architektur, die bei der Stilfrage zentral sind, haben mehr mit dem Raum als mit der Oberfläche zu tun: Der Blick wendet sich von der Oberfläche und ihrer Beschaffung ab: „Das, was bei einem Bau noch im Halbdunkel als große Masse und in großen Gegensätzen z. B. als geschlossene Wand gegen eine Halle noch wirkt, also das Hauptmotiv in seinen Verhältnissen, bildet den Kern der architektonischen Leistung und ist als solche genießbar, ohne dass wir erkennen, in welcher Stilart sich der Bau ausdrückt."[34] Diese Sichtweise fördert das Programm einer vereinfachenden, zusammenfassenden Gestaltung in der Architektur.

Von den Beobachtungen Hildebrands ausgehend haben viele Architekturtheoretiker am Anfang des 20. Jahrhunderts versucht, die Frage des Stils neu zu untersuchen. Eine den Stil mit der optischen Wahrnehmung verbindende Definition gab Hermann Eicken. In seinem 1918 veröffentlichten Buch *Der Baustil* hat er untersucht, wie der Eindruck einer Körperform entsteht, indem das Auge die Körper begrenzenden Flächen abtastet. „Es ist nicht nur ein Umtasten, sondern auch ein Hineintasten. Dieses Hineintasten wird bei der Masseneinheit durch nachträglich bewerkstelligte Einschnitte in das Körperinnere hinein (Aushöhlung, Durchbrechung, Lockerung), bei der Massenvielheit durch von vorneherein belassene Öffnungen (Fugen, Löcher, Lücken) zwischen den Einzelmassen gefördert."[35] Wie unser Farbeneindruck von den drei Grundfarben Blau, Rot und Gelb bestimmt ist, so ist der Körpereindruck von den drei Werten Linie, Fläche und Masse bestimmt. Der Stil geht auf das visuelle Abtasten einer Körperform zurück: Der Betrachter schafft sich einen Begriff von der räumlichen Beschaffenheit des Artefakts aufgrund der Geometrie des wahrgenommenen Bildes, in dem die linienförmige, flächenförmige oder massenförmige Bildungs- und Wahrnehmungsart dominieren kann. Eicken hat die Stile als „mögliche Vorstellungsarten einer Körperform" charakterisiert, sie bilden „die Sehgrundlage bei der Wahrnehmung der Körperform durch das Auge". Die Sehgrundlage der ägyptischen Kunst ist flächig, diejenige der griechischen Baukunst massenförmig und die der gotischen Kunst linienförmig. Die moderne Architektur wählt wieder die Fläche als Sehgrundlage, deshalb hängen die konkreten Gestaltungsvorschläge Eickens mit der Verwendung eines geometrischen Rasters (Quadratur) zur Bestimmung von Grundriss und „Schauseite" zusammen. Seine sich auf Hildebrands Beobachtungen stützende Stiltheorie unterstützt den von Peter Behrens damals vertretenen Inkrustationsstil als Architektur der gegliederten Flächen.[36]

Lebensstile

Die Frage des Stils ist untrennbar verbunden mit der Frage der modernen Identität. Das Wissen vom spezifischen Charakter des künstlerischen Ausdrucks gab den

---

34 Adolf Hildebrand, „Einiges über die Bedeutung von Grössenverhältnissen in der Architektur", in ders., *Gesammelte Aufsätze* (Straßburg: Heitz & Mündel, 1909), S. 17–18.

35 Hermann Eicken, *Der Baustil. Grundlegung zur Erkenntnis der Baukunst* (Berlin: Ernst Wasmuth, 1918), S. 15.
36 Ebenda, S. 138.

Impuls für eine Interpretation des Stils, die auch die gestaltende Macht der Fantasie und des Geschmacks berücksichtigt.

Der Sozialphilosoph Georg Simmel behauptete in seinem 1908 in der Zeitschrift *Dekorative Kunst* veröffentlichen Aufsatz „Das Problem des Stiles", dass es die Entlastung und Verhüllung des Persönlichen ist, was den modernen Menschen zum Stil treibt.[37] Eine andere Meinung vertrat Leopold Ziegler, der in seiner *Florentinischen Introduktion zu einer Philosophie der Architektur und der bildenden Künste* die allgemeine Verachtung des Stils gerade mit seiner entlastenden Beliebigkeit verbindet und eine Alternative vorschlägt. Wenn wir Stil in der Lebensführung fordern, gilt diese Forderung auch für die Architektur. Stil bedeutet Form

> „im geselligen Betragen, im Essen, im Trinken, im Stehen und Gehen, in der Kleidung und im Schmucke, in den geschäftlichen und beruflichen Vorgängen, in den staatlichen, religiösen, wirtschaftlichen Gebräuchen, in den Handlungen und Taten. [...] Der Stil in der Lebensführung ist die Durchdringung von Person und Form, die Steigerung der Natur zur Bildung, die Übereinstimmung des Charakters mit seinen Äußerungen, das Wachstum des einzelnen in die vorgefundenen Kulturbeziehungen hinein, die die Gesellschaft nach und nach ausgebildet hat und deren sich das Ich zu einer Art von Selbstgestaltung bedienen soll."[38]

Ist Stil also Verhüllung oder Ausdruck der eigenen Identität? Viele Architekten der frühen Moderne wie Otto Wagner oder Hermann Muthesius verwendeten das Beispiel der Mode, um den modernen Zeitgeschmack zu untersuchen. Sie fanden, dass die Kleider der Nivellierung der sozialen Unterschiede oder der Demokratisierung des Geschmacks schneller folgen als etwa die bildende Kunst. Wagner hat in seinem Buch *Die Baukunst unserer Zeit* „eine Reihe von Bildern" der verschiedenen Epochen heraufbeschworen, um den „innigen, bisher ignorierten Zusammenhang ... von Geschmack, Mode und Stil" zu zeigen.[39] Dabei spielt die Idee der Maskierung nicht mehr die gleiche bedeutungsstiftende Rolle wie bei Semper, wenn er von Geistesarmut und Mangel an Selbstbewusstsein in Nachbildungen von historischen Stilen spricht: „als ob jemand im Kostüm eines vergangenen Jahrhunderts, noch dazu aus einer Maskenleihanstalt, eine modernen Ball besuchen würde".[40]

Der Wiener Architekt Adolf Loos betrachtete die Mode ebenfalls als ein Phänomen der Massenkultur, die der Architekt nicht nur kritisch verstehen, sondern auch aktiv gestalten soll. Selbstverständlich sind hier die Unterschiede zwischen Positionen besonders wichtig, die die wahrgenommenen Änderungen im „Stil der Lebensführung" zur Legitimierung einer architektonischen Vision verwenden (wie die Moderne Otto Wagners) oder die aufgrund einer kulturkritischen Position den eigenen Geschmack als Absage an den herrschenden Geschmack präsentieren (wie die Ornamentkritik von Loos).

Nie war die Assoziation des Stils zu der neuesten Mode so eindeutig wie zur Zeit

---

37 Georg Simmel, „Das Problem des Stiles", in ders., *Aufsätze und Abhandlungen 1901–1908*, Band II. (Frankfurt am Main: Suhrkamp, 1993), S. 382.
38 Leopold Ziegler, *Florentinische Introduktion zu einer Philosophie der Architektur und der bildenden Künste* (Leipzig: Felix Meiner Verlag, 1912), S. 52–53.

39 Otto Wagner, *Die Baukunst unserer Zeit* (4. Aufl. Wien: Anton Schroll, 1914), S. 35.
40 Ebenda, S. 39.

der Jahrhundertwende; vor allem die Künstler des Jugendstils haben die Gestaltung der ganzen Lebenswelt als ihre Aufgabe betrachtet. Für Loos war eine solche Haltung unerträglich; in seinem Essay „Architektur" stellt er die Übereinstimmung von Kleidern und Bauten einer Zeit fest. Der Stil um 1800 unterscheidet sich vom Stil um 1900 nur in dem Maße, wie sich der blaue Frack mit goldenen Knöpfen um 1800 vom schwarzen Frack um 1900 unterscheidet. Seine Folgerung: „Ein haus kann sich in der äußeren erscheinung höchstens wie der frack verändert haben. Also nicht viel."[41] Dieser harmonische Zustand der „Kultur", was für Loos eine Stileinheit des Lebens bedeutet, wird durch den Auftritt der „Reformatoren" gestört. „Den stil unserer zeit haben wir ja" – hat er in seiner „Kulturentartung" behauptet:

„Wir haben ihn überall dort, wo der künstler ... bisher seine nase noch nicht hineingesteckt hat. [...] Um den stil unserer zeit finden zu können, muß man ein moderner mensch sein. Aber menschen, die jene dinge, die bereits im stile unserer zeit sind, zu ändern suchen oder andere formen an ihre stelle setzen möchten – ich verweise auf die eßbestecke – zeigen damit, daß sie den stil unserer zeit nicht erkennen. Sie werden vergeblich danach suchen."[42]

Da das Wort *Stil* verschiedene Bedeutungen hat, kann die Ablehnung des Stils entsprechend viele Gründe haben: Entweder wird der normative, einheitlichen Ausdruck verlangende Stil oder die Individualität der Ausdrucksweise oder aber gerade der kollektive Charakter der Form, die sie zu einer Gruppe oder Epoche bindet, abgelehnt. Das Ideal der Stillosigkeit erscheint als die zur Wahrheit nähere, natürliche Form – womit Adolf Loos konsequenterweise die Kritik der „Baukunst" verbindet. In der endlosen Debatte darüber, wo die Grenze zwischen bloßem Bauen und Architektur (als Baukunst) zu ziehen ist, funktioniert der Stilbegriff als ein Unterscheidungsprinzip. Der Ingenieurbau, die technischen Geräte oder die modernen Gebrauchsgegenstände stehen für Adolf Loos außerhalb des Stils (im Sinne von individuellem Ausdruck), verkörpern jedoch als Produkte auf der Höhe des technischen Könnens den wahren, obwohl für die Zeitgenossen unbemerkbaren Zeitstil.

Nur jene Erzeugnisse, die so im Stile unserer Zeit verwurzelt sind, „dass wir sie – und das ist das einzige kriterium – gar nicht als stilvoll empfinden",[43] können mit einer weiten gesellschaftlichen Akzeptanz rechnen, während das Kunstwerk die Privatangelegenheit des Künstlers ist. Der Architekt, der aus Architektur unbedingt Baukunst machen soll, bedient sich des Stilgriffels zu Lasten der Bequemlichkeit und Bewohnbarkeit des Hauses.[44]

Diese Kritik ist freilich nicht ohne Widersprüche: Die Ornamentlosigkeit der Bauten von Loos wurde bereits von den Zeitgenossen als individuelles Stilmerkmal, als Ausdruck seiner Ablehnung des herrschenden Geschmacks wahrgenommen. Auch das „stillose" Bauernhaus – um einen Loos'schen Topos zu nennen – wurde in der Theorie durchaus oft als Stilträger betrachtet: als reine Verkörperung

---

41 Adolf Loos, Architektur (1909), in ders., *Trotzdem 1900-1930* (Innsbruck: Brenner, 1931, Nachdruck Wien: Prachner, 1982), S. 99.
42 Adolf Loos, „Kulturentartung" (1908), in ders., *Trotzdem*, S. 74–77.

43 Adolf Loos, „Die überflüssigen (Deutscher werkbund)" (1908), in ders., *Trotzdem*, S. 72.
44 Adolf Loos, „Architektur" (1909), in ders., *Trotzdem*, S. 90–104.

der Nationalsprache (oder der Mundart), frei von den rhetorischen Überhöhungen einzelner Sprachkünstler. In diesem Sinne betitelte Ernst Gladbach seine 1868 veröffentlichte Sammlung konstruktiver Details Schweizer Bauernhäuser *Der Schweizer Holzstyl*.[45]

Nicht nur die Ablehnung des Jugendstils als kurzlebige Modeströmung hat zur Kündigung der strategischen Allianz zwischen Architektur und Mode (jetzt das Nicht-Authentische schlechthin) geführt. Bereits Richard Wagner kritisierte in seiner Schrift *Das Kunstwerk der Zukunft* von 1849 die Zersplitterung der Kunst als Folge des Zerfalls der Mythen: Die Mode ist Zeichen der überflüssig gewordenen Kunst unserer Tage; sie ist das Produkt der Kommerzialisierung, und deshalb das Gegenteil von Stil.[46] Fritz Schumacher hat 1899 gefragt, ob das, was man als eine Stilbestrebung wahrnimmt, in Wirklichkeit nur eine vergängliche Mode sei: „Stil oder Mode, das ist die Frage".[47]

Hermann Muthesius wandte sich gegen die Äußerlichkeiten der Stilarchitektur, um wissenschaftliche Sachlichkeit und Enthaltung von allen äußeren Schmuckformen zu fordern – er nannte die Stile des Historismus die beiden Begriffe verknüpfend „Stilmoden". „Ein unwürdiges Stiltreiben" begann im 19. Jahrhundert, „in welchem Spätrenaissance, Barock, Rococo, Zopf und Empire gleichmässig abgeschlachtet und nach kurzer Zeit des Blutsaugens in die Ecke geworfen wurden".[48] Den Stilbegriff selbst verwirft Muthesius nicht, fordert jedoch – im Unterschied zu Loos – eine Erweiterung des Kunstbegriffs, der alle Erzeugnisse der Industrie und des Handwerks in sich einschließen soll. Er formuliert bewußt paradox: „Wenn es gelänge, den Begriff Stil zunächst einmal ganz zu verbannen, wenn sich der Baukünstler mit Absehung von allem Stil zunächst immer klar und in erster Linie an das hielte, was die besondere Art der Aufgabe von ihm verlangt, so wären wir von dem richtigen Wege zu einer Gegenwartskunst, zu dem wirklichen neuen Stil nicht mehr weit entfernt".[49] Nur die eklektische „Stilwut", das „Wahngebilde der ‚Stilarchitektur'" wird abgelehnt: Der neue, sachliche Einheitsstil des Deutschen Werkbundes soll das Ergebnis einer künstlerisch gestalteten modernen Massenkultur sein.[50]

Der Sieg des neuen Baustils

Walter Curt Behrendts *Der Kampf um den Stil im Kunstgewerbe und in der Architektur* (1920) ist ein Dokument der verzweifelten Suche nach einem Neuanfang in den Jahren nach dem Ersten Weltkrieg. Selbstverständlich ging es auch hier um *den Stil* im Sinne eines einheitlichen Zeitstils; die Neostile wurden als Ausdruck

---

45 Ernst Gladbach, *Der Schweizer Holzstyl in seinen cantonalen und constructiven Verschiedenheiten vergleichend dargestellt mit Holzbauten Deutschlands* (Darmstadt: Carl Koehler, 1868, Nachdruck Hannover: Th. Schäfer, 1984).

46 Richard Wagner, „Das Kunstwerk der Zukunft", in ders., *Dichtungen und Schriften. Jubiläumsausgabe in zehn Bänden*. Hrsg. von Dieter Borchmeyer. Bd. VI (Frankfurt am Main: Insel, 1983).

47 Fritz Schumacher, „Stil und Mode", in ders., *Im Kampfe um die Kunst. Beiträge zu architektonischen Zeitfragen* (Strassburg: Heitz, 1899), S. 24–25.

48 Hermann Muthesius, *Stilarchitektur und Baukunst. Wandlungen der Architektur im XIX. Jahrhundert und ihr heutiger Standpunkt* (Mülheim-Ruhr: K. Schimmelpfeng, 1902), S. 36.

49 Ebenda, S. 54.

50 Die Position von Muthesius ändert sich zwischen der Zeit der Verfassung von *Stilarchitektur der Baukunst* und der „Typisierungsdebatte" von 1914 (s. Seite 302).

des dekadenten Individualismus der Jahrhundertwende, als Modeerscheinung und nicht als aus dem „starken Gegenwartsbewusstsein" geborene, authentische Stile betrachtet. Wie Richard Wagner in seinem *Kunstwerk der Zukunft* kritisierte auch Behrendt die Folgen der Aufklärung, der einseitigen „Einspannung aller menschlichen Energie durch die exakte Wissenschaft".[51] Er stellte jedoch eine andere Kausalität als Wagner fest. Der Materialismus der Zeit ist keine Folge der „Götterdämmerung", des Zerfalls der Mythen, sondern der ungehemmten kapitalistischen Entwicklung: „Der wirtschaftliche Wettbewerb vollzog sich im freien Spiel der Kräfte, ohne Plan und Voraussicht, getrieben nur von den rücksichtslosen Sonderinteressen eines ungehemmten Individualismus ... Und in diesem Kampf sind auch die bestehenden Formen der Gesellschaft zermürbt und zerbrochen worden."[52] Deshalb wird Stil zur Form der Sehnsucht: Behrendt schrieb über die „Utopie des neuen Stils"[53], und stellte ein Nietzsche-Zitat über dieses Kapitel.

Behrendt war nicht der Einzige, der an die Möglichkeit einer neuen Gemeinschaft mit *einer* „harmonischen Kultur" und einem diese Kultur reflektierenden Stil glaubte. Er verwendete in seiner Analyse die Sempersche Matrix der internen und externen stilbildenden Faktoren. Statt des mühsamen Studiums akademischer Stilprinzipien kann sich der Gestalter auf die „naturalistische Arbeitsweise der Ingenieure", auf die Prinzipien der Zweckmäßigkeit, Konstruktionslogik und Materialgerechtheit verlassen, die seine Hand fast unbewusst führen. Diese „mechanistisch-materielle" Betrachtungsweise sah er jedoch bereits von den „jungen Kunstgewerbereformatoren in Belgien" im Namen eines neuen Formwillens abgelehnt. Nach dem Ersten Weltkrieg sind es vor allem die neuen Zweckbauten, „in deren monumentalen Formen der utilitaristische Geist der Zeit, der Geist der Arbeit und weltwirtschaftlichen Expansion" Ausdruck gefunden hat.[54] Diese Form kritisiert Behrendt jedoch als „ein Erzeugnis weniger der Sinne als des Intellekts":[55] „Erst wenn durch die veränderte Stellung der Religion innerhalb des gesamten Geisteslebens eine neue seelische Grundstimmung geschaffen ist, wird mit einer neuen architektonischen Bindung der Kunst auch ein neuer Stil, um den wir so lange vergebens kämpfen, von selbst entstehen."[56]

Diese, noch den Expressionismus der Entstehungszeit reflektierende Konklusion hat Behrendt bald revidieren müssen. Die Mustersiedlung des Deutschen Werkbunds „Am Weißenhof", die eine internationale Gruppe von Architekten 1927 in Stuttgart errichtete, hat er als die Verwirklichung seines Programms erkannt.[57] In seinem Buch *Der Sieg des neuen Baustils* – mit dem Bild der beflaggten Werkbundsiedlung am Umschlag – hat Behrendt festgestellt, dass die „mächtigen geistigen Energien, in denen sich das produktive Schaffen unserer Zeit verkörpert" zur Geburt eines neuen Baustils geführt haben.[58] Die Merkmale dieses Stils sind einfache und strenge Form, glatte und flä-

---

51 Walter Curt Behrendt, *Der Kampf um den Stil im Kunstgewerbe und in der Architektur* (Stuttgart und Berlin: Deutsche Verlags-Anstalt, 1920), S. 18.
52 Ebenda, S. 17.
53 Ebenda, S. 46.

54 Ebenda, S. 226.
55 Ebenda, S. 266.
56 Ebenda, S. 267.
57 Walter Curt Behrendt, *Der Sieg des neuen Baustils* (Stuttgart: Fr. Wedekind, 1927), S. 60.
58 Ebenda, S. 3.

chige Mauern, Ornamentlosigkeit, Flachdach und gerade Umrisslinien. Zugleich war Behrendt bemüht, den neuen Stil als Ergebnis einer organischen Gestaltungsweise zu interpretieren. Diese Auffassung war wahrscheinlich beeinflusst von seinem Freund Hugo Häring, der 1925 den Aufsatz „Wege zur Form" im ersten Heft der von Behrendt herausgegebenen Werkbund-Zeitschrift *Die Form* veröffentlichte. Im Gegensatz zur „Zwangsform" einer geometrischen Gestaltung forderte hier Häring eine „Gestaltfindung, nicht Gestaltgebung, ... im Einklange mit der Natur".[59] Obwohl Walter Gropius im ebenfalls 1925 erschienenen ersten Bauhausbuch betonte, dass er nicht über einen Stil, sondern eine gemeinsame Bestrebung schreibt, spaltet Häring die moderne Architektur ähnlich in zwei Tendenzen auf, wie Wölfflin die Architektur der Neuzeit oder Karl Scheffler die Unterscheidung von naturalistischen und formalistischen Bestrebungen um 1900.[60] In Härings Darstellung stehen mediterran-geometrische und nordisch-organische Welten unversöhnlich einander gegenüber. Adolf Behne erhob in seinem Buch *Der moderne Zweckbau* die Idee der „Durchdringung beider Tendenzen" zum Programm.[61] Behrendt hat den Sieg des neuen Baustils am Weißenhof als die Verwirklichung dieses Programms der Synthese erkannt — oder zumindest als Möglichkeit, beide Tendenzen als Aspekte der modernen Stilbestrebung anzuerkennen.

Die moderne Architektur betrachtete er als eine natürliche Sprache, und hielt die Bedeutung der historischen Stile für heute mit derjenigen der toten Sprachen vergleichbar:

> „Die Stillehre mag notwendig, ja unentbehrlich sein, um das räumliche Denken zu schulen und das Formgefühl zu bilden, so wie in den höheren Schulen der Unterricht in den toten Sprachen gepflegt wird, um das logische Denken zu schulen und das Sprachgefühl zu entwickeln. Aber schließlich und vor allem müssen wir doch auch die Syntax unserer eigenen, unserer *lebendigen* Sprache erlernen, damit wir *die* Sätze richtig konstruieren können, in den wir unsere Nöte ausdrücken, mit denen wir sagen, was uns bedrängt und bewegt."[62]

Noch im gleichen Jahr kam die Antwort in Form eines Buches von Peter Meyer, *Moderne Architektur und Tradition*. Der Schweizer Architekturkritiker und Kunsthistoriker hat das Problem des „neuen Baustils" im Widerspruch zwischen der programmatischen Absage an alte Stilkonventionen und der offensichtlichen Kodifizierung seines Formenvokabulars gesehen: „Ist es doch nicht eine neue Formensprache, ein neuer ‚Stil' im Sinn der historischen, den die moderne Architektur sucht, sondern eine Abkehr von allem Formalismus, wofür keine neue Lehre, sondern vor allem nur die Auflockerung alter Vorurteile nötig ist."[63] Das Gegenteil ist geschehen mit der Kanonisierung der Formprinzipien des Funktionalismus, wie die Beschreibung der „Bauten des neuen

---

59 Hugo Häring, „Wege zur Form", in *Die Form 1*, No. 1 (Oktober 1925), S. 3–5. Neu abgedruckt in Felix Schwarz, Frank Gloor (Hrsg.), *„Die Form": Stimme des Deutschen Werkbundes 1925–1934* (Gütersloh: Bertelsmann, 1969), S. 23-26.

60 Karl Scheffler, *Moderne Baukunst* (Leipzig: Julius Zeitler, 1908), S. 17–22.

61 Adolf Behne, *Der moderne Zweckbau* (München, Wien, Berlin: Drei Masken, 1926), S. 67f.

---

62 Walter Curt Behrendt, *Der Sieg des neuen Baustils* (Stuttgart: Dr. Fr. Wedekind, 1927), S. 57–59.

63 Peter Meyer, *Moderne Architektur und Tradition* (Zürich: Girsberger, 1927), S. 8.

Stils" in Behrendts Buch – wie er selber schreibt: „ganz oberflächlich nach ihren äußeren Eigentümlichkeiten".[64]

Trotz der hier zitierten Betrachtungen von Behrendt und anderen wollte sich das Neue Bauen bekanntlich nicht von der Form her definieren. Es waren jedoch nicht nur die Kritiker wie Meyer, die den Funktionalismus als Formalismus kritisierten – es gab auch Protagonisten, die ihn von jeder „Ideologie" bereinigen wollten. Die Einführung des Begriffs „International Style" von Alfred H. Barr, Philip Johnson und Henry-Russell Hitchcock, um für die anfangs erwähnte MOMA-Ausstellung im Jahre 1932 zu werben, bewirkte die Entschärfung der gesellschaftlichen Ambitionen vieler Architekten der Avantgarde, deren Werke ausgestellt wurden. Der Stilbegriff wurde zugleich zum Label, zu einer Etikette, die die Einführung einer fremden Ware in einen neuen Markt sanktioniert und fördert. In der Einführung zum Buch *The International Style*, untertitelt „The Idea of Style", schreiben die Autoren:

> „Um denen zu erwidern, die auf der Meinung beharren, daß ein neuer Architekturstil weder möglich noch wünschenswert sei, muß man die Übereinstimmung der Resultate innerhalb der bis jetzt erforschten Möglichkeiten betonen. Denn der Internationale Stil besteht schon in der Gegenwart; er ist nicht nur etwas, was die Zukunft vielleicht bereithält. Architektur ist immer die Errichtung konkreter Bauwerke, nicht eines vagen Theoriegebäudes".[65]

Barr, ein Kunsthistoriker, der eine formalistische Position in der amerikanischen Kunstkritik vertrat, sprach in seinem Vorwort über die Moderne, die die erste Phase ihrer Entwicklung bereits überschritten hat, als „the Style". Er bemerkte, dass „Post-Funktionalismus" eine noch präzisere und zugleich allgemeinere Bezeichnung als „Internationaler Stil" wäre. Die drei Hauptprinzipien des Internationalen Stils sind: 1. Architektur als Volumen, 2. Regularität, 3. die Vermeidung von applizierter Dekoration.

Sigfried Giedion, Generalsekretär der CIAM und damit der wichtigste Organisator des Neuen Bauens, wollte allerdings mit einem „Internationalen Stil" nichts zu tun – obwohl er sich als Chronisten der „Entstehung einer neuen Tradition" betrachetete. Er schrieb, dass es „ein Wort gäbe, das wir nicht gerne benützen, wenn wir von zeitgenössischer Architektur sprechen. Das ist das Wort ‚Stil'. Sobald wir die Architektur durch den Begriff ‚Stil' begrenzen, öffnen wir die Tür für eine formalistische Betrachtungsweise. Die zeitgenössische Bewegung ist kein ‚Stil' im Sinne der Formcharakterisierung des 19. Jahrhunderts. Sie ist ein Versuch, zu dem Leben vorzudringen, das unbewußt in uns schlummert".[66]

Aus dem Jahr 1994 zurückblickend schrieb Philip Johnson in der Neuausgabe von *The International Style*, dass mit der Anwendung dieses Begriffs auf die moderne Bewegung die Historiker bloß die in ihrem Wesen stilistischen Anforderungen registrierten, die Mies van der Rohe bereits in der Stuttgarter Weißenhofsiedlung als Gestaltungsprinzipien einführte.[67] Wie

---

64 W. C. Behrendt, op.cit. (s. Anm. 62), S. 5.
65 Henry-Russell Hitchcock, Philip Johnson, *Der Internationale Stil* 1932 (Braunschweig, Wiesbaden: Vieweg, 1985), S. 27.
66 Sigfried Giedion, *Raum, Zeit, Architektur. Die Entstehung einer neuen Tradition* (4. Auflage Zürich und München: Artemis, 1989), S. 22.
67 Philip Johnson, „Foreword to the 1995 edition" in Henry-Russell Hitchcock, Philip Johnson, *The International Style* (New York, London: W.W. Norton, 1995), S. 16.

auch immer, die Erklärung der Moderne zur Stilfrage war eine notwendige Vorstufe zu Johnsons nachfolgenden Auftritten in den verschiedensten postmodernen Stilkostümen.

Der Wellenschlag des Stils

Am Ende des neunzehnten Jahrhunderts sehen wir die ersten Versuche, die Metamorphose der historischen Stile psychologisch zu erklären. Der Stuttgarter Architekturprofessor Adolf Göller hat 1887 die Frage gestellt: „*Welches ist die treibende Kraft in der Geschichte des von der Menschenhand erschaffenen Formschönen, die Kraft, welche mit sichtbarer Nothwendigkeit die Völker zu immer neuer Stilveränderung geführt hat und noch immer führt?*"[68] Für Göller lag die Antwort auf einem Gebiet, das damals für die Architekturtheorie noch völliges Neuland war. Er vertrat, Immanuel Kant folgend, eine streng formalistische Auffassung, indem er den architektonischen Formen – im Unterschied zu Formen der Kunst – jegliche Bedeutung absprach. Die Architektur bietet uns, schrieb Göller, „Systeme von abstrakten, geometrischen Linienzügen, keine Bilder von konkreten Dingen, die uns im Leben entgegengetreten sind; sie findet also keine ruhende Vorstellung solcher Dinge in unserem Gedächtniss, die nothwendig und unvermeidlich im Anschauen ihrer Werke ins Bewusstsein treten müsste, wie in der Malerei und Skulptur. Ihre Formen drücken hiernach für den natürlichen Verstand zunächst nichts aus und sind ihm rätselhafte Zeichen. ... Diese sogenannten ‚rein dekorativen' Formen geben ganz unmittelbar den Begriff der reinen, bedeutungslosen Form und liefern den ersten Beweis dafür, dass in der Architektur die Form auch ohne Inhalt erfreut."[69] Die Gestaltung und Betrachtung einer schönen Form ist die „unbewusste seelische Ursache unserer Freude an dieser Form", wenn jedoch sie „in unserem Gedächtnis allzu deutlich und vollständig wird", hört die Formenfreude auf. Die Reizsteigerung führt zu Ermüdung; der Baustil verliert seine Wirkung, und aus seinen Trümmern geht ein neuer, frischer hervor. In Unterschied zu Sempers Interesse an der grundsätzlichen Stabilität der stilbildenden Faktoren und damit an der Kontinuität der Geschichte will Göller den Grund des Wechsels der ephemeren Stile in der Wechselwirkung von bewussten und unbewussten Vorgängen in der Psyche sehen, die auch von Faktoren wie Sensitivität, Bildung, Zugehörigkeit zu einer nationalen Kultur – also der Kultivierung der Gedächtnisbilder – abhängig ist. Göller hat sehr früh eine auf der Psychologie der Wahrnehmung beruhende These zur Stilentwicklung aufgestellt. Diese wahrnehmungspsychologische Deutung der Stilgeschichte wird sich dann zunehmend auf Fragen der zeittypischen Raumgliederungen einer Epoche konzentrieren, was das Thema der Studie Leo Adlers, *Vom Wesen der Baukunst* war.[70]

Um 1930 scheint das Interesse an großen Stilmorphologien, Stilgesetzen, geistigen Wiederholungen in der Kultur einen Zenit erreicht zu haben. Im Jahre 1931 erschienen mehrere auf die Architekturentwicklung bezogene Untersuchungen. Josef Gramm schreibt in seinem Buch

---

68 Adolf Göller, „Was ist die Ursache der immerwährenden Stilveränderung in der Architektur?", in ders., *Zur Aesthetik der Architektur* (Stuttgart: Konrad Wittwer, 1887), S. 4.

69 Ebenda, S. 7–8.
70 Leo Adler, *Vom Wesen der Baukunst. Die Baukunst als Ereignis und Erscheinung. Versuch einer Grundlegung der Architekturwissenschaft* (Leipzig: Verlag der Asia Major, 1926).

Formbau und Stilgesetz Wölfflins Begriffspaare für die Architektur um. Statt fünf, wie bei Wölfflin, findet er drei Diaden: bezüglich Raumform (Addition und Division), bezüglich Körperform (Ausgangspunkt von Kräften und Durchgangspunkt von Kräften) und bezüglich optischer Form (Einbildigkeit und Vielbildigkeit).[71] Gramm schlägt eine begrifflich außerordentlich komplexe und schwer handhabbare „Bedeutungsanalyse" vor, um die „Sinnstruktur" eines Werks zu „entwirren", und ihre Voraussetzungen „auf ihre Stilhaltung hin" zu untersuchen.

Göllers Hypothese der Formermüdung lebt in Otto Schuberts im Jahre 1931 veröffentlichtem Buch *Architektur und Weltanschauung* weiter. Schubert erklärt die Wechselbewegung der Stile mit psychologischen Gründen: „Das Gesetz der Formermüdung ist begründet im biologischen Ablauf des Reizes: Jeder konstante Nervenreiz verliert seine Kraft und wird von der Natur durch Gewöhnung überwunden, er wird abgestumpft. [...] Nicht Beständigkeit, sondern eine wellenartige Rhythmik" ist daher das Merkmal der Kunstentwicklung. Dieser Wandel „bedingt den Umschwung von Formenreichtum zu Formentsagung, von Dekorativismus zu Konstruktivismus, von Schmuckkunst zu Sachlichkeit."[72] Obwohl (oder gerade weil) Schubert die inzwischen verwirklichten Bauten der Moderne berücksichtigen kann, beschreibt er die Zukunft als die Zuwendung des Künstlers zum „Mythos" der Kultur seiner Zeit, indem er sich „an das noch nicht vom Verstand beherrschte, also triebhafte Gefühl der Menge richtet".[73] Für Schubert erschien diese Restaurierung der kommunikativen Funktion des „Mythos", die dadurch erreichbare Verständigung in der Gesellschaft als ein „Weg aus dem Labyrinth der Tageskämpfe", wahrscheinlich ohne die Gefahren einer so definierten modernen Massenkultur zu ahnen.[74]

Auch der Architekt Paul Ligeti, der neben Farkas Molnár Gründungsmitglied und Organisator der ungarischen CIAM-Gruppe war, hat 1931 mit seinem umfangreichen Buch *Der Weg aus dem Chaos* zur Stilgesetz-Frage beigetragen. Seine breit angelegte Untersuchung zeigt in der großen Wellenbewegung der Kulturentwicklung ein ständiges Oszillieren zwischen „architektonischen" und „malerischen" Maximal- und Minimalwerten, die bewirken, dass die Wellenspitzen und -täler immer größer werden: „Die Umrisse einer noch größeren Entwicklung lassen sich ahnen. Und lassen folgern – jeder fühlt es –, dass der Mensch als Werkzeug kosmischer Kräfte seit jeher mitwirkt an Entwicklungen noch größeren Maßstabes, die zu erfassen sein Verstand nicht ausreicht."[75] Bezeichnenderweise hieß die erste, kürzere, ungarische Version des Buchs von Ligeti *Új Pantheon felé* (Zu einem neuen Pantheon). Sich auf die Geschichtsinterpretationen von Marx und Spengler (!) stützend, aber den Kulturpessimismus des letzteren ablehnend, verkündete er die kommende Zeit als die

---

71 Josef Gramm, *Formbau und Stilgesetz. Das Problem des Gestaltens* (Frankfurt am Main: Vittorio Klostermann, 1931).
72 Otto Schubert, *Architektur und Weltanschauung. Ein Weg aus dem Labyrinth der Tageskämpfe* (Berlin: Paul Neff Verlag, 1931), S. 82–83.

73 Ebenda, S. 95.
74 Zum Thema der Mythen-Renaissance in der Kunst und Gesellschaftssstheorie des 19. Jahrhunderts s. Manfred Frank, *Der kommende Gott. Vorlesungen über die Neue Mythologie*. I. Teil (Frankfurt am Main: Suhrkamp, 1982).
75 Paul Ligeti, *Der Weg aus dem Chaos. Eine Deutung der Weltgeschichte aus dem Rhythmus der Kunstentwicklung* (München: Callwey, 1931), S. 295.

einer globalen Stilsynthese, vergleichbar mit dem Universalismus der spätrömischen Kultur, die das Pantheon baute.[76]

Schriften wie Ligetis *Der Weg aus dem Chaos* zeigen, wie morphologische Untersuchungen sich zunehmend von der eigentlichen Kunst- und Architekturgeschichte ablösen und zu großen geistesgeschichtlichen Erzählungen werden. In den dreißiger Jahren waren totalisierende Theorien, die die ganze Wirklichkeit als Gestalt begreifen und erklären wollten, allgegenwärtig – ausgelöst durch die Angst vor dem Chaos. Ob Naturgesetze, Gesellschaft, Politik oder Kultur mit ihren Makro- und Mikrobereichen – alle ließen sich in die große Morphologie einzugliedern. Die Aufgabe des Intellektuellen – und im spezifischen Fall des Architekten – war es nicht, abstrakte Gesetzmäßigkeiten rational zu analysieren, sondern mit Empathie und Intuition das morphologische Leitbild zu erkennen — was eigentlich vom „Mythos" Schuberts nicht weit entfernt ist. Die Perspektive von Spengler, Gramm, Ligeti und Schubert erlaubte, selbst die neue Welt der Technologie und Industrie als Symbole alter Inhalte der Seele zu transzendieren.

Stil und Identität

Die Suche nach Identitätsbildern gehört zu den auffallendsten Erscheinungen unserer heutigen Gesellschaft. Ethnische und religiöse Gruppen, Regionen, Länder suchen nach ihrer wahren oder vermeintlichen Identität. Architekten setzen sich zum Ziel, durch entsprechende Gestaltung ein erstrebtes „Gefühl von Identität" zu erzeugen. Identitätspolitik, Corporate Identity, Identity Styling sind nur einige Themen der Identitätsdebatte. Eine Stadt, ein Bezirk, ein Denkmal oder ein Bauwerk werden zu Projektionsflächen verschiedener Wunschbilder. Die Identität wird oft vom Ort abgelöst und unter Verwendung postmoderner Technologien des Imagineerings zu Emblemen, Wahrzeichen, Formensprachen verdichtet. Als in den siebziger Jahren New Yorker Gangs Graffiti als Markierungen ihrer Hoheitsgebiete verwenden, ist stilistische Kohärenz als Identitätsträger ein wichtiges Kriterium. „Style" (z. B. „wild style") ist ein Schlüsselwort in diesem Kontext, das sowohl die formale Konsistenz und Identifizierbarkeit der Schrift als auch das virtuose Können des Writers beschreibt.

Um 1900 war die Frage des Nationalstils als Ausdruck der Identität noch allgemein diskutiert, sowohl in Europa als auch in den Vereinigten Staaten. Die Konstruktion eines Nationalstils war ein merkwürdig positivistischer Akt, unter Berücksichtigung von besonders geschätzten Epochen und Regionen der nationalen Geschichte, Volkstracht und Materialien. Oft, wie zum Beispiel in der ungarischen Architektur, gab es sogar parallele, sich gegenseitig ausschließende Identitätsbilder, die als entsprechende, von Architekten oder Architektengruppen vertretene „Stilbestrebungen" zum Ausdruck kamen. Der originellste ungarische Architekt der Jahrhundertwende, Ödön Lechner sprach von „Stilkreuzungen": Er wollte z.B. einen „hohen" Stil wie die französische Renaissance mit einem vernakulären aus der ungarischen Folklore kreuzen. „Sein" Nationalstil war pittoresk, die Farben der Folklore sollten im Großstadtgewebe auffallen und es von der Architektur anderer Länder unterscheiden. Moeller van den Brucks berühmte Charakterisierung des „preußischen Stils" aus dem Jahre 1916 beruhte auf ganz anderen Grundlagen: „Stil ist Zu-

---

76 Pál Ligeti, *Új Pantheon felé. A kultúrák élete a művészet tükrében* (Budapest: Athenaeum, o.J. [1926]).

sammenfassung, Flächengefüge, Meißelschlag einer Zeit: Bindung des Ungebundenen für die Ewigkeit, die nach uns kommt: Stil ist Architektonik in jeglicher Kunst. Sein Wesen ist die Notwendigkeit. Seine Formen sind Körper in Maß und Gesetz."[77] Die Spur des Stilus wird hier zum Meißelschlag; damit ändert sich auch die Arbeitsweise. Kraft und Hammerschläge sind gefragt.

Die englischen Regierungsbauten von Edwin Lutyens und Herbert Baker in New Delhi (1920-1927) waren Musterbeispiele einer Kolonialarchitektur, die Klassizismus mit lokalen Stilelementen verschmilzt. Der Palast des Vizekönigs war mit dem Eröffnung der Weißenhofsiedlung gleichzeitig fertiggestellt und wurde ebenfalls als Sieg des Baustils gefeiert – wenn nicht des Neuen, sondern des Stils überhaupt, seiner Kommunikationsfähigkeit einer politischen Idee, seiner Elastizität, die alte und neue, orientalische und okzidentalische Elemente verschmelzen kann. Ähnliche imperiale „Stilkreuzugen" von Klassizismus und lokalen Stilen entstanden im Namen des Sozialistischen Realismus in den einzelnen Sowjetrepubliken — oder der Staatsrepräsentation in den USA und ihren diplomatischen Enklaven.[78]

Universalistische Vorstellungen erschienen in der Architekturgeschichte sehr früh; zum Beispiel in der Zeit des Barock, mit Fischer von Erlachs *Entwurff einer historischen Architectur*, einer Synthese von Stilen aller Völker und Zeiten, als Utopie eines habsburgischen Vielvölkerreiches.[79] Josef Franks Buch *Architektur als Symbol* reflektiert zweihundert Jahre später immer noch diese Suche – wie auch das Misstrauen des Wiener Architekten bezüglich einer sezierenden, reduktivistischen Betrachtung der Stilfrage.[80]

Stilreinheit oder bewusste Stilkreuzungen? Diese „biologische" Betrachtung des Stils führt unvermeidlich zu verdeckten oder offenen rassistischen Argumenten in der Stildiskussion, vor allem in den dreißiger Jahren, als Werke wie Robert Wests *Der Stil im Wandel der Jahrhunderte* die zunehmende Ideologisierung des Stilbegriffs zeigen – mit Kapiteln wie „Das Aufgehen des völkischen Wollens im Zeitstil" oder „Die Reaktion des Rassengeniums gegen den formalen Zeitstil".[81]

Die Theoretiker des sozialistischen Realismus haben in der Theorie der Kunst und Literatur die Verwandlung der Probleme der Kunst in bloße Stilfragen in den dreißiger Jahren scharf kritisiert. Die Kunstwerke sind nicht geschaffen, um formale oder kunsttechnische Fragen zu beantworten – sie suchen vielmehr Antworten auf Fragen des Alltagslebens, der Weltanschauung oder des Glaubens, hieß es. Die Wandlungen des Klassizismus in totalitären und demokratischen Staaten in den dreißiger Jahren kann hier nicht dar-

---

77 Arthur Moeller van den Bruck, *Der preußische Stil* (3. Aufl. München: Bergstadtverlag Wilh. Gottl. Korn, 1953), S. 129.

78 Vgl. Lois Craig (Hrsg.), *The Federal Presence: Architecture, Politics, and National Design* (Cambridge, Mass.: The MIT Press, 1978); Ron Robin, *Enclaves of America: The Rhetoric of American Political Architecture Abroad, 1900–1965* (Princeton: Princeton University Press, 1992); Jane C. Loeffler, *The Architecture of Diplomacy: Building America's Embassies* (New York: Princeton Architectural Press, 1998).

79 Johann Bernhard Fischer von Erlach, *Entwurff einer historischen Architectur* (Wien 1721, Nachdruck Dortmund: Harenberg Kommunikation, 1978).

80 Josef Frank, *Architektur als Symbol: Elemente deutschen neuen Bauens* (Wien: Schroll, 1931, Nachdruck Wien: Löcker, 1981).

81 Robert West, *Der Stil im Wandel der Jahrhunderte* (Berlin: Kurt Wolff Verlag, 1934), S. 268, 291.

gestellt werden; in der Theorie ist das Spektrum zwischen formalistischen (als geschlossenes, reguliertes System) und realistischen (als offenes, aufnahmefähiges Prinzip) Positionen ebenfalls außerordentlich breit. Die Theorie des Sozialistischen Realismus, auf Stalins Dictum basierend, postulierte eine stabile nationale, sogar regionale Identität. Ihre Kritik richtete sich vor allem gegen den Formalismus und Kosmopolitismus als ästhetische Hauptfeinde. Der Sozialistische Realismus und die Postmoderne wurden oft verglichen; ein Grund dafür war die gemeinsame Kritik an der Moderne als Formalismus.

Die Opposition zwischen Positionen des Formalismus und des Realismus ist seitdem präsent in den Diskussionen über Architektur. Einen wichtigen Augenblick der Auseinandersetzungen markiert die Veröffentlichung des Realismus-Heftes der Zeitschrift *Archithese* im Jahre 1976[82] und bald darauf des *Formalisme-Réalisme*-Heftes der Zeitschrift *L'architecture d'aujourd'hui* im Jahre 1977. Anlass zum Letzteren war der internationale Erfolg der Position von Aldo Rossi (der mit Anerkennung über die Berliner Stalinallee und die Architektur des Sozialistischen Realismus sprach) und der Bewegung der italienischen Tendenza. Bernard Huet, der Redakteur der Zeitschrift, hat versucht, in seinem Beitrag die Neubewertung des Sozialistischen Realismus in Frankreich zu erreichen – was jedoch auf Ablehnung gestoßen ist. Formalismus und Realismus waren hier stiltypologische Begriffe, die den Bezug des Werkes zur Wirklichkeit beschrieben. Während im 19. Jahrhundert die Realisten sich noch von dem Idealismus distanzieren wollten, betrachteten die Vertreter des Sozialistischen Realismus die Formalisten als ihre Hauptfeinde, da diese alle (soziologischen, ikonografischen, psychologischen usw.) Kriterien verwarfen, die nicht mit der formalen Organisation des Werkes zusammenhingen. Diese formalistische Betrachtung, die sich auf die Autonomie der Kunst und der Architektur berufen hat, erhielt vor allem im Werk Peter Eisenmans in den siebziger Jahren eine neue Bedeutung.[83]

Abb. 3. Die Szenographie des sozialistischen Realismus. Aleksander Wlasow, Haus der Gewerkschaften in Moskau (1939–1958). Aufnahme Á.M.

---

[82] Vgl. Themenheft *Archithese* 19 (1976): Realismus in der Architektur, Vorbereitung und Redaktion Bruno Reichlin und Martin Steinmann. Mit Beiträgen von Alan Colquhoun, Giorgio Grassi, Aldo Rossi, Denise Scott Brown, Hans Heinz Holz und Otakar Máčel.

[83] S. die Essays von Peter Eisenman, Rosalind Krauss und Manfredo Tafuri in Peter Eisenman, *Houses of Cards* (New York, Oxford: Oxford University Press, 1987).

Postmoderne Stilisierungen

Der Philosoph Nicolai Hartmann hat in den fünfziger Jahren die formalistischen Positionen besonders in der Architektur kritisiert. Er hat für die Baukunst wegen ihrer engeren Verbindung zum Stilempfinden der Gesellschaft eine Sonderstellung unter den anderen Künsten verlangt: Eine Skulptur oder ein Gemälde gehören in keinen festen Lebenszusammenhang, sie sind nicht unmittelbar eine Sache der Gemeinschaft, nur wenn sie eine „hohe geistige Bedeutung" haben. Gerade deshalb

„ist ein Haus von vornherein, auch gerade das unbedeutende und mißlungene, direkte Sache der Gemeinschaft. Das ist der Grund, warum in einem baulich schöpferischen Zeitalter das Gemeinschaftsempfinden formbestimmend ist. Dieses Bestimmendsein eben hat die Form eines ‚herrschenden Geschmacks' oder eines ‚Stilempfindens'. Dem Einzelnen, der da baut, braucht das nicht bewußt zu sein. Er lebt einfach im eingefahrenen Geleise – im Bauen wie in anderer Betätigung. Das Geleise selbst aber ist in diesem Falle das Stilempfinden, in das er hineingewachsen und das allein ihm vertraut ist."[84]

Für die amerikanischen Architekten und Architekturtheoretiker Robert Venturi und Denise Scott Brown hatte Stil eine ähnliche Bedeutung. Sie veranstalteten im Jahre 1976 die Ausstellung *Signs of Life* im Smithsonian Institution in Washington. Die Ausstellung hat die gewöhnlichen Straßenlandschaften, Vororte, Einkaufszentren und Wohnhäuser Amerikas gezeigt – und auch, wie der „Durchschnitts-

---
84 Nicolai Hartmann, *Ästhetik* (Berlin: Walter de Gruyter, 1953, 1966), S. 219.

amerikaner" sie bewohnt. In den Räumen des Museums wurden zum Beispiel eine Arbeiterwohnung in einem Reihenhaus und eine Wohnung der oberen Mittelklasse in einem Vorort eingerichtet. Den einzelnen Elementen der Umgebung, den Möbeln, Lampen wurden Schilder in Form von Sprechblasen der Cartoons zugefügt, die den Stil der Objekte erklären sollten – z. B. „Comfortable Chippendale", „Colonial Convivial" oder „Country Colonial". Die „sprechenden" Objekte sollten die Betrachter darauf aufmerksam machen, dass eine Stadt oder ein Haus nie bloß Gebrauchsfunktionen erfüllt: Ihre Formen erzählen uns von den Inhalten, deren Sedimentierungen sie sind. Die Aufgabe des Architekten ist es deshalb, außer der Erfüllung der Nutzungsprogramme und anderer objektiver Anforderungen auch die Fragen der Bedeutung zu berücksichtigen. Dies ist untrennbar von einem Stilverständnis als ort- oder klassenspezifischer Gebrauch der Sprache der Architektur: Nationalstile und Regionalstile spielen wie Mundarten, Dialekte oder Jargons sowohl in der alltäglichen Verständigung als auch in der Literatur und Kunst eine wichtige Rolle. Vernakuläre Stile sehen oft in bewußtem Gegensatz zur Exklusivität und Trockenheit der elitären Hochstile. Heute bemerken wir, dass Konfrontationen zwischen Globalisierungsgegnern und Globalisierungsbefürwortern zugleich in „Stilfragen" ihren Ausdruck finden.

Venturi sprach von „uneingestandenem Symbolismus": *„Ein Widerspruch zwischen dem, was man sagt, und dem, was man tut, war typisch für die Architektur der frühen Moderne. Walter Gropius bestritt jede Brauchbarkeit des Begriffs ‚Internationaler Stil', schuf aber selbst einen Architekturstil und verbreitete ein Vokabular industrieller Formen, das direkt aus der industriellen Fertigung stamm-*

te."⁸⁵ Für Venturi war der Stil vor allem als Kommunikationssystem interessant; der Synkretismus von „Komplexität und Widerspruch" als Architekturprogramm widerspricht auch dem Homogenisierungseffekt eines Stils. Die alten und neuen Bedeutungsschichten, Transformationen und Hybridbildungen verstärken laut Venturi die Erzählkraft der Architektur. Venturis Konzept des „dekorierten Schuppens" – der pragmatischen Trennung des funktionsgerechten Baukörpers und der addierten Dekorationen als Bedeutungsträger – erlaubte, Architekturgeschichte als ein Reservoir von Zeichen zu verstehen, die ohne jegliche Verinnerlichung ausgeliehen werden können. Nachdem die großen, wichtigen Geschichten alle erzählt sind, kann man nur zitieren, und der passende Erzählmodus, ohne Anspruch auf Authentizität, ist die Ironie.

Das Royal Institute of British Architects veranstaltete 1978, im Jahre der Veröffentlichung von Venturis *Lernen von Las Vegas*, eine Konferenz mit dem Titel *What is Style?* Die Postmoderne ist zwar laut Michael Greenhalgh „nicht notwendig eine Bewegung und noch weniger ein Stil"⁸⁶, führte jedoch trotzdem zur Rückkehr der historischen Stile – vor allem des Klassizismus – in die Architekturbüros. Obwohl auch der Historiker Demetri Porphyrios behauptete, Klassizismus wäre kein Stil, sondern die mimetische Überarbeitung der konstruktiven Logik der vernakulären Architektur, bewegten sich die Lösungen der Architekten in einem relativ engen Spielraum zwischen rigiden Stilkopien (Quinlan Terry oder Demetri Porphyrios selbst) und manieristischen Variationen (Charles Moore, James Stirling). Neue Etiketten wie Charles Jencks' *Free-style Classicism* sollten zugleich Bauten wie Stirlings 1984 fertiggestellte Neue Staatsgalerie in Stuttgart von den Assoziationen mit der NS-Architektur entlasten (obwohl gerade hier keine Entschuldigung notwendig erscheint, da Stirlings Gebäude über einen pedantischen Neoklassizismus weit hinausgeht). Der italienische Architekturkritiker Bruno Zevi, Befürworter einer expressiven, organischen Gestaltung, hat wiederum Klassizismus nicht bloß wegen solcher formaler Übereinstimmungen abgelehnt, sondern behauptet, dass dieser Stil sozusagen genetisch, etwa wegen des ihm zugrunde liegenden Symmetrietriebes faschistoid sei. Der englische Architekt und Architekturtheoretiker Alan Colquhoun lehnte solche unzulässigen Vereinfachungen ab. In seiner Darstellung des postmodernen Historismus untersuchte er vor allem die Paradigmenwechsel in der Interpretation der Geschichte. Colquhoun bemerkte das neue historische Bewusstsein, das den geschichtlichen Gedächtnisverlust in der modernen Architektur zu kompensieren versucht. Er zeigte jedoch, dass eine Rückkehr zur Stilarchitektur im Sinne des neunzehnten Jahrhunderts unmöglich ist: „Als ein Emblem von ‚Vergangenheit' widersteht die neue Wiedergewinnung der Geschichte einer zu genauen Erinnerung an vergangene Stile; nur so kann sie zu einer Ware werden. Wie der Modernismus wird auch der ‚Postmodernismus' in allen seinen Masken vom Kapitalismus vereinnahmt."⁸⁷

In Italien führte der Bruch mit der klassischen Moderne zu einer Eruption von

---

85 Robert Venturi, Denise Scott Brown, Steven Izenour, *Lernen von Las Vegas: Zur Ikonographie und Architektursymbolik der Geschäftsstadt* (Braunschweig, Wiesbaden: Vieweg, 1979), S. 164.

86 Michael Greenhalgh, *Was ist Klassizismus?* (Zürich und München: Artemis, 1990), S. 39.

87 Alan Colquhoun, „Historismus", in *Archithese* Jg.16 No.4 (Juli/August 1986), S. 23.

Abb. 4. Die Szenographie der Postmoderne. Ricardo Bofills „Versailles du peuple", die Wohnanlage *La Place du Nombre d'Or* in Montpellier (1978–1984).

Stilangeboten an eine neue Verbrauchergesellschaft; die neuen Objekte von Designern wie Memphis oder Studio Alchimia waren nicht als Gebrauchsobjekte, sondern als Stilträger signifikant. Andrea Branzis „Neoprimitiver Stil" diente der Ausstattung von „Stilenklaven", die dann durch die Zutaten ihrer Bewohner kontaminiert und hybridisiert werden.[88] Das Interesse für die nicht-europäischen, nomadischen Kulturen hat zu einem Zeitbewusstsein als Stilbewusstsein geführt; ein Designer wie Ettore Sottsass will nicht für die Ewigkeit entwerfen, sondern für den (post-)modernen Verbraucher. Matteo Thun, der am Anfang seiner Karriere bei Sottsass arbeitete und sich als „Stilhure" bezeichnete[89], verfasste 1986 ein Manifest mit dem Titel „Das barocke Bauhaus", um damit das „feurige Mausgrau" der Ulmer Schule zu bekämpfen. Durch „Styling" wird die von der Moderne aufgehobene Differenz zwischen Form und Funktion wieder bestätigt als eine augenfällige Ästhetisierung des technischen Geräts, die bewusst afunktional oder disfunktional wirken will. Venturis Vorschlag, *decorated sheds* anstatt stilistisch homogen wirkender Enten zu entwerfen, will die kommunikativen und funktionellen Aspekte/Teile der Architektur aus dem gleichen Grund voneinander trennen.

Der „Neobarock" der dreissiger und sechziger Jahre wertete den Überfluss moralisch wie ästhetisch wieder auf.[90] Künstler und Designer wollten mit der Zelebrierung des Provisorischen und Ereig-

---

88 Andrea Branzi, *Animali domestici: Lo stile neo-primitivo* (Mailand: Idea Books, 1987), o.S.
89 Matteo Thun, *Tiefe und Oberflächlichkeit* (Frankfurt am Main: Ikon, 1990), S. 30.

90 Vgl. Omar Calabrese, *Neo-Baroque: A Sign of the Times* (Princeton: Princeton University Press, 1992)

nishaften die lange Periode der Stabilität der „guten Form" und des sicheren Geschmacks abschließen. Die neue Generation, die mit Videospielen und Fernsehserien wie *Dallas* und *Twin Peaks* aufwuchs, suchte Virtuosität, Polyrhythmik und schnelle Sequenzen auch in der städtischen Umgebung. Die anfängliche Geschmacksfrage wurde dann mit der Veröffentlichung des Buchs des Philosophen Gilles Deleuze, *Die Falte. Leibniz und der Barock* im Jahre 1988 wesentlich vertieft.[91] Der französische Poststrukturalist erwähnte auch Architektur als Allegorie des barocken Weltverständnisses. Leibniz nahm laut Deleuze in seinem System eine heute sehr aktuelle Position nicht nur bezüglich Raum, Zeit und Bewegung, sondern auch bezüglich des modernen, „nomadischen" Subjekts vorweg. Theoretiker wie Bernard Cache, John Rajchman und Jeffrey Kipnis sowie Architekten wie Peter Eisenman und Greg Lynn haben dann die Leibniz-Interpretation von Deleuze als theoretische Auslegung von aktuellen Bestrebungen in Anspruch genommen.[92]

Eine andere Haltung vertritt Rem Koolhaas in seiner Schrift über *Generic City*, die Stadt ohne Eigenschaften, die die Zwangsjacke der Identität abstreift. „Identität ist wie eine Mausefalle, in der sich immer mehr Mäuse um den ursprünglichen Köder balgen und die, bei näherer Betrachtung, vielleicht schon seit Jahrhunderten leer ist."[93] Die Identität, die immer die Rolle eines Zentrums spielte, hat keine Kraft mehr – deshalb meint Koolhaas, dass Stil als Ausdruck von Identität nicht mehr gefragt sei. „Die Ästhetik der eigenschaftslosen Stadt lässt sich am besten als ‚Freistil' definieren." Die Stadt ohne Eigenschaften kann die Idee des Stils als Zur-Schau-Stellung der „wahren Identität" des Ortes oder seiner Bewohner nicht brauchen.

Natürlich sind auch die Projekte des Büros von Koolhaas identifizierbar; die Identität seiner Bauten hängt auch mit einem Zentrum zusammen, das keinesfalls leer ist. Bereits in der von Otto Neuraths in den zwanziger und dreißiger Jahren ausgearbeiteten Theorie der Piktogramme sieht man, dass die „Zwangsjacke" der Identität kaum abzustreifen ist. Neuraths logischer Positivismus (er gehörte zum so genannten Wiener Kreis, der die Ablösung der idealistischen Philosophie durch eine wissenschaftliche forderte), seine Suche nach einem umfassenden, rationalen System der Kommunikation mittels einfachster grafischer Zeichen musste die Wichtigkeit der stilistischen Konsistenz als Bedingung der Lesbarkeit erkennen.[94] Selbstverständlich wird dadurch die Autorschaft wieder selbst in die scheinbar einfachsten Piktogramm-Zeichen „stilisiert" – selbst die Bestrebungen einer globalen Anwendbarkeit der Zeichen, ihre Bindung zu spezifischen Kulturen können sie nicht herausfiltrieren.[95]

---

91 Gilles Deleuze, *Le pli. Leibniz et le Baroque* (Paris: Editions de Minuit, 1988).

92 Vgl. Bernard Cache, *Earth Moves: The Furnishing of Territories* (Cambridge, Mass.: The MIT Press, 1995); John Rajchman, *Constructions* (Cambridge, Mass.: The MIT Press, 1998); Jeffrey Kipnis, „Formation/DeFormation", in *Arch+* 131 (1996), S. 66-71.

93 Rem Koolhaas, „Die Stadt ohne Eigenschaften", in *ARCH+* 132 (Juni 1996), S. 18.

94 Vgl. Marie Neurath und Robert S. Cohen (Hrsg.), *Empiricism and Sociology* (Dordrecht: D. Reidel, 1973).

95 Mit der wachsenden Bedeutung von internationalen Märkten wurde die Wichtigkeit der formalen Identifizierbarkeit der Produkte bereits am Anfang des Jahrhunderts erkannt. Stilistische Konsistenz war im Sinne von *corporate design*, im Interesse der Vermarktung seit Peter Behrens gestalterischer Tätigkeit für die AEG angestrebt. Hier war die Identität einer Firma mit der eines

Als „unstilisiert" angebotene Produkte gehören zu den Lifestyle-Accessoires. Die meisten Warenhäuser führen Produktlinien, die *basics* oder *essentials* heißen. Designer wie Martin Margiela und Joep van Lieshout entwerfen „no-brands". Der französische Designer Philippe Starck veröffentlichte 1998 seinen *Good Goods*-Katalog, eine Palette von „Nicht-Produkten für Nicht-Konsumenten" wie biologisch produzierte Lebensmittel und Kleidungsstücke aus ökologischer Baumwolle. Das Programm wiederholt die alten Parolen über perfekt funktionierende, stillose Nicht-Produkte, und sie dienen noch hemmungsloser der theoretischen Verpackung von Designerwaren, also der Vermarktung eines Labels, als in den Zeiten der klassischen Moderne. Der Verbraucher bezalt das Zehnfache für einen sachlich gestalteten, etikettenlosen Glasbehälter ungereinigten Meeressalzes und kann sich damit zu dem ökologisch-stilbewusstem Segment der Mittelklasse zählen. *Basics* und *essentials* scheint zwar die Konstanz der stillosen Werte vis-à-vis der Stileskapaden zu betonen, die erkennbare Identität des Stilschöpfers ist jedoch wichtiger.

Die Praxis der führenden Architekturbüros betrachtet zunehmend die immer totalere Stilisierung des Alltags und auch der eigenen Handlungen, Gesten und Äußerungen als ihre Aufgabe. Sie behaupten jedoch, dass die Entwurfsoperationen am Computer eine direkte Verbindung zwischen den (wie immer gewählten) Parametern und der Form ermöglichen. Die Abfolge der elektronischen Prozesse, die auf dem Computerschirm das Spiel der ineinander übergehenden Formen erlaubt, muss jedoch gestoppt werden, um den Entwurf zu produzieren. Es ist ein Augenblick der Übereinstimmung der persönlichen Ambitionen des Architekten und der gesellschaftlichen Erwartungen, ein Augenblick der Kohärenz von individueller Form und kollektivem Inhalt. In diesem Augenblick graviert der *Stilus* seine Markierungen in die Textur der unterbrochenen Zeitflüsse ein. Und dieser Augenblick, in dem Architektur beginnt, darf von der Theorie nicht unbemerkt dahinschwinden.

Designers verbunden, durch die gemeinsame Vision einer wieder in die Produktion integrierten Kunst.

Gottfried Semper

Ueber Baustile
(Ausschnitt)

Erste Erscheinung: Gottfried Semper, *Ueber Baustile* (Zürich: Friedrich Schultheß, 1869).
Textquelle: Gottfried Semper, *Kleine Schriften*. Hrsg. von Hans und Manfred Semper (Berlin und Stuttgart 1884, Nachdruck Mittenwald: Mäander Kunstverlag, 1979), S. 401–405.

Die Stiltheorie Gottfried Sempers (1803-1879) trägt die Zeichen der Biografie des politisch engagierten Architekten. Wegen seiner Teilnahme am Maiaufstand in Dresden (1849) wurde er steckbrieflich gesucht. Er floh über Paris nach London, wo er an der Vorbereitung der Weltausstellung von 1851 beteiligt war. Im Jahre 1855 wurde er Professor der Architekturabteilung des neu gegründeten Eidgenössischen Polytechnikums (heute ETH) in Zürich. Ab 1869 war er mit der Planung des Wiener Kaiserforums beauftragt; 1871 ist er nach Wien übersiedelt.

Den Vortrag „Ueber Baustile" hat Semper am 4. März 1869 im Rathaus von Zürich gehalten. Er sprach über die Frage des Ursprungs und der Entwicklung der Baustile als organische Gebilde, als „die geschichtliche Weiterentwickelung gewisser ererbter und allgemein gültiger Typen". Die Theorie Darwins betrachtet er jedoch nicht als unbeschränkt gültig auf dem Gebiet der technischen Kultur. Die Anwendung der Lehre von der natürlichen Selektion auf die „besondere Welt des kleinen Nachschöpfers, des Menschen" erscheint ihm bedenklich. In dem hier veröffentlichten Ausschnitt begründet er die Unterschiede des Begriffs der Entwicklung in der Natur und in der Kultur. Die Verbindung zwischen der Form und der Geschichte ihrer Entstehung steht im Vordergrund; in dieser Geschichte spielen sowohl interne als auch externe Faktoren eine wichtige Rolle. Bemerkenswert ist die Komplexität seiner Darstellung auch in dem relativ kurzen Vortrag; im Vergleich erscheinen viele Architekturtheorien des zwanzigsten Jahrhunderts reduktiv und einseitig.

Im Bild der „fossilen Gehäuse" ausgestorbener Gesellschaftsorganismen beschreibt Semper die Architektur als räumlichen Abdruck des sozialen Lebens; und weiter in diesem Vortrag betont er die Bedeutung der Raumschöpfung. Wenn er über den Menschen als „Gesellschaftsgeschöpf" spricht, sieht er in der „gewaltigen Raumeskunst" die monumentale Vollendung der Architektur im Dienst der Religion und des Staates: „*Einige Jahrhunderte nach Alexander traten die Römer in die Erbschaft seiner Weltherrschaftsidee, und entlehnten sie von ihm auch jene gewaltige Raumeskunst, die etwa zu der Architektur der Griechen sich verhalten würde wie symphonisches Instrumentalkonzert zum lyrabegleiteten Hymnus, wäre sie in gleichem Grade wie diese in sich vollendet und hätte sie sich wie diese aus dem dienenden Verhältnisse zu Bedürfnis, Staat und Kult zu freier selbstzwecklicher Idealität emancipieren können. Hierin liegt ihre Zukunft und die Zukunft der Baukunst überhaupt.*" (S. 421–422.)

Bibliografie: Heidrun Laudel, *Gottfried Semper. Architektur und Stil* (Dresden: Verlag der Kunst, 1991); Harry Francis Mallgrave, *Gottfried Semper: Architect of the Nineteenth Century* (New Haven, London: Yale University Press, 1996).

Man bezeichnet sehr richtig die alten Monumente als die fossilen Gehäuse ausgestorbener Gesellschaftsorganismen, aber diese sind letzteren, wie sie lebten, nicht wie Schneckenhäuser auf den Rücken gewachsen, noch sind sie nach einem blinden Naturprozesse wie Korallenriffe aufgeschossen, sondern freie Gebilde des Menschen, der dazu Verstand, Naturbeobachtung, Genie, Willen, Wissen und Macht in Bewegung setzte.

Daher kommt der freie Wille des schöpferischen Menschengeistes als wichtigster Faktor bei der Frage des Entstehens der Baustile in erster Linie in Betracht, der freilich bei seinem Schaffen sich innerhalb gewisser höherer Gesetze des Ueberlieferten, des Erforderlichen und der Notwendigkeit bewegen muß, aber sich diese durch freie objektive Auffassung und Verwertung aneignet und gleichsam dienstbar macht.

Hierin sind übrigens die Erscheinungen der Kunstgeschichte identisch mit denen der allgemeinen Kulturgeschichte des Menschen, von der erstere nur einen untergeordneten, aber integrierenden Teil bildet.

Die Menschengeschichte würde nur von chaotischen Zuständen der Gesellschaft zu berichten haben, ohne das jeweilige Eingreifen bewegender und ordnender Kräfte, mächtiger Einzelerscheinungen oder Körperschaften, die mit dem gewaltigen Uebergewichte ihres Geistes die dumpfen gärenden Massen lenken, sie zwingen sich um weltgeschichtliche Ideenkerne zu verdichten und bestimmte geregelte Bahnen anzutreten. Die Geschichte ist das successive Wert einzelner, die ihre Zeit begriffen und den gestaltenden Ausdruck für die Forderungen der letzteren fanden.

Wo aber immer ein neuer Kulturgedanke Boden faßte und als solcher in das allgemeine Bewußtsein aufgenommen wurde, dort fand er die Baukunst in seinem Dienste, um den monumentalen Ausdruck dafür zu bestimmen. Ihr mächtiger civilisatorischer Einfluß wurde stets erkannt und ihren Werten mit bewußtem Wollen derjenige Stempel aufgedrückt, der sie zu Symbolen der herrschenden religiösen, socialen und politischen Systeme erhob.

Aber nicht von den Architekten, sondern von den großen Regeneratoren der Gesellschaft ging dieser neue Impuls aus, wo die rechte Stunde dazu geschlagen hatte.

Die Beweisführung dieses Satzes dürfte bei der noch immer sehr fühlbaren Unzulänglichkeit unseres exakten Wissens auf dem Gebiete der Monumentenkunde (und der Völkerkunde überhaupt) sehr schwierig, wo nicht unmöglich sein, außerdem daß es dazu an der nötigen Zeit fehlen würde, die uns kaum mehr gestatten wird als eine höchst flüchtige Berührung einiger merkwürdiger Daten aus der vergleichenden Architekturgeschichte, die dabei in das Gewicht fallen dürften.

Dennoch möge die Vorausschickung einer kurzen Definition dessen, was ich unter dem Ausdrucke Stil begriffen wissen möchte, gestattet sein.

Stil ist die Uebereinstimmung einer Kunsterscheinung mit ihrer Entstehungsgeschichte, mit allen Vorbedingungen und Umständen ihres Werdens. Vom stilistischen Standpunkte aus betrachtet tritt sie uns nicht als etwas Absolutes, sondern als ein Resultat entgegen. Stil ist der Griffel, das Instrument, dessen sich die Alten zum Schreiben und Zeichnen bedienten, daher ein sehr bezeichnendes Wort für jenen Bezug zwischen der Form und der Geschichte ihrer Entstehung. Zu dem Werkzeug gehört aber zunächst die Hand, die es führt, und ein Wille, der letztere leitet. Hier sind also die technischen und persönlichen Momente der Entstehung eines Kunstwerkes angedeutet. So erfordert z.B. das Treiben des Metalles einen anderen Stil als das Gießen. So sagt man z.B. auch, Donatello und Michel Angelo seien im Stile verwandt, u. s. w. Beides gleich richtig.

Sodann gehört zu dem Werkzeuge und der Hand, die es führt, der zu behandelnde Stoff, das in die Form umzuschaffende Formlose. Zunächst der Stoff als physische Materie, den jedes Werk der Kunst in seinem Erscheinen gleichsam reflektieren soll. So ist z. B. der griechische Marmortempel im Stile verschieden von dem sonst nahezu identischen griechischen Tempel aus Porosstein. So darf man von einem Holzstile, Backsteinstile, Quaderstile u. s. w. sprechen. Aber unter Stoff versteht man noch etwas Höheres, nämlich die Aufgabe, das Thema zur künstlerischen Verwertung. An dieses inhaltliche Moment der Kunstgestaltung wollen wir für das Folgende anknüpfen, weil es das Wichtigste und Entscheidendste ist, und wir uns in unserer heutigen Aufgabe beschränken müssen.

Was ist denn aber in allgemeinster Auffassung der Stoff und Gegenstand aller Kunstbestrebungen?

Ich glaube den Menschen in allen seinen Verhältnissen und Beziehungen zur Außenwelt als solchen bezeichnen zu dürfen; und zwar den Menschen

1. als Individuum, die Familie;
2. den kollektiven Menschen, den Staat;
3. das Menschtum, das Menschenideal als höchste Kunstaufgabe.

Hier könnte man sich versucht fühlen, den dornenvollen Boden der Spekulation über kulturgeschichtliche Urzustände zu betreten, und sich über den bekannten Satz des Aristoteles: Der Mensch ist ein Gesellschaftstier, der Staat ist älter als der Mensch, in Erörterungen zu verwickeln, schützte uns nicht davor der rettende Umstand, daß nicht der wahre Sachverhalt, sondern daß überlieferte subjektive Vorstellungen, die man sich über diesen Verhalt der Sache zurechtgelegt hatte, von jeher der zu befruchtende Stoff waren, welcher durch die Bildnerkraft des Menschen Gestaltung erhielt. Nach diesen altüberlieferten Vorstellungen galt aber

der Einzelnmensch,

das bewußtvoll sich vom allgemeinen tellurischen Dasein lostrennende Individuum, von jeher als Ausgangspunkt des Menschentums. Wenigstens dient diese Vorstellung allen Traditionen der Baukunst zur Unterlage.

Darauf führt zunächst die merkwürdige Thatsache, daß alle dekorativen Elemente, deren sich die Baukunst bedient, um teils das richtige Verhalten der Teile unter sich in einem Werke zu betonen, teils ihre Trennung und ihr Zusammenwirken zu bezeichnen, teils den Bezug des Werkes zum All, worauf es fußt, und zu seiner Umgebung hervorzuheben, teils endlich den Dienst, den zu erfüllenden Zweck des Ganzen oder eines jeden seiner Teile zu verbildlichen, – daß, sage ich, alle diese Kunstsymbole dem Schmucke des Leibes und einigen damit im nächsten Zusammenhange stehenden Proceduren primitivster Familienindustrie ihren Ursprung verdanken. Sie behielten trotz aller Umwandlungen, welche sie im Laufe der Jahrtausende erlitten, bis auf den heutigen Tag ihre traditionelle Gültigkeit und lassen sich durch nichts grundsätzlich Neues ersetzen.

Das Schmücken ist in der That eine sehr merkwürdige kulturhistorische Erscheinung! Es gehört zu den Privilegien des Menschen und ist vielleicht das älteste, wovon er Gebrauch machte. Kein Tier schmückt sich; die mit fremden Federn stolzierende Krähe ist bekanntlich ein Fabeltier! Es ist der erste und bedeutsamste Schritt zur Kunst; im Schmucke und seiner Gesetzlichkeit ist der vollständige Codex der formalen Aesthetik enthalten.

Im Schmücken sucht sich jenes Streben nach Individualität, jener separatistische Sinn, der dem Menschen innewohnt und eines der beiden Hauptmomente menschlicher Entwickelung ist, Ausdruck zu verschaffen; denn was ich schmücke, sei es belebt oder leblos, Teil oder Ganzes, dem erteile ich eine eigene Lebensberechtigung; – indem ich es zu einem Mittelpunkte der Beziehungen mache, die zunächst nur ihm gelten, wird es zu einer Person erhoben.

Noch eine andere wichtige Wahrnehmung gehört hierher: daß nämlich der häusliche Herd des wandernden Nomaden mit dem schützenden primitiven Dachgerüst durch alle Zeiten das heilige Symbol der Gesittung blieb, das in dem Altare und der Tempelzelle seine höchste religiöse Weihe fand und behielt. Von dem verborgenen ägyptischen Sekos, dem chaldäisch-assyrischen Pyramidenaufsatz und der jüdischen Stiftshütte durch alle Kulturphasen hindurch bis zur heiligen Kaaba und dem christlichen Tabernakel immer dieselbe Grundform.

Rechnet man zu diesen noch die raumabschließende Umfassung und den herdschützenden Unterbau, so ist mit diesen wenigen naturwüchsigen und gleichsam dem ersten Menschenpaare abgeborgten Motiven alles ausgesprochen, was die Baukunst erfand.

Eugène-Emmanuel Viollet-le-Duc

Stil
(Ausschnitte)

Erste Erscheinung: Eugène-Emmanuel Viollet-le-Duc, *Dictionnaire raisonné de l'architecture française du XIe au XVIe siècle. Tome I-X.* (Paris, 1854–1868). [Band 8].
Textquelle: Eugène-Emmanuel Viollet-le-Duc, *Definitionen. Sieben Stichworte aus dem Dictionnaire raisonné de l'architecture.* Übersetzung: Marianne Uhl (Basel, Berlin, Boston: Birkhäuser Verlag, 1993), S. 36–37, 41–45.

Wie Gottfried Semper hat auch der Franzose Eugène-Emmanuel Viollet-le-Duc (1814– 1879) ein umfassendes System der Architekturtheorie ausgearbeitet. Wie Semper war er ein Gelehrter, Archäologe, Architekt und Theoretiker; ein kritischer und entschlossen politischer Mensch. Ihm war ein bequemeres Leben zuteil, da er sich mit der Macht besser zu arrangieren verstand. Seinen Zeitgenossen war er die führende Autorität in Fragen der mittelalterlichen Architektur und wurde beauftragt, die bedeutendsten Denkmäler des Mittelalters in Frankreich wie die Kirche von Vézelay oder das Schloss von Pierrefonds zu restaurieren. Neogotik ist in Frankreich fest mit den theoretischen Vorarbeiten von Viollet-le-Duc verbunden. Nicht religiöse, malerische oder nationale Bedeutungen der Gotik sind für ihn ausschlaggebend, sondern die organische, strukturale Einheit der Kathedrale. Die Archäologie oder die Architekturgeschichte des Mittelalters sind ihm jedoch nur Mittel zum Zweck. Während Semper in seinen Entwürfen immer ein Befürworter der Renaissance und der Klassik blieb, ist Viollet-le-Duc überzeugt von der Richtigkeit der gotischen Prinzipien. Er will aus ihrem Studium Prinzipien für die moderne (das heißt zeitgemäße) Architektur herausdestillieren. Er setzt sich dabei für die Anwendung neuer Baustoffe und Techniken ein. Sein umfangreichstes und bekanntestes Werk ist das zehnbändige *Dictionnaire raisonné de l'architecture française du XIe au XVIe siècle* (Paris, 1854–1868). Seine Arbeit *Entretiens sur l'architecture* (2 Bände, 1863 und 1872) gibt einen Überblick über die Entwicklung der Architektur seit ihren Anfängen, mit wichtigen Bemerkungen über moderne Konstruktionssysteme.

In dem Ausschnitt aus dem Artikel über Stil aus dem *Dictionnaire* betont Viollet-le-Duc, dass es der klare Ausdruck der Struktur bestimmenden Prinzipien ist, der dem architektonischen Werk Stil verleihen kann. Architekten so verschieden wie Auguste Perret, Antoni Gaudí und Le Corbusier haben viel von Viollet-le-Duc gelernt. Frank Lloyd Wright schrieb, dass das *Dictionnaire* für ihn das einzig sinnvolle Buch über Architektur war – genug, um den Glauben an die Architektur trotz Architekten nicht zu verlieren.

Bibliografie: Geert Bekaert (Hrsg.), *À la recherche de Viollet-le-Duc* (Brüssel: Pierre Mardaga, 1980).

Stil ist ein untrennbarer Teil von Architektur, wenn sich diese Kunst einer vernünftigen und harmonischen Ordnung unterwirft, wenn sie dieser Ordnung im Ganzen wie im Detail, vom Prinzip bis zur Form uneingeschränkt folgt, wenn sie nichts dem Zufall und nichts der Phantasie überläßt. Phantasie, wie wir sie verstehen, ist etwas, das einen Künstler dazu verleitet, um nur ein Beispiel zu sagen, eine Säulenordnung vor eine Mauer zu setzen, die dessen nicht bedarf, oder den Strebepfeilern, die als Widerlager wirken, die Form von tragenden Säulen zu geben. Ja, es ist die Phantasie, die an ein und demselben Gebäude Öffnungen mit Rundbögen und Öffnungen mit waagerechtem Sturz nebeneinanderstellt, die zwischen den Stockwerken vorkragende Gesimse dort einführt, wo eine Wassernase völlig überflüssig ist, die den Öffnungen in einer massiven Wand Giebelchen aufsetzt, die ein Stockwerk durchschneidet, nur um eine Öffnung herauszubrechen, die für die Menschen und Fahrzeuge, die diesen Bogen passieren, viel zu hoch ist. Und wenn es nicht die Phantasie ist, die zu solchen Entscheidungen wider die Vernunft führt, dann ist es das, was man gewöhnlich „Geschmack" nennt. Aber beweist es Geschmack in der Architektur, wenn man sich nicht auf die Vernunft stützt, da diese Kunst doch dazu bestimmt ist, vor allem die materiellen Bedürfnisse, die sich exakt definieren lassen, zu erfüllen und nur solche Materialien zu verwenden, deren Eigenschaften den Gesetzen folgen, denen wir uns alle unterworfen müssen?

Zu glauben, daß es in der Architektur Stil geben kann, wenn alles in ihren Werken unerklärt ist und unerklärbar bleibt und wenn die Form nichts ist als Produkt einer überladenen Erinnerung, voll mit wild gesammelten, mal links, mal rechts gegriffenen Motiven – das ist pure Illusion. Genausogut könnte man von einem literarischen Werk sagen, es habe Stil, wenn seine Kapitel oder sogar einzelne Sätze als Sammelsurien aus verschiedenen Themen und Schreibweisen anderer Autoren daherkommen.

Ohne noch einmal auf die düsteren und verabscheuungswürdigen Mißbräuche zurückzukommen, lehrt uns ein Vergleich zwischen unserer Architektur des XII. und XIII. Jahrhunderts und einer anderen, die auch ganz von Stil durchdrungen war, der Architektur des römischen Kaiserreiches, daß, wenn wir das freie Spiel der Vernunft beobachten, diese Qualität in den Bauwerken des Mittelalters sehr viel deutlicher zum Ausdruck kommt. Letztere haben die vollkommenere Harmonie, die innigere Verbindung zwischen Konstruktion und Form, zwischen Form und Dekor.

[…]

An dem Tag, an dem jedermann davon überzeugt ist, daß Stil die natürliche, nicht die gesuchte, Erscheinungsweise eines Prinzips ist oder einer Idee, die aus der logischen Ordnung der Dinge dieser Welt kommt, daß der Stil sich entfaltet wie eine Pflanze, die gedeiht, weil sie bestimmten Gesetzen folgt, daß Stil nicht ist wie ein Gewürz, das man aus einem Beutel nimmt und über die Werke verstreut, die selbst keinen eigenen Wert besitzen, an dem Tag können wir gewiß sein, daß die Nachwelt uns Stil attestiert.

Aus allem Vorausgesagten ergibt sich, daß wir hier keineswegs nach den Regeln suchen, mit deren Hilfe die mittelalterlichen Meister ihren Werken Stil verliehen haben. Sie haben Stil, weil die Form der Architektur als Konsequenz aus den strukturbestimmenden Prinzipien hervorgegangen ist, als da sind: 1. die verwendeten Materialien; 2. die Art ihrer Fügung; 3. die zu erfüllenden Programme; 4. die folgerichtige Ableitung der Details aus dem Ganzen, ähnlich jener, die man in der Schöpfung beobachten kann, wo jedes Teil auch ein Ganzes ist und sich wie das nächst größere Ganze zusammensetzt. Die meisten Kapitel des Dictionnaire beschäftigen sich auf irgendeine Weise mit dem logischen Gedankenbau und der Einheitlichkeit des Prinzips, wie es die Meister des Mittelalters angewendet haben. Ihr Fehler ist es nicht, wenn sich bei uns Einheitlichkeit in Gleichförmigkeit umwandelt, und wenn es unseren Architekten noch immer nicht gelingt, in einem Organismus, dessen Erscheinungsbild und dessen methodische Ableitung sie nicht studiert haben, mehr zu sehen als Verwirrung und Durcheinander. Wir sagen Organismus, weil es schwierig ist, für die Architektur des Mittelalters einen anderen Namen zu finden, weil sie sich so entwickelt hat und so verfährt wie die Natur bei der Schaffung der Lebewesen, indem sie von einem sehr einfachen Prinzip ausgeht, das sie verändert, das sie vervollkommnet, das sie kompliziert, ohne jemals dabei die ursprüngliche Struktur zu zerstören.

Es ist das Gesetz des Gleichgewichts, das, in dieser Architektur erstmals angewandt, diesen Bauwerken Leben einhaucht, das innerhalb der Konstruktion gegensätzliche Kräfte ausbalanciert, Druck und Gegendruck, Auskragung und Gegengewicht, das die Schwerkraft derart auffasert, daß sie weit entfernt von dem Punkt abgeleitet wird, wo die vertikale Last angreift, das jedem Profil eine seinem Platz entsprechende Bestimmung, jedem Stein eine Funktion zuweist, so daß man nicht ein einziges Teil entfernen könnte, ohne das Ganze zu gefährden. Besteht nicht darin das Leben, insoweit es dem Menschen vergönnt ist, es mit seiner Hände Arbeit zu erzeugen? Wissenschaft, sagt man, sei es, Ingeniosität sogar, aber keine Kunst. Was aber ist denn dann die Kunst der Architektur? Es kann doch nicht nur eine traditionelle oder eine willkürliche Form sein? Und wenn traditionell, warum ist dann die eine Tradition besser als die andere? Und wenn willkürlich, das heißt ohne Prinzipien und ohne Gesetze, dann ist es keine Kunst mehr, sondern nur ein Phantasiegebilde, eines der teuersten und am wenigsten zu rechtfertigenden.

Wenn in einem Bauwerk jeder Stein seine notwendige Funktion erfüllt, wenn jedes Profil eine präzise Bestimmung hat, wenn die Proportionen sich zu einer geometrischen Harmonie vereinen, wenn die Ornamente sich aus der Pflanzenwelt ableiten aufgrund genauer und genialer Beobachtung, wenn die Materialien aufgrund ihrer spezifischen Eigenschaften verwendet werden und diese Eigenschaften in der ihnen zugewiesenen Form zum Ausdruck bringen, darf man dann daraus schließen, es handele sich nicht um Kunst, sondern allein die Wissenschaft sei am Werke? Nehmen wir einmal an, all die aufgezählten Sachverhalte machen noch keine Kunst. Aber ist das alles? Enthalten diese Konstruktionen nicht auch eine Idee? Und ist diese Idee für uns, die wir ihre Kinder sind, ein so unerforschliches Geheimnis? Die weltlichen Baumeister haben als erste versucht, das zu tun, was wir heute tun, und wenn wir von der Architektur einmal absehen, die durch die akademische Bevormundung so stark gezügelt wird, dann doch in der Industrie, im Schiffbau, bei den großen öffentlichen Aufgaben. Sie haben der Materie getrotzt, sie haben sie auf eine Weise gezähmt, daß alles machbar wurde. Sie haben auf schmalen Stützen weite Räume überwölbt. In ihre großen Schiffe haben sie Licht eingelassen, und dieses Licht, das ist Dekoration, das ist Malerei. Das sind keine Mauern mehr, das sind lichtdurchlässige Vorhänge. Als sie durch die Zeitumstände gezwungen wurden, Herrschaftshäuser zugleich auch als Festungen zu bauen, haben sie die Form aus diesen beiden unterschiedlichen Zweckbestimmungen heraus entwickelt und einen Typus geschaffen, der flexibel genug ist, um die beiden ungleichen Nutzungen zu einem homogenen Ganzen zusammenzubringen. Diese Schlösser sind Festung und Wohnung in einem, und man sieht es ihnen an.

Eines der Kennzeichen von Stil ist die Anpassung der Form an das jeweilige Objekt. Wenn ein Bauwerk die Nutzung, für die es bestimmt ist, deutlich kundtut, ist es nahe daran, Stil zu haben; wenn aber der Bau darüberhinaus mit den Bauten seiner Zeit ein harmonisches Ganzes bildet, muß man geradezu von Stil sprechen. Und es ist doch offensichtlich, daß sich, wenn man zwei unterschiedliche mittelalterliche Bauwerke besichtigt, die Übereinstimmung, die Harmonie zwischen ihnen mitteilt. Natürlich sieht eine Kirche nicht aus wie ein Rathaus und dieses nicht wie das Hospital, so wie das Hospital nicht dem Schloß gleicht und der Palast nicht dem Bürgerhaus. Und doch besteht zwischen diesen unterschiedlichen Bauten, denen ihre Zweckbestimmung auf die Stirn geschrieben ist, eine Verbindung. Es sind nur verschiedene Produkte einer Gesellschaft, die sich auf eine Sprache verständigt hatte und nicht zögerte, sie anzuwenden. Und welche Vielfalt, innerhalb dieser Harmonie! Der Künstler wahrt seine Persönlichkeit, und doch sprechen alle die gleiche Sprache. Welche Fruchtbarkeit ringsum! Das kommt daher, weil die Gesetze nicht auf Formen beruhen, sondern auf Prinzipien. Für das Mittelalter ist eine Säule kein Stil, und ihre Höhe errechnet sich nicht aus dem Mehrfachen ihres Durchmessers. Sie ist vielmehr ein Zylinder, dessen Form sich aus der Last, die er zu tragen hat, errechnet. Ein Kapitell ist kein Schmuck, der den Schaft einer Säule bekrönt, sondern eine auskragende Steinschicht, die die verschiedenen Lastglieder auffängt, die die Säule tragen soll. Eine Tür ist keine Nische, deren Höhe und Breite zueinander in Beziehung stehen, sondern eine Öffnung, deren Maße sich aus der Menge der Menschen bestimmen, die unter ihrem Sturz hindurchgehen werden… Aber warum beharren wir derart auf den Prinzipien, daß sie das ganze Dictionnaire hindurch immer wieder zur Sprache kommen? Nun, die Prinzipien sind nichts anderes als die Wahrhaftigkeit der Form. Und der Stil entfaltet sich dort am besten, wo man vom richtigen, wahren, klaren Ausdruck nicht ein Jota abweicht. Den richtigen, wahren und klaren Ausdruck zu finden, das ist eine typisch französische Eigenschaft, und wir besitzen sie in der Bildhauerei ebenso wie in der Redeform. Noch unsere Renaissancearchitektur hat in den Händen geschickter Meister, ungeachtet der gemischten Stilelemente, aus deren Bestand sie sich bediente (das sind Sachen der Mode, des Höfischen), solche Eigenschaften bewahrt, die wir als unsere natürlichsten betrachten.

Ein Beweis dafür sind die Werke des Philibert de l'Orme. Wir haben hier einen Meister, der in seiner Vorhalle für die Tuilerien eine antike Säulenreihe wie Strebepfeiler mit den Arkaden verklammert. Er arbeitet dabei nicht mit Wandsäulen, vielmehr stellt er Pilaster oder freie Säulen vor der Arkade auf, und sie sind es, die, wie kleine Burgtürme, die Balkone tragen, eine frühe Form der Gartenterrassen. Er gab diesen Säulen einen Sinn, er gab ihnen eine Aufgabe, sie waren nicht nur Dekoration. Diese Säulen waren keineswegs dazu gedacht, die unglückselige zweite Etage zu tragen, die man später darauf errichtete und deren geringster Fehler darin besteht, den Aufbau des Erdgeschosses für uns völlig unverständlich zu machen. Die verwendete Säulenordnung – sehen wir nur, wie kunstvoll der Meister sie konstruiert hat – gibt dem Werk Stil, den Stil, der aus der richtigen Anwendung der wahren Prinzipien resultiert. Philibert de l'Orme konnte oder wollte keine monolithische ionische Säulenordnung verwenden. Er baute sie statt dessen aus übereinandergeschichteten Säulentrommeln. Aber er stellt seine eigene Form in Frage, indem er die höheren Säulentrommeln aus behauenem Stein (aus Saint-Leu) anfertigen ließ und die niedrigeren aus Marmor, so daß sie aussehen wie Ringe, wie Reifen, die den Schaft umschließen. Auf die Trommeln aus Marmor meißelte er leicht erhabene Schmuckbilder, wohl, um die Kostbarkeit des Materials besser zur Geltung zu bringen. Auf den steinernen Trommeln laufen Kanneluren, und um einen Übergang zwischen der Kälte des Schafts und dem Reichtum der Bekrönung herzustellen, läßt er unterhalb des Kapitells einen Lorbeerzweig ranken.

Wenn man die antiken Ordnungen mit einer solchen Delikatesse anwendet und sie entsprechend ihrer Aufgabe sinnfällig verfremdet, nehmen wir es hin. An einer lustvollen Umformung scheitert die Kunst nicht. Fest steht, daß niemand der Eleganz dieses architektonischen Kleinods widerstehen kann, weil es sich gedanklich auch von allem überflüssigen Dekor befreien läßt. Aber wenn man heute dieses reizende Motiv einfach übernimmt, ohne sich darüber Rechenschaft abzulegen, wie und warum es so verfremdet wurde, dann zerstört man seinen Stil. Es wird zur Nachahmung ohne den geistigen Witz des Originals, zur ungenauen und wirren Übersetzung einer einfachen, logischen, klaren Sprache. Eine Architektur mit Stil kann bei der Konzeption auf Ideen nicht verzichten und bei der Ausführung nicht auf die Mitwirkung der Vernunft. Auch die herrlichste Skulptur und der Reichtum und die Überfülle von Details können den Mangel an Ideen und das Fehlen der Vernunft niemals aufwiegen.

Alois Riegl

Der geometrische Stil
(Ausschnitte)

Erste Erscheinung: Alois Riegl, *Stilfragen. Grundlegungen zu einer Geschichte der Ornamentik* (Berlin: Verlag von Georg Siemens, 1893).
Textquelle: Alois Riegl, *Stilfragen. Grundlegungen zu einer Geschichte der Ornamentik* (Nachdruck Hildesheim, New York: Georg Olms Verlag, 1975), S. 29–32.

Der österreichische Kunsthistoriker Alois Riegl (1858–1905) war Leiter der Textilsammlung des Museums für Kunst und Industrie in Wien. Er gilt als Begründer der modernen Kunstwissenschaft, da er nicht mehr nur das Objekt, sondern vor allem die historischen Faktoren, die das Werk erstellen, untersucht. In seinem ersten wichtigen Werk *Stilfragen. Grundlegungen zu einer Geschichte der Ornamentik* (1893) führt Riegl dafür den Begriff des Kunstwollens ein. Das heißt, in einer Epoche kann etwas „gewollt" werden, was den Normen einer anderen Periode nicht entspricht. Die Richtung des Kunstwollens ändert sich in der Zeit – damit wird den zeitlosen Beurteilungskriterien der Kunstbetrachtung jegliche Grundlage entzogen. Er bezieht die Kleinkunst, die Produkte der Kunstgewerbe, mit der Malerei, Plastik und Architektur gleichberechtigt in seine Kunstbetrachtung ein. Wie Semper beschäftigte er sich intensiv mit Fragen des Ornaments, da hier das Wesen eines Stiles unbelastet von der Aufgabe der Darstellung untersucht werden kann. In dem hier abgedruckten Ausschnitt kritisiert er die Semperianer wegen ihrer „materialistischen Weltanschauung". Semper selbst wirft er die Überschätzung der Textilkunst vor, was einigermaßen ironisch ist, da er dadurch die Wichtigkeit seines eigentlichen Studiengebietes relativiert. Wichtiger als die materiellen Umstände der Herstellung (z. B. Weben) ist für Riegl die Lust des Produzenten, „der Gefallen an rhythmischen Fadenkreuzungen".

Bibliografie: Margaret Olin, *Forms of Representation in Alois Riegl's Theory of Art* (University Park: Pennsylvania State University Press, 1992).

Die „geometrischen" Motive, soweit sie geradlinig nach den Regeln des Rhythmus und der Symmetrie zusammengesetzt sind, erscheinen in der That einer mit einfachen Mitteln arbeitenden Textilkunst als die angemessensten. Daraus folgt aber bei weitem noch nicht, dass die betreffenden Muster ursprünglich nur einer textilen Technik eigenthümlich und von dieser sozusagen geboren waren. Niemand vermag heute zu sagen, ob die ältesten Linienornamente, wie wir sie etwa auf den Geräthen der aquitanischen Höhlenbewohner vor Augen haben, zuerst in Knochen geritzt, in Holz- oder Fruchtschalen geschnitten oder in die Haut tätowirt worden sind.
[...]
Ein doppelt vorgeschrittenes Stadium der Entwicklung muss vorausgesetzt werden für den Augenblick, da man anscheinend geometrische Configurationen bereits zu symbolischen Zwecken verwendete. Bei dem sinnlichen Charakter aller primitiven Naturreligionen darf mit Gewissheit angenommen werden, dass mit jenen Symbolen (z. B. mit dem Hakenkreuz) ursprünglich die Vorstellung eines vorbildlichen realen Naturwesens verknüpft gewesen ist. Die Geometrisirung der in der Kunst nachgebildeten Naturformen muss daher schon zeitlich voraufgegangen sein. In diesem Lichte betrachtet, mag der Symbolismus ursprünglich nichts anderes gewesen sein als der Fetischismus: während aber die Objekte dieses letzteren entweder selbst reale Naturformen sind, oder, wenn im todten Material gebildet, den Bezug auf reale Naturformen noch deutlich erkennen lassen, erscheint an den Symbolen die letztere Bezugnahme sehr häufig durch die geometrische Stilisirung bis zur Unkenntlichkeit verwischt. Es ist deshalb eine der schwierigsten Aufgaben, die Grenzen zwischen Ornament und Symbol auseinander zu halten; nach dieser – bisher wenig und fast ausschliesslich vom Dilettantismus verfolgten – Richtung steht dem menschlichen Scharfsinn noch ein überreiches Feld zur Bebauung offen, von dem es heute sehr zweifelhaft scheint, ob es jemals gelingen wird, dasselbe in halbwegs befriedigender Weise zu bestellen[1].

Nach dieser Digression in die dunkle Zwischenzeit, die zwischen der Erschaffung der geometrischen Verzierungsformen (Kunststufe der Troglodyten) und zwischen der raffinirten Verwendung dieser Formen in den vorgriechischen Stilen liegt, kehren wir wieder zu unserem Hauptgegenstande zurück. Was also die beiden bisher in allgemeiner Geltung gestandenen Lehrsätze vom geometrischen Stil betrifft, so können wir den zweiten, der die Motive dieses Stils wenigstens zum überwiegenden Theile aus den textilen Techniken des Flechtens und Webens auf rein zwecklichmateriellem Wege entstanden sein lässt, nun nicht mehr gelten lassen. Ist aber damit in der That so viel verloren? Für dasjenige, was im Menschen gemäss jenem Lehrsatze den Gefallen an den rhythmischen Fadenkreuzungen erweckt haben soll, so dass er dieselben demnächst in anderem Stoffe, ohne durch die Anforderungen des Zweckes dazu genöthigt zu sein, wiederholt hat, dafür giebt uns jene nunmehr hoffentlich überwundene Theorie doch keine Erklärung. Die ganze Theorie erscheint hienach bloss als Glied der materialistischen Weltanschauung, bestimmt die Ableitung einer der geistigen Lebensäusserungen des Menschen aus stofflich-materiellen Prämissen, um einen Schritt weiter hinauf zu rücken. Wir wollen diesen Schritt gar nicht thun, um schliesslich eingestehen zu müssen, dass wir des Pudels Kern doch nicht zu erkennen vermögen.

---

1 Beachtenswerthe Anläufe hiezu erscheinen u. a. gemacht in der Schrift von A. R. Hein über „Mäander, Kreuze, Hakenkreuze und urmotivische Wirbelornamente in Amerika" (Wien 1891).

Wir sagen lieber gleich, dass jenes Etwas im Menschen, das uns am Formschönen Gefallen finden lässt, und das die Anhänger der technisch-materiellen Descendenztheorie der Künste ebensowenig wie wir zu definiren im Stande sind, – dass jenes Etwas die geometrischen Liniencombinationen frei und selbständig erschaffen hat, ohne erst ein materielles Zwischenglied einzuschieben, das die Sache im letzten Grunde nicht heller machen kann und höchstens nur zu einem armseligen Scheinerfolg der materialistischen Weltanschauung führen würde.

Noch drängt es mich, um jedwedes Missverständniss zu vermeiden, ausdrücklich zu wiederholen, was ich schon mehrfach angedeutet habe: dass ich Gottfried Semper keineswegs dafür verantwortlich machen möchte, dass man seine Worte in der erörterten Richtung interpretirt und weiter entwickelt hat. Semper handelte es sich keineswegs darum, eine möglichst materielle Erklärung für die frühesten Kunstäusserungen des Menschen zu finden; es war seine Lieblingstheorie vom Bekleidungswesen als Ursprung aller Baukunst, die ihn dazu geführt hat, der Textilkunst unter allen übrigen Künsten eine Rolle zuzuweisen, wie sie ihr besonnenermaassen nicht mehr wird eingeräumt werden dürfen. Auf dem angedeuteten Wege gelangte Semper dazu, gewisse textile Begriffe und ästhetische Unterscheidungen wie Band und Decke, die erst einer vorgeschritteneren, raffinirteren Zeit des Kunstschaffens angehören können, auf primitive Kunstzustände anzuwenden. Von der Überschätzung der Textilkunst in Semper's *Stil* werden wir daher gründlich zurückkommen müssen; nichtsdestoweniger bleibt jede Seite, auf der er sich über dieses Thema äussert, auch fürderhin noch lesenswerth, wo nicht klassisch.

Otto Wagner

Der Stil
(Ausschnitte)

Erste Erscheinung: Otto Wagner, *Moderne Architektur* (Wien: Anton Schroll, 1896).
Textquelle: Otto Wagner, *Die Baukunst unserer Zeit* (Wien: Anton Schroll, 1914; Nachdruck Wien: Löcker, 1979), S. 30–35, 39–42.

Der österreichische Architekt Otto Wagner (1841–1918) gilt als die Vaterfigur der frühen Moderne in Wien. Nicht nur seine eigenen Werke, sondern auch diejenigen seiner Mitarbeiter (Joseph Maria Olbrich, Josef Hoffmann) und seiner ehemaligen Studenten haben die neue Ästhetik um 1900 entscheidend geprägt. Am Anfang seiner Karriere war er noch einer freien Neorenaissance verpflichtet, hat jedoch auf identifizierbare Elemente historischer Stile im Sinne einer *tabula rasa* zunehmend verzichtet. Bereits in seiner Antrittsvorlesung als Professor an der Akademie der bildenden Künste in Wien verkündete er ein radikales Programm der Moderne.

Wagners für seine Studenten geschriebene Programmschrift erschien zum ersten Mal 1896 unter dem Titel *Moderne Architektur* und erlebte mehrere, neu bearbeitete Auflagen. Die vierte Auflage erschien unter dem Titel *Die Baukunst unserer Zeit* im Jahre 1914; Wagner bemerkt dazu im Vorwort: „Hermann Muthesius hat mich durch sein geistreiches Buch ‚Baukunst, nicht Stilarchitektur' auf den ursprünglich fehlerhaften Titel aufmerksam gemacht" (s.Seite 20). Im Gegensatz zu Alois Riegl betont Wagner in diesem Buch die stofflichen und konstruktiven Ursprünge des Stils. Anderseits hebt er die Rolle der Wahrnehmung und präzisen Erfassung der kulturellen Situation der

Modernität hervor. Das moderne Bauwerk muss „zur modernen Menschheit" passen: „… es muss unser eigenes besseres, demokratisches, selbstbewusstes, unser scharf denkendes Wesen veranschaulichen".

Bibliografie: Heinz Geretsegger, Max Peintner, *Otto Wagner. Unbegrenzte Großstadt, Beginn der modernen Architektur* (Salzburg, Wien: Residenz, 1964); Harry Francis Mallgrave (Hrsg.), *Otto Wagner: Reflections on the Raiment of Modernity* (Santa Monica: The Getty Center, 1993).

Eine Ansicht, welche leider auch noch in „Fachkreisen" verbreitet ist, ist die, daß der Architekt jeder seiner Kompositionen durch die Wahl eines sogenannten Stils eine Unterlage schaffen muß, ja man verlangt, daß er dann immer jene Stilrichtung, für die er Eignung zeigt, mit besonderer Vorliebe pflege.

Die Stilunterlage wird von den Verfechtern dieser Theorie bis ins kleinste Detail eingehalten, sie wird zum Steckenpferd und avanciert schließlich zum Wertmesser bei der Beurteilung der geschaffenen, richtiger gesagt, kopierten Kunstformen.

Der denkende Architekt kommt nun wirklich in die größte Verlegenheit, wo er da den Hebel ansetzen soll, um ein solches Wahnsinnsgebäude umzureißen.

Es ist vorerst darauf hinzuweisen, daß das Wort Stil in dem oben angedeuteten Sinne stets die Blüte der Epoche, also den Gipfel des Berges, bezeichnet. Viel richtiger ist es aber immer, von einer nicht scharf abgegrenzten Kunstepoche, also vom Berge selbst zu sprechen. In diesem Sinne möchte ich das Wort Stil gebraucht wissen.

So ist es sicher, daß beispielsweise die Griechen in der Bildungsperiode ihres eigenen Stiles nicht einen eigentlichen Gegensatz zum ägyptischen empfanden, ebensowenig wie die Römer hinsichtlich des griechischen. Der römische Stil entwickelte sich langsam aus dem griechischen und dieser aus dem ägyptischen. Liegen uns doch von der Blüte des einen bis zu jener des nächsten die Beweise in der ununterbrochenen Kette von Übergangsformen heute noch vor.

Die einzelnen Formen wurden von den Völkern gemäß ihres Könnens, ihrer Ausdrucks- und Anschauungsweise fortgebildet und entwickelt, bis sie dem Schönheitsideal der Epoche entsprachen.

JEDER NEUE STIL IST ALLMÄHLICH AUS DEM FRÜHEREN DADURCH ENTSTANDEN, DASS NEUE KONSTRUKTIONEN, NEUES MATERIALE, NEUE MENSCHLICHE AUFGABEN UND ANSCHAUUNGEN EINE ÄNDERUNG ODER NEUBILDUNG DER BESTEHENDEN FORMEN ERFORDERTEN.

Haben welterschütternde Ereignisse ein Staatswesen durchtobt, so stand die Kunst still, sind Völker durch ihre Kraft zu Macht und Ansehen und endlich zum Frieden gelangt, so trieb die Kunst stets neue Blüten. Große soziale Umwälzungen haben immer neue Stile geboren.

Stets war also die Kunst und ihr sogenannter Stil der ganz apodiktische Ausdruck des Schönheitsideals einer bestimmten Zeitperiode. Die Künstler aller Zeiten hatten das scharf geprägte Empfinden, aus dem ihnen Zugekommenen und Verlangten Neuformen zu bilden, welche dann die Kunstformen ihrer Zeit darstellten.

ES IST WOHL ALS ERWIESEN ANZUNEHMEN, DASS KUNST UND KÜNSTLER STETS IHRE EIGENE EPOCHE REPRÄSENTIERTEN.

Daß unsere so stark bewegte zweite Hälfte des neunzehnten Jahrhunderts auch den Ausdruck, die Form, für eine ihr ureigene Kunstanschauung suchte, ist selbstverständlich. Aber die Ereignisse liefen schneller als jede Kunstentfaltung. Was war daher natürlicher, als daß die „Kunst" in der Übereilung, das Versäumte nachzuholen, das Heil allerorten suchte und zu finden glaubte, und daß deshalb so viele „Künstler" beim Ertappen eines überlieferten Stiles das „Heureka" ausriefen und für die von ihnen vertretene Ansicht begeisterte Jünger suchten und fanden.

Das Durchpeitschen aller Stilrichtungen in den vergangenen Jahrzehnten war das Resultat der erwähnten Strömung.

Wer erinnert sich da nicht an die elektrisierende Wirkung, welche nach den großen politischen Ereignissen in Deutschland die Worte „altdeutscher Stil" hervorriefen?

Prüft man heute in ruhiger, unbefangener Weise all die Stilfanfaren und Philippiken, mit denen seit 60 Jahren die Kunstanschauungen der Welt in die richtigen Bahnen gelenkt werden sollten, so kann man nur mit mitleidigem Lächeln die gewaltigen Irrtümer dieser Stil-Apostel konstatieren.

Nachdem der erste Stildusel verflogen war, wurde das Geschaffene unmotiviert und unpassend befunden; man wurde sich darüber klar, daß alle sogenannten Stile einstens wohl in ihrer Epoche die volle Berechtigung hatten, daß für unsere moderne Zeit aber ein anderer Ausdruck gesucht werden müsse. Hat auch die große Mehrheit, weil das bisher Geschaffene an gute alte Vorbilder erinnerte, mit zeitweiliger Befriedigung erfüllt, der künstlerische Katzenjammer konnte nicht ausbleiben, da die entstandenen „Kunstwerke" sich nur als Früchte archäologischer Studien entpuppten und ihnen jeder schöpferische Wert fehlte.

DIE AUFGABE DER KUNST, ALSO AUCH DER MODERNEN, IST ABER DIESELBE GEBLIEBEN, WELCHE SIE ZU ALLEN ZEITEN WAR. DIE KUNST UNSERER ZEIT MUSS UNS MODERNE, VON UNS GESCHAFFENE FORMEN BIETEN, DIE UNSEREM KÖNNEN, UNSEREM TUN UND LASSEN ENTSPRECHEN.

Ob Michel Angelo, Dürer, Rubens, Fischer v. Erlach u. s. f. ein Bild, eine Skulptur oder ein Bauwerk schufen, stets trägt das geschaffene Kunstwerk den ureigenen Stempel des Meisters und der Zeit und nie ist es solchen Künstlern eingefallen, ihren Werken eine bestimmte Stilunterlage zu geben oder die Ausdrucksweise vergangener Jahrhunderte zu kopieren.

Alle großen Baumeister der früheren Epochen würden ihre Bauauftraggeber für irrsinnig gehalten haben, wenn diese Bauauftraggeber den Wunsch oder Befehl ausgesprochen hätten, daß das herzustellende Bauwerk die Stilformen einer vergangenen Epoche zu zeigen habe.

Vereinigen sich beispielsweise auf der Piazza und Piazetta Venedigs die Basilica, die Orologio, der Dogenpalast, die Bibliotheca, die alten und neuen Procuratien, also die Stile eines Jahrtausends nicht zu einem entzückenden Ganzen? Ist es möglich, daß die Meister, die solches schufen, einen „Stilauftrag" erhalten haben?

Nur zu oft findet man im Gegensatze zum hier Gesagten bei unseren heutigen Künstlern das Bestreben, möglichst genau das Alte wiederzugeben, ja selbst die an alten Schöpfungen bis heute zu Tage getretenen, von den Witterungseinflüssen verursachten Veränderungen zu imitieren. Dies kann doch unmöglich die Aufgabe der Kunst unserer Zeit sein, und es zeigt sicher von Mangel jedes künstlerischen Gefühles, in der Nebeneinanderstellung solcher „Kunstformen" mit der modernen Welt nichts Störendes zu finden.

Einige Stilbilder sollen zur weiteren Illustration des Gesagten dienen:

Ein mit lebhaften Farben bemalter griechischer Tempel, der Hain mit bunten Statuen geziert, ein schöner kurzgeschürzter Grieche mit brauner Haut, der heilige, farbig stimmende Ölbaum, der tiefblaue Himmel, die erhitzte zitternde Atmosphäre, die sich scharf abhebenden Schatten – das ist doch ein Bild, eine Symphonie.

Eine gotische Kirche, kindlich frommer Kerzenschein durch bunte Fenster schimmernd, die zur Kirche wallende Menge in ihren mattbunten geschlitzten Wämsern und Kitteln, Weihrauch, das Geläute der Glocken, Orgelton, ein oft gar trüber Himmel – wieder ein Bild.

Die französischen Ludwige vom XIII. bis XVI., ihre Hofdamen und Höflinge in ihren reichen und schweren Kleidern und Perücken, ihre Etikette, ihre reich verschnörkelten, schließlich einfacher werdenden Säle, ihre Schäferspiele in den stilisierten Gärten, weitab vom tiefstehenden Volke – eine Reihe von Bildern.

Man versuche aus diesen Bildern auch nur den kleinsten Teil zu entfernen und durch einen anderen in einem fremden Stile zu ersetzen, – wie ein Mißton wird es im Akkorde erklingen.

Soll nun bei uns das Bild zum harmonischen werden, so muß die Kunst und ihre Form sich dem, was absolut nicht zu umgehen ist, der Menschheit und ihrer Erscheinung, ihren Bestrebungen anschmiegen.

Die erwähnten Stilbilder führen uns logisch zur Wahrnehmung des innigen, bisher ignorierten Zusammenhanges von Geschmack, Mode und Stil.

Selbst eine geringe Beobachtungsgabe muß in uns die Überzeugung wachrufen, daß die Außenerscheinung, die Kleidung der Menschen in Form, Farbe und Ausstattung den jeweiligen Kunstanschauungen und Kunstschöpfungen entspricht, ja absolut nicht anders gedacht werden kann.

[...]

Künstlerische Bestrebungen, welche trachten, Nachbildungen an Bestehendes anzuschmiegen, ohne auf andere Bedingungen Rücksicht zu nehmen, müssen, abgesehen von einer gewissen Geistesarmut und einem Mangel an Selbstbewußtsein, die sie bergen, immer einen ähnlichen Eindruck machen, als ob jemand im Kostüm eines vergangenen Jahrhunderts, noch dazu aus einer Maskenleihanstalt, einen modernen Ball besuchen würde.

Dies kann also nicht der Weg sein, den die Baukunst unserer Zeit wandeln muß, würde ihr doch sonst alle schöpferische Kraft abzusprechen sein.

ALLES MODERN GESCHAFFENE MUSS DEM NEUEN MATERIALE UND DEN ANFORDERUNGEN DER GEGENWART ENTSPRECHEN, WENN ES ZUR MODERNEN MENSCHHEIT PASSEN SOLL, ES MUSS UNSER EIGENES BESSERES, DEMOKRATISCHES, SELBSTBEWUSSTES, UNSER SCHARF DENKENDES WESEN VERANSCHAULICHEN UND DEN KOLOSSALEN TECHNISCHEN UND WISSENSCHAFTLICHEN ERRUNGENSCHAFTEN SOWIE DEM DURCHGEHENDEN PRAKTISCHEN ZUGE DER MENSCHHEIT RECHNUNG TRAGEN – DAS IST DOCH SELBSTVERSTÄNDLICH!

Welche gigantische Arbeit ist dadurch der Kunst unserer Zeit vorbehalten und mit welchem Feuereifer müssen wir Künstler zugreifen, um der Welt zu zeigen, daß wir der gestellten Aufgabe gewachsen sind!

Ganz wie von selbst wird, wenn wir den richtigen Weg einschlagen, das der Menschheit angeborene Erkennen ihres Schönheitsideales zu lauterem Ausdruck kommen, die baukünstlerische Sprache wird verständlich werden und der uns repräsentierende Stil geschaffen sein.

Ja noch mehr!

Wir sind nahe dem Ende dieser Bewegung. Dieses häufige Abweichen vom breiten Wege der Nachahmung und Gewöhnlichkeit, dieses ideale Streben nach Wahrheit in der Kunst, diese Sehnsucht nach Befreiung: mit gigantischer Kraft dringen sie durch, alles den bestimmten Siegeslauf Hemmende vor sich niederreißend.

Wie immer wird die Kunst die Kraft haben, der Menschheit ihr eigenes ideales Spiegelbild vor Augen zu halten.

SO GEWALTIG ABER IST DIE UMWÄLZUNG, DASS WIR NICHT VON EINER RENAISSANCE DER RENAISSANCE SPRECHEN KÖNNEN. EINE VÖLLIGE NEUGEBURT, EINE NAISSANCE IST AUS DIESER BEWEGUNG HERVORGEGANGEN, STEHEN UNS DOCH, NICHT WIE DEN FRÜHEREN FORTBILDNERN, NUR WENIGE ÜBERLIEFERTE MOTIVE UND DER VERKEHR MIT EINIGEN NACHBARVÖLKERN ZU GEBOTE, SONDERN WIR

HABEN, ZUFOLGE UNSERER SOZIALEN VERHÄLTNISSE UND DURCH DIE MACHT UNSERER MODERNEN ERRUNGENSCHAFTEN BEDINGT, ALLES KÖNNEN, ALLES WISSEN DER MENSCHHEIT ZUR FREIEN VERFÜGUNG.

DIESER NEUSTIL, DIE MODERNE, WIRD, UM UNS UND UNSERE ZEIT ZU REPRÄSENTIEREN, EINE DEUTLICHE ÄNDERUNG DES BISHERIGEN EMPFINDENS, DEN BEINAHE VÖLLIGEN NIEDERGANG DER ROMANTIK UND DAS FAST ALLES USURPIERENDE HERVORTRETEN DER ZWECKERFÜLLUNG BEI ALLEN UNSEREN WERKEN DEUTLICH ZUM AUSDRUCKE BRINGEN MÜSSEN.

DIESER WERDENDE, UNS UND UNSERE ZEIT REPRÄSENTIERENDE STIL, AUF ANGEDEUTETER BASIS AUFGEBAUT, BEDARF, WIE ALLE VORANGEGANGENEN, ZU SEINER ENTFALTUNG DER ZEIT. UNSER SCHNELL LEBENDES JAHRHUNDERT HAT ABER AUCH HIER DAS BESTREBEN, DIESES ZIEL RASCHER ZU ERREICHEN, ALS ES BISHER DER FALL WAR; UND DARUM IST DIE WELT ZUR EIGENEN ÜBERRASCHUNG SCHON AM ZIELE ANGELANGT.

Solche Anschauungen bedingen, daß von der Wahl eines Stiles als Unterlage einer modernen baukünstlerischen Schöpfung nie die Rede sein kann, daß vielmehr der Architekt trachten muß, Neuformen zu schaffen oder jene Formen, welche sich am leichtesten unseren modernen Konstruktionen und Bedürfnissen fügen, also schon so der Wahrheit am besten entsprechen, anzuwenden.

Der Architekt kann in die volle Schatzkammer der Überlieferung greifen; von einem Kopieren des Gewählten kann aber keine Rede sein, sondern er muß durch Neugestalten das Überlieferte dem Zweck anpassen oder aus der Wirkung der bestehenden Vorbilder die von ihm beabsichtigte Wirkung herausfinden.

Daß dieses Fortbilden, wie schon erwähnt, nur sukzessive geschehen kann, daß es hierzu der Anregung und Mithilfe der Mitwelt bedarf, ist wohl selbstredend.

Prüft man aber unbefangenen Auges, wie sich's allerorten regt, wie die Künstler sich mühen, neue Schönheitsideale zu bilden, und überblickt man das bisher Gewordene, so wird man überzeugt werden müssen, DASS ZWISCHEN DER MODERNEN UND DER RENAISSANCE HEUTE SCHON EINE GRÖSSERE KLUFT LIEGT ALS ZWISCHEN DER RENAISSANCE UND DER ANTIKE.

Adolf Hildebrand

Einiges über die Bedeutung von Größenverhältnissen in der Architektur
(Ausschnitt)

Erste Erscheinung: *Pan,* 1899, 5. Jg.
Textquelle: Adolf Hildebrand, *Gesammelte Aufsätze* (Strassburg: Heitz & Mündel, 1909), S. 17–21.

Der deutsche Bildhauer Adolf Hildebrand (1847–1921) gehört zu den ersten Theoretikern, die die Frage des Raumes in der Kunst diskutierten. Der Raumbegriff, der früher keine präzise Bedeutung im Kontext des Kunstwerkes hatte, wird plötzlich ins Zentrum der Aufmerksamkeit gerückt und erlaubt, den Prozess der optischen Wahrnehmung zu untersuchen. Hildebrands theoretisches Hauptwerk, *Das Problem der Form in der bildenden Kunst* (1893) öffnete eine neue Epoche der wissenschaftlichen Kunstbetrachtung und beeinflusste die Kunsttheorie seiner Zeit (u. a. Konrad Fiedler und Heinrich Wölfflin). Wie für Riegl, tritt auch für Hildebrand die inhaltliche Bedeutung des Kunstwerks, *was* dargestellt wird, hinter dem „Problem der Form" zurück. Vor allem interessiert Hildebrand die Frage der zweidimensionalen Darstellung eines dreidimensionalen Körpers. Die Stofflichkeit der betrachteten Fläche ist der Aspekt, der die Identität eines räumlichen Gegenstandes vermitteln, verkörpern soll. Das Problem der Form ist in Hildebrands Darstellung ein Problem der Projektion. Seine so genannte Relieftheorie ist eng verbunden mit der Betrachtung von Skulpturen, die Möglichkeit ihrer Anwendung auf die Architektur ist jedoch gegeben.

Als Bildhauer gestaltete Hildebrand auch den architektonischen Rahmen seiner Werke wie z. B. den Hubertus-Brunnen in München. Sein Aufsatz „Einiges über die Bedeutung von Größenverhältnissen in der Architektur" gehört zu seinen seltenen Schriften über Architektur.

Bibliografie: Bernhard Sattler (Hrsg.), *Adolf von Hildebrand und seine Welt: Briefe und Erinnerungen* (München: Georg D.W. Callwey, 1962).

Jeder architektonische Stil hat besondere Eigentümlichkeiten, Fähigkeiten analog den verschiedenen Sprachen. Das was aber der Künstler damit sagt, läßt sich nicht als Fähigkeit der Sprache ansehen, quasi als ihr latenter Inhalt. Gleich wie es sich bei einem Dichter nicht darum handelt ob er deutsch, englisch oder französisch geschrieben, sondern was er in seiner Sprache gesagt hat. Es ist deshalb eine oberflächliche, rein formale Einteilung, wenn man die architektonischen Leistungen, das künstlerisch Gute an einem Bau vom Stil ableiten will, in ihm die Erklärung sucht. Das Schaffen in Verhältnissen, die innere Formkonsequenz, das Schalten und Walten mit Gegensätzen, Richtungen etc. ist ein künstlerischer Vorgang und Inhalt, welcher unabhängig vom Stil zu betrachten ist und in der Hauptsache schon vollständig feste Gestalt annehmen kann, ohne überhaupt noch in eine bestimmte Stilart ausgelaufen zu sein oder überhaupt auszulaufen. Das was bei einem Bau noch im Halbdunkel als große Masse und in großen Gegensätzen z. B. als geschlossene Wand gegen eine Halle noch wirkt, also das Hauptmotiv in seinen Verhältnissen, bildet den Kern der architektonischen Leistung und ist als solcher genießbar, ohne daß wir erkennen, in welcher Stilart sich der Bau ausdrückt. Das Gute oder Schlechte entsteht also nicht aus der Stilart, sondern hängt von Dingen ab, welche viel allgemeinerer Natur sind. Der Künstler und der Philologe stehen in der Architektur ebenso weit voneinander wie in der Dichtkunst und die Architektur vom Standpunkte der Stilfrage ansehen und erklären wollen, heißt Grammatik treiben und Philologe sein. Daß bei der architektonischen Erziehung heute immer noch der Philologe das Szepter führt, braucht nicht weiter ausgeführt zu werden. Im selben Mißverständnis befindet man sich aber, wenn man den Segen von einem neuen Stil erwartet und sich bemüht ein Volapük zu erfinden. Als brauchte man eine neue Sprache, um etwas Neues zu sagen.

Die Maßstabsveränderungen haben wir im Obigen im Hinblicke eines bestimmten Einflusses auf unsere Phantasie betrachtet, gewissermaßen im Dienste der Romantik. Wir haben dabei erkannt, daß das Festhalten einer Gegenstandsvorstellung und ihr Uebertragen in einen anderen Maßstab als den ihr natürlichen, die Phantasie aus der realen Vorstellungswelt in eine fiktive hinüberziehen kann. Es werden auch Maßstabsverschiebungen, insofern diese durch Gegenstandsvorstellungen angeregt werden, zu dem Zwecke benutzt, etwas größer oder kleiner aussehen zu machen, als es faktisch ist (indem sie vergrößert oder verkleinert zur Darstellung kommen). Hier wird denn also die Gegenstandsvorstellung nicht in dem Sinne benützt, um ihre Bedeutung, ihren Inhalt auch in dem anderen Maßstabe festzuhalten und der Phantasie zu übermitteln, wie beim verkleinerten Turm, sondern nur, um die mit ihr verbundene Größenvorstellung zu verwerten und damit den Größeneindruck des Ganzen zu steigern oder zu schwächen, jenachdem die angewandte Größenvorstellung vergrößert oder verkleinert auftritt. Gäbe ich, um ein recht drastisches Beispiel zu geben, einem Brünnchen von einem Meter Durchmesser die Form, die an ein Waschbecken erinnert, so erscheint dies Brünnchen groß, weil wir die Form eines Waschbeckens mit einer geringeren Größenvorstellung verbinden. Gebe ich jedoch einem Waschbecken von dreißig Zentimeter Durchmesser eine Art Brunnenform, so verkleinert sich das Wachbecken, weil wir einen zusammengeschrumpften Brunnen erblicken. Hier geht die Benutzung und Uebertragung der Gegenstandsform darauf aus, die Größenempfindung zu beeinflussen und die auf solche Weise entstandene Größenempfindung beruht auf der Formgebung und hat nichts mit der wirklichen Ausdehnung des Gegenstandes, mit der Dimension des Ganzen zu tun. Es ist dieser geistige, innere Maßstab nicht der äußere, der da entscheidet. Dieser innere Maßstab wird aber nicht nur durch Gegenstandsvorstellung vermittelt, sondern auch durch die räumliche Disposition, in der das Einzelne zueinander und zum Ganzen steht, indem es aus dem Ganzen einen einfachen oder komplizierten Gegenstand macht. So kann der innere Maßstab einer kleinen Hausfassade viel größer sein, als der einer großen Kaserne. Das eng aufeinander folgende und doch getrennte Fenstermotiv der Kaserne hat an sich einen kleinlichen Maßstab, der sich durch endlose Fortsetzung nicht ändert, während die breitgelagerten wenigen Fenster des kleinen Hauses das Gefühl einer größeren Räumlichkeit erzeugen. So erscheint der antike Tempel viel größer als er ist, weil er als ein aus ganz wenigen mächtigen Teilen gebildeter Parterreraum einen einfachen großen Gegenstand bildet, im Gegensatze zu einem vielstöckigen Haus gleicher Ausdehnung. Das Gesamtmotiv des antiken Tempels ist an sich ein groß wirkendes und bedarf deshalb nicht des Mittels der faktischen Ausdehnung, um mächtig zu wirken. Oder um ein ganz anderes Beispiel zu wählen, wenn ich einer Figur von bestimmter Größe die Proportionen einer gedrungenen kleinen Statur gebe, so wirkt sie bedeutend größer, als wenn sie die schlanke Proportion eines langen Menschen hat.

Es mag dies genügen, um verständlich zu machen, welcher Art die Konsequenzen der Maßstabsverhältnisse und wie endlos die Verknüpfungen dieser Konsequenzen zu einem Gesamteindruck sind. Das Gefühl für diese natürlichen Konsequenzen, die Fähigkeit mit ihnen zu schalten und zu walten, um sie zu einer Einheitswirkung zu führen, macht die künstlerische Fähigkeit des Architekten aus.

Hermann Muthesius **Stilarchitektur und Baukunst** (Ausschnitt)

Erste Erscheinung und Textquelle: Hermann Muthesius, *Stilarchitektur und Baukunst. Wandlungen der Architektur im XIX. Jahrhundert und ihr heutiger Standpunkt* (Mülheim-Ruhr: Verlag von K. Schimmelpfeng, 1902), S. 64–67.

Hermann Muthesius (1861–1927) galt am Anfang des 20. Jahrhunderts als Wortführer der sachlichen Gestaltung in Kunstgewerbe und Architektur. Als Architekt ausgebildet, wurde er 1896 als technischer Attaché nach England geschickt. Bis 1903 lebte er in London und studierte die Architektur des englischen Landhauses, Werke von Architekten, die der *Arts-and-Crafts*-Bewegung verpflichtet waren. Sein dreibändiges Werk *Das englische Haus* (1904), das in Deutschland zum Standardwerk geworden ist, vertrat eine moderne, fortschrittliche Auffassung der Wohnhausarchitektur. Nach seiner Rückkehr in Deutschland im Jahre 1903 wurde er zum einflussreichen Vertreter der Reformbewegung, die 1907 unter seiner Mitwirkung zur Gründung des Deutschen Werkbundes führte. Muthesius war im Landesgewerbeamt Berlin Referent für die preußischen Kunstgewerbeschulen.

Das Buch *Stilarchitektur und Baukunst*, veröffentlicht im Jahre 1902, zeigt die Wirkung der *Arts-and-Crafts*-Bewegung vor allem in der gemeinsamen Betrachtung von Kunstgewerbe und Architektur. Wie Otto Wagner verurteilt Muthesius das 19. Jahrhundert als das „rein verstandliche", „unkünstlerische Jahrhundert". Und ebenfalls wie Wagner findet er die Grundlagen der neuen Ästhetik in den „anspruchslosen Formen der reinen Sachlichkeit", in Maschinen, Wagen und Glashallen. Eine „stark vermehrte" zweite Auflage des Buches wurde 1903 veröffentlicht.

Bibliografie: Hans-Joachim Hubrich, *Hermann Muthesius. Die Schriften* (Berlin: Gebr. Mann, 1981); Stanford Anderson, „Introduction", in: Hermann Muthesius, *Style-Architecture and Building-Art* (Santa Monica: The Getty Center, 1994), S. 1–43.

Unter den Ergebnissen, welche die mannigfaltigen Architekturwandlungen des neunzehnten Jahrhunderts mit sich gebracht haben, ist vielleicht die beginnende neue Stellung zur Stilfrage das wichtigste. Das Jahrhundert, das sich in der Architektur am deutlichsten als das des chaotischen Durcheinanders aller Stile der Vergangenheit kennzeichnet, hat wenigstens das Eine mit sich gebracht: eine völlige Entwertung dieses Stiltreibens, sodass wir heute bereits dahin gekommen sind, dass die blosse schulmässige Anwendung eines geschichtlichen Architekturstils nicht mehr als Verdienst gilt, ja kaum mehr unser Interesse in Anspruch nimmt. Es steht heute ausser aller Frage, dass keiner der wieder aufgenommenen alten Architekturstile als Gegenwartsstil sich bewährt, dass keiner von ihnen sich als lebenskräftig erwiesen hat. Auch die gewaltsamen Versuche, mit äusserlichen Mitteln einen neuen Stil zu erfinden haben zu nichts geführt, weil sie eben äusserlich blieben. Der ungeheure Aufwand an Aesthetik und Archäologie, den das Jahrhundert in die Schranken gefordert hat, die krampfhaften Anstrengungen ganzer Philosophenschulen, dem Kunstschaffen mit Gesetzen unter die Arme zu greifen, sie sind an dem immer mehr in Erkrankung geratenden Körper der Architektur abgeprallt, nicht ohne dessen Lebenskräfte, wie falsche Medicamente, nur noch mehr zu erschüttern.

Unterdessen wirkte aber das nie rastende Leben weiter und schuf sich, während sich die Mutter Architektur auf Abwegen befand, selbst Formen für das, was es an Neuem hervorbrachte, die anspruchslosen Formen der reinen Sachlichkeit, es schuf unsere Maschinen, Wagen, Geräte, eisernen Brücken und Glashallen. Indem es dabei ganz nüchtern vorging, indem es praktisch, man möchte sagen rein wissenschaftlich verfuhr, verkörperte es nicht nur den herrschenden Geist der Zeit, sondern passte sich auch den unter dem Einfluss desselben sich umbildenden ästhetisch-tektonischen Anschauungen an, die immer entschiedener statt der früheren schmückenden Kunst eine sinngemässe sachliche Kunst verlangten.

Auf eine sachliche Kunst hatten im Grunde schon die unklaren romantischen Bestrebungen, soweit sie in der Architektur sich äusserten, abgezielt, sie waren – als höchst bezeichnendes Merkmal – im neunzehnten Jahrhundert zum ersten Male wieder auf jene nordischen Anschauungen einer im Grunde ihres Wesens sachlich und werklich empfindenden Kunst zurückgekommen, die die gotische Zeit in so grosser Klarheit verkörpert. Nur der Umstand, dass sich die neugotische Schule in derselben Weise in das Aeusserlich-Formale, in die blosse Stilauffassung verwickelte, wie es die klassicistische gethan hatte, konnte den grossen Umbildungsprozess etwas verdunkeln, der sich trotz aller Schwankungen und Gärungen im neunzehnten Jahrhundert mit steigender Folgerichtigkeit zu vollziehen begann: den Ersatz des klassischen Schönheitsideals durch ein neues, dem nordisch-germanischen Geiste entsprechendes.

Will man beide Ideale mit Worten charakterisieren, so kann man sagen, dass die Kunst der romanischen Völker das als allgemein gültig betrachtete formal Schöne anstrebt, während die germanische das Charakteristische will. An Stelle der schwungvollen, die Wesenheit überdeckenden Harmonie der klassischen und italienischen Kunstauffassung liebt die nordische das Kennzeichen der Sonderumstände zu setzen, an Stelle der anerkannten, äusseren Schönheitslinie das innerlich Ansprechende, an Stelle des Symmetrischen die den Umständen angepasste Gestaltung, an Stelle des Pathetischen das Vernünftige. Die klassische Kunst ist die Kunst des Allgemeinen, die germanische die des Besonderen.

In dem Individualismus berührt sich die germanische mit derjenigen Kunstauffassung, die wir augenblicklich im besten Sinne als die moderne bezeichnen. Aber auch schon die weiter vorn erörterte neuere Anschauungsweise in der architektonischen Gestaltung, die die Errungenschaften der bisher geleisteten architektonischen Arbeit in den Dienst einer persönlichen, dem jedesmaligen Zweck und Stimmungsziel angepassten Gestaltung stellt, gehört dahin, ebenso wie das jetzt auftretende Verlangen, die Sonderheit des Gebäudes, die Bestimmungsart des Raumes architektonisch zu charakterisieren. Ganz und gar aber entspricht diesem Geiste der realistische Grundzug sowohl wie das Stimmungs- und Individualisierungsmotiv der neuen kunstgewerblichen Bewegung, die ja übrigens eine ausgesprochen germanische Färbung schon dadurch hat, dass sie von nordischen Völkern entwickelt worden und bisher fast ausschliesslich auf diese beschränkt geblieben ist. Parallelbestrebungen finden sich in andern Künsten: die letzten auf Naturalismus einerseits, auf Stimmungswerte anderseits ausgehenden Wandlungen in der Malerei und Poesie deuten auf dasselbe Ziel hin.

In einem Zusammenfassen aller dieser schwankenden Bewegungen der Gegenwart, mit klarer Erkenntnis ihres gemeinschaftlichen Gravitationspunktes, wird heute das Ziel unseres Kunststrebens gesucht werden müssen. Denn es gibt keine Specialkünste, sondern nur eine grosse Allgemeinkunst. Aber es gehört zu deren Lebensmark, dass sie eine einheitliche Ueberzeugung vertritt. Die Architektur wird als schwerfälligste der Künste naturgemäss erst zuletzt in die Lage kommen, die vollen Konsequenzen des neuen Geistes zu ziehen. Aber sie wird sich hierzu entschliessen müssen, wenn sie die ihr gebührende Stellung im Concert der Künste wieder erobern will. Sollten wir aus dem Irrgarten der Kunst der letzten hundert Jahre je wieder zu Kunstzuständen gelangen, die auch nur eine entfernte Aehnlichkeit mit den grossen Epochen der Kunstgeschichte aufweisen, so wird auch die Architektur wieder die Führerrolle in der Gemeinschaft der Künste übernehmen müssen. Von ihr aus werden die Strahlen eines neuen künstlerischen Lebens ausgehen müssen, sie wird es sein, die den andern Künsten das Rückgrat gibt und ihnen wieder die Grösse und Straffheit einhaucht, die sie unter ihrer Führung in früheren Glanzzeiten hatten.

Dies fühlte der künstlerische Apostel Englands, Ruskin, indem er schon Ende der vierziger Jahre die Worte niederschrieb: „Ich bin der Ueberzeugung, dass die Architektur der Anfang aller Kunst sein muss, und dass die andern Künste ihr folgen müssen nach Zeit und Ordnung. Und ich glaube, dass das Gedeihen unserer Maler- und Bildhauerschulen in erster Linie von dem Gedeihen unserer Architektur abhängig ist. Alle Künste müssen solange im Schwächezustande verharren, bis diese bereit sein wird, die Führung wieder zu übernehmen."

Wann wird unsere Architektur hierzu bereit sein?

Nicht eher jedenfalls, als bis sie sich aus den Fesseln des Stilgesichtspunktes, in denen sie während eines Jahrhunderts festgebannt lag, zu neuer goldener Freiheit emporgerungen hat, nicht eher, als bis sie aus einer schemenhaften Stilarchitektur wieder zu einer lebendigen Baukunst geworden ist.

Hendrik Petrus Berlage **Gedanken über Stil in der Baukunst** (Ausschnitt)

Erste Erscheinung: Hendrik Petrus Berlage, *Gedanken über Stil in der Baukunst* (Leipzig: Julius Zeitler Verlag, 1905). Textquelle: Hendrik Petrus Berlage, *Über Architektur und Stil. Aufsätze und Vorträge 1894–1928*. Hrsg. von Bernhard Kohlenbach (Basel, Berlin, Boston: Birkhäuser Verlag, 1991), S. 74–76.

Der holländische Architekt Hendrik Petrus Berlage (1856–1934) hat zuerst Malerei in Amsterdam, dann Architektur an der Eidgenössischen Technischen Hochschule in Zürich studiert. Seine Professoren waren Julius Stadler und Georg Lasius, unmittelbare Nachfolger von Gottfried Semper. Als junger Architekt arbeitete Berlage im Büro des wichtigsten niederländischen Architekten der Zeit, P.J.H. Cuypers, der der Lehre von Viollet-le-Duc folgte. Berlages Hauptwerk, die Amsterdamer Börse (1897–1903), ruht auf den Prinzipien des konstruktiven Rationalismus. Mit dem Auftrag für die Stadtplanung von Amsterdam-Süd erhielt er die Gelegenheit, seine städtebaulichen Vorstellungen in die Praxis umzusetzen. Berlage, ein überzeugter Sozialist, lehnte die Idee der Gartenstadt wegen ihrer stadtzerstörerischen Tendenzen ab.

Berlage fasste seine Gedanken über Architektur und Städtebau in einer Reihe von Schriften zusammen, hat jedoch die zu abstrakte theoretische Beschäftigung mit Architekturästhetik abgelehnt. Was er in den von Semper und Viollet-le-Duc geschriebenen Traktaten vor allem wichtig findet, ist das Prinzip der „Einheit in Vielheit". Diese Einheit ist durch die Verwendung eurhythmischer und geometrischer Regeln erreichbar und führt zum Stil als höchstem Zweck des ästhetischen Schaffens. Stil hat also mit der Kohärenz des Werkes und nichts mit historischen Vorbildern, Motiven oder Ornamenten zu tun.

Bibliografie: Manfred Bock, *Anfänge einer neuen Architektur. Berlages Beitrag zur architektonischen Kultur der Niederlande im ausgehenden 19. Jahrhundert* (Den Haag: Staatsuitgeverij; Wiesbaden: Steiner, 1983).

[...] Die vernünftige Konstruktion kann die Basis der neuen Kunst werden; wenn jenes Prinzip nicht nur genügend durchgedrungen ist, sondern auch allgemein verwendet wird, erst dann werden wir an der Pforte einer neuen Kunst stehen, in dem Moment, wenn auch das neue Weltgefühl, die gesellschaftliche Gleichheit aller Menschen manifestiert wird, ein Weltgefühl nicht mit seinem Ideal eines Jenseits, d. i. nicht in diesem Sinne religiös, sondern mit seinem Ideal von dieser Erde, also jenem entgegengesetzt; aber wäre denn schließlich damit nicht dem Endziel aller Religionen näher gerückt, die christliche Idee nicht verwirklicht; oder ist nicht die ganze christliche Lehre zurückzuführen auf dies eine, Gleichheit für alle Menschen, die erste Bedingung eines Idealstrebens?

Dann wird die Kunst wieder eine geistige Basis haben, die sie braucht, um sich als vollbewußte Äußerung dieses Weltgefühls manifestieren zu können.

Dann wird aber auch das architektonische Kunstwerk nicht einen spezifisch individuellen Charakter haben, sondern das Resultat der Gemeinschaft, d. h. in diesem Sinne aller sein, daß bei der Führung des Meisters jeder Arbeiter auch geistig daran mitarbeiten kann. Denn, obschon wir wissen, daß in den großen Kulturperioden außerhalb des Mittelalters diese Art des Zusammenwirkens nicht existierte: heutzutage weiß man, daß das Interesse des Arbeiters an seiner Arbeit völlig fehlt. Das Verschwinden dieser Idee, des pedantischen Gefühls des Individuums zugunsten der eigentlichen Arbeit als Äußerung nicht einer Person, sondern eines Zeitgeistes, dessen Dolmetscher der führende Künstler ist, scheint heute unannehmbar zu sein; denn ich kenne Künstler, die für die Zukunftskunst schwärmen, und von Gemeinschaftskunst reden, die aber am reaktionärsten sind, wenn es auf Zusammenwirken ankommt. Und trotzdem wird wie von selbst das Individuum zugunsten nicht der Gemeinschaft, sondern der Idee in den Hintergrund gedrängt werden, so wie das früher der Fall war; denn wer fragt schließlich nach dem ersten Baumeister einer mittelalterlichen Kathedrale, wer nach dem Namen

Abb. 5. Hendrik Petrus Berlage, Börse in Amsterdam. Titelvignette in der niederländischen Fassung von „Gedanken über Stil in der Baukunst" (1922).

eines ägyptischen Architekten; man kennt allein die Herrscher, unter deren Regierung die Bauwerke entstanden.

Aber trotz alledem: wir können konstatieren, daß ein Anfang mit dem langen Weg gemacht ist, der zu einem architektonischen Stil führt, und ich glaube, daß nichts mehr diese Bewegung aufhalten kann. Es scheint sogar, daß die Architektur die Kunst des zwanzigsten Jahrhunderts sein wird, eine Überzeugung, die ich ebenfalls aus den gesellschaftlichen und geistigen Erscheinungen der Gegenwart heraushole. Denn mit dem Wachstum der Arbeiterbewegung wächst auch jene Kunst, die der Mensch, das ganze Volk zusammengenommen, am wenigsten entbehren kann, die ihm am nächsten liegt, und das ist die Baukunst.

Ihre Evolution fing zu jeder Zeit mit derjenigen des Gebrauchsgegenstandes, des Hausrats an, und nun ist es wieder merkwürdig zu beobachten, wie mit einer wahren Wut versucht wird, eben diesen Hausrat, die Möbel und das Zimmer umzugestalten. Wie im Nileimer, sagt Semper, der ganze ägyptische Stil wie im Embryo enthalten ist, d.h. wie vom Nileimer aus der Stil zum Tempel gewachsen ist, so mag auch nachher von der Zukunftskunst gesagt werden, daß sie in einem noch kommenden modernen Gefäß enthalten sein mag.

Die Baukunst wird dann wieder den ersten Rang unter den Künsten einnehmen, gerade weil sie die eigentliche Volkskunst ist, nicht die Kunst des einzelnen, sondern die Kunst aller, die Kunst der Gemeinschaft, in der sich der Zeitgeist widerspiegelt; denn zur Herstellung eines Bauwerks ist doch die ganze Nutzkunst, und mit ihr sind doch alle Arbeiter nötig. Sie fordert ein Zusammenwirken aller Kräfte, und diese können nur geistig verwendet werden bei ökonomischer Unabhängigkeit aller. Sie, die Baukunst, ist die Manifestation des äußersten Könnens eines ganzen Volkes. Denn nur bei Zusammenwirken aller Kräfte zu einem ideellen Zweck kann jene staunenswerte Vollkommenheit erreicht werden, die das Geheimnis der höheren Baukunst ist und deswegen vom Individuum allein nicht erreicht werden kann.

Noch mehr aber.

Die Baukunst wird die bildende Kunst des zwanzigsten Jahrhunderts sein, so wie sie es das letzte Mal vor sechs Jahrhunderten gewesen ist, wobei dann Malerei und Skulptur wieder ihr dienend zur Seite schreiten werden und, also verwendet, zur höheren Entwicklung gelangen können; sie werden aber ihren Charakter von heute als Gemälde und Salonfigur verlieren, eben weil diese prinzipiell eine geistig niedriger stehende Kunst vergegenwärtigen und daher erst in zweiter Linie kommen; eine Prophezeiung, die aus den gesellschaftlichen und künstlerischen Evolutionen der Gegenwart hervorgeht: kann man doch schon beobachten, wie mit dem Wachstum der Nutzkunst diese an Interesse gewonnen hat und die Masse der Gemälde und Salonfiguren jährlich abnimmt. Es herrscht ein Streben nach Einheit in der Vielheit in der Gemeinschaft, nach Ordnung, also nach Stil. Ich finde es schön, von Stil in der Gemeinschaft reden zu können, so wie es früher war und in der Zukunft wieder sein wird, aber dann in ganz anderer, für uns jetzt noch nicht zu definierender Form; aber jene Gemeinschaft wird jedenfalls dem Brüggener Bilde diametral gegenüberstehen, als geistig ganz anderer Natur. Die Künstler der Gegenwart stehen jetzt vor der schönen Aufgabe, die künstlerische Verschönerung, d.h. den großen architektonischen Stil jener zukünftigen Gemeinschaft vorzubereiten. Eine schönere Arbeit gibt es wohl nicht, denn jene Zeit wird alsdann wieder eine Kultur haben und daher Aufgaben stellen, so schön, wie sie noch nie gewesen sind; denn um so viel geistig überlegener jene Zeit der mittelalterlichen und allen vorhergegangenen sein wird, indem ihr Ideal als Folge des entwickelten ökonomischen Gleichheitsprinzips auf einem höheren Plan stehen wird, um so viel schöner wird auch die stoffliche Abspiegelung jener Ideale, werden ihre architektonischen

Monumente, wird ihr ganzer Stil sein. Die glauben, übereilen sich nicht. Denn mag es auch einerseits traurig sein zu wissen, daß wir von jener schönen Zeit nichts mehr sehen werden, andererseits bleibt der Trost des Traumbilds, daß aus diesem Wust von Häßlichkeit, gegenseitigem Haß und materiellem Zynismus der Gegenwart wie ein Phönix aus seiner Asche eine Kunst emporsteigen wird, zu der wir nur die Fundamente zu legen vermochten.

Georg Simmel **Das Problem des Stils** (Ausschnitte)

Erste Erscheinung: Georg Simmel, „Das Problem des Stils", in *Dekorative Kunst* 1908, 11. Jg., Nr. 7. S. 307–316.
Textquelle: George Simmel, *Aufsätze und Abhandlungen 1901–1908*. Hrsg. von Alessandro Cavalli und Volkhard Krech, Band II. (Frankfurt am Main: Suhrkamp, 1993), S. 374–376, 382–384.

Der deutsche Sozialphilosoph und Soziologe Georg Simmel (1858–1918) studierte an der Berliner Universität, wo er nach seiner Dissertation über das *Wesen der Materie nach Kants Physischer Monadologie* (1881) und seiner Habilitation (1885) im Fach Philosophie zum Privatdozenten ernannt wurde. Seine Studie *Über sociale Differenzierung. Soziologische und psychologische Untersuchungen* (1890) zeigt die Wirkung der Evolutionstheorie und der Sozialpsychologie. In seinem Aufsatz „Das Problem der Soziologie" (1894) formulierte er das Programm der Soziologie als selbstständiger Wissenschaft. Er thematisierte die Vervielfachung unpersönlicher Beziehungen in modernen Gesellschaften und die zwiespältigen Konsequenzen für das Individuum in seinem Hauptwerk *Philosophie des Geldes* (1900). In dem Aufsatz „Die Großstädte und das Geistesleben" (1903) zeichnete er das Bild beschleunigter sozialer Wechselwirkungen in der Moderne auf und erwies sich damit als einer der scharfsinnigsten Beobachter der Prozesse der Modernisierung. In seiner großen Arbeit *Soziologie. Untersuchungen über die Formen der Vergesellschaftung* (1908) etablierte er die Mikrosoziologie mit seiner Formanalyse. Das Buch regte anhand von Themen wie der Schmuck, der Streit, der schriftliche Verkehr oder der Fremde einen wissenschaftlichen Diskurs über das Alltagsleben an.

Simmel hat sich in seinen Werken öfters zum Thema Stil geäußert. Bereits in der *Philosophie des Geldes* hat er gezeigt, wie das Geld die Lebenseinstellung und Interaktionen der Menschen, den Stil des Lebens bestimmt. Andererseits – und damit kippt er das marxistische Erklärungsschema Basis/Überbau um – behauptete Simmel, dass die moderne Geldökonomie selbst Folge psychologischer und metaphysischer Voraussetzungen ist. Damit wurde die Mentalität einer Epoche zum Motor der Stilwechsel erklärt – ein ebenso rätselhaftes Prinzip wie Riegls Kunstwollen. Im Aufsatz „Das Problem des Stils" untersucht Simmel das bürgerliche Interieur als den Raum, wo der Bewohner seine Identität zur Schau stellen will. Zugleich zeigen die Gegenstände im Interieur eine „überindividuelle Gesetzlichkeit": „Von den Erregungspunkten der *Individualität*, an die das Kunstwerk so oft appelliert, steigt dem stilisierten Gebilde gegenüber das Leben in die befriedeteren Schichten, in denen man sich nicht mehr allein fühlt, und wo – so wenigstens werden sich diese unbewussten Vorgänge deuten lassen – die überindividuelle Gesetzmäßigkeit der objektiven Gestaltung vor uns ihr Gegenbild in dem Gefühl findet, dass wir auch unsererseits mit dem Ueberindividuellen, dem Allgemein-Gesetzlichen in uns selbst reagieren und uns damit von der absoluten Selbstverantwortlichkeit, dem Balancieren auf der Schmalheit der bloßen Individualität erlösen."

Bibliografie: David Frisby, *Sociological Impressionism. A Reassessmant of Georg Simmel's Social Theory* (2. Aufl.; London, New York: Routledge, 1992).

Es ist lange ausgesprochen, daß das praktische Dasein der Menschheit in dem Kampf zwischen der Individualität und der Allgemeinheit aufgeht, daß fast an jedem Punkt unserer Existenz der Gehorsam gegen ein für alle gültiges Gesetz – äußerlicher oder innerlicher Art – in den Konflikt mit ihrer Bestimmtheit rein von innen heraus tritt, mit der nur dem eigenen Lebenssinne gehorsamen Selbständigkeit der Person. Aber es dürfte paradox erscheinen, daß in diesen Kollisionen der politischen, wirtschaftlichen, sittlichen Gebiete sich nur eine viel allgemeinere Gegensatzform ausgestaltet, die nicht weniger das Wesen des künstlerischen Stiles auf seinen fundamentalen Ausdruck zu bringen gestattet. Ich beginne mit einer ganz einfachen kunstpsychologischen Erfahrung. Je tiefer und einzigartiger der Eindruck eines Kunstwerkes auf uns ist, desto weniger pflegt die Frage nach dem Stil des Werkes eine Rolle in diesem Eindruck zu spielen. Bei irgend einer der zahllosen, wenig erfreulichen Statuen des 17. Jahrhunderts kommt uns vor allem ihr Barock-Charakter zum Bewußtsein, bei den antikisierenden Porträts um 1800 herum denken wir vor allem an den Zeitstil, an unzähligen, ganz gleichgültigen Bildern der Gegenwart erregt nichts anderes, als daß sie den naturalistischen Stil zeigen, allenfalls noch unsere Aufmerksamkeit. Gegenüber aber einer Plastik von *Michelangelo*, einem religiösen Bilde von *Rembrandt,* einem Porträt von *Velasquez* wird uns die Stilfrage völlig gleichgültig, das Kunstwerk in seiner einheitlichen Ganzheit, mit der es vor uns steht, nimmt uns völlig gefangen, und ob es außerdem noch in irgend einen Zeitstil hineingehört, ist eine Frage, die mindestens dem bloß ästhetisch interessierten Beschauer gar nicht in den Sinn kommt. Nur wo eine große Fremdheit der Empfindungsweise uns überhaupt nicht am Kunstwerke seine eigentliche Individualität erfassen läßt, so daß wir nur bis zu dem Allgemeineren und Typischen an ihm vordringen – wie es für uns z. B. vielfach bei der orientalischen Kunst der Fall ist – da bleibt auch ganz großen Werken gegenüber das Bewußtsein ihres Stiles lebendig und in besonderer Weise wirksam. Denn das Entscheidende ist nun dies: Stil ist immer diejenige Formgebung, die, soweit sie den Eindruck des Kunstwerkes trägt oder tragen hilft, dessen ganz individuelles Wesen und Wert, seine Einzigkeitsbedeutung verneint; vermöge des Stiles wird die Besonderheit des einzelnen Werkes einem allgemeinen Formgesetz untertan, das auch für andere gilt, es wird sozusagen seiner absoluten Selbstverantwortlichkeit enthoben, weil es die Art oder einen Teil seiner Gestaltung mit anderen teilt und dadurch auf eine gemeinsame Wurzel hinweist, die überhaupt jenseits des einzelnen Werkes liegt – im Gegensatz zu den Werken, die völlig aus sich selbst, d.h. aus der rätselhaften, absoluten Einheit der künstlerischen Persönlichkeit und ihrer nur für sich selbst stehenden Einzigkeit gewachsen sind. Und wie die Stilisiertheit des Werkes den Ton einer Allgemeinheit enthält, eines Gesetzes für Anschauung und Empfindung, das über die einzelne Künstlerindividualität hinaus gilt – so bedeutet sie eben dasselbe, vom *Gegenstand* des Kunstwerkes her gesehen. Eine stilisierte Rose soll, im Unterschied gegen die individuelle Wirklichkeit der einzelnen Rose, das Allgemeine aller Rosen, den Typus Rose darbieten. Verschiedene Künstler werden dies durch ganz verschiedene Gestaltungen zu erreichen suchen, – wie für verschiedene Philosophen dasjenige, was ihnen als das Gemeinsame aller Wirklichkeiten erscheint, etwas durchaus Verschiedenes, ja Entgegengesetztes ist. Bei einem indischen Künstler, einem gotischen, einem Empirekünstler wird solche Stilisierung deshalb zu sehr heterogenen Erscheinungen führen. Allein der *Sinn* einer jeden ist dennoch, nicht die einzelne Rose, sondern das Bildungsgesetz der Rose fühlbar zu machen, gleichsam jene Wurzel ihrer Form, die in aller Mannigfaltigkeit ihrer Formen als das alle zusammenhaltende Allgemeine wirksam ist.

Hier aber scheint ein Einwurf unvermeidlich. Wir sprechen doch von dem Stil *Botticellis* oder *Michelangelos, Goethes* oder *Beethovens*. Das Recht dazu ist dies: daß diese Großen sich eine, aus ihrem ganz individuellen Genie quellende Ausdrucksweise geschaffen haben, die wir nun als das *Allgemeine in all ihren einzelnen Werken* empfinden. Dann mag solcher Stil eines individuellen Meisters von andern aufgenommen werden, so daß er der Gemeinbesitz vieler Künstlerpersönlichkeiten wird; an diesen andern äußert er sein Verhängnis als Stil, etwas neben oder über dem Persönlichkeitsausdruck zu sein, so daß die Sprache richtig sagt: diese *haben* den Stil *Michelangelos,* wie man einen Besitz hat, der nicht aus uns selbst hervorgewachsen, sondern von außen erworben und sozusagen erst nachträglich dem Umkreis unseres Ich hinzugefügt ist. Dagegen *Michelangelo* selbst *ist* dieser Stil, er ist mit dem eigenen Sein *Michelangelos* identisch und ist dadurch zwar das Allgemeine, das in allen künstlerischen Aeußerungen Michelangelos zum Ausdruck kommt und sie färbt, aber nur weil er die Wurzelkraft dieser Werke und nur ihrer ist und deshalb sozusagen logisch, aber nicht sachlich von dem, was dem einzelnen Werke als solchem eigen ist, unterschieden werden kann. In diesem Falle hat der Satz, daß der Stil der Mensch ist, seinen guten Sinn, freilich deutlicher so, daß der Mensch der Stil ist – während er in den Fällen des von außen kommenden Stiles, des mit andern und der Zeit geteilten, höchstens die Bedeutung hat, daß dieser zeigt, wo die Originalitätsgrenze des Individuums liegt.

[…]

Was den modernen Menschen so stark zum Stil treibt, ist die Entlastung und Verhüllung des Persönlichen, die das Wesen des Stiles ist. Der Subjektivismus und die Individualität hat sich bis zum Umbrechen zugespitzt, und in den stilisierten Formgebungen, von denen des Benehmens bis zur Wohnungseinrichtung, liegt eine Milderung und Abtönung dieser akuten Personalität zu einem Allgemeinen und seinem Gesetz. Es ist, als ob das Ich sich doch nicht mehr allein tragen könnte oder sich wenigstens nicht mehr zeigen wollte und so ein generelles, mehr typisches, mit einem Worte: ein stilisiertes Gewand umtut. Eine ganz feine Scham liegt darin, daß eine überindividuelle Form und Gesetz zwischen die subjektive Persönlichkeit und ihre menschliche und sachliche Umgebung gestellt wird; die stilisierte Aeußerung, Lebensform, Geschmack – alles dies sind Schranken und Distanzierungen, an denen der exaggerierte Subjektivismus der Zeit ein Gegengewicht und eine Hülle findet. Die Neigung des modernen Menschen, sich mit Antiquitäten zu umgeben – also mit Dingen, an denen der Stil, das Zeitgepräge, die allgemeine Stimmung, die sie umschwebt, das Wesentliche ist – ist doch nicht nur ein zufälliger Snobismus, sondern geht auf jenes tiefe Bedürfnis zurück, dem individuell überspitzten Leben einen Beisatz von ruhiger Breite, typischer Gesetzmäßigkeit zu geben. Frühere Zeiten, die nur einen und darum selbstverständlichen Stil besaßen, waren in diesen diffizilen Lebensfragen ganz anders gestellt. Wo nur *ein* Stil in Frage kommt, wächst jede individuelle Aeußerung organisch aus ihm heraus, sie muß sich nicht erst ihre Wurzel suchen, das Allgemeine und das Persönliche gehen in der Leistung konfliktlos zusammen. Was wir an Einheitlichkeit und Mangel an Problematik dem Griechentum und manchen Epochen des Mittelalters beneiden, ruht auf solcher Fraglosigkeit der allgemeinen Lebensgrundlage, d.h. des Stiles, die dessen Verhältnis zu der einzelnen Produktion sehr viel einfacher und widerspruchsloser gestaltete, als es für uns liegt, die wir auf allen

Gebieten über eine große Anzahl von Stilen verfügen, so daß die individuelle Leistung, Verhalten, Geschmack sozusagen in einem lockeren Wahlverhältnis zu dem weiten Fundament, zu dem allgemeinen Gesetz steht, dessen sie doch bedarf. Deshalb wirken die Erzeugnisse früherer Zeiten oft so viel stilvoller, als die unsrigen. Denn stillos nennen wir doch ein Tun oder sein Produkt, wenn es nur einer momentanen, isolierten, gleichsam punktuellen Regung entsprungen scheint, ohne durch ein allgemeineres Empfinden, eine überzufällige Norm fundamentiert zu sein. Dieses Notwendige, Grundlegende kann auch durchaus das sein, was ich als den individuellen Stil bezeichnete. Bei dem großen und schöpferischen Menschen strömt die einzelne Leistung aus einer solchen umfassenden Tiefe des eigenen Seins, daß sie in diesem eben die Festigkeit, Fundamentierung, das Mehr als Jetzt und Hier findet, das der Leistung des Geringeren aus dem von auswärts aufgenommenen Stil kommt. Hier ist das Individuelle der Fall eines individuellen Gesetzes; wer dazu nicht stark genug ist, muß sich an ein allgemeines Gesetz halten; tut er das nicht, so wird seine Leistung stillos, – was, wie nun leicht begriffen wird, eigentlich nur in Zeiten mehrfacher Stilmöglichkeiten geschehen kann.

Schließlich ist der Stil der ästhetische Lösungsversuch des großen Lebensproblems: wie ein einzelnes Werk oder Verhalten, das ein Ganzes, in sich Geschlossenes ist, zugleich einem höheren Ganzen, einem übergreifend einheitlichen Zusammenhange angehören könne. Indem sich von dem individuellen Stil der ganz Großen der allgemeine der Geringeren abhebt, drückt sich daran jene weite praktische Norm aus: „– und kannst du selber kein Ganzes – Werden, als dienendes Glied schließ' an ein Ganzes dich an." – drückt sich in der Sprache der Kunst aus, die freilich auch der geringsten Leistung noch einen Strahl von Selbstherrlichkeit und Ganzheit läßt, der in der praktischen Welt nur über den Größten leuchtet.

Adolf Loos — Ornament und Verbrechen (Ausschnitte)

Erste Erscheinung: *Cahiers d'Aujourd'hui*, 1913; *Frankfurter Zeitung*, 24. Oktober 1929.
Textquelle: Adolf Loos, *Trotzdem 1900-1930*. Hrsg. von Adolf Opel (Wien: Georg Prachner Verlag, 1982) S. 79–80, 83–86.

Der österreichische Architekt Adolf Loos (1870–1933) hatte für die meisten Architekten seiner Zeit nur bissige Kritik übrig; Otto Wagner war eine Ausnahme. Ein Grund war das solide handwerkliche Wissen, das Loos gefordert hat und das im Werk Wagners immer zum Ausdruck kommt; ein anderer, dass die Schriften Wagners das moderne Leben als die gültige Grundlage einer ästhetischen Vision beschreiben. Loos war ein unversöhnlicher Gegner der Wiener Werkstätte, schätzte dagegen die angelsächsische Kultur. Zwischen 1893 und 1896 lebte er in den Vereinigten Staaten von Amerika, und die amerikanische Kultur als diejenige des Ingenieurs und des Plumbers hat ihn zutiefst beeinflusst. Seit 1897 publizierte er zahlreiche brillante, kurze Essays und Artikel in der *Neuen Freien Presse* und in anderen Zeitschriften. 1903 gründete er die Zeitschrift *Das andere – ein blatt zur einführung abendländischer kultur in Österreich*, von der nur zwei Ausgaben erschienen sind.

Wie Otto Wagner und Hermann Muthesius ist auch Loos ein präziser Beobachter der neuen Formen in der Kultur, vom Essen bis zur Mode und zur Sprache. Ornament in der

Architektur lehnt er als verschwendete Arbeitskraft ab, und auch seinen Raumplan, die Verwendung ineinander geschachtelter, verschieden hoher Innenräume begründet er mit ökonomischen Argumenten. Wie Muthesius betrachtet Loos die Ornamentik als einen Atavismus, eine zu früheren Stufen der Entwicklung gehörende Art der Gestaltung. Die Forderung von Wirtschaftlichkeit bedeutet für ihn keine unbedingte Kosteneinsparung, im Gegenteil, die ehemalige nobilitierende Rolle des Ornaments wird in seinen Bauten von kostbaren Baumaterialien und perfekter Bearbeitung übernommen.
„Ornament und Verbrechen" ist die berühmteste Arbeit von Loos zu diesem Thema; eine frühe Fassung hat er wahrscheinlich 1908 geschrieben und in Wien bzw. München vorgetragen. In französischer Übersetzung erschien der Aufsatz zuerst 1913 in der Zeitschrift *Cahiers d'Aujourd'hui*, dann, im Jahre 1920 in *L'Esprit Nouveau*, herausgegeben von Le Corbusier und Amédée Ozenfant. Die frühesten bekannten Veröffentlichungen dieser Schrift in deutscher Sprache erschienen im Jahre 1929 in Frankfurt und in Prag.

Bibliografie: Burkhardt Rukschcio, Roland Schachel (Hrsg.), *Adolf Loos. Leben und Werk* (Salzburg, Wien: Residenz, 1982); Fedor Roth, *Adolf Loos und die Idee des Ökonomischen* (Wien: Deuticke, 1995).

Ich habe folgende erkenntnis gefunden und der welt geschenkt: *evolution der kultur ist gleichbedeutend mit dem entfernen des ornamentes aus dem gebrauchsgegenstande.* Ich glaubte damit neue freude in die welt zu bringen, sie hat es mir nicht gedankt. Man war traurig und ließ die köpfe hängen. Was einen drückte, war die erkenntnis, daß man kein neues ornament hervorbringen könne. Wie, was jeder neger kann, was alle völker und zeiten vor uns gekonnt haben, das sollten allein wir, die menschen des neunzehnten jahrhunderts, nicht vermögen? Was die menschheit in früheren jahrtausenden ohne ornament geschaffen hatte, wurde achtlos verworfen und der vernichtung preisgegeben. Wir besitzen keine hobelbänke aus der karolingerzeit, aber jeder schmarren, der auch nur das kleinste ornament aufwies, wurde gesammelt, gereinigt und prunkpaläste wurden zu seiner beherbergung gebaut. Traurig gingen die menschen dann zwischen den vitrinen umher und schämten sich ihrer impotenz. Jede zeit hatte ihren stil und nur unserer zeit soll ein stil versagt bleiben? Mit stil meinte man das ornament. Da sagte ich: Weinet nicht. Seht, das macht ja die größe unserer zeit aus, daß sie nicht imstande ist, ein neues ornament hervorzubringen. Wir haben das ornament überwunden, wir haben uns zur ornamentlosigkeit durchgerungen. Seht, die zeit ist nahe, die erfüllung wartet unser. Bald werden die straßen der städte wie weiße mauern glänzen! Wie Zion, die heilige stadt, die hauptstadt des himmels. Dann ist die erfüllung da.
[...]
Ornament ist vergeudete arbeitskraft und dadurch vergeudete gesundheit. So war es immer. Heute bedeutet es aber auch vergeudetes material und beides bedeutet vergeudetes kapital.
Da das ornament nicht mehr organisch mit unserer kultur zusammenhängt, ist es auch nicht mehr der ausdruck unserer kultur. Das ornament, das heute geschaffen wird, hat keinen zusammenhang mit uns, hat überhaupt keine menschlichen zusammenhänge, keinen zusammenhang mit der weltordnung. Es ist nicht entwicklungsfähig. Was geschah mit der ornamentik Otto Eckmanns, was mit der Van de Veldes? Stets stand der künstler voll kraft und gesundheit an der spitze der menschheit. Der moderne ornamentiker aber ist ein nachzügler oder eine pathologische erscheinung. Seine produkte werden schon nach drei jahren von ihm selbst verleugnet. Kultivierten menschen sind sie sofort unerträglich, den anderen wird diese unerträglichkeit erst

nach jahren bewußt. Wo sind heute die arbeiten Otto Eckmanns? Wo werden die arbeiten Olbrichs nach zehn jahren sein? Das moderne ornament hat keine eltern und keine nachkommen, hat keine vergangenheit und keine zukunft. Es wird von unkultivierten menschen, denen die größe unserer zeit ein buch mit sieben siegeln ist, mit freuden begrüßt und nach kurzer zeit verleugnet.

Die menschheit ist heute gesünder denn je, krank sind nur einige wenige. Diese wenigen aber tyrannisieren den arbeiter, der so gesund ist, daß er kein ornament erfinden kann. Sie zwingen ihn, die von ihnen erfundenen ornamente in den verschiedensten materialien auszuführen.

Der wechsel der ornamente hat eine frühzeitige entwertung des arbeitsproduktes zur folge. Die zeit des arbeiters, das verwertete material sind kapitalien, die verschwendet werden. Ich habe den satz aufgestellt: die form eines gegenstandes halte so lange, das heißt, sie sei so lange erträglich, so lange der gegenstand physisch hält. Ich will das zu erklären suchen: ein anzug wird seine form häufiger wechseln als ein wertvoller pelz. Die balltoilette der frau, nur für eine nacht bestimmt, wird ihre form rascher wechseln als ein schreibtisch. Wehe aber, wenn man den schreibtisch so rasch wechseln muß wie eine balltoilette, weil einem die alte form unerträglich geworden ist, dann hat man das für den schreibtisch verwendete geld verloren.

Das ist dem ornamentiker wohl bekannt und die österreichischen ornamentiker suchen diesem mangel die besten seiten abzugewinnen. Sie sagen: „Ein konsument, der eine einrichtung hat, die ihm schon nach zehn jahren unerträglich wird, und der daher gezwungen ist, sich alle zehn jahre einrichten zu lassen, ist uns lieber als einer, der sich einen gegenstand erst dann kauft, wenn der alte aufgebraucht ist. Die industrie verlangt das. Millionen werden durch den raschen wechsel beschäftigt." Es scheint dies das geheimnis der österreichischen nationalökonomie zu sein; wie oft hört man beim ausbruch eines brandes die worte: „Gott sei dank, jetzt haben die leute wieder etwas zu tun." Da weiß ich ein gutes mittel! Man zünde eine stadt an, man zünde das reich an und alles schwimmt in geld und wohlstand. Man verfertige möbel, mit denen man nach drei jahren einheizen kann, beschläge, die man nach vier jahren einschmelzen muß, weil man selbst im versteigerungsamt nicht den zehnten teil des arbeits- und materialpreises erzielen kann, und wir werden reicher und reicher.

Der verlust trifft nicht nur den konsumenten, er trifft vor allem den produzenten. Heute bedeutet das ornament an dingen, die sich dank der entwicklung dem ornamentiertwerden entzogen haben, vergeudete arbeitskraft und geschändetes material. Wenn alle gegenstände ästhetisch so lange halten würden, wie sie es physisch tun, könnte der konsument einen preis dafür entrichten, der es dem arbeiter ermöglichen würde, mehr geld zu verdienen und weniger lang arbeiten zu müssen. Für einen gegenstand, bei dem ich sicher bin, daß ich ihn voll ausnützen und aufbrauchen kann, zahle ich gerne viermal so viel wie für einen in form oder material minderwertigen. Ich zahle für meine stiefel gerne vierzig kronen, obwohl ich in einem anderen geschäft stiefel um zehn kronen bekommen würde. Aber in jenen gewerben, die unter der tyrannei der ornamentiker schmachten, wird gute oder schlechte arbeit nicht gewertet. Die arbeit leidet, weil niemand gewillt ist, ihren wahren wert zu bezahlen.

Und das ist gut so, denn diese ornamentierten dinge wirken nur in der schäbigsten ausführung erträglich. Ich komme über eine feuersbrunst leichter hinweg, wenn ich höre, daß nur wertloser tand verbrannt ist. Ich kann mich über den gschnas im künstlerhaus freuen, weiß ich doch, daß er in wenigen tagen aufgestellt, in einem tage abgerissen wird. Aber das werfen mit goldstücken statt mit kieselsteinen, das anzünden einer zigarette mit einer banknote, das pulverisieren und trinken einer perle wirkt unästhetisch.

Wahrhaft unästhetisch wirken die ornamentierten dinge erst, wenn sie im besten material, mit der höchsten sorgfalt ausgeführt wurden und lange arbeitszeit beansprucht haben. Ich kann mich nicht davon frei sprechen, qualitätsarbeit zuerst gefordert zu haben, aber freilich nicht für dergleichen.

Der moderne mensch, der das ornament als zeichen der künstlerischen überschüssigkeit vergangener epochen heilig hält, wird das gequälte, mühselig abgerungene und krankhafte der modernen ornamente sofort erkennen. Kein ornament kann heute mehr geboren werden von einem, der auf unserer kulturstufe lebt.

Theo van Doesburg

Der Wille zum Stil
(Ausschnitte)

Erste Erscheinung: Theo van Doesburg, „Der Wille zum Stil (Neugestaltung von Leben, Kunst, und Technik)", in *De Stijl*, 5.Jg. 1922, Nr. 2 u. 3.
Textquelle: Hagen Bächler und Herbert Letsch (Hrsg.), *De Stijl. Schriften und Manifeste zu einem theoretischen Konzept ästhetischer Umweltgestaltung* (Leipzig, Weimar: Gustav Kiepenheuer Verlag, 1984), S. 171–175, 176, 177, 178.

Der holländische Künstler und Kunstkritiker Theo van Doesburg (1883-1931) wurde als Emil Marie Küppers in Utrecht geboren. Nach einem kurzen Besuch einer Schauspielschule in Amsterdam begann er zu malen und hat seit 1912 kritische Aufsätze über moderne Kunst veröffentlicht. Im Jahre 1917 gründete er mit den Architekten J.J.P. Oud und Jan Wils, mit den Malern Piet Mondrian, Bart van der Leck, Vilmos Huszár und dem Dichter Anthony Kok die Zeitschrift *De Stijl*, die sich für radikale Erneuerung der Kunst einsetzte. Die Zeitschrift bestand bis 1931; die Künstler, die mit ihr assoziiert waren (u. a. El Lissitzky, Kurt Schwitters, Hans Arp und Sophie Taeuber-Arp), bildeten keine homogene Gruppe. Van Doesburg hielt Vorträge im Bauhaus, die zur Neuorientierung der Schule in Richtung eines formalen Rationalismus wesentlich beitrugen. Das wichtigste architekturbezogene Projekt von Doesburg unter Mitarbeit von anderen Künstlern war die Innengestaltung des Restaurants Aubette in Strassburg (1926-1927).

De Stijl verstand sich als eine Bewegung, die nach reinen Ausdrucksmitteln sucht, die alle Formen des modernen Lebens bestimmen sollen. Berlages Suche nach „Einheit in der Vielheit" wird fortgesetzt; van Doesburg schreibt in seinem Aufsatz vom „neuen Stilwollen" – was Assoziationen sowohl mit Riegls *Kunstwollen* als auch mit Nietzsches Suche nach dem großen Stil erweckt. Dieses neue Stilwollen offenbart sich genau dort, wo Muthesius die Formen der Sachlichkeit fand: in den Objekten des modernen Lebens, im Ingenieurbau, in der „Schönheit des Mechanischen" als „Inspirationsachse der jüngsten Kunstgenerationen".

Bibliografie: Jo-Anne Birnie Danzker (Hrsg.), *Theo van Doesburg: Maler, Architekt* (München: Prestel, 2000).

In der neuen Kunstgestaltung vertiefen sich die Ausdrucksmomente, werden abstrakt und sind mit der Architektur verbunden. Dieses Ringen um einen elementaren Stil mit elementaren

Mitteln, wie ich sie ihnen kurz gezeigt habe, geht parallel mit fortschreitender Durchbildung der Technik. Aus primitivster Steinzeitmaschine (Beispiel: primitive Bohrmaschine) entwickelte sich die in Form und Funktion tadellose elektrische Maschine. (Beispiel: neuestes Modell Bohrmaschine.) Ebenso erwuchs aus primitivsten Steinzeitzeichnungen das Elementar-Kunstwerk unserer Zeit. Wo diese zwei Entwicklungsgänge (der technische und künstlerische) in unserer Zeit zusammenstoßen, ergibt sich von selbst die Eignung des Mechanischen für den neuen Stil. Das Mechanische jedoch ist unmittelbarster Ausgleich des Statischen und Dynamischen, Ausgleich zwischen Verstand und Gefühl. Wenn es richtig ist, daß Kultur im weitesten Sinne Unabhängigkeit von der Natur bedeutet, dann darf es uns nicht wundern, weshalb für das kulturelle Stilwollen die Maschine im Vordergrund steht. Die Maschine ist das Phänomen geistiger Disziplin par excellence. Materialismus als Lebens- und Kunstauffassung hat das Handwerk als unmittelbaren seelischen Ausdruck betrachtet. Die neue geistige Kunstauffassung hat nicht nur die Maschine als Schönheit empfunden, sondern sie hat ihre unendlichen Ausdrucksmöglichkeiten für die Kunst sofort anerkannt. Für einen Stil, dessen Aufgabe nicht mehr darin besteht, individualistische Einzelheiten, wie lose Bilder, Schmucksachen oder Privatwohnungen, zu schaffen, sondern den ökonomischen Verhältnissen entsprechend ganze Stadtteile, Wolkenkratzer, Flugzeug-Stationen kollektiv in Angriff zu nehmen, kann eine handwerkliche Ausführung nicht in Betracht kommen. Hier kann nur die Maschine entscheidend sein; das Handwerk jedoch entspricht einem vorwiegend individualistischen Lebensbewußtsein, das durch die Entwicklung überholt ist. Das Handwerk hat durch die Vorherrschaft des Materialismus den *Menschen* zur Maschine erniedrigt; die richtige Verwendung der Maschine (im Sinne kulturellen Aufbaus) ist das einzige Medium, das das Gegenteil erwirkt: die soziale Befreiung. Nun ist aber eine maschinale Ausführung keineswegs ausschließliche Bedingung für einwandfreie Schöpfungen. Voraussetzung für richtige Maschinenverwendung ist eben nicht nur Quantität, sondern vor allem Qualität. Künstlerischer Zwecke wegen soll die maschinale Verwendung von künstlerischem Geist geleitet sein. Infolge der geistig-praktischen Bedürfnisse unserer Zeit wird konstruktive Bestimmtheit Forderung. Nur die Maschine kann diese konstruktive Bestimmtheit verwirklichen. Die neuen Möglichkeiten der Maschine haben eine unserer Zeit entsprechende Ästhetik geschaffen, welche ich einmal die „Mechanische Ästhetik" genannt habe. Diejenigen, welche die Überwindung des Natürlichen durch den Geist außerhalb der Wirklichkeit erwarten, werden vielleicht niemals zugeben, daß der generale Aspekt unseres heutigen Lebens die notwendige Bedingung für einen Lebens- und Kunststil ist, in dem sich die überindividuellen, religiösen Wahrheiten erfüllen. Der kommende *Stil* wird vor allem ein Stil der Erlösung und der vitalen Ruhe sein. Weit entfernt von romantischer Verschwommenheit, jeder dekorativen Willkür und tierischen Spontaneität abgewandt, wird dieser Stil ein Stil von heroischer Monumentalität sein. (Beispiel: amerikanische Gransilo.) Ich möchte diesen Stil im Gegensatz zu allen Stilen der Vergangenheit den Stil des vollkommenen Menschen nennen, d.h. den Stil, bei dem die großen Gegensätze im Ausgleich sind. Alles, was wir mit Magie, Geist, Liebe usw. bezeichnet haben, wird durch ihn wirklich erfüllt. Die Vorstellungen vom Wunder, mit denen der primitive Mensch so gern spielte, können nur durch elektrischen Strom, durch mechanische Beherrschung der Luft, des Wassers, durch technische Überwindung von Raum und Zeit verwirklicht werden. Je mehr sich das Neue in unserem Leben, in unserer Kunst offenbart, desto mehr zeigen sich die Gegensätze von Neuem und Altem. Diese scharfen Gegensätze würden nicht sein, wenn das Neue das Alte ganz verdrängt hätte. Aber da in jeder Zeit – auch heute – die alte Kunstauffassung bestehen bleibt, treten die charakteristischen Merkmale der beiden verschiedenen Lebensauffassungen ans Licht.

Die Kennzeichen des neuen Stilwollens dem alten gegenüber sind z. B.:

- Bestimmtheit statt Unbestimmtheit
- Offenheit statt Geschlossenheit
- Klarheit statt Verschwommenheit
- Religiöse Energie statt Glaube und religiöse Autorität
- Wahrheit statt Schönheit
- Einfachheit statt Kompliziertheit
- Verhältnis statt Form
- Synthese statt Analyse
- Logische Konstruktion statt Lyrische Konstellation
- Mechanismus statt Handwerk
- Gestaltung statt Imitation und dekorative Ornamentation
- Kollektivismus statt Individualismus
  usw.

In mannigfaltigen Erscheinungen offenbart sich das neue Stilwollen. Nicht nur in der Malerei, Plastik und Architektur, in Literatur, Jazz-Band und Kino, sondern vor allem in rein utilistischer Produktion.

In all diesen verschiedenen Produkten, welche vor allem dem Zweck dienen, ist keine künstlerische Absicht vorausgesetzt. Trotzdem erregen sie uns durch ihre Schönheit. Die Eisenbrücken z. B. haben durch rhythmische Gliederung ihrer Teile ornamentale Wirkung. Nicht nur peinlich genaue Berechnung brachte sie hervor, sondern auch das Gefühl für harmonische Verhältnisse. (Beispiel: Eisenbrücke.)

Kein Schmuck, nichts Überflüssiges, nichts Künstlerisches im Sinne nachträglich außenangebrachter Schönheitsakzente. Nur die Wahrhaftigkeit der Sache selbst. Vor allem Wahrheit, Funktion, Konstruktion. Nirgends ein Manko durch individualistische Reflektion.

In all diesen Produkten, ob es eiserne Brücken sind, Lokomotiven (Beispiel), Automobile (Beispiel), Fernrohre (Beispiel), Landhäuser (Beispiel), Aeroplanhallen (Beispiel), Luftzüge (Beispiel), Wolkenkratzer (Beispiel) oder Kinderspielzeug (Beispiel), offenbart sich das neue Stilwollen. Die Übereinstimmung mit den neuen künstlerischen Schöpfungen zeigt sich durch dasselbe Streben, das in der Wahrhaftigkeit der Sache zu klaren, reinen Gestalt vordringt. Es darf darum niemand wundern, daß die Schönheit des Mechanischen die Inspirationsachse der jüngsten Kunstgenerationen bildet.

Kunst ist Spiel, und das Spiel hat seine Gesetze. So wie frühere Künstlergenerationen mit der Natur spielten, so spielen die neuen Künstler (z. B. die Dadaisten) wieder mit der Maschine. (Beispiel: Man Ray: Danger.)

Wie sich in der Praxis unseres täglichen Lebens die mechanische Beherrschung der Naturkräfte und die Überwindung von Raum-Zeit zeigt, weiß jeder, der sich der Telegraphie, das Telephons, Schnellzugs, Autos, Flugzeugs usw. bedient.

Allmählich verwirklicht sich der alte Traum des primitiven Menschen, nämlich *seiner Umwelt Herr zu werden*. Nur durch vollkommene Beherrschung der kosmischen Kräfte wird der primitive *mythische* Mensch zum *kosmischen* Menschen.

Die letzten Erfindungen, z. B. die Erfindung des drahtlosen Telephons im Hut, die von dem Amerikaner Frank Chamber gemacht wurden, zeigten uns einigermaßen, wie weit die Möglichkeiten auf dem Gebiete der Beherrschung kosmischer Kräfte gehen können. (Beispiel: Frank Chamber mit seinem neuen Apparat im Zylinderhut.)

Es ist merkwürdig zu sehen, wie die jüngsten Generationen Europas und selbst Amerikas im Grunde um die Lösung des Problems in Kunst und Technik ringen. Die Richtung, die die Malerei, hauptsächlich im Kubismus, angegeben hat, wird sich im Laufe dieses Jahrhunderts wie ein roter Faden durch *alle* Künste hindurchziehen. Da diese Richtung durchaus konstruktiv, architektonisch war, darf es niemand wundern, wenn der Zusammenstoß der verschiedenen bildenden Künste die Lösung bringen würde. Die Lösung kann nur von monumentaler Synthese erwartet werden. In der Architektur hat sich schon seit Jahren ein gleicher Entwicklungsgang abgespielt.

Verschiedene Architekten (Viollet-le-Duc, Peter Behrens, Berlage, van der Velde) haben das architektonische Ausdrucksmittel gereinigt und von überflüssigen dekorativen Tendenzen befreit.

Aus der funktionellen Notwendigkeit, die die Einteilung des Raumes bestimmt, wird die architektonische Plastik hervorgehen. Das Innere soll das Äußere gestalten. So hat die Architektur ihre eigenen Ausdrucksmittel wiedergefunden.

[...]

Gegenüber der malerischen Auffassung von zweidimensionaler Fassadenarchitektur ist es des Architekten Aufgabe, durch richtige verhältnishafte Einteilung des Raumkörpers den dreidimensionalen Raum zu überwinden. Die vier Seiten sollen in einer monumentalen Gestalt gefaßt werden.

[...]

Der Ausgleich von räumlichen und zeitlichen Momenten ist nur in der Chromo-Plastik zu finden, d.h. in der malerischen Komposition des dreidimensionalen Raumes. Bereits seit 1916 wurde in der neuen holländischen Architektur mit der Verwirklichung dieser Aufgaben begonnen. Hierdurch haben die monumentalen Maler wieder ihre eigentliche Aufgabe: die Einführung der Malerei in die Architektur.

[...]

Aggressiven Momenten gegenüber fördert der neue Stil überindividuelle Zusammenfassung aller Künste zu harmonischer Einheit. Wenn alte und neue Kunst sich wie Wunsch zu Erfüllung verhalten, so darf behauptet werden, daß in dieser kommenden Monumentalität all unsere praktischen und geistigen Belange in einer großen Harmonie vereinigt sein werden.

Diese Forderung der monumentalen Synthese durch rein künstlerische Mittel ist von der sogenannten Stilgruppe in Holland zuerst erhoben worden [...].

Die Bedeutung dieser Verschmelzung von Kunst und Leben ist der *geistige* Wiederaufbau Europas.

Le Corbusier — Ausblick auf eine Architektur (Ausschnitte)

Erste Erscheinung: Le Corbusier, *Vers une architecture* (Paris: Crès, 1923).
Textquelle: Le Corbusier, *Ausblick auf eine Architektur*. Übersetzung: Hans Hildebrandt, Eva Gärtner (Berlin, Frankfurt/M, Wien: Ullstein, 1963), S. 75–86, 165–174.

Geboren in der Schweizer Uhrmacherstadt La Chaux-de-Fonds als Charles Edouard Jeanneret war Le Corbusier (1887–1965) wohl der einflussreichste und vielseitigste Architekt des 20. Jahrhunderts – bekannt auch als Stadtplaner, Maler, Architekturtheoretiker und Designer. Mit einem Stipendium der Kunstgewerbeschule seiner Stadt hat er die deutsche Kunstgewerbebewegung und vor allem die Gründung und die Tätigkeit des Deutschen Werkbundes studiert und anschließend im Büro von Peter Behrens in Berlin (1910-1911) gearbeitet. 1917 hat er sich in Paris niedergelassen, und mit dem Maler Amédée Ozenfant gründete er zwei Jahre später die den breiteren kulturellen und ästhetischen Fragen des modernen Lebens gewidmete Zeitschrift *L'Esprit Nouveau*, von der zwischen 1920 und 1925 insgesamt 28 Hefte erschienen sind. Die (zum Teil gemeinsam geschriebenen) Aufsätze, die sich mit der Architektur beschäftigten, fasste Le Corbusier in seinem Buch *Vers une architecture* zusammen (1923). Das Buch machte ihn in progressiven Architektenkreisen weltweit bekannt und berühmt.

Es ist nur zum Teil die Entstehungsgeschichte, die den doppelgesichtigen Charakter von *Vers une architecture* erklärt. Der kühle Neuklassizismus der französischen Kunst und das Kunstgewerbe der zwanziger Jahre (das zugleich die Interpretationsgrundlage der neuen Maschinenformen und Kornsilos war) sind zum Verständnis dieses Programms ebenso wichtig wie die Suche nach rationalen Methoden der Massenfertigung von Wohnbauten in Deutschland. Von der synchronen Betrachtung von Bildern von Ozeandampfern, Kathedralen, Autos und antiken Tempeln – einer dadaistisch-surrealistischen Strategie – erwartet Le Corbusier eine neue Sensibilität des Auges für die technischen Formen der modernen Welt.

Bibliografie: Stanislaus von Moos, *Le Corbusier. Elemente einer Synthese* (Frauenfeld und Stuttgart: Huber Verlag, 1968).

Augen, die nicht sehen ...

I. Die Ozeandampfer

Ein großes Zeitalter ist angebrochen.
Ein neuer Geist ist in der Welt.
Es gibt eine Fülle von Werken des neuen Geistes; man begegnet ihnen vor allem in der industriellen Produktion.
Die Architektur erstickt am alten Zopf.
„Stile" sind Lüge.
Der Stil ist eine Wesens-Einheit, die alle Werke einer Epoche durchdringt und aus einer fest umrissenen Geisteshaltung hervorgeht.
Unsere Zeit prägt täglich ihren Stil.
Leider sind unsere Augen noch nicht fähig, ihn zu erkennen.

Es gibt einen neuen Geist: einen Geist der Konstruktion und Synthese; er ist geleitet von einer klaren Konzeption.

Was immer man davon halten mag, Tatsache ist, daß er heute im größten Teil aller menschlichen Tätigkeit lebendig ist.

EIN GROSSES ZEITALTER IST ANGEBROCHEN

Programm des „Esprit Nouveau", Nr. 1, Oktober 1920.

Niemand stellt heute die aus den Erzeugnissen der modernen Industrie hervorgehende Ästhetik in Abrede. Mehr und mehr nehmen die technischen Konstruktionen und Maschinen im Spiel der Körper und Stoffe richtige Proportionen an, so daß viele unter ihnen wirkliche Kunstwerke sind, denn sie basieren auf der Zahl, d.h. auf gesetzmäßiger Ordnung. Aber die Auslesemenschen, die die Welt der Industrie und Geschäfte bilden und die sich infolgedessen in jener männlichen Atmosphäre bewegen, in der unleugbar schöne Werke geschaffen werden, wähnen

Abb. 6. Augen, die nicht sehen ... Seite aus der ersten deutschen Ausgabe von Le Corbusiers *Vers une architecture*, *Kommende Baukunst* (1926).

Abb. 7. Der Ozeandampfer „Aquitania", Cunard Line. Raum für 3600 Personen. Zum Vergleich von links nach rechts die Pariser Bauten: Notre-Dame, Tour St. Jacques, Arc de Triomphe, Opéra. Aus Le Corbusier, *Kommende Baukunst*.

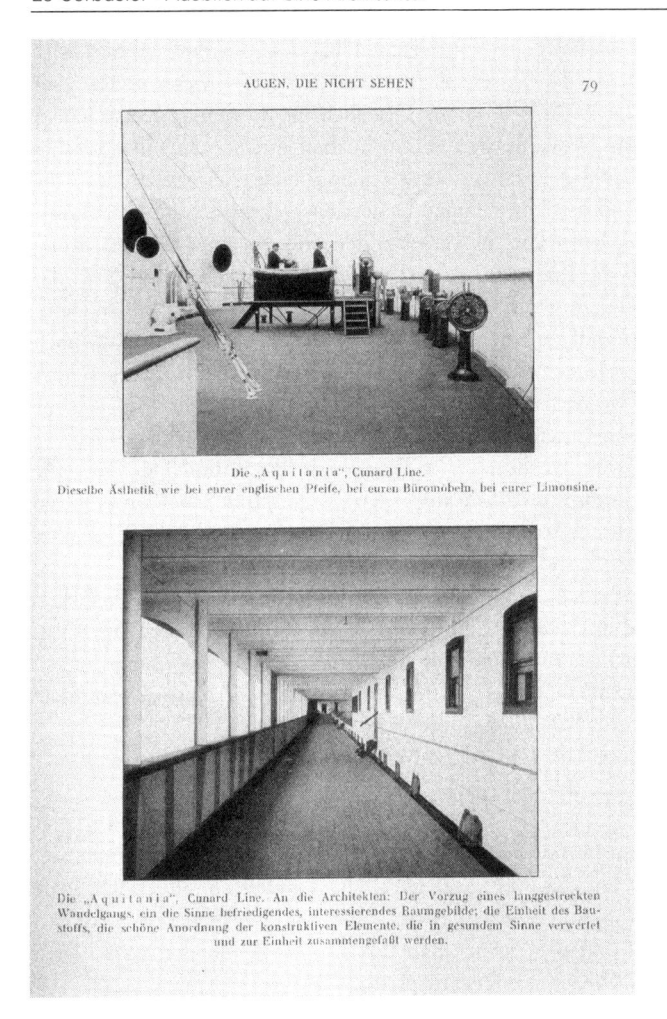

Abb. 8. Seite aus Le Corbusier, *Kommende Baukunst.*

sich selbst weit entfernt von jeder ästhetischen Tätigkeit. Sie haben unrecht, *denn sie gehören zu den aktivsten Schöpfern und zeitgenössischen Ästhetik.* Weder die Künstler noch die Industriellen legen sich Rechenschaft darüber ab. Der Stil eines Zeitalters findet sich in der allgemeinen Produktion und nicht, wie man zu leichtgläubig annimmt, in einigen Erzeugnissen mit ornamentalen Absichten; diese sind nichts weiter als Wucherungen an dem geistigen Prinzip, das allein die Elemente eines Stils hervorbringt. Die Rocaille ist nicht der Stil Ludwigs XV., der Lotos nicht der Ägyptens, usw.

Auszug aus dem „Esprit Nouveau"

Die „*dekorativen Künste*" feiern Orgien! Nach dreißig Jahren verbissener Anstrengung haben sie jetzt den Gipfel erklommen. Begeisterte Kunstkritiker sprechen von einer *Wiedergeburt der französischen Kunst!* Halten wir anläßlich dieses Abenteuers (das ein übles Ende nehmen wird) fest, daß etwas ganz anderes als eine Wiedergeburt des Dekors eingetreten ist: eine neue Epoche löst eine sterbende ab. Die Maschinentechnik, neu in der Geschichte der Menschheit, hat einen neuen Geist erweckt. Jedes Zeitalter erschafft sich seine eigene Baukunst, die reines Abbild ihres Denksystems ist. Während der Wirren der Krisenzeit, die dem Aufstieg unserer neuen Zeit geordneter, heller Gedanken und klaren Willens vorausging, glich die dekorative Kunst jenem Strohhaufen, in dem man vor einem Wolkenbruch Schutz suchen möchte. Ein illusorischer Schutz. Halten wir weiter fest, daß die dekorative Kunst willkommene Gelegenheit war, die Vergangenheit zum Teufel zu jagen und vorsichtig tappend nach dem wahren Geist der Baukunst zu forschen. Der Geist der Baukunst kann nur aus Tatbeständen und aus einer Geisteshaltung kommen. Es scheint aber, daß sich die Ereignisse so rasch überschlagen haben, daß sich das geistige Bewußtsein der Zeit herauskristallisieren und sich ein Geist der Architektur bilden kann. Wenn die dekorativen Künste heute auf jenem gefährlichen Gipfel angekommen sind, nach dessen Erreichung nur noch der Sturz in den Abgrund übrigbleibt, so darf man wohl sagen, daß die Geister durch sie aufgerüttelt worden und sich dessen bewußt geworden sind, was sie eigentlich erstrebten. Es ist also anzunehmen, daß die Stunde der Baukunst geschlagen hat.

Die Griechen, die Römer, das Große Jahrhundert in Frankreich, Pascal und Descartes, die irrtümlich als Kronzeugen für die dekorativen Künste angerufen worden sind, haben unser Urteil erhärtet, und so befinden wir uns heute mitten in der Architektur, in einer Architektur, die alles andere als dekorativ ist.

Die Vignetten, Lampen und Girlanden, die köstlichen Ovale, in denen sich zu Dreiecken zusammengefügte Tauben noch und noch schnäbeln, die mit kürbisförmigen Kissen aus Samt, in Gold und Schwarz ausstaffierten Boudoirs, sind nur noch unerträglich gewordene Zeugen eines Geistes, der längst tot ist. Diese Weihestätten, stickig von Kokain oder sonst wovon, diese Albernheiten schwächlichen Bauernstils beleidigen uns.

Wir sind auf den Geschmack reiner Luft und vollen Lichts gekommen.

*

Anonyme Ingenieure, Mechaniker im Hüttenwerk und an der Schmiede haben jene furchterregenden Gebilde, die Ozeandampfer, erdacht und konstruiert. Uns Landratten freilich fehlt jede Möglichkeit wirklicher Wertschätzung, und es wäre heilsam – um uns das Hutabziehen vor den Werken der „Wiedergeburt" beizubringen –, wenn man uns so viele Kilometer marschieren ließe, wie es der Besichtigung eines Ozeandampfers entspricht.

*

Die Architekten leben in der Enge ihres Schulwissens, in der Unkenntnis neuer Regeln des Bauens, und ihre Einfälle bleiben gern bei den sich schnäbelnden Tauben. Aber die Konstrukteure der Ozeandampfer machen kühn und wissend Paläste, neben denen die Kathedralen ganz klein werden: und sie werfen sie ins Wasser!

Die Architektur erstickt am alten Zopf.

Noch immer verwendet man die dicken Mauern, die früher notwendig waren, während heute die dünnsten Scheidewände aus Glas oder aus Backsteinen für den Abschluß eines von fünfzig Stockwerken überragten Erdgeschosses ausreichen.

In einer Stadt wie Prag beispielsweise schreibt eine veraltete Bauvorschrift eine Mauerdicke von 45 Zentimetern unter dem Dach vor und einen Zuschlag von je 15 Zentimetern für jedes Stockwerk abwärts. Auf diese Weise kann die Mauerdicke bis zu 1,50 Metern im Erdgeschoß betragen. Und heute noch führt die Verwendung weichen Steins in großen Blöcken beim Hochziehen der Fassaden zu der paradoxen Folgerung, daß die Fenster, die eigentlich dazu dienen sollten, das Licht hereinzulassen, in tiefe Nischen gezwängt werden, was ihrem Zweck genau widerspricht.

Auf dem kostspieligen Grund und Boden der Großstädte sieht man noch immer Grundmauern von Gebäuden in die Höhe wachsen, in Form von gewaltigen Mauerwerkspfeilern, während einfache Zementstützen den gleichen Dienst leisten würden. Außerdem wütet die Krankheit der Dächer weiter, ganz elende Dächer – ein unentschuldbarer Widersinn. Die Kellergeschosse bleiben feucht und vollgepfropft, und die Kanalisationen der Städte sind noch immer unter dem Steinpflaster wie tote Organe vergraben, während ein logischer Gedanke, der sofort in die Tat umgesetzt werden könnte, die Lösung bringen würde.

Die „Stile" – irgend etwas muß man doch geleistet haben – tauchen als der große Beitrag der Architekten auf. Sie tauchen in der Ausschmückung der Fassaden und der Salons auf; es sind Entartungen echter Stile, der Abschaum einer vergangenen Zeit. Aber gerade dieses respektvolle und servile „Hütet euch, rührt nicht daran!" vor der Vergangenheit zeugt von einer beunruhigenden Bescheidenheit. Es ist außerdem eine glatte Lüge, denn in den „großen Zeiten" waren die Fassaden glatt, mit durchdachten Durchbrechungen und guten, dem Menschen angepaßten Proportionen. Die Mauern waren so dünn wie möglich. Die Paläste? Sie waren durchaus geeignet für die Großherzöge von einst. Aber welcher Mensch mit guter Kinderstube wird schon in heutiger Zeit die Großherzöge von einst nachahmen? Compiègne, Chantilly, Versailles sind schön zum Ansehen, wenn man sie von einem bestimmten Gesichtspunkt aus betrachtet ... aber darüber ließe sich noch sehr viel mehr sagen.

Häuser wie Tabernakel, Tabernakel wie Häuser, Möbel wie Paläste (mit Giebeln, Statuen, gedrechselten und nicht gedrechselten Säulchen), Wasserkannen wie Hausmöbel und Schüsseln von Bernard Palissy, in die man keine drei Nüsse legen könnte!

Die „Stile" sind ewig.

*

Das Haus ist eine Maschine zum Wohnen. Bäder, Sonne, heißes und kaltes Wasser, Temperatur, die man nach Belieben einstellen kann, Aufbewahrung der Speisen, Hygiene, Schönheit durch gute Proportionen. Ein Sessel ist eine Maschine zum Sitzen usw.: Maple hat den Weg gezeigt. Die Waschbecken sind Maschinen zum Waschen: Twyford hat sie erfunden.

Unser modernes Leben, die Welt unseres Tuns, mit Ausnahme der Stunde des Lindenblüten- oder Kamillentees, hat sich seine Dinge geschaffen: die Kleidung, den Füller, die Rasierklinge, die Schreibmaschine, das Telefon, die wundervollen Büromöbel, die Spiegelgläser von Saint-Gobain und die „Innovation"-Koffer, den Gillette-Rasierapparat und die englische Pfeife, den Melonenhut und die Limousine, den Ozeandampfer und das Flugzeug.

Unsere Zeit bildet jeden Tag ihren Stil. Er ist da, vor unseren Augen.
Vor Augen, die nicht sehen.

*

Es gilt ein Mißverständnis zu zerstreuen: wir sind verdorben durch Verwechslung von Kunst mit Respekt vor dem Dekor. Verirrung des Kunstgefühls, das sich mit tadelnswertem Leichtsinn allem mitteilt und Theorien und Pressefeldzügen Vorschub leistet, die von Dekorateuren geführt werden, welche ihre eigene Zeit nicht kennen.

Kunst ist eine bitterernste Angelegenheit. Sie hat ihre heiligen Stunden. Man entweiht sie. Frivol geworden, schneidet die Kunst Grimassen in einer Welt, die Organisation, Werkzeuge,

Mittel braucht, die sich unter Schmerzen um die Festigung einer neuen Ordnung bemüht. Eine Gesellschaft lebt in erster Linie von Brot, aber auch von Sonne und dem zum menschenwürdigen Dasein Notwendigsten. Noch ist alles zu tun! Eine ungeheure Aufgabe ist zu bewältigen! Das ist so wichtig, so dringend, daß alles in dieser gebieterischen Aufgabe aufgeht. Die Maschinen werden zu einer neuen Ordnung der Arbeit und Muße führen. Ganze Städte müssen gebaut werden, neu aufgebaut werden unter dem Gesichtspunkt eines lebensnotwendigen Minimums, dessen noch immer andauernder Mangel das Gleichgewicht der Gesellschaft in Gefahr bringen könnte. Die heutige Gesellschaft hat den Boden unter den Füßen verloren, sie zerfällt, nachdem die letzten fünfzig Jahre Fortschritt das Gesicht der Welt mehr als die sechs Jahrhunderte vorher verändert haben.

Es ist die Stunde des Aufbaus, nicht des Geschwätzes.

Die Kunst unserer Zeit ist am richtigen Platz, wenn sie sich an die Elite wendet. Die Kunst ist keine Angelegenheit des Volkes, noch weniger aber eine „Luxuspflanze". Kunst ist lebensnotwendig einzig und allein für die Menschen der Elite; diese brauchen Ruhe zur Sammlung, um die Führung übernehmen zu können. Kunst ist ihrem Wesen nach stolz.

*

Während der schmerzhaften Geburtswehen dieser im Entstehen begriffenen Zeit wächst das Bedürfnis nach Harmonie.

Daß doch die Augen sähen! Diese Harmonie ist schon da, ist eine Auswirkung der Bemühungen, die unter dem Gesetz der Sparsamkeit und der physikalischen Gegebenheiten stehen. Diese Harmonie hat ihre Ursachen; sie ist keineswegs Wirkung des Zufalls, sondern Produkt einer logischen Konstruktion und im Einklang mit der Welt, die uns umgibt. Die Natur ist in der kühnen Übertragung ihrer Gesetze auf Werke von Menschenhand gegenwärtig, und dies um so mehr, je schwieriger das Problem zu lösen war. Die Erzeugnisse der Maschinenbautechnik sind Gebilde, die nach Reinheit streben und die den gleichen Entwicklungsgesetzen unterliegen wie die Dinge der Natur, die unsere Bewunderung hervorrufen. In den Arbeiten, die aus Werkstätten und Fabriken hervorgehen, ist Harmonie. Das ist nicht Kunst, ist keine Sixtina und kein Erechtheion; es sind die alltäglichen Produkte einer Welt, die mit Gewissenhaftigkeit, Klugheit, Präzision, mit Phantasie, Kühnheit und Strenge arbeitet.

*

Vergißt man einen Augenblick, daß ein Ozeandampfer ein Transportmittel ist, und betrachtet man ihn mit neuen Augen, dann begreift man ihn als eine bedeutende Offenbarung von Kühnheit, Zucht und Harmonie und von einer Schönheit, die zugleich ruhig, nervig und stark ist.

Ein ernsthafter Architekt, der als Architekt (Schöpfer von Organismen) einen Ozeandampfer betrachtet, wird in ihm die Befreiung von jahrhundertelanger, fluchbeladener Knechtschaft erkennen.

Er wird den Respekt vor den Naturkräften dem trägen Respekt vor den Traditionen vorziehen und die Großartigkeit der Lösungen für ein richtig gestelltes Problem der Kleinmütigkeit mittelmäßiger Einfälle; es sind Lösungen, die dieses Jahrhundert der großen Anstrengungen mit einem Riesenschritt nach vorn gefunden hat.

Das Haus der Landratten ist Ausdruck einer veralteten Welt von kleinem Ausmaß. Der Ozeandampfer ist die erste Etappe auf dem Weg zur Verwirklichung einer Welt, die dem neuen Geist entspricht.

Abb. 9. Häuser im Serienbau. Seite aus Le Corbusier, *Kommende Baukunst*.

Häuser im Serienbau

Ein großes Zeitalter ist angebrochen.
Ein neuer Geist ist in der Welt.
Die Industrie, ungestüm wie ein Fluß, der seiner Bestimmung zustrebt, bringt uns die neuen Hilfsmittel, die unserer von dem neuen Geist erfüllten Epoche entsprechen.
Das Gesetz der Sparsamkeit lenkt gebieterisch unser Tun und Denken.
Das Problem des Hauses ist ein Problem unserer Zeit. Das Gleichgewicht der Gesellschaftsordnung hängt heute von seiner Lösung ab. Erste Pflicht der Architektur in einer Zeit der Erneuerung ist die Revision der geltenden Werte, die Revision der wesentlichen Elemente des Hauses.
Der Serienbau beruht auf Analyse und experimenteller Forschung.
Die Großindustrie muß sich des Bauens annehmen und die einzelnen Bauelemente serienmäßig herstellen.
Es gilt, die geistigen Voraussetzungen für den Serienbau zu schaffen.
Die geistige Voraussetzung für die Herstellung von Häusern im Serienbau.
Die geistige Voraussetzung für das Bewohnen von Serienhäusern.
Die geistige Voraussetzung für den Entwurf von Serienhäusern.
Wenn man aus seinem Herzen und Geist die starr gewordenen Vorstellungen vom Haus reißt und die Frage von einem kritischen und sachlichen Standpunkt aus ins Auge faßt, kommt man zwangsläufig zum Haus als Werkzeug, zum Typenhaus, das gesund ist (auch sittlich gesund) und ebenso schön wie die Werkzeuge der Arbeit, die unser Dasein begleiten.
Schön außerdem dank der Beseelung, die künstlerischer Sinn strengen und reinen Werkzeugen vermitteln kann.

Das Programm liegt vor. Loucheur und Bonnevay fordern von der Kammer ein Gesetz, das den Bau von 500 000 billigen Wohnungen anordnet. Das ist ein ungewöhnlicher Fall in den Annalen des Wohnungsbaus, ein Fall, der daher auch ungewöhnliche Mittel verlangt.

Alles ist noch zu tun, nichts ist für die Verwirklichung dieses Riesenprogramms vorbereitet. *Die geistigen Voraussetzungen dafür sind nicht vorhanden.*

Die geistige Voraussetzung für den Bau von Serienhäusern, die geistige Voraussetzung für das Bewohnen von Serienhäusern, die geistige Voraussetzung für den Entwurf von Serienhäusern.

Alles ist noch zu tun; nichts ist bereit. Die Spezialisierung ist bisher kaum in den Bereich des Bauens vorgedrungen. Es gibt hier weder Fabriken noch Techniker für die Spezialisierung.

Wenn jedoch die geistige Bereitschaft für die Serie entstünde, könnte alles im Handumdrehen auf die Beine gestellt werden. Tatsächlich strebt auf allen Gebieten des Bauens die Industrie wie eine Naturgewalt, wie ein reißender Fluß, der seiner Bestimmung entgegenfließt, ungestüm danach, natürliche Rohmaterialien umzuwandeln und das, was man „neue Stoffe" nennt, zu produzieren. Es gibt unzählige neue Materialien: Zemente und Kalkarten, Formstahl, Keramik, isolierende Stoffe, Spenglermaterial, wasserdichte Putze. All dies kommt gegenwärtig in hellem Durcheinander in die im Bau befindlichen Gebäude, wird auf gut Glück verwendet, kostet ungeheure Handarbeit und liefert nur Zwitterlösungen. Alle diese verschiedenen, für den Bau benötigten Dinge sind eben nicht serienmäßig hergestellt. Da die geistige Voraussetzung dafür nicht vorhanden ist, hat man sich nicht mit einem sachgemäßen Studium der Dinge befaßt noch weniger mit einem sachgemäßen Studium der Konstruktion selbst. Die geistige Voraussetzung für die serienmäßige Herstellung ist Architekten und Hausbewohnern (durch Ansteckung und Selbsttäuschung) gleichermaßen verhaßt. Bedenkt doch nur: ausgerechnet jetzt sind wir wieder bei der H-e-i-m-a-t-k-u-n-s-t angekommen! Uff! Und am allerkomischsten ist, daß wir durch nichts anderes dorthin gekommen sind als durch die Verwüstung der ehemaligen Kriegsgebiete. Vor der ungeheuren Aufgabe, alles wieder aufzubauen, warf man sich in volle Ritterrüstung und lieh sich bei Pan die Flöte aus, und man spielt auf ihr, man spielt auf ihr in den Komitees und in den Kommissionen. Alsdann faßt man Beschlüsse. Dieser, zum Beispiel, verdient zitiert zu werden: einen Druck auf die Gesellschaft der Eisenbahn, Nordbezirk, auszuüben, um sie zum Bau von dreißig Bahnhöfen in verschiedenen Stilen an der Linie Paris–Dieppe zu verpflichten,

Abb. 10. Le Corbusier, Gruppe von Häusern im Serienbau auf „Domino"-Gerippe. Doppelseite aus Le Corbusier, *Kommende Baukunst*.

weil jeder der dreißig, von den Schnellzügen verqualmten Bahnhöfe seinen eigenen Hügel und seinen besonderen Apfelbaum hat, die so gut zu ihm passen und seinen Charakter, seine Seele, ausdrücken. Verdammte Flöte Pans!

Die ersten Wirkungen der industriellen Entwicklung im „Bauwesen" zeigen sich in folgendem Anfangsstadium: die natürlichen Baustoffe werden durch künstliche Baustoffe ersetzt, Baustoffe mit heterogener und zweifelhafter Zusammensetzung durch homogene, künstlich hergestellte Stoffe, die durch Laboratoriumsversuche erprobt und aus beständigen Grundstoffen erzeugt wurden. Das beständige Material muß an die Stelle des natürlichen, unbegrenzt veränderlichen Materials treten.

Außerdem macht das Gesetz der Wirtschaftlichkeit seine Rechte geltend: der Formstahl und, seit kürzerem erst, der Eisenbeton sind Ausdruck einer Kunst der Berechnung, welche das Material vollständig und genau auswertet, während der alte Holzbalken von früher irgendwo vielleicht einen heimtückischen Astknoten verbirgt und seine rechteckige Verarbeitung zu beträchtlichem Materialverlust führt.

Aber auf einigen Gebieten sind die Techniker doch schon in Aktion getreten. Installation und Beleuchtungswesen sind in rascher Entwicklung begriffen; bei der Zentralheizung wird die Struktur der Wände und Fenster – abkühlende Flächen – berücksichtigt, und so mußte es dem Stein, dem guten alten Naturstein von ein Meter Dicke passieren, daß ihm der Rang von leichten Doppelwänden aus Schlacken abgelaufen wurde. Hauselemente, die fast heilig waren, sind erledigt: Dächer, die nicht mehr spitz sein müssen, damit das Wasser abläuft, und die großen und so wunderschönen Fensterumrahmungen, die uns nur ärgern, weil sie uns einkerkern und uns das Licht wegnehmen; die massiven Holzbohlen, so dick, wie man sie nur wünschen konnte, die für die Ewigkeit gedacht waren, aber nein, die schon vor einem Heizkörper reißen und aufspringen, während ein drei Millimeter dicker Wellblechbelag unverändert bleibt usw.

In der guten alten Zeit (die, leider, noch immer andauert) sah man, wie schwerfällige Gäule Wagen mit ungeheuren Steinblöcken auf die Bauplätze schleppten, und dazu Mengen von Menschen, die diese Steine vom Wagen abladen, behauen, auf die Gerüste hinaufschaffen mußten, die die Blöcke einpassen mußten, indem sie mit dem Meterstab in der Hand ihre sechs Flächen mühsam in die richtige Lage brachten. Ein Haus zu bauen, das dauerte auf diese Art zwei Jahre; heute stehen die Gebäude innerhalb von wenigen Monaten, wie der eben vollendete Bau der Kühlhalle von Tolbiac, den die Eisenbahngesellschaft Paris–Orleans hingestellt hat.

Nichts als Kies und nußgroße Schlacken kamen auf den Bauplatz; die Mauern sind dünn wie Membranen, und trotzdem haben sie riesige Lasten zu tragen. Ganz dünne Außenmauern zum Schutz gegen die Schwankungen der Temperatur und Scheidewände von nur elf Zentimeter Dicke trotz der ungeheuren Lasten. Ja, die Dinge haben sich sehr gewandelt.

Die Transportkrise nähert sich der Katastrophe. Man hat endlich gemerkt, daß Häuser eine ungeheure Tonnage bedeuten. Wie, wenn man diese Tonnage um vier Fünftel verringerte? Das wäre eine moderne geistige Haltung.

Der Krieg hat die Schläfer wachgerüttelt. Man sprach vom Taylorsystem. Man wandte es an. Die Unternehmer kauften wohldurchdachte, ausdauernd und rasch arbeitende Maschinen. Werden die Bauplätze demnächst Fabriken werden? Man spricht von Häusern, die man an einem Tag aus flüssigem Beton gießt, ähnlich wie man Flaschen füllt.

Und nachdem der Faden nun einmal eingefädelt ist, nachdem man so viele Kanonen, Flugzeuge, Lastwagen, Eisenbahnwagen fabrikmäßig herstellt, sagt man sich: Könnte man nicht schließlich auch Häuser fabrikmäßig produzieren? Das wäre eine voll und ganz der Zeit entsprechende Einstellung. Noch ist nichts bereit, aber alles ist möglich. In den nächsten zwanzig Jahren wird die Industrie, wie bereits für das Hüttenwesen, für das Bauen Gruppen von Stoffen mit festen Eigenschaften haben, und die Technik wird Heizung, Beleuchtung und sachgemäße Bauverfahren weit über das hinaus entwickelt haben, was uns heute geläufig ist. Die Bauplätze werden nicht mehr sporadische Erscheinungen sein, in denen sich alle Probleme verwirren und häufen, sondern die finanziellen und sozialen Organisationen werden mit abgestimmten und wirksamen Methoden das Wohnbauproblem lösen. Die Bauplätze werden riesengroß sein und wie Verwaltungen betrieben und ausgenutzt werden. Die Siedlungen in den Städten und Vorstädten werden weiträumig und rechtwinklig und nicht mehr so verzweifelt unförmig angelegt sein; sie werden die Anwendung von Serienbau und Industrialisierung der Baustelle erlauben. Man wird dann vielleicht endlich aufhören, „nach Maß" zu bauen. Die nicht aufzuhaltende soziale Entwicklung wird auch die Beziehungen zwischen Mietern und Hauseigentümern und die Vorstellung vom Wohnen verändern, und die Städte werden geordnete und nicht mehr so chaotische Gebilde sein. Das Haus wird nicht mehr dies schwerfällige Ding sein, das den Jahrhunderten trotzen will und das nur als Protzobjekt zum Prahlen mit dem Reichtum fungiert: es wird ein Werkzeug sein, genauso, wie das Auto ein Werkzeug geworden ist. Es wird kein archaisches Wesen mehr sein, das mit tiefen Fundamenten im Boden verwurzelt ist, „massiv" und mit einer Pietät gebaut, auf die sich seit so langer Zeit der Kult der Familie, der Kult der Rasse usw. stützt.

Wenn man aus seinem Herzen und Geist die starr gewordenen Vorstellungen vom Haus reißt und die Frage von einem kritischen und sachlichen Standpunkt aus ins Auge faßt, kommt man zum Haus als Werkzeug, zum Typenhaus, das erschwinglich ist und unvergleichlich gesünder (auch in moralischer Hinsicht) als das alte Haus; außerdem schön wie die Arbeits-Werkzeuge, die unser Dasein begleiten.

Schön außerdem dank der Beseelung, die künstlerischer Sinn strengen und reinen Werkzeugen vermitteln kann.

Aber man muß die geistigen Voraussetzungen schaffen für das Bewohnen von Häusern im Serienbau.

Jeder träumt mit Recht davon, in seiner Wohnung Schutz und Sicherheit zu finden. Da dies unter den gegenwärtigen Bedingungen unmöglich ist, bewirkt dieser für unerfüllbar gehaltene Traum eine wahre Hysterie der Sentimentalität: sein Haus bestellen, das ist fast so, wie sein Testament machen … Wenn ich mein Haus haben werde … werde ich meine Büste in der Garderobe aufstellen, und mein Hund Ketty wird seinen eigenen Salon haben. Wenn ich erstmal ein eigenes Dach über dem Kopf haben werde… usw. Ein Thema für den Psychiater. Wenn dann die Stunde gekommen ist, in der damit begonnen wird, dieses Märchenhaus zu bauen, dann ist das jedenfalls nicht die Stunde des Maurers oder des Bauführers, es ist die Stunde, in der jeder Mensch zumindest ein Gedicht in seinem Leben macht. Deshalb haben wir seit nunmehr vierzig Jahren in unseren Städten und Vorstädten keine Häuser, sondern Gedichte, Nachsommergedichte; denn ein Haus ist ja die Krönung des Lebens… es entsteht in genau dem Augenblick, in dem man alt genug ist und vom Leben zermürbt, um das Opfer von Rheumatismus und Tod zu werden … und das Opfer aller albernen Ideen.

Hugo Häring

Wege zur Form

Erste Erscheinung: *Die Form. Zeitschrift für gestaltende Arbeit*. Heft 1/1925.
Textquelle: Felix Schwarz, Frank Gloor (Hrsg.), *„Die Form". Stimme des Deutschen Werkbundes 1925–1934*. (Gütersloh: Bertelsmann, 1969), S. 23–26.

Hugo Häring (1882–1958) war neben Hans Scharoun der wichtigste Vertreter eines organischen Funktionalismus in der deutschen Architektur. 1924 begründete er mit Architekten wie Peter Behrens, Hans Poelzig, den Gebrüdern Taut und Ludwig Mies van der Rohe den *Zehnerring Berliner Architekten*, aus dem im Jahre 1926 die Architektenvereinigung *Der Ring* entstand – mit Häring als Sekretär. Als Vertreter des Rings war er 1928 Mitbegründer der CIAM. Diese Aktivitäten markieren zugleich ein Spannungsfeld zwischen einem organischen Funktionalismus in der Tradition der deutschen Baukultur (Ideen, die bis zum Biomorphismus des Jugendstils zurückgehen) und seiner „lateinischen Fehlinterpretation" (Häring) im Werk von Le Corbusier.

Auch Häring beschäftigt sich in einem frühen Aufsatz, „Das Problem der Kulturform in seiner Bedeutung für Hamburg" (*Die Tat*, April–Juni 1913), mit der Frage des Stils und behauptet, dass das Fehlen eines einheitlichen Kunstwollens (im Sinne Riegls) keinen Zeitstil mehr erlaubt. Man kann nur von „Kulturform" sprechen, die jedoch „eine formale Einheit nicht besitzt". Im Unterschied zu Viollet-le-Duc, für den die biologische Metapher vor allem rationale Strukturgesetze in der Natur wie in der Architektur bedeutete, spricht Häring von dem Bauwerk und von der Stadt als organische Wesen, die durch ihre „natürlichen" Organe funktionieren. Der Ausgangspunkt ist also immer eine lebendige, vitalistisch verstandene „Essenz", die eine eigene Gestalt entfalten soll. In zahlreichen Artikeln und Vorträgen entwickelt Häring seine Theorie des „organhaften Bauens" weiter, so auch im Aufsatz „Wege zur Form", der 1925 in der Zeitschrift des Deutschen Werkbundes *Die Form* erschien. Als Härings architektonisches Hauptwerk gilt der Gutshof Garkau in Ostholstein (1923); nach 1933 hat er praktisch keine Bauten realisieren können.

Bibliografie: Peter Blundell Jones, *Hugo Häring: The Organic versus the Geometric* (Stuttgart, London: Axel Menges, 1999); Matthias Schirren, *Hugo Häring: Architekt des Neuen Bauens 1882–1958* (Ostfildern-Ruit: Hatje Cantz, 2001).

Die Dinge, die wir Menschen schaffen, sind das Ergebnis unserer Anstrengungen nach zweierlei Richtungen hin; einerseits stellen wir Ansprüche an eine Zweckerfüllung, andererseits Ansprüche an einen Ausdruck. Es kämpfen also Ansprüche sachlicher und dinglicher Art mit Ansprüchen geistiger Art um die Gestalt der Dinge, während die Materie die Mittel zu diesem Kampfe liefert. Nun ist die Verteilung und Betonung dieser beiden Ansprüche auf die Dinge durchaus verschieden in Hinsicht auf das einzelne Objekt, verschieden auch zu verschiedenen Zeiten, in verschiedenen Landschaften, in verschiedenen Völkerschaften, verschieden aber auch durch die Materie. Die sachlichen Ansprüche an die Zweckerfüllung werden die Ansprüche an einen Ausdruck verdrängen, wenn diese Zweckerfüllung von großer Wichtigkeit für das Leben ist, während andererseits die Ansprüche an den Ausdruck die Führung übernehmen, wenn die Ansprüche an die Zweckerfüllung gering sind. Bei Geräten des täglichen Gebrauchs, bei Wohnbauten, bei

Schiffsbauten, bei Festungswerken, bei Brücken, bei Kanalbauten usw. haben zu allen Zeiten die Ansprüche an die Zweckerfüllung dominiert, während die Bauten für die Götter und die Bauten für die Toten nahezu ganz den Ansprüchen rein geistiger Art, den Ansprüchen an Ausdruck überlassen werden konnten. Diese Abstammung der Dinge aber aus zwei Arten von Ansprüchen erklärt die ganze Konfliktmasse, die in ihrer Gestaltwerdung liegt. Denn es ist offenbar, daß die Formen der geeignetsten Zweckerfüllung und die Formen um eines Ausdrucks willen sich nicht immer decken.

Nun sind die Formen der sachlichen Ansprüche, als vom Leben gestaltet, von elementarer Art und von einer naturhaften, nicht dem Menschen entstammenden Ursprünglichkeit, während die Formen, die um eines Ausdrucks willen den Dingen gegeben werden, von einer abgeleiteten Gesetzhaftigkeit sind, von einer Gesetzhaftigkeit, die sich als eine Erkenntnis bei den Menschen einfand. So sind also die ersteren Formen, obwohl dauernden Modifikationen durch äußere Umstände unterworfen, doch in Wahrheit ewige und unzerstörbare, weil vom Leben ewig neugeborene Gestaltungen, während die Formen, die um ihres Ausdrucks willen entstanden, der Vergänglichkeit, dem Wandel der menschlichen Erkenntnis ausgesetzt sind. Dies bedeutet andererseits, daß die Formen der Zweckerfüllung auch auf eine naturhafte Weise und sozusagen auf anonymem Wege entstehen, während die Formen, die um eines Ausdrucks willen geschaffen wurden, einer psychischen Konstitution entstammen und deshalb im höchsten Maße subjektiv und unbestimmbar sind. Mit anderen Worten: die Formen bestimmter Zweckerfüllung sind in der ganzen Welt und ewig dieselben, die Formen des Ausdrucks sind an Blut und Erkenntnis und damit auch an Zeit und Ort gebunden. Die Geschichte der Gestaltwerdung der Dinge ist also in Wirklichkeit nur eine Geschichte der Ansprüche an den Ausdruck der Dinge.

In diesem Anspruch an den Ausdruck der Dinge ist in den letzten Jahrzehnten eine grundsätzliche Wandlung eingetreten. Unter und in der Herrschaft der geometrischen Kulturen hatten wir diese Ansprüche an einen Ausdruck abgeleitet aus einer Gesetzhaftigkeit, die gegen das Lebendige, gegen das Werden, gegen die Bewegung, gegen die Natur gerichtet war, nämlich aus der Gesetzhaftigkeit, die wir in den geometrischen Figuren erkannten, an ihnen errichteten und aus ihnen ableiteten. Wir haben nunmehr die Entdeckung gemacht, daß viele Dinge einer reinen Zweckerfüllung bereits eine Gestalt besitzen, die unseren Ansprüchen an einen Ausdruck vollkommen genügt, und daß viele Dinge, die einer reinen Zweckerfüllung wegen gestaltet waren, unseren Ansprüchen an Ausdruck um so besser entsprachen, je besser sie denen an einer reinen Zweckerfüllung entsprachen, und daß zudem der Ausdruck dieser Dinge *einer neuen Geistigkeit* entsprach. Wir bekannten uns zu dem Ausdruck, den Maschinen, Schiffe, Autos, Flugzeuge und tausend Geräte und Instrumente haben. Mit dieser Entdeckung beginnt ein neuer Abschnitt in der Geschichte der Gestaltwerdung der Dinge.

Wir suchen nunmehr unsere Ansprüche an den Ausdruck nicht mehr der Zweckerfüllung der Dinge *gegen*gerichtet zu behaupten, sondern suchen sie ihr *gleich*gerichtet auf den Weg zu bringen. Wir suchen unsere Ansprüche an Ausdruck *in* Richtung des Lebendigen, *in* Richtung des Werdens, *in* Richtung des Bewegten, *in* Richtung einer naturhaften Gestaltung geltend zu machen, denn der Gestaltungsweg zur Form der Zweckerfüllung ist auch der Gestaltungsweg der Natur. In der Natur ist die Gestalt das Ergebnis einer Ordnung vieler einzelner Dinge im Raum, in Hinsicht auf eine Lebensentfaltung und Leistungserfüllung sowohl des Einzelnen wie des Ganzen. (In der Welt der geometrischen Kulturen ist die Gestalt der Dinge gegeben durch die Gesetzhaftigkeiten der Geometrie.) Wollen wir also Formfindung, nicht Zwangsform, Gestaltfindung, nicht Gestaltgebung, so befinden wir uns damit im Einklange mit der Natur, indem wir nicht mehr gegen sie handeln, sondern in ihr.

Damit fordern wir für die Dinge nur dasselbe, was wir auf vielen anderen Gebieten des Lebens bereits seit langem fordern. Diese Wandlung unseres Anspruches an die Dinge ist also nicht eine Besonderheit eines begrenzten Gebiets, sondern die Wirkung einer ganz allgemeinen Umwälzung in der Planwirtschaft unseres geistigen Lebens überhaupt. Es ist also schließlich richtiger zu sagen, daß wir eine Wandlung in den Planbegriffen und Plansetzungen unseres geistigen Ordnens, Bauens und Schaffens überhaupt durchmachen und daß diese Wandlung, die wir an einzelnen Dingen bereits feststellen, eben ihre Ursache hat in dieser allgemeinen Umwälzung. Wir entnehmen die Planfiguren, die wir unseren schöpferischen Gestalten zugrunde legen, nicht mehr der Welt der Geometrie, sondern der Welt der organhaften Formungen, weil wir die Einsicht gewonnen haben, daß der Weg des gestaltenden aufbauenden, schöpferischen Lebens nur derselbe sein kann, den die Natur geht, der Weg organhafter Planbildung, nicht der Weg der Geometrie.

Alle Bewegungen unseres geistigen Lebens liegen in diesem Planwandel begründet, und die neue Ordnung der Dinge, die wir durchzuführen unternommen haben, geschieht und vollzieht sich aus neuen Planbegriffen heraus und in bezug auf sie. Der Drang zu ordnen, der Drang zu gestalten, der Drang zu bauen bedarf eines Planes, um handeln zu können. Unsere Sorge ist es, diesen Plan zu finden. Denn was wir auf und über diesem Plan errichten, muß in diesem Plane selbst schon enthalten sein. Über der Plansetzung eines Kreises läßt sich keine Pflanze errichten, wohl aber finden sich auf dem Wege, auf dem die Gestalten der Natur entstehen, Planfiguren ein, die identisch sind mit dem Kreis. Das heißt: es gibt einen Gestaltungsweg, auf dem alle Dinge, auch die geometrischen Figuren gleichenden und die kristallgleich gebildeten, als Gestalten aus individuellen Planbegriffen werden, während auf jenem anderen Wege den Dingen eine Form von außen gegeben wird, die ihrer inneren Gestaltwerdung entgegensteht. Wir entnehmen daraus, daß die Fruchtbarkeit unseres bauenden, schaffenden Tuns in der Fruchtbarkeit unserer Planbegriffe bereits beschlossen liegt. Handelt der anfängliche Mensch ohne Wissen um Planbegriffe in Identität mit der Natur und also naturhaft, handelt er somit auch immer schöpferisch, so handelte der Mensch der geometrischen Kulturen mit dem überbetonten Planwillen und den begrenzten Planbegriffen nur so lange fruchtbar, bis seine lebendige Kraft in die Formen der Geometrie nach allen Regeln und Gesetzen gegossen und verpackt und damit abgetötet war, also nur so lange und so weit, als diese Figuren ihrem Drange nach Entfaltung Lebenswärme ließen. Der geometrische Planbegriff wirkte zwar energiefördernd, aber er wirkte auch lebenerschöpfend und tötend. In dem Ablauf dieser geometrischen Kulturen füllen sich die Planbegriffe selbst immer mehr und mehr mit Leben, vor den Ansprüchen des Lebendigen zurückweichend, sie wandern selbst vom Dreieck und Quadrat zum Rechteck und Kreis und werden schließlich durch weitere Zerlegungen und Abwandlungen bis an die Planbegriffe der organhaften Natur herangebracht. In diesem Augenblicke aber, den wir jetzt erleben, in diesem Augenblick, in dem wir weder anfänglich, ohne Wissen, naturhaft, handeln können, in dem wir planhaft, aus Wissen, weiter handeln müssen, gibt es keinen anderen Weg als, im Sinne der Natur, wissend planhaft zu handeln, wissend planhaft im Sinne der Natur die Dinge so zu ordnen, daß ihre Individualität sich entfalte und diese Entfaltung zugleich dem Leben des Ganzen diene. Dieses Ganze ist die Gestalt unseres Lebens.

Wollen wir also Forderungen stellen für die Gestaltfindung der Dinge, so müssen wir zunächst Forderungen stellen für die Gestaltfindung eines neuen Lebens, einer neuen Gesellschaft. Denn wir können den Sinn des Einzelnen nicht bestimmen, solange wir nicht den Sinn des Ganzen kennen, dem dieses Einzelne angehört. Forderten wir also für die Gestaltfindung einzelner Dinge, daß sie den Weg der Natur gehe, so müssen wir ergänzen oder vielmehr eigentlich vorausschicken, daß wir auch für die Gestaltwerdung eines neuen Lebens, einer neuen Gesellschaft für unsere Menschwerdung fordern, daß sie den Weg der Natur gehe und nicht gegen sie.

Wir wollen die Dinge aufsuchen und sie ihre eigene Gestalt entfalten lassen.

Es widerspricht uns, ihnen eine Form zu geben, sie von außen her zu bestimmen, irgendwelche abgeleiteten Gesetzhaftigkeiten auf sie zu übertragen, ihnen Gewalt anzutun. Wir handelten falsch, als wir sie zum Schauplatz historischer Demonstrationen machten, wir handelten aber ebenso falsch, als wir sie zum Gegenstand unserer individuellen Launen machten.

Und gleicherweise falsch handeln wir, wenn wir die Dinge auf geometrische oder kristallische Grundfiguren zurückführen, weil wir ihnen damit wiederum Gewalt antun (Corbusier). Geometrische Grundfiguren sind keine Urformen, auch keine Urgestalten. Geometrische Grundformen sind Abstraktionen, abgeleitete Gesetzhaftigkeiten. Die Einheit, die wir auf Grund der geometrischen Figuren über die Gestalt vieler Dinge hinweg errichten, ist nur eine Einheit der Form, nicht eine Einheit im Lebendigen.

Wir aber wollen die Einheit im Lebendigen und mit dem Lebendigen. Eine polierte Metallkugel ist zwar eine phantastische Angelegenheit für unseren Geist, aber eine Blüte ist ein Erlebnis. Geometrische Figuren über die Dinge stülpen heißt: diese uniformieren, heißt: diese mechanisieren. Wir wollen aber nicht die Dinge, sondern nur ihre Herstellung mechanisieren.

Die Dinge mechanisieren heißt: ihr Leben – und das ist unser Leben – mechanisieren, das ist abtöten. Die Herstellung mechanisieren indessen heißt Leben gewinnen.

Die Gestalt der Dinge kann identisch sein mit geometrischen Figuren – wie beim Kristall –, doch ist, in der Natur, die geometrische Figur niemals Inhalt und Ursprung der Gestalt. Wir sind also gegen die Prinzipien Corbusiers – (doch nicht gegen Corbusier). Nicht unsere Individualität haben wir zu gestalten, sondern die Individualität der Dinge. Ihr Ausdruck sei identisch mit ihnen selbst.

Leo Adler

Baukunst als Ereignis
(Ausschnitte)

Erste Erscheinung und Textquelle: Leo Adler, *Vom Wesen der Baukunst. Die Baukunst als Ereignis und Erscheinung. Versuch einer Grundlegung der Architekturwissenschaft. Erster Band. 1. und 2. Buch.* (Leipzig: Verlag der Asia Major, 1926), S. 126–127, 135–136, 139–141, 144–145.

Der in Russland geborene deutsche Architekt Leo Adler (1891–1962) hat in Berlin und München Architektur studiert, und war anschließend als Kritiker und Architekturtheoretiker tätig. Ab 1927 hat er mit Werner Hegemann die Architekturzeitschrift *Wasmuths Monatshefte für Baukunst* herausgegeben. Adler ist heute vor allem bekannt als Redakteur des wichtigen Nachschlagewerks *Wasmuths Lexikon der Baukunst* (Berlin 1929–1932). Im Jahre 1933 verließ er Deutschland, um sich in Palästina niederzulassen.

Adlers theoretisches Hauptwerk ist das Buch *Vom Wesen der Baukunst* (1926). Sich auf August Schmarsows und Heinrich Wölfflins Kunsttheorie sowie auf Adolf Hildebrands Untersuchungen stützend, findet er in dieser Schrift eine neue, zeitgemäße Definition der Architektur: „Baukunst ist physisch-zweckvolle Raumgestaltung unter Umsetzung einer ästhetisch-zwecklosen Raumidee (in die dreidimensionale Realität des empirischen Raumes) durch Aufrichtung von dreidimensionalen Blockflächen." (S. 59)

Bibliografie: Myra Warhaftig, *Sie legten den Grundstein. Leben und Wirken deutschsprachiger jüdischer Architekten in Palästina 1918–1948* (Tübingen, Berlin: Wasmuth, 1996).

Folgerungen

[...]

Uns ist „Stil" überhaupt nicht ein historischer, sondern ein durch naturwissenschaftliche Erkenntnisverfahren gewonnener morphologischer Begriff. Der Stilbegriff faßt durch Vergleichen des gestaltlich und formal Gemeinsamen der Erscheinungen Flucht zu Gruppen zusammen, ist daher ein Prinzip der Unterordnung der Einzeltatsachen unter allgemeine Gesichtspunkte der Gestaltslehre der Baukunst [...]. Im geschichtlichen Sinn trägt der Begriff „Stil" insofern einen Widerspruch in sich, als er seinem Wesen nach ein Diskretum bezeichnet, während die stetige Entwicklung ein Kontinuum darstellt. Aus dieser Sachlage erklärt sich auch der schlechthin unlösbare Widerstreit in der Anwendung der Stilbezeichnungen.

[...]

Die *Anfänge* der Entwicklung einer neu auftretenden Raumgestaltung sind gleichzeitig *Endglieder* von Entwicklungsreihen auf anderen Gebieten menschlichen Seins, oder sie können es zum mindesten [...] sein. Das führt uns darauf zurück, daß Architektur, aus dem Kulturzusammenhang losgelöst, historisch zu betrachten, ein im Grunde vergebliches Unterfangen ist.

Tritt nun ein derartig zweckhaft-praktisches Bedürfnis nach neuer Raumgestaltung als Endglied irgendeiner kulturellen Entwicklungsreihe auf, so ist die Erfüllung und bestmögliche Befriedigung dieses neuen Bedürfnisses die nächste Aufgabe der Bautechnik. Zum Auftakt, zur „Vorstufe" wird die technische Gestaltung und schließliche Lösung der konstruktiven Bedingungen der neu aufgetretenen Aufgabe. Die Formsprache aller technisch nicht notwendig zu ändernden Teile des Bauwerks kann hierbei vorerst durchaus die althergebrachte, gewohnte bleiben und sie bleibt es auch zumeist infolge der psychischen Beharrungstendenz. So können wir als das Merkmal eines *endogenen Überganges*, einer ersten „Stilphase" das Auftreten neuer konstruktiver Gedanken und Versuche feststellen unter vorläufiger Beibehaltung bzw. Anpassung der bisher gewohnten Schmuck- und Nebenformen, mit einem Wort: ein Beibehalten der bisherigen Formsprache.

[...]

Das heißt: überall wandelt sich mit den Kulturinhalten der die baugeschichtliche Entwicklung jeweils beherrschende Bautyp und überall wird dem Rechnung getragen – bis zur Schwelle des 19. Jahrhunderts. Hier, vielleicht aus Mangel an zeitlichem Abstand, trübt sich der Blick. Man forscht in den Denkmälern der „monumentalen Baukunst" wie in denen der vorhergehenden Epochen nach den Trägern der Architekturgeschichte und übersieht dabei, daß alle diese Bauten nicht mehr als Symbole des Kulturinhaltes dieser Zeit aufgefaßt werden können. Ist das kirchliche Leben nach den Zeiten der Aufklärung noch irgend Träger einer lebendigen, die gesamte Kulturgemeinschaft bewegenden, geistigen und somit kulturellen Entwicklung? Steht das Theater im Mittelpunkt des Volkslebens wie die Circenses Roms? Das 19. Jahrhundert empfängt im Abendland – zum wenigsten in seiner zweiten Hälfte – sein Gepräge nicht mehr von Religion oder Kunst, sondern von Technik und Verkehr, von Handel und Wandel. Nicht der Klerus wie in der Theokratie des Mittelalters, nicht der von Land zu Land wandernde Scholar und Künstler sind das einigende Band der Nationen Europas: der Kaufmann ist es und der Ingenieur, der Forscher und Techniker. Diese prägen das neue Gesicht der Zeit. Darum stirbt die „schöne" Baukunst im Bewußtsein der Zeit, darum wird die im landläufigen Sinne monumentale Architektur zu einer Art „Geheimkunst", um die sich in der Allgemeinheit niemand mehr kümmert. Trotz aller gegenteiligen Ansicht: Klenze und Hansen, Ferstel und Schäfer sind nur Epigonen ohne Bedeutung für die Weltgeschichte der Baukunst. Das alles ist für die Erkenntnis der Entwicklung der Architektur nicht wesentlicher als der hellenische Privatbau oder die mittelalterliche Burg. Den Bauten von Verkehr und Industrie gehört nicht nur ein Platz an der Wende des 19. Jahrhunderts zum 20. als bescheidene Träger eines schüchtern einsetzenden Raumgefühles, sie sind die alleinigen Träger einer lebendigen Architekturentwicklung, seit der dritte Stand sich nach den großen Revolutionen den Platz an der Sonne schafft und der Zentralinhalt der Epoche sich im Kapitalismus bildet. Nur die Bauten, die ihm und seinen Unternehmungen dienen sind ursprünglich und als solche Träger baulicher Entwicklung. Alle anderen sind bloße Requisiten einer Repräsentation und es kann uns nicht überraschen, daß wir hier die geschichtliche Struktur des Bewußtseins besonders ausgeprägt am Werke sehen, die sich ständig bemüht, den neuen Inhalt in alte Schläuche zu füllen. Vergessen wir nicht, daß in der Weltgeschichte und somit auch in der Entwicklungsgeschichte der Baukunst Jahrzehnte nur Einzelheiten bedeuten, Einzelheiten, über die wir in weiter zurückliegenden Jahrhunderten ohne Bedenken hinwegschreiten. Nicht das methodische Prinzip der Entwicklung versagt gegenüber der Architekturgeschichte des 19. Jahrhunderts, nur sind die Träger dieser Entwicklung andere Bautypen, als jene, die bisher *unberechtigter-*, aber aus den erörterten Gründen *erklärlicherweise* in den Vordergrund der Betrachtung gerückt wurden. Für die Entwicklungsgeschichte der Baukunst des 19. Jahrhunderts muß ein grundsätzlich anderer Standpunkt eingenommen werden, soll anders die geschichtliche Betrachtung dieses Zeitraums Sinn und Erkenntniswert haben. Das bisherige Verfahren führt nur *scheinbar* die Betrachtungsweise weiter, die früheren Zeiten gegenüber sich als fruchtbar erwiesen hat. *Tatsächlich* würde eine der landläufigen Geschichte der Baukunst im 19. Jahrhundert entsprechende Behandlung, z. B. der Renaissance, logischerweise dazu führen, die Geschichte der Renaissancebaukunst beispielsweise an den Fabrik- und Kleinwohnungsbauten des 14. bis 16. Jahrhunderts schildern zu wollen. Ein Unterfangen, dessen Unsinnigkeit offen zutage liegt. Das entsprechende Verfahren wird aber auf die Baugeschichte des 19. Jahrhunderts stillschweigend angewandt! Und dann freilich jede baukünstlerische Entwicklung im 19. Jahrhundert geleugnet!

[...]

Das zu Selbständigkeit gelangte Kunstwerk gewinnt als Teil der Umwelt eigenes Leben, folgt eigenen Gesetzen seines Seins. Es tritt aus dem geschichtlich-chronologischen Zusammenhange heraus und gleichsam in die Anschauungsform des Raumes über. Die Werke der Kunst werden zu *Erscheinungen*, die, wie jeder Gegenstand außer uns, Apperzeption und subjektive Stellungnahme erheischen.

Ihnen gegenüber tritt die Vernunft mit der Forderung sachlichen Verstehens entgegen. Das heißt: außer dem geschichtlichen verlangt das Kunstwerk ein rein formales Begreifen, fordert auch eine geschichtlich nicht mehr zu rechtfertigende Wertung. Es ergibt sich schließlich die paradoxe Tatsache, daß im Grunde genommen erst von der Wertung des gerade in Frage stehenden Objektes aus rückschauend das Begreifen der betreffenden geschichtlichen Entwicklungsreihe möglich wird. Denn nur als Einzelglieder jenes stetigen Ablaufes der Geschichte, der zu dem gerade vorliegenden Zustand geführt hat, erhalten die Tatsachen der Vergangenheit ihre Bedeutung, die sie aus dem stetig fließenden Strom der Entwicklung heraushebt, sie zu Marksteinen des Entwicklungsvorgangs stempelt.

In diesem Sinne wohnt dem Werten eine Bedeutung auch für die Erkenntnis des geschichtlichen Verlaufes inne. In diesem Sinne allerdings nur, d. h. im Sinne einer Wertbeziehung, nicht im Werten schlechthin, das zu Lob und Tadel wird. Es ist eben mit Nachdruck auf Rickerts Wort hinzuweisen, daß „die Beurteilung des objektiven Wertes etwas ganz anderes ist, als die historische Beziehung auf den Wert".

Dort handelt es sich um die Wertung seitens des einzelnen Betrachters, hier um den Wert, der allgemeine Geltung innerhalb der erreichten Höhe und Form des Kulturzustandes hat. Den Drang nach Wertung haben wir als erkennende Wesen allen Objekten der Umwelt gegenüber. Diese Wertung kann aber nicht mehr durch eine geschichtliche Betrachtung gewonnen werden, weder durch den Begriff der Entwicklung, den wir ja als einen rein geschichtlichen bestimmt haben und der eben dadurch jegliche Wertung ausschließt, noch durch die biographische Analyse, die als Anwendung dieser Betrachtungsweise auf Träger hochbewerteter baukünstlerischer Leistungen natürlich beschränkt ist. Kurz: neben das geschichtliche Verstehen tritt das sachliche Begreifen und künstlerische Werten in sein Recht. Jenes ist chronologisch orientiert: es bedient sich geschichtswissenschaftlicher Verfahren und hat, wie wir darzulegen versuchten, die *Ereignis*-Forschung zum Ziel. Die künstlerische Wertung erfordert darüber hinaus die Erforschung der *Erscheinung*. Unsere Untersuchung wendet sich nun dieser Aufgabe zu d. h. der Gestaltslehre der Baukunst, der
Baukunst als Erscheinung.

Ludwig Hilberseimer

Großstadtarchitektur
(Ausschnitt)

Erste Erscheinung: Ludwig Hilberseimer, *Großstadtarchitektur* (Stuttgart: Julius Hoffmann, 1927).
Textquelle: Ludwig Hilberseimer, *Großstadtarchitektur* (Nachdruck Stuttgart: Julius Hoffmann, 1978), S. 101–103.

Der deutsche Architekt und Stadtplaner Ludwig Hilberseimer (1885–1967), der vor dem Ersten Weltkrieg vom reduktiven Klassizismus von Heinrich Tessenow beeinflusst war, wurde 1919 zum Mitglied wichtiger Gruppierungen der Avantgarde in Berlin, wie der *Arbeitsrat für Kunst* und die *Novembergruppe,* und hat seine Schriften in *Der Sturm* veröffentlicht. Seit 1919 beschäftigte er sich mit der Idee der Stadtplanung für das „Existenzminimum". 1922 nahm er mit seinem Wolkenkratzer-Entwurf am *Chicago Tribune*-Wettbewerb teil. Hilberseimer war Mitarbeiter von *G – Zeitschrift für elementare Gestaltung* (1923-1926). In seinem Projekt *Hochhausstadt* (1924) wurden die Überlegungen Le Corbusiers *Ville Contemporaine* (1922) radikal weiterentwickelt. Seine Lehrtätigkeit im Bauhaus (1929-1933), seine Mitgliedschaft im Deutschen Werkbund und in der CIAM haben ihn zu einer einflussreichen Persönlichkeit des Neuen Bauens gemacht. Im

Jahre 1938 wurde er von Mies van der Rohe nach Chicago eingeladen, wo er am Illinois Institute of Technology Städtebau unterrichtete.

In seinen Schriften betont Hilberseimer die materielle und strukturelle Klarheit der Architektur. Dieser Rationalismus ist jedoch verbunden mit einer Suche nach Ausdruck, wo – wie bei Häring – die Gedanken des Kunstwollens von Riegls und Nietzsches Idee der dionysischen Kunst die Grundlage einer Rhetorik des Willens bilden („Der Wille zur Architektur" hieß ein 1923 im *Kunstblatt* veröffentlichter Aufsatz). Auch im hier abgedruckten Text, vor allem im abschließenden Teil über „das allgemeine Gesetz" wird Stil mit Hinweis auf Nietzsche definiert.

Bibliografie: Richard Pommer, David Spaeth, Kevin Harrington, *Ludwig Hilberseimer: Architect, Educator, and Urban Planner* (Chicago: The Art Institute of Chicago, 1988); *Ludwig Hilberseimer 1885/1967*, Themenheft *Rassegna 27* (September 1986).

Identität von Konstruktion und Form

Identität von Konstruktion und Form ist unerläßliche Voraussetzung der Architektur. Zunächst scheinen beide entgegengesetzt, aber gerade auf ihrer Verbindung, ihrer Einheit beruht Architektur. Konstruktion und Material sind die materiellen Voraussetzungen der architektonischen Gestaltung, stehen zu dieser in steter Wechselbeziehung. So beruht die griechische Architektur auf dem durch die Steinkonstruktion bedingten Wechsel von Vertikalen und Horizontalen, nutzt vollkommen die Möglichkeiten des Werksteins bei Wahrung der Einheit des Materials aus. Ein griechischer Tempel ist ein vollkommenes Ingenieurwerk in Stein. Durch die Konstruktion von Bogen und Gewölbe haben die Römer den einfachen Wechsel von Vertikalen und Horizontalen wesentlich bereichert, jedoch die Einheit des Materials aufgegeben, durch die Trennung in Tragrippen, Füllwerk und Verblendung, die bis zur Gegenwart charakteristische Kompositbauweise geschaffen, die vor allem die Umrahmung der Öffnungen und Abdeckung der Geschoßabsätze mit Werkstein bedingte. Durch das Übereinanderstellen mehrerer durch Säulenanordnung gegliederter Geschosse entstand die übliche Horizontalgliederung mehrgeschossiger Gebäude, ein Prinzip, das erst Michelangelo durchbrach. Er faßte erstmalig mehrere Geschosse unter einer Ordnung zusammen. Damit beginnt die absolute Dekorativität der von der Antike abgeleiteten Bauformen. Diese verloren ihren konstruktiv gliedernden Sinn mehr und mehr, bis sie schließlich zu völligen Attrappen wurden: die Architektur des 19. Jahrhunderts.

Großstadtarchitektur

Erst die Großstadtarchitektur hat durch ihre neuartigen Bauaufgaben neue Konstruktionen und Materialien zu einer unabwendbaren Forderung gemacht. Als Baustoffe können bei der Großstadtarchitektur nur Materialien verwandt werden, die größte Raumausnutzung ermöglichen, gesteigerte Widerstandskraft gegen Abnützung und Witterungseinflüsse mit größter Festigkeit vereinen. Eisen, Beton und Eisenbeton sind die Baumaterialien, die die für die großstädtischen Anforderungen notwendigen neuartigen Konstruktionen ermöglichen, Konstruktionen zur horizontalen oder bogenförmigen Überdeckung weitgespannter Räume und weit vorspringende, freitragende Auskragungen.

Eisen und Eisenbeton

Beton und Eisenbeton sind Baumaterialien, die der Phantasie des Architekten relativ keine Grenzen setzen. Wir meinen damit nicht ihre Formbarkeit, die Möglichkeit, vermittels des Gießens alle Materialhemmungen zu überwinden. Im Gegenteil: ihre konstruktiven Konsequenzen, die Möglichkeit, ein vollkommen homogenes Bauwerk herzustellen, Zusammenfassung tragender und getragener Teile, Ermöglichung reiner Massenbegrenzungen, Erübrigung jeder Abdeckungs- und Einfassungsgliederung.

Überwindung des alten Stützen- und Lastsystems

Durch die konstruktiven Möglichkeiten des Eisen- und Eisenbetonbaues ist das alte Stützen- und Lastsystem, das nur ein Bauen von unten nach oben und hinter die Front zurück ermöglichte, überwunden. Beide ermöglichen auch einen Bau nach vorn, ein Auskragen über die Stützen hinaus, ermöglichen eine vollkommene Trennung in tragende und getragene Teile, Reduzierung der Tragkonstruktionen auf wenige Punkte, Auflösen des Bauwerks in ein tragendes Skelett und in nichttragende, sondern nur umschließende und trennende Wände. Damit ergeben sich nicht nur neue technische und Materialprobleme, sondern vor allem auch ein neues architektonisch-optisches Problem, eine völlige Veränderung der scheinbar festbegründeten statischen Erscheinungsform des Bauwerks, so daß bei Anwendung einer Kragkonstruktion und unter Hinzuziehung großer, ganze Etagen umfassender Spiegelglasflächen eine neuartige Architektur von schwebender Leichtigkeit entsteht.

Horizontalgliederung

Durch den Fortfall von Mauern und Stützen an der Front wird auch die horizontale Schichtung des Etagenhauses betont. Die Horizontalgliederung wurde bisher durch ein dekoratives Pfeilersystem völlig ignoriert, gehört aber zum Hauptcharakteristikum eines vielgeschossigen Gebäudes.

Glas und Eisen

Neben dem Eisenbetonbau ist die Verwendung von Glas und Eisen als alleinigen Baustoffen von weitgehender Bedeutung. Paul Scheerbart hat richtig erkannt, daß das Glas völlig neue architektonische Möglichkeiten bietet. Seine Schriften aber haben expressionistische Architekten veranlaßt, den Glasbau zu unarchitektonischen dekorativen Phantastereien zu benutzen, sie haben sich über die konstruktiven Voraussetzungen des Glaseisenbaues mit Ignoranz hinweggesetzt.

Da es sich hier um ganz neuartige Materialien zur Raumbildung handelt, müssen zunächst rein experimental die Möglichkeiten dieser Materialverbindung untersucht werden. Es muß erforscht werden, wie das Raumgefühl sich solchen Materialverbindungen und Raumbildungen gegenüber verhält. Zunächst wird es die Körperlichkeit und Festigkeit einer Steinmauer eher bejahen als eine in einem Eisengerüst stehende Glaswand von gleicher statischer Festigkeit.

Kein Material kann anders als seinen Eigenschaften gemäß benutzt werden. Daher ist der Glaseisenbau formal anders zu behandeln als der Massivbau. Es wird besonders auf das Verhältnis des durchsichtigen Glasmaterials zum Licht Rücksicht zu nehmen sein, da das gläserne Gebäude mehr Licht aufzusaugen als zurückzuwerfen scheint. Auch erfordert das fenster- bzw. öffnungslose Glashaus eine andere konstruktive und metrische Gliederung, als das bisher allein übliche von Öffnungen durchbrochene Massivhaus. Vor allem liegen in der Farbaufnahmefähigkeit bei gleichzeitiger Durchsichtigkeit des Glases Möglichkeiten, die Scheerbarts Vorschläge durchaus nicht utopisch erscheinen lassen.

Einstweilen sind wir jedoch von einer planmäßigen und folgerichtigen Beobachtung und Handhabung dieses neuen Baumaterials noch weit entfernt. Fast alle, die sich mit dem Glaseisenbau beschäftigten, haben die Grundsätzlichkeit dieser neuen Bauweise entweder übersehen oder mißachtet, darin lediglich ein neues Mittel zur dekorativen Entfaltung gesehen.

Die Farbe

Das Element der Farbe wurde in der Architektur der letzten Vergangenheit mit großer Gleichgültigkeit behandelt. Der allgemeinen Unterschätzung der Farbe folgte durch den Expressionismus ihre Anwendung in hypertrophischer, völlig undisziplinierter Weise. Sie wurde rein äußerlich auf Flächen und Gebäuden angebracht, ohne organische Verbindung mit Material und Form, ohne diesen eigentümlich zu sein. In der Architektur kann Farbe niemals als Farbe an sich, sondern immer nur als Farbe des Materials zur Anwendung kommen. Die Farbigkeit der Architektur wird stets durch die Farbigkeit des Materials als eine seiner Eigenschaften bestimmt. So wird die Farbe als Element und ihr Verhältnis zum Licht von größter Bedeutung.

Gleichmäßigkeit, Beständigkeit, Intensität des Lichtes, die Raschheit des Wechsels, der Wassergehalt und die Wärme der Luft sind die Elemente, die das optische Bild der Architektur nach bestimmten Gesetzen vereinheitlichen. Der über der Großstadt liegende Dunst trübt jede klare Farbe. Darum ist die Grundfarbe aller Großstädte ein unbestimmtes Grau, die Farbe des Dunstes selbst. Trotzdem kann Farbigkeit zur Verstärkung der architektonischen Absichten Wesentliches beitragen. Gleichfarbigkeit kann zum einigenden, Mehrfarbigkeit zum belebenden, ja kompositionellen Element werden. Das einzelne Gebäude kann in sich, mehrere können untereinander durch die Farbe straffer zusammengefaßt, die kubische Wirkung erhöht werden.

Möglich ist auch eine farbige Hervorhebung einzelner Gebäudeteile, Abstimmung von Teilen untereinander durch verschiedene Farben, Herstellung oder Unterstützung einer Rangordnung, Hinleitung des Blicks auf den Lauf der Hauptlinie. Immer aber wird die Farbe nicht eine hinzugefügte, sondern stets eine dem Material eigentümliche sein müssen.

Verhältnis zum Licht

Von großer Bedeutung ist auch das Verhältnis der Baustoffe zum Licht. Durchsichtigkeit und Undurchsichtigkeit, Glätte und Stumpfheit, Härte und Weichheit des Materials, scharfe Linien und Kanten, Übergänge vom Höheren zum Tieferliegenden sind für die Lichtbrechung und Teilung der Helligkeitsgrade und damit für die Farbe entscheidend. Sie bestimmen den höheren oder geringeren Grad von Körperhaftigkeit, das Maß der Selbständigkeit der einzelnen Teile. Sie sind als sondernde und einigende Elemente Kompositionsmittel von größter Bedeutung.

Das allgemeine Gesetz

Die Besonderheit eines Organismus tritt dadurch in Erscheinung, daß seine einzelnen Organe diese Besonderheit verkörpern. Das allgemeine Gesetz wird in seiner Allgemeinheit durch den Gesamtorganismus dargestellt, kommt bei Einzelheiten nur als Anwendungsfall zur Geltung.

Daher muß sich der Unterschied der Großstadt von anderen Stadtformen auch beim einzelnen Gebäude zeigen. Wie die Großstadt nicht eine traditionelle Stadt vergrößerten Maßstabes ist, so wenig ist das Großstadtgebäude eine Umsetzung der bisherigen Formen in größere Dimensionen.

Die veränderten Voraussetzungen, die andersartige Benutzungsweise, die neuen Bedürfnisse und Ansprüche in konstruktiver und räumlicher Beziehung haben zu neuartigen Konstruktionen und Materialien geführt, entsprechende Formtypen hervorgebracht.

Das großstädtische Bauwerk muß als Zelle, der großstädtische Organismus als Teil einer Einheit wesentliche architektonische Eigenheiten aufweisen, die durch die Wesenheit Großstadt bedingt sind. Da die Voraussetzungen der bisher geübten Architektur aufgehoben sind, können auch deren Ausdrucksmittel nicht beibehalten werden. Auf ein Miethaus, Waren- oder Bürohaus kann das Dekorationsschema der Renaissance nicht übertragen werden, wenn diese Gebäudetypen ihren Sinn nicht verlieren sollen; eine Sinnwidrigkeit, wie sie etwa Ludwig Hoffmann beim neuen Berliner Stadthause verwirklicht hat, deren Folge eine höchst nachteilige Verfinsterung der Arbeitsräume ist.

Alles auf mäßige Raumgrößen bezogene Detail wird unsinnig, wenn seine Intensität und motivische Kraft nicht den ganzen Baukörper erfassen kann, wo es seiner Natur nach eine intime Einzelheit ist. Daher wird bei der Großstadtarchitektur die Möglichkeit für gliederndes Detail beschränkt. Vor allem das Ornament wird hier völlig sinnwidrig. Alles drängt auf machtvolle Gestaltung der Umrisse, auf die diese bestimmende Organisation des Grundrisses. Vor dem entscheidenden kubischen Aufbau treten Einzelheiten völlig zurück. Maßgebend ist die allgemeine Gestaltung der Massen, das ihr auferlegte Proportionsgesetz.

Die Notwendigkeit, eine oft ungeheure, heterogene Materialmasse nach einem für jedes Element gleichermaßen gültigen Formengesetz zu bilden, fordert eine Reduktion der architektonischen Form auf das Knappste, Notwendigste, Allgemeinste, eine Beschränkung auf die geometrisch kubischen Formen: die Grundelemente aller Architektur.

Daher kommt die wesentlichste Eigenschaft des Architekten, sein Sinn für die Masse, ihre Proportionen zu erhöhter Bedeutung, seine Organisationsfähigkeit. Große Massen bei Unterdrückung der Vielerleiheit nach einem allgemeinen Gesetz zu formen, ist, was Nietzsche unter Stil überhaupt versteht: der allgemeine Fall, das Gesetz wird verehrt und herausgehoben, die Ausnahme wird umgekehrt beiseite gestellt, die Nuance weggewischt, das Maß wird Herr, das Chaos gezwungen Form zu werden: logisch, unzweideutig, Mathematik, Gesetz.

Josef Frank

Vom neuen Stil
Ein Interview

Erste Erscheinung: *Die Baukunst*, 3. Jg. 1927, S. 234–249.
Textquelle: Johannes Spalt, Hermann Czech (Hrsg.), *Josef Frank 1885–1967* (Wien: Hochschule für angewandte Kunst, 1981), S. 178–180.

Josef Frank (1885-1967) hat an der Technischen Hochschule in Wien Architektur studiert und anschließend bei Bruno Möhring in Berlin (1908-1909) gearbeitet. Nach einer italienischen Studienreise hat er eine Dissertation über die Kirchenbauten Albertis geschrieben. Nach 1910 entstanden seine ersten Häuser und Einrichtungen in Zusammenarbeit mit Oskar Strnad und Oskar Wlach in Wien. Zwischen 1919 und 1925 war er Professor für Baukonstruktion an der Wiener Kunstgewerbeschule, 1925 gründete er mit Oskar Wlach die Einrichtungsfirma *Haus & Garten*, die auch für die Einrichtung des von Frank entworfenen Doppelhauses der Weißenhofsiedlung in Stuttgart verantwortlich war. Die Teppiche, farbigen Stoffe und gemusterten Vorhänge unterschieden sich auffallend von den sachlichen Interieurs der anderen Musterwohnungen. Bei der Gründungskonferenz der CIAM in La Sarraz (1928) war Frank der Vertreter Österreichs. Er leitete die Planung der Mustersiedlung des Österreichischen Werkbundes in Wien (1930–1932). Im Dezember 1933, nach der Spaltung des Österreichischen Werkbunds, emigrierte Frank nach Schweden. 1942-1943 wurde er als Gastprofessor an die New York School of Social Research eingeladen.

Als eigenständiger Denker kritisierte Frank die dogmatische Auslegung der Prinzipien der modernen Bewegung. Sein Konzept der Wohnhausarchitektur, „Das Haus als Weg und Platz", in der er die räumliche Organisation der Wohnung beschrieb, wurde in der Zeitschrift *Der Baumeister* im Jahre 1931 veröffentlicht. Mit seinen Inneneinrichtungen, Möbeln und Stoffentwürfen führte er die Wiener Wohnkultur auf eine Art und Weise weiter, die sogar die scheinbar diametral entgegengesetzten Positionen von Adolf Loos und Josef Hoffmann miteinander versöhnt. Der in Interviewform geschriebene Aufsatz „Vom neuen Stil" entstand im Jahre der Stuttgarter Werkbundausstellung; Frank wendet sich in dieser Schrift geistvoll und subversiv gegen die dort kanonisierte Ästhetik des Funktionalismus.

Bibliografie: Mikael Bergquist, Olof Michélsen (Hrsg.), *Josef Frank: Architektur* (Basel, Boston, Berlin: Birkhäuser, 1995); Nina Stritzler-Levine (Hrsg.), *Josef Frank, Architect and Designer: An Alternative Vision of the Modern Home* (New Haven and London: Yale University Press, 1996); Maria Welzig, *Josef Frank 1885-1967: Das architektonische Werk* (Wien, Köln, Weimar: Böhlau, 1998).

1. Stil

F: Wir haben sehr viele Stile, die wir sämtlich anwenden können; wozu brauchen wir noch einen neuen?

A: Die Sprache des alten Stils ist nicht mehr imstande die Begriffe unserer Zeit auszudrücken.

F: Sie sprechen vom alten Stil; es ist doch nicht bloß einer, sondern wir sind heute in der Lage sämtliche Stile aller Zeiten und Völker verwenden zu können.

A: Doch, es ist nur einer, da man einem jeden Haus sofort ansehn kann, in welchem Jahr es erbaut worden ist.

F: Ein Stil wird aber nicht erfunden, sondern entsteht von selbst. Es ist deshalb ein unfruchtbares Beginnen, einen erfinden zu wollen.

A: Stile werden erfunden und der moderne stammt aus dem Jahr 1420. Das war meines Wissens das erste Mal, daß ein Architekt erklärte: „Von heute an baue ich im modernen Stil."

F: Aber er hatte die ganze Tradition für sich und konnte deshalb ruhig weiterarbeiten.

A: Er hatte nicht mehr Tradition als wir und schrieb: „Die Alten hatten es leichter, groß zu werden, weil sie eine Schultradition hatten. Wieviel größer muß aber unser Namen werden, da wir ohne Vorbild Künste finden, von denen man früher nichts gesehn oder gehört hat."

F: Was ist Tradition?

A: Die unbewußte Notwendigkeit, Überkommenes anzuerkennen.
F: Was ist Stil?
A: Das Symbol einer Weltanschauung.

2. Symbole

F: Wir leben im Zeitalter des Rationalismus; wozu brauchen wir noch Symbole?
A: Die Tradition hat gezeigt, daß wir sie noch brauchen, wenn es auch nicht immer dieselben sind. Sie sind ein Beweis für die Überwindung des Materialismus.
F: Der neue Stil verlangt, wie mir gesagt wurde, nackte Sachlichkeit; der alte war doch immerhin ein Schmuck und zeigte eine Freude am Praktisch-Unnötigen. Deshalb war er vom Materialismus viel weniger durchdrungen als der neue.
A: Das ist ein Trugschluß. Rationelles Bauen hat nichts mit Materialismus zu tun. Aber dem in ihm Befangenen ist eine jede Form recht, wenn sie ihm nur den Zweck, wie er ihn erkennt, richtig erfüllt. Tatsächlich war niemals eine praktische Notwendigkeit zu Stil- und Formwechsel vorhanden, man hätte jederzeit in der gleichen Art und in den gleichen Formen weiterbauen können, die durch neue Notwendigkeiten erweitert worden wären. Unsere Zeit hat dies bewiesen, denn wir sind imstande, gotische Kirchen im antiken Stil und moderne Fabriken im ägyptischen zu bauen.
F: Bringt nicht die neue Konstruktion die neue Form?
A: Sie macht neue Formen möglich. Neue Konstruktionen werden erfunden, wenn man sie braucht, aber der Wille zur neuen Form ist davon unabhängig. Die Freude an der Betonung einer jeden Konstruktion in unserer Zeit beruht darauf, daß ein jeder glücklich ist, sie zeigen zu können, um einen festen Anhaltspunkt für seine hin und her schwankende Persönlichkeit zu haben.
F: Wessen Symbol ist der neue Stil?
A: Des Glaubens, daß der praktisch-materielle Gehalt nicht mehr versteckt werden muß, eine Abkehr von der Kunst zur Natur.

3. Das Bauideal

F: Jedes Zeitalter hat sein besonderes Bauideal gehabt, das in ihm vollendet werden sollte, zum Beispiel den Tempel oder den Dom; welches ist das unserer Zeit?
A: Das Bauideal jeder Zeit war, soweit sich dies heute beurteilen läßt, immer der Bau, bei dem am wenigsten Hindernisse zur Formvollendung vorhanden waren, wo also der praktische Zweck ganz in den Hintergrund trat, eine Vorbedingung für ein Kunstwerk. Dergleichen kennt unsere Zeit kaum, da alles mittelbar dem Gelderwerb dient.
F: Die Fabrik und das Büro wurden als Tempel der Arbeit bezeichnet, da Arbeit das Ziel unserer Zeit ist.
A: Das war ein Irrtum, der schwere Folgen hatte; denn dies sind Gebäude, die man möglichst spät betritt und möglichst bald verläßt, also gewiß nichts von Wert. Der Monumentalbau ist leer geworden, und niemand hat mehr Interesse dafür. Das Hausideal unserer Zeit ist das Wohnhaus.
F: Hat das keinen praktischen Zweck?
A: Den geringsten von allen. Weil es über ihn hinaus der Ruhe und Erbauung dient und allein genossen werden kann.

F: Wird die künftige Zeit wieder ein zentrales Ideal haben?
A: Das ist zu erwarten, aber das weiß ich nicht. Es hat keinen Zweck, für die Zukunft zu arbeiten.

4. Architektur

F: Was ist Architektur?
A: Ein Kampf um die Erweiterung von Raum und Zeit, die uns eingeschränkt worden sind. Der Mensch im Urwald brauchte keine Architektur, denn er hatte genügend Zeit und Raum, sich ungehindert bewegen zu können, und mußte sich nichts vortäuschen lassen. Wir, durch die Zivilisation eingesperrt, machen uns künstliche Wege und Plätze im Haus und dem kleinen Stück Erde, das wir Garten nennen um uns Abwechslung auf dem möglichst kleinen Raum zu verschaffen.
F: Architektur war aber ursprünglich ein Ausgleich zwischen Tragen und Lasten und dessen Verdeutlichung.
A: Ursprünglich nicht. Das waren Symbole einer bestimmten Zeit, die wir heute nicht mehr brauchen, weil wir wissen, daß das, was hält, auch wirklich hält. Wir malen auch unseren Schiffen keine Augen mehr auf den Vordersteven. Wir brauchen auch keine Buchillustrationen mehr, was eine Angelegenheit der Analphabeten ist, unsere Phantasie aber behindern würde. Wir sind wieder auf den Urgrund der Architektur gekommen und können von neuem beginnen.
F: Es gibt aber immer noch Formarchitektur und Buchillustrationen.
A: Es gibt auch immer noch Analphabeten, aber sie zu fördern ist kein Ideal.
F: Architektur wurde auch als gefrorene Musik und als Kristallisation erklärt; was ist davon zu halten?
A: Das sind Phrasen.

5. Formensprache

F: Jede Zeit hat ihre besondere Formensprache. Es gibt aber auch Formen, die schon zweitausend Jahre alt sind, und die wir noch ohne weitere Erklärung verstehn.
A: Wir verstehn sie wohl, aber sie sagen uns nichts mehr. Das Wort gleichsam deckt hier Begriffe, die sich inzwischen verwandelt haben. Ohne diese zu kennen, verstehn wir nicht, was damit gemeint ist. Die Musik eines jeden Volkes und einer jeden Zeit hat auch ihre verschiedenen Ausdrucksmittel. Ohne mit deren Bedeutung und Konvention vertraut zu sein, klingt sie für uns leer und unverständlich. Die Formen der Antike sind von Menschen erfunden worden, die ebenso dachten wie wir und die die gleiche europäische Gesinnung hatten; deshalb können sie von Zeit zu Zeit wiederkommen und werden dies auch wieder tun, während alle andern Formen für ewig verschwunden sind. Die Antike bedeutete aber bei jeder Wiedergeburt etwas anderes.
F: Welche Formen hat unsere Zeit?
A: Gar keine; es ist unser Bestreben zunächst jede Form, die nichts mehr bedeutet, zu zerstören, damit sich später einmal vielleicht wieder eine neue entwickeln kann. Aber ein jeder irrt, der glaubt, heute schon neue Regeln aufstellen zu können, und diese alle werden wieder verschwinden.

6. Die Puritaner

F: Das Ideal des neuen Stils scheint der Puritanismus zu sein.

A: Wenn zwei moderne Architekten zusammenkommen, so suchen sie sich gegenseitig in Anspruchslosigkeit herunterzulizitieren. Der eine braucht kein Dach mehr, der andere braucht kein Gesimse mehr; der eine braucht keine Sessel mehr, der andere braucht keine Lampen mehr; der eine braucht keine Stoffe mehr, der andere braucht keine Farben mehr, da sie den Raum mit ihrem Ich erfüllen. Nur darin sind sie sich einig, daß ihnen zur Befriedigung ihrer körperlichen und geistigen Bildung die einzig modernen Institutionen des Dancing und der Revue genügen. Savonarola hätte kaum Freude an ihnen gehabt.

F: Ist dies nicht ein Ausdruck des Kollektivgeistes?

A: Er kann es werden, ist es aber nicht. Es ist der Ausdruck höchster Eitelkeit und größten Egoismus, der seinem Nächsten nicht vergönnt, was er selbst nicht braucht, wohl aber darauf achtet, daß man ihm nichts nimmt. Denn der Puritaner hält sich für Diogenes, gleicht aber dem Cato, der auf seine Tugend der Sparsamkeit stolz ist, weil er seine alten, unbrauchbar gewordenen Sklaven als Fischfutter verkauft.

F: Ich sehe aber nur die Möglichkeit des Puritanertums, da wir doch keine Formen mehr haben.

A: Wir haben aber vieles andere. Man kann nicht immer pathetisch leben, und Konsequenz führt zu pathetischer Eindeutigkeit, die unbrauchbar ist, wenn sie der Stätte unseres täglichen Lebens den Charakter geben soll. Man lasse jedem Menschen seine Sentimentalität, die zum Leben gehört und die sich heute meist in persönlichen Erinnerungen ausdrückt.

F: Auch dann, wenn diese häßlich oder geschmacklos sind?

A: Auch dann, denn sie sind zum mindesten menschlich. Der nur von schönen Dingen umgebene Mensch macht den Eindruck der Äußerlichkeit. Ich sehne mich nach Geschmacklosigkeiten.

7. Das Wohnhaus unserer Zeit

F: Wie sieht das Wohnhaus unserer Zeit aus?

A: Was wir das Wohnhaus unserer Zeit nennen, ist das Wohnhaus des begüterten Amerikaners. Tatsächlich wohnen aber die Menschen unserer Zeit noch in sämtlichen Zwischenstufen von Häusern seit der Steinzeit, also in Höhlen und Zelten.

F: Worin besteht die Entwicklung?

A: Sie besteht darin, daß heute alle Menschen die möglichst gute Wohnung bekommen sollen, damit sie heute in Zeit und Raum eingeschränkt, ein menschenwürdiges Dasein führen können. Daß also die Wohnform der vornehmen Klasse Allgemeingut werde, da wir nicht mehr im Urwald leben können.

F. Der Mensch hat sich eben seither samt seiner Umgebung sehr verändert.

A: Der Mensch hat sich seit hunderttausend Jahren nicht verändert, er ist nicht besser und nicht schlechter geworden, nicht höherentwickelt und nicht degeneriert. Auch die Geräte des täglichen Lebens in seiner Umgebung sind deshalb die gleichen geblieben.

F: Und das Automobil und das elektrische Licht?

A: Das Automobil ist noch immer nichts anderes als der Sitz mit den vier Rädern darunter, und das elektrische Licht ist der leuchtende Punkt. Wie sie erzeugt werden und mit welcher Geschwindigkeit sie funktionieren, ist nebensächlich. Das Haus aber ist das primitive Gerät geblieben, das es war, weil sich sein Zweck nie geändert hat. Alle Neuerungen technischer Art können leicht hinzugefügt werden. Die Wohnart gleichgearteter Menschen war immer die gleiche, sie können in alten Häusern gleicher Art ebensogut wohnen wie in neuen, wenn sich die Lebensbedingungen nicht geändert haben. Das ist aber selten der Fall, weshalb wir zu unseren raum- und zeitsparenden Erfindungen greifen. Das elektrische Licht erspart wohl die Arbeit des Lichtanzündens, aber der Sklave, der mit der Lampe hereinkäme, würde noch weniger Arbeit bedeuten als das Umdrehen des Schalters. Nur ist er nicht mehr da.

F: Was will also die neue Wohnung?

A: Ich habe es bereits gesagt; Ersatz bieten für Raum und Zeit und das für alle, die heute endlich das Bewußtsein dafür erlangt haben, was sie verloren haben.

F: Die alte Hausform existiert nicht mehr. Es haben sich aber industriell einige Wohnformen von höchster Brauchbarkeit entwickelt. Soll nun unser Haus so aussehen wie ein Schlafwagen oder ein Schiff?

A: Nein.

F: Wie denn?

A: Wie ein Haus.

8. Das flache Dach

F: Das flache Dach ist das Merkmal des neuen Stils wie ehedem der Spitzbogen und die Säule für ihre Zeit. Warum ist es wesentlich?

A. Das flache Dach schließt das Haus nach oben eindeutig ab und schaltet Räume aus, die unklar zwischen Deckenbalken und Trämen liegen. Es macht das Haus klar und durchsichtig.

F: Hat es auch Vorteile praktischer Art und ist billiger?

A: Das auch, aber das ist nicht das Wesentliche. Es gibt vieles andere praktischer Art, um das nicht leidenschaftlich gestritten wird. Der Kampf geht um das Symbol.

F: Ist es ein Symbol des neuen Stils?

A: Es ist dazu geworden. Und deshalb mag man es dafür nehmen.

9. Internationale Architektur

F: Gehn wir einer internationalen Architektur entgegen?

A: Internationale Architektur hat es immer gegeben. Sie war die Architektur des Volkes höchster Kultur, das imstande war, diese auch den übrigen Völkern zu übermitteln. Nationale Kunst ist ein barbarischer Überrest. Die Kunst der italienischen Renaissance war zunächst rein nationaler Art, entsprach aber einem Geist, der die Kraft hatte, diesen international zu machen, dem Humanismus und der Reformation. Seit alle Völker die antike Kultur übernommen haben, ist die antike Architektur international.

F: Heute hat aber noch jedes Volk seine nationale Kunst.

A: Dem liegt die trügerische Hoffnung zugrunde, daß diese einmal die allgemeine werden könne. Das Deutschland der Vorkriegszeit hat in diesem Wahn gelebt, ist aber jäh aus seinem Traum gerissen worden und internationalisiert sich nun mächtig. England und Amerika, denen wir unsere gesamte Wohnkultur verdanken, haben kein Interesse am neuen Stil, weil sie mit vielem Recht der Ansicht sind, den ihren als international behaupten zu können, der der höchste Ausdruck bewußter materialistischer Weltanschauung ist. Wer zufrieden ist, der braucht nichts Neues.

10. Ausblick

F: Wird sich der neue Stil in der nächsten Zeit durchsetzen?

A: Solang der Materialismus nicht überwunden ist, gewiß nicht. Wir hoffen darauf, denn sonst wäre es zwecklos, zu arbeiten.

F: Wir sehn aber auch, daß er vielfach rein materialistisch umgedeutet und verwertet wird.

A: Gewiß, eine jede Idee, die etwas Neues bringt und die Menschen aufregt, wird zunächst versucht, in ihr Gegenteil verwandelt zu werden, um sie und ihre Anhänger von ihrem eigentlichen Sinn zu entfernen. Das darf uns aber nicht abschrecken. Es gibt sehr viele, die ihren Sinn nicht verstehn und ihn ehrlich als sein Gegenteil verteidigen, da jeder dazu neigt, seinem Nächsten eigennützige Gründe unterzuschieben.

F: Unsere ganze Gesellschaftsordnung ist eben auf Egoismus aufgebaut. Wie kann da der neue Stil ihr Ausdruck werden?

A: Die Antwort ist in der Frage enthalten. Niemals, nachdem er eben nicht ihr Ausdruck ist.

Wien, Sept. 1927

Walter Curt Behrendt

Der Sieg des neuen Baustils
(Ausschnitte)

Erste Erscheinung und Textquelle: Walter Curt Behrendt, *Der Sieg des neuen Baustils* (Stuttgart: Fritz Wedekind, 1927), S. 5–7, 17–19, 26–28.

Der in Metz (Lothringen) geborene Walter Curt Behrendt (1884–1945) hat in Berlin, München und Dresden Architektur und Ingenieurwesen studiert. Sein Studium hat er mit der Karl Scheffler gewidmeten Publikation *Die einheitliche Blockfront als Raumelement im Stadtbau* (Berlin 1911) abgeschlossen. Zwischen 1912 und 1933 beschäftigte er sich als offizieller Berater beim Preußischen Ministerium für öffentliche Arbeiten, Gesundheitswesen und Finanzen mit Fragen der Wohnungspolitik und Stadtplanung. Zwischen 1919 und 1924 war er Herausgeber der Zeitschrift *Die Volkswohnung*. 1925–1926 war er Redakteur der Zeitschrift des Deutschen Werkbundes *Die Form* und führte eine überzeugende Kampagne zur Unterstützung des Neuen Bauens. Im Jahre 1933 wurde er von dem mit ihm befreundeten amerikanischen Kritiker Lewis Mumford in die Vereinigten Staaten eingeladen, wo er dann als Lektor für Wohnungsbau und Stadtplanung am Dartmouth College in Hanover, New Hampshire, als technischer Direktor der Buffalo City Planning Association und Professor für Städtebau an der Universität Buffalo tätig war. 1937 erschien in Amerika sein Buch *Modern Building: Its Nature, Problems, and Forms* (New York 1937).

Seine Schrift *Der Sieg des neuen Baustils* (1927) wurde anläßlich der Eröffnung der Mustersiedlung des Deutschen Werkbundes (Weißenhofsiedlung) in Stuttgart veröffentlicht. In dieser Arbeit wird zum ersten Mal versucht, die Ästhetik des Neuen Bauens im Sinne eines kohärenten Stils durch Beschreibung ihrer Merkmale zu charakterisieren.

Bibliografie: M. David Samson; „Unser New Yorker Mitarbeiter: Louis Mumford, Walter Curt Behrendt, and the Modern Movement in Germany", in *Journal of the Society of Architectural Historians*, 55/2 (June 1996), S. 126–139.

Die neue Bauform

Um die Bauten des neuen Stils, die sich durch eine Reihe unverkennbarer Merkmale nachdrücklich aus ihrer Umgebung herausheben, zunächst ganz oberflächlich nach ihren äußeren Eigentümlichkeiten zu beschreiben: Wie die beigefügten Abbildungen zeigen, handelt es sich in der Regel um Gebilde von einfach strenger Form und übersichtlichem Aufbau, mit glatten, flächigen Mauern, mit durchweg flachem Dach und geraden Umrißlinien. Die Gliederung der Baukörper wird in der Regel nur durch eine mehr oder weniger bewegte Stufung der Baumassen bewirkt, durch die Verteilung der Fenster und Öffnungen auf der Mauerfläche. Dabei fällt auf, daß die Öffnungen, die Fenster und gelegentlich auch die Loggien vielfach und ganz gegen die bisherige Regel auf die Hausecken gesetzt sind, dahin also, wo man bisher die eigentlich tragenden Teile des Hauses und somit das volle geschlossene Mauerwerk der Eckpfeiler zu sehen gewohnt war. Ferner fällt bei diesen Bauten auf, daß die gewohnten und sonst gebräuchlichen Dekorationsmittel hier vollständig fehlen. Insbesondere gegen die Säule, dieses beliebte Paradestück aller akademischen Architektur, scheinen die Vertreter der neuen Baugesinnung eine geradezu unüberwindliche Abneigung zu hegen. Ganz allgemein macht sich eine auffallende Zurückhaltung gegenüber jedweder Art von Ornament und dekorativem Detail bemerkbar. Das Ornament, das schmückende Beiwerk, das Detail im alten Sinne, ist ganz verschwunden. Man bevorzugt glatte Wandungen und benutzt ihre Flächigkeit bewußt als architektonisches Gestaltungsmittel. Man bildet einfache, in sich plastisch gegliederte Baukörper und schafft durch lineare Akzente oder gelegentlich durch überhängende Platten oder tief schattende Ausladungen einen kräftig unter-

Abb. 11. Walter Curt Behrendt, *Der Sieg des neuen Baustils* (1927), Buchumschlag.

strichenen Bewegungsrhythmus, der den Eindruck des Körperlichen, des Räumlichen, des Dreidimensionalen betont und verstärkt.

Das Fehlen jeglichen Ornaments ist äußerlich das auffallendste und am meisten in die Augen springende Kennzeichen der neuen Architektur. Und diese besonders hervorstechende Eigenschaft ist es denn auch, bei der gewöhnlich die Kritik zuerst einsetzt. Diese Kritik ist durchaus begreiflich. Auf vielen Gebieten unseres Lebens stehen wir heute unter dem lähmenden Druck überlieferter Anschauungen, die unser Urteil trüben. Auch das Kunsturteil ist heute stark befangen durch den allgemein verbreiteten Aberglauben, daß Kunst gleichbedeutend mit Verzierung sei. Dieser tief eingewurzelte Aberglaube bringt es mit sich, daß die ornamentlosen und dadurch so ungewöhnlichen Werke der neuen Baukunst in der Meinung nicht allein der Laienwelt, sondern auch weiter Fachkreise als kalt und nüchtern, als roh und unfertig, ja schlechthin als kunstlos gelten. Man vermißt an diesen Bauten den gewohnten Reiz der Verzierungen. Man stößt sich an ihrer Gradlinigkeit, an der Härte und Eckigkeit ihrer Formen. Und man wird zugeben müssen, daß in solchem einschränkenden Urteil eine gewisse Berechtigung liegt, daß den Bauten des neuen Stils die Wirkung des Gefälligen, des Artistischen, des Stimmungsvollen abgeht, die bei den Werken der Stilarchitektur durch den sinnlichen Reiz des Details hervorgerufen wird.

[…]

Was die neue Bewegung treibt und trägt, ist nicht Neuerungssucht oder irgendein billiges Sensationsbedürfnis, etwa die Absicht, aufzufallen oder es auf jeden Fall anders zu machen, sondern eher das Gegenteil: ist der Wille, zurückzukehren zu den Grundlagen und Elementarregeln alles Bauens und es wieder genau so zu machen wie die Alten, ist das Begehren, sich auseinanderzusetzen mit den neuen Gegebenheiten der Zeit und ihren neuen Lebensinhalten, ist das Bemühen, diese neuen Gegebenheiten geistig zu verarbeiten und sie gestaltend, durch Gestaltung zu meistern, ist das Streben, sich freizumachen von der hemmenden Bürde sinnlos gewordener Überlieferungen und erstarrter Formbegriffe und in gleichem Sinne unbefangen, vorurteilslos, ursprünglich zu arbeiten, wie es heute ringsum auf jenen Gebieten gestaltender Arbeit geschieht, deren Massenerzeugnisse das Gesicht unserer Zeit bestimmen, ist die Sehnsucht, die Baukunst zu befruchten mit dieser schöpferischen Gestaltungsweise, die die Welt unserer technischen und individuellen Arbeit beherrscht, und auch sie damit endlich wieder zu einem produktiven und lebendigen Bestandteil unserer Zeit zu machen.

Ein sehr zeitgemäßes Streben also, ein sehr natürliches und begreifliches Begehren und eine durchaus unromantische Sehnsucht! Ein Streben, das eine lebendige, höchst aktuelle Aufgabe verfolgt, das getragen ist von der Erkenntnis, daß alle zu einer Zeit geformten Dinge aus ein und demselben Formtrieb, aus ein und demselben Formgefühl geboren sind und das sich darum müht, diese heute verlorene Einheit wieder herzustellen, indem es auch die künstlerische Gestaltung auf denselben geistigen Urgrund stellen will, aus dem der neue Formenreichtum der technischen Gestaltung herausgewachsen ist. Ein Streben also, das, wenn es sein Ziel erreicht, letzten Endes jene Einheit des Formenausdrucks herbeiführen müßte, die von jeher das unfehlbare Merkmal eines Stils gewesen ist.

[…]

Neue Gegebenheiten

Um nun den Formproblemen des neuen Stils näher zu kommen, um sie schärfer erkennen und anschaulicher begreifen zu können, müssen wir jetzt nach den neuen Gegebenheiten der

Zeit fragen, mit denen der Architekt sich heute auf seinen Wegen der Gestaltung auseinanderzusetzen hat.

Welches sind diese Gegebenheiten?

Gegeben sind einmal eine Reihe neuer Werkzeuge, neuer Arbeits- und Baumaschinen. Ihr Dasein zu leugnen wäre Selbstbetrug, ihre Anwendung abzulehnen wäre Kraftvergeudung. Die Nutzbarmachung maschineller Produktionsverfahren ist für das gesamte Bauwesen – nicht nur für den Tiefbau, wo sie längst schon eingebürgert ist – eine ökonomische Notwendigkeit, und die Industrialisierung des Bauwesens wird sich – zumindest auf dem Gebiete des Wohnungsbaues, wo es sich um die Befriedigung eines Massenbedürfnisses handelt – in immer größerem Umfang und in zunehmendem Tempo durchsetzen. Mag im Baugewerbe, und besonders bei Repräsentations- und Luxusbauten für viele Aufträge der geschulte Handwerker und Spezialarbeiter nicht zu entbehren sein, mag das Bauen auch für die Zukunft zu großen Teilen ein stark handwerklich geartetes Gewerbe bleiben: die gelernten Kräfte werden gleichwohl auf vielen Gebieten mehr und mehr durch maschinelle und industrielle Techniken abgelöst werden.

Gegeben sind ferner eine Anzahl neuer Baustoffe, wie Eisen, Beton und Glas. Materialien, die bisher entweder ganz unbekannt oder doch nicht in gleichem Maße und in gleicher Art für das Bauen verwendet wurden, mit deren Einführung und Verwendung aber zugleich auch die bisher üblichen Bau- und Konstruktionsverfahren grundlegend verändert worden sind.

Mit diesen neuen Gegebenheiten ist die Baukunst einmal in materieller Hinsicht um eine Reihe neuer Möglichkeiten bereichert worden. Um nur eine dieser neuen Errungenschaften hervorzuheben, ihrem Wesen nach vielleicht nicht die wichtigste, in ihrer Wirkung aber die sinnfälligste: durch die neuen Eisen- und Eisenbetonkonstruktionen, die dem Erfindergeist der Ingenieure verdankt werden, ist die Baukunst heute in maßstäblicher Beziehung über die ihr bisher auferlegten Grenzen vollständig hinausgewachsen, ja sie ist in dieser Hinsicht eigentlich jeder Fessel ledig geworden. Diese neuen Konstruktionsmethoden (deren Einfluß sich in neuester Zeit auch in erweiterten Möglichkeiten der Holzkonstruktion bemerkbar gemacht hat) geben ihr die Möglichkeit, die größten Spannweiten zu überbrücken und stützfreie Räume von nahezu unbegrenzten Dimensionen zu schaffen.

Neben dieser materiellen Bereicherung aber hat die Einbürgerung der neuen Baustoffe und Konstruktionsverfahren andererseits auch eine geistige Umwälzung mit sich gebracht. Mit ihrer Einführung sind die Grundbegriffe des Bauens, die Raumvorstellungen wie die statischen Begriffe, vollständig umgestoßen worden. Eine Umwälzung, die in ihren Wirkungen nicht weniger durchgreifend ist, als es etwa der Wandel der Anschauungen war, der sich im mittelalterlichen Bauwesen mit der Erfindung der gotischen Gewölbekonstruktionen vollzogen hat. Eine Umwälzung auch, die ähnlich, wie es durch jene Erfindungen geschah, eine ganze Reihe neuer Formprobleme aufgeworfen hat.

Peter Meyer — **Modernität und Tradition**

Erste Erscheinung und Textquelle: Peter Meyer, *Moderne Architektur und Tradition* (Zürich: Dr. H. Girsberger, 1927), S. 7–8.

Der Schweizer Architekturkritiker und Kunsthistoriker Peter Meyer (1894–1984) studierte Architektur an der Technischen Hochschule in München. Vor allem die Lehre seines Professors Theodor Fischer hat sein Denken stark beeinflusst (Diplom 1918). Nach einer dreijährigen Tätigkeit in einem Architekturbüro in Wetzikon unternahm er Studienreisen nach Griechenland und Frankreich (1922–1924). Damit hat er seine spätere Studien der Stilformen in der Kunstgeschichte begründet, deren wichtigstes Ergebnis sein populäres Buch *Europäische Kunstgeschichte* (2 Bände, 1947–1948) ist. Ab 1925 lebte Meyer in Zürich. Zwischen 1930 und 1942 war er Chefredakteur der Zeitschrift des Bundes Schweizer Architekten und des Schweizerischen Werkbundes *Werk*, in der er viele seiner kritischen Essays veröffentlichte.

1927 erschien das schmale Buch *Moderne Architektur und Tradition*, das erste Dokument seines kritischen Verhältnisses sowohl zu einer lautstarken und dogmatischen Avantgarde als auch zu einem akademischen Historismus. Er kritisiert hier den klassischen Stil, da er dem unrepräsentativen Geist der Gegenwart nicht mehr entspricht. In ironisch kommentierten Fotocollagen zeigt er die verschiedenen Stilversuche des neunzehnten und des zwanzigsten Jahrhunderts, einschließlich des „modernen Formalismus" des Neuen Bauens. Als positive Beispiele gelten für Meyer die von der Arts-and-Crafts-Bewegung bzw. vom englischen Landhausstil beeinflussten Wohnhäuser von Karl Schneider, Max Ernst Haefeli und Paul Artaria. Ein Jahr später veröffentlicht Meyer sein Buch *Moderne Schweizer Wohnhäuser* (1928), wo er die Argumente des früheren Buches anwendet und moderne Architektur nicht im Sinne eines Stils verstehen will.

Bibliografie: Hans Jakob Wörner, *P.M. – Aufsätze von Peter Meyer 1921–1974* (Zürich: Verlags AG der akademischen und technischen Vereine, 1984); Katharina Medici-Mall, *Im Durcheinandertal der Stile. Architektur und Kunst im Urteil von Peter Meyer* (Basel, Boston, Berlin: Birkhäuser, 1998).

Jede Generation tritt eine Erbschaft an Lebensinhalten und -Formen an, mit denen sie sich auseinandersetzen muß, zwanglaüfig und ungefragt. Jede Generation hat aber auch das sehr deutliche Gefühl, „anders" zu sein als die vorige: Der Pessimist gedenkt in Wehmut der guten alten Zeiten und sieht ringsum Verfall, der Optimist begrüßt den Fortschritt und verlacht alles Frühere. Das Anderssein selber bejaht der eine so gut wie der andere, und in dieser Gefühlsspannung liegt die Modernität, das Selbstbewußtsein einer Zeit. Um sich selber als vorhanden und wirksam zu fühlen, muß jede Gegenwart Grenzen um sich ziehen, Distanzen künstlich übersteigern, die eigene Vergangenheit verneinen und den „barbarischen" Nachbarn. Noch jede kulturelle Blütezeit hat geglaubt, den Ast absägen zu müssen, dem sie entsprossen war, und jede Zeit des Niederganges den Ast, an dem sie verdorrte.

Während das Verhältnis von Modernität und Tradition in der weniger auf Verstandes-Erkenntnis eingestellten Vergangenheit als besonders formuliertes Problem gar nicht auftrat, weil es sich von selber regelte, ist der Gegenwart diese Unbefangenheit verloren gegangen. Die Tradition, ihre Pflege und ihre Überwindung ist Gegenstand der Diskussion, was vielleicht besser im Gefühlsmäßigen geblieben wäre, ist ans Licht der Begrifflichkeit gezerrt, und so muß man sich eben damit auseinandersetzen.

Notwendigerweise zeichnen sich die modernen Strebungen dort am deutlichsten ab, wo sie zu traditionellen Lösungen in Gegensatz geraten. Mögen die eigenen Absichten noch so verschwommen und nicht übersehbar sein, wenigstens aus den historischen Hintergründen lösen sie sich mit scharfem Umriß los, und vielleicht kann von hier aus auch demjenigen ein Einblick in

Abb. 12. Tafel aus Peter Meyer, *Moderne Architektur und Tradition* (1927): Moderne Architektur. Prinzipielle Dachlosigkeit aus ästhetischen Gründen, (obwohl meist konstruktive Gründe vorgeschützt werden). Auflösung des geschlossenen Kubus, Verteilung der Fenster nach dem Lichtbedürfnis des Innenraumes ohne Rücksicht auf die Fassade [...] Die Gefahr dieser Gruppe: ein Ausgleiten ins Dekorative, in modernen Formalismus, ins Manifest. [...]
1. Wohnhaus des Architekten May bei Frankfurt.
2. Wohnhaus von Mallet Stevens, Boulogne.
3. Wohnhaus der Gebrüder Perret, Paris, bei dem die Herkunft aus der klassischen Tradition noch deutlich fühlbar ist.
4., 5. und 6. Wohnhaus der Siedlung Pessac bei Bordeaux, von Le Corbusier.
7. Wohnhaus der Meistersiedelung des Bauhauses Dessau, von Gropius.

die Ziele und Grundlagen der modernen Architektur gegeben werden, der für Utopien und begeisterte Programme wenig übrig hat. Ist es doch nicht eine neue Formensprache, ein neuer „Stil" im Sinn der historischen, den die moderne Architektur sucht, sondern eine Abkehr von allem Formalismus, wofür keine neue Lehre, sondern vor allem nur die Auflockerung alter Vorurteile nötig ist.

Das Zukünftige, um das er sich bemüht, sieht auch der moderne Architekt noch nicht deutlich; was bis jetzt erreicht ist sind vorläufige Zwischenstufen, Versuche; klar ist er sich aber gerade angesichts historischer Stile über das, was er nicht will; und so wird denn auch unsere Betrachtung vom Sicheren, Beweisbaren ausgehen müssen, von einer Kritik des klassischen Stils, der den schärfsten Gegensatz zu allen modernen Absichten bildet.

Robert Venturi, Denise Scott Brown, Steven Izenour

Lernen von Las Vegas
(Ausschnitte)

Erste Erscheinung: Robert Venturi, Denise Scott Brown, Steven Izenour, *Learning from Las Vegas* (Cambridge, Mass.: The MIT Press, 1972).
Textquelle: Robert Venturi, Denise Scott Brown, Steven Izenour, *Lernen von Las Vegas. Zur Ikonographie und Architektursymbolik der Geschäftsstadt.* Übersetzung: Heinz Schollwöck (Braunschweig, Wiesbaden: Vieweg, 1979), S. 137–139, 141, 151–153, 156–160.

Robert Venturi (geb. 1925) und seine Frau Denise Scott Brown (geb. 1931) haben ihr Architekturbüro in Philadelphia im Jahre 1964 eröffnet. Venturi hat früher nach einem Studienaufenthalt in Rom für Eero Saarinen und Louis Kahn gearbeitet und anschließend an der University of Pennsylvania Architekturkritik unterrichtet. Nach dem Erfolg seiner wichtigen Publikation *Komplexität und Widerspruch in der Architektur* (1966, s. Seite 531) hat er mit Denise Scott Brown und Steven Izenour im Jahre 1972 den Band *Lernen von Las Vegas* veröffentlicht. Das großformatige Buch, das die symbolische Kommunikation mittels Zeichen wie Neoninstallationen, Reklametafeln, historischer Zitate zelebriert, gilt als das wichtigste Dokument der Postmoderne in der Architektur. Die Autoren rehabilitieren den bisher verpönten Geschmack des Kleinbürgers; sie erklären die von ihm frequentierten Formen sogar (allerdings mit einem ironischem Lächeln) zum Reservoir einer wahren amerikanischen Ästhetik. Das Buch hat erreicht, dass Architekten das Chaos und die Formen des Alltags endlich wahrgenommen haben und sogar versuchten, sie als Inspirationsquelle zu verwenden. Der Witz der Formulierung und die Vielschichtigkeit der Argumentation können jedoch darüber nicht hinwegtäuschen, dass die direkte Umfunktionierung der Analyse Venturis in ein Architekturprogramm der zitierfreudigen Postmoderne in den siebziger und achtziger Jahren (auch) zu fragwürdigen Ergebnissen geführt hat.

Bibliografie: Stanislaus von Moos, *Venturi, Rauch & Scott Brown* (München: Schirmer/Mosel, Fribourg: Office du Livre, 1987).

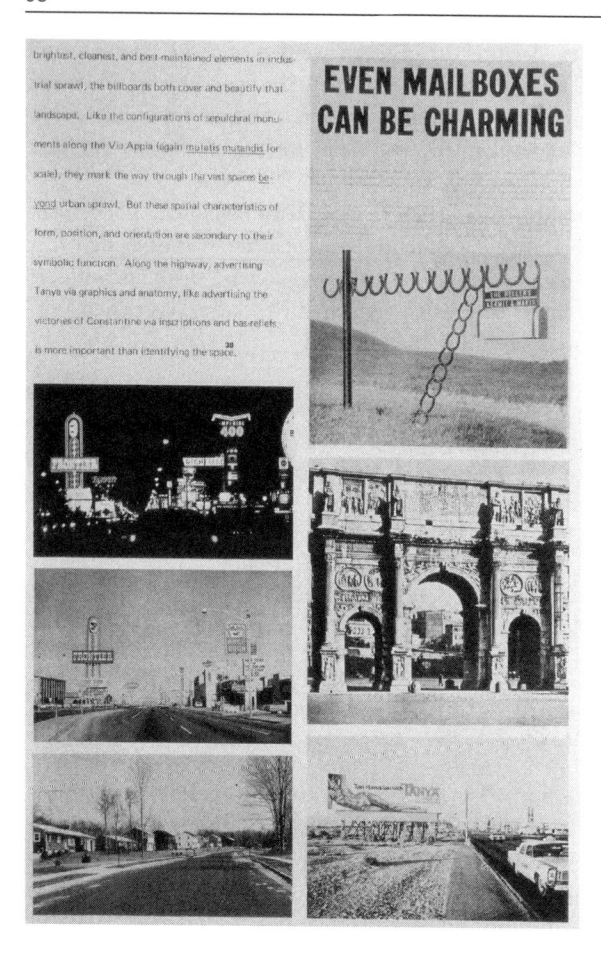

Abb. 13. Seite aus der ersten amerikanischen Ausgabe von Robert Venturi, Denise Scott Brown, Steven Izenour, *Learning from Las Vegas* (1972): Der Strip von Las Vegas bei Nacht und bei Tag, ein Vorort und Briefkasten, Konstantinsbogen in Rom, Tanya-Billboard in Las Vegas.

Der Strip von Las Vegas

Zur Nacht ist der Strip von Las Vegas, wie das Innere von La Martorama, eine Anhäufung symbolischer Erscheinungen in einem dunklen, konturenlosen Raum; wie in der Amalienburg sind seine symbolischen Zeichen jedoch glitzernd, nicht glühend. Jedes Gefühl für ein Umgebensein, für eine Richtung verdankt sich leuchtenden Zeichen, kaum aber beleuchteten Formen (Abb. 13, links oben). Der Strip ist beherrscht durch direktes Licht, die Zeichen selbst sind seine Quelle. Sie reflektieren es nicht, es beleuchtet sie nicht aus von ihnen geschiedenen, etwa gar verborgenen Quellen, wie das bei den meisten großen Reklametafeln und bei moderner Architektur geschieht. Während sich das Glühen der Mosaiken mit dem Wandern der Sonne und der relativen Bewegung des Betrachters nur langsam verändert, sind die Neonlichter des Strip in rascher Bewegung. Lichtstärke und Bewegungstempo sind enorm, um mit den größeren Räumen, größeren Geschwindigkeiten und der Reizüberflutung mithalten zu können, die unsere Technologie heute erlaubt und an die wir uns gewöhnt haben. Auch das Tempo ökonomischen Wandels fördert die veränderbare, auswechselbare Dekoration unserer Umwelt, wie wir das von der Werbekunst her kennen. Die Botschaften sind völlig verschieden, trotz dieser Unterschiede aber ist die Methode immer die gleiche; auch die Architektur ist nicht länger mehr einfach das „gekonnte, genaue und großartige Spiel von Massen im hellen Licht des Tages".

Tagsüber ist der Strip nicht wiederzuerkennen; er hat nichts Byzantinisches mehr (Abb. 13, Mitte links). Die Formen der Gebäude sind nun sichtbar, bleiben im optischen Eindruck und in der symbolischen Mitteilung aber weit hinter den Zeichen zurück. Der städtische Raum erscheint nicht in sich geschlossen, bergend, und ist auch nicht gerichtet, wie in den herkömmlichen Stadtanlagen. Er ist vergleichsweise offen und unbestimmt, nur durch die Orientierung an singulären Punkten im Raum, an bestimmten Mustern in der Fläche wiedererkennbar. Das sind dann zweidimensionale oder auch plastische Symbole, nicht aber symbolische Gebäude, komplexe graphische und bildhafte Arrangements. Die wesentliche Funktion der Zeichen und Gebäude ist symbolisch, eine nähere Bestimmung und Orientierung des Raumes vermitteln sie über ihre Position und Ausrichtung. Weitere Koordinatenpunkte des Raumes sind die Masten der Versorgungsleitungen, die Markierungen der Straßen und Parkplätze. In den Wohnlagen ersetzen die Stellung der Häuser zur Straße, der jeweilige Stil, in dem sie, eigentlich bloße Schuppen, dekoriert worden sind, die Anlage und das Drum und Dran des Gartens – Wagenräder, Briefkästen an Ketten, Lampen in den Formen des 18. Jahrhunderts, Lattenzäune – die Werbezeichen als Elemente der Bestimmung des Raumes (Abb. 13, unten links, oben rechts).

Abb. 14. Der Strip von Las Vegas und Modell des Stadtzentrums von Cumbernauld, Schottland.

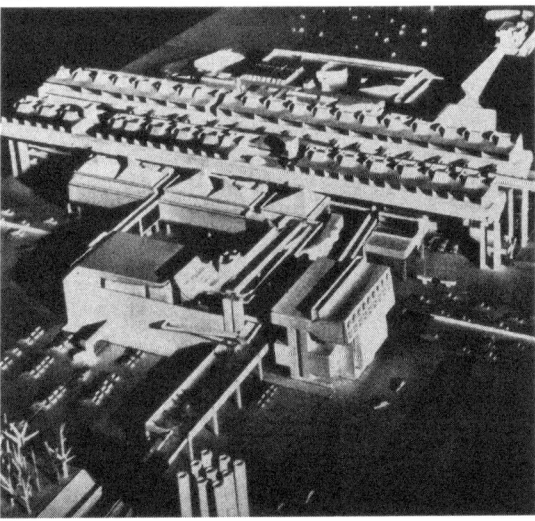

Ähnlich der unübersehbaren Ansammlung von Architektur auf dem Forum Romanum ist bei Tage, wenn nur die Formen, nicht aber ihr symbolischer Kontext wahrzunehmen sind, auch der Strip nur noch optisches Chaos. Wie der Strip war auch das Forum eine Kunstlandschaft mit verschiedenen Symbolschichten, deren Bedeutungen durch die Anlage der Straßen und der Bauten, durch Bauten als Ersatz und zur Erinnerung an vergangene Bauten und schließlich durch die Masse übereinander aufragender Statuen erschlossen werden mußte. Formal gesehen, war das Forum ein fürchterliches Durcheinander, symbolisch dagegen eine reiche Mischung.

Die Folge der römischen Triumphbogen ist der Prototyp der Folge von Reklametafeln (*mutatis mutandis* in Maßstab, Geschwindigkeit und Botschaft). Der architektonische Schmuck, von den Pilastern und Giebeln bis zu den Kassettenfeldern, ist in einer Art Flachrelief gehalten, das sich nur so ungefähr an die architektonischen Vorbilder hält. Diese Ornamente sind ebenso symbolisch wie die auf Prozessionen vorangetragenen Bildwerke und die Inschriften, mit denen sie sich um die Fläche streiten (Abb. 13, Mitte rechts). Neben ihrer Funktion als Großtafeln, die Botschaften verkünden, waren die Triumphbogen des römischen Forums Marksteine im Raum, die in einer unübersichtlichen Umwelt die Wege der Menschenmassen bündelten. An der Nationalstraße 66 sind es die Reklametafeln, die in einem bestimmten Winkel gegen den herankommenden Verkehr gestellt und, in Reihen aufeinander folgend, eine analoge formale und raumgliedernde Funktion übernommen haben. Oft das Strahlendste, Sauberste und Bestgepflegteste industrieller Zonen, verdecken und verschönern die Reklametafeln und Plakatwände diese Landschaft. Wie die Reihe der Grabmonumente entlang der Via Appia (*mutatis mutandis* im Maßstab), markieren sie jenseits des städtischen Gewirrs den Weg durch die riesigen Leeren der Wüste. Gleichwohl sind diese räumlichen Charakteristika von Form, Position und Ausrichtung sekundär gegenüber ihrer symbolischen Funktion. Die Werbung für das „Tanya"-Sonnenöl, mittels glatter Graphik und den Formen einer gutgewachsenen Badeschönheit, ist hier am Highway wichtiger als die Abgrenzung von Räumen. Aber auch das ist nichts wirklich Neues: auch der Konstantin-Bogen auf dem Forum Romanum, seine Inschriften und Reliefs, hatten keinen anderen Zweck als die Verherrlichung der Siege Konstantins (Abb. 13, unten rechts).

Dispersive Stadtstruktur und Megastruktur

Die Manifestationen häßlicher und alltäglicher Architektur und der dekorierte Schuppen haben eine höhere Affinität zum Typus der Streu-Stadt denn zur Stadt als Megastruktur (Abb. 14). Wir haben zu erklären versucht, warum die kommerzielle Gebrauchsarchitektur für uns zu einer fruchtbaren Anregung bei der Wiederentdeckung des Symbolischen in der Architektur werden konnte. In der Studie über Las Vegas haben wir beschrieben, wie in einer total auf das Auto zugerichteten Umwelt der großen Entfernungen und der hohen Geschwindigkeiten, wo die Feinheiten rein architektonischer Raumführung gar nicht mehr gewürdigt werden können, das Symbol-im-Raum eindeutig die Form-im-Raum dominiert. Der für Städte dispersiver Struktur dominierende Symbolismus findet sich auch in den Wohngebieten, nicht nur in den schreienden Überredungs- und Anpreisungssequenzen beidseitig eines kommerzialisierten Strip (ganz gleich, ob dort die Enten oder die dekorierten Schuppen das Bild beherrschen). Auch das „Ranch"-Haus begnügt sich, gleich ob mit einer oder mit gegeneinander versetzten Wohnflächen, immer mit einer bestimmten aus einer ganzen Reihe möglicher Formen, in denen sich dieser Haustyp ebenso realisieren ließe; es wird dann aber dekoriert mit verschiedensten, gleichwohl immer wiederkehrenden Schmuckformen, die an ein Gemisch unterschiedlicher Stile denken lassen –

Abb. 15. Wohn-Strip und Moshe Safdies Habitat, Expo '67.

Neuengland Colonial-Style, New Orleans-, Regency-, Western- und französischer Landstil, moderne und noch andere Stile. Die zum Garten geöffneten Häuser des Südwestens sind ebenfalls dekorierte Schuppen, deren Innenhöfe ganz wie die der Motels zwar gegen die Parkplätze abgeschlossen, von dort jedoch mit ein paar Schritten erreichbar sind. [...]

Das Erscheinungsbild der dispersiven Stadt (Abb. 15, oben) ist gewachsenes Resultat eines langen Prozesses; insofern könnte man behaupten, daß es den Imperativen der Architektur der Moderne gerecht wird: Die Form soll sich aus der Funktion, der Struktur und der gewählten Konstruktionsmethode ableiten lassen, besser noch sich im Gesamtprozeß der Produktion wie von selbst ergeben. In unserer Zeit ist die Megastruktur (wie in Abb. 15, unten) eine Perversion des normalen Prozesses der Stadtentwicklung. Diese Versuche wurden *inter alia* unternommen, weil man eine ganz bestimmte Formidee schon vorab fertig im Kopf hatte. Moderne Architekten, die sowohl dem Funktionalismus als auch Megastrukturen anhängen, widersprechen sich selbst. Beim Anblick etwa des Strip erkennen sie jedenfalls nicht das Gesicht einer sich entwickelnden Stadt. Dort ist ihnen einerseits alles zu vertraut, zu gewohnt, und andererseits finden sie nichts von dem wieder, auf das zu achten man ihnen einmal beigebracht hat.

Der Ursprung des Häßlichen und Alltäglichen und einige weitere nützliche Abgrenzungen

[...]
Architektur kann auf zwei verschiedene Arten alltäglich – bzw. herkömmlich und konventionell – sein: einmal in der Art ihrer Konstruktion, zum anderen in der Art ihrer Wirkung auf den Betrachter, durch ihre stetigen Veränderungen oder auch ihren symbolischen Gehalt. In alltäg-

licher Weise bauen bedeutet, das gewöhnlich verwandte Baumaterial zu wählen samt den entsprechenden Techniken, sich mit der gegenwärtig bestehenden Organisation in der Bauindustrie abzufinden, die Usancen der Baufinanzierung nicht infrage zustellen und im übrigen auf schnelle, solide und preiswerte Baufortschritte zu hoffen. Darauf kommt es auf kurze Sicht vor allem an, und fast immer sind es aktuelle Wünsche, um derentwillen die Auftraggeber uns unter Vertrag genommen haben. Architekturtheorien für die kurze Periode neigen dazu, Nützlichkeitsfragen überzubewerten und zu verallgemeinern. Eine Architektur für die weitere Zukunft dagegen ist auf neuartige Problemlösungen angewiesen, kaum aber auf bloße Variationen des bereits Bewährten; sie bedarf einer Antwort auf die Herausforderungen neuer Technologien und hochdifferenzierter Organisationsformen und muß schließlich durch eine sorgfältige Grundlagenforschung abgesichert werden, die zwar eventuell im Büro des Architekten stattfinden kann, in jedem Fall aber durch Fremdmittel finanziert werden sollte – die Honorarzahlungen des Klienten sind dafür nicht der richtige Topf, im übrigen dafür ja auch nicht vorgesehen. Die Architekten haben nur zu gern ihre Augen vor der einfachen Tatsache verschlossen, daß ihre Probleme solche vom Typ „Zweckmäßigkeit" sind, und je mehr die Architekten bei ihrer Arbeit auf soziale Probleme stoßen und sich mit ihnen befassen müssen, desto mehr trifft dies zu. Etwas salopper könnte man es auch so sagen: Die Welt kann nicht darauf warten, daß der Architekt sein bzw. ihr Utopia baut. Im großen und ganzen sollten sich die Architekten nicht so sehr mit dem beschäftigen was eigentlich sein sollte, sondern mit dem, was ist – und damit, wie man es anpacken muß, diese Realität hier und jetzt zu verbessern. Sicherlich ist das eine bescheidenere Rolle, als die Bewegung der Moderne den Architekten zugedacht hatte; dennoch ist sie die künstlerisch vielversprechendere.

Häßlichkeit und Alltäglichkeit als symbolische und stilistische Qualitäten

Künstlerisch betrachtet, erweckt der Gebrauch konventioneller Elemente im Rahmen alltäglicher Architektur – das können so simple Dinge sein wie ein Türknauf oder die geläufigen Erscheinungsformen der vorhandenen konstruktiven Systeme – Erinnerungen an vergangene, frühere Erfahrungen. Solche Elemente mögen aus irgendwelchen Mustersammlungen sorgfältig ausgesucht oder nach reiflicher Überlegung aus einer bestimmten Variante des herrschenden Formenkanons entwickelt worden sein, statt einzigartige Neuschöpfungen vorzustellen, die entsprechend den nur hier gegebenen Verhältnissen und aus künstlerischer Intuition geschaffen worden wären. Um beispielsweise ein Fenster zu entwerfen, wird man sich nicht nur um die elementaren Funktionen zum Schutz des Innenraums bemühen, das Filtern des Lichteinfalls, das Abhalten von Wind und Zugluft, sondern ebenso mit der gewußten Vorstellung von einem Fenster beginnen – mit dem Bild aller bisher gesehenen Fenster und solcher, die man nun erst zur Kenntnis nimmt. Diese Art, an die Aufgaben des Faches heranzugehen, ist in symbolischer wie in funktioneller Hinsicht konventionell, führt zu Ergebnissen, die vielleicht weniger dramatisch und hochgestochen sind als die einer expressionistischen Architektur, sicherlich aber gehaltvoller und beziehungsreicher.

Wir haben gezeigt, wie eine „heroische und um Originalität bemühte" (H & O) Architektur ihre dramatischen Ausdrucksformen aus beiläufigen Bedeutungsgehalten ihrer „originalen" Elemente gewinnt: Sie sondert gewissermaßen eine abstrakte Bedeutung – bzw. Expressionen – ab, die im physiognomischen Charakter der einzelnen architektonischen Elemente jeweils wiedererkannt werden können. Dagegen verfügt eine „häßliche und alltägliche" (H & A) Architektur zusätzlich auch über das Medium kennzeichnender Bedeutungen, die sich über die Bekanntheit ihrer Elemente zusammensetzt; das soll besagen, daß sie via Assoziation und Wiedererinnerung vorgängiger Erfahrungen beim Betrachter mehr oder weniger konkrete Erfahrungen manifest werden läßt. Der „Brutalismus" einer H & O-Feuerwache mag die Folge einer rohen Betonoberfläche sein, ihre Monumentalität ergibt sich mit ihrem auf den öffentlichen Raum zugeschnittenen Maßstab; der Eindruck von Konstruktion und Nutzungsprogramm, eventuell auch ihrer „Materialehrlichkeit" verdankt sich der besonderen Artikulation ihrer Formen. Das gesamte Erscheinungsbild entsteht aus diesen ausschließlich architektonischen Besonderheiten, die sich über abstrakte Formen, über sorgfältig zusammengestellte Oberflächenstrukturen und

Abb. 16. Venturi und Rauch: Feuerwache No. 4 in Columbus, Indiana (1965–1967), und Guild House, Philadelphia (1960–1963).

Farben vermitteln. Der Eindruck totaler Geschlossenheit unserer H & A-Feuerwache – ihr Erscheinungsbild vereinigt Momente eines öffentlichen Gebäudes überhaupt und solche der besonderen Zweckbestimmung – folgt den Konventionen der Architektur an den großen Fahrstraßen, dem Vorbild der dekorierten falschen Fassaden, ergibt sich aus der Banalität der landauf, landab immer gleichen Alu-Schiebefenster und Rolltüren und dem Fahnenmast davor – ganz zu schweigen von dem ins Auge springenden Zeichen, das ihre Identität buchstabierend ausspricht: „Feuerwache No. 4", die schlagendste Form eines Symbols (Abb. 16, oben). All diese Elemente sind als Träger von Symbolen und als expressive, architektonische Abstraktionen wirksam. Sie sind nicht nur alltäglich, sondern repräsentieren symbolisch und stilistisch Alltäglichkeit; als zusätzliche, literarische Bedeutungsschicht stellen sie in jedem Fall eine Bereicherung dar.

Reichtum der Aussage kann durchaus auch mittels konventioneller Architektur erreichbar sein. Dreihundert Jahre lang war die Architektur Europas die stets andere Variation des klassischen Formenkanons – eine reiche Konformität. Sie kann aber ebenso auch das Resultat einer Veränderung von Maßstäblichkeit und Sinnzusammenhang vertrauter und gewöhnlicher Elemente samt dadurch hervorgerufenen ungewöhnlichen Bedeutungen sein. Die Pop-Künstler bedienten sich eines ungewohnten Nebeneinanders alltäglicher Gebrauchsgegenstände, eines intensiven und lebhaften Wechsels zwischen alten und neu amalgamierten Bedeutungen, um die gewohnten Sinnzusammenhänge, die zuverlässig erwarteten Kopplungen im Auftreten außer Kraft zu setzen und den Betrachter zu narren, ihm gleichzeitig aber auch den Weg zu einer Neuinterpretation der kulturellen Hervorbringung des 20. Jahrhunderts freizumachen. Das etwas von seinem gewohnten Platz gerückte Alt-Vertraute wird uns dabei entfremdet, vermittelt aber gerade deshalb neue, unerwartete Einsichten.

Die geteilten Schiebefenster von Guild House sind von vertrauter Form, dabei aber ungewöhnlich groß und breit gestreckt; sie haben also ähnlich veränderte Proportionen wie die flachgedrückte „Campbell"-Suppenkonserve in einem Gemälde von Andy Warhol. Neben diesen typischen Schiebefenstern sind nochmals kleinere Fenster der gleichen Art, mit gleichen Formen und Proportionen vorhanden. Die Position der größeren Fenster in der zur Front mit den kleineren Fenstern genau parallel verlaufenden, dahinterliegenden Ebene vermag tendenziell die gewohnte Wahrnehmung von relativen Entfernungen, die Veränderung von Größenverhältnissen in der Perspektive zu unterlaufen; die sich daraus ergebenden symbolischen und optischen Spannungen sind ganz sicher geeignet, eine anspruchsvolle Architektur gleichwohl interessant werden zu lassen – jedenfalls geeigneter als die letztlich vergeblichen Kraftakte zwar markanter, aber öder Mini-Megastrukturen (Abb. 16, unten).

Nieder mit den Enten! Oder Häßlichkeit und Alltäglichkeit über heroische Posen und Originalitätssucht! Oder Denken ist schön!

Man kann die Möglichkeit von Ironie und reichem Ausdruck auf der Basis des Alltäglichen und Selbstverständlichen in der heutigen Kunst nicht herausstellen, ohne auch Angemessenheit und Unvermeidlichkeit einer H&A-Architektur allgemeiner zu begründen. Warum bestehen wir so sehr auf der Leistungsfähigkeit eines Symbolismus des Alltäglichen via dekoriertem Schuppen gegenüber einem Symbolismus heroischer Gesten via skulpturierter Ente? Weil wir in einer Zeit und in einer Umwelt leben, der eine heroisch-getragene Kommunikation via reiner Architektur obsolet geworden ist. Jedes Medium hat seine Zeit, und die beredten, uns heute überall umge-

Abb. 17. Wie man Monumente bauen sollte. Abbildung aus *Learning from Las Vegas*.

benden, ohne Zusammenhang untereinander für sich bestehenden Entitäten von Bedeutungen – öffentliche, kommerzielle oder private Bedeutungen – vermitteln sich tendenziell rein symbolisch, jedenfalls über ein weniger statisches Medium, das aber besser an die durch die Umwelt diktierten Bedingungen, Größen- und Entfernungsverhältnisse angepaßt werden kann. Die gleichzeitige Verwendung mehrerer Medien und die Ikonographie der kommerziellen Architektur am Rand der großen Straßen könnten dabei Vorbild sein, wenn wir nur offenen Sinnes hinsehen.

Man hätte das Alten-Wohnheim an der Oak Street, wenn es denn schon ein Monument sein muß, kostengünstiger, sozial verantwortungsvoller, schließlich auch leichter für andere Verwendungen, etwa als ganz normales Appartementhaus umnutzbar bauen können, hätte man es direkt und exponiert an die Schnellstraße herangerückt und auf dem Dach die Leuchtreklame montiert: „ICH BIN EIN MONUMENT". Dekorationen tun das gleiche billiger (Abb. 17).

Theorien über Symbole und Assoziationen in der Architektur

Entscheidend in unserer Argumentation für eine Architektur der dekorierten Schuppen ist unsere Annahme der außerordentlichen Bedeutsamkeit von Symbolen in der Architektur und die Überlegung, daß die Vorbilder aus vergangener Zeit oder aus jetzt bestehenden Städten zu den Quellen solcher Symbole gehören, ihre teilweise erfolgende Wiederholung[1] also genuiner Teil des Entwurfprozesses einer derartigen Architektur ist. Dies besagt, daß eine Architektur, die in der Möglichkeit ihrer Rezeption auf die von ihr evozierten Assoziationen angewiesen ist, der Assoziationen auch beim Entwurf bedarf.

Wir hatten bisher einen pragmatischen Weg eingeschlagen, um das Symbolische in der Architektur zu rechtfertigen; wir versuchten dies eher über die Diskussion konkreter Beispiele, kaum aber abstrakt über die Explikation etwa der Wissenschaft von der Semiotik, oder gar qua

---

1 G. Hersey, Replication Replicated, in: Perspecta 10, The Yale Architectural Journal, New Haven 1955, S. 211–224.

apriorischem Theoretisieren.² Aber auch auf andere Weise kamen andere zu durchaus ähnlichen Ergebnissen. Alan Colquhoun beschrieb die Architektur als Teil eines „Systemzusammenhangs von Kommunikationen innerhalb einer Gesellschaft" und untersuchte die anthropologischen und psychologischen Voraussetzungen für die Verwendung einer Formentypologie beim Entwerfen. Er stellte dabei die These auf, daß wir nicht nur nicht „frei (sind) von Erinnerungen an die Formen der Vergangenheit, auf die Verfügbarkeit dieser Formen zur Herausbildung einer modellhaften Typologie keinesfalls verzichten können, sondern daß wir, wenn wir glauben davon frei zu sein, darauf verzichten zu können, jede Kontrolle über einen der aktivsten Teile unserer Vorstellungswelten, unserer Fähigkeit mit anderen zu kommunizieren, aufgegeben haben".³

Colquhoun beschreibt die wesentlich „repräsentierende" Qualität der Artefakte primitiver Kulturen, die Beziehungen dieser Artefakte untereinander und versucht sodann, die anthropologischen Konstanten zu isolieren, die unverändert auch Voraussetzung der „repräsentierenden" Qualität der technologischen Produkte unserer Zeit sind. Die Kosmologien der Primitiven sind keineswegs „naturnah", sondern höchst intellektuell und kompliziert. Colquhoun verdeutlicht dies mit einem Zitat aus Claude Lévi-Strauss' Analyse von Verwandtschaftsbeziehungen⁴:

„Zweifellos ist die biologische Familie vorhanden und setzt sich in der menschlichen Gesellschaft fort. Was aber der Verwandtschaft ihren Charakter als soziale Tatsache verleiht, ist nicht das, was sie von Natur beibehalten muß: es ist der wesentliche Schritt, durch den sie sich von ihr trennt. Ein Verwandtschaftssystem besteht nicht aus den objektiven Bindungen der Abstammung oder der Blutsverwandtschaft zwischen den Individuen; es besteht nur im Bewußtsein der Menschen, es ist ein willkürliches System von Vorstellungen, nicht die spontane Entwicklung einer faktischen Situation."

Colquhoun glaubt dann den berechtigten Schluß ziehen zu können, daß sich gewisse Parallelen aufzeigen lassen „zwischen solchen Systemen von Verwandtschaftsbeziehungen und der Art, wie auch die heutige zivilisierte Menschheit ihrer Welt gegenübertritt. Und was für die Primitiven bis in alle Verzweigungen ihres praktischen und emotionalen Lebens wahr und richtig war – namentlich ihr Bedürfnis, die äußere Welt der Phänomene stellvertretend so wiederzugeben, daß sie sich in ein kohärentes und logisches System fügt –, ist noch wirksam in all unseren eigenen Organisationen, sehr viel unmittelbarer in unserer Einstellung gegenüber den von Menschenhand geschaffenen Gegenständen in unserer Umwelt."⁵

In seiner Darlegung der wahrnehmungs-psychologischen Notwendigkeit von Repräsentation in Kunst und Architektur stützt sich Colquhoun auf das Buch *Meditations on a Hobby Horse* von E.H. Gombrich. Gombrich weist den aus der Theorie des modernen Expressionismus entstandenen Glauben zurück, wonach „Gestalten ein physiognomischer oder expressiver Gehalt innewohne, der sich uns gleichsam unmittelbar mitteilen könne".⁶ Er zeigt, wie Colquhoun berichtet, daß

---

2 In einer Reihe jüngst erschienener Untersuchungen wurden diese relativ abstrakten Versuche einer Analyse näher betrachtet, vgl. Charles Jencks und George Baird (Hrsg.), Meaning in Architecture, New York 1969; wir stützen uns insbesondere auf Gedankengänge von Charles Jencks, George Baird und Alan Colquhoun.
3 Alan Colquhoun, Typology and Design Method, in: Arena, Journal of the Architectural Association, Juni 1967, S. 11–14; wieder abgedruckt in Charles Jencks und George Baird (Hrsg.), Meaning in Architecture, New York 1969.
4 Claude Lévi-Strauss, Strukturale Anthropologie, Frankfurt 1967, S. 66.
5 Alan Colquhoun, a.a.O., S. 11–14.
6 E.H. Gombrich, Meditations on a Hobby Horse and Other Essays on Art, London-Greenwich (Connecticut) 1963, S. 45–69.

„ein Arrangement von Formen, wie es sich beispielsweise in einem Gemälde von Kandinsky findet, tatsächlich kaum einen Inhalt hat, es sei denn, wir unterlegen diesen Formen ein System von anderweitig vorgeprägten Bedeutungen, die diesen Formen selbst allerdings keinesfalls immanent sind. Seine These besteht darin, daß physiognomische Formen, obwohl nicht ohne allen expressiven Wert, unentschieden sind und interpretiert werden müssen, was dann nur innerhalb eines bestimmten kulturellen Zusammenhangs möglich ist."[7]

Gombrich illustriert diesen Sachverhalt am Beispiel der Signalanlagen im Verkehr bzw. den affektiven Qualitäten, die den dabei verwandten Farben gemeinhin als unwandelbare Eigenschaften unterstellt werden. Colquhoun selbst weist in diesem Zusammenhang darauf hin, daß die Chinesen mit der jüngst erfolgten Einführung von Signalanlagen die Farbe „Rot" für „freie Fahrt", und „Grün" für „Stop" bestimmt haben: denn „Rot" stehe für Aktivität und Voranbewegung, „Grün" für Inaktivität und Vorsicht, diese einfache Umkehrung bereits zeige die überwältigende Bedeutung kultureller Übereinkunft für unser Verständnis der Bedeutung von Formen, weit vor allen physiognomischen Konstanten.

Colquhoun wendet sich gegen die von der Architektur der Moderne als gegeben unterstellte Voraussetzung, daß Form ein Resultat der Anwendung physikalischer oder mathematischer Gesetze sei, daß die Assoziation früherer Wahrnehmung von Form bzw. ästhetische Ideologien dagegen auszuschalten seien. Nicht nur seien diese Gesetze selbst menschliche Konstrukte, sie legten in der wirklichen Welt, selbst in der Welt fortgeschrittener Technologien die Form nicht in jeder Hinsicht fest: Es verblieben Bereiche freier Verfügbarkeit. Wenn sogar „in der Welt reiner Technik die verbliebene Lücke immer und überall durch eine Anlehnung an frühere Lösungen geschlossen wurde", dann sei das umso mehr der Fall im Bereich der Architektur, wo aus Gesetzen und empirischen Rahmenbedingungen die Form noch sehr viel weniger direkt deduziert werden könne. Er versichert, daß Systeme der Repräsentation nicht völlig unabhängig von den Tatsachen der objektiven Welt sein könnten, und in der Tat „war die Bewegung der Moderne in der Architektur ein Versuch, die Systeme darstellender Repräsentation, wie sie aus vor-industriellen Zeiten überliefert worden waren, zu verändern, weil sie in einer Umwelt schnellster technologischer Wandlungen nicht länger mehr operational waren".[8]

Die Fixierung auf physikalische Gesetze und empirische Ausgangsbedingungen als den wesentlichen Bestimmungsmomenten von Form in den Theorien der architektonischen Moderne nennt Colquhoun einen „bio-technizistischen Determinismus":

„Und es war diese Theorie, aus der sich der gegenwärtige Aberglaube einer überragenden Bedeutung der wissenschaftlichen Methoden der Analyse und Klassifizierung herleiten läßt. Die Essenz der funktionalistischen Doktrin der Bewegung der Moderne war ja keineswegs die Annahme, daß Schönheit oder Harmonie oder Bedeutung unnötig seien, sondern sie bestand darin, daß dies alles auf dem Weg einer wägenden Suche nach der endgültigen Form nicht mehr gefunden werden könne; auch darin, daß sie den Weg, auf dem das Kunstwerk den Betrachter ästhetisch berührt, immer auch als die Abkürzung eines vermeintlichen Umweges, des schöpferischen Prozesses der Formung selbst, betrachtete. Form sei lediglich das Ergebnis eines logischen Prozesses, in dem operationalisierte Bedürfnisse und operationale Techniken miteinander zur Deckung gebracht werden. Letztlich würde dabei jeder Rest von Widerspruch in einer Art

---

7 Alan Colquhoun, ebenda.
8 Ebenda.

biologischen Wachstums verloren gehen, verschwinden, und Funktion und Technologien zur Sicherung von Funktionen würden völlig klar und durchschaubar werden."[9]

Die einer solchen Auffassung sogar für die Probleme technischer Konstruktionen immanenten Grenzen wurden in einer modernen Version dieser Theorie erkannt – in spezifischer Verzerrung erkannt. Man glaubte diese Grenzen übersteigbar machen zu können, indem man die magische Kraft der Intuition in diesen Zirkel einbaute; historische Erfahrungen, die Modelle für die aktuellen Lösungen hätten werden können, mißachtete man weiterhin. Daß Form ebenso aus zielgerichtetem Suchen wie aus deterministischen Prozessen entsteht, wurde in den Schriften Le Corbusiers, Laszlo Moholy-Nagys und anderer Wortführer der Bewegung der Moderne durchaus anerkannt: Sie beschrieben diesen Quellgrund von Form als „Intuition", „Imagination", „Erfindungsgabe" und sprachen von „freien und unzähligen gestaltenden Ereignissen", die den architektonischen Entwurfsprozeß steuerten. Ergebnis war, wie Colquhoun sagt, „eine unaufgelöste Spannung zwischen zwei einander offensichtlich widersprechenden Leitvorstellungen" innerhalb der Doktrin der Bewegung der Moderne – „ein biologistischer Determinismus hier, losgelöste Expressivität da". Nachdem man um der Wissenschaftlichkeit willen den ganzen Bereich praktischer, an Traditionen orientierter Tätigkeit vom Prozeß der Formgebung ausgeschlossen hatte, blieb ein Vakuum zurück, in das dann ironischerweise eine Art von willkürlichem, ungesteuertem Expressionismus eindrang: „Was bei oberflächlicher Betrachtung als genauer, rational gesteuerter und kontrollierter Entwurfsprozeß erscheint, erweist sich paradoxerweise als mystizistischer Glaube an einen intuitiven Akt."[10]

Alan Colquhoun

Historismus
(Ausschnitt)

Erste Erscheinung: Alan Colquhoun, „Three Kinds of Historicism", in *Architectural Design* 53 (9–10/1983), neu abgedruckt in ders., *Modernity and the Classical Tradition: Architectural Essays 1980–1987* (Cambridge, Mass.: The MIT Press, 1989), S. 3–19.
Textquelle: Alan Colquhoun, „Historismus", in *Archithese* Jg. 16 No. 4 (Juli–August 1986), S. 20–23.

Der britische Architekt Alan H. Colquhoun (geb. 1921) hat an der Architectural Association School of Architecture studiert und zwischen 1950 und 1955 für das London County Council gearbeitet. Im Jahre 1961 gründete er mit John Harmsworth Miller ein eigenes Architekturbüro. In England und in den Vereinigten Staaten unterrichtete er an verschiedenen Universitäten, 1978 wurde er in Princeton zum Professor ernannt. Seine Essays wurden in zahlreichen Architekturzeitschriften veröffentlicht. Er beschäftigt sich in diesen Schriften mit Themen, die meistens das Verhältnis der Architektur der Gegenwart zur Tradition berühren. Er gehört zu den Kritikern der Moderne, vor allem was die Stadtvorstellungen des Neuen Bauens betrifft; zugleich ist er Gegner einer persiflierenden Postmoderne. Obwohl er die sozialen Fragestellungen der Moderne berücksichtigt, steht im Mittelpunkt seiner Schriften das Problem der architektonischen Form und ihr Bezug zur Geschichte.

9 Ebenda.
10 Ebenda.

Sein Essay „Historismus" war im Original „Three Kinds of Historicism" (Drei Arten von Historismus) betitelt – das Thema ist nämlich der Wandel der Vorstellung, dass Architektur den Zeitgeist einer Epoche reflektieren soll. Die drei Arten des Historismus, wie sie Colquhoun definiert, hängen mit drei Definitionen des Historismusbegriffs zusammen: Historismus ist demnach „1. die Theorie, dass alle soziokulturellen Erscheinungen geschichtlich bestimmt und dass alle Wahrheiten relativ sind; 2. ein Interesse an den Institutionen und Traditionen der Vergangenheit; 3. die Verwendung geschichtlicher Formen, beispielsweise in der Architektur."

Bibliografie: Alan Colquhoun, *Essays in Architectural Criticism: Modern Architecture and Historical Change* (Cambridge, Mass., London: MIT Press, 1981); *Colquhoun, Miller & Partners* (New York: Rizzoli, 1988).

Einflüsse auf den Modernismus

[...] Die Hegelianische Vorstellung des geschichtlichen Determinismus – so sehr er auch missverstanden wurde – hatte sicher einen tiefgreifenden Einfluss auf den gedanklichen Rahmen der künstlerischen Avantgarde vor und nach der Jahrhundertwende. Die Kunst konnte ihre geschichtliche Bestimmung nur erreichen, indem sie der Tradition ihren Rücken zuwandte. Nur indem sie nach vorn blickte, konnte sie dem Geist der Geschichte treu sein und in ihren Werken dem Zeitgeist Ausdruck geben. In der Architektur bedeutete das, angetrieben durch die gesellschaftliche und technische Entwicklung ständig neue Formen zu schaffen und die erneuerte Gesellschaft mit diesen Formen symbolisch darzustellen. Historiker der Modernen Bewegung wie Sigfried Giedion, Nikolaus Pevsner oder Reyner Banham neigen dazu, diese Seite des Modernismus hervorzuheben.

Diese Art des Denkens war aber nicht der einzige und vielleicht auch nicht der wichtigste Einfluss auf die Avantgarde im 20. Jahrhundert. Ein anderer Einfluss war, was Philippe Junod den gnosiologischen Idealismus nannte; sein wichtigster Theoretiker war der 19. Jahrhundert-Philosoph Konrad Fiedler. Aus der allgemeinen Stimmung des Historismus herauswachsend, versuchte diese Theorie systematisch, die letzten Spuren der Idee der *Nachahmung* aus dem künstlerischen Schaffen auszuschliessen. Sie verwarf die Vorstellung, dass das Kunstwerk eine Art Spiegel sei, durch den man etwas anderes sieht. Hegel selber war das erste Opfer dieses radikalen Idealismus, da er an der Ansicht festhielt, das Kunstwerk sei die Wiederspiegelung einer ihm äusserlichen Idee. Die Vorstellung von der „Opazität" oder Undurchsichtigkeit des Kunstwerkes wurde in den 1920er Jahren vom Russischen Formalismus weiterentwickelt und wurde zu einem wesentlichen Bestandteil des Avantgarde-Denkens.

Am entgegengesetzten Rand gab es im Modernismus das Beharren auf der Vorstellung des Naturgesetzes und eine Rückkehr zu den grundlegenden Prinzipien der künstlerischen Form, die dem primitiven Neoklassizismus der Aufklärung nahe kam. Die Spannung zwischen dieser Vorstellung und dem Historismus ist besonders gut festzustellen in den Schriften und Bauten von Le Corbusier.

Postmodernistische Kritik

Es sind nicht diese zwei Seiten des Modernismus, den die Kritiker des Modernismus zum wichtigsten Gegenstand ihrer Attacken gemacht haben, sondern die Vorstellung eines geschichtlichen Determinismus. Sie haben mit Recht gezeigt, dass ein blinder Glaube in die Zukunft zur Folge hatte, dass die Kontrolle über die gebaute Welt den Kräften des Marktes und ihren Vertretern in der Verwaltung übergeben wurde. Eine Bewegung, die als Ausdruck einer Utopie anfing, endete als Werkzeug des alltäglichen wirtschaftlichen Handelns. Sie haben auch – und auch das mit Recht – gezeigt, dass eine systematische Ächtung der Geschichte als eine Quelle architektonischer Werte nicht aufrechterhalten werden kann, wenn die anfängliche idealistische Kraft des Modernismus erst verloren gegangen ist.

Diese „postmodernistischen" Kritiker waren andererseits nicht im Stande, eine Theorie der Geschichte auszuarbeiten, die ihrem neu entdeckten geschichtlichen Bewusstsein eine feste Grundlage geben würde. Weil ihre Angriffe sich meistens auf zwei Punkte des Modernismus beschränken – geschichtlicher Determinismus und geschichtlicher Gedächtnisverlust –, ist alles, was sie vorschlagen konnten, eine Umkehrung dieser zwei Vorstellungen, also

1. Geschichte ist nicht wirklich vorbestimmt,
2. Voraussetzung für architektonische Bedeutung ist die Anerkennung der Tradition *in irgendeiner Form*.

Da diese zwei Punkte Reaktionen auf andere Punkte sind, bleiben sie verneinend; es fehlt ihnen eine *eigene* Grundlage.

Kulturelle Erinnerung in der gegenwärtigen Architektur

Der Umstand, dass Geschichte nicht als vorbestimmt und in einem vereinfachten Sinn teleologisch verstanden werden kann, lässt die Frage noch offen, welches die Beziehung ist zwischen der Geschichtlichkeit aller kulturellen Hervorbringungen auf der einen Seite und dem kumulativen und normativen Wesen der kulturellen Werte auf der anderen Seite. Wir können nicht damit rechnen, zu einer klassischen Auffassung von Geschichte zurückzukehren, wonach ein allgemeines natürliches Gesetz, an dem wir alle kulturellen Erscheinungen messen, a priori festgelegt ist. Einer der hauptsächlichen Gründe, warum das undenkbar wäre, ist die Tatsache, dass unsere Beziehung zur Geschichte eine andere ist als im 18. Jahrhundert. Damals war die herrschende Klasse sehr belesen und war in der Lage, ihre eigene Kultur in den Begriffen der klassischen Kultur zu deuten, die ihr klare und bestimmte Beispiele und Modelle für ihr eigenes Verhalten lieferte.

Wir haben gesehen, dass die Vorstellung allgemeiner Normen ein Produkt der lebendigen und konkreten Neigung für die geschichtliche Vergangenheit war. Heute hat unsere Kenntnis der Vergangenheit gewaltig zugenommen, aber sie ist die Kenntnis von Spezialisten; ihr steht eine verbreitete Ignoranz der herrschenden Klasse hinsichtlich der Geschichte gegenüber. Je mehr unsere Kenntnis der Vergangenheit „objektiv" wird, je weniger wird diese Vergangenheit für unsere eigene Zeit verwendet: um sie zu verwenden, muss man die Vergangenheit ideologisch entstellen, die moderne Geschichtsschreibung ist aber darauf gerichtet, diese Entstellungen zu beseitigen. In diesem Sinn stammt die moderne Geschichtsschreibung unmittelbar vom Historismus ab; wie dieser ist sie einer relativistischen Sicht der Vergangenheit verpflichtet und ist resistent gegen die Geschichte als Lieferant von unmittelbaren Modellen.

Auf der anderen Seite ist eine moderne Kultur, die die Geschichte als Ganzes ignoriert, gleichermassen unvorstellbar. Die „Flucht in die Zukunft", die den Modernismus unmittelbar beeinflusste, versuchte mit Absicht, die Geschichte vergessen zu machen. Damit brachte sie zwei

Schwächen im historistischen Denken des 19. Jahrhunderts an den Tag. Die erste ist, dass dieses Denken das nicht in Rechnung stellte, was man „kulturelle Anleihen" nennen kann. In diesem Bestreben, die Einzigkeit einer Kultur zu betonen, übersah es das Mass, in dem Kulturen, auch die bodenständigsten, auf den Ideen von anderen, schon vorhandenen Kulturen begründet sind. Eine absolut „reine" Kultur hat es nie gegeben; um das zu zeigen, muss man nur die verschiedenen Proto-Renaissancen der mittelalterlichen Welt erwähnen.

Die zweite Schwäche des Historismus – und sie ist eng verbunden mit der ersten – liegt darin, dass er dazu neigte, die Rolle zu unterdrücken, die die Festlegung von Normen und Typen in der kulturellen Entwicklung spielt. Er vermengte zwei Dinge, die in Wirklichkeit keine Beziehung haben. Er vermengte die Art, wie man Kulturen untersuchen sollte damit, wie sie selber handeln. Wenn es richtig sein mag, eine Kultur zu untersuchen, als ob sie ein einmaliger Organismus wäre, so folgt daraus nicht, dass sie tatsächlich ein solcher Organismus ist. Wie kann man zum Beispiel eine Kultur untersuchen, die selber an die Nachahmung das a priori gegebenen Ideals glaubte, ohne diese Vorstellung irgendwie in Gegensatz zu einem Ideal zu stellen, das sich in der geschichtlichen Zeit schrittweise entfaltet? Dafür müsste die geschichtliche Analyse zwei gegensätzliche Prinzipien in sich versöhnen. So paradox das scheinen mag, muss man sich einem wichtigen Grundsatz stellen: er besagt, dass unsere Kultur – von der die Architektur eine Äusserung ist – das gleiche tun muss. Die Einmaligkeit unserer Kultur, die das Produkt einer geschichtlichen Entwicklung ist, muss mit der Tatsache versöhnt werden, dass sie in einem geschichtlichen Kontext handelt und ihre eigene Erinnerung in sich trägt.

Die Frage ist nun, in welcher Weise sich diese kulturelle Erinnerung in der gegenwärtigen Architektur äussern kann. Nach meiner Meinung kann sie es nicht, indem sie auf den Eklektizismus zurückgreift. Ich habe zu zeigen versucht, dass im 18. und 19. Jahrhundert der Eklektizismus von der Macht des Stils abhing, Zeichen oder Emblem für einen bestimmten Satz von Ideen zu werden. Das aber hing wieder von einer Kenntnis der vergangenen Stile ab, und von der Fähigkeit, diese Stile ideologischen Entstellungen zu unterwerfen – Entstellungen, die aber von einer gründlichen Kenntnis der Stile selber ausgingen. Architektur ist eine Form von Kenntnis durch Erfahrung. Es ist aber gerade dieses Element innerer Kenntnis, das heute fehlt. Wenn wir versuchen, die Vergangenheit in der Architektur zurückzugewinnen, so tun wir das über einen Abgrund hinweg: den Abgrund der Zeit vor und nach der Jahrhundertwende, als die Macht des architektonischen Stils, feste Bedeutungen zu vermitteln, vollständig verloren ging. Der moderne „Eklektizismus" ist ideologisch nicht länger zweckgerichtet, wie er das selbst im 19. Jahrhundert war. Wenn wir die Vergangenheit wiederbeleben, so drücken wir ihre allgemeinsten und banalsten Konnotationen aus: es ist bloss die Vergangenheit als Vergangenheit – the pastness of the past – die nun evoziert wird. Diese Erscheinung wurde schon vor 80 Jahren von Alois Riegl erkannt, als er beim Versuch, die Erhaltung von Monumenten auf feste Grundlagen zu stellen, die Aufmerksamkeit auf zwei verbreitete Haltungen gegenüber Kunstwerken richtete: „Neuheit" und „Altheit". Als ein Emblem von „Vergangenheit" widersteht die neue Wiedergewinnung der Geschichte einer zu genauen Erinnerung an vergangene Stile; nur so kann sie zu einer Ware werden. Wie der Modernismus wird auch der „Postmodernismus" in allen seinen Masken vom Kapitalismus vereinnahmt. Modernismus und „Postmodernismus" sind zwei Seiten der gleichen Münze. Beide sind ihrem Wesen nach „moderne" Erscheinungen und beide sind von der Haltung zur Geschichte, die das 18. und 19. Jahrhundert erfüllte, gleich weit entfernt.

Rem Koolhaas   **Die Stadt ohne Eigenschaften**
                                                                   (Ausschnitte)

Erste Erscheinung: Rem Koolhaas, „The Generic City" (1994) in *S,M,L,XL*, (New York: The Monacelli Press, 1995), S. 1246–1264.
Textquelle: Rem Koolhaas, „Die Stadt ohne Eigenschaften". Übersetzung von Fritz Schneider, in: *ARCH+* 132 (Juni 1996), S. 18–22, 23–24, 25–26.

Der niederländische Architekt Rem Koolhaas (geb. 1944) hatte als Journalist und Filmemacher gearbeitet, bevor er zwischen 1968 und 1972 an der Architectural Association School of Architecture in London studierte. Nach einem anschließenden Aufenthalt in Amerika gründete er 1975 mit seinen Mitarbeitern Madelon Vriesendorp bzw. Elia und Zoe Zenghelis das Office for Metropolitan Architecture (OMA) in New York und London; 1984 öffnete er ein OMA-Büro in seiner Geburtsstadt Rotterdam. Sein Buch *Delirious New York. A Retroactive Manifesto for Manhattan* erschien im Jahre 1978 (s. Seite 463f.).

Das Buch *S,M,L,XL*, für dessen Gestaltung der kanadische Designer Bruce Mau verantwortlich ist, findet mit seinem Umfang von 1346 Seiten Bild und Text eine adäquate Form, um Größe zu thematisieren. Koolhaas behauptet nämlich, dass die neuesten Entwicklungen auf dem Gebiet des Städtebaus vor allem im asiatischen Raum die traditionellen, feineren Instrumente der Stadtplanung obsolet machen. Die Folgen der Globalisierung auf die Stadtentwicklung untersucht er, versucht er, die Möglichkeiten und Aufgaben des Architekten ohne Illusion, aber mit Ironie neu zu definieren. Koolhaas sieht im Scheitern des Urbanen Anlaß zu einem Nietzsche'schen Leichtsinn: „In einer Welt ständig zunehmender Zweckdienlichkeit und permanenter Veränderung ist der Urbanismus nicht mehr unsere wichtigste Entscheidung und er muß es auch gar nicht mehr sein: Der Urbanismus kann die Dinge locker angehen und zur ‚Fröhlichen Wissenschaft' werden – Urbanismus *light*."

Bibliografie: *„1987–1998 OMA/Rem Koolhaas"*, *El Croquis* Revised Omnibus Volume 53+79 (1998).

1. Einleitung

1.1. Ist die moderne Stadt wie der moderne Flughafen – „überall gleich"? Läßt sich diese Konvergenz theoretisch erfassen? Und wenn ja, worauf liefe diese Entwicklung letztlich hinaus? Konvergenz führt zwangsläufig zu Identitätsverlust, etwas, das normalerweise bedauert wird. Doch angesichts der Dimensionen, in denen das ganze vor sich geht, muß es etwas bedeuten. Was sind die Nachteile von Identität, oder, umgekehrt, worin bestehen die Vorteile der Gesichtslosigkeit? Was wäre, wenn es sich bei dieser scheinbar zufälligen – und gemeinhin beklagten – Angleichung um einen gesteuerten Prozeß handelte, um eine bewußte Abkehr von Divergenz, eine Hinwendung zu Kongruenz? Sind wir womöglich Zeugen einer weltweiten Befreiungsbewegung („Nieder mit dem Charakteristischen!")? Was bleibt übrig, wenn jede Identität abgestreift wird? Das Eigenschaftslose? 1.2. Da Identität größtenteils von physischer Substanz, von Geschichtlichem, vom Kontext und von der Realität determiniert wird, können wir uns kaum vorstellen, daß irgend etwas Zeitgenössisches – etwas von uns Geschaffenes – zu ihr beitragen sollte. Doch die Tatsache des exponentiellen Wachstums der Menschheit bedeutet, daß die

Vergangenheit über kurz oder lang zu „klein" sein dürfte, um von allen Menschen bewohnt und geteilt zu werden. Wir brauchen die Vergangenheit auf. Da sich Geschichte zu einem beträchtlichen Teil als Architektur ablagert, werden die Menschenmassen von heute die alte Substanz unweigerlich sprengen und erschöpfen. Identität, begriffen als diese Form von Teilhabe an der Vergangenheit, ist eine überlebte, unhaltbare Vorstellung: Es gibt – ein stabiles Modell kontinuierlichen Bevölkerungswachstums vorausgesetzt – nicht nur proportional immer weniger zu teilen, sondern die Geschichte besitzt obendrein noch eine äußerst unerfreuliche Halbwertzeit – da sie ständig mißbraucht wird, verliert sie zunehmend an Relevanz –, bis zu dem Punkt, wo ihre immer erbärmlicheren Almosen zur Zumutung werden. Diese Verkümmerung wird noch verschlimmert durch das stetige Anschwellen der Touristenströme, einer Lawine, die bei ihrer unaufhörlichen Jagd nach dem „Charakteristischen" erfolgreich jede Identität zu bedeutungslosem Staub zermalmt. 1.3. Identität ist wie eine Mausefalle, in der sich immer mehr Mäuse um den ursprünglichen Köder balgen und die, bei näherer Betrachtung, vielleicht schon seit Jahrhunderten leer ist. Je stärker die Identität, um so mehr schnürt sie ein, um so heftiger stemmt sie sich gegen Erweiterung, Interpretation, Erneuerung oder Widerspruch. In ihrer Unbeweglichkeit und einseitigen Festlegung gleicht Identität immer mehr einem Leuchtturm – der seine Position oder das von ihm ausgestrahlte Signal nur zu dem Preis einer instabilen Navigation verändern kann. (Paris kann nur noch „pariserischer" werden – es ist bereits auf dem Weg zu einem Hyper-Paris, einer auf Hochglanz polierten Karikatur. Es gibt Ausnahmen: London – dessen einzige Identität im Fehlen einer klaren Identität liegt – wird sogar immer weniger London und dafür immer offener und dynamischer.) 1.4. Identität zentralisiert; sie besteht auf einer Seele, einem Mittelpunkt. Ihre Tragödie ist mit einfachen geometrischen Kategorien zu erfassen. Während die Einflußsphäre expandiert, wird die vom Zentrum besetzte Fläche immer größer, wodurch nicht bloß die Kraft, sondern auch die Autorität des Kerns hoffnungslos geschwächt wird; die Entfernung zwischen Zentrum und Peripherie vergrößert sich zwangsläufig immer mehr – so lange, bis beides auseinanderzubrechen droht. Aus diesem Blickwinkel ist die relativ neue, verspätete Entdeckung der Peripherie als potentiell wertvolle Zone – als eine Art prähistorische Sphäre, die architektonische Aufmerksamkeit verdient haben könnte – bloß ein verkapptes Beharren auf der Dominanz des Zentrums und der Abhängigkeit von ihm: ohne Zentrum keine Peripherie; der Reiz des ersten kompensiert vermutlich die Leere des letzteren. Konzeptuell im Stich gelassen, wird der Zustand der Peripherie noch dadurch verschlimmert, daß ihre Mutter weiterhin lebt, alle Aufmerksamkeit auf sich lenkt und die Unzulänglichkeiten ihres Nachwuchses herausstreicht. Die letzten Zuckungen, die vom erschöpften Zentrum ausgehen, verhindern, daß man die Peripherie als kritische Masse begreift. Das Zentrum ist per definitionem nicht nur zu klein, um die ihm zugewiesenen Aufgaben zu erfüllen, es ist auch nicht mehr das wirkliche Zentrum, sondern eine pompöse, kurz vor der Implosion stehende Schimäre; trotzdem verweigert seine trügerische Präsenz der übrigen Stadt die Daseinsberechtigung. (Manhattan mokiert sich über diejenigen, die auf infrastrukturelle Unterstützung angewiesen sind, wenn sie in die Stadt gelangen wollen, als „Brücken-und-Tunnel-Leute" und läßt sie dafür bezahlen.) Die heute grassierende konzentrische Besessenheit macht uns alle zu Brücken- und-Tunnel-Leuten und läßt uns in unserer eigenen Zivilisation zu Bürgern zweiter Klasse werden, entrechtet durch den dummen Zufall unserer kollektiven Verbannung aus dem Zentrum. 1.5. Im Rahmen unserer konzentrischen Konditionierung (der Verfasser dieser Zeilen verbrachte einen Teil seiner Jugend in Amsterdam, dem Inbegriff urbaner Zentralität) ist das Festhalten am Zentrum als dem Nabel von Wert und Sinn, als der Quelle jeglicher Bedeutung,

doppelt destruktiv – die ständig wachsende Menge von Abhängigkeiten führt nicht nur zu einer am Ende unerträglichen Belastung, sondern bewirkt außerdem, daß das Zentrum ununterbrochen instandgehalten, d.h. „modernisiert" werden muß: Der angeblich „wichtigste Bereich der Stadt" soll paradoxerweise der älteste und der neueste sein, der berechenbarste und der dynamischste, und zwar gleichzeitig. Das Zentrum unterliegt einem äußerst intensiven, nie endenwollenden Anpassungsprozeß, der jedoch dadurch beeinträchtigt und behindert wird, daß diese Veränderungen unbemerkt, für das bloße Auge nicht erkennbar, vor sich gehen sollen. (Die Stadt Zürich hat die radikalste und teuerste Lösung gefunden und sich für eine Art umgekehrter Archäologie entschieden: Neue, hochmoderne Einrichtungen – Einkaufszentren, Parkdecks, Banken, Tresore, Laboratorien – werden, Schicht um Schicht, unter das Zentrum gebaut. Das Zentrum expandiert nicht mehr nach außen oder gen Himmel, sondern nach innen, dem Erdmittelpunkt entgegen.) Von den willkürlich eingepfropften, mehr oder weniger unauffälligen Verkehrsadern, Umleitungen und Unterführungen sowie dem Bau immer neuer „tangentiales" bis zur routinemäßigen Umwandlung von Wohn- in Geschäftsraum, Lagerhäusern in Lofts, verlassenen Kirchen in Nachtclubs, von den Massenbankrotten samt anschließender Neueröffnung von Spezialgeschäften in immer exklusiveren Einkaufszentren bis zur rücksichtslosen Umwidmung von Nutzraum in „öffentlichen" Raum, Fußgängerzonen, neue Parkanlagen, Begrünung, Überbrückung, die systematische Restaurierung historischer Mediokrität: Alles Authentische wird gnadenlos evakuiert. 1.6. Die eigenschaftslose Stadt ist die Stadt, die dem Würgegriff des Zentrums, der Zwangsjacke der Identität, entkommen ist. Die eigenschaftslose Stadt bricht mit diesem destruktiven Kreis der Abhängigkeit: Sie ist nichts als eine Widerspiegelung gegenwärtiger Bedürfnisse und Fähigkeiten. Es handelt sich um die Stadt ohne Geschichte. Sie bietet jedem genügend Platz. Sie ist unkompliziert. Sie bedarf keiner Instandhaltung. Wird sie zu klein, dann expandiert sie einfach. Wird sie zu alt, dann zerstört sie sich, um wieder bei Null anzufangen. Sie ist überall gleich aufregend – oder gleich langweilig. Sie ist „oberflächlich" – sie kann jeden Montagmorgen eine neue Identität produzieren, wie ein Filmstudio in Hollywood.
[...]

6. Urbanismus

6.1. Die große Originalität der eigenschaftslosen Stadt besteht darin, daß sie einfach auf alles Funktionslose verzichtet – auf alles, was seine Nützlichkeit überlebt hat –, um die Asphaltdecke des Idealismus mit den Preßlufthämmern des Realismus aufzubrechen und alles zu akzeptieren, was dann aus dem Boden sprießt. In diesem Sinn beheimatet die eigenschaftslose Stadt das Primordiale und das Futuristische – und sonst gar nichts. Die eigenschaftslose Stadt ist alles, was von dem übrig bleibt, was früher einmal die Stadt gewesen ist. Die eigenschaftslose Stadt ist die auf dem Boden der Ex-Stadt entstehende Post-Stadt. 6.2. Die eigenschaftslose Stadt wird nicht zusammengehalten von einer zu anspruchsvollen öffentlichen Sphäre – die in einem überraschend langen Prozeß, in welchem sich das römische Forum zur griechischen Agora so verhält wie das moderne Einkaufszentrum zur klassischen Geschäftsstraße, immer stärker herabgewürdigt worden ist –, sondern vom Ungenutzten, Residualen. Im ursprünglichen Modell der Moderne erschöpfte sich das Residuale in Grünflächen, deren überwachte Ordentlichkeit eine moralistische Erklärung guter Absichten darstellte und von Geselligkeit oder praktischer Nutzung abschreckte. Da die zivilisatorische Kruste der eigenschaftslosen Stadt so dünn ist, und wegen der für sie typischen Tropenlage, wird alles Vegetative in paradiesisches Residuum verwandelt, den wesentlichen Träger ihrer Identität: ein Hybrid aus Politik und Landschaft. Zuflucht des Illegalen, Unkontrollierbaren und zugleich Gegenstand endloser Eingriffe, repräsentiert sie zur selben Zeit einen Triumph des Manikürten und des Ursprünglichen. Die unmoralische Üppigkeit der eigenschaftslosen Stadt kompensiert ihre anderweitigen Mängel. Da sie in höchstem Maße anorganisch ist, wird das Organische zu ihrem größten Mythos. 6.3. Die Straße ist tot – eine Entdeckung, die zeitlich zusammenfällt mit den hektischen Versuchen ihrer Wiederbelebung. „Kunst im öffentlichen Raum" ist allgegenwärtig – als würde die Addition zweier Tode ein Leben ergeben. Die – als Erhaltungsmaßnahme gedachten – Fußgängerzonen kanalisieren bloß den Strom derjenigen, deren unabwendbares Schicksal es ist, das Objekt ihrer beabsichtigten Verehrung mit den eigenen Füßen zu zerstören. 6.4. Die eigenschaftslose Stadt befindet sich auf dem Weg von der Horizontalität zur Vertikalität. Der Wolkenkratzer scheint die endgültige, definitive Typologie zu werden. Er hat alles andere geschluckt. Er kann überall existieren: in einem Reisfeld ebensogut wie in der Stadtmitte – das macht keinen Unterschied mehr. Inzwischen stehen die Hochhäuser nicht mehr dicht an dicht, sondern sind räumlich so angeordnet, daß sie nicht interagieren können. Konzentration in der Isolation – das ist das Ideal. 6.5. Die Wohnungsfrage ist kein Problem: Sie ist entweder gelöst oder ganz und gar dem Zufall überlassen worden; im ersten Fall ist das Wohnen legal, im zweiten „illegal"; im ersten Fall Hochhäuser oder Scheiben (meistens fünfzehn Meter tief), im zweiten (in perfekter Ergänzung) eine Kruste aus behelfsmäßigen Baracken. Die eine Lösung beansprucht den Himmel, die andere die Erde. Es ist seltsam, daß die mit dem wenigsten Geld die teuerste Ware bewohnen, den Boden, und diejenigen, die genug Geld haben, das, was umsonst ist – die Luft. In beiden Fällen erweist sich das Wohnen als überraschend angenehm: Die Bevölkerung verdoppelt sich nicht nur in wenigen Jahren, sondern vor dem Hintergrund des ständig schwindenden Einflusses der verschiedenen Religionen halbiert sich im selben Zeitraum obendrein noch die durchschnittliche Zahl der Bewohner pro Wohneinheit – aufgrund von Scheidungen und anderen familientrennenden Phänomenen. Während ihre Einwohnerzahl wächst, nimmt die Dichte der eigenschaftslosen Stadt kontinuierlich ab. 6.6. Alle eigenschaftslosen Städte entstehen aus einer Tabula rasa; wo nichts war, sind jetzt sie; wo etwas war, haben sie es ersetzt. Das müssen sie auch, denn sonst wären sie historisch. 6.7. Die eigenschaftslose Stadtlandschaft ist in der Regel eine Mischung aus penibel strukturierten Sektoren – die noch aus ihrem Frühstadium stammen, als „die Macht" noch nicht zersplittert war – und immer naturwüchsigeren, praktisch überall aus dem Boden schießenden Agglomerationen. 6.8. Die eigenschaftslose Stadt ist die Apotheose des Multiplechoice-Prinzips: alle Kästchen angekreuzt, eine Anthologie sämtlicher Optionen. Normalerweise ist die eigenschaftslose Stadt „geplant": nicht, wie üblich, von irgendwelchen bürokratischen Körperschaften, die ihre Entwicklung steuern, sondern als wären allerlei Echos, Sporen, Metaphern und Samen zufällig, wie in der Natur, auf den Boden gefallen, um sich dort als neues Ensemble festzuhaken – die natürliche Fruchtbarkeit des Areals ausnutzend: eine höchst eigenwillige Erbmasse, die hin und wieder zu den erstaunlichsten Resultaten führt. 6.9. Die Schrift der Stadt mag nicht entzifferbar sein, oder fehlerhaft, aber das bedeutet nicht, daß es keine Schrift gibt; vielleicht haben wir ja bloß ein neues Analphabentum produziert, eine neue Blindheit. Eine geduldige Untersuchung offenbart die Themen, Partikel und Stränge, die sich aus der scheinbaren Finsternis dieser Wagnerianischen Ursuppe herausfiltern lassen: vor fünfzig Jahren von einem durchreisenden Genie auf einer Wandtafel hinterlassene Notizen, in ihrem gläsernen Silo in Manhattan zu Staub zerfallende UN-Berichte, Entdeckungen ehemaliger

Kolonialdenker mit einem aufmerksamen Auge für das Klima, unerwartete Querschläger aus dem Architekturstudium, die als ein globaler Reinigungsprozeß ständig an Kraft gewinnen. 6.10. Die Ästhetik der eigenschaftslosen Stadt läßt sich am besten als „Freistil" definieren. Wie könnte man sie beschreiben? Man stelle sich eine offene Fläche vor, eine Waldlichtung, eine dem Erdboden gleichgemachte Stadt, wo es drei Elemente gibt: Straßen, Gebäude und Natur; diese koexistieren in flexiblen Beziehungen, scheinbar sinnlos, in einer atemberaubenden organisatorischen Vielfalt. Jedes dieser drei Elemente kann dominieren: Manchmal geht die „Straße" verloren, und wenn man sie dann wiederfindet, schlängelt sie sich eine unverständliche Umleitung entlang; manchmal sieht man kein Gebäude, sondern bloß Natur; und dann ist man, genauso überraschend, von nichts als Gebäude umgeben. An bestimmten Stellen fehlen beängstigenderweise gleich alle drei. An solchen „Orten" (was mag wohl das Gegenteil eines Ortes sein? Diese Stellen sind wie Löcher, die durch unseren Stadtbegriff gebohrt sind) taucht, wie das Monster von Loch Ness, „Kunst im öffentlichen Raum" auf, zu gleichen Teilen gegenständlich und abstrakt, in der Regel selbstreinigend. 6.11. Während charakteristische Städte noch immer allen Ernstes über die Fehler von Architekten debattieren – etwa über deren Vorschläge zur Schaffung eines Netzes von erhöhten Fußgängerwegen mit Verzweigungen, die von einem Häuserblock zum nächsten führen, um so dem Verkehrsgewimmel der Innenstädte auszuweichen –, gibt sich die eigenschaftslose Stadt einfach dem Genuß solcher architektonischen Neuerungen hin: Decks, Brücken, Tunnel, Autobahnen – eine wahre Explosion von Verbindungsmöglichkeiten –, die häufig mit Farnkraut und Blumen bedeckt sind (als gelte es, der Erbsünde Paroli zu bieten) und dabei ein Pflanzengewimmel erzeugen, das alles in den Schatten stellt, was man aus Science-fiction-Filmen der fünfziger Jahre gewohnt ist. 6.12. Die Straßen sind nur für Autos da. Menschen (Fußgänger) werden (wie in einem Vergnügungspark) auf ausgeschilderte Touren geschickt, auf „Promenaden", die sie vom Erdboden emporheben, um sie dann einem ganzen Katalog übertriebener Bedingungen auszusetzen – Wind, Hitze, Steilheit, Kälte, Innen, Außen, Gerüche, Dämpfe –, in einer Abfolge, die ein groteskes Zerrbild des Lebens in der historischen Stadt ist. 6.13. Die eigenschaftslose Stadt kennt durchaus Horizontalität, aber diese ist im Schwinden begriffen. Sie besteht entweder aus Geschichte, die noch nicht völlig wegradiert wurde, oder aus tudoresken Enklaven, die sich rings um das Zentrum ausbreiten, als frisch geprägte Embleme der Erhaltung und Bewahrung. 6.14. Es entbehrt nicht einer gewissen Ironie, daß im Umkreis der eigenschaftslosen Stadt, die ja selber neu ist, ständig New Towns entstehen: New Towns sind wie Jahresringe. Aus irgendeinem Grund altern New Towns extrem schnell, so wie ein Fünfjähriger, der an Progerie leidet und Runzeln und Arthritis bekommt. 6.15. Die eigenschaftslose Stadt markiert den endgültigen Tod jeder Planung. Wieso? Nicht, weil sie nicht geplant wäre – in Wirklichkeit lassen ungeheure, einander ergänzende Universen von Bürokraten und Bauträgern unvorstellbare Ströme von Energie und Finanzmitteln in ihre Fertigstellung fließen; für dasselbe Geld könnte man ihre Ebenen mit Diamanten düngen und ihre Schlammfelder mit goldenen Ziegelsteinen pflastern. Doch ihre gefährlichste und zugleich erheiterndste Entdeckung ist die, daß Planung völlig irrelevant ist. Gebäude können gut plaziert werden (ein Hochhaus in unmittelbarer Nähe einer U-Bahn-Station) oder schlecht (komplette Zentren, meilenweit von der nächsten Straße entfernt). Sie florieren/gehen ein, ohne daß es jemand voraussagen könnte. Netze werden überstrapaziert, altern, verrotten oder werden überflüssig; Bevölkerungen verdoppeln, verdreifachen und vervierfachen sich, um sich dann plötzlich in Luft aufzulösen. Die Oberfläche der Stadt explodiert, die Wirtschaft startet voll durch, bremst ab, bricht auseinander, kollabiert. Wie urzeitliche Mütter, die noch immer ihre titanischen

Embryonen ernähren, werden ganze Städte auf kolonialen Infrastrukturen errichtet, deren Blaupausen die einstigen Unterdrücker mitgenommen haben. Niemand kann sagen, wo die Kanalisation verläuft oder wie und seit wann sie funktioniert. Niemand kennt die genaue Lage der Telefonleitungen oder weiß, warum das Zentrum genau dort angesiedelt wurde, wo es sich befindet oder wo die monumentalen Straßenachsen hinführen. Dies beweist nur die Existenz unbegrenzter, verborgener Ressourcen, kolossaler Reserven an Spielraum, eines kontinuierlichen, organischen Anpassungsprozesses der Maßstäbe und des Verhaltens; wie bei einem äußerst wachsamen Tier ändern sich die Erwartungen instinktiv. In dieser Apotheose des Multiple-choice-Prinzips wird es nie mehr möglich sein, Ursache und Wirkung zu rekonstruieren. Die Sache funktioniert – und das reicht. 6.16. Ihre Vorliebe für die Tropen bedeutet automatisch, daß die eigenschaftslose Stadt jede auch noch so schwache Interpretation der Stadt als Festung oder Zitadelle ablehnt: sie ist so offen und einladend wie ein Mangrovenwald.
[...]

11. Architektur

11.1. Schließen Sie die Augen und stellen Sie sich eine Explosion in Beige vor! Im Epizentrum dieser Explosion klatschen die Farbe von (nicht erregten) Schamlippen, ein mattiertes Metallic-Aubergine, ein ins Khakifarbene changierendes Tabakbraun und ein staubiges Kürbisorange aufeinander; alle Autos unterwegs zu einem bräutlichen Weiß. 11.2. In der eigenschaftslosen Stadt gibt es interessante und langweilige Gebäude, so wie in allen Städten. Beide Kategorien können auf Mies van der Rohe zurückgeführt werden: die erste auf sein asymmetrisches Hochhaus in der Friedrichstraße (1921), die zweite auf die Kisten, die er kurz danach entwarf. Diese Reihenfolge ist wichtig: Nach anfänglichen Experimenten entschloß sich Mies offensichtlich ein für allemal gegen das Interessante, und für die Langeweile. Seine späteren Gebäude spiegeln bestenfalls den – sublimierten, unterdrückten? – Geist seiner früheren Arbeiten wider, in Form einer mehr oder minder ausgeprägten Abwesenheit, aber er präsentierte nie wieder „interessante" Entwürfe als realisierbare Gebäude. Die eigenschaftslose Stadt widerlegt ihn: Ihre wagemutigeren Architekten haben sich der Herausforderung gestellt, der Mies sich entzogen hat, bis zu dem Punkt, daß man heutzutage kaum noch eine Kiste entdecken kann. Es mag ironisch klingen, doch diese überschwengliche Verbeugung vor dem interessanten Mies beweist, daß sich ‚der' Mies auf dem Holzweg befand. 11.3. Die Architektur der eigenschaftslosen Stadt ist per definitionem schön. In einem unglaublichen Tempo errichtet, und in einem noch unglaublicheren Tempo geplant, kommen im Durchschnitt 27 verworfene Versionen auf jede verwirklichte – was freilich nicht ganz der richtige Begriff ist – Bebauung. Diese werden in 10.000 Architekturbüros vorbereitet, von denen man noch nie etwas gehört hat, und jedes sprudelt über vor frischen Ideen. Vermutlich bescheidener als ihre renommierten Kollegen, verbindet die Mitarbeiter dieser Büros die kollektive Überzeugung, daß an der Architektur etwas nicht in Ordnung sei und daß dies allein durch ihre Anstrengungen wieder ins Lot gebracht werden könne. Ihre zahlenmäßige Überlegenheit verleiht ihnen eine wunderbare, strahlende Arroganz. Sie sind diejenigen, die planen und entwerfen, ohne mit der Wimper zu zucken. Sie ziehen, aus tausendundeins Quellen, mit brutaler Präzision Gelder an Land – in einer Höhe, von der jedes Genie nur träumen kann. Ihre Ausbildung hat im Durchschnitt 30.000 Dollar gekostet (ohne Reisen und Unterbringung). 23% von ihnen empfingen den letzten Schliff auf amerikanischen Ivy-League-Universitäten, wo man sie – zugegebenermaßen für äußerst knapp bemessene Zeiträume – mit der gut verdienenden Elite der anderen, ‚offiziellen' Profession konfrontierte. Daraus folgt, daß derzeit eine Gesamtinvestition von 300 Milliarden Dollar ($ 300.000.000.000), die in die Architektenausbildung geflossen sind ($ 30.000 [Durchschnittskosten] x 100 [durchschnittliche Mitarbeiterzahl eines Architekturbüros] x 100.000 [Zahl der Architekturbüros weltweit]), in eigenschaftslosen Städten arbeitet oder eigenschaftslose Städte entwirft. 11.4. Gebäude mit komplexer Form sind abhängig von der Fassadenverkleidungsindustrie, von immer effektiveren Klebstoffen und Versiegelungen, die jedes Gebäude in eine Kombination aus Zwangsjacke und Sauerstoffzelt verwandeln. Die Verwendung von Silikon – „wir dehnen die Fassade so weit, wie es geht" – hat alle Fassaden eingeebnet und, der Hemmungslosigkeit des Raumzeitalters entsprechend, Glas an Stein an Stahl an Beton geklebt. Diese Verbindungen erwecken den Eindruck intellektueller Strenge durch die großzügige Anwendung einer transparenten, spermatösen Substanz, die alles eher durch Intention zusammenhält als durch Planung – <u>ein Triumph des Klebstoffs über die Integrität der Materialien.</u> Wie alles übrige in der eigenschaftslosen Stadt ist auch ihre Architektur anpassungsfähig gemachte Resistenz, eine Epidemie, die darauf hinausläuft, daß man nicht mehr durch die Anwendung von Prinzipien wirkt, sondern durch die systematische Anwendung der Prinzipienlosigkeit. 11.5. Da die eigenschaftslose Stadt überwiegend in Asien beheimatet ist, verfügt sie in der Regel über eine voll klimatisierte Architektur; in diesem Zusammenhang tritt das Paradoxe des kürzlich erfolgten Paradigmawechsels – die Stadt verkörpert nicht mehr maximale Entwicklung, sondern einen Zustand am Rande der Unterentwicklung – deutlich zutage: die brutalen Methoden, mit denen die allgemeine Klimatisierung erreicht wird, imitieren im Inneren der Gebäude jene klimatischen Phänomene, die früher im Freien „stattfanden" – plötzliche Stürme, Miniaturtornados, Frostausbrüche in der Cafeteria, Hitzewellen, ja, sogar Nebel; ein Provinzialismus des Mechanischen, da es die grauen Zellen vorziehen, sich dem Elektronischen zu widmen. Inkompetenz oder schöpferische Phantasie? 11.6. Das Ironische daran ist, daß die eigenschaftslose Stadt auf diese Weise am subversivsten, am ideologischsten ist; sie hebt die Mittelmäßigkeit auf ein höheres Niveau; sie ist wie Kurt Schwitters' Merzbau im Stadtformat; die eigenschaftslose Stadt ist eine Merzstadt. 11.7. Der Winkel der Fassaden ist der einzig zuverlässige Indikator architektonischen Genies: 3 Punkte für nach hinten geneigt, 12 Punkte für nach vorne geneigt, 2 Strafpunkte für Rücksprünge (zu nostalgisch). 11.8. Die augenscheinlich feste Substanz der eigenschaftslosen Stadt ist irreführend. 51% ihres Volumens bestehen aus Atrium. Das Atrium ist ein Teufelswerkzeug, das dem Substanzlosen Substanz verleihen kann. Seine lateinische Bezeichnung ist ein zeitloser Garant architektonischer Klasse – seine historischen Ursprünge machen das Thema schier unerschöpflich: Angesichts seiner hartnäckigen Bereitstellung weltstädtischen Komforts bietet das Atrium auch dem Höhlenbewohner eine Heimstatt. 11.9. Ein Atrium ist leerer Raum: ist der elementare Häuserblock der eigenschaftslosen Stadt. Paradoxerweise garantiert seine Ausgehöhltheit die eigentliche physische Substanz der eigenschaftslosen Stadt: Die Aufblähung ihres Volumens ist der einzige Vorwand für ihre physische Existenz. Je vollständiger und eintöniger ihr Inneres, desto weniger bemerkt man ihre grundsätzliche Eintönigkeit. 11.10. <u>Der auserwählte Stil ist postmodern und das wird er auch immer bleiben. Die Postmoderne ist die erste Bewegung, der es gelungen ist, die Praxis der Architektur mit der Praxis der Panik zu verknüpfen.</u> Die Postmoderne ist keine Doktrin, die auf einem gewissenhaften Studium der Architekturgeschichte beruht, sondern eine Methode, eine neue Spielart professioneller Architektur, die schnell genug Resultate hervorbringen kann, um mit dem Entwicklungstempo der eigenschaftslosen Stadt Schritt zu halten. Statt, wie ihre ursprünglichen Erfinder vielleicht gehofft haben, Bewußtsein zu schaffen, produziert sie ein neues Unbewußtes. Sie ist der subalterne Assistent der Modernisierung. Das schafft jeder – einen Wolkenkratzer, der auf einer chinesischen Pagode und/oder einer toskanischen Hügelstadt basiert. 11.11. Jeder Widerstand gegen die Postmoderne ist antidemokratisch. Sie schafft eine „heimliche" Umhüllung der Architektur, die sie einfach unwiderstehlich werden läßt, so wie ein Weihnachtsgeschenk von der Caritas. 11.12. Gibt es einen Zusammenhang zwischen den in der eigenschaftslosen Stadt allgegenwärtigen Spiegeln (soll das Nichts durch seine Vervielfältigung gefeiert werden, oder handelt es sich um einen verzweifelten Versuch, das Wesentliche einzufangen, bevor es verpufft?) und den „Gaben", die jahrhundertelang als die beliebtesten und wirksamsten Mitbringsel für wilde Eingeborenenstämme galten? 11.13. Maxim Gorki prägte für Coney Island den Begriff der „abwechslungsreichen Langeweile". Er hat dies bewußt als Oxymoron formuliert. Abwechslung kann nie langweilig, Langeweile nie abwechslungsreich sein. Doch die grenzenlose Vielfalt der eigenschaftslosen Stadt schafft es, zumindest beinahe, Abwechslung zu etwas völlig Normalem zu machen: Ins Banale gezogen, in einer Umkehrung von Spannung, ist es nun die Wiederholung, die ungewöhnlich und daher aufregend und begeisternd ist, zumindest potentiell. Aber das gehört bereits zum 21. Jahrhundert.

II. Die Wahrnehmung des Raumes

Die Entdeckung des architektonischen Raumes

In der Architekturtheorie ist Raum ein zentraler Begriff der Verständigung. Im Augenblick, wenn die Stil- oder Formfrage als die vom Architekten zu behandelnde und zu beantwortende Frage zu stellen wäre, beginnt man über Raum (wie früher über Konstruktion) zu reden. Über den Raum sprechen heißt meistens, die Frage nach dem Stil als eine Schein-Frage abzulehnen. Die Probleme der Architektur sind zu Raumfragen geworden. Was ist aber mit Raum gemeint? Martin Heidegger hat in seinem Vortrag „Bauen Wohnen Denken" gezeigt, dass der Raum für den Menschen kein *a priori* bestehendes Gegenüber ist, sondern Ergebnis einer Grenzziehung zwischen Orten (s. Seite 510f.).[1]

„Jede Definition der Architektur verlangt als Voraussetzung die Analyse und Erklärung des Raumkonzeptes" – behauptet der französische Philosoph Henri Lefebvre in seinem Werk *Die Produktion des Raumes*.[2] Lefebvre stellt eine Verbindung zwischen den verschiedenen Bedeutungen des Begriffes *Raum* her: zwischen dem mentalen Raum des Denkens und der Fantasie, dem gebauten Raum der Stadt, in dem wir leben (der wiederum Teil eines größeren Zusammenhangs ist), und dem geometrischen Raum der Wissenschaft. Wenn Platon in seinem *Timaios* über Raum sprach, meinte er nicht die Bedeutung im heute alltäglichen Sprachgebrauch. Raum war für Platon eine Entität, die dem Untergang nicht unterworfen ist und in dem alle physikalischen Dinge einen Platz haben, von den Atomen bis zur Erde.[3] Diese Definition hat dann weitere, schwierige Fragen bezüglich der physikalischen, aber immateriellen Qualität des Raums aufgeworfen, die seit Platon viele Naturwissenschaftler und Philosophen, kaum aber Architekten beschäftigt haben.

In der Architekturdiskussion ist *Raum* ein Schlüsselwort, das alle Türen zugleich öffnen soll. Die gegenwärtige Raumrhetorik strebt deshalb keine Differenzierung zwischen den Bedeutungssphären an. Denk-Räume, Ton-Räume oder Licht-Räume sind Wortbildungen, die neue Sichtweisen auf die verschiedensten Phänomene versprechen.[4] *Raum* ist ein totalisierendes Wort, das wegen seiner Resonanzen in allen Disziplinen bedeutungsvoll erscheint – aber ohne konkrete Bedeu-

[Marginalie: Existierendes]

---

1 Martin Heidegger, „Bauen Wohnen Denken", in ders., *Vorträge und Aufsätze* (Pfullingen: Günther Neske, 1954), S. 157.
2 Henri Lefebvre, *The Production of Space* (Oxford: Basil Blackwell, 1991), S. 15.
3 Platon, *Sämtliche Werke* Bd. VIII (Frankfurt am Main und Leipzig: Insel Verlag, 1991), S. 303f.
4 Franz Xaver Baier unterscheidet in seinem Buch *Der Raum* zwischen 44 Raumtypen; er spricht z.B. vom sprunghaften, aufgespannten, panischen, sexuellen und denkenden Raum. S. Franz Xaver Baier, *Der Raum: Prolegomena zu einer Architektur des gelebten Raumes* (Köln: König, 2000).

tung eine genaue Analyse eher erschwert als ermöglicht. Die Trilogie des Philosophen Peter Sloterdijk, *Sphären*, operiert mit einem bewusst diffusen Raumkonzept, indem der Raum zugleich als metaphorische Gestalt, morphologisches Sinnbild und Schicksalsmacht beschrieben wird.[5]

Dass die Idee des Raumes im architektonischen Diskurs heute eine unumstrittene Präsenz hat, heißt noch lange nicht, dass sie immer zum Vokabular der Architekten gehörte. Im Gegenteil, Raum ist ein relativ neues Element im Baukasten der Architekturtheorie. In dem außerordentlich reichen Vokabular der Theoretiker des französischen Klassizismus kam *espace* überhaupt nicht vor. Die Architekten und Architekturhistoriker des neunzehnten Jahrhunderts schienen ebenfalls gut ohne diesen Begriff auszukommen – auch wenn es uns heute unmöglich erscheint, das Pantheon in Rom, die perspektivischen Raumgestaltungen der Renaissance oder Boullées Entwurf für ein Newton-Kenotaph zu verstehen, ohne über Raum zu sprechen.[6]

Laut Immanuel Kant ist Raum „nichts anderes, als nur die Form aller Erscheinungen äußerer Sinne, d.i. die subjektive Bedingung der Sinnlichkeit, unter der allein uns äußere Anschauung möglich ist."[7] Als eine epistemologische Kategorie existiert *Raum* nur im Bewusstsein des Menschen, der seine Sinneseindrücke mit der Hilfe dieser Denkfigur interpretiert. *Raum* war noch im neunzehnten Jahrhundert fixiert, undialektisch, tot – im Gegensatz zur erfüllten, reichen, dialektischen Zeit.[8]

Die Anfänge des Interesses für den Raum in der Architekturtheorie können hier nicht untersucht werden; zeitlich fallen diese Anfänge mit dem Zerfall des perspektivisch-einheitlichen Raumes im Städtebau und der Architektur zusammen. In der Architekturdiskussion suchte man lange nach Begriffen, um die „destruction of the box" (Frank Lloyd Wright) zu beschreiben. Eine der frühesten Untersuchungen zum Thema ist Hans Auers Studie „Die Entwickelung des Raumes in der Baukunst", veröffentlicht im Jahre 1883 in Försters *Allgemeiner Bauzeitung*.[9] Es sind aber vor allem Kunsthistoriker, die als erste über den architektonischen Raum zu sprechen beginnen – weniger, um etwas über die Volumetrie eines Baukörpers auszusagen, sondern um die Prozesse der Wahrnehmung in der Architekturbetrachtung zu untersuchen. Wenn Gottfried Semper die textile Wand als Urmotiv der Architektur beschrieb, ging es um das Primat des Raum trennenden, nicht struktiven Elements. Semper vermied zwar das Wort Raum, wenn er über „Begriffe des Schutzes, der Deckung, des Abschlusses" sprach, deutete jedoch in seinem Werk an, dass er

---

5 Peter Sloterdijk, *Sphären* (Frankfurt am Main: Suhrkamp, Bd. I. 1998, Bd. II. 1999, Bd. III. 2004).

6 Boullée erwähnt zwar in seiner Beschreibung des Newton-Kenotaphs (1784) einmal die „Unendlichkeit des Raumes", schildert aber dann die Lichtwirkungen im Innern. Dieser Entwurf ist trotzdem einer der wenigen Versuche, das philosophisch-naturwissenschaftliche Problem des Raumes anhand eines Bauprojektes zu thematisieren, das Sir Isaac Newton, dem Denker des absoluten und relativen Raums, gewidmet war. Vgl. Etienne-Louis Boullée, *Architektur. Abhandlung über die Kunst*. Hrsg. Beat Wyss (Zürich und München: Artemis, 1987), S. 131–135.

7 Immanuel Kant, *Kritik der reinen Vernunft* (Nachdruck Hamburg: Felix Meiner, 1971), S. 70.

8 Vgl. Michel Foucault, „Questions on Geography", in C. Gordon (Hrsg.), *Power/Knowledge: Selected Inteviews and Other Writings 1972–1977* (New York: Pantheon, 1980), S. 63–77.

9 In: *Allgemeine Bauzeitung* XXXXVIII (1883) p. 65–68, 73–74.

Architektur durchaus als Raumschöpfung versteht.¹⁰

Der österreichische Architekt und Städtebautheoretiker Camillo Sitte schrieb in seinem wichtigen Buch *Der Städtebau nach seinen künstlerischen Grundsätzen* über die pathologischen Konsequenzen der großen, offenen städtischen Plätze. Er meinte die Angst von dem offenen städtischen Raum, wenn er von der Platzscheu sprach:

„Die Platzscheu ist eine neueste, modernste Krankheit. Ganz natürlich, denn auf den kleinen alten Plätzen fühlt man sich sehr behaglich und nur in der Erinnerung schweben sie uns riesengroß vor, weil in der Phantasie die Größe der künstlerischen Wirkung an die Stelle der wirklichen tritt. Auf unseren modernen Riesenplätzen mit ihrer gähnenden Leere und erdrückenden Langweile werden auch die Bewohner gemütlicher Altstädte von der Modekrankheit der Platzscheu befallen. In der Erinnerung dagegen schrumpfen sie zusammen, bis wir nur mehr eine sehr kleine Vorstellung als Rest übrig behalten, gewöhnlich immer zu groß im Vergleiche zur Nichtigkeit ihrer künstlerischen Wirkung."¹¹

Damit nahm Sitte – dem die frühen Theorien der Psychologie der Wahrnehmung bekannt waren – ein Thema vorweg, das Städtebautheoretiker erst viel später beschäftigen wird: das Bild der Stadt im mentalen Raum des Stadtbewohners.

---

10 Gottfried Semper, *Der Stil in den technischen und tektonischen Künsten oder praktische Ästhetik*, Bd. I. (Frankfurt am Main: Verlag für Kunst und Wissenschaft, 1860, Nachdruck Mittenwald: Mäander, 1977), S. 14.

11 Camillo Sitte, *Der Städtebau nach seinen künstlerischen Grundsätzen* (1889; 4. erweiterte Auflage Wien: Karl Graeser, 1909) S. 56–7.

Auch sein Lösungsvorschlag war viel flexibler als die nostalgischen Stadtbilderbücher des „New Urbanism". Er akzeptierte, dass die geschlossene Struktur der alten Stadt im Interesse der Hygiene und der Wirtschaft geöffnet wird. Sitte plädierte zugleich dafür, dass die Stadt sich nicht nur im „Werktagskleide", sondern auch im „Sonntagskleide" präsentiert: Die Hauptplätze und Hauptstraßen sollten „nach künstlerischen Grundsätzen" gestaltet werden.

Die Psychologie der Raumwahrnehmung

Sittes Hinweis auf die Erinnerung ist mit alten, bis in die Antike zurückgehenden Vorstellungen über den mentalen Raum des Gedächtnisses verwandt. Cicero hat den Rednern vorgeschlagen, dass sie die in der Erinnerung festzuhaltenden Inhalte in imaginäre Räume, „in die Augen fallende, leicht übersehbare, durch mäßige Zwischenräume getrennte Plätze" stellen.¹²
Die Entwicklung der Optik und ihrer wissenschaftlichen Terminologie hat zur späteren Entwicklung einer mehr mit Fragen der Visualität verbundenen Kunst- und Architekturtheorie wesentlich beigetragen. George Berkeley betonte in seiner Studie von 1709 über Optik, dass Entfernung und Form mit dem Mechanismus der Sicht allein nicht erklärt werden können; die mentalen Bilder von Größe und Ausdehnung brauchen die früheren Erfahrungen von Berührung.

Wilhelm Maximilian Wundt, der Begründer der experimentellen Psychologie, wurde 1874 Ordinarius für „induktive Phi-

---

12 Marcus Tullius Cicero, „Gedächtnisbilder, Gedächtnisorte", in Uwe Fleckner (Hrsg.), *Die Schatzkammern der Mnemosyne. Ein Lesebuch mit Texten zur Gedächtnistheorie von Platon bis Derrida* (Dresden: Verlag der Kunst, 1995), S. 49.

losophie" in Zürich, bevor er 1879 in Leipzig am Lehrstuhl für Philosophie das erste psychologische Laboratorium einrichtete. Er untersuchte die Frage, wie Muskelbewegungen Eindrücke von räumlichen Formen vermitteln, und beschrieb deren Einfluss auf unser Gefühl von Entfernung, Größe und Tiefe. Er hat den Zusammenhang zwischen dem Energieverbrauch des Körpers und dem Raumgefühl festgestellt. Die Zunahme der motorischen Bewegungen (wirkliche Bewegungen durch Augenbewegungen vermittelt) erweckt das Gefühl von großer Entfernung.

Im Lichte solcher wissenschaftlicher Entdeckungen erschienen frühere Theorien wie Sempers Thesen über die Stilentwicklung statisch und positivistisch. Sie schienen Kenntnisse des Betrachters über die Herstellungstechnik vorauszusetzen, dafür aber die psychologischen Vorgänge der Wahrnehmung außer Acht zu lassen. Die neuen Ergebnisse der experimentellen Psychologie führten schnell zu den ersten Publikationen von konsistenten Theorien der Wahrnehmungspsychologie und -ästhetik. Robert Vischer hat 1873 seine Studie *Über das optische Formgefühl* veröffentlicht, in der er das Konzept der Einfühlung vorstellte.[13] Vischer ging von einer Korrelation der Form des wahrgenommenen Objekts mit den Sinnesorganen des wahrnehmenden Subjekts aus. Der Eindruck von Schönheit ist das Ergebnis der Lustgefühle, die aus der Resonanz der optischen Stimuli mit den „Nervenschwingungen" entstehen. Es war Vischer, der den Begriff der Einfühlung zur Charakterisierung der sinnlichen und emotionellen Reaktionen des Leibes (Zuempfindung, Nachempfindung) zuerst verwendete. Einfühlung wurde noch vor der Jahrhundertwende zum Schlüsselwort für Wissenschaftler wie Theodor Lipps und Johannes Volkelt, die in ihren umfassenden Werken diese Kategorie aufgrund einer streng systematischen Analyse behandelten.[14] Den Begriff *Einfühlung* hat Lipps in seiner Studie über „Raumästhetik und geometrisch-optische Täuschungen" (1897) ähnlich wie Vischer aufgrund der Kongruenz des wahrnehmenden Menschen und des wahrgenommenen Objekts definiert. Die Freude am Raum ist laut Lipps nichts anderes als die Lust an den Bewegungen des wahrnehmenden Auges. Auf dieser Grundlage kann der Mensch zwischen schön und hässlich unterscheiden: „Und soweit nun diese Einfühlung besteht, sind Formen schön. Die Schönheit räumlicher Formen ist dies mein ‚ideelles' freies Sichausleben in ihnen. Dagegen ist die Form hässlich, wenn ich dies nicht vermag, wenn ich mich in der Form oder in ihrer Betrachtung innerlich unfrei, gehemmt, einem Zwange unterliegend fühle."[15]

Der erste Versuch, die geschichtliche Betrachtung der Architektur durch Verwendung der experimentellen Psychologie zu einer modernen, wissenschaftlichen Disziplin umzuformen, war Heinrich Wölfflins Dissertation, *Prolegomena zu einer Psychologie der Architektur* aus dem Jahr 1886.[16] Der Schweizer Kunsthistoriker leitete seine Arbeit mit der

---

13 Robert Vischer, *Über das optische Formgefühl: Ein Beitrag zur Aesthetik* (Leipzig: Hermann Credner, 1873).

14 Theodor Lipps, *Raumästhetik und geometrisch-optische Täuschungen* (Leipzig: J.A. Barth, 1893–1897), Johannes Volkelt, *System der Ästhetik* (München: C.H. Beck, 1905–1914).

15 Theodor Lipps, *Aesthetik: Psychologie des Schönen und der Kunst* (Leipzig, Hamburg: L. Voss, 1903–1906), S. 247.

16 Heinrich Wölfflin, „Prolegomena zu einer Psychologie der Architektur", neu abgedruckt in ders., *Kleine Schriften*, Hrsg. von Joseph Gantner (Basel: Benno Schwabe, 1946), S. 13–47.

„merkwürdigen" Frage ein: „Wie ist es möglich, dass architektonische Formen Ausdruck eines Seelischen, einer Stimmung sein können?"[17] Die Antwort von Vischer oder Lipps, die mit den von Augenbewegungen ausgelösten Lustgefühlen argumentieren, konnte Wölfflin nicht voll unterstützen; was er jedoch als Alternative vorschlug, ist nicht eindeutig. Er schien eine animistisch-pantheistische Auffassung zu akzeptieren, wenn er über „reife Kulturen" schrieb, die stets „einen großen Überschuss der Formkraft über den Stoff" verlangen: „In bezug auf Dekoration resultiert eine Kunst, die dem nachfühlenden Sinne nirgends mehr stille Flächen gewährt, sondern von jedem Muskel ein zuckendes Leben verlangt ... Man ‚belebt' alle Flächen mit Nischen, Wandsäulen usw., nur um der Aufregung Ausdruck zu geben, die den eigenen Körper durchwühlt und an ruhigem Dasein kein Genüge mehr finden lässt."[18]

Das Problem der Form in der bildenden Kunst ist (abgesehen von kurzen Aufsätzen, s. Seite 16) die einzige theoretische Arbeit von Adolf Hildebrand. Das im Jahr 1893 veröffentlichte kleine Buch hat ein außerordentliches Echo gefunden. Hildebrand hat überraschend neue Wege entdeckt, um die Kontinuität des Raumes zu zeigen. Das „Raumganze" war für ihn die unbegrenzte dreidimensionale Ausdehnung mit der Möglichkeit der Bewegung in allen Richtungen. „Stellen wir uns deshalb das Raumganze vor wie eine Wassermasse, in die wir Gefäße senken und dadurch Einzelvolumina abgrenzen als die bestimmten geformten Einzelkörper, ohne die Vorstellung der kontinuierlichen Wassermasse zu verlieren. Dieses Raumganze der Natur soll durch die Darstellung zum Ausdrucke kommen, wenn wir die elementarste Wirkung der Natur, die sich uns aufdrängt, festhalten wollen."[19]

Vor allem Beispiele der Bildhauerei diskutierend, beschrieb Hildebrand zwei Arten der Raumwahrnehmung. Die „Gesichtsvorstellung" ist die rein zweidimensionale Erscheinung eines fernen dreidimensionalen Gegenstandes, die man ganz überblicken kann. Die „Bewegungsvorstellung" dagegen ist eine zeitliche Sequenz von Einzelerscheinungen, welche durch die abtastende Bewegung der Augen hervorgerufen wird – was das Erfassen der „Daseinsform" eines Objektes ermöglicht. Hildebrand maß der Gesichtsvorstellung in der Kunst eine primäre Wichtigkeit bei: Das klare, einprägsame, ruhige Bild ist die wichtigste Forderung seiner „Reliefauffassung", die von seinen Zeitgenossen deshalb auch als „Bequemlichkeitstheorie" bezeichnet wurde. Er hielt diese Vorstellungen für gut auf die Architektur übertragbar: „weder der Architekt noch der Bildhauer ist insofern Künstler, als er eine reale Form an sich gestaltet, eine Daseinsform schlechtweg – sondern erst dann, wenn er sie als eine nach Maßgabe des optischen Eindruckes bewertete auffasst und darstellt, also als Wirkungsform, so dass der Bildeindruck von ihr ebenso lebendig zur bestimmten Bewegungsvorstellung anregt, als sich diese wieder zum lebendigen Bilde einigen."[20] Kurzum, obwohl die Wahrnehmung der Architektur die Bewegung im Raum nicht nur darstellt, sondern in sich einschließt, muss der Architekt wie der Bildhauer auch das Problem der Transformation eines Raumgebildes in die optisch

---

17 Ebenda, S. 13.
18 Ebenda, S. 43.

19 Adolf Hildebrand, *Das Problem der Form in der bildenden Kunst* (6. Aufl. Strassburg: Heitz, 1908), S. 28–29.
20 Ebenda, S. 135.

wahrgenommene Wirkungsform lösen. Raum ist nicht eine Konsequenz, sondern Objekt der plastischen Gestaltung: Der Künstler muss sich das „allgemeine Naturvolumen" als einen Hohlraum vorstellen, *„welcher zum Teil durch die Einzelvolumina der Gegenstände, zum Teil durch die Luftkörper erfüllt ist. Er existiert nicht als ein von außen begrenzter, sonder als ein von innen belebter. Wenn nun die Begrenzung oder Form des Gegenstandes auf sein Volumen hinweist, so ist es auch möglich, durch die Zusammenstellung von Gegenständen die Vorstellung eines durch sie begrenzten Luftvolumens zu erwecken."*[21] Die Begrenzung des Gegenstandes ist zugleich die Begrenzung des ihn umgebenden Luftkörpers. Diese Bemerkungen zeigen eine neue Denk- und Sehweise, die in den folgenden Jahren die Idee des Raumes in der Kunst, Architektur und im Städtebau[22] zunehmend etablierten.

Raumschöpfung als das Wesen der Architektur

Es war August Schmarsow, der die Wahrnehmung der Architektur als Reaktion der Bewegung des Leibes in die Tiefe des Raumes beschrieb. In seiner Antrittsrede an der Universität in Leipzig, „Das Wesen der architektonischen Schöpfung" (1883), hat er Sempers Bekleidungstheorie kritisiert, da seine Bekleidungstheorie die Fassadengestaltung fälschlich als die wichtigste Aufgabe des Architekten darstellt.[23]

---

21 Ebenda, S. 30.
22 Vgl. Walter Curt Behrendt, *Die einheitliche Blockfront als Raumelement im Stadtbau. Ein Beitrag zur Stadtbaukunst der Gegenwart* (Berlin: Bruno Cassirer, 1911).
23 August Schmarsow, *Das Wesen der architektonischen Schöpfung* (Leipzig: Karl W. Hiersemann, 1894).

Schmarsows Begriff der „Körperempfindung" ist nicht mehr das subjektive „Nacherleben" von Lipps. Schmarsow verankert die Wirkung des Kunstwerks in den Körpergefühlen des Betrachters. Architektur ist nach seiner Auffassung der materielle Ausdruck der Ergebnisse der leiblichen Auseinandersetzung mit der Außenwelt. Er schrieb 1903 über zwei Regionen der Wahrnehmung: die Tastregion, die Zone der Körperwerte; und die Sehregion, die unsere perzeptive Sphäre erweitert. Die Eindrücke, die aus der Sehregion vermittelt werden, sind jedoch ursprünglich flach, zweidimensional. Raumbewusstsein beginnt also in der internen Tastregion, hat seinen Ursprung im Körperbewusstsein. Die räumliche Form eines Gebäudes ist das Ergebnis von Gesten und Bewegungen, die das Verhältnis des Subjekts zur Welt, seine Wünsche und Lüste ausdrücken. „Nach welcher Himmelsrichtung wir das Antlitz kehren, da liegt für uns die Welt. Wo wir diese Anwartschaft auf die ganze Weite da draußen durch eine Grenzwand abschneiden, da bescheiden wir uns, und mit solchen ‚vier Wänden' stiften wir unser eignes Heim."[24] Schmarsow untersuchte Sempers Beispiel der karibischen Fischerhütte (s. Seite 153) und interpretierte dieses Urhaus ganz neu, indem er seine wesentlichste Eigenschaft in der Bestimmung der Raumgrenzen durch vertikale Wände sah:

> „So erst entsteht, einem tektonischen, auf die Grundebene gelegten Rahmen entsprechend, das regelmäßige Raumgebilde, dessen Wirklichkeit wir eben gerade kraft dieses Unterschiedes von unserer menschlichen Raumvorstellung

---

24 August Schmarsow, *Unser Verhältnis zu den bildenden Künsten. Sechs Vorträge über Kunst und Erziehung* (Leipzig: B.G. Teubner, 1903), S. 104.

anerkennen und als objektiv bestehend jederzeit hinnehmen. Das Notwendigste daran bezeichnen wir treffend mit dem Namen ‚unsere vier Wände'. Die Begrenzung des Raumausschnitts nach vorn und nach hinten, nach links und rechts ist für uns die Hauptsache. Erst wenn wir hinter der Erscheinung zurückgehen und ihren festen Bestand hervorheben wollen, sprechen wir von unseren vier Pfählen. Auch hier aber kommt es nicht sowohl auf ihre konstruktive Unentbehrlichkeit als Träger der zwischen ihnen ausgespannten Wände an, als vielmehr auf die sinnliche Unentbehrlichkeit der sichtbaren und tastbaren Zeugen, die wir als Träger unseres Willens hingesetzt und als Grenzmäler des für uns ausgesonderten und allen anderen gegenüber beanspruchten Raumvolumens aufgepflanzt haben. Der Grund und Boden unter unseren Füßen, in dem sie stecken, versteht sich von selbst, nämlich als Voraussetzung unseres menschlichen Körpergefühls und unserer Orientierung auf dem allgemeinen Schauplatz dieser Erde, damit aber auch unseres natürlichen, wenn auch erst werdenden Raumgefühls, wie es in aufrechtstehenden und -gehenden Lebewesen sich ausbilden muß."[25]

Schmarsow sah es also trotz seiner Kritik als Sempers Verdienst, mit seiner Analyse der Wand als Raumbegrenzung die Aufmerksamkeit auf die Raumidee gelenkt zu haben. Semper hat dazu tatsächlich wichtige Gedanken geäußert; seine Worte über das Weben als Raum schöpfende Tätigkeit implizieren auch die Idee vom Heim. Es ist gewiss, schrieb er, dass „die Benützung grober Gewebe, vom Pferch ausgehend, als ein Mittel das ‚home', das Innenleben, von dem Außenleben zu trennen und als formale Gestaltung der Raumesidee, sicher der noch so einfach konstruirten Wand aus Stein oder irgend einem anderen Stoffe voranging."[26]

Semper beschrieb in seiner Schrift „Ueber Baustile" Bauten wie petrifizierte Ausscheidungen von „Gesellschaftsorganismen", die sich allerdings von den Naturgebilden unterscheiden:

„Man bezeichnet sehr richtig die alten Monumente als die fossilen Gehäuse ausgestorbener Gesellschaftsorganismen, aber diese sind letzteren, wie sie lebten, nicht wie Schneckenhäuser auf den Rücken gewachsen, noch sind sie nach einem blinden Naturprozesse wie Korallenriffe aufgeschossen, sondern freie Gebilde des Menschen, der dazu Verstand, Naturbeobachtung, Genie, Willen, Wissen und Macht in Bewegung setzte. Daher kommt der freie Wille des schöpferischen Menschengeistes als wichtigster Faktor bei der Frage des Entstehens der Baustile in erster Linie in Betracht, der freilich bei seinem Schaffen sich innerhalb gewisser höherer Gesetze des Ueberlieferten, des Erforderlichen und der Notwendigkeit bewegen muss, aber sich diese durch freie objektive Auffassung und Verwertung aneignet und gleichsam dienstbar macht."[27]

Die Baukunst kann also nicht bei der Erfüllung der Funktionen, bei der Anschaulich-

---

25 August Schmarsow, *Grundbegriffe der Kunstwissenschaft am Übergang vom Altertum zum Mittelalter* (Leipzig, Berlin: B.G. Teubner, 1905), S. 181–182.

26 Gottfried Semper, *Der Stil* Bd. 1 (Anm. 10), S. 228.

27 Gottfried Semper, „Ueber Baustile", in ders., *Kleine Schriften*, Hrsg. von Hans und Manfred Semper (Berlin, Stuttgart 1884, Reprint Mittenwald: Mäander, 1979), S. 401.

keit der Konstruktion oder bei der reinen „Stoffkundgebung"²⁸ bleiben, sondern soll eine Wahrheit erobern, die mehr ist als die alltägliche Wirklichkeit. Die Räume der Architektur sind nicht bloße Hohlräume, Negativformen für die Formen des Lebens, sondern freie Schöpfungen des Geistes. Sempers Hauptinteresse galt dem Zusammenhang zwischen der Herstellung und Form dieser Gehäuse und nicht ihrer Räumlichkeit. Schmarsow relativierte in seiner Studie die Wichtigkeit der Symbolik und des Ornaments zugunsten des Raumes und bereitete damit den Boden für die Erneuerungen der kommenden Jahrzehnte vor. Durch die Verbindung zwischen Körperhaltung, Bewegung und Wahrnehmung einerseits und der Räumlichkeit des Bauwerks andererseits hat er das Wesen der Architektur neu definiert: Architektur ist die reine Schöpfung von Raumformen im Lichte eines immer stärker entwickelten Raumbewusstseins. Unsere Behausung, betonte Schmarsow, ist eine

> „bleibende Auseinandersetzung mit dem durcheinanderlaufenden Gewoge der Außenwelt, und zwar auf Grund der durchwaltenden Gesetzmäßigkeit, sowohl unsrer eignen räumlichen Anschauungsform, deren glatter Vollzug uns befriedigt, wie andrerseits der elementaren Unterlagen unsrer Existenz, d. h. der Materie, der unorganischen Natur, auf deren sichern Bestand und gleichmäßige Beharrung wir bauen. Diese Auseinandersetzung im Bauwerk geht aus von unserm eignen Körper, und ihre Wirkungen kehren immer zu ihm zurück; sie beruht überall auf sinnlichen Beziehungen zu ihm, aber sie steigt auf zu einer geistigen Schärfe und bewußten Verarbeitung, die das Wesen der ganzen Körperwelt, den Bau der Erde wie des Kosmos zu ergründen strebt, sei es zunächst auch nur, um den beruhigenden Einklang zwischen dem Menschen und seiner täglichen Umgebung zu sichern, der einmal die Grundlage und Voraussetzung seines beglückenden Daseins ausmacht."²⁹

Schmarsows These war außerordentlich wichtig für die spätere Entwicklung. Hegel betrachtete Architektur noch vor allem als Raumabschließung. Diese Funktion galt ihm als Beweis, dass Architektur „die unvollständigste Kunst" sei, da ihr Aufgabe darauf beschränkt ist, „für den Geist in seinem lebendigen, wirklichen Daseyn eine kunstgemäße äußere Umgebung zu bereiten".³⁰ Für Semper war es gerade diese Raumabschließung, die aus dem Bauen einen kulturellen Artefakt, Baukunst macht. Schmarsow verband jetzt diese Ontologie mit einer Phänomenologie, indem er die Prozesse der ästhetischen Wahrnehmung untersuchte.

In seinem Werk *Spätrömische Kunstindustrie* hat Alois Riegl gefragt: „Ist aber nicht seit dem frühesten Kulturerwachen der Menschheit die Absicht aller und jeder Baukunst, die über die Schaffung eines bloßen Males hinausging, auf Raumbildung gerichtet gewesen?".³¹ Mit der Darstellung der zwei Alternativen, dem plastischen Bildwerk und der Öffnung der Raumgrenzen ins Unendliche, schien Riegl Tendenzen des zwanzigsten Jahr-

---

28 Semper, *Der Stil* Bd. 1 (Anm. 10), S. 7.
29 Schmarsow, *Unser Verhältnis* (Anm. 24), S. 105–106.
30 Georg Wilhelm Friedrich Hegel, *Vorlesungen über die Ästhetik III.* (Frankfurt am Main: Suhrkamp, 1970), S. 131.
31 Alois Riegl, *Spätrömische Kunstindustrie* (2. Aufl. Wien: Österreichische Staatsdruckerei, 1927), S. 25.

hundert abgesteckt zu haben. Schmarsow kritisierte in seinem Buch *Grundbegriffe der Kunstwissenschaft* Riegls vier Jahre früher veröffentlichte Publikation gerade wegen dieser Alternativen. Beim plastischen Bildwerk fehlt der Gebrauchszweck für freie Bewegung des Menschen, man kann also hier nicht von Architektur sprechen. Der unendliche Raum wiederum liegt der Architektur „als ungestaltet und unermeßlich recht lange fern; spät erst tritt er als Kontrast ihrer klaren gesetzmäßigen Schöpfung gegenüber, den diese nicht mehr bewältigen kann oder will, ja als ästhetischen Gegensatz bei der eigenen Rechnung in Anspruch nimmt".[32]

Die Architekten der Jahrhundertwende haben von den neuen Theorien der Wahrnehmungspsychologie wissenschaftlich gesicherte Grundlagen für ihre Arbeit erhofft. Der Architekt August Endell, der vor allem als Entwerfer des Hof-Ateliers Elvira, ein Hauptwerk des Münchner Jugendstils (1898), bekannt ist, wollte eine Doktorarbeit mit dem Thema *Gefühlsconstruction* bei Theodor Lipps schreiben.[33] Der britische Architekt Geoffrey Scott gründete seine Arbeit *Architecture of Humanism* auf Lipps' Theorie. In diesem in England und Amerika einflussreichen Buch kritisierte Scott, dass Architekten den Raum wegen seiner Immaterialität ignorieren. Er definierte den Raum als „liberty of movement", Freiheit der Bewegung: „Die Gewohnheiten unseres Geistes sind auf die Materie fixiert. Wir sprechen darüber, was unsere Werkzeuge beschäftigt und was unsere Augen fesselt. Die Materie wird gestaltet, der Raum ist Folge. Der Raum ist ‚Nichts' – eine bloße Negation des Körpers. Deshalb übersehen wir ihn ständig."[34] Scotts Vorschläge, die auf dem Studium der klassischen und der Renaissancearchitektur basieren, fallen nach dieser Vorbereitung überraschend konservativ aus. Raumbewusstsein hat trotz gegensätzlichen Behauptungen mit einem Programm für die architektonische Erneuerung nichts zu tun.

Die Platzscheu, die von Camillo Sitte in seinem *Städtebau* noch als Modekrankheit des neunzehnten Jahrhunderts beschrieben wurde, wird in Wilhelm Worringers *Abstraktion und Einfühlung* (1908) zu einer kosmischen Raumangst („Raumscheu"). Worringer stützt sich einerseits auf Lipps' Konzept der Einfühlung, andererseits auf Riegls Begriff des Kunstwollens. Er konstruiert mit deren Hilfe eine antithetische Typologie, deren Pole – Extreme der Pendelschläge des Kunstwollens – Abstraktion als kristalliner Massenstil und Einfühlung als organisch-plastischer, naturalistischer Individualstil sind.[35]

Wilhelm Worringers Unterscheidung zwischen Abstraktion und Einfühlung als zwei kulturelle Typen des Verhältnisses zum Raum hat die Theorie des Prager Architekturkubismus, einer eigenständigen Architekturbestrebung um 1910, stark beeinflusst. Der führende Theoretiker der Bewegung, Pavel Janák, hat 1912 in der Kunstzeitschrift *Umělecký měsíčník* einen programmatischen Aufsatz mit dem Titel „Hranol a pyramida" (Prisma und Pyramide) veröffentlicht, mit dem er für die Entwicklung des Prager Architekturkubismus

---

32 Schmarsow, *Grundbegriffe* (Anm. 25), S. 184.
33 Tilmann Buddensieg, „Zur Frühzeit von August Endell. Seine Münchener Briefe an Kurt Breysig", in Justus Müller Hofstede, Werner Spies (Hrsg.), *Festschrift für Eduard Trier* (Berlin: Mann, 1981), S. 224.
34 Geoffrey Scott, *The Architecture of Humanism: A Study in the History of Taste* (Boston, New York: Houghton Mifflin, 1914), S. 226.
35 Wilhelm Worringer, *Abstraktion und Einfühlung. Ein Beitrag zur Stilpsychologie* (München: R. Piper, 1918).

Abb. 18. Josef Chochol, Mietshaus in der Neklanova-Straße, Prag (1913). Aufnahme Á.M.

den Startschuss gab.³⁶ Auch die Ästhetik des Expressionismus erhielt wichtige Impulse von Worringers Theorie. Und das Hauptwerk Jean Gebsers, *Ursprung und Gegenwart* (1949–1953), baut auf Worringers These ein Panorama der europäischen Kulturentwicklung, bestehend aus drei großen Epochen: die „unperspektivische Welt" ohne Raumbewusstsein, die bis zur Renaissance dauert, die „perspektivische Welt" mit ihrer Raumbeherrschung und Zeitangst, und die moderne, „aperspektivische Welt", die früher verdrängte Fragen der Zeitlichkeit thematisiert.³⁷

Die Erkenntnisse der Psychologie sind von den neuen Entwicklungen in den Wissenschaften, in der Technologie, im Verkehr nicht zu trennen, die bald auch die Kultur des Alltags transformierte.³⁸ Parallel zu den Bestrebungen der Architekten, die neuen Erkenntnisse der Wahrnehmungspsychologie für sich fruchtbar zu machen, haben bildende Künstler (Futuristen, Kubisten) mit neuen Methoden der Raumdarstellung experimentiert. Auch Kunsthistoriker haben neue Wege betreten, indem sie die Raumgestaltung als Grundlage neuer Systematisierungen verwendeten. Paul Frankl hat sowohl Architektur als auch Kunstgeschichte studiert und habilitierte 1914 bei Heinrich Wölfflin mit seiner Studie *Die Entwicklungsphasen der neueren Baukunst*.³⁹ Die von ihm eingeführten Begriffspaare wie Raumaddition und Raumdivision oder Kraftzentrum und Kraftdurchlass haben ihm erlaubt, die Architekturentwicklung (vor allem in Hinblick auf Renaissance und Barock) präziser als zuvor zu periodisieren. Frankl war allerdings weniger interessiert an Fragen der psychologischen Raumwahrnehmung als an der geometrischen Beschaffenheit der Räume, die er von allem aufgrund von Kirchengrundrissen untersuchte.

Eine erste Zusammenfassung der Raumkonzepte der Architektur war die zuerst 1918 veröffentlichte *Architektur-Ästhetik* von Herman Sörgel. Sörgel begann den „historisch kritischen Teil" seiner Untersuchung mit der „Vergleichsgenetik" Sempers, um dann über die „Inhaltsästhetik" Friedrich Theodor Vischers, die „empirische Ästhetik" Fechners, die Einfühlungstheorie Lipps' und die Theorien

---

36 Pavel Janák, „Hranol a pyramida", in *Umělecký měsíčník*, 1, 1911/12, S. 162–170.

37 Jean Gebser, *Ursprung und Gegenwart* (Stuttgart: Deutsche Verlags-Anstalt, 1949, 1953).

38 Vgl. Stephen Kern, *The Culture of Time and Space 1880–1918* (Cambridge, Mass.: Harvard University Press, 1983).

39 Paul Frankl, *Die Entwicklungsphasen der neueren Baukunst* (Leipzig und Berlin: B.G. Teubner, 1914).

Schmarsows und Hildebrands zu sprechen. Wie Schmarsow bezeichnete Sörgel das Wesen der Architektur als raummäßige Kunst und sah den Baukörper als ein Mittel der Raumschöpfung: „Architektur ist in der allgemeinsten Bedeutung nichts anderes als Gestalterin der ganzen sichtbaren Raumwelt, angefangen von der kleinsten Raumzelle des Möbels bis zum immensen Naturraum."[40] Sörgel folgte Hildebrand in der Unterscheidung zwischen Daseinsraum („der objektive, reale Raum, wie man ihn nicht sehen, nur denken kann"), Erscheinungsraum („der natürlich, physisch entstehende Eindruck einer Raumwahrnehmung auf der Netzhaut des menschlichen Auges"), und Wirkungsraum. Der letztere ist der „künstlerisch ästhetische Raum", den der Architekt gestaltet.[41]

Die dritte, erweiterte Auflage von Sörgels *Architektur-Ästhetik* erschien bereits nach dem Ersten Weltkrieg in einer Zeit, als die früher vom Fachpublikum eher skeptisch aufgenommenen „Menschheitspsychologien" Worringer'scher Prägung in Künstler- und Architektenkreisen begeistert gelesen wurden. Das Verhältnis zum Raum, und nicht etwa die Ornamentik wie bei Riegl, wurde zum Hauptprinzip, um das Wesen, das „Wollen" einer Epoche zu begreifen. Der deutsche Architekturhistoriker Paul Klopfer, Organisator der Baugewerbeschulen, hat 1920 ein Buch mit dem Titel *Das Wesen der Baukunst* veröffentlicht, in dem er Raumgestaltung mit dem *Kunstwollen*-Konzept Riegls zu vereinen versuchte; Kunstwollen wurde wiederum unter Nietzsches Einfluss als Ergebnis der Opposition von apollinischen – statischen – und dionysischen – dynamischen – Kräften verstanden.[42] In seinem für ein breites Publikum geschriebenen Buch *Von der Seele der Baukunst* definierte Klopfer Architektur als „Raumschaffen aus künstlerischer Intuition heraus".[43]

Paul Fechter, ein früher Theoretiker des Expressionismus, leitete die „Tragödie der Architektur" aus ihrer Unfähigkeit ab, dem Raum einen Inhalt als Ausdruck einer dem Betrachter entgegengestellten Objektivität zu geben. Fechter sah die Architekturgeschichte als „Geschichte des Geistes auf dem Wege zu sich", die am „Sinnbild des Raums" sichtbar wird. In dem Augenblick, wo der frei gewordene Geist dieses Sinnbildes nicht mehr bedarf, wo der Raum „geheimnislos geworden ist", da Bedeutungen direkter, etwa durch Symbole mitgeteilt werden können, hat die Architektur ihre Aufgabe erfüllt und wird verschwinden. Die Menschheit sieht „statt eines ihr tiefstes Sein entschleiernden Spiegels nur noch einen Haufen tot und stumm gewordener Steine vor sich: der Sinn des Bauens muß neu formuliert werden."[44] Aus dem „erstorbenen Komplex der Architektur" löst sich zuerst in Schinkels Baukunst der Zweckgedanke los. Seine Bauakademie in Berlin „ist der erste Ansatz zu einer Staatsarchitektur im neuen Sinn, die mit der alten Architektur nichts mehr gemein hat, dafür aber ohne Gefühl, lediglich aus einer zum Zweck erstarrten Idee etwas vom Wesen des bisherigen Staats, dieser in vielen Dingen antimenschlichen Gemeinschaft rein und

---

40 Herman Sörgel, *Architektur-Ästhetik* (3. erweiterte Auflage München: Piloty & Loehle, 1921), S. 225.
41 Ebenda, S. 181.
42 Paul Klopfer, *Das Wesen der Baukunst. Einführung in das Verstehen der Baukunst* (Leipzig: Oskar Leiner, 1919).
43 Paul Klopfer, *Von der Seele der Baukunst* (Dessau: C. Dünnhaupt, o.J.), S. 1.
44 Paul Fechter, *Die Tragödie der Architektur* (Weimar: Erich Lichtenstein Verlag, 1922), S. 20.

stark zum Ausdruck bringt."⁴⁵ Das Räumliche hat in dieser Architektur keinen Symbolwert mehr.

Leo Adler schließlich definierte 1926 Baukunst als „physisch-zweckvolle Raumgestaltung unter Umsetzung einer ästhetisch-zwecklosen Raumidee (in die dreidimensionale Realität des empirischen Raumes) durch Aufrichtung von dreidimensionalen Blockflächen".⁴⁶ Die „Raumidee" ist für Adler immer psychologisch bedingt; ästhetisches Wollen und mathematisch-physikalisches Können bedingen zusammen das Bauwerk. Der Raum selbst entzieht sich genau wie die Zeit der unmittelbaren Gestaltung durch Menschenhand; die Raumidee muss durch zweckvolle Gestaltung verwirklicht werden. Der Ausdruck „Blockfläche" ist ein Hinweis darauf, dass es bei „Flächen" in der Architektur immer um die Oberflächen von dreidimensionalen Gebilden geht. Die Illustrationen der zitierten Werke, die quer durch Baustile und Kulturen gesammelt sind und bewusst ein „globales" Bild der Architektur vermitteln, zeigen die völkerpsychologischen Interessen der Raumrhetorik der zwanziger Jahre deutlich.

Der gestaltete Raum

Es wäre falsch zu behaupten, dass die hier nur kurz skizzierte, um 1930 zur Inflation neigende Produktion von Abhandlungen über das „Wesen der Baukunst" als Raumschöpfung direkt zu Erneuerungen im Städtebau und in der Architektur führte. Wie das Beispiel des Prager Architekturkubismus zeigt, wurden die neuen Schriften gelesen und diskutiert. Was jedoch die Praxis des Entwerfens betrifft, war die Wirkung dieser Ideen im Wesentlichen auf eine neuartige Dekoration der Fassade begrenzt. Hildebrands überraschend kühne Ideen haben auch in der bildenden Kunst zuerst die Gattung des Reliefs beeinflusst. Oft waren es die Vertreter konservativer Richtungen wie Geoffrey Scott, die neue Gedanken zur Legitimierung der eigenen Position verwendeten. Jedenfalls stand die Frage des Raums im Mittelpunkt der Aufmerksamkeit vieler Stadtplaner und Architekten im ersten Jahrzehnt des zwanzigsten Jahrhunderts. Frank Lloyd Wright nannte seine ästhetische Strategie „the destruction of the box". Er meinte damit das Aufbrechen der geschlossenen Begrenzung des Raumes, anfänglich durch geschickte Ausblendung klarer Begrenzungen und Gelenke (Abb. 19). Bewusst hat Wright im Jahre 1904 damit begonnen, „die Schachtel im Larkin-Gebäude zu bekämpfen" – berichtete er zurückblickend: „Die Ecken verschwinden völlig, wenn Sie sich entschließen, den Raum dort hereinkommen – oder ihn hinausgehen – zu lassen. Statt der üblichen Stützen- und Trägerkonstruktion, der üblichen Schachtelbauweise, erhalten Sie nun ein neues Gefühl der Baukonstruktion mit Hilfe des Kragarms und der Kontinuität."⁴⁷

Wenn Otto Wagner in seiner 1911 geschriebenen Studie „Die Großstadt" feststellt: „Die Ausdehnung einer Großstadt muß unserem heutigen Empfinden nach eine unbegrenzte sein",⁴⁸ bejaht er ein

---

45 Ebenda, S. 205f.
46 Leo Adler, *Vom Wesen der Baukunst. Die Baukunst als Ereignis und Erscheinung. Versuch einer Grundlegung der Architekturwissenschaft* (Leipzig: Verlag der Asia Major, 1926), S. 59.
47 Frank Lloyd Wright, „Die Zerstörung der Schachtel", in ders., *Schriften und Bauten* (München, Wien: Albert Langen, Georg Müller, 1963), S. 229.
48 Otto Wagner, *Die Großstadt. Eine Studie über diese* (Wien: Anton Schroll, 1911), neu abgedruckt in Otto Antonia Graf, *Otto Wagner. Das Werk des Architekten 1903–1918*, Bd. 2 (Wien, Köln, Graz: Böhlau, 1985), S. 643–644.

Abb. 19. „The destruction of the box": Frank Lloyd Wright, Unity Temple, Oak Park/Chicago (1905–1906). Aufnahme Á.M.

neues Gefühl der Offenheit und Ausdehnung, das keine „Raumscheu" kennt, und das erst später die Raumstrukturierung der Städte bestimmen wird.

Die komplexen, ineinander geschachtelten Innenräume von Adolf Loos werden mit dem (erst von seinem Schüler und Mitarbeiter Heinrich Kulka um 1930 gemünzten) Begriff *Raumplan* beschrieben. Loos sprach jedoch kaum über den Raum selbst und wies vor allem auf die ökonomischen Vorteile des Raumplans hin. Seine Schriften reflektieren die neuen Theorien der Raumwahrnehmung nicht, statt dessen knüpft er seine Überlegungen zum Raum an Sempers Bekleidungstheorie an. Semper sah die Herstellung eines wohnlichen Raums durch räumliche Hüllen als die primäre Aufgabe des Architekten, erst dann stellt sich die Frage des konstruktiven Gerüsts. Es gibt allerdings Architekten, „die das anders machen. Ihre phantasie bildet nicht die räume, sondern mauerkörper. Was die mauerkörper übrig lassen, sind dann die räume. Und für diese räume wird nachträglich jene bekleidungsart gewählt, die ihnen dann passend erscheint. Das ist kunst auf empirischem wege".[49] Loos, zumindest in dieser Schrift, stand diesem empirischem Weg kritisch gegenüber und brach für den Künstler-Architekten eine Lanze, der zuerst die Stimmungen der einzelnen Räume festlegt und dann entsprechende Materialien und Formen wählt. Erst viel

49 Adolf Loos, „Das Prinzip der Bekleidung" (1898), in ders., *Ins Leere gesprochen 1897–1900* (Paris, Zürich: Crès, 1921, Nachdruck Wien: Prachner, 1981), S. 140.

Abb. 20. Adolf Loos, Innenraum im ehemaligen Warenhaus Goldman und Salatsch am Michaelerplatz, Wien (1909–1911). Aufnahme Á.M.

später, im Jahre 1929, zurückblickend aus der Zeit nach dem „Sieg des neuen Baustils", begreift er seinen Raumplan nicht mehr als Inszenierung, sondern als eine Raumidee: „Denn das ist die große revolution in der architektur: das lösen eines grundrisses im raum! Vor Immanuel Kant konnte die menschheit noch nicht im raum denken und die architekten waren gezwungen, die toilette so hoch zu machen wie den saal. Nur durch die teilung in die hälfte konnten sie niedrigere räume gewinnen. Und wie es einmal der menschheit gelingen wird, im kubus schach zu spielen, so werden auch die anderen architekten künftig den grundriss im raume lösen."[50]

Man kann nicht behaupten, dass die vor allem von Philosophen und Kunstwissenschaftlern vorgetragenen Gedanken einzeln oder in ihrer Gesamtheit als theoretische Grundlage für den *plan libre* Le Corbusiers oder das *fliessende Raumkontinuum* von Gropius dienten. Paul Zuckers Hypothese der scharfen Trennung, sogar Diskrepanz zwischen den Raumtheorien der Ästheten und der Funktionsbesessenheit der Architekten in der ersten Hälfte des zwanzigsten Jahrhundert muss allerdings revidiert werden.[51] Das Interesse

---

50 Adolf Loos, „Josef Veillich" (1929), in ders., *Trotzdem* (Innsbruck: Brenner, 1931, Nachdruck Wien: Prachner 1982), S. 215. Anm.

51 Paul Zucker, „The Paradox of Architectural Theories at the Beginning of the ‚Modern Movement'", in *Journal of the Society of Architectural Historians*, Jg. X. No. 3 (1951), S. 8–14. Deutsche Übersetzung von Helmut Winter, „Die paradoxe Entwicklung der Architekturtheorien zu Beginn der Modernen Architektur", in *Archithese* 17. Jg. Nr. 2 (März-April 1987), S. 27–32.

für raumästhetische und funktionelle Fragen ist voneinander kaum trennbar. Auf die Verbindungen zwischen Einfühlungstheorie und Kubismus in Prag wurde bereits hingewiesen; in der Zwischenkriegszeit haben Verfasser raumästhetischer Traktate (z. B. Herman Sörgel, Leo Adler) ihre Beiträge in Architekturzeitschriften wie *Wasmuths Monatshefte für Baukunst* veröffentlicht. Der Architekt Fritz Schumacher, Stadtbaumeister von Hamburg und Entwerfer zahlreicher Bauten der Hansestadt, war zugleich Verfasser einer Reihe architekturtheoretischer Bücher. In seinem zuerst 1938 veröffentlichten Buch *Der Geist der Baukunst* bespricht er raumästhetische Theorien, um festzustellen, dass die philosophischen Erörterungen über das Wesen der Baukunst „zu einer tiefen Kluft führen, die noch nicht überbrückt ist".[52] Schumacher unterscheidet zwischen verstandesmäßigen, sinnenhaften und seelischen Wirkungen von Architektur und hält die sinnliche Wirkung und nicht die Funktionalität für entscheidend. „Kunstwirkung ist nicht Sachwirkung, sondern Bildwirkung", zitiert er den Wiener Kunsttheoretiker Friedrich Jodl.[53] Besonders interessant ist seine These von der Dreiecksbeziehung Innenraum – Architekturkörper – Außenraum, die er bereits in seiner im Handbuch der Architektur veröffentlichten Studie „Sinnliche Wirkungen des baulichen Kunstwerkes" vorstellte. In der späteren Formulierung heißt es:

> „Architektur ist nicht nur eine dreidimensionale Doppelerscheinung, je nachdem wir die negativen oder die positiven Wirkungen ihrer Massenentfaltung betrachten [d. h. die konkaven Innenräume und das konvexe Raumvolumen, Á.M.], sondern auch diese Doppelerscheinung ist nichts Absolutes, sondern etwas an eine zweite dreidimensionale Erscheinung Gebundenes. In der Architektur handelt es sich also um die Gestaltung eingeordneter Räume durch eine Körpergestaltung, die mit übergeordneten Räumen in unlösbarem schöpferischem Zusammenhang steht; sie ist die Kunst *doppelter* Raumgestaltung [d.h. des Innenraumes und des Außenraumes, Á.M.] durch Körpergestaltung."[54]

In der entwerferischen Arbeit Schumachers bedeutet dieser Grundsatz die Gestaltung geschlossener städtischer Räume statt ihrer völligen Auflösung im Sinne der Avantgarde.

Alte und neue Perspektiven

Die Avantgarde der Zwischenkriegszeit hat die Überlagerung der Perspektiven, die „Zerstörung der Schachtel" als Ansporn für neue Experimente verstanden. El Lissitzkys Aufsatz „K. und Pangeometrie" kritisiert die von einem Punkt der Betrachtung aus konstruierte Perspektive, was den Weg zur Aufwertung der Axonometrie, der Planarität sowie (in der Malerei) zur Abkehr von der Gegenständlichkeit und (in der Architektur) zur Auflösung der traditionellen Tektonik führte.[55] Im von Lissitzky begeistert beschriebenen Raum des Suprematismus verlieren vorne und hinten, oben und unten jegliche Bedeutung, die Objekte sind befreit von ihrer

---

52 Fritz Schumacher, *Der Geist der Baukunst* (Stuttgart, Berlin: Deutsche Verlags-Anstalt, 1938), S. 189.
53 Ebenda, S. 232.
54 Ebenda, S. 248.
55 El Lissitzky, „K. und Pangeometrie", in Carl Einstein, Paul Westheim (Hrsg.), *Europa-Almanach* (Potsdam: Gustav Kiepenheuer Verlag 1925), S. 103–113.

Schwere, und die Häuser lasten nicht mehr auf dem Boden.

Ein Strang der Entwicklung führt von hier über die „axonometrischen" Häuser und Räume des Bauhauses oder der De-Stijl-Bewegung zu Peter Eisenmans House VI. Oskar Schlemmers „Mensch und Kunstfigur" stellt die menschliche Figur und ihre anthropologische Räumlichkeit ins Zentrum. Bereits Semper hat darauf hingewiesen, dass die räumliche Verfassung des Menschen, etwa die Form des Kopfes, die Achsen der Dimensionalität seiner Existenz repräsentiert. Schlemmer notiert in seinem Tagebuch:

> „Ich will Menschen-Typen schaffen und keine Porträts [...] und ich will das Wesen des Raums und keine ‚Interieurs'. Ich erkläre mich keineswegs ‚unabhängig vom Gegenstand, weil ich an ihn nicht herankomme', vielmehr hindert mich eine höhere Verpflichtung, dem Gegenstand mehr zu geben, als es die Bild-Form und -Haltung gestattet. Meine Themen, die menschliche Gestalt im Raum, ihre Funktion in Ruhe und Bewegung in diesem, das Sitzen, Liegen, Gehen, Stehen, sind ebenso einfach, wie sie allgemeingültig sind."[56]

Schlemmers für die Bauhaus-Bühne konzipiertes „Triadisches Ballett" war eine Performance in Form, Farbe und Bewegung, die „die Planimetrie der Tanzfläche und die Stereometrie der sich bewegenden Körper, jene Dimensionalität des Raumes erzeugen [soll], die durch Verfolgung elementarer Grundformen wie Gerade, Diagonale, Kreis, Ellipse und der Verbindungen untereinander notwendigerweise entstehen muss".[57]

László Moholy-Nagy lehnt in seinem Bauhausbuch *Von Material zu Architektur* eine rigide Raumdefinition eindeutig ab und versucht als Erster, die Vielschichtigkeit unseres Raumverständnisses zu zeigen. Er zählt 44 Arten von Raum, vom „matematischen" (sic!) bis zum „formalen" Raum auf, um die „verwirrende" Vielfalt zu zeigen, betont jedoch zugleich, dass „der raum eine realität unserer sinneserfahrungen" ist.[58] Den Raumbegriff der Physik als „lagebeziehung von körpern" kontrastiert er mit dem „organischen raumerlebnis", das nicht nur den Gesichts- und Tastsinn miteinschließt, sondern auch den Gehörsinn, die Bewegung und den Gleichgewichtssinn. „Erst wenn verkehr, bewegung, hör- und sichtbarkeiten in dauernder spannung ihrer räumlichen beziehungen erfasst sind, wird von einer raumgestaltung gesprochen werden können."[59]

August Schmarsow konnte nicht ahnen, dass seine Bemerkung, nachdem schon „im Wurm, der sich seinen Weg in das Häuschen des Apfels bahnt", die Anfänge der Raumgestaltung liegen sollen[60], drei Jahrzehnte später das Forschungsthema von Naturwissenschaftlern umschreiben wird. Die Konzeption des Lebensraumes wurde von Jakob von Uexküll ausgearbeitet. In seiner 1928 veröffentlichten *Theoretischen Biologie* schreibt er von der spezifischen Umwelt eines biologischen Subjektes, als ein Bereich, den ein Tier mit seinen Sinnesorganen „merken" und auf den es durch seine

---

56 Oskar Schlemmer, *Briefe und Tagebücher*. Hrsg. Tut Schlemmer (Stuttgart: Hatje, 1977), S. 163–164.
57 Ebenda, S. 61.
58 Laszlo Moholy-Nagy, *Von Material zu Architektur* (Passau 1929, Nachdruck Mainz und Berlin: Florian Kupferberg, 1968), S. 194f.
59 Ebenda, S. 196f.
60 August Schmarsow, *Barock und Rokoko. Eine kritische Auseinandersetzung über das Malerische in der Architektur* (Leipzig: S. Hirzel, 1897), S. 7.

speziellen Wirkorgane „wirken" kann. Merkwelt und Wirkwelt sind also von der Körperorganisation abhängig. Uexkülls Analyse der Umwelt als Seifenblase findet sich seitdem in überraschend vielen umweltpsychologischen Arbeiten wieder, als „bubble", „personal space" oder „Sphäre". Die von seinem Begründer, dem amerikanischen Anthropologen Edward T. Hall, als „Proxemik" (proxemics) bezeichnete Disziplin untersucht, wie der kulturspezifische Umgang mit dem Raum persönliche und geschäftliche Beziehungen, architektonische und urbanistische Entscheidungen beeinflusst.[61] Auch Henri Lefebvre betrachtet die „Raumproduktion" einer Spinne mit ihren Spinndrüsen und Beinen als Beweis, dass „die fundamentalen Gesetze der räumlichen Orientierung primär im Körper selbst angelegt sind".[62]

Der Wiener Kunsthistoriker Dagobert Frey verbindet das neue Weltbild der Wissenschaft mit der Darstellung des Raumes in der Kunst. In seinem Werk *Gotik und Renaissance* (1929) vergleicht er die spezifische Konstruktionen des Raumbegriffs in der Physik und mit jenen in den Geisteswissenschaften und betont zugleich die historische Bestimmtheit der naturwissenschaftlichen Paradigmen.[63] Sigfried Giedions Hauptwerk *Raum, Zeit, Architektur* (1940) wiederum ist ein Versuch, die Werke des Neuen Bauens auf der Grundlage einer synthetischen Architekturtheorie zu würdigen. Die Elemente dieser Synthese sind die „optische Revolution" der Kubisten, die Erkenntnisse der Raumästhetik, die Untersuchungen der modernen Physik über den Raum, aber auch Betrachtungen der Funktion und Konstruktion – Sachverhalte, die sich schwierig auf einen gemeinsamen Nenner bringen lassen. Giedion betrachtet den Raum als den Ausgangspunkt zu einer modernen Theorie der Architektur, ohne jedoch zwischen Raum (im Sinne der modernen Physik) als ein von der Materie abhängiges Energiefeld einerseits bzw. Raum (im Sinne von Kant) als eine aus der optischen Wahrnehmung des sich bewegenden Körpers entstandene epistemologische Kategorie andererseits zu unterscheiden. Er verbindet Einsteins Relativitätstheorie mit der nicht-euklidischen Geometrie und dem Bruch der Maler des Kubismus mit der Renaissance-Perspektive. Diese an sich schon problematische Hypothese wird dann auf die Architektur angewendet. Er begründet seine Methode mit den „Methodengleichen": mit dem „unbewussten Parallelismus der Methoden" auf „getrennten Gebieten des Denkens und des Gefühls, der Wissenschaft und der Kunst", die er seit dem ersten Jahrzehnt dieses Jahrhunderts beobachtete.[64] Es besteht für Giedion keine Frage, dass diese „Methodengleichen" auf die Wirkung des Zeitgeistes zurückzuführen sind.[65] Er ist wohl nicht unberührt von der seit der Jahrhundertwende verbreiteten Spekulation von Autoren populär- (und manchmal pseudo-)wissenschaftlicher Werke über den (schon damals so bezeichneten) Hyperraum. Charles Howard Hintons *The Fourth Dimension* (New York 1904), Claude Bragdons *A Primer of Higher Space* (New York 1913), P.D. Ouspenskys *Tertium Organum*

---

61 Vgl. Edward T. Hall, *The Hidden Dimension* (New York: Doubleday, 1966).

62 Henri Lefebvre, *op.cit.* (Anm. 2), S. 173.

63 Dagobert Frey, *Gotik und Renaissance als Grundlagen der modernen Weltanschauung* (Augsburg: Dr. Benno Filser Verlag, 1929).

64 Sigfried Giedion, *Raum, Zeit, Architektur: Die Entstehung einer neuen Tradition* (4. Auflage Zürich und München: Artemis, 1989), S. 41.

65 Vgl. Sokratis Georgiadis, *Sigfried Giedion. Eine intellektuelle Biographie* (Zürich: gta/Ammann, 1989).

(1921) oder Maurice Maeterlincks *La vie de l'espace* (1928) sind nur einige Beispiele der literarischen Erkundung neuer Denkräume.

Colin Rowe und Robert Slutzky wollen in ihrem Aufsatz „Transparenz" beweisen, dass die frühen Villen von Le Corbusier und die Stillleben des Kubismus ähnlich konstruiert sind. Sowohl die Architektur als auch die Malerei zeigen die Auflösung der klassischen Perspektive und die Unterdrückung der Tiefe zugunsten sich überlagernder Schichten. Still-leben ist wortwörtlich zu verstehen: Frei von jeglicher Anthropomorfie stehen die Villen in der Landschaft wie eigenartige Objekte. Der Eindruck von Räumlichkeit als komplexe, aber fragile Ordnung entsteht als Ergebnis der Interferenz von mehreren Schichten.[66] Rowes Analyse des Klostergebäudes La Tourette von Le Corbusier ist vielleicht das beste Beispiel seiner Methode, um zu zeigen, „wie Oberfläche Tiefe offenbaren kann, wie Tiefe das Instrument werden kann, durch das die Oberfläche dargestellt wird, wie eine Empfindung von fast romanischer Dichte durch ein in hohem Maße durchlöchertes Gebilde hervorgerufen werden kann …".[67] Die Fassaden von La Tourette „sind das Äußere, an dem das Auge die spezifische Schwere des dahinterliegenden Körpers misst, die zweidimensionalen Oberflächen, auf der die Dichte des dreidimensionalen Volumens registriert und einbeschrieben ist, sie sind die Flächen, über die sich die Lektüre der räumlichen Tiefe verflüchtigt."[68] Die Idee der „tiefen Oberflächen" wird hier gewiss nicht unabhängig von den anfangs diskutierten Theorien der Wahrnehmung, aber mit früher unerreichter Präzision der Beobachtung eines konkreten Beispiels entwickelt.

Die vom niederländischen Benediktiner-Architekt Dom van der Laan entwickelte Theorie vom architektonischen Raum zeigt interessante Parallelen, da sich van der Laan mit der Frage des Wechselspiels der vertikalen, gestalteten Flächen der Natur und der Betrachtung der horizontalen, begehbaren Flächen der Erfahrung und der Bewegung beschäftigt. Der architektonische Raum entsteht durch Abtrennung eines Raumsegments aus dem ursprünglichen, endlosen Raum mittels zweier Wände. Dieser Raum zeigt sich durch Superposition vor dem Hintergrund des natürlichen Raumes, er „vervollständigt" den natürlichen Raum. Von außen betrachtet erscheint der architektonische Raum als „Schalenraum", begrenzt durch massive Mauern; von innen erfahren wir ihn als „Kernraum". Diese zwei „Raumbilder" korrespondieren mit zwei Formbildern. Der unbegrenzte Raum wird erst sichtbar, wenn er dem Massiv der Erde begegnet, das ihn begrenzt. Aber auch die Form des Massivs ist nur wahrnehmbar, „wenn sie sich gegen ihren Gegensatz, den ungeformten Raum, abzeichnet".[69] Das Raumbinom Innen-Außen wird deshalb durch das Formbinom Voll-Hohl ergänzt: Das Voll ist die Form des Massivs, das Hohl ist die Form des Raumes. Im Binom Innen-Außen spielt das Innen die dominante, aktive Rolle als Zen-

---

66 Colin Rowe, Robert Slutzky, „Transparency: Literal and Phenomenal", in *Perspecta* 8, 1964. Deutsche Übersetzung, mit Kommentar und Addendum von Bernard Hoesli: *Transparenz* (3. Aufl. Basel, Boston, Berlin: Birkhäuser, 1989), S. 21–41.

67 Colin Rowe, „La Tourette", in ders., *Die Mathematik der idealen Villa und andere Essays* (Basel: Birkhäuser, 1998), S. 198.

68 Ebenda, S. 205.
69 Dom Hans van der Laan, *Der architektonische Raum: Fünfzehn Lektionen über die Disposition der menschlichen Behausung* (Leiden, New York, Köln: E.J.Brill, 1992), S. 17.

trum unserer Erfahrung. Im Binom Voll-Hohl ist es dagegen die Mauer, die aktiv gestaltet wird, der Raum entsteht als Ergebnis. Ausgehend von diesen Überlegungen schlägt van der Laan eine Architektur vor, die aus rhythmischen Raumgliederungen durch massive Mauerkörper (Quader) besteht.

Architekten der Postmoderne wie Robert Venturi und Denise Scott Brown haben für die moderne „Vergötterung des Raumes" nur Spott übrig. Sie schreiben in ihrem Buch Lernen von Las Vegas vom Raum als dem „wahrscheinlich tyrannischsten Element" der modernen Architektur: „Die Architekten bemühten sich um den Raum, und die Kritiker machten ihn zum göttlichen Element, das ein sich verflüchtender Symbolismus hinterlassen hatte."[70] Sie behaupten, dass der Ursprung der Raumwirkungen vor allem Licht ist, nachdem aber die Anforderungen bezüglich Beleuchtung heute der Gestaltung wenig Freiraum erlauben, müssen die Architekten der Postmoderne „eine Ästhetik verwenden, die ihre Wirkung aus anderen Quellen als dem Licht bezieht, eher aus symbolischen als aus räumlichen Quellen".[71]

Die Ablösung der subjektiven Perspektive des wahrgenommenen Raumes durch einen „wissenschaftlichen", abstrakten Raumbegriff zeigt sich auch in den Experimenten mit neuen Darstellungsweisen. Der Erfolg der Axonometrie im Weimarer Bauhaus begründet die Wiederentdeckung einer Darstellungsweise, die vor der Erfindung der Perspektive und in anderen Kulturen allgemein war und dann vor allem in Schulen für Ingenieurwesen und Maschinenbau weitergeführt wurde. Die axonometrische Welt wird von Claude Bragdon und vielen anderen als die Welt erklärt, wie wir sie wissen, wie sie vor unserem „mentalen" Auge erscheint; ohne die subjektiven Verzerrungen der optischen Wahrnehmung. Peter Eisenmans Architekturverständnis als logisch strukturierte Sprache verwendet die Mechanik der Axonometrie zur Abbildung seiner „Houses of Cards". Selbst im gebauten Objekt (z.B. House VI in West Cornwall, Connecticut 1972–1976) soll diese axonometrische Qualität der Darstellung weiterbestehen.[72]

Der erlebte Raum

Die Kritik der Perspektive und die Neubewertung der Axonometrie zeigen die Überlagerung verschiedener Raumbegriffe; der eine ist mehr verwandt mit dem Raum der Physik, der andere mit jenem der Sinneswahrnehmung. Die Philosophie hat sich um die Jahrhundertwende intensiv mit der Art und Weise beschäftigt, wie der Raum im Denken und in der Tätigkeit des Menschen erscheint. Die moderne Phänomenologie des Raumes hat Edmund Husserl in seinen berühmten Vorträgen von 1904–1907 begründet. Husserl ging davon aus, dass der Eindruck der Räumlichkeit das Ergebnis einer Wahrnehmungssequenz in Bewegung ist, also mit dem Bewusstsein der eigenen Körperbewegung zusammenhängt. Die von Worringer beschriebene Weltangst erscheint hier als die Reaktion auf den Raum als etwas Zeitloses, Erstarrtes und Totes. Der Erlebnisraum Husserls hat jedoch eine

---

70 Robert Venturi, Denise Scott Brown, Steven Izenour, Lernen von Las Vegas. Zur Ikonographie und Architektursymbolik der Geschäftsstadt (Braunschweig, Wiesbaden: Vieweg, 1979), S. 174.
71 Ebenda.

72 Ákos Moravánszky, „Axonometry as Symbolic Form", in Perspektíva – Perspective (Ausstellungskatalog Budapest: Kunsthalle, 2000/2001), S. 193–203.

zeitliche Dimension, er ist eben keine „erstorbene Zeit".

In der Phänomenologie wird Raum als Umwelt des Menschen gedacht, welche die Folge einer Grenzziehung ist und als Bedingung der Möglichkeit weiterer Grenzziehungen existiert. Otto Friedrich Bollnow wies darauf hin, dass bereits die Etymologie des Wortes diese Deutung unterstützt. Das Grimm-Wörterbuch definiert die Bedeutung des Wortes „räumen" wie folgt: „einen Raum, d.h. eine Lichtung im Walde schaffen, behufs Urbarmachung oder Ansiedlung". Raum in diesem ursprünglichen Sinn ist also nicht an sich schon vorhanden, sondern wird erst durch eine menschliche Tätigkeit gewonnen, indem man ihn durch Rodung der Wildnis (die also nicht Freiraum ist) abgewinnt.[73]

Im Unterschied zum homogenen, mathematischen Raum der Physik, in dem kein Punkt vom anderen ausgezeichnet ist, wird der Raum der Phänomenologie aus einem Zentrum konstruiert, in dem sich unser Leib befindet.[74] Der erlebte Raum ist kein homogener, wertneutraler Bereich, sondern reich gegliedert. Martin Heidegger hat in seinem 1951 gehaltenen Vortrag „Bauen Wohnen Denken" besonders diesen Aspekt des gelebten Raumes hervorgehoben. Menschliches Wohnen bedeutet für Heidegger nicht nur eine leibliche Präsenz im Raum, sondern einen wesenhaften „Aufenthalt im Geviert bei den Dingen".[75]

Heidegger hat in seinen verschiedenen Arbeiten versucht, die wesentlichen Eigenschaften des Raumes mit Begriffen wie „Lichtung", „Geviert" oder „die Freigabe von Orten" zu charakterisieren (s. Seite 510f.). Nichts scheint von der exakten Begrifflichkeit dieser Sprache mehr entfernt zu sein als der von persönlichen Erinnerungen vibrierende Text des französischen Philosophen Gaston Bachelard, *Die Poetik des Raumes* – die Resonanzen mit der Betrachtung Heidegger sind trotzdem deutlich. Das Haus, das vom Keller zum Dachboden untersucht wird, erscheint dem Leser wohlbekannt. Bachelard kennt sich auch in den Räumen des Denkens, der Fantasie, der Seele aus. Märchen und Gedichte zitierend erzählt er über Kellerräume und Dachböden, Schubladen und Schränke, über die Räume des Hauses, die in ihrer Intimität der großen Stürmen der Außenwelt harren. Diese Erinnerungen geben dem Raum immer eine zeitliche Dimension: „In seinen tausend Honigwaben speichert der Raum verdichtete Zeit. Dazu ist der Raum da."[76]

Bachelards Liebe zum Raum, die er als *Topophilie* bezeichnet, ist wohl mit den eigenen, glücklichen Erinnerungen an bergende Räume zu erklären. Dass Raum durchaus bedrohlich und feindlich sein kann, betont Otto Friedrich Bollnow in seinem *Mensch und Raum*. Er stellt eine These von den vier Ebenen des menschlichen Verhaltens zum Raum auf, die vom kindlichen Geborgensein über Heimatlosigkeit/Unheimlichkeit und wiederhergestellte Geborgenheit bis zu einer entschlossenen Niederlassung im Offenen führen. Bollnow betrachtet es also als eine Notwendigkeit, das erste, bergende

---

73 Otto Friedrich Bollnow, *Mensch und Raum* (Stuttgart, Berlin, Köln: W. Kohlhammer, 1963), S. 33.
74 Vgl. die Werke des französischen Philosophen Maurice Merleau-Ponty zur existenziellen Raumkonstruktion des Menschen, vor allem sein Werk *Phänomenologie der Wahrnehmung* (Berlin: Walter de Gruyter, 1966).
75 Heidegger, op.cit. (Anm. 1).

76 Gaston Bachelard, *Poetik des Raumes* (Frankfurt am Main, Berlin, Wien: Ullstein, 1975), S. 40.

Haus der Kindheit zu verlassen und die Kondition der Modernität zu akzeptieren, und kritisiert Bachelard, der bei seinen nostalgischen Träumen bleibt.

Das Verhältnis zum endlosen Raum wird nicht nur für Kunsthistoriker, sondern auch für Ethnologen und Anthropologen zum Grundlage einer umfassenden Kulturtypologie. Der deutsche Afrika-Forscher Leo Frobenius kontrastiert die Kulturen des „Höhlengefühls" mit jenen des „Weitengefühls".[77] Oswald Spengler andererseits bezeichnet die Weltangst als „die schöpferischste aller Urgefühle": „Aus der Seele des gesamten Urmenschentums und also auch der frühesten Kindheit erhebt sich der Drang, das Element der fremden Mächte, die in allem Ausgedehnten, *im* Raume und *durch* den Raum unerbittlich gegenwärtig sind, zu bannen, zu zwingen, zu versöhnen – zu ‚erkennen'."[78]

Es ist vor allem Worringer, in dessen Beschreibung der „primitiven Angst einem weiten Raum gegenüber"[79] heute die französischen Poststrukturalisten Gilles Deleuze und Félix Guattari oder der Architekturtheoretiker Anthony Vidler die Neurosen und Phobien des modernen Subjekts erkennen.[80] Vidler verbindet Daniel Libeskinds Räume im Jüdischen Museum in Berlin oder Rachel Whitereads Betonabgüsse von Innenräumen mit den „virtual fears of late modernity", deren Ursprünge auf die von Sitte diagnostizierte „Platzscheu" zurückgehen. Diese von der Psychoanalyse Freud'scher und Lacanscher Prägung inspirierte Betrachtungsweise kann jedoch nur mit bestimmten Strömungen der heutigen Architektur und Architekturtheorie in Verbindung gebracht werden – andere feiern begeistert den Eintritt in die neuen Räume der Virtualität. Dort weicht die Agoraphobie dem Rausch der Beschleunigung. Computerspiele vermitteln zwischen realen und imaginären Welten, indem der Spieler durch Joystick, Keyboard und andere Erweiterungen seines Körpers die „anderen Räume" erforscht und manipuliert. Auch andere elektronische Geräte wie der Walkman und das Mobiltelefon erlauben, die phänomenologischen Erweiterungen des Raumbegriffs direkt zu erfahren und zwischen dem Leib und der Außenwelt eine weitere unsichtbare, aber abschirmende Sphäre der Klänge und Geräusche zu gestalten. Der materielle Raum der Menschen ist durch den immateriellen Raum der Bilder und Töne ausgelöscht.

Der soziale Raum

Die soziale Bedeutung des Raums wurde bereits in der Theorie Schmarsows impliziert und wird dann am Anfang des Jahrhunderts von Georg Simmel und Ernst Cassirer untersucht. Georg Simmel führte in seiner 1908 veröffentlichten *Soziologie* den Begriff „Raumerfüllung" zur qualitativen Charakterisierung des Raumes ein:

> „Wenn eine Anzahl von Personen innerhalb bestimmter Raumgrenzen isoliert nebeneinander hausen, so erfüllt eben jede mit ihrer Substanz und ihrer Tätigkeit den ihr unmittelbar eignen Platz, und zwischen diesem und dem

---

[77] Leo Frobenius, *Vom Kulturreich des Festlandes* (Berlin: Wegweiser-Verlag, 1923), 96ff.

[78] Oswald Spengler, *Der Untergang des Abendlandes. Umrisse einer Morphologie der Weltgeschichte* (München: C.H.Beck, 1923, Neuauflage München: Deutscher Taschenbuch Verlag, 1972), S. 108.

[79] Wilhelm Worringer, *Abstraktion und Einfühlung* (Anm. 35), S. 20.

[80] Anthony Vidler, *Warped Space: Art, Architecture and Anxiety in Modern Culture* (Cambridge, Mass., London: The MIT Press, 2000), S. 44f.

Platz der nächsten ist unerfüllter Raum, praktisch gesprochen: Nichts. In dem Augenblick, in dem diese beiden in Wechselwirkung treten, erscheint der Raum zwischen ihnen erfüllt und belebt. Natürlich ruht dies auf dem Doppelsinn des Zwischen: daß eine Beziehung zwischen zwei Elementen, die doch nur eine, in dem einen und in dem andern immanent stattfindende Bewegung oder Modifikation ist, zwischen ihnen, im Sinne des räumlichen Dazwischentretens stattfinde.(...) Das Zwischen als eine bloß funktionale Gegenseitigkeit, deren Inhalte in jedem ihrer personalen Träger verbleiben, realisiert sich hier wirklich auch als Beanspruchung des zwischen diesen bestehenden Raumes, es findet wirklich immer zwischen den beiden Raumstellen statt, an deren einer und andrer ein jeder seinen für ihn designierten, von ihm allen erfüllten Platz hat. Kant definiert den Raum einmal als ‚die Möglichkeit des Beisammenseins' – das ist er auch soziologisch, die Wechselwirkung macht den vorher leeren und nichtigen zu etwas für uns, sie erfüllt ihn, indem er sie ermöglicht."[81]

Ernst Cassirer hat in seiner *Philosophie der symbolischen Formen* gezeigt, wie in verschiedenen Kulturen die Bezeichnung räumlicher Verhältnisse spezifische Weltsichten verkörpert. „Raum" ist ein Produkt der Kultur: „Was wir ‚den' Raum nennen: das ist nicht sowohl ein eigener Gegenstand, der sich uns mittelbar darstellt, der sich uns durch irgendwelche ‚Zeichen' zu erkennen gibt; sondern es ist vielmehr eine eigene Weise, ein besonderer Schematismus der Darstellung selbst."[82]

Die Untersuchung des sozialen Raumes im Sinne von Simmel und Lukács wird heute von neomarxistischen Autoren wie Henri Lefebvre, Manuel Castells, Edward W. Soja oder Mike Davis vertreten, die sich weniger für den architektonischen Raum als für die gesellschaftliche Produktion des Raumes interessieren. Der Begriff „Produktion" will den Unterschied von der Darstellung oder Gestaltung des Raumes betonen; Lefebvre lehnt überhaupt die „mechanische", inhumane Idee des Raumes ab, die er für ein Produkt des Kapitalismus hält. Der physikalische Raum existiert, aber Organisation und Wahrnehmung des Raumes sind immer das Ergebnis (Produkt) von gesellschaftlichen Prozessen der Aneignung, Transformation oder Erfahrung. Sein Buch *Production de l'espace* (1974) ist eine Kritik der Architektur, die mit einem abstrakten Raumbegriff arbeitet, was mit jenem Raum, in dem das Alltagsleben stattfindet, nichts zu tun hat. Diese Autoren sind an Fragen der Raumwahrnehmung nicht interessiert; deshalb gehört die Diskussion ihrer „Verräumlichung" der Terminologie der Sozialtheorie in ein anderes Kapitel (s. Seite 495f.).

Lefebvre geht davon aus, dass Industrialisierung und wirtschaftliches Wachstum heute von der gesellschaftlichen Produktion des urbanen Raumes bestimmt ist, im Unterschied zum früheren Kapitalismus, wo städtische Entwicklung von der Industrialisierung abhängig war. Die Produktion des Raumes ist vom immer mächtigeren Staat gesteuert und zuneh-

---

81 Georg Simmel, *Soziologie. Untersuchungen über die Formen der Vergesellschaftung* (Leipzig 1908, 2. Aufl. München, Leipzig: Duncker & Humblot, 1922), S. 461–462.

82 Ernst Cassirer, *Philosophie der symbolischen Formen. 3. Teil: Phänomenologie der Erkenntnis* (1929, Nachdruck der 2. Auflage Darmstadt: Wissenschaftliche Buchgesellschaft, 1972), S. 172.

mend globalisiert. Lefebvre nennt drei grundsätzliche, miteinander verbundene Arten der Raumverhältnisse: _räumliche Praxis_ (Produktion und Reproduktion des Raumes sowie sozialspezifische Beziehungen zum Raum), _Darstellungen des Raumes_ (z.B. ihre Gestaltung durch Stadtplaner oder Architekten) und _darstellende Räume_ (die im Prozess ihrer Besetzung oder ihres Bewohnens die Verhältnisse der Gesellschaft sichtbar machen).[83] Von diesen Thesen ausgehend versucht Bernard Tschumi, das „architektonische Paradox" zu lösen, und eine Architektur finden, in der das Konzept und die Erfahrung des Raumes identisch sind.[84]

Laut Manuel Castells waren Industrie und Dienstleistungen früher ortsgebunden, deshalb konnte man von einem Raum der Orte (space of places) sprechen. Heute operieren die neuen globalen Wirtschaftsmächte in einem ortlosen Raum der Ströme (_space of flows_). Diese Unmöglichkeit der Verortung macht auch jeglichen Widerstand schwer, nur lokale Verwaltungen, ortsgebundene Organisationen können ihre Identität bewahren und eine aktive Rolle in der gesellschaftlichen Kontrolle spielen.[85]

Sich auf Henri Lefebvre beziehend, fordert Edward W. Soja die „Verräumlichung" der kritischen Gesellschaftstheorie. Der amerikanische Vertreter einer postmodernen Sozialgeographie führt den Raumbegriff in seine „critical social theory" ein, um analysieren zu können, wie z.B. in Los Angeles Schübe der Industrialisierung und Desindustrialisierung, Zentralisierung und Dezentralisierung in einer konkreten räumlichen Ordnung resultieren.[86]

Der atmosphärische Raum

Lefebvres Kritik der Reduktion des Raums auf Aspekte der optischen Wahrnehmung ist eng verbunden mit der allgemeinen Kritik der Visualität im französischen Diskurs des (Post-) Strukturalismus. Michel Foucaults Arbeiten über das Überwachen und das Strafen zeigen die mikroskopischen Strukturen der Macht; die Art und Weise, wie das privilegierte Auge und der disziplinierte Körper einander bedingen.[87] Diese Kritik ist eng verbunden mit der Rehabilitation der anderen Sinne, was auch in der Architekturtheorie nicht ohne Einfluss bleiben kann. Synästhesie bedeutet die Verschmelzung der Wahrnehmungen mehrerer Sinne. Raum ist nicht mehr nur mit der Visualität verbunden, sondern auch mit dem Gehörsinn, Tastsinn und Geruchssinn; man könnte sogar von der Räumlichkeit eines Geschmacks sprechen. Die katholische Liturgie oder die Idee des Gesamtkunstwerkes im 19. Jahrhundert sind nur zwei Beispiele für diese Synthese der Sinne. Ein Beispiel der Synästhesie in der Literatur ist Arthur Rimbauds Gedicht „Voyelles" (1871) über die Farbe der Vokale. Die Entwicklung im Bereich der kommerziellen Inszenierungen beginnt in den großen Warenhäusern ebenfalls um die Jahrhundertwende. Wenn heute in einem Einkaufszentrum das Shopping-Erlebnis durch angenehme Berieselung mit Musik und Düften erhöht

---

83 Henri Lefebvre, _The Production of Space_ (Anm. 2), S. 33.
84 Vgl. Bernard Tschumi, _Questions of Space: Lectures on Architecture_ (London: Architectural Association, 1990, 1995).
85 Manuel Castells, _The Informational City_ (Oxford: Basil Blackwell, 1989).

86 Edward W. Soja, _Postmodern Geographies: The Reassertion of Space in Critical Social Theory_ (London, New York: Verso, 1989).
87 Michel Foucault, _Überwachen und Strafen. Die Geburt des Gefängnisses._ Übersetzung: Walter Seitter (Frankfurt am Main: Suhrkamp, 1976).

Abb. 21. Erlebnisraum in Citywalk, Los Angeles (Jerde Partnership, 1993). Aufnahme Á. M.

wird, soll dadurch nicht nur das Einkaufen zum Erlebnis werden, sondern auch die Überwachung mit Kameras weniger stören. Gerade das Gegenteil von Lefebvres Erwartung ist hier der Fall: Die Macht des Kapitals über den Raum wird verfestigt, indem im Erlebnisraum mehrere Sinne angesprochen werden. Diese am eigenen Leib spürbare, synästhetische Räumlichkeit wird mit dem Begriff der Atmosphäre angesprochen; die Begriffe und Thesen der Naturästhetik werden in die gebaute und in die simulierte Umgebungen übertragen. Der nächste Schritt ist nämlich die Entstehung jener neuen Erlebnisräume, die man nur über den Bildschirm „betreten" kann.

Theoretiker der Naturästhetik wie Gernot Böhme verstehen ihre Disziplin als Teilgebiet der Ökologie und erhoffen sich von der Sensibilisierung für die Schönheit der Natur einen verantwortlicheren Umgang mit ihr. Böhme betrachtet nicht nur die „freie" Natur, sondern auch die künstliche, angeeignete Natur der Stadt als Gebiet der Naturästhetik und ihrer „Arbeiter": der Architekten, Städteplaner oder Landschaftsplaner.[88] Weil die Architektur vor allem als Bild und Wort vermittelt, diskutiert und konsumiert wird, muss man darauf aufmerksam machen, was dabei verloren geht. Die Zielsetzung ist die synästhetische, von Oberfläche, Werkstoff, Farbe, Licht, Gewicht und Ton ausgehende Architekturerfahrung. Die Natur wird in diesen Räumen durch die Wahrnehmung von Atmosphären evoziert. Dies ist keine neue Erfindung. Vor allem die Bestrebungen der Jahrhundertwende, die Bühne zu

---

88 Gernot Böhme, *Für eine ökologische Naturästhetik* (Frankfurt am Main: Suhrkamp, 1989).

reformieren, haben Künstler wie Adolphe Appia zu Experimenten mit Licht und Ton geführt. Auch Architekten (Adolf Loos wurde in diesem Zusammenhang bereits erwähnt) haben mit Atmosphären, Stimmungen, Charakteren, Physiognomien gearbeitet. Der österreichische Architekt und Bühnenbildentwerfer Oskar Strnad notiert um 1920: „Ein architektonisches Konzept entsteht durch die Konzentrationskraft der Vorstellung sowohl der Bewegungsmöglichkeit (als absolutes Raumgefühl) wie auch der Wirkungen des Lichts (Farbe der Materie), des Geruchs, des Gehörs und des Tastsinns (Materie), es muß nicht nur die Oberfläche der Materie, sondern auch ihre Seele zur Wirkung kommen".[89]

Der Schweizer Architekt Peter Zumthor bezeichnet die Atmosphäre als die sinnlich erlebbare Qualität des „Klangkörpers" des von ihm entworfenen Schweizer Ausstellungspavillons der Expo 2000 in Hannover.[90] Materialien sind an sich nicht poetisch, behauptet Zumthor, können jedoch „im Kontext eines architektonischen Objektes poetische Qualitäten annehmen": „die Fühlbarkeit, der Geruch und der akustische Ausdruck der Materialien sind lediglich Elemente einer Sprache, in der wir sprechen müssen".[91] Die Bedeutung solcher Werke ist nichts Symbolhaftes, sondern erfüllt sich in den Atmosphären, die sie präsent zu machen vermögen.

Abb. 22. Peter Zumthor, Pavillon der Schweiz am Expo 2000 in Hannover. Aufnahme Á.M.

Sempers Gedanken von der Architektur als Kunst des Bekleidens und Verhüllens in vollkommener technischer Vollendung (s. Seite 393f.) sind nicht weit entfernt von Zumthors Architekturverständnis als „Hülle und Hintergrund des vorbeiziehenden Lebens, ein sensibles Gefäss für den Rhythmus der Schritte auf den Boden, für die Konzentration der Arbeit, für die Stille des Schlafs".[92]

Im Kontext des Diskurses über Globalisierung zeigt die kaum mehr als hundert Jahre alte Beschäftigung mit dem Raum in der Architekturtheorie neue Entwicklungen. Die Gestaltung, dann die Auflösung der Raumgrenzen, ist der Anfang eines immer umfassenderen Gestaltungsanspruchs; neue Begriffe und Theorien zeigen die Einbeziehung neuer Dimensionen der städtischen Umwelt, der gestalteten

---

89 Oskar Strnad, „Gedanken beim Entwurf eines Grundrisses", Manuskript o.J., in Otto Niedermoser, *Oskar Strnad 1879–1935* (Wien: Bergland Verlag, 1965), S. 17f.

90 Roderick Hönig (Hrsg.), „Atmosphäre", Stichwort im *Klangkörperbuch. Lexikon zum Pavillon der Schweizerischen Eidgenossenschaft an der Expo 2000 in Hannover* (Basel, Boston, Berlin: Birkhäuser, 2000), S. 17.

91 Peter Zumthor, „Eine Anschauung der Dinge" (1988), in ders., *Architektur Denken* (Baden: Lars Müller, 1998), S. 10.

92 Ebenda, S. 12.

Natur und der sozialen Welt. Die Theorie von Raum erlaubt, alte Grenzziehungen aufzuheben. Selbst wenn die utopischen Ambitionen der Baukunst als direkte Gestalterin der sozialen Wirklichkeit in Frage gestellt oder abgelehnt werden, findet Architektur als Medium der Räumlichkeit wieder Eingang in die verräumlichte Welt der kritischen Gesellschaftstheorie und kann für sich neue Legitimität und Authentizität beanspruchen. Die Frage ist, ob im virtuellen Simulationsraum der Raum als „Gehäuse von Gesellschaftsorganismen" überleben kann – oder unser Raumverständnis von reanimierten metaphysischen Raumbegriffen, wie z.B. Ereignisraum oder Raum in Erwartung (Bernard Tschumi)[93] bestimmt wird.

---

[93] Vgl. Bernard Tschumi, *Questions of Space* (Anm. 84); ders., „Haus ohne Eigenschaften", in *Daidalos*-Sonderheft *Magie der Werkstoffe II* (August 1995), S. 104–109.

Heinrich Wölfflin

Prolegomena zu einer Psychologie der Architektur
(Ausschnitt)

Erste Erscheinung: Heinrich Wölfflin, *Prolegomena zu einer Psychologie der Architektur*, Dissertation, 1886.
Textquelle: Heinrich Wölfflin, *Kleine Schriften 1886 –1933*. Hrsg. von Joseph Gantner (Basel: Benno Schwabe, 1946), S. 22–25.

Der Schweizer Heinrich Wölfflin (1864–1945) war neben Riegl und Schmarsow der bedeutendste Kunsthistoriker seiner Generation, der die moderne, kritische Kunstwissenschaft begründete. Seine wichtigsten Werke werden heute noch nachgedruckt und gelesen. Anstatt Künstlergeschichten zu schreiben, wie es im 19. Jahrhundert üblich war, hat er die Werke detaillierter formaler Analysen unterzogen. Dabei hat er allgemeine Prinzipien der Interpretation und ein Begriffssystem entwickelt, die er zuerst in seinem Buch *Renaissance und Barock* (1888) beschrieb. Es ging ihm darum, Renaissance und Barock als zwei Idealtypen gegenüberzustellen, indem der Betrachter sich in ihre Formen einfühlt. Sein Buch *Kunstgeschichtliche Grundbegriffe* (1915) ist ein Schlüsselwerk zur Geschichte des „künstlerischen Sehens"; Wölfflin schlägt hier einen Begriffsraster zur Interpretation der Kunstwerke vor, bestehend aus fünf Begriffspaaren (s. Seite 16), um Kunsturteile von Fragen des Geschmacks abzukoppeln.

Am Anfang seiner Laufbahn interessierte sich Wölfflin besonders für die Philosophie des Neokantianismus und die Psychologie. In seiner Dissertation *Prolegomena zu einer Psychologie der Architektur* (1886) sucht er auf der Grundlage der Theorie der Einfühlung Antwort auf die Frage: „Wie ist es möglich, dass architektonische Formen Ausdruck eines Seelischen, einer Stimmung sein können?" Er gibt in dieser Arbeit der Einfühlung eine umfassende Bedeutung als die Projektion von Körperempfindungen und Stimmungen in Objekte. Da für Wölfflin (zumindest in dieser Arbeit) die „Organisation des menschlichen Körpers" die gleich bleibende biologische Grundlage der immer komplexer gegliederten Stile ist, sind die Richtlinien einer normativen Architekturästhetik gegeben.

Bibliografie: Meinhold Lurz, *Heinrich Wölfflin. Biographie einer Kunsttheorie* (Worms: Werner'sche Verlagsgesellschaft, 1981).

Der Gegenstand der Architektur

Die Materie ist schwer, sie drängt abwärts, will formlos am Boden sich ausbreiten. Wir kennen die Gewalt der Schwere von unserem eigenen Körper. Was hält uns aufrecht, hemmt ein formloses Zusammenfallen? Die gegenwirkende Kraft, die wir als Wille, Leben oder wie immer bezeichnen mögen. Ich nenne sie Formkraft. *Der Gegensatz von Stoff und Formkraft,* der die gesamte organische Welt bewegt, ist das Grundthema der Architektur. Die ästhetische Anschauung überträgt diese intime Erfahrung unseres Körpers auch auf die leblose Natur. In jedem Ding nehmen wir einen Willen an, der zur Form sich durchzuringen versucht und den Widerstand eines formlosen Stoffes zu überwinden hat.

Mit dieser Erkenntnis haben wir den entscheidenden Schritt getan, um sowohl die formale Ästhetik durch lebensvollere Sätze zu ergänzen, wie auch um dem architektonischen Eindruck einen reicheren Inhalt zu sichern, als ihm zum Beispiel *Schopenhauers* viel bewunderte Theorie zugestehen will. Glücklicherweise läßt sich niemand den Genuß von der Philosophie trüben, und Schopenhauer selbst hatte wohl zu viel Kunstgefühl, um an seinen Satz zu glauben: Schwere und Starrheit seien der einzige Gegenstand der Baukunst.

Weil er nicht den Eindruck, die psychische Wirkung der Architektur analysierte, sondern nur ihren Stoff, ließ er sich zu dem Schluss verleiten:

1. Die Kunst stellt die Ideen der Natur dar.
2. Der architektonische Stoff bietet als Hauptideen: Schwere und Starrheit.
3. Also ist die Aufgabe der Kunst, diese Ideen in ihrem Widerspruch klar darzustellen.

Die Last will zu Boden, die Träger, vermöge ihrer Starrheit, widersetzen sich diesem Willen.

Abgesehen von der Dürftigkeit dieses Gegensatzes, begreift es sich schwer, wie Schopenhauer verkennen konnte, daß die Starrheit des Steines einer griechischen Säule in der ästhetischen Anschauung vollständig aufgehoben und zu lebendigem Aufstreben verwandelt wird.

Genug, ich wiederhole: Wie die Charakteristik der Schwere unseren körperlichen Erfahrungen entnommen ist, ohne sie unmöglich wäre, so wird auch das, was der Schwere entgegenwirkt, nach menschlicher, das heißt organischer Analogie aufgefaßt. Und so behaupte ich, daß alle die Bestimmungen, die die formale Ästhetik über die *schöne Form* gibt, nichts anderes sind, als *Bedingungen organischen Lebens*. Formkraft ist also nicht nur als Gegensatz der Schwere, vertikal-wirkende Kraft, sondern das, was Leben schafft, eine vis plastica, um diesen in der Naturwissenschaft verpönten Ausdruck hier zu gebrauchen. Ich will im nächsten Abschnitt die einzelnen Formgesetze darlegen. Hier genügt der Hinweis, indem es mir jetzt nur darauf ankommt, den Grundgedanken bestimmt hinzustellen, das Verhältnis von Stoff und Form klarzulegen.

Nach all dem Gesagten kann kein Zweifel sein, daß Form nicht als etwas Äußerliches dem Stoff übergeworfen wird, sondern aus dem Stoff herauswirkt, als immanenter Wille; Stoff und Form sind untrennbar. In jedem Stoff lebt ein Wille, der zur Form drängt, aber nur nicht immer sich ausleben kann. Man darf sich auch nicht vorstellen, der Stoff sei das unbedingt feindliche, vielmehr wäre eine stofflose Form gar nicht denkbar; überall stellt sich das Bild unseres körperlichen Daseins als der Typus dar, nach dem wir jede andere Erscheinung beurteilen. Der Stoff ist das böse Prinzip nur insofern, als wir ihn als lebensfeindliche Schwere kennen. Zustände der Schwere sind immer verbunden mit einer Verminderung der Lebenskraft. Das Blut läuft langsamer, der Atem wird unregelmäßig und seufzend, der Körper hat keinen Halt mehr und sinkt zusammen. Es sind das Momente des Ungleichgewichts, die Schwere scheint uns zu überwältigen. Die Sprache hat dafür den Ausdruck: *Schwermut, gedrückte* Stimmung usw. Ich untersuche nicht weiter, welche Störungen physischer Art hier vorliegen: genug, dies ist der Zustand der *Formlosigkeit*.

Alles Lebendige sucht sich ihm zu entringen, zur Regelmäßigkeit, zum Gleichgewicht zu gelangen, als dem naturgemäßen Verhalten. In diesem Versuch des organischen Willens, den Körper zu durchdringen, ist das Verhältnis von Form zu Stoff gegeben.

Der Stoff selbst sehnt sich gewissermaßen der Form entgegen. Und so kann man diesen Vorgang bezeichnen mit den gleichen Worten, die Aristoteles von dem Verhältnis seiner Formen zum Stoff gebrauchte, oder mit einem herrlichen Ausdruck Goethes sagen: das Bild muß sich entwirken. Die vollkommene Form aber stellt sich dar als eine Entelechie, als die Vollendung dessen, was im Stoff angelegt war.

Zu Grunde liegt all diesen Gleichnissen das eine tiefmenschliche Erlebnis von der Formung des Ungeformten. Wenn man die Architektur bezeichnet hat als eine erstarrte Musik, so ist das nur der Ausdruck für die gleiche Wirkung, die wir von beiden Künsten empfangen. Indem hier die rhythmischen Wellen auf uns eindringen, uns ergreifen, uns hineinziehen in die schöne Bewegung, löst sich alles Formlose, und wir genießen das Glück, auf Augenblicke befreit zu sein von der niederziehenden Schwere des Stoffes.

Eine gleiche formende Kraft empfinden wir in jedem architektonischen Gebilde, nur daß sie nicht von außen kommt, sondern von innen, als gestaltender Wille, ihren Körper sich bildet. Das Ziel ist nicht die Vernichtung des Stoffes, sondern nur die organische Fügung, ein Zustand, von dem wir empfinden, daß er selbstgewollt, nicht durch äußern Zwang entstanden sei; *Selbstbestimmung* ist die Bedingung aller Schönheit. Daß die Schwere des Stoffes überwunden sei, daß in mächtigsten Massen ein *uns verständlicher* Wille sich rein hat befriedigen können, das ist der tiefste Gehalt des architektonischen Eindrucks.

Ausleben der Anlage, Befriedigung des Willens, Befreiung von der stofflichen Schwere – es sagen alle Ausdrücke das gleiche.

Je größerer Widerstand überwunden ist, desto höher die Lust.

Nun kommt es aber nicht nur darauf an, *daß* ein Wille sich auslebt, sondern *was* für ein Wille. Ein Würfel genügt der ersten Forderung vollkommen, allein es ist ein außerordentlich dürftiger Inhalt, der hier zutage tritt.

Innerhalb der formal korrekten, das heißt lebensfähigen Architektur ist eine Entwicklung möglich, die man wohl nicht ganz mit Unrecht mit der Entwicklung der organischen Gebilde vergleichen möchte: es findet der gleiche Fortgang von dumpfen, wenig gegliederten Gestalten bis zum feinst ausgebildeten System differenzierter Teile statt.

Die Architektur erreicht ihren Höhepunkt jeweilen da, wo aus der ungeteilten Masse einzelne Organe sich losgelöst haben und jedes Glied, seinem Zweck allein nachkommend, zu funktionieren scheint, ohne den ganzen übrigen Körper in Mitleidenschaft zu ziehen oder von ihm behindert zu sein.

Dasselbe Ziel verfolgt die Natur in ihren organischen Gebilden. Die niedrigsten Wesen sind ein Ganzes ohne Gliederung, die notwendigen Funktionen werden entweder von „Scheinorganen" verrichtet, die jeweilen aus der Masse heraustreten und in ihr wieder verschwinden, oder es besteht für alle Vorrichtungen nur *ein* Organ, das dann sehr mühsam arbeitet. Die höchsten Wesen dagegen zeigen ein System differenzierter Teile, die unabhängig von einander wirken können. Es bedarf der Übung, um diese Unabhängigkeit ganz zu entwickeln. Der Rekrut kann anfänglich nicht gehen, ohne den ganzen Körper mit in Anspruch zu nehmen, der Klavierschüler ist nicht imstande, einen Finger allein zu heben.

Das Mißbehagen solcher Zustände, wo der Wille sich nicht rein zur Geltung bringen kann, wo er gleichsam im Stoff stecken bleibt, ist dasselbe Gefühl, das ungenügend gegliederte Bauwerke uns mitteilen (der romanische Stil ist reich an Beispielen der Art).

Deutet so die Selbständigkeit der Teile auf höhere Vollkommenheit des Organismus, so wird uns das Geschöpf noch um so bedeutender, je unähnlicher die Teile einander sind (innerhalb der Schranken natürlich, die durch die allgemeinen Formgesetze gegeben sind, siehe den nächsten Abschnitt). Die Gotik, die in ihren Teilen immer das gleiche Muster wiederholt: Turm = *Fiale,* Giebel = *Wimperg,* eine unendliche Vielheit gleicher und ähnlicher Glieder gibt, muß hinter der Antike zurückstehen, die nichts wiederholt: *eine* Säulenordnung, *ein* Gebälk, *ein* Giebel.

Doch ich breche diese Betrachtungen ab. Fruchtbar können sie erst geübt werden, wenn der architektonische Organismus in seinen Teilen schon bekannt ist. Was ich habe zeigen wollen, ist nur das eine, daß wir in unmittelbarem Gefühl die Vollkommenheit architektonischer Gebilde nach demselben Maßstab bemessen, wie die der lebenden Geschöpfe. –

Wir wenden uns zu den allgemeinen Formgesetzen.

Adolf Hildebrand **Nachträgliche Aufsätze zum „Problem der Form"** (Ausschnitt)

Erste Erscheinung und Textquelle: Adolf Hildebrand, *Das Problem der Form in der bildenden Kunst* (6. Auflage Straßburg: Heitz, 1908), S. 130–136.

„Was ich Hildebrand verdanke: dass der gewöhnliche Mensch die Kunst vom allgemein Menschlichen und nicht von der künstlerischen Seite her beurteilt" – schrieb Wölfflin. Die Theorie des Münchner Bildhauers Adolf Hildebrand (s. Seite 16) half Wölfflin, den Psychologismus seines Frühwerks *Prolegomena zu einer Psychologie der Architektur* hinter sich zu lassen. Durch Einfühlung werden die Ausdrucksformen wahrgenommen, diese Tatsache hat jedoch mit künstlerischer Gestaltung noch nichts zu tun, schrieb Hildebrand in seiner 1893 veröffentlichten Studie, *Das Problem der Form in der bildenden Kunst*. Das Thema der Arbeit ist das Verhältnis der allgemeinen, konzeptuellen, aus der Erscheinung abstrahierten Formvorstellung (*Daseinsform*) zur künstlerischen Präsentation der *Wirkungsform*. Es ist die Wirkungsform als einheitlicher Raumeindruck, die das spezifisch Künstlerische ist. Hildebrand unterscheidet zwei Möglichkeiten der Wahrnehmung im Raum. Die Gesichtsvorstellung ist das an sich rein zweidimensionale Bild eines fernen Objektes, die Bewegungsvorstellung ist dagegen eine zeitliche Sequenz von Einzelerscheinungen, welche durch die abtastende Bewegung des Auges hervorgerufen werden. Ein anderer Aspekt der Studie von Hildebrand ist die Hypothese, dass Formen an einer betrachteten Fläche klarer und für das Auge leicht fassbarer erscheinen als eine Bewegung in die Tiefe. Nach der Relieftheorie Hildebrands vermittelt das Kunstwerk als darstellende Illusion zwischen der Stofflichkeit der Reliefoberfläche und dem dargestellten räumlichen Volumen. Obwohl die Räumlichkeit der Architektur sich von derjenigen der Skulpturen oder Reliefs unterscheidet, existieren auch ihre Räume für uns als optisch wahrgenommene Projektionen. Zwischen 1900 und 1919 hatte die Theorie von Hildebrand einen direkten Einfluss auf neue Bühnenentwürfe (z. B. auf das Münchner Künstlertheater von Heilmann und Littmann mit der Reliefbühne von Georg Fuchs, 1907) und auf die Bestrebungen des Prager Kubismus ausgeübt.

Bibliografie: Ákos Moravánszky, *Die Erneuerung der Baukunst: Wege der Moderne in Mitteleuropa 1900–1940* (Salzburg, Wien: Residenz, 1988).

Ein weiterer Hauptpunkt in meinem Buche ist die Unterscheidung von Daseins- und Wirkungsform. Ohne diese Unterscheidung klar erfaßt zu haben, ist ein Verständnis meiner Darlegung überhaupt nicht möglich und ich möchte mich deshalb auch hierüber näher auslassen.

Die Begriffe von Daseins- und Wirkungsform lassen sich am besten durch folgendes Beispiel erklären:

Bei den engen Straßen in Genua, wo eine andere Ansicht der Paläste als die von unten ausgeschlossen ist, sind die Architekten darauf gekommen, das Kranzgesims nicht wie sonst in seiner wirklichen Höhenausdehnung zu gestalten, weil es von unten gesehen sich perspektivisch doch ganz zusammenschieben würde. Sie haben es vorn übergeneigt und dagegen entsprechend niedriger gehalten und dadurch die Wirkung erreicht eines von weitem gesehenen aufrechtstehenden Gesimses. Die Wirkungsform ist dann dieser Formeindruck, wie er von unten aus gesehen zustande kommt, die Daseinsform dagegen ist die Form des Gesimses, wie es faktisch ist, ganz anders als man vermutet. Geht jemand, nachdem er von unten den Formeindruck gehabt, hinauf und untersucht das Gesims in der Nähe, so wird er die Daseinsform direkt erkennen und getrennt von der Wirkungsform in sich aufnehmen.

Aus diesem Beispiel läßt sich folgendes ersehen:

Die Vorstellung der „Daseinsform" bezieht sich auf den Gegenstand selbst, also in diesem Falle auf das Gesims als auf ein reales Gebilde, – die Vorstellung der „Wirkungsform" dagegen auf das optische Bild des Gegenstandes, resp. Gesimses. Hierin liegt der fundamentale Unterschied. Wo kein optisches Bild, gibt es auch keine Wirkungsform, z. B. im Finstern, wo die Daseinsform fortexistiert und wir sie auch durch Tasten noch bestimmen können.

Die Wirkungsform erhalte ich aus weiterer Distanz, hier von der Straße unten, aus dem rein optischen Bild des Gesimses in der Höhe, während ich das Gesims aus der Nähe betrachtend direkt plastisch mit dem Auge abtaste und damit direkt die Daseinsform konstatiere. Erst diese direkte plastische Wahrnehmung aus der Nähe gibt mir die Sicherheit über die wirkliche Daseinsform. Wir müssen deshalb die Fälle unterscheiden, wo wir vermöge der Wahrnehmung aus der Nähe direkt die Daseinsform erkennen und wo wir nur eine Wirkungsform, also ein ferneres optisches Bild erhalten, aus dem wir dann auf die Daseinsform schließen.

Bei diesem Schluß können wir aber auch irren, wie obiges Beispiel zeigt. Denn ein und dieselbe Daseinsform kann je nach Beleuchtung und Standpunkt in ihren Proportionen sehr verschieden aussehen und andererseits können auch verschiedene Daseinsformen ganz dieselbe Erscheinung hervorrufen und dadurch zur selben Formvorstellung führen. Z. B. eine Daseinsform die einmal konkav, das anderemal konvex auftritt, ist an ihrer Erscheinung nicht zu erkennen, sondern nur dadurch, daß wir uns klar machen, von welcher Seite das Licht kommt.

Insofern die Daseinsform die Formvorstellung von einem Realen bedeutet, ist sie eine von vielen Eigenschaften des Objektes, während die Wirkungsform den Gegenstand nur soweit gelten läßt, als er sich im optischen Bilde kennzeichnet. – Die Daseinsform ist demnach die Form, die das Objekt wirklich hat oder die wir als dem Objekte angehörig setzen. Sie besteht auch mathematisch gefaßt oder abgegossen. Mathematisch läßt sie sich freilich nur so lange bestimmen, soweit sie sich noch durch ein mathematisches Schema nachbilden läßt. Der Abguß bringt uns die Daseinsform nur insofern näher, als wir sie vom Naturmaterial isoliert an einem anderen einfacheren wahrnehmen. Die Wahrnehmung der reinen Form wird dadurch wohl erleichtert, sie ist jedoch, sobald sie unregelmäßig wird, für die Anschauung immer das X, dessen positiven Inhalt wir erst durch Beobachtung mehr und mehr kennen zu lernen und zu ergründen suchen.

Bei der Daseinsform sehen wir davon ab, auf welche Weise wir zu ihrer Vorstellung gelangen, wir haben es nur mit ihr als Vorstellung einer Tatsache zu tun. Ein jeder produziert die Daseinsform des Objektes unwillkürlich je nach der Kraft seiner plastischen Neugierde und seinem Vorstellungsvermögen. – Ob aus einem oder mehreren Wahrnehmungsfällen, ist dabei ganz gleichgültig, ebenso auch die Art der Wahrnehmung.

Untersuchen wir aber die Art der Wahrnehmung und das Material ihrer Vorstellung, so bestehen sie aus Bewegungsvorstellungen und fallen mit der plastischen Vorstellungsweise zusammen. Die Daseinsform kann mit Sicherheit nur aus der nahen plastischen Betrachtung gewonnen, aus dem rein optischen oder Fernbild aber immer nur geschlossen werden. In letzterem Fall ist das Fernbild und seine Wirkungsform nur Mittel zum Zwecke, an sich gleichgültig. Deshalb wäre es falsch, einerseits die Wirkungsform als einzelnen Wahrnehmungsfall der Daseinsform als dem eigentlichen Vorstellungsresultat gegenüber zu stellen, denn die Wirkungsform ist weder die einzige Wahrnehmungsart für die Daseinsform, noch ist die Vorstellung der Daseinsform das eigentliche Vorstellungsresultat der Wirkungsform. Die Wirkungsform schließt nämlich auch die Beziehung einer Formvorstellung zu einem bestimmten Gesichtseindrucke ein und ist deshalb der Ausgangspunkt einer Vorstellung der Form mit Festhaltung eines bestimmten Gesichtseindruckes im Gegensatz zu der Vorstellung der Daseinsform, als einem bloßen Formresultat, abgelöst vom Gesichtseindruck. Es schwebt uns dann eine bestimmte Formwirkung vor, die auf ihre notwendigen Faktoren zurückgeführt, ebenso von den jeweiligen Umständen des Einzelfalles abstrahiert und als Vorstellungsresultat sich vom zufälligen Einzelfall freimacht. Denn wenn ich aus der Wirkungsform nur die Daseinsform als ihr Resultat entwickele, bin ich nur praktischer Mensch mit topographisch-plastischem Interesse. Sobald ich aber eine Formwirkung, also einen bestimmten Gesichtseindruck für die Formvorstellung festhalte, als Bild für eine Daseinsform, dann habe ich künstlerisch gehandelt, dann bin ich nicht ohne Bewußtsein sozusagen durch den Gesichtseindruck durchmarschiert, um zu einem abstrahierten Forminhalt zu gelangen, sondern ich habe einen Gesichtseindruck entwickelt, der als Bild eine Gleichung für die Form hinstellt. Das künstlerische Element beginnt erst mit dieser Gleichung oder die künstlerische Bewertung der Form vollzieht sich unter dem Gesichtspunkte dieser Gleichung.

Wenn ich dies noch deutlicher ausdrücken soll, so sage ich: weder der Architekt noch der Bildhauer ist insofern Künstler, als er eine reale Form an sich gestaltet, eine Daseinsform schlechtweg – sondern erst dann, wenn er sie als eine nach Maßgabe des optischen Eindruckes bewertete auffaßt und darstellt, also als Wirkungsform, so daß der Bildeindruck von ihr ebenso lebendig zur bestimmten Bewegungsvorstellung anregt, als sich diese wieder zum lebendigen Bilde einigen.

Wenn der Architekt den geometrischen Querschnitt eines Gesimses aufzeichnet, so stellt er damit eine Daseinsform fest, die der Steinmetz plastisch aushauen soll. Die Zeichnung ist derart, daß der Steinmetz danach messen kann, und hat nicht den Zweck, die Formwirkung zu kennzeichnen. Diese tritt erst zutage, wenn der Steinmetz das Gesims ausgehauen und es, an seinem Orte angebracht, zu Gesicht kommt. Erst dann kommt die reale Bedeutung der Zeichnung zur Geltung als künstlerische Absicht.

Der Architekt hat also eine Daseinsform festgestellt, die als Wirkungsform ihren Wert abgeben soll. Es schwebte ihm also eine Formwirkung vor, zu der er die Daseinsform suchen mußte, welche an Ort und Stelle die gewünschte Formwirkung hat und dem Beschauer alsdann als Wirkungsform erscheint. Stellt der Architekt die Daseinsform nur aus Daseinsgründen fest, also nicht nach Maßgabe der Wirkung, die sie an Ort und Stelle zu machen hat, – so hat er nicht für das Auge geschaffen und hat die künstlerische Gestaltung noch nicht begonnen. Dasselbe gilt für den Bildhauer. Damit ist der große Unterschied der vom Künstler geschaffenen Daseinsform und der in der Natur gegebenen deutlich klargemacht.

August Schmarsow

Das Wesen der architektonischen Schöpfung
(Ausschnitt)

Erste Erscheinung und Textquelle: August Schmarsow, *Das Wesen der architektonischen Schöpfung. Antrittsvorlesung* (Leipzig: Karl W. Hiersemann, 1894), S. 10–23.

Der deutsche Kunsthistoriker August Schmarsow (1853–1936) war ein früher Kritiker und Rivale Wölfflins; sie haben beide zur Entwicklung der Stilgeschichte entscheidend beigetragen. Er hat in Zürich, Bonn und Strassburg studiert und hatte 1893 die Professur für Kunstgeschichte an der Universität von Leipzig (wofür sich auch Wölfflin bewarb) erhalten. Im Zentrum seiner Leipziger Antrittsvorlesung mit dem Titel *Das Wesen der architektonischen Schöpfung* steht die höchst originelle These, dass die Essenz eines Bauwerks nicht in seiner Form, sondern in seinem Raumsystem zu suchen ist. Dies ist eine Widerlegung von Wölfflins Betrachtung der Architektur in seinem Buch *Renaissance und Barock*. Schmarsow zeigt, dass Grundbegriffe wie das „Malerische", die aus der Betrachtung der bildenden Kunst gewonnen sind, sich für die Analyse der Architektur nicht eignen. Der Ausgangspunkt für Schmarsow ist die Funktion der Wand als Raumbegrenzung in Sempers Stiltheorie, er kritisiert jedoch, dass Sempers Fokus der Aufmerksamkeit nicht dem Raum, sondern der Beschaffenheit dieser Begrenzung galt. Hildebrands Betrachtung der Werke der bildenden Kunst konzentriert sich auf die horizontale Achse als Bildebene. Die Wahrnehmung der Architektur erfolgt nach Schmarsow entlang einer Tiefenachse; die Bewegung durch Räume konfrontiert den Betrachter mit Innenräumen – damit wird auch Hildebrands Theorie relativiert, die auf der Betrachtung von Körpern von außen basiert. Der Stil einer Zeit manifestiert sich im gestalteten Raum; Schmarsow unterscheidet die einzelnen Stile durch ihre Behandlung der Raumgrenzen und durch ihre Eingliederung des künstlerischen Beiwerks in die Raumkomposition.

Bibliografie: Harry Francis Mallgrave, Eleftherios Ikonomou (Hrsg.), *Empathy, Form, and Space: Problems in German Aesthetics, 1873–1893* (Santa Monica: The Getty Center, 1994).

Die psychologische Tatsache, daß durch die Erfahrungen unseres Gesichtssinnes, sei es auch unter Beihülfe andrer leiblicher Faktoren, die Anschauungsform des dreidimensionalen Raumes zu Stande kommt, nach der sich alle Wahrnehmungen des Auges und alle anschaulichen Vorstellungen der Phantasie richten, ordnen und entfalten, – dieser Tatbestand ist auch der Mutterboden der Kunst, deren Ursprung und Wesen wir suchen.

Sobald aus den Residuen sinnlicher Erfahrung, zu denen auch die Muskelgefühle unseres Leibes, die Empfindlichkeit unserer Haut wie der Bau unseres ganzen Körpers ihre Beiträge liefern, das Resultat zusammenschießt, das wir unsere räumliche Anschauungsform nennen, – der Raum der uns umgiebt, wo wir auch seien, den wir fortan stets um uns aufrichten und notwendig vorstellen, notwendiger als die Form unsers Leibes, – sobald wir uns selbst und uns allein als Centrum dieses Raumes fühlen gelernt, dessen Richtungsaxen sich in uns schneiden, so ist auch der wertvolle Kern gegeben, das Kapital gleichsam des architektonischen Schaffens begründet, wenn es zunächst auch nicht ansehnlicher als ein Heckpfennig scheint. Bemächtigt sich erst die nimmerruhende Phantasie dieses Keimes zur Weiterbildung nach dem innewohnenden Gesetz der drei Richtungsaxen, die auch im kleinsten Zellenkern jedes Raumgedankens beschlossen sind, so erwächst aus dem Senfkorn ein Baum, eine ganze Welt um uns her. Raumgefühl und Raumphantasie drängen zur Raumgestaltung und suchen ihre Befriedigung in einer Kunst; wir nennen sie Architektur und können sie deutsch kurzweg als Raumgestalterin bezeichnen.

Ihre Wurzeln liegen ebenda, wo der Ursprung unseres mathematischen Denkens, die psychologischen Grundlagen der Raumwissenschaft zu suchen sind, nur daß die Kunst sofort danach strebt, die innere Anschauung irgendwie in wirkliche Erscheinung umzusetzen, die sinnlich sichtbare Andeutung, Bezeichnung, Umgränzung eines Raumausschnittes im allgemeinen Raume will, während die Wissenschaft nur in reinen möglichst abstrakten Formen denkt, rechnet, schließt, aber nichts zu schaffen unternimmt. Die schwesterliche Verwandtschaft beider erkennen wir überall in ihrem ferneren Gebaren.

Die ersten Versuche, eine räumliche Vorstellung in die Wirklichkeit zu setzen, geben sofort weiteres Zeugnis von der Organisation des menschlichen Intellekts. Ein paar sichtbare Zeichen für das Auge, das die Umgebung mit seinem Blick überschaut, genügen als Anhaltspunkte für die Phantasie, die Projektion in die Außenwelt anzuerkennen und sie befriedigt als Tatsache wieder zu erproben. Diese Abgränzung irgend eines nähern übersehbaren Bezirkes geht kaum über die Anordnungen des Kindes hinaus; aber der Machtspruch der Einbildungskraft richtet Wände auf, wo nur Striche sind, und der Glaube macht selig, so skeptisch und überlegen auch der Erwachsene auf dies symbolische Verfahren herabsieht. Die Spuren der Fußsohlen im Sande, die schmale Furche mit dem Stecken gezogen, sind schon weitere Schritte zu kontinuierlicher Darstellung der Gränze. Wenn der Wind sie verweht, der Regen sie verwaschen, wird erst zu einer dauerhaftern Bezeichnung durch eine Reihe von Feldsteinen, durch eine Hecke oder Hürde geschritten. Die wachsende Handfertigkeit und die Fortschritte im Bearbeiten des Vorhandenen bringen weitere Anlagen zum Vorschein: die angedeuteten Gränzen nähern sich immer mehr der graden Linie, die Abstände der aufgepflanzten Feldsteine oder sonstigen Merkzeichen verraten die Neigung zum Gleichmaß, das Ganze der gewollten Umschließung den Grundzug einer regelmäßigen Figur. Je übersichtlicher der Umriß dieser Gemarkung, desto sicherer wird der parallele Verlauf der Seiten, die symmetrische Gleichheit ihrer Länge durchgeführt; selbst örtliche Hindernisse von der menschlichen Regel überwunden. Auch hier also wirkt die natürliche Organisation des Menschen unbewußt und notwendig wie auf alle Erzeugnisse seiner Hand ebenso, wie in seinen Geräten und deren Verzierung oder im Schmuck seines eigenen Leibes die gleichartige oder abwechselnde Reihung, die symmetrische Wiederkehr, die regelmäßigen Formen des Rechtecks, des Kreises u.s.w. hervortreten. Die weite Mulde eines Tales oder die enge Schlucht im Gebirge, die zufällig entstandene Höhle oder der Spalt im Felsen sind Raumeindrücke, die die Wirklichkeit dem Menschen bietet, und Anregungen für seine Raumphantasie; aber die Nachbildung im eigenen Schaffen regelt alle Linien und reinigt alle Formen nach der gesetzmäßigen Organisation unseres Kopfes. In der geschichtlichen Entwicklung, die wir zu überblicken gewohnt sind, gehen Architektur und Mathematik unzweifelhaft Hand in Hand. Als Ideal schwebt immer die reine Form vor, wie sie sein soll, deren Gesetze die Raumwissenschaft ergründet, während die Raumkunst, die ihre Gestaltung in wirklichem Materiale durchführt, auch mit den Faktoren der natürlichen Umgebung, den physischen Gesetzen der Wirklichkeit sich abfinden muß. Aber in beiden waltet das Grundgesetz des Menschengeistes, kraft dessen er auch in der Außenwelt Ordnung sieht und Ordnung will. Ueberall bei seinem Tun ist deutlich, daß die Klarheit des Gesetzmäßigen, die Uebersichtlichkeit der wiederkehrenden Teile, die Regelmäßigkeit und Reinheit ihm die eigentliche Befriedigung gewähren. So bevorzugt der Mensch sehr bald die gradgewachsenen Stämme vor den krummen, beseitigt vorsätzlich die Spuren des zufälligen Wachstums und der Abhängigkeit von wechselnden Einflüssen der Umgebung, indem er die Rinde abschält und die Borke glättet oder zurechthaut, und so bleibt in den Ebenen, die er als Wände aufrichtet, in den Pfosten und Pfeilern, die sie halten, wie in allen Einzelformen der spätern tektonischen Gestaltung die Vorliebe für abstrakte Regelrichtigkeit der Linien, Flächen und Körper als charakteristisches Wirkungsmittel der Architektur bestehen, ja es weckt wohl gar jede Abweichung davon das Gefühl der Abirrung in andre Gattungen der Kunst. Die Architektur ist also Raumgestalterin nach den Idealformen der menschlichen Raumanschauung.

Es ist die Befriedigung eines tiefinnerlichen Bedürfnisses, wenn die menschliche Hand ordnend und gestaltend eingreift in die wirkliche Umgebung; aber die Notwendigkeit ihres Verfahrens kommt uns erst zum Bewußtsein, wenn wir sehen, wie es aus dem Innersten unserer Organisation entspringt. Mit der fühlbaren Aufrichtung – wenn ich so sagen darf – des Rückgrats unserer Anschauung beginnt das architektonische Schaffen in uns. In dem Axensystem der Koordinaten ist das natürliche Bildungsgesetz aller räumlichen Produktion des Menschen wie in einer zwingenden Formel vorgezeichnet. Es äußert sich mit Notwendigkeit sofort in ganz besonderem Sinne, und zwar vor allen Dingen in der wichtigen Tatsache, daß die Raumschöpfung sich zunächst garnicht loslöst vom Subjekt, sondern immer den Zusammenhang mit dem anschauenden Urheber voraussetzt. Jede Gestaltung des Raumes ist zunächst Umschließung eines Subjekts, und dadurch unterscheidet sich die Architektur als menschliche Kunst wesentlich von allen Bestrebungen des Kunsthandwerks. Schaffendes und genießendes Subjekt sind zunächst dasselbe und deshalb der Ausgangspunkt unserer genetischen Erklärung.

In sich selber trägt ja das Subjekt die Dominante des Axensystemes, das Höhenlot vom Scheitel an die Sohlen. Das heißt, solange eine Umschließung des Subjekts gewollt wird, bedarf der Meridian unseres Leibes keiner sinnlich sichtbaren Herstellung: wir selber sind seine Ausgestaltung in Person. Die Architektur als unsere Raumgestalterin schafft als ihr Eigenstes, das keine andre Kunst zu leisten vermag, Umschließungen unserer selbst, in denen die senkrechte Mittelaxe nicht körperlich hingestellt wird, sondern leer bleibt, nur idealiter wirkt und bestimmt ist als Ort des Subjektes. Deshalb bleiben solche Innenräume noch weithinein in ihrer Entwicklung als Kunst die Hauptsache. Das Raumgebilde ist eine Ausstrahlung gleichsam des gegenwärtigen Menschen, eine Projektion aus dem Innern des Subjekts, gleichviel ob es leibhaftig darinnen ist oder sich geistig hineinversetzt, also auch gleichviel ob eine Statue nach dem Ebenbilde des Menschen seine Stelle einnimmt oder der Schatten eines Abgeschiedenen hineingedacht wird. Ja, auf höhern Stufen der Supposition schafft die Kunst Ausstrahlungen einer idealen Einheit; die juristische Person, die Körperschaft, die Gemeinde, oder gar eine abstrakte, aus der staatlichen, sozialen, religiösen Gemeinschaft abgeordnete Idee, ein Faktor der vorhandenen Civilisation, der herrschenden Kulturarbeit vertritt die Stelle des ursprünglich menschlichen Subjekts wie z. B. im Justizpalast, im christlichen Gotteshaus, in der *Universitas literarum*.

Immer ist die Raumumschließung dieses Subjektes die erste Hauptangelegenheit, d. h. die Einfriedigung oder Umwandung nach den Seiten zu, nicht die Bedachung nach oben oder gar die Bezeichnung und Ausbildung des Höhenlotes. Lange mag sich die Einfriedigung, Umhegung und Umwandung unter freiem Himmel bewegen. Die Raumgebilde dieser Art, wie der griechische Hypaethraltempel und der aegyptische Wallfahrtstempel, gehören nicht minder zur Architektur als unsere vier Wände, von denen wir noch heute als Hauptsache reden.

Nächst dem Höhenlot, dessen lebendiger Träger mit seiner leiblichen Orientierung nach oben und unten, vorn und hinten, links und rechts bestimmend weiter wirkt,[1] ist die wichtigste Ausdehnung für das eigentliche Raumgebilde vielmehr die Richtung unserer freien Bewegung, also nach vorwärts, und zugleich unsers Blickes, durch Ort und Stellung unserer Augen bestimmt, also die Tiefenausdehnung. Ihre Länge bedeutet für das anschauende Subjekt das Maß seiner freien Bewegung im gegebenen Raume so notwendig, wie es gewohnt ist vorwärts zu gehen und zu sehen. Erst mit der freiern Ausdehnung der Tiefenaxe wird das Gehäuse, das Schlupfloch zum Wohnraum, in dem man sich nicht gefangen fühlt, sondern aus eigener Wahl sich aufhält und lebt. Es ist auch ein geistiges Bedürfnis, das befriedigt wird, indem wir genügenden „Spielraum" gewinnen. Und die Gegenprobe bestätigt diesen Sachverhalt: legt sich der Körper zu Boden, so daß das Höhenlot aus der aufrechten Stellung in die horizontale Richtungsaxe fällt, so liegt darin sofort der Anlaß, die Höhenaxe des Raumgebildes herabzumindern. Wo ein Zelt nur als Schutz für den Schlafenden errichtet wird, darf es niedriger sein, da drängt sich die Tiefenaxe, nach des Leibes Länge, als Dominante der Raumform hervor. Und wo sonst die Ausdehnung des Innenraumes in die Tiefe vorherrscht, da liegt in ihr zweifellos der entscheidende Charakter dieser Bauten, wie in der Basilikenform der abendländischen Kirchen und ihrer Ausbildung des perspektivischen Durchblicks vom Eintritt bis zum Hochaltar im Chore.

Für die Breitendimension ergiebt die Ausspannung unserer Arme nach links und rechts einen Minimalmaßstab, solange nicht das Auge mit der Weite des Blickes und dem Wechsel seiner Richtung einen größeren Abstand von Wand zu Wand auch in dieser Axe fordert. So unterscheidet sich wiederum der Unterschlupf von der Wohnung, das Bedürfnis des Schlafenden von dem des Wachenden, die Bergung in dunkler Höhle von dem Leben im hellen Gemach. Die Betrachtung der beiden Horizontalaxen kann ferner miteinander abwechseln. Wenn ich die Längswand in gehörigem Abstand nach ihrer ganzen Breite überschaue, so treten sofort auch hier die Abmessungen nach links und rechts von mir als Mittelaxe in Kraft, während ich in der Richtung der Tiefenaxe schauend die beiden Langseiten des Raumes in paralleler Perspektive absehe und ermesse. Je näher die Ausdehnung beider Horizontalaxen übereinkommt, der Grundriß also dem Quadrat oder dem Kreise sich nähert desto centraler wird die Vorherrschaft des Aufblicks in die Höhe, und während in der Breitenausdehnung auf allen Seiten oder ringsum die Symmetrie sich geltend macht, herrscht in der Höhenaxe das Gesetz der Proportion, stets in Beziehung auf das Subjekt und seinen optischen Maßstab.

---

[1] Daß auch diese Orientierung sich physiologisch aus der innern und äußern Organisation des Menschen erklärt, bedarf hier keiner Ausführung.

Werden endlich beide Horizontalaxen auf das geringste Maß der Ausdehnung eingeschränkt, so erscheint der Aufenthalt in solchem Gemach gar bald dem Wachenden als Strafe, sodaß er an den Wänden in die Höhe gehen möchte, und die Strafe steigert sich für jeden nicht Raumblinden noch empfindlicher, wenn die Zelle einen dreieckigen Grundriß hat oder sonst abnorme Verschiebung der Wände. Ein grader Charakter wie Lessing erklärte, in einem schiefwinkligen Gemaches nicht aushalten zu können.

Legt sich aber die Höhenaxe zu Boden in die Richtungsaxe, so gewinnt die Breitendimension an Bedeutung was die Höhenaxe verliert. Gewöhnlich bleibt allerdings die Breite fühlbar untergeordnet, soviel wie die Richtung unseres Blickes und unsrer Ortsbewegung nach vorwärts überwiegt.

Dies Verhältnis erfährt indeß sofort einen fühlbaren Umschwung, sowie das Subjekt aus dem Innenraum heraustritt, und das Aeußere des Raumgebildes überschaut. Nun wirkt das Subjekt mit seinem Meridian als Mittelaxe der Ausdehnung nach links und rechts, verlangt also die Befriedigung seines symmetrischen Gesetzes, und sieht sich selbst der Höhenaxe des Raumgebildes gegenüber, mit seinen Ansprüchen an Proportion aller Verhältnisse. Das ganze Raumgebilde erscheint ihm nun als **Körper außer ihm** im allgemeinen Raum, und damit verschieben sich alle Grundsätze für den Außenbau, im Vergleich zu dem Innenraum, d.h. zur Umschließung des Subjekts, von der wir ausgegangen.

Doch bevor noch vom Außenbau die Rede sein kann, muß für den Zusammenhang des Subjekts mit dem umschließenden Innenraum noch das Princip der weiteren Einzelbildung begründet werden. Schon die sprachlichen Bezeichnungen räumlicher Weite, die wir gebrauchen, wie „Ausdehnung", „Erstreckung", „Richtung" deuten auf die fortwirkende Tätigkeit des Subjektes, das sofort sein eigenes Gefühl der Bewegung auf die ruhende Raumform überträgt, und ihre Beziehungen zu ihm nicht anders ausdrücken kann, als wenn es sich selbst, die Länge, Breite, Tiefe ermessend, in Bewegung vorstellt, oder den starren Linien, Flächen, Körpern die Bewegung andichtet, die seine Augen, seine Muskelgefühle ihm anzeigen, auch wenn er stillstehend die Maße absieht. Das Raumgebilde ist Menschenwerk und kann dem schaffenden und genießenden Subjekt nicht als kalte Krystallisation gegenüber stehen bleiben.

Hier zeigt sich die grundsätzliche Verschiedenheit der Raumkunst von der Raumwissenschaft, selbst wenn man sie mit Recht als kosmische Kunst bezeichnet. Das mathematische Denken abstrahiert von allen Zufälligkeiten des irdischen Schauplatzes, erhebt sich immer konsequenter zu den Regionen, wo die reinen Formen wohnen, und berechnet in der Sicherheit seines Verfahrens die Gesetze fernster Fernen im Weltall ebenso, wie auf unserm Grund und Boden, soweit ihn das menschliche Auge mit seinem Horizont umspannt. Die Raumkunst dagegen, auf sinnlich sichtbare Erscheinung ihres Tuns erpicht, ist auch an den Erdboden als feste Grundlage für den Menschen gebunden, und vermag auch bei den kühnsten Gebilden nicht auf den leiblich fühlenden Menschen und seines Gleichen zu verzichten. Sie vermag freilich weit hinauszugehen über die Anregungen der wirklichen Naturumgebung, aber stets nur im Einverständnis mit den unentrinnbaren Gesetzen der Wirklichkeit, der Kohäsion ihres Materials, der Statik und Mechanik, der Gravitation, den kosmischen Gesetzen des Alls. Eben daraus aber gewinnt sie die mannichfaltigste Beziehung zu menschlichen Erfahrungen, menschlichem Leben in der Erdenwelt, in die wir gestellt sind, und diese helfen ihr das Kunstwerk, das auch im höchsten Gelingen Menschenwerk bleibt, mit neuem Leben zu erfüllen. Die starre reine Form allein wäre bei aller ausgesprochenen Vorliebe für Gesetzmäßigkeit und Regel dem Menschen auf die Dauer als seine tägliche Umschließung ein unerträglicher Zwang.

Sie muß sich durchdringen mit Leben von seinem Leben, wenn sie vollauf befriedigen und beglücken soll. Daher bekommt die Projektion der dreidimensionalen Raumanschauung, die fest und fertig aus dem Haupt des Menschen entspringt, noch eine andre Mitgabe ins Dasein auf den Weg, das ist die Anlage zu eigenem Leben, der Trieb, zum selbständigen Organismus sich auszubilden und abzuschließen. Daher das Gegenspiel der Kräfte, der tragenden und getragenen Teile, welche die Raumabschließung mit der schlichten Ausdehnung ihrer Wände durch innern Aufbau erst zu unabhängiger Existenz bringen, ihr Dasein und ihr Sosein für das menschliche Subjekt motivieren, und ihm damit eine neue Quelle genußreicher aesthetischer Betrachtung eröffnen. So sind unsere Kunstphilosophen gar auf den Irrtum verfallen, als sei die Architektur selbst die ideale Darstellung der das Weltall erhaltenden Gesetze der Schwere, eine Darstellung der Begriffe Kraft und Last für unser Gefühl,[2] als sei diese doch offenbar lehrhafte Aufgabe die Hauptsache an ihr, während sie doch höchstens in dem Gliederbau ihre Rechnung findet, d. h. erst der spätern Durchführung des Organismus angehören könnte.

Deshalb wollen diese Aesthetiker der Architektur auch erst ein Bauwerk als solches gelten lassen, wenn es durch feste Dachkonstruktion die klare Gegenüberstellung von Kraft und Last, tragenden und getragenen Teilen aufweist,[3] d.h. wenn der Raumausschnitt als fest beharrender Raumkörper erscheint, und sie verweilen deshalb nur beim Aufbau und beim Außenbau mit Vorliebe, lassen aber die Raumerfindung als solche, die Raumentfaltung, die Raumperspektive und Raumkomposition völlig außer Acht. Die Innenseite des architektonischen Schaffens und ihre psychologische Erklärung aus einem immer lebendigen Motiv geht ihnen damit verloren.

Wie nämlich die Regungen des Gemeingefühls als Ergebnis der äußern Ereignisse sich zu Stimmungen verdichten, in ihrem Steigen und Sinken, in ihrem Anschwellen zu wonniger Lust oder erschütterndem Schmerz dazu drängen, sich nach Außen weiter zu bewegen und die nächste Umgebung mit den Schwingungen des Innern zu erfüllen, sie mitzubestimmen, sei es auch nur durch den schnellverhallenden Laut der menschlichen Stimme, – so drängen auch die rein anschaulichen Eindrücke und ihre Einordnung oder Zusammenschiebung in die dreidimensionale Anschauungsform unwillkürlich zu einer Projektion nach Außen, zu einer Weiterbildung in sinnlich wahrnehmbarer Realität. Wie die Musik als Kunst dann ein schöpferisches Durchverfolgen von Gehörswahrnehmungen wird und eine gesetzliche Bewältigung der Tonwelt nach Analogie der Bewegungsgefühle des Menschen, zu seiner eigenen tausendfältigen Bereicherung, so beruht die Architektur als Raumgestalterin auf einer systematischen Bewältigung des räumlichen Anschauungsmateriales und ist ein schöpferisches Durchverfolgen des dreidimensionalen Gesichtsbildes zu eigenem Genügen und Genuß des Menschen. Wie dort im Zeitlichen die Bewegung in ihrer mannichfaltigen Abstufung und dynamischen Wirkung, so herrscht hier im Räumlichen die beharrende Ausdehnung und die ruhige Macht ihrer Verhältnisse. Aber worauf anders als auf Raumdichtung beruht der Reiz perspektivischer Durchblicke, der Raumentfaltung im wirklichen Gebäude, die erhebend und befreiend wirkt wie Ausweitung und Aufschwung unserer Seele, und in gemalten Architekturprospekten auf der Fläche noch im bloßen Schauen einen Teil ihres Zaubers ausübt?

---

2 Adamy, Architektonik I, Die Architektur als Kunst, Hannover 1881. S. 74f: „In der Architektur haben wir es mit der Darstellung der Begriffe Kraft und Last für das Gefühl zu tun." Vlg. auch Schnaase, Gesch. d. bild. Künste I, S. 32f.
3 Lotze, Grundzüge der Aesthetik, Leipzig 1884. S. 33f. Redtenbacher, Tektonik, Wien 1881. S. 230f.

Theodor Lipps — Der dreidimensionale Raum

Erste Erscheinung: Theodor Lipps, *Ästhetik. Psychologie des Schönen und der Kunst. Erster Teil: Grundlegung der Ästhetik* (Leipzig, Hamburg: Leopold Voss, 1903).
Textquelle: Theodor Lipps, *Ästhetik. Psychologie des Schönen und der Kunst. Erster Teil: Grundlegung der Ästhetik* (2. unveränderte Auflage Leipzig, Hamburg: Leopold Voss, 1914), S. 257–259.

Der deutsche Philosoph Theodor Lipps (1851–1914), Professor in Bonn, Breslau und München, war einer der bekanntesten Vertreter der psychologischen Ästhetik oder des „Psychologismus", einer wichtigen neuen Richtung für die wissenschaftlich-experimentelle Erforschung ästhetischer Phänomene am Anfang des 20. Jahrhunderts. Der zentrale Begriff seines Werks ist *Einfühlung* als emotionale Projektion des wahrnehmenden Subjekts in den betrachteten Gegenstand. Einfühlung ist für Lipps nicht nur ein Konzept zur Interpretation der Kunstwerke, sondern ein allgemeines Erklärungsprinzip der optischen Wahrnehmung. Die „ästhetische Lust" ist Ergebnis eines Induktionsprozesses, sie ist die Lust am Ich, hineingefühlt in das Objekt. Nach Lipps sind zwei Interpretationen dieses Prozesses möglich: eine mechanische, ausgehend von unseren Erfahrungen mit Gewicht, Spannung und so weiter, und eine symbolische, vermenschlichende. In seiner Schrift *Ästhetische Faktoren der Raumanschauung* (1891) stellt er „Einfühlung" als emotionale Teilnahme an der Natur des betrachteten Objekts dar. Er setzt seine Forschung von räumlicher Wahrnehmung in seiner Schrift *Raumästhetik und geometrisch-optische Täuschungen* (1897) fort. In der Entstehung „ästhetischer Lustgefühle" unterscheidet er zwischen ästhetischen „Elementargefühlen" und ästhetischen „Formgefühlen". Lipps versucht, wissenschaftliche Erfahrungen mit einer psychologischen Analyse zu verbinden. Seine Folgerung, dass die Ästhetik „eine psychologische Disziplin" sei, löste in Fachkreisen eine lange Diskussion aus. Die zwei Bände seines Hauptwerks *Ästhetik. Psychologie des Schönen und der Kunst*, erschienen 1903 und 1906.

Bibliografie: Helmut Koopmann, J. Adolf Scholl gen. Eisenwerth, *Beiträge zur Theorie der Künste im 19. Jahrhundert* (Frankfurt am Main: Vittorio Klostermann, 2 Bände, 1971, 1972).

Als Beispiel der geometrischen Formen dienten auch im Vorstehenden wiederum zunächst lineare Gebilde. Aber wie gesagt: Es gilt völlig Gleichartiges, wie von den Linien, auch von den Flächen und Körpern.

Hier interessiert uns nun aber noch speziell der irgendwie geformte körperliche, d. h. der begrenzte dreidimensionale Raum. Dieser kann ausgefüllt sein oder leer. Ist er ausgefüllt, so ist auch die Masse, abgesehen von der Form, lebendig; umgekehrt ist aber auch die Form des geometrischen Körpers lebendig, abgesehen von seiner Ausfüllung. So ist etwa der von den Wänden eines Gebäudes eingeschlossene Raum lebendig. Er ist es ganz und in allen seinen Teilen.

Der allgemeinste Grund für den Zwang der Einfühlung ist auch hier wiederum gegeben in der sukzessiven und der einheitlichen Auffassung. Der Innenraum eines Domes entsteht in meiner Auffassung, wie die Linie. Er entsteht von einem Punkt aus, nämlich demjenigen, von dem aus ich ihn seiner Beschaffenheit zufolge naturgemäß betrachte. Er breitet sich nach den verschiedenen Richtungen aus. Alles dies in jedem Moment von neuem. Er ist belebt in allen seinen Teilen, im gleichen Sinne wie der Raum des menschlichen Körpers. Er ist nicht ein physischer, aber auch nicht ein bloß geometrischer, sondern ein ästhetischer Körper. Er hat event. seine Glieder. So hat der Raum einer Kirche mit Nischen und Hallen in diesen seine Glieder; er streckt sich, und strömt damit sein Leben in sie hinein, so wie ein Mensch in seinen Gliedern sich ausstreckt, und sein Leben, d. h. seinen Willen in sie hineinströmt. Er tut dies gegebenen Falles frei, kühn, vielleicht spielend, wie ein Mensch.

Und wie der Raum sich ausbreitet, – nicht etwa bloß eine bestimmte Weite hat, – so faßt er sich in seinen Grenzen zusammen, oder wird von ihnen zusammengefaßt. Auch dies Begrenzen ist ein Tun.

Allen diesen Vorstellungsweisen liegt zugleich die Einheit des Raumes zu Grunde. Denken wir uns die Grenzen entfernter oder weiter hinausgerückt, dann erweitert sich der Raum über seine ursprünglichen Grenzen hinaus. Es kommt nicht etwa ein neues Stück zu ihm hinzu. Auch dieser erweiterte Raum ist ja eine Einheit. Und er ist dieselbe Einheit wie der enger begrenzte, nur eben weniger eng begrenzt. Es liegt also in dem Raume die Fähigkeit oder die Kraft weiter sich auszudehnen. Und dieser Kraft nun wirkt die Begrenzung als eine neue Kraft entgegen. Und im Wechselspiel und Gleichgewicht dieser Kräfte besteht der Raum, so wie im Wechselspiel des Wirkens nach außen und der Zusammenfassung in sich selbst das menschliche Individuum seinen Bestand hat.

Schließlich ist aber auch der die Dinge umgebende Raum nicht leer, sondern von Leben erfüllt. Er ist eben doch die Fortsetzung des Raumes, den das Ding erfüllt, und geht in diesen stetig über; er ist also mit ihm ein und derselbe Raum. Zudem ist er der Raum, in welchen hinein der Mensch und die Dinge tätig sind, und aus dem heraus der Mensch die Lebensluft einatmet. Damit nimmt der Raum an der Lebendigkeit des Menschen und der Dinge teil. Umgekehrt lebt das Ding im Raume. Es lebt sein eigenes Leben, lebt aber zugleich das allgemeine Leben des Raumes mit.

Man hat das Raumgefühl zurückzuführen gesucht auf Augenbewegungen. Die Freude am Raume soll die Freude an meinen Augenbewegungen sein. Hier vergleiche man, was ehemals über die ästhetische Bedeutung, oder richtiger, die ästhetische Bedeutungslosigkeit der Bewegungsempfindungen und Bewegungsvorstellungen gesagt wurde.

Wilhelm Worringer — Abstraktion und Einfühlung (Ausschnitt)

Erste Erscheinung: Wilhelm Worringer, *Abstraktion und Einfühlung* (Dissertation 1907), *Kunst und Künstler*, 1908.
Textquelle: Wilhelm Worringer, *Abstraktion und Einfühlung. Ein Beitrag zur Stilpsychologie* (Leipzig, Weimar: Gustav Kiepenheuer, 1981), S. 39–43.

Der Kunsthistoriker Wilhelm Worringer (1881–1965) studierte bei Heinrich Wölfflin in Berlin und bei dem Schmarsow-Schüler Artur Weese in München. Mit seiner Dissertation *Abstraktion und Einfühlung. Ein Beitrag zur Stilpsychologie* (1907) wollte er einen

Beitrag zur Förderung der zeitgenössischen künstlerischen Bestrebungen leisten. Obwohl die im Essaystil verfasste Arbeit in Kunsthistorikerkreisen auf wenig Beachtung stieß bzw. seine Thesen als reine Spekulationen zurückgewiesen wurden, wurde sie von Künstlern und vom größerem Publikum begeistert aufgenommen. Vor allem die Künstler des Expressionismus haben Worringer gelesen. In seiner Dissertation übernimmt er einerseits Lipps' Konzept der Einfühlung, andererseits Riegls Idee des Kunstwollens. Er konstruiert damit eine antithetische Typologie, deren Pole – als Extreme der Wellenbewegung des Kunstwollens – Abstraktion als kristallinischer Massenstil und Einfühlung als organischer Individualstil sind. Das Ornament würdigt Worringer als Ausdruck des abstrakten Kunstwollens (als Reaktion auf die existenzielle Weltangst), im Gegensatz zu den anthropomorphisierenden, nachahmenden Tendenzen der Einfühlung. Aus seinen späteren Werken ist noch das 1911 veröffentlichte *Formprobleme der Gotik* hervorzuheben. Der französisch-amerikanische Poststrukturalismus betrachtet Worringers Thesen wieder als relevant, vor allem Gilles Deleuze und Félix Guattari berufen sich in ihrem Buch *Mille plateaux* (1980) auf ihn.

Bibliografie: Rudolf Arnheim, „Wilhelm Worringer über Abstraktion und Einfühlung", in ders., *Neue Beiträge* (Köln: DuMont, 1991), S. 75–90.

Der Urkunsttrieb hat mit der Wiedergabe der Natur nichts zu tun. Er sucht nach reiner Abstraktion als der einzigen Ausruh-Möglichkeit innerhalb der Verworrenheit und Unklarheit des Weltbildes und schafft mit instinktiver Notwendigkeit aus sich heraus die geometrische Abstraktion. Sie ist der vollendete und dem Menschen einzig denkbare Ausdruck der Emanzipation von aller Zufälligkeit und Zeitlichkeit des Weltbildes. Dann aber drängt es ihn, auch das einzelne Ding der Außenwelt, das sein Interesse in hervorragendem Maße in Anspruch nimmt, aus seinem unklaren und verwirrenden Zusammenhang mit der Außenwelt und damit aus dem Lauf des Geschehens herauszureißen und es in der Wiedergabe seiner stofflichen Individualität zu nähern, es zu reinigen von allem, was Leben und Zeitlichkeit an ihm ist, es nach Möglichkeit unabhängig zu machen sowohl von der umgebenden Außenwelt als auch von dem Subjekt des Beschauers, der in ihm nicht das Verwandt-Lebendige genießen will, sondern die Notwendigkeit und Gesetzmäßigkeit, in der er mit seiner Lebensgebundenheit als in der von ihm ersehnten und allein zugänglichen Abstraktion ausruhen kann. Möglichst konsequente Wiedergabe der abgeschlossenen stofflichen Individualität innerhalb der Ebene und anderseits Verquickung der Darstellung mit der starren Welt des Kristallinisch-Geometrischen waren die beiden Lösungen, die wir fanden. Und wer sie mit all ihren Voraussetzungen begreift, der kann nicht mehr, wie Wickhoff es im Vorwort zur „Wiener Genesis" tut, vom „lieblichen Kindergestammel des Stilisierens" reden.

All diese Momente nun, die wir im Verlaufe der letzten Ausführungen behandelt haben und die alle Ergebnisse des Abstraktionsbedürfnisses sind, will unsere Definition unter den Begriff „Stil" zusammenfassen und als solchen dem aus dem Einfühlungsbedürfnisse resultierenden Naturalismus gegenüberstellen.

Denn Einfühlungsbedürfnis und Abstraktionsbedürfnis fanden wir als die zwei Pole menschlichen Kunstempfindens, soweit es rein ästhetischer Würdigung zugänglich ist. Es sind Gegensätze, die sich im Prinzip ausschließen. In Wirklichkeit aber stellt die Kunstgeschichte eine unaufhörliche Auseinandersetzung beider Tendenzen dar.

Jedes einzelne Volk ist natürlich infolge seiner Anlage mehr nach dieser oder jener Seite hin veranlagt, und die Feststellung, ob in seiner Kunst der Abstraktions- oder der Einfühlungsdrang vorherrscht, gibt zugleich schon eine wichtige psychologische Charakteristik, deren Korrespondenz mit der Religion und der Weltanschauung des betreffenden Volkes nachzuspüren eine ungemein interessante Aufgabe ist.

Es erscheint einleuchtend, daß der Einfühlungsdrang nur da frei werden kann, wo infolge von Anlage, Entwicklung, klimatischen und anderen günstigen Umständen sich ein gewisses Vertraulichkeitsverhältnis zwischen dem Menschen und der Außenwelt herausgebildet hat. Bei einem Volk von solcher Anlage wird diese sinnliche Sicherheit, diese Vertrauensseligkeit gegenüber der Außenwelt, dieses von jeder Problematik freie Sichwohlfühlen in der Welt in religiöser Beziehung zu einem naiv anthropomorphischen Pantheismus respektive Polytheismus führen, in künstlerischer Beziehung zu einem glücklichen weltfrommen Naturalismus.[1] Weder hier noch da wird sich ein Erlösungsbedürfnis verraten. Es sind Diesseitsmenschen, die im Pantheismus und im Naturalismus Befriedigung finden. Und so stark, wie ihr Glaube an die Wirklichkeit des Seins ist, wird auch ihr Glaube an den Verstand sein, kraft dessen sie sich innerhalb des Weltbildes äußerlich orientieren. So paart sich mit diesem Sensualismus auf der einen Seite ein frischer Rationalismus auf der anderen Seite, ein Glaube an den Geist, solange er nicht spekuliert, solange er nicht ins Transzendente übergreift. Als solche Diesseitsmenschen, bei denen Sinnlichkeit und Intellekt gleicherweise sich voller Vertraulichkeit innerhalb des Weltbildes bewegen und alle „Raumscheu" zurückdämmen, dürfen wir uns wohl den reinen Griechen vorstellen, das heißt den idealen Griechen, wie er zu denken ist auf der schmalen Grenze, wo er sich von allen orientalischen Elementen seiner Herkunft endlich frei gemacht hat und noch nicht von neuem von orientalisch-transzendenten Neigungen angekränkelt worden ist.

Bei dem Orientalen ist die Tiefe des Weltgefühls, der Instinkt für die aller intellektuellen Beherrschung spottende Unergründlichkeit des Seins größer und das menschliche Selbstbewußtsein entsprechend kleiner. Die Grundnote seines Wesens ist demzufolge ein Erlösungsbedürfnis. Das führt ihn in religiöser Beziehung zu einer trübgefärbten, von einem dualistischen Prinzip beherrschten Transzendenzreligion, in künstlerischer Beziehung zu einem ganz aufs Abstrakte gerichteten Kunstwollen. Der Armseligkeit rationalistisch-sinnlichen Erkennens bleibt er sich stets bewußt. Was konnte einem solchen Jenseitsmenschen griechische Philosophie sagen? Wie sie nach dem Orient vordrang, sah sie sich einer viel profunderen Weltanschauung gegenüber, von der sie dann auch teils restlos und geräuschlos verschlungen, teils bis zur Unkenntlichkeit assimiliert wurde. Und dasselbe Schicksal erlebte die griechische Kunst mit ihrem Naturalismus. Unser europäischer Hochmut staunt darüber, wie wenig sie doch schließlich im Orient durchdrang und wie sehr sie doch schließlich von der alten orientalischen Tradition absorbiert wurde.

Wer von der unser Auffassungsvermögen fast übersteigenden Großartigkeit ägyptischer Monumentalkunst kommt und ihre psychischen Voraussetzungen nur ahnungsweise empfunden hat, dem werden im ersten Augenblick – ehe er den anderen Maßstab wiedergefunden und sich an diese lauere, menschlichere Atmosphäre gewöhnt hat – die Wunderwerke klassisch-antiker Skulptur wie die Erzeugnisse einer kindlicheren, harmloseren Menschheit erscheinen, die von

---

1 In der Charakteristik Winckelmanns spricht Goethe einmal von antiken Naturen. Darunter versteht er „eine ungestückelte Natur, die als Ganzes wirkt, sich eins weiß mit der Welt und deshalb die objektive Außenwelt nicht als etwas Fremdartiges empfindet, das zu der inneren Welt des Menschen hinzutritt, sondern in ihr die antwortenden Gegenbilder zu den eignen Empfindungen erkennt."

den großen Schauern unberührt blieb. Ganz klein und dürftig wird ihm plötzlich das Wort „schön" vorkommen. Und dem Philosophen, der mit seiner aristotelisch-scholastischen Erziehung orientalischer Weltweisheit gegenübertritt und dort allen mühsam erarbeiteten europäischen Kritizismus schon als selbstverständliche Voraussetzung findet, geht es nicht besser. Hier wie dort will es erscheinen, als ob der Aufbau in Europa auf einer kleineren Basis, auf kleineren Voraussetzungen errichtet sei. Man möchte fast von fein ausgearbeiteten Miniaturwerken reden. Damit soll natürlich nicht auf die dimensionale Größe orientalischer Kunstwerke angespielt werden, sondern nur auf die Größe der Empfindung, die sie schuf.

Diese skizzierenden Ausführungen mögen genügen, um den Zusammenhang zwischen dem absoluten Kunstwollen und dem allgemeinen état d'âme anzudeuten und auf die wertvollen Perspektiven, die sich da eröffnen, hinzuweisen.

Die Schwankungen des état d'âme spiegeln sich, wie gesagt, gleicherweise in den religiösen Anschauungen eines Volkes wie in seinem Kunstwollen.

So ist die Schwächung des Weltinstinktes, das Sichbescheiden mit einer äußerlichen Orientierung innerhalb des Weltbildes immer begleitet von einem Erstarken des Einfühlungsdranges, der ja latent in jedem Menschen vorhanden ist und nur von der „Raumscheu", vom Abstraktionsdrange zurückgehalten wird. Die Angst läßt nach, das Vertrauen wächst und nun erst beginnt die Außenwelt zu leben und all ihr Leben empfängt sie vom Menschen, der nun all ihr inneres Wesen, all ihre inneren Kräfte anthropomorphisiert. Dieses Sich-in-den-Dingen-Fühlen schärft natürlich das Gefühl für den unsagbar schönen Gehalt der organischen Form, und dem Kunstwollen sind dadurch die Wege gewiesen, nämlich die Wege eines künstlerischen Naturalismus, dem das Naturvorbild nur als Substrat für seinen vom Gefühl für das Organische geleiteten Willen zur Form dient. Und nun lernt man „jede beliebige Form als einen Schauplatz aufzufassen, worin mit namenlosen Kräften sich hin- und herzubewegen ein nachfühlbares Glück erscheint" (Lotze: Geschichte der Ästhetik, 1868).

Es erübrigt noch eine Zwischenstufe zu erwähnen, die ausführlich erst im praktischen Teil behandelt werden wird. Es handelt sich um den für die Ornamentik und die Architekturgeschichte so hochbedeutsamen Vorgang, daß das Einfühlungsbedürfnis den ihm naturgemäß zugewiesenen Kreis des Organischen verläßt und sich der abstrakten Formen bemächtigt, denen auf diese Weise natürlich ihr abstrakter Wert geraubt wird. Diese „ästhetische Mechanik", wie Lipps es nennt, kommt gerade für das nordische Kunstwollen sehr in Betracht und es sei dem praktischen Teile vorweggenommen, daß sie ihre Apotheose in der Gotik findet.

Wir fassen nun noch einmal das Ergebnis der Untersuchungen dieses Kapitels zusammen, das sich uns in der Definition darstellt, daß unter dem Begriff Stil alle jene Elemente des Kunstwerkes zusammenzufassen seien, die ihre psychische Erklärung im Abstraktionsbedürfnis des Menschen finden, während der Begriff des Naturalismus alle diejenigen Elemente des Kunstwerkes umfaßt, die aus dem Einfühlungsdrange resultieren.

Leopold Ziegler
Florentinische Introduktion zu einer Theorie der Architektur und der bildenden Künste
(Ausschnitt)

Erste Erscheinung: Leopold Ziegler, *Florentinische Introduktion zu einer Theorie der Architektur und der bildenden Künste* (Leipzig: Felix Meiner, 1912).
Textquelle: Leopold Ziegler, *Florentinische Introduktion zu einer Theorie der Architektur und der bildenden Künste 1911/1912* (Braunschweig, Wiesbaden: Vieweg, 1989), S. 56–61.

Leopold Ziegler (1881–1958) gehörte in den Jahren nach dem Zweiten Weltkrieg zu den meistbeachteten deutschen Philosophen. Noch als Student an der Heidelberger Universität verfasste er zwei bedeutende Schriften, „Metaphysik des Tragischen" (1902) und „Das Wesen der Kultur" (1903); die letzte als Kritik der die Kultur bedrohenden industriellen Zivilisation und zugleich Ablehnung der marxistischen Analyse dieses Problems. Er promovierte in Jena 1905 mit der Arbeit *Der abendländische Rationalismus und der Eros* und wollte habilitieren, eine schwere Krankheit verhinderte jedoch seinen Plan. Er schrieb den Essay *Florentinische Introduktion zu einer Theorie der Architektur und der bildenden Künste* während seines Aufenthaltes in der toskanischen Stadt. In diesem Buch scheint er seine negative Einstellung zur Technik revidiert zu haben: Technik kann durchaus zum nützlichen Instrument werden, wenn sie in einem sinnvollen Kontext einer Kultur eingebettet wirken kann. Indem er – vor allem Hildebrand rezipierend – die Fragen der architektonischen Raumwahrnehmung untersucht, fordert er formale Reduktion, um die Komplexität der Baukonstruktion – etwa die Rippen und Hohlräume in der Kuppelkonstruktion von Brunelleschi – für das Auge erfassbar zu machen, „den konstruktiven Vorgang ... auf ein vereinfachendes Raumsymbol zurückzuführen".

Zieglers wichtigste spätere Werke sind *Gestaltwandel der Götter* (1920, 2 Bde. 1922), *Das Heilige Reich der Deutschen* (1925), *Überlieferung* (1936), *Menschwerdung* (2 Bde. 1948), *Das Lehrgespräch vom Allgemeinen Menschen* (1956).

Bibliografie: Einführung von Ulrich Conrads und biographische Notiz in Leopold Ziegler, *Florentinische Introduktion zu einer Theorie der Architektur und der bildenden Künste 1911/1912* (Nachdruck Braunschweig, Wiesbaden: Vieweg, 1989).

Jetzt ist Stil haben eins mit dem instinktiven Verzicht auf den architektonischen Gestaltungsvorgang überhaupt. Stilisiert bauen heißt die dekorativen Bestandteile aller vorhandenen Bauepochen an die Wände pappen. Die eigentliche Bedeutung der Frage nach der Form des Hauses kann jetzt gar nicht mehr begriffen werden, gesetzt den Fall, man hätte sie gestellt. Denn die Form scheint eben die geschmückte Fläche, die verzierte Fassade zu sein, nicht das optische Sinnbild konstruktiver Vorgänge. Dieser von der Raumplastik des Hausbaus losgelöste Stilbegriff vernichtet den Wert und den Sinn des architektonischen Bildens. Wo Stil als Dekoration der Fläche verstanden wird, darf man, streng genommen, nicht mehr von Häuserbau sprechen. Was eine derartige Architektur erstellt sind bestenfalls Wohnungen mit Fassaden davor, aber keine dreidimensionalen Raumkörper, keine Häuser. (Wer dem beistimmt, begreift nicht, warum beispielsweise das Heidelberger Schloß zur großen Architektur gerechnet wird. Es besitzt alle Merkmale des äußersten Verderbs.)

Daß man sich endlich von diesem „Stil" mit einiger Beschämung abwandte, ist begreiflicher als der Umstand, daß man für Jahrzehnte den wahren Stilbegriff verloren hatte. Die Gegenbewegung setzte ein, als man wenigstens gewisse Arten des Hauses in ihren konstruktiven Grundlagen zu erneuern unternahm. Aber jetzt tritt eine andere Fährlichkeit auf, die den artistischen Wert des Hauses ebenso bedroht wie vormals die mißverstandene Stilisierung. Zum Teile dem Einflusse des englischen cottage nachgebend, errichtet man Häuser, deren räumliche Entwicklung vom Grundrisse aus bestimmt wird. In der Erkenntnis, daß der Grundriß für Wohnlichkeit und Zweckbestimmung des Hauses entscheidend ist, schuf man die bequeme Heimstätte des gegenwärtigen Einfamilienhauses. Aber diese in ihrer räumlichen Abgrenzung ausschließlich vom Grundrisse abhängigen Errichtungen vermochten unmöglich zugleich den Forderungen der Anschauung gerecht zu werden. Zwar wurde das Haus jetzt wieder Körper, und insofern schien es die Form im architektonischen Sinne wieder zurückzuerhalten. Aber sein Körper war nicht plastisch wie eine Statue durch gleiche allseitige Durchbildung seiner Raumteile entstanden, sondern durch die Erstreckung der Grundrißflächen in die Höhe. Der Grundriß war nicht nur Primat der zweckmäßigen Struktur, der Raumteilung und Verbindung, sondern auch Primat des äußeren Raumbildes. Die Fläche war das Frühere des Körpers, nicht der Körper das Frühere der Fläche. Aber das richtige Haus ist nicht ein Körper, der nach und nach von der Ebene des Grundrisses aus in die Höhe wächst, vielmehr eine anschaulich gemachte Struktur, die vom Körper her die Fläche bestimmt. Niemals sollten die Flächen der Schnitte zum Entstehungsgrunde des Körpers werden. Nur der Körper, der als intuitiv vorgestellte Raumeinheit, als eine Durchdringung von Grundriß und Aufriß kubisch unteilbar dasteht, ohne daß einer von ihnen den andern erzeugt, ist ein architektonisches Kunstwerk. In der Renaissance verdarb und faulte schließlich die segensreiche Bautradition der Antike, weil immer häufiger von außen nach innen, von der Fläche in die Tiefe gebaut wurde. Die Grundrißarchitektur der Jetztzeit baut hingegen von innen nach außen, das „Innen" in dem einschränkenden Sinne der Bodenflächenaufteilung verstanden. Auch hier beherrscht also zu guter Letzt die Fläche den Körper. Freilich nicht die Fläche der Außenwände, des Aufrisses, wie so häufig in der späteren Wiedergeburt, sondern das flächenhafte Schema des Grundrisses. Das ist natürlich konstruktiver gedacht, weil der Grundriß den gesamten Bau als Möglichkeit in sich einschließt, was bei der Wand nicht zutrifft. Aber da der Körper doch erst aus der Ebene entsteht, und nur eine Möglichkeit ist, die zur Wirklichkeit nachträglich entwickelt werden muß, der es infolgedessen an plastischer Notwendigkeit gebricht, bleibt auch dieses Verfahren, wie seine Ergebnisse, ein artistisch mangelhafter Notbehelf.

Die tückische Schwierigkeit, den Hausbau als eine künstlerische Hervorbringung zu betreiben, ist jetzt sehr gut zu ermessen. Diese Tätigkeit stellt der anschaulichen Kraft, der vis plastica des menschlichen Raumsinnes, die höchste Aufgabe. Ein räumlicher Zusammenhang soll vorgestellt werden in ebenmäßiger Ausgestaltung aller Erstreckungen, ein Körper, für den nicht Grundriß und nicht Aufriß den Bestimmungsgrund seiner äußeren Erscheinung abgeben, sondern der die vollendete Durchdringung von Grund- und Aufriß bedeutet. Ein Körper, dessen Begrenzungsflächen von den Gesetzen seiner konstruktiven Verfassung gebildet erscheinen, und der nicht, wie in der Mathematik, aus der Ebene entsteht, sondern der das Prius seiner Ebenen ist. In seinem tiefsten Sinne ist das Haus eine Idee, ein Zielgedanke, der geschichtlich hier und da verwirklicht werden wollte, der aber als solcher seit der Wiedergeburt allmählich aus dem

Blickpunkte des Bewußtseins schwand. Es ist kein Formtypus mehr aufgetreten, der den Anspruch erheben dürfte, die Verwirklichung der Idee „Haus" versucht zu haben.

Um ein Gefühl von der großen Aufgabe zu übermitteln, wie sie sich der Baukünstler stellen sollte, möchte ich mich eines Vergleiches aus der Natur bedienen. Ich stelle mir das zur künstlerischen Wirklichkeit gewordene Haus vor wie einen idealen Kristall, dessen Struktur nirgends ein Hemmnis erfahren hat, sich vielmehr in allen Winkeln, Flächen und Kanten klar durchbilden durfte wie es die Ordnung seiner Achsen, sein besonderes kristallographisches System heischt. Was dem Kristall das naturgesetzliche Schema seiner Struktur, das ist dem Hause die konstruktive Verfassung, der statische und stereometrische Leitgedanke seiner Errichtung. Wie die Form des Kristalls die Folge einer Gesetzmäßigkeit ist, die sich in ihr materialisiert, so die Form des Hauses die Erscheinung konstruktiver Verhältnisse, die allerdings nicht wie dort naturgesetzlich starr und unabänderlich sind. Nun gleicht der gegenwärtige Typus des Hauses fast nirgends diesem idealen Kristalle. Eher den Kristallaggregaten, in welchen sich die einzelnen Formen des Systemes beschränken, einengen und mißbilden. Ja wenn die Gesteinslehre eine Anzahl von Stoffen nennt, die nicht nur in e i n e r mineralogischen Form, in einem einzigen Systeme kristallisieren, sondern bald in zweien, wie Schwefel und Kalziumkarbonat, bald in dreien, wie das Oxyd des Titans, bald in vielen Systemen sich ausgestalten, so ist auch dafür die Analogie in der Baukunst nicht fern. Das jetztzeitliche Haus ist nämlich tatsächlich dimorph, trimorph und polymorph. Es sieht so aus, als ob ein und derselbe Baukörper teils von diesem, teils von jenem Raumsysteme widerspruchsvoll bestimmt würde, als ob eine einheitslose Mannigfaltigkeit von Formen sich einander stießen, bekämpften und Abbruch täten. Nichts ist dem erzogenen Auge empfindlicher als diese Gleichgültigkeit der Architektur gegen die Verbindung von räumlich sich ausschließenden Bildungen. Hier durchkreuzen sich Ecken, Kanten, Winkel, Zwickel, Vorsprünge, Simse, Säulen, Träger, Pfeiler und Bogen ohne jede Rücksicht auf die Anschauung, nur weil das für den Grundriß naheliegend und nützlich ist: als ob die Vorstellung nicht die peinlichste Konsequenz der einmal gewählten Systeme fordere. Dabei übertrifft die menschliche Willkür die Natur beträchtlich. Denn wenn diese auch denselben chemischen Stoff verschiedenartig kristallisieren läßt, so geschieht das doch niemals am selben mineralogischen Individuum. Der Schwefel gehört in seinem natürlichen Vorkommen zum rhombischen System, der geschmolzene und wieder abgekühlte zum klinorhombischen. Kalziumkarbonat ist rhomboedrisch als Kalzit, rhombisch als Aragonit. Titandioxyd kristallisiert als Rutil quadratisch, als Anatas gleichfalls quadratisch, aber nicht mit dem vorigen isomorph; als Brookit rhombisch. Aber nie ist dasselbe mineralische Exemplar in verschiedenen Systemen ausgestaltet; immer sind es verschiedene, das heißt chemisch g l e i c h e, aber numerisch n i c h t identische Vertreter derselben stofflichen Verbindung. Dagegen tritt das, was man vergleichungsweise den Polymorphismus des modernen Hauses nennen könnte, an ein und demselben architektonischen Individuum auf. Die einzelnen Raumteile werden entwickelt ohne Beziehung auf die Raumeinheitlichkeit des einmal gewählten Systemes. Jedes Zimmer mit seinem Nutzzweck gilt als ein Raumsystem für sich, dem man getrost eine Loggia, einen Balkon, einen Erker, eine Veranda vorsetzt, ob sie zur räumlichen Erscheinung des ganzen Hauses passen oder nicht. Man achte darauf, welche unmöglichen Flächen sich dabei schneiden, wie gleichsam dissonierende stereometrische Formen, Würfel, Kugelausschnitte, Kegel, Pyramiden, Vielecke neben- und übereinander herausbrechen, sich verkürzen, verstümmeln, verunstalten, hemmen, verderben. Man achte darauf, wie furchtbar mangelhaft die Empfindung dafür entwickelt ist, daß sich gewisse Raumbilder durchaus ausschließen, und wie oft das heutige Vorstadthaus tatsächlich einem

Kristalle ähnelt, der alle stereometrischen Ordnungen wahllos auf sich gehäuft hat. Von dem großen Vorrechte der Kunst, die Gesetzmäßigkeit der Materie (die in den Künsten Material wird) strenger und reiner als die Natur auszubilden, wird kein Gebrauch gemacht. Eine Gesetzmäßigkeit, ein Einklang der äußeren Erscheinung, der plastischen Totalität ist nirgends bemerklich. Kein Wunder, wenn darum auch heute noch die Vergangenheit in denen emporsteigt, die ein inneres Gesicht („ειδος") des idealen Kristalles in sich bewahren und nach einer Architektur Verlangen tragen, die Kunst, nicht technische Errichtung allein ist. Die Gegenwart besitzt zwar Architekten, aber keine Architektur. Um eine solche zu erhalten, muß sie verstehender den Rhythmus der stolzen Bewegung der Vergangenheit aufnehmen und in ihm weiterschwingen.

Das Haus, sagte ich vorhin gleichnisweise, ist eine Idee. Das will eigentlich heißen: über jede mögliche Verwirklichung hinaus stellt es immer neue und ungeahnte Probleme. Der Raum, das unendliche Stetige mit drei Ausmessungen, das an sich Grenzenlose, läßt sich durch keine Bauform endgültig begrenzen. Die Möglichkeit, einmal das Haus, sei es Kirche, Palast, Stadthaus oder Bauernwohnung, zu bauen, scheitert am Paradox der Aufgabe, den unendlichen und stetigen Raum durch einen besonderen Formzusammenhang von Wand, Mauer und Dach ein für allemal zu umfrieden, ihn gleichsam in die Endlichkeit und Diskontinuität einzufangen. Das Haus in diesem Sinne ist unmöglich. Arbeiten wir indessen alle daran, damit wieder die Kunst erschaffen werde Häuser zu errichten.

Paul Frankl

Die Entwicklungsphasen der neueren Baukunst
(Ausschnitte)

Erste Erscheinung und Textquelle: Paul Frankl, *Die Entwicklungsphasen der neueren Baukunst* (Leipzig, Berlin: B. G. Teubner, 1914), S. 174–186.

Der in Prag geborene Paul Frankl (1878–1962) hat Architektur und anschließend in München Kunstgeschichte studiert, wo er Schüler von Heinrich Wölfflin war. Bei ihm hat er 1914 mit der Studie *Die Entwicklungsphasen der neueren Baukunst* habilitiert und wurde zum a.o. Professor in München ernannt. Er entwickelt in dieser Arbeit eine Systematik, um stilistische Phänomene, die Gesetze der Stilwandlung und Stilentwicklung in der Kunstgeschichte interpretieren zu können. Er stützt sich dabei vor allem auf Wölfflins, Schmarsows und Riegls kunstwissenschaftliche Ergebnisse und Methoden, die er jedoch kritisch verwendet. Das Zusammenwirken von Raum und Körper betrachtet er als Ziel der Architektur, eine Frage, die im Zentrum der Habilitationsschrift steht. Er wählt seine Begriffe und baut seine Methodologie so auf, dass er sowohl die historische Entwicklung als auch die gegenwärtige Situation der Architektur erörtern kann. Die Entwicklungsphasen der Raumform, der Körperform, der Bildform und der Zweckgesinnung werden im Buch getrennt behandelt. Raumaddition und Raumdivision sind die polaren Gegensätze, welche die Analyse der Raumform bestimmen. Körperformen sind ebenfalls zweigeteilt, Ausstrahlung eigener Kräfte und Durchlass fremder Kräfte sind hier die Polaritäten. Bildformen werden als malerisch, plastisch oder architektonisch eingestuft; die Zweckgesinnung wird aus der Perspektive der Polarität Persönlichkeit–

Masse analysiert. Diese Methode, obwohl viel weniger streng-systematisch behandelt, wird später von Otto Höver (der Student von Wölfflin und Frankl in München war) in seiner *Vergleichenden Architekturgeschichte* (München 1923) verwendet.

Frankls umfassendes *System der Kunstwissenschaft* erschien 1938, das nicht nur wegen der schwierigen Umstände der Publikation in Prag, sondern auch wegen seiner trockenen, begrifflichen Sprache und philosophierenden Abstraktheit nur von weniger Kunsthistorikern gelesen und geschätzt wurde. 1940 wurde ihm eine Professur am Institute for Advanced Study in Princeton angeboten, und er hat auch an der Yale Universität unterrichtet.

Bibliografie: Spiro Kostof, „Paul Frankl's Principles of Architectural History", in Demetrios Porphyrios (Hrsg.), *On the Methodology of Architectural History* (Themenheft *Architectural Design*, 1981), S. 20–23.

Das Unterscheidende und das Gemeinsame der vier Phasen

1. Raumaddition und Raumdivision, Kraftzentrum und Kraftdurchlaß, Einbildigkeit und Vielbildigkeit, Freiheit und Gebundenheit, das sind also die Begriffspaare, mit denen ich die Phasen der neueren Baukunst charakterisieren und trennen will. Daß es vier Paare sind, folgt notwendig aus der Analyse der Architektur in vier Elemente. Jedes Polpaar gibt Aussagen für ein Element allein und da die Elemente völlig verschiedene Kategorien bilden, so sagt jedes Polpaar etwas wesentlich anderes über ein Bauwerk oder einen Zeitstil aus. Aber trotz dieser Verschiedenheit ist ohne weiteres einzusehen, daß die ersten Glieder der vier Begriffspaare alle ebenso zueinander passen, wie die zweiten Glieder unter sich.

Bei der Untersuchung der Zweckentwicklung ergab sich als das für die Kunstgeschichte Wesentliche die Zweckgesinnung. Diese Gesinnung ist der Inhalt, der Zweck ist die Form. Aber dieselbe Unterscheidung läßt sich auch für jedes der drei sinnlichen Elemente machen. Die Polarität der Körperform habe ich als eine der physischen Kräfte gefaßt, aber hinter diesem formalen Gegensatz von Kraftzentrum und Kraftdurchlaß stand der ethische, die Gesinnung der unabhängigen und der abhängigen Persönlichkeit. Ebenso ist die Polarität der Raumform eine geometrische, formale, doch hinter Addition und Division steht das Gefühl von einem unveränderlichen Ruhen-in-sich und einem ruhelosen von unsichtbaren äußeren Gewalten Getriebensein. Und bei der Bildform ist das Resultat schließlich ganz analog; ich unterschied formal die Einbildigkeit und Vielbildigkeit und hinter diesem formalen Gegensatz steht der inhaltliche der Gesinnung, die Einbildigkeit lockt nicht, verspricht nicht Überraschungen, beruhigt, die Vielbildigkeit beunruhigt, die Einbildigkeit rückt die Dinge von uns ab – auch den Innenraum –, trennt sie von unserer Person, die Vielbildigkeit zieht uns hinein. Die Unterscheidung von Form und Gesinnung ist also in jedem Element durchzuführen, die Polarität aber bezieht sich bei den drei sinnlichen Elementen Raum, Körper und Licht auf die Form, bei dem geistigen Element, dem Zweck, auf die Gesinnung. Weil aber auch in den sinnlichen Elementen eine Gesinnung sich kundgibt und die Funktion der Formpolarität ist, so geht durch die sämtlichen vier Begriffspaare jener parallele Bau, der sich zuletzt gründet auf den Gegensatz der unabhängigen und der abhängigen Persönlichkeit.

Die Richtung der vier Polaritäten ist also so parallel, daß die Wirkung des gleichzeitigen Auftretens aller parallel laufenden eine einheitliche ist, Raumaddition, Kraftzentrum, Einbildigkeit und die Idee der Freiheit der Persönlichkeit zielen alle in einem gleichen Sinn, sie unterstehen einem Gesamtpol und Raumdivision, Kraftdurchlaß, Vielbildigkeit und die Idee der Gebundenheit der Persönlichkeit zielen alle im Gegensinn, ergeben den Gesamtgegenpol. Die eine Seite formt ein Bauwerk, das sich als Endliches von der Welt sondert, die andere eines, das sich in der Unendlichkeit auflöst, die erste Polreihe erzeugt die Vorstellung und das Gefühl eines Mikrokosmos, die zweite des Makrokosmos, die erste stellt eine vollständige, abgeschlossene, in sich befriedigte Einheit hin, die andere ein Fragment, das durch seine Ergänzungsbedürftigkeit auf das Universum verweist. Dies Fragment ist künstlerisch ebenso eine Einheit, wie die geschlossene Form mit ihrem geschlossenen Geist. Wenn ein Zentralbau der ersten Phase durch Blitzschlag, Feuersbrunst, Erdbeben teilweise einstürzt, so bekommt er als Ruine vielleicht ein „malerisches" Aussehen, er ist ein Fragment geworden, aber diese Art unbeabsichtigter Fragmente sind natürlich hier nicht gemeint, nur die absolut fertigen, unzerstörten, mechanisch vollständigen, die tatsächlich zu ergänzen gar nicht möglich ist, welche die Phantasie nicht zu einer Ergänzung abermals endlicher Teile herausfordern, sondern den Aufschwung verlangen zur Ergänzung des Unendlichen.

Ein Ganzes sein und ein Teil sein ist die oberste Gesamtpolarität, ist die erste und einzige, welche sich entsprechend der Analyse in die vier Elemente viermal anders darstellt, sie bildet nicht etwa eine fünfte Sonderpolarität neben den anderen.

Und diese oberste Polarität von Mikrokosmos und Fragment ist als Charakteristik für die klassische Zeit der ersten und zweiten Phase verwendbar. Sie bezeichnet den Gegensatz von Renaissance und Barock. Natürlich würde diese allgemeine Fassung allein eine allzu blasse Charakteristik sein, sie kann nur einen Sinn haben als summarische Formel für die große Zahl in den vorigen Kapiteln angeführter konkreter Eigenschaften, die ihrerseits vorbereitend in vier Sonderpolaritäten zu abstrakten Begriffen vereint sind. Nur als Ende einer induktiven Überlegung hat diese oberste blasse Polarität ihr Recht.

Der Unterschied von Barock und Rokoko aber ist ein gradueller, insofern die Formen der niederen Geometrie in Raum- und Körperform, die noch zu sehr der Addition und der Einbildigkeit entgegenkommen, durch passendere der höheren Geometrie ersetzt werden und ein psychischer, insofern an die Stelle des barocken Pessimismus der Optimismus der Aufklärungszeit tritt, wodurch der Kraftdurchlaß, aus einem tragischen Stemmen gegen eine unendliche Übermacht in ein fröhliches Sichtragenlassen von jedem Windhauch umschlägt, ein gradueller und psychischer zugleich, insofern das Repräsentationsbedürfnis der zweiten Phase das gesamte Privatleben erfaßt, eine dauernde Zurschaustellung festlichen und gezierten Gehabens die Architektur durchdringt.

Der Klassizismus aber ist dadurch charakterisiert, daß in den drei sinnlichen Elementen Raum, Körper und Licht ein unentschiedenes Zurückkehren zur Polarität der ersten Phase stattfindet und das geistige Element, der Zweck, ästhetisch ausgeschaltet zu werden beginnt, wie in den Sakralbauten des Protestantismus schon in den früheren Phasen.

Die folgenden Erscheinungen der Romantik, der Neurenaissance usw. sind durch keine polare Tendenz bestimmt, das Auseinandergehen aller vier Elemente gestattet nur mehr partiell künstlerische Wirkungen und der Zusammenhang mit der vorausgegangenen Entwicklung ist ein wesentlich anderer, als der bisherige.

2. Doch ehe dieser Zusammenhang besprochen wird, ist die Frage zu untersuchen, wie sich die vier Phasen gegeneinander abgrenzen lassen, denn bisher habe ich nur die Zustände ihrer klassischen Jahre oder Jahrzehnte charakterisiert. Jeder Klassik geht eine Suchzeit voraus, in der

die vier Sonderpolaritäten noch nicht gleichmäßig in volle Aktion gesetzt sind. Der Stil ist nicht sofort in allen Elementen da, nicht in allen mit gleicher Intensität. Darin liegt die Schwierigkeit, die einzelnen Phasen gegeneinander abzugrenzen auch dann noch, wenn man sich über den angestrebten Schlußzustand jeder Phase längst klar ist.

Das Auftauchen eines Symptomes in der Richtung der kommenden Klassik in einem einzigen der vier Elemente wird man nicht als Geburtsdatum des neuen Stiles gelten lassen, man wird fordern, daß sich mehrere Symptome in allen vier Elementen einstellen. Dann kann es zwar bei diesem oder jenem Exemplar schwer sein zu entscheiden, ob es noch zur ersten oder schon zur zweiten Phase zu zählen sei, (manchmal wird es vorläufig von der individuellen Entschließung abhängen, künftig vielleicht durch wissenschaftliche Übereinkunft entschieden sein) allein was an einem Bau noch Renaissance, was schon Barock ist, das läßt sich mit absoluter Sicherheit sagen. In den Detailfragen, dem Endergebnis einer wissenschaftlichen Analyse, gibt es keine fließenden Übergänge von Raumaddition zu Raumdivision, von Kraftausstrahlung zu Kraftdurchlaß usf., sondern nur Sprünge über einen Nullpunkt weg. Es mag also für ein ganzes Bauwerk strittig sein, ob die Renaissancerudimente oder die Barocksymptome schwerer wiegen, die Grenze ist trotzdem deutlich markiert, sie läuft dann in komplizierter verschlungener Kurve durch das Kunstwerk selbst.

Gewiß gibt es in der Geschichte keine scharfen Grenzen und Einschnitte! Aber daraus schließen, daß es unstatthaft und unmöglich ist, die Phasen der Entwicklung zu scheiden, ist ein vorschnelles, oberflächliches Verfahren. Es gibt keine Einschnitte, weil nicht mit einem Schlage endgültig in allen Elementen der Umschwung sich vollzieht, weil vielmehr in jedem Element einzeln das Neue erscheint, in ihm nur partiell sich, durchbricht, – z. B. Symptome der Division, während noch Reste des additiven Verfahrens bleiben, Schwächung der Einbildigkeit in diesem und jenem Detail, ohne daß die Vielbildigkeit das Ganze erfaßt usf. – weil ferner eine solche Eroberung gar nicht ausschließt, daß an einem späteren Bau gerade in diesen Stücken am Alten festgehalten wird, das Neue sich an ganz anderem Detail übt; aber es ist eine Trennung der Phasen möglich, weil ein Jahrzehnt sich fixieren läßt, in welchem das Neue unbedingt zu überwiegen beginnt, sowohl im Einzelwerk wie in der Gesamtzahl der architektonischen Unternehmungen, es kommt eine Generation zum Worte, die im Neuen herangewachsen ist, in einer neuen Gesinnung. Von da ab geht der Stil mit sämtlichen Kolonnen der Klassik entgegen.

Um diesen Moment zu fixieren, muß man sich nochmals vergegenwärtigen, wie der Barock in die einzelnen Elemente eindringt. Die vier Stimmen klingen nacheinander an, wie in einer Fuge.

Die erste Stimme hat die Körperform in Michelangelos Werken Capella Medici und Laurenziana, wenn man nicht schon seinen Entwurf zur Lorenzofassade als erstes Symptom der Vielbildigkeit zählen will (die Behandlung der Front als Schaustück ohne Zusammenhang mit der Seitenfassade), dann hätte die optische Erscheinung den Vortritt.[1] Die Capella Medici ist als

---

1 Es kommt mir auf die Priorität des einen oder anderen Elements nicht an. In der Suche nach frühen Barocksymptomen ist viel gesündigt worden. S. Andrea in Mantua ist ein reiner Renaissancebau. Raffaels Architektur, auch die gemalte der Hintergründe, enthält nur so minimale Abweichungen, daß davon viel Wesens zu machen kein Grund vorliegt. Bramantes große Ordnung an der Petersfassade ist nicht im Sinne der kapitolinischen Bauten oder Palladios Palästen anzusehen, das Gebäude war eingeschossig und die Benedictionsloggia in der Front mußte von der großen Ordnung zusammengefaßt werden, weil die Forderung des Herumführens der Systeme der übrigen Seiten dazu zwang, die Veranlassung ist also ein echtes Renaissanceprinzip.

Raumform noch reine Addition (erbaut auf Fundamenten aus Brunelleschis Zeit), das Hauptgerüst der Körperformen ist noch ganz skeletthaft, nur in den Grabmälern selbst und ihrer Hintergrundbehandlung, den Türen mit den darauf gestellten Nischenrahmen sind starke Symptome des Barock vorhanden. Das Vestibül der Laurenziana ist durch die freie Stellung der Treppe in der Mitte des Raumes, durch die Höhe der Deckenlage ein erster Fall entschiedener Raumdivision, die oben genannten Fälle einer Zerspaltung des einschiffigen Langhauses in eine dreischiffige Vierungs- oder Chorpartie hatten keinen Einfluß auf die folgende Entwicklung, sie erscheinen eher als unklare vorklassische Formen, wie als Vorahnungen einer kommenden neuen Stilrichtung. Die Laurenziana ist in den Körperformen barock, nicht aber in ihrer optischen Erscheinung, noch ist alles flächenhaft ausgebreitet, frontal gesehen, und auch die Zweckauffassung ist nicht ausgesprochen die der zweiten Phase, denn die Bibliothek als Einbau in das bereits vorhandene Kanonikat, ist nicht durch seine Lage zur räumlichen Alleinherrscherin gemacht.

Die ersten Symptome der Vielbildigkeit wird man in Venedig zu suchen geneigt sein, dort findet man auch die Heimat der bunten, polierten Marmorinkrustation (Miracolikirche) und der Auflösung der Silhouette (Scuola di San Marco). Die Miracolikirche ist auch als einfacher oblonger Saal mit einer Querempore auf der Eingangsseite ein Raumgebilde, das sich in die zweite Phase einreihen ließe, die Chorbildung gar mit ihrem in das Langhaus hereinschneidenden hochliegenden Niveau ist ein Beispiel ganz unbestimmter Raumdivision. Man wird also zugeben, daß es in der ersten Phase Ausnahmen gibt, wird sie vielleicht als „Unterströmung" zusammenfassen und feststellen wollen, daß es sich bei der Abgrenzung der Phasen stets um eine Frage der Majorität von Bauten gleicher Richtung über Bauten entgegengesetzter handelt. Aber es ist ein großer Unterschied zwischen diesen unstrengen Bauten der ersten Phase und den bewußt vielbildig angelegten der zweiten. Die gesamte unstrenge Richtung des 15. Jahrhunderts in der Lombardei und Venetien ist mit dem Merkmal der Sorglosigkeit und Nachlässigkeit im Entwurf behaftet, es fehlt jenes Rechnen im großen, das den eigentlichen Barock so streng erscheinen läßt. Die unstrenge Richtung in der Zeit der ersten Phase ist daher nicht etwa deshalb als die „Unterströmung" zu rechnen, weil sie die Minorität bildet, sondern weil sie in Willkürlichkeiten sich gehen läßt, weil ihr die Selbstzucht fehlt, weil sie künstlerisch geringere Ansprüche macht. Sie mag eben deshalb oft besonders gut munden, ihre Reize sind zugänglicher. Der eigentliche Barock dagegen ist frei von Willkür, er schafft Kunstwerke, die ihr Gesetz in sich tragen; wenn man hier von Willkür spricht, meint man meist die Abweichungen von Regeln, die für die Lehrbarkeit der Baukunst zusammengestellt wurden, aber in der Renaissancezeit selbst auch kein Künstler als alleingültig befolgte. Erkennt man aber, daß die freie Richtung der ersten Phase keine Vorläuferin des Barock ist, so wird man das erste Auftauchen von Symptomen der Vielbildigkeit erst im Zusammenhang und als Folge bestimmter Formen der Raumdivision anerkennen, kaum viel früher als an der immer wieder genannten Mantuaner Barbarakirche der Gonzaga und dem Gesù in Rom. Überschneidungen allein machen noch keine Vielbildigkeit, S. Lorenzo und Sto. Spirito in Florenz, die Kathedrale in Faenza und S. Salvatore in Venedig sind reich an Deckungen, aber die Durchsichtigkeit des Ganzen bleibt ungeschwächt, das Verdeckte ist ohne weiteres richtig zu ergänzen, erst wenn das Verdeckte im Weitergehen sich anders entpuppt, als zu erwarten war, wie im Gesù vor allem (die kurzen Querschiffe, das allmähliche Sichtbarwerden der Kuppel, die nur zu ahnenden Emporen), entsteht Vielbildigkeit.

Der Zweck schließlich tritt als letzte Stimme auf. Savonarolas Auftreten hatte einen kurzen bilderstürmerischen Erfolg. Erst das Fähnlein Jesu hat nachhaltig auf die Gemüter gewirkt und die Kunst in die spezifisch religiöse, kirchliche Richtung gedrängt. War aber die Baugesinnung einmal verändert, so mußten die drei formalen Elemente bedingungslos sich anpassen.

Schon früher habe ich vorgreifend ausgesprochen, daß Raumaddition, Kraftausstrahlung und Einbildigkeit absolut nicht zum Christentum passen, sie widersprechen der Vorstellung von sündhaft unvollkommenen Menschen und von der Gnade des Erlösers.[2] Erfaßte die gegenreformatorische Ideenwelt die Bauprogramme, so waren die Architekten, die auf eine einheitliche Gesamtwirkung sämtlicher vier Elemente ausgingen, gezwungen, alles in der Richtung des neuen Zweckpoles umzuorientieren. Die Zeit des Tridentinum 1545–1563 ist die entscheidende. Mit der Veröffentlichung der Konzilsbeschlüsse möchte ich den Beginn der zweiten Phase des Zweckes, und da der Zweck die anderen Elemente mit sich zieht, den Beginn der zweiten Phase überhaupt rechnen.

Diese endgültige Entscheidung für die neue Richtung kommt der Kunst von außen, aus der allgemeinen Geistesentwicklung; denn das Bauprogramm wird dem Künstler gestellt.

Daß aber die drei formalen Elemente schon vorher unabhängig vom Bauprogramm sich von den Prinzipien der Renaissance abkehren, ist durchaus verständlich, weil die Klassik sich nie lange halten kann. Es liegt im Wesen der Klassik, daß sie keiner Steigerung fähig ist; sie kann sich nur ausbreiten, und zwar in dem zwiefachen Sinn, daß sie einen immer größeren territorialen Bezirk erobert und daß sie in dem Streben, das gefundene klassische Prinzip in alle Varianten hinein zu Ende zu denken, sich auf die verschiedenartigsten Einzelaufgaben wirft. Die Klassik erscheint, so gesehen, ein Stillstand und ist daher gerade den Menschen auf die Dauer unerträglich, welche diese künstlerischen Prinzipien vollständig beherrschen, sie müssen ihnen als erledigt scheinen und ihr innerstes Bedürfnis nach voller Betätigung des schöpferischen Triebes brach legen. Einem Genie, das die technischen Anforderungen völlig erfüllt und dessen Phantasie überreich quillt, ist in den Zeiten der Klassik zu viel schon durch die Vorarbeit der anderen festgelegt. Und schließlich: je vollkommener die eine Polaritätsart in allen vier Elementen zu ausschließlicher Herrschaft gebracht ist, um so einseitiger erscheint dieses Zeitideal, man fängt an, es unbefriedigend zu finden, das höher zu schätzen, was man nicht hat, und die unerreichbare Befriedigung auf einem anderen Wege zu erhoffen als bisher. Ich meine also durchaus nicht, daß eine „Formermüdung" in die neue Bahn, drängt, sondern das Gefühl, daß die bisherige Richtung erledigt ist und als einseitige Richtung notwendig den Verzicht auf Wirkungen enthält, auf welche die Menschheit auf die Dauer nicht verzichten kann. Daß die neue Richtung wieder einseitig werden muß in ihrer reifen Vollendung, das vermag den schaffenden Künstler in seinem Enthusiasmus nicht zu hemmen.

Es gibt also innere Gründe, welche die formalen Elemente zur Abkehr bringen, und äußere Gründe, welche den Umschwung durch die Neueinstellung der Gesinnung besiegeln. Das Ornament, das zwecklos ist, folgt nur den inneren Gründen, das Schicksal des Bloßkünstlerischen ist hier am ungestörtesten zu beobachten. In der Architekturgeschichte aber ist die Phasengrenze immer erst durch den Moment des Umschwungs in der Zweckgesinnung gegeben. Im Beginn der ersten Phase ist das Einsetzen der neuen Gesinnung innerhalb der Architektur wenigstens mit den zugehörig gerichteten drei sinnlichen Elementen gleichzeitig,

---

2 Diese Empfindung ist nicht allgemein. Geymüller sagt in seinem Friedrich II. usw. S. 27: „Zwischen der Renaissance im weitesten Sinne dieses Wortes, wie ich sie in meiner Baukunst der Renaissance in Frankreich zu definieren gesucht habe, und dem Christentum bestehen dermaßen intime Beziehungen, daß sie kein anderer Stil der Welt je gezeigt hat noch zu zeigen imstande sein wird."

mag die Gesinnung auf anderen Gebieten längst vorhanden gewesen sein. War aber die erste Klassik erreicht, so mußte aus den inneren Gründen ein partielles Barock entstehen, der Einsatz des totalen Barock ist aus der Kunstentwicklung selbst nicht notwendig abzuleiten, er ist an das uns mehr oder weniger zufällig scheinende Gesamtgewirre der historischen Veränderungen geknüpft.

Man darf im reifen Rokoko eine zweite Klassik sehen, das Ergebnis einer Neuanspannung aller Prinzipien der zweiten Phase, und darf es abhängig denken von der Entwicklung des Absolutismus; Ludwig XIV. hat die Gesinnung geschaffen, seine letzten Jahre sind der Anfang des Rokoko.[3]

Die Einzelsymptome des Klassizismus beginnen vor der großen Revolution, die Ausschaltung der Persönlichkeit aus der Baukunst kommt aber erst mit dieser. Napoleon hat sich keinen neuen Palast gebaut. Das Empire ist bereits unpersönlich.[4]

3. Der Zusammenhang von Renaissance, Barock, Rokoko und Klassizismus ist nun durch das gemeinsame Substrat an Formen gegeben, die unter dem Einfluß wechselnder Stilprinzipien zwar große Veränderungen durchmachen, aber in ihrer Grundform immer noch durchschlagen und durch eine Reihe von Zwischengliedern sich immer abgeleitet erweisen aus jener Grundform. Es ist ein einziger Stammbaum, der zwar da und dort von lokalen Einflüssen berührt ist, aber nirgends wird in dieser ganzen Zeit von Grund aus ein neuer Stamm gepflanzt, nirgends unter die bisherige Entwicklung ein so dicker Strich gemacht wie beim Einsetzen der Renaissance in Florenz.

Zu diesem Grundstock gehören die Körperformen der Antike, die Raumformen der antiken Zentralbauten, soweit sie erhalten waren (es gab damals mehr als heute), und die Raumform der altchristlichen Basiliken. Das 16. Jahrhundert, auch das 17. haben sich bemüht, neue Säulenordnungen zu erfinden, aber Säulenordnungen blieben es auf alle Fälle. Michelangelo hat Säulen in die Wand gestellt, an den kapitolinischen Bauten die kleinen Säulen dicht neben die durchgehenden Pilaster gerückt[5], aber Säulen blieben es. Er hat neue Rahmenformen erfunden, neue Konsolenformen usw., aber Rahmen und Konsolen antiker Abstammung blieben es. Eines der neugeschaffenen Bauglieder: die Baluster, eine Schöpfung Donatellos, blieb durch alle Stilphasen hindurch am Leben, auch wenn sie z. B. bei Borromini einen dreieckigen Grundriß bekam. Im Rokoko sogar, wo die Konsolen völlig dünn geworden und zerzaust im Winde zu zerflattern scheinen, ist die Konsolform noch zu spüren, und für die Gebälke und Giebel der Rokokoaltäre, in soviel verkrümmte Stücke sie auch zusammenhangslos auseinanderfahren, bleibt der Stammbaum ohne jede Schwierigkeit nachweisbar. Es drängte sich nirgends durch äußere Kräfte eine fertige Masse fremder Kunstformen dazwischen.[6] Ganz ungestört spielt sich die stilistische Wandlung an einem einheitlich geschlossenen Formenkreis ab. Das gilt auch für die Raumformen, die nirgends die antike Tempelform oder die gotische Kathedralform im Sakralbau zur Grundlage haben, im Profanbau die mittelalterlichen Rudi-

---

3 Hier ist der Zweck auch chronologisch das Primäre, er tritt als die erste Stimme auf.
4 Vorübergehend hatte Napoleon wohl die Absicht, sich ein Schloß zu bauen.
5 Als Vorläufer ist einer der Entwürfe des G. da Sangallo zur Lorenzofassade anzusehen. Vgl. Toscanawerk, Biogr. des G. da Sangallo, Fig. 19 (Uff. Nr. 2048). Vgl. dazu die Entwürfe Bramantes zur Petersfassade.
6 Die Kunstformen Ostasiens gehen eine Weile als Begleitung verwandter Klänge neben dem Hauptraum einher, aber dieser Bach mischt sich nicht mit dem breiten Hauptgewässer.

mente fortschreitend ausmerzen. Die einzelnen Sonderzwecke ergeben sich aus den Lebensformen des Tages, sie haben selbstverständlich ihre ungestörte Kontinuität. Der Grundstock an optischen Formen schließlich ist ein für allemal gegeben, und wenn er auch materiell von der Geschichte der Glas- und Spiegelfabrikation und der Technik der Farben und künstlichen Beleuchtung abhängt, so ist die Entwicklung hier nie in dem Maße einer Unterbrechung ausgesetzt wie bei Körper und Raum.

4. Die Entwicklungskontinuität scheint erst durchrissen mit der romantischen Bewegung. Was diese und die folgenden Bauarten des 19. Jahrhunderts mit der Renaissance zusammenbindet, ist einzig und allein das prinzipielle Verhalten zur Tradition.

In aller Kunsttätigkeit ist ein gleichzeitiges Wirken von Tradition und Originalität vorhanden. Es gibt – von den Anfängen der Kunst abgesehen, nach denen ich hier nicht frage – keinen Künstler, der ganz aus sich allein seine Werke schafft, er wächst unter der Anregung von vorhandenen Kunstwerken auf, steht im lebendigen Verkehr mit anderen Künstlern, seinen Lehrern und Mitstrebenden. Es gibt aber ebenso keinen Künstler, der nicht aus sich heraus Neues schüfe, Eigenes dazutäte oder hineingösse in sein Werk. Tradition und Originalität sind begrifflich Gegensätze, aber Gegensätze anderer Art als die Polaritäten der Stilgeschichte; denn sie sind eben nie ausschließlich realisierbar. Absolute Neuschöpfungen gibt es nicht und absolute Tradition wäre Kopie und hiermit keine Kunst.

Tradition und Originalität sind nun in verschiedenen Werken, bei verschiedenen Künstlern und auch in verschiedenen Zeiten in einem verschiedenen Verhältnis gemischt. Das 19. Jahrhundert ist nicht ganz unoriginell in der Architektur gewesen, aber die Abhängigkeit von bestimmten Vorbildern ist in hohem Maße vorhanden und streift oft genug nahe an die bloße Kopie. Das Messen der eigenen Schöpfung an fremder Arbeit ist fördernd, wenn es darauf ausgeht, etwas Besseres zu leisten, wenn also das Streben besteht, das in der vorausgehenden Leistung Unvollkommene zu vervollkommnen, es ist aber hemmend, wenn es darauf ausgeht, nur etwas ebenso Gutes zu schaffen. Sobald das Vorbild zum unübertrefflichen Vorbild wird, ist die eigene Schaffenskraft unterbunden.

Die Renaissance hat mit der lebendigen Tradition der Gotik gebrochen und die Antike und die altchristliche Baukunst sich zum Vorbild genommen. Die originale Kraft der Künstler war aber so stark, daß etwas völlig Neues entstand. Jeder bedeutende Architekt maß die Reste antiker Baukunst auf, suchte in das System einzudringen, übte sich durch die Rekonstruktion der Ruinen. Das eigene Bauen war ein ganz freies Rekonstruieren der Antike; ein Korrigieren der altchristlichen Basiliken ins Antike. Die Antike galt auch als unerreichbar groß und schön, sie war das unübertreffliche Vorbild, aber dies Vorbild konnte nicht schaden, weil man ja diese Antike nicht eindeutig vor sich liegen hatte. Es lagen Ruinen da, höchst anregend für die schaffende Phantasie, die dahinter das absolute Ideal ahnte und doch nicht mit Händen fassen konnte, erst schaffen mußte.

Je weiter die wissenschaftliche archäologische Kenntnis gedieh, um so mehr mußte die anregende Kraft, welche die Antike ausströmte, nachlassen. Der dunkle Vitruv, der mit den Bauten nicht ganz zusammenstimmt, hat den Ehrgeiz erregt, auch zu theoretisieren. Die Theorie, die Säulenbücher, die Akademien seit der Vitruvianischen begleiten die weitere Entwicklung ins Barock hinein, und so unabhängig von den herausdestillierten Regeln der Antike sich die großen Meister bewegten, blieb die Hochachtung vor der langsam, wenn nicht in richtigen, so in bestimmten Linien sich fixierenden Vorstellung von einer unübertrefflichen antiken Baukunst. Michelangelo rechnet dem Sangallo vor, was er falsch gemacht hat. Der spezifisch wissenschaftliche Begriff der Richtigkeit steht hinter all solchen Streitigkeiten und Kritiken, obwohl er in der Kunst nirgends einen Sinn hat. Borromini hat in seinem Oratorium des Filippo Neri die Brüstung der Coretti mit dreieckigen Balustern gebildet, die alternierend oben breiter sind als unten und umgekehrt. Er verteidigt diese Form nicht etwa damit, daß es ihm ausdrucksvoll oder schön erscheine, sondern verweist auf die Lehrmeisterin Natur, die doch auch Menschen und Bäume oben dicker bildet als unten. Die Dreikantigkeit läßt sich allerdings auf diesem Wege nicht verteidigen. Die Folge von Balustern, die abwechselnd oben und unten dick werden, verteidigt er mit der Bemerkung, daß bei dieser Anordnung man zwar von oben hinunter durch die Balusterintervalle sehen könne, aber nicht von unten hinauf.[7] Also selbst Michelangelo und Borromini tun so, als ließe sich ihr Schaffen mit logischen Gründen als richtig erweisen. Andere Künstler, weniger mit unbändiger Schöpferkraft begabt als diese beiden, haben es mit der „Richtigkeit" in ihren Bauten weitergebracht, und eine geschlossene Kette von Bestrebungen akademischer Natur geht neben der echten originalen Kunstentwicklung her und fließt schließlich seit Winckelmann mit der Archäologie zusammen, aus der sich rasch die Kunstgeschichte in jenem modernen Sinn herausbildet, der die Kunst des Mittelalters und der Neuzeit ebenso des Studiums würdigt wie bis dahin die Antike.

Die wissenschaftliche oder genauer gesagt die kunstgeschichtliche Stellungnahme zu den Werken und Stilen der Vergangenheit kennzeichnet nicht nur das 19. Jahrhundert; was hier deutlich und immer deutlicher wurde, war von Anfang an in Brunelleschis Vorgehen gelegen, er hat als Archäologe den Ruinen gegenüber gestanden. Die Kunsthistorie ist für die Baukunst der neueren Zeit der wissenschaftliche Einschlag gewesen, sie bestimmte das Verhältnis zur Tradition. Schon in der Rokokozeit erweiterte sich das Hinblicken auf die Vorbilder. Bis dahin war nur die Antike anerkannt, jetzt war man bei einer Formenwelt angelangt, die den bekannt werdenden ostasiatischen Kunstgebilden weit näher stand als der Antike. Die Idee, die Antike wieder beleben zu können, erweiterte sich zur Idee, jeden fertigen Stil der Vergangenheit repetieren zu dürfen. Aber es war das Unglück der folgenden Künstlergenerationen, daß die Stile, die jetzt zum Schaffen begeisterten, nicht in entstellten Ruinen überkommen waren, sondern in vielen aufrecht gebliebenen Bauten. Der Ersatz der freien Phantasie durch kunstgeschichtliche Kenntnisse im 19. Jahrhundert, die völlige Verwissenschaftlichung des Architekturunterrichts entlarvt die vorausgehenden höchst schöpferischen Phasen als im Kern durchsetzt mit einem wissenschaftlichen Verhalten. Die Architektur, sagt man, ist keine nachahmende Kunst. Aber Malerei und Plastik sollen ja auch nicht nachahmen. Der Realismus, der sich auf Anatomie und Aktzeichnen, Malen nach der Natur und perspektivisches Konstruieren allein beruft und daher ein wissenschaftliches Reproduzieren sich zum Ziel macht, ist die Analogie zu einer sozusagen nachahmenden Architektur, d.h. zu jener, die von einem historisch gegebenen oder erforschten Vorbild ausgeht. Und wie in der Renaissance trotz aller Schöpferkraft und ohne sie zu erdrosseln Perspektive und Naturstudium, später auch die Anatomie (Leonardo, Michelangelo) der gesamten Formenwelt den spezifischen Charakter gibt, so ist das gemeinsame Kennzeichen der gesamten neueren Baukunst, daß sie stets mit dem Hinblick auf ein unübertreffliches Vorbild geschaffen wurde. Und so weit sich auch die Schöpfungskraft von diesem Vorbild fortwagte und es bis zur Unkenntlichkeit im Rokoko verwandelte, es schaute

---

7 Opus Architectonicum Equitis Francisci Borromini ex ejusdem exemplaribus Petitum; Oratorium nempe Aedesque Romanae RR. PP. Congregationis Oratorii S. Philippi Nerii etc., Romae 1725, Seite 10.

der Historismus immer den Schaffenden über die Schulter und hat zuletzt aus der Kunst die Kunst verdrängt.[8]

Die Suche nach dem neuen Stil ist die Folie zu diesem Ausgang der neueren Baukunst gewesen. Die Zerspaltung in eine Sonderentwicklung der einzelnen Elemente ließ diese Versuche scheitern, man nahm nie das Ganze auf einmal vor, versuchte es mit neuen Körperformen und merkte nicht, wie wenig sie mit der Raumform zu tun hatten. Die Raumform entwickelte sich mit der Spezialisierung der modernen Zwecke, aber es stand keine entschiedene Gesinnung hinter diesen. Das natürliche künstlerische Gefühl war durch die wissenschaftliche Einstellung unmöglich gemacht.

Die Baugeschichte löste sich aber als historische Disziplin von der Kunstentwicklung los, wurde nicht mehr betrieben, um neue Vorbilder zu finden und bestimmte Stile zu empfehlen, sie hatte jetzt ihren eigenen Wert als Teil der Geisteswissenschaft, lehrte alle Stile in ihrem Werden und ihrer Bedingtheit verstehen und führte dazu, die Unmöglichkeit einer Renaissance im wörtlichen Sinne einzusehen. Man konnte jetzt die so genau und gründlich und in unermeßlichem Reichtum bekannt und leicht zugänglich gewordenen Formen benutzen und sich dennoch der vollen Freiheit des Schaffens nach der Stimme des Inneren hingeben. Deutschland wenigstens hat damit den Anfang gemacht, und eben deshalb liegt die Epoche der neueren Baukunst abgeschlossen hinter uns, wir können ihr gemeinsames Kennzeichen deutlich erkennen: es ist ein Stammbaum, den wissenschaftlicher d.h. historischer Geist gepflanzt hat – der Gelehrte Brunelleschi –, den freie Schöpferkraft zum Grünen brachte – der Künstler Brunelleschi –, der aber durch die innewohnende Konsequenz seiner wissenschaftlichen Anlegung dazu bestimmt war, die freie Schöpferkraft zum Verdorren zu bringen.

Wir Heutigen sehen auf die Entwicklungsphasen der neueren Baukunst und ihr notwendiges Ende als eine Offenbarung menschlicher Geschichte zurück, stehen erwartungsvoll in den Anfängen eines Neuen, von dem wir trotz dieser Offenbarung nicht ahnen, wie es werden wird. Aber wir wissen, daß es wieder ein Anfang ist, und darum ist es wieder eine Lust zu leben.

Herman Sörgel
Entstehung des architektonischen Kunstwerkes
(Ausschnitt)

Erste Erscheinung: Herman Sörgel, *Theorie der Baukunst. Band I: Architektur-Ästhetik* (München: Piloty & Loehle, 1918).
Textquelle: Herman Sörgel, *Theorie der Baukunst. Band I: Architektur-Ästhetik* (3. erweiterte Auflage München: Piloty & Loehle, 1921), S. 240–243.

Der Architekt und Kulturphilosoph Herman Sörgel (1885–1952) studierte an der Technischen Hochschule in München und an den Universitäten in München und Köln.

---

8 Ich verweise nochmals auf Kurt Cassirer: Die ästh. Hauptbegriffe der franz. Theoretiker von 1650–1780, Berl. Diss. 1909. Er findet, daß für die Zeiten, die im allgemeinen als verschiedene Stilepochen bezeichnet werden (Barock und Rokoko), eine gemeinsame ästhetische Grundlage nachgewiesen werden kann (S. 41). Für die Vorbildlichkeit der Antike gibt er mehrere Nachweise.

Anschließend war er als Architekt, später Regierungsbaumeister tätig. Sein erstes Buch, „*Einführung in die Architektur-Ästhetik. Prolegomena zu einer Theorie der Baukunst*" (1918), war seine 1913 an der Münchener TH abgelehnte Doktorarbeit. Sörgel hat die Monatsschrift *Baukunst* praktisch im Alleingang herausgegeben, die nur zwei Jahrgänge (1925–1926) überlebte. Nach seiner Reise nach Amerika im Jahre 1926 begann er systematisch an seinem monumentalen Lebensprojekt *Atlantropa* (1932) zu arbeiten, an der Vision der „Vereinigten Staaten von Europa". Mit einer starken Senkung des Mittelmeerwasserspiegels wollte Sörgel neues Land für neue Städte als Acker gewinnen und Europa mit Afrika mit einer Brücke zusammenzubinden. Durch den Einbau von Staudämmen bei Gibraltar und Gallipoli sollte die Bewässerung und Kultivierung der Sahara-Wüste ermöglicht werden. Das Projekt sollte als eine positive Antwort auf Oswald Spenglers Werk, *Untergang des Abendlandes* (1918) die menschliche Zivilisation retten. Sörgel gründete und leitete das Atlantropa-Institut in Oberdorf. Namhafte Wissenschaftler und Architekten wie Peter Behrens, Hans Döllgast, Fritz Höger, Erich Mendelsohn und Hans Pölzig nahmen in der Ausarbeitung einzelner Anlagen dieses Mega-Projekts der Moderne teil.

Sörgels *Einführung in die Architektur-Ästhetik* ist eine der letzten Architekturtheorien mit einem umfassenden Anspruch und hat zur Zeit der Erscheinung eine entsprechende Aufmerksamkeit erweckt. Die dritte, erweiterte Auflage der Arbeit erschien unter dem Titel *Architektur-Ästhetik. Theorie der Baukunst* (1921, Nachdruck 1988). Das Buch besteht aus drei Teilen. Der historische Teil beschreibt die Entwicklung der Architekturästhetik von Vitruvius bis Adolf Hildebrand, dessen Werk Sörgel wichtige Einsichten verdankt. Der methodische Teil untersucht die verschiedenen Arten der ästhetischen Wahrnehmung und zeigt „die Eigenart des Ästhetischen in der Architekturbetrachtung". Der angewandte Teil ist den Fragen der Form und des Stils gewidmet – Material, Konstruktion, Schmuck, Stimmungswert, Nationalcharakter sind einige der Hauptthemen. Abschließend behandelt Sörgel Fragen des Architekturunterrichtes. Die Feststellung, dass die eigentliche Aufgabe des Architekten die Gestaltung des Wirkungsraums (also einer optisch wahrgenommenen Projektion) ist, erweitert die Theorie Hildebrands und relativiert die Frage der Funktionalität.

Bibliografie: Wolfgang Voigt, *Atlantropa. Weltbauen am Mittelmeer. Ein Architektentraum der Moderne* (Hamburg: Dölling und Galitz, 1998).

Die Vervollständigung und Verwirklichung der Idee

Als vorzüglichste seelische Kräfte im allerersten Architekturschaffen wurden die Phantasie und die Ideenerzeugung bezeichnet. Sie bilden die breite universale Basis, die elementaren Grundtriebe zur Hervorbringung des baulichen Kunstwerks. Sobald die Idee durch die Phantasie zur Empfindung eines allgemeinen Typus erregt ist, tritt sofort die optische Versinnlichung ein. Gleichzeitig muß das Material der Phantasie durch das verstandesgemäße Urteil geläutert werden. Und alle diese gleichzeitigen, geistigen Vorgänge müssen selbstverständlich ganz im architektonisch räumlichen Sinne vor sich gehen. Nicht nur die einseitige Beherrschung der „äußeren Erscheinung" ist dabei notwendig, sondern die Bemeisterung des Raumes von innen und außen.

Das Auge ist für den Architekten ein ungemein wichtiges Werkzeug. Es gab wohl einen blinden Homer, einen tauben Beethoven, aber es wird niemals einen blinden Baukünstler geben! Der Architekt, welcher mit seinem Programm, seinem Material und seinen Konstruktionen nur die reale Zweckerfüllung anstreben würde, wäre bestenfalls ein Techniker. Als Künstler muß er schon in der ersten Versinnlichung der Idee das Phänomen sehen, und ein solches bleibt der Bau für ihn bis zur fertigen Ausführung. Die Forderungen des Zweckes, des Materials und der Konstruktion sieht der Architekt alle durch die Brille der Erscheinung. Er sieht dadurch nicht weniger oder verschwommen, im Gegenteil mehr und tiefer. Die Erfüllung der statischen Bedingtheiten usw. sind conditio sine qua non, durch welche der Entwerfende und Ausführende hindurch fühlen, sehen und denken muß. Sie sind ästhetisch nur insofern wesentliche Notwendigkeiten, als sie für das Phänomen des Werkes bestimmend werden. Sie bedeuten für den Künstler niemals grundsätzliche Hemmungen oder Unmöglichkeiten, sie können ihn nicht zwingen, seinen ästhetischen Standpunkt aufzugeben und in der Architektur nur reine Technik zu sehen.* Andrerseits bewahren gerade jene Schwierigkeiten vor Virtuosentum.

Der Laie macht wohl nie in dem Maße wie der entwerfende und ausführende Architekt die wertvolle Erfahrung, wie viele wichtige verstandesgemäße Zusammenhänge in einem Baue stecken und schon im freiesten, künstlerischen Entwurf enthalten sind. Es ist gerade das Geheimnis der architektonischen Schöpfung, daß die angeschlagenen Gefühlswerte sich bei der Versinnlichung sogleich mit den technischen Gegebenheiten verbinden, als ein Ganzes Gestalt gewinnen und weiterwachsen, in ihren Absichten einander durchdringen und bis zu ihrer letzten Vollendung nicht nur gemeinsam, sondern auch einig dem gleichen Endziel zustreben. Die Festlegung eines einzelnen Elementes im Architekturwerk bedeutet zugleich die Bestimmung aller übrigen. Bei der Anlage des Grundrisses muß der Schnitt und damit der Aufriß schon mitempfunden, mitgedacht und mitgeschaut werden. Erst in ihrer Gesamtheit besteht die Partitur des architektonischen Konzertes. Die Orchestralwirkung kann niemals aus einem einzelnen Instrument allein erzeugt werden. Der Grundriß zum Beispiel für sich genommen wäre nur eine einzelne Stimme daraus. Die Ausbildung des Aufrisses, die Fassaden und die Harmonie mit der Umgebung setzen hinwiederum den Pulsschlag der inneren Raumorganismen voraus. Die Ausdehnung und Form eines Raumes trägt die notwendige Bestimmung und Größe der Konstruktionsstärken, der Mauerdicken usw. in sich. Und so sind die verstandesgemäßen Bedingungen eines Baues in solchem Maße mit den formalen und seelischen Werten verquickt, daß sie mit ihnen zusammen notwendigerweise das Ästhetische im Kunstwerk bilden müssen.

Der räumliche Zusammenhang mit der menschlichen Körpergröße und dem Menschenleben, das sich in den Architekturgebilden abspielen soll, bleibt dabei ständig das künstlerische Regulativ. Man kann sich die Architektur so entstanden denken, daß der Mensch durch eine weiche Masse hindurchgeht, sich in verschiedenen Richtungen bewegt, sich setzt, legt, hinauf- und heruntersteigt, je nach den Zwecken und Fordernissen des Lebens. Denkt man sich die weiche Masse dann erhärtet, so daß die Hohlräume alle klar zu sehen wären, und diese selbst über die Tastregion hinaus zu einer angemessenen Sehweite erweitert, künstlerisch verteilt und formal ausgebildet, so muß daraus die architektonische Folie als Hintergrund und als Behälter des Menschenlebens entstehen, wie sie aus dem räumlichen Zusammenhang der Natur und Körperwelt mit dem menschlichen Maße und Bedürfnis folgert. In jenen Raumgefäßen stecken

---

* Bestehen z. B. nicht auch für den Bildhauer oft sehr große technische Schwierigkeiten, die er künstlerisch überwinden muß?

dann immerfort die erregenden Ursachen ihrer Formungen darinnen, d. h. sie fordern durch ihre Physionomie ständig zur Wiederholung der dreidimensionalen Bewegungen und menschlichen Tätigkeiten auf, aus welchen sie erzeugt wurden.

So muß das architektonische Kunstwerk zugleich **erlebt, geschaut und konstruiert** sein! Wäre es nur „erlebt", d. h. ausschließlich von Gefühlen erfunden und Empfindungen durchdrungen, wie der Maler oder Lyriker nur von einer Impression allein ausgeht, so wäre es praktisch unbrauchbar. Das architektonische Erleben muß sich an Hand der zwecklichen und optischen Forderungen erzeugen. Wäre ein Bauwerk nur „geschaut", so wäre es einseitig von außen nach innen konzipiert. Man darf nicht ausschließlich von der Massenverteilung, von Giebeln, Erkern, Vorbauten usw. ausgehen und das Zweckprogramm in dieses nur aufs Auge allein gestellte Gebilde hineinpressen, sondern muß eine ebenso gute formale Gestaltung im Zusammenarbeiten mit Grundrissen, Schnitten etc. suchen. Wäre ein Bau nur „konstruiert", so wäre er ebenso einseitig von innen nach außen erdacht. Es ist falsch, einen Grundriß z. B. ohne Rücksicht auf das Äußere zuerst fertig zu stellen, oder, wie es von manchen Bestellern getan wird, den Grundriß überhaupt schon als gegeben aufzustellen und vorzuschreiben. Der Wettbewerb um ein Opernhaus in Berlin, wo das letztere der Fall war, ist ein Beweis, daß diese Dinge nicht so selbstverständlich sind wie sie scheinen.

Wie schon gesagt, ist die „Idee der äußeren Erscheinung", von der Ostendorf ausging, ein Widerspruch in sich; denn eine Idee kann noch keine Erscheinung sein. Ebenso falsch ist es aber, die Architektur in ein Inneres und ein Äußeres zu teilen und vom Inneren als dem Primären aus zu entwerfen. Dieser alte oft erörterte Gegensatz, der sich in den Schlagworten: „**Von innen nach außen oder von außen nach innen?**" zusammenfassen läßt, wird nach der im zweiten Teil dieser Schrift ausgeführten Wesensbestimmung der Architektur hinfällig. Die Baukunst ist nicht Raumkunst und Körperkunst und Flächenkunst, sondern sie ist **nur** Raumkunst. Das Räumliche in der Architektur besteht nicht in einem inneren Hohlraum und einem äußeren Körper, sondern in einem inneren **und** äußeren Hohlraum. Die Straße, der Platz und der Landschaftsraum unterliegen grundsätzlich den gleichen Gesetzen wie der Innenraum. In jedem Falle handelt es sich um ästhetische Normen des Raummäßigen. Die Mauern und materiellen Stoffe der Architektur haben niemals als konvexe Körper im Sinne der Plastik Bedeutung, sondern sind Bildungs- und Begrenzungsflächen nach drei Dimensionen für den Hohlraum als das eigentliche architektonische Kunstwerk. Selbstverständlich kann in einem räumlichen Zusammenhang der Straßenraum wichtiger und monumentaler als der Binnenraum – oder umgekehrt – sein, und das Bedeutungsvollere hat dann vorzuherrschen; während sich das andere unterordnet. Die Entscheidung, nach welcher Seite das Hauptgewicht zu verlegen ist, liegt in sozialen und allgemein kulturellen Bedingungen begründet, ist wohl auch eine Frage des künstlerischen Geschmackes und Taktes des Einzelnen, hat aber nichts mit den Grundlagen der Raumkunst als solcher zu tun.

Besonders arg verkannt sind diese Gesetze von jenen Behörden worden, welche einen „**Normalgrundriß**" vorschrieben, zu dem dann nach dem Belieben des Ausführenden eine mittelalterliche, barocke oder moderne Fassade gemacht wurde. Abgesehen davon, daß jeder Stil an sich schon einen besonderen Grundriß verlangt, ist es bei der Schöpfung eines räumlichen Kunstwerkes, das aus der Situation heraus entwickelt werden muß, sinnlos, einen schon vorher von einem anderen bestimmten Plan zugrunde zu legen.

El Lissitzky

K. und Pangeometrie
(Ausschnitt)

Erste Erscheinung: Carl Einstein, Paul Westheim (Hrsg.), *Europa Almanach: Malerei, Literatur, Musik, Architektur, Plastik, Bühne, Film, Mode, außerdem nicht unwichtige Nebenbemerkungen* (Potsdam: Gustav Kiepenheuer, 1925).
Textquelle: El Lissitzky, „K. und Pangeometrie" in Carl Einstein, Paul Westheim (Hrsg.), *Europa-Almanach: Malerei, Literatur, Musik, Architektur, Plastik, Bühne, Film, Mode, außerdem nicht unwichtige Nebenbemerkungen* (Nachdruck Leipzig, Weimar: Gustav Kiepenheuer, 1984), S. 105–113.

Der russische Architekt El (Lasar Markowitsch) Lissitzky (1890–1941) hat ab 1909 an der Technischen Hochschule in Darmstadt Architektur studiert. Zwischen 1919 und 1921 unterrichtete er in der Kunstgewerbe Schule seiner Geburtsstadt Witebsk. Er lernte dort Kasimir Malevitch kennen und begann, an seinen „Prouns" (experimentelle geometrisch-räumliche Konstruktionen) zu arbeiten. 1921 wurde er nach Moskau berufen, um die Architekturfakultät der neuen Kunstschule WChUTEMAS zu leiten; die Gruppe der Konstruktivisten, deren Mitglied er war, hat im Jahre 1922 in Berlin einen riesigen Erfolg erzielt. 1923–1925 war Lissitzky in Deutschland und in der Schweiz unterwegs. Er veröffentlichte Aufsätze über die Kunst der Avantgarde in verschiedenen Zeitschriften, wie *Weschstch, G, Broom, Merz*, (Berlin), *ABC–Beiträge zum Bauen* (Basel), *De Stijl* (Amsterdam). Er machte Bekanntschaft mit Vertretern der europäischen Avantgarde wie Theo van Doesburg, J. J. P. Oud, Mies van der Rohe, Mart Stam und vermittelte die Ideen des russischen Konstruktivismus. Er war Mitglied des 1932 gegründeten Architektenvereins ASNOWA in Moskau und künstlerischer Redakteur der Architekturzeitschrift *SSSR na stroike*. El Lissitzky schrieb das erste umfassende Buch über die Architektur der russischen Avantgarde (*Rußland. Die Rekonstruktion der Architektur in der Sowjetunion*, Wien 1930.)

Der Aufsatz „K. und Pangeometrie" (K ist eine Abkürzung für Kunst) erschien in dem von Carl Einstein und Paul Westheim herausgegebenen Europa-Almanach, einem Sammelband von Texten, Bildern und Musiknoten von Künstlern wie Fernand Léger, J.J.P. Oud, Bertolt Brecht, Wladimir Majakowskij, Le Corbusier und Oskar Schlemmer. Der Inhalt der Anthologie hat nichts mit dem von Sörgel vertretenen Paneuropa-Gedanken gemeinsam; im Gegenteil wird das Fehlen einer revolutionären Erneuerung als Beweis gefunden, dass der Schauplatz Europa zum bloßen „Jahrmarkt" geworden ist. Lissitzky will in seinem Beitrag zeigen, dass die Perspektive nicht wie angenommen die „eindeutige, objektive, selbstverständliche" Darstellung des Raumes ist, sondern ein mögliches System. Die Perspektive erfasst den Raum auf der Grundlage der Euklidischen Geometrie als eine starre Dreidimensionalität: „Sie hat die Welt in einen Würfel eingebaut und ihn so transformiert, dass er in der Fläche als Pyramide erscheint. Die Spitze dieser Sehpyramide liegt entweder in unserem Auge, also vor dem Gegenstande, oder wir projizieren sie auf den Horizont – hinter den Gegenstand. Das Erste hat der Osten gewählt, das Zweite der Westen." Die russische Avantgarde, der Suprematismus versetzt dagegen die Spitze der Sehpyramide ins Unendliche und lenkt damit die Aufmerksamkeit auf eine vor allem im Ingenieurwesen verwendete Darstellungsweise, die Axonometrie.

Bibliografie: Sophie Lissitzky-Küppers (Hrsg.), *El Lissitzky. Maler, Architekt, Typograf, Fotograf* (Dresden: Verlag der Kunst, 1980).

Das Sehen ist nämlich auch eine K.[1]

[...]

Die Perspektive hat den Raum begrenzt, endlich gemacht, abgeschlossen. Der „Zahlkörper"[2] der K. ist aber reicher geworden. Der planimetrische Raum hat uns die arithmetische Reihe geliefert. Die Gegenstände standen dort im Verhältnis: 1, 2, 3, 4, 5... Im perspektivischen Raum haben wir eine neue geometrische Reihe erhalten, die Gegenstände stehen hier in einem Verhältnis: 1, 2, 4, 8, 16, 32... Bis zu unserer Zeit hat der „Zahlkörper" der K. keine neue Bereicherung erhalten. Inzwischen hat die Wissenschaft grundlegende Umbauten vorgenommen. Die geozentrische Weltordnung des Ptolemeus wurde durch die heliozentrische von Copernikus ersetzt. Der starre Euklidische Raum wurde durch Lobatschewski, Gausz, Riemann zerstört. Den ererbten perspektivischen Raum haben die Impressionisten als erste zu sprengen angefangen. Entscheidender war das kubistische Verfahren. Sie haben den raumabschließenden Horizont in den Vordergrund gezogen und ihn mit der Malfläche identifiziert. Sie haben diese feste Fläche durch psychische Merkmale (tapetenbeklebte Wand usw.) und mit elementaren Formdestruktionen ausgebaut. Sie haben von der Bildfläche aus nach vorne in den Raum gebaut. Die letzten Konsequenzen sind: die Reliefs von Picasso und Konterreliefs von Tatlin.

Eine andere Methode haben die italienischen Futuristen angewandt. Sie haben die Spitze der Sehpyramide aus dem Auge genommen. Sie wollten nicht vor dem Gegenstande stehen, sondern in ihm. Sie haben das einzige perspektivische Zentrum in perspektivische Scherben zersplittert und über die ganze Bildfläche zerstreut. Sie haben aber die letzten Konsequenzen nicht gezogen: dazu reichten die Mittel des Malkastens nicht aus, die photographische Kamera wäre dazu nötig gewesen.

Die Aufstellung des □ durch K. Malewitsch (Petersburg 1913) war die erste Manifestation der Erweiterung in dem „Zahlkörper" der K.[3]

Unser Zahlensystem, welches Positionssystem heißt, verwendet schon lange die 0, aber erst im 16. Jahrhundert wird zuerst die 0 nicht als Nichts, sondern als Zahl betrachtet (Cordano, Tartaglia), als Zahlenwirklichkeit. Nur jetzt im 20. Jahrhundert wird das □ als plastischer Wert, als 0 in dem Komplexkörper der K. anerkannt. Dieses vollfarbige ganz kontinüierlich mit Farbe ausgestampfte □ in einer weißen Fläche, hat nun angefangen einen neuen Raum zu bilden.

Die neuen optischen Erfahrungen haben gelehrt, daß zwei Flächen verschiedener Intensitäten, selbst wenn sie in einer Ebene liegen, in verschiedener Entfernung zueinander erfaßt werden.

---

1 Abkürzungen: K.= Kunst, G. = Gestaltung
2 Unter dem „Zahlkörper" versteht man die Gesamtheit aller möglichen Zahlen, geometrisch läßt es sich durch eine Linie darstellen („die stetige Gerade"), wo jeden, selbst unendlich nahe liegenden, Punkt eine Zahl entspricht.
3 Die Lösung von Mondrian ist die letzte Leistung in dem Werdegang der Westeuropäischen Malerei. Er bringt die Fläche zu dem Urzustand, zu nur Ebene, es ist mehr kein hinein und kein heraus aus der Fläche. Es ist die letzte Konsequenz jeder Abschließung nach Außen. Wenn die Stil-K.ler das Mondriansche Prinzip auf die 3 Ebenen des Raumes transponieren, werden sie Dekorateurs.

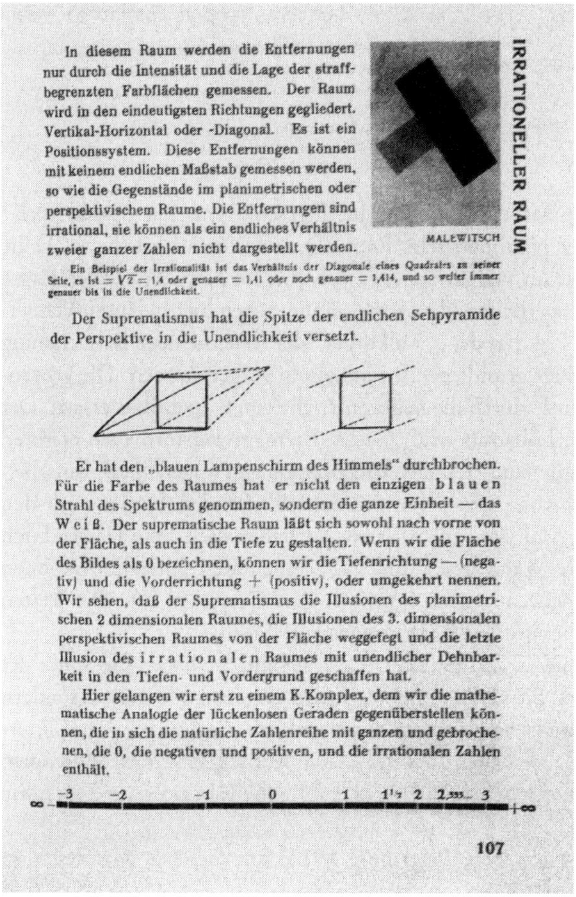

Abb. 23. El Lissitzky, „K. und Pangeometrie". Seite aus dem Europa-Almanach, herausgegeben von Carl Einstein und Paul Westheim (1925).

Irrationeller Raum

In diesem Raum werden die Entfernungen nur durch die Intensität und die Lage der straffbegrenzten Farbflächen gemessen. Der Raum wird in den eindeutigsten Richtungen gegliedert. Vertikal-Horizontal oder -Diagonal. Es ist ein Positionssystem. Diese Entfernungen können mit keinem endlichen Maßstab gemessen werden, so wie die Gegenstände im planimetrischen oder perspektivischem Raume. Die Entfernungen sind irrational, sie können als ein endliches Verhältnis zweier ganzer Zahlen nicht dargestellt werden.

Ein Beispiel der Irrationalität ist das Verhältnis der Diagonale eines Quadrates zu seiner Seite, es ist $= \sqrt{2} = 1,4$ oder genauer $= 1,41$ oder noch genauer $= 1,414$, und so weiter immer genauer bis in die Unendlichkeit.

Der Suprematismus hat die Spitze der endlichen Sehpyramide der Perspektive in die Unendlichkeit versetzt.

Er hat den „blauen Lampenschirm des Himmels" durchbrochen. Für die Farbe des Raumes hat er nicht den einzigen blauen Strahl des Spektrums genommen, sondern die ganze Einheit – das Weiß. Der suprematische Raum läßt sich sowohl nach vorne von der Fläche, als auch in die Tiefe zu gestalten. Wenn wir die Fläche des Bildes als 0 bezeichnen, können wir die Tiefenrichtung – (negativ) und die Vorderrichtung + (positiv), oder umgekehrt nennen. Wir sehen, daß der Suprematismus die Illusionen des planimetrischen 2 dimensionalen Raumes, die Illusionen des 3. dimensionalen perspektivischen Raumes von der Fläche weggefegt und die letzte Illusion des irrationalen Raumes mit unendlicher Dehnbarkeit in den Tiefen- und Vordergrund geschaffen hat.

Hier gelangen wir erst zu einem K.Komplex, dem wir die mathematische Analogie der lückenlosen Geraden gegenüberstellen können, die in sich die natürliche Zahlenreihe mit ganzen und gebrochenen, die 0, die negativen und positiven, und die irrationalen Zahlen enthält (s. Abb. 23 unten).

Aber das ist noch nicht alles. Die Mathematik hat ein „neues Ding" geschaffen: die imaginären[4] Zahlen. Darunter wird verstanden so ein aus der mit sich selbst multipliziert eine negative Größe resultiert. Die Quadratwurzel aus dem negativen Eins ist das imaginäre Ding i. ($\sqrt{-1}= i$). Wir kommen in ein Gebiet, das nicht vorstellbar ist, das keiner Anschaulichkeit fähig ist, das aus der rein logischen Konstruktion folgt, das eine elementare Kristallisation des menschlichen Gedanken ist. Was hat es mit der Anschaulichkeit, mit der sinnlichen Erfaßbarkeit der K. zu tun? Im vitalen Drang um die Erweiterung der G. der K., glauben einige moderne K.ler, einige meiner Freunde, neue, mehrdimensionale, reale Räume aufzubauen, in welche man ohne Regenschirm hineinspazieren kann, wo Raum und Zeit zu einer Einheit gebracht sind, die auswechselbar sind. Dabei hat man sich mit einer beweglichen Oberflächlichkeit auf die modernsten wissenschaftlichen Theorien bezogen, ohne sie kennenzulernen (mehrdimensionale Räume, Relativitätstheorie, Minkowskiwelt usw.). Aber den produzierenden K.lern darf man alle ihre Theorien erlauben, wenn ihr Werk positiv ist. In unserem Gebiet ist bis jetzt nur die Richtung der Expansion positiv, aber dank der falsch erfaßten wissenschaftlichen Lockungen ist das Werk selbst noch unzulänglich. Die bahnbrechenden Konstruktionen der neuen mathematischen Welt sind Lockungen nicht nur für die plastische G. Schon Lobatschewski hat das Absolute des Euklidischen Raumes gesprengt. Euklid, aus der Erfahrung der irdischen Maßverhältnisse, hat einen mathematischen Raum ausgebaut, der keine Krümmung kennt und infolge dessen imstande ist, in der Ebene ein Quadrat zu bauen, der mit einem unveränderlichen Maßstab sich zu messen erlaubt. Auf diesem Quadrat kann man entsprechend einen Würfel herstellen. Lobatschewski und Gausz haben zuerst bewiesen, daß der Euklidische Raum nur ein Fall in der unendlichen Reihe von Räumen ist. Unsere Sinne sind nicht imstande, sich das vorzustellen, aber das ist eben die Eigenschaft der Mathematik, daß sie von unserer Vorstellungsfähigkeit unabhängig ist. Daraus folgt, daß die mathematisch existierenden mehrdimensionalen Räume nicht vorstellbar, nicht darstellbar, überhaupt nicht materialisierbar sind. Wir können nur die Form unseres physischen Raumes ändern, aber nicht seine Struktur, seine 3. Dimensionale. Wir können das Krümmungsmaß unseres Raumes nicht wirklich verändern, d. h., wir können das Quadrat und den Würfel in keine andere stabile Form transformieren. Nur die Fatamorgana kann das vortäuschen. Die Relativitätstheorie hat den Beweis gebracht, daß Maßstäbe des Raumes und der Zeit von der Bewegung der betreffenden Systeme abhängig sind. Nach dieser Theorie kann ein Mensch sterben vor dem wie er geboren ist. Aber soweit wie für unsere Praxis dieser Fall in umgekehrter Reihenfolge abläuft, müssen wir die Gesetze unserer Physik verfolgen um K.G.gen aufzubauen, die durch den Apparat unserer Sinne auf uns einwirken.

---

4 imaginär = eingebildet = nicht wirklich.

Als ein neuer Bestandteil der plastischen G. kommt jetzt an der ersten Stelle die Zeit in Betracht. In den Ateliers moderner K.ler glaubt man direkt eine Einheit aus Raum und Zeit, die dabei einander ersetzen können, zu gestalten. Raum und Zeit sind verschiedene Gattungen. Der Raum unserer Physik ist 3. dimensional. In der Zeit aber kann man nicht in die Tiefe, Höhe, Breite streifen, – Zeit ist 1. dimensional. Wir unterscheiden den 3. dimensionalen, physischen Raum und die mehrdimensionalen mathematischen Räume. Zeit gibt es nur eine, sowohl in der Physik als in der Mathematik. Wir kennen keinen Raum außerhalb der Gegenstände und umgekehrt. Raum gestalten heißt Gegenstände gestalten. Gegenstände kann man in Elemente zerlegen. Die Zeit ist stetig, man kann sie in keine Elemente zerlegen. Der Raum ist auseinander, die Zeit ist nacheinander. Das müssen wir uns klar machen um das folgende zu verstehen.

Unsere Sinne haben ein bestimmtes Fassungsvermögen, durch technische Mittel steigern wir dieses Vermögen, aber vorläufig ist es eine Multiplizierung des Gegebenen und noch keine grundlegende Umbildung.

Z.B.: Unser Sehraum hat eine Grenze, wo es noch Unterschiede der Sehgröße, aber keine der Seherne gibt, wo alle Gegenstände in derselben Seherne liegen. Der Photoapparat kann den Sehraum nur erweitern, wie diese Aufnahme von 3000 Meter Höhe zeigt. Oder, den Uebergang der Krümmung aus dem 2.dimensionalen in das 3.dimensionale sehen wir, aber den Uebergang der 3.dimensionalen Krümmung ins 4.dimensionale kann weder unser Gesichtssinn noch unser Tastsinn erfassen.

Die Zeit wird von unseren Sinnen indirekt erfaßt, die Veränderung der Lage eines Gegenstandes in dem Raum zeigt es an. Wenn die Schnelligkeit dieser Veränderungen bis an die modernen Rhythmen angelangt war, sahen sich die K.ler es zu registrieren genötigt. Die italienischen Futuristen haben noch das Flimmern der Körper, die in ihrer Schnelligkeit den Raum quer- und durchkreuzen abgemalt. Aber Körper werden in Bewegung durch Kräfte gebracht. Der Suprematismus hat die dynamische Gespanntheit der Kräfte gestaltet. Die Leistungen der Futuristen und Suprematisten sind statische Flächen, die die Dynamik bezeichnen. Es sind ins Irrationelle transponierte und versinnlichte Kurventabellen der Schnelligkeit und des Dynamismus. Es hat nicht befriedigt. Man wollte die Bewegung durch Bewegung gestalten. Die Lösung von Boccioni war naturalistischer Art. Er hat einen Teil seiner Plastik mit einem Motor verbunden, so daß die organische Bewegung des Körpers imitiert war. Tatlin und die Konstruktivisten in Moskau haben die Bewegung symbolisiert. Die einzelnen Körper des „Denkmals der III. Internationale" drehen sich um ihre eigene Achse mit einer Geschwindigkeit: ein Jahr, ein Monat, ein Tag. Prusakow hat 1921 ein bewegliches Relief konstruiert, das mit einem dadaistischen Einschlag eine Fabrikkomiteesitzung symbolisiert oder karikiert. Gabo hat stilisiert die pendelnde Bewegung eines Metronoms (Russische Kunstausstellung Berlin 1922). Das einzig wichtige hat die moderne dynamische Reklame geleistet, denn sie ist aus der direkten Notwendigkeit zu wirken auf unsere Psyche entstanden und nicht aus ästhetischen Reminiszenzen.

Imaginärer Raum

Wir stehen jetzt im Anfang einer Periode, in der die K. einerseits in ein Pasticiospiel mit allen Denkmälern der Museen ausartet, anderseits um die Schaffung eines neuen Raumausdrucks kämpft. Ich habe oben gezeigt, daß Raum und Gegenstand in einer gegenseitigen funktionellen

Beziehung stehen. Es tritt die Aufgabe auf, durch einen materiellen Gegenstand den imaginären Raum zu gestalten.

Unser Sehvermögen ist begrenzt in der Erfassung der Bewegung und überhaupt des vollständigen Zustandes der Gegenstände, z. B.: Eine sprunghafte Bewegung mit einer Periode kleiner als $1/30$ Sekunde, ruft den Eindruck einer stetigen Bewegung hervor. Auf dieser Eigenschaft ist der Film gebaut. Das Hineinziehen des Films als Mittel um die Aufgaben der dynamischen G. durch die wirkliche Bewegung zu realisieren, ist eine entschiedene Leistung von V. Eggeling und seinen Nachfolgern. Das ist der erste Schritt in der Richtung des Aufbaues des imaginären Raumes, aber der Film ist nur eine dematerialisierte Flächenprojektion, und nur eine Eigenschaft des Sehvermögens verwendet er. Aber wir wissen, daß ein materieller Punkt eine Linie bilden kann, z. B.: daß eine glühende Kohle bei der Bewegung den Eindruck einer leuchtenden Linie hinterläßt. Die Bewegung einer materiellen Linie den Eindruck einer Fläche und eines Körpers hervorruft. Da ist nur eine Andeutung, wie man durch elementare Körper einen materiellen Gegenstand so aufbauen kann, daß er im Ruhestand eine Einheit in unserem 3. dimensonalen Raum bildet, und in Bewegung gebracht einen ganz neuen Gegenstand, das heißt einen neuen Raumausdruck erzeugt, der so lange da ist, als die Bewegung dauert und der darum imaginär ist. Hier bringe ich ein paar ganz elementare Beispiele (s. Abb. 24).

In diesen paar Beispielen wende ich nur die Rotationsbewegung an. Es sind noch mehrere Arten (Schwingung- usw.) zu verwenden. Die Aufgabe, allein die Bewegung zu gestalten, stellen wir uns hier nicht. Die Bewegung ist hier als ein Bestandteil in dem Gesamtkomplex der Elemente, die den neuen Körper aufbauen sollen, hineinbezogen.

Die unendlich mannigfaltigen Wirkungen, die durch die G. des imaginären Raumes realisierbar sind, schweben in einem kleinen Teile uns schon jetzt vor. Es ist eine ganze Reihe von Eigenschaften unseres Sehvermögens zu verwerten. Die stereoskopischen Wirkungen, die die Bewegung hervorruft, wenn sie farbige Medien passiert. Die Farbeneindrücke, die durch Ueberlagerung von farbigen Strahlenbündeln, die durch Polarisation usw. entstehen. Die Transforma-

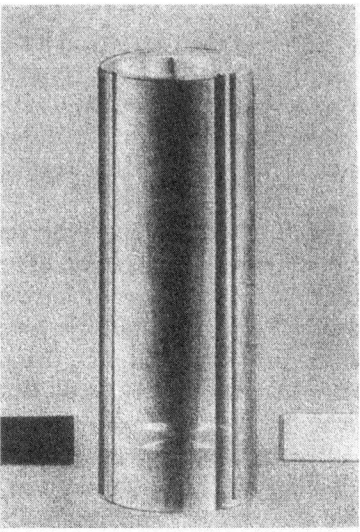

Abb. 24. El Lissitzky, Imaginärer Rotationskörper.

tion akustischer Erscheinungen in optische. Es ist schon vorauszusehen, daß der Tagesverbrauch wird viel bei dieser K.leistung zu entlehnen haben. Für uns ist aber besonders wichtig, daß diese K.G. die Vernichtung des alten K.begriffes der Monumentalität mit sich bringt. Noch bis jetzt herrscht die Meinung, daß K. das ist, was für die Ewigkeit geschaffen wird, was darum unzerstörbar, schwer, massiv, in Granit gehauen und in Erz gegossen sein muß. Cheops-Pyramide. Der Eiffelturm ist nicht monumental, denn nicht für die Ewigkeit gebaut, – als eine Attraktion für einen Weltjahrmarkt, keine geschlossene Masse, eine durchbrochene Spitzensäule. Und da stellen wir jetzt ein Werk auf, das in seiner vollen Wirkung überhaupt nicht handgreifbar ist. Aber monumental ist für uns nicht das Werk, das ein Jahr oder ein Jahrhundert oder ein Jahrtausend dasteht, sondern die immer stehende menschliche Leistungsexpansion.

Hier habe ich die Variabilität unserer Raumerfassung und die entsprechenden G.gen der K. verfolgt, und dabei bin ich zu einer amateriellen Materialität angelangt. Das klingt paradox. Aber Tatsachen beweisen, daß „die Fortbewegung darin besteht, daß wir veranlaßt werden, Ansichten, die unsere Vorfahren für unbegreiflich hielten und unfähig waren zu begreifen, für evident und für notwendig zu halten".

László Moholy-Nagy **der raum (architektur)** (Ausschnitte)

Erste Erscheinung: László Moholy-Nagy, *Von Material zu Architektur* (Bauhausbücher 14: Passau, 1929).
Textquelle: László Moholy-Nagy, *Von Material zu Architektur* (Nachdruck Mainz, Berlin: Florian Kupferberg, 1968), S. 197–199, 222.

Der in Ungarn geborene Künstler László Moholy-Nagy (1895–1946) war einer der einflussreichsten Pädagogen der Avantgarde. Er war auf dem Gebiet der Malerei, Fotografie, Film, Bühnenbild und Industriedesign tätig. 1918 beendete er seine Jurastudien in Budapest und wendete sich endgültig der Kunst zu. Schon seit 1917 gehörte er zum Kreis Lajos Kassáks, des Redakteurs der ungarischen Avantgarde-Zeitschrift *MA*. Nach dem Sturz der ungarischen Räterepublik emigrierte er wie viele politisch engagierte Avantgarde-Künstler von Budapest nach Wien und später nach Berlin. Er setzte sich mit den Dadaisten in Verbindung. 1921 traf er El Lissitzky in Düsseldorf und nahm an van Doesburgs Konstruktivisten-Kongress in Weimar teil. Im Jahre 1922, auf seiner ersten Ausstellung in der Galerie „Der Sturm" erregten seine „Telephonbilder", die ihren Herstellungsprozess dokumentierten, großes Aufsehen. Er begann Materialexperimente in Holz, Glas, Kupfer und anderen Metallen. 1923 erhielt er von Walter Gropius den Lehrauftrag im Weimarer Bauhaus und übernahm Johannes Ittens Vorkurs und Paul Klees Metallwerkstatt. Er experimentierte mit kinetischen Projekten. 1924 nahm er an der Ersten deutschen Kunstausstellung in Moskau teil. 1925 begann er, mit Walter Gropius die Reihe der Bauhausbücher herauszugeben. 1928 verließ Moholy-Nagy mit Gropius und Marcel Breuer das Bauhaus. Er emigrierte 1934 über Amsterdam und London in die Vereinigten Staaten und wurde 1937 Mitbegründer und Direktor des *New Bauhaus* (von 1944: Institute of Design) in Chicago, wo er bis zu seinem Tod unterrichtete.

Sein Buch, *Von Material zu Architektur* (1929), das als das letzte der Bauhausbücher erschien, basiert auf seinen Vorlesungen im Bauhaus und fasst seine künstlerischen Ansichten zusammen. Seine Zielsetzung ist eine neue Sicht der Welt – nach der Vorbereitung durch die Malerei des Kubismus betont Moholy-Nagy die Rolle der neuen Medien und der anderen Sinne (vor allem Tastsinn) in der Wahrnehmung des Raumes. Die englische Übersetzung des Buches erschien unter dem Titel *The New Vision* im Jahre 1930.

Bibliografie: *László Moholy-Nagy* (Ausstellungskatalog Kassel: Museum Fridericianum, 1991).

architektonische grundfragen

bei der organisation eines baues tauchen die mannigfaltigsten sozialen, wirtschaftlichen, technischen, hygienischen probleme auf. in der lösung dieser probleme steckt höchstwahrscheinlich ein wesentliches stück schicksal unserer und der nächsten generation.*

trotz der dringlichkeit dieser probleme und der damit verbundenen außerordentlichen verantwortung werden sie noch selten an der richtigen stelle angepackt. die wenigen menschen, die auf grund ihrer erkenntnisse seit langem zur durchdenkung und aktivierung neuer möglichkeiten drängen, werden zur praktischen arbeit selten herangezogen. das erste und letzte wort hat heute im allgemeinen der bauunternehmer.

dazu kommt, daß mit der üblichen nennung der sozialen, wirtschaftlichen, technischen und hygienischen probleme der erkenntnis- und verantwortungskreis noch nicht geschlossen ist. zwar ist es schon ein großes plus, wenn neben der finanztechnischen behandlung auf kurze sicht die probleme der konstruktion und volkswirtschaft, der technik und ökonomie ernst genug genommen werden. aber die eigentliche über die allseitige zweckerfüllung hinausgehende architektonische konzeption, die g e s t a l t u n g   d e s   r a u m e s wird meist nicht diskutiert, vielleicht, weil ihr inhalt den wenigsten geläufig ist.

über die erfüllung leiblicher elementarer bedürfnisse hinaus soll der mensch in seiner wohnung auch die tatsache des raumes erleben können. nicht ein zurückweichen vor dem raum soll die wohnung sein, sondern ein leben im raum, in offenem zusammenhang mit ihm. das bedeutet, daß eine wohnung nicht nur durch preisfragen und bautempo, nicht allein durch mehr oder weniger äußerlich gesehene relationen von verwendungszweck, material, konstruktion und wirtschaftlichkeit bestimmt werden kann. es gehört dazu das r a u m e r l e b n i s als grundlage für das psychologische wohlbefinden der einwohner.**

---

* adolf behne hat als motto seines volkstümlichen, sehr menschlichen buches „neues wohnen – neues bauen" (verlag hesse & becker, leipzig) den grausam-wahren spruch heinrich zilles gewählt: „man kann mit einer wohnung einen menschen genau so töten wie mit einer axt."

** einen sehr wertvollen theoretischen beitrag, vielleicht den wertvollsten der letzten jahre zur architekturfrage, gibt das buch von s. giedion „bauen in frankreich, bauen in eisenbeton, bauen in eisen" (verlag klinkhardt & biermann, leipzig). giedion versucht darin zu zeigen, wie heute die konstruktion, die folgerichtige verwendung der materialien und ökonomischen prinzipien zur architektonischen gestaltung werden. doch sagt auch er, daß baumaterial und konstruktion nur mittel zur erfüllung einer architektonischen vision sind.

es muß selbstverständlich sein, daß diese wichtigkeit raumgestalterischer absicht niemals ausgespielt werden darf gegen eine im augenblick vielleicht höchst aktuelle teilproblematik, tagesforderung. so steht es z. b. außer diskussion, daß heute die errichtung von wohnhäusern für das existenzminimum dringendste notwendigkeit und nächstliegende aufgabe ist. doch selbst bei einer so begrenzt gestellten aufgabe wird man die gesetze, die in den großen biologischen zusammenhang gehören, nicht vergessen dürfen.

Abb. 25. new yorker strassenkreuzung. für den flugzeugführer ist heute die vogelperspektive der landschaft eine orientierungsmöglichkeit. in der nächsten zukunft werden die sichten von oben in darstellung und natur einem jeden geläufig sein müssen.

Abb. 26. chicago. blick auf einen neubau von der chicago tribune aus. 1928.

diese forderung ist nicht als verschwommene frase eines mystischen bekenntnisses aufzufassen; es wird gar nicht lange dauern, und man wird darin eine exakt umschreibbare notwendigkeit der architektonischen konzeption erkennen, d. h. architektur nicht als komplex von innenräumen, nicht nur als schutz vor wetter und gefahren, nicht als starre umhüllung, als unveränderbare raumsituation verstehen, sondern als bewegliches gebilde zur meisterung des lebens, als organischen bestandteil des lebens selbst.

die neue architektur auf ihrem höchstnivo wird berufen sein, den bisherigen gegensatz zwischen organisch und künstlich, zwischen offen und geschlossen, zwischen land und stadt aufzuheben. wir sind zu sehr gewöhnt, die architektonischen gestaltungsfragen beim wohnungsbau zu übersehen, weil der nutzeffekt im vordergrund steht: ort der entspannung und regeneration. eine zukünftige konzeption der architektur muß die gesamtkonstellation erdenken und realisieren: den einzelnen als teil eines biologisch vernünftig aufgebauten ganzen soll sie nicht nur zur entspannung und regeneration, sondern auch zur steigerung und zur harmonischen auswirkung der kräfte bringen. die wege dazu mögen vielartig sein. eines tages wird man doch bei dieser elementaren forderung des gestalteten raumes, insbesondere des wohnraumes, landen müssen. dann kann für den architekten nicht mehr das individuelle wohnbedürfnis des einzelnen, eines berufes, einer reichtumsstufe der maßstab sein, sondern es geht um die allgemeine basis, um die zu fordernde biologisch entwickelte wohnform des menschen.

diese gemeinsame grundlage kann dann variiert werden, wenn berechtigte einzelbedürfnisse vorliegen.

positive vorschläge für die architektur der zukunft zu machen ist natürlich kaum möglich. jede zeit hat ihre eigene architektur. für unsere zeit müßten zunächst tausend einzelheiten technischer und menschlicher bereiche untersucht, gesäubert, bewußt gemacht werden. gleichzeitig wäre der instinkt des menschen, besonders des jungen menschen, zu pflegen, um der bewußtmachung der einzelheiten gegenüber eine starke basis zu halten.

auf verschiedenen lebensgebieten werden heute von jungen menschen untersuchungen der biologischen grundlagen und forderungen durchgeführt. die umwälzenden tesen dieser disziplinen scheinen überall fruchtbringend und untereinander korrespondierend zu sein.

die versuche einer neuen raumerfassung und raumgestaltung dürfen also – wenn noch so wichtig – aus diesem grunde nur als eine komponente in dieser neuorientierung verstanden werden. die primärsten raumerlebnisquellen sind heute noch mit technischen schlagworten verschüttet; auf dieser grundlage kann die zukunftsarchitektur, die gestaltung des neuen lebensraumes für den menschen nicht entstehen.

die architektur wird einer lösung erst nahe gebracht durch die tiefsten erkenntnisse vom menschlichen leben als gesamterscheinung im biologischen ganzen. eine der wichtigsten komponenten in diesem zusammenhange ist die einordnung des menschen in den raum, die faßbarmachung des raumes, architektur als gliederung des universellen raumes.

die wurzel der architektur liegt in der beherrschung der raumproblematik, die praxis im konstruktionsproblem.

Abb. 27. zschornewitz-golpa. kühltürme des grosskraftwerks.

Abb. 28. o. firle 1928. fahrstuhlschacht.

Abb. 29. abzugsschlote einer fabrik in ohio.

Abb. 30. fordfabrik in detroit (u.s.a).

das biologische als regulator schlechthin

die letzte und höchste stufe der raumgestaltung ist offensichtlich ihre erfassung vom biologisch möglichen her.

in der praktischen auswertung:

es kommt nicht auf eine „plastische", bewegte außengestaltung an, sondern nur auf die raumverhältnisse, die die für einen gestaltungsplan nötigen erlebnisinhalte festlegen. dabei kann nach außen unter umständen eine strenge großflächige begrenzung geschaffen werden, da bei der architektur nicht plastische, bewegte figurationen, sondern die räumlichen lagerungen das bauelement sind. so wird das innere des baus durch seine räumliche gliederung in sich und mit dem außen verbunden.

die aufgabe endet nicht beim einzelbau. schon heute zeigt sich die nächste stufe: raum in allen dimensionen, raum ohne begrenzung.

die grenzen werden flüssig, der raum wird im fluge gefaßt: gewaltige zahl von beziehungen.

das flugzeug hat in diesem zusammenhang eine besondere aufgabe:

vom aeroplan aus tun sich neue sichten auf. (abb. 25–27)

ebenso von der tiefe in die höhe. (abb. 28)

aber das wesentlichste für uns ist die flugzeugsicht, das vollere raumerlebnis, weil es alle gestrige architekturvorstellung verändert.

sogar die beschränktere raumgestaltung des industrie- und wohnbaus macht vorstöße, die das früher erlebte rasch überfluten. (abb. 29–33)

László Moholy-Nagy · der raum (architektur)

Abb. 31. freiluftschaltanlage eines bahnunterwerks.

Abb. 32. walter gropius 1926. das bauhaus in dessau.

Abb. 33. bau des skeletts für ein planetarium der zeisswerke. eine neue fase der besitznahme von raum: eine menschenstaffel in schwebend durchsichtigem netz, wie ein flugzeugstaffel im äter.

Abb. 34. „architektur". aus zwei übereinanderkopierten fotos (negativ) entsteht die illusion räumlicher durchdringung, wie die nächste generation sie erst – als glasarchitektur – in der wirklichkeit vielleicht erleben wird.

ähnliches kann von der verwendung künstlichen lichtes gesagt werden. das ist schon heute bei reklamebeleuchtungen bemerkbar. starkes licht zerstört das detail, zerfrißt unnötiges beiwerk und zeigt – wenn es mit dieser absicht, also richtig verwendet wird – nicht die fassade, sondern nur raumbeziehungen.

von hier aus bahnt sich auch ein weg für die zukünftige architektur:

das innen und das außen, das oben und das unten verschmelzen zu einer einheit. (abb. 34)

öffnungen und begrenzungen, durchlöcherungen und bewegliche flächen reißen die periferie zur mitte und stoßen die mitte nach außen. ein stetes fluktuieren, seitwärts und aufwärts, strahlenhaft, allseitig, meldet dem menschen, daß er den unwägbaren, unsichtbaren und doch allgegenwärtigen raum – soweit seine menschlichen beziehungen und heutigen vorstellungen reichen – in besitz genommen hat.

Fritz Schumacher

Sinnliche Wirkungen des baulichen Kunstwerks (Ausschnitt)

Erste Erscheinung: Fritz Schumacher, „Das bauliche Gestalten", in *Handbuch der Architektur*, IV. Teil, I. Halbband (4. Auflage, Leipzig: J.M. Gebhardt, 1926).
Textquelle: Fritz Schumacher, *Das bauliche Gestalten* (Basel, Berlin, Boston: Birkhäuser, 1991), S. 35–43.

Der deutsche Architekt Fritz (Friedrich) Schumacher (1869–1947) studierte an den technischen Hochschulen in München und in Berlin. Seine ersten Bauten entstanden in Leipzig, wo er am Stadtbauamt tätig war. John Ruskin und die englische Arts-and-Crafts-Bewegung hatten auf ihn eine bestimmende Wirkung; seine Rolle war maßgeblich sowohl in der deutschen Kunstgewerbereform als auch in der Gründung des Deutschen Werkbundes (1907). Sein publizistisches und theoretisches Werk ist bedeutend; er äußerte sich nicht nur in architekturtheoretischen, sondern auch in politischen und sozialen Fragen. Er beschäftigte sich mit Fragen der zeitgemäßen Weiterentwicklung des Städtebaus und mit der Reform seines Planungsapparates. Seine Gedanken über Sozialwohnungsbau, Sanierung, Freiraumplanung, Ausbau der sozialen Infrastruktur und über Verwirklichung einer grenzüberschreitenden Landesplanung waren wegweisend für den modernen Städtebau. Als Oberbaudirektor von Hamburg zwischen 1923 und 1933 spielte er eine führende Rolle in der Modernisierung der Stadt. 1933 wurde er zwangspensioniert und arbeitete ausschließlich an der schriftlichen Zusammenfassung seiner Gedanken zur Architektur. Seine wichtigsten Bücher sind *Grundlagen der Baukunst* (1919), *Das Wesen des neuzeitlichen Backsteinbaues* (1920), *Strömungen in deutscher Baukunst seit 1800* (1935), *Der Geist der Baukunst* (1938).

Der hier veröffentliche Auszug stammt aus der Studie „Das bauliche Gestalten", einem Beitrag zum Band „Architektonische Komposition", der in der umfangreichen Reihe der „Handbücher der Architektur" erschienen ist. Sich auf Gedanken von Adolf Hildebrand und Herman Sörgel stützend, erklärt auch Schumacher Architektur als Raumschöpfung: „Architektur ist die Verwirklichung konkaver Absichten durch konvexe Bildung." Er macht darauf aufmerksam, dass Raumwahrnehmung in der Architektur untrennbar mit Bewegung, also mit der zeitlichen Dimension verbunden ist: „Erst wenn wir den Zeitbegriff der Bewegung mit den Begriffen der drei Koordinatensysteme des Raumes verbinden, können wir das Phänomen voll erfassen, das uns im architektonischen Kunstwerk entgegentritt." Schumacher zeigt anhand von Diagrammen, dass – obwohl der Architekt den Baukörper immer konvex gestaltet – sein Werk sogar von außen als konkav wahrgenommen wird.

Bibliografie: Hartmut Frank, *Fritz Schumacher. Reformkultur und Moderne* (Stuttgart: Hatje, 1994).

Auch die Werke der Plastik sind an ihre Beziehungen zum Raume gebunden. Es liegt daher nahe, die Architektur aufzufassen als eine in geometrisierenden Formen sich aussprechende Plastik. Das würde auf völlige Irrwege führen. Es ist das Wesen der Plastik, daß nur ihre Außenerscheinung in Betracht kommt. Diese ist das Mittel, in dem der letzte Zweck der Plastik sich erfüllt. Beim Werk der Baukunst ist das durchaus nicht der Fall. Abgesehen von ganz wenigen Grenzfällen des Denkmals ist im Gegenteil das Mittel, durch das sich der eigentliche Zweck des Bauwerks erfüllt, gar nicht die Außenerscheinung, sondern die Innenerscheinung des vom plastischen Körper umschlossenen Raumes.

Die körperliche Erscheinung hängt also nicht nur von ihren Beziehungen zum *äußeren* Raum ab, wie wir eben gesehen haben, sondern ist in noch stärkerem Maße eine Funktion des *inneren* Raumes. – Zwei ganz verschiedene Raumbegriffe sind es, die das Körperliche des Bauwerks gleichsam umklammert halten.

So ist die Rolle, die das Körperliche im Bauwerk spielt, etwas ganz Eigentümliches, nur der Baukunst Eigenes, der Körper ist gleichsam nur die Scheidewand zwischen zwei verschiedenen Raumwelten: der Raumwelt des Innern und der Raumwelt des Äußeren.

Es ist nötig, sich diese Sachlage besonders deutlich zu vergegenwärtigen, denn in ihr liegt der Schlüssel zur lebendigen Auffassung alles architektonisch Geschaffenen. In der ästhetischen Literatur wird man oft eine große Unklarheit über diese Auffassung finden. Ihr gegenüber wirkt es schon befreiend, wenn wir scharf ausgeprägten *einseitigen* Stellungnahmen begegnen. So findet man bei Wölfflin die Architektur als „Kunst körperlicher Massen" bezeichnet, während Schmarsow sie im Gegenteil als „Kunst der Raumgestaltung" definiert wissen will. Ist es nicht seltsam, daß zwei so bedeutende Männer in der gleichen Zeitepoche zu diesen entgegengesetzten Ergebnissen kommen? Hätte man nur die Wahl zwischen diesen zwei Formulierungen, so würde es nach allem bereits Ausgeführten nicht schwer sein, sich für den Ausbau der Schmarsowschen Auffassung zu entscheiden. Man folgt Sörgel, dem feinfühligen Klärer so mancher architektonischer Verdämmertheit gerne, wenn er das *räumliche* Wesen alles architektonischen Bildens auf breiter Basis entwickelt. Man kann ihm voll zustimmen, wenn er das „Gestalten der Raumwelt" als das Wesen der Architektur bezeichnet, aber man vermag ihm doch nicht ganz beizustimmen, wenn er dabei das Körperliche, das er mit dem Prinzip des *Konvexen* gleichstellt, während das Konkave für ihn das Räumliche bedeutet, ganz seiner Selbständigkeit entkleidet und das Innere und Äußere der Architektur restlos auf das gemeinsame Prinzip des *Konkaven* gebracht wissen will. Die Frage, welche Rolle das doch nicht wegzuleugnende selbständig wirkende Körperliche bei solcher Auffassung denn eigentlich spielt, bleibt schließlich dabei offen. Mir scheint, wir bekommen auch keine vollgültige Antwort dafür, wenn wir mit A. E. Brinckmann das Wesen der Architektur darin sehen, daß man sie eben je nach der Art des Betrachtens sowohl als Raum wie als Körper auffassen kann. Trotz der Wahrheit, die in dieser Erklärung liegt, trifft die Gleichstellung des körperlichen und räumlichen Wesens nicht den entscheidenden Punkt, der darauf beruht, daß wir nicht nur *eine*, sondern *zwei* verschiedene künstlerische Raumwelten haben, zwischen denen das Körperliche als erzeugendes Element steht. Erst wenn wir in der Architektur die Kunst der *Raumgestaltung durch Körpergestaltung* sehen, bringen wir die beiden Faktoren in ein richtigeres Verhältnis zueinander. Die Raumgestaltung ist das Ziel, die Körpergestaltung das Mittel. Die Raumgestaltung ist das beherrschende, die Körpergestaltung das dienende Prinzip. Diese Auffassung geht ebenso wie die Sörgels davon aus, daß das Erzeugende bei der architektonischen Schöpfung im „Konkaven" liegt, aber sie bleibt nicht bei dieser Feststellung stehen, sondern hält die Frage erst für erledigt, wenn sie fortfährt: Architektur ist die Verwirklichung konkaver Absichten durch konvexe Bildung. In diesem Satz ist der Plural des Wortes „Absicht" und der Singular des Wortes „Bildung" kein Zufall; er deutet an, was bisher in den kurzen Formulierungen noch nicht zum Ausdruck gekommen ist, daß die architektonische Körperlichkeit ein *doppelter* Raumerzeuger ist. Diese körperliche Erscheinung tritt als räumlich Begrenzendes zweimal in Funktion, nämlich beim *Innen-* und beim *Außen-Raum*. Die Rolle, die sie dabei spielt, ist nicht etwa dieselbe wie die Doppelrolle, die jedes Mauerwerk im Innern eines Grundrisses zwischen zwei Sälen spielt. „Raum" ist in unserem Zusammenhang wohl physikalisch, aber nicht künstlerisch das Gleiche. Beim Innenraum bestreitet die Körperhülle des Bauwerks den gesamten räumlichen Abschluß, beim Außenraum ist sie in der Regel nur ein Element dieses Abschlusses, der sich erst durch das Hinzutreten anderer Elemente baulicher oder landschaftlicher Natur vervollständigt.

Auf diesem Unterschied beruht es, daß sich das räumliche Bild optisch betrachtet in beiden Fällen nicht in der gleichen Weise vor uns aufbaut. Daß es beim Innenraum, von dem wir höchstens drei Seiten gleichzeitig wahrzunehmen vermögen, den Charakter der Projektion konkav sich aufbauender Teile auf eine dahinterliegende Fläche trägt, ist leicht zu erkennen; daß beim Außenraum die an sich konvex aufgebaute Körperlichkeit des Einzelbauwerks ebenfalls das Element einer Projektion konkav sich aufbauender Teile auf eine dahinterliegende Fläche wird, ergibt sich daraus, daß der einzelne Baukörper eben nur ein Teil einer Körperfolge ist, die durch die Art ihrer Stellung die konkave Umgrenzung eines *übergeordneten* Raumes ergibt. Wir kommen also zum Begriff eines übergeordneten und eines eingeordneten Raumes. Die Schlacken der Unklarheit bei wertvollen neueren Architekturbetrachtungen beruhen sehr häufig darauf, daß diese beiden Begriffe nicht deutlich voneinander unterschieden werden, sondern der allgemeine Begriff „Raum" bald für den einen, bald für den anderen eintritt. Dadurch kommt nicht zum Ausdruck, daß wir es in der Architektur nicht etwa nur mit dem Dualismus von „Raum" und „Körper" zu tun haben, die man gleichsam begrifflich gegeneinander austauschen könnte, wenn man sich das Negative positiv ausgegossen denkt, sondern daß wir es zu tun haben mit einem *dreigliedrigen* Verhältnis. Erst diese Erkenntnis wird dem eigentümlichen Wesen der Architektur voll gerecht. Sie ist nicht nur eine dreidimensionale Erscheinung, sondern eine (negative und positive) dreidimensionale Doppelerscheinung, aber auch diese dreidimensionale Doppelerscheinung ist nichts Absolutes, sondern etwas in eine *zweite* dreidimensionale Erscheinung Gebundenes.

Wir müssen uns also beim Charakterisieren des Wesens der Architektur bewußt sein, daß es sich um Gestaltung eingeordneter Räume durch Körpergestaltung im Zusammenhang mit übergeordneten Räumen handelt. Vielleicht läßt sich das in der kurzen Form einer Begriffsbestimmung am besten zum Ausdruck bringen, wenn man sagt: „Architektur ist die Kunst *doppelter* Raumgestaltung durch Körpergestaltung."

Dabei darf man nicht vergessen, daß die Rolle, welche die Körpergestaltung in diesem Verhältnis spielt, ganz verschieden stark hervorgehoben sein kann. Sie vermag in manchen Fällen die äußere Raumgestaltung so zu übertönen, daß sie wie zersprengt erscheint. Der Grad der raumvernichtenden Eigenwirkung hängt von zwei Faktoren ab.

Der eine liegt im künstlerischen Wesen des *Bauwerks*. Die Kräfte, die sich in seiner architektonischen Gestaltung verkörpern, können, wie wir erst bereits ausführten, in sich beruhigt sein oder ihre Energie gleichsam unentladen im Spannungszustande zeigen; es ist der Unterschied zwischen statischer und dynamischer Architektur-Auffassung, der dem Gegensatz entspricht, den wir als Muskel- und Skelettarchitektur oder als antikisch und gotisch (wenn man die Begriffe nicht im historischen, sondern im symbolischen Sinne nimmt) bezeichnet haben.

Überall, wo in der Architektur die Kräfte nicht den statischen Ausgleich zum Bewußtsein bringen, sondern ihre Dynamik zum Vorschein kommt, geht das Bauwerk weit weniger in einem Außenraum als Teilstück auf, sondern behält, auch wenn es den Dispositionen nach einem Außenraum eingegliedert ist, ein viel stärkeres eigenes Leben, das im Wettbewerb, ja bisweilen im Kampf steht mit dem Raumeindruck. Das Wesen eines solchen Bauwerks ist nicht mit den konkaven Schöpfungen der doppelten Raumbildungen erledigt, seine konvexe Wesenheit tritt mit dem Anspruch auf Selbstzweck hervor. Dieser Ausdruck dynamischer Kraft kann sogar bis zu einem Grad gesteigert sein, daß man dem Werk die Fähigkeit selbständiger Bewegung zutraut (Einsteinturm).

Der andere Faktor liegt in der Situation. Zentralbauten, die den Mittelpunkt eines Raumes beherrschen, fressen diesen Raum gleichsam auf; sie machen ihn zu einem Stück der Architektur, statt daß die Architektur ein Stück des Raumes wird.

Kommen diese beiden Momente zusammen, so kann die dynamische Wirkung des äußeren Architekturwerks alles andere überwiegen. Bei denkmalartigen Bauten kann darin unter Umständen ein Ziel liegen. In der Regel aber – man denke beispielsweise an gotische Kathedralen oder an St. Peter in Rom – wird der Wunsch doppelt stark hervortreten, die Beziehung zur ganzen Umwelt durch den Übergang verbindender Raumbildungen einzuleiten, ohne daß dadurch der dynamischen Wirkung Eintrag zu geschehen braucht. Diese Verbindungs-Räume geben dem Betrachtenden gleichsam die Möglichkeit, sich dem Werke zu nahen, ohne von ihm zurückgestoßen zu werden, und zugleich den Anhalt, um bestimmte optische Beziehungen anzuknüpfen.

Man sieht, das, was bei der Analyse der optischen Wirkungen des architektonischen Kunstwerks zum Ausdruck gebracht werden muß, ist sehr schwer in allgemeingültigen *Begriffen* zu fassen, und das hat seinen natürlichen Grund darin, daß wir bei der Charakterisierung dieser optischen Eindrücke das Moment der *Bewegung* des optisch aufnehmenden Subjekts mit in Rechnung stellen müssen.

Bewegung läßt sich aber nicht durch begriffliche Fixierungen, sondern nur durch *graphische* Fixierungen andeuten. Deshalb ist es vielleicht nicht überflüssig, das oben ausgeführte, das absichtlich zunächst aus der Weiterverfolgung der bisherigen Begriffsbestimmungen entwickelt ist, graphisch zu vervollständigen. Die große Rolle, welche das Moment der *Bewegung* für die Analyse der verschiedenen Wirkungen in den bildenden Künsten spielt, wird daraus klar hervorgehen.

Bei den Werken der Malerei spielt die Bewegung für die optische Aufnahme keine Rolle. Sobald man sich auf den Punkt der richtigen Entfernung eingestellt hat, sagt das Werk alles, was es zu sagen hat. (Vgl. Abb. 35, Schema 1.)

Beim Körper der Plastik (Vollplastik) ist eine volle Aufnahme ihres optischen Gehalts erst durch die Bewegung des zentrischen Kreisens möglich. Die Blickrichtung liegt im Verhältnis zur Bewegungsrichtung nach innen gerichtet, so daß sich die Körperflächen als konvexes Gebilde auf eine ideale Sehfläche projizieren. (Vgl. Schema 2.) Der optische Vorgang bei dieser ersten Bewegung trägt konvexen Charakter.

Ist ein Bauwerk als Zentralbau der Mittelpunkt eines Platzes, so bleibt die Bewegung zum optischen Erfassen seiner Außenwirkung die gleiche wie beim Werk der Plastik. Es treten aber zu dieser Bewegung zwei weitere Bewegungen hinzu. Die Bewegung des Eindringens in den Körper und die Bewegung des zentrischen Kreisens innerhalb des Körpers. Bei diesem ist die Blickrichtung im Verhältnis zur Bewegung diesmal nach *außen* gerichtet, so daß sich die Körperwände des Inneren als *konkaves* Gebilde auf eine ideale Sehfläche projizieren. Der optische Vorgang bei diesen zwei Bewegungen trägt konkaven Charakter. (Vgl. Schema 3.)

Nun aber kommt beim Bauwerk in der Regel die Bindung in einen Außenraum noch hinzu, dessen optische Bewältigung eine vierte grundsätzliche Bewegung erfordert: ein zentrisches Kreisen innerhalb des neuen Raumes. Und nun zeigt uns die schematische Darstellung das Entscheidende, und zwar besser durch die Zeichensprache, als durch die Wortsprache. Diese zentrische Bewegung der Erfassung des Außenraums, deren Blickrichtung natürlich nach außen gerichtet ist (also konkaven Charakter trägt), fällt an entscheidender Stelle mit der ersten Bewegung, die zur Aufnahme des plastischen Körpers diente, zusammen. (Vgl. Schema 4.)

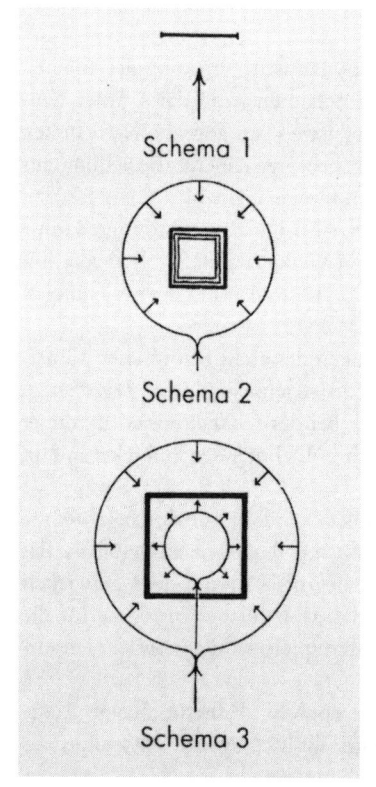

Abb. 35. Abbildung aus Fritz Schumacher, „Das bauliche Gestalten" (1926).

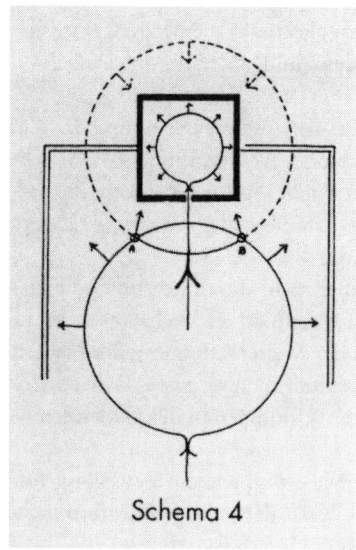

Deren nach innen gerichteter, also konvexer Charakter, wird dadurch in einen konkaven umgewandelt. (Man beachte die Punkte A und B.) Für diese vierte Bewegung geht die Blickrichtung, die bei der ersten Bewegung nach innen gerichtet war, nunmehr nach außen. Der Rest der ersten Bewegung kommt aber nicht weiter in diesem optischen Zusammenhang in Betracht. So sieht man, daß die Einbeziehung des körperlichen Gebildes der Architektur in einen Außenraum in der Tat auch dem äußeren optischen Vorgang, ebenso wie dem Vorgang des Erfassens des inneren Raumes, *konkaven* Charakter gibt. Sörgels etwas gezwungen wirkende Auseinandersetzungen, in denen er den ausschließlich konkaven Charakter der Architektur betont, sind in diesem Sinne durchaus gerechtfertigt. Die Verwickeltheit des Tatbestandes macht es trotzdem nötig, die Formulierung, die ihn festhalten soll, weiter auszubauen.

Wirklich erschöpfend befriedigen kann sie nie, denn sie arbeitet nur mit Begriffen des *Raumes,* die *Bewegung* aber führt zu Begriffen der *Zeit.*

Dieser *Zeitbegriff* ist untrennbar mit dem vollen Erfassen des Wesens der Architektur verbunden. Wir stoßen hier also auf eine verwandte Überlegung, wie sie an der Schwelle der Relativitätslehre steht. Erst wenn wir den Zeitbegriff der Bewegung mit den Begriffen der drei Koordinatensysteme des Raumes verbinden, können wir das Phänomen voll erfassen, das uns im architektonischen Kunstwerk entgegentritt.

Diese Verbindung des Zeitbegriffs mit dem optischen Begriff hat für das ästhetische Erfassen der Architektur eine ganz eigentümliche Folge. Was wir optisch in uns aufnehmen heim Betrachten eines Teiles einer komplizierten architektonischen Anlage, erschöpft nicht das optische Bild, das in unserm Innern durch diese Wahrnehmung geweckt wird. Die zeitlich sich abrollenden Wirkungen der Bewegung bringen es mit sich, daß wir das optisch gar nicht faßbare Bild der organischen Idee eines Architekturgebildes in uns tragen und dieses Bewegungsbild mit dem jeweilgen optischen Bilde bewußt oder unbewußt verbinden. Das malerische Stück des Dresdener Zwingers, das wir, um ein Beispiel zu sagen, von einem Standpunkt aus mit den Augen auffassen, ergänzt sich uns stets unwillkürlich zum Gesamtbegriff der regelmäßigen Anlage; – das Bild vom Saal des Würzburger Schlosses, das wir in uns aufnehmen, ist uns untrennbar verbunden mit dem Bewegungs-Erlebnis des Treppenhauses, ja es bleibt im Zusammenhang mit dem Wesen des Ehrenhofes und der Achse des Gartens. Das ist ein Vorgang, der unter allen bildenden Künsten nur dem Betrachten der *Architektur* eigen ist. Ihr richtiges Betrachten setzt in jedem Augenblick eine mitschöpferische Arbeit voraus, die in diesem Bewußtsein der Zusammenhänge liegt.

Es handelt sich dabei nicht etwa um ein Nebeneinanderstellen von Erinnerungsbildern, sondern um etwas unmittelbar lebendig in uns Wirksames. Wir tasten das organische Raumgefüge nicht nur mit dem Auge – das es in Bilder zerlegt –, sondern durch die Bewegung mit unserer ganzen Körperlichkeit ab.

Dadurch *leben* wir in dem Organismus, wir werden gleichsam ein Teil von ihm. Es sind doppelte sinnliche Eindrücke, die wir erleben, eine bereichernde Verbindung, die in dieser Art nur der Architektur eigen ist. Dies Bewegungserlebnis wird natürlich erst vollkommen, wenn es sich innerhalb des Kunstwerks selber einstellt, es kann sich aber auch in entsprechend abgeschwächter Form in unserer Vorstellung abspielen; beispielsweise, wenn wir photographische Aufnahmen eines Gebäudes zugleich mit seinem Grundriß kennen lernen. Dann spielt sich in der Phantasie des Betrachtenden jener Bewegungsvorgang ab, von dem wir sprechen. Wir tragen das Bewußtsein des Bewegungsbildes, das sich in den Leitlinien des Organismus verkörpert, zugleich verstandesmäßig und gefühlsmäßig in uns. Eine geheimnisvolle Verschmelzung zwischen Verstandeselementen und Gefühlselementen findet statt und erzeugt einen seelischen Eindruck, der in uns schwingt.

Lichtwark gibt von dieser Stimmung charakteristische Kunde in seinen Reisebriefen, wenn er etwa nach einer entzückten Analyse des Gebäudes der „Comédie française" *sagt:* „Die Treppe herauf zu steigen, ist ein Raumerlebnis der Seele."

Dieses seelische Erleben eines architektonischen Organismus setzt sich nicht etwa um in ein anderes Seelenerlebnis, zu dem es den Anstoß gibt, es bleibt das, was es ist, etwas ganz Eigenwertiges und Eigentümliches, etwas Sinnliches. Es ist gleichbedeutend mit dem höchsten Erfassen der Baukunst, dem lebendigen Erfassen der Baukunst als *Raumgefüge.*

Aus dem Gesagten geht hervor, daß wir in gewisser Weise für den fast verlorenen einräumigen Bau, dem stärksten Anreger zu monumentaler und rein künstlerischer Leistung, einen Ersatz wiedergewonnen haben, nämlich das als künstlerisches Motiv erkannte Raumgefüge.

Schon der innere Einzelraum besitzt bedeutungsvolle Wirkungsmittel, die ihm im Unterschied zur Außenarchitektur eigentümlich sind. Am wichtigsten ist wohl die Macht über den Schatten, die wir der Außenarchitektur gegenüber nur bedingt besitzen. Wir können die Beleuchtung, die natürliche und die künstliche, nach gewollten Gesetzen verteilen.

Dann aber kommt die Macht, die in der Lenkung der Bewegung liegt. Wir können den Betrachter an bestimmten Punkten zur Sammlung seiner Eindrücke zwingen, denn wir beherrschen seine Bewegungsfähigkeit in ganz anderer Weise als bei der Außenarchitektur.

Diese beiden Mächte kann man nun in einem Raumgefüge zu Wirkungen benutzen, die im Zusammenhang mit jenem räumlichen Tastgefühl zu einem großen der Architektur allein eigenen Reichtum gesteigert werden können.

Nicht nur die Beleuchtung des jeweiligen einzelnen Raumes ist die Aufgabe des Baukünstlers, sondern die Kontraste und die Entfaltung des Lichtes in einer *Folge* von Räumen ist erst die höchste Problemstellung. Nicht die unbemerkte Führung in dem jeweiligen *einen* Raum ist das, was er zu bedenken hat, sondern die Führung in einer Folge von Räumen mit ihren Hemmungen und Beschleunigungen, Konzentrationspunkten und neutralen Ruheeindrücken. Zu den Lichtunterschieden kommen Niveauunterschiede und Treppen, so daß der beherrschende Künstler vor dem Betrachter das ganze Traumland seiner Phantasie entrollen kann. Das an Zeit gebundene Moment der Bewegung spielt für das Innere des Gebäudes beim Betrachten seines künstlerischen Wesens noch eine weit größere Rolle als für das Äußere.

Alles Erfassen eines baulichen Kunstwerks ist an eine Verbindung von optischen und motorischen Leistungen des Menschen geknüpft, die der Schaffende in gleichem Maße regulieren muß.

Dies Regulieren kann aber natürlich nichts Mechanisches sein. Ebenso wie wir nur künstlerische Eindrücke haben, wenn das Auge sich, innerlich belichtet, dem Kunstwerk hingibt, vermögen diese Wirkungen nur lebendig zu werden, wenn der Körper einem inneren Tastsinn folgend dem Eigenleben des baulichen Kunstwerks nachgeht. Architektur umschließt die Kunst, die *Bewegung* des Menschen zu lenken. Die Bewegung des Körpers durch Gliederung des Raumes, die Bewegung des Auges durch Gliederung des Raumes und Gliederung des Lichts.

Es ist verhältnismäßig selten, daß das Betrachten eines baulichen Kunstwerks bis zu diesen eigentlich erst entscheidenden Punkten führt. Vielen fehlt das Organ für diese Art des Erlebens, andere, die es vielleicht haben, widmen seiner Betätigung nicht das Maß von Aufmerksamkeit und Vertiefung, das unerläßlich ist. Darin liegt ein wesentlicher Grund, weshalb die mühelos sich darbietende Malerei diese seltsam einseitige Bevorzugung unter den bildenden Künsten genießt.

Die Vorbedingungen zu ihrem Genuß sind so bequem. Und daher kommt es, daß selbst der ehrlich kunstbegeisterte Mensch der Architektur meist so merkwürdig fremd bleibt. – Ihre stille Musik ist erst zu hören, wenn man sich dafür sammelt und sich die Zeit nimmt, um sich ihr *hinzugeben*. Für den Genuß der wirklichen Musik bestimmt der Brauch feste Feierstunden, und eine unsichtbare Macht hält alle Nebengeräusche fern. Für den Genuß der Architektur müssen wir uns die gleiche Feierstunde wider allen Brauch selbst erobern, und eine unsichtbare Macht tut gewöhnlich alles, um recht viele Nebengeräusche spielen zu lassen. Nur wer diese Erschwerungen aus eigener Kraft überwindet, dringt zur Musik der räumlichen Gebilde vor.

Alle diese Betrachtungen zeigen, daß die vielen Kunstästhetiker, die, wie jüngst noch Wölfflin in seinem wundervollen Buch „Kunstgeschichtliche Grundbegriffe", ihre Begriffe von der Malerei ableiten und von dort zur Plastik und zur Architektur herüberblicken, durch einen verengten Rahmen schauen, dessen Kanten notwendiger Weise den Überblick über einen wichtigen Teil der größeren dahinterliegenden Prospekte deckend überschneiden müssen. Nur wenn man vom weitesten und umfassendsten Gebiet der Architektur in umgekehrter Richtung bis zur Malerei geistig herüberblickt, kann man sicher sein, daß nicht wichtige Ecken für das Gesichtsfeld abgeschnitten werden.

Eine umfassende Kunsttheorie unserer Zeit kann nur von der Architektur ausgehen und von ihr aus zu den übrigen Gebieten der Kunstbetätigung herüberbauen. Diese Blickrichtung hat eine tiefe innere Bedeutung. Sie setzt das Bewußtsein voraus, daß Kunst eine große *Einheit* ist, ein Reich mit vielen blühenden Provinzen, für die alle aber die Architektur die feste Organisation und den lebendigen Rahmen geben muß.

Dagobert Frey

Quantitative und Qualitative Vorstellung
(Ausschnitt)

Erste Erscheinung und Textquelle: Dagobert Frey, *Gotik und Renaissance als Grundlagen der modernen Weltanschauung* (Augsburg: Dr. Benno Filser, 1929), S. 284–292.

Der österreichische Kunsthistoriker Dagobert Frey (1883–1962) hat nach seinem Architekturstudium an der Technischen Hochschule Wien 1916 als Kunsthistoriker an der dortigen Universität promoviert. Zwischen 1925 und 1958 veröffentlichte er seine fünf Inventarbände der *Österreichischen Kunsttopographie* und wurde als Nachfolger seines Lehrers Max Dvořák zum Leiter des Kunsthistorischen Instituts des Bundesdenkmalamtes in Wien ernannt. 1930 beim Kongress für Ästhetik und allgemeine Kunstwissenschaft analysierte er in seinem Vortrag „Das Kunstwerk als Willensproblem" den individuellen Schöpfungsakt der Künstler. Frey stellte die Methodik der Kunstwissenschaft immer wieder in Frage. Vor allem war er von der Lehre Dvořáks (Kunstgeschichte als Geistesgeschichte, Auflösung von starren Stilkategorien) beeinflusst, setzte sich jedoch auch mit den Gedanken anderer Zeitgenossen wie Josef Strzygowski, Wilhelm Pinder, Aby Warburg u.a. auseinander. Obwohl im Mittelpunkt seines Interesses die Kunst- und Architekturgeschichte der Renaissance und des Barocks standen, bezog er in seine

Forschung auch die Musik- und Theatergeschichte, wie auch die Völkerpsychologie und die Naturwissenschaften ein. Sein Buch *Kunstwissenschaftliche Grundfragen. Prolegomena zu einer Kunstphilosophie* (1946) war als Vorarbeit einer geplanten großen Philosophie der Kunst gedacht, die jedoch nie beendet wurde. Ein Kapitel dieses Buchs, „Wesensbestimmung der Architektur", betont die „grundlegende Bedeutung des Wirklichkeitsverhältnisses" anstatt Fragen der Wahrnehmung. Weitere Fragmente des Projekts erschienen posthum im Band *Bausteine zu einer Philosophie der Kunst* (1976).

Seine Gedanken über die Ursachen der Veränderungen künstlerischer Vorstellungsweisen fasste Frey zuerst in seinem 1929 erschienenen Buch *Gotik und Renaissance als Grundlagen der modernen Weltanschauung* zusammen, das bereits die wesentlichen Züge seiner Kunsttheorie zeigt. Anstatt bei der Riegl'schen Idee des Kunstwollens zu bleiben, sucht er hier nach den gemeinsamen Grundlagen der künstlerischen, wissenschaftlichen und philosophischen Ideen einer Zeit.

Bibliografie: Gerhard Frey (Hrsg.), *Dagobert Frey: Bausteine zu einer Philosophie der Kunst* (Darmstadt: Wissenschaftliche Buchgesellschaft, 1976).

Am Anfang dieses Buches wurde darauf hingewiesen, daß die gesamte Entwicklung der abendländischen Kultur in den letzten fünf Jahrhunderten durch den geistigen Wandel bedingt ist, welcher der Stilerscheinung der Renaissance zugrunde liegt und der in der weiteren Untersuchung auf eine spontane Entwicklung des Vorstellungsvermögens zurückgeführt wurde. Zum Abschluß wollen wir noch einen Blick auf die Gegenwart werfen, um zu sehen, wie sich die Entwicklungstendenzen unserer eigenen Zeit zu der Vorstellungsweise der Renaissance, beziehungsweise zu den von ihr bestimmten Anschauungsformen verhalten. Dabei zeigt sich, daß der an leitender Stelle ausgesprochene Grundsatz einer gewissen Einschränkung bedarf. Die letzten Jahrzehnte lassen einen tiefgehenden geistigen Umschwung erkennen, der sich vor allem in einer schroffen Ablehnung der Grundanschauungen der Vergangenheit äußert und der gerade an jenen geistigen Bildungen in Erscheinung tritt, die als charakteristische Errungenschaften der Vorstellungsweise der Renaissance festgestellt werden konnten. Es ergibt sich daher wiederum wie bei der Betrachtung der ostasiatischen Kultur die Frage, ob zwischen diesen Um- und Neubildungen auf verschiedenen Geistesgebieten ein Konnex besteht, der zumindest im negativen Sinne auf einen Wandel der zugrundeliegenden Vorstellungsweise schließen läßt.

Eine grundsätzliche Umdeutung der Raum- und Zeitvorstellung zeigt sich am klarsten in der modernen Physik. In der Relativitätstheorie wird nicht nur die Annahme eines absoluten Raumes und einer absoluten Zeit, die vom Bewegungszustand des Bezugskörpers unabhängig sind, aufgehoben und damit auch die Identität der räumlichen und zeitlichen Maßstäbe in verschiedenen Bezugssystemen geleugnet (spezielle Relativitätstheorie), sondern die Bezugskörper selbst werden ihres Euklidischen Charakters entkleidet, verlieren ihre Bestimmung als starres, homogenes System und werden nicht nur im Ganzen als bewegt, sondern auch während dieser Bewegung als beliebigen Gestaltänderungen unterworfen vorgestellt (allgemeine Relativitätstheorie). Raum und Zeit werden zum Ausdruck rein mathematischer Funktionen, wie sie sich in einem beliebigen vierdimensionalen Gauß'schen Koordinatensystem darstellen lassen. In Minkowski's physikalischem Begriff der „Welt" als eines vierdimensionalen Raum-Zeit-Kontinuums wird die Zeit den räumlichen Dimensionen gleichgesetzt und durch die Substitution der reellen

Zeit durch eine imaginäre Zeitvariable als gleichwertige Koordinate in die Rechnung eingeführt. Die Zeit wird auf diese Weise verräumlicht und „die Physik wird aus einem Geschehen im dreidimensionalen Raum gewissermaßen ein Sein in der vierdimensionalen ‚Welt'". (Einstein.)[1] Damit vollzieht sich eine grundsätzliche Umdeutung des gesamten bekannten Tatsachenmateriales, die Planck in ihrer erkenntnistheoretischen Bedeutung mit der Umwälzung der kosmischen Vorstellungen im kopernikanischen Sonnensystem vergleicht.[2]

Dieser neuen Raumvorstellung in der Physik, welche die Zeitvorstellung in sich aufsaugt, stellt die moderne Geisteswissenschaft ihrerseits eine neue Begriffsbestimmung der Zeit gegenüber, aus der sie ihre Problemstellungen und ihre Methodologie zu entwickeln versucht. Am klarsten tritt dies in der Philosophie Bergson's hervor. Die Zeit als Realität, wie sie sich uns im Bewußtsein und einheitlichen Lebensgefühl darstellt, ist Inbegriff aller stetigen Veränderung, durch den Inhalt der Veränderung zwar nicht bestimmt, aber ohne diesen Inhalt nicht vorstellbar. „Dauer" bedeutet Wandel; denn jedes Fortschreiten der Zeit bedeutet ein Anders-Werden in bezug auf die Vergangenheit, die als „Geschichte" in jedem Einzelindividuum, ja in jedem biologischen oder psychologischen Zustand desselben in ihrer Totalität enthalten ist. Daher ist die reelle Zeit auch nicht umkehrbar, da in ihr nichts absolut Gleiches wiederkehren kann. Aus dem gleichen Grund ist in ihr Zukünftiges grundsätzlich nicht vorhersehbar; denn nur in einem System, in dem die Wiederkehr gleicher Zustände und Lagerungen der an sich unveränderlichen letzten Teilgrößen denkbar ist, wie im physikalischen, ist es möglich, einen künftigen Vorgang vorauszubestimmen. Daß wir die Zukunft nicht voraussehen können, ist daher nicht im Unvermögen unseres Intellektes, sondern im Wesen der realen Zeit selbst gelegen. Hier zeigt sich der eigentliche Angelpunkt der Bergson'schen Metaphysik, indem sie weiter folgert: „wenn die Zukunft daran gebunden ist, der Gegenwart nachzufolgen, statt mit ihr in einem gegeben zu sein", so kann dies nur darum sein, „weil sie im gegenwärtigen Moment noch nicht völlig determiniert ist, ... weil sie unaufhörliches Schaffen von Unvorhersehbarem und Neuem ist"[3]. So wird ihm die Zeit zu einer realen schöpferischen Kraft: „Die Zeit ist Zeugung oder sie ist schlechthin nichts".[4]

Wenn Raum und Zeit in Kant's transzendentaler Ästhetik als „Formen" der Anschauung zwar scharf geschieden, aber einander gleich geordnet sind, so werden sie jetzt zum Ausdruck des inneren Gegensatzes zweier Weltbetrachtungen, zweier verschiedener „Gesichtspunkte des Geistes". „Räumlich-Ideelles" und „Lebendig-Zeithaftes" (Cysarz)[5] stehen sich als metaphysische Prinzipien gegenüber, in denen die urtümliche ewige Dualität der abendländischen Philosophie, Eleatisches Sein und Heraklitisches Werden, neue Gestalt gewinnt.

Aus dieser Zeitvorstellung als Grundlage der Geisteswissenschaft ergibt sich aber auch umgekehrt eine neue Einstellung den sogenannten exakten Wissenschaften gegenüber. Auch ihre

---

1 Albert Einstein, Über die spezielle und die allgemeine Relativitätstheorie, 1920, S. 83.
2 Max Planck, Acht Vorlesungen über theoretische Physik, 1910, S. 117.
3 Henri Bergson, Schöpferische Entwicklung, 1912, S. 342. – Die Zeit ist daher keine Quantität, sondern eine Qualität (Essai sur les données immédiates de la conscience, p. 151). – Vgl. auch Durée et simultanéité a propos de la théorie d'Einstein, 1923: le temps qui dure n'est pas mesurable (p.62).
4 H. Bergson, a.a. O. S. 344. – Auf dieser Vorstellung der Zeit beruht auch Bergson's Untersuchung des freien Willens (Essai sur les données immédiates de la conscience, chap III): Toute l'obscurité vient de ce que les uns et les autres [Deterministen und Indeterministen] se représentent la délibération sous forme d'oscillation dans l'espace, alors qu'elle consiste en un progrée dynamique où le moi et les motifs eux-mêmes sont dans un continuel devenir, comme de véritables êtres vivants (p. 140) – Vgl. auch p. 167: le rapport de causalité interne est purement dynamique.
5 Herbert Cysarz, Literaturgeschichte als Geisteswissenschaft, 1926, S. 45.

verschiedenartigen Begriffsbildungen und Systeme werden nun mehr als historische Wesenheiten, als individuale Erscheinungskomplexe der schöpferischen Evolution angesehen. Selbst die Axiome der Mathematik, die Gesetze der Physik sind in ihrer Formulierung als historisch determiniert zu denken, als Ausdruck der besonderen Kultur- und Zeitbedingungen. (Pierre Duhem.) „Es gibt keine Mathematik, es gibt nur Mathematiken" (O. Spengler).[6] Damit wird letzten Endes mit dem absoluten Raum und der absoluten Zeit auch eine absolut geltende Wahrheit in Frage gestellt. Die Wahrheit wird zu einer wechselnden Zeitgestalt, zum intellektuellen Ausdruck der jeweiligen Lebensform, die sich in diesem Dogmatisierungsakt das ihr entsprechende lebensfördernde Prinzip aufstellt. Selbst die Erkenntnis des Verstandes ist keine endgültige, absolute, sondern nur ein Mittel der Lebenserhaltung und Lebenssteigerung im Kampf ums Dasein, also eine von praktischen Zwecken abhängige, vom Willen und ethischen Postulaten bestimmte Erkenntnis. „Daß die bisher als selbstverständlich geltende Konstanz der geistigen Formen eine Illusion ist, daß es innerhalb der uns vorliegenden Geschichte mehr als einen Stil des Erkennens gibt, hat man bisher nicht anzunehmen gewagt".[7] Hinter diesen relativistischen-biologistischen Gedankengängen von Oswald Spengler's Kulturphilosophie, die überdies auch in der Evolutionslehre Bergson's anklingen, lauert im geheimen die bedenkliche Frage Nietzsche's: „Gesetzt, wir wollen Wahrheit: warum nicht lieber Unwahrheit?"

Hat die Philosophie des Barock in ihrem unbedingten Glauben an die Allgemeingültigkeit der Mathematik diese auch auf die Geisteswissenschaft ausdehnen und wie Spinoza more geometrico metaphysische und ethische Wahrheiten gleich mechanischen Lehrsätzen errechnen zu können vermeint, so sehen wir, wie nunmehr umgekehrt die Geisteswissenschaft das Supremat beansprucht und die geschlossene Systematik der mathematischen Wissenschaften in die historische Relativität aufzulösen versucht.

Dieser Umwertung in Natur- und Geisteswissenschaft entspricht auch ein tiefgehender, seltsam sich überstürzender Stilwandel in den Künsten. Dabei ist vor allem ein negatives Kriterium auffällig: die grundsätzliche Ablehnung des bisher geltenden raum-zeitlichen, beziehungsweise tonalen Systems. In der Malerei zeigt sich dies am deutlichsten in der Stellungnahme zum perspektivisch gesehenen Tiefenraum. Der Impressionismus bedeutet zweifellos den ersten entscheidenden Schritt zur Auflösung des geometrisch konstruierten Bildraumes. Trotzdem hält er grundsätzlich noch an dem optischen Projektionsverfahren der Renaissance fest: ist auch der einzelne Farbfleck nicht räumliche Determinante, so ist doch seine Lage im Bilde durch sein räumlich-optisches Verhältnis zum Beschauer eindeutig bestimmt, indem die einzelnen Farbflecken auf der Bildfläche wie auf einer photographischen Platte festgehalten werden. Aber die Bedeutung des Impressionismus ist nicht nur negativ, indem durch ihn mit der Tradition des perspektivisch konstruierten Bildes gebrochen wurde, sondern auch positiv durch ein neuartiges Erschauen des Raumes, der nicht wie früher als aprioristischer Behälter der gegenständlich bestimmten Körperformen, sondern als Träger von Farb- und Helligkeitswerten aufgefaßt wird. Worin nun der Neoimpressionismus über seine Vorstufe hinausging, war, daß er die Farbwerte nicht wie der Impressionismus als zufälliges Ergebnis der visuellen Erscheinung gelten ließ, sondern daß er durch sie in der Bildkomposition eine höhere geometrische Gesetzmäßigkeit, ein formales Bildungsprinzip des Raumes, eine morphologische Wesenheit zu gestalten versuchte. Wenn Cézanne erklärt: tout dans la nature se modèle selon sphère, le cône et le cylindre; il faut

---

[6] Oswald Spengler, Der Untergang des Abendlandes I, S. 89, auch S. 86, 181.
[7] O. Spengler, a.a. O. I, S. 88.

s'apprendre à peindre sur ces figures simples, on pourra ensuite faire tout ce qu'on voudra, so bedeutet dieses Bekenntnis, das so sehr an die Theoretiker des Quattrocento erinnert, doch etwas grundsätzlich anderes. Hier handelt es sich nicht wie damals um die geometrische Festlegung der objektiven Einzelformen und ihrer räumlichen Lage zueinander, sondern darum, in der subjektiven visuellen Erscheinung eine formbestimmende Kraft des räumlichen Aufbaues gleich der in der Materie latenten Fähigkeit der Kristallisation künstlerisch aufzuzeigen. Der Raum wird gleichsam durch gesetzmäßig angeordnete Spaltflächen zerlegt und systemisiert, in denen die gegenständlichen Formen als wechselvolle Spiegelungen erscheinen. In diesem Sinne stellt sich der Ablauf von Cézanne über den Kubismus zur „neuen Sachlichkeit" als eine durchaus einheitliche, von der gleichen Grundanschauung getragene Entwicklung dar, wobei die ephemere Durchgangsphase einer gegenstandslosen Malerei (Picasso, Kandinsky) ähnlich dem Pointilismus eines Rysselberghe im Impressionismus als die zum äußersten übersteigerte Formulierung des Problems anzusehen ist, in der dieses gewissermaßen auf eine algebraische Formel ohne reale Zahlwerte gebracht werden sollte.

Wird in der kubistischen Entwicklung, deren Träger vorwiegend die lateinischen Nationen sind, der Versuch gemacht, das räumliche Bildungsgesetz rational-geometrisch darzustellen, so faßt es dagegen der Expressionismus biologistisch-dynamisch: Raum und Raumgebilde werden durch einen geistigen Schöpfungsakt aus dem wirbelnden Chaos geboren wie bei dem Vlamen Van Gogh, sie werden mit dem Scharfblick des Diagnostikers als organische Gewächse und Wucherungen gebildet wie bei Kokoschka, sie werden aus Farbmassen geballt und geknetet wie bei Nolde. Immer ist es eine supponierte ideelle Kraft, die als formschaffendes, raumzeugendes Prinzip den räumlichen Bildaufbau bestimmt.

In der modernen Baukunst können wir den gleichen Dualismus der Entwicklung beobachten, der letzten Endes ebenso auf eine gemeinsame Grundanschauung zurückgeführt werden kann. Auf der einen Seite sehen wir den Versuch, die Raumgestaltung nach einem allgemein gültigen geometrischen Prinzip zu rationalisieren (Le Corbusier, Mallet-Stevens, Oud). Der künstlerisch gestaltete Raum, gleich viel ob Körper- oder Hohlraum, zeigt sich als Durchdringung und Verschneidung ideeller prismatischer Gebilde, die gleichsam die Realisation der dem Raume an sich eigenen kristallinischen Struktur darstellen. Auf der anderen Seite wird der Raum aus seiner funktionellen Bedeutung entwickelt, als Lebensraum, als organisches Gefäß, als biologisches Zellgebilde gestaltet (De Klerk, Häring, Scharoun). Auch hier ist die funktionelle Form nicht einfach Ergebnis der Zweckbestimmung und der materiellen Bedingungen, sondern etwas aus einer schöpferischen Lebenskraft Erwachsenes.

Ähnliche Bestrebungen, zum Teil wohl unmittelbar von der Malerei und ihren Theorien beeinflußt, lassen sich auch auf dem modernen Theater beobachten. Der gegenständlich bestimmte, real gedachte, perspektivisch konstruierte Illusionsraum der Guckkastenbühne wird in einen inhaltlich unbestimmten imaginären Raum umgebildet, der eigentlich nur die potentielle Bewegungsmöglichkeit für die Schauspieler beinhaltet, diese aber vielfach in höchst gesteigertem Maße. Dies ist der Sinn ebenso der einfachen Vorhangbühne oder der Treppenbühne Jessner's wie der konstruktivistischen Bühne Meyerhold's. Daß es sich dabei nicht um den einfachen Gegensatz von naturalistischer und idealistischer Bühne handelt, wenn auch eine bewußte Opposition gegen den Realismus der vorhergehenden Epoche von entscheidender Bedeutung war, zeigt ein Vergleich mit der ebenfalls idealistischen Architekturbühne des Barock. Wenn die moderne Bühne mit aufeinandergetürmten Würfeln und Prismen, mit Treppen, Rampen, Brücken und Galerien den Bühnenraum aufbaut, so ist dieser ganze Bühnenaufbau, der nichts

„vorstellt", eigentlich nur eine Hilfskonstruktion, um verschiedene räumliche Beziehungen der Schauspieler im wechselnden Spiele zu ermöglichen. Von diesem abstrakten Bühnenraum zu einer rein abstrakten Bühnenkunst, in der sich die Bühne selbst und die Gegenstände auf ihr bewegen – aucun sénario, des réactions d'images rythmées, c'est tout – wie es Fernand Léger, Friedrich Kiesler, Enrico Prampolini versucht haben, und schließlich zur Umwertung der agierenden Personen zu geometrischen Gebilden wie im Triadischen Ballett Oskar Schlemmer's vollzieht sich der gleiche Ausschlag in ein mehr theoretisch errechnetes als künstlerisch empfundenes Extrem wie im Kubismus.

Zugleich zeigen sich aber auch Symptome eines entscheidenden Wandels im Verhältnis des Zuschauers zum Bühnenvorgang. Zuschauer und dramatische Handlung werden wieder in engere Beziehung zu einander gebracht; der Zuschauer soll wieder unmittelbar teilnehmender Mitspieler werden, wobei man ebenso an antike wie an mittelalterliche Formen anknüpft. Im Theatergebäude kann diese Auffassung grundsätzlich in zwei verschiedenen Formtypen zum Ausdruck gelangen: entweder wird der Zuschauer in den Illusionsraum der Bühne hineinversetzt, oder der dramatische Vorgang wird in den Zuschauerraum hineingetragen. Der erste Gedanke führt zur Ringbühne, die den Zuschauerraum etwa zu drei Viertel umfaßt, so daß der Zuschauer vom dramatischen Geschehen umgeben ist, mitten darinsteht (O. Strnad), der zweite führt zur Grundform der antiken Bühne zurück und sucht den Ersatz für diese im Zirkus oder in ähnlichen Anordnungen eines zentralen Spielplanes, der vom Zuschauerraum ganz oder teilweise eingeschlossen ist. Auch in der Dichtung selbst ist diese Vermengung der Realität des Dichters beziehungsweise des Zuschauers mit der dichterschen Realität der handelnden Personen und damit das Eindringen der Gegenwärtigkeit in die zeitlich distanzierte Handlung zu beobachten. Der Bühnenvorgang verliert die Fiktion eines wirklichen, in sich begründeten Geschehens und wird zur unmittelbaren Spiegelung des subjektiven Denkens und Fühlens des Dichters, der die einzige wahre Realität darstellt, dem gegenüber die dramatischen Personen nur als Schemen der dichterischen Phantasie erscheinen, als Marionetten des dichtenden Puppenspielers (Strindberg, Ein Traumspiel). Der Dichter wendet sich unmittelbar an die Zuschauer (Sorge, der Bettler), tritt seinen eigenen theoretischen Fiktionen kritisch gegenüber (Wedekind, Frühlingserwachen), gerät mit ihnen in Konflikt (Pirandello): er ist „der Monologist, der aus unseren Theaterstücken predigt, das sich in Rollen multiplizierende psychobiographische Ich". (Diebold.)[8]

Wie die Malerei die geometrische Gesetzmäßigkeit des perspektivischen Raumes, so sucht auch die moderne Musik das starre System der dualen Tonalität, wie es die Renaissancetheorie in verbindlicher Form aufgestellt hat, zu sprengen. In der Vorliebe für die vagierenden Akkorde des verminderten Septakkordes und des übermäßigen Dreiklanges (Tristanharmonik), in der Anwendung der Ganztonleiter, die schon bei Liszt nachweisbar ist, im quartenweisen Aufbau, wie in Schönberg's Kammersymphonie, sind immer wieder erneute Versuche eines Durchbrechens des überkommenen tonalen Systems zu beobachten. Alle die mathematischen Spekulationen, wie die Aufstellung von 113 verschiedenen Skalen in der Oktav durch Busoni, der 44 „Tropen" im Zwölftonsystem durch Hauer, die Errechnung von 5040 Akkordmöglichkeiten durch Bruno Weigl, ebenso wie die Versuche der Einführung von Drittel-, Viertel- und Sechsteltönen zeigen das gleiche Bestreben, unter Aufhebung der Dur- und Moll-Tonalität eine unendliche Abstufung und Kombinationsfähigkeit der Töne des Oktavraumes zu erzielen oder zumindest deren theo-

---

8 Bernhard Diebold, Anarchie im Drama, 4. Aufl. 1928, S. 235.

retische Möglichkeit zu erweisen. Der interessanteste praktische Versuch einer Systemisierung der Atonalität, für die überdies Schönberg die Bezeichnung Pantonalität fordert, ist das Zwölftonsystem, wie es Schönberg in seinem Bläserquintett angewendet hat. Das tonale Material geben hiebei die zwölf chromatischen Töne der Oktav ab. Das musikalische Problem beruht nun darin, in diese zwölf Töne jeweils ein bestimmtes ordnendes Prinzip einzuführen, durch das diese in ihren horizontalen wie vertikalen Beziehungen in ein besonderes verwandtschaftliches Verhältnis zueinander gebracht werden, ähnlich dem der alten Tonarten. Dies sucht nun Schönberg durch die Aufstellung der „Grundform" zu erreichen, welche die zwölf Töne in beliebiger, aber für das gegebene Stück in ein für allemal bindender Reihenfolge festlegt. „Variationen der Grundform sind zulässig durch vertikale und horizontale Umkehrung (Gegenbewegung, Krebsgang), durch Transposition auf einen anderen Anfangston, durch Versetzen einzelner Töne um Oktavintervalle hinauf und hinunter, durch Tonwiederholung." (Leonhard Deutsch.)[9] Damit wird die Tonbeziehung nicht harmonisch, sondern rein thematisch begründet. Bezeichnenderweise sieht darin Georg Schünemann eine Verwandtschaft mit Formen der exotischen Musik, wie den Maquamen der Araber und den Ragas der Inder. „Mit der Aufstellung eines melodischen, in sich veränderlichen, doch das Stück charakterisierenden Triebes kehrt die jüngste Musik zu den Urgesetzen der Musik zurück, denn bevor eine tonartliche Systematisierung beginnt, gilt das melodische Gesetz des Stückes als Nomos, als Regel für Ausdruck und Gestalt."[10]

Gegenüber der Vorherrschaft des harmonischen Aufbaues gewinnen wieder Polyphonie und Heterophonie an Bedeutung. Es erwacht die alte Sehnsucht nach Verselbständigung der Einzelstimme, nach ihrer freien, melodischen Entfaltung. Eine solche „Melodie" ist aber nicht harmonisch gebunden, nicht Ausdruck einer latent in ihr beschlossenen Harmoniefolge, sondern freie Bewegung in einem atonalen Tonraum, und ihre Ausdruckskraft beruht unmittelbar auf der Beziehung von Ton zu Ton, wobei alle Töne des Satzes im Tonsystem vollkommen gleichwertig sind. Wenn in diesem Sinne Greissle[11] die praktische Bedeutung der Atonalität damit begründet, daß ein tonales Gefüge den Hörer von der Thematik ablenken würde, wenn Schönberg rät, den Dreiklang, obwohl er an sich im Zwölftonsystem möglich ist, gerade wegen seiner tonalen Bestimmtheit zu meiden, so zeigt sich darin das gleiche Bestreben wie im mittelalterlichen Kontrapunkt – nur auf einer höheren Entwicklungsstufe – die möglichste Selbständigkeit der horizontalen Entwicklung der Stimmen durch Vermeiden überwiegender harmonischer, vertikaler Bindungen zu erreichen.

Diese kurze Charakterisierung der modernen Geistesentwicklung konnte nur auf vereinzelte, besonders auffällige Erscheinungen hinweisen. Mit Recht wird man daher einwenden können, daß damit nicht die moderne geistige Entwicklung in ihrer Gesamtheit und ganzen Breite charakterisiert werde, und man wird vielleicht noch hinzufügen, daß es doch modische Zeiterscheinungen, die überdies zum Teil schon heute überholt sind, überschätzen hieße, in ihnen entscheidende Entwicklungssymptome sehen zu wollen. Diesen und ähnlichen Einwendungen gegenüber sei gesagt, daß all dies hier gar nicht zur Frage steht. Wenn wir historische Erscheinun-

---

9 Leonhard Deutsch, Das Problem der Atonalität und das Zwölftonprinzip, im Melos, 1927, Heft 3, S. 110.
10 Georg Schünemann, Beziehungen der neueren Musik zu exotischer und frümittelalterlicher Tonkunst, in der Zeitschr. f. Ästhetik und allgem. Kunstwissenschaft, XIX, 1925, S. 420.
11 Felix Greissle, Die formalen Grundlagen von Schönberg's Bläserquintett, im Anbruch 1925, Februarheft.

gen aus sich heraus und aus dem Geiste ihrer Schöpfer zu verstehen und zu deuten versuchten, so sollte damit kein Werturteil gefällt werden: der Psychiater muß auch den Irren zu verstehen suchen. Ob es sich bei diesem oft seltsamen revolutionären Gehaben wirklich um die ersten Anzeichen eines großen geistigen Umschwunges handelt, wie uns ihre literarischen Manager glauben machen wollen, oder um bloß vorübergehende Krankheitserscheinungen, wie die anderen in überlegenem Traditionsbewußtsein diagnostizieren, oder vielleicht doch um etwas Komplizierteres, Widerspruchsvolleres, Bedenklicheres, das zu entscheiden ist nicht Aufgabe des Historikers, das ist Angelegenheit der persönlichen Weltanschauung und Gesinnung.

Worum es sich bei dieser Betrachtung an dieser Stelle handelt, ist noch einmal die Probe auf das Exempel zu machen. Was uns die ostasiatische Kunst gezeigt hat, können wir hier nochmals beobachten: wie bestimmte, verschiedenartige und daher nicht unmittelbar von einander abhängige geistige Bildungen (physikalisch-mathematischer Raum, malerische Perspektive, harmonisches Tonsystem) sowohl in ihrem Auftreten wie in ihrem Ausbleiben innerhalb einer Kultur eine feste Bindung untereinander zeigen, und wie sich eine entscheidende Alteration auf allen Gebieten eben an diesen bestimmten Bildungen in gleicher Weise äußert. Daraus schließen wir, daß sie in einer ihnen gemeinsamen Anschauungsform ihren Grund haben müssen. Wir sehen darin den Beweis, daß die aufgezeigten Parallelentwicklungen nicht nur auf Analogien der subjektiven Deutung beruhen, sondern daß ihnen objektiv eine biologische Tatsache zugrundeliegt, die in der Entwicklung des menschlichen Vorstellungsvermögens selbst zu erkennen ist.

Walter Gropius — Gibt es eine Wissenschaft der Gestaltung? (Ausschnitt)

Erste Erscheinung: Walter Gropius, „Design Topics", *Magazine of Art*, 1947.
Textquelle: Walter Gropius, *Architektur. Wege zu einer optischen Kultur* (Frankfurt am Main, Hamburg: Fischer, 1955), S. 34–39.

Walter Gropius (1883–1969) hat an den technischen Hochschulen in München und Berlin-Charlottenburg Architektur studiert, anschließend arbeitete er im Architekturbüro von Peter Behrens. 1910 gründete er sein eigenes Büro, wo er bis 1925 alle Projekte mit Adolf Meyer gemeinsam konzipierte. Die wichtigsten von diesen, das Hauptgebäude der Fagus-Werke in Alfeld an der Leine (1911–1914) und die Musterfabrik auf der Werkbundausstellung von 1914 in Köln, waren Weg weisend für die moderne Architektur. Gropius war sowohl Mitbegründer des *Arbeitsrats der Kunst* (1918–1921) wie der *Novembergruppe* (1918–1933), zweier Organisationen progressiver Künstler der Nachkriegszeit. 1919 wurde er in Weimar zum Direktor des Staatlichen Bauhauses ernannt. Er entwickelte ein neues Programm für die Schule, das in der modernen Gestaltungslehre richtungsweisend wurde. Er hat prominente Vertreter der neuen Kunst wie Johannes Itten und László Moholy-Nagy, Paul Klee, Theo van Doesburg und andere als Lehrer eingeladen. Der kreativitätsfördernde Vorkurs, die praktische Arbeit in Werkstätten wie auch Experimente mit Medien wie Fotografie, Film und Theater waren wesentliche Elemente des Programms. Gropius beschäftigte sich mit den sozialen und wirtschaftlichen

Aspekten des Bauens, besonders mit Fragen der Industrialisierung des Massenwohnungsbaus. 1928 verließ er das Bauhaus und übersiedelte 1934 zuerst nach London, dann 1936 in die Vereinigten Staaten. Zwischen 1937 und 1952 war er Professor und Leiter des Architekturdepartements der Graduate School of Design der Harvard Universität. In den USA eröffnete er sein eigenes Architekturbüro, *The Architects' Collaborative*. Seine wichtigsten Bücher sind das erste Bauhausbuch, *Internationale Architektur* (1925); *The New Architecture and The Bauhaus* (1935); *Apollo in der Demokratie* (1967).

In dem hier abgedruckten Auszug aus einem in Amerika veröffentlichten Aufsatz führt Gropius die Thesen von Moholy-Nagy bezüglich eines Unterrichts der Sinne weiter. Die „neue Sprache des Sehens" nimmt jetzt auch in seinem Vokabular einen wichtigen Platz ein. Im Unterschied zu Moholy-Nagy bemüht er sich, den Vorgang des Sehens als einen mechanischen Prozess wissenschaftlich, von kulturellen Gewohnheiten unabhängig zu analysieren.

Bibliografie: Winfried Nerdinger, *Walter Gropius* (Berlin: Gebr. Mann Verlag, 1985).

[...] Ist das Gelingen des richtigen Maßstabes an einem Bau oder Kunstwerk Resultat sicheren Instinkts oder erfahrenen Wissens? Oder ist die Verbindung bewußter sowohl wie unbewußter Eigenschaften Voraussetzung für Erfolg?

Wir wissen, daß die Architekten Indiens in früheren Jahrhunderten zuerst in mehreren Handwerken ausgebildet wurden. Danach erlernten sie, schon in ihren Vierzigerjahren, noch bevor sie einen Tempel bauen durften, eine mathematisch-symbolische Geheimlehre, die von Priestern gelehrt wurde. Vermutlich besaßen sie eine Art optischer Wissenschaft. Jedenfalls scheuten sie sich nicht, höchst komplizierte Baumethoden anzuwenden, um gewisse optische Wirkungen zu erzielen, die ihnen wichtig erschienen. Zum Beispiel verliefen die Gehrungslinien ihrer reich unterteilten Gesimse nicht parallel wie in der westlichen Architektur, sondern sie schneiden sich an einem fernen Fluchtpunkt. Diese Verjüngung der Gesimsgehrungen erzeugt die optische Illusion einer größeren Tiefen- und Reliefwirkung und damit eines gesteigerten Maßstabes (Abb. 36).

Aus dem gleichen Grund hat Iktinos, der Erbauer des Parthenon, das den äußersten Grad an Perfektion und Verfeinerung in der europäischen Architektur darstellt, die Säulen der Vorderfront ein wenig gegen die Mittelachse des Tempels geneigt und alle horizontalen Linien leicht gebogen, um die optische Täuschung des konkaven Eindrucks auszugleichen; denn eine lange gerade Horizontallinie scheint in der Mitte einzusinken, eine Täuschung, die durch die Wölbung unserer Netzhaut hervorgerufen wird. Ein solcher Eindruck hätte aber den gewünschten Effekt gestört, und um dieser Täuschung entgegenzuwirken, wurden die Stufen auf der Langseite des Parthenons in ihrer Mitte gegenüber den Enden um 10 cm gehoben (Abb. 36). Es steht fest, daß der Unterbau mit Bedacht so angelegt worden ist; denn der Tempel steht auf einem Felsen, und seine vertikalen Fugen sind auch heute noch absolut dicht. Kein Setzen des Bauwerks konnte also seine ursprünglichen Linien verändert haben. Hier triumphieren Intuition und Verstand vereint über die Mängel des menschlichen Sehvermögens. Hier haben wir wahre Architektur.

An diesen Beispielen habe ich versucht, Elemente einer Formsprache, die der Entwerfer kennen muß, zu charakterisieren. Was wissen wir über die Beziehung solcher Elemente zueinander im „Raum"? Jeder von uns hat einmal in seinem Leben den Versuch gemacht, auf dem

208   Die Wahrnehmung des Raumes

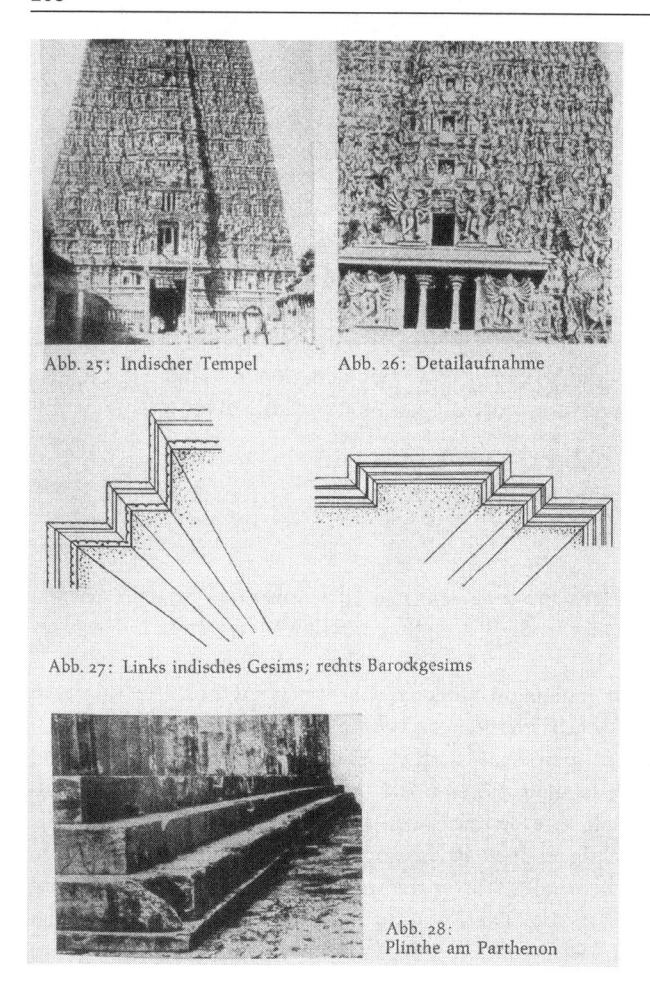

Abb. 36. Seite aus Walter Gropius, „Gibt es eine Wissenschaft der Gestaltung?" (1947).

Abb. 25: Indischer Tempel   Abb. 26: Detailaufnahme

Abb. 27: Links indisches Gesims; rechts Barockgesims

Abb. 28: Plinthe am Parthenon

Rücken liegend die Unendlichkeit des fernen Himmels zu begreifen, nur um zu erkennen, daß uns die Erfaßbarkeit des unendlichen Raumes versagt ist. Die Mathematiker haben zwar den Begriff unendlich großer und unendlich kleiner Einheiten geprägt und Zeichen dafür eingesetzt, die aber abstrakt bleiben und uns keine sinnlich konkrete Vorstellung des unendlichen Raumes vermitteln können. Wir verstehen nur endlichen Raum in seiner meßbaren Dreidimensionalität. Begrenzter Raum, sei er offen oder eingeschlossen, ist das künstlerische Gestaltungsmittel der Architektur. Harmonische Beziehung zwischen den Baumassen und Hohlräumen, die sie umgrenzen oder einschließen, ist wesentlich für architektonische Wirkung. Dies mag selbstverständlich erscheinen, ich habe aber gefunden, daß sich viele Menschen dieser wichtigen Beziehung nicht bewußt sind, daß es selbst ausgebildete Architekten gibt, die nicht wissen, daß die offenen Räume zwischen Gebäuden, wie Straßen, Plätze und Höfe, ebenso bedeutungsvoll sind wie die Baumassen selbst.

Viele unter uns leben noch ahnungslos in der statisch-dreidimensionalen Welt Newtons, die aber für unsere heutige Erkenntnis längst unzulänglich geworden ist. Denn Wissenschaft und

Philosophie haben die statische Auffassung von unserer Umwelt durch dynamische, ständig sich verändernde Beziehungen ersetzt. Diese tiefgehende Verwandlung in der Vorstellung von unserer Umwelt ist als eine neue Dimension mit dem Ausdruck Raum-Zeit bezeichnet worden. Die Wissenschaft hat die Relativität aller menschlichen Werte und deren fortwährende Umwandlung festgestellt. Sie erkennt daher nichts Endgültiges, keine „ewigen Werte" an. Das Wesen des Lebens ist unaufhörliche Metamorphose. Ich möchte hier aus einem Bericht von dem Zweihundert-Jahr-Kongreß in Princeton, „Planung der physischen Umwelt des Menschen", zitieren:

Es zeigte sich, daß die physische Umwelt, mit der die Architekten sich befassen sollten, sich während ihres eigenen Lebens mit geradezu erschreckender Geschwindigkeit verändert hatte. Das sich erweiternde Weltall war zum explodierenden Weltall geworden und die Zeit, die neue Vierte Dimension, steht mehr im Mittelpunkt des Interesses als die drei anderen. Auch der Mensch hatte sich gewandelt, aber nicht genug. Die Architekten konnten in ihren Bauten den bestimmenden Einfluß der Zeitdimension und ihres Spiegelbildes, der Bewegung, aufzeigen, aber unter ihrem forschenden Blick offenbarte sich der Mensch als ein von der Last der Vergangenheit gebeugtes Geschöpf, verwirrt von der Nachwirkung seiner gestrigen Gefühle und so behindert durch mangelhaftes Sehen, daß er buchstäblich nur das sehen kann, was er möchte.

Also beginnt die Zeit, eingeführt als vierte Dimension, unsere Gedanken und Schöpfungen zu durchdringen.

Das Bedürfnis nach Abwechslung. Dieser Wandel in der Grundauffassung unserer Welt, weg von der Vorstellung eines statischen Raumes zu der eines kontinuierlich sich verändernden Beziehungssystems, setzt unsere geistigen und gefühlsmäßigen Wahrnehmungsfähigkeiten in Bewegung. Nun verstehen wir den Drang der Futuristen und Kubisten, die als erste versucht haben, das Magische der vierten Dimension durch das Illusionsmittel räumlicher Bewegung festzuhalten (Abb. 37, links). In einem Bild von Picasso wird zugleich Gesicht und Profil gemalt. Das zeitliche Nacheinander von Aspekten, Erlebnissen, Vorgängen wird in eine

Abb. 37. Links: Bild von Balla, Italien. Darstellung von Bewegung im Raum; rechts: Bild von Picasso. Gesicht einer Frau gleichzeitig von vorne und von der Seite.

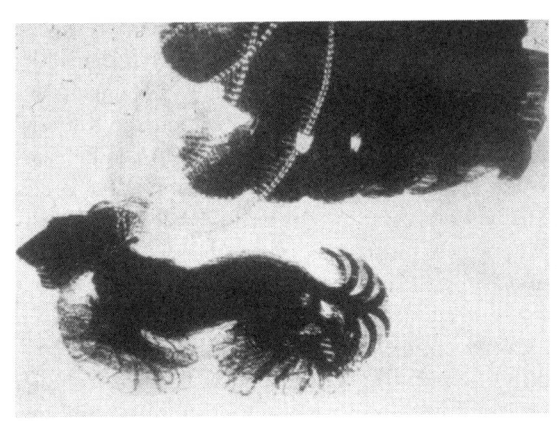

räumliche Einheit zusammengeschoben (Abb. 37, rechts). Was ist der Anlaß zu dieser neuen Komponente in der künstlerischen Darstellung? Die Einführung des Zeitelementes in die räumliche Komposition verstärkt ganz offenbar die Erlebnisintensität des Beschauers. Der Künstler sucht ständig nach neuen Anreizen, die den Betrachter aktivieren und anziehen sollen. Sigmund Freud berichtete von einem Versuch, dessen Ergebnis zeigt, daß Irritation lebensanregend wirken kann. Primitive Zellen, die man in eine Flüssigkeit legt, die perfekt vom Standpunkt der Nahrung und der Wärmeabgabe ist, sterben langsam in passiver Zufriedenheit ab. Wenn aber dieser Flüssigkeit ein Reizmittel beigefügt wird, werden die Zellen aktiv und – vermehren sich.

Der englische Historiker Toynbee berichtet uns die Geschichte eines Schiffskapitäns, der in dem Ruf stand, immer die frischsten Heringe einzubringen. Auf seinem Totenbett verriet er sein Geheimnis: er hatte stets einen Seewolf im Fischbottich seines Schiffes mitgenommen. Dieser fraß ein paar Heringe, schreckte alle anderen und hielt sie dadurch in bester Verfassung. Auch der Mensch wird durch Anreiz stimuliert. *Die Kunst sucht diesen ewigen Drang nach Gegensatz zu befriedigen. Der Funke, der aus der Spannung von Gegensätzen springt, erzeugt das dem Kunstwerk eigentümliche Leben.* Tatsächlich braucht der Mensch häufig wechselnde Eindrücke, um sich aufnahmefähig zu erhalten. Unveränderte Umstände, mögen sie noch so perfekt sein, stumpfen ab und schläfern ein. Um nur ein einfaches Beispiel zu geben: fährt man einen ganzen Tag in einem Pullman-Wagen mit Klimaanlage, in dem die Temperatur, Luftbewegung und Feuchtigkeit gleichmäßig geregelt sind, wird es einem auf die Dauer unbehaglich. Selbst an einem sehr heißen Tag steigt man gern an den Stationen aus, in der Hitze, nur um des Gegensatzes willen; erst dann kann man wieder die angenehme kühle Atmosphäre im Wagen genießen. Wir brauchen eben Kontraste, um unsere Anpassungsfähigkeit wach zu erhalten.

Wenn wir die psychologische Wirkung von Tageslicht und künstlicher Beleuchtung miteinander vergleichen, wird die Notwendigkeit der Abwechslung besonders deutlich. Kürzlich kam mir ein „Bericht des Komitees für Museumsbeleuchtung" der Gesellschaft für Beleuchtungstechnik in die Hände. Darin fand ich diese Sätze: „Heute ist künstliche Beleuchtung für eine Galerie wirkungsvoller als Tageslicht. Dazu vermag künstliche Beleuchtung jede Einzelheit der Kunstwerke zu jeder Zeit unter dem vorteilhaftesten Aspekt herauszustellen, was bei natürlichem Licht nur ein flüchtiges Ereignis ist." Ein „flüchtiges Ereignis"! Hier, glaube ich, liegt der Trugschluß; denn das beste künstliche Licht, das alle Einzelheiten eines Ausstellungsgegenstandes vorteilhaft herausstellt, ist nichtsdestotrotz nur statisch. Es wandelt sich nicht. Natürliches Licht, das sich stetig verändert, ist belebt und dynamisch. Das „flüchtige Ereignis", das durch den Wechsel in der Beleuchtung eintritt, ist gerade das, was wir brauchen: denn der Gegenstand, den wir im Wechsel des lebendigen Tageslichts sehen, bietet zu jedem Zeitpunkt einen anderen Eindruck.

Oder man stelle sich die Überraschung für den Kirchenbesucher vor, wenn ein Sonnenstrahl, durch das bunte Glasfenster einer Kathedrale fallend, langsam durch das halbdunkle Kirchenschiff wandert und plötzlich den Altar trifft (Abb. 38, links): Wie eindrucksvoll für den Betrachter, obwohl er nur ein „flüchtiges Ereignis" erlebt! Ich erinnere mich des lebhaften Eindrucks, den ich einmal im Pergamon-Museum in Berlin hatte. Immer war mir das Licht, das durch Oberlichter auf die Tempelwände fiel, zu diffus und eintönig erschienen. Aber eines Abends kam ich dazu, wie dort ein Photograph mit einem starken Scheinwerfer operierte. Ich war begeistert von der starken Wirkung dieser direkten Beleuchtung, die erst die Reliefs zum Leben brachte und mich eine ganz neue, mir bis dahin unbekannte Schönheit dieser Skulpturen entdecken ließ.

Vielleicht werden wir einmal über künstliches Sonnenlicht verfügen, das sich bewegt und sich nach Wunsch in bezug auf Quantität, Intensität, Farbe und Richtung verändern läßt. Solange

Abb. 38. Links: Gotische Kathedrale; rechts: Ecke am Bauhaus.

aber künstliches Licht unseren Bedürfnissen nicht restlos entspricht, sollten wir, wo immer möglich, die dynamische Qualität des Tageslichts als Ergänzung zu künstlichem nicht ausschließen, da es unserem Bedürfnis nach Veränderung entgegenkommt. Um ein Beispiel für die möglichen psychologischen Hilfsmittel zu geben, mit denen man unsere Sinne aufmerksam und empfänglich erhalten kann, möchte ich zeigen, mit welchen Mitteln wir einen Museumsbesuch zu einem belebenden anstatt zu einem ermüdenden Ereignis machen können. Wir wissen, daß die Aufnahmefähigkeit des Besuchers für Kunstwerke, die auf engem Raum zusammengebracht sind, rasch schwindet, wenn wir nicht fähig sind, ihn häufig wieder zu erfrischen. Sein Geist muß nach jedem Eindruck neutralisiert werden, damit ein neuer einsinken kann. Wir können ihn nicht für Stunden, während deren er die Galerie durchwandert, auf dem Gipfel geistiger Ekstase halten. Aber durch geschickte Entwurfsanordnung, die dem Besucher fortwährend wechselnde Raumaspekte und Lichteffekte mit reichen Kontrasten bietet, schärfen wir sein Interesse. Nur wenn er fortwährend seine natürlichen Fähigkeiten der Anpassung an Spannung und Ruhe gebrauchen muß, bleibt seine Teilnahme lebendig. Schon allein die Aufteilung des Ausstellungsraums und die Verteilung der Gegenstände können eine Folge fesselnder Überraschungsaspekte bieten, wenn sie in ihrer zeitlichen Abfolge und dem Wechsel im Maßstab für die Aufnahmebereitschaft des Besuchers richtig zugeschnitten sind. Mit dieser Forderung treten wir in das Reich architektonischer Schöpfung.

Bewegung im Raum, oder die Illusion einer Bewegung im Raum, hervorgerufen durch die Magie des Künstlers, ist zu einem starken Wirkungsfaktor in den Werken der modernen Architektur,

Bildhauerei und Malerei geworden. Man bevorzugt heute in der Architektur eine Transparenz, die durch große Glasflächen, hervortretende und sich öffnende Teile des Bauwerks erreicht wird. Diese Transparenz sucht die Vorstellung eines fließenden Raumkontinuums zu erzeugen. Das Gebäude scheint zu schweben und der Raum hindurchzuströmen (Abb. 38, rechts). Ausschnitte des unendlichen Außenraums werden einbezogen in die architektonische Raumkomposition, die in die Umgebung hinausgreift. Der Raum selbst scheint sich zu bewegen (Abb. 39, links).

Schlüssel zur Gestaltung. Die Erzieher für künstlerische Gestaltung haben begonnen, die Entdeckungen der Philosophie und der Wissenschaften in ihrem Feld neu zu ordnen und auszuwerten. Eine grundlegende Sprache der Gestaltung braucht in erster Linie einen gemeinsamen optischen Kontrapunkt. Wichtige Arbeiten mit dem Ziel, einen Generalnenner des Formausdrucks zu finden, sind unternommen worden vom Bauhaus, von Le Corbusier und Ozenfant im *L'Esprit nouveau*, von Moholy-Nagy in seinen Büchern *The New Vision* und *Vision in Motion*, durch die Lehren von Josef Albers, von Kepes' *Language of Vision,* von Herbert Reads *Education Through Art* und besonders von Le Corbusier in seinem *Modulor* (Abb. 39, rechts) und anderen auf diesen und verwandten Gebieten.

Werden wir Erfolg haben mit der Entwicklung eines solchen optischen „Schlüssels", der von jedem verwandt und verstanden werden kann, der als objektives Gestaltungsmittel für jede Art von Entwurf gelten kann? Er darf niemals zum Rezept oder gar zum intellektuellen Ersatz für Kunst führen. *Intellektuelle Kunst bleibt steril, kein Kunstwerk überflügelt seinen Schöpfer. Ohne intuitive Unmittelbarkeit, ohne den unberechenbaren Griff des künstlerischen Geistes kann kein wahres Kunstwerk erschaffen werden. Aber ein optischer Schlüssel würde die überpersönliche Brücke zum allgemeinen Verständnis liefern und zugleich dem Künstler selbst als Kriterium für seine Schöpfung dienen.*

Abb. 39. Links: Wohnzimmer im Haus Poissy von Le Corbusier; rechts: Diagramm aus dem „Modulor" von Le Corbusier.

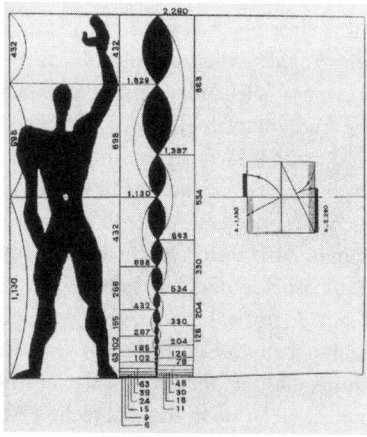

Colin Rowe, Robert Slutzky

Transparenz
(Ausschnitt)

Erste Erscheinung: Colin Rowe, Robert Slutzky, „Transparency: Literal and Phenomenal", in *Perspecta* 8, 1964.
Textquelle: Colin Rowe, Robert Slutzky (Übersetzung, Kommentar und Addendum von Bernhard Hoesli), *Transparenz* (3., erw. Auflage: Basel, Boston, Berlin: Birkhäuser, 1989), S. 21–41.

Der Architekt und Architekturhistoriker Colin Rowe (1920–1999) hat Architektur in Liverpool (University School of Architecture) und Kunstgeschichte in London (Warburg Institute of Art) bei Rudolf Wittkower studiert. Er schrieb seine Doktorarbeit über die *Theoretical Drawings of Inigo Jones* (1947). Der Einfluss Wittkowers zeigt sich in seinem Essay „The Mathematics of the Ideal Villa", der nach seiner Veröffentlichung in der Zeitschrift *Architectural Review* (1947) großes Aufsehen erregte. Rowe verglich den Grundriss von Le Corbusiers Villa Stein mit jenem von Palladios Villa Malcontenta, um das Interesse der Moderne an reinen Geometrien zu zeigen. Er nahm an dem CIAM-Kongress in Bridgewater (1947) teil, wo die Frage der Originalität der Moderne ebenfalls zum Ausdruck kam. 1951 hat er an der Yale-Universität Städtebau unterrichtet; 1954 begann er, an der Architekturschule der University of Texas in Austin zu lehren, als einer der „Texas Rangers" mit John Hejduk, Bernhard Hoesli und Robert Slutzky. Mit dem Maler und Zeichenlehrer Slutzky schrieb er den Essay „Transparency" 1955, der erst 1964 unter dem Titel „Transparency: Literal and Phenomenal" in der Architekturzeitschrift der Yale-Universität, *Perspecta* 8, erschien. Rowe und Slutzky forschen hier der Bedeutung von „Transparenz" – ein Grundbegriff der Moderne – in der kubistischen Malerei und in der Modernen Architektur nach. Die wortwörtliche Transparenz als Durchsichtigkeit vergleichen sie mit der phänomenologischen Transparenz, einer zweidimensionalen Komposition, deren einzelnen Elemente sich überlappen, ohne sich zu verdecken oder auszulöschen. Dadurch entsteht der Eindruck von Räumlichkeit. Auch diese Schrift löste eine große Wirkung aus und wurde 1968 von Bernhard Hoesli ins Deutsch übersetzt und publiziert, ergänzt mit seinen Kommentaren. 1978 veröffentlichte Rowe mit Fred Koetter zusammen das Buch *Collage City*. Sie setzen sich in dieser Arbeit mit der modernen Stadtplanung kritisch auseinander und skizzieren die Konturen einer Stadttheorie der Postmoderne, die von formalen Kriterien und nicht ausschließlich von Forderungen der Ökonomie und Funktionalität bestimmt ist (s. Seite 458–463).

Bibliografie: Alexander Caragonne (Hrsg.), *Colin Rowe: As I Was Saying. Recollections and Miscellaneous Essays*. 3 Bände (Cambridge, Mass.: The MIT Press, 1996).

Betrachtet man nun architektonische eher als bildnerische Transparenz, so erheben sich unvermeidliche Verwirrungen; denn während Malerei die dritte Dimension nur andeuten kann, kann Architektur sie nicht unterdrücken. Weil Architektur dreidimensionale Wirklichkeit und nicht Nachahmung der drei Dimensionen ist, kann in ihr eigentliche Transparenz zur physischen Tatsache werden. Transparenz im übertragenen Sinne ist gerade aus diesem Grunde aber auch schwieriger zu verwirklichen; und es ist in der Tat so schwierig, sie zu diskutieren, daß Kritiker im allgemeinen bereit sind, Transparenz in der Architektur ausschließlich mit Transparenz des

Abb. 40. Fernand Léger, Drei Gesichter (1926).

Materials zu verbinden. So hat György Kepes, nachdem er eine fast klassische Erklärung der bei Braque, Gris und Léger bemerkten Transparenzerscheinungen gegeben hatte, anscheinend angenommen, daß deren architektonische Analogie in den materiellen Eigenschaften von Glas und Plastik gefunden werden muß. Er glaubt, daß die Entsprechung zu den sorgfältig berechneten kubistischen und nachkubistischen Kompositionen in den zufälligen Überlagerungen zu entdecken ist, die durch Lichtreflexe und Spiegelungen hervorgerufen werden, die auf einer durchscheinenden oder polierten Oberfläche spielen.[1]

Und ähnlich scheint Sigfried Giedion anzunehmen, daß die vollständig verglaste Wand am Bauhaus (Abb. 41, links) mit ihren ausgedehnten, transparenten Flächen die schwebende Beziehung von Ebenen und die Art der „Überlagerung" hervorbringt, die in der zeitgenössischen Malerei vorkommen; er unterstützt diesen Vorschlag durch ein Zitat von Alfred Barr über die charakteristische „Transparenz sich überlagernder Ebenen" des analytischen Kubismus.[2]

Es ist offensichtlich, daß in Picassos „L'Arlésienne" (Abb. 41, rechts) dem Bilde, das diesen Folgerungen visuelle Unterstützung gewährt, eine derartige „Transparenz überlagerter Ebenen" gefunden werden kann. Picasso zeigt Flächen, die anscheinend aus Zelluloid sind, bei denen der Betrachter das Gefühl hat hindurchzusehen; dabei sind seine Eindrücke zweifellos jenen ähnlich, die ein Betrachter des Werkstattflügels am Bauhaus hat. In beiden Fällen entdeckt man eine

---

1 György Kepes, The Language of Vision, Paul Theobald, Chicago, 1944, S. 77.
2 Sigfried Giedion, Space, Time and Architecture, Cambridge, Massachusetts, 1954, S. 490 und 491. Das Anführen gerade dieser Zitate hier und auch auf Seite 41 ist unverkennbar polemisch; das ist im Gedankengang nicht notwendig und trägt zur Beweisführung nichts bei (der Übers.).

Abb. 41. Walter Gropius, Bauhaus Dessau und Pablo Picasso, L'Arlésienne.

Transparenz des Materials. Aber im transversal konstruierten Raum seines Bildes bietet Picasso durch Häufung kleinerer und größerer Formen unbegrenzte Möglichkeiten alternativer Lesearten an[3]; während der Glaswand des Bauhauses als unzweideutiger Oberfläche vor einem unzweideutigen Raum diese Qualität ausgesprochen abgeht.

So sind wir gezwungen, Anzeichen dessen, was wir als Transparenz im übertragenen Sinne bezeichnet haben, anderswo zu suchen.

Le Corbusiers Villa in Garches, die fast gleichzeitig mit dem Bauhaus entstanden ist, könnte gut mit diesem verglichen werden. Oberflächlich gesehen sind die Gartenfassade dieses Hauses (Abb. 42) und die Ansicht des Werkstattflügels des Bauhauses nicht unähnlich. Beide verwenden auskragende Deckenplatten, und beide haben ein zurückgesetztes Erdgeschoß. Keine läßt eine Unterbrechung der horizontalen Bewegung der Verglasung zu, und bei beiden wurde die Verglasung betont um die Ecke geführt. Aber damit enden die Ähnlichkeiten. Man könnte sagen, daß Le Corbusier dann primär mit der flächigen Qualität des Glases, Gropius mit seinen lichtdurchlässigen Eigenschaften beschäftigt ist. Durch die Einführung von Wandflächen, die fast so hoch sind wie die verglasten Teile, versteift Le Corbusier seine Glasebene und versieht sie mit Oberflächenspannung, während Gropius seiner lichtdurchlässigen Fläche den Anschein erlaubt, eher schlaff von einem Gesimse zu hängen, das ähnlich wie ein Vorhangkasten hervorragt. In Garches können wir uns an der Wahrnehmung erfreuen, daß die Verglasung der Fenster

---

3 EF: L'Arlésienne has that fluctuating, equivocal meaning which Kepes recognizes as characteristic of transparency; ...Der Satzteil nach dem Semikolon ist P8 offensichtlich verstümmelt. Er wurde sinngemäß ergänzt (der Übers.).

möglicherweise hinter der Wandfläche weitergeführt ist; weil wir beim Bauhaus nicht einen Augenblick außer Acht lassen, daß die Deckenplatte hinter dem Fenster heranpreßt, können wir uns solchen Spekulationen nicht hingeben.

In Garches ist die Basis des Gebäudes als eine vertikale Oberfläche gedacht, die von einer horizontalen Fensterreihe durchquert ist (Abb. 42); beim Bauhaus ist ihr der Anschein einer kräftigen Mauer gegeben, die durch Verglasung weitgehend durchlöchert ist. In Garches zeigt sie deutlich das Stützensystem an, das die Auskragungen darüber trägt; am Bauhaus zeigt sie etwas gedrungene Pfeiler, die man nicht automatisch mit der Vorstellung einer Skelettstruktur verbindet. Beim Werkstattflügel des Bauhauses könnte man sagen, daß Gropius von der Idee in Anspruch genommen ist, eine Grundplatte zu errichten, um darüber ein Arrangement horizontaler Ebenen anzuordnen (Abb. 43), und daß sein Hauptanliegen der Wunsch zu sein scheint, daß zwei dieser Ebenen durch Glasschleier gesehen werden (Abb. 41). Glas jedoch scheint auf Le Corbusier kaum eine derartige Faszination ausgeübt zu haben, und obwohl man natürlich durch seine Fenster sehen kann, ist nicht in dieser Tatsache die Transparenz seines Bauwerkes zu finden. Die zurückgesetzte Fläche des Erdgeschosses von Garches wird auf dem Dach durch zwei freistehende Wände, die die Terrasse abschließen, wieder definiert; und die gleiche Tiefangabe wird in den Seitenansichten wieder durch die verglasten Türen gemacht, die den Abschluß der

Abb. 42. Le Corbusier, Villa Stein in Garches (1927), Gartenfassade.

Abb. 43. Walter Gropius, Bauhaus Dessau.

Fenster bilden. Durch diese Mittel führt Le Corbusier die Idee ein, daß direkt hinter seiner Verglasung ein schmaler Raumschlitz liegt, der parallel zu ihr verläuft; und als Konsequenz davon deutet er natürlich eine andere Idee an: daß hinter diesem Schlitz eine Ebene als Begrenzung liegt, von der die Parterrewand, die Kanten der freistehenden Wände und die inneren Leibungen der Türen Teile sind. Und obwohl diese Ebene als eine sehr offensichtlich konzeptionelle Konvenienz und als nicht physische Tatsache abgetan werden kann, ist ihre aufdringliche Gegenwart unleugbar. Durch das Erkennen der physischen Ebene von Glas und Beton und dieser eingebildeten (doch kaum weniger wirklichen) Ebene, die dahinterliegt, werden wir uns bewußt, daß hier eine Transparenz nicht durch Vermittlung eines Fensters bewirkt wird, sondern durch das Bewußtwerden von primären Vorstellungen, „die sich gegenseitig durchdringen, ohne sich optisch zu zerstören".

Aber diese beiden Ebenen sind offenbar nicht alles; es wird eine dritte, gleich deutliche, parallele Oberfläche zugleich eingeführt und angedeutet. Sie definiert die Hinterwand der Terrasse und das Dachgeschoß; sie wird wiederholt durch andere parallele Dimensionen: durch die Brüstungen der Gartentreppe, der Terrasse und durch den Balkon des zweiten Geschosses (Abb. 42). Jede dieser Ebenen ist für sich unvollständig oder sogar fragmentarisch; dennoch wird mit diesen Parallelebenen als Beziehung die Fassade organisiert, und die Auswirkung aller ist eine vertikale Stratifizierung des Innenraumes des Gebäudes, eine Folge von seitwärts ausgedehnten, hintereinanderstehenden Raumschichten.

Dieses System räumlicher Schichtung bringt Le Corbusiers Fassade in den engsten Zusammenhang mit dem Légerbild (Abb. 40), das wir bereits untersucht haben. In „Trois Faces" betrachtete Léger seine Leinwand als ein im Flachrelief modelliertes Feld. Von seinen drei

Hauptzonen (die sich überlagern, verbinden und sich abwechselnd gegenseitig enthalten und ausschließen) stehen zwei in einem fast gleichwertigen Tiefenzusammenhang, während die dritte eine Kulisse bedeutet, die eine Lage bezeichnet, die zugleich vordringt und zurückweicht. In Garches hat Le Corbusier Légers Interesse für die Bildebene mit einer höchst ausgeprägten Wertschätzung der frontalen Ansicht ersetzt. (Die bevorzugten Ansichten schließen nur die minimalsten Abweichungen von der Parallelperspektive ein.) Légers Leinwand wird Le Corbusiers zweite Ebene, andere Ebenen werden entweder dieser Grundlage auferlegt oder von ihr abgezogen. Tiefer Raum wird in ähnlicher Kulissenart ermöglicht: Die Fassade wird aufgeschnitten und Tiefe im entstehenden Schlitz eingefügt.

Man könnte nun folgern, daß es Le Corbusier in Garches tatsächlich gelungen ist, Architektur ihrer notwendig dreidimensionalen Existenz zu entfremden; um diese Analyse zu präzisieren, ist es daher notwendig, den inneren Raum des Gebäudes zu untersuchen.

Bei der ersten Untersuchung scheint dieser Raum beinahe ein glatter Widerspruch zur Fassade zu sein; besonders im Hauptgeschoß (Abb. 44) ist das ersichtliche Volumen fast das Gegenteil des zu Erwartenden. Die Verglasung der Gartenfassade hätte auf das Vorhandensein eines einzigen großen Raumes hindeuten können, und sie hätte den Glauben erwecken können, daß die Richtung dieses Raumes parallel zu derjenigen der Fassade ist. Aber die inneren Aufteilungen verneinen diese Aussage und erschließen statt dessen ein Hauptvolumen, dessen primäre Richtung senkrecht zu der ist, die man vermuten konnte. Das Vorherrschen dieser Richtung in den Haupt- und Nebenvolumen ist durch die flankierenden Wände auffallend betont.

Doch ist die räumliche Struktur dieses Geschosses offensichtlich komplexer als es zunächst scheint und erheischt schließlich eine Revision dieser anfänglichen Annahmen. Die Bedeutung der auskragenden Schlitze wird offensichtlich; die Apsis des Eßzimmers führt einen weiteren seitlichen Druck ein, während die Positionen der Haupttreppe, der Öffnung im Boden und der Bibliothek dieselbe Dimension bestätigen. So sieht man die Ebene der Fassade eine tiefgehende

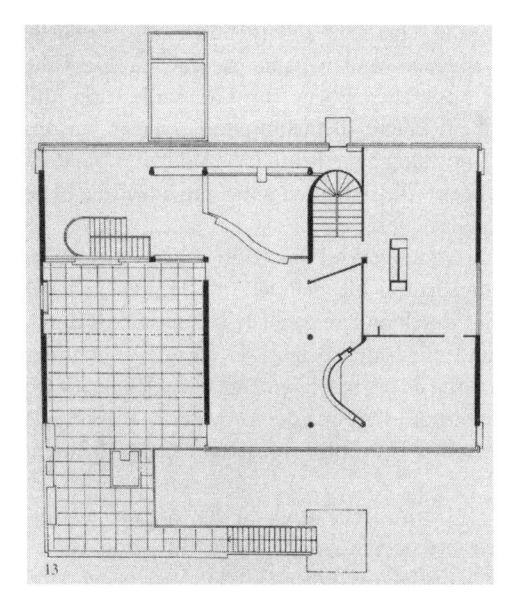

Abb. 44. Le Corbusier, Villa Stein, Grundriss des Hauptgeschosses.

Abb. 45. Le Corbusier, Villa Stein, Grundriss des Dachgeschosses.

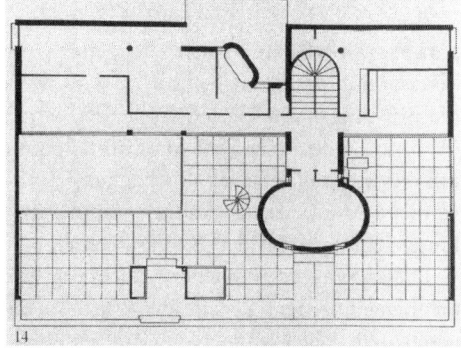

Abb. 46. Walter Gropius, Bauhaus Dessau, Grundrisse.

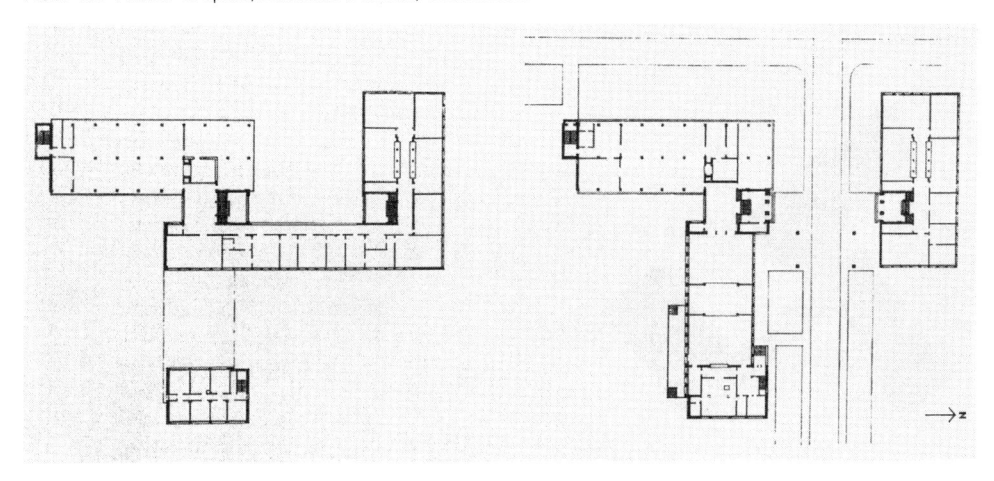

Veränderung der Raumtiefe bewirken, die sich nun der geschichteten Folge von flachen Räumen annähert, die durch die Außenansicht angedeutet sind.

Soweit die Deutung der Innenvolumen in bezug auf die vertikalen Ebenen; eine weitere Deutung in bezug auf die horizontalen Ebenen, die Geschosse, erweist ähnliche Merkmale. Nachdem wir einräumen, daß eine Bodenfläche keine Wand ist und Pläne keine Gemälde sind, können wir die horizontalen Ebenen in ähnlicher Weise untersuchen wie die Fassade, wobei wir wieder „Trois Faces" als Ausgangsbasis wählen. Eine Entsprechung zu Légers Bildebene wird jetzt durch die Dächer des Attikageschosses und des elliptischen Pavillons, durch die Oberkanten der freistehenden Wände und durch den Abschluß des eher merkwürdigen Sitzplatzes geschaffen, die alle in der gleichen Oberfläche liegen (Abb. 42 und 45). Die zweite Ebene wird nun die Dachterrasse, und der Kulissenraum wird zum Einschnitt in dieser Bodenplatte, der das Auge hinab auf die darunterliegende Terrasse führt. Ähnliche Parallelen werden recht offensichtlich, wenn man die Organisation des Hauptgeschosses betrachtet. Hier wird die vertikale Entsprechung zum tiefen Raum durch die doppelte Höhe der Außenterrasse und durch die Öffnung, die das Wohnzimmer mit der Eingangshalle verbindet, eingeführt. Und wie Léger die Raumdimensionen durch die Verschiebung der inneren Kanten seiner äußeren Zonen vergrößert, so greift hier Le Corbusier auf den Raum seiner zentralen Zone über.

So erscheint in diesem Bau überall der Widerspruch räumlicher Dimensionen, die Kepes als Eigenart der Transparenz anerkennt. Es gibt eine ununterbrochene Dialektik zwischen Tatsache und Andeutung. Die Wirklichkeit des tiefen Raumes wird fortwährend in Gegensatz zu Andeutungen eines untiefen Raumes gebracht[4], und durch die resultierende Spannung wird Lesart um Lesart erzwungen. Die fünf Raumschichten, die in jeder vertikalen Dimension das Volumen des Gebäudes gliedern, und die vier Schichten, die es horizontal schneiden, beanspruchen alle von Zeit zu Zeit die Aufmerksamkeit; und diese Rasterung des Raumes resultiert in ununterbrochener Veränderung der Interpretation.

---

4 P8: Inference of shallow space (S. 51).

220   Die Wahrnehmung des Raumes

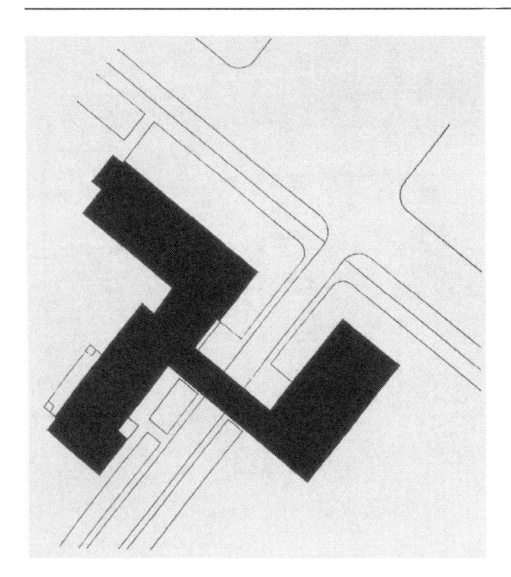

Abb. 47. Walter Gropius, Bauhaus Dessau, Situationsplan.

Abb. 48. Le Corbusier, Villa Stein. Frontale Sicht. Der Raum erscheint geschichtet. Alle in die Raumtiefe dringenden Bauteile sind wie in die Schichten des Raumes gefügt, in welche weitere Elemente seitlich eindringen.

Diese möglicherweise zelebralen Finessen sind im Bauhaus kaum so auffällig; ja, sie sind Attribute, bei denen eine Materialästhetik zur Ungeduld neigt. Am Werkstattflügel des Bauhauses hat Giedion hauptsächlich die eigentliche Transparenz applaudiert; in Garches ist es die Transparenz im übertragenen Sinne, die unsere Aufmerksamkeit beansprucht hat. Wenn wir die Leistung Le Corbusiers mit der Fernand Légers in Beziehung setzen können, so können wir ebenso gerechtfertigt eine Gemeinsamkeit des Interesses in den Aussagen Gropius' und Moholy-Nagys feststellen.

Moholy war immer hauptsächlich mit dem Ausdruck von Glas, Metall, spiegelnden Substanzen und Licht beschäftigt; und Gropius, zumindest in den zwanziger Jahren, scheint ebenso an der Idee interessiert, Materialien wegen ihrer wesensgemäßen Qualitäten zu verwenden. Ohne ungerecht zu sein, kann man von beiden sagen, daß sie eine gewisse Anregung von den Experimenten des De Stijl und den russischen Konstruktivisten bekamen; aber beide waren scheinbar nicht gewillt, gewisse mehr pariserische Folgerungen zu akzeptieren.

Denn es war anscheinend in Paris, daß die kubistische „Entdeckung" des untiefen Raumes am vollständigsten ausgewertet wurde; dort wurde die Idee der Bildebene als einheitlich aktiviertes Feld völlig verstanden. Bei Picasso, Braque, Gris, Léger und Ozenfant sind wir uns nie bewußt, daß die Bildebene eine nur passive Rolle spielt. Die Bildebene als negativer Raum und die auf ihr plazierten Objekte als positiver Raum sind mit der gleichen Fähigkeit zu stimulieren ausgestattet. Außerhalb der Ecole de Paris ist dieser Umstand nicht typisch, obwohl Mondrian, als Wahlpariser, eine bedeutende Ausnahme macht und Klee eine andere. Ein Blick auf irgendein repräsentatives Werk von Kandinsky, Malevich, El Lissitzky oder Van Doesburg wird offenbaren, daß diese Maler, wie Moholy, kaum die Notwendigkeit spürten, ihren Hauptobjekten einen bestimmten Nährboden zu verschaffen. Sie sind geneigt, das kubistische Bild vereinfachend als Komposition geometrischer Flächen zu akzeptieren, neigen aber auch dazu, die entsprechende kubistische Abstraktion des Raumes zu verwerfen. Deswegen bieten uns ihre Bilder Kompositionen, die in einer unendlichen, atmosphärischen, naturalistischen Leere schwimmen, ohne eine Spur der reichen pariserischen Schichtung des Volumens. Das Bauhaus kann wohl als ihre architektonische Entsprechung angenommen werden.

So werden wir uns beim Bauhauskomplex kaum einer räumlichen Schichtung bewußt, obwohl er sich als Komposition von plattenartigen Baukörpern präsentiert, deren Formen die Möglichkeit einer Raumdeutung in Schichten nahelegen. Durch die Bewegungen des Schlaftraktes, der Verwaltungsbüros und des Werkstattflügels könnte das erste Obergeschoß eine Kanalisierung des Raumes in einer Richtung andeuten (Abb. 46, links). Durch die Gegenbewegung von Straße, Klassenzimmern und Auditoriumsflügel schlägt das Erdgeschoß eine Bewegung des Raumes in die andere Richtung vor (Abb. 46, rechts). Keine Richtung ist bevorzugt (Abb. 47), und das entstehende Dilemma wird gelöst, wie es in diesem Fall dann sein muß, indem den diagonalen Blickpunkten Priorität verliehen wird.

Wie Van Doesburg und Moholy Frontalität vermieden haben, so auch Gropius; und es ist bezeichnend, daß die publizierten Photographien von Garches die Elemente des diagonalen Zurückweichens zu verringern trachten, während die veröffentlichten Photographien des Bauhauses gerade derartige Elemente hervorheben (Abb. 47). Die Wichtigkeit dieser diagonalen Ansichten des Bauhauses wird ständig geltend gemacht – durch die lichtdurchlässige Ecke des Werkstattflügels und durch Elemente wie die Balkone des Schlaftraktes und die vorkragende Platte über dem Eingang südlich der Werkstätten: Elemente, die, um verstanden zu werden, einen Verzicht auf das Frontalitätsprinzip verlangen.

Im Plan offenbart das Bauhaus eine Folge von Räumen, aber kaum „reinen Widerspruch räumlicher Dimensionen". Gropius hat, indem er sich auf den diagonalen Blickpunkt verläßt, die entgegengesetzten Bewegungen seines Raumes nach außen gewendet und ihnen erlaubt, ins Unendliche wegzufließen; und weil er nicht gewillt ist, der einen oder andern irgendeinen bezeichnenden Qualitätsunterschied zuzuschreiben, verhindert er die Möglichkeiten einer potentiellen Mehrdeutigkeit. So nehmen nur die Konturen seiner Blöcke einen Schichtungscharakter an: aber diese Schichten von Baukörpern können kaum eine schichtartige Struktur von Innen- oder Außenraum bewirken. Weil dem Betrachter die Möglichkeit, einen geschichteten Raum (der entweder durch wirkliche Ebenen oder durch deren imaginäre Projektionen definiert wird) zu durchdringen verwehrt bleibt, kann er auch nicht den Konflikt zwischen Raum, der explizit, und Raum, der angedeutet ist, erfahren. Er mag sich zwar am Sinneseindruck erfreuen, durch eine Glaswand zu schauen und so vielleicht das Äussere und das Innere des Gebäudes gleichzeitig zu sehen; aber dabei werden ihm nur wenige der mehrdeutigen Eindrücke bewußt werden, die von Transparenz im übertragenen Sinne ausgehen.[5]

Le Corbusiers Völkerbundsprojekt von 1927 hat wie das Bauhaus heterogene Elemente und Funktionen, die zu einer ausgedehnten Organisation und zum Erscheinen eines weiteren Elementes führen, das beide Gebäude gemeinsam haben: den schmalen Block. Aber hier enden wiederum die Ähnlichkeiten, denn während die Bauhausblöcke in einer Art angeordnet sind, die sehr an konstruktivistische Kompositionen erinnert (Abb. 47), definieren beim Völkerbund die gleichen, langen Blöcke ein System der Streifung, das fast noch strenger ist als in Garches (Abb. 49).

Im Völkerbundprojekt charakterisiert seitliche Ausdehnung die zwei Hauptflügel des Sekretariates, sie bestimmt Bibliothek und Büchermagazin, wird am Eingangsquai und den Foyers des Generalversammlungsgebäudes wieder betont und beherrscht selbst das Auditorium. Durch eine Verglasung längs der Seitenwände, welche die natürliche Orientierung der Halle auf den Präsidentensitz stört, wird dort die gleiche Querrichtung eingeleitet. Eine entgegengesetzte Aussage von Raumtiefe wird sodann zur ausdrücklich sich geltend machenden These. Raumtiefe wird hauptsächlich durch eine Rhombenform angedeutet, deren Hauptachse durch das Generalversammlungsgebäude geht und deren Umriß in einer Projektion des Auditoriumvolumens in die Zufahrtsstraßen zur Cour d'honneur enthalten ist (Abb. 50). Aber wieder wie in Garches werden die Andeutungen von Tiefe, die in dieser Form enthalten sind, konsequent widerrufen. Ein Schnitt, eine Verschiebung, ein seitliches Gleiten kommen auf der Linie der Hauptachse vor; und als Raum werden die Andeutungen von Tiefe wiederholt eingekerbt und aufgebrochen in eine Serie von seitlichen Bezügen – durch Bäume, durch Querverbindungen, durch den Zug der Baukörper selbst –, so daß endlich durch eine Reihe positiver und negativer Andeutungen die ganze Anlage eine Art monumentale Debatte wird, ein Argument zwischen realem und idealem Raum.[6]

Nehmen wir an, der Völkerbundpalast sei gebaut und ein Betrachter folge dem axialen Zugang zum Auditorium. Er wird notwendigerweise der polaren Anziehungskraft des Hauptein-

---

5 EF: Enthält folgenden Anfang des nächsten Abschnittes: But to some degree, since the one is a block and the other a complex of wings, an extended comparison between Garches and the Bauhaus is unjust to both; for within the limitations of a single volume it is possible that certain relationships can be inferred which in a more elaborate composition will always lie beyond the bounds of possibility, and for these reasons it may be more apt to distinguish literal from phenomenal transparency by a futher parallel between Gropius and Le Corbusier.

6 EF: Between a real and deep space and an ideal and shallow one.

ganges unterworfen, den er durch eine Baumwand gerahmt erblickt. Aber die Baummasse, die seinen Blick durchschneidet, führt eine seitliche Ablenkung des Interesses ein, so daß er sich nacheinander zuerst einer Beziehung zwischen dem flankierenden Bürogebäude und dem Parterre im Vordergrund und zweitens der Beziehung zwischen der Querverbindung und dem Hof des Sekretariats bewußt wird. Und ist er einmal zwischen den Bäumen unter dem niedrigen Schirm, den sie bilden, wird eine neue Spannung geschaffen: Der Raum, der sich zum Auditorium hinweitet, wird definiert und gespürt als eine Projektion des Buchmagazins und der Bibliothek. Und schließlich befindet sich der Betrachter, mit den Bäumen als Volumen hinter sich, auf einer niedrigen Terrasse, der Eingangsplattform gegenübergestellt, aber durch eine so vollendete Raumkluft von ihr getrennt, daß ihn nur die vorwärtstreibende Kraft des bereits zurückgelegten Weges befähigt, sie zu überqueren (Abb. 51). Weil sein Blickfeld nun nicht mehr länger eingeschränkt ist, wird ihm jetzt das Generalversammlungsgebäude in seiner ganzen Ausdehnung ausgebreitet; weil aber das neu enthüllte Fehlen eines Brennpunktes sein Auge zwingt, dieser Fassade entlangzugleiten, wird er unwiederbringlich zu den Gärten und dem dahinterliegenden See seitwärts gezogen. Und sollte sich der Betrachter abwenden von dieser Kluft, die zwischen ihm und seinem offensichtlichen Ziele liegt und zu den Bäumen zurückblicken, die er eben verlassen hat, wird das Seitwärtsgleiten des Raumes nur noch entschlossener durch die Bäume selbst und die Querallee betont, die in die geschlitzte Einbuchtung längs des Buchmagazins führt. Ist der Betrachter einigermaßen erfahren, und sollte das Durchstoßen einer

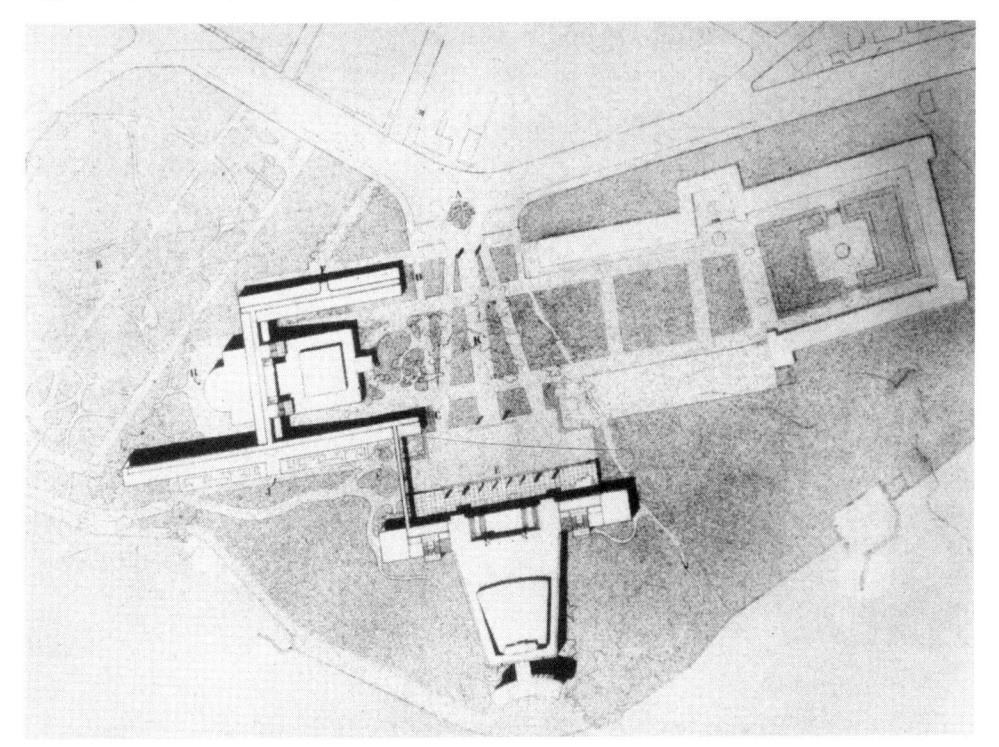

Abb. 49. Le Corbusier, Wettbewerbsprojekt für den Völkerbundpalast in Genf.

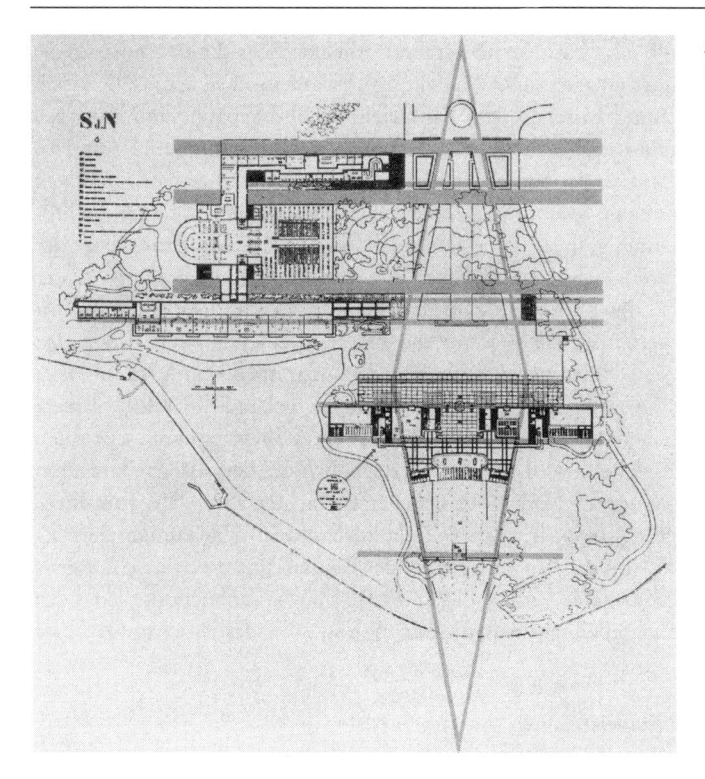

Abb. 50. Le Corbusier, Völkerbundpalast Genf, Grundriss.

Abb. 51. Le Corbusier, Völkerbundpalast Genf, Terrasse.

Abb. 52. Bauhaus Dessau und Völkerbundpalast Genf, Axonometrien.

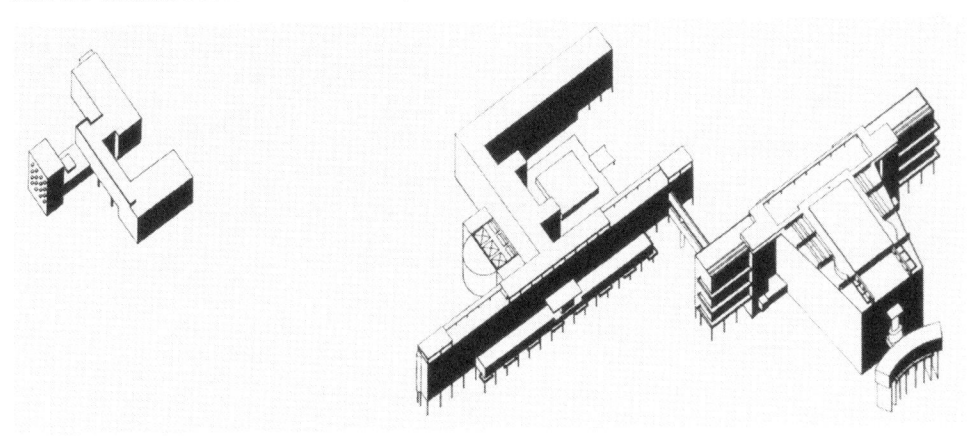

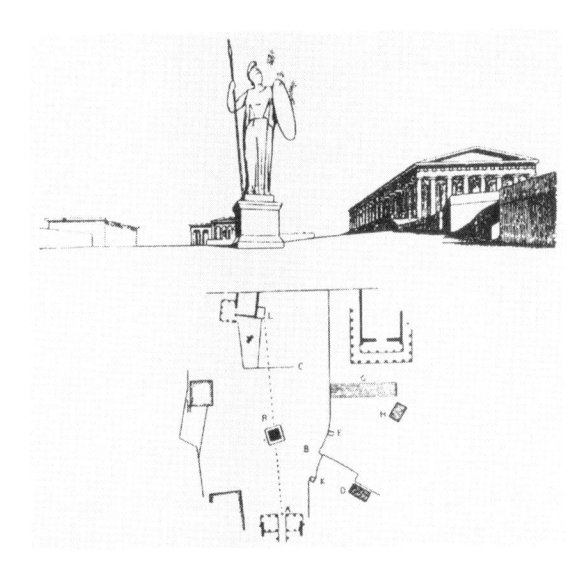

Abb. 53. Akropolis in Athen, aus Le Corbusier, *Vers une architecture*.

Baumwand oder eines Baumvolumens durch einen Weg ihm vermittelt haben, daß der eigentliche Zweck dieses Weges das Durchdringen ähnlicher Volumen und Wände ist, so folgt, daß die Terrasse, auf der er steht, nicht ein Präludium zum Auditorium ist, wie die axiale Beziehung andeutet, sondern eine Projektion der Volumen und Ebenen des Bürogebäudes, mit dem sie aufgereiht ist.

Diese Schichtungen – Mittel, mit denen Raum verwirklicht und gegliedert wird – sind das Wesen jener Transparenz im übertragenen Sinne, die als kennzeichnend für die zentrale nachkubistische Tradition erkannt worden ist. Es wurde nie bemerkt, daß sie für das Bauhaus charakterisierend sind, das offenbar eine völlig andere Raumauffassung kundtut. Beim Völkerbundprojekt gibt Le Corbusier dem Betrachter eine Anzahl bestimmter Positionen, heim Bauhaus bleibt er ohne derartige Bezugspunkte. Obwohl das Völkerbundprojekt weitgehend

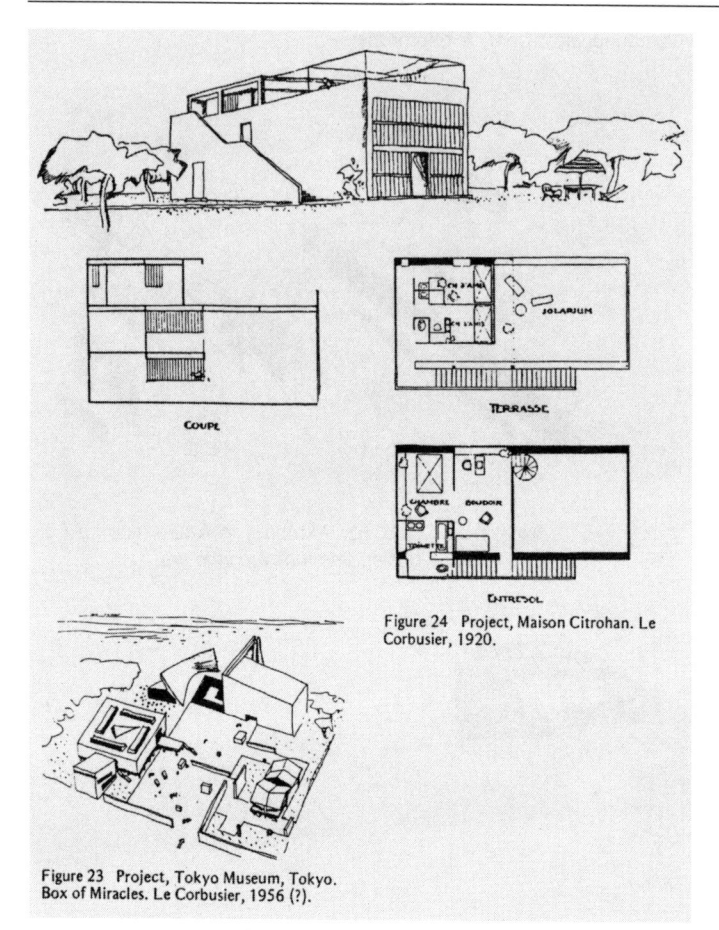

Abb. 54. Oben: Le Corbusier, Entwurf für Maison Citrohan, 1920; unten: Entwurf für das Tokyo Museum, Box of miracles, 1956 (?).

Figure 24 Project, Maison Citrohan. Le Corbusier, 1920.

Figure 23 Project, Tokyo Museum, Tokyo. Box of Miracles. Le Corbusier, 1956 (?).

verglast ist, ist außer am Auditorium eine solche Verglasung kaum wesentlich. Am Völkerbundspalast sind Ecken und Winkel bestimmt und endgültig. Am Bauhaus, sagt Giedion, sind sie „entmaterialisiert". Beim Völkerbundspalast ist der Raum kristallähnlich, beim Bauhaus jedoch verleiht die Verglasung dem Gebäude ein „kristallartiges Durchscheinen". Am Palast des Völkerbundes schafft Glas eine Oberfläche, die so bestimmt und gespannt ist wie ein Trommelfell; am Bauhaus aber „fließen Glaswände ineinander", „mischen sich", „wickeln sich um das Gebäude" und tragen in anderer Weise (als das Fehlen von Ebenen wirkend) „zum Auflockerungsprozeß eines Gebäudes bei, der jetzt die Architektur beherrscht".[7]

Am Palast des Völkerbundes suchen wir jedoch vergebens nach „Auflockerung". Er bezeugt kein Verlangen, scharfe Unterscheidung zu verwischen. Le Corbusiers Ebenen sind wie Messer, die den Raum in zugemessene Scheiben schneiden (Abb. 52). Wenn wir dem Raum die Eigenschaften des Wassers zuschreiben könnten, so wäre sein Gebäude wie ein Damm, der durch den Raum gefaßt, eingedämmt, durchtunnelt, geschleust und schließlich in die zwanglosen

---

7 Sigfried Giedion, op. cit., S. 489; und Sigfried Giedion, Walter Gropius, Reinhold, New York, 1954, S. 54–55.

Gärten längs des Sees ausgegossen wird. Im Gegensatz dazu ist das Bauhaus in einem Meer von amorphem Umriß isoliert, wie ein Riff, das sanft von einer ruhigen Flut umspült wird.

Die vorstehende Diskussion hat versucht, das räumliche Milieu zu klären, in dem Transparenz im übertragenen Sinne möglich wird. Es ist nicht beabsichtigt, vorzuschlagen, daß diese Transparenz (trotz ihrer kubistischen Abstammung) notwendigerweise ein wesentlicher Bestandteil der modernen Architektur ist, noch daß ihr Vorhandensein wie ein Stück Lackmuspapier zur Prüfung architektonischer Orthodoxie verwendet werden kann. Es wurde nur beabsichtigt, die besondere Art zu charakterisieren und auch vor der Verwechslung der Arten zu warnen.

Colin Rowe

La Tourette
(Ausschnitte)

Erste Erscheinung: Colin Rowe, „Dominican Monastery of La Tourette, Eveux-sur-l'Arbresle, Lyon", in Architectural Review, 1961.
Textquelle: Colin Rowe, „La Tourette", in *Die Mathematik der idealen Villa und andere Essays*. Übersetzung von Christoph Schnoor (Basel: Birkhäuser, 1998), S. 196–199, 201–206.

Wie in La-Chaux-de-Fonds, wo das leere Wandfeld ein Fließen von Bedeutung und Bewertung hervorruft und unablässig von einer positiven zu einer negativen Rolle innerhalb der Fassade wechselt, so auch in La Tourette: Die Wand der Kirche, die unaufhörlich mit einem bildlichen Inhalt behaftet und dann wieder dessen beraubt wird, dient sowohl dazu, Aufmerksamkeit auf sich zu ziehen als auch gleichzeitig die Aufmerksamkeit auf das gesamte Blickfeld zu lenken, dessen Hauptbestandteil sie ist. Aber während in La-Chaux-de-Fonds die grundsätzliche Struktur der Doppeldeutigkeit sehr einfach ist, während diese Struktur auf die Fläche beschränkt ist und im wesentlichen ein Oszillieren im Erfassen der Oberfläche hervorruft, sind wir in La Tourette mit einer sehr viel schwerer faßbaren Situation konfrontiert. Es ist eine Situation, die vor allem räumliche Interpretationen bedingt, und es gehen von ihr eine Anzahl von Unsicherheiten aus, die sich kaum zu einer genauen Induktion eignen. Dennoch lassen sich zwei Tendenzen ausmachen: daß nämlich das Gebäude dazu neigt, zu rotieren, sich um eine imaginäre Achse zu drehen, und daß gleichzeitig das Gebäude zu einem höchst statischen Verhalten neigt. (Abb. 56)

Wie bereits angedeutet, präsentiert Le Corbusier dem Besucher die Nordseite seiner Kirche in durchaus der gleichen Weise, in der er in *Vers une Architecture* seinem Leser den Parthenon darstellte (Abb. 53). Er sieht hier eine Art verkürzter Frontalperspektive vor, die den zurückweichenden orthogonalen Wichtigkeit beimißt, aber entschieden auf der Vorrangstellung der Transversalen besteht. In anderen Worten, er bietet dem Betrachter eher eine Dreiviertelperspektive als eine eindeutige Schrägansicht; und dem Besucher wird so bewußt gemacht, daß die Westfassade des Klosters zwar von Bedeutung, aber letztendlich doch ein untergeordneter Bestandteil der gesamten Figur ist.

Aber, um dieses Thema nicht über Gebühr auszudehnen: gleichzeitig hat Le Corbusier bemerkenswerterweise in die nördliche Ansicht eine Tiefe integriert, die in keiner Weise in Wirklichkeit existiert. Der schräge Abschluß der Brüstung soll jetzt in Augenschein genommen werden. Es ist eine Linie, die so geringfügig nur von der Horizontalen abweicht, daß das Auge

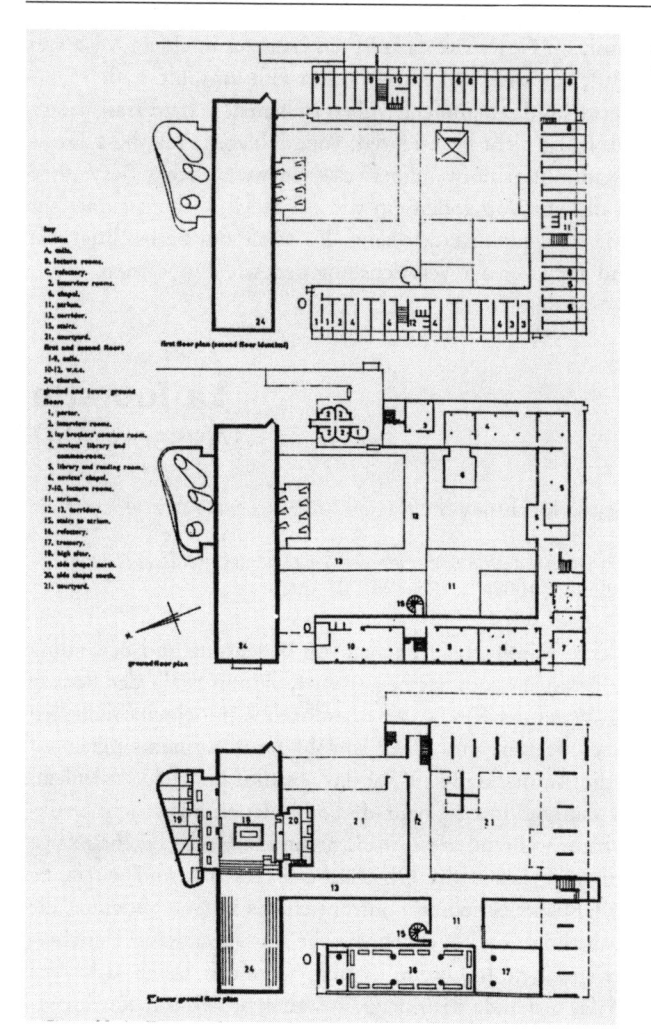

Abb. 55. Le Corbusier, La Tourette, Grundrisse.

eine instinktive Neigung hat, sie zu „korrigieren" und als das anzusehen, was sie der Erfahrung nach sein müßte. Denn darauf bedacht, sie als den normalen oberen Abschluß einer vertikalen Fläche zu erkennen, stellt sich das Auge konsequenterweise darauf ein, sie nicht als die Schräge, die sie tatsächlich ist, zu lesen, sondern als Teil einer perspektivischen Verkürzung, der sie von der Wahrnehmung her zu sein scheint. Le Corbusier hat hier einen „falschen rechten Winkel"[1] eingesetzt, und dieser *fausse équerre*, der durch sich selbst Tiefe suggeriert, scheint auch sporadisch mit der Neigung des Geländes zusammenzuwirken, um so die zeitweilige Illusion zu unterstützen, daß das Gebäude sich drehe.

---

1 Le Corbusier, *Vers une architecture*. Paris, 1923, Nachdruck Paris: Editions Arthaud, 1977. S. 39. (Deutsche Fassung durch den Übersetzer; die entsprechende Stelle in der deutschen Ausgabe – vgl. S. 53 – war hier nicht verwendbar.)

Ein Teil der kräftigen Belebung dieser Fläche, die schwache, aber plötzliche zitternde Bewegung an der Stelle zwischen Bastion und Glockenturm stammt mit Sicherheit von der Torsion, der diese Wand somit unterworfen ist. Aber wenn diese scheinbare Drehung der Fläche auch ausdrücklich von den tatsächlichen Krümmungen der Bastion unterstützt wird, dann ist an dieser Stelle auch zu beachten, wie die drei *canons à lumière* nun eine gegensätzliche Spannung hinzufügen.

Denn das Schauspiel, mit dem das Gebäude den Ankommenden empfängt, basiert letztlich auf nicht nur einer Spirale, sondern auf zweien. Auf der einen Seite sind die Pseudoorthogonalen, die durch die Ergänzung der tatsächlichen, zurückgesetzten Flucht der Westfassade dazu dienen, eine Illusion des Rotierens hervorzurufen. Auf der anderen Seite aber sind die drei sich windenden oder gar mit Qualen ringenden Lichtschächte – sie belichten die Kapelle des heiligen Sakramentes –, die ein recht unabhängiges und ebenso kräftiges Moment der Drehung verursachen. Ein malerisch geprägter Opportunismus steht hinter dem einen Phänomen. Ein skulpturaler Opportunismus steht hinter dem anderen. Hier gibt es eine Spirale in zwei Dimensionen. Dort gibt es eine widersprüchliche Spirale in drei Dimensionen. Ein Korkenzieher befindet sich im Wettkampf mit einer rastlos deflektierenden Fläche. Ihr gleichwertiges und wechselseitiges Spiel der Kräfte prägt das Gebäude. Und weil dieser sich windende säulenartige Strudel, durch den Raum über der Kapelle impliziert, ein Volumen ist, das wie alle Strudel die wirbelartige Kraft hat, schwächere Dinge in seine Drehachse zu saugen, wirken die drei *canons à lumière* mit den imaginierten Teilen zusammen und agieren als eine Art Begrenzung, die ein spannungsvolles Gleichgewicht aufrecht erhält.

Nun liegt es in der Natur optischer Täuschungen, nicht offensichtlich zu sein. Sie wären sonst wertlos. Um zu wirken, muß ihr Verhalten hinterlistig sein, und um gerechtfertigt zu erscheinen, müssen sie wahrscheinlich über eine bloße Etüde in Virtuosität hinausgehen. Eine Bewertung des theoretischen Problems, das sie darstellen – wie Oberfläche Tiefe offenbaren kann, wie Tiefe das Instrument werden kann, durch das die Oberfläche dargestellt wird, wie eine Empfindung von fast romanischer Dichte durch ein in hohem Maße durchlöchertes Gebilde hervorgerufen werden kann, läßt sich kaum ohne eine Theorie der Rolle der Dissimulation bei allen wahrnehmungsgebundenen Strukturen erreichen; und eine solche Theorie läßt sich hier natürlich nicht entwickeln. Es wurde hier viel Zeit dieser einen Situation gewidmet – dem Frontispiz, das auch ein Profil ist, den Öffnungen, die sich wie Körper verhalten, der vielfältigen Beziehung zwischen dem Statischen und dem Beweglichen –, weil in gewisser Weise diese Phänomene eine sehr wichtige Voraussetzung darstellen, die – falls es uns nicht gelänge, sie richtig zu deuten – jegliche Analyse des Gebäudes, das sich hinter diesen Äußerlichkeiten befindet, hoffnungslos verfälschen würde.

[...]

Es gibt schließlich das berühmte Konstruktionsschema für das Maison „Dom-ino" mit seiner Auffassung von Raum als horizontaler Schichtung gleich den Lagen einer Torte und die logische Folge dieses Konzepts: ein Verleugnen räumlichen Ausdruckes durch dieses konstruktive Grundelement, eine Rückstufung der Säule in den Status einer punktartigen Zäsur und ein Durchdringen dieser Struktur mit einem Labyrinth verschiedener Trennwände, die eine zentrifugale Spannung setzen. Dies ist wohl fast alles. Im Grunde ist das heute alles nichts Neues, und daraus ergibt sich, daß es über den Wohnbereich des Klosters an sich wenig zu sagen gibt.

Sie sind die üblichen Errungenschaften: ein Eingang, der möglicherweise ein bißchen zu japanisch geraten ist, und die daran angrenzenden fünf Sprechzimmer; eine Wendeltreppe, die

Abb. 56. Le Corbusier, La Tourette (1956–57). Luftaufnahme aus nördlicher Richtung, Nordfassade, Ansicht von Nordwesten.

ein mittelalterliches Gebäude parodiert; und die erstaunliche Ledoux-Phantasie des Oratoriums von außen. Aber dies sind die Quodlibets des scholastischen Diskurses; wichtiger sind die unterschiedlichen Stimmungen, die die einzelnen Geschosse des Wohnbereiches kennzeichnen. Sie werden durch eine Orchestrierung des Lichtes erreicht. Es gibt eine durchgehende Bewegung von der Helligkeit des Refektoriums und des Kapitelsaales mit ihren seitlichen Fenstern über die eher düstere Tonlage der Bibliothek und der Kapelle bis hin zur relativen Dunkelheit und räumlichen Geschlossenheit der Zellen. Es gibt also fortschreitende Grade der Konzentration und Intimität. Die Zellen ihrerseits – jede mit einem eigenen weißen leeren Wandfeld – erscheinen wie hundertfache Wiederholungen der Kirche, und damit soll der Kreis jetzt geschlossen und der problematischste Teil des Ganzen näher betrachtet werden.

In diesem Zusammenhang ist zuerst Le Corbusiers Leidenschaft für Mauern interessant:
Die Elemente der Umgebung werden gleichsam durch ihre Eigenschaft als Masse und in ihrer Schichtung und Dichte zu Staffagewänden wie die Wände eines großen Saales.
Gegeben sind senkrechte Wände...
Die Antike stellte Wände hin, die sich ausbreiten konnten und zusammenklingen, um als Wände noch größer zu werden.... Weitere innenarchitektonische Elemente sind nicht vorhanden. Es gibt nur das Licht und die Wände, die es in breiten Fluten zurückwerfen, und den Fußboden, der eine horizontale Wand ist.[2]

Die übergroße Bedeutung, die die vertikale Fläche immer für Le Corbusier besessen hat, ist durch seine eigene Polemik etwas verschleiert worden, so daß wir geneigt sind zu glauben, daß die logische Entwicklung seines Maison Dom-ino nicht mehr ist als ein Einwickeln in Zellophanpapier. Und in einer solchen Umhüllung wird die wirkliche Konzeption dieses Entwurfes natürlich sofort völlig klar: Er serviert uns sozusagen Pfannkuchen auf Spießchen. Alles ist sichtbar, und es sieht alles etwa wie die Schemata aus, die beim Durchblättern der *Précisions* oder der frühen Bände des *Œuvre Complète* wieder und wieder auftauchen.

Aber obwohl eine brillante überzeugende Analyse begrifflicher Realität immer ein Teil von Le Corbusiers Leistung gewesen ist, hat er doch selten in seinen gebauten Arbeiten bereits die Analyse als Lösung vorgeführt. Er ist einer der wenigen Architekten, die weder die Bedürfnisse der Sinne noch die des Denkens unterschlagen haben. Zwischen Denken und Wahrnehmen hat er beständig die Waage gehalten. Deshalb kultiviert der Intellekt bei ihm – und fast nur bei ihm – das Wahrnehmbare, und das Wahrnehmbare bringt die Kultiviertheit in die Wirklichkeit. Dies ist die offensichtliche Botschaft, und daher liefert bei Le Corbusier das konzeptionelle Argument niemals schon einen ausreichenden Vorwand, sondern ist immer zu reinterpretieren im Sinne von Zwängen der Wahrnehmung.

Von da aus können alle Elemente von La Tourette auf zwei unterschiedliche Argumentationsstrukturen zurückgeführt werden. Die schräge Neigung der Dachbrüstung der Kirche *kann* von optischen Wünschen herrühren, aber sie kann auch, und zwar *ebenso gut*, von der Notwendigkeit herrühren, einen funktional abgesetzten Bauteil zu artikulieren und von den anderen drei Seiten des Innenhofes zu scheiden. Selbst wenn für den Grundriß gilt: er „bestimmt alles; er ist herbe Abstraktion, dem Auge nichts als trockene Berechnung",[3] ist doch wahrscheinlich die Entstehungsgrundlage von Le Corbusiers Gebäuden genauso sehr eine Frage ihrer vertikalen wie ihrer horizontalen Flächen.

Der „Fußboden, der eine horizontale Wand ist": Eine Behauptung dieser Art hätte das konstruktive Empfinden Frank Lloyd Wrights ernstlich gekränkt. Ebensowenig wäre die Schlußfolgerung, daß Wände und Boden austauschbare Flächen und also auf gleichartige Weise bestimmbar seien, für einen Rationalisten Mies'scher Prägung akzeptabel. Aber obwohl es keine Definition, sondern eine zufällige Nebenbemerkung ist, ließe sich diese Äußerung sehr wahr-

---

2 Le Corbusier, *Vers une architecture*. S. 139f., 144f.
3 Le Corbusier, *Vers une architecture*. S.135. Le Corbusier gibt keine Quellenangabe für das Zitat. Womöglich von Guadet?

scheinlich zu einer Teilerklärung der Kirche zurechtbiegen, der kühnsten Erfindung, die La Tourette aufzuweisen hat.

Denn wenn die Böden horizontale Wände sind, dann sind Wände vermutlich vertikale Böden, und während so die Ansichten zu Grundrissen werden und das Gebäude die Form eines Würfels annimmt, wird die ganze Sicherheit, mit der Le Corbusier seine Kirche zustande bringt, in gewissem Maße erklärbar.

[...]

Wie so viele andere Elemente bei Le Corbusier gehorchen diese Fassaden eher den Zwängen des Sehens als denen des gesamten Gebäudes, eher den Bedürfnissen des wahrnehmenden Subjektes als denen des wahrgenommenen Objektes. Sie stimulieren eine verstärkte Sinneswahrnehmung. Ihr Dilemma ist optischer Natur. Der logische Grund ihres Daseins ist stereographischer Art. Sie skizzieren. Sie sind das Äußere, an dem das Auge die spezifische Schwere des dahinterliegenden Körpers mißt, die zweidimensionalen Oberflächen, auf der die Dichte des dreidimensionalen Volumens registriert und einbeschrieben ist, sie sind die Flächen, über die sich die Lektüre der räumlichen Tiefe verflüchtigt.

Aber dies nur in Klammern. Denn obwohl die Fähigkeit, die Tiefe mit Oberfläche aufzuladen, räumliche, hohle Beschaffenheiten in die Fläche zu verdichten, die Dichotomie zwischen dem Gerundeten und dem Flächigen zum Sprechen zu bringen, *das* Kennzeichen von Le Corbusiers späterem Stil ist, so ist diese Intellektualität, die für die Villa Stein so typisch ist, für La Tourette nicht kennzeichnend. Trotz seiner Dialektik ist doch dieser dominikanische Konvent weit davon entfernt, ein intellektuelles Gebäude zu sein. Das Kloster stellt sich, wie die Villa Stein, als ein einziger blockhafter Baukörper dar, der jedoch, anders als die Villa, im Grundriß zunächst – in Gestalt der Kirche – einen Verstoß gegen alle logische Kohärenz zu enthalten scheint (Abb. 55).

Einem Block schreibt man eine konstruktive Kontinuität zu, eine strukturelle Konsequenz des Raumes und eine Homogenität räumlicher Textur oder Schichtung. Obgleich man weiß, daß er hohl ist, nimmt man seine Leere weiterhin auf gewisse Weise wie die Repräsentation eines Steinblocks oder eines Holzblockes wahr. Er wird nur unter der Bedingung eines Zusammenwirkens mit der Eigenschaft, die man ihm zugeschrieben hat, interpretierbar.

Dies läge zumindest nahe. Aber in La Tourette werden diese Regeln, von denen man annehmen kann, daß Le Corbusier sie sich selbst gelehrt hat, und die man als eine typische Vorgehensweise betrachten kann, in auffallender Weise übertreten, und zwar mit einer gut verdeckten Differenziertheit, als wolle er eine neue Erfahrungsebene bereiten. Indem er ein Megaron des Tokioter Typs – die Kirche – und ein Sandwich des Typs von Poissy – der gesamte Wohnbereich – eng zusammendrängt, indem zwei so unterschiedliche Körper in dasselbe Gesamtvolumen gezwängt werden, durch die Verletzung der Idee gedanklicher Einheitlichkeit, wird es möglich, gleichzeitig alle mitwirkenden räumlichen Faktoren zu manipulieren. Mit anderen Worten, durch eine Kombination von Themen, von denen man angenommen hatte, daß sie für immer getrennt bleiben würden, ist Le Corbusier in die Lage versetzt, Sinneseindrücke sowohl von Spannung als auch Druck, von Offenheit und Dichte, Verdrehung und Stabilität, gleichzeitig hervorzurufen; und dadurch kann er eine derart ausgeprägte Anregung vermitteln, daß der Besucher sich erst im nachhinein seiner außergewöhnlichen Erfahrung bewußt wird.

Gaston Bachelard

Das Haus von Keller zum Dachboden
(Ausschnitte)

Erste Erscheinung: Gaston Bachelard, *La poétique de l'espace* (Paris, 1957).
Textquelle: Gaston Bachelard, *Poetik des Raumes*. Übersetzung: Kurt Leonhard (Frankfurt am Main, Berlin, Wien: Ullstein, 1975), S. 35–36, 40–42.

Der französische Philosoph Gaston Bachelard (1884–1962) promovierte an der Sorbonne in Paris im Jahre 1927 und wurde später dort zum Professor für Geschichte und Philosophie der Naturwissenschaft (1940–1954). Er wurde im Geiste des Neukantianismus ausgebildet, noch wichtiger für ihn war jedoch die Psychoanalyse. Schritt für Schritt entwickelte er eine Phänomenologie des Imaginären, stark verbunden mit einer subjektiven Betrachtungsweise. In seinen Werken, – wissenschaftsgeschichtlichen und ästhetisch-kunsttheoretischen Schriften – versucht er, die Struktur der imaginären Welt, der Tagträume zu verstehen. Diese Texte haben viele Philosophen und Denker beeinflusst. Vernunft und Einbildungskraft, als zwei Pole menschlicher Tätigkeit, spielen eine wichtige Rolle in seinen Überlegungen. In seinen Forschungen menschlicher „Urerfahrungen" stützt sich Bachelard auf Ergebnisse psychoanalytischer Untersuchungen und Symboldeutungen.

In seinem Buch *La poétique de l'espace* erforscht er die dichterische Einbildungskraft, Bilder des *glücklichen Raumes* und dessen miteinander verbundene geistige und seelische Dimensionen. „Es ergibt sich eine Überfülle von Fragen: wie werden verborgene Zimmer, verschwundene Zimmer zu Wohnungen für eine unvergeßliche Vergangenheit? Wo und wie findet die Ruhe ihre bevorzugten Situationen? Wie empfangen vorübergehende Zufluchtsorte und zufällige Schlupfwinkel manchmal von unseren intimen Träumereien Werte, die keinerlei objektive Grundlage besitzen? Mit dem Bilde des Hauses halten wir ein wirkliches Prinzip psychologischer Integration in der Hand." – schreibt er in der Einleitung. Er sieht das Haus als ein Instrument zur Analyse der menschlichen Seele: „Unsere Seele ist eine Wohnung. Und wenn wir uns an ‚Häuser' und ‚Zimmer' erinnern, lernen wir damit, in uns selbst zu ‚wohnen'. Jetzt sieht man es, die Bilder des Hauses bewegen sich in zwei Richtungen: sie sind in uns ebenso, wie wir in ihnen sind." Bachelards Interesse beschränkt sich allerdings auf die positiven, glückhaften Bilder aus dem Raum der Seele.

Bibliografie: Jean Starobinski, *Psychoanalyse und Literatur* (Frankfurt am Main: Suhrkamp, 1973).

Der Sinn der Hütte

Wer wird an meine Haustür klopfen?
Tür auf: gegrüßt seist du.
Tür zu: laß mich in Ruh.
Die Welt pulst jenseits meiner Tür.

Pierre-Albert Birot

I. Für eine phänomenologische Studie der Intimitätswerte des inneren Raumes ist das Haus ganz augenscheinlich ein bevorzugtes Wesen, unter der Bedingung wohlgemerkt, daß man das Haus zugleich in seiner Einheit und in seiner Zusammengesetztheit auffaßt und versucht, alle seine Sonderwerte in einen Fundamentalwert einzuordnen. Das Haus wird uns gleichzeitig verstreute Bilder und ein Korpus von Bildern liefern. Im einen wie im andern Fall werden wir beweisen können, daß die Einbildungskraft die Werte der Wirklichkeit vermehrt. Eine Art Anziehungskraft der Bilder konzentriert die Bilder um das Haus herum. Läßt sich durch die Erinnerungen an alle die Häuser hindurch, wo wir Zuflucht gefunden haben, läßt sich über alle die Häuser hinweg, in denen wir zu wohnen geträumt haben, eine intime und konkrete Wesenheit erkennen, die eine Rechtfertigung des einzigartigen Wertes aller unserer Bilder von beschützter Innerlichkeit wäre? Da liegt das Hauptproblem.

Um es zu lösen, genügt es nicht, das Haus als einen „Gegenstand" zu betrachten, auf den wir mit Urteilen und mit Träumereien reagieren könnten. Für einen Phänomenologen, für einen Psychoanalytiker, für einen Psychologen (diese drei Gesichtspunkte nach dem abnehmenden Grade der Prägnanz aufgezählt) handelt es sich nicht darum, Häuser zu beschreiben, ihre malerischen Ansichten auszuführen und ihre Annehmlichkeiten auseinanderzusetzen. Im Gegenteil muß man über die Probleme der Beschreibung hinausgehen – sei diese Beschreibung nun objektiv oder subjektiv, das heißt, möge sie von Fakten oder von Impressionen berichten – wenn man den primären Kräften gerecht werden will, jenen seelischen Anlagen nämlich, in denen sich eine gewissermaßen angeborene Hingabe an die Urfunktion des Wohnens ausdrückt. Der Geograph, der Ethnograph können uns sehr verschiedene Wohnungstypen beschreiben. Der Phänomenologe bemüht sich, unter dieser Mannigfaltigkeit den Keim des zentralen, sicheren, unmittelbaren Glückes zu erfassen. In jeder Wohnung, sogar im Schloß, die Muschel des Anbeginns zu finden, das ist die erste Aufgabe des Phänomenologen.

Aber wie viele Probleme hängen daran, wenn wir die tiefe Wirklichkeit jeder einzelnen Nuance unserer Anhänglichkeit an einen einmal erwählten Ort bestimmen wollen! Für einen Phänomenologen ist die Nuance ein psychologisches Phänomen erster Ordnung. Die Nuance ist keine zusätzliche Oberflächenfärbung. Es muß also davon gesprochen werden, wie wir unseren Lebensraum in Übereinstimmung mit allen dialektischen Prinzipien des Lebens bewohnen, wie wir uns Tag für Tag in einen „Winkel der Welt" verwurzeln.

Denn das Haus ist unser Winkel der Welt. Es ist – man hat es oft gesagt – unser erstes All. Es ist wirklich ein Kosmos. Ein Kosmos in der vollen Bedeutung des Wortes. Ist nicht, als Intimität gesehen, noch die schlichteste Wohnung schön? Die Schriftsteller, die von der „kleinsten Hütte" reden, berufen sich oft auf dieses Element der Poetik des Raumes. Aber diese Berufung bleibt viel zu eingeschränkt. Da sie wenig zu beschreiben finden in der kleinsten Hütte, halten sie sich nicht lange dort auf. Sie kennzeichnen die kleinste Hütte in ihrer Alltäglichkeit, ohne wirklich ihre Ursprünglichkeit zu erleben, eine Ursprünglichkeit, die allen gehört, den Reichen wie den Armen, wenn sie sich nicht weigern zu träumen.

[...]

II. Wohlgemerkt, dem Haus ist es zu danken, daß eine große Zahl unserer Erinnerungen „untergebracht" sind, und wenn das Haus etwas kompliziertere Gestalt annimmt, wenn es Keller und Speicher, Winkel und Flure hat, dann bekommen unsere Erinnerungen mehr und mehr charakteristische Zufluchtsorte. Ein Psychoanalytiker müßte also seine Aufmerksamkeit dieser einfachen Lokalisierung der Erinnerungen zuwenden. Wie wir in unserer Einführung andeuteten, würden wir gern dieser zusätzlichen Analyse, die zur Psychoanalyse hinzukäme, die Bezeichnung „Topo-Analyse" geben. Die Topo-Analyse wäre also das systematische psychologische Studium der Örtlichkeiten unseres inneren Lebens. In diesem Theater der Vergangenheit, das unser Gedächtnis ist, gibt die Bühnenausstattung den handelnden Personen ihre Stichworte. Manchmal glaubt man sich in der Zeit auszukennen, wenn man doch nur eine Folge von räumlichen Fixierungen des feststehenden Seins kennt, eines Seins, das nicht verfließen will, das sogar in der Vergangenheit, auf der Suche nach der verlorenen Zeit, den Flug der Zeit „aufheben" will. In seinen tausend Honigwaben speichert der Raum verdichtete Zeit. Dazu ist der Raum da.

Und wenn man über die Geschichte hinauskommen will, ja selbst wenn man in der Geschichte bleibt oder unsere eigene Geschichte unterscheiden möchte von der stets zufälligen der fremden Wesen, mit denen sie überfüllt ist, dann müssen wir uns darüber klar sein, daß der Kalender unseres Lebens sich nur in seiner Bilderwelt aufstellen läßt. Um unser Sein in der Rangordnung einer Ontologie zu analysieren, um unser Unbewußtes, das in primitiven Erdhütten untergebracht ist, zu psychoanalysieren, müssen wir, am Rande der normalen Psychoanalyse, unsere großen Erinnerungen *entgesellschaften* und uns auf die Ebene der Träumereien erheben, denen wir in den Räumen unserer Einsamkeit folgten. Für solche Untersuchungen sind die Träumereien nützlicher als die Träume. Und solche Untersuchungen zeigen, daß die Träumereien sehr verschieden von den Träumen sein können.

Diesen Einsamkeiten gegenübergestellt, fragt dann also der Topo-Analytiker: War das Zimmer groß? War der Speicher überfüllt? War der Winkel heiß? Und woher kam das Licht? Wie verhielt sich in diesen Räumen das menschliche Wesen zur Stille? Wie schmeckten ihm diese verschiedenen, so besonders gearteten Formen der Stille in den verschiedenen Schlupfwinkeln der einsamen Träumereien?

Hier ist der Raum alles, denn die Zeit lebt nicht im Gedächtnis. Das Gedächtnis – seltsam genug! – registriert nicht die konkrete Dauer, die Dauer im Sinne Bergsons. Die aufgehobene Dauer kann man nicht wieder aufleben lassen. Man kann sie nur denken, und zwar auf der Linie einer abstrakten, jeder Stofflichkeit beraubten Zeit. Nur mit Hilfe des Raumes, nur innerhalb des Raumes finden wir die schönen Fossilien der Dauer, konkretisiert durch lange Aufenthalte. Das Unbewußte hält sich auf. Die Erinnerungen sind unbeweglich, und um so feststehender, je besser sie verräumlicht sind. Eine Erinnerung in der Zeit zu lokalisieren, ist ein Geschäft des Biographen und hat eigentlich nur mit einer Art von externer Geschichte zu tun, einer Geschichte zum externen Gebrauch, die den andern mitgeteilt werden soll. Tiefer als die Biographie soll die Hermeneutik die Zentren des Schicksals bestimmen, indem sie die Geschichte aus ihrem verbindenden zeitlichen Gewebe herauslöst, das ohne Wirkung auf unser Schicksal ist. Dringlicher als die Bestimmung der Daten ist hier die Kenntnis der Intimität, jedenfalls die Lokalisierung in den Räumen unserer Intimität.

Die Psychoanalyse versetzt allzu oft die Leidenschaften „in die Welt", sie säkularisiert sie gleichsam. In Wirklichkeit kochen und brodeln die Leidenschaften in der Einsamkeit. Eingeschlossen in die Einsamkeit bereitet das Wesen der Leidenschaft seine Ausbrüche oder seine Unternehmungen vor.

Und wenn alle Räume unserer Einsamkeit hinter uns zurückgeblieben sind, bleiben doch die Räume, wo wir Einsamkeit erlitten, genossen, herbeigesehnt oder verraten haben, in uns unauslöschlich. Und genaugenommen will das Sein sie gar nicht auslöschen. Es weiß instinktiv, daß diese Räume der Einsamkeit zu seinen Grundlagen gehören. Selbst wenn diese Räume für immer aus der Gegenwart getilgt sind, fremd geworden allen Zukunftsverheißungen, selbst wenn man keinen Speicher mehr besitzt, selbst wenn man die Dachstube verloren hat, immer wird es wahr bleiben, daß man einen Speicher geliebt hat, in einer Dachstube gelebt hat. In den Träumen der Nacht kehrt man dahin zurück. Diese Zufluchtsorte haben den Wert einer Muschel. Und wenn man in den Labyrinthen des Schlafes bis ans Ende geht, wenn man zu den Regionen des Tiefschlafs hinabtaucht, kennt man vielleicht Zustände einer *vormenschlichen* Ruhe. Das Vormenschliche berührt sich hier mit dem Unvordenklichen. Aber sogar in der Träumerei des Tages werden die Erinnerungen an Zustände enger, schlichter, geschlossener Einsamkeit uns zu Erfahrungen eines tröstlichen Raumes, eines Raumes, der sich nicht auszudehnen wünscht, sondern der vor allem immer noch in Besitz genommen werden möchte. Früher konnte man gewiß die Dachstube zu eng finden, im Winter zu kalt, im Sommer zu heiß. Aber jetzt, in der Erinnerung, die in der Träumerei wiedergefunden wird, ist die Dachstube, wer weiß durch welchen Synkretismus, klein und groß, warm und kühl, doch immer tröstend.

Otto Friedrich Bollnow

Die Räumlichkeit des menschlichen Lebens
(Ausschnitt)

Erste Erscheinung: Otto Friedrich Bollnow, *Mensch und Raum* (Stuttgart, Berlin, Köln: Kohlhammer, 1963). Textquelle: Otto Friedrich Bollnow, *Mensch und Raum* (7. Auflage; Stuttgart, Berlin, Köln: Kohlhammer, 1994), S. 306–310.

Der deutsche Philosoph Otto Friedrich Bollnow (1903–1991) promovierte (1925) und habilitierte (1931) an der Universität Göttingen; im Jahre 1953 wurde er zum Ordinarius für Philosophie und Pädagogik an der Universität Tübingen ernannt. Seine philosophischen Arbeiten setzten sich mit der wichtigen Strömung der Nachkriegszeit, dem Existenzialismus, auseinander, den er als Zeichen einer geistigen Krise verstand. Seine Antwort ist die Suche nach Überwindung des Existenzialismus, nach Geborgenheit, nach einem neuen Vertrauen in die Welt – obwohl das Glauben an eine „heile" Welt im Grunde erschüttert ist. Eine zentrale Rolle kommt in dieser Untersuchung dem Wohnen und dem Haus zu. Seine wichtigsten Bücher sind neben *Mensch und Raum* und einer fünfbändigen *Geschichte der Pädagogik*: *Neue Geborgenheit* (1955) und *Das Wesen der Stimmungen* (1956).

Bollnow geht in seinem *Mensch und Raum* (1963) davon aus, dass Raum in Vergleich zum Zeitbegriff eine wenig beachtete Kategorie der menschlichen Existenz ist. Vergleichbar zur Zeitanalyse Heideggers schlägt er eine systematisch-philosophische Analyse des vom Menschen erlebten und gelebten Raumes und des menschlichen Verhältnisses zum Raum vor. Er zeigt, wie Gaston Bachelard in seinem Buch *Poetik des Raumes*, die metaphysische Bedeutung der einzelnen Räume und Elemente des Hauses wie Schwelle, Schloss, Tür, Bett, um dann aus dem bergenden Inneren des Hauses auch dessen Umgebung: die Stadt, das Land und die Landschaft zu betrachten.

Bibliografie: Alexander Gosztonyi, *Der Raum. Geschichte seiner Probleme in Philosophie und Wissenschaften.* Band II. (Freiburg, München: Karl Alber, 1976).

Zusammenfassung und Ausblick

1. Modifikationen der Räumlichkeit

Bei der Frage nach dem Verhältnis des Menschen zum Raum oder seinem Verhalten zum Raum hatten sich im Verlauf der Betrachtungen nacheinander verschiedene Formen herausgehoben, die sich wechselseitig nicht ausschließen, die sich vielmehr überlagern und miteinander möglich sind und die man in dieser Weise als Modifikationen der menschlichen Räumlichkeit bezeichnen kann. Es erscheint darum angemessen, sie zum Abschluß noch einmal in einer schematisierenden Vereinfachung zusammenzustellen.

1. Das eine ist das naive Vertrauen zum Raum, das kindliche Geborgensein, das sich dann im späteren Leben als natürliches oder gedankenloses Geborgensein in Haus und Heimat fortsetzen kann. Der Mensch ist hier mit seinem Raum verschmolzen, in einer unmittelbaren Weise inkarniert.
2. Das zweite ist der Zustand der Heimatlosigkeit oder Unbehaustheit. Der Raum offenbart sich hier in seiner Unheimlichkeit und Fremdheit. Der Mensch findet sich verloren in diesem Raum.
3. Daraus ergibt sich drittens die Aufgabe der Wiederherstellung der Geborgenheit durch die Errichtung des Hauses, so wie wir es im dritten Kapitel ausführlich erörtert haben. Dadurch entsteht ein von der Außenwelt abgesonderter bergender Innenraum. Der bedrohliche Raum verschwindet damit nicht, er wird nur aus der Mitte verdrängt und an den Rand geschoben.
4. Weil sich aber jedes vom Menschen geschaffene Haus als angreifbar erweist (und weil weiterhin der bedrohliche Raum verborgen auch innerhalb des Hauses weiterhin lauert), ergibt sich die weiterführende letzte Aufgabe, die Versteifung im festen Gehäuse wieder zu überwinden und eine letzte Geborgenheit in einem Raum wiederzugewinnen, der nicht mehr der vom Menschen begründete Eigenraum des Hauses ist, sondern der übergreifende Raum überhaupt. Es gilt also, über den in sich selber versteiften Schein einer künstlich geschaffenen und immer nur trügerischen Geborgenheit zu der andern, offenen Geborgenheit zu gelangen, bei der die naive Räumlichkeit auf höherer Ebene wiederhergestellt wird. Dahin zu gelangen, ist aber nicht leicht und erfordert vom Menschen die besondere Anstrengung, sich von der trügerischen Sicherheit zu lösen.

2. Der Vorrang des bergenden Raums

Von hier aus klärt sich der Einwand, der gegen Bachelards „Poetik des Raums" nahezuliegen scheint: daß er sich nämlich in seiner „Topophilie" (wie er selber seinen Standpunkt bezeichnet[1]), in seiner Liebe zum Raum, auf „die Bilder des glücklichen Raumes" beschränke, die „Räume der Feindseligkeit"[1] dagegen ganz vernachlässige. Diese von ihm selber ausdrücklich betonte Einschränkung erscheint zunächst allerdings als eine bedenkliche Einseitigkeit, die den Erkenntnisanspruch des Buchs erheblich einschränkt, und nichts scheint dringlicher zu sein, als seine Ergebnisse durch eine ergänzende Untersuchung der „Räume des Hasses und des Kampfes" zu erweitern und zu überprüfen, wie dies auch in dem schönen Vortrag von Pabst[2] schon gestehen

---

1 *G. Bachelard*, La poétique de l'espace. Paris 1958. Deutsche Übersetzung: Poetik des Raumes, von K. Leonhard. München 1960. S. 29 f.
2 *W. Pabst*, Funktionen des Raumes in der modernen französischen Literatur. In: Universitätstage 1960. Veröffentlichung der Freien Universität Berlin.

ist. Aber so wichtig die Erweiterung auf die feindlichen und bedrohlichen Räume ist, so kann sie doch erst *nach* der durchgeführten Analyse der glücklichen Räume in Angriff genommen werden. Denn der entscheidende und sachlich voll berechtigte Ansatz von Bachelard besagt, daß die beiden Modifikationen der Räumlichkeit, die glücklichen und die feindlichen Räume, sich nicht auf der gleichen Ebene als gleichberechtigte Formen gegenüberstehen, sondern daß der glückliche Raum der ursprüngliche Raum ist und daß sich erst nachträglich und von seinen Voraussetzungen her die Erfahrung des feindlichen Raums ausbildet, die es dann auf neuer Ebene wieder zu überwinden gilt.

In diesem Zusammenhang stehen, mit ausdrücklicher Spitze, die oben[3] schon zum Teil angeführten Sätze: „Das Haus ... ist die erste Welt des menschlichen Daseins. Bevor er ‚in die Welt geworfen' wird, wie die eiligen Metaphysiker lehren, wird der Mensch in die Wiege des Hauses gelegt."[4] „Die Erfahrungen der feindlichen Welt ... sind späteren Datums. In seinem Keim ist jedes Leben Wohlsein."[5] Damit ist deutlich eine Reihenfolge gesetzt: „Vom Gesichtspunkt des Phänomenologen, der Ursprünge sieht, ist die bewußte Metaphysik, die mit dem Augenblick einsetzt, wo das Dasein ‚in die Welt geworfen' wird, eine Metaphysik zweiter Position. Sie überspringt die Präliminarien, wo das Dasein ein Wohlsein ist, wo das menschliche Wesen in ein Wohlsein hineingelegt wird, in ein Wohlsein, das mit dem Dasein ursprünglich verbunden ist"[6]. Unter „bewußter Metaphysik" oder „Metaphysik des Bewußtseins", mit der er konkret wohl Sartre vor Augen hat, ist eine philosophische Position verstanden, die vom ausgebildeten Bewußtsein ausgeht. Dem stellt Bachelard die phänomenologische Haltung gegenüber, die die „Ursprünge" sieht, die „Präliminarien, wo das Dasein ein Wohlsein ist". Das kann in der Entgegensetzung zur „Metaphysik des Bewußtseins" nur eine Haltung bedeuten, die in eine ursprüngliche Schicht des menschlichen Daseins zurückgreift, die noch vor der Ausbildung des gegenständlichen Bewußtseins gelegen ist, so wie es sich auch für uns ja immer wieder zur Beschreibung der Erfahrung eines ursprünglichen Einsseins mit dem Raum als notwendig erwiesen hatte.

Demgegenüber ist dann der Erfahrungsbereich der „Metaphysik des Bewußtseins" erst das zweite: „Um die Metaphysik des Bewußtseins zu illustrieren, wird man die Erfahrungen abwarten müssen, in denen das menschliche Dasein nach draußen geworfen wird, das heißt in dem Bilderstile, den wir studieren: vor die Tür gesetzt, außerhalb des häuslichen Daseins, eine Lage, in der sich die Feindlichkeit der Menschen und die Feindlichkeit des Weltalls zusammenballen"[7]. Bachelard erkennt auch die Berechtigung dieser Seite an. Eine „vollständige Metaphysik" ist für ihn eine solche, „die das Bewußtsein und das Unbewußte umfaßt". Aber sie ist an die nicht nur zeitliche, sondern auch sachliche Fundierungsordnung gebunden, sie „muß dem Inneren (d. h. der Welt des Hauses) den Vorrang seiner Werte lassen"[7]. Das ist eine Auffassung, die in voller Übereinstimmung mit dem hier skizzierten Aufbau der Modifikationen der Räumlichkeit steht.

---

3 Vgl. o. S. 275.
4 *Bachelard*, S. 39.
5 *Bachelard*, S. 132.
6 *Bachelard*, S. 39.
7 *Bachelard*, S. 40.

3. Forderungen für das wahre Wohnen

Diese vier Modifikationen der Räumlichkeit, diese vier Weisen des menschlichen Verhältnisses zum Raum, entwickeln sich nicht nur in einer zeitlichen Reihenfolge auseinander, sondern sie bleiben auch im Verlauf des Lebens erhalten und überlagern sich in einem reich gegliederten Schichtensystem. Aber wie in der zeitlichen Hinsicht die Verwirklichung der eigentlichen Zeitlichkeit (wie sie Heidegger herausgearbeitet hat) nicht von selbst geschieht, sondern vom Menschen erst die ganze Anstrengung seines Existierens verlangt, so ist es auch im Verhältnis zum Raum. Wenn wir die wahre Form des menschlichen Lebens im Raum als Wohnen bezeichnet haben, so ist auch dieses Wohnen wiederum etwas, was der Mensch nur in der vollen Anstrengung seines Wesens ergreifen und verwirklichen kann. Darum betonte ja auch Heidegger mit tiefem Recht, daß die Menschen das Wohnen erst lernen müssen.

Dabei sind die Verhältnisse in der räumlichen Verfassung des Menschen insofern wiederum komplizierter als bei der Zeitlichkeit, als es hier einen doppelten Gegensatz zum richtigen Wohnen gibt: das Nicht-wohnen im Sinn der heimatlosen Geworfenheit in einen feindlichen Raum, und das falsche Wohnen im Sinn der ängstlichen Versteifung im Gehäuse. Nur ist die Stelle des richtigen Wohnens innerhalb des doppelten Gegensatzes nicht als eine rechte Mitte im aristotelischen Sinn zu begreifen, es sind vielmehr verschiedene Ebenen, in denen sich dieser Gegensatz auswirkt.

Die Aufgabe des rechten Wohnens gliedert sich dabei nach einer dreifachen Richtung und läßt sich schematisch in drei Forderungen zusammenfassen:

Die erste Forderung richtet sich gegen die Heimatlosigkeit des haltlos im Raum irrenden Flüchtlings und Abenteurers. Sie besagt die Notwendigkeit, sich an einer bestimmten Stelle im Raum niederzulassen, sich dort fest zu begründen und einen Eigenraum der Geborgenheit zu schaffen.

Die beiden anderen Forderungen beruhen auf der Gefahr, in diesem Eigenraum die wahre Weise des Wohnens zu verfehlen. Und zwar richtet sich die eine (insgesamt also die zweite) Forderung gegen die Gefahr, sich im Innenraum abzukapseln. Sie fordert also, auch den bedrohlichen und gefährlichen Außenraum voll in das Leben einzubeziehen und die ganze Spannung zwischen den beiden Räumen auszuhalten, in der sich allein menschliches Leben erfüllen kann.

Auf der anderen Seite aber kommt es darauf an, auch bei der bestehenden Spannung zum bedrohlichen Außenraum den naiven Glauben an die Festigkeit des eignen Hauses zu überwinden und sich in einem umfassenden Vertrauen von jenem größeren Raum tragen zu lassen. Dabei aber verliert auch dieser „große Raum" seinen gefährlichen Charakter, er wird selber wiederum zum bergenden Raum, wie wir ihn im letzten Teil zu zeichnen versucht haben[8]. So besteht die dritte Forderung darin, sich im Hause wohnend zugleich jenem größeren Ganzen des Raums anvertrauen zu können.

Unter dem dreifachen Anspruch dieser Forderungen verwirklicht der Mensch im wahren Wohnen im Raum sein menschliches Wesen.

---

8 Das Verhältnis des Menschen zu einer ihm tragend entgegenkommenden vegetativen Natur habe ich seitdem in einem Vortrag „Die Stadt, das Grün und der Mensch" im International Green Forum, Osaka 1986, weiter ausgeführt, wieder abgedruckt in: Zwischen Philosophie und Pädagogik, Aachen 1988, S. 44–62. Otto Friedrich Bollnow.

Dom H. van der Laan **Der architektonische Raum**
(Ausschnitte)

Erste Erscheinung: Dom H. van der Laan, *De architectonische ruimte* (Leiden, New York, Köln: E.J. Brill, 1977). Textquelle: Dom H. van der Laan, *Der architektonische Raum. Fünfzehn Lektionen über die Disposition der menschlichen Behausung* (Leiden, New York, Köln: E.J.Brill, 1992), S. 8–16.

Der niederländische Architekt Dom H. van der Laan (1904–1991) begann 1923 sein Architekturstudium an der TU in Delft bei dem Traditionalisten M.J. Granpré Molière und begründete 1925 den „Kreis für Architekturstudien" (Bouwkundige Studie Kring), der nach den Grundlagen der Architektur suchte. Van der Laan beschäftigte sich lebenslang mit dieser Aufgabe. 1927 trat er in den Benediktinerorden ein. 1938 entwarf er einen neuen Flügel für die Benediktinerabtei in Oosterhout. Bereits in dieser Zeit kam er zu einigen fundamentalen Einsichten in das Wesen der Architektur, die er während der folgenden Jahrzehnte zu einer ausgewogenen und umfassenden Theorie entwickelte. Im Prozess des Nachdenkens war ihm die Lehrtätigkeit, der „Kurs kirchlicher Architektur" wichtig, den er für Architekten zwischen 1953 und 1973 zusammen mit seinem Bruder Nico van der Laan hielt. Er ist der Meinung, dass die Formen kirchlicher Bauten weder Projektionen theologischer Ideen noch Verkörperungen geistlicher Werte sein sollten. Es geht hier ebenso um reine Architektur wie bei der menschlichen Behausung; Van der Laan ist dabei von Bollnows *Mensch und Raum* beeinflusst. Den Hintergrund seiner Architekturtheorie, Gedanken über Natur, Kunst und Liturgie hat er in seinem Buch *Het vormenspel der liturgie* (Das Formenspiel der Liturgie, 1985) dargelegt. Sein architektonisches Hauptwerk ist die Abteikirche in Vaals (1956–68).

1974–1976 fasste er seine Erkenntnisse in dem Buch *De architectonische ruimte* zusammen, das 1977 in holländischer Sprache erschien. Die deutsche Ausgabe, *Der architektonische Raum*, wurde 1992 nach seinem Tod veröffentlicht. Van der Laan beginnt das Buch mit der Erfahrung der Inkompatibilität des Raumbegriffs in der Natur und in der subjektiven Wahrnehmung und kontrastiert den architektonischen Raum als den „bergenden" Erlebnisraum (im Sinne Bollnows) mit dem endlosem Raum der Natur, aus dem er ausgeschnitten ist. Der Raum ist deshalb durch Masse modelliert und der massive Körper durch Aushöhlung – so entsteht eine Kette von vollen und hohlen Formen, verbunden miteinander durch Maßverhältnisse.

Bibliografie: Richard Padovan, *Dom Hans van der Laan: Modern Primitive* (Amsterdam: Architectura & Natura, 1994).

[...]

11. Wo ein Steinblock der Erde entnommen wird, entsteht von selbst eine *räumliche* Form, die wie eine Matrix der *massiven* Form des Steines entspricht. Solange die Tiefe dieser räumlichen Form im Verhältnis zu ihrer Grundfläche gering ist, beeinträchtigt sie die Erdoberfläche kaum, und es entsteht kein echter geformter Raum. Doch wenn die Erdoberfläche an einer bestimmten Stelle genügend vertieft wird, entstehen vertikale Flächen, die einander in einer solchen Weise entsprechen, daß sie einen eigenständigen Raum hervorrufen. Dieser Raum unterscheidet sich

vom großen Raum über der Erde, und vorausgesetzt, daß er groß genug ist, könnten wir in ihm leben.

Man könnte fragen, warum wir nicht, anstatt das Material anderswo zu verwenden, um Räume vom natürlichen Raum abzutrennen, und dabei die entstandenen Gruben ungenutzt zurückzulassen, die festen Materialien aufgeben und die künstlichen Höhlen bewohnen, so wie Maulwürfe in ihren Gängen leben und die ausgegrabene Erde als Maulwurfhügel zurücklassen. Tatsächlich haben sich Menschen aus Not oder aus Askese manchmal mit Höhlen oder Grubenwohnungen dieser Art begnügt.

Wie das Haus nicht gemacht wird
Doch eine derartige Form der menschlichen Behausung bewirkt in keiner Weise die Versöhnung von Mensch und Natur. Indem der Mensch sich in eine Höhle zurückzieht, flieht er vor dem Raum der Natur, anstatt ihn an sein Dasein anzupassen. Gerade im Dienste dieses Daseins müssen wir selbst unsere Umgebung vervollständigen, genau indem wir den natürlichen Gegensatz von unbegrenztem Voll und Leer zwischen Erde und Luft bereichern durch den Gegensatz von begrenztem Voll und Leer in Form von durch Wände abgegrenzten Räumen, die wir Häuser nennen.

12. So entsteht die echte menschliche Behausung nicht durch das Aushöhlen des Erdmassivs, sondern durch das Abtrennen begrenzter Räume vom großen Raum der Natur mithilfe der massiven Form von Wänden. Wir müssen von Anfang an eine klare Unterscheidung zwischen diesen beiden Weisen der Raumbildung treffen.

Bei einer Aushöhlung des Erdmassivs wird der entstandene Raum durch Oberflächen begrenzt, ebenso wie ein massives Volumen im offenen Raum durch Oberflächen begrenzt wird. Daß die Oberflächen einander entsprechen, gibt dem ausgehöhlten Raum eine eigene, hohle Form, so wie es auf entgegengesetzte Weise dem massiven Volumen eine volle Form verleiht. Es ist jedoch völlig anders bei einem Raum, der vom großen unbegrenzten Raum durch das begrenzte Massiv der Wände abgetrennt wird. Hier gehört die Form nicht zum abgetrennten Raum, sondern zum Massiv der Wand. Nun ist Raum von Raum durch eine massive *Form* abgetrennt, während sich vorher beim ausgehöhlten Raum Massiv und Raum in einer *Oberfläche* begegneten.

Daher muß man, um zu verhindern, daß diesem abgetrennten Raum die Erscheinung eines ausgehöhlten Massivs gegeben wird, sicherstellen, daß die Trennungsfläche zwischen dem begrenzten Raum und dem Massiv der Wand dem Massiv zugeordnet bleibt, so daß die Form nicht vom Massiv auf den Raum übergeht, wie es bei der nicht architektonischen Höhle der Fall ist.

Wie das Haus wohl gemacht wird

13. Ein einzelnes massives Element in Form eines der Erde entnommenen Blockes genügt nicht, um einen abgetrennten Raum zu schaffen. Denn sobald ein solcher Block irgendwo auf der Erde hingesetzt wird, verliert er seine eigenständige Form. Seine untere Fläche verschwindet zusammen mit dem Teil der Erdoberfläche, der verdeckt wird und der nun durch die obere Fläche des Blockes ersetzt wird. Der Block hebt einen Teil der Erdoberfläche an, bewirkt jedoch keine Trennung im darüber liegenden Raum. Wenn weitere Blöcke neben den ersten gestellt werden, entsteht eine flachere Form, die noch weniger eigenständig ist. Ihre obere Fläche ist noch größer

im Verhältnis zu ihrer Höhe über der Erdoberfläche und wird daher noch mehr mit ihr gleichgesetzt.

Der Pfeiler

Das Gegenteil tritt ein, wenn man weitere Steinblöcke auf den ersten stapelt und ihn so zu einem stabförmigen Pfeiler aufbaut. Mit jedem weiteren aufgesetzten Block verkleinert sich die Größe der oberen Fläche stetig im Verhältnis zu den Seitenflächen, bis sie nach und nach so klein wird, daß sie ihren Bezug zur Erdoberfläche verliert. Das Massiv erhält so seine eigenständige Form und damit auch seinen Wert für das Abtrennen von Räumen zurück.

Die aufrechte Stabform des *Pfeilers* muß daher als die erste architektonische Gegebenheit angesehen werden.

14. Offensichtlich können wir den Raum nicht trennen, noch weniger abtrennen, indem wir ein einziges stabförmiges Massiv aufrichten, genausowenig wie wir auf einem weißen Blatt Papier mit einem einzigen Punkt zwei Teile voneinander trennen können; denn wie sich ein aufrechter Stab zum Raum verhält, so verhält sich ein Punkt zur Fläche. Doch sobald sich dieser Punkt zu einer Linie, gar zu einer punktierten Linie entwickelt, wird die Fläche in zwei Teile, einen auf jeder Seite von ihm, geteilt.

Die Wand

Um den Raum in zwei Teile zu gliedern, muß analog dazu die Stabform zu einer Plattenform verbreitert werden. Durch diese horizontale Verbreiterung der aufrechten Stabform entsteht die *Wand*, die als die zweite architektonische Gegebenheit betrachtet werden muß.

15. Eine Trennung, die durch eine einzige Wand zustande kommt, läßt die Unbegrenztheit des ursprünglichen Raumes unberührt; nur von unten durch die horizontale Erdoberfläche begrenzt, ist er ja zu allen anderen Seiten hin unbegrenzt. Eine einzige vertikale Wand halbiert den Raum und erzeugt zwei Teile, die in der Tat auf einer Seite durch die Wand begrenzt werden, aber auf der entgegengesetzten offenen Seite ihre ursprüngliche Unbegrenztheit bewahren. Kein Raum wird vom großen Raum abgetrennt, aber es ist, als wäre dieser durch eine *Juxtaposition* von zwei großen Halbräumen ersetzt worden.

Der architektonische Raum

Um jedoch ein Stück Raum vom großen Raum abzutrennen, wird eine zweite Wand benötigt, die sich so zur ersten verhält, daß ein neuer Raum zwischen den beiden entsteht. Neben einer Trennung des großen Raumes durch jede einzelne Wand selbst, kommt hier zwischen den Wänden die Abtrennung eines Raumes zustande, und es entsteht als dritte Gegebenheit *der architektonische Raum*.

Im architektonischen Raum kommt nicht nur auf künstliche Weise eine Trennung zwischen Raum und Massiv, zwischen Leer und Voll zustande, wie sie auf natürliche Weise bereits durch die Erdoberfläche gegeben ist; auch geht es hier nicht nur um eine bloße Zweiteilung des natürlichen Raumes mithilfe eines einzigen, plattenförmigen Massivs. Der architektonische Raum stellt vielmehr einen neuen Raum dar, der künstlich vom ursprünglichen Raum abgetrennt wird und durch die wechselseitige Entsprechung von zwei Trennungswänden zustande kommt.

Der große Raum macht in diesem Fall nicht zwei neuen unbegrenzten Halbräumen Platz, sondern es entsteht ein neuer Raum, während der ursprüngliche Raum bestehen bleibt. Vor dem Hintergrund des natürlichen Raumes zeigt sich durch *Superposition* der architektonische Raum, der Gegenstand dieser Studie ist.

II. Raum, Form und Größe

1. Der architektonische Raum muß als Zusatz zum natürlichen Raum betrachtet werden, wodurch der Konflikt zwischen diesem Raum und unserem Erfahrungsraum überwunden wird, so wie der Konflikt zwischen dem rauhen Boden und den weichen Füßen mithilfe von Sandalen überwunden wurde. Sandalen und Kleidung im allgemeinen vervollständigen den menschlichen Körper; das Haus vervollständigt den natürlichen Raum.

Raumbild der Natur und Raumbild der Erfahrung

Aus dieser Bereicherung des natürlichen Raumes durch den architektonischen Raum entsteht das *Raumbild der Natur*, das mit dem *Raumbild unserer Erfahrung* in Einklang gebracht werden kann. Die beiden Raumbilder können so aufeinander abgestimmt werden, daß sie sich wechselseitig voll ergänzen und gleichsam ein Ganzes bilden. Unser Erfahrungsraum wird dabei vollständig in den Raum der Natur aufgenommen.

Die Raumbilder stimmen darin überein, daß es sich in beiden Fällen um ein begrenztes Stück Raum im unermeßlichen, sich über der Erdoberfläche grenzenlos ausdehnenden Raum der Natur handelt. Die Begrenzung dieses Stücks kommt jedoch in jedem Fall ganz unterschiedlich zustande.

Der architektonische Raum verdankt seine Begrenzung dem Massiv der Wand, die den Raum *von außen* abgrenzt. Im Gegensatz dazu erhält der Raum, den wir um uns herum erfahren und auf uns selbst beziehen, seine Begrenzung durch die Aktivität unserer verschiedenen Vermögen, die ihn *von innen* bestimmen. Der erste Raum stellt sich als „Schalenraum" dar, da seine Begrenzung durch die äußere Schale massiver Wände entsteht, während sich der zweite Raum als „Kernraum" darstellt, da seine Begrenzung vom Kern aus durch unsere Anwesenheit bestimmt wird.

Gegensätzlicher Charakter der beiden Raumbilder

2. Außerdem sind die beiden Raumbilder ihrem Wesen nach gegensätzlich. Wir betrachten den architektonischen Raum, der auf künstliche Weise zwischen den Wänden entsteht, als eine Art *Leere* in bezug auf den natürlichen Raum. Durch die auseinander stehenden Wände wird diese Leere sozusagen der homogenen *Fülle* des natürlichen Raumes entzogen und befindet sich in ihr wie eine Luftblase im Wasser.

Parallel zu dieser Betrachtungsweise müssen wir den menschlichen Raum, den wir um uns herum erfahren, als eine von Leere umgebene Fülle betrachten. In diesem Fall ist der natürliche Raum eine Leere im Verhältnis zu einem Raum, den wir als Fülle erfahren und der sich im natürlichen Raum befindet – nicht wie eine Luftblase im Wasser, sondern wie ein Wassertropfen in der Luft.

Daraus folgt, daß bei der Raumbildung die Fülle *um* eine Leere liegt, während bei der Raumerfahrung die Fülle *inmitten* einer Leere liegt.

[…]

Das Binom Innen-Außen

5. Im Hausbauprozeß verschmelzen so die beiden Raumbilder, jedes mit seiner Fülle und Leere, um ein Ganzes zu bilden, und nur zwei von den vier Termen bleiben übrig: einmal die durch unseren Erfahrungsraum gefüllte Leere, die wir zwischen Wänden haben entstehen lassen, und zweitens die durch den Raum der Natur gefüllte Leere um unseren Erfahrungsraum herum, die wir uns weder aneignen noch auf uns beziehen konnten.

Der erste dieser beiden verbleibenden Terme kann einfach als „Innen", der andere als „Außen" bezeichnet werden. Das Zusammengehen von Innen und Außen muß als das Endergebnis des Hausbauprozesses betrachtet werden, auf das die Funktionalität des Hauses abzielt. Wir dürfen die menschliche Behausung nicht auf ein Innen beschränken, sondern müssen sie als ein Zusammengehen von Innen und Außen ansehen.

Jedes Raumbild enthält seine eigene Negation, die wir Leere genannt haben. Im einen Fall ist dies eine „Leere an natürlichem Raum", im anderen eine „Leere an Erfahrungsraum". Wenn die beiden Bilder verschmelzen, werden ihre Negationen aufgehoben, und es bleiben nur die beiden positiven Terme: das Binom *Innen-Außen*. Das Innen ist nun nicht mehr eine Leere, eine Negation des natürlichen Raumes, sondern hat durch seine Entsprechung zu unserem Erfahrungsraum einen positiven Wert erhalten. Auch das Außen hat einen positiven Wert erhalten: es ist nicht mehr die unwirtliche Leere, die wir uns nicht aneignen können, die Negation unseres Erfahrungsraumes, sondern die natürliche Umgebung, ganz bezogen auf das Haus, das zwischen seinen Wänden unseren Erfahrungsraum birgt.

Der begrenzte Raum, den wir auf unser Dasein beziehen, hat dem unbegrenzten Außen Platz gemacht, das auf das Innen des Hauses bezogen ist.

Daniel Libeskind — **Symbol und Interpretation** (Ausschnitt)

Erste Erscheinung: Daniel Libeskind, „Symbol and Interpretation", in *Daniel Libeskind* (Ausst.-Katalog Helsinki: Museum of Finnish Architecture), 1980.
Textquelle: Daniel Libeskind, *Kein Ort an seiner Stelle. Schriften zur Architektur – Visionen für Berlin.* Hrsg. Angelika Stepken, Übersetzung: Christiane Court, Wolfgang Himmelberg (Dresden, Basel: Verlag der Kunst, 1995) S. 219–224.

Der in Polen geborene amerikanische Architekt Daniel Libeskind (geb. 1946) ist einer der bekanntesten Vertreter des Dekonstruktivismus in der Architektur. Er studierte Architektur an der Cooper Union School in New York und Architekturtheorie an der School of Comparative Studies, Essex University in England. 1975–1977 lehrte er an der Architectural Association in London. Sein künstlerisches Werk umfasst Collagen, Lithografien und Modelle. Das wichtigste unter seinen ausgeführte Bauwerken ist die Erweiterung des Berlin Museums mit dem Jüdischen Museum in Berlin (1989–1998). Libeskind behauptet, dass die besten zeitgenössischen Werke aus dem Bereich des Irrationalen entspringen, während die herrschenden Mächte im Namen der Vernunft agieren. Nach dem Fall der Berliner Mauer in der Stadt lebend, setzte sich Libeskind mit Berlins städtebaulichen und architektonischen Problemen auseinander. Die Schriften zu seinen Architekturvorschlägen für Berlin wurden in dem Buch *Kein Ort an seiner Stelle* (1995) veröffentlicht.

In seinen Schriften kritisiert Libeskind den Mangel an geistigen Aspekten, sogar an „mythischer Erfahrung" in der zeitgenössischen Architektur. Nur wenn man die Baukunst als „Teil der menschlichen Beziehungen zur Welt" betrachtet, finde man diese Geistigkeit wieder. Im Aufsatz „Symbol und Interpretation" beschäftigt er sich mit dem Problem, das auch im Zentrum von Dom van der Laans Überlegungen stand: mit dem Verhältnis des gestalteten Raums zum endlosen, unergründbaren Raum als Leere. Die Möglichkeit des bergenden Raums wird jedoch von Libeskind verneint; alles, was möglich ist, sind temporäre und enigmatische Stationen, *voids* nach dem Ende des existenziellen Raumes.

Bibliografie: Daniel Libeskind, *Radix-Matrix: Architecture and Writings* (München, New York: Prestel, 1997).

Die Umformung von Bedeutung durch die Formalisierung gelebter Erfahrung läßt sich anhand unserer zeitgenössischen Konzepte von Raum und Zeit veranschaulichen. Die ständig zunehmende Aufspaltung und Zersplitterung menschlichen Wissens wird in der Vielzahl der spezialisierten Disziplinen augenfällig. Wir haben heute einen Raum/eine Zeit, die Historikern, Biologen, Physikern, Soziologen, Psychologen und zahllosen anderen gehört; miteinander konkurrierende Konzepte und Schulen, die sich nicht innerhalb eines umfassenden Verständnisrahmens miteinander vereinbaren lassen. Diese entleerten Formen von Zeit, Raum, Selbst und der Welt haben die Voraussetzung eines objektiven, neutralen und losgelösten Wissens gemein; eines Wissens, das nur durch Spezialisierung und sophistische Vernunftakte erlangt werden kann, deren Errungenschaften der schützende Talisman der Moderne sind. Diese objektive Konditionierung durch Regeln, Vorschriften, Tabus und anerkannte Kodizes methodischen Designs (was, gestützt auf die lange Tradition, Ordnungssignalen Geltung zu verschaffen, als Geschmack, Angemessenheit, Kontext, Anstand bezeichnet wird) ist jedoch nichts, was wir als gegeben hinnehmen oder als ewige Wahrheit ansehen müssen. Die „Gesetze" der Architektur und ihre Dogmen sind weder in die Konturen des Salomonischen Tempels eingeschrieben, noch in die ewigen Merkmale des Kubus, noch in irgendeine Idealgeometrie der Erscheinungen. Dies sind sämtlich Konstruktionen, die auf axiomatischen Systemen basieren, die erschöpfend definiert werden können. In der Praxis der Architektur kann es aber nicht darum gehen, die Ziele anhand irgendeines Gesetzsystems zu definieren, dem es darum zu tun wäre, unsere Erfahrungen von neuem zu rekonstruieren. Diese Tendenz, eine der Eigenschaften der Architektur (Eigenschaft von Objekten) für die Architektur selbst zu halten, führt nur zu einer ungeheuerlichen Anmaßung. Wenn der Versuch gemacht wird, die menschliche Realität als Ganzes zu manipulieren und zu verdinglichen, in der Absicht, sie in Besitz zu nehmen, als ob sie ein Objekt wäre, wird dabei vergessen, daß das Ordnen der Mittel selbst niemals gültige und authentische Ziele offenbaren kann.

Diese architektonischen Übungen nach dem Vorbild einer wissenschaftlichen Methodik, die sich die Realität-an-sich und wie-sie-ist anzueignen scheinen, sind selbst nur künstliche Mittel, die im Namen einer oft vergessenen metaphysischen Suche eingeführt wurden. Indem das Machen von Architektur als autonome Handlung dargestellt wird (mit größerer Affinität zur Technik als zur Wissenschaft), verengt sich diese Denkweise bewußt auf einen Vorgang datensammelnder Prozesse. Mit Blick auf das Wohnen zu bauen und zu denken wird auf eine experimentelle „Haltung" reduziert: auf das Testen, Umformen und Manipulieren jener Phänomene, die von jeglicher Undurchsichtigkeit oder Kontamination durch eine Bedeutung, die außerhalb ihrer Kontrolle liegt, gründlich gereinigt worden sind. Tatsächlich ist das Ergebnis dieses Prozesses fast immer die Generierung von Formen, die der „Forschungsapparat" selbst produziert hat und nicht das authentische Erfassen der Phänomene. Das Bauwerk ist somit ein Resultat aus Entscheidungen, die nur innerhalb des vorgegebenen Definitionsrahmens zugelassen sind und sich in der Tat von den Intentionen und Erwartungen des Handelnden selbst stark unterscheiden können. Auf der Skala der Abstraktion, die vom einfachen Meßinstrument bis zu kybernetischen Systemen reicht, erleben wir die Loslösung der persönlichen Vision von ihrer archetypischen und historischen Matrix. Diese Loslösung manifestiert sich einerseits in der entpersonalisierten Handhabung von „Ready-mades" und andererseits in der Welt privater Phantasien ohne eine öffentliche Dimension.

Diese artifizielle Denkweise, bei der es sich stets um eine Konfrontation mit dem Objekt im allgemeinen handelt, gestaltet sich nach dem Vorbild der Informationstheorie, der Naturwissenschaft und der Verhaltenskonditionierung, um einen ultimativen Prozeß zu entwerfen, der gerade aufgrund seiner Künstlichkeit (wenn auch in einer fernen Zukunft) einen Automaten zu seiner Erfüllung benötigte. Um Dinge auf der Grundlage einiger weniger abstrakter Indizien oder Variablen zu konstruieren, läßt diese verflachte und technisierte Denk- und Handlungsweise die fundamentalen Bedingungen, Situationen sowie die Stätte ihrer eigenen Manifestation außer acht. Da sie sich in dieser Welt nicht mehr ganz und gar zu Hause fühlt, gibt sie die enigmatische Begegnung mit Dingen und Orten auf. Bei dieser Sichtweise kommt dem Licht der Verkehrsampeln größere Bedeutung zu als dem der Sterne und der Vermessung des Raums größere Bedeutung als dem Leben, das ihn beseelt und konstituiert. Die Annahme, daß der Raum als ein System von Koordinaten behandelt werden kann, als leerer Käfig, aus dem es kein Entrinnen gibt, als eine auf eine homogene quantitative Gegebenheit reduzierte Qualität, worin alles sich selbst gleicht, ist eine Tautologie ohne Tiefe und Horizont. Es ist die Reflexion einer falschen Identität, in der der Raum selbst eigentlich bedeutungslos ist, und doch für unseren eigenen Gebrauch prädestiniert.

Dieses in unserer Erfahrung des Alltags mit zunehmender Häufigkeit auftauchende „künstliche Paradies" offenbart die alptraumhafte Beschaffenheit einer Utopie – ein Niemandsland, in dem Erinnerung und Bewußtsein bald als nutzlose Fragmente in einer Topographie der reinen Vernunft betrachtet werden. In einem Raum ohne Zufluchtsorte, wo der Inhalt vom Ort getrennt werden kann, wo jedes Ding isoliert steht und dem Nichts ausgesetzt ist: wo das menschliche Gesicht für die Existenz eines „Raums-an-sich" nicht länger notwendig ist, nimmt Umhüllung im Sein die Bedeutung von Schutz in der Umgebung an.

Was B.F. Skinner als die Epoche „jenseits von Freiheit und Würde" bezeichnet hat, ist für uns in Architektur und Planung zu einer realen Möglichkeit geworden. Auch wir können zu Technikern der sublimen und fabelhaften Magie werden, die die historische Existenz durch den abstumpfenden Gebrauch von Chiffren und kybernetischen Techniken bannen kann. Was aber ist es, was jenseits von Freiheit und Würde liegt? Ist es die Welt eines vollständig anästhesierten Verhaltens? Ist es vielleicht die Welt, die Skinner höchstpersönlich und einer Reihe anonymer Kollaborateure untersteht, die an der Endlösung des „Problems" Mensch arbeiten? Wie wird diese Zukunftswelt aussehen, die uns andeutungsweise bereits umgibt? Wird sie aussehen wie das Labor, dessen Apparat die stoische Herrschaft bereitstellt, in der der Mensch (der Techniker) sich selbst als eines der Objekte seiner eigenen Manipulation betrachtet? Oder wird es tatsächlich der endgültige Triumph der Utopie sein; ein Nicht-Ort?

Diese Fragen sind nicht rein hypothetisch oder rhetorisch. Es sind Fragen, die äußerst reale Paradoxa unserer Zeit beschreiben. Eines der Privilegien dieser fragenden Haltung ist, daß sie uns, die wir uns mit Architektur beschäftigen, die Gelegenheit verschafft, diese Situationen zu demaskieren und zu dekonstruieren, unsere Position unserer eigenen Freiheit und Würde gegenüber zu überprüfen. Technologische Ordnung und Planung, Systemorganisation und Simulationsspiele – all dies sind Gambits und keineswegs unfehlbare Tricks, die als besondere Elemente in der zeitlichen Entfaltung der Realität von Belang sind. Aufgrund unserer Forschungen haben wir die dunkle Ahnung, daß es sich bei diesen technischen Kinkerlitzchen nicht um einen historischen Zufall, sondern um ein Symbol der tiefreichenden Spaltung handelt, die all unsere Begegnungen verschleiert; eine Maske, die den entfremdenden Riß bezeugt, der unsere Erfahrung spaltet, indem er sie der ständigen Bedrohung durch Unwahrheit öffnet.

Tatsächlich muß unsere Befragung weiter gehen.

Wir können uns fragen, ob die Welt ein für allemal geschaffen wurde; ob unsere Pflicht darin besteht, nach den Modellen von Objekt, Ordnung und Typus zu reproduzieren, die von einer verbindlichen Autorität auf uns gekommen sind. Wir können uns ernsthaft mit unserer eigenen Erfahrung befassen, daß die Architektur (wie der Mensch) unvollendbar und dauerhaft aufgeschoben ist, daß sie keine Natur hat, daß ihre Tradition ein Ereignis, ein Happening ist, in dem wir ausweglos gefangen sind.

Vereinfacht gesagt, haben wir es heute mit einem Konflikt zwischen zwei verschiedenen Tendenzen zu tun. Die eine geht davon aus, daß die ‚natürliche' Entwicklung der Architektur auf der Aneignung und ultimativen Beherrschung der Technik beruht, was unausweichlich zur Objektivierung und Quantifizierung führt – zur Zerstörung des Raums der Begegnungen. Die andere Tendenz betrachtet die Architektur als eine autonome, selbstreferentielle Disziplin, die mittels stummer Monumente ihre eigene Tradition erfindet. Es gibt jedoch einen Ansatz, der nicht so einfach und klar zu definieren ist wie die oben genannten, der aber nichtsdestoweniger versucht, sich mit der poetischen Komplexität von Architektur rechtzeitig auseinanderzusetzen. Dieser Ansatz ist bestrebt, die tiefere Ordnung zu erforschen, die nicht allein in sichtbaren Formen, sondern auch in unsichtbaren und verborgenen Quellen verankert ist, die die Kultur selbst – das Denken, die Kunst, die Literatur, den Gesang und die Bewegung – speisen. Er betrachtet Geschichte und Tradition als einen Körper, dessen Erinnerungen und Träume sich nicht einfach rekonstruieren lassen. Ein solcher Ansatz versucht nicht, das Sichtbare auf einen Gedanken und Architektur auf eine bloße Konstruktion zu reduzieren. Eine derartige Orientierung erkennt in ihren Methoden die Intensität der Erfahrung – ihre „opake Transparenz" – an und bezeugt sie in ihren Intentionen; durch ihre aufgeschobenen Erwartungen stellt sie ihre eigenen Voraussetzungen ständig in Frage. Im Studio versuchen wir mit Architektur auf eine analytische, interpretative, symbolische, gegenstandslose Weise umzugehen. Wir glauben, daß nichts jemals völlig figurativ ist, da all unseren symbolischen Begegnungen eine gewisse Beschränktheit anhaftet, ob sie sich nun in Worten oder Zahlen ausdrücken. Bedeutung schöpft ihre Mittel niemals vollständig aus, weil immer ein Rest übrig bleibt, der auf die Entsprechung oder Analogie verweist, die sich vermittelnd in die Beschränktheit der Dinge und die Ambiguität der Bedeutung einschaltet. Unser Ausgangspunkt ist deshalb niemals die abstrakte Programmierung eines Objekts, sondern vielmehr die Suche nach gültigen Zielen.

Die Wege, architektonische Werte systematisch zu objektivieren, Konversionen von Objekten in Objekte, stellen Bemühungen dar, Erfahrung als einen Prozeß ohne Tiefe und Verborgenheit zu projizieren. Wie immer wir auch die Architektur repräsentieren, sei es als Idee, Materie, Energie oder die ewige Wiederkehr der gleichen Urformen, wir dürfen nicht vergessen, daß Objekte, die uns erscheinen, bereits auf einer primordialen und nicht-figurativen Ebene enthüllt worden sind. Es kann nichts völlig Figuratives in dem Sinne geben, daß Bedeutung in den Symbolen, die sie vermitteln, eingeschlossen bleibt. Wenn wir Architektur als etwas begreifen, das einen symbolischen Charakter hat, dann haben wir uns bereits auf ein sowohl grundlegenderes als auch ursprünglicheres Gebiet begeben; in eine Sphäre, in der die Bedeutungsentscheidungen und -interpretationen durch die Geschichte bereits in Gang gesetzt sind.

Die Notwendigkeit rigoroser Imagination und das Vorhaben, mögliche Emanzipationswege in der Architektur ausfindig zu machen, müssen als entscheidend erkannt werden, da in zunehmend fortschrittlicher werdenden Gesellschaften die greifbaren Inspirationsquellen in institutionalisierten Denk- und Handlungsgewohnheiten versiegen. Die Armut der sogenannten „realen Welt" muß als Form einer herrschenden Ideologie demaskiert werden, deren Interessen und Ambitionen nicht notwendigerweise mit unserer vollen Existenz und deren Bestrebungen übereinstimmen. Es wurde bereits mehr als einmal dargelegt, daß es sich beim guten Geschmack lediglich um eine Form anerzogener Zensur handelt. Das Bewußtsein, daß Gefälligkeit, Schmeichelei und „Dienst an der Gesellschaft" oft als Codices für so viele Täuschungsmanöver stehen, zwingt uns dazu, die weitverbreitete Überzeugung zu überdenken, daß es einen vorbestimmten und korrekten, von der „Sprache der Architektur" selbst a priori jeder Form zugeordneten Ausdruck gibt, so als sei diese „Sprache" Teil der Zeremonien und Rituale selbst.

Um kreative architektonische Interpretation aus dem Griff – und der Treue zu – kleinlicher und umständlicher Konzentration auf Rhetorik (Form um der Form willen) und besonders aus der gegenständlichen Darstellung der Vergangenheit (Historismus-Eklektizismus) zu befreien, streben wir eine projektive Poesie der Architektur an. Wir sehen in dieser Phänomenologie des Raums die polymorphe, veränderliche Traumsubstanz der Architektur – den fragilen und präzisen Kern des Verständnisses und der Erfindung.

Gernot Böhme — **Synästhesien** (Ausschnitt)

Erste Erscheinung: Gernot Böhme, „Über Synästhesien", *Daidalos* 41 (1991), S. 26–36.
Textquelle: Gernot Böhme, *Atmosphäre* (Frankfurt am Main: Suhrkamp, 1995), S. 94–98.

Der deutsche Philosoph Gernot Böhme (geb. 1937) studierte Mathematik, Physik und Philosophie in Hamburg. 1972 habilitierte er mit der Arbeit „Zeit und Zahl. Studien zur Zeittheorie bei Platon, Aristoteles, Leibniz und Kant". Seit 1977 ist er Professor für Philosophie an der TH Darmstadt. Seine Werke auf der Gebiet der Natur-, Technik-, und

Wissenschaftsphilosophie sowie der Anthropologie sind zunehmend mit einer neuen Ästhetik verbunden. In seinem mit Hartmut Böhme verfassten Buch *Das Andere der Vernunft* (1985) will er zeigen, wie sich die Aufklärung, die Hegemonie der Vernunft mit der Verdrängung ihres Anderen; der Natur, des menschlichen Leibes, der Gefühle, des Unbewussten parallel entwickelte. Die Verfasser verwenden die Philosophie Kants, um diesen Verdrängungsprozess und die Wiederkehr der verdrängten Inhalte zu analysieren. Das Buch *Anthropologie in pragmatischer Hinsicht* (1985) ist eine Auswahl seiner Darmstädter Vorlesungen, in denen er das gleiche Thema weiter entfaltet und zugleich die Frage beantwortet, wie die positiven Ergebnisse der Aufklärung erhalten werden könnten, ohne das Andere zu verleugnen. *Für eine ökologische Naturästhetik* (1989) und *Atmosphäre* (1995) suchen Alternativen zur herrschenden Ästhetik.

Die Ästhetik der Gegenwart kann nicht mehr auf die Ästhetik des Kunstwerks begrenzt werden; sie muss sich wandeln und sich auch mit der fortschreitenden Ästhetisierung der Umwelt auseinander setzen. Die Ästhetik des Alltags fordert Gleichberechtigung. „Die Entwicklung der bildenden Kunst von der abstrakten über die gegenstandslose Kunst bis zum monochromatischen Bild hat zur Auflösung des Bildbegriffs geführt. Wir haben mit Bildern zu tun, die nichts darstellen, nichts sagen und nichts bedeuten. Gleichwohl sind an ihnen wichtige, bisweilen dramatische Erfahrungen zu machen" – schreibt Böhme in seinem Buch *Atmosphäre* (1995). Die sinnliche Erfahrung von Atmosphären ist nicht auf optische, haptische oder akustische Eindrücke reduzierbar, der Raum wird als eine „affektiv getönte Enge oder Weite", als ein Fluidum wahrgenommen.

Bibliografie: Martin Seel, *Eine Ästhetik der Natur* (Frankfurt am Main: Suhrkamp, 1996).

Was heißt Wahrnehmung?

Gegenüber dem Empfindungselementarismus hat die Wahrnehmungspsychologie in unserem Jahrhundert Schritt für Schritt die Wahrnehmung in ihrer ganzen Fülle zurückerobert: Es sind nicht einzelne Sinnesdaten, die man dann vielleicht zu Flächen, Figuren und Dingen synthetisiert, sondern man sieht immer schon ganze Flächen und Gestalten. Nein, man sieht nicht nur Gestalten, sondern man sieht von vornherein Dinge. Aber auch das ist nicht wahr. Man sieht Dinge in ihrem Arrangement, Dinge, die aufeinander verweisen, man sieht Situationen. Auch diese, ergänzt dann die Philosophie die Gestaltpsychologie, sind bereits eingebettet in Bewandtnisganzheiten. Situationen konkretisieren sich nur je von Fall zu Fall auf dem Hintergrund einer Welt. Allerdings die Welt sieht man nicht. Was ist aber dann dieses Ganze, in das alles Einzelne, das man dann je nach Aufmerksamkeit und Analyse daraus hervorheben kann, eingebettet ist? Wir nennen diesen primären und in gewisser Weise grundlegenden Gegenstand der Wahrnehmung die Atmosphäre*. Deutlich wird deren Priorität bei einem Wahrnehmungsschwenk oder, sagen wir es noch deutlicher mit der Filmtechnik, bei einem Schnitt, mit dem man gewissermaßen in eine neue Welt eintritt. Zum Beispiel: Man kommt aus belebter Straße und betritt einen Kirchenraum. Oder man betritt eine noch unbekannte Wohnung. Oder man hält zur Rast

---

* Zur Einführung des Begriffs der Atmosphäre s. besonders H. Schmitz, *System der Philosophie*, Bd. III, 2, (Der Gefühlsraum § 149 et passim.) Bonn 1969.

bei einer Autofahrt an, geht ein paar Schritte, und plötzlich öffnet sich der Blick auf das Meer. In solchen anfänglichen Situationen wird deutlich, daß, was zuerst und vor allem Einzelnen wahrgenommen wird, in gewisser Weise der Raum selbst ist. Dabei ist aber mit Raum nicht etwa im kantischen Sinne die reine Anschauung des Außer- und Nebeneinander gemeint, sondern die affektiv getönte Enge oder Weite, in die man hineintritt, das Fluidum, das einem entgegenschlägt. Wir nennen es in Anlehnung an die Terminologie von Hermann Schmitz die Atmosphäre. Man betritt eine Wohnung, und es schlägt einem eine kleinbürgerliche Atmosphäre entgegen. Man betritt eine Kirche, und man fühlt sich von einer heiligen Dämmerung umfangen. Man erblickt das Meer und ist wie fortgerissen in die Ferne. Erst auf diesem Hintergrund bzw. in dieser Atmosphäre wird man dann Einzelheiten unterscheiden. Man wird Dinge erkennen, man wird Farben benennen, Gerüche identifizieren. Wichtig ist, daß dann jedes einzelne gewissermaßen von der Atmosphäre getönt ist. Die Möbel drängen sich in kleinbürgerlicher Enge, das Blau des Himmels scheint zu fliehen, die leeren Bänke der Kirche laden zur Andacht ein. So jedenfalls erfährt es der Wahrnehmende. Der ästhetische Arbeiter weiß es auch anders. Er weiß nämlich, wie er durch Raumgestaltung, durch Farben, durch Requisiten Atmosphären erzeugen kann.

Wie nimmt man Atmosphären wahr? Sicher ist jedenfalls, und das ist für uns hier der entscheidende Punkt: nicht durch einzelne Sinne oder auch nur durch ein Zusammenspiel von ihnen. Das *ich sehe dies, ich höre dies, ich rieche dies* ereignet sich erst im zweiten Schritt, ist bereits Anfang der Analyse. Umgangssprachlich würde man wohl die Frage, wie man Atmosphären wahrnimmt, etwa so beantworten: *Durch Intuition. Ich spüre sie halt.* Es ginge aber zu weit, mit Hermann Schmitz dieses Spüren als eigenleibliches Spüren zu verstehen und damit, wie wir gesehen haben, die synästhetischen Charaktere zu Charakteren des leiblichen Spürens zu machen. Das leibliche Spüren hat schon zu sehr Ansätze der Reflexion, es ist ein Sichspüren, während in der Wahrnehmung der Atmosphäre eben doch die Atmosphäre dasjenige ist, was wahrgenommen wird. Man könnte das auch so ausdrücken: In der Wahrnehmung der Atmosphäre spüre ich, in welcher Art Umgebung ich mich befinde. Diese Wahrnehmung hat also zwei Seiten: auf der einen Seite die Umgebung, die eine Stimmungsqualität *ausstrahlt,* auf der anderen Seite ich, indem ich in meiner Befindlichkeit an dieser Stimmung teilhabe und darin gewahre, daß ich jetzt hier bin. Wahrnehmung qua Befindlichkeit ist also spürbare Präsenz. Umgekehrt sind Atmosphären die Weise, in der sich Dinge und Umgebungen *präsentieren.*

Zurück zu den Synästhesien: Es zeigt sich, daß das primäre und grundlegende Phänomen der Wahrnehmung, nämlich die Atmosphäre, überhaupt nicht einzelsinnlichen Charakter hat. Wollte man der pseudoaristotelischen Tradition des Gemeinsinns folgen, so müßte man sagen, daß die Befindlichkeit der Gemeinsinn ist. Schmitz ist vollständig recht zu geben, daß die synästhetischen Charaktere (neben den Bewegungssuggestionen, die wir hier nicht betrachtet haben) für die Wahrnehmung grundlegender sind als die „vermeintlichen Akte oder Empfindungen des Sehens, des Hörens usw." (H. Schmitz, System der Philosophie: *Die Wahrnehmung,* S. 69)

Daß nun etwa ein Blau als kalt empfunden wird oder ein Ton als scharf, resultiert aus seiner analytischen Herkunft aus bestimmten Atmosphären. Umgekehrt wird man vom Standpunkt des ästhetischen Arbeiters sagen, daß ein Blau *atmosphärisch wirkt,* eine bestimmte Atmosphäre ausstrahlt. Die Wahrnehmung eines Blau bedeutet ja nur zum allergeringsten Teil und nur in letzter Instanz, daß an einer bestimmten Stelle die Farbe Blau existiert. Auch ein lokalisierbares Blau strahlt, wie jeder Maler weiß, auf seine Umgebung aus, und wahrgenommen wird es keineswegs nur an der Stelle, an der es sich befindet, sondern gewissermaßen im ganzen Raum. Um diese atmosphärische Wirkung der Farbe zu studieren, hat Goethe mit Recht empfohlen, sich einmal einem ganz in Blau gehaltenen Raum auszusetzen und ferner sich der vergegenständlichenden Sichtweise – der sachlichen Einstellung des Kulturmenschen, wie Heinz Werner sagte – zu enthalten. Die Wahrnehmung eines Blau ist dann nicht mehr nur die Feststellung dieser Farbe, sondern das Spüren der Atmosphäre, d. h., wie ich mich darin befinde. Dann wird sich zeigen, daß zu diesem Blau ganz unzertrennlich und genuin die Kälte und, wie Goethe sagt, die Leere gehören.

Die Produktion von Atmosphären in der Architektur

Man könnte gegen das Bisherige einwenden, daß der „Kulturmensch mit seiner sachlichen Einstellung", d.h., daß wir in der technischen Zivilisation die *tieferen Schichten* der Wahrnehmung immer schon überspielen und primär doch Dinge wahrnehmen oder sogar nicht einmal Dinge, sondern Signale. In der Tat ist, was man wahrnimmt, sehr stark von der Wahrnehmungssozialisation und auch von der jeweiligen Handlungssituation abhängig. Trotzdem geht das Spüren von Atmosphären niemals verloren. Es tritt vielleicht nicht ins Bewußtsein, aber wirkt sich doch auf die Befindlichkeit aus. Damit muß die Architektur rechnen, und damit rechnet sie auch. Gerade die Architektur produziert in allem, was sie schafft, Atmosphären. Natürlich löst sie auch Sachprobleme und erstellt Objekte, Gebäude aller Art. Aber Architektur ist gerade insofern ästhetische Arbeit, als damit immer auch Räume einer bestimmten Stimmungsqualität, als damit Atmosphären geschaffen werden. Gebäude, Innenräume, Plätze, Einkaufscenter, Flughäfen, städtische Räume wie Kulturlandschaften können erhebend sein, bedrückend, hell, kalt, gemütlich, feierlich, sachlich; sie können eine abweisende oder eine einladende, eine autoritative oder auch eine familiäre Atmosphäre ausstrahlen. Der Besucher und Benutzer, der Kunde, der Patient werden von diesen Atmosphären angeweht oder ergriffen. Der Architekt aber erzeugt sie, mehr oder weniger bewußt. Die sinnlichen Items, die er setzt, die Farben, die Oberflächengestalt, die Linienführung, die Arrangements und Konstellationen, die er schafft, sind zugleich eine Physiognomie, von der eine Atmosphäre ausgeht. Als ästhetischem Arbeiter, als Praktiker ist das jedem Architekten selbstverständlich. Die sinnlichen Eigenschaften, die er seinen Produkten verleiht, sind für ihn weniger als solche, vielmehr in der Fülle ihrer synästhetischen Wirkung relevant. Trotzdem mag sein Bewußtsein in der Regel darauf gerichtet sein, welche Eigenschaften und Bestimmungen er seinem Produkt gibt. Das, was der Philosoph demgegenüber in Erinnerung zu bringen hätte, ist, daß es niemals bloß um die Gestaltung eines Gegenstandes geht, sondern immer zugleich um die Schaffung der Bedingungen seines Erscheinens.

Peter Zumthor **Der harte Kern der Schönheit** (Ausschnitt)

Erste Erscheinung und Textquelle: Peter Zumthor, *Architektur denken* (Baden: Lars Müller, 1998), S. 30–34.

Der Schweizer Architekt Peter Zumthor (geb. 1943) hat zuerst eine Lehre als Möbelschreiner absolviert, dann studierte er Innenarchitektur und Architektur. Nach mehreren Jahren Arbeit im Bereich der Denkmalpflege im Kanton Graubünden eröffnete er im Jahre 1979 sein eigenes Architekturbüro in Haldenstein bei Chur. Mit seinen außerordentlich konzentrierten, bis zum kleinsten Detail meisterhaft ausgearbeiteten, sinnlich-poetischen Werken (Kapelle Sogn Benedetg, 1987, Thermalbad Vals, 1994–1996, Kunsthaus Bregenz, 1994–1997) erreichte er bald internationale Anerkennung.

Der hier abgedruckte Text wurde im Dezember 1991 geschrieben und an einem Architektursymposium in Piran (Slowenien) vorgetragen. Der Titel „Der harte Kern der Schönheit" ist einer Radiosendung über den amerikanischen Dichter William Carlos Williams entlehnt. Zumthor assoziiert diesen Titel mit der Vorstellung von „naturwüchsigen Dingen", die nicht „von Zeichen oder Botschaften besetzt" sind (wobei es keine Dinge gibt, die nicht als Zeichen oder Botschaften gelesen werden können). Er betrachtet es als seine Aufgabe, die konkreten Dinge wie Berg, Stein, Wasser als „zivilisatorisch unschuldige" Elemente zu behandeln. Das heißt, im Gegensatz zur ständigen ikonografischen Bedeutungssuche der Postmoderne wird die synästhetische, atmosphärische Wirkung der Materialien und Räume verstärkt. Ein Fluidum (im Sinne Böhmes) wird angestrebt, und „wirkliche Räume" entstehen: „Räume, zu deren raumbildenden Umhüllung und raumprägender Stofflichkeit, zu deren Hohlform, deren Leere, Licht, Luft, Geruch, Aufnahmefähigkeit und Resonanzfähigkeit man Sorge trägt."

Bibliografie: Peter Zumthor Hä*user* 1979–1997 (Baden: Lars Müller, 1998).

John Cage sagt in einer Vorlesung sinngemäss, er sei kein Komponist, der im Geiste Musik höre und dann versuche, diese aufzuschreiben. Seine Arbeitsweise sei eine andere. Er erarbeite sich Konzepte und Strukturen und lasse sie aufführen, um erst dann zu erfahren, wie sie tönen.

Als ich diese Aussage las, ist mir in den Sinn gekommen, wie wir unlängst im Atelier ein Projekt für ein Thermalbad in den Bergen entwickelten, ohne uns zunächst einmal geistige Bilder für diese Bauaufgabe vorzugeben und diese dann auf unsere Bauaufgabe bezogen abzuwandeln, sondern wie wir versuchten, grundsätzliche Fragestellungen zu beantworten, die den Ort, die Bauaufgabe und die Baumaterialien – Berg, Stein, Wasser – betreffen und die zunächst nicht bildhaft waren.

Erst nachdem es uns möglich geworden war, die Fragen an den Ort, das Material und die Bauaufgabe schrittweise zu beantworten, sind nach und nach Strukturen und Räume entstanden, die uns selber überraschten und von denen ich glaube, dass sie das Potential einer ursprünglichen Kraft haben, die hinter das Arrangieren von stilistisch vorgefertigten Formen zurückreicht.

Sich mit den Eigengesetzlichkeiten von konkreten Dingen wie Berg, Stein, Wasser auf dem Hintergrund einer Bauaufgabe zu befassen, birgt die Möglichkeit in sich, etwas vom ursprünglichen und gleichsam „zivilisatorisch unschuldigen" Wesen dieser Elemente zu fassen, zum Ausdruck zu bringen und eine Architektur zu entwickeln, die von den Dingen ausgeht und zu den Dingen zurückkehrt. Vorbilder und stilistisch vorgefertigte Formvorstellungen können den Zugang hier nur versperren.

Meine Schweizer Kollegen Herzog und de Meuron reden davon, dass es – ich zitiere sinngemäss – die Architektur als Ganzheit heute nicht mehr gebe und sie deswegen künstlich, sozusagen im Kopf des Entwerfers, in einem Akt des Denkens, herzustellen sei. Die beiden Architekten leiten aus diesem Ansatz ihre Theorie der Architektur als Denkform ab, einer Architektur, die, so nehme ich an, ihre erdachte und somit künstliche Ganzheit auf eine besondere Weise reflektieren soll.

Die Architektur als Denkform-Theorie dieser Architekten möchte ich hier nicht weiter verfolgen, wohl aber die dieser Anschauung zugrundeliegende Annahme, dass es die Ganzheit eines Bauwerkes im alten, baumeisterlichen Sinne heute nicht mehr gebe.

Ich persönlich glaube an die sich selbst genügende, körperliche Ganzheit des architektonischen Objektes, wenn auch nicht als selbstverständliche Gegebenheit, sondern als schwieriges, jedoch unabdingbares Ziel meiner Arbeit.

Aber wie ist es möglich, diese Ganzheit in der Architektur zu erreichen, in einer Zeit, in der das sinnstiftende Göttliche fehlt und die Wirklichkeit sich im Strom der vorüberziehenden Bilder und Zeichen aufzulösen droht?

Bei Peter Handke lese ich vom Bemühen, Texte, Beschreibungen Teil der Umgebung werden zu lassen, von der sie handeln. Wenn ich seine Aussagen richtig verstehe, begegnet mir hier nicht nur das mir bekannte Bewusstsein von der Schwierigkeit, den in einem künstlichen Akt zu schaffenden Dingen ihre Künstlichkeit zu nehmen und sie der Welt der alltäglichen und naturhaften Dinge anzuverwandeln, sondern auch und einmal mehr der Glaube daran, dass die Wahrheit in den Dingen selbst liegt.

Ich denke, dass in künstlerischen Prozessen, die nach der Ganzheit ihrer Hervorbringungen streben, immer wieder versucht wird, diesen eine Präsenz zu verleihen, wie sie den Dingen in der Natur oder in der gewachsenen Umgebung eigen ist.

So verstehe ich gut, wenn Handke, der sich im selben Interview als ein Schriftsteller der Orte bezeichnet, von seinen Texten verlangt: „Dass da keine Zutat passiert, sondern eine Erkenntnis der Einzelheiten und deren Verknüpfung zu einem (…) Sachverhalt."

Das Wort Sachverhalt, das Handke hier wählt, erscheint mir erhellend im Hinblick auf das Ziel, ungekünstelte, ganzheitliche Dinge zu schaffen: Genaue Sach-Verhalte herstellen, Bauwerke als Sach-Verhalte denken, deren Einzelheiten richtig erkannt und in ein sachliches Verhältnis zueinander gebracht werden müssen. Ein sachliches Verhältnis.

Was hier aufscheint, ist die Reduktion auf die Sachen und Dinge, die sind. Handke spricht in diesem Zusammenhang auch von der Treue zu den Dingen. Er möchte, so sagt er, dass seine Beschreibungen als Treue zum Ort, den sie beschreiben, erlebbar sind und nicht als zusätzliche Färbung oder Farbigkeit.

Sätze dieser Art helfen mir, mich mit der Unlust abzufinden, die mich häufig überkommt, wenn ich neuere Architektur anschaue. Immer wieder begegne ich Bauten, die mit Aufwand und dem Willen zur besonderen Form gestaltet sind, und bin verstimmt. Der Architekt, der das Ding gemacht hat, ist zwar nicht anwesend, aber spricht zu mir ohne Unterlass aus jedem Detail des Gebäudes, und er sagt mir immer das gleiche, das mich doch so rasch nicht mehr interessiert. Gute Architektur sollte den Menschen aufnehmen, ihn erleben und wohnen lassen, ihn nicht beschwatzen.

Warum, denke ich oft, wird das Naheliegende, Schwierige so selten versucht? Warum begegnet man in jüngeren Architekturen so wenig Vertrauen in die ureigensten Dinge, die Architektur ausmachen: Material, Konstruktion, Tragen und Getragenwerden, Erde und Himmel, und Vertrauen in Räume, die wirkliche Räume sein dürfen; Räume, zu deren raumbildender Umhüllung und raumprägender Stofflichkeit, zu deren Hohlform, deren Leere, Licht, Luft, Geruch, Aufnahmefähigkeit und Resonanzfähigkeit man Sorge trägt?

Persönlich stelle ich mir gerne vor, Häuser zu entwerfen und zu bauen, aus denen ich mich als Entwerfer am Ende des Bauprozesses gleichsam zurückziehe und dabei ein Bauwerk zurücklasse, das sich selber ist, das dem Wohnen dient als Teil der Welt der Dinge, das ohne meine persönliche Rhetorik auskommt.

Es gibt für mich ein schönes Schweigen von Bauten, das ich verbinde mit Begriffen wie Gelassenheit, Selbstverständlichkeit, Dauer, Präsenz und Integrität, aber auch Wärme und Sinnlichkeit; sich selber sein, ein Gebäude sein, nicht etwas darstellen, sondern etwas sein.

Say that it is a crude effect, black reds,
Pink yellows, orange whites, too much as they are
To be anything else in the sunlight of the room,

Too much as they are to be changed by metaphor,
Too actual, things that in being real
Make any imaginings of them lesser things.

Dies ist der Anfang des Gedichtes „Bouquet of Roses in the Sunlight" des amerikanischen „Lyrikers des stillen Schauens", Wallace Stevens.

Wallace Stevens, so lese ich im Begleittext zum Gedichtband, hat sich der Herausforderung gestellt, lange, geduldig und genau hinzuschauen und die Dinge zu entdecken, ganz zu verstehen. Seine Gedichte sind nicht Protest oder Klage um die verlorene Ordnung, auch nicht Ausdruck einer Verstörung, sondern sie suchen eine dennoch mögliche Harmonie, die – in seinem Falle – nur die des Gedichtes sein kann. (Calvino argumentiert ähnlich, wenn er sagt, dass er dem Verlust an Form, den er überall konstatiert, nur eine einzige Abwehr entgegenzusetzen habe: eine Idee der Literatur.)

Für Stevens ist die Realität das gesuchte Ziel. Der Surrealismus, so wird er zitiert, beeindrucke ihn nicht, denn er erfinde, ohne zu entdecken. „Eine Muschel Akkordeon spielen zu lassen, heisst erfinden, nicht entdecken", sagt er. Hier erscheint er noch einmal, dieser Grundgedanke, den ich von Williams und Handke zu kennen glaube und den ich auch aus den Bildern Edward Hoppers herauszuspüren vermeine: Nur zwischen der Wirklichkeit der Dinge und der Imagination zündet der Funke des Kunstwerkes.

Wenn ich den eben zitierten Satz ins Architektonische übersetze, sage ich mir: Nur zwischen der Wirklichkeit der Dinge, von denen ein Bauwerk handelt, und der Imagination zündet der Funke des geglückten Bauwerks. Und der Satz ist mir keine Offenbarung, sondern Bestätigung einer Erfahrung, die ich in meiner Arbeit immer wieder mache, und Bestätigung eines Wollens, dessen Wurzeln in mir selber zu liegen scheinen.

Nun nochmals die Frage: Wo finde ich die Wirklichkeit, auf die ich meine Einbildungskraft richten muss, wenn ich versuche, ein Gebäude für einen bestimmten Ort und Zweck zu entwerfen?

Ein Schlüssel zur Antwort auf diese Frage liegt in den Wörtern Ort und Zweck, glaube ich.

In seinem Aufsatz „Bauen Wohnen Denken" sagt Martin Heidegger: „Der Aufenthalt bei den Dingen ist Grundzug des Menschseins", was ich so verstehe, dass wir uns niemals in einem Abstraktum, sondern immer in einer Dingwelt befinden, auch wenn wir denken. Und weiter lese ich bei Heidegger: „Der Bezug des Menschen zu Orten und durch Orte zu den Räumen beruht im Wohnen."

Der Begriff Wohnen, so weit gefasst wie das Heidegger tut als Leben und Denken an Orten und in Räumen, enthält einen genauen Hinweis auf das, was Wirklichkeit für mich als Architekt bedeutet.

Es ist nicht die Wirklichkeit der von den Dingen abgelösten Theorien, es ist die Wirklichkeit der konkreten Bauaufgabe, die auf dieses Wohnen zielt, die mich interessiert, auf die ich meine Einbildungskraft richten will. Es ist die Wirklichkeit der Baumaterialien – Stein, Tuch, Stahl, Leder ... – und die Wirklichkeit der Konstruktionen, die ich verwende, um das Bauwerk aufzurichten, in deren Eigenschaften ich mit meiner Vorstellungskraft einzudringen versuche, um Sinn und Sinnlichkeit bemüht, damit vielleicht der Funke des geglückten Bauwerkes zündet, das den Menschen zu behausen vermag.

Die Wirklichkeit der Architektur ist das Konkrete, das Form-, Masse- und Raumgewordene, ihr Körper. Es gibt keine Idee, ausser in den Dingen.

III. Konstruktionen der Natur

Das Gesetz der Einheit

Die Architektur von Antoni Gaudí, beispielhaft vertreten durch die Kirche der Colònia Güell bei Barcelona (1898–1917), zeigt die Schwierigkeit der Grenzziehung zwischen Delirium und Vernunft. Wo endet die mit Modellexperimenten bestimmte Form und beginnt die freie, ornamentale Plastik? Rationalität und Überschwang: Natur ist der übergeordnete Begriff, der beide in sich einschließt. *Natur* gehört zu jenen Begriffen unseres Denkens, mit denen wir den verschiedensten Erscheinungen eine letzte, auf tiefere Ursachen nicht weiter zurückführbare Erklärung geben. Wenn Frank Lloyd Wright über die „Natur der Baustoffe" wie Holz, Beton oder Stahl spricht, meint er damit die grundsätzlichen Eigenschaften dieser Materialien, die zugleich die Form bestimmen oder zumindest die Gestaltungsmöglichkeiten des Architekten begrenzen.[1] Sigfried Giedion sucht diese Natur in der „molekularen Substanz" des Stoffes, welcher der Ingenieur durch entsprechende Gestaltung gerecht werden soll.[2] Natur ist zweitens jene elementare Kraft, die die Vorgänge der Welt bestimmt. Und drittens kann Natur die materielle Welt selbst bedeuten. Diese sich zum Teil widersprechenden Bedeutungen werden dadurch noch komplexer, dass der Mensch sich selbst mal als Teil der Natur, mal als ihr Gegenüber betrachtet, der in der Natur bzw. mit der Natur leben muss. Dafür setzt er sein Wissen von der Natur praktisch ein, was die (oder zumindest eine) Definition von Technik ist.

Der Wald der Architekturgeschichte ist von Figuren bevölkert, die den Ursprung

Abb. 57. Antoni Gaudí, Kirche der Colònia Güell bei Barcelona (1898–1917). Aufnahme Á.M.

---

1 Frank Lloyd Wright, „Die Natur der Baustoffe", in ders., *Schriften und Bauten* (München, Wien: Albert Langen, Georg Müller, 1963), S. 166.
2 Sigfried Giedion, *Bauen in Frankreich, Bauen in Eisen, Bauen in Eisenbeton* (Leipzig, Berlin: Klinkhardt und Biermann, 1928).

der Architektur, die „Urhütte", suchen.³ Die von Vitruv, Filarete, Laugier oder Viollet-le-Duc beschriebenen Legenden über die Anfänge der Architektur und die Urhütte beginnen mit der Schilderung der Unannehmlichkeiten des Wohnens in der Natur und der Notwendigkeit des Schutzes. Bereits der Ort, die Baustelle der Urhütte ist ein von der Natur eroberter Raum. Das Feuer, das sich im Wald entfachte, war für Vitruv durch seine angenehme Wärme der Anlass für den ersten „Zusammenlauf von Menschen", Anfang der Sprache und Gesellschaft.⁴ Dank des Feuers entstand eine Lichtung, konnten die Menschen dort die „Herrlichkeit des Weltalls und der Gestirne anblicken" und Hütten bauen. Im Unterschied zu späteren Darstellungen schildert Vitruv nicht die Form des ersten Hauses, sondern betont sein Wesen als einen gesellschaftlichen Artefakt. Im Augenblick, wenn isolierte Existenz im Walde durch gemeinsames Leben – ermöglicht durch Feuer und Sprache – im „Hohlraum" einer Lichtung abgelöst wird, beginnt Architektur.

Die „Urszene" der Versammlung um das Feuer wurde im Laufe der Geschichte in Ritualen und Opfern beschworen. In Vitruvs Schilderung entstand das Naturphänomen Feuer als Bäume „von Unwettern und Winden hin- und hergepeitscht, untereinander ihre Zweige rieben".⁵ Das Feuer wurde dann zur Energiequelle, deren Unterhalt Technik brauchte. Die Natur beflügelte als Vorbild und Experimentierfeld für die menschliche Technik die Fantasie der Erfinder und erschien perfektionierbar durch Ingenieurwissen und Kunst. Künstler der Renaissance wie Leonardo da Vinci waren Entdecker und Erfinder zugleich; die Form und Anatomie des menschlichen Körpers war dabei die wichtigste Quelle des Wissens. Filaretes Erzählung über das erste Haus wich von der Geschichte Vitruvs ab: Als Adam aus dem Paradies vertrieben wurde, musste er seinen nackten Körper mit den Händen vor dem Regen schützen – das Dach des ersten Haus imitierte diese Geste. Auch die Festungen und die fliegenden Maschinen von Leonardo waren Ergebnisse der Naturbeobachtung und der freien Intuition. Es ist

Abb. 58. Die Urhütte, Frontispiz zur zweiten Auflage von Marc-Antoine Laugiers *Essai sur l'architecture* (Paris 1755). Stich von Ch. Eisen.

---

3 Zum Thema der Urhütte s. Joseph Rykwert, *On Adam's House in Paradise. The Idea of the Primitive Hut in Architectural History* (New York: The Museum of Modern Art, 1972).
4 Vitruv, *Zehn Bücher über Architektur*. Übersetzung Curt Fensterbusch (Berlin: Akademie-Verlag, 1964), S. 79f.
5 Ebenda.

die Invention, die der Baukunst einen höheren Rang als das Handwerk sicherte; Fantasie war notwendig, um noch nie gesehene Dinge zu schaffen. *Techné* hat mit der Entdeckung von Naturgesetzen und ihrer konstruktiven Verwendung zu tun. Die großen Barockarchitekten Christopher Wren, Johann Bernhard Fischer von Erlach oder Balthasar Neumann haben auch Artilleriegeschütze und Dampfmaschinen konstruiert. Barockarchitekten haben sich in ihren Kirchen nicht oder nicht nur aus Kostengründen für Stuckmarmorsäulen entschieden, sondern auch, um die Natur zu übertreffen.

Die Aufklärung stellte die Frage nach der Urhütte anders. Es ging nicht mehr um die Erfindung einer schönen Erzählung, die eine Form historisiert, sondern um eine rein logische Übung. Die Essenz einer Form soll durch Deduktion gefunden werden. Es galt, das Regelwerk und die elementare Struktur sichtbar zu machen, die das architektonische Objekt bestimmen. Diese Suche hing mit der kritischen Bewertung der Architektur der Zeit zusammen: Die natürliche Entwicklung ist entgleist, die Bauten der Gegenwart lassen die richtigen Prinzipien kaum mehr erkennen. Deshalb ist die Rekonstruktion des Originals, der Urhütte für die Zukunft notwendig: Ihre Untersuchung erlaubt einen Neustart auf logisch richtigen Grundlagen. Laugiers Beschreibung des ersten Hauses sollte die richtigen Grundprinzipien des Bauens in der Notwendigkeit verankern und sie bildhaft übermitteln. Gerade aus diesem Grunde hat Goethe dies kritisiert: Er hat gezeigt, dass Laugier trotz seiner Behauptung nicht die einfachste Struktur, sondern ein vereinfachtes Modell der klassischen Tempelkonfiguration mit Säulen und Giebelfassade, also Elemente eines Stils präsentiert.

Im Unterschied zu Theorien des 18. Jahrhunderts, welche die allen Kulturen gemeinsame, logische Struktur der Urhütte als Anfang der Architektur postulierten, ist das 19. Jahrhundert an historisch-archäologischer Forschung, an der Geschichte (als Wissenschaft) interessiert. Bereits Goethes Laugier-Kritik zeigt die Überzeugung, dass diese Geschichte zugleich jene der Nationen ist.[6] Jakob Grimm will die indogermanische Urreligion durch die vergleichende Untersuchung von Märchen rekonstruieren. In diesem Sinne interpretiert Viollet-le-Duc die Entwicklung der menschlichen Behausungen. In seiner *Histoire de l'habitation humaine* beschreibt er zuerst einige Bäume, deren Laubkronen zu einer Art Dach zusammengebunden sind, bald erscheinen aber die Arier, dann andere Rassen, die eigene Haustypen bauen, die den landschaftlichen Gegebenheiten ihrer Urheimaten entsprechen.[7] Die Form des Urhauses entspricht also selbst in den unteren Stufen der Entwicklung dem Charakter einer Nation. Was Natur und Architektur miteinander verbindet, ist die Idee der Einheit:

„Was immer man sagen oder tun mag, es wird sich in der Architektur, vor allem in ihrer Konstruktion, immer das Gesetz der Einheit einstellen, ob es sich nun um eine Holzhütte handelt oder um das Pantheon in Rom. Die Natur geht auf eben diese Weise vor, und es ist schlicht undenkbar, Gesetze jenseits derer zu schaffen, die die Natur

---

6 Vgl. Reinhard Liess, *Goethe vor dem Straßburger Münster: Zum Wissenschaftsbild der Kunst* (Leipzig: Seemann, 1985).

7 (Eugène-Emmanuel) Viollet-le-Duc, *Histoire de l'habitation humaine depuis les temps préhistoriques jusqu'à nos jours* (Paris: J. Hetzel, 1875).

uns vorgegeben hat, oder uns gar von diesen Gesetzen zu lösen, die ein Teil von uns sind ... In zwei Worten: Schöpfung ist Einheit, und ohne Einheit ist Chaos."[8]

Dieses Gesetz der Einheit sieht Viollet-le-Duc überall im Universum wirken: von der Welt der Kristalle, Pflanzen und Tiere über die Struktur der gotischen Kathedrale bis zur Gebirgslandschaft der Alpen.

Die theoretische und architektonische Tätigkeit von Viollet-le-Duc hat den katalanischen Architekten Antoni Gaudí überzeugt, dass die Wurzeln einer nationalen Architektur in der heimischen Landschaft, in ihrer Flora und Fauna und in dem handwerklichen Können ihrer Bewohner zu suchen sind. Er hat die Wachstumsformen der Pflanzen sowie die Felsenformationen Kataloniens studiert, um die Ergebnisse beim Entwurf von Bauten wie der Kirche Sagrada Familia zu verwenden. Damit distanzierte er sich wie Viollet-le-Duc vom romantischen Interesse an Natur als „freier Natur". Die formale Vielfalt der Natur darf nicht darüber hinwegtäuschen, dass sie auch von Gesetzen bestimmt ist. Das geschulte Auge des Architekten erkennt diese Gesetze unter der bunten Oberfläche der Erscheinungen und kann sie im eigenen Werk verwenden. Damit können Konstruktionen mit der gleichen Ökonomie, die der Natur eigen ist, errichtet werden. Gaudís berühmtes Hängemodell für die Kirche der Colònia Güell bei Barcelona war ein Versuch, die Schwerkraft sozusagen „in vitro", in der Entwurfsphase zur Bestimmung der Form der Trag-

Abb. 59. Die Urhütte, Illustration aus Eugène-E. Viollet-le-Ducs *Histoire de l'habitation humaine* (Paris 1875).

konstruktion zu verwenden. In diesem Modell entsprachen Schnüre den einzelnen Teilen der Tragkonstruktion, die Knotenpunkte wurden mit Säckchen belastet, die mit Bleischrot gefüllt waren. Das so entstandene räumliche Polygon wurde als die optimale Form der Tragkonstruktion betrachtet.

Die holistische Betrachtung von Natur und Architektur (und Kunst) als eine Einheit ist in zahlreichen theoretischen Werken weitergeführt worden, welche die Naturschönheit vor allem als Zahlenharmonie analysieren. Von D'Arcy Thompsons *Über Wachstum und Form*[9] über Matila Ghykas *Le Nombre d'Or*[10] bis zu

---

8 Eugène(-Emmanuel) Viollet-le-Duc, „Einheit", in ders., *Definitionen: Sieben Stichworte aus dem ‚Dictionnaire raisonné de l'architecture française du XIe au XVIe siècle'*, Übersetzung Marianne Uhl (Basel, Berlin, Boston: Birkhäuser, 1993), S. 9.

9 D'Arcy Wentworth Thompson, *On Growth and Form* (1917, Cambridge: Cambridge University Press, 1961).
10 Matila Ghyka, *The Geometry of Art and Life* (New York: Sheed and Ward, 1946).

den Publikationen von György Kepes, die das neue Bild der Welt in Wissenschaft und Kunst präsentieren, ist ein umfangreicher Korpus entstanden, der auf die Architektur des zwanzigsten Jahrhunderts nicht ohne Wirkung blieb – Le Corbusiers Modulor-System ist nur ein Beispiel.[11] Frei Otto und sein Stuttgarter Institut für leichte Flächentragwerke (IL) berufen sich auf Antoni Gaudí: Sein Hängemodell war das Vorbild für ähnliche Experimente. In dem Katalog der Moskauer Ausstellung des Instituts für leichte Flächentragwerke im Jahre 1983 wird vor allem der ökonomische Umgang mit den Mitteln als Schlüssel zu einer ökologischen Architektur betont:

> „Mit weniger mehr leisten – das ist die Maxime der Entwicklung in der Natur und in der Technik. Kräftiger und zugleich leichter sein kennzeichnet das gemeinsame ‚Prinzip Leichtbau'. Wir finden es bei allen natürlichen Konstruktionen, besonders bei Einzellern, Pflanzen und Tieren, und bei technischen Konstruktionen wie Stützen, Wänden, Gewölben, Zelten, Booten oder Flugzeugen ... Wenn man danach sucht, die zunehmend verbaute Umwelt wieder menschengerechter und unter Berücksichtigung der ökologischen Prozesse zu gestalten, dann sind die Kenntnisse jener Prozesse, die natürliche Strukturen erzeugen, eine unumgängliche Voraussetzung."[12]

Es ist allerdings erstaunlich, dass sich utopische Entwürfe für ein 300-geschossiges Biotekton-Hochhaus oder für einen Wolkenkratzer mit spiralförmig angeordneten Stockwerken mit der von Frei Otto ausgesprochenen „großen Hoffnung" offensichtlich vereinbaren lassen. Die natürlichen Konstruktionen sollen helfen, „neue Umwelten, neue Gemeinsamkeiten, somit eine neue Natürlichkeit auch von hoher Qualität zu entwickeln". Die Bauten, die aufgrund einer organischen Analogie entworfen sind, werden jedoch im Kontext einer architektonischen Kultur wahrgenommen. Dies ist wohl ein Grund, warum die Konstruktionen von Antoni Gaudí oder Frei Otto trotz Erklärungen, die eine natürliche und von jeglichem individuellem Formwillen freie Logik als Quelle der Form behaupten, letzten Endes doch als höchst persönliche Erfindungen des Architekten verstanden werden.

Abb. 60. Knochengelenk und seine mechanische Verwendung. Illustration aus Eugène-E. Viollet-le-Ducs *Histoire d'un dessinateur* (Paris 1879).

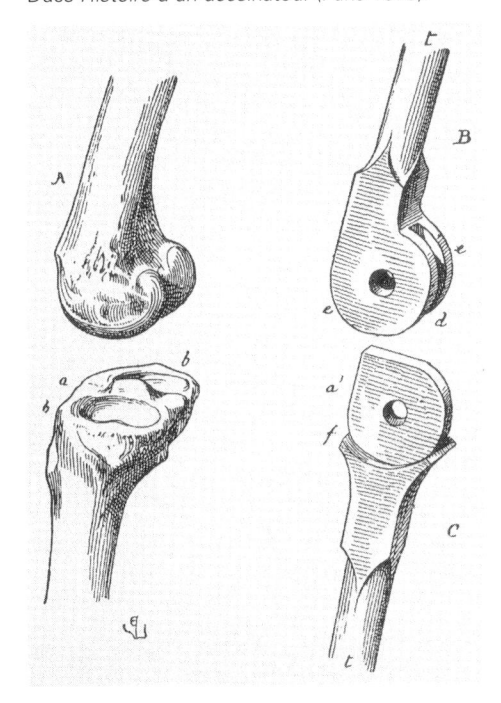

---

11 Vgl. Paul v. Naredi-Rainer, *Architektur und Harmonie: Zahl, Maß und Proportion in der abendländischen Baukunst* (Köln: DuMont, 1982 und neuere Auflagen).
12 *Leichtbau in Architektur und Natur. Mitteilungen des Institutes für leichte Flächentragwerke (IL) Universität Stuttgart* (IL 32, 1983), S. 6.

Die Kunst und Architektur des Jugendstils ist weniger an der Geometrie als an der Ausdruckskraft der Natur interessiert. Ihre schöpferische Energie ist in der schwungvollen Linie präsent, die fähig ist, auch das architektonische Objekt mit Lebenskraft zu füllen. In den Studien von Otto Kohtz, Hermann Obrist, Hans Poelzig oder Victor Horta sind die Naturformen expressiv überhöht. Henry van de Velde ist sich der Kritik an den „fleischlosen, körperlosen Liniengebilden"[13] der Eisenbauten bewusst, als er in seinem Aufsatz „Die Belebung des Stoffes als Prinzip der Schönheit" anscheinend paradox – aber im Einklang mit der Auffassung Sempers – fordert: „Die Entwicklung jedes Stoffes vollzieht sich in einer Folge von Erscheinungen, durch welche er den Ausdruck seiner vollkommensten Entmaterialisierung verfolgt."[14] Die vitale Energie scheint hier mit dem Material in einem inversen Verhältnis zu stehen. Den Eisenkonstruktionen wurde oft vorgeworfen, dass ihr Ideal die unsichtbare Architektur sei, denn „je dünner das Metallgespinst, desto vollkommener in seiner Art".[15] Die elastischen Kurven der Bugholzmöbel oder Eisenträger von Van de Velde und anderer Gestalter des Jugendstils evozieren eine organische Kraft, welche die Welten der Natur und Technik in Einklang bringt.

Die organische Analogie

Die Natur spielt in der amerikanischen Imagination des neunzehnten Jahrhunderts die gleiche identitätsstiftende Rolle wie die historischen Denkmäler in Europa. Selbst die Namen der neu entdeckten Felsenformationen in Kalifornien wie Cathedral Spires zeigen, dass die Formen der amerikanischen Natur den Formen der europäischen Baugeschichte entsprachen. Die Philosophie des Transzendentalismus in New England, deren wichtigster Vertreter Ralph Waldo Emerson war, entwickelt eine allgemeine Theorie über die Beziehungen zwischen Natur und Kultur. In seinem Essay „Nature" betrachtet Emerson das Verhältnis von Bewusstsein und Natur untersucht und die zwei als vollkommen kommensurabel.

„Der Dichter, der Maler, der Bildhauer, der Musiker, der Architekt, sie alle suchen diese Strahlungen der Welt in einem Punkte zusammenzufassen, und ein jeder sucht in seinem Werk der Liebe zur Schönheit gerecht zu werden, die ihn zum Schaffen anregt. So ist die Kunst eine durch die Schaffenskräfte des Menschen hindurchgegangene Natur. Sie wirkt in der Kunst durch den Willen eines Menschen, der erfüllt ist mit der Schönheit ihrer ersten Werke."[16]

Die Tatsachen der Naturgeschichte sind an sich bedeutungslos, es ist die menschliche Geschichte, die der Natur erst einen Wert gibt. Es sind Kunst und Architektur, wo Natur zum Symbol wird und Bedeutung erhält. Stadtplaner wie Frederick Law Olmsted und Architekten wie Henry Hobson Richardson verstehen den Transzendentalismus als Aufruf zur Schaffung einer

---

13 Über diese Kritik s. Ákos Moravánszky, *Die Erneuerung der Baukunst: Wege zur Moderne in Mitteuropa* (Salzburg, Wien: Residenz Verlag, 1988), S. 70f.

14 Henry van de Velde, „Die Belebung des Stoffes als Prinzip der Schönheit", in ders., *Zum neuen Stil*, hrsg. von Hans Curjel (München: Piper, 1955), S. 169–180.

15 Gottfried Semper, *Der Stil in den technischen und tektonischen Künsten oder praktische Ästhetik*, Bd.II. (München 1863, Nachdruck Mittenwald: Mäander, 1977), S. 264.

16 Ralph Waldo Emerson, *Natur*. Übersetzung Harald Kiczka (Schaffhausen: Novalis-Verlag, 1981), S. 50.

die nationale Identität ausdrückende Architektur, in der Naturstein (vor allem Granit) dominiert. Auch Louis H. Sullivan oder Frank Lloyd Wright sind von Emersons Transzendentalismus tief beeinflusst und betrachten die geradezu alchimistische Transsubstanziation, die Umwandlung der Rohstoffe zu Werkstoffen als die eigentliche Aufgabe der Architektur. Alvar Aalto zitiert zu dieser Frage Frank Lloyd Wright in seinem Wiener Vortrag „Zwischen Humanismus und Materialismus" (1955):

> „Ich war einmal in Milwaukee zusammen mit meinem alten Freund Frank Lloyd Wright, der dort einen Vortrag hielt und folgendermaßen begann: ‚Wissen Sie, meine Herrschaften, was ein Ziegelstein ist? Er ist eine Bagatelle, er kostet 11 Cents, er ist ein wertloses banales Ding, das aber eine besondere Eigenschaft hat. Geben Sie mir diesen Ziegelstein und er wird sofort umgewandelt in den Wert seines Gewichtes in Gold.' Es war vielleicht das einzige Mal, daß ich so brutal und demonstrativ einem Publikum sagen hörte, was Architektur ist. Architektur ist, den wertlosen Stein zu einem goldenen Stein umzuwandeln."[17]

In den industrialisierten Ländern wird die Natur bereits im 18. Jahrhundert als malerisch, „picturesque", wahrgenommen, was ein neues Verhältnis zu ihr reflektiert.[18] Bestimmend ist das Gefühl der Dominanz über die Natur, was zugleich auch Angst und eine kritische Haltung gegenüber der technischen Zivilisation erweckt. Im Vergleich zum Regelwerk, zu den Gesetzen der Natur, die von der Wissenschaft studiert und von der Technik verwendet wurden, erschienen die Unregelmäßigkeiten, die Gesetzesbrüche, die Grobheiten und Streiche der Natur viel interessanter und nachahmenswerter. Der englische Sozialist William Morris, der als Maler, Kunsthandwerker und Dichter die vielseitigste Persönlichkeit der als *Arts and Crafts* bekannten Reformbewegung war, sieht in der Maschine die größte Bedrohung für die Kultur: „Wir sind Sklaven der Untiere, die wir geschaffen haben."[19] Die kraftvollen Farben und rhythmisch gegliederten Ornamenten seiner Tapeten und Möbelstoffe zeigen die Schönheit und Lebensfreude, den „gesunden Animalismus"[20] der kommenden Zeit ohne Maschine.

John Ruskin, die wichtigste Figur der Arts-and-Crafts-Bewegung und ein Protestant auch in seinen ästhetischen Ansichten hat die Maschinenarbeit wegen ihrer Perfektion abgelehnt. Die immer gleiche Form der Vogelnester und Bienenstöcke zeige die Vollkommenheit der Natur im Gegensatz zur Wandlung und Unvollkommenheit der Architektur. Im Kapitel „Der Leuchter der Wahrheit" seines Buches *Die sieben Leuchter der Baukunst* schreibt er, dass alle maschinenerzeugte Arbeit schlecht und unehrlich ist: „Fabrik-Ornament stellt einen Arbeitswert dar, den es nicht besitzt, und darum ist es eine Unverschämtheit, eine Pöbelhaftigkeit und eine Sünde. Nieder damit! Mahlt es zu Pulver und lasst seine Stelle lieber kahl an der Wand. Ihr habt nicht dafür bezahlt – mit eurem Sein – und darum braucht ihr

---

17 Alvar Aalto, „Zwischen Humanismus und Materialismus", in ders., *Synopsis: Malerei Architektur Skulptur* (2.Aufl. Basel, Boston, Stuttgart: Birkhäuser, 1980), S. 38.

18 Zur Frage des Malerischen, s. Sidney K. Robinson, *Inquiry into the Picturesque* (Chicago, London: The University of Chicago Press, 1991).

19 William Morris, *Wie wir leben und wie wir leben könnten. Vier Essays* (Köln: Diederichs, 1983), S. 156.

20 Ebenda, S. 191.

es nicht."²¹ Er plädiert für Unvollkommenheit im handwerklichen Artefakt, für „savageness" und Naturalismus in der Architektur – was allerdings nicht als Aufruf zur Imitation natürlicher Formen zu verstehen ist. Es ist „der Mangel an menschlicher Arbeit, der ein Ding wertlos macht. Ein Stück Terracotta oder Stuck, mit der Hand bearbeitet, wiegt alle Steine von Carrara, die mit der Maschine geschnitten sind, auf."²²

In den Vereinigten Staaten, wo Jefferson noch einen dritten Weg zwischen der Wildnis und der Industrie suchte, war die Frage inzwischen entschieden: Die besonders imposanten Gebiete wurden als Nationalparks unter Schutz gestellt (beginnend mit dem Yosemite Nationalpark, 1864) als der Siegeszug der Industrialisierung nicht mehr aufzuhalten ist. Ruskins Werke, wie das zitierte Buch *Die sieben Leuchter der Baukunst* und vor allem seine *Steine von Venedig*, haben das europäische und amerikanische Kunstgewerbe und die Architektur der Jahrhundertwende zutiefst beeinflusst.²³ Gustav Stickley und seine Zeitschrift *The Craftsman* zeigte vor allem auf die Architektur der amerikanischen Westküste eine Wirkung, für die spätere Entwicklung war jedoch die Arts-und-Crafts-Bewegung in Chicago wichtiger. Die Mitglieder der *Chicago Arts and Crafts Society* trafen sich regelmäßig im Hull House von Jane Addams, unter ihnen der junge Frank Lloyd Wright, der im Jahre 1901 einen Vortrag mit dem Titel „The Art and Craft of the Machine" hielt. In Unterschied zu den Thesen von Ruskin und Morris lobte er die Maschine gerade wegen ihrer von Ruskin getadelten Präzision: Dank ihrer wunderbaren Fähigkeit kann Arm und Reich in den Genuss von klaren, strengen Formen und schönen, glatten Oberflächen kommen.²⁴

Frank Lloyd Wrights Vortrag endete mit begeisterten Worten über die Aufgabe der Kunst, dem von der gehorsamen Maschine hergestellten Objekt eine Seele, „the thrill of ideality", einzuhauchen. In seinem eigenen Werk sah er damals diese Durchgeistigung vor allem in der handwerklichen Bearbeitung der Details, in Backsteinverkleidungen, farbigen Glasfenstern und Steinmetzarbeiten. Bald entstand daraus ein Programm der organischen Architektur, inspiriert von Ideen Ralph Waldo Emersons und des amerikanischen Transzendentalismus im Allgemeinen – die wiederum im Gedankengut des deutschen Idealismus wurzeln. Das Bauwerk mit seiner funktionalen Organisation, mit seiner Einbettung in eine von Naturkräften bestimmte Umgebung und mit einem zeitgebundenen Leben von Entstehung und Alterung wird von Wright als organisch beschrieben. In seinem frühen Aufsatz „In the Cause of Architecture" (1914) gab er eine erste Definition: „Ich verstehe unter organischer Baukunst eine Architektur, die sich von innen, in Harmonie mit den Umständen ihrer Existenz entwickelt, in Unterschied zu dem, was von außen appliziert ist." Einheit gehört wie früher für Viollet-le-Duc zu den gemeinsamen Grundprinzipien von Natur und Architektur. Wie seine Bauten zeigen,

---

21 John Ruskin, *Die sieben Leuchter der Baukunst*. Übersetzung: Wilhelm Schoelermann (Leipzig: Diederichs, 1900), S. 99–100.
22 Ebenda, S. 101.
23 John Ruskin, *Steine von Venedig*. Übersetzung: Hedwig Jahn (Leipzig: Diederichs, 1903).

24 Frank Lloyd Wright, „The Art and Craft of the Machine", in ders., *Collected Writings*, hrsg. von Bruce Brooks Pfeiffer, Bd. I (New York: Rizzoli, 1992), S. 58–69, deutsche Übersetzung „Die Kunst und Fertigkeit der Maschine" in Frank Lloyd Wright, *Schriften und Bauten* (München, Wien: Albert Langen, Georg Müller, 1963), S. 52–73.

bedeutete diese Harmonie für Wright jedoch nicht die Verwendung der Konstruktionsregeln der Natur, sondern eine alles umfassende und bestimmende Geometrie sowie entsprechende Materialverwendung und Detailgestaltung.

Die Evolution der Typen

Für Gottfried Semper war Stil der Ausdruck eines inneren Gesetzes, das sowohl in der Kunst als auch in der Natur walte. Seine Interpretation ist gut vereinbar mit der im ersten Kapitel diskutierten Stilus-Etymologie, mit der begrenzten Anzahl der Schriftzeichen, die uns zur Verfügung stehen. Auch in der Natur sah er *„eine stetige Wiederholung"* von *„wenigen Normalformen und Typen"*[25], die den konkreten Bedingungen entsprechend umgewandelt sind. Während seiner Studentenzeit in Paris hat Semper das von Georges Cuvier konzipierte Naturhistorische Museum öfters besucht, da er von Cuviers vergleichender Typologie der pflanzlichen und anatomischen Formen eine methodologische Hilfe für seine eigene vergleichende Stillehre erhoffte. Typ oder Typus ist ein Begriff, der sowohl in den Naturwissenschaften als auch in der Technik eine Schlüsselrolle spielte. Die Grundidee kann zumindest bis auf Goethes Schriften über die Urpflanze zurückverfolgt werden. Die Urpflanze ist der Punkt, wo sich Ontogenese und Philogenese berühren, wo die Metamorphose der Formen ihren Anfang nimmt. Obwohl Goethe eine Zeitlang glaubte, diese Pflanze in der Natur entdecken zu können, kam er später zur Überzeugung, dass die Urpflanze eine immaterielle Idealform ist, die im Laufe der Entwicklung konkrete, differenzierte Erscheinungsformen aufnehmen kann. Die Pflanzen, die man in der Natur finden kann, haben Blütenstängel oder Blätter, die alle Transformationen der entsprechenden Teile der Urpflanze sind. Der Typus der Urpflanze bzw. die Genealogie der Entwicklung verschiedener Sub-Typen war zugleich die Grundlage einer Klassifizierung der Pflanzen. Gottfried Semper, nach einem Besuch in Cuviers *Jardin des Plantes* in Paris, hat diesen Gedanken auf die Architektur angewandt. Er erklärte, dass die Entwicklung der Architektur auf wenige Urtypen zurückführbar sei:

„[...] so wie die Natur bei ihrer Mannichfaltigkeit in den Grundideen doch nur einfach, und sparsam ist, wie sich in ihr eine stete Wiedererneuerung derselben Grundformen zeigt, die nach dem Stufengang der Ausbildung der Geschöpfe und nach ihren Daseynsbedingungen tausendfältig modifiziert, in Theilen anders ausgebildet, in Theilen verkürzt und verlängert erscheinen, daß, sage ich, eben so auch der Baukunst gewisse Normalformen zum Grunde liegen, die durch eine ursprüngliche Idee bedungen, in steter Wiedererscheinung durch eine, durch spezielle Zwecke und durch näher bestimmende Umstände bedungene unendliche Mannichfaltigkeit gestatten. Gewiss wird es wichtig seyn diesen Normalformen, und der in ihnen wohnenden Idee nachzuspüren."[26]

Wie die Urpflanze Goethes, ist die architektonische Urform als „reiner Ausdruck

---

25 Gottfried Semper, *Der Stil in den technischen und tektonischen Künsten oder praktische Ästhetik*, Bd. I. (Frankfurt am Main 1860, Nachdr. Mittenwald: Mäander, 1977), S. VI.

26 Brief Gottfried Sempers an Eduard Vieweg vom 26. September 1843, zitiert nach Heidrun Laudel, *Gottfried Semper: Architektur und Stil* (Dresden: Verlag der Kunst, 1991), S. 235–236.

der Idee" gegeben und wird in der Realität modifiziert „nach der Beschaffenheit des Ortes, nach der Zeit und ihren Sitten, nach dem Clima, nach dem Stoffe der zu der Ausführung gestattet ist, ja selbst nach der Eigenthümlichkeit der Bauherrn und vielen anderen Umständen".[27]

Der Gedanke der Typen als die frühesten Erscheinungsformen der ursprünglichen Ideen, die noch „von der Mode, vom Material und von zeitlichen und örtlichen Gegebenheiten" unabhängig sind,[28] wird in Sempers Londoner Vortrag „Entwurf eines Systemes der vergleichenden Stillehre" (1853) ausgesprochen. Somit wird dem Typus eine Bedeutung gegeben, die in der Stildiskussion als Orientierungshilfe dienen kann. Die Typenlehre erleichtert nämlich nicht nur die Klassifizierung, die „Übersicht", sondern, was noch wichtiger ist: „es wird auch möglich seyn, eine architectonische Erfindungslehre darauf zu begründen, welche den Weg der Natur lehrt, und gleich entfernt hält von charakterloser Monotonie und gedankenloser Willkür".[29] Architektur, als technische Kunst, schafft laut Semper

„ursprüngliche Gebilde, die nicht durch Vorbilder in der Natur bedungen sind. Sie schafft sie nach denselben Gesetzen, welche die Natur befolgt und die in der Zweckmäßigkeit begründet sind. Sie weicht in dieser Hinsicht ganz ab von ihren Schwestern, den bildenden Künsten, welche zur Darstellung von Ideen Naturformen benutzen, und nur durch die Benutzung des Geschaffenen verständlich werden. Man nennt die Gebilde der Baukunst organisch, wenn sie aus einer wahren Grundidee hervorgehen, und bei ihrer Formation die Gesetzlichkeit und innere geistige Nothwendigkeit hervortritt, durch welche die Natur schafft, nur Gutes und Schönes schafft, und das Häßliche selbst als nothwendiges Element zur Harmonie des Ganzen verwendet."[30]

Das Adjektiv „organisch" bezeichnet also keinesfalls eine biomorphe Gestaltung. Organisch ist zum Beispiel die aerodynamisch optimale Form des (von Semper genauestens untersuchten) bleiernen griechischen Schleudergeschosses. Dies ist eine andere Interpretation des Organischen als die Theorie von Eugène-Emmanuel Viollet-le-Duc. Der französische Architekt hat mit der Idee der natürlichen Konstruktionen als Vorbilder für die Architektur eine Entwicklung ausgelöst, die über Antoni Gaudí bis Santiago Calatrava führt. Die Ökonomie, Leistung und Schönheit des Knochensystems, der Bienenwaben oder Vogelnester galten als Vorbild für die Architektur, wo die Evolution nur simuliert werden kann. Wie Semper ging auch Viollet-le-Duc von der Existenz weniger Grundtypen aus – die gemeinsame Grundlage war für beide Georges Cuviers Entwicklungstheorie der Natur, die auf einer vergleichenden Anatomie der Naturformen aufgebaut ist. Die „divinatorische" Rolle des Künstlers, die so wichtig für Semper war, wird bei Viollet-le-Duc zu einer wissenschaftlichen Analyse. Er ist zwar der Meinung, dass Architektur die Formen der Natur nicht imitieren sollte; der Architekt soll jedoch ihre Gesetze verstehen und

---

27 Ebenda, S. 236.
28 Gottfried Semper, „Entwurf eines Systemes der vergleichenden Stillehre", in ders., *Kleine Schriften*. Hrsg. von Hans und Manfred Semper (Berlin, Stuttgart 1884, Nachdruck Mittenwald: Mäander 1979), S. 269.
29 Brief Gottfried Sempers an Eduard Vieweg vom 26. September 1843, abgedruckt in Heidrun Laudel, *Gottfried Semper* (Anm. 26), S. 236.

30 Ebenda, S. 235.

verwenden. Im Stichwort „Stil" seines *Dictionnaire raisonné* schreibt er, dass Architektur nie eine nachahmende Kunst sein kann: *„die äußerlichen Dinge können für ihre Entwicklung immer nur zweitrangig sein. Die Kunst der Architektur ist eine Schöpfung des Menschen. Wir sind aber so mangelhaft ausgestattet, dass wir, um derartige Werke zu schaffen, gezwungen sind, vorzugehen, wie die Natur in ihren Schöpfungen vorgeht, und wir müssen die gleichen Elemente gebrauchen, uns der gleichen logischen Methoden bedienen, uns gleichermaßen bestimmten Gesetzmäßigkeiten unterwerfen und Übergangslösungen annehmen."*[31]

Während Viollet-le-Duc die Gesetze der Einheit als Ergebnis der wissenschaftlichen Analyse der Natur bestimmen will (s. Seite 10–11), bleiben für Semper diese Ergebnisse ohne die Intuition des Betrachters bloße sinnlose Bruchstücke. Im Zusammenhang mit der Archäologie schreibt er, der Empiriker könne *„noch so scharf sichten und scharfsinnig spüren, es bleibt immer doch zuletzt dem divinatorischen Künstlersinn alleinig vorbehalten, aus den verstümmelten Ueberresten der Antike ein Ganzes zu rekonstruieren"*.[32]

Rekonstruieren heißt, nicht nur die Struktur der formalen Organisation zu bestimmen, sondern die in die mythische Vergangenheit zurückgehende Bestimmung zu finden – und damit die eigentliche Aufgabe der Architektur zu reflektieren. *„Die Grundidee in der Mannichfaltigkeit der Gebilde durchblicken zu lassen, ein individualisirtes aber zugleich ein in sich selbst und mit der Außenwelt in Einklang stehendes Ganzes darzustellen, darin besteht das große Geheimnis der Baukunst."*[33] Konkret heißt dies: Ein Haus, wie ein Schöpfgefäß oder ein Tisch, hat eine immaterielle Grundidee in direktem Bezug zu seiner Funktion (die allerdings nicht nur auf den Zweck bezogen ist). In den verschiedenen historischen Epochen haben verschiedene Künstler die gleiche Aufgabe anders gelöst, aber die Form hat immer eine gewisse „Transparenz" bezüglich der Grundidee.

Der Typus als immaterielle „Grundidee", als eine Figur der Klassifizierung, spielt in der Architekturtheorie bis heute eine wichtige Rolle. Die typologische Methode erlaubt, formale Einheiten der historischen Stadt als Grundlage für die Planung zu identifizieren. Später, als Folge der Industrialisierung entstand jedoch ein völlig anderes Konzept vom Typus auf der Grundlage der Suche nach technisch-wirtschaftlicher Effizienz. Typus ist hier nicht die immaterielle „Grundidee" wie bei Semper, sondern die standardisierte Ware als Industrieprodukt, die eine wirtschaftliche Massenfertigung ermöglicht.

Auf der Tagung des Deutschen Werkbundes in Köln im Juli 1914 fand eine hitzige Debatte über die Frage der Typisierung statt, wo Elemente beider Typus-Konzepte angewandt wurden, allerdings oft diffus und ohne jegliche Präzisierung. Die Forderungen von Muthesius betonen sowohl die Notwendigkeit der Standardisierung als auch die Rolle der Stilbildung aufgrund der Wiedererlangung einer „harmonischen Kultur".[34] Seine Thesen wie-

---

31 Viollet-le-Duc, *Definitionen* (wie Anm. 8), S. 19.
32 Semper, *Der Stil*, Bd. I (wie Anm. 25), S. XVIII.
33 Gottfried Semper, „Vergleichende Baulehre", in Wolfgang Herrmann, *Gottfried Semper: Theoretischer Nachlass an der ETH Zürich. Katalog und Kommentare* (Basel, Boston, Stuttgart: Birkhäuser, 1981), S. 184.
34 Hermann Muthesius, „Leitsätze", in Julius Posener, *Anfänge des Funktionalismus. Von Arts and Crafts zum Deutschen Werkbund* (Berlin,

sen eindeutig in die Richtung der zunehmenden Vereinheitlichung der Produkte durch Formreduktion, das Verschwinden der individuellen Signaturen. Für die Vertreter der Position des schöpferischen Künstlerindividuums, geführt von Henry van de Velde, erschienen diese Thesen bedrohlich. Obwohl zur Zeit der Diskussion die Befürworter der Typisierung den zeitgemäßen, produktions- und handelsorientierten Standpunkt einnahmen, änderte sich die Situation bald. Die Diskussion – und die Ausstellung – fand bereits am Vorabend des Ersten Weltkriegs statt, und der Krieg führte zu einer radikalen Umpolung in der Beurteilung von Technologie, Wirtschaft und Handel.

Das „Natürlich-Struktive" und die Kunstform

Sempers „Grundidee" scheint Otto Wagner aufzugreifen, als er in seinem Buch *Die Baukunst unserer Zeit* über Architektur und Natur schreibt:

> „Unter den bildenden Künsten (...) ist die Baukunst beinahe allein wirklich schaffend und gebärend, das heißt, sie ist imstande, Formen zu bilden, welche der Menschheit schön erscheinen, ohne das Vorbild in der Natur zu finden. Wenn auch diese Formen im Natürlich-Struktiven ihren Keim, im Material ihren Ursprung haben, so liegt doch das Gewordene so weit vom Ausgangspunkte, daß es als volle Neubildung gelten muß."[35]

Er versucht offensichtlich, Sempers Theorie mit einer radikalen Vereinfachung zu „modernisieren". Als Ausgangspunkt seiner Überlegungen diente die These, dass der Sinn für das Praktische – was er „den Realismus unserer Zeit" nennt – die Gestaltung der modernen Welt bestimmen wird. Dies bedeutet keinesfalls das Verschwinden der Kunst, im Gegenteil: Der Realismus „wird vielmehr neues pulsirendes Leben den Formen einhauchen und sich mit der Zeit neue Gebiete, welche heute noch der Kunst entbehren, wie beispielsweise das Gebiet der Ingenieurwesens, erobern."[36]

Der Baukünstler als Eroberer dieser neuen Gebiete wird jetzt verantwortlich für die Gestaltung der ganzen technischen Welt, so „dass nichts dem Auge Sichtbares entsteht, ohne die künstlerische Weihe" vom Architekten empfangen zu haben. Baukunst hat die Aufgabe, dem aus der konstruktiven Notwendigkeit Entstandenen eine Kunstform zu geben, die den Zweck zum Ausdruck bringt. „Ein logisches Denken muß uns (...) zur Überzeugung führen, dass der Satz *Jede Bauform ist aus der Konstruktion entstanden und sukzessive zur Kunstform geworden*, unerschütterlich ist (...). Es kann daher mit Sicherheit gefolgert werden, daß neue Zwecke und neue Konstruktionen neue Formen gebären müssen."[37]

Wagner merkt zwar an, dass es Sempers Verdienst sei, „auf diese Postulate verwiesen zu haben", übt jedoch auch Kritik: Semper habe nicht den Mut gehabt, „seine Theorien nach oben und nach unten zu vollenden, und hat sich mit einer Symbolik der Konstruktion beholfen, statt

---

Frankfurt am Main, Wien: Ullstein, 1964), S. 205–207.

35 Otto Wagner, *Die Baukunst unserer Zeit* (4. Aufl. Wien: Anton Schroll, 1914, Nachdruck 1979), S. 14.

36 Otto Wagner, „Antrittsrede an der Akademie der bildenden Künste, gehalten am 15. Oktober 1894". Abgedruckt in Otto Antonia Graf, *Otto Wagner. Das Werk des Architekten* (Bd.I. Wien, Köln, Graz: Böhlau, 1985), S. 249.

37 Otto Wagner, *Die Baukunst unserer Zeit* (wie Anm. 35), S. 60.

Das „Natürlich-Struktive" und die Kunstform

Abb. 61. Eugen Berner, Entwürfe für eiserne Pfeiler und Träger aus *Die Kunst* (1904).

die Konstruktion selbst als die Urzelle der Baukunst zu bezeichnen".[38] Zugleich muss er jedoch bemerken, dass der „nicht auf die werdende Kunstform, sondern nur auf die statische Berechnung und auf den Kostenpunkt Rücksicht nehmende Ingenieur (...) eine für die Menschheit unsympathische Sprache" spricht. Andererseits bleibt die architektonische Form unverständlich, wenn der Architekt „bei Schaffung der Kunstform nicht von der Konstruktion ausgeht".[39]

Zu dieser These meldet sich bald der Münchner Kunsthistoriker Richard Streiter zu Wort. In seiner Schrift „Architektonische Zeitfragen" (1898) will er zeigen, dass Wagner als Architekt ganz im Sinne der Theorie Sempers arbeitet, obwohl er sich über die grundlegende Frage der Form und Konstruktion nicht im Klaren ist.

„Wie könnte er sonst bei Semper das Festhalten an einer ‚Symbolik der Konstruktion' beanstanden, da doch gerade diese Symbolik das ist, was aus dem Konstruktionsglied die Kunstform werden läßt (...) Denn was nützt es, dem Architekten zuzurufen: ‚Du mußt aus der Konstruktion die Kunstform entwickeln!', wenn man ihm nicht den Weg zeigt, wie das zu machen ist, wenn man ihm vielmehr den Weg, der bisher als der einzig richtige gegolten

38 Ebenda, S. 61.
39 Ebenda, S. 62.

hat, noch als falsch hinstellt? Man wird wohl nicht fehl gehen mit der Vermutung, dass Wagner nur infolge eines theoretischen Mißverständnisses jenen Einwand gegen Semper gemacht, daß er dagegen in praxi selbst sich der Symbolik der Konstruktion (...) nicht entschlagen kann... Wenn Wagner ausruft: ‚Was kann logischer sein, als zu behaupten: Wenn der Kunst so vieles und völlig Neues an Konstruktionen zugeführt wird, muß daraus unbedingt eine neue Formgebung und allmälig ein neuer Stil entstehen', so krankt diese Logik an der falschen Voraussetzung, Konstruktionen, Techniken seien an sich schon das Entscheidende für die Formgebung, den Stil."[40]

Abb. 62. Otto Wagner, Nussdorfer Wehr- und Schleusenanlage (1894–98). Aufnahme Á.M.

Streiter beruft sich auf Heinrich Wölfflins These: Die Technik schafft niemals einen Stil, das Primäre ist immer ein bestimmtes Formgefühl. Als Beweis weist er auf das Eisen als neues Baumaterial hin, das entgegen aller Erwartungen von Bötticher kein neues Reich der Kunstformen, keinen neuen, eigenen Stil hervorbrachte. Über die World Columbian Exhibition in Chicago schreibend, bringt er dies auf den Punkt: „Wie aber zeigte sich das Hauptstück der kolumbischen Ausstellung der überraschten Welt? Wie ein riesiges spätrömisches Pracht-Forum ..."[41]

Streiters Überzeugung, dass die neue Ästhetik der Architektur nicht in der Baukonstruktion, sondern in den neuen Formen der technischen Welt zu suchen ist, war um 1900 noch von wenigen Architekten geteilt. Walter Gropius schrieb im Werkbund-Jahrbuch erst im Jahre 1913:

„Augenscheinlich genügt nicht mehr die materielle Steigerung der Produkte allein, um im internationalen Wettstreite Siege erringen zu können. Das technisch überall gleich vorzügliche Ding muss mit geistiger Idee, mit Form durchtränkt werden, damit ihm die Bevorzugung unter der Menge gleichgearteter Erzeugnisse gesichert bleibt. Deshalb ist die gesamte Industrie heute vor die Aufgabe gestellt, sich mit künstlerischen Fragen ernsthaft zu befassen. Der Fabrikant muss darauf bedacht sein, mehr und mehr den Makel des Surrogats von seiner Ware zu entfernen, ihr auch die edlen Eigenschaften

---

40 Richard Streiter, „Architektonische Zeitfragen" (1898), in ders., *Ausgewählte Schriften zur Aesthetik und Kunst-Geschichte*. Hrsg. von Prof.Dr. Franz von Reber und Prof. Dr. Emil Sulger-Gebing (München: Delphin-Verlag, 1913), S. 102–103.
41 Ebenda, S. 111.

des handwerklichen Erzeugnisses neben den Vorzügen der maschinellen Herstellung mitzugeben. Erst dann findet der ursprüngliche Leitgedanke der Industrie, Ersatz der Handarbeit auf mechanischem Wege, seine vollkommene Verwirklichung."[42]

Das Erhabene in Natur und Technik

Das Erhabene ist ein Begriff, mit dem man ursprünglich die ästhetische Wirkung der Natur – im Unterschied zum Schönen in der Kunst – bezeichnete. Es war der britische Denker Edmund Burke, der 1756 eine Schrift mit dem Titel *A Philosophical Inquiry Into the Origine of Our Ideas on the Sublime and the Beautiful* veröffentlichte.[43] Er verband das Erhabene mit Wirkungen, die mit Schmerz und Gefahr verbunden sind. Da man aber diese aus einer sicheren Entfernung, geschützt betrachtet, ist der Schrecken gemildert und modifiziert. Immanuel Kant hat in seiner *Kritik der Urteilskraft* wie Burke zwischen den Begriffen des Schönen und Erhabenen unterschieden. Das Schöne liegt innerhalb der Grenzen der menschlichen Fassungskraft und wird deshalb als sinnvoll erfahren, das Erhabene liegt außerhalb und wird als überwältigend erlebt. Deshalb zeigt sich die Natur im Erhabenen nicht als ein System von messbaren, sinnvollen Gesetzen, sondern als etwas, was unser Verstandesvermögen übertrifft. Mit dem ersten Blick auf die Natur – einem Blick, der sie als etwas Überwältigendes, Schreckliches, Erhabenes wahrnimmt –, beginnt ihre moderne Wahrnehmung. Natur wird zur Projektion von Zivilisationsängsten, von Dissonanzen des modernen Lebens, und zugleich wird von ihr eine heilende Wirkung erwartet.

Wenn wir vom technischen Erhabenen sprechen, behaupten wir, dass auch Technik im Sinne von Burke und Kant wahrgenommen werden kann; als etwas potenziell Bedrohliches, das wir jedoch, wie ein wildes Tier im Käfig, von einer sicheren Position heraus ästhetisch würdigen können. Die Maschine zeigt sich bereits gegen Ende des neunzehnten Jahrhunderts aus zwei Perspektiven. Es gibt Ingenieure und Architekten, die ihre Gesetze und Regeln kennenlernen und als Hersteller an der industriellen Welt teilnehmen wollen. Andere wiederum verstehen die Maschine als Zentrum einer nahezu mystischen Kraft, und wollen sie als solche abbilden und interpretieren.

In den zwanziger Jahren wird aus der Technikkritik der unmittelbaren Nachkriegsjahre eine Technikbegeisterung – auch die populären Publikationen haben zur Änderung der Sichtweise wesentlich beigetragen. Franz Kollmann wollte in seinem Ferdinand Porsche gewidmeten Buch *Schönheit der Technik* jeglichen Kulturpessimismus widerlegen:

„Für den erfürchteten Untergang Mitteleuropas sprach schon lange vor Ausbruch des Weltkrieges seine Formenarmut. Die schöne Gestalt, die bei den tausend Geräten täglichen Gebrauchs vorhanden sein soll, schien langsam auszusterben, bis plötzlich Erneuerung anhub. Aber sie kam nicht von dorther, von wo sie erwartet wurde, und kleinlicher Hader hinderte ihr Werden. Nicht aus klassisch geweihtem Boden erwuchs sie, sondern aus argwöhnisch betrachtetem Neuland. (…) Aus dem knappen, reinen Geist der Technik

---

42 Walter Gropius, „Die Entwicklung moderner Industriebaukunst", in *Die Kunst in Industrie und Handel. Jahrbuch des Deutschen Werkbundes* (Jena: Eugen Diederichs, 1913), S. 17.

43 Edmund Burke, *Vom Erhabenen und Schönen* (Berlin: Aufbau-Verlag, 1956).

Abb. 63. Ludwig Kassák, László Moholy-Nagy, *Buch neuer Künstler* (1922), Umschlag.

sehen, sind die Brücken und Ingenieurbauwerke

> „nur möglich geworden, weil Maschinen die Hilfsmittel für diese Art moderner technischer Werke schufen. Kein Gitterwerk, Träger oder Profileisen hätte ohne Maschine entstehen können; alles das ist aus den Gesetzen konstruiert, die wir erst durch die Lehrmeisterin Maschine ermittelten. Kein moderner Bau, dessen eigentümliche Linien nicht vom Geiste der Maschine abstammten, wenn auch darin die Dynamik der Maschine gewissermaßen zu einer neuen Statik zurückkehrt! Aus alle dem ergibt sich die eigentümliche

Abb. 64. Seite aus Ludwig Kassák, László Moholy-Nagy, *Buch neuer Künstler* (1922).

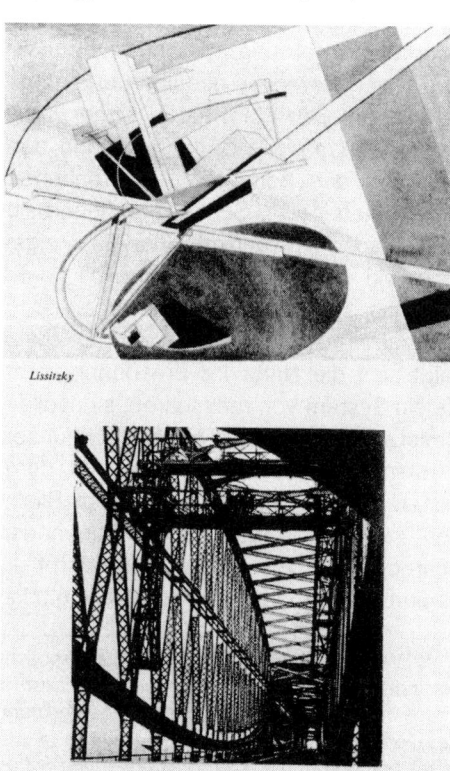

sprossen neue, kräftige Formen von überzeugender Schönheit."[44]

Eugen Diesel betonte in seinem Vorwort zu den „technischen Lichtbildstudien" *Das Werk*, veröffentlicht in der populären Reihe der Blauen Bücher, die Schönheit einer neuen Natur, des „technischen Lebensraumes", der sich vor unserer Augen durch die Maschine öffnet. Dieser erblickt eine Struktur, „wie sie sich aus der Zusammenarbeit von Kraft- und Arbeitsmaschine erklärt" und sieht „das Wirken der Naturgesetze nicht mehr am naturgesetzten Objekt, sondern in Konstruktionen, Fahrzeugen, Metallen, blanken Flächen, Verschraubungen, Retorten, Kesseln, Brücken, Behältern". Sogar dort, wo wir nicht unmittelbar die Maschine am Werke

---

[44] Franz Kollmann, *Schönheit der Technik* (München: Albert Langen, 1928), S. 9.

Abb. 65. Seite aus Werner Lindner, *Die Ingenieurbauten in ihrer guten Gestaltung* (1923).

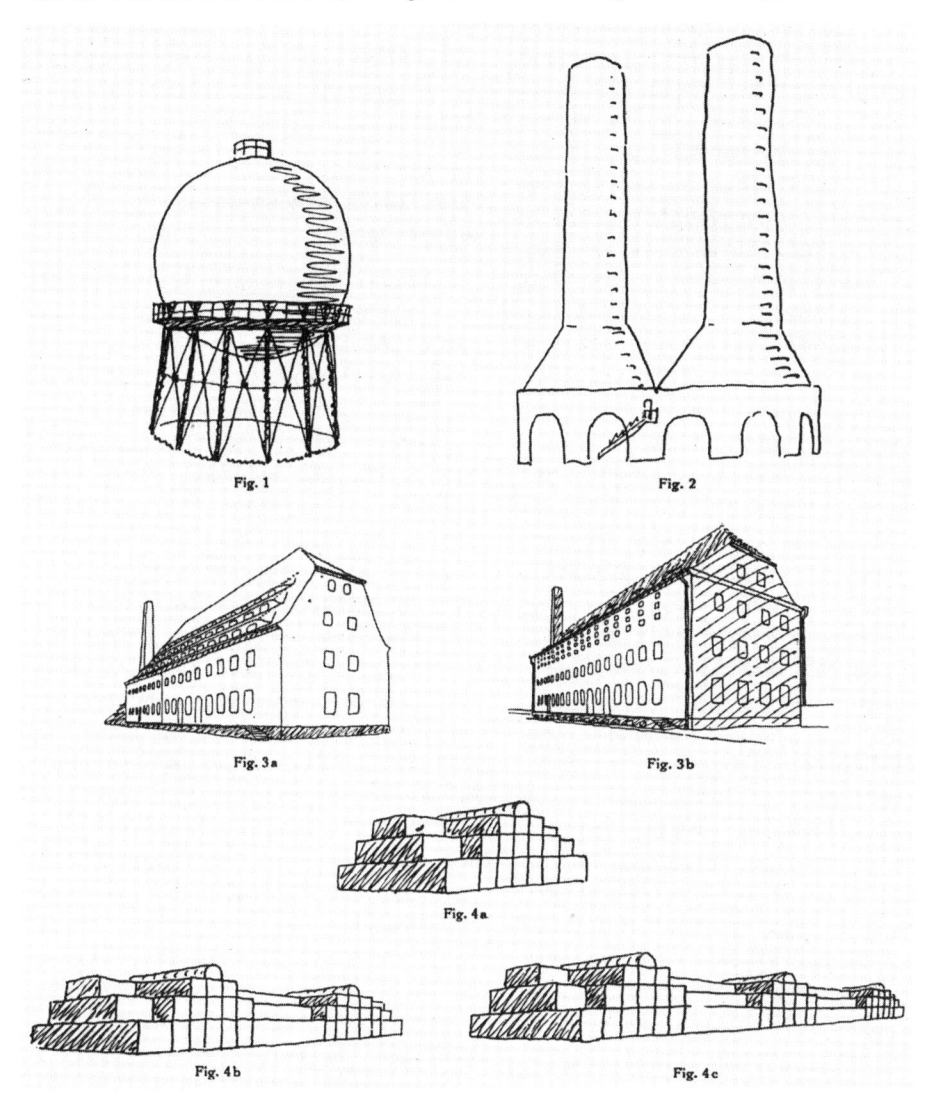

Schönheit, Kühle und Sachlichkeit des neuen Lebensraums, worin die Gefahren der Natur beseitigt und ihre Kräfte auf Grund unserer Berechnungen verdichtet und gesteigert sind. Hiermit sind wir in ein anderes Verhältnis zur Natur getreten. Das alte Verhältnis mit seinem mythischen Gehalt verschwindet aus dem Bewusstsein vieler Menschen, obwohl wir auf neue Weise der Natur wieder näher zu kommen beginnen."[45]

---

[45] *Das Werk. Technische Lichtbildstudien mit Vorbemerkung von Eugen Diesel* (Königstein i. Taunus, Leipzig: Langewiesche, 1931), S. 8.

Technik und Natur als Problem finden ihre unmittelbarste Thematisierung in Bauten in der Landschaft. Der Deutsche Bund Heimatschutz und der Werkbund waren früh bemüht, Prinzipien der sachlichen Gestaltung und der harmonischen Einfügung von Industriebauten und technischen Objekte in die Naturlandschaft zu untersuchen. Vor allem sind hier die Bänder der Reihe *Kulturarbeiten* von Paul Schultze-Naumburg[46] und die Bücher von Werner Lindner[47] und Georg Steinmetz[48] zu erwähnen. Lindner und Steinmetz haben 1923 *Die Ingenieurbauten in ihrer guten Gestaltung* veröffentlicht.[49] Obwohl die Typografie konservativer ist als in den Publikationen der Avantgarde, folgt die Verwendung von Bildern von fernöstlichen Festungen, Bauernhöfen, Windmühlen, indischen Tempelbezirken und modernen Ölfeldern im Südkaukasus einer ähnlichen, typologische Gemeinsamkeiten betonenden Bildstrategie wie Ludwig Kassáks *Buch neuer Künstler*[50] oder *L'Esprit Nouveau*, die Zeitschrift von Le Corbusier und Ozenfant. Lindner und Steinmetz sind nicht, wie Le Corbusier oder sogar Viollet-le-Duc von der Mechanik der Natur, vom „maschinenhaften" Funktionieren des Körpers und der körperhaften Erscheinung der Maschine fasziniert. Sie zeigen einfache zylindrische, kegelförmige, sphärische oder prismatische Baukörper und studieren diese in Isolation und in Kombinationen. Wie die späteren Zeichnungen von Aldo Rossi zeigen die Illustrationen die starke Präsenz der durch Reduktion zum Typus gewordenen Form.

Vom Konstruktivismus zur Biomechanik

Die neuen Rennwagen, Ozeandampfer, Filmprojektoren in den Publikationen der mittel- und westeuropäischen Avantgarde haben die Ergebnisse der letzten Phase der technischen Evolution dokumentiert. In Russland hat die Revolution von 1917 eine soziale und kulturelle Situation geschaffen, die vor allem als Diskontinuität empfunden wurde. Das radikal Neue, die augenfällige Inkompatibilität der geerbten Formen mit der neuen Gesellschaft hat die Fantasie der Architekten und Künstler radikalisiert – die Frage der Realität erschien ebenso quälend wie heute angesichts der neuen Medien. Im Jahre 1922 erschien das Buch *Konstruktivismus* von Alexei Gan, dessen Ausgangspunkt gerade diese Kluft war. Er schlug ein System vor, bestehend aus den Disziplinen von Tektonik, Faktur und Konstruktion. *Tektonik* untersucht, wie die formale Struktur des Objekts von der Ideologie der Gesellschaft bestimmt ist. *Faktur (faktura)* beschäftigt sich mit der Bearbeitung des Materials, mit dem Zusammenhang zwischen dem Werkstoff und der Form des Objekts. Gegenstand der *Konstruktion* ist der Prozess der Organisation, der Zusammenfügung der Elemente, sowohl im geistigen als auch im materiellen Sinne.[51]

Die Maschine ist Instrument und zugleich Symbol dieser Organisationstätigkeit. Es gilt, den Zusammenhang zwischen der Form und Funktion ihrer Grund-

---

46 Paul Schultze-Naumburg, *Kulturarbeiten*. Band I–IX (München: Callwey, o.J. [1901–1917]).

47 Werner Lindner, *Bauten der Technik, ihre Form und Wirkung* (Berlin: Ernst Wasmuth, 1927).

48 Georg Steinmetz, *Grundlagen für das Bauen in Stadt und Land. Band I: Körper und Raum* (München: Callwey, 1928).

49 Werner Lindner, Georg Steinmetz, *Die Ingenieurbauten in ihrer guten Gestaltung* (Berlin: Wasmuth, 1923).

50 Ludwig [Lajos] Kassák, László Moholy-Nagy, *Buch neuer Künstler* (Wien: Julius Fischer, 1922, Nachdruck Budapest: Corvina, 1977).

---

51 Alexei Gan, *Konstruktivizm* (Tver, 1922).

komponente zu analysieren – durch die Ausstellung einer umfassenden Typologie. Das 1924 veröffentlichte Buch von Moisei Ginzburg, *Stil und Epoche* führt Gans Argumente weiter, indem vor allem das Konzept der Bewegung eingeführt wird. Ginzburg zeigt, wie Kräfte und Bewegungen in der Architektur der Antike und des Barocks reflektiert sind, es ist jedoch die Entwicklung der Maschine, die rhythmische mechanische Bewegung als neues, dynamisches Element in die Baukunst einführt.[52] Der russische Architekt Jakow Tschernichow entwickelt Architekturfantasien in seinen Büchern aus den typischen Formen der Maschinen und Maschinenteile, die zugleich Schwere, Ruhe, Bewegung oder die Verkettung der Funktionen zum Ausdruck bringen.[53]

Alexander Wesnins *Kredo* entstand zu einer Zeit, als die Existenzberechtigung der Kunst in der Sowjetunion in Frage gestellt wurde.[54] Boris Arvatov, ein führender Ideologe der neuen Kunst für die revolutionäre Gesellschaft, hat die Situation der Künstler als tragisch beschrieben, da sie – unfähig, sich zum Ingenieur umzubilden – für die Industrie unbrauchbar seien. Der Architekt Alexander Wesnin, der einige Jahre früher noch als Maler und Grafiker arbeitete, entschloss sich im Sinne der Losung „Künstler in die Produktion", das Gebiet der traditionellen Kunst zu verlassen und sich zum Konstruktivismus zu

Abb. 66. Charakteristische Darstellungen von Verklammerung. Illustrationen aus Jakow Tschernichow, *Konstruktion der Architektur und Maschinenformen* (1931).

---

52 M[oisei] J. Ginzburg, *Stil' i Epocha. Problemi sovremennoy architekturi* (Moskau: Gosudarstvennoje Izdatelstvo, 1924).

53 Jakow Tschernichow, *Konstruktion der Architektur und Maschinenformen*. Übersetzung: N.A. Jepantschin (Leningrad 1931, Nachdruck Basel, Berlin, Boston: Birkhäuser, 1991).

54 Alexander A. Wesnin, „Kredo" (1922) in Elke Pistorius (Hrsg.), *Der Architektenstreit nach der Revolution: Zeitgenössische Texte, Russland 1925–1932* (Basel, Berlin, Boston: Birkhäuser, 1992), S. 29.

bekennen. Die Sprachregelung der neuen Richtung zeigt die Absicht, „Konstruktion" als diametralen Gegenbegriff zur „Komposition" zu konzipieren. Es geht um objektive Methoden, um die Organisation von Werkstoffen und Strukturen, um ein brauchbares „Ding" herzustellen. Statt der anarchistischen Formschöpfung des antiquierten Künstlerindividuums ist die Konstruktion immer planmäßig, organisiert und wirtschaftlich. Wesnins Beschreibung des vom neuen Künstler geschaffenen Gegenstands entspricht weniger der Definition einer Maschine als eines biologischen Organismus: Keine Komponente kann weggelassen oder modifiziert werden, ohne das „zweckmäßige Wirken des gegebenen Systems" zu zerstören.

Die neuen Ideen aus Russland wurden in Mittel- und Westeuropa begeistert aufgenommen dank der unermüdlichen Organisationstätigkeit von El Lissitzky. Er unterstützte die Ausstellungen und Publikationen konstruktivistischer Gruppen in diesen Ländern. Seine eigene Zeitschrift *Weschtsch, Gegenstand, Objet* diente für eine Reihe neuer Magazine als Vorbild. Die Schweizer Zeitschrift *ABC – Beiträge zum Bauen* wurde bald nach der Formulierung des Programms des Konstruktivismus ins Leben gerufen. Ihre Herausgeber waren der in Zürich lebende Niederländer Mart Stam, El Lissitzky und die Schweizer Architekten Hans Schmidt, Hannes Meyer, Hans Wittwer, Emil Roth, Paul Artaria und Werner Moser. Das Dilemma der ABC-Mitglieder war, wie die Vorstellungen der russischen Konstruktivisten vom „neuen Künstler" mit den eigenen, dem Funktionalismus nahe stehenden Positionen vereinbar sind. Mart Stams Aufsatz „Kollektive Gestaltung" ist trotz seines Titels kein Aufruf zur Teamarbeit, sondern ist genau dieser Frage gewidmet. Wie Otto Wagner früher stellt auch Stam die Typen des Ingenieurs und des Baukünstlers in den Mittelpunkt des kurzen Artikels. In Stams Vorstellung ist die Aufgabe des Ingenieurs die technische Entwicklung, damit die Maschine und „der ganze Produktionsvorgang (...) zu stets größerer Vollkommenheit" gelangen kann. Die Rolle des Künstlers ist dabei eine teleologische: Indem er den „großen organischen Zusammenhang" der Gesetze des Weltalls kennt, kann er die Produkte des Ingenieurs *sub specie aeternitatis* beurteilen und selbst organisierend die Evolution steuern.[55] Es ist merkwürdig, dass trotz der Unterschiede in der Formulierung der beiden Texte (Begriffe wie Produktionssystem, Organisation u.a. sind neue Elemente) hier im neuen Kleid die alte idealistische These von der Fähigkeit des künstlerischen Individuums weiterzuleben scheint, die objektiven Gesetze der Welt im schöpferischen Akt zu verinnerlichen.

Der Titel des Beitrags von Karel Teige, „Der Konstruktivismus und die Liquidierung der ‚Kunst'" (1925), mag den Eindruck erwecken, als würde der tschechische Avantgardist gegen den Standpunkt von Stam opponieren. In Wirklichkeit ist die gewünschte „Liquidierung" der Kunst eher ihre Verflüssigung als Vernichtung, auch wenn Teige in diesem Aufsatz die alte Kunstproduktion, „en bloc alle Klassizismen und Romantizismen, ... alle Artismen und Ästhetizismen" ablehnt. Nur wenn „die ganze Geschichte auf Statistik reduziert ist", wenn alle vermeintlich absoluten Werte mit Ironie betrachtet werden, wenn moderne Architektur zur Wissenschaft wird, hat man die reinste

---

55 Mart Stam: „Kollektive Gestaltung" (1924), in Jacques Gubler (Hrsg.), *ABC 1924–1928. Avanguardia e architettura radicale* (2. Aufl. Mailand: Electa, 1994), S. 31–32.

moderne Schönheit, die Schönheit der Maschine erreicht. Teige führt aber diese Linie der Argumentation ad absurdum bis zum Punkt, wo die Rationalität der Maschine wie in einer Bildcollage der Surrealisten zum Sinnbild des Irrationalen wird: „Der mathematische Geist der Maschine erklärt alles: seine gesetzmäßige Vollkommenheit, auch seine verborgene und angeborene Irrationalität."[56] Die Lösung, wortwörtlich *Deus ex machina*, kommt unerwartet als „Erfindungsgabe", eine neue Verwandlung der von Wagner und Stam vertretenen Schöpferkraft: Intuition als „Intervention der Irrationalität", einer biologischen Kraft. Und der Dualismus Ingenieur/Baukünstler wird neu formuliert: *„Der Spezialist, vom übrigen Leben isoliert, ist deshalb eine aktuelle Erscheinung, die nicht imstande ist, die Entwicklung voranzutreiben. Der Erfinder ist Spezialist – der moderne Mensch. Das biomechanische Element der Erfindungsgabe ist die vitale Kraft. Wir brauchen Erfinder."*[57]

Als Teige diese Gedanken niederschrieb, war er nicht nur in intensivem Kontakt mit dem russischen Konstruktivismus, sondern stark beeinflusst vom Purismus Le Corbusiers und Ozenfants. Ähnliche Ideen haben das letzte Kapitel „Baukunst oder Revolution" in Le Corbusiers *Vers une architecture* inspiriert. Wenn man es nach Wesnins *Credo* liest, denkt man sofort an die Revolution im politischen Sinne, obwohl für Le Corbusier die industrielle Revolution im Vordergrund steht. Die gesellschaftlichen Aspekte werden kaum berührt, nur die Wohnverhältnisse der Arbeiter werden direkt angesprochen. Viel mehr Aufmerksamkeit erhalten die neuen Produkte des Industrie. Ein Hispano-Suiza-Automobil ist wie das Parthenon in Athen Ergebnis eines Selektionsprozesses, einer typologischen Entwicklung mit der vollen Realisierung der technischen und ästhetischen Möglichkeiten der gegebenen Zeit.

Die Idee des *objet-type*, die Le Corbusier mit dem Künstler Amédée Ozenfant ausgearbeitet hat, beruht auf dem organischen Modell der Evolution; in dieser Hinsicht ist zwischen Tempel und Rennwagen kein Unterschied. Im Kapitel „Augen, die nicht sehen …" zeigt Le Corbusier sechs Automobile in einer zeitlichen Sequenz von 1889 bis 1925 mit der Unterschrift „Auf der Suche nach einem Typ" und bemerkt dazu: „Die Konusform, die am besten den Luftwiderstand überwindet, ist durch Berechnung gefunden worden; sie bestätigt die zweckmäßige Gestalt der Naturgeschöpfe, des Fisches, Vogels usw. Experimentelle Anwendung: das Luftschiff, der Rennwagen."[58]

Die „organische Analogie" war in der modernen Architektur trotz Kritik (bereits 1914 schrieb Geoffrey Scott über die „biological fallacy" in seinem *The Architecture of Humanism*) sehr verbreitet. Die Kurven des gläsernen Wolkenkratzers von Mies van der Rohe wurden 1924 in Schwitters' Zeitschrift *Merz* mit dem Längsschnitt eines Knochens veröffentlicht. El Lissitzky übernahm in seiner Publikation *Nasci* die These des populärwissenschaftlichen Autors Raoul Francé über die sieben Grundformen der Schöpfung: Kristall, Kugel, Fläche, Stab, Band, Schraube und Kegel mit der Bemerkung, dass diese die „grundlegenden technischen Formen der ganzen Welt" sind; sie genü-

---

56 Karel Teige, *Liquidierung der „Kunst". Analysen, Manifeste.* Übersetzt von Paul Kruntorad (Frankfurt am Main: Suhrkamp, 1968), S. 68.
57 Ebenda, S. 69.

58 Le Corbusier, *Ausblick auf eine Architektur* (Berlin, Frankfurt am Main, Wien: Ullstein, 1963), S. 115.

gen „sämtlichen Vorgängen des gesamten Weltprozesses, um sie zu ihrem Optimum zu geleiten". Auf der Titelseite des erwähnten Doppelheftes von *Merz* hat Lissitzky erklärt: „Natur von lat. Nasci d.i. werden oder entstehen heißt alles, was sich aus sich selbst durch eigene Kraft entwickelt, gestaltet und bewegt."[59]

Hannes Meyers Manifest „bauen" entstand vier Jahre nach Mart Stams Programm zur kollektiven Gestaltung, die in der Zeitschrift *ABC – Beiträge zum Bauen* erschien, zu deren Herausgeber auch Meyer gehörte. Er teilte die Auffassung, dass die neue Architektur aus den neuen stofflichen und technischen Grundlagen des Bauens, aus dem neuen Architektur-Alphabet ausgehen soll. „Sentimentale Gefühle der Pietät für Erzeugnisse aus vergangener Zeit" hat Stam in seiner Redaktionsnotiz im ersten ABC-Heft abgelehnt und durch Technik und Ökonomie bedingte Lösungen gefordert. Die scheinbare Sachlichkeit der neuen Prinzipien wird jedoch stark relativiert durch die Art und Weise, wie die neuen Werkstoffe und ihre Produzenten inszeniert sind. Das Wort Beton wird quer auf die Seiten der Zeitschrift gestempelt, Beton ist eben kein bloßes Material, sondern alchemischer Stoff einer neuen Ausdruckskultur. Der Umwertung aller Werte, die in Russland mit der Revolution begonnen hat, entspricht in der Schweizer Zeitschrift – in selbstbewusster Ironie – das Inserat einer Abbruchfirma. „ABC fordert die Diktatur der Maschine" – im gleichen Heft (und auf der gleichen Seite), wo auch für „rationelle Architektur" geworben wird. „Die Maschine ist weder das kommende Paradies der technischen Erfüllung aller unserer bürgerlichen Wünsche – noch die nahende Hölle der Vernichtung aller menschlichen Entwicklung. Die Maschine ist nichts weiter als der unerbittliche Diktator unserer gemeinsamen Lebensmöglichkeiten und Lebensaufgaben."[60] Der russische Mitherausgeber der Zeitschrift, El Lissitzky, konnte noch kaum sehen, in welch ominöser Weise sich diese Utopien erfüllen sollten.

Für Hannes Meyer war die Mitarbeit an der Zeitschrift ABC die beste denkbare Empfehlung, um im Jahre 1927 die neu gegründete Architekturabteilung des Bauhauses in Dessau zu übernehmen. Das Manifest „bauen" wurde in einer Form geschrieben, die – wie die ABC-Manifeste – quasi-wissenschaftliche Formelhaftigkeit mit Poesie kombiniert. Die Namen der neuen Werkstoffe sind wie die Zeilen eines modernen Gedichts gegeneinander verschoben gesetzt – aber schon der Klang dieser Namen wie Zell-Beton, Xelotekt, Casein, Torfoleum oder Tombak wirkt wie Ragtime-Musik. Die „ausschließlichen Motive des Wohnungsbaues" sind wiederum von „1. geschlechtsleben" bis „12. bedienung" schön sauber in einer Tabelle angeordnet, um die Konklusion vorzubereiten: „bauen ist nur organisation: soziale, technische, ökonomische, psychische organisation."[61]

Die Sentimentalität der Architektur der Vergangenheit ist in den Augen Meyers obsolet geworden – seine Begeisterung für das Bauen der Gegenwart als eine in die Reorganisation der Gesellschaft investierte Arbeit wirkt jedoch heute wie eine Begeisterung des Betrachters. Die Ro-

---

59 Sophie Lissitzky-Küppers, *El Lissitzky Maler, Architekt, Typograf, Fotograf* (Dresden: Verlag der Kunst, 1980), S. 38, Abb. 111.

60 *ABC Beiträge zum Bauen* No. 4, Jg. 1927/28 S. 1; neu abgedruckt in Jacques Gubler (Hrsg.), *ABC 1924–1928* (wie Anm. 55), S. 157.

61 Hannes Meyer, „bauen", in ders., *Bauen und Gesellschaft. Schriften, Briefe, Projekte* (Dresden: Verlag der Kunst, 1980), S. 49.

mantik dieser Position wird später von Meyer selbst kritisiert, als er – die Erfahrung der sowjetischen Realität der frühen dreißiger Jahre hinter sich – Lissitzky, Tatlin und Rodtschenko als „abstrakte Künstler" beschrieb, die „unter Assistenz einer künstlerisch aufgewühlten Jugend ihre Theorien in luftleeren Raum erprobten".[62]

Nicht nur das Programm, sondern der Typus des „Konstrukteurs" selbst bedeutete eine Absage an die idealistische Ästhetik des neunzehnten Jahrhunderts. Im Verständnis von Immanuel Kant oder von Gottfried Semper war es der künstlerische Genius, die schöpferische Persönlichkeit, die die Welten der „freien Natur" und des Regelwerks der Technik synthetisieren kann, indem er die Regeln verinnerlicht und so in Freiheit schafft. László Moholy-Nagy bezieht sich auf Raoul Francé und sein *Die Pflanze als Erfinder* in seinem Bauhausbuch *Von Material zu Architektur*, um die Freiheit des Gestalters zu bestimmen: *„das gestalterische problem setzt erst da ein, wo die freiheit beginnt, wo die von uns übersehbare funktion nicht mehr oder noch nicht restlos die gestalt bestimmt. in solchen fällen muss eine gefühlsmässige sicherheit helfen, die nichts anderes ist als das resultat komplizierter, im unterbewusstsein sich abspielender, letzten endes biologisch bestimmter vorgänge."*[63] Wie der Gedanke von der „biomechanischen Kraft der menschlichen Erfindungsgabe" im Essay von Teige ist die „Biotechnik" für Moholy-Nagy die „metode schöpferischer tätigkeit" (sic).[64]

Das Mutterland der Industrie

Für die europäische Technikbegeisterung bildete die amerikanische Realität einen wichtigen Gegenpol zur russischen Utopie. Die Erfolge der Arbeitsschule, die zu Ikonen einer pragmatischen Kultur gewordenen Getreidesilos, die Produktivität im „Mutterland der Industrie" hatten bereits der Gründungsphase des Deutschen Werkbunds wesentliche Impulse gegeben.[65] Dabei wurde die Maschine in Amerika keinesfalls nur nüchtern betrachtet. Der amerikanische Schriftsteller Henry Adams, der die Weltausstellung von 1900 besuchte, verglich die dort gesehene Dynamomaschine mit der transzendentalen Kraft der Religion. In seiner selbstbiografischen Arbeit *Die Erziehung des Henry Adams* schrieb er (über sich in dritter Person):

„der ererbte Instinkt lehrte ihn den natürlichen Ausdruck des Menschen angesichts der schweigenden und unendlichen Kraft. Unter den tausend Symbolen größter Energie war die Dynamomaschine nicht so menschlich wie manche andere, aber sie war das Ausdruckvollste. (...) Er konnte zwischen dem Dampf und dem elektrischen Strom nicht mehr Beziehung entdecken als zwischen dem Kreuz und der Kathedrale. Die Kräfte waren auswechselbar, wenn nicht umkehrbar, aber er konnte in der Elektrizität nur ein unbedingtes ‚Es werde' erblicken wie im Glauben."[66]

---

62 Hannes Meyer, „Erziehung zum Architekten", in ders., *Bauen und Gesellschaft* (s. Anm. 60), S. 211.
63 László Moholy-Nagy, *Von Material zu Architektur* (1929, Neudruck Mainz und Berlin: Florian Kupferberg, 1968), S. 69.
64 Ebenda, S. 60.

65 Vgl. J.-L. Cohen, H. Damisch (Hrsg.), *Américanisme et modernité. L'idéal américain dans l'architecture* (Paris: EHESS, Flammarion 1993); *Zukunft aus Amerika. Fordismus in der Zwischenkriegszeit* (Dessau: Stiftung Bauhaus 1995).
66 Henry Adams, *Die Erziehung des Henry Adams.* Übersetzung von J. Lesser (Zürich: Manesse, 1953), S. 589.

Lewis Mumford, ein aufmerksamer Leser von Adams, behauptete, dass Adams die Gefahr der Atombombe vorausgesehen habe. Die Frage der technischen Zivilisation stand im Mittelpunkt von Mumfords Interesse. In der ersten, optimistischen Phase seiner Karriere war Mumford überzeugt, dass moderne Technik zum allgemeinen sozialen Wohlstand und individuellen Glück führen werden. Mumford stand in Kontakt mit Walter Curt Behrendt, Herausgeber der Werkbund-Zeitschrift *Die Form,* wo dieser Schriften von Mumford über amerikanische Architektur und Zivilisation veröffentlichte. Mumford, im Unterschied zu den meisten Autoren der Zeitschrift, war ein Moralist, der sich darüber beklagte, dass die Menschen von Schöpfern der Maschinen zu ihren Geschöpfen geworden sind. Das Schlusskapitel „Architektur in Zivilisation" seines 1925 in Berlin veröffentlichten Buches *Vom Blockhaus zum Wolkenkratzer* erschien ein Jahr früher in Amerika im Band *Sticks and Stones.* Mumfords Schilderung des Handwerks, das „den Stempel eines freudigen Geistes trägt", ist mit den Wertungen von Loos oder Tessenow vergleichbar. Neu ist die utopische Überzeugung, dass eine Erneuerung der Moral der Gesellschaft, die Umwandlung der Mythen in rationales Wissen diese Entwicklung umkehren können:

„In einem Zeitraum von noch nicht ganz hundert Jahren konnte die feudale Zivilisation Japans unser modernes maschinelles Gewand anlegen, daher sind wir berechtigt, anzunehmen, dass es unserer eigenen Zivilisation gelingen wird, sich auf ihrer humanen Basis von neuem aufzubauen – vorausgesetzt, dass unsere eigenen Wünsche, Bestrebungen, Gewohnheiten und Interessen sich dem nicht entgegenstellen."[67]

Im Unterschied etwa zu Tessenow hat Mumford keine Illusionen, was die Rolle des Handwerks betrifft. Technische Kunst muss als eine „Typenform" stabil sein: „Nichts ist verhängnisvoller für eine gute, aus der Maschine hervorgegangene Form als unsachliche Subjektivität, unangebrachtes Schöpfertum und scheinbare Originalität, wie wenn es sich um Handarbeit handelte."[68]

Geleitet von der Idealvorstellung vom Leben in Harmonie betont Mumford die Notwendigkeit, mit beiden Augen zu sehen: „mit dem wissenschaftlichen Auge der Aktualität" und dem Auge „der Imagination und der Träume".[69] Er selbst hat die dynamische Metropole New York verlassen, um in der ruhigen Kleinstadt Armenia in einem umgebauten Farmhaus zu wohnen.

Die Anfänge der Werkbund-Bewegung in Deutschland und Mitteleuropa sind von den Erfolgen des Werkstattunterrichts in den Vereinigten Staaten nicht zu trennen. Die theoretische Vorarbeit der Erziehungstheoretikern wie Johann Heinrich Pestalozzi oder Friedrich Froebel ist im Zusammenhang mit Ansprüchen des modernen Industriestaates zu sehen: Kreatives Denken und Arbeitsdisziplin gehörten unter anderen zu den Eigenschaften, die um die Jahrhundertwende von Politikern und Akademikern zugleich vermisst wurden.

---

67 Lewis Mumford, *Vom Blockhaus zum Wolkenkratzer. Eine Studie über amerikanische Architektur und Zivilisation.* Übersetzung von Margarete Mauthner (Berlin: Bruno Cassirer, 1925), S. 277–278.
68 Lewis Mumford, „Vom Handwerk zur Maschinenkunst", in ders., *Kunst und Technik* (Stuttgart: Kohlhammer, 1959), S. 65.
69 Lewis Mumford, *Herman Melville* (New York: Harcourt, Brace, 1929), S. 194.

John Dewey hat 1896 in Chicago seine berühmte *laboratory school* gegründet, deren Kindergarten auf der Basis der Lehre der oben erwähnten Pädagogen arbeitete. Pragmatische Philosophie, Sozialwissenschaft und experimentelle Psychologie waren die Grundlagen der neuen amerikanischen Schule.[70] Deweys Programm hat mehr verlangt als bloßes Wissen über Kultur, Geschichte oder Naturwissenschaft. Werkstattarbeit, die Auseinandersetzung mit der stofflichen Wirklichkeit führt die jungen Menschen in die Wissenschaft so ein, dass ihre Inhalte mit einer direkten, materiellen Bedeutung befrachtet sind. Auf diese Weise wird „wissenschaftliche Erkenntnis zum unverzichtbaren Instrument für die freie und aktive Teilnahme im modernen gesellschaftlichen Leben".[71] Deweys Schriften wurden bald ins Deutsche übersetzt, und haben Unterrichtstheoretiker und Kunstlehrer von Georg Kerschensteiner bis zum Bauhaus-Künstler Josef Albers beeinflusst. „Ich glaube fast, daß wir heute mehr als jemals geschickter und erzogener Hände bedürfen, mehr als ‚redender' Zungen", schrieb James Liberty Tadd, ein früher Vertreter der amerikanischen Bewegung der Industrie- und Werkstattschulen. Die Kinder müssen durch die Natur begeistert werden, schreibt Tadd. *„Die motorischen Centren des Gehirns müssen durch systematische Übung zur instinktiven Erwiderung auf die Reize des Auges und des Tastsinnes veranlaßt werden. Wenn ... jeder Schüler außer den erhaltenen Eindrücken sich auch jene durch den Muskel- und Tastsinn hätte verschaffen können, wenn er außerdem die Eindrücke durch Herstellen von Diagrammen und Zeichnungen der einzelnen Teile zuerst nach der Pflanze, dann aus dem Gedächtnis hätte befestigen können, dann würde die Beobachtung schärfer und der Eindruck unvergeßlich werden".*[72] Frank Lloyd Wrights Kindheitserfahrung mit den Froebel-Spielzeugen, Louis Kahns Schulung in der berühmten Werkstattschule in Philadelphia und Richard Buckminster Fullers Unterrichtstätigkeit wurzeln alle in dieser Tradition. Sie betrachten die akademische, vor allem auf sprachliche Mitteilung des Wissens stützende Lehrmethode als kontraproduktiv.

Buckminster Fuller hat die Wichtigkeit der persönlichen Erfahrung auf verschiedenen Gebieten der Realität im Gegensatz zur Vermittlung von Fakten immer betont. Seine eigene Tätigkeit ist nichts anderes als ein heroischer Versuch, ein umfassendes, globales Bewusstsein zu erlangen. Wenn man Buckminster Fuller als einen Visionär bezeichnet, weist man damit auch darauf hin, dass Innovation mit einer neuen Vision der Welt, einer neuen Sicht der Wirklichkeit verbunden ist. Fullers Vorschläge für Wohnhäuser, filigrane Kuppelkonstruktionen oder Automobile sind z.B. von den neuartigen kartografischen Darstellungen nicht zu trennen, welche er als Grundlagen für die Untersuchung von Bevölkerungswachstum, Energieverbrauch oder Ressourcenverteilung entwickelte. „Lightful Houses" hieß eine frühe Schrift von Fuller aus dem Jahre

---

[70] Ákos Moravánszky, „Educated Evolution: Darwinism, Design Education, and American Influence in Central Europe, 1898–1918", in Martha Pollak (Hrsg.), *The Education of the Architect: Historiography, Urbanism, and the Growth of Architectural Knowledge* (Cambridge, Mass. und London: The MIT Press, 1997), S. 113–137.

[71] John Dewey, *The School and Society* (Chicago 1900, Nachdruck Chicago and London: Chicago University Press, 1990), S. 23.

[72] J. Liberty Tadd, *Neue Wege zur künstlerischen Erziehung der Jugend* (Leipzig: Voigtländer, 1900), S. 29–30.

Abb. 67. Buckminster Fuller, Modell des Dymaxion House (1927). Aufnahme Á. M.

1928, in der er die Entwicklung der Maschinen in Richtung einer immer größeren Effizienz mit dem Anachronismus des Wohnhauses verglich. „Die Unterbringung eines Produkts von modernem Design, wie etwa des elektrischen Kühlschranks in einem Haus von heute ist ... so grotesk wie der Einbau eines Rolls-Royce-Motors in einem Heuwender."[73]

Im Jahre 1938 hat Buckminster Fuller sein erstes Buch mit dem Titel *Nine Chains to the Moon* (Neun Ketten zum Mond) veröffentlicht. Er hat das Manuskript Albert Einstein gezeigt, der Fullers Text mit der Bemerkung kommentiert haben soll: Bisher habe er nicht geglaubt, dass seine Theorie eine praktische Verwendung haben kann.[74] Fullers versucht im Buch, den ständigen Wechsel und die Bewegung im Universum als die Grundlage aller Erscheinungen darzustellen. Wie Frank Lloyd Wright ging auch Fuller davon aus, dass die amerikanische Gesellschaft sich in Richtung Dezentralisierung entwickelt, was Konsequenzen bis zu den Details des Einfamilienhauses und der Fahrzeuge haben wird. Die Erfolge in der Massenherstellung von Automobilen, des Fordismus und Taylorismus, die auch die europäische Avantgarde inspirierten, führen bei Fuller zur Forderung nach einer vorfabrizierten Architektur aus Chassis- und Karosserieteilen.

---

73 Richard Buckminster Fuller: „Lightful Houses", in Joachim Krausse, Claude Lichtenstein (Hrsg.), *Your Private Sky: Diskurs. R. Buckminster Fuller* (Baden: Lars Müller, 2001), S. 70.

74 Lloyd Steven Sieden, *Buckminster Fuller's Universe: An Appreciation* (New York, London: Plenum Press, 1989), S. 193.

Die Zeit, als *Nine Chains to the Moon* veröffentlicht wurde, war diejenige der Symbiose von grenzenloser Technikbegeisterung und tiefstem Technikpessimismus. Physik und Naturmetaphysik bildeten die Grundlagen von unterschiedlichen Weltbildern. Oswald Spengler schrieb im Jahre 1931, Gedanken Nietzsches folgend, über Technik als Ausdruck des Machtstrebens. Dieser Wille zur Macht, der „*aller Grenzen von Zeit und Macht spottet, der das Grenzenlose, das Unendliche zum eigentlichen Ziel hat, unterwirft sich ganze Erdteile, umfaßt zuletzt den Erdball mit den Formen seines Verkehrs und seines Nachrichtenwesens und verwandelt ihn durch die Gewalt seiner praktischen Energie und die Ungeheuerlichkeit seiner technischen Verfahren.*"[75]

Man muss Spenglers viel beachtete und einflussreiche Technikauffassung als raubtierhafte Lebenstaktik vor dem Hintergrund jener gigantischen Projekte lesen, die von der Paneuropa-Bewegung des Österreichers Richard Coudenhove-Kalergi inspiriert wurden. Coudenhove-Kalergi hat zur Beherrschung der Natur durch Technik als die Aufgabe des vereinigten Europas mit einem Pathos aufgerufen, der an Nietzsches Übermenschen denken lässt.[76] Der Architekt Herman Sörgel, Verfasser der bereits besprochenen Architektur-Ästhetik, begann unter dem Einfluss dieser Ideen ein Projekt für den Umbau des Mittelmeerraums mit dem Namen „Panropa" zu erarbeiten, das 1932 auf „Antlantropa" umgetauft wurde. Im Wesentlichen ging es darum, in der Meeresenge von Gibraltar einen Staudamm und an den Dardanellen eine Wassersperre zu errichten. Nach der Vorstellung Sörgels würde dann die Verdunstung den Wasserspiegel des Mittelmeeres sinken, wodurch Energie und kultivierbares Land gewonnen werden können. Es ist Sörgel gelungen, die Mitarbeit von Architekten wie Peter Behrens, Hans Döllgast, Erich Mendelsohn, Wilhelm Kreis, Cornelis van Eesteren und Hans Poelzig zu gewinnen, die Entwürfe für die verschiedenen Anlagen des Riesenprojektes angefertigt haben.[77]

Abb. 68. Organische Architektur als die Musik des Wasserfalls. Frank Lloyd Wright, Fallingwater, Bear Run (1935–1938). Aufnahme Á.M.

---

75 Oswald Spengler, *Der Mensch und die Technik. Beitrag zu einer Philosophie des Lebens* (München: C.H.Beck, 1931), S. 64.
76 R.N. Coudenhove-Kalergi, *Revolution durch Technik* (Wien, Leipzig: Paneuropa-Verlag, 1932).

77 Wolfgang Voigt, *Atlantropa: Weltbauen am Mittelmeer. Ein Architektentraum der Moderne* (Hamburg: Dölling und Galitz, 1998).

Der zeitlose Weg des Bauens

Die Kritik gegenüber der Bauhaus-Moderne in den unmittelbaren Nachkriegsjahren kam aus verschiedenen Richtungen. In diesem Kapitel ist jene Kritik von besonderem Interesse, welche die *Wegweisung der Technik* (so der Titel einer Arbeit von Rudolf Schwarz, noch aus dem Jahre 1928) mit einer Neubewertung der Natur und ihrer Materialien verband. Der österreichische Architekt Josef Frank wendete sich in seinem Essay „Wahn" (erschienen im Band *Architektur als Symbol*) mit bissiger Ironie gegen das Dogma des Funktionalismus, Produkte und Materialien der modernen technischen Kultur aus rein ideologischen Gründen den Objekten früherer Perioden vorzuziehen. Die neue Zweckkunst „will keinen Zweck erfüllen, aber aussehen, ob sie es zehnmal täte". Franks Texte sind Sammlungen von eminent zitierbaren (und von Wiener Architekten gerne zitierten) Aphorismen, die die Argumente der Moderne vernichten wollen. „Der Architekt, der heute schaffen will ‚wie der Ingenieur' (oh, dieses Wort ‚Wie'!), ist ein Hirngespinst von Leuten, die in ihrem Minderwertigkeitsgefühl Ziffern suchen, um sich ihren eigenen Wert beweisen zu können." Frank ist im Unterschied zu den meisten Architekten der Moderne bereit, anstatt einer Ästhetisierung des Alltags seine normative Kraft zu akzeptieren. Telefonisolatoren, Glühlampen und Perserteppiche sollten nicht architektonisch „angeglichen" werden, sondern sich in das Leben einfügen. Alles Bestehende steht uns zu Verfügung, auch die Formen vergangener Epochen – „unsere Zeit ist die ganze uns bekannte historische Zeit".[78]

Stahl, der Stoff des neuen, technischen Zeitalters, war für Josef Frank „kein Material, sondern eine Weltanschauung". Stahlrohrsessel *„sind eigentlich erdacht worden, dem Reparationskommissär als Sitzgelegenheit zu dienen, um ihm den Ernst der deutschen Bestrebungen vorzuführen. Das ist plakatierte Weltanschauung, die jedem Besucher demonstriert wird, genau wie jene ‚Materialechtheit', die betont angewendet jedem sie Betrachtenden zuruft: ‚Ich bin ehrlich' und ihm eine Moralpredigt hält, ‚ich will nicht mehr scheinen als ich bin und deshalb bin ich mehr als du. Geh hin und sei desgleichen'."*[79] Wenn heute der Schweizer Architekt Christian Sumi über die Notwendigkeit schreibt, „die ganze prüde Legitimationsmaschinerie der Moderne aus dem moralistischen Sumpf der sogenannten Materialgerechtigkeit" herauszuziehen, folgt er (wie sein Lehrer Bruno Reichlin zuvor) Franks Kritik.[80]

Der Poelzig-Schüler Rudolf Schwarz hat in seinem Buch *Von der Bebauung der Erde* (1949) Technik und Natur nicht als zwei getrennte Welten betrachtet, sondern die stoffliche und formale Kontinuität der beiden beschrieben. Schwarz macht den Leser darauf aufmerksam, dass es eine Architektur der Natur bereits vor der Baukunst des Menschen gegeben hat. Die Architektonik der großen Platten der Erde ist analog zur Tektonik der Gesellschaft; die fraktale Geometrie der Geäder der Wasser- und Strassenströme ist zugleich ein Zeitengewächs. Schwarz rehabilitiert damit den Sinn für die Natur als Teil seiner metaphysischen Betrachtung der „gebauten" Welt, was bis Kant zu-

---

78 Josef Frank, „Wahn", in ders., *Architektur als Symbol: Elemente deutschen neuen Bauens* (Wien: Anton Schroll 1931; Nachdruck Wien: Löcker, 1981), S. 166.

79 Josef Frank, „Wir sind ein armes Land", in ders., *Architektur als Symbol*, S. 132–133.

80 Burkhalter & Sumi, „Positive Indifferenz", in *Daidalos*-Sonderheft „Magie der Werkstoffe II" (August 1995), S. 26.

Abb. 69. Bernard Rudofskys Ausstellung *Architecture Without Architects* im Museum of Modern Art, New York (1964).

rückzuführen ist. In Kants Metaphysik des Naturschönen wird das Naturerlebnis als etwas für die wissenschaftliche Betrachtung nicht Zugängliches beschrieben; nur eine dichterische Sprache kann Naturschönheit interpretieren.

Obwohl Schwarz einige Jahre nach der Erscheinung dieses Buches eine hitzige Debatte mit seiner Bauhaus-Kritik entfachte, entfaltete sich nach dem Zweiten Weltkrieg auch unter Bauhaus-Künstlern eine Bewegung, die Natur, Kunst, Technik als Teile einer Einheit zeigen wollte. László Moholy-Nagy hat mit seinem *Vision in Motion*[81] die Thesen aus *Von Material zu Architektur* weitergeführt. Der aus Ungarn stammende György Kepes, damals Professor am Massachusetts Institute of Technology, hat in Zusammenarbeit mit Künstlern, Ingenieuren und Forschern zahlreiche reich illustrierte Bücher herausgegeben, die diese „neue Landschaft" dokumentierten.[82] Die Architektur von

---

81 László Moholy-Nagy, *Vision in Motion* (Paul Theobald, 1947). Das Bauhausbuch von Moholy-Nagy, *Von Material zu Architektur* (1929, ins Englische übersetzt als *The New Vision*) war ein Versuch, das Auge durch eine Flut von Bildern zu rekonfigurieren.

82 György Kepes (Hrsg.), *The New Landscape in Art and Science* (Chicago: Paul Theobald, 1956). Ebenfalls von Kepes herausgegeben erschienen die Bänder der *Vision+Value* Reihe: *Education of Vision* (1965); *Structure in Art and in Science* (1965); *The Nature and Art of Motion* (1965); Mo-

Pier Luigi Nervi, Felix Candela oder Konrad Wachsmann sind mit diesen Entwicklungen verbunden. In Wachsmanns *Wendepunkt im Bauen* findet der Leser kaum Bilder aus der Welt der Natur; die Proportionen des menschlichen Körpers und der Goldene Schnitt weisen jedoch auf diese Zusammenhänge hin. Die Ähnlichkeit zwischen den Aufnahmen von Anschlusselementen aus Stahl oder von seinen berühmten Standardknoten für Gitterkonstruktionen zeigt eine auffallende Ähnlichkeit zu Makroaufnahmen von Pflanzen, wie sie seit Karl Blossfelds Bildern bekannt sind.[83] Die Natur bleibt jedoch ein Subtext, betont sind immer die Verbindungen zu den kühnen Ingenieurkonstruktionen des neunzehnten Jahrhunderts.

Die Architektur der Moderne behauptete, sie betrachte die Erfüllung der Wünsche des „natürlichen Menschen" als ihre Aufgabe – im Unterschied etwa zum Historismus, der den Menschen in seiner sozialen Zugehörigkeit zu bestimmten Klassen der Gesellschaft sah und entsprechend gestaltete Lösungen vorschlug. Als in den 1960er Jahren die Konvention des internationalen Stils bekämpft wird, dient das Bauernhaus wieder als Vorbild einer authentischen, vom Alltagsleben nicht getrennten Architektur und zugleich als isoliertes Objekt der Meditation.

Raimund Abrahams Buch *Elementare Architektur* (1963), Bernard Rudofskys Ausstellung *Architecture Without Architects* im Museum of Modern Art in New York (1964) und Christopher Alexanders *Notes on the Synthesis of Form* (1964) sind vergleichbar in der Intention, die zeitlose Wahrheit und Gültigkeit der vernakulären Architektur zum Vorbild zu erheben. Die Unterschiede sind allerdings nicht unwesentlich: Abraham zitiert neben Otto Wagner und Konrad Wachsmann auch Mies van der Rohe – Architekten, die Alexander kritisiert, da sie durch ihre individuellen „manners" die „Illusion von Kompetenz" erwecken wollen. Bei Abraham und Rudofsky sind es vor allem die Fotoaufnahmen von anonymen Bauten, die den Leser überzeugen sollen, ihre Argumente gehen jedoch in entgegengesetzte Richtungen. Für Bernard Rudofsky war die „Architektur ohne Architekten" ein Beweis, dass „Philosophie und Knowhow der anonymen Baumeister die größte unangezapfte Quelle architektonischer Anregung für den industriellen Menschen bedeuten".[84] Rudofsky zeigt die Architektur immer als Rahmen des sozialen Lebens, wobei bei Abraham Holz und Stein der alpinen Blockhäuser in einer vom Menschen verlassenen Berglandschaft Präsenz gewinnen.

In seinem Buch *Notes on the Synthesis of Form* (Bemerkungen zur Synthese der Form) versucht Christopher Alexander, die Komplexität der Struktur der Entscheidungen diagrammartig aufzuzeichnen, die in einer traditionellen Gesellschaft „natürlich" funktionieren und zu der richtigen Form (eines Dorfes oder eines Objektes) führen, ohne die drastischen Reduktionen, die im institutionalisierten Planungsprozess notwendig sind.[85] Alexander benützt in den *Notes* keine Fotos, nur ein-

---

dule, Proportion, Symmetrie, Rhythm (1966); The Man-Made Object (1966); Sign, Image, Symbol (1966, alle New York: Braziller).

83 Konrad Wachsmann, *Wendepunkt im Bauen* (Wiesbaden: Otto Krausskopf, 1959; Nachdruck Dresden: Verlag der Kunst, 1989)

84 Bernard Rudofsky, *Architektur ohne Architekten: Eine Einführung in die anonyme Architektur*. Übers.: Regina Haslinger und Berta Rudofsky (Salzburg und Wien: Residenz Verlag, 1989), o.S.

85 Christopher Alexander, *Notes on the Synthesis of Form* (Cambridge, Mass. und London: Harvard University Press, 1964).

Abb. 70. Diagramm der Funktionszusammenhänge in einem indischen Dorf, aus Christopher Alexanders *Notes on the Synthesis of Form* (1964).

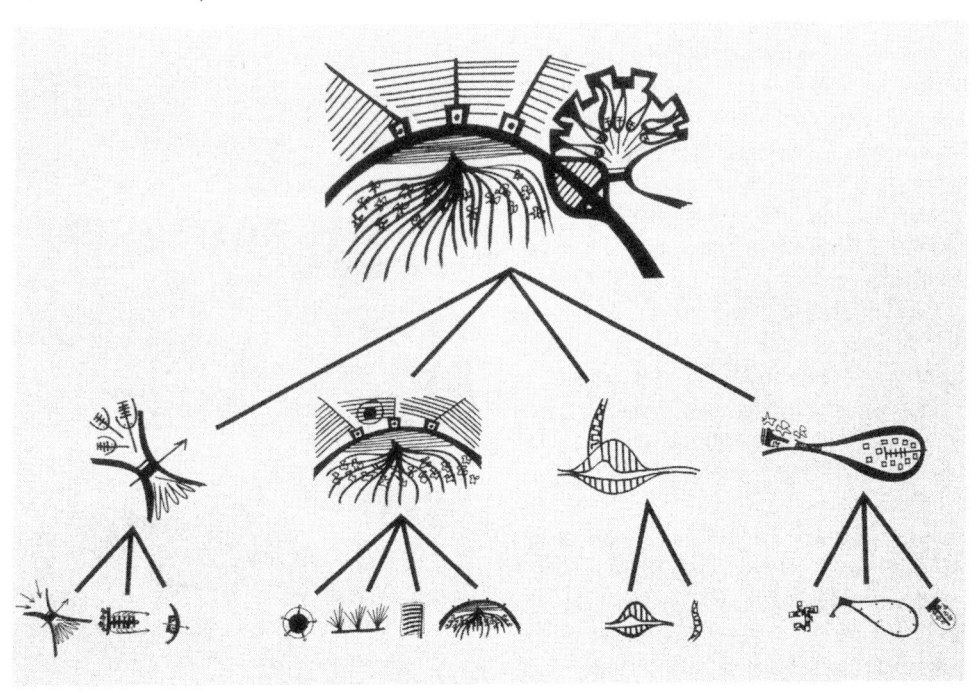

prägsame, holzschnittartig kontrastreiche Diagramme. Erst in den späteren Werken erscheinen die charakteristischen, grobkörnigen Aufnahmen von anonymen, nicht näher identifizierten Bauten. Die „bewussten" und „unbewussten" Prozesse der Formfindung miteinander vergleichend kritisiert er die reduktive Zwischenstufe der Konzeptualisierung und Verbalisierung als Ursache von Misserfolg. Er erwartete damals, dass man dieser Komplexität der zusammenhängenden Muster (patterns) erst mit computergefertigten Diagrammen gerecht werden kann. Die Tabellen und Formeln werden in den späteren Werken zu Patterns für Städte, Nachbarschaften, Häuser, Gärten und Räume. Alexanders Buch *The Timeless Way of Building* (Der zeitlose Weg des Bauens) ist die Gebrauchsanweisung zu der späteren Publikation *A Pattern Language* (Eine Muster-Sprache). Er behauptet, dass diese Patterns „tief in der Natur der Sache verankert sind, und es ist wahrscheinlich, dass sie Teil der menschlichen Natur und menschlichen Aktion in 500 Jahren sein werden, so wie sie es heute sind". Elemente wie Fensterplätze, Baumplätze, die Form des Eingangs stammen alle aus der Tradition des Bauernhauses; Alexander bezeichnet sie als „biologische Patterns", da sie alle auf einen „genetischen Code" für den „menschlichen Akt des Bauens" zurückführbar sind.[86]

Man braucht nicht alle 253 *patterns* zu lesen, um zu erkennen, wie wenig „natürlich" diese Codes wirklich sind. Forde-

---
86 Christopher Alexander, *The Timeless Way of Building* (New York: Oxford University Press, 1979), S. 166.

rungen, dass man in östlicher Richtung schlafen soll und niedrige Regale in den Tragwänden braucht, scheinen eher von einem lebensreformerischen Eifer inspiriert zu sein. Die „biologischen Patterns", wie sie von Alexander konstruiert sind, bekämpfen Konvention nicht durch Natur, sondern durch eine andere Konvention, obwohl durch die theoretische Verpackung ihr Konventionscharakter verschleiert bleiben sollte.

Das Interesse Rudofskys, Abrahams und Alexanders für anonyme Architektur steht im Zeichen zunehmender Kritik einer modernen Architekturpraxis, die auf Vaterfiguren wie Mies, Wright oder Le Corbusier fixiert ist und trotz des Geredes über Funktion und Konstruktion vor allem an Fragen der Formgestaltung interessiert ist. Andere Künstler und Architekten, wie die französischen Situationisten oder die englische Archigram-Gruppe wollten sich statt auf Einzelobjekte auf Umgebungen konzentrieren, deren einzelne Elemente temporär, flexibel sind. Was zählt, ist die Adaptierbarkeit; im Zentrum steht das Ereignis, nicht das Objekt. Im Leitartikel zum 8. Heft der Archigram-Zeitschrift *Open ends* (Lose Fäden) aus dem Jahre 1968 wird die Idee der Sesshaftigkeit kritisiert: „Das Moment des Nomadentums, sich stetig neu zusammenzufinden und wieder aufzulösen, mag die anarchische Stadt als ultima ratio erscheinen lassen oder nahelegen, dass die Bedeutung des ‚Ortes' nur in unserer Vorstellung existiert."[87]

Die aus Autostraßen, Grünflächen, Wohngegenden, Einkaufszentren bestehende zerstreute Stadt ist die Verwirklichung solcher Träume über Natur/Technik-Hybride, die bereits Frank Lloyd Wrights

Abb. 71. MVRDV, Niederländisches Pavillon an der EXPO 2000 in Hannover. Aufnahme Á. M.

Entwürfen für *Broadacre City* präsent waren. Der Begriff für diese Hybridbildung ist *Umwelt*, die technische und natürliche Elemente miteinschließt. Paul Virilio berücksichtigt in seinem Aufsatz „Der echtwahre Augenblick" die neuesten Fortschritte der Informationstechnologie und ihre Konsequenz: Das Ereignis, das im Werk der Situationisten oder der Archigram-Gruppe als städtischer Inhalt zelebriert wurde, verliert seine Realität, Einmaligkeit, zeitliche Lokalisierbarkeit und wird vom beliebig austauschbaren Bild überlagert.[88] Die Beschleunigung des Ver-

---

87 Archigram, „Lose Fäden", in *Ein Archigram-Program 1961–74* (London: Academy, Berlin: Ernst und Sohn, 1994), S. 219.

88 Paul Virilio, „Der echtwahre Augenblick", in Martin Bergelt, Hortensia Völckers (Hrsg.), *Zeit-Räume. Zeiträume – Raumzeiten – Zeiträume*. Übersetzung: Felix Mager (München, Wien: Carl Hanser, 1991), S. 96–101.

kehrs, der Bilder, der Daten führt zu einer zunehmenden Schwere, sogar Immobilität des Beobachters – Virilio spricht anderswo vom „rasenden Stillstand".[89]

Wenn man die Schäden bedenkt, die der Natur zugefügt wurden, erscheinen einem viele Vorschläge der Öko-Architektur und Landschaftsgestaltung als reine Inszenierungen. Die Öko-Häuser und Null-Energie-Häuser sind zweifelsohne Ergebnisse für die Achtung der Natur; sie gehen von der Annahme aus, dass Natur als Ressource geschont werden muss. Dies ergibt jedoch in sich keine Naturästhetik, auch wenn die Hüllen von ökologischen Bauten an sich ästhetisch sind. Es ist ähnlich wie mit dem Funktionalismus. Dass ein perfekt funktionierendes Haus in einem beliebigen Stil gebaut werden kann, wurde lange verwechselt mit Funktionalismus als Ästhetik. Die Natur für die Architektur und ihre Theorie war immer eine Meta-Natur, eine artifizielle Umwelt. Ob Frederick Law Olmsteds große Parkanlagen in den amerikanischen Städten[90] oder Norman Fosters Öko-Wolkenkratzer für die Commerzbank in Frankfurt, es geht immer um Zeichen, Oberflächen, Bilder, mit denen das grundsätzlich Ökonomische „ökologisiert" wird. Peter Zumthor zeigt mit seinem Thermenbad in Vals, dass Natur auch als sinnliche Erfahrung existiert und die architektonische Lösung von dieser Erfahrung aus gesucht und erreicht werden soll. Das holländische Architekturbüro MVRDV machte mit dem Pavillon der Niederlande auf dem EXPO 2000 in Hannover einen anderen Vorschlag: „Natur" wird als dank moderner Technik existierende Packung von übereinander geschichteten Öko-Landschaften gezeigt. Der Bau repräsentiert einprägsam die vor allem in den Niederlanden unbestreitbare Tatsache, dass „Natur" als Grundlage der Agrarwirtschaft oder Erfüllung des Verlangens nach dem eigenen Haus mit Garten nicht trotz, sondern durch Technologie existieren kann. In Zumthors Pavillon der Schweiz an derselben Ausstellung hat die Intention „Wie im Wald"[91] eine andere Bedeutung; technische Formen sind nicht zur Unterstützung eines Biotops notwendig, sondern – in Form von Stahlfedern – zum Zusammenpressen der Holzbalken der Stapelwände. Ob *High-* oder *Low-tech*: Natur wird als zentrales Thema der Architektur die Diskussion weiterhin gestalten.

---

89 Paul Virilio, *Rasender Stillstand*. Übersetzung: Bernd Wilczek (München, Wien: Carl Hanser, 1992).

90 Die wichtigsten Beispiele sind *Central Park* in New York (1858–61) und das großangelegte Parksystem *Emerald Necklace* in Boston (1882–95). Vgl. Charles E. Beveridge und Paul Rocheleau, *Frederick Law Olmsted: Designing the American Landscape* (New York: Rizzoli, 1995).

91 Peter Zumthor mit Plinio Bachmann u.a., *Klangkörperbuch* (Basel, Boston, Berlin: Birkhäuser, 2000), S. 268.

Frank Lloyd Wright

Die Kunst und Fertigkeit der Maschine
(Ausschnitt)

Erste Erscheinung: Frank Lloyd Wright, *Writings and Buildings*. Hrsg. von Edgar Kaufmann und Ben Raeburg (New York: Horizon Press, 1960).
Textquelle: Frank Lloyd Wright, *Schriften und Bauten*. Übersetzung: Jutta Knust und Theodor Knust (München, Wien: Albert Langen, Georg Müller, 1963), S. 71–73.

Das Verhältnis des amerikanischen Architekten Frank Lloyd Wright (1867–1959) zur Entwicklung der modernen Architektur war viel widersprüchlicher als die Rolle anderer so genannten „Wegbereiter". Zurückblickend stellte er selbst mit etwas Bitterkeit fest: „Neue Architektur war grundlegende Notwendigkeit. Aber es schien unmöglich, dass die Architektur sich ohne tiefere Erkenntnis des ihr innewohnenden dichterischen Prinzips erhob. Der Rechenschieber des Ingenieurs konnte diesen Fluch nicht vermindern, sondern nur fördern und bestätigen – was auch geschah. Das notwendige Interpretation betrachtete ich selbst als etwas Organisches, und Naturtreue, dachte ich, werde selbstverständlich auch meinen Architekturkollegen sichtbar werden. Gegen meinen Willen, und weil ich mich immer deutlicher ausdrückte, wurde ich zu einer Art störendem Mahner – einem lebendigen Vorwurf für meine Kollegen." (*Ein Testament*, 1957)
  Wright begann nach einem kurzen Studium des Ingenieurwesens an der University of Wisconsin in Madison (1885–1887), im Büro von Louis Sullivan und Dankmar Adler in Chicago zu arbeiten. Die Entwicklung seiner eigenständigen Formensprache, die erst bei der Serie der Prairie-Häuser (1889–1910) in der Gartenstadt Oak Park bei Chicago Ausdruck fand, erhielt Impulse aus verschiedenen Quellen wie z.B. von Henry H. Richardsons Architektur, von der Arts-and-Crafts-Bewegung, der Kunst Japans oder von der Wiener Moderne um 1900. Das berühmte, vom Wasmuth-Verlag in Berlin publizierte Mappenwerk *Ausgeführte Bauten und Entwürfe von Frank Lloyd Wright* (1910–11) hat die europäische architektonische Avantgarde (z.B. Walter Gropius und Ludwig Mies van der Rohe) zutiefst beeinflusst. Seine Architekturschule (Taliesin East in Wisconsin, Taliesin West in Arizona) wurde zur Pilgerstätte der Architekten der Moderne aus Europa.
  Wright war ein unermüdlicher Kritiker der amerikanischen Wolkenkratzerstadt und Propagandist eines losen, der amerikanischen Lebensart („Usonien") entsprechenden Stadt-Land-Gewebes, *Broadacre City*. In zahlreichen Bücher und Aufsätzen hat er diese Ideen weiterentwickelt und variiert; die wichtigsten sind *An Autobiography* (1943), *When Democracy Builds* (1945), *The Natural House* (1954); eine Auswahl seiner Schriften wurde in fünf Bänden veröffentlicht (Bruce Brooks Pfeiffer, Hrsg., *Frank Lloyd Wright: Collected Writings*, 1992–1995).
  „The Art and Craft of the Machine" war eine Ansprache von Frank Lloyd Wright vor der *Arts and Crafts Society* in Chicago, am 6. März im Hull-House und vor der *Western Society of Engineers* am 20. März 1901. Der in verschiedenen Fassungen existierende, mehrmals überarbeitete Text war in seiner ursprünglichen Form eine der frühesten erhaltenen Äußerungen Wrights zur Architektur. Sowohl seine Revision der englischen Arts-and-Crafts-Ideologie als auch die mystischen, vitalistischen Züge seines Denkens kommen bereits hier zum Vorschein.

Bibliografie: Neil Levine, *The Architecture of Frank Lloyd Wright* (Princeton, USA, Chichester, UK: Princeton University Press, 1996).

Lassen Sie sich bei Einbruch der Nacht sanft auf eines der großen Bürogebäude der City hinauffahren, und Sie können sehen, wie sehr dieses Ding, das wir Großstadt nennen, als Ebenbild des materiellen Menschen geschaffen, zugleich sein Ruhm und seine Bedrohung ist.

Dort unten, in einer Nacht heranwachsend, räkelt sich das Ungeheuer Leviathan über Hektar um Hektar bis in weite Ferne. Hoch darüber hängt das stagnierende Bahrtuch seines fauligen Atems, gerötet vom Licht seiner unzähligen Augen, die ohne Ende allenthalben blinzeln. Zehntausende von Hektar Zellgewebe, Schicht über Schicht, das Fleisch der Stadt, durchwebt von dem verwickelten Netz der Venen und Arterien, strahlt es in die Finsternis hinaus und pulsiert und zirkuliert mit ersticktem beharrlichem Brüllen wie das Blut in unsern Adern, mit dem unaufhörlichen Schlag der Betriebsamkeit, deren Bedürfnissen die Stadt alles anpaßt.

Wie der Stoffwechsel des menschlichen Körpers ist das Absaugen der giftigen Abfälle aus dem System dieses ungeheuerlichen Geschöpfs; zuerst werden sie von unendlich verästelten Kapillargefäßen absorbiert, an deren Enden sich die für das Leben zerstörende Materie sammelt, sie wird von dort in Millionen kleiner Därme gedrängt, wo sie wieder von größeren aufgenommen wird, bis sie in den mächtigen Siel, weiter in den Abzugskanal und schließlich ins Meer fließt.

Diese Zehntausende von Hektar fleischgleicher Gewebe wiederum sind durchzogen und durchsetzt von einem Nervensystem wunderbar vollständiger zarter Fäserchen für das Abhören, Erkennen, fast Fühlen des Pulsschlags in diesem Organismus; und dieses System wirkt auf die Bänder und Sehnen ein, vermittelt Bewegungsimpulse, und in dem allen fließt das treibende Fluidum des menschlichen Lebens.

Die Nervenganglien! Die unvergleichlichen Corliss-Turbogeneratoren, die ihre hunderttonnigen Schwungräder wirbeln lassen, gespeist von gigantischen Batterien von Wasserrohrkesseln, die Öl brennen und vor denen ein einsamer Mann langsam hin und her geht, hier und da die kleinen Speiseventile reguliert, die das ohrenbetäubende Brüllen des flammenden Gases kontrollieren, während dahinter das unaufhörliche Klicken, Fallen, Warten, Sich-Heben, Warten, Weiterrücken der Steuerung diese modernen Goliathe lenkt, ein sichtbares Gehirn in scheinbar intelligenter Tätigkeit, in den großen Magneten unfehlbar registrierend, in der Riesenumarmung der großen Induktionsspulen schnurrend, den Lebensstrom erzeugend, der mit sofortiger Reaktion in die rollenden Züge auf hochgelegten Gleisen strömt, zehn Meilen entfernt, wo das grelle Licht der Bessemerbirnen eine Feuersbrunst der Wolken hervorruft.

Ruhiger flüstern in den langen niedrigen Sälen der Fabrikgebäude, die in der Finsternis unter uns begraben sind, Reihe um Reihe unerschütterlicher, schöner vollendeter Automaten und murmeln zufrieden mit einem gelegentlichen Klickklack; diese heutigen Werkzeugmaschinen hätten die amerikanische Industrie vor fünf Jahren abgewürgt; sie manipulieren den Stahl so zart, wie der geheimnisvolle Webstuhl von heute einen Seidenfaden in dem schimmernden Muster eines eleganten Kleiderstoffes manipuliert.

Und das mühsame Atmen, Murmeln, Klirren und Brüllen! – wie die Stimme dieses ungeheuerlichen Dinges, dieser größten aller Maschinen, einer großen Stadt, sich erhebt, um das Wunder der Einheiten seiner Struktur zu verkünden: der gespenstische Warnschrei aus den tiefen Kehlen der Schiffe, die machtvoll Einlaß in den Wasserweg dort unten fordern, beantwortet von dem widerhallenden Lärmen der Brückenglocken, das näherkommt und unheilverkündender wird, wenn das Fahrzeug für einen Augenblick das Fließen der nahen Arterie durchschneidet, und den

Strom vor der herumschwingenden Brücke warnt, die sich jetzt hinter der würdevollen Durchfahrt des stattlichen Schiffes schließt, genau zur rechten Zeit, um in einem Zischen von Dampf wie einen Lichtstreifen die Lawine von Blut und Metall aufzunehmen, die sich über sie wirft und schon fort ist, auf glitzernden Metallbändern in die Nacht hinaustobt, immer treu eingeschlossen von den zarten Zauberleitungen, die unsichtbar zu ihrem Schutz ticken.

Näher, in dem Gebäude, das von mitternächtlicher Tätigkeit leuchtet und bewegt wird, fließt ein unbeflecktes Papierband in das Wunder der Rotationsmaschine, um den unauslöschlichen Eindruck der menschlichen Hoffnungen, Freuden und Ängste zu erhalten; die Maschine bebt im Pulsschlag dieser großartigen Betriebsamkeit und ist ebenso unfehlbar, wie die graue Materie des menschlichen Gehirns den Eindruck der Sinne aufnimmt, um Millionen von sauber gefalteten fertigen Zeitungen auszuspeien, die von lebhaften Appellen an die guten und bösen Leidenschaften strotzen; sie weben ein Netz der gegenseitigen Verständigung, das so weit reicht, daß die Entfernung zu einem Nichts wird; der Gedanke eines einzelnen Mannes in irgendeinem Winkel der Welt, an einem Tag gedacht, ist am nächsten Tag bereits allen andern Menschen mit bloßem Auge sichtbar. Hier spiegelt sich das Treiben der ganzen Erde wie in einem Spiegel wider, so wunderbar empfindlich ist dieses breite weiße Band, das tagein, tagaus endlos dahinströmt, im Griff der Rotationsmaschine.

Wenn der Pulsschlag der Betriebsamkeit in dieser großen Stadt, auf den das Beben des Mammutskeletts unter unsern Füßen nur eine ehrfurchteinflößende Reaktion ist, schon erregt, wie steht es dann mit diesem produktiven, schweigenden Gehorsam?

Und die Gewebestruktur dieses großen Dinges, dieses Vorläufers der Demokratie, der Maschine, ist, Partikel um Partikel, in blindem Gehorsam dem organischen Gesetz gegenüber niedergelegt worden, dem Gesetz, für das das große Solaruniversum auch nur eine gehorsame Maschine ist.

So ist das Ding beschaffen, dem die Kräfte der Kunst die Erregung der Vergeistigung einhauchen sollen! EINE SEELE!

Otto Wagner — Die Konstruktion (Ausschnitt)

Erste Erscheinung: Otto Wagner, *Die Baukunst unserer Zeit* (4. Aufl. Wien: Anton Schroll, 1914).
Textquelle: Otto Wagner, *Die Baukunst unserer Zeit* (Nachdruck Wien: Löcker, 1979), S. 58–63.

Artis sola domina necessitas, der Kunst einzige Herrin ist die Notwendigkeit, hat Otto Wagner (s. Seite 43) dem Kapitel „Die Konstruktion" in seinem Buch *Die Baukunst unserer Zeit* überschrieben. Diese von Gottfried Semper stammende Losung erschien dem Wiener Architekt so wichtig, dass er sie als sein Wahlspruch an der Fassade seiner ersten Villa in Wien-Hütteldorf (1886–1888) anbringen ließ. Semper verstand unter Notwendigkeit eine Reihe von Einflüssen, die „von Außen her auf die Entstehung eines Kunstwerkes wirken", wie etwa die Materialien, die Arten der Ausführung, das Klima, die Gesellschaft, die Religion, der Auftraggeber oder die ausführenden Handwerker. Sein System, die Trennung der vier technischen Klassen Textilkunst, Keramik, Tektonik und Stereotomie erlaubte es Semper, eine Lehre aufzustellen, welche durch das Prinzip der Bekleidung und durch die Stoffwechseltheorie der Konstruktion eine symbolische Bedeutung gibt. Wagner interpretiert Notwendigkeit als einen Begriff, in dem Bedürfnis, Zweck, Konstruktion und Schönheitssinn vereint sind. Hier ist Konstruktion mit den anderen Komponenten nicht kausal verbunden, ihr Keim liegt „im Bauen selbst". Die Konstruktion bezeichnet Wagner als „die Urzelle des Bauens", aus der der Architekt mit Schönheitssinn die Kunstform entwickeln kann. Obwohl sich Wagner auf Semper beruft, sind die Unterschiede der zwei Interpretationen des Konstruktionsbegriffs groß. Wagner scheint hier die Konstruktion als eine unabhängige, auf andere Faktoren nicht weiter zurückführbare Variable zu verstehen.

Bibliografie: s. Seite 44.

Das Bedürfnis und die Notwendigkeit des Schutzes gegen die Unbilden der Witterung, gegen Menschen und Tiere waren sicher die erste Veranlassung und der ursprüngliche Zweck des Bauens.

Im Bauen selbst liegt der Keim zu jeder Konstruktion, deren Entwicklung mit dem Zwecke fortschreitet.

Solches Schaffen entspricht dem Begriffe der reinen Utilität. Sie konnte nicht genügen; der der Menschheit innewohnende Schönheitssinn rief die Kunst herbei und machte sie zur steten Begleiterin des Bauens.

So ward die Baukunst!

Der Schmuck von Hütten und Höhlen mit Blumen, Reisern, Trophäen, Waffen und Denksteinen hat sicher das erste Gefühl für die Nachbildung wachgerufen, und so wurde die erste Kunst, die Baukunst, die Lebensweckerin ihrer Schwestern Malerei und Bildnerei.

Ihre Werke sind das selbständige Schaffen des Schönen.

Bedürfnis, Zweck, Konstruktion und Schönheitssinn sind daher die Urkeime des baukünstlerischen Lebens. In einem Begriffe vereint bilden sie eine Art „Notwendigkeit" beim Entstehen und Sein jedes Kunstwerkes, dies der Sinn der Worte: „ARTIS SOLA DOMINA NECESSITAS".

Kein Geringerer als Gottfried Semper hat zuerst unsere Aufmerksamkeit auf diese Wahrheit gelenkt (wenn er auch später zum Teile davon abging) und dadurch allein schon ziemlich deutlich den Weg gewiesen, welchen wir zu wandeln haben.

Bedürfnis und Konstruktion halten mit der strebenden Menschheit gleichen Schritt, diesen kann die majestätisch schreitende Kunst nur langsam folgen.

Die Befürchtung, daß das reine Utilitätsprinzip die Kunst verdrängen werde, liegt daher scheinbar nahe. Ja sie hat sogar zeitweilig zu einer Art Kampf geführt, der insoferne unrichtig aufgefaßt wurde, als man der Meinung war, daß die Gegensätze zwischen Realismus und Idealismus unüberbrückbar wären.

Das Unrichtige dieser Auffassung liegt in der Voraussetzung, die Utilität könne den Idealismus vollständig verdrängen, und in der weiteren Folgerung, die Menschheit könne ohne Kunst leben, während nur anzunehmen ist, daß Utilität und Realismus vorangehen, um die Taten zu erzwingen, welche die Kunst und der Idealismus auszuführen haben.

Vom Ursprunge aller Kunst bis heute ist dieser Vorgang, dieses Werden ein gleiches geblieben; ein Blick in die Vergangenheit wird uns dies deutlich zeigen.

Die erste menschliche Bauform war das Dach, die schützende Decke, sicher zum Ersatze mangelnder Höhlen. Das Dach verlangte die Stütze, später die Wand, endlich den Herd. Die künstliche Stütze holte das Baumaterial, Holz und Stein herbei, die Wand schuf Flechtwerk und Mauer.

Diese Bauelemente haben durch seßhafte Ansiedelungen, durch Werkzeuge und natürliche Verhältnisse ihre weitere Ausbildung erhalten. Überlieferungen, ein stetes Hinzukommen neuer Zwecke und Herstellungsmittel haben mit der durch den menschlichen Schönheitssinn geborenen Kunst nach unermeßlich langer Entwicklung die Grundformen der Stützen, Wände, Sparren etc. allmählich zu Kunstformen erhoben.

Nur so kann die Baukunst entstanden sein. Über die Richtigkeit des hier Gesagten kann wohl kein Zweifel bestehen.

Prüft man überdies alle Kunstformen der historischen Zeitperiode, so läßt sich trotz aller Stilepochen die beinahe ununterbrochene Reihe des allmählichen Werdens vom Tage ihres KONSTRUKTIVEN Entstehens bis heute mit Leichtigkeit nachweisen.

Ein logisches Denken muß uns daher zur Überzeugung führen, daß der Satz: „JEDE BAUFORM IST AUS DER KONSTRUKTION ENTSTANDEN UND SUKZESSIVE ZUR KUNSTFORM GEWORDEN", unerschütterlich ist. Dieser Grundsatz hält allen Analysen Stand und erklärt uns jede Kunstform.

Schon im Kapitel Stil und oben wurde betont, daß die Kunstformen Veränderungen erfuhren. Diese Veränderungen sind, abgesehen davon, daß die Form dem Schönheitsideale der jeweiligen Epoche entsprechen mußte, dadurch entstanden, daß die Art der Herstellung, das Material, die Werkzeuge, die verfügbaren Mittel, das Bedürfnis, das Kunstempfinden etc. verschieden waren und ihnen überdies in verschiedenen Gegenden auch verschiedene Zweckerfüllungen zukamen. ES KANN DAHER MIT SICHERHEIT GEFOLGERT WERDEN, DASS NEUE ZWECKE UND NEUE KONSTRUKTIONEN NEUE FORMEN GEBÄREN MÜSSEN.

Unsere modernste Epoche hat, wie keine frühere, die größte Anzahl solcher Konstruktionen (man bedenke nur den Erfolg des Eisens beim Metallbetonbau) hervorgebracht.

Sind alle diese Formen auch heute noch nicht zu vollendeter und allgemein empfundener Kunstform geworden, so ist dies aus dem früher angedeuteten Grunde erklärlich, weil eben die Utilität dieselben für die schaffende Kunst erst vorbereitet.

Auch der Umstand mag hier nochmals betont werden, daß jede Formgebung immer langsam und unmerklich vor sich geht.

Es ist Sempers unbestrittenes Verdienst, uns durch sein Buch „Der Stil", allerdings in etwas exotischer Weise, auf diese Postulate verwiesen zu haben. Wie Darwin aber hatte er nicht den Mut, seine Theorien nach oben und unten zu vollenden, und hat sich mit einer Symbolik der Konstruktion beholfen, statt die Konstruktion selbst als die Urzelle der Baukunst zu bezeichnen.

Immer geht die Konstruktion voran, denn ohne sie kann keine Kunstform entstehen, und die Aufgabe der Kunst, Bestehendes zu idealisieren, ist ohne Bestehen des Objektes unmöglich.

Die Bildung unserer ureigenen, den modernen Konstruktionen entsprechenden Kunstformen liegt also in uns selbst, die Möglichkeit, sie zu schaffen, ist uns durch das reiche Erbe, das wir angetreten haben, geboten und erleichtert.

Das nutzbringende Resultat dieser Betrachtung ist ein sehr einfaches:

„DER ARCHITEKT HAT IMMER AUS DER KONSTRUKTION DIE KUNSTFORM ZU ENTWICKELN." Selbstredend muß die Konstruktion den ins Auge gefaßten Zweck erfüllen.

Den ungeheuren Wert der Konstruktion hat die moderne Menschheit sofort erfaßt und zu ihrer grandiosen Vervollkommnung die ausgezeichnetsten Vertreter entsandt.

So gewaltig ist daher dieses Gebiet angewachsen, daß es naturgemäß zur Teilung der Arbeit führen mußte; so sehen wir heute die getrennten Fachgebiete des Brückenbaues, des Bahnbaues, der Trägerkonstruktionen, des Betonbaues, des Maschinenbaues etc. mit Rieseneile sich immer weiter entwickeln.

Der Urgedanke jeder Konstruktion ist aber nicht in der rechnungsmäßigen Entwicklung, der statischen Berechnung zu suchen, sondern in einer gewissen natürlichen Findigkeit, er ist etwas Erfundenes.

Von dieser letzteren Seite aber greift die Konstruktion in das Gebiet der Kunst, das heißt, der Baukünstler wird jene Konstruktion wählen, bestimmen, vervollkommnen oder erfinden, welche sich am natürlichsten in das von ihm zu schaffende Bild einzufügen imstande ist und sich am besten zur werdenden Kunstform eignet.

Die zur Verfügung stehenden Mittel und der Zweck des entstehenden Objektes werden stets ein Schwanken zwischen den Grenzen reiner Utilität und künstlerischer Durchführung veranlassen; ihre richtige Abwägung aber wird den Einfluß des Künstlers oder Ingenieurs regeln.

DER NICHT AUF DIE WERDENDE KUNSTFORM, SONDERN NUR AUF DIE STATISCHE BERECHNUNG UND AUF DEN KOSTENPUNKT RÜCKSICHT NEHMENDE INGENIEUR SPRICHT DAHER EINE FÜR DIE MENSCHHEIT UNSYMPATHISCHE SPRACHE, WÄHREND ANDERERSEITS DIE AUSDRUCKSWEISE DES ARCHITEKTEN, WENN ER BEI SCHAFFUNG DER KUNSTFORM NICHT VON DER KONSTRUKTION AUSGEHT, UNVERSTÄNDLICH BLEIBT.

Beides sind große Fehler.

Da der Ingenieur selten als Künstler geboren ist, der Baukünstler in der Regel aber sich zum Ingenieur ausbilden muß, kann es als sicher angenommen werden, daß es der Kunst, beziehungsweise dem Baukünstler mit der Zeit gelingen werde, seinen Einfluß auf das heute vom Ingenieur okkupierte Gebiet zu erweitern, damit auch hier den berechtigten ästhetischen Forderungen Genüge geschehe.

Die eingangs erwähnte Aufeinanderfolge der vorbereitenden Utilität und der das Begonnene ausbildenden Kunst wird also in allen Fällen eintreffen und mit der Zeit das Nichtbefriedigende der Werke des Ingenieurs abdrängen.

Es ist hier, um nicht mißverstanden zu werden, zu bemerken, daß von einem Herabdrücken des Niveaus des Ingenieurs durch den Künstler schon deshalb keine Rede sein kann, weil die Fähigkeiten beider in vollkommener Weise nie in einem Individuum vereint waren, ja nicht vereint sein können.

Richard Streiter

Konstruktion und Kunstform
(Ausschnitte)

Erste Erscheinung: Richard Streiter, *Architektonische Zeitfragen. Eine Sammlung und Sichtung verschiedener Anschauungen mit besonderer Beziehung auf Professor Otto Wagners Schrift 'Moderne Architektur'* (Berlin 1898).
Textquelle: Richard Streiter, *Ausgewählte Schriften zur Aesthetik und Kunst-Geschichte*. Hrsg. von Franz von Reber und Emil Sulger-Gebing (München: Delphin-Verlag, 1913), S. 96–97, 102–103, 116–119.

Der deutsche Architekt und Kunsthistoriker Richard Streiter (1861–1912) studierte zwischen 1878 und 1883 an der Technischen Hochschule in München. Nach einer Italienreise im Jahre 1888 begann er, im berühmten Atelier von Paul Wallot in Berlin zu arbeiten. Aber sein Interesse für „kunstwissenschaftliche Schriftstellerei" drängte sein praktisches Schaffen als Architekt bald ganz in den Hintergrund. Er kehrte nach München zurück und studierte Kunstgeschichte, Philosophie und Ästhetik an der Universität. 1896 promovierte er mit der Arbeit *Karl Böttichers Tektonik der Hellenen als ästhetische und kunstgeschichtliche Theorie.* Im nächsten Jahr habilitierte er mit der Arbeit *Geschichte der neuen Baukunst und Stillehre* an der TH München, wo er 1903 zum außerordentlichen Professor ernannt wurde. Wegen einer schweren Krankheit musste er sich von 1907 an auf Vorlesungen verzichten und die fünf letzten Jahre seines Lebens ans Bett gefesselt verbringen.

Der Aufsatz „Architektur und Kunstphilosophie" (1896/1897) zeigt die Wirkung von Schmarsows *Das Wesen der architektonischen Schöpfung* auf Streiters Denken; er hat sich auch mit der Einfühlungstheorie von Theodor Lipps auseinander gesetzt. Weitere um die Jahrhundertwende veröffentlichte Aufsätze zeigen das ganze Spektrum seines Interesses: „Das deutsche Kunstgewerbe und die englisch-amerikanische Bewegung" (1896), „Nordamerikanische Architektur" (1898), „Illusions-Aesthetik" (1902), „Entwicklungsfragen auf dem Gebiete der schriftlichen Kunst des ersten Jahrtausends" (1903). Da der größte Teil seiner Schriften in verschiedenen Zeitschriften publiziert wurde, haben seine Freunde eine Auswahl nach seinem Tode in einem Buch veröffentlicht: *Richard Streiter. Ausgewählte Schriften zur Aesthetik und Kunst-Geschichte* (1913). Das längere Essay *Architektonische Zeitfragen* erschien bereits 1898 in Buchform und bleibt bis heute einer der philosophisch fundiertesten Auseinandersetzungen mit Otto Wagners Schrift aufgrund der neuen Erkenntnisse der kritischen Kunsttheorie.

Bibliografie: F. v. Reber und E. Sulger-Gebing, „Richard Streiter" in: Richard Streiter (Hrsg. von Franz von Reber und Emil Sulger-Gebing), *Ausgewählte Schriften zur Aesthetik und Kunst-Geschichte* (München: Delphin-Verlag, 1913), S. I–IV.

Die Frage nach dem Verhältnis zwischen der zunächst nur praktischen Zwecken dienenden, baulichen Konstruktion und der architektonischen Kunstform bildet nicht nur eines der schwierigsten Probleme der Kunstphilosophie, sie ist auch heute noch der eigentliche Streitpunkt der Künstlerparteien, die noch immer nach ihrer Stellungnahme zur Antike einerseits, zur Gotik anderseits im wesentlichen in zwei große Gruppen sich zusammenfassen lassen. Noch immer wird von den Verehrern der Gotik als besonderer Vorzug dieses Stiles gepriesen, daß hier am vollkommensten ein konstruktives Prinzip zu einem künstlerischen System ausgebildet sei, noch immer wird dagegen von den Anhängern der Antike und aller davon abgeleiteten Stile bestritten, „daß die Architektur auch als Kunst vor allem die gesetzmäßige Folgerichtigkeit der Konstruktion auszusprechen habe."[1]

Solange Karl Böttichers tektonische Theorie ihren starken Einfluß ausübte, wurden der Gotik ihre große konstruktive Konsequenz und ihre Ueberlegenheit in Bezug auf die Raumbildung auch von den Klassizisten bereitwillig zugestanden, dagegen wurde ihr als ein Mangel angerechnet, daß sie im einzelnen jener klaren, allgemein verständlichen Struktur-Symbolik entbehre, die den griechischen Tempelbau zu einem unübertrefflichen Muster tektonischer Formvollendung mache. Die neuere Aesthetik kann auf Grund der fortgeschritteneren psychologischen Analyse

---

1 Vgl. Julius Meyer, *Gesammelte Aufsätze* (hrsg. von Conrad Fiedler), S. 89.

Bötticher Auffassung der tektonischen Symbolik nicht mehr anerkennen;[2] sie kann auch einen grundsätzlichen Unterschied zwischen der Struktur-Symbolik griechischer und der gotischer Architektur-Formen nicht mehr aufrecht erhalten. Diese neuere Auffassungsweise von tektonischer Symbolik, wie sie die psychologisch-ästhetische Forschung in der sogenannten „Einfühlungstheorie" gewonnen,[3] hat in Architektenkreisen noch wenig Eingang gefunden, weshalb denn auch über das Grundproblem aller Architektur-Aesthetik, über die Frage: Wie kann der formale Ausdruck einer konstruktiven Funktion für den Beschauer ästhetisch wertvoll – „schön" – sein? noch allenthalben Unsicherheit und Uneinigkeit herrscht.[4]

Auch bei Wagners Ausführungen (Otto Wagner, *Moderne Architektur*, Wien 1896, S. 54–58) tritt diese Unklarheit empfindlich genug zu Tage; sie macht den „die Konstruktion" betitelten Abschnitt seiner Schrift, von dem man nach dem Vorhergehenden Wichtiges erwarten muß, zu einer Enttäuschung.

[...]

Die weitaus größte Mehrzahl der Architekten läßt sich beim Entwerfen neuer Bauten vom Formgefühl eines historischen Stiles leiten und wählt dementsprechend die Konstruktionen, verwendet, was häufig vorkommt, die als zweckmäßiger oder billiger bevorzugten modernen Konstruktionen und maskiert sie durch „stilgerechte" Schein-Konstruktionen. Nach Wagners Anschauung ist hierin ja wohl eine Schwäche, ein krankhafter Zug unserer modernen Architektur zu erblicken. Aber – so wird man fragen müssen – kann diesem Uebel durch allgemeine Befolgung des Satzes: „Der Architekt hat immer aus der Konstruktion die Kunstform zu entwickeln", wirklich abgeholfen werden?

Diese Hauptfrage wird sich bei näherem Zusehen in zwei Fragen teilen:

1. Wie ist überhaupt aus der Konstruktion die architektonische Kunstform zu entwickeln?
2. Inwieweit begünstigt insonderheit das, was unsere Zeit als Neues den überkommenen Konstruktionen hinzugebracht hat, die Entwickelung neuer Kunstformen?

Es muß gewiß befremden, daß Wagner auf eine Erörterung der so wichtigen ersten Frage, in deren Verantwortung seine ganzen Ausführungen gipfeln würden, sich gar nicht eingelassen hat. Dieses Umgehen des springenden Punktes wird aber begreiflich durch einige Aeußerungen, welche erkennen lassen, daß Wagner selbst über jene grundlegende Frage durchaus nicht im Klaren ist. Wie könnte er sonst bei Semper das Festhalten an einer „Symbolik der Konstruktion" beanstanden, da doch gerade diese Symbolik das ist, was aus dem Konstruktionsglied die Kunstform werden läßt. Oder glaubt Wagner an eine andere Möglichkeit, aus der Konstruktion die Kunstform zu entwickeln? Dann hätte er mit seiner Ansicht nicht hinter dem Berge halten sollen. Denn was nützt es, dem Architekten zuzurufen: „Du mußt aus der Konstruktion die Kunstform entwickeln!", wenn man ihm nicht den Weg zeigt, wie das zu machen ist, wenn man ihm vielmehr den Weg, der bisher als der einzig richtige gegolten hat, noch als falsch hinstellt? Man wird wohl nicht fehl gehen mit der Vermutung, daß Wagner nur infolge eines theoretischen

---

2 Vgl. R. Streiter, *Karl Böttichers Tektonik der Hellenen als ästhetische und kunstgeschichtliche Theorie*. (Beiträge z. Aesthetik, hrsg. v. Th. Lipps u. M. Werner, III.) Hamburg-Leipzig 1896.
3 Vgl. Paul Stern, *Einfühlung und Assoziation in der neueren Aesthetik*. (Beitr. z. Aesthetik, hrsg. v. Th. Lipps u. M. Werner, IV.) Hamburg-Leipzig 1897. Theodor Lipps, *Raumästhetik und geometrisch-optische Täuschungen*. Leipzig 1897.
4 Vgl. August Schmarsow, *Das Wesen der architektonischen Schöpfung*. Leipzig 1894. Hiezu: *Centralblatt d. Bauverwaltung* 1896, S. 369 ff. u. S. 550 ff.; 1897, S. 50 ff. u. S. 100 ff.

Mißverständnisses jenen Einwand gegen Semper gemacht, daß er dagegen in praxi selbst sich der Symbolik der Konstruktion nicht entschlagen wird, ja nicht entschlagen kann. Doch auch nach diesem Zugeständnis wird dem Satz: „Der Architekt hat immer aus der Konstruktion die Kunstform zu entwickeln", nicht jene weittragende, reformatorische Bedeutung für das moderne architektonische Schaffen beizumessen sein, die man auf den ersten Blick in ihm vermuten könnte. Denn die Bildung der Kunstform mittels der Symbolik der Konstruktion läßt, wie wir sahen, jene Freiheit des Gestaltens zu, die ein und derselben Konstruktion diesen oder jenen Stilcharakter verleihen kann. Entscheidend hiefür ist das Formgefühl des Schaffenden, oder der Schaffenden. Was aber bestimmt das Formgefühl? Der Geist der Zeit, wird man im allgemeinen antworten. Nun scheint es aber – die Tatsachen beweisen es – eine tiefbegründete Eigentümlichkeit unseres Jahrhunderts zu sein, daß ein einheitliches, bestimmt ausgeprägtes, selbstbewußtes, weit auf innerer Notwendigkeit beruhendes Formgefühl nirgends mehr – mit Ausnahme vielleicht bei einigen noch sehr abgeschlossenen außereuropäischen Völkern – zu finden ist. Damit ist der *circulus vitiosus* wieder einmal geschlossen, der alle seit dem Anfang des Jahrhunderts unternommenen Versuche, den neuen „dem Geiste der Zeit" entsprechenden Stil zu erringen, scheitern ließ. Wenn Wagner (S. 57) ausruft: „Was kann logischer sein, als zu behaupten: Wenn der Kunst so vieles und völlig Neues an Konstruktionen zugeführt wird, muß daraus unbedingt eine neue Formgebung und allmälig ein neuer Stil entstehen", so krankt diese Logik an der falschen Voraussetzung, Konstruktionen, Techniken seien an sich schon das Entscheidende für die Formgebung, den Stil.

[...]

Man ist, vornehmlich in Architektenkreisen daran gewöhnt, das ausschlaggebende Kriterium für das wesentlich Unterscheidende der Baustile in dem Konstruktionsprinzip zu sehen, nach welchem die Raumüberdeckung und Raumumschließung durchgeführt ist. Grundlegend für diese Betrachtungsweise wurde Karl Böttichers geistvolle Darstellung im ersten Exkurs der ersten Ausgabe seiner „Tektonik der Hellenen" und in der Schinkelfestrede (1846) über „das Prinzip der hellenischen und germanischen Bauweise hinsichtlich der Uebertragung in die Bauweise unserer Tage." Auch G. Semper (*Stil* II. Bd., 10. Hauptstück) teilte nach diesem Gesichtspunkte die sämtlichen Baustile in zwei große Gruppen: die Balkenstile und die Gewölbestile. Dieses augenfällige, prinzipiell trennende Merkmal genügt aber nicht zur Unterscheidung der kunstgeschichtlich feststehenden Stilarten innerhalb der großen Gruppen. Die Aegypter, die Perser bedienten sich desselben architektonischen Konstruktionsprinzips (horizontale Balkendecke von Säulen getragen), wie die Griechen. Wie verschiedenartig aber ist der besondere Stilcharakter der Bauweisen dieser drei Völker! Der ganze Bau einer frühchristlichen Basilika hat mit dem einer romanischen (flachgedeckten) Basilika die größte Aehnlichkeit. Dennoch unterscheiden wir hier zwei verschiedene Stile! Auch die romanische Gewölbe-Basilika unterscheidet sich von der frühgotischen in bezug auf Raumbildung fast gar nicht! Dies spricht wieder zu gunsten Wölfflins und ist August Schmarsow[5] entgegenzuhalten, wenn er gegen obigen Satz Wölfflins mit dem Einwurf sich wendet: „Die Raumbildung ist das stilbildende Prinzip der Architektur zu allen Zeiten und nicht die Formgebung im einzelnen oder die Behandlung des Materials im kleinen." Würde man, so kann man Schmarsow fragen, eine römische *basilica forensis* und das Pantheon (als Innenräume) für Bauwerke ein und desselben Stiles erklären können, wenn man nur die

---

5 August Schmarsow, *Zur Frage nach dem Malerischen*. (Beiträge zur Aesthetik der bildenden Künste, I.) Leipzig 1896. S. 16.

Raumbildung ins Auge faßte und von der Formgebung der Bauglieder völlig absähe? Oder würde man die Sophienkirche in Konstantinopel auch dann noch einem neuen, vom römischen wesentlich verschiedenen Stil zuzuteilen sich genötigt sehen, wenn der Bau im innern und äußern in klassisch-römischer Formgebung durchgebildet und dekoriert wäre? So wenig bezweifelt werden kann, daß technisch konstruktive Fortschritte und Neuerungen, die die Gestaltung neuer Raumformen und Raumgrößen ermöglichen, auf die stilistische Gesamtstimmung unter Umständen von entscheidendem Einfluß gewesen ist, so wenig kann zugegeben werden, daß für alle stilistischen Wandlungen die Veränderung des raumbildenden Prinzips der Ausgangspunkt war und immer sein muß. Es kann also weder der Satz Wölfflins, noch der Satz Schmarsows Anspruch auf allgemeine Gültigkeit erheben. Immerhin wird man über beide Anschauungen dahin entscheiden können, daß in der weitaus größten Mehrzahl der Fälle in der Raumbildung allein nicht in erster Linie und charakteristisch genug jene künstlerische Stimmung zum Ausdruck gelangt, die wir als den Stil einer Epoche bezeichnen.

Auch Jakob Burckhardt (*Geschichte der Renaissance in Italien*, 2. Aufl. S. 44) erkennt nicht in der Raumbildung an sich das stilbildende Prinzip der Architektur. Er unterscheidet zwischen „organischen" und „abgeleiteten" Baustilen. Zu ersteren rechnet er die Stile, die mit voller Konsequenz ein Konstruktionssystem zu einem streng einheitlichen, in sich geschlossenen Organismus ausbildeten. Dies sind nach seiner – wie Anderer – Ansicht nur der griechische und der gotische Stil. Hier findet er allerdings die höchste stilistische Leistung an eine bestimmte, charakteristische Raumbildung gebunden. „Die organischen Stile – sagt er – haben immer nur einen Haupttypus, der griechische den oblongen rechtwinkligen Tempel, der gotische die mehrschiffige Kathedrale mit Fronttürmen. Sobald sie zur abgeleiteten Anwendung, namentlich zu kombinierten Grundplänen übergehen, bereiten sie sich vor, in Raumstile umzuschlagen. Der spätrömische Stil ist schon nahe an diesem Uebergang und entwickelt eine bedeutende Raumschönheit, die dann im byzantinischen, romanischen und italienisch-gothischen Stil in ungleichem Grade weiter lebt, in der Renaissance aber ihre volle Höhe erreicht." Burckhardt nennt also „Raumstile" alle jene Stile, deren vollendete architektonische Ausdrucksform nicht nur ein Haupttypus räumlicher Anlagen sein kann, welcher der technischen und ästhetischen Leistungskraft des konsequent durchgeführten Konstruktionssystems am meisten entspricht, die vielmehr in manigfaltigen Raumtypen und ihren Verbindungen – „kombinierten Grundplänen" – „eigenen und großen Aufgaben" gerecht werden, „welche ein organischer Stil gar nicht würde innerhalb seiner Gesetze lösen können." Das, was diese Vielfältigkeit von Raumtypen und Raumkombinationen als stilistisch zusammengehörig erscheinen läßt, kann aber nur der gleichartige Formcharakter in der Gliederung und Ausschmückung der raumumschließenden Massen sein.

Diese Betrachtungsweise Burckhardts auf die Neuzeit angewandt, dürfte die Architektur der Zukunft, falls überhaupt eine Entwickelung nach einer einheitlichen Stilrichtung erwartet werden kann, diese nur im Sinne eines „Raumstiles" möglich erscheinen lassen. Denn ein neuer „organischer" Monumentalstil würde ein neues Konstruktionsprinzip voraussetzen; ein solches aber ist nicht mehr denkbar. Zudem wird ein „Raumstil" schon bedingt durch die außerordentliche Manigfaltigkeit und Vielgestaltigkeit der Aufgaben, die nur mit „kombinierten Grundplänen" zu lösen sind, und deren großartigste nicht mehr, wie früher, die einen Innenraum von höchster Bedeutung schaffenden Kultbauten sind. Bei der schier unbegrenzten Verschiedenartigkeit der Raumgestaltung und Raumkombination in der modernen Architektur dürften also die raumbildenden Konstruktionen – zumal die verhüllt angewandten Eisenkonstruktionen – am wenigsten also stilbildendes Element sich erweisen.

Das Formgefühl, das in die Baukunst der Zukunft eine einheitliche Grundstimmung hineinzubringen im Stande sein soll, wird also bei der Formgebung des Einzelnen und der Dekoration einsetzen müssen. Seine vorherige Entwicklung auf den Gebieten der sogenannten „angewandten Künste", des Kunstgewerbes, der Kunstindustrie lassen unsere modernen Kulturverhältnisse besonders glaubhaft erscheinen.

Henry van de Velde

Die Belebung des Stoffes als Prinzip der Schönheit
(Ausschnitte)

Erste Erscheinung: Henry van de Velde, *Essays* (Leipzig: Insel-Verlag, 1910).
Textquelle: Henry van de Velde, *Zum neuen Stil.* Hrsg. von Hans Curjel (München: R. Piper, 1955), S. 175–176, 178–180.

Der in Antwerpen geborene Henry van de Velde (1863–1957) war ein vielseitig begabter Künstler, der in allen Disziplinen der Kunst individuelle Kreativität forderte. Er studierte Malerei an der Akademie der Schönen Künste in Antwerpen (1880–1883). Die nächsten Jahre verbrachte er in progressiven Künstlerkreisen in Paris. Am Anfang der 1890en Jahre hörte er mit der Malerei auf und wandte sich dem Kunsthandwerk zu. Er lernte die Buchillustrationen von Walter Crane, die englische Arts-and-Crafts-Bewegung und die Schriften von John Ruskin und William Morris kennen. Er entwarf für seine Familie das Haus „Bloemenwerf" in Uccle bei Brüssel mit Einrichtung (Möbel, Tapeten, Textilien usw.) als ein Gesamtkunstwerk. Er lehnte es ab, frühere Stile zu kopieren, und strebte nach einem neuen, umfassenden Stil, der alle Details und Einrichtungsgegenstände bestimmt. Der Kunsthändler und Kritiker Samuel Bing hat ihn daraufhin mit der Gestaltung von vier Räumen für seine Pariser Kunsthandlung „Maison de l'Art Nouveau" beauftragt; der Erfolg hat van de Velde überall in Europa als einen führenden Vertreter des Jugendstils bekannt gemacht. Er erhielt zahlreiche Aufträge und die Einladung nach Weimar, um die dortige Großherzogliche Kunstschule zu leiten. In Vorträgen und Schriften verfasste er sein künstlerisches Programm („Die Linie", „Die Zukunft") und befürwortete die Zusammenarbeit von Künstlern, Kunsthandwerkern und Fabrikanten; damit hat er auch zur Gründung des Deutschen Werkbundes (1907) beigetragen. Als Kunstpädagoge der Weimarer Kunst- und Kunstgewerbeschule hat er eine neue Lehrmethode eingeführt, die mit der gründlichen Analyse der Aufgabe begann. Diese Methodik hat sein Nachfolger Walter Gropius, Direktor der zum Bauhaus umgetauften Schule, weiterentwickelt.

In dieser erfolgreichen Schaffensperiode von van de Velde erschienen zwei seiner Bücher, *Vom Neuen Stil* (1907) und *Essays* (1910). In diesen Publikationen versucht er, die theoretischen Grundlagen seines Werks darzustellen. Im Gegensatz zum Akademismus entwickelt er den Begriff der lebendigen Tradition, die das Leben der elementaren Formen trägt – hier sieht er den Anfang des Weges zum „Neuen Stil". Im letzteren Band hat er die Schrift „Die Belebung des Stoffes als Prinzip der Schönheit" veröffentlicht; die Betonung vitalistischer Prinzipien war ein wichtiges Element der Ideologie des Jugendstils.

Bibliografie: Klaus-Jürgen Sembach und Birgit Schulte (Hrsg.), *Henry van de Velde. Ein europäischer Künstler seiner Zeit* (Köln: Wienand Verlag, 1992).

Heutzutage, wo wir hinter Wahrheiten kommen, die verborgen lagen, wo wir die Wichtigkeit des Urteils über das, was die Kunstgeschichte für wesentlich und bestimmend für die Kunstwerke hielt, beschränken, heute möchten wir eine neue Kunstgeschichte fordern, gegründet auf zwei Vorschläge, die ich auf folgende Weise zusammenfassen möchte:
„Die wesentlichste, unentbehrlichste Bedingung für Schönheit eines Kunstwerkes besteht in dem Leben, welches der Stoff, aus dem es geschaffen ist, bekundet."
Und als Zweites:
„Die Entwicklung jedes Stoffes vollzieht sich in einer Folge von Erscheinungen, durch welche er den Ausdruck seiner vollkommensten Entmaterialisierung verfolgt."
Wir haben versucht darzulegen, was uns zu der Aufstellung des ersten Gesetzes bewegt; um das zweite zu rechtfertigen, müßten wir in die Einzelheiten der Wandlung eindringen, die alle Stoffe zu ihrer vollkommensten Entmaterialisierung führt. Ist dies in wenigen Worten möglich? Vielleicht! Ist die Umwandlung, in dem von mir angegebenen Sinne, nicht augenfällig und überzeugend? Beobachten wir die Entmaterialisierung des Steins, von der Pyramide bis zum Parthenon, von der Burg bis zur Kathedrale, in welcher sie einen Höhepunkt zu erreichen scheint, die der Kathedrale die Verwirklichung des Wunders gestattet, die Steine, aus denen sie besteht, hoch in die Wolken zu heben, als hätten sie keinerlei Gewicht. Und ebenso wie der Stein die Kurve seiner Entwicklung zu einer Steigerung bringt, die der gotische Stil bis an seine äußerste Grenze zu treiben scheint und welche der Barock- und Rokokostil später zu einem Endziel zu führen suchte; ebenso wie der Stein seine Kurve ausgedehnt und neu angesetzt hat, sehen wir alle Stoffe die gleichen Phasen der Entwicklung durchmachen. So folgt das Holz Schritt für Schritt dem Stein, entlehnt ihm seine Erfahrungen und Formen. Aus dem scheinbar groben, unfruchtbaren Leinen beobachten wir das langsame Entstehen der Spitze. Über die Gewebe, Seiden, Brokate und den schweren Sammet gleitet der Kampf des Lebens mit dem Tode, des Lichtes mit dem Schatten, und der Stoff erstrebt das gleiche Sich-Verleugnen wie die Leinewand in ihrer Umwandlung zur Spitze. Das Glas und das Elfenbein entäußern sich nach und nach aller Körperlichkeit so weitgehend, daß sie sich in zerbrechliche, zierliche Skelette verwandeln, deren einziges Fleisch das sie umspielende Licht bildet. Das Eisen versteigt sich zu mutwilligen Unternehmungen, die wie Ausbrüche von Gelächter klingen, wie Verspottungen von Sinn und Nützlichkeit der Dinge, die es verwirklichen sollte.

Die Farbe war langsamer zu erwecken als Steine, Holz und die übrigen Stoffe, die zur Herstellung der Gegenstände des Lebens, des Alltags verwandt werden. Bei den Ägypten war das Gefühl für Farbe ebenso rudimentär wie das für den Klang. Die Zwischentöne und Abstufungen der Farben entgingen noch den Griechen. Dies erklärt sich durch die wunderbare Atmosphäre von Attika, in welcher alle Nuancen zu einer Harmonie von Schwingungen verschmelzen, die jeder von ihnen ihr Einzelwesen entzieht, um aus ihnen allen das Licht zu schaffen. Hieraus erklärt sich das Bedürfnis der Griechen, mit Grundfarben die Gegenstände zu bemalen, deren Auflösung im Licht sie nicht wünschten, sie auf diese Art zu materialisieren und das festzuhalten, was sich im All zu verlieren drohte. So lassen sich diese positiven Akzente vernehmen, wie das Thema, wie der melodische Satz. So forderten es die Bedürfnisse des hellenischen Auges.

[...]

Alles bestrebt sich, zu zeigen, daß sich unsere Epoche eine Schönheitskonzeption anzueignen sucht, die aus der Sinnlichkeit schöpft, die sich in uns beim Anblick des Lebens, des Lebenswunders regt. Niemals vorher hat eine gleiche zitternde Bewegung das Bild der Städte erregt. Die Beleuchtung hat weder eine so große Rolle gespielt, noch über so viel Leuchtkraft verfügt. Niemals hat sie so zahllose Funken in Schaufenster und Schilder geworfen, niemals vervielfältigte sie sich zu solch endlosen Girlanden, wenn Regengüsse den Asphalt überschwemmen. Über die Plätze und entlang der Boulevards zirkulierten nie zuvor so viel bunte Fahrzeuge, nie so viel verschiedenartige Uniformen.

Niemals stieg aus den Häfen so viel Rauch empor, und nachts spiegelten die Flüsse nie so viel glänzende Edelsteine wider. An nebligen, eisigen Winterabenden bieten uns die Bahnhofhallen verwirrend phantastische Anblicke und versetzen uns auf den tiefen Meeresgrund, wo sich Ungeheuer schnaubend und pfeifend verfolgen. Die öffentlichen Gärten sind von tieferem Grün und die Blumenbeete von leuchtenderen Farben. Der Sand auf den Wegen ist gelb, und wir entdeckten das Violett der Schatten. Und wenn Enttäuschung, Trauer oder Langeweile ihre kalte Hand auf unsere Seele legen, suchen wir Orte auf, wo Glas und Silbergerät auf glänzenden Tischplatten in die Spiegelscheiben lachen, wo auf weißgedeckten Tischen um jedes Glas eine Schar kleiner, fröhlich strahlender Seelchen tanzt, wie Blumen zitternd, deren Stiele der Wind schaukelt. An solchen Orten befreit sich unsere Seele von dem Druck, der auf ihr lastet, und so sind die Restaurants nichts anderes als Hospitäler unserer Kümmernisse und unseren Spleens; die uns bedienenden Kellner die geschulten Krankenwärter unserer Langeweile.

Das Grauen vor dem unendlichen Nichts, das die Griechen zu dem zügellosen, entschlossenen Kultus des Lebens trieb, findet bei uns ein Gegenstück in dem Entsetzen vor der Langeweile. Diese liegt uns näher, sie ist ein drohenderes, grausameres, tödlicheres Übel als das Nichts, als der Tod selbst, an den wir, durch die stete Gegenwart von allzu alltäglichen Gefahren, verlernt haben zu denken.

Die Lebendigkeit in den Dingen unserer Umgebung kann uns schützen, ebenso wie ihre Schönheit uns zerstreuen kann, wenn sie jener Qualität angehört, die diese eigenartige Sinnlichkeit zu erregen vermag, welche der Anblick des Lebens, das Wunder des Lebens in uns weckt.

Hermann Muthesius
Henry van de Velde

Leitsätze
Gegen-Leitsätze

Erste Erscheinung: *Die Tagung des Deutschen Werkbundes in Köln,* Juli 1914.
Textquelle: Julius Posener, *Anfänge des Funktionalismus. Von Arts and Crafts zum Deutschen Werkbund* (Berlin, Frankfurt am Main, Wien: Ullstein, 1964), S. 205–207.

Auf der Tagung des Deutschen Werkbundes im Jahre 1914 in Köln brach eine heftige Diskussionen zwischen van de Velde (s. Seite 300) und Hermann Muthesius (s. Seite 49) aus. Im Kern der Diskussion stand die Definition der Aufgaben des modernen Gestalters: individualistisches Schöpfertum, das auch das Selbstverständnis von Frank

Lloyd Wright oder Otto Wagner bestimmte, oder eine sich nach dem Modell des Ingenieurs orientierende Identität im Dienste der industriellen Massenproduktion. Die „Leitsätze" von Muthesius und „Gegen-Leitsätze" von van der Velde dokumentieren die antagonistischen Standpunkte, die die Mitgliedschaft des Werkbundes spalteten. Diese Kontroverse ist als die Typisierungsdebatte bekannt, und in der Tat stehen verschiedene Definitionen des Typenbegriffs im Hintergrund der zwei Programme. Der Typ im Sinne der Individualisten ist eine immaterielle Idee, die mit der perfekten Erfüllung einer Funktion zusammenhängt; die Materialisierung ist dann die Aufgabe eines Künstlers, der dabei auch andere Faktoren berücksichtigen muss. Der Typ in der Auffassung der Rationalisten ist ein Prototyp, ein Gegenstand, der hinsichtlich der technischen und wirtschaftlichen Parameter seiner Massenfertigung optimiert ist. Auffallend ist dabei, dass die Vertreter der zweiten, „sachlichen" Position die nicht funktionsbedingten, sondern z.B. mit dem Marketing zusammenhängenden Aspekte der Gestaltung außer Acht ließen.

Bibliografie: Stanford Anderson, „Style-Architecture and Building-Art: Realist Architecture as the Vehicle for a Renewal of Culture", in Hermann Muthesius, *Style-Architecture and Building-Art: Transformations of Architecture in the Nineteenth Century and Its Present Condition* (Santa Monica, California: The Getty Center, 1994).

Hermann Muthesius: Leitsätze

1. Die Architektur und mit ihr das ganze Werkbundschaffensgebiet drängt nach Typisierung und kann nur durch sie diejenige allgemeine Bedeutung wiedererlangen, die ihr in Zeiten harmonischer Kultur eigen war.
2. Nur mit der Typisierung, die als das Ergebnis einer heilsamen Konzentration aufzufassen ist, kann wieder ein allgemein geltender, sicherer Geschmack Eingang finden.
3. Solange eine geschmackvolle Allgemeinhöhe nicht erreicht ist, kann auf eine wirksame Ausstrahlung des deutschen Kunstgewerbes auf das Ausland nicht gerechnet werden.
4. Die Welt wird erst dann nach unseren Erzeugnissen fragen, wenn aus ihnen ein überzeugender Stilausdruck spricht. Für diesen hat die bisherige deutsche Bewegung die Grundlagen geschaffen.
5. Der schöpferische Weiterausbau des Errungenen ist die dringendste Aufgabe der Zeit. Von ihr wird der endgültige Erfolg der Bewegung abhängen. Jedes Zurück- und Abfallen in die Nachahmung würde heute die Verschleuderung eines wertvollen Besitzes bedeuten.
6. Von der Überzeugung ausgehend, daß es für Deutschland eine Lebensfrage ist, seine Produktion mehr und mehr zu veredeln, hat der Deutsche Werkbund als eine Vereinigung von Künstlern, Industriellen und Kaufleuten sein Augenmerk darauf zu richten, die Vorbedingungen für einen kunstindustriellen Export zu schaffen.
7. Die Fortschritte Deutschlands in Kunstgewerbe und Architektur sollten dem Ausland durch eine wirksame Propaganda bekanntgemacht werden. Als nächstliegendes Mittel hierfür empfehlen sich neben Ausstellungen periodische illustrierte Veröffentlichungen.
8. Ausstellungen des Deutschen Werkbundes haben nur dann Sinn, wenn sie sich grundsätzlich auf Bestes und Vorbildliches beschränken. Kunstgewerbliche Ausstellungen im Ausland sind als eine nationale Angelegenheit zu betrachten und bedürfen daher öffentlicher Unterstützung.

9. Für einen etwaigen Export ist das Vorhandensein leistungsfähiger und geschmacklich sicherer Großgeschäfte die Vorbedingung. Mit dem vom Künstler für den Einzelfall entworfenen Gegenstand würde nicht einmal der einheimische Bedarf gedeckt werden können.
10. Aus nationalen Gründen sollten sich große, nach dem Ausland arbeitende Vertriebs- und Verkehrsgesellschaften jetzt, nachdem die Bewegung ihre Früchte gezeigt hat, der neuen Bewegung anschließen und die deutsche Kunst mit Bewußtsein in der Welt vertreten.

Henry van de Velde: Gegen-Leitsätze

1. Solange es noch Künstler im Werkbund geben wird und solange diese noch einen Einfluß auf dessen Geschicke haben werden, werden sie gegen jeden Vorschlag eines Kanons oder einer Typisierung protestieren. Der Künstler ist seiner innersten Essenz nach glühender Individualist, freier spontaner Schöpfer; aus freien Stücken wird er niemals einer Disziplin sich unterordnen, die ihm einen Typ, einen Kanon aufzwingt. Instinktiv mißtraut er allem, was seine Handlungen sterilisieren könnte und jedem, der eine Regel predigt, die ihn verhindern könnte, seine Gedanken bis zu ihrem eigenen freien Ende durchzudenken oder die ihn in eine allgemeingültige Form hineintreiben will, in der er doch nur eine Maske sieht, die aus einer Unfähigkeit eine Tugend machen möchte.
2. Gewiß hat der Künstler, der eine „heilsame Konzentration" treibt, immer erkannt, daß Strömungen, die stärker sind als sein einzelnes Wollen und Denken, von ihm verlangen, daß er erkenne, was wesentlich seinem Zeitgeist entspricht. Diese Strömungen können sehr vielfältige sein, er nimmt sie unbewußt und bewußt als allgemeine Einflüsse auf, sie haben materiell und moralisch etwas für ihn Zwingendes; er ordnet sich ihnen willig unter und ist für die Idee eines neuen Stiles an sich begeistert. Und seit 20 Jahren suchen manche unter uns die Formen und die Verzierungen, die restlos unserer Epoche entsprechen.
3. Keinem von uns ist es jedoch eingefallen, diese von uns gesuchten oder gefundenen Formen oder Verzierungen anderen nunmehr als Typen aufzwingen zu wollen. Wir wissen, daß mehrere Generationen an dem noch arbeiten müssen, was wir angefangen haben, ehe die Physiognomie des neuen Stiles fixiert sein wird, und daß erst nach Verlauf einer ganzen Periode von Anstrengungen die Rede von Typen und Typisierung sein kann.
4. Wir wissen aber auch, daß nur solange dieses Ziel nicht erreicht ist, unsere Anstrengungen noch den Reiz des schöpferischen Schwunges haben werden. Langsam fangen die Kräfte, die Gaben aller an, ineinander überzugehen, die Gegensätze werden neutralisiert, und in eben dem Augenblick, wo die individuellen Anstrengungen anfangen zu erlahmen, wird die Physiognomie fixiert; die Ära der Nachahmung fängt an, und es setzt der Gebrauch von Formen und von Verzierungen ein, bei deren Herstellung niemand mehr den schöpferischen Impuls aufbringt: die Zeit der Unfruchtbarkeit ist dann eingetreten.
5. Das Verlangen, einen Typ noch vor dem Werden eines Stiles erstehen zu sehen, ist geradezu dem Verlangen gleichzusetzen, die Wirkung vor der Ursache sehen zu wollen. Es heißt, den Keim im Ei zerstören. Sollte wirklich jemand sich durch den Schein, damit rasche Resultate erzielen zu können, blenden lassen? Diese vorzeitigen Wirkungen haben um so weniger Aussicht, eine wirksame Ausstrahlung des deutschen Kunstgewerbes auf das Ausland zu erreichen, als eben dieses Ausland einen Vorsprung vor uns voraus hat in der alten Tradition und der alten Kultur des Geschmacks.
6. Deutschland hingegen hat den großen Vorzug, noch Gaben zu haben, die anderen älteren, müderen Völkern abgehen, die Gaben der Erfindung, der persönlichen geistreichen Einfälle.

Und es heißt geradezu, eine Kastration vornehmen, wenn man diesen reichen, vielseitigen schöpferischen Aufschwung jetzt schon festlegen will.

7. Die Anstrengungen des Werkbundes sollten dahin abzielen, gerade diese Gaben sowie die Gaben der individuellen Handfertigkeit, die Freude und den Glauben an die Schönheit einer möglichst differenzierten Ausführung zu pflegen und nicht sie durch eine Typisierung zu hemmen, gerade in dem Moment, wo das Ausland anfängt, an deutscher Arbeit Interesse zu empfinden.
Auf dem Gebiet dieser Förderung bleibt fast noch alles zu tun übrig.

8. Wir verkennen niemandes guten Willen und erkennen sehr wohl die Schwierigkeiten, die dabei zu überwinden sind. Wir wissen, daß die Arbeiterorganisation viel für das materielle Wohl des Arbeiters getan hat, aber kaum eine Entschuldigung dafür vorbringen kann, so wenig dafür getan zu haben, die Begeisterung für vollendet schöne Arbeit bei denen zu wecken, die unsere freudigsten Mitarbeiter sein müßten. Andererseits ist uns der Fluch wohl bekannt, der auf unserer Industrie lastet, exportieren zu müssen.

9. Und dennoch ist nie etwas Gutes und Herrliches geschaffen worden aus bloßer Rücksicht auf den Export. Qualität wird nicht aus dem Geist des Exports geschaffen. Qualität wird immer nur zuerst für einen ganz beschränkten Kreis von Auftraggebern und Kennern geschaffen. Diese bekommen allmählich Zutrauen zu ihren Künstlern, langsam entwickelt sich erst eine engere, dann eine rein nationale Kundschaft, und dann erst nimmt das Ausland und die Welt langsam Notiz von dieser Qualität. Es ist ein vollkommenes Verkennen des Tatbestandes, wenn man die Industriellen glauben macht, sie vermehrten ihre Chancen auf dem Weltmarkt, wenn sie a priori Typen produzierten für diesen Weltmarkt, ehe diese ein zu Hause ausprobiertes Gemeingut geworden seien. Die wundervollen Werke, die jetzt zu uns exportiert werden, sind niemals ursprünglich für den Export erschaffen worden, man denke an Tiffany-Gläser, Kopenhagener Porzellan, Schmuck von Jensen, die Bücher von Cobden-Sanderson usw.

10. Jede Ausstellung muß das Ziel verfolgen, der Welt diese heimische Qualität zu zeigen, und die Ausstellungen des Werkbundes haben in der Tat nur dann einen Sinn, wenn sie sich, wie Herr Muthesius so trefflich sagt, grundsätzlich auf Bestes und Vorbildliches beschränken.

Alexander A. Wesnin **Kredo**

Erste Erscheinung: A.A. Vesnin, „Kredo" (1922, Archiv des INChUK), in: *Mastera sovetskoj arhitektury ob arhitekture*, Moskau 1975 (Bd. 2), S. 14.
Textquelle: Elke Pistorius (Hrsg.): *Der Architektenstreit nach der Revolution: Zeitgenössische Texte, Russland 1925–1932* (Basel, Berlin, Boston: Birkhäuser, 1992), S. 29.

Der russische Architekt Alexander A. Wesnin (oder Vesnin, 1883–1959) war einer der bedeutendsten Vertreter des russischen Konstruktivismus. Er studierte am Petersburger Institut für Zivilingenieure (1901–1912) und hat gleichzeitig in Architekturbüros gearbeitet und Malerei gelernt. Anschließend besuchte er das Atelier von Tatlin in Moskau, welches das wichtigste Werkstatt des Konstruktivismus war (im Gegensatz zum von K. Malewitsch vertretenen Suprematismus), und wurde einer der ersten Protagonisten des Konstruktivismus in der Architektur. Die Architekten, die die akademische Kunst ablehnten, schlossen sich mit den Künstlern und mit den Theoretikern im INChUK (Institut für künstlerische Kultur) zusammen, auch Wesnin wurde 1921 Mitglied. Sie waren überzeugt, dass die neue Architektur aus den Experimenten, die Theater und die bildenden Künste mit einschließt, entstehen wird. Zwischen 1921 und 1924 war er Professor an der Fakultät für Malerei an den VChUTEMAS (Höhere künstlerisch-technische Werkstätte), dann zwischen 1924 und 1930 war er an der Fakultät für Architektur derselben Schule tätig. 1925 gründete er OSA, die Vereinigung moderner Architekten, bis 1931 war er deren Präsident. Vor allem seine Wettbewerbsentwürfe, aber auch seine wenigen ausgeführten Bauten (Kulturpalast des Proletarski-Viertels in Moskau, 1931–1937), deren Pläne er oft mit seinen Brüdern Leonid und Viktor Wesnin ausarbeitete, gehören zu den besten Leistungen der neuen sowjetischen Architektur. Er war zusammen mit Moissei Ginzburg der Herausgeber und Redakteur der Zeitschrift *Sovremmenaja architektura* (SA). Von 1932 folgte er mit seiner Architektur der von Macht diktierten neuen kulturpolitischen Richtung, dem Sozialistischen Realismus.

Als Wesnin sein Kredo für das INChUK im April 1922 schrieb, war er vor allem als Bühnenbild-Entwerfer für Avantgarde-Theater in Moskau tätig. Zu dieser Zeit war seine Kunst von einer symbolischen, dynamischen Version des Kubismus bestimmt. Kredo, ein damals unveröffentlichtes „Glaubensbekenntnis", dokumentiert seine Wende zum Konstruktivismus. Konstruktivismus als künstlerische Utopie hat jedoch mit Otto Wagners rationalistischem Glaubensbekenntnis in der Konstruktion nichts zu tun, Wesnin betrachtet ingenieurmäßig-technische, utilitaristische Argumente der Ausführbarkeit sogar als hinderlich für die bewusstseinbildende Wirkung seiner Projekte.

Bibliografie: Selim O. Chan-Magomedow, *Alexander Wesnin und der Konstruktivismus* (Stuttgart: Hatje, 1987).

Das Tempo der gegenwärtigen Epoche ist schnell, dynamisch, ihr Rhythmus ist klar, genau, geradlinig, mathematisch; Material und Zweckmäßigkeit bestimmen den Aufbau des vom modernen Architekten geschaffenen Gegenstandes.

Unabhängig davon, ob ein bestimmter Gegenstand zweckmäßig und direkt nutzbar (Ingenieurbau, Gebrauchsgegenstände) oder nur zweckmäßig ist (Laboratoriumsarbeit mit der Aufgabe, das Problem der neuen Form zu lösen) –, ein jeder vom modernen Künstler geschaffene Gegenstand muß ins Leben eingehen als eine aktive Kraft, die das Bewußtsein des Menschen organisiert, die psycho-physiologisch auf ihn einwirkt, die einen Aufschwung zu energischer Aktivität hervorruft.

Es ist klar, daß vom modernen Künstler geschaffene Gegenstände reine Konstruktionen ohne darstellerischen Ballast sein müssen: aufgebaut nach dem Prinzip der Geraden und der geometrischen Kurve – und nach dem Prinzip der Ökonomie, das heißt mit einem Maximum an Wirkung.

Weil das Konstruieren von Gegenständen darin besteht, die Grundeigenschaften eines Körpers (Material, Linie, Fläche, Textur usw.) in Verbindung zu bringen, muß das Studium dieser Eigenschaften vom Künstler in den Vordergrund gestellt werden.

All diese Eigenschaften betrachte ich als materialisierte Energien, die ihre eigene Dynamik besitzen (Bewegung, Spannung, Gewicht, Geschwindigkeit usw.) und die vom Künstler, dem jeweiligen Zweck entsprechend, aufeinander abgestimmt werden müssen.

Wie jeder Teil einer Maschine eine in bestimmter Form und bestimmtem Stoff materialisierte, Kraft ist, welche im gegebenen System wirksam und notwendig ist, und wie ihre Form und ihr Material nicht ohne Verlust für das Gesamtsystem willkürlich verändert werden können, so ist auch in einem vom Künstler geschaffenen Gegenstand jedes Element eine materialisierte Kraft; es kann nicht willkürlich weggelassen oder verändert werden, ohne das zweckmäßige Wirken des gegebenen Systems, das heißt des Gegenstandes, zu zerstören.

Der moderne Ingenieur hat geniale Dinge geschaffen: Brücken, Lokomotiven, Flugzeuge und Kräne.

Der moderne Künstler muß Dinge schaffen, die diesen an Kraft, Spannung und dem Potential ihrer psycho-physiologischen Wirkung auf das Bewußtsein des Menschen, als dem organisierenden Ausgangspunkt, gleichkommen.

Le Corbusier

Baukunst oder Revolution
(Ausschnitt)

Erste Erscheinung: Le Corbusier, *Vers une architecture* (Paris: Crès, 1923).
Textquelle: Le Corbusier, *Ausblick auf eine Architektur*. Übersetzung: Prof. Dr. Hans Hildebrandt, Eva Gärtner (Berlin, Frankfurt am Main, Wien: Ullstein, 1963), S. 210–215.

Die Themen der Typisierungsdebatte bei der Kölner Werkbund-Tagung sind in den frühen Schriften von Le Corbusier reflektiert, die er in seiner mit Amédée Ozenfant herausgegebenen Zeitschrift *L'Esprit Nouveau* veröffentlichte (s. Seite 64–74). Das Buch *Vers une architecture* (1923) ist eine Anthologie der in der Zeitschrift erschienenen Texten. Die sind zusammengefügt, um die Idee des Prototyps zu fördern, im Sinne der Thesen von Muthesius – als Antworten auf die ebenfalls typischen Anforderungen des modernen Lebens. Es gibt Bedürfnistypen, Funktionstypen und die entsprechenden Typenobjekte und Typenhäuser. Es geht also nicht um eine Revolution in der Architektur, sondern um einen Vorgang der Evolution, der „recherche patiente", des geduldigen Perfektionierens der Typenprodukte. Auch gewisse emblematischen Bilder der technischen Zivilisation, die Ozeandampfer und die amerikanischen Getreidesilos, die zuerst in den Jahrbüchern des Deutschen Werkbunds erschienen sind, werden in *Vers une architecture* als Beispiele für Höchstleistungen dieses Evolutionsprozesses gezeigt, die in ihrer Ausgereiftheit mit der vollkommenen Verkörperung des Tempeltyps, mit dem Parthenon von Athen vergleichbar sind.

Bibliografie: s. Seite 64–65.

[...]

Der Aufstieg einer neuen Zeit geschieht nur dann, wenn er durch die stille Arbeit der vorangegangenen Zeit vorbereitet worden ist.

Die Industrie hat ihre Werkzeuge geschaffen;
Das Unternehmertum hat seine Formen verändert;

Die Konstruktion verfügt über neue Mittel;
Die Baukunst muß ihre Gesetze neufassen.

Die Industrie hat neue Werkzeuge geschaffen; die Abbildungen, die diese Zeilen begleiten, geben davon überzeugende Beweise. Ein derartiger Werkzeugapparat ist dafür da, Wohlbefinden zu bringen und die menschliche Mühsal zu erleichtern. In bezug auf die Vergangenheit bedeutet das: Revolution.

Das Unternehmertum hat seine Formen verändert. Schwere Verantwortlichkeiten lasten heute auf ihm: Kosten, Lieferzeiten, Zuverlässigkeit des Erzeugnisses. Zahlreiche Ingenieure sind in seinen Büros beschäftigt: sie stellen Berechnungen auf und setzen das Gebot der Wirtschaftlichkeit in die Praxis um, wobei sie versuchen, die beiden auseinanderstrebenden Faktoren

Abb. 72. Die „Fiat"-Werke in Turin mit der Autorennbahn auf dem Dach. Seite aus der ersten deutschen Ausgabe von Le Corbusiers *Vers une architecture*, *Kommende Baukunst* (1926).

Preisgünstigkeit und gute Qualität miteinander in Einklang zu bringen. Ursprung jeder neuen Initiative ist Intelligenz, und kühne Neuerungen sind gefragt. Das Unternehmen hat neue sittliche Werte entwickelt. Das große Unternehmen ist heute ein gesunder und moralischer Organismus. In bezug auf die Vergangenheit ist das eine Revolution in den Methoden und im Umfang der Unternehmen.

Die Konstruktion verfügt über neue Mittel; es sind Mittel, die an sich schon eine Befreiung darstellen, welche die vergangenen Jahrtausende vergeblich erstrebt hatten. Mit Mathematik und Erfindungskraft ist heute alles möglich, wenn man über ausreichend funktionierende Hilfsmittel verfügt, und diese Hilfsmittel gibt es. Eisenbeton und Stahl haben die bisher bekannten Konstruktionsverfahren radikal verändert, und die Exaktheit, mit der sich die Baustoffe Theorie und Berechnungen fügen, liefert uns täglich Ergebnisse, die ermutigend sind; sie sind es zunächst durch den Erfolg selbst, und dann aber auch, weil sie an die Naturerscheinungen erinnern und ständig die von der Natur gemachten Experimente erneuern. In bezug auf die Vergangenheit bedeutet das, daß neue Formeln entdeckt worden sind, die nur noch ausgewertet werden müssen und die, wenn man mit der Routine zu brechen bereit ist, eine wirkliche Befreiung von allem Zwang bringen werden, der bisher auf uns gelastet hat. In den Konstruktionsverfahren hat sich die Revolution bereits vollzogen.

Die Baukunst muß ihre Gesetze neufassen. Die Neuerungen im Bereich der Konstruktionsverfahren sind so beschaffen, daß die alten Stile, die wir so satt haben, diese Neuerungen nicht mehr zu verschleiern vermögen, die heute verwendeten Materialien entziehen sich einfach den Tricks der Dekorateure. Es gibt derart viel Neues an Formen und Rhythmen, das allein durch die Konstruktionsverfahren bedingt ist, derart viel neue Möglichkeiten der Aufteilung, derart viel neue Industrieprogramme, die sich auf Wohn- und Städtebau beziehen, daß uns endlich das Verständnis für die wirklichen, grundlegenden architektonischen Gesetze hinsichtlich Baukörper, Rhythmus und Proportion aufgeht. Die Zeit der Stile ist vorbei. Stile haben keinen Raum mehr in unserem Leben; wenn sie uns noch immer belästigen, so tun sie es als Parasiten. In bezug auf die Vergangenheit heißt das: der alte Gesetzeskodex der Architektur, der im Verlauf von vierzig Jahrhunderten immer wieder mit neuen Artikeln und Ausführungsbestimmungen überlastet wurde, hat aufgehört uns zu interessieren. Er geht uns nichts mehr an; die Umwertung aller Werte hat stattgefunden; der Begriff „Architektur" hat seine Revolution hinter sich. Der Mensch von heute wird durch all die Eindrücke, die von jeder Seite auf ihn einstürmen, beunruhigt; einerseits lebt er in einer Welt, die sich stetig, logisch und klar entwickelt und die mit Lauterkeit nützliche und brauchbare Dinge hervorbringt, und andererseits befindet er sich noch immer in dem alten feindseligen Rahmen. Dieser Rahmen, das ist sein Zuhause; seine Stadt, seine Straße, sein Haus, seine Wohnung, stehen auf gegen ihn und hindern ihn, unbrauchbar, wie sie sind, in seiner Mußezeit den gleichen geistigen Weg zu verfolgen, den er bei der Arbeit eingeschlagen hat; sie hindern ihn daran, in der Freizeit die organische Entwicklung seines Daseins zu betreiben, eine Familie zu gründen und, wie alle Lebewesen und alle Menschen zu allen Zeiten, innerhalb des Familienorganismus zu leben. Auf diese Weise trägt die Gesellschaft zu der Zerstörung der Familie bei, und sie merkt jetzt mit Entsetzen, daß sie selbst daran zugrunde gehen wird.

Es besteht ein großer Mißklang zwischen der modernen geistigen Einstellung, die eine Forderung ist, und dem mit jahrhundertelangem Schutt vollgepfropften Warenlager der Behausungen.

Es ist ein Problem der Angleichung, bei dem es um die nüchternen Belange unseres Lebens geht.

Die Gesellschaft begehrt mit Macht etwas, was sie bekommen wird oder auch nicht. Alles ist vorhanden; alles hängt davon ab, wieviel Mühe man aufwenden wird und wieviel Aufmerksamkeit man diesen alarmierenden Symptomen widmen wird.

Baukunst oder Revolution.
Die Revolution läßt sich vermeiden.

Mart Stam **Kollektive Gestaltung**

Erste Erscheinung: Mart Stam, „Kollektive Gestaltung", in ABC Nr. 1/1924.
Textquelle: Jacques Gubler (Hrsg.), ABC 1924–1928. Avanguardia e architettura radicale (2. Aufl. Mailand: Electa, 1994), S. 31–32.

Der niederländische Architekt Mart Stam (1899–1986) war ein früher Vertreter des Funktionalismus. Nach einer Zimmermannslehre bzw. dem Studium von Zeichnen und Architektur in Amsterdam arbeitete er in verschiedenen Architekturbüros in Holland, Deutschland und in der Schweiz. Er hat den russischen Konstruktivisten El Lissitzky und Schweizer Vertreter der modernen Architektur wie Werner Moser, Karl Moser und Hans Schmidt kennen gelernt. Angestellt in Karl Mosers Büro gründete er mit Hans Schmidt die Zeitschrift ABC. Beiträge zum Bauen, deren zehn Hefte zwischen 1924 und 1928 erschienen sind. Die Zeitschrift hatte gute Verbindungen zur internationalen Avantgarde. Zwischen 1925 und 1928 lebte Stam wieder in Holland und war im Architekturbüro von J. A. Brinkman und L.C. van der Vlugt angestellt. Er betreute das Projekt der Tabakfabrik Van Nelle in Rotterdam (1925–1931), das in den Kreisen des Neuen Bauens eine große Aufmerksamkeit erregte; Mies van der Rohe lud Stam nach Frankfurt ein, um eine Reihenhauszeile der Weißenhofsiedlung (1927) zu entwerfen. Ein Jahr später finden wir Stam unter den Gründern der CIAM (1928). 1930 schloss er sich der Brigade von Ernst May an, um in der Sowjetunion neue funktionalistische Städte zu bauen. Er entwarf die Stadtpläne von Magnitogorsk, und nach großen Schwierigkeiten kehrte 1934 in seine Heimat Holland zurück. Er beteiligte sich an der Arbeit der CIAM. Nach dem Zweiten Weltkrieg lebte er vier Jahre lang (1948–1952) in der DDR, wo er die Hochschule der angewandte Kunst in Ost-Berlin leitete und auch Möbel entwarf. Anschließend arbeitete er wieder in Holland.

Die programmatische Schrift „Kollektive Gestaltung" erschien auf der Titelseite des ersten Heftes von ABC – Beiträge zum Bauen. Auch dieses Manifest wirft die Frage der Identität des Architekten zwischen Ingenieurwesen und Künstlertum auf. Diese Frage wird direkt nicht beantwortet; die kollektive Gestaltung erfordert die Mitarbeit von Ingenieur und Künstler. Der erste wird „mit Hilfe seiner Verstandesarbeit" die evolutionäre Perfektionierung der Typenprodukte weiterführen, der zweite sich die Weltall beherrschenden Gesetze aneignen und so „den elementarsten Ausdruck" für die Produkte finden. Streiters kritische Analyse von Otto Wagners Ansichten wäre hier fast ohne Einschränkung anwendbar.

Bibliografie: Mart Stam 1899–1986. Themenheft Rassegna 47 (September 1991).

Die dualistische Lebensauffassung – Himmel und Erde – Gut und Böse – die Anschauung vom Bestehen einer ewigen innerlichen Zwietracht hat den Nachdruck auf den Einzelmenschen gelegt und sich von der Gesellschaft abgewendet.

Diese Tatsache spiegelt sich wieder in allen Aeusserungen auf dem Gebiete der Künste seit der Renaissance, wir finden sie auch heute noch in der individualistischen Malerei und Baukunst. Die Absonderung des Einzelmenschen hat hier die Vorherrschaft der nebengeordneten Gefühle zur Folge gehabt.

Die moderne Lebensauffassung – die zum Teil heute schon unbewusst Eingang gefunden hat – fasst das Leben auf als *eine* sich entfaltende Bewegung der *einen* Kraft. Dies bedeutet, dass das Besondere, das Individualistische den Platz räumt vor dem Allgemeinen.

Das Sich-Zurückziehen des Künstlers aus dem Leben der Allgemeinheit, wie es sich im Verlauf der letzten Jahrhunderte entwickelte, musste sich in einer krankhaften Vereinsamung äussern, die bis zum Wahnsinn geht.

Der moderne Künstler wird durch sein neues Lebensgefühl das volle Interesse wiedergewinnen an den Problemen der Allgemeinheit – er wird sich in erster Linie als Teil der grossen Lebensgemeinschaft fühlen, und die Probleme dieser Gemeinschaft werden auch seine Probleme sein.

Der Daseinskampf verschärft sich zusehends und verlangt zwingender denn ehemals die äusserste Kraftanstrengung aller Völker. Die Produktion, der Hauptinhalt dieses Kampfes, steht in engstem Verband mit der andauernden Zunahme der Volkszahl; ihr Zukunftsweg ist fortschreitende Oekonomie, d.h. bessere Ausnützung des Materials, vermehrte Produktion in kürzerer Zeit. Unter Produktion ist in erster Linie die Erzeugung von Lebensmitteln zu verstehen, weiter die des Gerätes und der Unterkunft – des Hauses.

Um rasches und erspriessliches Arbeiten zu ermöglichen, organisiert der Ingenieur die mechanischen Kräfte und sucht auf jedem Gebiet mit Hilfe der Wissenschaften den grössten Nutzeffekt, das ökonomischste Zusammenwirken zu entdecken. In dieser organisierenden Arbeit haben die Künstler neben den Ingenieuren zu stehen. Von ihnen wird neben der wissenschaftlichen Kenntnis der Materie und der ökonomischen Anforderungen ein Weiteres gefordert, ein innerliches Erkennen, ein Durchsehen der Materialien in ihrem rein elementaren Wert.

Der Ingenieur wird einerseits mit Hilfe seiner Verstandesarbeit das Produktionssystem bis in seine kleinsten Unterteile verbessern; er wird seine Maschinen immer konsequenter und zweckmässiger zusammenstellen. Anderseits wird er neue technische Möglichkeiten für das öffentliche und häusliche Leben schaffen. Bei dieser Arbeit werden die wissenschaftlichen Errungenschaften jedes Geschlechtes zugleich den Ausgangspunkt bilden für die Studien und die Entwicklung der folgenden Geschlechter. So wird die Maschine, so wird der ganze Produktionsvorgang, das ganze technische Leben, sich stützend auf die Forschungsarbeit von tausenden von Gehirnen, zu stets grösserer Vollkommenheit gelangen.

Neben dem Ingenieur, der sich verstandesmässig mit den Eigenschaften der Materialien beschäftigt, sie wissenschaftlich anwendet und durch Kombination neue Eigenschaften, neue Wirkungsweisen entdeckt, neben ihm steht der Künstler.

Der Künstler muss sich Kenntnisse erwerben, sich der wissenschaftlichen Tatsachen bemächtigen, aber danach hat er die Materialien zu begreifen, er hat den grossen organischen Zusammenhang zu begreifen, der alle Dinge aus ihrem Zustand als Einzelobjekt erlöst und sie in jene Gesamtheit von Gesetzen ein- und unterordnet, die das Weltall beherrscht.

Die Künstler haben in jedem Objekt das Wesen dieser Gesetze zu entdecken, damit sie, besser noch als der Ingenieur, die Fähigkeit des Organisierens erlangen. Sie werden bei ihrer Arbeit für das Wesen der Aufgabe den elementarsten Ausdruck finden, den Ausdruck der Aufgabe selbst, gestaltet durch das Mittel von geeigneten Materialien in ihrer geeigneten Form.

So wird eine Gestaltung entstehen, die sich von jeder formalistischen Tendenz fernhält, die nicht aus der besondern Veranlagung des Künstlers oder aus einer phantastischen Eingebung des Augenblicks geboren wird, sondern gegründet ist auf dem Allgemeinen, Absoluten.

So wird eine Gestaltung entstehen, bei der jede Aeusserung sich nur der kollektiven Mittel bedient.

Der Ingenieur und der Künstler sollen weiterbauen können auf dem, was ihre Kameraden, die vor ihnen kamen, zu Stande brachten –.

So ist eine Entwicklung möglich.

Karel Teige — Der Konstruktivismus und die Liquidierung der „Kunst" (Ausschnitte)

Erste Erscheinung: Karel Teige, „Konstruktivismus a likvidáce ‚umění'", *Disk*, II, 1925. S. 4–8.
Textquelle: Karel Teige, *Liquidierung der „Kunst". Analysen, Manifeste*. Übersetzung von Paul Kruntorad (Frankfurt am Main: Suhrkamp, 1968), S. 53–56, 66–69.

Der tschechische Kunstkritiker, Theoretiker, Maler und Grafiker Karel Teige (1900–1951) war eine zentrale Figur der mitteleuropäischen Avantgarde. Zuerst hat er seine Kompositionen in deutschen Zeitschriften der Avantgarde (*Der Sturm, Die Aktion*) veröffentlicht, dann – nach dem Ersten Weltkrieg – schrieb er Kunst- und Literaturkritik für tschechische Magazine. So wurde er zum Wortführer des tschechischen Kunstvereins *Devětsil*, dessen Mitbegründer er war (1920–1931). Als Redakteur und Kritiker von Zeitschriften wie *Kamen, Orfeus, Host, Stavba* und *ReD* machte er die verschiedenen Richtungen der zeitgenössischen Kunst (Purismus, Konstruktivismus, De Stijl u.a.) und ihre Vertreter in Tschechoslowakei bekannt. In der zwanziger Jahren bekannte er sich zum Poetismus. 1925 besuchte er die Sowjetunion und wurde zum Anhänger des Konstruktivismus; in den dreißiger Jahren wandte er sich immer mehr dem Surrealismus zu. 1930 war er der Leiter der tschechischen Gruppe am CIAM-Kongress in Brüssel und hielt Vorlesungen im Bauhaus („Zur Soziologie der Architektur"). Als Künstler schuf er in der zwanziger Jahren vor allem Druckgrafik, später surrealistische Collagen und Fotomontagen.

Im Aufsatz „Der Konstruktivismus und die Liquidierung der ‚Kunst'" schreibt Teige über die Architektur als eine rein technisch-wissenschaftliche Tätigkeit. Im Gegensatz zu Mart Stam, der vom Konstruktivismus ebenfalls beeinflusst war (und im Gegensatz zum „Kredo" des russischen Konstruktivisten Wesnin) feiert Teige die Funktionalität als vitales Prinzip im Bild der Maschine und lehnt den autonomen, vom alltäglichen Gebrauch abgehobenen Kunstbegriff ab. Dann, mit einer überraschenden Wende, erklärt er die Schönheit der Maschine nicht als das Versprechen ihrer Brauchbarkeit, sondern als die angeborene Irrationalität eines rationalen Produkts. Ob er damit seine Wende zum Surrealismus vorbereitet?

Bibliografie: *Karel Teige, Architecture and Poetry.* Themenheft *Rassegna* 53 (März 1993).

Der Konstruktivismus darf uns nicht irgendeine zeitbegrenzte ästhetische und artistische Mode bedeuten, sondern eine wichtige aktuelle Etappe in der Entwicklung des Gedankens und der Arbeit, Benennung eines gegenwärtigen Augenblicks in der Geschichte, jüngste Nuance Europas. Es ist kein enger künstlerischer Ismus, einer von jenen, die von Zeit zu Zeit die langweilige Oberfläche des künstlerischen Lebens kräuseln, sondern eine tätige, lebendige, mächtige und durchdringende Bewegung, die sich mit gesteigerter Intensität heute aller zivilisierten Länder bemächtigt, eine Bewegung, die sehr allgemein und ganz international ist, ein gesunder Wegweiser für alle produktive Arbeit. Der Triumph seiner Ansichten und seiner Methode, überall bemerkbar, ist ein bedeutender und wesentlicher Zug unserer Zeit. Der Konstruktivismus ist der Beginn und das Zeichen der neuen Architektur, der Anbruch einer neuen Epoche der Kultur und der Zivilisation überhaupt.

Das Schlagwort *Konstruktivismus,* könnte man sagen, interpretiert sich selbst, fast philologisch und etymologisch. Vom *Zeitwort konstruieren.* Und so ist konstruktivistisch einfach synonym mit konstruktiv. Diese Interpretation, so primitiv sie auch sein mag, ist in Wirklichkeit der Wahrheit unverhältnismäßig näher als der Begriff des Konstruktivismus als neuesten künstlerischen Ismus, als dernier cri der Ateliers und Ausstellungen. Denn beim Konstruktivismus *kann man nicht an Kunst denken.* Wenn wir den Konstruktivismus für einen *Stil der Gegenwart* halten, für Benennung einer aktuellen Epoche der Kultur und Zivilisation, müssen wir betonen, daß er kein neues formalistisches System, keine aprioristische ästhetische Ordnung bringt, daß er alle traditionellen Gebilde verläßt, die neun Musen des klassischen Parnaß verrät; es geht ihm nicht um Formen, *es geht ihm um Funktionen.* Der Bereich aller bisherigen Kunst ist der Formalismus. Der Konstruktivismus verkündet die Negation des Formalismus durch den Funktionalismus. Es handelt sich bei ihm nicht um eine neue künstlerische Formel, aus dem wesentlichen Grund, daß es ihm nämlich *überhaupt nicht um Kunst geht.*

Liquidierung der Kunst. Mit dem Konstruktivismus schreiten wir zur *richtiggehenden Liquidierung der Kunst.*

Wir verkünden den totalen Krach aller bisherigen Arten sogenannter Kunst. Wenn wir bis heute das Wort „Kunst" als Hilfsbegriff verwenden und vielleicht weiterhin verwenden werden, müssen wir darauf aufmerksam machen, daß es für uns nicht die heilige und erhabene Kunst großgeschrieben bedeutet, die schöne akademische Kunst, die ars academica, les beaux arts, die von der modernen Zeit vom Thron gestürzt werden. Für uns kommt das Wort *Kunst vom Wort können und sein Produkt ist die Künstlichkeit, der Artefakt.* Es ist also ein Wort, das einfach jede artifizielle Vollkommenheit und Gekonntheit bezeichnet. In diesem Sinn kann man von Baukunst, von Industrie-, Theater-, Filmkunst ebenso sprechen wie von Koch-, Dicht-, Photographie-, Reise-, Tanzkunst; die tschechische Sprache erlaubt es, von der Ärzte-, Rechen-, Geometerkunst zu sprechen; es gibt Bücher und Handbücher über die Kunst, seine Schulden zu zahlen, über die Kunst der Chiromantie, über die Kunst Krawatten zu binden, über die Kunst, geheiratet zu werden. Kunst ist einfach eine Art und Weise, bestimmte Mittel in bestimmten Funktionen zu benützen, und auch die Funktionen und Mittel sind mehr oder minder veränderliche Größen. Kunst nach Larousse ist die Applikation bestimmter Kenntnisse zur Realisierung einer bestimmten Aufgabe.

So viel als Erklärung, daß wir der Kunst keine sakrale und kultische Erhabenheit zumessen, sie nicht mit Weihrauch umgeben. Wir entsagen aufrichtig allem ästhetischen Fetischismus. Die moderne Vitalität hält die sogennante Kunst für eine überlebte Sache der ästhetischen Mentalität und die Futuristen in Italien und in Rußland haben auf den Altar der Kunst gespuckt. Die rationelle Anschauung des unvoreingenommenen Konstruktivismus konstatiert, daß alle Probleme der sogenannten Kunst für uns heute bereits unaktuell sind, daß die „Kunst" selbst für uns wertlos ist, daß es mit ihr zu Ende geht, daß „Kunst" und „Künstler" heute einfach ihre raison d'être verloren haben. Die Degeneration der bisherigen Kunstsparten, Malerei, Plastik, Theater, ist so offensichtlich, daß man sie nicht verheimlichen kann.

Unsere Zivilisation ist keine Zivilisation der Kunst und des Gewerbes (L'époque des arts et des metiers), sondern eine Zivilisation der Maschine (le siècle de la machine).

Wenn die Konstruktivisten mit den Worten Ilja Ehrenburgs verkündet haben, daß *die neue Kunst aufhört, Kunst zu sein,* wollten sie nicht ein brillantes Paradox, noch einen Akt futuristischer Bilderstürmerei begehen. Sie wollten nur eine Tatsache konstatieren, eine Erkenntnis aussprechen. Daß es nämlich in der Kunst keine ewigen Werte gibt, und daß die heutige Kunst ihrem Untergang entgegensieht. Wenn wir unter Kunst einfach Produkte verstehen, die ganz genau einem bestimmten materiellen oder geistigen Bedürfnis entsprechen, die eine Befriedigung des Menschen, des ganzen komplexen Wesens sind, dann ist Kunst in diesem Sinn also ewig, auch wenn sich ihre Formen und Arten noch so sehr ändern, dann dauert sie, solang das menschliche Geschlecht dauert. Wenn wir jedoch unter Kunst die einzelnen Gewerbe verstehen, die ihre neun Repräsentantinnen auf den Parnaß delegiert haben, dann ist es nötig hinzuzufügen, daß diese Gewerbe zusammenstürzen und durch andere ersetzt werden können. Das menschliche Bedürfnis nach Kleidung und Wohnen ist offenbar fast ewig; daraus folgt jedoch nicht, daß die Dekorationskunst ebenfalls ewig wäre. Das menschliche Bedürfnis nach Trost durch Dichtung, nach geistiger Unterhaltung, das Bedürfnis nach Sensibilität, die von Farben, Formen, Tönen, Worten und Düften gereizt wird, ist offenbar beständig, aber daraus folgt nicht, daß es immer und ewig der Guckfensterbilder, der symphonischen Orchester und der Literatur bedürfte. Um so mehr, als der lebendige Durst nach Schönheit beim modernen Menschen seine Befriedigung weit eher anderswo findet, inmitten des Dramas des Lebens, als bei der sogenannten Kunst. Der Mensch mit moderner Sensibilität empfindet die Unzulänglichkeit der bisherigen Kunst.

[...]

Wir sehen, daß dort, wo der Ingenieur zielbewußt ohne alle ästhetischen Absichten gearbeitet und kein Künstler in die Arbeit eingegriffen hat, mit neuen Materialien eine pure und hundertprozentig moderne Schönheit erreicht wurde. Die Maschine wurde nicht als Spektakel hergestellt, sondern für den Gebrauch, und doch ist der Blick auf eine Fabrik im Betrieb ein schwindelregendes modernes Theater. Reine Profile, klare Umrisse, genaue und kategorische Bewegungen der Maschinen ermuntern uns zur Entwicklung der logischen schöpferischen Fähigkeiten des Geistes und befreien das durch die bisherige Kunst pervertierte Gefühl, die, überirdisch, das gewerbsmäßige Training zur Metaphysik war. Die maschinellen Formen, deren Schönheit in der Präzision und Funktionalität beruht, äußerlich und dekorativ in Bilder oder in die Architektur zu übertragen, wie es einst dem Jugendstil geschah und bis heute geschieht, ist falscher und unaufgeklärter Romantizismus und ein grundlegender Irrtum. Die alten Griechen hätten sicher nicht die Schiffsrümpfe in die Architektur übertragen, hingegen übertragen heute die maschinistischen Romantiker die durch aerodynamische Berechnungen gewonnenen Formen in aller Ruhe auf Möbel oder Wohnhäuser, statische Gegenstände also. (Der Mendelsohn-, der Einsteinturm in Potsdam.)

Die Lehre der Maschine? Die mechanischen Prinzipien der heutigen Ästhetik sind nicht von Gewerbekünstlern erdacht worden, sondern von modernen Konstrukteuren, die nicht an Kunst gedacht haben. Es ist ihnen um die vollkommene Erfüllung einer konkreten Aufgabe gegangen. *Und wir konstatieren, daß immer, wenn eine konkrete Aufgabe, ein konkretes Problem einer vollkommenen, möglichst ökonomischen, genauen und vollständigen Erfüllung und Lösung zugeführt werden,* die reinste moderne Schönheit ohne alle ästhetischen Nebenabsichten erreicht wird. Man kann nicht sagen, daß diese Schönheit dort beginnt, wo die vollkommen erfüllte Zweckmäßigkeit aufhört; es ist hier einfach nicht möglich, zwischen Schönheit und Zweckmäßigkeit der Form zu unterscheiden. Man kann nicht sagen, daß die Architektur beginnt, wo die Konstruktion endet. Man kann es nicht sagen, *weil wir im Augenblick, wo wir eine allseitige, zweckmäßige Vollkommenheit erreichen, auch automatisch Schönheit erzielen.* Der Anfangspunkt dieser Schönheit kann nicht festgestellt werden, ebenso wie wir nicht wissen, wo die Kurve ihre Richtung ändert, wann eine Sache, die praktischen Anforderungen genügt, an unsere ästhetische Sensibilität appelliert. Wir wissen, daß die Form an sich gleichgültig ist und unsere Sensibilität ergreift, unsere Vitalität interessiert, nur wenn sie mit irgendeiner Funktion verbunden ist. Hier konstatieren wir, *daß alle Schönheit wahrscheinlich dort beginnt, wo die gleichgültige Unzweckmäßigkeit aufhört.* Die mächtige moderne Schönheit haftet jedem Gegenstand an, der für einen genau bestimmten Zweck angefertigt wurde und der exakt die Intentionen realisiert, für die er entstanden ist.

Alle Verwirrung unter den heutigen bildenden Künstlern geht vor allem aus ihrer Unsicherheit über die Ziele und Zwecke und Sendungen ihrer Arbeit hervor. Hingegen wird aus den Erzeugnissen und Konstruktionen der modernen Industrie moderne Schönheit geboren. Neue Proportionen, Spiele des Umfangs und der Materie, für die wir in der Geschichte keine Beispiele finden, tragen in sich die *Zahl, das heißt die Ordnung.* Diese unbestreitbar schönen Konstruktionen rufen eine männliche Atmosphäre hervor. Ihre moderne Schönheit ist mathematisch. Es ist die Schönheit des vollkommenen Systems.

Man kann einwenden, daß manche Maschinen, die vollkommen zweckmäßig sind, unansehnlich und häßlich sein können. Das ist nicht ganz richtig. Wenn sie unansehnlich sind, dann vor allem deshalb, weil sie wahrscheinlich nicht wirklich vollkommen zweckmäßig sind, weil ihre Vollkommenheit bloß relativ ist und weitere Vervollkommnung erfordert. Wir könnten sagen, daß eine unansehnliche Maschine nach weiterer Vervollkommnung geradezu ruft, daß ihre Häßlichkeit ein Symptom des Ungenügens ist. *Wir behaupten, daß die Maschine desto schöner wird, je vollkommener sie ist.* Und sie ist vollkommen und infolgedessen schön nur dann, wenn nicht die Schönheit, sondern absolute Zweckmäßigkeit ausschließliche Absicht des Konstrukteurs war. Wenn zwei Maschinen gleichen Zwecks nebeneinanderstehen, deren praktische Vollkommenheit als gleichwertig beurteilt wurde, und eine davon ist häßlicher, gibt es keinen Zweifel, daß die *andere, schönere, praktisch zweckmäßiger ist.* Maschinen werden aus Berechnungen geboren und eine Berechnung läßt immer einige Möglichkeiten offen, öffnet den Weg zu einigen Modalitäten. Sich für das vorteilhafteste (implizite schönste) Resultat zu entscheiden, ist eine Tat der *mathematischen Intuition.* Die mathematische Intuition, die hier interveniert, bedeutet keineswegs künstlerische, ästhetische, formale Intuition; es gibt keinen Platz für Gefühl, Phantasie und Sehnsucht nach Schönheit, wo ein disziplinierter und logischer mathematischer Geist an der Arbeit ist.

Der mathematische Geist der Maschine erklärt alles: seine gesetzmäßige Vollkommenheit, auch seine verborgene und angeborene *Irrationalität.* Wo wir von mathematischer Intuition sprechen, wo wir von der Schönheit der Maschine sprechen – *und die Schönheit der Maschine ist der irrationale Wert eines rationalen Produkts* – dort erkennen wir, daß hinter der rationellen Wertung die Existenz und Wirkung des Irrationalen fortdauert. Die Mathematik, resp. die Geometrie, wurde als die Kunst formuliert, ungenaue Tatsachen genau zu überlegen. Das mathematische Denken operiert ebenfalls mit Fiktionen, mit wissentlich unrichtigen Folgerungen, die freiwillig als richtig akzeptiert werden. Auch die künstliche Richtigkeit entsteht aus der Abschiebung der Irrationalität auf unwichtige Plätze. π, die irrationale Zahl, kann auf viele Dezimalstellen rationalisiert werden, aber immer nur teilweise, die Irrationalität kann nicht verdeckt werden. Jede Maschine mit Kugellagern, jede Walze beinhaltet das π, das irrationale Element. Die Formel des Kreises, eines grundlegenden Gebildes, ist irrational. Alle Unerklärlichkeit der Schönheit der Maschine beruht offenbar auf ihrer Irrationalität. Und so können Maschinen Beispiele nicht nur des modernen, logisch arbeitenden Gehirns sein, sondern auch der modernen nervösen Sensibilität. Es gibt nichts Nervöseres als einen laufenden Motor.

Die Intervention der Irrationalität, die Intervention der mathematischen Intuition. Wir sprechen entgegen der Vorgangsweise der elementaren und mechanischen Logik von der Intervention eines biomechanischen Elements: *der Erfindung*. Die biomechanische Kraft der menschlichen Erfindungsgabe kann nicht definiert werden. In der Serie gibt es immer Platz für Umstürze: die Erfindung ist das einzig unvorhersehbare zufällige Elemente in der Industrie und Technik. Durch sie wird jede andere Zufälligkeit ausgeschlossen, wo die Zufälligkeit herrschen würde (wie es in der sogenannten Kunst der Fall war), kann die *Erfindung* nicht zur Geltung kommen.

Die Ästhetik der Maschine bedeutet uns also: Schön ist das Produkt, das am vollkommensten und zweckmäßigsten erzeugt wurde, mit Wirtschaftlichkeit und Präzision, ohne alle ästhetischen Rücksichten. Die Maschine ist das Werk des Spezialisten, des Ingenieurs; keineswegs des Künstlers. Wir brauchen Spezialisten. Ein vollkomener Spezialist realisiert vollkomene Dinge. Aber das ist wenig. Er kann nur gegebenen Bedürfnissen entsprechen, kann keine neuen erwecken. Der Spezialist, vom übrigen Leben isoliert, ist deshalb eine akulturelle Erscheinung, die nicht imstande ist, die Entwicklung voranzutreiben. Der Erfinder ist Spezialist – der moderne Mensch. Das biomechanische Element der Erfindungsgabe ist die vitale Kraft. Wir brauchen Erfinder.

Lewis Mumford **Architektur und Zivilisation (Ausschnitt)**

Erste Erscheinung: Lewis Mumford, *Sticks and Stones* (New York: Boni & Liveright, 1924).
Textquelle: Lewis Mumford, *Vom Blockhaus zum Wolkenkratzer. Eine Studie über amerikanische Architektur und Zivilisation.* Übersetzung: Margarete Mauthner (Berlin: Bruno Cassirer, 1925), S. 255–265.

Der amerikanische Architekturhistoriker und Kulturphilosoph Lewis Mumford (1895–1990) begann unter dem Einfluss der Bücher des schottischen Theoretikers Patrick Geddes, sich für Städtebau zu interessieren, bevor er sein Literaturstudium abgeschlossen hat. Er trat in Briefwechsel mit Geddes und hat die städtische Struktur New Yorks untersucht. Er lebte als frei schaffender Schriftsteller, gehörte zu den progressiven Denkern von Amerika, die nach dem Ersten Weltkrieg die Kultur des Landes zu erneuern versuchten. Er hat sich mit gesellschaftlichen und wirtschaftlichen Fragen beschäftigt und war überzeugt, dass das Wachstum der Stadt beschränkt werden soll, um dadurch ihre natürliche Umgebung und die ländliche Bevölkerung, von der die Stadt abhängig ist, zu schützen. In seinem ersten Buch *The Story of Utopias* (1922) analysierte er kritisch die idealen Gesellschaftsmodelle von Plato bis William Morris. 1924 erschien sein erstes Buch über Architektur, *Sticks and Stones*; im nächsten Jahr (dank seines Freundes Walter Curt Behrendt) auch in deutscher Übersetzung, als *Vom Blockhaus zum Wolkenkratzer*. Auch die Zeitschrift des Deutschen Werkbundes, *Die Form,* veröffentlichte seine Aufsätze. 1926 hat er mit Clarence Stein, Fred Ackerman, Catherine Bauer u.a. die Regional Planning Association of America (RPAA) gegründet. Durch seine weiteren Bücher *Technics and Civilisation* (1934) und *The Culture of Cities* (1938) wurde Mumford zum bekannten Stadttheoretiker. Er vertrat die Meinung, dass Architektur und Stadt sich als Teil einer Kultur in Gleichgewicht optimal entwickeln können. Die Dynamik der Stadt und die stabilen Werte einer Gemeinde sollten sich ergänzen. Während er in den dreißiger Jahren den Funktionalismus positiv bewertete, kritisierte er später vor allem Le Corbusier und Mies van der Rohe wegen ihrer „unmenschlichen" Architektur, welche die wahren menschlichen Bedürfnisse (so auch Symbole und Ornamente) nicht beachtet.

Es mag überraschen, dass *Sticks and Stones* die erste allgemeine Geschichtsdarstellung der amerikanischen Architektur ist. In sieben Kapiteln untersucht Mumford die Entwicklung der Architektur in ihrem Zusammenhang mit der Zivilisation, die – nach Matthew Arnold – als „versittlichender Einfluss der Gesellschaft auf den Menschen" verstanden wird. Die zunehmende Industrialisierung zeigt jedoch die negativen, gerade nicht „versittlichenden" Wirkungen des Zivilisationsprozesses. Im Vorwort Mumfords zur deutschen Ausgabe weist er darauf hin, dass seine Kritik der Alleinherrschaft der Maschine keine Kritik der Mechanisierung darstellt. Er lobt die Schöpfungen von Erich Mendelsohn und Bruno Taut, die statt eines „Götzendienstes vor der Maschine" sich die modernen maschinellen Formen und Methoden angeeignet und „aus ihnen heraus … etwas ganz Neues geschaffen haben, was den inneren Bedürfnissen der menschlichen Gesellschaft ebenso Rechnung trägt wie den bloßen physischen Notwendigkeiten der Architektur".

Bibliografie: Thomas P. Hughes, Agatha C. Hughes (Hrsg.), *Lewis Mumford: Public Intellectual* (New York, Oxford: Oxford University Press, 1990).

Von der menschlichen Seite betrachtet, liegt der wesentliche Unterschied, der von den Anhängern des mechanischen Prinzips meist übersehen wird, in dem Umstand, daß die Arbeit an der Maschine Frondienst, das Handwerk aber eine Lebensform ist. Die Verrichtungen bei den mechanischen Berufen sind ihrer Natur nach Sklavendienst, denn sie zwingen den Arbeiter, das von der Maschine festgesetzte Tempo einzuhalten und dem von dem Zeichner festgesetzten Modell peinlich nachzugehen, so daß er nur das ausführende Instrument eines fremden Willens ist, während die handwerklichen Berufe relativ frei sind, insofern sie dem Arbeiter eine gewisse Auswahl zwischen verschiedenen Typen und Arbeitsmethoden lassen. Diese relative Freiheit ergibt sich aus der Verschiedenheit der dabei angewandten Methoden, und gerade solche ästhetischen Unterschiede lassen uns vielleicht am besten erkennen, wie bei der Architektur der Zukunft das individuelle und das mechanische Element richtig zu verteilen wäre.

Das ästhetische Moment, das speziell im Handwerk zu finden ist, läßt sich meiner Meinung nach durch ein Plus von Vitalität erklären. Dem Zimmermann genügt die glatt gehobelte Oberfläche ebensowenig wie dem Steinmetz die glatte Steinfläche und wie dem Maler das bloße Streichen einer kahlen Wand: nein, jeder Handwerker bearbeitet seinen rein praktischen Gegenstand mit der größten Sorgfalt, bis das Säulenkapital ein reicher Kranz von Blättern, die gewölbte Decke ein Himmelstor wird, bis jedes Detail die Gebilde seiner Phantasie zum Ausdruck bringt. Sein Werk ist buchstäblich von ihm erfüllt, wie im biblischen Sinne ein Körper von einem ihm vertrauten Geiste erfüllt ist. Gelegentlich wird diese liebevolle Behandlung eines Gegenstandes weiter gehen, als es sich mit der ästhetischen Wirkung auf den Beschauer verträgt; das kann ihm aber nicht die Freude verkümmern; es treibt ihn unaufhaltsam, jede leere Stelle auszufüllen, denn die Kunst des Holzschnitzers und des Steinmetzen ist, wenn sie mit freiem Geiste betrieben wird, eine menschenwürdige und erfreuliche Lebensaufgabe. Wir haben uns allmählich so sehr an den Industrialismus gewöhnt, daß uns der Glanz und Überfluß des Handwerklichen manchmal ein wenig verwirrt: aber wenn beim Anblick eines mittelalterlichen Kirchenportals oder einer ostindischen Hausfassade unser Genuß durch allzu reiche Verschlingungen der Arabesken beeinträchtigt wird, so sollten wir diese Überfülle der Phantasie und Schaffensfreude desto höher einschätzen. Wenn man zugibt, daß die Kunst Selbstzweck ist, warum soll sie es nicht ebenso für den Ausführenden wie für den Genießenden sein? Ein großer Teil des Handwerks hat seine Existenzberechtigung, wenn es den Stempel eines freudigen Geistes trägt.

Wenn wir ein ideales Erzeugnis des Kunsthandwerks, wie einen florentinischen Tisch aus dem 16. Jahrhundert, mit einem idealen Erzeugnis maschineller Kunst – sagen wir, einem modernen Badezimmer – vergleichen, so offenbart sich der starke Gegensatz ihrer Vorzüge und Mängel. Eine der ersten Bedingungen für eine gute Maschinenarbeit ist die Möglichkeit, alle Konsequenzen im vorhinein zu berechnen, eine Berechnung, die sich in einer Konstruktionszeichnung oder in einem Grundriß verkörpert: wird auch nur um Haaresbreite von dieser Berechnung abgewichen, so ist der Mißerfolg fast unausbleiblich. Die Vorzüge guter Maschinenarbeit: Präzision, Ökonomie, tadellose Ausführung, geometrische Vollendung, ergeben sich natürlich aus den angewandten Hilfsmitteln. Scheint die Individualität des Arbeiters dabei hindurch, so ist es Nachlässigkeit, betont er sie aber gar, so ist es ein grobes Versehen.

Im Sinn des Maschinellen ist ein Modell gut zu nennen, wenn es das rein Wesentliche eines Gegenstandes ausdrückt: ein Stuhl muß alle Anforderungen als Sitz, ein Waschbecken als Waschgelegenheit, ein Haus als abgeschlossener Wohnsitz erfüllen, und jedes Überflüssige, als Ornament Gedachte, ist eine Verkennung des maschinellen Prinzips, denn indem man an eine Arbeit, die an und für sich trostlos ist, noch mehr trostlose Arbeit verschwendet, verfehlt man den Zweck, der das Maschinenwesen in der menschlichen Gesellschaft legitimiert: nämlich eine notwendige Menge von nützlichen Gegenständen mit dem Mindestmaß von menschlicher Anstrengung zu erzeugen.

Will man den Unterschied zwischen Handwerk und Maschinenarbeit kurz ausdrücken, so muß man sagen: das Handwerk betont die Freude des Schaffenden am Produzieren: wer daher den Versuch machen würde, dem Holzschnitzer oder dem Steinschneider Zeit und Mühe zu ersparen, würde tatsächlich versuchen, das Leben des Arbeiters zu verkümmern. Maschinenarbeit aber zielt hervorragend darauf hin, die bei der Produktion unvermeidlichen Plackereien nach Möglichkeit zu vermindern: jedes Detail oder jede Dekoration, die die zur maschinellen Erzeugung notwendige Zeit verlängern, erhöhen die materielle Last des Daseins. Das eine ist Selbstzweck, das andere ein Mittel zum Zweck. Unsere moderne Gesellschaft versteht durchaus noch nicht diesen Unterschied. Ebenso wie wir in der Kunst recht anfechtbare Farbendrucke in Massen herstellen und den modernen Künstler verhungern lassen, so werden in der Architektur viele Dinge auf maschinellem Wege erzeugt, die Handarbeit vortäuschen sollen, wie zum Beispiel die steinernen Ornamente der mächtigen Renaissance-Kamine, die jetzt oft kleine, durch Dampf überheizte Wohnungen zieren. Die wenigen ihrem Beruf treugebliebenen Kunsthandwerker aber werden zu knechtischen Handlangern herabgewürdigt, die, wie ihre Vorgänger im kaiserlichen Rom, all ihre Geschicklichkeit und Schaffensfreude auf das Kopieren von Werken anderer Künstler und Kunsthandwerker verwenden müssen. Das Handwerk, das der mechanischen Reproduktion dienstbar gemacht wird, und die maschinelle Herstellung unzähliger Gegenstände, die eine handwerkliche Entstehung vortäuschen sollen, sind schuld daran, daß all unsere ästhetischen Versuche in Kunst und Architektur wieder und wieder mißglücken. Gelegentlich ringt sich einmal ein Talent durch, wie Samuel Yellin, der Eisenschmied, aber das Kunsthandwerk im allgemeinen muß darunter leiden.

Nun beruht unsere Freude an guter Maschinenarbeit bei allem Respekt, den wir der Fehlerlosigkeit und Vollendung zollen, doch nur auf ihrem praktischen Nutzen, wenn auch dabei hin und wieder eine ausdrucksvolle Form erzielt wird; denn wer hebt wohl eine noch so schön geformte Mixed-Pickles-Flasche von Heinz & Co. auf? Ihr Inhalt gab ihr die Existenzberechtigung; ist er dahin, so verschwindet auch sie. Dies gilt nicht erst für heute, es galt in allen Zeiten: die Gebrauchsgegenstände des täglichen Lebens kehren zum Staube zurück, während jene, die den Stempel künstlerischen Geistes tragen – die Amphoren der griechischen Töpfer, die zarten, dünnhalsigen Flaschen der Perser, die Siegel der Ägypter –, niemals dem Kehrichthaufen verfallen, mögen sie auch noch so zerbrechlich sein und einen noch so geringen Materialwert haben.

Es liegt im Menschen etwas, das ihn zwingt, das Menschliche in der Kunst zu achten: umgeben von den Spiegelbildern seines Wesens, lebt er edler als ein Gott. Gerade die Wut, mit der die Mohammedaner, die Puritaner und die Freidenker des 18. Jahrhunderts die bildliche Darstellung verfolgten, verriet ihre tiefe Verehrung vor der Macht der Kunst; denn wir zerstören die Dinge, die unsere Existenz bedrohen. Die Kunst ist in gewissem Sinne der geistige Firnis, den wir auf die materiellen Dinge legen, um sie vor dem Verderben zu schützen: kraß ausgedrückt, hat die Schönheit Berechtigung, weil sie Ewigkeitswert hat; Häuser, die von einem schöpferischen Geiste zeugen, sind unersetzlich, und das bewahrt sie vor dem Schicksal, schnell und pietätlos ersetzt zu werden. Wrens Kirchen bleiben erhalten, auch wenn sie außer Gebrauch sind, weil Wrens Persönlichkeit sie erfüllt. Dieser Vorgang steht in vollem Gegensatz zu dem maschinellen Betrieb und erklärt, warum mit der Zeit Maschinenarbeit unzulänglich und unökonomisch ist – sie ist zu bald entwertet.

Die Kunst ist tatsächlich einer der Hauptwege, auf dem wir dem verderblichen Kreislauf ökonomischer Betriebsamkeit entgehen. Wenn wir den Nationalökonomen von Fach hören, so hat unser ökonomisches Leben nur drei Phasen: Erzeugung, Verteilung und Verbrauch. Wir arbeiten, um zu essen, und wir essen, um arbeiten zu können. Dieses Bild stimmt einigermaßen für das Leben einer sich entwickelnden Industriestadt, paßt aber keineswegs auf die ökonomischen Verhältnisse in einer zivilisierten Gemeinschaft. Überall, selbst in ungünstigen Gegenden, entsteht aus der Produktion etwas Besseres als bloßes Einkommen und bloße Kapitalsanhäufung: hier ist es Wohlleben und Schauspiel, dort Religion, Philosophie und Wissenschaft, und hin und wieder ist es Kunst. Dem Prozeß der Vergeudung und Zerstörung wird in der Erschaffung eines Kunstwerks von dauerndem Wert Einhalt getan, daher ist der einzige sittliche Prüfstein für das ökonomische Leben einer Gemeinschaft nicht, ob unendlich viel produziert wird, sondern ob der Wert der geschaffenen Dinge Aussicht auf Dauer hat. Eine Gemeinschaft mit einer niedrigen Produktionsquote und einem hohen Schaffensniveau wird auf die Dauer materiell reicher sein als eine moderne Stadt, in der die Industriegewinne in vergänglichen, unfruchtbaren Ausgaben verzettelt werden. Ausschlaggebend ist das Verhältnis von Produktion zum Schaffen von Werten.

Hierin liegt die Existenzberechtigung des modernen Architekten. Ist ihm auch das eigentliche Bauen im früheren Sinne versagt, so bleibt doch ihm allein unter den modernen Handwerkern jener innere Zusammenhang mit dem ganzen Komplex, der die Alten mit ihrem besonderen Stück Arbeit so innig verband. Der Architekt kann seinem Werke noch immer den persönlichen Stempel verleihen, und selbst bei der nur praktischen Zwecken dienenden Fabrik kann er die einfachen Formen des Ingenieurs benutzen und aus ihnen einen so prachtvollen Bau schaffen, wie es das Fletcher Building von Helmle und Corbett in Newyork [sic!] ist. In dem Grade, wie ehrliche Ingenieurarbeit besser ist als Pseudoarchitektur, ist echte Architektur besser als Ingenieurarbeit; denn sie schlägt dieselben ästhetischen und menschlichen Saiten an, die bei der Malkunst und der Skulptur vibrieren. Dem Architekten vor allen anderen Künstlern ist die Möglichkeit gegeben, sich von willkürlichen und mechanischen Vorbildern frei zu machen und neue, sein Problem erschöpfende Formen zu ersinnen. Bisher ist ihm allerdings solche Freiheit des Schaffens nur bei traditionellen Bauten, wie zum Beispiel bei Kirchen, Bibliotheken und Konzertsälen, gestattet, die, außerhalb des Machtbereichs des jetzigen, auf das finanzielle System eingestellten Regimes liegend, einige Aussicht auf Dauer haben.

Ehe wir aber so weit sein werden, daß alle unsere Gebäude den Stempel ihres Schöpfers tragen, ehe unsere Häuser dem Handwerk ihre Pforten wieder öffnen, um ihren Ornamenten und Details den soliden Glanz der Dauer zu geben, muß in unserem ökonomischen Leben noch eine recht gründliche Neuorientierung eintreten. Solange Häuser gebaut werden, um die Preise der Grundstücke zu erhöhen, solange Häuser als Massenartikel produziert werden, um sie an ein paar arme Teufel zu verkaufen, die ein Obdach für Frau und Kinder brauchen, ist es nutzlos, über die Aufgaben der Kunst zu sprechen; und leider beruht ein allzu großer Teil unseres heutigen Bauens auf solcher Grundlage und zeigt deutlich die beklagenswerten Spuren unseres jetzigen ökonomischen Systems.

Wenn wir unsere wohlhabenden Vororte, unsere neuentstandenen Industriestädte betrachten, wenn wir bei so manchen Schulen und Fabriken Ansätze zu einer gesunden, zweckentsprechenden Architektur erkennen, so kann man sich leicht vorstellen, was die Architektur auf ihren verschiedenen Gebieten sein könnte, vorausgesetzt, daß sie sich in jedem einzelnen Falle zu dem geeigneten Stil entwickeln könnte. Vorläufig jedoch wäre es verfrüht, mit irgendwelcher Sicherheit vorauszusagen, ob unsere Architekten dazu verurteilt sind, vom maschinellen System verdrängt zu werden oder ob sich ihnen die Möglichkeit bieten wird, unserem maschinellen System einen Teil der Freiheit früherer Epochen zurückzugeben; und ich habe nicht den Wunsch, diese Erörterung mit Prophezeiungen und Ermahnungen zu belasten. Sind aber unsere Schlußfolgerungen richtig, so hat nur die letzte Möglichkeit Aussicht, uns bessere Lebensbedingungen zu bringen.

Werner Lindner **Grundsätzliches**
(Ausschnitte)

Erste Erscheinung und Textquelle: Werner Lindner, *Bauten der Technik, ihre Form und Wirkung* (Berlin: Ernst Wasmuth, 1927), S. 3–4, 6–7.

Der deutsche Architekt Werner Lindner (1883–1964) studierte an der Technischen Hochschule in Berlin-Charlottenburg. 1912 erwarb er seinen Doktortitel an der TU Dresden mit der Dissertation *Das niedersächsische Bauernhaus in Deutschland und Holland*. Lindner ging in dieser Arbeit der „Grundform", der Typologie des Bauernhauses in seinen vielfältigen Abwandlungen nach und betrachtete es als die „Verkörperung des Volksgeistes". Von 1914 an bis Ende des Zweiten Weltkriegs war er der Geschäftsführer des 1904 gegründeten Deutschen Bundes Heimatschutz und Herausgeber seiner 1905 gegründeten Zeitschrift *Heimatschutz*. Lindner veröffentlichte alleine oder mit anderen unter der Ägide des Bundes Heimatschutz und des Deutschen Werkbundes zahlreiche, mit Fotoaufnahmen und Zeichnungen illustrierte Bücher. Oft ist er dem Beispiel der Buchreihe *Kulturarbeiten* von Paul Schultze-Naumburg gefolgt, indem er gute und schlechte Beispiele einander gegenüberstellte. Er verlangte jedoch nicht, wie viele andere konservative Theoretiker, die Ablehnung des Neuen und die Rückkehr zu alten Stilformen, sondern die Suche nach dem Wesentlichen, nach klaren Grundformen, die keinen Bruch mit der Tradition, sondern die Kontinuität der Geschichte darstellen. Das mit Georg Steinmetz veröffentlichte Buch *Die Ingenieurbauten in ihrer guten Gestaltung* (1923) erschien nicht nur im selben Jahr wie Le Corbusiers *Vers une architecture*, sondern zeigt ebenfalls amerikanische Kornsilos als Beispiele für die sachliche Form, die das Ergebnis der typologischen Methode ist.

Nach der Machtübernahme der Nationalsozialisten wurde Lindner zum Leiter der „Fachschaft Heimatschutz im Reichsbund Volkstum und Heimat". Als Geschäftsführer der „Arbeitsgemeinschaft Heimat und Haus" gab er die drei Bänder der Reihe *Die landschaftlichen Grundlagen des deutschen Bauschaffens* heraus: *Das Dorf. Seine Pflege und Gestaltung* (mit Erich Kulke und Franz Gutsmiedl, München 1938), *Die Stadt. Ihre Pflege und Gestaltung* (mit Erich Böckler, München 1939) und *Der Osten* (mit Julius Schulte-Frohlinde und Walter Kratz, München 1939).

Lindner glaubt, daß der Architekt durch Verwendung von Grundformen (Kegel, Pyramide, Zylinder, Kuppel, Würfel) auch größere Industriebauten vorbildlich gestalten, sie in der Landschaft harmonisch einsetzen und damit die zerstörerische Wirkung der Industrialisierung aufhalten kann. Seine Bücher mit ihren typologischen Vergleichen sind als praktische Lehrbücher, als Handbücher und Wegweiser für Architekten und Ingenieure gedacht. Nach dem Zweiten Weltkrieg beschäftigt sich Lindner vor allem mit der Gestaltung von Friedhöfen und Kriegsdenkmälern.

Bibliografie: Ulrich Linse, „Von ewiger Grundform. Die Typenlehre Werner Lindners", in *ARCH+* 85 (Juni 1986), S. 53–59.

Die neuesten Errungenschaften der Technik sind außerordentlich; mit Eisen, bewehrtem Beton, Glas usw. kann man sehr viel neuartig ausdrücken; viele neue Maschinen sind in ihrer sachlichen

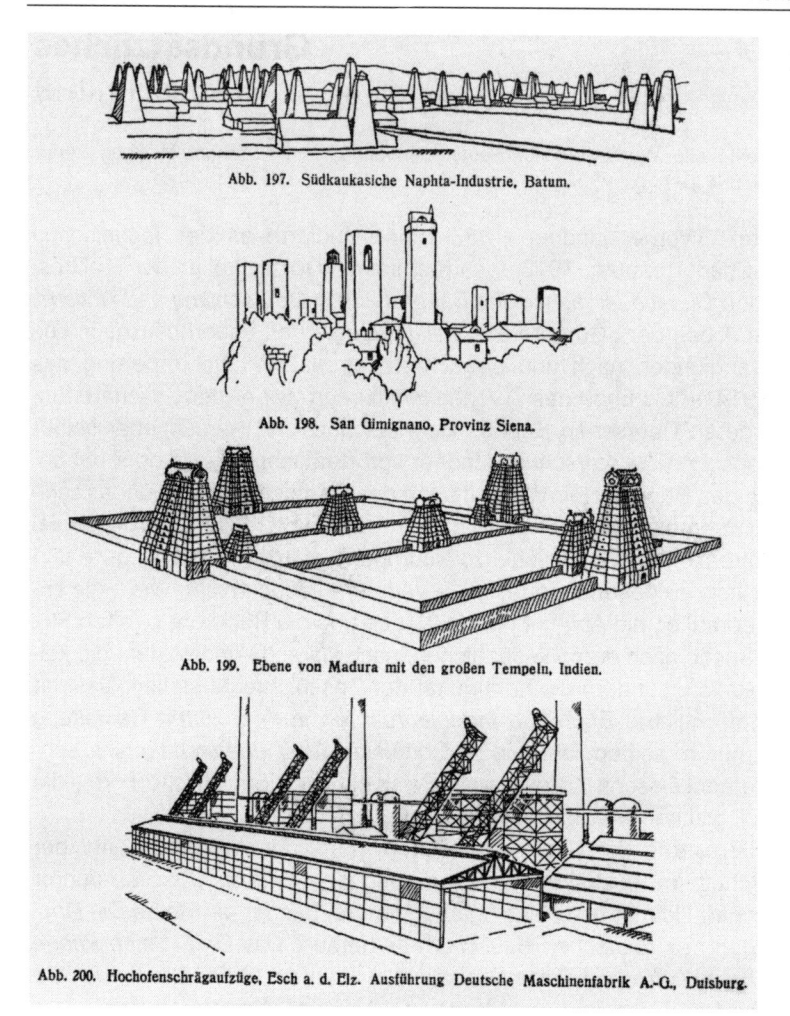

Abb. 73. Seite aus Werner Lindners *Bauten der Technik, ihre Form und Wirkung* (1927).

Abb. 197. Südkaukasiche Naphta-Industrie, Batum.

Abb. 198. San Gimignano, Provinz Siena.

Abb. 199. Ebene von Madura mit den großen Tempeln, Indien.

Abb. 200. Hochofenschrägaufzüge, Esch a. d. Elz. Ausführung Deutsche Maschinenfabrik A.-G., Duisburg.

Einfachheit bewunderungswürdig schön; der rastlose, schnelle Pulsschlag der Zeit drückt sich in ihrem Gang aus; Bewegung ist den Menschen von heute alles. So konnten gerade die Maschinen und dynamische Vorgänge in ihrer Arbeit phantasievolle Menschen ganz besonders anregen. So entstanden, mehr auf dem Papier und nur selten in der Wirklichkeit, lebhaft beachtete Baugebilde eigentümlicher Art: man wollte „Bewegung bauen"! Die eigentlich Verantwortlichen für den Ingenieurbau, der Konstrukteur und der Bauingenieur, vermochten das allerdings kaum gutzuheißen. Der Einfluß dieser Mode auf den neuzeitlichen Hausbau machte sich um so schneller bemerkbar, als hier die Anwendung des flachen Daches von der bisher oft als Hemmnis empfundenen Notwendigkeit befreite, Räume und Raumgruppen unter einem geneigten Dach möglichst fest zusammenzubinden. Damit wurde die bisherige Grundlage des Hausbaus in unserem Klima von den Betreffenden so gut wie ganz aufgegeben. Ohne Befangenheit nach der einen oder anderen Richtung darf wohl behauptet werden, daß hier oft Willkür und Laune über die Sachlichkeit gestellt wurde. Aber schon binnen kurzem ist diese revolutionäre Bewegung in ruhigere Bahnen geflossen, und zwar gerade bei den führenden Kräften, die sich schneller als die Nachbeter und Theoretiker auf gesunden und in Selbstzucht genommenen Instinkt zu besinnen pflegen und sich auf Erkenntnis und Erfahrung stützen können.

Worte können in diesem Zusammenhang Vorstellungen überhaupt nur andeuten, das Werk des Könners soll ja weiterhin als der im Glücksfall vollendete Beweis um so ergiebiger sprechen. Im übrigen soll es sich hier nicht so sehr um das abgestempelte große Sonderwerk des Einzelindividuums, sondern vor allem um das schlichte, durch keinen Künstlernamen herausgehobene Werk handeln, das im Ganzen des Volksschaffens und der typischen Aufgaben steht und sich auch dadurch vor der Gefahr des falschen Pathos oder sonstiger Kläglichkeit hütet, der die zufällige Sonderleistung abseits vom Wege leicht unterliegt. Dem Gedanken, das Typische unserer wichtigsten Bauaufgaben und damit die rechte, allgemein gültige Sachlichkeit herauszuarbeiten, dienen gerade heute mit unsere besten künstlerischen Kräfte. Meist ist es ja Dilettantismus, was der Grundlage vollendeter Sachlichkeit entraten zu können glaubt. Denkt man an hervorragende, aber absonderliche Einzelwerke der alten Baukunst, so scheint dem der wirkliche Könner, der sich in ihnen äußert, manchmal zu widersprechen. Aber der spielt dann, aus irgendwelchen tieferen Gründen, die hier nicht untersucht zu werden brauchen, souverain mit der Sachlichkeit – so wie die Katze mit der Maus; er hat sie im Grunde so gebannt, daß sie ihm ja doch nicht entschlüpfen kann.

Lediglich das Befolgen elementarer Grundsätze tut es freilich nicht. Die schaffende Persönlichkeit ist deshalb vonnöten, weil sie erst Gesetze und Proportionen zum Leben erwecken kann. Ein vollkommenes Werk entsteht nicht, indem man sich diese lehr- und lernbaren Dinge durch Sezieren von vorhandenen anerkennenswerten Werken zu eigen macht und das Neue aus der Summe der Einzelheiten mathematisch kombiniert. Die Divination gibt den Ausschlag; sie umgeht im Ungefähren, mit einem Mehr oder Weniger der elementaren Teilchen, die errechenbare Regel und arbeitet mit einem Index, der dem Theoretiker immer ein Rätsel bleiben wird. Ueber die Regeln ist der göttliche Funke als ein das Mechanische Verschmelzende und Umschmelzende gesetzt, der aus den Elementen ein Organisches bildet. Ließe sich alles Schaffen aus Regeln konstruieren, so würde die außerordentliche Anregung verloren gehen, die uns gerade aus den bedeutenden und eigenartigen Werken entgegenstrahlt. Fehlten aber die Harmoniegesetze, so würden die Irrungen, die schon fast ein Jahrhundert gewährt haben, noch überboten werden durch eine Zeit, in der viele Individuen geneigt sind, ihren Arbeiten eigenwillige, weder an Werkstoff- noch an Konstruktionsart noch an irgendwelche Gestaltungs-Grundlagen gebundene Voraussetzungen zu schaffen. Vollkommene Verwirrung wäre das Ende. Aber wir können auf die Dauer auch bei den neuen Werken die Wohltat der Ruhe und Beruhigung nicht missen, diesen sinnfälligsten Ausdruck nicht der spießbürgerlichen Bequemlichkeit, wie es manchmal aufgefaßt ist, sondern Ausdruck für den Sieg des Geistes und des Herzens über die Materie. Diese gelungene Bewältigung des Stoffes tritt uns aus alten Werken und ihrer Gesamtheit im Rahmen der Stadt- und Landschaftsbilder entgegen, und zwar nicht aus ihrer „Romantik", sondern aus ihrer unleugbaren Sachlichkeit. Wir wehren uns aber ebenso gegen die Herrschaft einer alles umfassenden Mechanisierung, die Häuser zu „Wohnmaschinen" statt zu Wohnstätten und die Menschen zu sklavischen Werkzeugen einer überaus starren und Starrheit verbreitenden Macht machen würde. Das Wort „Rationalisierung", das heutzutage in gutem und in schlechtem Sinne so viel gebraucht wird, kommt von ratio, und das heißt Vernunft: auf diesen ursprünglichen Sinn legen wir den Hauptwert. Ein vollkommener Ersatz des Ideellen durch das Mechanische, der individuellen Handwerksübung durch eine bis ins Letzte normierte Fabrikation, (vergleiche z. B.

den Betriebsvorgang der Dodge-Werke in Detroit) die auf das höchste Maß getriebene Ausbeutung der Energiequellen unseres Planeten ist aber ein absurdes Ziel, soweit wir heute Wirtschaftlichkeit, Ordnung der menschlichen Gesellschaft und nicht zuletzt Menschenwürde begreifen. Man sieht im Geiste Maschinen und Maschinen als brutale Herren über alles einst Natürliche, und ihnen gegenüber eine entgeistete, um Schöpfermöglichkeiten gebrachte Menschheit, ehedem Kinder der Natur, in entsetzlicher Gebanntheit vor dem Ergebnis ihrer Arbeit, die schließlich Leerlauf ist.

[...]

„Ueberall ist das Ganze so organisiert, daß kein Hauch von Willkür übrig bleibt... Die offenbare Gesetzmäßigkeit ist die höchste Form des Lebens" (Wölfflin). Es besteht ein geheimnisvoller, tiefer Zusammenhang zwischen der werkgerechten und wirtschaftlichen Güte eines Baus und seiner guten Erscheinung. Sind Ansprüche wirtschaftlicher und baupraktischer Art nicht in ausreichendem Maße erfüllt, so machen sich solche Mängel zumeist auch irgendwie in ästhetischer Hinsicht geltend. Man kann das Eine gar nicht vom Anderen trennen, und gute Körper- und Raumbildung müssen sich logisch und harmonisch aus dem Erfüllen der wirtschaftlichen und praktisch-konstruktiven Erfordernisse des Bauprogramms entwickeln. Hier gibt es nun gewisse Regeln und Erfahrungssätze, geradezu eine einheitliche Grundlage des baulichen Schaffens, die von Stilwandlungen, von örtlichen, durch Landesart und Gewohnheiten bedingten Abweichungen in der Gesamtanlage und in den Einzelheiten der Ausführung, ja von Fortschritt und Konstruktionsart unabhängig ist. Das klingt wie ein Bekenntnis, dem sich vielleicht nicht Jedermann anschließt. Aber es findet seine Stütze darin, daß man den Begriff der sachlichen Form aus unzähligen Bauwerken aller Zeiten herauslesen kann, aus individuell gestalteten wie vornehmlich aus den typischen. Letztere gehen uns hier besonders an. Denn der Werkbau bedient sich von jeher des Typus, neuerdings außerdem für bestimmte Aufgaben und Teilausführungen der Norm, die sich aber unmittelbar aus dem Typischen herleitet.

Wir verstehen hier unter Typus eine uns durch die Güte überzeugende, häufig bei gleichen oder ähnlichen Ansprüchen wiederkehrende, ausgeprobte, bewährte und einprägsame Form eines Bauwerkes, in der sein Zweck und Aufbau und damit die Funktionen, die er zu erfüllen hat, werkgerecht, harmonisch und besonders sinnfällig zum Ausdruck kommen. Typus ist z. B. das niedersächsische Bauernhaus, dessen eigenartiges, aber darum leicht faßbares Wesen sich in der ältesten und jüngsten Form, in der dürftigsten Kate wie im reichsten Großbauernhaus, im strohgedeckten Lehmfachwerkbau wie im Massivbau gleich eindeutig ausspricht. Die alte bäuerliche und bürgerliche Hausbaukunst hat bei uns und anderwärts überhaupt mit außerordentlich wenigen Typen gearbeitet, und der uns so sympathische Rhythmus der alten Dorf- und Stadtbilder konnte sich nur auf Grund der Güte dieser elementaren Haustypenformen entfalten; der Wohlklang zwischen altem Einzelbau und Landschaft ist vornehmlich auf solchen Rhythmus zurückzuführen. Denn der gute Bautypus kann der jeweiligen Situation praktisch und ästhetisch angepaßt werden. Letzten Endes kann ja ein Bau niemals für sich, sondern er muß in seinem körperlichen und räumlichen Anschluß an seine Umwelt betrachtet werden, wenn wir seinen ästhetischen Wert bestimmen wollen. Die gesunde Entwicklung unseres Wohnungsbaus in neuester Zeit äußert sich in der Zurückführung des Gruppen-, Reihen- und Großmiethauses auf wenige Formen gesunder Grundrisse und Querschnitte in guten städtebaulichen Lösungen.

Ueber den Begriff der Norm braucht kaum etwas gesagt zu werden, seitdem die moderne Industrie sich ihrer als der in stärkstem Maße und für den denkbar weitesten Geltungsbereich vereinheitlichten Form vollkommen gleicher Konstruktionsteile und Konstruktionen bedient. Die

Norm gewinnt im Bereich des Bauwesens insofern ein anderes Gesicht als im Maschinenbau, als z. B. bei genormten Fensterformen für das Kleinwohnungswesen gewisse klimatisch und gewohnheitsmäßig gegebene Unterschiede nicht aufgehoben, sondern ausdrücklich festgelegt werden.

Hannes Meyer **bauen**

Erste Erscheinung: *bauhaus*. Zeitschrift für Gestaltung Jg. 2 (1928) No. 4, S. 12 f.
Textquelle: Hannes Meyer, *Bauen und Gesellschaft. Schriften, Briefe, Projekte* (Dresden: Verlag der Kunst, 1980), S. 47–49.

Der Schweizer Architekt Hannes Meyer (1889–1954) wurde als Bauzeichner und Bauleiter in der Gewerbeschule in Basel ausgebildet. Anschließend arbeitete er in Berlin-Charlottenburg in einem Architekturbüro und nahm gleichzeitig Abendkurse. Während eines Studienaufenthaltes in England (1912–1913) hat er die Gartenstadtbewegung untersucht. Er war als Architekt in Deutschland und in der Schweiz tätig; sein Entwurf wurde im Völkerbund-Wettbewerb in Genf (1926) mit einem dritten Preis prämiert. 1927 war er als Meister für Architektur am Bauhaus Dessau tätig, dann wurde er als Nachfolger von Walter Gropius zum Direktor des Bauhauses ernannt. Meyer hat die Architekturlehre, die als solche am Bauhaus früher nicht gab, systematisch aufgebaut. Sein bedeutendstes Werk aus dieser Zeit ist der Gebäudekomplex der Bundesschule des Allgemeinen Deutschen Gewerkschaftsbundes in Bernau bei Berlin (1928–1930). Als überzeugter Marxist ging er 1930 mit einer Gruppe seiner Bauhaus-Studenten in die Sowjetunion. Als Professor an der Moskauer Architekturhochschule WASI und angestellt im Planungsinstitut GIPROWTUS erarbeitete er sozialistische Städte und Typenprojekte. 1936 kehrte er in die Schweiz zurück; zwischen 1939 und 1949 arbeitete er in Mexiko. In seinem in Mexico City gehaltenen Vortrag „Erziehung zum Architekten" (1939) definierte Meyer Architektur als „Gestaltungsprozess des sozialen Lebens der Gesellschaft": „Wir bezeichnen den Vorgang des Bauens als eine bewusste Gestaltung der sozial-ökonomischen, der technisch-konstruktiven und der psychologischen Funktionen des gesellschaftlichen Lebensprozesses. Wir Architekten müssen diese Aufgabe in ihrer Totalität meistern, d.h. in der Gesamtheit der biologischen, künstlerischen und geschichtlichen Ansprüche."

Hannes Meyers Manifest „bauen" entstand in einer Zeit der zunehmenden Politisierung des Bauhauses. Meyer hielt sich für einen Marxisten, wollte sich aber zugleich „aus taktischen Gründen" nicht zum kommunistischen Flügel des Bauhauses bekennen, mit dem er durchaus sympathisierte.

Bibliografie: *Hannes Meyer 1889–1954: Architekt Urbanist Lehrer*. Bearbeiter: Werner Kleinerüschkamp (Berlin: Ernst und Sohn, 1989).

alle dinge dieser welt sind ein produkt der formel: (funktion mal ökonomie)

alle diese dinge sind daher keine kunstwerke:
alle kunst ist komposition und mithin zweckwidrig.

alles leben ist funktion und daher unkünstlerisch.
die idee der „komposition eines seehafens" scheint zwerchfellerschütternd!
jedoch wie ersteht der entwurf eines stadtplanes? oder eines wohnplanes? komposition oder funktion? kunst oder leben?????
bauen ist ein biologischer vorgang. bauen ist kein ästhetischer prozeß. elementar gestaltet wird das neue wohnhaus nicht nur eine wohnmaschinerie, sondern ein biologischer apparat für seelische und körperliche bedürfnisse. – die neue zeit stellt dem neuen hausbau ihre neuen baustoffe zur verfügung:

stahlbeton	drahtglas	aluminium
kunstgummi	preßkork	euböolith
kunstleder	kunstharz	sperrholz
zell-beton	kunsthorn	kautschuk
woodmetall	kunstholz	torfoleum
si-stahl	ripolin	asbest
kaltleim	viscose	azeton
gasbeton	eternit	casein
rollglas	goudron	trolit
xelotekt	kanevas	tombak

diese bauelemente organisieren wir nach ökonomischen grundsätzen zu einer konstruktiven einheit. so erstehen selbsttätig und vom leben bedingt die einzelform, der gebäudekörper, die materialfarbe und die oberflächenstruktur. (gemütlichkeit und repräsentation sind keine leitmotive des wohnungsbaues.)
(die erste hängt am menschenherzen und nicht an der zimmerwand…)
(die zweite prägt die haltung des gastgebers und nicht sein perserteppich!)

architektur als „affektleistung des künstlers" ist ohne daseinsberechtigung.
architektur als „fortführung der bautradition" ist baugeschichtlich treiben.

diese funktionell-biologische auffassung des bauens als einer gestaltung des lebensprozesses führt mit folgerichtigkeit zur reinen konstruktion: diese konstruktive formenwelt kennt kein vaterland. sie ist der ausdruck internationaler baugesinnung. internationalität ist ein vorzug der epoche. *die reine konstruktion ist grundlage und kennzeichen der neuen formenwelt.*

1. geschlechtsleben
2. schlafgewohnheit
3. kleintierhaltung
4. gartenkultur
5. körperpflege
6. wetterschutz
7. wohnhygiene
8. autowartung
9. kochbetrieb
10. erwärmung
11. besonnung
12. bedienung

solche forderungen sind die ausschließlichen motive des wohnungsbaues. wir untersuchen den ablauf des tageslebens jedes hausbewohners, und dieses ergibt das funktionsdiagramm für vater, mutter, kind, kleinkind und mitmenschen. wir erforschen die beziehungen des hauses und seiner insassen zum fremden: postbote, passant, besucher, nachbar, einbrecher, kaminfeger, wäscherin, polizist, arzt, aufwartefrau, spielkamerad, gaseinzüger, handwerker, krankenpfleger, bote. wir erforschen die menschlichen und die tierischen beziehungen zum garten, und die wechselwirkungen zwischen menschen, haustieren und hausinsekten. wir ermitteln die jahresschwankungen der bodentemperatur, und wir berechnen danach den wärmeverlust der fußböden und die tiefe der fundamentsohlen. – der geologische befund des hausgartenuntergrundes bestimmt die kapillarfähigkeit und entscheidet, ob untergrundberieselung oder schwemmkanalisation. wir errechnen die sonneneinfallswinkel im jahreslauf und bezogen auf den breitengrad des baugeländes, und wir konstruieren danach den schattenfächer des hauses im garten und den sonnenlichtfächer des fensters im schlafzimmer, wir errechnen die tagesbeleuchtung der arbeitsfläche im innenraum, und wir vergleichen die wärmeleitfähigkeit der außenwände mit dem feuchtigkeitsgehalt der außenluft. die luftbewegung im erwärmten raum ist uns nicht mehr fremd. die optischen und die akustischen beziehungen zum nachbarhaus werden sorgfältigst gestaltet. wir kennen die atavistischen neigungen der künftigen bewohner zu unseren bauhölzern und wählen je nachdem als innenverkleidung des genormten montagehauses die flammige kiefer, die straffe pappel, das fremde okumé oder den seidigen ahorn. – die farbe ist uns nur mittel der bewußten seelischen einwirkung oder ein orientierungsmittel. die farbe ist niemals mimikry für allerlei baustoffe. buntheit ist uns ein greuel. anstrich ist uns ein schutzmittel. wo uns farbe psychisch unentbehrlich erscheint, mitberechnen wir deren lichtreflexionswert. wir vermeiden reinweißen hausanstrich: der baukörper ist bei uns ein akkumulator der sonnenwärme...

das neue haus ist als trockenmontagebau ein industrieprodukt, und als solches ist es ein werk der spezialisten: volkswirte, statistiker, hygieniker, klimatologen, betriebswissenschafter, normengelehrte, wärmetechniker ... der architekt? ... war künstler und wird ein spezialist der organisation!

das neue haus ist ein soziales werk. es erlöst das baugewerbe von der partiellen arbeitslosigkeit eines saisonberufes, und es bewahrt vor dem odium der notstandsarbeit. durch eine rationelle hauswirtschaft schützt es die hausfrau vor versklavung im haushalt, und durch eine rationelle gartenwirtschaft schützt es den siedler vor dem dilettantismus des kleingärtners. es ist vornehmlich ein soziales werk, weil es (wie jede DIN-norm) das industrie-normen-produkt einer ungenannten erfindergemeinschaft ist.

die neue siedlung vollends ist als ein endziel der volkswohlfahrt ein bewußt organisiertes gemeinkräftiges werk, in welchem auf einer integral-genossenschaftlichen grundlage die kooperativkräfte und individualkräfte zum gemeinkräftigen ausgleich kommen. die modernität dieser siedlung besteht nicht aus flachdach und vertikal-horizontaler fassadenaufteilung, – sondern in ihrer direkten beziehung zum menschlichen dasein. in ihr sind die spannungen des individuums, der geschlechter, der nachbarschaft und der gemeinschaft und die geopsychischen beziehungen überlegen gestaltet.

bauen   heißt die überlegte organisation von lebensvorgängen.
bauen   als technischer vorgang ist daher nur ein teilprozeß. das funktionelle diagramm und das ökonomische programm sind die ausschlaggebenden richtlinien des bauvorhabens.
bauen   ist keine einzelaufgabe des architekten-ehrgeizes mehr.
bauen   ist gemeinschaftsarbeit von werktätigen mit erfindern. nur wer als meister in der arbeitsgemeinschaft anderer den lebensprozeß selbst meistert, ... ist baumeister.
bauen   wird aus einer einzelangelegenheit von einzelnen (gefördert durch arbeitslosigkeit und wohnungsnot) zu einer kollektiven angelegenheit der volksgenossen.

bauen ist nur organisation:
soziale, technische, ökonomische, psychische organisation.

Richard Buckminster Fuller

Lightful Houses
(Ausschnitte)

Erste Erscheinung und Textquelle: R. Buckminster Fuller, *Your Private Sky: Diskurs*. Hrsg. und übersetzt von Joachim Krausse und Claude Lichtenstein (Baden: Lars Müller, 2001), S. 69, 71–74.

Der Amerikaner Richard Buckmister Fuller (1895–1983) ist als visionärer Denker und als Erfinder von leichten Kuppelkonstruktionen bekannt. Sein Studium an der Harvard-Universität blieb unvollendet; es gelang ihm jedoch nicht, sich als Geschäftsmann durchzusetzen. Um 1927 begann er, sich mit der Frage einer „Technologisierung" der Politik zu beschäftigen: die Vereinigten Staaten sollten wie eine große Maschinerie dirigiert werden, deren Energieflüsse vom Staat rationalisiert sind. Er nannte die Berücksichtigung der Fragen der Zeit „4-D", vierdimensionales Denken. Die konkreten Projekte, die als Ergebnisse dieses Denkens entstanden sind, tragen die Bezeichnung *Dymaxion*. Buckminster Fuller experimentierte mit räumlichen Tragwerken von großer Spannweite aus verschiedenen Materialien (Kunststoff, Metall, Holz, Karton). Als optimale Lösung für die Überwölbung des größten Raumes mit der geringsten Oberfläche entwickelte er das Konstruktionssystem der geodätischen Kuppel. Fuller übte eine große Wirkung z. B. auf Archigram, auf die Metabolisten und auf die alternative Bewegung der siebziger Jahre aus. Buckminster Fuller war einer der ersten Entwerfer, die eine ökologische Position vertreten haben.

„Lightful Houses" (1928) ist eine frühe Programmschrift Fullers, in der er bereits in der für ihn charakteristischen Weise funktionalistische Gedanken mit dem Programm für industrielle Massenfertigung kombiniert. Im Unterschied zum europäischen Funktionalismus der Weißenhof-Ära erscheinen die Gedanken Fullers fast naiv in ihrem betonten Pragmatismus; ästhetische Aspekte werden ganz ausgeklammert. Gerade diese Perspektive des „Erfinders", der nach Alternativen zum konventionellen Denken sucht, sichert den Gedanken Fuller eine Sonderstellung in der Architekturtheorie des zwanzigsten Jahrhunderts.

Bibliografie: Lloyd Steven Sieden, *Buckminster Fullers Universe: An Appreciation* (New York, London: Plenum Press, 1989), Joachim Krausse, Claude Lichtenstein, *Your Private Sky: R. Buckminster Fuller* (Baden: Lars Müller, 1999).

Das Problem des Wohnungsbaus, insbesondere des Einfamilienhauses, ist etwas, was die führenden Köpfe unter den Industriellen, Architekten und Erziehern beschäftigt. Das zu diskutierende Problem wird hier auf das des kleinen Hauses beschränkt, da es bisher am wenigsten vom ökonomischen Druck profitierte.

Das kleine Haus oder Heim ist der Ausdruck des Durchschnitts der Leute, die es bewohnen. So wie Individuen weniger befähigt sind, sich selbst zu kritisieren, als andere, und nur dann ein wahres Bild ihrer selbst erhalten, wenn sie durch die schockierende Notwendigkeit dazu gezwungen werden, so haben die Leute in den Wohnunterkünften selber genauere Untersuchungen und Verbesserungen in Entwurf und Herstellung in diesem grossartigen Zeitalter industriellen Fortschritts vermieden.

[...]
Prominente Architekten, hier wie im Ausland, gehen in ihrer Situationsanalyse so weit, eine politische Revolution oder nationales Unglück zu prophezeien, falls es nicht zu einer Lösung der Wohnungsbauprobleme kommt.

Henry Ford mit seinen Automobilen und Flugzeugen, die grossartigen Transportsysteme der Eisenbahnen, das eigentliche Rückgrat des nationalen Investments, bieten ausgezeichnete Transportleistungen; kaum bemerkt, richtet sich alles auf Dezentralisierung aus.

Das Heim, Komposit eng verwandter Individuen, vergleichbar den Individuen selbst, sollte absolut unabhängig und selbstversorgend (self supporting) sein, wo immer es die Individuen annehmen, obwohl es Gegenstand der Koordination und Kooperation mit anderen ist. Die Lektüre der angeführten Artikel, geschrieben von anerkannten Autoritäten der wichtigen Fachgebiete, zeigt offensichtlich, dass es zu einem gänzlich modernisierten Heim kommen wird, das von den grossen Vorteilen der Massenproduktion und des Transports profitiert. In Spitälern, Kinos, dem modernen Drugstore-Restaurant, in Ozeandampfern, Flugzeugen usw., überall, wo die Notwendigkeit einer raschen Abfertigung und Versorgung grosser Menschenmassen besteht, finden wir grosse Verbesserungen von Organisation und Design; auf das Heim lassen sie sich nur anwenden, wenn es zu einem vollständigen Neuentwurf (complete redesigning) des Gebäudes kommt. Abgesehen von den vielen Verkehrsnöten und dem Stau, und abgesehen von der Höhe, die Bauwerke aus ökonomischen Gründen erreichen, werden in unseren Städten ganze Stockwerke an einem Tag fertiggestellt, äquivalent zu 20 bis 30 Einfamilienhäusern, wovon ein Einzelnes auf dem Lande Monate brauchen würde für die entsprechende Baustufe. Das liegt an dem ausreichenden Geld und der ausreichenden Produktionsmenge, die einige Standardisierungen in den Produktionsmethoden der City-Gebäude zulassen. Ja es gibt darüber hinaus soviel Geld zur Errichtung dieser grossen Bauwerke, dass man sich sogar die Beschäftigung wissenschaftlichen Geistes bei ihrer Kreation leisten kann...

Beim City-Gebäude lässt sich beobachten, wie man nicht mehr – wie noch bis vor einigen Jahren üblich – von der Darstellung des äusseren Stils ausgeht, um dann in Abhängigkeit davon das Innere und die Nutzung festzulegen.

Wie es auch beim kleinen Haus der Fall sein sollte, hat das grosse Gebäude (Hochhaus) seine Funktionen segregiert, und zuerst kommt das Rahmenwerk oder Chassis der Geschosse, was ohne Rücksicht auf vertikale Mauern, seien es innere Trennwände oder schützende Aussenmauern, schnell errichtet wird. So schnell wie die Geschosshöhen geschaffen werden, verlegt man die Kabel und Röhren, das arterielle System, durch das gesamte Rahmenwerk, und die haustechnischen Einheiten für Heizung, Ventilation und Sanitärinstallationen werden angebracht, und endlich wird die nun unwichtige Aussenverkleidung der Curtain Wall Geschoss für Geschoss angebracht, wobei man oft oben oder in mittlerer Gebäudehöhe beginnt und Stockwerk um Stockwerk nach unten arbeitet.

Oft wird der ganze Innenausbau fertig gestellt, wenn die Stockwerke nur mit Leinwänden eingehüllt sind. Angesichts eines gewissen Gefühls für die Notwendigkeit eines äusseren architektonischen Ausdrucks, wie wir ihn jetzt in Proportion zur Masse der heutigen Wolkenkratzer zu sehen beginnen, ist es fast zu bedauern, dass die temporären Aussenwände unserer Wolkenkratzer der letzten zwanzig Jahre nicht so lange beibehalten worden sind, bis sich die Augen unserer Architekten an den grossen Massstab ihrer Probleme gewöhnt hatten, um den Charakter der Gebäude in ihrer letzten Schale sich selbst ausdrücken zu lassen.

Wenn wir so schöne Bauten wie das *Tribune*-Gebäude in Chicago und die paar anderen bemerkenswerten Beispiele neuerer Architektur betrachten, die die gesamte Masse in ihrem Design berücksichtigen, merken wir, wie sehr diese Feststellung zutrifft.

Zahlreich sind die Einheiten, die standardisiert worden sind und daher als Produkte der Massenherstellung in unsere grossen Gebäude Einzug gehalten haben, man denke etwa an Deckenhöhen usw. Ob Apartmenthaus oder Bürogebäude – Geschoss- oder Deckenhöhen variieren nicht im Hochhausbau, und wenn sie von Gebäude zu Gebäude doch variieren, so wegen der willkürlichen Wahl der Architekten. Das allgemeine Publikum ist immer erschrocken, wenn das Wort „Standardisierung" fällt. Anscheinend denkt man dabei an Hersteller, die nach eigener Willkür Millionen Stück ein und desselben Typs produzieren, sagen wir, ein Waschbrett, und dass dies dem Publikum aufgezwungen werden kann. Das ist keineswegs der Fall. Wenn sein Produkt kein Standard ist, kann der Hersteller das Publikum nicht für Geld und gute Worte dazu bewegen, es zu nehmen. Stück für Stück enthüllt sich die Wahrheit – und es gibt nur eine Wahrheit – in den zahlreichen Funktionen des Lebens, sowie es nur eine gerade Linie als kürzeste Verbindung zweier Punkte gibt. Das Publikum nimmt diesen einen Weg, Dinge am besten zu machen, an, und wenn genügend Leute die Wahrheit erkannt haben, um jemanden zur Investition von Kapital in die Produktion eines mechanischen Mittels zu veranlassen, das jene wahre Funktion erfüllt, dann haben wir standardisierte Produktion. So wie zwei plus zwei gleich vier ist in unserem arbiträren System der Mathematik, und damit eine mathematische Wahrheit, so gibt es mechanische Wahrheiten, wobei die Mechanik nur die Anwendung von Zeit oder der vierten Dimension auf die anderen drei Dimensionen ist, die mathematisch Körper oder Materie beschreiben. So haben sich Automobile oder Flugzeuge kontinuierlich der Perfektion angenähert, und in dem Masse, indem sie sich der Perfektion durch den Prozess der Anwendung der Wahrheit nähern, haben sie sich einem finalen Design angenähert. Jemandem, dem unsere heutige Art zu leben vollkommen fremd wäre, erschienen unsere Automobile beim Betrachten der täglichen Verkehrsströme in den grossen Avenues als praktisch kaum unterscheidbar, ausser durch Farbe und Ausstattung. Genauso gibt es in unserem mechanischen Zeitalter ein finales bestes Design des Heimes oder der Wohnunterkunft, das schliesslich infolge des ökonomischen Drucks und des Wunsches der Menschheit nach individuellem Ausdruck, Besitz und Reisemöglichkeit kommen wird. Diesen Trend der Industrie werden wir entdecken, sobald wir furchtlos die Erforschung wissenschaftlicher und mechanischer Wahrheiten auf unsere Lebensprobleme, z.B. das Heim, anwenden. Jeder Mensch auf der Welt ist einverstanden, wenn jeder andere seine Lebensweise ändert, bevor er es selbst tut, und das ist die grosse Trägheit, die auf den wichtigsten Gebieten im Sinne des Fortschritts der Wahrheit überwunden werden muss. Wie Mr. Babson, der grosse Finanzexperte, in einem ausserordentlich intelligenten Artikel in *Collier's Magazine* kürzlich gesagt hat: „Die Welt hat sich jetzt verändert von instinktiver Motivation aller menschlichen Bewegungen hin zu einer Psychologie des Wunsches, die der früheren Psychologie der Angst entgegengesetzt ist."

Dem Teile-und-Herrsche des Zeitalters vor dem metallischen oder mechanistischen entsprach das feudale System mit seinem unterdrückenden oder Steinzeit-Stil im Bauen, seinem unterdrückenden Lebensstil, seiner Aufrechterhaltung der Unwissenheit seitens der Massen. Die grossen Bauwerke verkörperten die schwersten erhältlichen Materialien, wenig oder gar kein Licht liess man in die Gebäude, wenig oder gar kein Licht liess man in ihr Leben kommen. Die Menschen handelten nur aus der Furcht, Furcht vor Hunger und Kälte oder Furcht vor Tod und Krankheit, aufgrund der Einschüchterung oder des Gewichts der Macht. In unserer neuen Ära, in der sich mit Wahrheit und Licht den wissenschaftlichen Denkern neue, saubere, schnellere und effizientere Lebensweisen eröffnen, werden Werkzeuge zum Leben und zum Lebenserhalt geschaffen. Und mit der grossen Macht der freien Presse und der öffentlichen Diskussion der Fakten werden jene Wahrheiten in rascher Folge geäussert; und letztlich durch die grosse Macht der Werbung, welche rapide zur wahrheitsgemässen Ankündigung von Tatsachen gezwungen wird, buchstabiert die ganze Welt das Handeln, das dem Wunsch nach besseren oder wahreren Dingen geschuldet ist. Um das schliessliche und grösste Problem richtig zu stellen, nämlich das des Heims, haben wir heute die grosse Macht der Werbung durch Presse, Radio und Film, und die Zeit ist nicht fern, wenn sogar die diversen Probleme der Kindererziehung durch Herstellung und Distribution des neuen Heims an jedem Ort der Welt in erstaunlich kurzer Zeit gelöst werden. Es gibt nicht eine einzige Bedingung für das neue Heim, welche nicht schon auf dem einen oder anderen Tätigkeitsfeld der Suche nach Wahrheit gelöst worden wäre. Beim Beschreiben des finalen, letztgültigen Hauses, was selbstverständlich nicht schon morgen kommt, aber doch in einer vergleichsweise kurzen Zeitspanne von Jahren, wird man bemerken, dass es keine Funktionsbeschreibung gibt, die unserem wohltrainierten Geist nicht vollkommen verständlich wäre. Eine sorgfältige Studie der Industrie nach diesen Massgaben gibt die Möglichkeit, entlang bestimmter Linien das Design dieses Hauses zu erkennen. Patente, die die Kontrolllinien des letztgültigen Designs verkörpern, sind bereits angemeldet worden. Die Phasen des industriellen Übergangs von unserer gegenwärtigen Methode des Wohnungsbaus zur ultimativen Methode sind im Hinblick auf ein letztgültiges Design mit Sorgfalt ausgearbeitet worden. Wenn man die ultimative Wahrheit durch forschende Analyse und Design erreicht, ist es leicht, die Zwischenstufen zu konzipieren.

Mit dem Gefühl grösster Ehrfurcht und Sinn für Verantwortung gehen diejenigen an die Erfüllung ihrer Aufgabe, die die Wahrheiten erkannt und umgesetzt haben. Die Wahrheiten enthüllen sich uneingeschränkt nur dem, dessen Bemühungen und Motive uneigennützig sind. Wenn die kommerzielle Einführung stattgefunden und die Öffentlichkeit das neue Heim kritisch begutachtet hat, werden grosse Industriegruppen gebildet, die entlang der neuen Linien in Wettbewerb eintreten, und Wettbewerb ist immer von Vorteil für die Menschheit, obwohl es einer Minorität viele Kämpfe einbringt. Damit die Periode des Übergangs so kurz ist wie möglich und die Menschheit um so schneller generell profitiert, wird eine strikte Kontrolle über die Patente ausgeübt einschliesslich der Kenntnis, die zu ihrer Ausbeutung erforderlich ist, solange das neue Heim nicht erfolgreich vom Stapel gelaufen ist; und schliesslich sind die Patente zurzeit in der Hand einer Gruppe, die weitsichtig und uneigennützig ist. Die Akquisition bereits vorhandener Patente, die für die Fabrikation des neuen Hauses relevant sind, liegt ebenso in der Hand dieser Gruppe wie die Vertragsvereinbarung mit denen, die die Kontrolle über die unverzichtbaren Materialien haben. Dies ist der erste Schritt. Schliesslich werden Kontakte mit der Öffentlichkeit den Richtlinien entsprechend gemacht, und wenn die Vereinbarungen über Fabrikation und Distribution getroffen sind, wird sich die Werbung ergeben.

Genau wie beim Flugzeug und Automobil Gewicht eliminiert wird, das nur Friktion produziert und buchstäblich Ineffizienz beim Transport bedeutet – und alle Güter einschliesslich der Hauskomponenten müssen transportiert werden –, wird Gewicht von Material ein mehr und mehr entscheidender Zivilisationsfaktor. Materialien wurden nach dem Gewichtskriterium verwendet und der Erfüllung einer Reihe von Funktionen. Der neue Stil des Bauens wird voller Licht sein (will be full of light) – lebensspendendem Licht –, voller Geschmeidigkeit und unbekannter Schönheit; zugleich werden die Arbeitskosten durch die Produktionsmethoden drastisch gesenkt und zusätzliches Geld oder Kapital kann in bessere Materialien gesteckt werden.

Nimmt man den besten Typ des heute üblichen Wohnhauses, den Mauerwerksbau aus Backstein, dann stellt man erstaunt fest, dass das ländliche Wohnhaus pro nutzbarem Kubikmeter fast dreimal soviel wiegt wie ein moderner Wolkenkratzer, und trotzdem ist es nicht annähernd so feuersicher oder fest. All die Materialien, die für das Übergewicht im Wohnungsbau bestimmend sind, machen nicht weniger als ungefähr ein Drittel der Wohnbaukosten aus, die anderen zwei Drittel sind Arbeitskosten. Demzufolge werden die Profite mittels dieser Materialien realisiert, sie liegen um ein Vielfaches höher als bei zentralisierter Produktion. Es gibt heute eine ganze Reihe von Firmen, die vorgeben, komplette Häuser zu vermarkten. Sie zeigen dem Publikum verschiedene Muster vollständiger Häuser, was sie aber in Wirklichkeit verkaufen, ist die abgeschlagene Schale oder Oberfläche des Hauses, der unwesentliche Teil, der nur 15 Prozent der Gesamtkosten ausmacht. Was wirklich vermarktet werden sollte, sind die 85 Prozent, die das Chassis, die Nutzeinheiten (utility units) und das Arteriensystem ausmachen. Schauen wir z. B. ein modernes Apartmenthaus an, dessen 20 Stockwerke mit, sagen wir, 30 Stahlstützen hochgezogen werden, deren Doppel-T-Profile eine Querschnittfläche von je einem halben Quadratfuss als tragende Fläche aufweist, und wir vergleichen dies mit unseren besten zweistöckigen Wohnhäusern in der Grösse von, sagen wir, 30 mal 40 Fuss oder einer Gesamtlänge der Aussenwände von 140 Fuss, wobei das Mauerwerk eine Stärke von 1 Fuss hat und die tragende Fläche von 140 Quadratfuss für das kleine Wohnhaus liefert, so wird der Unterschied zu den 15 Quadratfuss für den Wolkenkratzer offenkundig, und dabei hat das Mauerwerk annähernd die gleiche Druckfestigkeit wie Stahl. Unter diesen Bedingungen erkennen wir die erschreckende Ineffizienz des Einfamilienhauses.

Hans Poelzig — **Der Architekt** (Ausschnitt)

Erste Erscheinung: Hans Poelzig: „Der Architekt". Rede gehalten am 4.6.1931 vor dem Bund Deutscher Architekten, in *Bauwelt* (24/1931).
Textquelle: Hans Poelzig, *Der Architekt* (Berlin: Archibook-Verlag Düttmann, 1986), S. 12–18.

Der deutsche Architekt Hans Poelzig (1869–1936) studierte an der Technischen Hochschule in Berlin-Charlottenburg und begann 1901 als selbstständiger Architekt zu arbeiten. 1903 wurde er zum Direktor der Breslauer Kunst- und Kunstgewerbeschule ernannt. 1916 wurde er Stadtbaurat von Dresden. Von 1920 an leitete er ein Meisteratelier an der Akademie der Künste in Berlin, drei Jahre später erhielt er eine Professur an der Technischen Hochschule. Mit dem Umbau des Grossen Schauspielhauses in Berlin (1919), vor allem mit der Stalaktitenhöhle des Zuschauerraumes, wurde er als bedeutender Vertreter des Expressionismus bekannt, obwohl er sich den Expressionisten gegenüber kritisch verhielt. Er war ein vielseitiger Künstler, der auch Bühnenbilder und Filmszenografien entwarf. Wie Erich Mendelsohn liess er sich von der Musik inspirieren. Die barocke Form- und Farbdynamik seiner Architekturfantasien sicherten ihm eine Sonderstelle unter den Architekten der Moderne. Zugleich zeigen seine ausgeführten Bauten ein hohes Niveau an handwerklichem Können, auch diejenigen, die Poelzigs Weg in eine „sachlichere" Richtung dokumentieren (Haus des Rundfunks, Berlin, 1928–1931; Verwaltung der IG Farben, Frankfurt am Main, 1928–1931). Am Anfang der dreißiger Jahre wurde er von der politischen Rechten stark angegriffen, obwohl er nie politisch engagiert war. Poelzig war ein liberaler Pädagoge, der die Individualität seiner Schülern immer respektierte.

Seinen Vortrag „Der Architekt", den er 1931 auf der Tagung des Bundes Deutscher Architekten hielt, nannte sein Biograf Theodor Heuss Poelzigs „Vermächtnis". Er setzte sich im Vortrag mit der Frage der Schlichtheit und der Technik kritisch auseinander. In der „Neuen Sachlichkeit" wie in der Verherrlichung der Technik fand er viel falsche Romantik, einen ornamentalen Ausdruck der Technik. Wie viele seine Zeitgenossen verglich er den Ingenieur und den Architekten, um zu zeigen, dass die Werke des Ingenieurs nicht symbolhaft sind, „sie werden nicht Stil". Architektur ist dagegen symbolische Form – von der „übersteigerten Natur der Technik" flüchtet der Mensch zurück in die „gewachsene Natur". Die Wohnmaschine Le Corbusiers ist der Vorläufer der Mietskaserne. Poelzig lehnte das Spezialistentum in der Architektur ab – Architekt sein heißt „Mensch, Kämpfer sein für alles Menschliche". Die neue Form in der Architektur wird nicht von der Technik bestimmt. „Die Wirkung einer wahrhaften Architektur kann nur geistig sein – nicht technisch, unabhängig von jedem Größenmaßstab, in der Wirkung der Musik vergleichbar."

Bibliografie: Matthias Schirren (Hrsg.), *Hans Poelzig. Die Pläne und Zeichnungen aus dem ehemaligen Verkehrs- und Baumuseum in Berlin* (Berlin: Ernst und Sohn, 1989).

Ist unsere Sachlichkeit so unbedingt sachlich?

Das Spiel mit dem Ornament, mit der Flächenbewegung, mit der Verzierung in früherem Sinne ist sozusagen verboten. Hat das Spiel überhaupt aufgehört? An die Stelle des handwerklich oder auch maschinell hergestellten Ornaments treten jetzt meist wertvolle Materialien: Lack, Glas, Metalle, Steine. Sie sollen durch das Spielen ihrer Oberfläche das Spiel der ornamentalen Bewegung ersetzen, und es ist kein Zweifel, daß sie sich den nackten, dünnen Formen des modernen Baues leichter anschmiegen, daß die Einheit der Formen wohl durch Glanz und Farbe erhöht wird, aber bestehen bleibt. Hier sehe ich keine Gefahr – eine tatsächliche Gefahr besteht aber dann, wenn der Architekt, dem das Spiel mit Ornamenten durch die Entwicklung der heutigen Architektur aus der Hand geschlagen ist, mit Konstruktionen zu spielen beginnt. Dieses Spiel ist kostspielig, und der Ornamentrausch war kaum betäubender als der Rausch, dem ein Architekt anheimfallen kann, dem die heutigen konstruktiven Möglichkeiten in die Hände gegeben sind – konstruktive Möglichkeiten, denen keine Grenzen gesteckt zu sein scheinen.

Diese Art neuer Sachlichkeit hat in sich genau so viel falsche Romantik und letzten Endes Unsachlichkeit versteckt wie jede Periode, die sich von einem Schlagwort berauschen läßt. Es ist durchaus unsachlich, wenn ich große Spannungen mit teuren Trägern überbrücke, ohne dazu gezwungen zu sein, wenn ich Stützen weglasse, die nur die Konstruktion verbilligen und erleichtern, – und der Wahn der ohne Grund riesig ausgedehnten Fensterflächen ist an sich nicht weniger irrig als die frühere Einstellung des Architekten, der zu einer richtigen Architektur schwere Massen und große Mauerflächen unbedingt zu brauchen glaubte.

Das Spiel taucht aber immer wieder auf und muß auftauchen. Bauen ist Urspieltrieb schon beim Kind, Architektur ist Spiel im höchsten Sinne, Maja, wie die Welt ein Spiel Gottes ist. Dum ludere videmur, während wir zu spielen scheinen, leisten wir das Höchste. Mit gerunzelter Stirn, mit intellektuellem Grübeln wird keine Kunst geschaffen. Freilich wird der Architekt fortdauernd aus seinen Träumen gerissen, und es erfordert das höchste Maß von Disziplin (des Architekten), sich von der Innenschau zu den Anforderungen der Außenwelt umstellen zu können.

Aber war die Architektur nicht früher Handwerk? Ist sie heut nicht Technik? Ist es nicht der Sinn der neuen Sachlichkeit, der Architektur alles das als notwendig abzusprechen, was über das Sachliche, Praktische hinausgeht? Man kann eine derartige These schon aufstellen, aber ihre Befolgung zu erwirken, ist völlig unmöglich. Gewiß – die Lage ist heut so, daß wir Bauten, die in erster Linie, wie die Kirchen des Mittelalters oder die Schlösser im 18. Jahrhundert, der künstlerischen Kristallisation eines Symbols dienen, nicht zu errichten haben, es sei denn, bis zu einem gewissen Grade wenigstens, der Völkerbundpalast in Genf. Diese Aufgabe scheint ja allerdings nur von fünf Architekten bewältigt werden zu können, die in drei Jahren noch nicht einmal ein Projekt fertiggestellt haben.

Die Verherrlichung der Technik

Wir anderen wissen, daß unsere Bauten eine rein wirtschaftliche und technische Einstellung fordern, daß ein Minimum an Raum, Material und Zeit bei der Lösung der Aufgabe erreicht werden muß. Darüber hinaus sind wir frei, und es darf nicht dazu kommen, daß aus einer maschinenromantischen Einstellung heraus alles Technische uns ebenso heilig ist wie dem Architekten des 19. Jahrhunderts vielleicht der renaissancistische Kanon, daß das Technische nicht technisch wertvoll und notwendig sei, sondern daß die Formen dieses Technischen aus dieser Einstellung heraus eine Glorifikation verdienen. Und man freut sich dann nur zu leicht an jedem Gasrohr und Heizkörper, an jeder Betonkonstruktion, bringt alles so unverhüllt wie möglich zum Ausdruck und meint, damit hätte man seine Modernität bewiesen. Man vergißt dabei, daß alle technischen Formen, im Gegensatz zu der absoluten Bedeutung der Kunst, nur eine relative Bedeutung haben, daß eine neue technische Konstruktion ganz andere neue Formen wieder erfordert, ja, daß die vollkommenste technische Anlage die ist, die sich formal am wenigsten aufdrängt, und daß das technische Ideal mit dem Minimum an Materie und Formen übereinstimmt.

Und um wieder auf den alten Schäfer zurückzukommen, so sagte er in dem gleichen Vortrag von 1896 etwas, das mich immer wieder von neuem beschäftigt hat. Er meinte – natürlich darin ein Kind seiner Zeit –, daß der Eisenbau unverwendbar sei für die stilistische Ausbildung der Architektur, da das Ideal jener Technik darin bestünde, die Form immer mehr aufzulösen, zu verdünnen, und damit zum Verschwinden zu bringen, während die Architektur als Kunstform die Masse brauche. Das war die Meinung des alten Schäfer – wir wissen heut, daß der Eisenbau uns eine viel feingliedrigere Auflösung des Baus ermöglicht hat, ohne daß das Eisen dabei als Material selbst zur Erscheinung zu kommen und an die Oberfläche zu treten braucht.

Schäfer hat also mit der Entwicklung der heutigen Architektur unbedingt Unrecht gehabt, er stand noch auf handwerklichem Boden, aber hat er mit der Betrachtung der technischen Form an sich so weit vorbeigehauen?

Die fortschreitende Technik strebt offenbar tatsächlich an, sich als Form immer mehr aufzuheben. Dynamos von heut sind winzig gegen Riesenmaschinen von ehedem, und all die technischen Formen, mit deren Einordnung wir Architekten uns heut noch vergeblich abmühen: – Heizkörper, mancherlei Rohrleitungen usw. – werden meiner festen Überzeugung nach verschwinden oder so winzig werden, daß sie als Form nicht mehr irgendwie bedeutsam in Erscheinung treten. Es hat also wirklich keinen Wert, ihre Form an sich als künstlerisch richtunggebend zu stabilisieren, um damit von neuem in den Fehler des Jugendstils zu verfallen, der aus den allzu rasch vergänglichen Formen der Technik einen allgemein gültigen ornamentalen Ausdruck für die Architektur zu gewinnen sucht.

Architektur ist symbolische Form

Worum handelt es sich bei der Architektur? Doch wohl um Form, und zwar um symbolische Form. Sind die technischen Formen symbolisch, können sie es jemals sein? Sind die Kunstformen vergänglich? Gewiß, sie können zerstört werden. Ist ihre Wirkung aber vergänglich?

Das Auto, das Fahrrad, das ausgedient hat, wird auf den Misthaufen geworfen, kein Mensch weint seiner Form, der Form des Autos von vor 10 Jahren, eine Träne nach. Eine reine Kunstform, ein Tempel, ein Innenraum eines gotischen Doms, ein Bild von Rembrandt büßen nichts von ihrer Wirkung auf den Menschen ein. Die technischen Formen entstehen, vergehen, wandeln sich, werden vernichtet, werden wertlos und ohne Wirkung. Sie entstammen und dienen der Praxis des Lebens. Die Technik folgt den Gesetzen der Natur, sie ist eine Weiterentwicklung der Natur. Es ist ja fast so, als ob dämonische Kräfte wieder Gestalt annehmen wollten und so, wie beim Luftschiff, Flugzeug, eine phantastische Ähnlichkeit mit prähistorischen Formen sich herauskristallisiert. Es entsteht so eine zweite Natur in dämonischer Großartigkeit, aber niemals Kunst.

Der Logos der Kunst ist nicht rechnerisch, sondern gegen alle Rechenkunst, mathematisch in einem höheren Sinne. Die Logik der Kunst geht gegen die Natur – gegen ihre Gesetze. Der griechische Tempel hat nichts mit einer Konstruktion in rechnerischem Sinne zu tun, keine Linie an ihm entspricht einer bestimmbaren mathematischen Form, die Kurven folgen einer höheren Ordnung als der mathematischen, und auch der gotische Dom ist in technischem Sinne wahrlich keine praktische Steinkonstruktion; er zeigt, zumal in den Gewölben, geradezu eine vergewaltigte Steinkonstruktion, die mühselig durch Klammern und Dübel gehalten wird. Die Gotik ist und bleibt ein großartiges Spiel, ein Raumtheater.

Der Ingenieur geht unbeirrt seinen Weg, aber seine Schöpfungen bleiben Natur, – sie werden nicht symbolhaft, sie werden nicht Stil. Die Gültigkeit hängt vom Technischen und nur vom Technischen ab. Sie können und müssen den heutigen Stil beeinflussen, wie früher die Naturformen die Stile beeinflußten, wie die Natur der nordischen Völker eine andere Architektur wachsen ließ als die Griechenlands.

Und da die Technik, die technischen Formen heut über die Welt verbreitet sind, da kein Mensch einen heutigen Bau ohne technische Erkenntnisse aufführen kann, so ist es logisch, daß der neue Baustil ein internationales Gesicht zeigt und zeigen wird, daß das erstemal in der Geschichte der Erde die Architekturformen der Weltteile sich angleichen. Aber die heutige Architektur ist naturalistisch, musikalisch eigentlich noch atonal.

Durch dieses Atonale müssen wir hindurch und dürfen uns nicht schnell zufriedengeben mit einer modernen Bauweise, deren Harmonie allzu billig auf krasse Gegensätze und auffallende Rhythmen gestellt ist. Diese moderne Melodie prägt sich schnell ein, sie beleidigt die einen, begeistert die anderen, ihre Wirkung ist kurz, und die Begeisterten werden nur zu bald zu ihren Verächtern.

Und was ist nicht alles schon für Kitsch erklärt worden? Ehemals war Biedermeiertum kleinbürgerlicher Kitsch, die Emanationen des Jugendstils hohe Kunst. Das Bild drehte sich, der Jugendstil wurde Kitsch, und das Biedermeiertum zärtlich geliebte Volkskunst – heute ist das Rad wieder um eine halbe Generation weitergedreht, die Volkskunst im weitesten Sinne fällt in den Kitschbegriff zurück. Wer kann aber garantieren, daß nicht ein recht großer Teil der heutigen Moderne in abermals 15 Jahren dem Kitschbegriff anheimfällt?

Und mancher wird sich wohl bald wieder danach sehnen, einmal ruhig im Bett eines historischen Stils schlafen zu können. Nicht eine neue Klassik ist uns so bald beschieden, sondern es droht höchstens ein neuer Klassizismus, der die Augen schließt vor den schwierigen Problemen, denen wir noch gegenüberstehen, und die zur Lösung gebracht werden müssen. Wenn uns mit einer naturalistischen, atonalen Architektur, die noch nicht Symbol ist, noch nicht gedient ist, so ebenso wenig mit ausgelaugten Formen einer auf anderem Kulturboden entstandenen Symbolik, mit einer wiederbelebten Mumie, die keine „lebendige", sondern höchstens ästhetische Formen zeigen kann.

Man müßte hierzu die technische Entwicklung zurückschrauben, vor ihr die Augen schließen, sich in Gegensatz setzen zu den neuen Naturformen der Technik. Schon der Klassizismus von Anfang des 19. Jahrhunderts war keine Renaissance mehr, keine „Wiedergeburt", er wuchs aus dem ästhetischen Boden der Kunstwissenschaft. Nun wagt der neue Klassizismus wohl nicht mehr recht, in Einzelformen Farbe zu bekennen, seine Pilaster und Säulen haben weder Kopf noch Fuß, das Ornament fehlt, er nimmt eine Art Vorstadtklassizismus zu Hilfe, der aus Armut oder Unkenntnis auf eine differenzierte Ausbildung der Einzelformen verzichtete, er versucht mit einer biederen Trockenheit um den Konflikt herumzukommen.

Die technischen Formen dagegen sind und bleiben errechnet, unsymbolisch, und selbst wenn eiserne Träger vergoldet werden, verlieren sie die Starrheit ihrer mathematischen Entstehung nicht. Sie entstammen einem mechanischen Prozeß und nicht einem bewußten Gestaltungswillen. Und es bedeutet einen Mangel an Erkenntnis, einen Rückfall in den Naturalismus, wenn die technischen Formen unverwandelt in den architektonischen, also symbolischen Raum hineinschneiden.

Durch die Kunst stellt sich der Mensch außerhalb der Natur, in der Technik setzt er sie fort. Der Architekt als Künstler kann freilich die Technik als materiellen Träger seines Schaffens nicht negieren, noch das Handwerk. Früher war die Kunst die höchste Spitze handwerklicher Gestaltung, sie fügte zum Zweckhaft-Gegenwärtigen das Ewig-Zwecklose. Das Handwerk hatte keine andere Spitze als die Kunst, wenn man von den technischen Leistungen Roms vielleicht absieht – heut geht die Technik in ihren Leistungen ihren eigenen Weg, um sich z. B. durch Radio, drahtlose Telegraphie im Formlosen zu verlieren, zur technischen Magie zu erheben.

Diesen Weg kann die Kunst und mit ihr die Architektur nicht mitgehen. Bei ihr handelt es sich um räumliche Gestaltung, um Formen an sich. Die Gesetze liegen auf einer anderen Ebene als die technischen. Diese können der Architektur dienen, müssen sogar ihre Formung stark beeinflussen. Aber bei der Technik handelt es sich niemals um Form an sich, sie fallen beim technischen Prozeß sozusagen mit ab. Die dämonische Großartigkeit technischer Formung wagt niemand zu bestreiten – aber sie liegt weitab vom Felde der Kunst, der Architektur, die in der gesamten Vergangenheit ihre größte Steigerung und ihre höchsten Leistungen auf religiösem Felde erreichte. Die Technik steht auf dem Boden der Naturwissenschaften, die Architektur wächst aus dem Felde der Geisteswissenschaften, aus dem Felde von Religion und Philosophie.

Wagt jemand selbst den Bau eines heutigen Landhauses lediglich von der technischen Leistung her zu beurteilen? Sind lediglich technische Erwägungen bei der Formung und Anlage der Räume, bei der Gestaltung der gesamten Hausform maßgebend gewesen? Und wenn sie allein maßgebend sein sollten, entsteht da ein Haus? Höchstens doch wohl tatsächlich eine Wohnmaschine? Diejenigen, die diesen Ausdruck schufen, meinten sicher damit nur, man solle zunächst den Organismus mit der Unerbittlichkeit des Ingenieurs durchdenken. Schließlich werden die natürlichen Stoffe – Stein, Holz – ja durch die technischen – Eisen, Beton – nur erweitert, die früheren einfachen Methoden der Heizung, Beleuchtung usw. durch kompliziertere vollendetere technische ersetzt, und aller dieser Möglichkeiten hat sich der Architekt nur zu bedienen, um die menschenwürdigste Behausung zu schaffen.

Von der übersteigerten Natur der Technik flüchtet heut der Mensch ohnedies zurück in die gewachsene Natur – er will den Boden wieder fassen, die Laubenkolonien sind der stärkste Gegensatz zur Wohnmaschine der Vergangenheit, zu dem ohne Rücksicht auf das Menschliche auf wirtschaftlichem Untergrund errichtete Massenquartier, zur Mietskaserne.

Josef Frank **Wahn**

Erste Erscheinung: Josef Frank, *Architektur als Symbol. Elemente deutschen neuen Bauens* (Wien: Anton Schroll, 1931).
Textquelle: Josef Frank, *Architektur als Symbol. Elemente deutschen neuen Bauens*. Hrsg. von Hermann Czech (Nachdruck Wien: Löcker, 1981), S. 161–166.

Wie Hans Poelzig betrachtete auch der Wiener Architekt Josef Frank (s. Seite 85f.) Architektur als symbolische Form. Seine Funktionalismuskritik hat jedoch andere Wurzeln als die von Poelzig. Frank war am großen Auftritt der Avantgarde, an der Gestaltung der Weißenhofsiedlung in Stuttgart (1927) und an der Gründung der CIAM (Congrès Internationaux d'Architecture Moderne) im Jahre 1928 beteiligt. Er teilte allerdings bereits zu dieser Zeit die Auffassung von Adolf Loos, dass die Wohnung nicht zum Gesamtkunstwerk des Architekten werden darf. In den Publikationen zur Stuttgarter Ausstellung hat Frank höhnisch über die „Einrichtungspuristen" und „Maschinenfetischisten" geschrieben. Seine Kritik, deren Ton sich nach 1928 zunehmend verschärft hat, wurde im 1931 veröffentlichen Band *Architektur als Symbol. Elemente deutschen neuen Bauens* zusammengefasst. Wie schon der Untertitel ahnen lässt, richten sich Franks Bemerkungen gegen den Funktionalismus als deutsche Richtung, die auf einer beinahe militanten Maschinenbegeisterung basiert. „Die mechanisierte Kultur hat sich durchgesetzt und die Welt erobert. Ein einziges Bombenabwurfflugzeug kann ganze wilde Völker besiegen, deren Ausrottung ja eines der wichtigsten Ziele der allgemeinen Zivilisation ist", schreibt er im Essay „Wahn". Zugleich distanziert er sich vom Traditionalismus: „Telephonisolatoren und Straßenbahnen machen jeden Versuch einer alten Architektur lächerlich." Eine negative Definition seines eigenen Weges also, durch Abgrenzung von den herrschenden Richtungen seiner Zeit und trotzdem reich an potenziellen formalen Quellen, die er pragmatisch, ohne ideologische Vorurteile verwendet.

Bibliografie: s. Seite 86.

Wir leiden Not; nicht nur an Kapital und Arbeitsmöglichkeit. Wer heute erkennt, daß infolge der Armut Einfachheit unserer Zeit entspricht, wer da glaubt, daß die Not die einfache Form erzwungen hat und flache Dächer aus Sparsamkeit macht, mit dem will ich nichts zu schaffen haben! Wir haben den Glauben an die Möglichkeit des künstlerischen Ausdrucks verloren und zwar mit Recht verloren. Wir sind zu oft getäuscht worden, jedesmal mit neuen Versprechungen und Hoffnungen. Man hat uns gezeigt, wo man anknüpfen soll und wo der Ursprung unseres Empfindens liegt, welche Zeit unserer ähnlich ist, wie weit wir gehen dürfen und was wir können, was uns entsprach, was modern, was naiv, was deutsch und was ursprünglich ist. Wir sind jederzeit ein Stück mitgegangen, bis wir wieder an der unvermeidbaren Stelle angekommen waren, wo es nicht mehr weiterging. Dann war der Weg wieder falsch, und jeder neue Versuch hat uns bewiesen, daß jeder frühere wertlos gewesen sein soll; die eisige Kälte aller dieser Produkte ist das Resultat aus der inneren Unwahrheit, dem Kompromiß und dem In-den-Dienst-stellen der Kunst, ein Tribut für alle jene, denen eine Stagnation dienlich ist, für die Mächtigen und Satten, die kein Interesse an der Kunst haben außer das der Sensation und ihrer Machtbetonung. Da sind all diese künstlichen Mumien, gegen die jeder Schutthaufen aus vergangenen Zeiten lebendig erscheint. Das ewige Geschrei nach dem Handwerk blieb unproduktiv wie alles, was eine organische Entwicklung und wissenschaftlich-traditionelle Errungenschaften ausschalten will. Die Industrie hat sich traditionell aus dem Handwerk entwickelt, dieses selbst aber entwurzelt. Wer es wieder herstellen will, strebt bewußt die Rückkehr zur Sklavenwirtschaft in unserer Gesellschaftsordnung an, eine Kultur in griechischem Sinn. Das Sammeln von Altertümern hat die Menschen gewiß nicht aufgeklärt. Es hat sie aber wenigstens angetrieben zu einer Zeit, da wieder genug Selbstbewußtsein vorhanden war, das den entstehenden Klassenkampf vorbereitete, nicht mehr zu kopieren, sondern sich lebendig zeigen zu wollen und Dinge des gleichen Geistes zu schaffen, die nun den stolzen Bestand unseres Kunstgewerbes ausmachen. Was es geleistet hat (und auch heute noch leistet), ist sein Kampf gegen das Pathos, dessen leider eine jede Propaganda bedarf. Maschine und Gesellschaftsordnung haben ursprünglich nichts miteinander zu tun, und das Weberschiffchen, das sich von selbst bewegt, hat, entgegen der Ansicht des Aristoteles, die Sklaverei noch nicht abgeschafft. Das Handwerk wird nie mehr das werden, was es einmal war, nämlich die einzige erzeugende Kraft, wenn nicht eine Urkatastrophe eintritt, die unsere gesamte Zivilisation vernichtet. Wer heute glaubt, eine glückselige Insel errichten zu können, der irrt sich. Wer in Automobil und Flugzeug seine Verbündeten sieht, die dem Menschen Zeit ersparen sollen, um ihn zu seiner beschaulichen Arbeit zu bringen, der irrt sich. Man kann sich nicht einer Idee ergeben, die man gleichzeitig wieder ableugnen will. Erst die völlige Zwecklosigkeit, also eine Tätigkeit von Gewinn und Spekulation losgelöst, kann uns wieder zu der Ruhe bringen, die das Erwerbsleben von dem eigentlichen trennt. Aber es würde dies eine Tätigkeit sein, die niemand voraussagen kann. Das Wissen vom elektrischen Draht, nicht seine Benutzung, ist es, die uns beeinflußt. Wir wissen, daß wir Hilfsmittel haben, die wir herbeiziehen können, wenn wir wollen. Das Handwerk spürt den feindseligen Geist wie der Karpfen den Hecht, der ihm keine Ruhe läßt.

Wo stehen wir heute? Der Drang, die verlorene Ursprünglichkeit wiederzufinden, ist heute dort angelangt, diese in der Konstruktion zu sehen. Konstruktion ist Geld, was also gut in unser Zeitalter paßt. Die Zweckkunst will billig schaffen oder, besser gesagt, die Billigkeit vortäuschen, weshalb sie die Maschinenromantik erzeugt hat. Sie will keinen Zweck erfüllen, aber aussehen, als ob sie es zehnmal täte. Was hat der moderne Mensch damit zu tun, dem solches fälschlich untergeschoben wird? Nichts, denn er wählt seine Materialien und Produktionsweisen wie und wo er sie antrifft. Der Architekt, der heute schaffen will „wie der Ingenieur" (oh, dieses Wort „Wie"!), ist ein Hirngespinst von Leuten, die in ihrem Minderwertigkeitsgefühl Ziffern suchen, um sich ihren eigenen Wert beweisen zu können. Der Wert einer Architektur ist von Material und Preis unabhängig, aber die höhere Kultur ist diejenige, die sich mit der höheren Zivilisation verträgt. Zivilisation ist das Bestreben, sich möglichst bequem einzurichten. Die erfundene Form und die errechnete Form sind Dinge, die miteinander nichts zu tun haben, und die einfachste Form ist nicht immer die beste. Die zahlreichen Versuche, dies zu beweisen, mißlingen jeden Tag, da Einfachheit nicht definierbar, sondern fühlbar ist. Die gerade Linie ist wohl das Symbol der Ordnung, die Annahme aber, daß sie überall anwendbar ist, ist irrig. Man hat nur wieder etwas als ursprünglich angenommen, es ausdeuten wollen und damit dasselbe getan wie die jüngst vergangene Zeit. Nur ist der Überschwang der Gefühle seiner Verleugnung gewichen oder besser gesagt, beide bestehen durch eine Welt getrennt nebeneinander, aber niemand wagt die organische Entwicklung anzuerkennen, weil sie nicht als Extrem erscheint und sie zu Propagandamitteln ungeeignet ist. Die Welt ist mit Plakaten beklebt, und wir werden abgestumpft, wenn sie nicht jede Woche überklebt werden. Das ist die Tragödie der modernen Architektur. Soll ich ihr Ende voraussagen? Dieselbe Bereicherung, dieselbe Dekoration wie immer, wenn nicht rechtzeitig die neue Form so reich, mannigfaltig und organisch gestaltet wird, daß jeder willkürliche Schmuck unnötig erscheint. Diese Bereicherung wird wachsen, bis eines Tages wieder etwas Ursprünglicheres entdeckt oder angenommen wird. Heute ist die ganze aufdringliche Betonung von Theorie, Zweck, Konstruktion und Psychologie Dekoration geworden.

Die mechanisierte Kultur hat sich durchgesetzt und die Welt erobert. Ein einziges Bombenabwurfflugzeug kann ganze wilde Völker besiegen, deren Ausrottung ja eines der wichtigsten Ziele der allgemeinen Zivilisation ist. Das ist eine Tradition, die wir niemals verleugnet haben. Und wir anerkennen den Fortschritt. Wir haben ihm zuerst die Straße überantwortet. Telephonisolatoren und Straßenbahnen machen jeden Versuch einer alten Architektur lächerlich. Wer die Wirkungen versöhnen will, belügt sich; Glühlampe und Wasserleitung sind im Haus unentbehrlich. Aber der Kunstgewerbler wird herangeholt und soll das alles bilden. Wozu? Diese organisch entstandenen Formen wieder den imitierten angleichen? Oder bereits Bestehendes, da seit langer Zeit vollkommen ist, diesen neuen Formen angleichen? Der Wahn von der Gleichheit der Form, der unendlichen Garnitur, die Grundlage veralteten Kunstgewerbes als geschlossenes System ist noch immer derselbe, und er kann nicht begreifen, wie vielformiger unser Leben geworden ist, wie sich ihm alles Bestehende einfügen muß; unsere Zeit ist die ganze uns bekannte historische Zeit. Dieser Gedanke allein, kann die Grundlage moderner Baukunst sein. Zweck, Funktion, Preis und all die Notwendigkeiten sind nicht mehr als das verwendete Material, Bedingungen, die aber auch, wenn sie noch so gut verwendet und erfüllt worden sind, mit Architektur nichts zu tun haben, Rohstoffe in der Hand des Künstlers, der sie formt. Aber der Geist ist alles.

Rudolf Schwarz **Die Landschaft Geschicht und Gefüg**

Erste Erscheinung und Textquelle: Rudolf Schwarz, *Von der Bebauung der Erde* (Heidelberg: Lambert Schneider, 1949), S. 21–28.

Der deutsche Architekt Rudolf Schwarz (1897–1961) war wohl der einzige Mystiker in der Architekturgeschichte, der seine religiös motivierte Suche mit einer klaren und präzisen Formensprache zum Ausdruck brachte. Er studierte an der Technischen Hochschule in Berlin-Charlottenburg, an den Universitäten in Bonn und Köln und promovierte 1923 an der TH Berlin mit einer Dissertation über *Frühtypen der rheinischen Landkirche*. Anschließend arbeitete er im Büro von Hans Poelzig. Er unterrichtete zwischen 1925 und 1927 an der Kunstgewerbeschule Offenbach mit Dominikus Böhm (1880–1955), dem Vertreter einer modernen katholischen Kirchenarchitektur in Deutschland. Schwarz war wie Böhm ein Befürworter der Einraumkirche mit offen angelegtem Grundriss. Er lehnte die vom Bauhaus und Walter Gropius verkörperte technizistische Richtung der modernen Architektur ab und versuchte, sich einen anderen Weg zu bahnen. Wie der Benediktiner-Architekt Hans van der Laan (s. Seite 240) war auch Schwarz von den Gedanken des katholischen Theologen Romano Guardini (mit dem er befreundet war) beeinflusst, dieser Einfluss zeigt sich jedoch sowohl in seinen Schriften als in seinen Kirchenbauten anders: van der Laan ist ein Rationalist in seiner Theorie, Schwarz ist asketisch in seinen Bauten. In seinem einflussreichsten Buch *Vom Bau der Kirche* (1938) analysiert er die Gestalt der Kirche als Symbol der verräumlichten Verhältnisse zwischen Mensch und Gott. *Kirchenbau. Welt vor der Schwelle* (1960) war sein letztes wichtiges Werk. Von 1952 bis zu seinem Tod unterrichtete er als Professor an der Düsseldorfer Kunstakademie.

Sein Buch *Von der Bebauung der Erde* (1949) entstand in der Zeit, als Schwarz als Stadtplaner in Köln am Wiederaufbau der Stadt arbeitete, obwohl einige Teile bereits während des Krieges geschrieben wurden. Das Buch, das zu seiner Zeit wenig Aufsehen erregte, ist ein wichtiges Zeitdokument – mit seinen fraglichen Stellen, die mit der zeitlichen Nähe zur Vorkriegszeit zusammenhängen, und mit seinen Höhepunkten wie die abschließenden Gedanken über das Unplanbare. Das monumentale Flechtwerk der Erde, ihrer Bergkämme, Schluchten, Terrassen und Adern fortzusetzen ist die Aufgabe der menschlichen Arbeit und der menschlichen Technik. Diese Beschreibung ist eine Topologie, die in den Buch symbolisch gedeutet wird: Die große räumliche Hierarchie der Natur präsentiert Schwarz als Analogon zur ebenfalls natürlichen Hierarchie der Gesellschaft.

Bibliografie: Wolfgang Pehnt, *Rudolf Schwarz 1897–1961. Architekt einer anderen Moderne* (Ostfildern-Ruit: Hatje, 1997).

Wir wissen, wie man ein Haus baut. Erst wird das Gelände vermessen. Die Bauleute heben die Baugrube aus. Der Grundriß wird in die unterste Sohle eingegraben und mit den Fundamenten gefüllt. Schicht um Schicht wird das Mauerwerk hochgebracht, zwischen zwei Schichten kommt jedesmal eine Speislage, die allmählich erhärtet und das Mauerwerk zu einem Block verbindet.

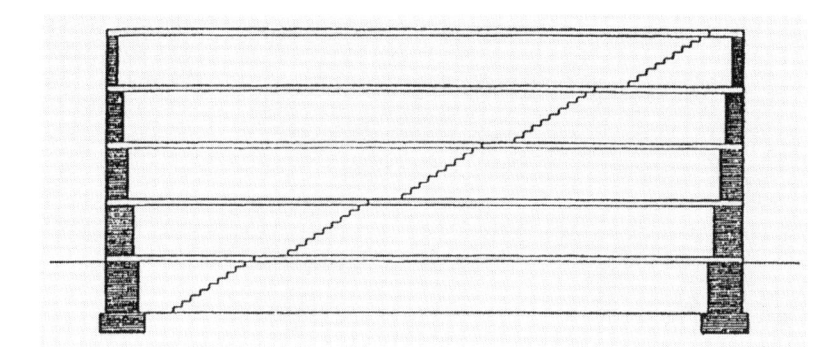

Abb. 74. Illustration aus Rudolf Schwarz, *Von der Bebauung der Erde* (1949).

So wächst über dem Grundriß, der ja schon mit der ersten Schicht vollständig da ist, die Mauer hoch, bis sie die geplante Höhe erreicht hat und über den offenen Raum die erste Decke gelegt wird, die dieses Stockwerk beendet, Wand und Decke bilden ein erstes Gehäus. Darüber wird die Mauer fortgesetzt und später wieder eine Decke aufgelegt, und so wächst Schicht um Schicht und Geschoß um Geschoß das Gebäude. Ganz oben kommt das Dach darauf, das gegen den Regen schützt. Die Geschosse werden durch eine Stiege verbunden, die gleichsam selbst ein Stockwerksbau ist, dessen Ebenen so dicht übereinander liegen, daß man sie ersteigen kann und immer so weit zurückweichen, daß man auf jeder Stand fassen kann. Eigentlich könnte man das ganze Gebäude als große Treppe auffassen, die aus den breit ausgeführten Böden der Stockwerke und den eng geschichteten Stufen der Stiegen besteht, auf den einen wohnt man, auf den andern verweilt unser Fuß nur einen Augenblick.

Wir haben das oft gesehen und uns daran gefreut, denn wir wußten, daß es sinnvoll war. In dem Haus würden Menschen wohnen, es würde sie vor dem Regen und der Kälte der Welt draußen schützen, es würde ihnen Behälter ihres Lebens und seine Gestalt und beinahe ihr gemeinsamer Leib sein, und jeder seiner Bestandteile würde voll Sinn sein, der Raum in den sich das Leben einleibt, die Wand, die es birgt, der Boden, der es trägt, die Tür, die den Raum öffnet und schließt, das Fenster, durch das man in die Welt hinaus und die Welt hineinschaut, das alles ist gut, um im unwohnlichen Weltall eine Heimat zu finden für den Leib und den Geist. Wir haben aber auch gespürt, daß, was die Bauleute da taten, dieses Graben und Mauern, dieses Einarbeiten eines geistigen Plans in den Stoff durch Bewegungen des Leibs und der Seele, selbst einen Sinn hatte. So muß man es anfangen, wenn man sich in der Welt einheimisch machen will. Indem da gebaut wird, wird Menschengeschichte getan, die Bewegung des Bauens, dieses Hochbringen einer Gestalt durch mauerndes Schichten, ist Urbewegung des bauenden Menschen, der eine langgültige Form errichtet. Viele Menschen werden den Stufenbau ersteigen und bewohnen und im Ansteigen und Einwohnen die alte Bewegung des Geistes erneuern, der da einmal baute, und auch die Bewegung des Leibs und des Stoffs, denn diese drei kamen damals überein und setzten sich ein Denkmal ihrer Hochzeit, und müssen sich immer wieder vereinigen, wenn man das Bauwerk betritt und bewohnt. So enthält der Bau eine Schichtung und Stufung des Stoffs und auch des Geistes. Wir wissen, wie hoch ein Bau ins Geistige aufragen kann. Auch die geistigsten Dinge sind Ebene über Ebene in Schichten errichtet wie die Westseite von Notre Dame, die ein Aufriß ewiger Ordnung und ein Fest des Geistes ist und auch eines der erleichterten Erde. Aber wir vergaßen zu sehr den Beitrag der Erde. Wir bedenken zu wenig, daß der

Abb. 75. Illustration aus Rudolf Schwarz, *Von der Bebauung der Erde* (1949).

Geist seine Dome aus Steinen auftürmt. Wir nehmen es hin, daß der Stoff seine Festigkeit hat, die man ausrechnen kann und bedenken nicht, was da geschieht, wenn die Bewegung des rechnenden Geistes, der Aufwuchs der Zahl und die kunstvolle Bewegung der Formel, die Erde bewegt, wir denken zu gering von dem Beitrag der Erde und vergaßen, daß es lange vor der Geschichte der Menschen schon eine Geschichte der Erde gab, und daß Menschengeschichte Erdgeschichte geblieben ist, daß es lange vor der Baukunst des Menschen eine Baukunst der Erde gegeben hat und noch heute in seinen Bauten Erdgeschichte geschieht.

Lange bevor es die bauende Bewegung des menschlichen Geistes gab, war die bauende Bewegung im Weltall und sie war schon ein Schichten und Fugen und blieb es bis heute. So wie wir unsere Mauern errichten, errichtet sich die Erde seit je Schicht um Schicht aus den Niederschlägen der Luft und des Wassers. Geduldig mauert sie das Flöz aus den hauchdünnen Membranen des Weltstoffs der sinkt, bis es den spendenden Bereichen gut scheint, es zu beenden und ihm ein anderes aufzulegen. So schichtet die Erde allmählich ihren geologischen Bau. Eine Schicht ist die grundlegende, die das neue Flöz beginnt, eine die bedachende, die es beendet. So betreibt das Weltall mit der Erde eine gemeinsame Baukunst, der Stoff leistet dazu seine Schwere, doch sie verwandelt sie in senkrechten Aufwuchs, und, die Richtung verkehrend, in waagrechte Lagerung, und aus beiden zusammen wird ein ursprünglicher Raum, die innere Geräumigkeit des geschichteten Stoffs. Der einzelne Niederschlag ist beinahe raumlos, er erstreckt sich fast nur ins Weite, das fertig errichtete Lager aber ragt doch ins Hohe.

Man darf diesen irdischen Raum nicht in der Weise der Mathematik abstrakt nach gleichwertigen Koordinaten bemessen. Er hat als innere Erstreckungs- und Baugestalt der gelagerten Erde nur zwei Maße, den senkrechten Stieg, in dem sich die Erde der Schwere entgegen erhebt, und die waagrechte Breitung. Diese beiden Erstreckungen haben je ihren eigenen unvertauschbaren Sinn: Die waagrechte steht still in reinem Zusammenhang, sie hat keine Spannung, keine Bewegung, keine bevorzugte Richtung, keine Einteilung, die senkrechte aber wächst an und hat in sich das beständige Rieseln der Schwere ins Tiefe und den beständigen Aufwuchs ins Hohe, ist durch die Schichten und Lager vielfältig gegliedert, von ihrem vielfach ineinander gebauten Rhythmus durchwirkt. Fast schwerelos legt sich allmählich eine Schicht auf die andere, aber indem sie sich auflegt mehrt sie ein wenig den Druck in den unteren Schichten und das ihm

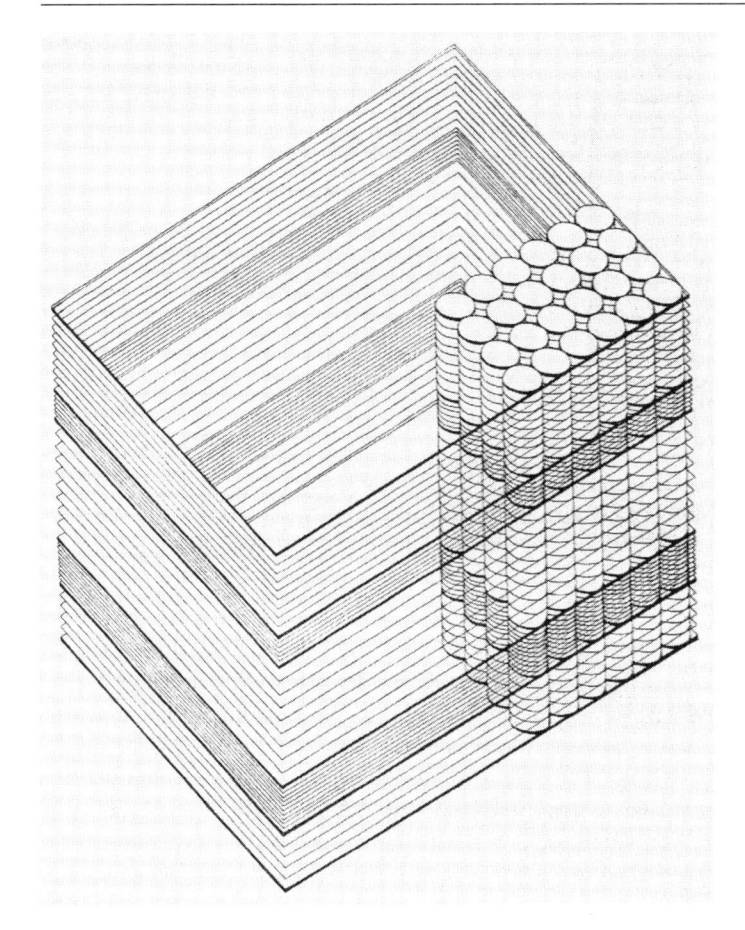

Abb. 76. Illustration aus Rudolf Schwarz, *Von der Bebauung der Erde* (1949).

entgegen geleistete Tragen. In unzähligen Schwerefäden rieselt Last in die Tiefe, in unzähligen Säulchen steigt die Baukunst der Erde ins Hohe. Der irdische Bau ist waagrecht geschiefert und durchfugt und senkrecht gefasert.

Seine Gliederung erhält das Geschicht durch die Fugung. Die Fuge ist der raumlose Ort, wo sich eine Schicht gegen die andere absetzt, ein Drittes. In das Gefüg ist der irdische Stoff eingelagert, es beraumt und behaust ihn, in ihm kommt die Bewegung der Erde ins Klingen, es durchgliedert ihren Vorgang und ist Träger des Bauplans seine Ebenen öffnen und schließen den Schichtraum, der nach dem genannt wird, was ihn füllt.

Die Erde erfindet ihren Bauplan nicht selbst, er wird ihr aus dem hohen Bereich verfügt. Wie hoch eine Schicht anwachsen soll bestimmt nicht der werdende Bau, sie wird ihm auferlegt. Daß unten der Bau sich erhebe hat zur Voraussetzung, daß über ihm ein überlegener Raum ist, in dem, aufgelöst in ihre feinen Bestandteile, als Wolken, als Trübung, die Baustoffe schweben und wogen und in ihnen der Plan, nach dem sich allmählich die Welt klärt und die Erde errichtet.

So ist die Bewegung der Baukunst auch ein beständiges Erstarren dessen was einmal schwebte und sich in Formen verspielte, ein beständiges Sinken aus dem Lichten ins Dunkle, ein Versen-

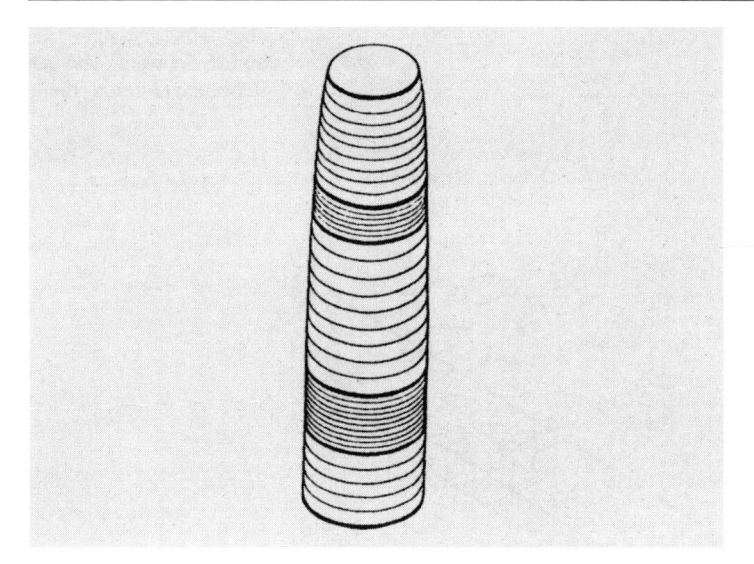

Abb. 77. Illustration aus Rudolf Schwarz, *Von der Bebauung der Erde* (1949).

ken, denn jeder neue Auftrag überdeckt den früheren und senkt ihn ins Lichtlose. Aber die gesunkene Schicht zergeht nicht. Das Licht und der Regen der neuen Niederschläge reichen nicht zu ihr herab, aber sie erfährt, was dort oben geschieht, als wachsende Last und antwortet ihm durch ihr wachsendes Tragen. Je höher der Bau wird, desto schwerer drückt er auf die ertragenden Schichten die Last wächst aber nicht gradlinig an, denn der Bau verfeinert sich von unten nach oben. Das Schwerste sinkt ja zuerst und später legt sich das Leichtere und Feinere auf, das sich viel langsamer festigt. Von unten nach oben wird der Bau auch edler, die Schwerefäden und Säulen sind gleichsam nach oben verjüngt, sie haben eine heimliche Schwellung wie die dorische Säule. Es wird noch lange dauern, bis der Urbau der Erde als Tempel erklärt wird, die Säulen zur Ringhalle auseinander treten, das Gebälk zu tragen, den Wohnort der Götter und ihrer herrlichen Taten, noch länger, bis sie sich bündeln und spreiten, Gott zu beherbergen, aber der Urbau der Erde ahnt schon den Tempel und Dom und steigt in ihnen ins Erklärte und Wirkliche.

Man kann den Vorgang der Erde auch andere beschreiben und sagen, ihre Oberfläche steige allmählich, einen wachsenden Stoff hinterlassend, ein steigender Spiegel schwimme dem Bau obenauf, sein Stoff wechsle beständig, sinke durch ihn hindurch in das Tiefe und Dunkle, er aber bleibe im Licht. Jedes Fädchen endet in ihm mit winzigem Köpfchen und er einigt all diese Köpfchen zu einem großen Zusammenhang.

Der Erdbau enthält auch die Zeit, denn er entsteht in der Zeit. Jede Schicht schlägt sich ja zu einem bestimmten Zeitpunkt nieder, dann und nicht früher oder später, und mit dem wachsenden Bau wächst auch die Zeit auf. Auch sie ist kein allgemeiner Begriff sondern eine Eigenschaft der sich errichtenden Erde, auch sie ist geschiefert, was sich waagrecht lagert ist gleichzeitig, in großen Ebenen steht die Gleichzeitigkeit an, aber quer dazu hebt sich die Zeit, den Zeitraum errichtend, aus dem Alten ins Gegenwärtige. Der Zeitraum liegt zwischen Zeitfugen, er beginnt mit einmal über die ganze Schicht Erde hin und endet mit einmal, die beiden Nun des unvermittelten Anfangs und des plötzlichen Endes beraumen ihn und fügen ihn dem früheren und dem späteren an. In sich ist das Zeitalter wieder durchfugt und in kleinere Zeiträume geteilt durch das Gefüg der Gleichzeitigkeitsebenen, deren jede ein Nun ist. So gerät die Zeit durch das Gefüge ihrer Augenblicke ins Schwingen.

Die Erdenzeit hat zwei Erstreckungen, waagrecht liegt sie still, doch senkrecht steigt sie in unzähligen Überlieferungsfädchen aus dem Früheren in das Jetzige und oben hat jedes die Wachstumsspitze der Zeit, und indem sie wächst wird das Frühere älter.

Man kann sich den Aufwuchs der Zeit auch so denken, daß ein Gegenwärtigkeitsspiegel auf dem Früheren schwimmt und im Steigen einen wachsenden Raum des Geschehenen hinterläßt. Sein Gehalt wechselt beständig, denn nur ein einziges Nun ist jede Zeitschicht gegenwärtig, dann versenkt sie der neuere Auftrag in die Versunkenheit, nicht Vergangenheit, denn was unter der Gegenwart liegt zerging nicht, es sank. Nach unten hin wird die Zeit immer älter und dunkler, nach oben hin immer jünger und heller, und ganz oben ist sie immerfort neu und im Licht. Die Gegenwart ist also der waagrechte Zeitort, wo sich alle Überlieferungsfädchen zu dem großen Zusammenhang des Jetzt integrieren. Während aber jedes Fädchen in sich vielfältig gegliedert ist und eine Zeitmelodie enthält, ist die Gegenwärtigkeit vollkommen eintönig, ein ebener Spiegel hebt sie sich dem Zukünftigen entgegen, das droben in Wolken noch braut, doch vorgeschichtet schon da ist, der Ort, wo das Frühere endet und neue Zeit sich ansetzt. Es gibt die Zeit, die geschieht, und die andere, die sich zu Zustand gestillt hat. Sie altert und bleibt und erinnert das alte Geschehnis. Es gibt die geräumige Zeit mit ihren ineinander gebauten Zeiträumen und die raumlose „Fuge": Ereignisse gliedern den allmählichen Vorgang der Zeit.

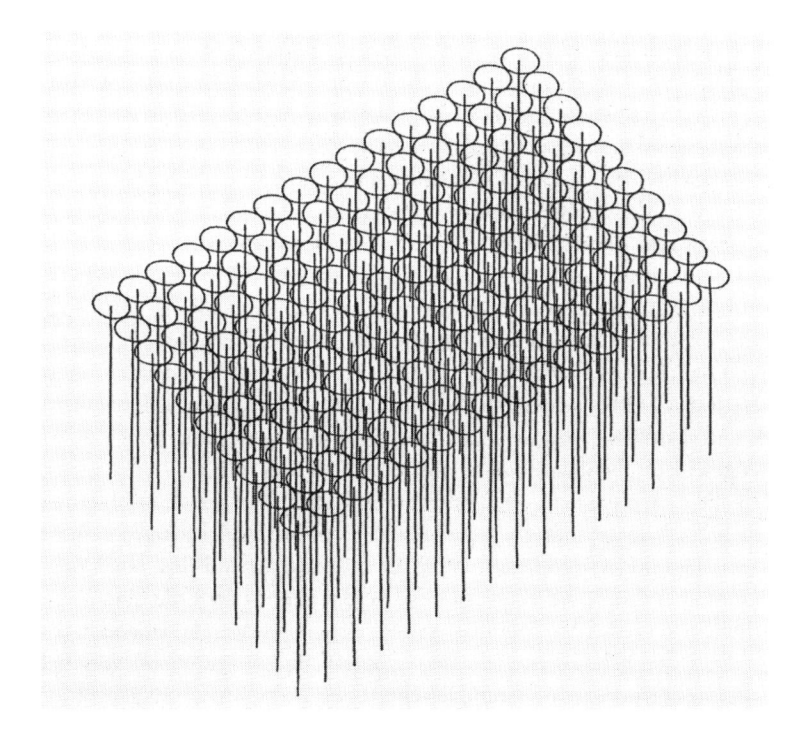

Abb. 78. Illustration aus Rudolf Schwarz, *Von der Bebauung der Erde* (1949).

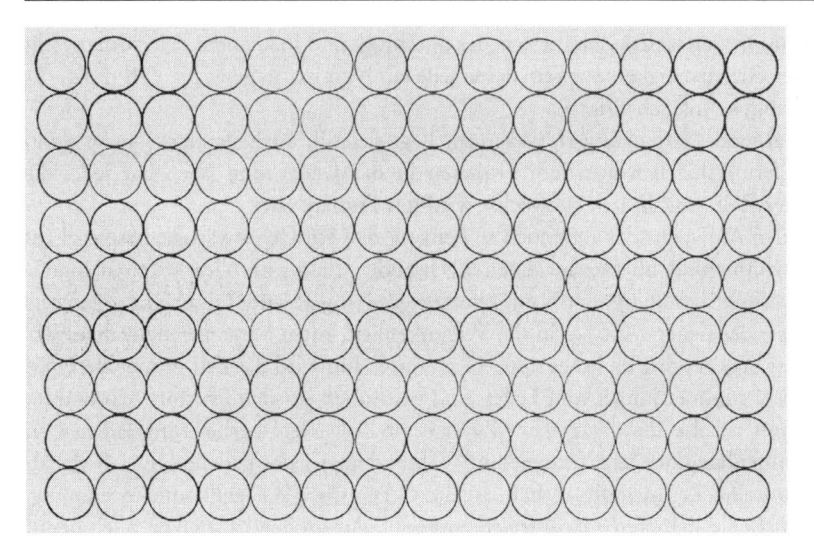

Abb. 79. Illustration aus Rudolf Schwarz, *Von der Bebauung der Erde* (1949).

So kann man den Erdbau in verschiedener Weise betrachten, als Stoffbau und als Zeitbau, aber es gibt weder den Stoff noch die Zeit sondern nur die geschehende Erde, die zeitlich und räumlich in Einem, also geschichtlich ist, und ihren wachsenden Bau. Man kann sie jeweilig so oder so ansehen, aber sie ist nicht jeweilig so oder so sondern immer ein Ganzes. Es gibt keine stofflose Zeit und keinen zeitlosen Stoff, sondern immer nur einen Stoff, der seine Zeit, und eine Zeit, die ihren Stoff hat. So also sieht Geschichte aus: ein geschichteter, gefaserter, geräumiger und gefugter Bau, von unten nach oben verjüngt und verfeinert, dunkle Geräumigkeit unten und darauf der Spiegel, wo die Erde unvermittelt ins Licht kommt und neu ist und anwächst. Geschichte ist nicht irgendwie irgendetwas sondern hat geologische Bauform, ist geschichtete Erde und wird es auch bleiben, wo sie längst Geschichte der menschlichen Taten wurde, und auch noch dort, wo sie Geschichte des Geistes ist. Sie wird nicht immer so einfach bleiben wie wir sie beschrieben, die Erde wird kunstvollere Formen erfinden, aber die einfache Grundgestalt wird dann immer noch gelten und die schwierigere durchfugen, durchschichten, durchragen, beraumen und tragen und immer wird Geschichte auch Anstieg und Sinken sein, Festlegung von Leichtem und Schwebendem, Versenkung von Lichtem ins Dunkle, Verwandlung von Möglichem in Unwiderrufbares. Man wird die Geschichte immer nach ihren Schichtungen nennen, erst denen des Stoffs, dann denen des Lebens, dann nach den Rassen des sich bildenden Menschengeschlechts, dann nach den Stoffen seiner Geräte und schließlich den Stilen seiner Kunst.

Noch ist alles einfach und deutlich. Oben ist hoch, licht, leicht und jung, unten tief, schwer und alt, was sich ereignet geschieht oben, darunter ist alles endgültig und still, im Tiefen ändert sich nichts mehr. Noch ist alle Bewegung nach oben Erleichterung und Erlichtung und Jüngung, noch ist Übereinander auch Nacheinander und was gleich hoch liegt auch gleichzeitig. Raum ist noch reiner Innenraum zwischen Boden und Decke, Stoffbau und Zeitbau sind eins. Noch baut sich die Erdgeschichte Raum über Raum auf. Trägt man in den Querschnitt der Erde Linien ein, die das gleichzeitig Errichtete nach seiner Sternzeit datieren, so treten diese weit auseinander, wo das Geschehen eilig und dicht war, nahe zusammen, wo es zögerte, und wo gar nichts vorging, da überdecken sie sich, aber sie ergeben einen Zeitenquerschnitt, der streng waagrecht gebaut ist.

Erdbau und Zeitbau stehen nirgends zwerch oder schief zueinander. Was geschah wurde fest und versank. Oben aber im Licht liegt die Landschaft gebreitet als der Ort alles dessen, was sich ereignet und neu ist, reinster Gegenwart in unverwelklicher Jugend. Gewoben aus dem gleichförmigen Netzwerk der Köpfchen, mit denen das Tiefere, Frühere endet. Die Erde ist dort zu Ende und über das unendliche Flachland ziehen die Wolken des Möglichen.

Im Gang der Geschichte gibt es die seltene Landschaft, die den Raum eines Zeitalters überdacht und einem anderen den Grund legt, und sie ist voller Entscheidung.

Als Fuge ist die Landschaft hauchdünn und raumlos. Läßt man als Gegenwart nur das gelten, was eben jetzt sich ereignet, dann ist sie ein reines Nun und das Frühere reine Vergangenheit und das Zukünftige nichts. Zur Landschaft aber wird die raumlose Fuge erst dadurch, daß sie Gesicht der Erde ist, der Ort, wo das Dunkle ins Licht, das Frühere ins Jetzt endet, der Ort, wo das Uralte sich gegenwärtigt, jeder Wuchsfaden mit zartem Köpfchen, dem Vegetationspunkt des Künftigen, endet. Geheimnisvolle Kräfte erschaffen die Landschaft, die man gesichtende nennen mag, da durch sie die Erde ein Angesicht hervorbringt, indem sie zugleich alles Tiefe ins Oberflächliche gegenwärtigt und in einen großen Zusammenhang einwebt. Die Landschaft schwebt ja nicht frei über dem Leeren sondern ist Oberfläche von ungeheurer Versunkenheit. Daß sie als Spiegel anstehen kann ist ja nur möglich, weil das Gesunkene sie trägt, und sie verwebt sich aus unzähligen Wuchsfäden, die sich in sie verjüngen. An sich ist dieser Ort nichts als die letzte Fuge zwischen Erde und Weltall, geschichtlicher Ort und Landschaft wird er erst als Angesicht der Erde, die ihn aus ihren Adern durchblutet und auch als Niederlassung des Weltalls, doppelt gesichtet nach beiden hin und Stelle ihrer Begegnung.

Konrad Wachsmann

Wendepunkt im Bauen
(Ausschnitt)

Erste Erscheinung: Konrad Wachsmann, *Wendepunkt im Bauen* (Wiesbaden: Otto Krausskopf, 1959).
Textquelle: Konrad Wachsmann, *Wendepunkt im Bauen* (Dresden: Verlag der Kunst, 1989), S. 10–11.

Der deutsche Architekt Konrad Wachsmann (1901–1980) war als Zimmermann und Schreiner ausgebildet. Zwischen 1923 und 1925 studierte er Architektur bei Heinrich Tessenow an der Kunstakademie in Dresden, und bei Hans Poelzig an der Akademie der Künste in Berlin. 1927 wurde er der Chefarchitekt der Firma Christoph & Unmack, die auf Holzfertigbausysteme spezialisiert war. Zwischen 1932 und 1938 lebte er Rom, wo er sich vor allem mit dem Entwurf von Stahlbetonkonstruktionen beschäftigte. 1941 emigrierte er in die USA. Bis 1949 arbeitete er mit Walter Gropius an der Entwicklung des „General Panel System" zusammen. Dieses Bausystem bestand aus industriell vorgefertigten Sperrholzelementen für schnell montierbare Einfamilienhäuser. 1944–1945 entwarf er das System „Mobilar Structure" für räumliche Tragwerke aus Stahl im Auftrag der Atlas Aircraft Corporation. Wachsmann suchte in Teamarbeit mit Experten die optimale Lösung aller Details einer Aufgabe, einschließlich der industriellen Vorfertigung der Systemelemente. Die größtmögliche Kombinierbarkeit der standardisierten Bauteile und die Wirtschaftlichkeit der Produktionsvorgänge waren gleichfalls wichtig. Durch seine Publikations- und Organisationstätigkeit hat er einen bedeutenden Einfluss auf verschiedene Richtungen der Architektur der siebziger Jahre ausgeübt (Metabolismus, High-Tech, ökologische Bauweisen u.a.)

Sein bekanntestes Buch *Wendepunkt im Bauen* (1959) beginnt mit einer Darstellung der Entwicklung der Ingenieurkonstruktionen von Paxtons Kristallpalast in London bis zur räumlichen Struktur des Fahrradrahmens – als vollkommene Synthesen von Funktion und Leistungsstandard. Im zweiten Teil diskutiert er verschiedene Modulsysteme als Vorbedingung zur Massenherstellung. Es ist der Knotenpunkt, der die Komplexität und Variabilität des Systems ermöglicht – und bildhaft ausdrückt. Im Schlusskapitel beschreibt Wachsmann konkrete Beispiele und gibt Vorschläge zum Studium, zur Forschung und Teamarbeit.

Bibliografie: Gilbert Herbert, *The Dream of the Factory-Made House: Walter Gropius und Konrad Wachsmann* (Cambridge, Mass.: The MIT Press, 1984).

Wissenschaft und Technik haben zu neuen Anschauungen auf allen Gebieten geführt. Energien von bisher unbekanntem Umfang wurden wirksam. Es entstanden Voraussetzungen, die neue Vorstellungen des Denkens und Handelns forderten.

In der Geschichte der Baukunst wandelten sich oft Anschauungen und damit zeit- und raumgebundene Ausdrucksformen. Nun aber sind es Bedingungen, die nichts mehr mit den Ursachen bisheriger Wechselerscheinungen zu tun haben, die einen Wendepunkt des Bauens auslösten. Er führt in eine ganz andere Richtung und zwingt, die grundsätzlich verschiedenen Ausgangspunkte, die die Gegenwart bestimmen, eindeutig zu erkennen.

Das ist die Aufgabe.

Es soll hier nicht untersucht werden, was im Wandel der Zeit schließlich zu den großen Widersprüchen im 19. Jahrhundert geführt hat, die als beispielloses Mißverständnis in der nachvictorianischen Periode der Gründerjahre zur vollen Wirkung kamen.

Wichtig ist nur daran zu erinnern, daß in derselben Zeit entscheidende Fortschritte in Wissenschaft und Technik gemacht wurden. Große Entdeckungen gestatteten sofortige Anwendbarkeit und lösten andere Entdeckungen, Erfindungen und Erkenntnisse in schneller Folge aus.

Längst hatte sich der Alchimist zum Wissenschaftler, zum Forscher gewandelt. Nun erreicht die Wissenschaft durch ihn in der Umsetzung seiner Erkenntnisse in konkrete Leistungen einen bisher unbekannten, sofortigen Einfluß auf die Produktion, die Wirtschaft und die Politik überhaupt.

Es entstand jener umfassende Begriff der Technik, der den Begriff des Handwerks zu ersetzen begann. Konzepte, bedingt durch neue Möglichkeiten im abstrakten wie konkreten Sinn, formten sich durch die fortschreitende Ausdehnung der Industrialisierung. Das Handwerkszeug wurde zur Maschine. Die Maschine wurde das Werkzeug der Zeit.

Diese Tatsachen sollen den einzigartigen gegenwärtigen Zustand erkennbar machen, der nicht eine Folge ideologischer oder willkürlicher Geschmacksrichtung ist. Denn der größte Einfluß auf heutige Anschauungen resultiert aus Entdeckungen und technischen Erkenntnissen des vergangenen Jahrhunderts, das in entscheidenden Leistungen vieles vorwegnimmt und gibt, was für die Gegenwart charakteristisch geworden ist.

Abb. 80. Der Montagevorgang aus Fertigelementen beim Bau des Kristallpalastes. Dieser zeitgenössische Holzschnitt zeigt in den Diagonalverstrebungen eines einzelnen Binderfeldes den dominierenden Grundmodul von 8 Fuss, der der Gesamtplanung zugrunde liegt. Drei Bindertypen von 24, 48 und 72 Fuss Länge bestimmen die Abstände der Stützen. Abbildung aus Konrad Wachsmanns *Wendepunkt im Bauen* (1959).

Dieses an schöpferischen Kräften so reiche 19. Jahrhundert zeigt, in welch radikaler Weise Vorausgesehenes, Erkanntes, jedoch durchaus noch nicht Akzeptiertes, sich in Forschungen, aber auch schon in Bauwerken realisierte, in denen sich, wie man heute zu erkennen fähig ist, die wirklichen Beiträge zur Entwicklung der Zivilisation formten.

Indem die Industrialisierung eine nicht mehr wegzudiskutierende Tatsache ist, die jegliche Tätigkeit, Funktion oder jedes Objekt direkt oder indirekt beeinflußt, muß sie im Mittelpunkt jeder Betrachtung stehen und erfordert daher eine dementsprechende, unmißverständliche Klärung aller Begriffe des Bauens. Sie kann nicht als Hilfsmittel mißbraucht werden, um frei erfundene Konzeptionen zu verwirklichen. Sie kann nur als direkte Ursache für die Entwicklungsbestimmung irgendeines Produktes verstanden werden, das als Teil oder in Kombination mit anderen die Ausdrucksform bestimmt.

Da es eine der großen Tugenden der Industrialisierung ist, nur Spitzenleistungen von immer gleicher Qualität zu produzieren, die zweckmäßigsten Materialien in der bestmöglichen Form und dem höchsten Leistungsstandard in der ökonomischsten Weise den berechtigten Ansprüchen aller Menschen gleichermaßen nutzbar zu machen, wird diese nur in einem System umfassendster Ordnung und Standardisierung wirksam sein.

Dieses Ziel wird durch den Begriff der Massenproduktion erreicht. Zum Unterschied von handwerklich hergestellten Objekten, muß das Massenprodukt abstrakten modularen Koordinationssystemen entsprechen, um in fast unbegrenzten Kombinationsmöglichkeiten, in denen die Elemente und Teile eines Bauwerks an jedem Punkt sich harmonisch zusammenfügen, in einer Verfeinerung zu resultieren, die bisher unbekannt und unmöglich zu erreichen war.

Durch die Bestimmung des Standards, der sich, sofern es sich hierbei um dimensionale Probleme handelt, aus den modularen Koordinationssystemen herausentwickelt, wird diese Forderung realisiert. Der Standard aber als abstrakter Begriff ist außerdem ein objektiver Meßwert von Eigenschaft und Qualität des Leistungsstandards der Produkte.

Das Prinzip der Industrialisierung erfordert die Verlegung der Produktionsstätte von der Baustelle oder dem Werkplatz in die Fabrik. Der Anspruch auf Präzision, Qualität und größte Leistung zu ökonomischen Bedingungen führt zur Vorfabrikation im Sinne einer kompletten Fertigfabrikation aller Teile. Dadurch ergibt sich eine neue Technik des Zusammenfügens der einzelnen Elemente auf der Baustelle. Der Bau wird zur Montage. Ein Vorgang, der sich wesentlich von allen bisher üblichen Methoden des Bauens unterscheidet und nur durch die Industrialisierung bedingt ist.

Aber der Bau als Konstruktion in Kombination mit horizontalen und vertikalen Flächen, die den Raum trennen und umhüllen, entspricht nicht allein durch seine materiellen Qualitäten allen Ansprüchen der Zeit. Die gesteigerten und berechtigten Forderungen nach einer vollkommenen Umweltkontrolle können nur erfüllt werden durch eine gleichzeitige sorgfältige Integration der gesamten komplexen Installation und alter anderen technischen und mechanischen Einrichtungen in Konstruktion und Fertigelement und dem ganzen zusammengefügten Bau. Denn modulare, statische, dynamische und mechanische Probleme werden nun im technischen Sinn zur universellen Einheit.

Indem es nun nicht mehr möglich erscheint, durch Verbesserungen von Material, Methode und Technik im einzelnen dem Kernproblem des Bauens, das sich durch die Industrialisierung manifestiert, näherzukommen, muß die gesamte Entwicklung der wissenschaftlich bestimmten Technologie aufgerollt werden, um die reziproke Komplexität aller Aufgaben und die daraus entspringenden Folgerungen zu erkennen.

Es soll hier nicht so sehr der Bau, als vielmehr der Weg Zum Bauen – Forschung, Material, Methode, Maschine, Mechanik, Planung usw. – analysiert werden. Das schließt die Entwicklung neuer Methoden des Trainings, des Studiums und der Forschung mit ein. Daraus werden sich die Anschauungen über die Berufsausübung und den Sinn der anonymen Teamarbeit entwickeln, von denen die Impulse schöpferischer Tätigkeit ausgehen werden.

Erst in der idealen Kombination der Anwendung aller Kenntnisse und Möglichkeiten der Technik, des Erkennens der Psyche des modernen Menschen, seines Anspruchs und seiner fortschreitenden Urteilsfähigkeit, wird sich der Bau formen, einfach, natürlich, anonym und von allen verstanden, weil er dem Gedanken der Zeit entspricht.

Raimund J. Abraham **Elementare Architektur**

Erste Erscheinung und Textquelle: Raimund J. Abraham, *Elementare Architektur* (Salzburg: Residenz [1963]), Vorwort o. S.

Der Architekt Raimund J. Abraham (geb. 1933) stammt aus Österreich und lebt seit 1964 in den Vereinigten Staaten. Er studierte an der Technischen Hochschule in Graz, dann arbeitete er in Deutschland, in Belgien, in der Schweiz und schließlich in Wien. Er unternahm Reisen nach Afrika, in die USA und nach Mexiko. 1964 wurde er an die Rhode Island School of Design als Assistant Professor für Architektur eingeladen. Ab 1971 unterrichtete er in verschiedenen Architekturschulen (Pratt Institute, Cooper Union, Yale Universität u.a.) neben der Arbeit in seinem eigenen Architekturbüro in New York. Die meisten seiner Entwürfe sind nicht für die Ausführung bestimmt, sondern konzeptuelle Projekte, die von der technischen Welt inspiriert sind. Er nahm mit diesen experimentellen und utopischen Projekten für Stadtstrukturen und neue Formen des Wohnens an zahlreichen Ausstellungen und Wettbewerben teil. Abrahams Projekt für den Neubau des Österreichischen Kulturinstituts in New York erhielt im 1992 organisierten Wettbewerb den ersten Preis; der Bau wurde zehn Jahre später eröffnet.

Abrahams erfolgreiches Buch *Elementare Architektur* (1963) ist ein Bildband mit Fotografien von Josef Dapra, der die Schönheit anonymer Holz- und Steinbauten in den alpinen Regionen zeigt. Konrad Wachsmann zitierend betont Abraham, dass „die perfektionierte Technologie" unserer Zeit es erst ermöglicht, diese Bauten als reine Konstruktionen aus dem Brauchtum herausgelöst zu sehen.

Bibliografie: Raimund Abraham, *Ungebaut/Unbuilt* (Ausstellungskatalog Bozen: Forum AR/GE Kunst; Innsbruck: Forum für Aktuelle Kunst, 1986).

Architektur ist elementar in der Verwirklichung von Baugedanken mit den einfachsten Mitteln. Diese bestimmen in ihrer Abhängigkeit von der Entwicklung der Technik die Gesetze des jeweiligen Bauens.

Es ist der Gradmesser für die Intelligenz und die Kraft einer Epoche, wieweit diese Gesetze erkannt und befolgt werden.

Denn nicht das Erfinden von Formen, sondern das Bekenntnis zum Bauen ist die Voraussetzung für das Entstehen von Architektur.

„Das Bauen, das letztlich ein materieller Kampf gegen die zerstörerischen Kräfte der Natur ist, verpflichtet, aus den Fortschritten der Wissenschaft, den Entdeckungen und den Erfindungen der Technik, die Konsequenzen zu ziehen, um durch alle erreichbaren Hilfsmittel und Methoden die neuen Gesetze der Harmonie zwischen Masse und Raum zu erkennen. Indem sich dadurch ganz andere Bedingungen zeigten als jene, die das handwerklich gebaute Haus bestimmten, konnten nur entschlossene Entscheidungen, die sich fest auf dem Methodischen und Technischen aufbauten, den einzigen Weg in die neue Richtung weisen".[1]

Die perfektionierte Technologie unserer Zeit macht es zum ersten Mal in der Geschichte der Architektur möglich, die Technik auf eine fast unbegrenzte Weise zu verwenden.

---

1 Konrad Wachsmann, „Wendepunkt im Bauen"

Abb. 81. Einfacher Speicher aus Stein, der Baukörper auf das Elementare reduziert, die Öffnungen eingeschlossen im Körperhaften. Fotografie von Josef Dapra aus R.J. Abraham, *Elementare Architektur* (1963).

Doch während die Architekten die neuen Möglichkeiten lediglich dazu benützten, um weiterhin das formalistisch Konzipierte auf eine einfachere Weise zu verwirklichen, blieb den Schöpfern anonymer technischer Bauten die Erkenntnis vorbehalten, daß die industrielle Revolution die Methoden des Bauens grundlegend geändert hat. Brücken und Dämme, Flugzeuge und Schiffe sind Zeugen einer Architektur, in denen der Geist unserer Epoche am reinsten zum Ausdruck kommt. Diese Beispiele weisen gleichzeitig darauf hin, daß die Architektur von einer Ordnung bestimmt wird, die jedem Einzelteil Notwendigkeit verleiht.

„Architektur beginnt dort, wo zwei Steine sorgfältig übereinandergelegt werden".[2] Es ist ein und dasselbe Ordnungsprinzip, das die Bauten der Gegenwart wie auch die primitiven Holz- und Steinkonstruktionen der Anfänge durchdringt.

Der Versuch, die Wurzeln anonymen Bauens an Hand von Beispielen primitiver Holz- und Steinbauten zu untersuchen, entspringt nicht dem Verlangen nach dem Urtümlichen. Es ist nun Aufgabe dieses Buches, selbstverständliche Resultate primitiver Baumethoden aus der Isoliertheit des Brauchtums herauszulösen, um sie als reine Konstruktionen zu sehen. Kegel, Würfel, Zylinder sind jene immer wiederkehrenden Elemente der Architektur, die einer zeitlosen Ord-

---

2 Mies van der Rohe

nung gehorchen. Diese Beispiele sollen zeigen, wie in den Grenzen geographischer Abhängigkeit mit primitiven Mitteln einfache Baugedanken eindeutig und überzeugend realisiert wurden.

Es handelt sich bei diesen Objekten keineswegs um bewohnbare Gebäude, sondern um Scheunen und Ställe, in denen die bauliche Konzeption als am reinsten verwirklicht zum Ausdruck kommt. Sie sind von äußeren Einflüssen unberührt, im Bauprozeß organisch gewachsen. Ohne Attribute einer bestimmten Epoche stehen sie schon ein halbes Jahrtausend und haben nichts von ihrer ursprünglichen Kraft eingebüßt. Es sind primitive Bauten, die keinen Anspruch auf Bedeutung erheben, aber sie sind „wirklich gebaut". Man kann jedes Detail betrachten und findet kein Element, das nicht dem Gesetz des Ganzen gehorcht.

Die geographische Isolation ließ Material und Werkzeug seit den Anfängen unverändert. Innerhalb der Grenzen regionaler Gegebenheiten und Forderungen entstanden Bauten von einer einheitlichen Struktur, die jede ästhetische Spekulation ausschließen. Der Rhythmus dieser Struktur resultiert aus der Art und dem Gebrauch der Werkzeuge, er durchdringt das bebaute Land und staut sich in der kompakten Gruppierung von Gebäuden. Die geometrische Ordnung der Felder, Wege und Mauern setzt sich in den Waagrechten und den Senkrechten der Bauten fort.

Struktur bedeutet mehr als eine Summe konstruktiver Lösungen, sie ist vielmehr eine notwendige und grundlegende Ordnung für die Architektur wie für den Menschen selbst. In der Struktur erscheint noch das letzte Detail vom Ganzen bestimmt, erfaßt und geprägt von ein und derselben Idee. „Das Charakteristikum der Sprache besteht darin, daß sie verschiedene Verwendungsmöglichkeiten in sich birgt, doch sie bleibt immer dieselbe Sprache. Wenn der Physiker Schrödinger sagt: ‚Die schöpferische Kraft eines allgemeinen Prinzips besteht in seiner Allgemeinheit', so ist es das, was ich in der Architektur unter Struktur verstehe. Es ist keine spezifische Lösung von verschiedenen Problemen, es ist eine allgemeine Idee. Und obwohl jeder Bau eine Einzelleistung ist, ist er nicht als solcher motiviert".[3]

Die Architektur fügt sich seit ältester Zeit in die Ordnung logischer Formen, die im Wesen eines jeden Stoffes ruht. Das heißt, jedes Material kann nur in den Grenzen seiner organischen und technischen Möglichkeiten Verwendung finden. Darauf gründet die Forderung nach einer genauen Kenntnis der Werkstoffe und ihrer organischen Gesetzmäßigkeiten als der Voraussetzung jedes schöpferischen Prozesses überhaupt.

Das natürliche Gefühl für Material und Gefüge, wie es in den reduzierten Konstruktionen primitiver Bauten spürbar wird, ist notwendig für alle „gebaute" Architektur, ob sie nun handwerklicher Fertigung oder perfektionierter industrieller Fabrikation ihre Entstehung verdankt. „Die wissenschaftlich-technologische Perfektion ist die Voraussetzung, das Ziel aber bleibt das Ringen um die Erkenntnis und die Kunst des Bauens".[4]

Jahrtausende hindurch bestimmten Holz und Stein den Charakter der Bauten. Das Wissen von den Möglichkeiten ihrer Verwendung und Bearbeitung wurzelt tief in der Überlieferung von Generation zu Generation. Primitive Werkzeuge und die Unkenntnis materialfremder Verbindungsmittel ließen konstruktive Kombinationen entstehen, die in ihrer Reduktion auf das Elementare überzeugen.

Die Bauelemente werden in ihrer einfachsten, materialgerechten Form zusammengefügt, exakt und eindeutig unterschieden nach der statischen Gesetzmäßigkeit von Tragen und Getragenwerden, Umhüllen und Durchdringen.

---

3 Mies van der Rohe
4 Konrad Wachsmann, „Wendepunkt im Bauen"

Im logischen Aufbau von selbsttragenden, übereinandergeschichteten Elementen, im Rhythmus von Öffnungen und kompakten Teilen gleichermaßen bestimmt, wird eine „grammatikalische" Ordnung im Bauwerk sichtbar, der das unerläßlich Körperhafte zugrunde liegt und die nie die Fiktion der Fassade aufkommen läßt.

Trotz einer strengen, einheitlichen Konzeption entstanden als Lösung für die gleiche Aufgabe konstruktive Details, die in ihrer Differenziertheit überraschen. Besonders Eckverbindungen, Türen und Öffnungen in Holz- oder Steinwänden zeigen in ihrer unterschiedlichen Ausbildung die schöpferische Phantasie des einzelnen.

Die Sensibilität für Material und Gefüge wiederholt sich im Bauwerk und in dessen Situierung. In die Dynamik landschaftlicher Formen gebaut, scheinen die Gebäude mit dem Boden verwachsen zu sein, aus dessen rohen Stoffen sie gebaut wurden. Sie sind, als geometrische Körper, einfach in der Wechselbeziehung ihrer Teile, selbstverständlich im Maßstab ihrer Funktion, auf klare Achsen bezogen, in den Details von subtiler Differenziertheit.

Wenn heute noch Reste dieser elementaren Architektur existieren, so liegt die Ursache beim Bauern selbst, der in der Isoliertheit verblieb, ganz für sich lebend, ausgefüllt mit den Aufgaben seines seit ältesten Zeiten unverändert gebliebenen Alltags, scheinbar unbeeinflußt von der permanenten technischen Revolution, statisch, schwerfällig, geschichtslos.

Diese Isoliertheit ist nunmehr erschüttert von der Einsicht in die Möglichkeiten unserer Epoche. Der Einfluß der Technik zieht notwendige Veränderungen nach sich, die ein natürliches Erschlaffen der Tradition zur Folge haben.

„Der Mensch in der Beziehung zu seiner Umwelt ist in demselben Maße wie diese Umformungsprozessen ausgesetzt. Durch ihn kann also notwendigerweise nicht das Gesetz des Maßes permanent bestimmt werden. Der Mensch wird sich immer seiner Umwelt ebenso anpassen, wie diese sich andauernd umformt, um ihm nützlich zu sein. So wird er zur technologischen Entwicklung ebenso Wahrnehmungen und Reaktionen in die Ausgangspunkte seines Denkens miteinbeziehen, aus denen sich die Gesetze des Bauens bilden".[5]

Die Dokumentation elementaren Bauens zeigt Grundformen, die eindeutig von der Klarheit ihres konstruktiven Prinzips bestimmt werden.

So selbstverständlich, wie diese Bauten entstanden sind, muß man sie sehen. Der Hinweis auf sie soll den Ursprung des Bauens bewußt machen, ohne ihn jedoch zu verherrlichen.

Archigram   **Lose Fäden**

Erste Erscheinung: „Open Ends", Editorial in *Archigram 8* (1968).
Textquelle: *A Guide to Archigram – Ein Archigram-Program 1961–74* (London: Academy, Berlin: Ernst und Sohn, 1994), S. 217–226.

Archigram war ursprünglich der Titel einer englischen Architekturzeitschrift, zusammengesetzt aus den Wörtern *architecture* und *telegram*. Insgesamt neun Hefte der Zeitschrift sind zwischen 1961 und 1970 erschienen. Beteiligt am Projekt waren sechs Architekten: Warren Chalk (1922–1988), Peter Cook (geb. 1936), Dennis Crompton

---

5 Konrad Wachsmann, „Wendepunkt im Bauen"

(geb. 1935), David Greene (geb. 1937), Ron Herron (1930–1994) und Michael Webb (geb. 1937), die sich zuerst im Jahre 1960 trafen. Ursprünglich als Forum für verschiedene experimentelle Projekte gedacht, ist Archigram vor allem als eine Gruppe von Architekten bekannt geworden. Inspiriert von Bildern der Technik und des Konsums (die überwiegend aus den Vereinigten Staaten gekommen sind) haben sie Gedanken der Independent Group (u.a. Alice und Peter Smithson) weitergeführt, die ein Jahrzehnt zuvor vorgetragen wurden. Wie die Independent Group wurden sie von dem Kritiker Reyner Banham unterstützt. Es war die Zeit der Beatles, der Hoffnungen auf eine alle Schichten der Gesellschaft durchdringenden Massenkultur, die in den farbigen, karnevalistischen Visionen von Archigram gut zum Ausdruck kommt. „Plug-in City", „Computer City", „Walking City" sind einige der utopischen Zukunftsvisionen für die Stadt, die eine große Wirkung auf das architektonische Denken anderer Gruppen ausübten (z.B. visionäre Architektur in Wien, „radikale Architektur" in Italien, Metabolismus in Japan u.a.), die ebenfalls nach Alternativen zum Funktionalismus suchten.

Der Aufsatz „Open Ends" erschien im vorletzten Heft der Zeitschrift *Archigram*, im Jahre 1968, als die Gruppe zur Triennale in Mailand eingeladen wurde. Der Textbeitrag ist wie das ganze Heft eine Retrospektive der Themen, die die Gruppe seit ihrer Entstehung beschäftigt haben: Metamorphose, Nomadentum, Komfort, Hart/Weich, Emanzipation, Austausch und Reaktion.

Bibliografie: P. Cook, W. Chalk, D. Crompton, D. Greene, R. Herron und M. Webb (Hrsg.), *Archigram* (Basel, Berlin, Boston: Birkhäuser Verlag, 1991).

Die Gedanken, die uns seit „Living 1990" und anderen Experimenten beschäftigt haben, lassen sich nicht mehr einfach in Formen gießen. Und es ist auch nicht wirklich sinnvoll, eine Idee nur durch ein einzelnes Experiment zu erproben. Im Kapselhaus zum Beispiel war die Kapsel noch immer nur der Ersatz für die Hütte, und auch die Plug-in City konnte noch als Alternative zu der ehemals ummauerten Stadt gelten. Es wird nun immer weniger eine Frage von „Ersatz für" sein, es geht auch immer weniger um die direkte Entsprechung von Idee und Verwirklichung. Eine Folgerichtigkeit gibt es aber noch immer, irgendwo. Vielleicht liegt sie in der Kontinuität der Arbeiten von Archigram über all die Jahre, in der sich jeder Schritt aus den allerersten Ansätzen herleiten läßt. Es soll hier keine allzu introspektive Diskussion entfacht werden, doch für jedes einzelne Mitglied von Archigram ist es wichtig, die Vorgeschichte der neuen Arbeiten als eine Entwicklung Schritt für Schritt noch einmal nachzuvollziehen.

Wir kommen jetzt an einen Punkt, an dem wir die Leitbilder aus den einzelnen Entwürfen und Vorschlägen herausdestillieren und untereinander vergleichen können. Manchmal lassen sie sich nur herausspüren, manchmal drängen sie geradezu nach vorn. Es gibt insgesamt acht Leitbilder, von denen keines bisher durch eine vollständige Serie von Experimenten abgesichert werden konnte, doch die Experimente haben überall begonnen. Es handelt sich um Träume; denn wir kehren immer wieder zu ihnen zurück. Es sind vielleicht nur Träume; denn es mag sein, daß sie von keinem Architekten, Strategen oder sonstigen Macher je vollständig verwirklicht werden können. Und sie sind noch längst nicht ausgeträumt. Alles, was wir tun und tun werden zu dem Zeitpunkt, an dem man diese Zeilen lesen wird, gehört zu dem einen oder anderen Traum.

Metamorphose

bedeutet laut Oxford Dictionary: *„Verwandlung der Form (durch natürliche Weiterentwicklung etc.), die verwandelte Form, Veränderung ihrer Merkmale und Eigenschaften."*

Bedeutung durch Archigram: *Kontinuierliche Fortentwicklung von einem Zustand (von Formen, Werten, Ereignissen) zum nächsten. Immer in Bewegung, niemals gleich. Immer vollständig, doch gleichzeitig immer schon in Verwandlung begriffen.*

Die meisten ausgebildeten Architekten sind daran gewöhnt, eine Stufe der Entwicklung gegen die andere abzugrenzen, um einer dann den Vorzug zu geben. Überall Unterscheidungen, dies ist „gut" und dies ist „schlecht". Religionen, Formeln, Ideale, Thesen und Antithesen – überall zwingt man uns auszuwählen und festzuschreiben, was ist. Wenn wir wirklich an Veränderung glauben, dann müssen wir an Veränderungen im Denken glauben und nicht an eine Veränderung der Mittel für neue Ziele. Wachstum ist dynamisch und deshalb eine nützliche Herausforderung; es ist die Form, in der die Natur Veränderung ausdrückt. Diese Analogie müssen wir erweitern, wir müssen alles, was uns um gibt, als veränderlich betrachten.

Dieser grenzenlos erweiterte Ansatz hat uns ins bisher unerkundete Gefilde geführt, er bedeutet, daß fast alle Projekte, an denen wir arbeiten, uneindeutig, uneingrenzbar werden, in der Zielsetzung ebenso wie in den Mitteln. Sie selbst sind wiederum in konstanter Veränderung begriffen; sie verändern ihren Zustand, ihre Zusammensetzung, ihre Bewertung. Das letzte ist das Schwierigste von allem, und wahrscheinlich ist es das, was die Metamorphose ausmacht. Es scheint also zwei Ebenen der Metamorphose zu geben: die einfache, die ein Objekt zwingt, sich

Abb. 82. Archigram, *Oasis*. Abbildung aus *A Guide to Archigram – Ein Archigram-Program 1961–74* (London: Academy, Berlin: Ernst und Sohn, 1994).

zu verwandeln, um brauchbar zu bleiben, und die komplexere Metamorphose, die unsere Ansicht über die Dinge betrifft. Die so genannten Werte sind nichts als das Kürzel für diese Ansicht der Dinge, man sehe sich also vor, wenn von Werturteilen die Rede ist.

Nomadentum

bedeutet laut Oxford Dictionary: *"Umherziehen von Ort zu Ort, umherschweifen."*
Deutung durch Archigram: *schließt die Satelliten als Orte ein und alle Orte, die nicht notwendig in ein geographisches System eingebunden sind. Der Nomade als Mann, Jäger, als Freidenker... die totale Verfügbarkeit des Ortes? Der Landfahrer, der Seefahrer, der Luftschiffer. Jeder ist ein Satellit... Wahl einer unsichtbaren oder sichtbaren Bindung an Organisationen oder Systeme... Wohnwagen... Hovercraft... Zelte... Huckepack... Unter-Wasser... Mondsonde... Aufknöpfbares Haus... Auf eine Zigarettenlänge verschwinden.... „Don't bug me, Mac", geh mir nicht auf die Nerven. „See you", bis bald.*

Diese Idee ist gefährlich; denn sie appelliert an die Instinkte gerade derer, die sich so gern als zuverlässig und seßhaft sehen, die sich in einer bekannten Umgebung so ganz zu Hause fühlen und vom Leben unverändertes Fortschreiten erwarten. Sie aber sind es, die es sich am meisten wünschen, dem allen zu entfliehen. Das Auto ist ein Stück vom Traum von Freiheit. Die Vorstellung, daß die ganze Erdoberfläche sich als Raum für diese Freiheit anbietet, verweist auf eine Zeit, in der wir alle Nomaden sein können, wenn wir es wollen. Gleichzeitig aber gibt es noch immer das Netz der Dienstleistungen – auch wenn die Dienste so klein sind wie ein Radio – dem wir nicht entkommen können.

Im Augenblick ist die Situation unentschieden. Wir leben noch mit dem Auto als Erweiterung des Lebensraums. Bald wird das Auto selbst zum Lebensraum. Dann wird die Wohnung zum Fahrzeug. Es trennt und führt zusammen. Und so verändern sich die Bestandteile unserer Umwelt. Der Status der Familie und ihr direkter Bezug auf ein bevorzugt statisches Haus kann nicht mehr dauern. Was würde mit dem Teenybopper, dem Familie-in-der-Familie-Konzept? Vervielfältigung und Wachstum aller Orten (und die dynamische Nutzung des Massenangebots) kann das Ausbrechen und neu Zusammenfinden so selbstverständlich werden lassen wie die Hierarchien von einst. Zeit ist das ausschlaggebende Element. Sich zusammenfinden und dennoch unabhängig bleiben sind miteinander vereinbar, wenn wir unsere Zeit nutzen.

Längst existieren diese doppeldeutigen Strukturen, in denen man die Massenfertigung nutzt und aus ihr sich dennoch private Welten schafft. Wenn wir das weiterentwickeln, wird die Entfaltung der Persönlichkeit vielleicht eines Tages der wichtigste Grund für die Wahl der Umgebung. Unser Zwischenstadium: ein Mann – ein Haus ist keine große Errungenschaft. Moment-Village war ein Projekt, das die Entwicklung vom Nomadentum zur Seßhaftigkeit zum Nomadentum neu interpretierte. Das Moment des Nomadentums, sich stetig neu zusammenzufinden und wieder aufzulösen, mag die anarchische Stadt als ultima ratio erscheinen lassen oder nahelegen, daß die Bedeutung des „Ortes" nur in unserer Vorstellung existiert.

Komfort

Comfort bedeutet laut Oxford Dictionary: *„getröstet werden im Kummer... Grund für Wohlbefinden, bewußtes Wohlbehagen... Besitz von Dingen, die das Leben angenehm machen."*

Bedeutung bei Archigram: *der natürliche Instinkt für Wohlbehagen. Vielleicht ist Wohlbehagen die beste Rechtfertigung für Architektur, für die vom Menschen hergestellte Umgebung. Oder ist das zu moralisierend?*

„Komfort" ist im alltäglichen Sprachgebrauch ein altes, etwas abgegriffenes (und deshalb verdächtiges) Wort. Trotzdem lautet die wichtigste Kritik (von Laien) an der modernen Architektur, sie sei „nicht komfortabel", also unbequem. Das ist die wörtlichste Deutung, doch sie soll uns als Warnung dienen. Wenn wir nicht vorsichtig sind, werden wir Einrichtungen schaffen, die, weil unmenschlich, zum ästhetischen Geschwätz werden.

Wenn wir den grundsätzlichen Drang zum Bequemen und Wohltuenden ernst nehmen, sollten wir alles Gestaltete innerhalb einer Skala mit „plus oder minus" bewerten, je nachdem ob es die Menschen sicher oder unsicher macht, ob sie sich darin öffnen oder verschließen, ob sie glücklich oder unglücklich werden.

Genuß, Freude, Sicherheit. Ein „System" aus Konstruktion, Installation, Ausstattung kann Wohlgefühl verbreiten, genauso gut wie eine Tüte Eis in der Hand.

Hart-Weich

Dies bezieht sich auf das Verhältnis von Hardware und Software, wie wir es aus Systemanalyse, Kybernetik und aus der Computersprache kennen.

Beispiele für „hart": Monument, New York, Wand, Maschine, harte Architektur, Metall, Plastik etc. Beispiele für „weich": Programm, Verbindung, Botschaft, Anweisung, graphische Synopse, Gleichung, Stimmung, Zusammenfassung, programmierte Maschine, elektronische Musik, programmiertes Licht, Computer, Informationsfluß etc.

Wir haben in der Systemplanung einen Punkt erreicht, an dem die Software – die unsichtbare Abhängigkeit der Teile – schon genügt, um die Elemente, in denen und mit denen wir leben, zu kontrollieren und richtig einzusetzen. Umgebung wird also gemacht aus der Systemanalyse unserer Bedürfnisse, und die sichtbare Welt wird zum Diener unserer unsichtbaren Wünsche. Natürlich sind wir davon erst einmal begeistert. Endlich sind wir befreit. Die Abhängigkeit von der Hardware, die die Geschichte der Architektur so lange hemmte, ist vorbei, wir brauchen uns nicht einmal mehr auf Prioritäten festzulegen. Diese übertriebene Vereinfachung ist rhetorische Notwendigkeit in unserer Zeit. In vielerlei Hinsicht entspricht sie der Begeisterung der Futuristen über die Entdeckung der Maschine vor rund 50 Jahren. Hardware setzt Grenzen, und die symbolische Bedeutung von Sachen und Dingen lähmt jeden rationalen Umgang mit Planungs- und Ausführungsdaten. Dem halten wir die Software entgegen, um offensichtliche Irrationalitäten aufzudecken.

Und wieder fallen wir zurück in dieses Schwarz-Weiß-Denken. Systeme sind keine Allheilmittel.

Sie haben einen notwendigen Platz in der Entwicklung der Intelligenz. Sie werden uns bei der Lösung von Problemen Abkürzungen zeigen. Die Plug-in City brauchte die Computer City als stummen Diener, sonst hätte sie nie funktioniert. Die Control and Choice-Geschichten kreisen um die Kapazität von Mikroschaltern und Sensoren. Und um noch mehr; denn solche Mechanismen müssen die Intelligenz von Computern vorrätig halten, sonst wären sie nicht verfügbar in dem Augenblick, wo man sie braucht.

Wir werden, wenn sich alles etwas abgekühlt hat, schon dahin kommen, daß hart und weich nicht mehr als gegensätzliche, sondern einander ergänzende Mittel gesehen werden.

Emanzipation

bedeutet laut Oxford Dictionary: *„Befreiung, vor allem von Sklaverei…von intellektuellen und moralischen Fesseln."*
Gebrauch bei Archigram: *Genauso, nur bezogen auf die Nutzung von Bauten durch Menschen.*

Die Geschichte der letzten 100 Jahre war eine der fortschreitenden, unwiderruflichen Emanzipation, trotz aller Rückschläge durch Krieg und Armut, trotz der eher unsichtbaren Kräfte, die, als Gegengewicht zu den sozialen Veränderungen, Kultur und Tradition bewahrt sehen wollten. Wir nähern uns der Zeit, in der wir alle unsere Hoffnungen verwirklichen können. Es wäre zu einfach, dies alles nur in der Verfügbarkeit der Objekte zu suchen, aber sie zeigen die Richtung, in die unsere geistige Entwicklung gehen kann: bis an die äußersten, überhaupt vorstellbaren Grenzen. Und hier liegt das Problem: die Befriedigung von Intellekt und Geist war (so weit es die Kunst betraf) immer ein Vorrecht der Reichen.

Wenn die Architektur den Anspruch erhebt, der Menschheit zu dienen, hätte sie längst auf die Erweiterung menschlicher Erfahrung reagieren müssen. Die Architekten müssen sich die Frage stellen: dienen meine Häuser der Emanzipation der Menschen, die darin leben? Oder behindern sie sie, weil sie die Lebensauffassung des Architekten abbilden? Endlich scheint es sinnvoll, Häuser wie Konsumartikel anzusehen, und der eigentliche Sinn von Konsumartikeln liegt darin, daß sie den Menschen die Möglichkeit geben zu wählen. Und somit kommen wir zurück auf die Gegensätze entschieden und unentschieden, auf Veränderung und freie Auswahl. Es mag eine Zeit kommen, in der eine solche Diskussion akademisch sein wird, in der wir ganz gelassen mit all den Möglichkeiten umgehen, die man uns bietet, wo wir uns eher ein paar schlechte Bauten wünschen, um uns daran zu reiben…. aber diese Zeiten sind noch fern.

Austausch und Reaktion

Austausch

bedeutet laut Oxford Dictionary: *„geben, nehmen anstelle von etwas anderem, für etwas anderes, als gleichwertig nehmen für."*
Gebrauch bei Archigram: *Interaktion zwischen einem Ereignis und einem anderen, sinngleich mit Interaktion zwischen der einen und anderen Einrichtung (die deshalb oft nicht eindeutig bestimmt sein kann).*

Selbst im Gang der Geschichte, die Aktion und Reaktion der einen Bewegung und der anderen in die Waagschale legt – im großen wie im kleinen – sind Interaktionen entscheidend. Auch auf der rein funktionalen Ebene ist der Austausch von Leistungen zwischen dem einen und anderen Objekt die Grundlage fast aller Entwürfe. Es erscheint uns deshalb seltsam, daß die Architektur als ein abgetrenntes Wertesystem gesehen wird, während heute zwischen den verschiedensten operationalen Gebieten ein Austausch stattfindet, der helfen soll, unsere Überlebenschancen zu vergrößern.

Ein anderer wichtiger Aspekt von Austausch ist die darin enthaltene Möglichkeit zur Revision. Das verbindet sich eng mit unserer Forderung, daß ein Haus eine veränderbare Einrichtung sein solle: erweiterungsfähig, verbrauchbar und unter ständiger Kontrolle.

Reaktion

bedeutet laut Oxford Dictionary: „*Antwort in Form von Worten oder Handlungen … Auslösen von Gefühlen durch Reize oder Einflüsse.*"

Gebrauch bei Archigram: *wirksame Handlung als Antwort auf eine Notwendigkeit, einen Reiz, eine Idee. Äußert sich als Situation, als Entwurf, als Objekt.*

Jede Anstrengung ist eine Reaktion auf etwas Gegebenes. Eine aktive Architektur soll ihre Austauschfähigkeit bis aufs äußerste steigern, soll auf so viele sinnvolle Herausforderungen wie möglich eingehen und antworten können. Wenn wir doch nur zu einer Architektur kommen könnten, die wirklich auf menschliche Wünsche eingehen kann, und zwar immer dann, wenn sie sich wirklich einstellen – dann wären wir ein gutes Stück weiter.

Eine vorsätzliche Konfrontation von Kräften, so daß sie einander beeinflussen müssen, geschieht: beim Roboter, der dem Menschen dient, bei der Maschine, die einer Einrichtung dient, bei der Maschine, die mit einer anderen verkoppelt ist, wenn eine Person bestimmte Dienste „abruft", wenn ein Automat Essen liefert, wenn eine Person auf eine Situation reagiert. Informationsaustausch führt zu Umweltveränderung.

Paul Virilio — Der echtwahre Augenblick (Ausschnitt)

Erste Erscheinung und Textquelle: Paul Virilio, „Der echtwahre Augenblick". Übersetzung von Felix Mager, in Martin Bergelt, Hortensia Völckers (Hrsg.): *Zeit-Räume. Zeiträume – Raumzeiten – Zeitträume* (München, Wien: Carl Hanser, 1991), S. 96–101.

Der französische Schriftsteller, Urbanist und Kulturphilosoph Paul Virilio (geb. 1932) begann 1958, die verlassenen deutschen Bunkeranlagen des Zweiten Weltkriegs an der Atlantikküste zu studieren. 1963 lernte er den Architekten Claude Parent (geb. 1923) kennen, mit dem er ein gemeinsames Büro „Architecture principe" gründete. Sie entwarfen die stark plastische *béton brut* Sainte-Bernadette-Kirche in Nevers (1963–1966), die von der Ästhetik von Virilios „Bunker-Archeologie" beeinflusst ist. Virilio und Parent haben sich auch mit der Psychologie der Wahrnehmung beschäftigt; vor allem die Frage der räumlichen Instabilität, die Theorie des „oblique" hat sie interessiert, was interessante Parallelen zum späteren Dekonstruktivismus zeigt. 1966 veröffentlichten sie ihre eigene Zeitschrift *Architecture principe* (neun Hefte), mit der sie ihren Platz in der damaligen Avantgarde sicherten. Mit Archigram und anderen radikalen Gruppen waren sie 1966 nach Folkestone in England eingeladen, ihre architektonischen und städtebaulichen Ideen zu diskutieren. 1968 nahm Virilio an der Reformbewegung der Studenten aktiv teil. Er wurde zum Direktor der *École spéciale d'architecture* in Paris gewählt; er hielt Vorlesungen über „Bunker-Archeologie". Seine Zusammenarbeit mit Parent endete 1970. Virilios Interesse wendete sich zu den Neuen Medien, zur Virtualität; er analysierte die Entwicklung der globalen Kommunikation durch Internet und Cyberspace, die Entstehung einer neuen Stadtstruktur, das Verschwinden des Stofflichen in der Architektur und ihre Auflösung in elektronischer Wirklichkeit des Bildschirms. Die militärischen Grundlagen, Anwendungen und Verwicklungen der Technologie blieben seit seinen Bunker-Untersuchungen ein wesentliches Element der Schriften.

Bibliografie: Paul Virilio, *Der negative Horizont. Bewegung, Geschwindigkeit, Beschleunigung* (München, Wien: Hanser, 1989; ders., *Rasender Stillstand* (München, Wien: Hanser, 1992); ders., *Information und Apokalypse. Die Strategie der Täuschung* (München, Wien: Hanser, 2000).

Wahrhaftig, ein Künstler ist der echte Beobachter: er errät die Bedeutung und versteht sich darauf, in der flüchtigen und einmaligen Mischung der Phänomene das Wichtige zu erspüren und festzuhalten, schrieb Novalis.

Schöner kann man, glaube ich, die Energie der Beobachtung nicht beschreiben, eine Energie in Bildern oder genauer: *in Informationen*.

Denn wenn die Geschwindigkeit auch nicht eigentlich ein Phänomen ist, sondern die Relation *zwischen* den Phänomenen (die Relativität selbst), wenn die Geschwindigkeit also *zum Sehen, zum Konzipieren* dient und nicht nur dazu, sich leichter fortzubewegen, dann beschreibt der deutsche Dichter perfekt die *kinematische Optik* jenes Blickes, der sich aufmacht, das Wesentliche in der flüchtigen Bewegung der Phänomene zu erfassen. Das ist es übrigens, was die Informatiker heute *Bildkapazität* nennen.

Ähnlich wie die Mikroprozessoren der Phantasie zur Synthese, ist das menschliche Auge ein mächtiges Instrument zur Analyse der Strukturen des Sichtbaren, fähig, sehr schnell (in zwanzig Millisekunden) die optische Dichte der Ereignisse zu durchdringen, so daß es heute notwendig erscheint, den beiden gewohnten Typen von Energie, der *potentiellen Energie* (an Vermögen) und der *kinetischen Energie* (an Handlung) einen dritten und letzten Typus hinzuzufügen: die *kinematische Energie* (an Information), ohne die, wie mir scheint, der relativistische Charakter unserer Beobachtung verschwinden würde, um den Beobachter neuerlich vom Beobachteten zu trennen, wie es einst in der Ära vor Galilei der Fall war.

Aber lassen wir diesen unnützen historischen Rückblick, um auf die Techniken der Echtzeit-Übertragung zurückzukommen. Soweit gelangt, daß sie Elementarteilchen, elektro-optische Bilder und elektro-akustische Töne mit der Grenzgeschwindigkeit des Lichtes diffundieren können, desgleichen telemetrische Signale, die nicht nur die Tele-Vision und Tele-Audition, sondern auch die *Tele-Aktion* erlauben, machen sich die von ihren jeweiligen Regierungen unterstützten Laboratorien nun daran, beim Fernsehbild auch noch die *Auflösung selbst* zu verbessern, um diese indirekte Transparenz zu beschleunigen und die optische Vergrößerung der natürlichen Umwelt noch zu steigern.

Erinnern wir uns, der Blick des Menschen *zerschneidet* zugleich den Raum und die Zeit, die okulare Objektivität vollbringt also eine relativistische Großtat, wobei sich die Grenzen des Gesichtsfeldes und der Sequenzen-Abfolge noch verdoppeln durch das zeitliche Ausstanzen der Rhythmik des Bildes. Der *Akt des unterscheidenden Blickes* ist also nicht nur ein leeres Wort, sonst wäre die Relativität des Sichtbaren selbst nur eine perspektivische Halluzination!

Die Suche nach einer *hochauflösenden Television* ebenso wie die nach einer *hochgetreuen* (HiFi-) *Teleaudition* partizipiert somit an der wissenschaftlich kontroversen Frage der *beobachteten Energie*. Tatsächlich kann man, seit die zeitgenössischen Physiker uns davon überzeugt haben, daß *der Beobachter nicht von der beobachteten Sache zu trennen ist*, sich legitimerweise fragen, wie es dann mit der objektiven Wahrscheinlichkeit jener beobachteten Energie stehen mag, die im

Bereich der experimentellen Wissenschaften jeder Messung zugrundeliegt... *Beobachtete Energie* oder *Energie der Beobachtung?* Die Frage bleibt offen, was uns jedoch nicht hindert, heute, mit den Forschungen über die Hochauflösung, ein direkt (oder *live*) gesendetes Fernsehbild zu erstellen, dessen Imperfektionen mit bloßem Auge nicht zu erkennen sein werden, da die Auflösung des elektronischen Bildes der des menschlichen Okularsystems überlegen sein wird, und zwar soweit, daß *das Bild realer erscheint als die Sache, deren bloßes Bild es doch ist!* Ein wahrhaft verblüffendes Phänomen, möglich geworden unter anderem durch eine Beschleunigung von 25 auf 50 Bilder pro Sekunde – wobei, erinnern wir uns, die subliminale Grenze der menschlichen Wahrnehmung bei 60 Bildern pro Sekunde liegt.

So taucht nun am Ende dieses Jahrhunderts die *optische Aufblähung* unserer natürlichen Umwelt als letzte Grenze auf, letzter Horizont der technologischen Aktivität des Menschen. Und wenn man bedenkt, daß die Verbesserung der Genauigkeit der *tele-aktuellen* Beobachtung heute analog zu dem ist, was gestern die Eroberung der Territorien oder die Expansion des Reiches war, so ist der in letzter Zeit populär gewordene Begriff Glasnost alles andere als unschuldig!

Kurz nach den Ereignissen in Osteuropa, im letzten Dezember, rief in Straßburg ein Vertreter eines der EG benachbarten Länder aus: „*Wenn man die Grenzen abschafft, muß man auch die Entfernungen abschaffen,* sonst werden wir bald große Probleme in den Randzonen haben!" Meines Erachtens müßte der Satz umgekehrt werden, um zu verstehen, worum es derzeit politisch geht. Tatsächlich muß man, wenn man die Entfernungen abschafft – und das ist mit der jüngsten Entwicklung der Telekommunikation geschehen –, auch die Grenzen abschaffen, nicht nur die *politischen* der Nationalstaaten zugunsten föderaler oder konföderaler Zusammenschlüsse, sondern auch die *ästhetischen* „Grenzen" der uns umgebenden Dinge zugunsten einer letzten zeitlichen Schranke, jener der Beschleunigung der *optischen Austauschbarkeit (commutation optique)* der Erscheinungen einer Welt, die integral tele-präsent ist, vierundzwanzig Stunden pro Tag und sieben Tage pro Woche.

Die bisher noch intermittierende Verdünnung der optischen Dichte des Horizonts der Sichtbarkeit eines den Interaktionstechnologien *übermäßig ausgesetzten* Planeten beschleunigen, wie seit der Revolution des Verkehrswesens die zeitlichen Distanzen der physischen Fortbewegungen verkürzt worden sind, mit anderen Worten, die Leuchtkraft jener zweiten Sonne noch mehr steigern, die jeden Winkel unserer Territorien erhellt, so wie die Wettersatelliten bereits ihr Klima zu erforschen erlaubten...

Ende der äußeren Welt, jenes Mundus der unmittelbaren Erscheinungen, der noch eine räumliche Fortbewegung erforderlich machte, die Ausgestaltung eines Raum-Intervalls und eines gewissen Zeitraums, dieser „negativen" und „positiven" Intervalle, die auf einzigartige Weise entwertet worden sind durch das Intervall der absoluten Geschwindigkeit des Lichts, das Null-Intervall der für die Fernsehsendung verantwortlichen Wellen, die nicht nur den philosophischen Begriff der „gegenwärtigen Zeit" in Frage stellen, sondern vor allem den des *echtzeitlichen* oder *realen Augenblicks*.

Für viele von uns verleihen die Gefahr und die Nähe des Todes jedem Augenblick des Lebens mehr Intensität und Tiefe... Müßte man dann nicht umgekehrt prophezeien, daß jene neuen elektromagnetischen Technologien, indem sie dem Augenblick mehr *Tiefe* geben, uns zugrunde richten und buchstäblich umbringen, da der sogenannte echtzeitliche oder reale Augenblick des Fernsehens immer nur der des plötzlichen Verschwindens unseres *unmittelbaren Bewußtseins* ist und da ein unaufhörliches Vertiefen der Intensität des gegenwärtigen Augenblicks nicht anders möglich ist als auf Kosten jener *Intuition des Augenblicks,* die Gaston Bachelard so teuer war?

Bei den Tele-Technologien des Video-Signals handelt es sich in der Tat nicht mehr um eine „kleine Illusion" wie jene, die 1895 die Zuschauer des Films der Brüder Lumière, „Einfahrt des Zuges in den Bahnhof von La Ciotat", so erschreckte, sondern um eine emanzipierende „große Illusion", nämlich die der Präsenz hier und jetzt der Extremitäten der Welt. Telepräsenz, die ebensowenig beruhigend ist, wie einst die der Lokomotive, die auf die Zuschauer der ersten Filmvorführung losfuhr.

Wo die relative Geschwindigkeit der Aufnahmen, aus denen die Fotosequenz bestand, nur die *scheinbare Bewegung des Films* der Brüder Lumière hervorrief, gibt nun die absolute Geschwindigkeit der Videosequenz die *scheinbare Nähe der Antipoden* zu sehen, mit einem Gang bis an die Grenze der Sichtbarkeit, da auf das rein mechanische Défilé der Sequenzen von 17 oder 24 Bildern pro Sekunde das der elektronischen Spur des Videobildes mit 30 bis 50 Bildern pro Sekunde folgt... Ein *Töten der unmittelbaren Gegenwart* ist daher nur möglich unter der ausdrücklichen Bedingung, daß dem Fernsehzuschauer auch die *Mobilität im Raum* genommen wird zugunsten des zweifelhaften Gewinns einer reinen und bloßen *Mobilität auf der Stelle,* da Isolierung der Gegenwart oder Präsenz vor allem heißt, den „Patienten" zu isolieren, ihn endgültig aus der aktiven Welt der sinnlichen Erfahrung des ihn umgebenden Raumes herauszulösen zugunsten eines simplen Zurück-zum-Bild *(retour-image),* mit anderen Worten, eines Zurück zur Trägheit des eigenen Körpers, zu jenem interaktiven *corps-à-corps,* wie man heute sagt.

Statt einer Konklusion sei noch bemerkt, daß es nicht, wie Marshall McLuhan hoffte, ein globales Dorf gibt, sondern einen *Trägheitspol,* der die gegenwärtige Welt in jedem ihrer Bewohner gerinnen läßt. Rückkehr zum Nullpunkt eines Anfangs der Besiedelung, die nicht mehr so sehr die Ausdehnung der Erde betrifft, die Urbanisierung des realen Raumes unseres Planeten, sondern die Urbanisierung der realen Zeit, ihrer bloßen Erscheinungen und des zeitweiligen Verschwindens der Gesprächspartner, die wir sind.

IV. Monumentalität

Architektur und Erinnerung

Monumentalität kann in der Architektur die schiere Größe des Bauwerks bedeuten, aber auch seine Eigenschaft, als Speicher der Erinnerung zu funktionieren. Die etymologische Wurzel des Begriffs Monument ist das lateinische Wort *monere*: erinnern, mahnen. Die zwei Bedeutungen sind nicht so unabhängig voneinander, wie es zuerst erscheinen mag: Um Erinnerungen zu wecken, muss das Objekt klar erkennbar sein und aus seiner Umgebung hervortreten. Der Begriff Monumentalität beschreibt eine spezifische Form in der Architektur – ähnlich, wie Drama als Kategorie der Literatur eine spezifische Form des Erzählens bezeichnet. Wir nennen eine Form monumental, die sich von der alltäglichen Umgebung unterscheidet, und diese dadurch strukturiert. Dauerhaftigkeit ist eine weitere Notwendigkeit, wenn die Monumente auch die Nachwelt an eine Tat, einen Gedanken, eine Persönlichkeit erinnern sollen. So entstanden die Pyramiden, die Grabdenkmäler, die Triumphbögen der Antike und die späteren Denkmäler für Könige, Politiker, Soldaten oder Künstler. Monumental bauen ist in diesem Sinne eine bewußte Entscheidung, die direkte Folgen für die Gestaltung hat. Unsere geschützten und gepflegten Bauten wurden allerdings meistens nicht in dieser Absicht gebaut; ihre Denkmalqualitäten wurden erst im Laufe der Zeit „erkannt". Alte Bauten galten in früheren Zeiten nur in besonderen Fällen als erhaltenswert, sonst hat man sie skrupellos abgebrochen und durch neue, bequemere, größere oder dem Geschmack des Bauherrn oder der Zeit besser entsprechende ersetzt. Es ist wieder das neunzehnte Jahrhundert, das alte Bauten als Dokumente der nationalen Geschichte restaurieren ließ, und sie dadurch aus dem Bereich des Alltäglichen in die Sphäre (bzw. in den Diskurs) der Monumentalität transferierte.

Es gab immer auch Gegenstimmen zu den restaurativen Praktiken des Historismus, die zum Beispiel Viollet-le-Duc vertrat. „Wir haben gar kein Recht", schrieb John Ruskin, die alten Gebäude anzurühren: „Sie gehören uns nicht. Sie gehören teilweise Denen, die sie bauten, und teilweise allen Menschengeschlechtern, die nach uns kommen sollen ..."[1] Für Ruskin war Restaurierung als Wiederherstellung eines früheren Zustandes „eine Lüge von Anfang bis zu Ende".[2]

Wie kann Architektur Erinnerungen speichern, ein Bewusstsein von Zeit und Geschichte erhalten?[3] Gottfried Sempers Monumentbegriff bleibt der ursprünglichen etymologischen Bedeutung des Wortes *Monument* treu: Das monumen-

---

1 John Ruskin, *Die sieben Leuchter der Baukunst* (Leipzig: Eugen Diederichs, 1900), S. 368.
2 Ebenda, S. 366.
3 Zu dieser Frage s. Ákos Moravánszky, „Spur und Aura. Alterswert, Neuheitswert und die Zeitlichkeit der Architektur", in *UmBau* 17 (Oktober 2000), S. 50–62.

tale Werk erinnert die Gesellschaft an ein Ereignis. Monumentalität hat nichts mit absoluter Größe, sondern mit Permanenz zu tun; das Beispiel, das diese Idee am schönsten demonstriert, ist Sempers Vergleich zweier antiker Gefäßformen: der ägyptischen Situla (Nileimer) und der griechischen Hydria. Mit der ersten haben die Ägypter Wasser aus dem Nil geschöpft und zwei Eimer an einem Joch hängend getragen. Ursprünglich war die Situla aus Leder, und mit Wasser gefüllt hat sie eine Tropfenform angenommen. Die ornamentalen Details der keramischen Situla sind Abbilder der Falten und Nähte des ursprünglichen Lederschlauchs. Mit der Hydria haben die griechischen Frauen Wasser aus der Quelle aufgefangen (deshalb die Trichterform des Halses) und sie dann auf dem Kopf getragen (darum die Kesselform des Rumpfes). Die aus der Notwendigkeit geborene Form zeigt also Spuren, die die Erinnerung an diese Kulturen und ihre typischen Landschaften bewahren:

> „Wie bedeutsam tritt das schwebende geistige und klare Wesen der quellverehrenden Hellenen schon aus dieser untergeordneten Kunstgestaltung symbolisch heraus, gegenüber der Situla, bei welcher das physische Gesetz der Schwere und des Gleichgewichts einen ganz entgegengesetzten, aber dem Geiste des ägyptischen Volks nicht minder entsprechenden, Ausdruck fand!"[4]

Semper erklärt mit diesem poetischen Beispiel die Entstehung der monumentalen Form klar und einprägsam. Durch die Nachahmung der Form eines Lederschlauchs in Keramik wird Zeit sichtbar gemacht: Sie hinterläßt ihre Spuren auf der Oberfläche der Tonsitula. Landschaftliche Gegebenheiten, soziale Umgangsformen und kulturelle Gesten kommen dadurch laut Sempers Beschreibung zu einem sinnlich wahrnehmbaren Ausdruck.

Theatralität ist ein Schlüsselwort für Sempers Kunstverständnis. Semper sieht in den für die Dramavorstellungen notwendigen „improvisirten Gerüsten" den Ausgangspunkt zu „monumentalen Unternehmungen". Wenn der Wille besteht, „irgend einen feierlichen Akt, eine Religio, ein welthistorisches Ereigniss ... kommemorativ zu verewigen", dann wird ein „Festapparatus" errichtet „mit allem Gepränge und Beiwerke welches den Anlass der Feier näher bezeichnet und die Verherrlichung des Festes erhöht ..."[5]

Das Monumentale erschöpft sich aber nicht im Theatralischen; es ist – wie Semper behauptet – nur der Ausgangspunkt. Im Theater ist alles der Perspektive des Betrachters untergeordnet, die reale Welt ist durch Zeichen und gemalte Kulissen vertreten. Die Triumphbögen der Antike waren ursprünglich auch Kulissen: Die Sieger haben improvisierte Holzgerüste mit erbeuteten Waffen, Trophäen, Opfergaben und Blumengirlanden behangen. Diese provisorischen, „bretternen aber reich geschmückten und bekleideten Schaugerüste" wurden dann aus dauerhaftem Material wieder aufgebaut, um die Erinnerung des Sieges den kommenden Generationen weiterzugeben. Die Forderung der Dauerhaftigkeit macht die Übertragung der Formen in einen anderen Stoff notwendig:

---

4 Gottfried Semper, *Der Stil in den technischen und tektonischen Künsten oder praktische Ästhetik*, Bd. 2 (München 1863, Nachdruck Mittenwald: Mäander, 1977), S. 5.

5 Semper, *op.cit.*, Band 1. (Frankfurt am Main 1860, Nachdruck Mittenwald: Mäander, 1977), S. 229.

Abb. 83. Situla und Hydria aus dem zweiten Band von Gottfried Sempers *Der Stil* ... (1863).

„Jeder Stoff bedingt seine besondere Art des bildnerischen Darstellens durch die Eigenschaften die ihn von anderen Stoffen unterscheiden und eine ihm angehörige Technik der Behandlung erheischen. Ist nun ein Kunstmotiv durch irgend eine stoffliche Behandlung hindurchgeführt worden, so wird sein ursprünglicher Typus durch sie modificirt worden sein, gleichsam eine bestimmte Färbung haben; der Typus steht nicht mehr auf seiner primären Entwicklungsstufe, sondern eine mehr oder minder ausgesprochene Metamorphose ist mit ihm vorgegangen. Geht nur das Motiv aus dieser sekundären oder nach Umständen mehrfach graduirten Umbildung einen neuen Stoffwechsel ein, dann wird das daraus Gestaltende ein gemischtes Resultat sein, das den Urtypus und alle Stufen seiner Umbildung die der letzten Gestaltung vorangingen in dieser ausspricht."[6]

Die organische Form deutet Semper, wie wir bereits gesehen haben, als die ideale formale Verkörperung des Typus bezüglich der Funktion des Objektes, die monumentale Form dagegen ist diejenige, an der die Stufen der geschichtlichen Umwandlungen der Form ablesbar sind. Über das Monument schreibt Semper, dass es sich unter der Leitung des ‚ordnenden Geistes' zu einem Inbegriff der Künste entwickelte. Die Künste waren berufen, sich am Monument sowohl einzeln „in Wettstreit" als auch gemeinsam im Chor zu zeigen. „Der Architekt war Chorage", er führte die Künste ursprünglich an.[7] Sogar die Gesellschaft wurde als „Staffage" vom Monument als Gesamtkunstwerk absorbiert: Zum Gesamtsystem der Tempelverzierung „darf neben der Malerei der metallene Zierat, die Vergoldung, die Draperie von Teppichen, Baldachinen und Vor-

---

6 Ebenda, S. 233.

7 Gottfried Semper, „Vorläufige Bemerkungen über bemalte Architektur und Plastik bei den Alten", in ders., *Kleine Schriften*, Hrsg. von Hans und Manfred Semper (Berlin und Stuttgart 1884, Nachdruck Mittenwald: Mäander, 1979) S. 224.

hängen und das bewegliche Geräte nicht außer Augen gelassen werden. Auf alles dieses und mehr noch auf die mitwirkende Umgebung und Staffage von Volk, Priestern und Festzügen waren die Monumente beim Entstehen gerechnet. Sie waren das Gerüste, bestimmt, allen diesen Kräften einen gemeinsamen Wirkungspunkt zu gewähren."⁸

Der Wert der Vergänglichkeit

Das Monument ist für Semper eine Form, die – wie das Theater, der Karneval oder das Ritual – wesentliche Aspekte einer Gesellschaft und ihrer Kultur verkörpert. Alois Riegl dagegen geht in seiner Studie *Der moderne Denkmalkultus* (1903) davon aus, dass ein Objekt der Kunst oder Architektur nicht aufgrund gewisser ihm eigenen Qualitäten als Monument, als Denkmal gilt. Zusätzlich zu den gewollten Monumenten gibt es die „ungewollten" Denkmäler: „nicht den Werken selbst kraft ihrer ursprünglichen Bestimmung kommt Sinn und Bedeutung von Denkmalen zu, sondern wir modernen Subjekte sind es, die ihnen dieselben unterlegen."⁹ Die sogenannten Denkmalswerte entstehen im Prozess der sozialen Rezeption. Riegl hat in seiner Schrift ein komplexes System dieser Werte ausgearbeitet, die auch die schwer greifbaren Kategorien der Stimmung und der Gefühle einschloss. Seine Position ist allerdings nicht ganz klar bezüglich der Koexistenz dieser Denkmalswerte, ob neue Werte die älteren auslöschen oder ob wir über eine zunehmende Verdichtung sprechen können.

Besonders wichtig ist in Riegls System ein relativ neuer, erst in der zweiten Hälfte des neunzehnten Jahrhunderts aufgetauchter Wert in der Kategorie der Erinnerungswerte: der *Alterswert*. Der Alterswert wird zum Beispiel als Patina oder Witterung der Materialoberflächen wahrgenommen, also in unmittelbarer Weise, im Unterschied zu anderen Erinnerungswerten, dem *historischen Wert* und dem *gewollten Erinnerungswert*. Der historische Wert ist das, was den Forscher am Objekt als geschichtliches Dokument interessiert, während der gewollte Erinnerungswert eines Triumphbogens auf das historische Bewusstsein der Generationen zielt. Der historische Wert beruht „auf einer wissenschaftlichen Basis" und kann deshalb „erst auf dem Umwege über verstandesmäßige Reflexion gewonnen werden", während der Alterswert „unmittelbar auf Grund der oberflächlichsten sinnlichen (optischen) Wahrnehmung sich dem Beschauer offenbart und daher unmittelbar zum Gefühle zu sprechen vermag".¹⁰

Ähnlich komplex ist die Gruppe der Gegenwartswerte zusammengesetzt. Riegl unterscheidet hier zwischen *Gebrauchswert* und *Kunstwert*, und der letztere wird noch weiter in einen *Neuheitswert* und einen *relativen Kunstwert* aufgeteilt. In einem konkreten Baudenkmal können mehrere dieser Werte koexistieren, und je nachdem, welche Werte in gegebenem Augenblick mehr geschätzt sind, entscheidet man über Konservierung oder Rekonstruktion eines beschädigten Bauwerks.

Die Monumentalität, die für Semper das Resultat eines Transformationsprozesses war, der ein Werk aus der Flut der Alltagsgegenstände heraushebt, hat für

---

8 Ebenda, S. 246.
9 Alois Riegl: „Der moderne Denkmalkultus, sein Wesen und seine Entstehung", in Georg Dehio, Alois Riegl: *Konservieren, nicht restaurieren. Streitschriften zur Denkmalpflege um 1900* (Braunschweig, Wiesbaden: Vieweg, 1988), S. 47.

10 Ebenda, S. 61.

Riegl mit der Betrachtungsweise einer Zeit zu tun. Die moderne Massengesellschaft interessiert sich weniger für gewollte Monumentalität, für Denkmäler der Könige oder der großen Epochen der Geschichte, als für Stimmungen. Die Zeichen der Alterung weisen auf die Vergänglichkeit hin:

„Jedes Menschenwerk wird hierbei aufgefaßt gleich einem natürlichen Organismus, in dessen Entwicklung niemand eingreifen darf ... So erblickt der moderne Mensch im Denkmal ein Stück seines eigenen Lebens und jeden Eingriff in dasselbe empfindet er ebenso störend wie einen Eingriff in seinen eigenen Organismus. Dem Walten der Natur, auch nach seiner zerstörenden und auflösenden Seite, die als unablässige Erneuerung des Lebens aufgefaßt wird, erscheint das gleiche Recht eingeräumt wie dem schaffenden Walten des Menschen. Was dabei als mißfällig strengstens vermieden werden soll, ist die willkürliche Durchbrechung jenes Gesetzes, das Übergreifen des Werdens in das Vergehen und umgekehrt, das Hemmen der Naturtätigkeit durch Menschenhand ... Wenn nun vom Standpunkte des Alterswertes das ästhetisch Wirksame am Denkmal die Zeichen des Vergehens, der Auflösung des geschlossenen Menschenwerkes durch die mechanischen und chemischen Kräfte der Natur sind, so ergibt sich daraus, dass der Kultus des Alterswertes an einer Erhaltung des Denkmals in unverändertem Zustande nicht allein kein Interesse hat, sondern eine solche sogar wider sein Interesse finden muß..."[11]

11 Ebenda, S. 59.

Riegls Position erinnert an Ruskins Mahnung, doch ging es gerade nicht um die strikte Trennung zwischen Vergangenheit und Gegenwart, sondern um die Erfahrung der Kontinuität von Zeit und Geschichte. Riegl betont, dass in verschiedenen historischen Perioden die einzelnen, untereinander in einem Spannungsverhältnis stehenden „Denkmalswerte" von der Gesellschaft immer anders bewertet und gewichtet werden. Die „gewollten" Denkmäler der Vergangenheit wurden zur Kommemoration von Ereignissen oder Herrschern errichtet, und deshalb gepflegt, sogar periodisch erneuert. Die Moderne, behauptet Riegl, schätzt dagegen die gewollten als auch die ungewollten Denkmäler wegen des Alterswerts, der durch Restaurierung vernichtet wäre.

Der Alterswert ist die Qualität des Originals (im Unterschied etwa zu den „Stilsurrogaten" und Kopien des Historismus), die Versteinerung der historischen Zeit in ihrer gestalterischen Qualität, die ihre Spuren in Form von Ablagerungen oder Oberflächenveränderungen zurücklässt. Die direkte Wahrnehmung dieser Spuren ist noch unbeeinflusst von sekundären Aspekten wie nationales Bewusstsein oder historischer Wert. Riegl sah hier – im Unterschied zu anderen Denkmalswerten – nicht die bewusste Reflexion, sondern die Stimmung als Basis des Denkmalsverständnisses, die sich an die „Massen" wendet, „die niemals mit Verstandesargumenten, sondern mit dem Appell an das Gefühl ... überzeugt und gewonnen werden können". Für Riegl gehören die Spuren der Geschichte ebenso zum geschützten Objekt wie die „gewollten" Details, die vom Architekten oder vom Bildhauer entworfen wurden. Die Zeitstruktur des Denkmals, dessen Kult Riegl untersucht, ist deshalb unvereinbar mit historistischen Strategien der Denkmalpflege, die zwischen der modernen und der präindustriellen Welt vermitteln wollen.

Die Monumente der Großstadt

Riegl betrachtet die ästhetischen Werte der Monumentalität als abhängig vom historischen Augenblick. Die Vergangenheit selbst wird dadurch „entmonumentalisiert": Sie ist nichts Monolithisches, Objektives, sondern der selektiven Erinnerung der Gegenwart unterworfen. Damit verliert die Macht des Monuments, seine unbedingte Zentralität im System der Werte an Bedeutung. Der Alterswert von Riegl ist eine Gefühlsqualität, untrennbar verbunden mit der melancholischen Stimmung der Vergänglichkeit – die in einer Studie Sigmund Freuds bald selbst zu einem Wert ("Seltenheitswert in der Zeit") erklärt wird.[12] Die Vorschläge Sempers für das Kaiserforum in Wien zeigen noch die alte Vorstellung der Monumentalität, die eine räumliche Hierarchie von der symbolischen, zentralen Person des Monarchen bis zum Museumsbesucher oder zum Mietshausbewohner herstellt. Im Riegls System verliert das Individuum seine Rolle; mit dem „Appell an das Gefühl" müssen die Massen gewonnen werden. Dafür ist jene Variante der Monumentalität, die man als das Kolossale oder das Gigantische bezeichnen könnte, noch geeigneter. Das Gigantische als Qualität wurde bereits in den Architekturvisionen von Boullée erkannt. Im Kontext der amerikanischen Großstadt wurde mit dem Entstehen des neuen Bautyps Wolkenkratzer diese Art von Monumentalität gesucht.

Louis H. Sullivans Aufsatz über das große Bürogebäude betont diese Eigenschaft

---

12 Sigmund Freud, „Vergänglichkeit", in ders., *Der Moses des Michelangelo. Schriften über Kunst und Künstler* (Frankfurt am Main: Fischer, 1993), S. 89–92.

Abb. 84. Louis H. Sullivan, Warenhaus Carson, Pirie & Scott, Chicago (ursprünglich Warenhaus Schlesinger & Mayer, 1889–1904). Aufnahme Á.M.

des Wolkenkratzers – „jeder Zoll an ihm muss hoch sein". Sullivan, von dem das viel zitierte (und meistens falsch interpretierte) Motto „form follows function" stammt, beschäftigt sich in dieser Schrift kaum mit Fragen der Funktion (im Sinne der Benützung) oder Konstruktion. Die wahre Funktion erschöpft sich nicht in der direkten Nützlichkeit, sondern hat mit dem Funktionieren als Sinnerfüllung, mit dem Wesen eines Organismus zu tun. „Ob wir an den im Flug gleitenden Adler, die geöffnete Apfelblüte, das schwer sich abmühende Zugpferd, den majestätischen Schwan, die weit ihre Äste breitende Eiche, den Grund des sich windenden Stroms, die ziehenden Wolken oder die über allem strahlende Sonne denken: immer folgt die Form der Funktion – und das ist das Gesetz."¹³ Es geht also nicht um die bloße Erfüllung praktischer Anforderungen, sondern um den Ausdruck des transzendentalen Wesens eines Organismus. Diese Idee stammt aus dem amerikanischen Transzendentalismus von Ralph Waldo Emerson.

Der neue Bautyp, der die gleiche Vitalität wie die oben beschriebenen Formen des organischen Lebens zeigt, ist der Wolkenkratzer, fest verwurzelt in der dynamischen amerikanischen Wirtschaft. Er beschreibt die Größe als Stilmerkmal dieses Bautyps:

„… seine Höhe ist, vom Künstler aus gesehen, sein erregendes Merkmal. Sie ist der mächtig schwingende, aufrufende Orgelton. Und das Gebäude hinwiederum muß den Dominantakkord dieses Tones, der die Vorstellung reizt, zum Ausdruck bringen. Es muß hoch sein – jeder Zoll an ihm muß hoch sein. Die Kraft und Gewalt der Höhe müssen in ihm sein – der Glanz und der Stolz der Begeisterung. Bis ins kleinste muß es stolz und jubelnd sein, muß sich emporrecken in reinem Frohlocken darüber, daß es vom Boden bis zum höchsten Punkt eine Einheit bildet, in der keine einzige Linie von der Richtung abweicht – daß es die frische unerwartete, ausdrucksvolle Überwindung der nüchternsten, finstersten, abstoßendsten Verhältnisse darstellt."¹⁴

Nietzsche, dessen Werke Sullivans Denken beeinflusst haben[15], hat in seinem Frühwerk *Die Geburt der Tragödie aus dem Geiste der Musik* (1872) die These von der Bipolarität des menschlichen Schaffens aufgestellt. Mit der Gottheit Apoll assoziiert Nietzsche die nach harmonischen Gesetzen strukturierte Kunst, mit Dionysos dagegen die Entfesselung der extatischen Kräfte des Willens. Für Sullivan ist die „soaring quality as of a thing rising from the earth" (heraufschwingende Qualität eines von der Erde emporwachsenden Objektes) die „dionysische Schönheit"[16] des Wolkenkratzers („Dionysian in beauty"), die er mit der vitalen Kraft der Modernisierung in den Vereinten Staaten verbindet.

Die europäische Stadt des neunzehnten Jahrhunderts wurde bewusst als politisches Monument geplant – die Frage der symbolischen Darstellung monarchischer Macht, demokratischer Verwaltung oder Kultur wurde mit der entsprechenden Situierung und Gestaltung der dominanten öffentlichen Bauten gelöst. Im zwanzigsten Jahrhundert, auch unter dem Einfluss der amerikanischen Metropolen, entsteht ein Programm für die europäische Großstadt, deren Monumentalität nicht das Ergebnis von Denkmälern oder des Alterswertes ist. „*Der ordnende Formwille muss, wenn anders die Stadt als Ganzes eine großzügige, vom Wirken des Zufalls losgelöste Schöpfung darstellen soll, auch in der planvoll rhythmischen Ausbildung der Straßenwand zum Ausdruck kommen; er muss diese aus mehreren architektonischen Einzelstücken zusammengesetzte Vielheit als das einheit-*

---

13 Louis H. Sullivan, „Das große Bürogebäude künstlerisch betrachtet", in Sherman Paul, *Louis H. Sullivan. Ein amerikanischer Architekt und Denker*. Übers. Henni Korssakoff-Schröder (Frankfurt am Main, Berlin: Ullstein, 1963), S. 148.
14 Ebenda, S. 146.

15 Vgl. Narciso G. Menocal, *Architecture as Nature: The Transcendentalist Idea of Louis Sullivan* (Madison: University of Wisconsin Press, 1981).
16 Louis H. Sullivan, *The Autobiography of an Idea* (New York: Dover, 1956), S. 314.

Abb. 85. Vogelschau des Luftzentrums im XXII. Wiener Gemeindebezirk aus Otto Wagners Studie *Die Groszstadt* (1911).

liche Werk einer der Willkür entrückten Gesetzmäßigkeit zur Anschauung bringen", schreibt Walter Curt Behrendt im Jahre 1911.[17]

Otto Wagners Vorschlag für die Großstadt Wien – ausgearbeitet als Beitrag auf eine Anfrage von Professor A.D.F. Hamlin im Namen der Columbia-Universität im Jahre 1910 – zeigt die Überzeugung des Architekten, dass „unsere moderne Epoche ... für große Effekte, welche in den Forderungen der bisher unerreichten Ansammlung von Menschen in Großstädten ihre Ursachen haben, recht empfänglich" ist. Dies motiviert „einen gewissen großen Zug, der oft das modern Geschaffene durchzieht".[18] Wagner verbindet seine Suche mit den Eigenschaften des modernen Auges, das im Chaos der Erscheinungen „Ruhe- und Konzentrierungspunkte" sucht: Den Eindruck monumentaler Anlagen erklärt er damit, dass „zuerst das Allgemeinbild unklar erfaßt wird und daß erst einige Momente später Blick und Eindruck sich langsam auf einen Punkt konzentrieren, wobei Silhouette, Farbfleckverteilung, Einfassung, Gesamtdisposition etc. gleichsam noch fortwirken".[19]

Wagners Formulierung zeigt gewisse Symptome der Aufspaltung des Monumentbegriffes. Im neunzehnten Jahrhun-

---

17 Walter Curt Behrendt, *Die einheitliche Blockfront als Raumelement im Stadtbau* (Berlin: Bruno Cassirer, 1911), S. 12.

18 Otto Wagner, *Die Baukunst unserer Zeit* (4. Aufl. Wien 1914, Nachdruck Wien: Löcker, 1979), S. 46.

19 Ebenda, S. 54.

dert war Monumentalität ein Begriff der Differenzierung; das Gebiet der Architektur war in Zweckbau (oder Nutzbau) und Monumentalbau aufgeteilt. Wagners Beschreibung der neuen Wahrnehmung der Stadt deutet darauf hin, dass dieser Begriff auch „für große Effekte" gebraucht werden kann, die mit der Funktion der einzelnen Bauten nichts zu tun haben. Die hierarchische, „imperiale" Monumentalität des Kaiserforums von Semper wird in Wagners Vision in das Gewebe der endlosen amerikanischen Großstadt, die mit dem Maßstab des menschlichen Körpers nicht mehr gemessen werden kann, eingeflochten.

Parallel zur Relativierung der städtebaulichen Bedeutung des Denkmals wurde auch seine erinnerungsstiftende Rolle in Frage gestellt. Der österreichische Schriftsteller Robert Musil bezeichnete die historischen Denkmäler als unsichtbar: Sie wurden einmal „*zweifellos aufgestellt, um gesehen zu werden, ja geradezu, um die Aufmerksamkeit zu erregen; aber gleichzeitig sind sie durch irgend etwas gegen Aufmerksamkeit imprägniert, und diese rinnt Wassertropfen-auf-Ölbezugartig an ihnen ab, ohne auch nur einen Augenblick stehenzubleiben.*"[20] Um einen „großen Mann" im Meer des Vergessens verschwinden zu lassen, hängt man ihm am besten einen Gedenkstein um den Hals. Für Musils Wiener Zeitgenossen wie Adolf Loos hat Monumentalität ihre Bedeutung trotzdem nicht verloren: Sein Beitrag zum Wettbewerb des Chicago-Tribune-Bürohauses war ein Wolkenkratzer in Form einer dorischen Säule; seine Begeisterung für die Antike und Amerika (zwei Welten, deren Geist ihm als verwandt erschien) fand dadurch einen sichtbaren Ausdruck. Als gigantisches Fragment betont die hypertrophische Säule den Riß zwischen Einzelobjekt und Stadt, den keine Hierarchie von Subjekten, nur die Masse ausfüllen kann.

Die Idee einer einheitlichen Stadtmorphologie, wo die einzelnen Gebäude nicht mehr nur für sich sprechen, erschien in der Architekturtheorie lange vor Walter Curt Behrendts zitierter Abhandlung.[21] Vergleichbare Fragen von Einheit und Vielheit wurden am Anfang des zwanzigsten Jahrhunderts in der Gestaltung von technischen Geräten aktuell. Die komplexen, kleinteiligen elektrischen Apparate brauchten ebenfalls eine großzügige, einheitliche Lösung. Peter Behrens, verantwortlich für die Gestaltung der Produkte der Allgemeinen Elektrizitäts-Gesellschaft (AEG) in Berlin, plädiert deshalb für die „planvoll rhythmische Ausbildung" der Gerätehüllen und nicht für die Artikulation der Einzelteile – ein Programm, das sich leicht auf Städtebau und Architektur übertragen lässt.

In seinem Vortrag „Was ist monumentale Kunst?" definiert Behrens Monumentalität als „der höchste und eigentliche Ausdruck der Kultur einer Zeit. Nach ihr ist der geistige und künstlerische Gehalt zu beurteilen, von ihr sind auch alle anderen Kunstäußerungen bis hinab ins alltägliche Leben abhängig".[22] Ihren Ausdruck findet die monumentale Kunst an dem Ort, „von dem Macht ausgeht, oder dem ... inbrünstige Verehrung zugetragen wird". Monumentalität hat deshalb nichts mit

---

20 Robert Musil, „Denkmale", in ders., *Nachlass zu Lebzeiten* (Zürich, 1936), zit. n. *Memento monumenti* (Ausst.-Kat. Biel: Centre PasquArt, 1991), S. 21–22.

21 Vgl. Marc-Antoine Laugier, *Das Manifest des Klassizismus* (Zürich und München: Verlag für Architektur, 1989), S. 167–181.

22 Peter Behrens, „Was ist monumentale Kunst?", in *Kunstgewerbeblatt* Jg. 20 (Dezember 1908), S. 46.

Abb. 86. Peter Behrens, Turbinenfabrik der AEG in Berlin (1908–1909), Aufnahme Á.M.

der Größe der Objekte zu tun: „Die wahren Ausmessungen sind hierbei belanglos. Ein räumlich nicht sehr großes Gebäude oder eine Plastik von nicht eben großen Ausmessungen können monumental sein …" Auch Behrens nimmt das Thema der apollinischen/dionysischen Kunst auf, wenn er Monumentalität mit dem Tanz vergleicht: „Eine einzelne Person wird nicht zu tanzen beginnen, aber in einer Menge, die gemeinsam ein frohes überschwengliches Gefühlstalent verbirgt, kann sehr bald der Tanz durch die Musik ausgelöst werden. Es ist das Gegenteil von dem Genuss eines lyrischen Gedichtes … Dort ist es stets das Intime, der Reiz der Einzelheiten, die sublime Technik."[23] Von dem Monumentalen verlangen wir dagegen eine „großlinige Gesamtwirkung", eine „ernste hohe Würde, nicht das Zierliche, Anmutige, Launige. Wir empfingen eher Genugtuung durch Gemessenheit und gewisse Kühle. Es ist das Feierliche, Eherne, Unnahbare, Ewige".[24]

In seinem 1910 gehaltenen Vortrag „Kunst und Technik" erklärt Behrens einige Grundsätze der monumentalen Gestaltung. Wie Otto Wagner betont auch er die neuen Sehgewohnheiten, die Stadtwahrnehmung aus dem Schnellzug, wo die „einzelnen Gebäude … nicht mehr für sich" sprechen. „Wenn etwas Besonderes hervorgehoben werden soll, so ist dieser Teil an das Ziel unserer Bewegungsrichtung zu setzen. Ein großflächiges Gliedern, ein übersichtliches Kontrastieren von hervorragenden Merkmalen und breit ausgedehnten Flächen oder ein gleich-

---
23 Ebenda.
24 Ebenda, S. 48.

mäßiges Reihen von notwendigen Einzelheiten, wodurch diese wieder zu gemeinsamer Einheitlichkeit gelangen, ist notwendig."²⁵ Die Turbinenfabrik (1909) und die Kleinmotorenfabrik (1910–13) der AEG von Behrens in Berlin sind Beispiele einer modernen, industriellen Monumentalität, wo Maschinenästhetik (sichtbare Eisenträger und Gelenke) und Erinnerungen an die Antike (Giebel, Säulenkolonnade) dem oben zitierten Programm entsprechen.

Das „Feierliche, Eherne, Unnahbare, Ewige" der Behrens'schen Monumentalität erfüllt jedoch nicht die Intentionen der jüngeren Generation, die nach dem Ersten Weltkrieg statt einer „gewissen Kühle" eine erhöhte Ausdruckskraft, eine starke Expressivität sucht. Im Frühjahr 1919 veranstaltet der „Arbeitsrat für Kunst" in Berlin die „Ausstellung für unbekannte Architekten". Anlässlich der Eröffnung erscheint ein Flugblatt mit dem Titel *Der neue Baugedanke* mit Texten von Walter Gropius, Bruno Taut und Adolf Behne. Der neue Baugedanke ist, dass Architekten als „Herren der Kunst", die „aus Wüsten Gärten bauen und Wunder in den Himmel türmen"²⁶ berufen sind, die Kathedralen der Zukunft errichten. „Architekt das heißt: Führer der Kunst. Nur er selbst kann sich wieder zu diesem Führer der Kunst erheben, zu ihrem ersten Diener, dem übermenschlichen Wächter und Ordner ihres ungetrennten Gesamtlebens … In den Bauhütten des Mittelalters, in enger persönlicher Fühlung der Künstler aller

Abb. 87. Wladimir Tatlin, Denkmal für die III. Internationale (1919–1920) aus Adolf Behne, *Der moderne Zweckbau* (1926).

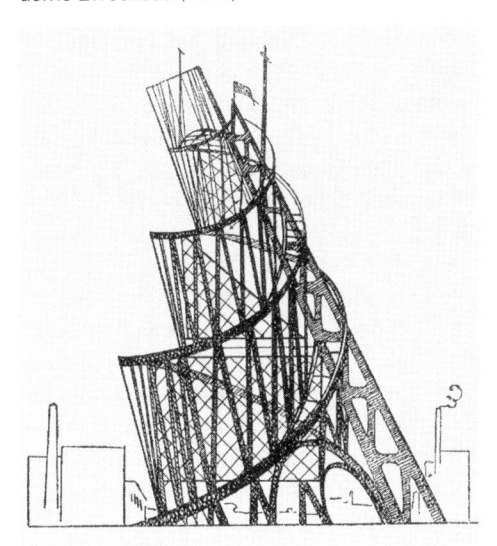

Grade entstanden die gotischen Dome."²⁷ Selbst die Wortwahl zeigt Nietzsches Wirkung; diesmal aber in der Schilderung der „dionysischen" Seite der Kunst. Bruno Tauts *Stadtkrone* war jetzt die monumentale, kristalline Glas-Akropolis der modernen Großstadt, im Gegensatz zu Sullivans Wolkenkratzerstadt hierarchisch organisiert.

Gleichzeitig entstehen die durchaus vergleichbaren Entwürfe für „gewollte Monumente" wie Tatlins Denkmal für die III. Internationale. Wie Tauts *Stadtkrone* hat auch diese die Aufgabe, zum Zentrum des sozialen Lebens der Stadt zu werden. Hier fehlen natürlich die Mittelalter-Reminiszenzen und die Kathedrale-Begeisterung der Arbeitsrat-Aktivisten – doch diese werden bald auch aus den westeuropäischen Programmen eliminiert, obwohl

---

25 Peter Behrens, „Kunst und Technik" (1910) neu abgedruckt in Tilmann Buddensieg, *Industriekultur: Peter Behrens und die AEG 1907–1914* (3. Aufl. Berlin: Gebr. Mann, 1990), S. D 284.
26 Walter Gropius, in Gropius/Taut/Behne, „Der neue Baugedanke" (1919), in Ulrich Conrads, *Programme und Manifeste zur Architektur des 20. Jahrhunderts* (Berlin, Frankfurt am Main, Wien: Ullstein) 1964, S. 44.

27 Walter Gropius, „Der freie Volksstaat und die Kunst", in *Arbeitsrat für Kunst Berlin 1919–1921* (Berlin: Akademie der Künste, 1980), S. 107.

der Nietzsche-Pathos bleibt. „Baukunst ist immer raumgefasster Zeitwille": Mies van der Rohes Dictum schöpft seine elektrisierende Wirkung aus der gleichen Quelle der Vitalität wie Sullivan seine hymnischen Worte an den Wolkenkratzer. Dynamische Wirtschaft, technischer Fortschritt, „survival of the fittest" als quasinatürliches Selektionsprinzip, die im Hintergrund seiner Schrift stehen, zeigen wesentliche Unterschiede zum Programm der Aktivisten. Unbedingte Aktualität, das „ewig Neue" wird viel Altes vernichten – die Welt ist jedoch „nicht ärmer geworden, als man die Postkutsche durch das Automobil ersetzte".[28] Es ist durchaus als Kritik des Kathedrale-Rausches der Aktivisten zu verstehen, wenn Mies schreibt: „*Trotz einer Vertiefung unserer Lebensbegriffe werden wir keine Kathedralen bauen. Auch die große Geste der Romantiker bedeutet uns nichts, denn wir spüren dahinter die Leere der Form. Unsere Zeit ist unpathetisch, wir schätzen nicht den großen Schwung, sondern die Vernunft und das Reale.*"[29] Auch Adolf Behne revidiert seine frühere, aktivistische Position, um – in seinem Buch *Der moderne Zweckbau* – „ästhetische Spekulation, Formalismus und Doktrinen" im Namen einer „strengen Sachlichkeit" abzulehnen. Monumentalität ist dabei weiterhin Teil seines Programms: Der Textteil seines Buchs wird mit einer Zeichnung von Tatlins Denkmal der III. Internationale abgeschlossen. Die neuen holländischen Bestrebungen lobt Behne deshalb, da sie Möglichkeiten finden, „alle dynamischen Spannungen unserer Zeit offen und frei aufzunehmen, ohne die Forderung der Monumentalität preiszugeben".[30] Monumentalität in der Baukunst bedeutet für Behne den Willen „zur letzten Vereinheitlichung": „*Die Forderung einer Einheit ist durchaus eine elementar-ästhetische oder künstlerische Forderung, und annehmen, dass alle streng sachlichen Werke ‚von selbst' eine Einheit bilden würden, auch wenn sie jedes für einen luftleeren Raum ausgearbeitet sind, heißt einen Trugschluss begehen...*"[31] Er deutet auch auf den sozialen Kontext hin, in dem diese Formbestrebungen zu interpretieren sind. Osten und Westen (d.h. Russland und Frankreich) sind als „vom Kollektivum" ausgehende Gesellschaften gleich entfernt vom „individualistischen Deutschland". Osten und Westen sind aber zugleich Gegenpole: „in Frankreich die strukturhaft gegliederte Gesellschaft, in Rußland die Masse" bestimmen das Kollektivum, was laut Behne in der Architektur (Grundrissstruktur versus Masse) einen direkten Ausdruck findet.[32]

Monumentalität und Mythos

Die französische Antwort auf Nietzsches Wille war *élan*, ein zentraler Begriff der Philosophie Henri Bergsons – ein (wenn man hier trotzdem Nietzsches Wort verwenden darf) „dionysisches" Prinzip der Vitalität und der Dynamik. Der Künstler Amédée Ozenfant, mit dem später Le Corbusier *L'Esprit Nouveau* herausgab, hat im Jahre 1915 während des Ersten Weltkriegs eine Zeitschrift gestartet, die *L'élan* hieß. Nach dem Krieg wurde dieses Prinzip stark relativiert (und sogar als zu „germanisch" kritisiert) zugunsten apolli-

---

28 Mies van der Rohe, „Baukunst und Zeitwille!" (1924), abgedruckt in Fritz Neumeyer, *Mies van der Rohe. Das kunstlose Wort*. Gedanken zur Baukunst (Berlin: Siedler, 1986), S. 306.
29 Ebenda, S. 304.
30 Adolf Behne, *Der moderne Zweckbau* (München, Wien, Berlin: Drei Masken Verlag, 1925), S. 72–73.
31 Ebenda, S. 70.
32 Ebenda, S. 67.

nischer Harmoniesuche und Stasis. Nirgendwo kommt das Ideal des Ordnenden und Konstruktiven besser zum Vorschein als in dem Dialog von Paul Valéry „Eupalinos oder der Architekt", geschrieben im Jahre 1921.

Über Denkmäler sprechend, betont Valéry ihre Fähigkeit zum klaren Ausdruck: „Was die Denkmäler angeht, die sich begnügen zu reden, so habe ich, wenn ihre Rede nur klar ist, alle Achtung für sie."[33] Diese Klarheit unterscheidet die Griechen (Valéry meint hier zweifelsohne zugleich die französische Kultur) von anderen Völkern. *„Gewisse Völker verlieren sich in ihren Gedanken, für uns Griechen sind alle Dinge Gestalt. Wir behalten nur die Beziehung, und wie eingeschlossen in diesen klaren Tag erbauen wir ähnlich dem Orpheus mit den Mitteln des Wortes Tempel der Weisheit und der Wissenschaft, die allen vernünftigen Wesen genügen mögen. Diese große Kunst verlangt von uns eine wunderbar genaue Redeweise."*[34] Vernunft, Rede und Rechnen bezeichnen die Griechen mit einem Namen – es geht um eine präzise und rechnende Bearbeitung und Fügung der Steinblöcke und Worte.

Architektur ist das ideale Leitbild für all diese Tätigkeiten. Architektur und Musik haben außerdem – im Unterschied zu Malerei oder Dichtkunst – eine zeitliche Dimension, sie wohnen nicht ausschließlich in der Gegenwart. Sie

„lassen uns an etwas anderes denken als an sie selbst; sie sind mitten in dieser Welt wie Denkmäler einer anderen Welt oder vielmehr wie da und dort verstreute Beispiele einer Struktur und einer Dauer, die nicht den Wesen zukommt, sondern den Formen und den Gesetzen. Sie scheinen bestimmt, uns ohne Umweg zu erinnern, die eine an die Bildung des Weltalls, die andere an seine Ordnung und Beständigkeit; sie rufen die Gebilde des Geistes hervor und seine Freiheit, die dieser Ordnung nachgeht und sie wiederherstellt auf tausend Arten; sie vernachlässigen also die besonderen Erscheinungen, mit denen die Welt und der Geist im allgemeinen beschäftigt sind: Pflanzen, Tiere und Leute ..."[35]

Von hier führt ein direkter Weg zum Purismus von Ozenfant und Le Corbusier – Ordnung, Klarheit, *purisme* sind Eigenschaften einer neuen Klassik. Es mag auf den ersten Blick überraschen, dass Valérys Eupalinos auch für Hans Poelzig, den man kaum mit Purismus assoziieren würde, als Orientierung diente. Poelzig hat aus Valérys Dialog zum Abschluss seiner 1931 gehaltenen Rede vor dem Bunde Deutscher Architekten zitiert. Diese Rede kann als Absage an die radikalen Absichten verstanden werden, die von Gropius, Taut und Behne in ihrem Flugblatt *Der neue Baugedanke* vertreten wurden. Die Ziele des Aktivismus, die Politisierung des Architekturberufes, die Frage des Engagements des Architekten mussten als Relikte einer Zeit erscheinen, als es für Architekten kaum Arbeitschancen gab.[36] Poelzig fasst die Lehren aus *Eupalinos* deshalb so zusammen, dass im „tiefsinnigen und schönen" Dialog kein Wort über Technik und Wirtschaft fällt:

---

33 Paul Valéry, *Eupalinos oder der Architekt* (Frankfurt am Main: Suhrkamp, 1973), S. 80f.
34 Ebenda, S. 112.
35 Ebenda, S. 100–101.
36 Hans Poelzig, „Der Architekt", Rede vor der 28. Versammlung des Bundes Deutscher Architekten, hrsg. mit einem Vorwort von Theodor Heuss (Tübingen: Eugen Fabricius, 1954), Nachdruck in Anna Teut, *Architektur im Dritten Reich 1933–1945* (Berlin, Frankfurt am Main, Wien: Ullstein, 1967), S. 31–52.

„Technik und Wirtschaft sollen durchaus zu ihrem Recht kommen, sie sollen uns aber nicht versklaven, und wir wollen darüber hinaus noch für unsere Arbeiten etwas von dem einfangen, was nicht für kurze Zeit verblüfft, durch einen lauten Schrei die Aufmerksamkeit zu erzwingen sucht, sondern redet, oder gar singt, wie es auch von der Zukunft verstanden werden kann, einer Zukunft, die nichts mehr weiß von all den Überraschungen, die uns neue technische Erfindungen und Möglichkeiten bereitet haben, sondern nur das versteht, was an ewiger Melodie in unseren Schöpfungen einzufangen uns vielleicht gelungen ist."[37]

Poelzigs Hinweis auf Valérys *Eupalinos* ist eines der seltenen Dokumente der deutschen Rezeption der französischen Architekturästhetik des modernen Klassizismus in den zwanziger Jahren. Dieser Klassizismus wird oft fälschlich als eine stilistische Restauration verstanden, im Sinne des Buchtitels von Jean Cocteau: *Rappel à l'ordre*. Der Ordnungsruf von Cocteau – und des jungen Le Corbusier – hat jedoch nicht die Rückkehr zu einem Stil der Vergangenheit beabsichtigt, sondern eine Klärung der Moderne, ihre Bereinigung von starker Expressivität. Zugleich wird der Blick auf das Klassische geschärft. Nietzsches Unterscheidung von dionysischen und apollinischen Prinzipien dient nicht mehr einer oberflächlichen Typologisierung; in der apollinischen Harmonie entdecken die Surrealisten oder „Metaphysiker" wie Giorgio de Chirico auch die dionysischen Zeichen des Chaos und der Triebhaftigkeit.

In der deutschen Kunstkritik war es Max Raphael, der unter dem Einfluss der neuen französische Kunst und Philosophie einerseits und der marxistischen Sozialwissenschaft und Kunsttheorie andererseits die Frage des Klassizismus neu betrachtete. Raphael stellt in seiner 1930 veröffentlichten Monografie *Der dorische Tempel* fest, dass im Bewusstsein der Intellektuellen in der bürgerlichen Gesellschaft bisher zwei Mythen der griechischen Antike existierten: ein klassizistischer und ein romantischer. Winckelmann und Goethe sind die bekanntesten Beispiele für den einen, Burckhardt und Nietzsche für den anderen. Raphael bemerkt die Entstehung eines neuen Mythos, dessen Vertreter Le Corbusier, Strawinsky, Picasso und Valéry sind und der eine aktuelle kulturhistorische Aufgabe hat. Er sieht seine Analyse des dorischen Tempels als einen Beitrag zu dieser „neuen Renaissance des Griechentums". Eine Synthese als Ergebnis einer dialektischen Methode der Gleichgewichtung der Oppositionen ist die Schlussfolgerung, mit der er seine Untersuchungen abschließt: Synthese von Statik und Dynamik, von Ungegliedertem und Gegliedertem. Für Raphael ist die von Le Corbusier geprägte Formel Architektur oder Revolution (mit der klaren Stellungnahme für die Architektur) noch dem bürgerlichen Humanismusbegriff verpflichtet. Seine eigene Suche nach der verlorenen Totalität führt dagegen fast unvermeidlich zum Gedanken der proletarischen Revolution; er stellt fest, dass in der Zukunft das „revolutionäre Proletariat" durchaus zum Träger des neuen Mythos der klassischen Antike werden kann. „In diesem Sinne ist die Auseinandersetzung mit dem Griechentum ein Politikum von größter Bedeutung."[38]

---

37 Ebenda, S. 52.

38 Max Raphael, *Der dorische Tempel* (Augsburg: Dr. Benno Filser, 1930), S. 69.

Im Jahre 1930, als Raphaels Studie erschien, fanden in der Sowjetunion die großen Diskussionen über das Verhältnis der neuen Architektur zur Tradition statt. Die Monumentalität von Alexej Schtschussews Lenin-Mausoleum am Roten Platz, errichtet im gleichen Jahr, könnte als Illustration des zitierten Programms dienen, obwohl Raphaels Schriften in Russland damals unbekannt waren. Im gleichen Jahr erschien auch Alfred Rosenbergs *Der Mythus des 20. Jahrhunderts*, neben Hitlers *Mein Kampf* das ideologische Hauptwerk des Nationalsozialismus.[39] Im Jahre 1931 wurde der internationale Wettbewerb für den Entwurf des Palastes der Sowjets ausgeschrieben. Max Raphael bespricht die Entwürfe in einem Aufsatz, in dem er die Frage der Monumentalität kritisch diskutiert. Er versteht Monumentalität als eine Repräsentation, die eng mit „Selbstentfremdung und dem Willen zu ihrer Überwindung in der Phantasie", also mit Selbsterhebung als Kompensation verbunden ist.[40] Monumentalität ist der Ausdruck der unerfüllten Wunschträume einer Klasse: Sie heroisiert, indem sie „allzu menschliche" Eigenschaften und Taten unterdrückt. Raphael kritisiert den preisgekrönten Entwurf Jofans als Kolossalität, d.h. Scheinmonumentalität. Kolossalität ist als rein quantitative Kategorie ein grotesker Ersatz der wahren Monumentalität: „Das Kolossale gehört ... zu einer Diktatur, deren abstrakt-formales Dasein es unterstreicht, verfestigt, verewigt, nicht aber zu einer *proletarischen* Diktatur".

39 Alfred Rosenberg, *Der Mythus des 20. Jahrhunderts. Eine Wertung der seelisch-geistigen Gestaltenkämpfe unserer Zeit* (München: Hoheneichen-Verlag, 1930).
40 Max Raphael, „Das Sowjetpalast – Eine marxistische Kritik einer reaktionären Architektur", zit. in Hans-Dietrich Sander, *Marxistische Ideologie und allgemeine Kunsttheorie* (Tübingen: J.C.B. Mohr, 1970), S. 206.

Ein neuer Humanismus

Die Frage der Monumentalität bekommt in den dreißiger Jahren eine politische Brisanz; neben dem sozialistischen Realismus Jofans oder Schtschussews und dem NS-Klassizismus Albert Speers gab es viele weitere Positionen. Gemeinsam ist nur die Kritik gegenüber dem Funktionalismus als internationalem Stil, der mit seiner undifferenzierten Behandlung der Elemente der Stadt keine Hierarchien etabliere und keine Wertung gestatte. Der Kunsthistoriker Wilhelm Pinder spricht bei der Tagung des Werkbunds in München im Jahre 1928 von der „Möglichkeit eines kommenden großen Stiles" und kritisiert die „verlogene Monumentalität" jener Entwürfe für den Völkerbundspalast in Genf, die einen kommenden Gemeinschaftsmythos mit einem quasi-sakralen Charakter emulieren wollen.[41] Er lehnt den Vorschlag Le Corbusiers aber ebenso ab, und zwar mit der Begründung, dass sein Entwurf mit einem nicht existierenden „Einheitsmenschen" rechnet. Der Einheitsmensch ist jedoch „nur ein schrecklicher und hässlicher Wunsch". Pinder, spätere Gedanken vorwegnehmend, spricht über die Möglichkeit, dass die zukünftige Welt nicht auf der Sesshaftigkeit gegründet wird: „Würde nicht dann gerade nur das Beweglichste, das am leichtesten Verpflanzbare, der elektrisch übertragbare Schall, das ebenso übertragbare bewegte Bild, das Transportable, das rein Kinetische und Unstatische übrigbleiben?"[42] Damit meint er, dass das Irrationale, Außer-Vernünftige, das hinter den neuen technischen Produkten steht, eine Quelle künftiger Möglichkeiten ist.

41 Wilhelm Pinder, „Zur Möglichkeit eines kommenden großen Stiles" (1928), in ders., *Reden aus der Zeit* (Leipzig: Seemann, 1934), S. 13f.
42 Ebenda, S. 21.

Monumentalität ist für den Schweizer Architekturkritiker Peter Meyer zu dieser Zeit „nur noch mühsam fortgeschleppte Konvention, nicht mehr lebendiges Bedürfnis ... der monumentalen Architektur ist nicht der Architekt abhanden gekommen, sondern der Bauherr".[43] Ähnlich argumentiert 1937 Lewis Mumford: „schon die Idee eines modernen Monuments ist ein Widerspruch: wenn es ein Monument ist, kann nicht modern sein, und wenn es modern ist, kann es kein Monument sein."[44] Wie für Pinder ist auch für Meyer der Wettbewerb für den Völkerbundpalast Anlass zur Kritik – im Gegensatz zum deutschen Gelehrten lehnt er jedoch die in Deutschland gefeierten Werke einer zeitgemäßen Monumentalität wie den Stuttgarter Bahnhof von Paul Bonatz ab. Im Jahre 1932, als Redakteur der Zeitschrift *Werk*, beginnt er die Frage der Monumentalität zu revidieren als eine Möglichkeit, eine „Wertskala" zu reflektieren, „die den einzelnen Aufgaben ihren genauen Ort und Rang innerhalb des sozialen Organismus zuteilt".[45] Da Architektur Bedeutungsträger ist, muss der Hierarchie der öffentlichen Bauaufgaben von Ausstellungsbauten bis Sakralbau, Museen oder Regierungsbauten eine Hierarchie der Monumentalität im Ausdruck entsprechen. In einer Reihe von kürzeren Aufsätzen baut er ein Programm auf diesen Grundsatz: „jede Monumentalität bedeutet Anspruch auf Einreihung in eine Skala der Werte, in eine Vergleichsreihe, die in die Vergangenheit zurückreicht."[46] Die Ursache des „Architekturelends" der letzten hundert Jahre sieht er darin, dass Architekten nicht mehr spüren, wann monumentale Gestaltung angebracht ist und wann nicht. Er lehnt die These von der Autonomie der Architektur entschieden ab: „Man darf die Architektur nie als ein in sich abgeschlossenes, auf ihre internen Überlegungen beschränktes Gebiet betrachten, sondern man muss sie als Teil eines kulturellen Ganzen sehen, als Organ, das sich diesem Ganzen unterzuordnen hat ..."[47] Den Monumentalitätsanspruch des Wohnhauses oder des Bahnhofs muss man bekämpfen, um „wichtige Ausnahmebauten" hervorheben zu können.

Die Schweizerische Landesausstellung im Jahre 1939 ist in Meyers Augen die Erfüllung seines Programms. Er hebt in seinen Rezensionen die städtebaulichen und architektonischen Lösungen (etwa die Vermeidung oder Relativierung von Achsen und Symmetrien) hervor, die es ermöglichen, Monumentalität im Bild der ganzen Ausstellung zu eliminieren und sie auf besonders wichtige Innenräume zu beschränken, die mit der Idee des Staates („Rütlischwur", „Wehrwillen" u.a.) verbunden sind.

Peter Meyer hat seine Landsleute Hans Schmidt, der zu den radikalen Avantgardisten der Zeitschrift ABC gehörte (s. Seite 276) und Sigfried Giedion, den Generalsekretär der CIAM, öfters angegriffen. Im Aufsatz „Überlegungen zum

---

43 Peter Meyer, *Moderne Architektur und Tradition* (Zürich: Girsberger, 1927), S. 19.
44 Lewis Mumford, „Death of the Monument", in J.L. Martin, B. Nicholson, and N. Gabo (Hrsg.), *Circle: International Survey of Constructive Art* (New York: Praeger, 1937, Nachdruck 1971), S. 264.
45 Peter Meyer, „Die Rolle der antiken Bauformen in der Architekturgeschichte", in *Das Werk* (1932), S. 79.

46 Peter Meyer, „Monumentale Architektur?" (1937), in Hans Jakob Wörner, *Peter Meyer: Aufsätze 1921–1974* (Zürich: Verlag der akademischen und technischen Vereine, 1984), S. 173.
47 Peter Meyer, „Überlegungen zum Problem der Monumentalität ..." (1938), in Wörner, op.cit., S. 205.

Problem der Monumentalität" ist es Hans Schmidt, dessen Ansichten Meyer als diejenigen des Neuen Bauens kritisiert; auch Giedion wird als Ideologe einer doktrinären technischen Ästhetik bloßgestellt. Dabei sind die Haltungen Schmidts und Giedions zur Frage der Monumentalität gar nicht so eindeutig. Hans Schmidt lernt während seines sieben Jahre dauernden Aufenthaltes in der Sowjetunion die Ideen des Sozialistischen Realismus nicht nur kennen, er sympathisiert mit ihnen. In einem nach seiner Rückkehr in die Schweiz im Jahre 1937 gehaltenen Vortrag spricht er darüber, dass die Ästhetik der Moderne im Volk keine Unterstützung findet, und versucht vorsichtig (und wenig überzeugend), den Sowjetpalast-Entwurf von Jofan als „Schritt zu einer monumentalen Form der Zukunft" und Ausdruck für das „durch die Revolution geschaffene Neue" zu interpretieren. Er hält die „Einheit von Sinn und Aufwand" für eine Bedingung einer wahren Monumentalität.[48]

Noch interessanter ist die Wende von Giedion. Im Jahre 1943 schrieb der unermüdliche Organisator des Neuen Bauens mit dem Architekten José Luis Sert und dem Maler Fernand Léger auf Anregung der Gruppe „American Abstract Artists" ein Manifest mit dem Titel „Nine Points on Monumentality". Die neun Punkte blieben damals unveröffentlicht; erst im darauffolgenden Jahr erscheint ein Aufsatz von Giedion mit dem Titel „The Need for a New Monumentality". Giedion sieht klar die Schwierigkeiten und Gefahren, die mit der Einführung dieser Idee verbunden sind – Monumentalität im Sinne von Speer und Piacentini ist ja zeitlich zu nah – und verwendet mit einem Kunstgriff den Begriff „internationaler Stil" für jene „Pseudomonumentalität", wo er neben deutschen und russischen Bauten sogar den amerikanischen Klassizismus der dreißiger Jahre einordnet.[49] Seine Beispiele, wie das Feuerwerk-Spektakel der Weltausstellung von 1937 in Paris, zeigen, dass er sich von der „steinernen" Monumentalität zu Gunsten einer *Lightshow* distanzieren will. Die Amerikaner brauchten selbstverständlich weniger Vorsicht zu üben. Elizabeth Mock, Direktorin der Architekturabteilung des *Museum of Modern Art* in New York, hat in ihrem Buch *Built in USA 1932–1944* im Jahre, als Giedions Aufsatz erschien, das Problem anders formuliert. In einem totalitären Staat ist Monumentalität der Ausdruck der Omnipotenz des Staates über das Individuum; deshalb hat dies mit der demokratischen Idee der modernen Architektur nichts zu tun. Andererseits braucht auch eine Demokratie Monumente, die „the every-day casualness of living" auf eine höhere, mehr „zeremonielle" Ebene erheben, die die gegenseitige Abhängigkeit des Individuums und der sozialen Gruppe würdig und kohärent ausdrücken.[50]

Louis Kahns Architektur gewinnt vor diesem Hintergrund eine besondere Bedeutung. Zum von Paul Zucker herausgegebenen Sammelband *New Architecture and City Planning*, in dem auch Giedions

---

48 Hans Schmidt, „Anmerkungen zum Musée de l'Art Moderne in Paris", in *Das Werk* Jg. 25 No. 4 (April 1938), S. 120–123.

49 Sigfried Giedion, „Über eine neue Monumentalität" (1943), in ders., *Architektur und Gemeinschaft* (Hamburg: Rowohlt, 1956), S. 27–39. Ursprünglich erschien der Aufsatz im Sammelband von Paul Zucker, *New Architecture and City Planning: A Symposium* (New York: Philosophical Library, 1944).

50 Elizabeth Mock (Hrsg.), *Built in USA 1932–1944* (New York: The Museum of Modern Art, 1944), S. 25.

erster Aufsatz zum Thema Monumentalität erschien, hat auch Kahn – der damals vor allem auf dem Gebiet des sozialen Wohnbaus tätig war – mit dem Essay „Monumentality" beigetragen. Er betont hier vor allem die Möglichkeit, mit modernen Werkstoffen wie Stahl gigantische Konstruktionen zu bauen. Die Illustrationen zum Aufsatz, welche Assoziationen mit naiven Vorstellungen von nonfigurativen Skulpturen erwecken, zeigen die Verbindung der Tradition des konstruktiven Rationalismus (der bis Viollet-le-Duc zurückgeht) mit Symbolen der modernen Kunst, die zusammen in monumentaler sozialer Form resultieren.[51] Zugleich können wir hier den Anfang jener Monumentalisierung der Konstruktion vermuten, die später zu Werken wie den Regierungsbauten in Dakka (heute Sher-e-Bangla Nagar, 1973–76) führt. Kahn sucht einen Kontrast zwischen der Grobheit der Ingenieurbauten der Antike (wie Viadukte) und der Feinmaschigkeit der filigranen Bauwerke.

Das von Giedion beschriebene „Verlangen nach Gemeinschaftsleben" ruft Erinnerungen an alte und (damals) nicht so alte Vorstellungen vom Gesamtkunstwerk und vom „neuen Mythos" wach. Wir sind unfähig geworden, Monumente zu schaffen, gemeinsam Feste zu feiern, behauptet Giedion – das „gefühlsmäßige Erleben" wird als private Angelegenheit betrachtet. Die heutige Stadt bringt diese Situation „lärmend zum Ausdruck". Deshalb müssen wieder Gemeinschaftszentren „von der Gemeinschaft für die Gemeinschaft" geschaffen werden.[52]

„*Monumentalität*
Entsteht aus dem ewigen Bedürfnis des Menschen,
Symbole zu formen
Für ihre Taten und für ihr Schicksal,
für ihre religiösen und für ihre sozialen Überzeugungen",

verkündet Giedion im Aufsatz „Über eine neue Monumentalität" hymnisch.[53] Das mit Léger und Sert geschriebene Manifest wird mit dem Aufruf abgeschlossen, Monumentalität im Unterschied zur Errichtung einzelner Denkmäler als eine Art demokratisches Gesamtkunstwerk zu verstehen:

„Die von Menschenhand geformte Landschaft würde mit der Natur verwachsen. Es entstünde ein neues und weites Gesamtbild, wie das Flugzeug es uns enthüllt hat. Ein Helikopter, der ruhig in der Luft schwebt, könnte es uns vor Augen führen.
Unter diesen Bedingungen würde monumentale Architektur wieder ihren ursprünglichen Zweck erfüllen und ihren lyrischen Gehalt zurückgewinnen.
In solchen Verwirklichungen könnten Architekt und Stadtbauer jenen Grad von schöpferischer Kraft und Freiheit erreichen, wie sie in den letzten Jahrzehnten auf dem Gebiet der Malerei, der Plastik, der Musik und der Poesie in Erscheinung trat."[54]

---

51 Louis I. Kahn, „Monumentalität", in Alexandra Latour (Hrsg.), *Louis I. Kahn – Die Architektur der Stille. Gespräche und Feststellungen*. Übersetzung: Kyra Stromberg und Lore Dietzen (Basel, Berlin, Boston: Birkhäuser, 1993), S. 44f. Ursprünglich erschien der Aufsatz „Monumentality" im Sammelband von Paul Zucker, op.cit. (Anm. 49).

52 Ebenda, S. 38.
53 Sigfried Giedion, „Über eine neue Monumentalität", in Giedion, op.cit. (Anm. 49), S. 30.
54 J. L. Sert, Fernand Léger und S. Giedion, „Neun Punkte über: Monumentalität – ein menschliches Bedürfnis" (1943), in Giedion, op.cit. (Anm. 49), S. 42.

Mit einem Vortrag im September 1946 am Royal Institute of British Architects hat Giedion weitere Diskussionen in Europa ausgelöst; zwei Jahre später hat die Zeitschrift *The Architectural Review* dem Thema ein Heft gewidmet, mit Beiträgen von Sigfried Giedion, Gregor Paulsson, Henry-Russell Hitchcock, William Holford, Walter Gropius, Lucio Costa und Alfred Roth. Bald meldet sich auch Lewis Mumford nochmals zum Thema zu Wort. In seinem Aufsatz „Monumentalism, Symbolism and Style" erklärt er, dass wir in einer Zeit leben, die nicht nur von gewissen Symbolen Abschied nahm, sondern den Wert des Symbols überhaupt bezweifelt. Gewisse Symbole, die überlebt haben, sind so selbstverständlich verwendet, dass sie nicht mehr als solche, sondern als Realität wahrgenommen werden. Nur ein Symbol von universaler Gültigkeit ist geblieben, die Maschine. Was wir heute erleben, behauptet Mumford, ist die Reaktion gegen diese Situation; eine neue Hierarchie wird errichtet, vom Mechanischen über das Biologische und das Soziale bis zum Persönlichen.[55]

Die Teilnehmer der CIAM 7 Konferenz in Bridgewater, England, haben sich in diesem Sinne mit dem Thema „The Synthesis of the Arts" beschäftigt; und auch die CIAM 8 Konferenz, die im Jahre 1951 im englischen Hoddesdon mit dem Titel „The Heart of the City" stattfindet, ist diesem Problem gewidmet, obwohl der Begriff Monumentalität selbst (trotz der Teilnahme von Giedion, Sert und Paulsson) kaum vorkommt. Es geht diesmal um *The Core*, den Kern der Stadt als Gesamtkunstwerk – aber die „Neun Punkte über Monumentalität" sind noch nicht vergessen. Die anhaltenden Diskussionen reflektieren die Sorge vieler Intellektuellen, dass in der Verbrauchergesellschaft der Nachkriegszeit die maßgebende soziale Einheit die Familie geworden ist – für größere gesellschaftliche Organismen ist in der Stadt kein Ort vorgesehen. Der CIAM-Präsident José Luis Sert fordert als Ziel eine Rezentralisierung, die Umkehrung der spontanen Dezentralisierung der Städte.[56] *Civic cores, community centres* sind die neuen Äquivalenten der antiken Agora, die mit urbanen Mitteln demokratisches Stadtleben und Gemeinschaftsgefühl generieren sollen. Vitalität, das Fernhalten des Autoverkehrs, „human scale", Spontaneität, Integration der Architektur und der Künste in den städtischen Kontext sind die wichtigsten Forderungen.

Viele westeuropäische Kritiker sind bemüht, differenzierende Merkmale zwischen der Suche nach Monumentalität im Osten und im Westen zu etablieren. Der ehemalige Le-Corbusier-Mitarbeiter Tino Walz findet in seinem 1959 in München gehaltenen Vortrag den Unterschied im Gewicht des Ausdrucks: Die schimmernden, gläsernen Bauten des Westens sind (im Sinne Giedions) Bildschirme „für die Lichtspiele des Lebens", der Stalin-Allee in Ostberlin geht „der grausam kalte Atem der Macht und Sklaverei aus".[57]

Das konservative Lager vermisst jedoch genau die Schwere in der neuen Architektur Westeuropas. Hans Sedlmayr, bekannt vor allem als Kunsthistoriker des Barocks, veröffentlicht 1948 ein Buch mit dem Titel *Verlust der Mitte*. Was Sedlmayr

---

55 Lewis Mumford, „Monumentalism, Symbolism and Style", in *The Architectural Review* (April 1949), S. 174–180.

56 J.L. Sert, „Centres of Community Life", in J. Tyrwhitt, J.L.Sert, E.N.Rogers (Hrsg.), *The Heart of the City: Towards the Humanisation of Urban Life* (New York: Pellegrini and Cudahy, 1952), S. 4.

57 Tino Walz, „Architektur aus neuer Sicht", in *Die Welt in neuer Sicht* (München-Planegg: Otto Wilhelm Barth, 1959), S. 32f.

Abb. 88. Die Monumentalität der sechziger Jahre: Das Stadthaus in Boston von Kallmann, McKinnell & Knowles (1968). Aufnahme Á.M.

beklagt, ist allerdings weniger der Verlust einer „Mitte" als die Auslösung der Architektur aus ihren vielfältigen Verbindungen zur Funktion, zur Gesellschaft, zur Tektonik. Dieser Verlust an *gravitas* zeige sich seit der Aufklärung, seit Ledoux und Boullée, in leichten, „schwebenden" Formen, sphärischen Bauten in vielen modernen Bestrebungen, vor allem in der russischen Avantgarde.

Die Lesbarkeit der Stadt

Parallel zu kritischen Fragestellungen wie Sedlmayrs *Verlust der Mitte* entwickelt sich in der Nachkriegszeit eine weniger plakative, Begriff-zentrierte, aber desto mehr vertiefte Auseinandersetzung mit Fragen der historischen Stadt. Es geht weniger darum, die Rolle von Monumentalität im öffentlichen Leben darzustellen, als die formalen Einheiten der Stadtstruktur und ihr Verhältnis zueinander zu bestimmen. „Monumente" haben nur im Verhältnis zu den nicht-monumentalen Strukturen, zur architektonischen Prosa der Stadt eine Bedeutung; es sind nicht die Punkte, sondern ihre Beziehungen zueinander, was die Stadt lesbar macht. Saverio Muratori, der in den fünfziger Jahren an der Universität von Venedig unterrichtet, untersucht die grundsätzliche Kontinuität dieser Strukturen seit der Antike. Er kritisiert die Haltung der modernen Architekten, deren Interesse dem einzelnen Objekt gilt statt der Gestaltung der Stadt als Ganzes. Sein Kollege Gianfranco Caniggia analysiert die gebauten Objekte auf vier Ebenen: Gebäude, Bauensemble, Stadt und Gebiet (oder Region). Jede dieser Einheiten fügt sich in eine übergeordnete Einheit ein.

Muratori und Caniggia lehnen isolierte Eingriffe, die nicht mit einem gründlichen Studium der Entwicklung des Stadtgebiets verbunden sind, ab. Ihr historisches Studium verwendet die typologische Methode und untersucht die verschiedenen maßstäblichen Ebenen des Entwurfsprozesses vom Zimmer zur Region. Muratori nennt dies die „operationelle Geschichte der städtischen Form", ein Abdruck von Aktionen, die die Stadt gestalten.[58] Die Revitalisierung des Zentrums von Bologna, geplant von früheren Mitarbeitern von Caniggia in den sechziger Jahren, erfolgt unter konsequenter Anwendung der typologischen Methode. Sie zeigt, was eine städtische Verwaltung erreichen kann, um den drohenden Verfall einer Stadt zu verhindern, mit gleichzeitiger Erhaltung der sozialen Struktur ihres Zentrums. Muratori, Caniggia und ihre Schüler glauben fest daran, dass die Kreativität der Architekten von den Konventionen, von den gemeinsamen Traditionen geleitet werden muss.

Der konservative, neue Typologien ablehnende Aspekt dieser Schule mobilisierte viele Gegner. Carlo Aymonino und Aldo Rossi kritisierten die die Freiheit der Architekten eingrenzende Definition der Typenlehre. „Typus" bedeutet für Rossi etwas anderes als für die im vorigen Kapitel diskutierten Theoretiker (s. Seite 265–268). Typen sind in der Erinnerung verankert, sie sind deshalb monumental im wortwörtlichen Sinne. Die großen, wichtigen sozialen Ideen brauchen die Speicher des Gedächtnisses in der modernen, geschichtslosen Rasterstadt. Aymonino betont, dass die Analyse der Stadt an sich noch keine Struktur für die neuen Eingriffe liefern kann, dies würde nur zu einem lebensfremden Akademismus führen. Während Muratori und Caniggia die Meinung vertreten, dass das frühere Verhältnis zwischen Gebäude und Stadt wiederhergestellt werden kann und soll, machen Aymonino und Rossi auf die historischen Gründe des Bruchs aufmerksam.

Diese theoretische Uneinigkeit musste zu verschiedenen Stellungnahmen in konkreten Fällen führen. Aldo Rossi hat in seinem ersten Buch *Architettura della città* (Die Architektur der Stadt) gezeigt, wie Zerstörung, Enteignung, Funktionswechsel sichtbare Zeichen urbaner Dynamik sind. Andererseits kommt den Elementen der Beständigkeit eine wichtige Rolle zu; diese sind die Denkmäler. Die Monumente sind als Zeichen des kollektiven Willens Fixpunkte in der urbanen Dynamik. Selbst in der gedächtnislosen Stadt spielen Monumente eine unverzichtbare Rolle. Sie verkörpern die kollektive Erinnerung, auch wenn die konkreten Inhalte nicht mehr präsent sind. Die Aufgabe des Architekten ist es, an der Produktion von Monumenten teilzunehmen, obwohl die Bedeutung des Monuments letzten Endes verborgen bleiben muss. Rossis Vorschlag, in der Stadt der dynamischen Modernisierung Bilder einer mythischen Kollektivität heraufzubeschwören, ist gerade in Kenntnis der bereits erwähnten Positionen von Pinder und anderen sehr problematisch, und die Melancholie seiner gebauten Architektur vermittelt sein Dilemma. Rossi sieht die historische Stadt als ein Depositorium (Friedhof wäre ein noch treffenderes Wort) von isolierten oder isolierbaren Formen, die alle die spezifische Identität der Stadt in sich tragen. Deshalb zeigen die typischen Elemente der Visionen Rossis: das Grab, das Haus, der Friedhof, die Stadt eine gewisse Analogie. Die typologische Methode hilft, die Totalität der analogen Stadt zu verstehen. Rossi bemerkt und beklagt den Schwund der Urbanität; zugleich betrachtet er die Stadt durch die Brille eines Surrealisten. Wie die metaphysischen Bilder De Chiricos zeigen Rossis Zeichnungen die melancholische

---

58 Vgl. Giorgio Pigafetta, *Saverio Muratori architetto. Teoria e progetti* (Venezia: Marsilio, 1990).

Schönheit einer ehemaligen Bedeutungsfülle, die uns nichts Konkretes sagen, nur eine elegische Stimmung vermitteln kann.

Die permanenten Elemente der Stadt, die der Zeit widerstehen, sind die Monumente, die Denkmäler. Sie geben dem Leben der Stadt Bedeutung. Die typologisch fassbaren Formen wie Arkaden, Plätze oder Hallen stehen in einem dialektischen Verhältnis zu den dynamischen Kräften, die die Stadt gestalten. Diese räumlichen Typologien spielen eine kritische Rolle, da sie von Ablagerungen der Kultur befrachtet sind.

Die Schwierigkeit, die Wirklichkeit von heute mit architektonischen Mitteln zu reflektieren, zeigt sich in Rossis schweigenden, schwermütigen Bauten und menschenleeren Plätzen ebenso wie in den lustigen „dekorierten Schuppen" von Robert Venturi, die ihre Monumentalität nur als Schrift auf dem Billboard mitzuteilen versuchen: *I AM A MONUMENT*.[59] „Ich bin ein Denkmal" – das behaupten von sich auch die monumentalen Pop-Objekte von Claes Oldenbourg und Frank Gehry: Wäscheklammer oder Feldstecher, vergrößert als Skulpturen oder Bürobauten, um diese alltäglichen und deshalb kaum bemerkten Gegenstände plötzlich in das Rampenlicht der Aufmerksamkeit zu stellen (Abb. 91).

Komposition als erneuter *rappel à l'ordre*, Konzentration auf die eigenen Mittel der Architektur, Abschied von den Utopien (auch von Utopien der technologischen Omnipotenz) stehen im Hintergrund des so genannten „Rationalismus" der italienischen Tendenza von Aldo Rossi, Carlo Aymonino und der Tessiner Schule von Mario Botta, Luigi Snozzi und ihren Kollegen. Komposition ist auch Rob Kriers Antwort, der in seinem *Stadtraum in Theorie und Praxis* – inspiriert von stadtmorphologischen Untersuchungen des neunzehnten Jahrhunderts – eine Grammatik der monumentalen Stadt vorschlägt. Im Unterschied zu Rossi betont er die formbare Masse der Stadt zu Lasten des Einzelobjekts; die Fassade zur Straße macht Gesten der Öffentlichkeit. Im abschließenden „Begleitwort" seines Buches, „Nicht länger auf Architektur verzichten", spricht er auch von der Melancholie angesichts des Gefühls, dass die großen Meisterwerke eindeutig zu der

Abb. 89. Aldo Rossi und Gianni Braghieri, Zentrum Fontivegge, Perugia (1982–1988). Aufnahme Á.M.

---

59 Robert Venturi, Denise Scott Brown, Steven Izenour, *Lernen von Las Vegas. Zur Ikonographie und Architektursymbolik der Geschäftsstadt* (Braunschweig, Wiesbaden: Vieweg, 1979), S. 184. Vgl. S. 99.

Abb. 90. Die Monumentalität der Metropolis: Mahattan aus dem Empire State Building. Aufnahme Á. M.

Vergangenheit angehören. Trotzdem hält er es für besser, „‚Altes', Bewährtes nachzumachen, als etwas Neues zu erstellen, das das Risiko eingeht, dass Menschen darunter Schaden erleiden".[60]

Der englische Architekturhistoriker Colin Rowe schrieb zur englischen Ausgabe dieses Buches von Krier ein ironisches Vorwort. Er lobt Krier dafür, dass er keine inhaltliche Diskussion mit denen eingeht, die für die Stadt von heute verantwortlich sind, er auf seine Zeichnungen vertraut. Rowe, der seine Bemerkungen nachdrücklich als eine amerikanische, für die Cornell-Universität charakteristische Lesart bezeichnet, stellt sich die lesbare Stadt anders vor. Seine Position ist näher zu der von Aldo Rossi, mit dem Unterschied, dass im Vordergrund von Rowes Interesse weniger die Geschichte als die formale Beziehung zwischen Objekt und Außenraum steht. Er kritisiert die Stadt der Moderne als Leerraum, in dem Objekte platziert sind, hält jedoch Kriers Vorschlag nicht für die geeignete Alternative. Sein Vorschlag ist das Ergebnis einer Collagetechnik, die sowohl Kontinuität als auch Brüche in der Stadttextur erlaubt. Diese Collage, eine von den Surrealisten entwickelte Technik der Kollision von aus verschiedenen Kontexten entnommenen

---

60 Rob Krier, *Stadtraum in Theorie und Praxis* (Stuttgart: Karl Krämer, 1975), S. 147–150.

Abb. 91. Das monumentale Pop-Objekt: Feldstecher als Eingangstor zur Werbeagentur Chiat/Day/Mojo in Venice, Kalifornien (Frank Gehry, 1989–1991). Aufnahme Á. M.

Fragmenten, hat mit Kriers Stadtkomposition wenig zu tun.

Die von Colin Rowe und Fred Koetter vorgeschlagene Stadt *Collage City* ist jedoch auch eine komponierte Stadt. Komposition heißt hier, auf die weit reichenden, eine utopische Dimension in sich einschließenden Implikationen des „Entwurfs" (progetto, project) zu verzichten.[61] Komposition ist ein Spiel mit Formen, eine *bricolage* im Sinne von Claude Lévi-Strauss. Die Bausteine dieses Spiels sind zwar historisch entstanden, der Urbanist-Bastler kann sich jedoch über die historische Bedeutung hinwegsetzen und sie aufgrund formaler Überlegungen zusammenfügen. Der Kontrast zwischen der desillusionierten, liberalen Haltung, die der Formalist Rowe vertritt, und der Suche nach einer idealen, wohl zugleich „höfischen" Gesellschaft, die die Palastfassaden von Krier reflektieren, sagt viel über die Suche nach der lesbaren Stadt.

Die Unlesbarkeit der Stadt

Rossis, Kriers oder Rowes Strategien war die Überzeugung von der Tragfähigkeit des städtischen Kontextes gemeinsam; die Überzeugung, dass die Legitimation der Stadt in den Beziehungen ihrer Teile zueinander zu suchen ist. Als Aufgabe bedeutete dies die Einbindung der einzelnen Monumente in die Organisation des Ganzen. So wie die Wörter erst im Kontext einer

---

61 Colin Rowe, Fred Koetter: *Collage City*. Übersetzung von Bernhard Hoesli, Monika Oswald, Christina Reble, Tobi Stöckli (Basel, Boston, Stuttgart: Birkhäuser, 1984).

Sprache einen Sinn bekommen, wird die Stadt erst durch diese kontextualisierende Tätigkeit des Stadtkomponisten lesbar.

Spätestens bis Anfang der achtziger Jahre wurde es jedoch klar, dass städtische Implantate im Sinne von Collage City oder Ensembles von Stadtvillen höchstens als Inseln eines heroischen Gestaltungswillens funktionieren können, was die Probleme der heutigen Stadt nicht löst. Immerhin erfreuen sich solche Enklaven als Erzeugnisse des so genannten *New Urbanism* großer Beliebtheit vor allem in den Vereinigten Staaten; der Film *The Truman Show* spielt nicht zufällig vor den Kulissen einer dieser schön-sauberen Planstädte in Florida. Mit wachsender Frustration angesichts der Wirkungslosigkeit der Konzepte begannen sich Architekten zu fragen, ob die Lösung der Probleme im Sinne einer lesbaren Stadttextur überhaupt angestrebt werden soll – man könnte ja das Bild der Stadt, das aufgrund vor allem wirtschaftlicher Kräfte entsteht und eher ein loses Gewebe von Verkehr, Industriebauten, Wohnbezirken, landschaftsähnliche Grünflächen und ihren Hybriden darstellt, auch schön finden. „Dirty realism" war der von Alexander Tzonis und Liane Lefaivre gemünzte Begriff, der die pittoreske Betrachtungsweise weiterführt, mit der einst die proletarische Großstadtdichtung die düsteren Industrievororte besang. Rem Koolhaas hat eine eigene Lesart entwickelt, die diese Metropolis-Romantik mit einer Dosis Ironie ausbalanciert. Es ist unmöglich, Resignation und Begeisterung in seinen Analysen auseinander zu halten. Delirious New York ist sein wichtigstes Werk, ein „retroaktives Manifest", das die Irrationalität der Hauptstadt des Kapitalismus mit der adäquat gewählten Methode des Surrealismus untersucht. Die Methode der so genannten Paranoia-Kritik hat Koolhaas

von Salvador Dalí entlehnt: Das Delirium, das Manhattan auslöst, ist nicht ein chaotischer, sondern ein systematischer Wahnsinn. Dalí schrieb: „Das Delirium selbst ist eine Systematisierung. Es entsteht systematisch als aktives Element, das darauf abzielt, die Wirklichkeit um seine Kraftlinie herum zu orientieren. Es ist das Gegenteil eines Traums oder eines Automatismus, der sich in bezug auf den Ablauf des Lebens passiv verhält."[62]

Diese Systematisierung erfolgt nachträglich; der Wille, der Manhattan wachsen ließ, ist nicht derjenige der Architekten. Sie können ihre Manifeste nur im Rückblick, „retroaktiv" schreiben. Voraussetzung dazu ist der Zustand des Deliriums. Austern essen mit Boxhandschuhen, nackt, im neunten Geschoss eines Wolkenkratzers: dies ist das viel zitierte Bild, das Koolhaas als „the 20th century in action" beschreibt.[63] Entsteht daraus ein Programm für die Architekten? Eher eine Attitüde; sie sollen sich nicht mehr als Gestalter sehen, sondern als „Surfer", die versuchen, das Medium zu verstehen und zu benützen, mit dem sie konfrontiert sind. Die Ablehnung der Komposition- und Kontext-Diskussion soll als Befreiung verstanden werden. Es sind viel weniger raffinierte Mittel: Raster, Dichte oder Größe, die entscheidend sind. Monumentalität, wenn überhaupt ein brauchbarer Begriff, ist nichts anderes als die Einsamkeit des großen Objektes, das durch seine schiere Größe Auswirkungen auf die umgebende Stadtsubstanz hat.

Delirious New York entstand dank eines Stipendiums, das Koolhaas erlaubte,

---

62 Salvador Dalí, *Dalí*. Übersetzung: Franz Mayer (Rastatt: Moewig, 1986), S. 177.
63 Rem Koolhaas, *Delirious New York: A Retroactive Manifesto for Manhattan* (New York: Rizzoli, 1978, 2. Aufl. New York: The Monacelli Press, 1994), S. 155.

zwei Jahre in Peter Eisenmans *Institute for Architecture and Urban Studies* in New York zu verbringen. Eisenman war in dieser Zeit darum bemüht, das architektonische Artefakt aus all seinen Bindungen herauszulösen: sowohl aus seinen sozialen, funktionalen und ikonografischen Zusammenhängen als auch aus denjenigen Beziehungen, die Architektur mit dem menschlichen Körper verbinden. Hans Sedlmayrs Kritik der Moderne wird hier zum Programm umfunktioniert; die von Sedlmayr abgelehnte Autonomie der Architektur ist Eisenmans Ziel. Dabei wird das architektonische Objekt geradezu erwürgt von den hypertrophischen theoretischen Krusten, die es tragen muß. Eisenmans defensive Haltung zeigt die Desillusionierung und Enttäuschung nach dem Scheitern der um 1968 gehegten Hoffnungen. Diese Enttäuschung war vor allem in Italien, im theoretischen Werk Manfredo Tafuris unüberhörbar (s. Seite 491), und resultierte in einem „Glasperlenspiel" als Rückzug in einen Bereich, der als die Essenz, als das eigentliche Territorium der Architektur definiert wurde.

Eisenman untersucht in seiner Studie „Aspekte der Moderne" Le Corbusiers *Maison Dom-ino*, um ein logisches Prinzip der Strukturierung des Raumes zu demonstrieren, das von Fragen der Funktionalität unabhängig ist. Die Zeichnung des Dom-ino-Prinzips wurde bereits von Colin Rowe als die erste didaktische Manifestation der Moderne bezeichnet, als ein Diagramm des horizontal geschichteten, frei fließenden Raumes. Eisenman sieht die Maison Dom-ino als Zeichensystem, *„welches auf den einfachsten Zustand der Architektur verweist, der sie von der Geometrie oder von Geometrie plus Nutzung und Bedeutung unterscheidet. In diesem Zusammenhang ist aber der Umstand noch wichtiger, dass sich in der Maison Dom-ino eine moderne oder selbstreferentielle Zeichenhaftigkeit reflektiert und somit ein wirklicher und zukunftsweisender Bruch mit der vierhundert Jahre alten Tradition westlicher, humanistischer Architektur herstellt".*[64] Die Maison Dom-ino, genau wie die frühen Häuser von Eisenman, sind Artefakte, die in sich kohärent, gewissen Spielregeln entsprechend logisch strukturiert sind. Sie stellen jenes Regelwerk demonstrativ zur Schau, dessen Manipulation die eigentliche Aufgabe des Architekten ist. Statt der Transparenz der Architektur fordert Eisenman Opazität, die Sichtbarmachung der Gestaltungsmittel – jedenfalls in dieser Phase seiner Karriere, die ebenso reich an Wendungen und Neuorientierungen an gerade aktuelle Strömungen ist wie diejenige seines Mentors Philip Johnson. Es ist bemerkenswert, dass die oft atemberaubende Achterbahnfahrt der Theorie die Höhen der generativen Grammatik, Semiotik, Phänomenologie oder Dekonstruktivismus immer mit einer Architektur verbindet, die den in den Schriften gestellten Ansprüchen keinesfalls entspricht, wohl gar nicht entsprechen kann.

Nihilismus ist ein Begriff, mit dem man allgemein das Negieren von etablierten Werten bezeichnet; entweder radikal, als die Zerstörung aller Werte, oder nur von denen, die der Vergangenheit und der Gegenwart angehören, im Namen zukünftiger Ziele. Der italienische Philosoph Massimo Cacciari – ehemaliger Mitarbeiter von Tafuri – hat seine Theorie über die

---

64 Peter Eisenman, „Aspekte der Moderne: Die Maison Dom-ino und das selbstreferentielle Zeichen", in ders., *Aura und Exzeß. Zur Überwindung der Metaphysik der Architektur*. Herausgegeben von Ullrich Schwarz, Übersetzung: Martina Kögl, Ullrich Schwarz (Wien: Passagen Verlag, 1995), S. 63.

moderne Metropole in der Stille der Lagunenstadt Venedig entwickelt; eine Vision, die von frühen Vorstellungen von Georg Simmel und Max Weber stark beeinflusst ist. Die eigene schmerzvolle Erfahrung, wie die Hoffnungen der italienischen Marxisten in einer Zeit von Gewalt und Attentaten scheiterten, wird zu einer pessimistischen Theorie des Nihilismus in der Architektur. Die Schrift „Nihilismus und Projekt" beginnt mit der Feststellung, dass Nietzsches These vom vollendeten Nihilismus am vollkommensten in der Architektur verwirklicht ist.[65] Die traditionelle metaphysische Dimension der Architektur – ihre vielschichtigen Verbindungen mit dem Ort, mit dem Körper, mit der Kultur oder der Religion einer Zeit – sind durchgeschnitten, und der Rationalismus der Moderne kann die so entstandene Leere nicht füllen. Auch Cacciari weist auf die Darstellung dieser Entwurzelung in Sedlmayrs *Verlust der Mitte* hin. Unter diesen Umständen bezweifelt er das Konzept des Projektes selbst: Als Entwurf hat dieser Begriff metaphysische Implikationen, die mit der Projektion einer schöpferischen Vision, die jedoch nie etwas Subjektives bleiben darf, zusammenhängen. Der große Entwurf ist nicht mehr machbar; möglich ist nur die Betrachtung der zertrümmerten Werte, die im Kontext des neuen Artefakts nicht mehr rekonstruierbar sind: die tektonische Kraft, die Vielfalt der Polis, der Schutz des Hauses. Monumentalität als Symbol der Gemeinschaft ist obsolet geworden; man kann höchstens von der Monumentalität der Ruinen des metaphysischen Denkens sprechen.

Der Ruinengarten als Objekt der Kontemplation oder als Materialvorrat zum Wiederaufbau? Die Aufnahmen der amerikanischen Fotografin Margaret Morton von der Welt der Obdachlosen heute zeigen die Wichtigkeit der Objekte der Erinnerung selbst für das „Existenzminimum". Teddybären, Fahnen und Puppenköpfe gehören neben den wenigen Gebrauchsobjekten wie Ölfass und Schüsseln wegen ihrer Beziehung zu einem Augenblick des Lebens ihrer Besitzer unabdingbar dazu.[66] Die Ruinengärten der Obdachlosen erinnern an die Architektur von Antoni Gaudí. Die Sitzbank des Parks Güell in Barcelona, die die Terrasse über der Markthalle umschlingt, ist vergleichbar mit bunten Keramikscherben bekleidet. Lange hat man versucht, den Sinn dieser seltsamen Haut zu enträtseln. Die Forscher haben Beschriftungen entdeckt, was darauf schließen lässt, dass die Objekte mit gewissen Ereignissen im Leben Gaudís und mit seiner Religiosität in Verbindung stehen.

Die als Spurensicherung bekannte Richtung der bildenden Kunst der siebziger Jahre hatte eine ähnliche Funktion. Christian Boltanski oder Anne und Patrick Poirier haben auf die Herausforderung des Zeitalters der Medien mit einer introspektiven Archäologie der Erinnerung geantwortet: Sie graben sich in die eigene und die kollektive Geschichte hinein, klammern sich an die kleinsten Relikte und Spuren.[67]

Mit der Entwicklung der elektronischen Datenträger scheint die Frage nach den Speichern des Gedächtnisses beantwor-

---

65 Massimo Cacciari, „Nihilismus und Projekt" in ders., *Großstadt. Baukunst. Nihilismus. Essays.* Übersetzung: Reinhard Kacianka (Klagenfurt, Wien: Ritter, 1995), S. 9–17.

66 Diana Balmori, Margaret Morton, „Vergängliche Gärten", in *Daidalos* 54 (15. Dezember 1994), S. 34–39.

67 Vgl. Günter Metken, *Spurensicherung: Kunst als Anthropologie und Selbsterforschung* (Köln: DuMont, 1977).

tet zu sein. Wie die Diskussionen über das Denkmal des zerstörten World Trade Centers zeigen, können die digital verflüchtigten Bilder und Mythen die ortsgebundenen Formen der Erinnerung aber nicht ersetzen.

Gottfried Semper

Prinzip der Bekleidung in der Baukunst
(Ausschnitte)

Erste Erscheinung: Gottfried Semper, *Der Stil in den technischen und tektonischen Künsten oder praktische Aesthetik. Ein Handbuch für Techniker, Künstler und Kunstfreunde. Erster Band. Textile Kunst* (Frankfurt am Main: Verlag für Kunst und Wissenschaft, 1860).
Textquelle: Gottfried Semper (Hrsg. von Friedrich Piel), *Der Stil in den technischen und tektonischen Künsten oder praktische Aesthetik. Ein Handbuch für Techniker, Künstler und Kunstfreunde. Band 1: Die Textile Kunst für sich betrachtet und in Beziehung zur Baukunst* (Nachdruck Mittenwald: Mäander Kunstverlag, 1977), S. 227, 229–234.

„Der nächtliche Himmel zeigt neben den glanzvollen Wundern der Gestirne mattschimmernde Nebelstellen, – entweder alte, erstorbene, im All zerstobene Systeme, oder erst um einen Kern sich gestaltender Weltdunst, oder ein Zustand zwischen Zerstörung und Neugestaltung. Sie sind ein passendes Analogon für ähnliche Erscheinungen am Gesichtskreise der Kunstgeschichte ..." So beginnt Gottfried Semper (s. Seite 34) sein unvollendetes Hauptwerk, das bis heute wohl das vielschichtigste, immer zu neuen Interpretationen anregende Werk der Architekturtheorie ist. Schon der Titel zeigt, dass dieses Werk nicht als akademische Auseinandersetzung mit der Stilentwicklung konzipiert war: *Der Stil in den technischen und tektonischen Künsten oder praktische Ästhetik. Handbuch für Techniker, Künstler und Kunstfreunde*. Es sind zwei Bände erschienen: *Die textile Kunst für sich betrachtet und in Beziehung zur Baukunst* (1860) und *Keramik, Tektonik, Stereotomie, Metallotechnik* (1863). Die Architektur in ihrem sozialen Zusammenhang ist das geplante Thema des nie fertig gestellten dritten Bandes. Semper ist überzeugt, „daß die Geschichte der Architektur mit der Geschichte der Kunstindustrie beginnt, und daß die Schönheits- und Stilgesetze der Architektur ihr Urbild in denjenigen der Kunstindustrie haben". Anstatt einer Untersuchung der historischen Entwicklungsabläufe wendet sich Semper zu den materiellen Grundlagen (Zweck, Stoff, Technik) und praktischen (gesellschaftlichen, ethnischen, kulturellen, regionalen, zeitlichen) Bedürfnissen bzw. zu ihrer Rolle in Kunstgewerbe und Architektur.

Die so genannte Bekleidungstheorie ist ein zentraler Aspekt der Formenlehre Sempers, die er im Kapitel über textile Kunst erklärt. Schon der Begriff Bekleidung etabliert eine Analogie zwischen Architektur und Kostümwesen. Diese Analogie wird von Semper in allen ihren Details ausgearbeitet, beginnend mit dem primären Element des Webens, dem Knoten. Den Knoten betrachtet Semper als das „älteste technische Symbol", als dekorative Darstellung einer kosmogonischen Idee: der Notwendigkeit des Verbindens. Die rhythmische, netzwerkartige Wiederholung des Knotens ist die Grundlage des Webens und anderer handwerklicher Tätigkeiten. In der Polychromie der antiken Baukunst lebt dieses Prinzip weiter, und dadurch wird das Provisorische, Temporäre der textilen Bekleidungen zum dauerhaften und zugleich „vergeistigten" Element. Die fast immaterielle Bekleidungsschicht, die Maske vernichtet die „Realität", die direkte Aktualität der Lösung, und macht sie überzeitlich. Sempers Bekleidungstheorie fordert damit Theatralität als Eigenschaft der monumentalen Architektur.

Bibliografie: s. Seite 34.

§. 60.

Das ursprünglichste auf den Begriff Raum fussende formelle Princip in der Baukunst unabhängig von der Konstruktion. Das Maskiren der Realität in den Künsten.

[…]

In allen germanischen Sprachen erinnert das Wort Wand, (mit Gewand von gleicher Wurzel und gleicher Grundbedeutung,) direkt an den alten Ursprung und den Typus des sichtbaren Raumesabschlusses.

Eben so sind Decke, Bekleidung, Schranke, Zaun, (gleich mit Saum,) und viele andere technische Ausdrücke nicht etwa spät auf das Bauwesen angewandte Symbole der Sprache, sondern sichere Hindeutungen des textilen Ursprungs dieser Bautheile.

Alles Vorhergehende bezog sich nur auf vorarchitektonische Zustände deren praktisches Interesse für die Geschichte der Kunst zweifelhaft sein mag, es fragt sich nun was aus unserem Bekleidungsprinzipe wurde, nachdem das Mysterium der Transfiguration des an sich ganz materiellen struktiv technischen Vorwurfs, den die Behausung bot, in die monumentale Form vollendet war und die eigentliche Baukunst daraus hervorging. Es ist hier noch nicht der Ort auf das Wie des Entstehens monumentaler Architektur, eine Frage von höchster Wichtigkeit, tiefer einzugehen; jedoch kann es dazu dienen manche Erscheinungen der ältesten Monumentalgeschichte auf die ich sogleich kommen werde leichter verständlich zu machen, indem ich hier vorläufig darauf hinweise, wie der Wille irgend einen feierlichen Akt, eine Relligio, ein welthistorisches Ereigniss, eine Haupt- und Staatsaktion, kommemorativ zu verewigen noch immer die äussere Veranlassung zu monumentalen Unternehmungen gibt, und wie nichts im Wege liegt anzunehmen, wie es sogar unzweifelhaft fest steht, dass auf ganz analoge Weise den ersten Begründern einer monumentalen Kunst, die immer eine bereits vorhergegangene verhältnissmässig hohe Kultur und sogar Luxus voraussetzt, der Gedanke daran durch ähnliche Festfeiern gekommen sei. Der Festapparatus, das improvisirte Gerüst, mit allem Gepränge und Beiwerke welches den Anlass der Feier näher bezeichnet und die Verherrlichung des Festes erhöht geschmückt und ausgestattet, mit Teppichen verhangen, mit Reisern und Blumen bekleidet, mit

Abb. 92. Lykische Grabmäler. Illustration aus dem ersten Band von Gottfried Sempers *Der Stil …* (1860).

Festons und Kränzen, flatternden Bändern und Tropäen geziert, diess ist das Motiv des bleibenden Denkmals, das den feierlichen Akt und das Ereigniss das in ihm gefestet ward den kommenden Generationen fortverkünden soll. So ist der ägyptische Tempel aus dem Motive des improvisirten Wallfahrtsmarktes entstanden, der gewiss sehr häufig noch in später Zeit in ganz ähnlicher Weise aus Pfählen und Zeltdecken zusammengeschlagen wurde, wo irgend ein Lokalgott dem noch kein fester Tempel erbaut war in den Geruch besonderer Wunderthätigkeit kam und die wallfahrenden Fellahs Altägyptens in unerwartet zahlreichen Zügen zu seinem Feste herbeilockte. [...]So sind, um ein anderes Beispiel zur Erläuterung des Gesagten anzuführen, jene bekannten lykischen Grabmäler, deren zwei jetzt in dem brittischen Museum aufgestellt sind, jene sonderbaren Holzgerüste in Stein ausgeführt, zwischen den Balken mit bemalten Relieftafeln verziert und als Oberstock oder Aufsatz ein gleichfalls reich skulptirtes mit ausladenden Höckern, einem spitzbögigen Dache und krönender Krista ausgezeichnetes sarkophagähnliches Monument tragend, so sind sage ich diese angeblichen Nachbildungen eines eigenen lykischen Holzbaustiles weiter nichts als Scheiterhaufen, nach der auch bei den Römern üblichen Weise künstlich aus Holz zusammengezimmert und mit reichen Teppichen behangen, oben die Bahre (φέρετρον) unter der sie bedeckenden und verhüllenden reich vergoldeten Kapsel (καλυπτηρ).[1] Aber Scheiterhaufen in monumentaler Restitution.

Ein anderes schlagendes Beispiel gibt die monumentale Verherrlichung des alten Bundes in dem salomonischen Tempel, nach dem eingebildeten oder wirklichen Motive der Stiftshütte in unerhörter Pracht durchgeführt, von welchem später noch zu reden sein wird.

So auch entstand der so charakteristische Theaterbaustil noch zu geschichtlichen Zeiten aus dem bretternen aber reich geschmückten und bekleideten[2] Schaugerüst.

Es war mir bei der Aufführung dieser Beispiele vorzüglich darum zu thun, auf das Prinzip der äusserlichen Ausschmückung und Bekleidung des structiven Gerüstes hinzuweisen, das bei improvisirten Festbauten nothwendig wird und die Natur der Sache stets und überall mit sich führt, um daran die Folgerung zu knüpfen dass dasselbe Prinzip der Verhüllung der structiven Theile, verbunden mit der monumentalen Behandlung der Zeltdecken und Teppiche welche zwischen den structiven Theilen des motivgebenden Gerüstes aufgespannt waren, auch ebenso natürlich erscheinen muss, wo es sich an frühen Denkmälern der Baukunst kund gibt.[3]

---

1 Diodor. XVIII. 26 wo er den Sarkophag Alexanders beschreibt. In einem Grabe bei Panticapea wurde ein ähnlicher hölzerner Katafalk mit Malereien gefunden. Journal des Savants. Juin 1835 p. 338–9.
2 So erwähnt eine Inschrift von Patara in Kleinasien bei Rob. Walpole Itiner. tom 1. pag. 524. τὴν τοῦ λογείου κατασκευτὴν καί πλακῶσιν. Die reich inkrustirten Proscenien der provisorischen Theater zu Rom sind aus Plinius und Vitruv bekannt.
3 Ich meine das Bekleiden und Maskiren sei so alt wie die menschliche Civilisation und die Freude an beidem sei mit der Freude an demjenigen Thun, was die Menschen zu Bildnern, Malern, Architekten, Dichtern, Musikern, Dramatikern, kurz zu Künstlern machte identisch. Jedes Kunstschaffen einerseits, jeder Kunstgenuss andrerseits, setzt eine gewisse Faschingslaune voraus, um mich modern auszudrücken, – der Karnevalskerzendunst ist die wahre Atmosphäre der Kunst. Vernichtung der Realität, des Stofflichen, ist nothwendig, wo die Form als bedeutungsvolles Symbol als selbstständige Schöpfung des Menschen hervortreten soll. Vergessen machen sollen wir die Mittel, die zu dem erstrebten Kunsteindruck gebraucht werden müssen und nicht mit ihnen herausplatzen und elendiglich aus der Rolle fallen. Dahin leitet das unverdorbene Gefühl bei allen früheren Kunstversuchen die Naturmenschen, dahin kehrten die grossen wahren Meister der Kunst in allen Fächern derselben zurück, nur dass diese in den Zeiten hoher Kunstentwicklung auch von der Maske das Stoffliche maskirten. Diess führte Phidias zu jener Auffassung der beiden Tympanonsüjets an dem Parthenon; offenbar war ihm die Aufgabe, d. h. der dargestellte doppelte Mythos, waren ihm die darin handelnd auftretenden Gottheiten zu

§. 61.
Stoffe zu bildlicher Benützung bei monumentalen Zwecken.

Dass die Technik, welche seit den frühesten Erinnerungen des Menschengeschlechts zu Raumesabschlüssen vorzugsweise in Anwendung kam und die noch immer gleiche Zwecke erfüllt wo jenen frühesten Zuständen der Gesellschaft ähnliche Verhältnisse fortbestehen oder eintreten, die Technik von welcher die Sprache selbst ihre Terminologie des Bauwesens grossentheils entlehnte,[4] die vorarchitektonische Technik des Wandbereiters nämlich, den wichtigsten und dauerndsten Einfluss auf die stilistische Entwicklung der eigentlichen Baukunst haben und behalten musste, dass sie gleichsam als Urtechnik zu betrachten sei, kann nach allem was darüber bereits vorausgeschickt worden, keinem Zweifel mehr unterliegen, doch wird die zunächst folgende Uebersicht der Erscheinungen der Baugeschichte welche sich auf diese Thatsache beziehen, deren Evidenz vervollständigen.

Nicht minder wichtig aber bei weitem schwieriger ist es zu ermitteln, durch welche Uebergänge die eigentliche Baukunst, und mit ihr die bildende Kunst allgemein betrachtet, in der Benützung der Stoffe zu bildlicher Darstellung hindurchging und welche von diesen Mitteln die früheren, welche die späteren waren, die in Anwendung kamen. Es ist hier zunächst nur von den Stoffen selbst, nicht von der Art ihrer Verwerthung die Rede.

---

behandelnder Stoff, (wie der Stein, worin er sie bildete,) den er möglichst verhüllte, d. h. von aller materiellen und äusserlich demonstrativen Kundgebung seines ausserbildlichen religiös-symbolischen Wesens befreite. Daher treten seine Götter uns entgegen, begeistern sie uns, einzeln und im Zusammenwirken, zunächst nicht und vor allen Dingen als Ausdrücke des rein menschlich Schönen und Grossen. „Was war ihm Hekuba?" Aus demselben Grunde konnte auch das Drama nur im Beginnen und auf dem höchsten Gipfel der steigenden Bildung eines Volks Bedeutung haben. Die ältesten Vasenbilder geben uns Begriffe von den frühen materiellen Maskenspielen der Hellenen – in vergeistigter Weise, gleich jenen steinernen Dramen des Phidias, wird durch Aeschylos, Sophokles, Euripides, gleichzeitig durch Aristophanes und die übrigen Komiker das uralte Maskenspiel wieder aufgenommen, wird das Proskenion zum Rahmen des Bildes eines grossartigen Stückes Menschengeschichte, die nicht irgendwo einmal passirt ist, sondern die überall sich ereignet, so lange Menschenherzen schlagen. „Was war ihnen Hekuba?" Maskenlaune athmet in Shakespears Dramen; Maskenlaune und Kerzenduft, Karnevalsstimmung, (die wahrlich nicht immer lustig ist,) tritt uns in Mozarts Don Juan entgegen; denn auch die Musik bedarf dieses Wirklichkeit vernichtenden Mittels, auch dem Musiker ist Hekuba nichts, – oder sollte sie es sein.

Das Maskiren aber hilft nichts, wo hinter der Maske die Sache unrichtig ist oder die Maske nichts taugt; damit der Stoff, der unentbehrliche, in dem gemeinten Sinne vollständig in dem Kunstgebilde vernichtet sei, ist noch vor allem dessen vollständige Bemeisterung vorher nothwendig. Nur vollkommen technische Vollendung, wohl verstandene richtige Behandlung des Stoffs nach seinen Eigenschaften, vor allem aber Berücksichtigung dieser letzteren bei der Formengebung selbst, können den Stoff vergessen machen, können das Kunstgebilde von ihm ganz befreien, können sogar ein einfaches Naturgemälde zum hohen Kunstwerk erheben. Diess sind zum Theil Punkte, worin des Künstlers Aesthetik von den Symbolikern und auch von den Idealisten nichts wissen will, gegen deren gefährliche Doctrinen Rumohr, der jetzt von unsern Aesthetikern und Kunstgelehrten nicht mehr genannte Rumohr, mit Recht in seinen Schriften zu Felde zog.

Wie auch die griechische Baukunst das Gesagte rechtfertige, wie in ihr das Prinzip vorwalte das ich anzudeuten versuchte, wonach das Kunstwerk in der Anschauung die Mittel und den Stoff vergessen macht womit und wodurch es erscheint und wirkt, und sich selbst als Form genügt, dieses nachzuweisen ist die schwierigste Aufgabe der Stillehre.

Vergl. Lessing, Hamburg. Dramaturgie 21stes Stück und passim.

[4] Siehe darüber den Artikel Hellenische Baukunst in dem 2ten Theile dieses Buchs und passim.

Das Bedeutsame dieser Frage für die Geschichte des Stils ist leicht ersichtlich. Jeder Stoff bedingt seine besondere Art des bildnerischen Darstellens durch die Eigenschaften die ihn von andern Stoffen unterscheiden und eine ihm angehörige Technik der Behandlung erheischen. Ist nun ein Kunstmotiv durch irgend eine stoffliche Behandlung hindurchgeführt worden, so wird sein ursprünglicher Typus durch sie modificirt worden sein, gleichsam eine bestimmte Färbung erhalten haben; der Typus steht nicht mehr auf seiner primären Entwicklungsstufe, sondern eine mehr oder minder ausgesprochene Metamorphose ist mit ihm vorgegangen. Geht nun das Motiv aus dieser sekundären oder nach Umständen mehrfach graduirten Umbildung einen neuen Stoffwechsel ein, dann wird das sich daraus Gestaltende ein gemischtes Resultat sein, das den Urtypus und alle Stufen seiner Umbildung die der letzten Gestaltung vorangingen in dieser ausspricht. Auch wird bei richtigem Verlaufe der Entwicklung die Ordnung der Zwischenglieder die den primitiven Ausdruck der Kunstidee mit den mehrfach abgeleiteten verknüpfen zu erkennen sein. Ich halte das Erfassen der ganzen Wichtigkeit dieser Frage über den Stoffwechsel in den Künsten und dessen Gesetz der Aufeinanderfolge für so wichtig dass ich darauf noch durch ein erläuterndes Beispiel besonders hinweisen zu müssen glaube. Ein solches bietet die statuarische Kunst der Hellenen am schicklichsten dar, da sich der Stufengang ihrer stofflichen Entwicklung so ziemlich deutlich verfolgen lässt.

Louis Henri Sullivan

Das große Bürogebäude, künstlerisch betrachtet
(Ausschnitt)

Erste Erscheinung: Louis Henri Sullivan, „The Tall Office Building Artistically Considered", *Lippincott's Magazine*, 57, 1896, S. 403–409.
Textquelle: Sherman Paul, *Louis H. Sullivan. Ein amerikanischer Architekt und Denker*. Übersetzung: Henni Korssakoff-Schröder (Frankfurt am Main, Berlin: Ullstein, 1963), S. 147–149.

Der amerikanische Architekt Louis Henri Sullivan (1856–1924) arbeitete nach einem nicht abgeschlossenen Studium am Massachusetts Institute of Technology in Cambridge, Massachusetts, in Büros von zwei hervorragenden amerikanischen Architekten des neunzehnten Jahrhunderts, Frank Furness in Philadelphia und William Le Baron Jenney in Chicago. Anschließend besuchte er zwischen 1874 und 1876 die École des Beaux Arts in Paris, dann kehrte er nach Chicago zurück. 1879 hat er dort sein eigenes Büro mit Dankmar Adler (1844–1900) eröffnet, das bis 1895 bestand. Adler war für die Lösung der technischen und organisatorischen, Sullivan der künstlerischen Fragen verantwortlich. Ihr erstes großes Werk, das Auditorium Building in Chicago (1887–1889), war ein Vielzweckgebäude, das den Einfluss von Henry Hobson Richardsons Marshall Field Wholesale Store (Chicago, 1885–1887) zeigt. Sullivan war von Richardsons granitverkleidetem Block sehr beeindruckt: „a virile force – broad, vigorous and with a whelm of energy", schrieb er begeistert. Bis zur Zeit der Rezession von 1893 hat das Büro *Adler & Sullivan* mehrere vielgeschossige Bürogebäude mit dem damals neuen, feuersicheren Stahlskelett errichtet. Nach der Trennung von Adler wurde Sullivan zunehmend isoliert, obwohl sein wohl bekanntestes Werk, das Schlesinger and Mayer (heute

Carson Pirie & Scott) Warenhaus (1899–1903, Abb. 84) bereits aus dieser Zeit stammt. Sullivan hat seine unter dem Einfluss des Transzendentalismus Emersons entstandene Gedanken in Aufsätzen und Büchern veröffentlicht. Seine bekanntesten Bücher sind *Kindergarten Chats* (1901), und *The Autobiography of an Idea* (1924).

Sullivan widmet seinen Aufsatz „The Tall Office Building Artistically Considered" (1896) den Gestaltungsproblemen des neuen Gebäudetyps Wolkenkratzer. Er fordert, dass die Form des hohen Bürogebäudes seine in Wirtschaft und Materialkultur der amerikanischen Großstadt erfüllte Funktion zum Ausdruck bringt. Es geht also hier nicht um Funktion als Benützung des Gebäudes, und der viel zitierte Satz „form follows function" ist nicht als Aufruf zu verstehen, die Form aus der Analyse der Funktionsabläufe zu entwickeln. Keinesfalls ist Sullivan ein „Pionier" des Funktionalismus, im Gegenteil, die Frage des Ornaments als Ausdruck einer inhärenten Vitalität beschäftigt Sullivan sowohl in seinem gebauten Werk als auch in seiner Theorie (*A System of Architectural Ornament*, 1924).

Bibliografie: Narciso G. Menocal, *Architecture as Nature: The Transcendentalist Idea of Louis Sullivan* (Madison, London: The University of Wisconsin Press, 1981); David Van Zanten, *Sullivan's City: The Meaning of Ornament for Louis Sullivan* (New York, London: W.W. Norton, 2000).

Gewisse Kritiker – und zwar sehr scharfsinnige – haben die Theorie aufgestellt, daß der echte Prototyp des großen Bürogebäudes die klassische Säule, bestehend aus Basis, Schaft und Kapitell, sei. Demnach wäre also die geformte Basis typisch für die unteren Stockwerke unseres Gebäudes, der glatte oder kannelierte Schaft stellte die monotone, durchgehende Reihe der Büroetagen und das Kapitell die vollendende Kraft und die Üppigkeit des obersten Geschosses dar.

Andere Theoretiker, die einen mystischen Symbolismus vertreten, führen die vielen Dreiheiten in Natur und Kunst sowie die Schönheit und Endgültigkeit einer solchen Dreiheit in der Einheit an. Sie berufen sich auf die Schönheit der Primzahlen, das Geheimnisvolle der Zahl Drei, die Schönheit überhaupt aller Dinge, die in drei Stufen unterteilt sind – z.B. des Tages, der aus Morgen, Mittag und Abend besteht, und des Körpers, der sich aus Gliedern, Rumpf und Kopf zusammensetzt. So, sagen sie, sollte auch das Gebäude vertikal in drei Teile unterteilt sein – wie die zuvor angeführten Dinge, aber aus anderen Motiven heraus.

Andere – reine Intellektualisten – meinen, daß ein solcher Plan wie ein logischer Beweis aufgebaut sein und aus Einleitung, Mitte und Schluß bestehen müsse, und jeder Teil müsse deutlich erkennbar sein: Wieder also, wie weiter oben, ein in vertikaler Richtung dreigeteiltes Gebäude.

Noch andere, die ihre Beispiele und Beweise im Reich der Natur suchen, behaupten, daß ein solcher Entwurf vor allem organisch sein müsse. Sie führen eine geeignete Pflanze an, deren Blätter sich gebündelt auf den Boden breiten und deren langer, anmutiger Stengel die prächtige einzelne Blüte trägt. Sie weisen besonders auf die Föhre hin, auf ihre mächtigen Wurzeln, ihren geschmeidigen durchgehenden Stamm und die büschelige Krone hoch oben in der Luft. So, sagen sie, solle das große Bürogebäude entworfen sein: wieder vertikal in drei Teile geteilt.

Andere schließlich, die mehr Wert auf die Kraft der Einheit als auf die Schönheit der Dreiheit legen, sagen, daß ein solcher Plan auf einen Schlag entworfen werden müsse – in der Art etwa, in der ein Hufschmied oder der gewaltige Jupiter selbst arbeite; oder aber er müsse, wie Minerva, voll ausgebildet den Gedanken entspringen. Sie akzeptieren die Dreiteilung als zulässig und willkommen, aber nicht als wesentlich. Für sie bedeutet sie eine Unterteilung ihrer Einheit: die Einheit entsteht nicht aus dem Zusammenschluß der drei, die von ihnen ohne Murren geduldet werden, sofern die Unterteilung der Einheit die Einheit selbst nicht stört.

Alle diese Kritiker und Theoretiker sind jedoch positiv und einhellig der Meinung, daß das große Bürogebäude nicht zu einer Bühne für die Zurschaustellung architektonischen Könnens im wissenschaftlichen Sinn werden darf; daß zuviel Wissen hier ebenso gefährlich und abstoßend ist wie halbes Wissen; daß ein Mischmasch widerlich ist; daß ein sechzehnstöckiges Gebäude nicht aus sechzehn separaten, voneinander unterschiedenen und unzusammenhängenden Bauwerken bestehen darf, die aufeinandergetürmt werden, bis der oberste Stock erreicht ist.

Diese letzte Torheit würde ich überhaupt nicht erwähnen, wenn es nicht eine Tatsache wäre, daß neun von zehn Gebäuden in genau dieser Weise entworfen werden – und zwar nicht von Unwissenden, sondern von Ausgebildeten. Es scheint wirklich, als sei der „trainierte" Architekt, sobald er diesem Problem gegenübersteht, bei jedem – oder mindestens jedem dritten – Stockwerk von panischer Angst befallen, daß er „schlecht in Form" sei; daß er für sein Bauwerk nicht genügend Schmuck von diesem, jenem oder einem anderen „korrekten" Gebäude aus irgendeinem anderen Land oder irgendeiner anderen Zeit geborgt habe; daß er nicht weitschweifig genug sei in der Ausstellung seiner Ware; kurz: daß er einen Mangel an Wendigkeit zeige. Es scheint über seine Kräfte zu gehen, den Griff der verkrampften, unruhigen Hand zu lockern, seine Nerven zu beruhigen, seine Gedanken abzukühlen, ruhig und natürlich zu überlegen; er lebt in einem schrecklichen Wachtraum, der von den zerstückelten Gliedmaßen der Architektur erfüllt ist: wirklich kein sehr anregendes Schauspiel.

Was die zuvor erwähnten ernsthaften Ansichten scharfsinniger und verständiger Kritiker anlangt, so werde ich mich – wenn auch mit Bedauern – zum Zwecke dieser Demonstration von ihnen absetzen, denn ich halte sie für sekundär und unwesentlich, den innersten Kern der ganzen Angelegenheit, nämlich die echte und unerschütterliche Philosophie der Baukunst, nicht betreffend.

Diese Ansicht will ich nun belegen, denn sie trägt zur Lösung des Problems eine abschließende und umfassende Formel bei.

Jedes Ding in der Natur hat eine Gestalt, daß heißt eine Form, eine äußere Erscheinung, durch die wir wissen, was es bedeutet, und die es von uns selbst und von allen anderen Dingen unterscheidet.

In der Natur bringen diese Formen das innere Leben, den eingeborenen Wert der Geschöpfe oder der Pflanzen, die sie darstellen, zum Ausdruck; sie sind so charakteristisch und so unverkennbar, daß wir ganz einfach sagen, es sei „natürlich", daß sie so sind. Und doch: im Augenblick, in dem wir unter die Oberfläche dringen, im Augenblick, in dem wir durch das ruhige Spiegelbild unseres Ichs und der Wolken hoch über uns in die klare, strömende, unermeßliche Tiefe der Natur schauen – wie bestürzend ist diese Stille, wie unbegreiflich der Fluß des Lebens, wie erschütternd das Geheimnis! Unaufhörlich nimmt das Wesen der Dinge in der Materie der Dinge Gestalt an, und diesen wunderbaren Vorgang nennen wir Geburt und Wachstum. Und wenn nach einer Weile Geist und Materie gemeinsam dahinschwinden, so nennen wir's Verwelken und Tod. Diese beiden Ereignisse erscheinen als zusammenhängend und ineinandergreifend, sie sind eins wie die Seifenblase und ihr Schillern – schweben wie sie in sanft sich bewegender Luft. Diese Luft ist wunderbar über alles Begreifen hinaus.

Dem, der auf dem Ufer der Dinge steht und unverwandt und voll Liebe dorthin blickt, wo die Sonne scheint und wo, wie wir glücklich empfinden, das Leben ist, füllt sich das Herz beständig mit Freude über die Schönheit und die Ungezwungenheit, mit der das Leben seine Formen sucht und findet – in vollkommener Übereinstimmung mit den Bedürfnissen. Immer scheint es, als seien Leben und Form ganz und gar eins und unzertrennlich, so vollendet ist die Erfüllung.

Ob wir an den im Flug gleitenden Adler, die geöffnete Apfelblüte, das schwer sich abmühende Zugpferd, den majestätischen Schwan, die weit ihre Äste breitende Eiche, den Grund des sich windenden Stroms, die ziehenden Wolken oder die über allem strahlende Sonne denken: immer folgt die Form der Funktion – und das ist das Gesetz. Wo die Funktion sich nicht ändert, ändert sich auch die Form nicht. Die Granitfelsen und die träumenden Hügel bleiben immer dieselben; der Blitz springt ins Leben, nimmt Gestalt an und stirbt in einem Augenblick. Es ist das Gesetz aller organischen und anorganischen, aller physischen und metaphysischen, aller menschlichen und übermenschlichen Dinge, aller echten Manifestationen des Kopfes, des Herzens und der Seele, daß das Leben in seinem Ausdruck erkennbar ist, daß die Form immer der Funktion folgt. Das ist Gesetz.

Dürfen wir also dieses Gesetz täglich in unserer Kunst übertreten? Sind wir so dekadent, so töricht, so ungeheuer kurzsichtig, daß wir diese so einfache Wahrheit nicht erkennen? Ist diese Wahrheit so durchsichtig, daß wir durch sie hindurchsehen, ohne sie wahrzunehmen? Ist sie wirklich etwas so Wunderbares – oder aber ist sie so abgedroschen, so alltäglich und uns so nahe, daß wir einfach nicht einsehen können, daß Gestalt, Form und Äußeres des großen Bürogebäudes nach Art aller Dinge sich den Funktionen dieses Gebäudes anpassen müssen – daß, wo die Funktion sich nicht ändert, die Form sich nicht ändern darf?

Zeigt dies nicht klar und deutlich und endgültig, daß eine oder zwei der untersten Etagen einen besonderen Charakter, entsprechend den besonderen Bedürfnissen, zum Ausdruck bringen müssen? Daß die Reihen der eigentlichen Büros, die die gleiche unveränderte Funktion haben, die gleiche unveränderte Form behalten müssen? Daß für die Funktion der obersten Etage, die spezifischen und abschließenden Charakter hat, in bezug auf Kraft, Bedeutung, Endgültigkeit der geeignete Ausdruck gefunden werden muß? Hieraus ergibt sich ganz natürlich, ganz spontan und unbeabsichtigt die dreiteilige Form – nicht aus irgendeiner Theorie, einem Symbol oder einer Logik.

Und so findet der Entwurf des großen Bürogebäudes seinen Platz neben allen anderen Entwürfen, die entstanden, sobald die Architektur – immer einmal im Verlauf langer Zeiträume – eine lebendige Kunst war. Als Beispiel haben wir den griechischen Tempel, den gotischen Dom und die mittelalterliche Burg.

Wenn ursprünglicher Instinkt und ursprüngliche Empfindsamkeit unsere geliebte Kunst beherrschen werden; wenn es erkanntes und anerkanntes Gesetz sein wird, daß die Form stets der Funktion folgt; wenn unsere Architekten aufhören werden, prahlerisch zu streiten und kindisch sich zu zanken, indes ihre Hände von Systemen ausländischer Schulen gefesselt sind; wenn zutiefst empfunden und freudig anerkannt wird, daß dieses Gesetz sonnige grüne Felder erschließt und uns Freiheit schenkt – daß die Schönheit und Herrlichkeit des Gesetzes selbst, wie sie in der Natur in Erscheinung treten, jeden vernünftigen und empfindenden Menschen davon abhält, in Zügellosigkeit zu verfallen; wenn offensichtlich wird, daß wir eine fremde Sprache mit amerikanischem Akzent sprechen, während doch jeder Architekt im Lande unter dem günstigen Einfluß dieses Gesetzes auf die einfachste, bescheidenste und natürlichste Art aussprechen könnte, was er sagen möchte – während er doch wirklich und ganz gewiß seine eigene charakteristische Individualität entwickeln und die Kunst der Architektur zu einer lebendigen Sprache machen könnte, zu einer natürlichen Form der Äußerung, durch die ihm Erleichterung verschafft und den Kunstschätzen seines Landes ein neuer Schatz hinzugefügt würde; wenn wir wissen und fühlen werden, daß die Natur unser Freund und nicht unser unerbittlicher Feind ist, daß ein Nachmittag auf dem Land, eine Stunde am Meeresufer, die freie Aussicht auf einen einzigen Tag – seine Morgendämmerung, seinen Mittag und sein Abendlicht – uns soviel Rhythmus, Tiefe und Ewigkeit für die große Kunst der Architektur schenkt – etwas, das so tief und wahr ist, daß alle einengenden Formalitäten, alle starren Richtlinien, alle erstickenden Fesseln der Schule es nicht in uns abzutöten vermögen –, dann darf gesagt werden, daß wir uns auf dem richtigen Weg zu einer natürlichen und befriedigenden Kunst befinden, zu einer Architektur, die binnen kurzem zur schönen Kunst im wahren und besten Sinn des Wortes werden wird, zu einer Kunst, die leben wird, weil sie eine Kunst des Volkes, eine Kunst für das Volk und durch das Volk ist.

Alois Riegl
Der moderne Denkmalkultus, sein Wesen und seine Entstehung
(Ausschnitt)

Erste Erscheinung: Alois Riegl, *Der moderne Denkmalkultus. Sein Wesen und seine Entstehung* (Wien, 1903).
Textquelle: Georg Dehio, Alois Riegl, *Konservieren, nicht restaurieren. Streitschriften zur Denkmalpflege um 1900* (Braunschweig, Wiesbaden: Vieweg, 1988), S. 57–62.

Des österreichische Kunsthistoriker Alois Riegl (s. Seite 35) war zwischen 1900 und 1903 Leiter der *K.K. Zentralkommission für die Erforschung und Erhaltung der Kunst- und historischen Denkmale*. Seine Schrift *Der moderne Denkmalkultus* entstand parallel zu einem Gesetzentwurf für Denkmalpflege. Anlass zur Auseinandersetzung war die Frage des Umgangs mit historischen Denkmälern. Die Entscheidungen über ihre Erhaltung, Konservierung, Renovierung oder ihren Umbau hat dringend theoretisch fundierte Kriterien erfordert. Es war Riegls Überzeugung, dass Urteile über ein Denkmal nie absolut sind, sondern immer abhängig von der Wahrnehmung und von den Präferenzen einer konkreten Gesellschaft. Er untersuchte die Rolle der Denkmäler in der Kultur, und fand, dass gewisse Monumente eine ausschließlich kommemorative Funktion haben („gewollte Denkmale"), während andere – z.B. die so genannten „Kunstdenkmale" – mit einem anderen Zweck errichtet worden sind.

In seiner Studie identifiziert Riegl ein hierarchisches System von verschiedenen Denkmalswerten, die in der Beurteilung konkreter denkmalpflegerischer Fragen berücksichtigt werden müssen. Riegls System der Denkmalswerte ist in zwei große Gruppen aufgeteilt, die zueinander in einem dialektischen Verhältnis stehen. Die *Erinnerungswerte* schlagen eine Brücke zur Vergangenheit, während die *Gegenwartswerte* im Heute wurzeln. Riegl geht noch weiter und definiert verschiedene, sich oft gegenseitig ausschließende Kategorien innerhalb dieser Gruppen. Die Kategorie der *Erinnerungswerte* besteht aus dem Alterswert (Würdigung der direkt wahrnehmbaren Zeichen der Zeit), dem historischen Wert (das Denkmal als Dokument der Geschichte) und dem gewollten Erinnerungswert (verbunden mit der kommemorativen Funktion). Die Gruppe der *Gegenwartswerte* besteht aus dem Gebrauchswert und dem Kunstwert; der Kunstwert wiederum setzt sich aus dem Neuheitswert (Aktualität des Kunstwerks) und dem relativen Kunstwert (Würdigung der Kunst früherer Zeiten) zusammen. Besonders wichtig erscheint ihm dabei die Kategorie des Alterswertes, in direktem Gegensatz zum Neuheitswert.

Bibliografie: s. Seite 36.

Der Alterswert

Der Alterswert eines Denkmals verrät sich auf den ersten Blick durch dessen unmodernes Aussehen. Und zwar beruht dieses unmoderne Aussehen nicht so sehr auf der unmodernen Stilform, denn diese ließe sich ja auch imitieren und ihre richtige Erkenntnis und Beurteilung wäre fast ausschließlich dem verhältnismäßig engen Kreise gelernter Kunsthistoriker vorbehalten, während der Alterswert den Anspruch erhebt, auf die großen Massen zu wirken. Der Gegensatz zur Gegenwart, auf dem der Alterswert beruht, verrät sich vielmehr in einer Unvollkommenheit, einem Mangel an Geschlossenheit, einer Tendenz auf Auflösung der Form und Farbe, welche Eigenschaften denjenigen moderner, das heißt neuentstandener Gebilde schlankweg entgegengesetzt sind.

Alle bildende Tätigkeit der Menschen ist nichts anderes als das Zusammenfassen einer Anzahl in der Natur verstreuter oder formlos in der Allgemeinheit der Natur aufgehender Elemente zu einem geschlossenen, durch Form und Farbe begrenzten Ganzen. In diesem Schaffen verfährt der Mensch genau wie die Natur selbst: beide produzieren begrenzte Individuen. Diesen Geschlossenheitscharakter verlangen wir noch heute unbedingt von jedem modernen Werke. Die Kunstgeschichte lehrt zwar, daß die Entwicklung des menschlichen Kunstwollens zunehmend auf eine Verbindung des einzelnen Kunstwerkes mit seiner Umgebung gerichtet ist, und unsere Zeit erweist sich darin naturgemäß am fortgeschrittensten; aber trotz unserer kapriziösen Cottages, trotz Bildern wie etwa Michettis Tochter des Jorio, wo einer sonst zur Gänze sichtbaren Figur inmitten des Bildes just der Kopf vom Rahmen weggeschnitten ist, bleibt die isolierende Zusammenfassung des Ganzen in gesetzliche Umrißlinien noch heute das unumgängliche Postulat alles bildenden Kunstschaffens; es liegt in dieser Geschlossenheit allein schon ein ästhetisches Moment, ein elementarer Kunstwert, der uns unter der Bezeichnung „Neuheitswert" unter den Gegenwartswerten noch besonders zu beschäftigen haben wird. Mangel an Geschlossenheit würde uns daher an modernen Werken nur mißfallen: wir bauen darum keine Ruinen (außer um sie zu fälschen), und ein neugebautes Haus, dessen Verputz abbröckelt oder verrußt ist, wirkt auf den Beschauer störend, da dieser von einem neuen Hause lückenlose Abschließung in der Form und in der Polychromie verlangt. Am soeben Gewordenen wirken die Symptome des Vergehens nicht stimmungsvoll, sondern verstimmend.

Sobald aber das Individuum (das vom Menschen wie das von der Natur geschaffene) geformt ist, beginnt die zerstörende Tätigkeit der Natur, das ist ihrer mechanischen und chemischen Kräfte, die das Individuum wieder in seine Elemente aufzulösen und mit der amorphen Allnatur zu verbinden trachten. An den Spuren dieser Tätigkeit erkennt man nun, daß ein Denkmal nicht in jüngster Gegenwart, sondern in einer mehr oder minder vergangenen Zeit entstanden ist, und auf der deutlichen Wahrnehmbarkeit seiner Spuren beruht somit der Alterswert eines Denkmals.

Das drastischste Beispiel dafür bietet, wie schon gesagt wurde, die Ruine, die aus dem einstmaligen geschlossenen Ganzen einer Burg durch allmähliches Hinwegbrechen größerer tastbarer Teile entstanden ist; weit wirksamer gelangt jedoch der Alterswert durch die minder gewaltsame und mehr optisch als haptisch sinnfällige Wirkung der Zersetzung der Oberfläche (Auswitterung, Patina), ferner der abgewetzten Ecken und Kanten u. dgl. zur Geltung, wodurch sich eine zwar langsame, aber sichere und unaufhaltsame, gesetzliche und daher unwiderstehliche Auflösungsarbeit der Natur verrät.

Das auf dem Alterswert beruhende ästhetische Grundgesetz unserer Zeit läßt sich sonach folgendermaßen formulieren: von der Menschenhand verlangen wir die Herstellung geschlossener Werke als Sinnbilder des notwendigen und gesetzlichen Werdens, von der in der Zeit wirkenden Natur hingegen die Auflösung des Geschlossenen als Sinnbild des ebenso notwendigen und gesetzlichen Vergehens. Am frischen Menschenwerk stören uns die Erscheinungen des Vergehens (vorzeitigen Verfalles) ebenso wie am alten Menschenwerk Erscheinungen frischen Werdens (auffallende Restaurierungen). Es ist vielmehr der reine, gesetzliche Kreislauf des naturgesetzlichen Werdens und Vergehens, dessen ungetrübte Wahrnehmung den modernen Menschen vom Anfange des 20. Jahrhunderts erfreut. Jedes Menschenwerk wird hierbei aufgefaßt gleich einem natürlichen Organismus, in dessen Entwicklung niemand eingreifen darf; der Organismus soll sich frei ausleben und der Mensch darf ihn höchstens vor vorzeitigem Absterben bewahren. So erblickt der moderne Mensch im Denkmal ein Stück seines eigenen Lebens und jeden Eingriff in dasselbe empfindet er ebenso störend wie einen Eingriff in seinen eigenen Organismus. Dem Walten der Natur, auch nach seiner zerstörenden und auflösenden Seite, die als unablässige Erneuerung des Lebens aufgefaßt wird, erscheint das gleiche Recht eingeräumt wie dem schaffenden Walten des Menschen[1]. Was dagegen als mißfällig strengstens vermieden werden soll, ist die willkürliche Durchbrechung jenes Gesetzes, das Übergreifen des Werdens in das Vergehen und umgekehrt, das Hemmen der Naturtätigkeit durch Menschenhand, das uns schier als frevelhaftes Sakrileg dünkt, und das vorzeitige Zerstören menschlichen Schaffens durch die Naturkräfte. Wenn nun vom Standpunkte des Alterswertes das ästhetisch Wirksame am Denkmal die Zeichen des Vergehens, der Auflösung des geschlossenen Menschenwerkes durch die mechanischen und chemischen Kräfte der Natur sind, so ergibt sich daraus, daß der Kultus des Alterswertes an einer Erhaltung des Denkmals in unverändertem Zustande nicht allein kein Interesse hat, sondern eine solche sogar wider sein Interesse finden muß. So wie das Vergehen ein stetiges und unaufhaltsames ist, das Gesetz des Kreislaufes, in dessen Wahrnehmung die eigentliche ästhetische Befriedigung des modernen Beschauers alter Denkmale zu ruhen scheint, nicht den Stillstand des Erhaltens, sondern die unablässige Bewegung der Veränderung fordert, soll auch das Denkmal selbst der auflösenden Wirkung der Naturkräfte, soweit sich diese in ruhiger, gesetzlicher Stetigkeit und nicht etwa in plötzlicher gewaltsamer Zerstörung vollzieht, nicht entzogen werden, selbst nicht soweit, als dies überhaupt in der Macht des Menschen liegt. Nur eines muß vom Standpunkte des Alterswertes unbedingt vermieden werden: das willkürliche Eingreifen der Menschenhand in den gewordenen Bestand des Denkmals; es darf weder eine

---

1 Andere charakteristische Züge des modernen Kulturlebens, insbesondere der germanischen Völker, die auf den gleichen Ursprung wie der Alterswert zurückweisen, sind die Tierschutzbestrebungen, ferner der landschaftliche Sinn überhaupt, der sich bereits gelegentlich nicht allein bis zur Schonung einzelner Pflanzen und ganzer Wälder, sondern bis zur Forderung gesetzlichen Schutzes für „Naturdenkmale" und damit zur Einbeziehung selbst anorganischer Stoffmassen in den Kreis der schutzbedürftigen Individuen gesteigert hat.

Zutat noch eine Verminderung, weder eine Ergänzung des im Laufe der Zeit durch die Naturkräfte Aufgelösten noch eine Hinwegnahme des auf dem gleichen Wege zum Denkmal Hinzugekommenen und seine ursprüngliche geschlossene Form Entstellenden erleiden. Der reine erlösende Eindruck natürlichen gesetzlichen Vergehens darf nicht durch die Beimischung willkürlich aufgepropften Werdens getrübt werden. Der Kultus des Alterswertes verdammt hiernach nicht allein jede gewaltsame Zerstörung des Denkmals durch Menschenhand als frevelhaften Eingriff in die gesetzliche Auflösungstätigkeit der Natur, wodurch er einerseits im Sinne der Erhaltung des Denkmals wirkt, sondern wenigstens im Prinzip auch jede konservierende Tätigkeit, jede Restaurierung als nicht minder unberechtigten Eingriff in das Walten der Naturgesetze, wodurch der Kultus des Alterswertes einer Erhaltung des Denkmals direkt entgegenarbeitet. Denn darüber kann man doch nicht im Zweifel sein, daß die ungehemmte Tätigkeit der Naturkräfte schließlich zur gänzlichen Zerstörung des Denkmals führen muß. Es ist wohl richtig, daß die Ruine immer malerischer wird, je mehr Teile davon der Auflösung anheimfallen: ihr Alterswert wird zwar mit fortschreitendem Verfalle ein immer weniger extensiver, das heißt durch immer weniger Teile provozierter, aber dafür ein immer mehr intensiver, das heißt die übrigbleibenden Teile wirken immer eindringlicher auf den Beschauer. Dieser Prozeß hat aber auch seine Grenze; denn wenn endlich die Extensität der Wirkung gänzlich verlorengeht, ist auch kein Substrat für intensive Wirkung mehr übriggeblieben. Ein bloßer formloser Steinhaufen reicht nicht mehr aus, um dem Beschauer einen Alterswert zu gewähren: es muß dazu wenigstens noch eine deutliche Spur von ursprünglicher Form, von ehemaligem Menschenwerk, von einstigem Werden vorhanden sein, während ein Steinhaufen nur mehr einen toten formlosen Splitter der Allnatur ohne Spur lebendigen Werdens darstellt.

So sehen wir den Kultus des Alterswertes an seiner eigenen Zerstörung arbeiten[2]. Seine radikalen Anhänger werden auch gar keinen Protest gegen diese Folgerung erheben. Die auflösende Tätigkeit der Naturkräfte ist erstens eine so langsame, daß selbst jahrtausendalte Denkmale uns mindestens noch für absehbare Zeit – sagen wir für eine absehbare Dauer dieses Kultus – voraussichtlich erhalten bleiben werden. Dann nimmt ja auch das Werden seinen stetigen und ununterbrochenen Fortgang: was heute modern ist und den Gesetzen alles Werdens entsprechend sich in individueller Geschlossenheit darstellt, wird allmählich zum Denkmal werden und in die Lücke eintreten, welche die in der Zeit waltenden Naturkräfte schließlich unfehlbar in den uns überkommenen Denkmalbestand reißen werden. Vom Standpunkte des Alterswertes muß eben nicht für ewige Erhaltung der Denkmale einstigen Werdens durch menschliche Tätigkeit gesorgt sein, sondern für ewige Schaustellung des Kreislaufes vom Werden und Vergehen, und eine solche bleibt auch dann garantiert, wenn an Stelle der heute existierenden Denkmale künftighin andere getreten sein werden.

Der Alterswert hat nun, wie schon an früherer Stelle angedeutet wurde, vor allen übrigen idealen Werten des Kunstwerkes das eine voraus, daß er den Anspruch erheben zu dürfen glaubt, sich an Alle zu wenden, für Alle ohne Ausnahme gültig zu sein. Er behauptet, nicht allein über

---

[2] Natürlich liegt dem Kultus des Alterswertes nichts ferner, als diese Zerstörung beschleunigen zu wollen. Er betrachtet keineswegs, wie es vielleicht den Anschein haben möchte, die Ruine als Endzweck, sondern zieht an ihrer Stelle gewiß etwa eine wohlerhaltene mittelalterliche Burganlage vor; denn wenn die Erinnerungswirkung dieser letzteren allerdings weniger intensiv ist als jene der Ruine, so ist sie dafür eine um so extensivere und macht durch die Fülle und Mannigfaltigkeit der durch sie gebotenen Altersspuren jenen Mangel reichlich wett, indem sie zwar ein Menschenwerk in geringerem Auflösungszustande, aber dafür mehr Menschenwerk im Zustande der Auflösung zeigt.

den Unterschied der Konfessionen, sondern auch über den Unterschied zwischen Gebildeten und Ungebildeten, Kunstverständigen und Nichtverständigen erhaben zu sein. Und in der Tat sind die Kriterien, an denen man den Alterswert erkennt, in der Regel so einfache, daß sie selbst von Leuten, deren Intellekt sonst gänzlich durch die beständige Sorge um das leibliche Wohl und um die materielle Güterproduktion in Anspruch genommen wird, gewürdigt werden können. Einen alten Kirchturm von einem neuen zu unterscheiden, wird selbst der beschränkteste Landbauer vermögen. Dieser Vorteil des Alterswertes tritt namentlich gegenüber dem historischen Werte deutlich hervor, der auf einer wissenschaftlichen Basis beruht und darum erst auf dem Umwege über verstandesmäßige Reflexion gewonnen werden kann, während der Alterswert unmittelbar auf Grund der oberflächlichsten sinnlichen (optischen) Wahrnehmung sich dem Beschauer offenbart und daher unmittelbar zum Gefühle zu sprechen vermag. Freilich war auch die Wurzel des Alterswertes einst jene wissenschaftliche des historischen Wertes gewesen; aber der Alterswert will eben die endliche Errungenschaft der Wissenschaft für alle bedeuten, was der Verstand erklügelt hat, für das Gefühl nutzbar machen – ähnlich etwa wie das Christentum am Ausgange des Altertums, wenn man es rein historisch im Lichte der menschlichen Vernunft und nicht im Lichte der (natürlich dadurch nicht anzutastenden) göttlichen Offenbarung betrachtet, den bleibenden Kern desjenigen, was namentlich die griechische Philosophie für die denkenden Klassen des Altertums gefunden hatte, den Massen zu ihrer Erlösung verständlich gemacht hat – jenen Massen, die niemals mit Verstandesargumenten, sondern nur mit dem Appell an das Gefühl und dessen Bedürfnisse überzeugt und gewonnen werden können.

Dieser Anspruch auf Allgemeingültigkeit ist es nun auch, der die Anhänger des Alterswertes unwiderstehlich dahin treibt, erobernd und unduldsam aufzutreten. Es gibt nach ihrer Überzeugung kein ästhetisches Heil, außer im Alterswert. Von Tausenden längst instinktiv empfunden, aber in offener Weise anfänglich nur von einer kleinen Gruppe kampflustiger Künstler und Laien propagiert, gewinnt der Alterswert nun täglich mehr Anhänger. Er verdankt dies nicht allein einer rührigen technischen Propaganda, sondern gewiß zum entscheidenden Teile der gemäß der Überzeugung seiner Anhänger in ihm ruhenden Kraft, eine ganze Zukunft zu beherrschen. Eine moderne Denkmalpflege wird daher mit ihm, und zwar in allererster Linie mit ihm, zu rechnen haben, was sie natürlich weder hindern kann noch darf, auch die übrigen Werte eines Denkmals – Erinnerungswerte wie Gegenwartswerte – auf ihre Existenzberechtigung zu prüfen, wo sie eine solche antrifft, den bezüglichen Wert gegen den Alterswert abzuwägen und wo der letztere als der geringere befunden werden sollte, den ersteren zu wahren.

Peter Behrens

Kunst und Technik
(Ausschnitt)

Erste Erscheinung: *Elektrotechnische Zeitschrift*, 32. Jg. Heft 22, 2. Juni 1910. S. 552–555.
Textquelle: Tilmann Buddensieg (Hrsg.), *Industriekultur. Peter Behrens und die AEG 1907–1914* (2. Aufl. Berlin: Gebr. Mann, 1980), S. D 283–284.

Der deutsche Architekt und Künstler Peter Behrens (1868–1940) war einer der ersten Designer im modernen Sinne. Als Maler ausgebildet, wandte er sich unter dem Einfluss von William Morris zur angewandten Kunst. Behrens war Mitbegründer der Münchner

Sezession: Als Protest gegen die konservative *Künstlergenossenschaft* rief er im Jahre 1892 mit Fritz von Uhde, Franz Stuck, Max Liebermann und anderen jungen Künstlern den *Verein bildender Künstler* ins Leben. Als Mitglied der Darmstädter Künstlerkolonie auf der Mathildenhöhe hat er dort sein erstes Haus (Haus Behrens) und dessen ganze Innenausstattung realisiert, das seine Begeisterung für Nietzsches Zarathustra manifestierte. 1903 wurde er zum Leiter der Düsseldorfer Kunstgewerbeschule; 1907 nahm er an der Gründung des Deutschen Werkbundes teil. In seiner wichtigsten Schaffensperiode zwischen 1907 und 1914 wirkte er als künstlerischer Beirat der AEG (Allgemeine Elektrizitätsgesellschaft) in Berlin. Er war nicht nur für die Entwicklung eines, der „corporate identity" der AEG ausdrückenden Firmenstils verantwortlich, sondern begründete eine moderne Industriekultur, die in alle Lebensbereiche hineinwirken sollte. Seine Fabrikhallen (Turbinenfabrik der AEG, Berlin, 1909; Kleinmotorenfabrik der AEG, Berlin, 1911) interpretieren Sachlichkeit als Würdeform der technischen Zivilisation. Historische Reminiszenzen, Klassizismus und Renaissance sind stärker präsent im späteren Werk (deutsche Botschaft in St. Petersburg, 1911–1912). Das Architekturbüro von Peter Behrens war um 1910 die wichtigste Werkstatt der Moderne; Le Corbusier, Walter Gropius, Ludwig Mies van der Rohe haben bei ihm gearbeitet. Zwischen 1922 und 1936 war er als Professor und Leiter einer Meisterschule für Architektur an der Akademie der bildenden Künste in Wien tätig. 1936 wurde er mit der Leitung eines Meisterateliers für Baukunst an der Akademie der Künste in Berlin beauftragt.

Den Vortrag „Kunst und Technik" hielt Behrens bei der 18. Jahresversammlung des Verbandes Deutscher Elektrotechniker in Braunschweig im Jahre 1910. Behrens betont im Vortrag die Wichtigkeit der Zusammenarbeit von Ingenieur und Baukünstler, um zeitgemäße Werke zu schaffen. Obwohl Kunst und Technik „ihrem Wesen nach zwei verschiedene Geistesäußerungen" sind, können Ingenieure und Baukünstler den „Charakter der zeitgemäßen Formgestaltung" erkennen. Mathematisch bestimmte Konstruktionen, funktionsgerechte Formen wirken nicht sinnfällig für das Auge – monumentale Gestaltung ist notwendig, da dies dem neuen Modus der Wahrnehmung in der modernen Großstadt entspricht.

Bibliografie: Tilmann Buddensieg, *Industriekultur. Peter Behrens und die AEG 1907–1914* (Berlin: Gebr. Mann, 1979, 1980); Stanford Anderson, *Peter Behrens and a New Architecture for the Twentieth Century* (Cambridge, Mass. und London: The MIT Press, 2000).

Alles große, das im Leben geschaffen worden ist, ist nicht ein gewissenhaftes Berufsergebnis gewesen, sondern der Tatkraft großer und starker Persönlichkeiten zu danken. Es erscheint mir gleichgültig, ob die Konzeption für bedeutungsvolle zeitgemäße Werke aus der Initiative eines weitsichtig und technisch veranlagten Architekten, oder eines rhythmisch empfindenden, künstlerisch veranlagten Ingenieurs hervorgeht, oder ob ein Dritter, ein weitsichtiger Organisator, die grundlegende Idee gibt und den Baukünstler und Konstrukteur zu sich und seinem Werke zieht. Die Hauptsache ist, daß der Charakter der zeitgemäßen Formgestaltung erkannt und durchgeführt wird, und daß solche Ingenieure und Baukünstler zum Werke kommen, die die nötige Gestaltungskraft und das sichere Stilempfinden besitzen.

Wenn im Vorhergehenden überwiegend von Hochbauten die Rede war, so erklärt sich das aus der Bedeutung dieses Bereiches der Ingenieurwissenschaft für unsere Zeit, die große ausgedehnte

Komplexe von Industrieanlagen verlangt. Die großen Zweckbauten, die dem Verkehr dienen, bei denen die Konstruktion des Ingenieurs notwendig ist, treten in unserer Zeit so zahlreich an so exponierten Plätzen in die Erscheinung, daß sie anfangen im Städtebild zu dominieren. Wenn das Thema Kunst und Technik behandelt wird, so dürfen sie vor allem nicht unerwähnt bleiben.

Was uns bei den bestehenden Gebäuden dieser Art verletzt, ist der Eindruck, daß die Architektur in Material und in der Formgebung als wie etwas Nebensächliches behandelt ist. Sie sehen aus, als ob sie lediglich für ihren praktischen Zweck konstruiert seien, und als ob ein Baumeister dritten oder vierten Ranges eine Fassade aus irgendeiner Stilperiode ohne Rücksicht auf die innere Gliederung davor gestellt hätte. Oder falls ein Ingenieurbau dieser Art ohne solche architektonische Zutaten aus zweiter Hand bleibt, so fällt er besonders im Verhältnis zu nachbarlichen Gebäuden durch seine Körperlosigkeit auf. Ein gutes Beispiel für die Körperlosigkeit der Eisenkonstruktion ist der seinerzeit so viel bewunderte Eiffelturm in Paris. Es ist unmöglich, ihn heute im Vergleich mit erhabenen Bauwerken des Altertums als schönes Monument zu empfinden. Man kann keinen anderen Eindruck als den eines nackten Gerüstes bekommen, dabei ist nun noch zu bemerken, daß gerade der Eiffelturm, wie mir von fachmännischer Seite gesagt wurde, aus Schönheitsgründen mehr Material zeigt, als wie zu seiner reinen Konstruktion notwendig gewesen wäre. Der Erfolg der Statik ist zweifellos, das Minimum an Material für eine Konstruktion ermitteln zu können, und die Schönheit des Eisenmaterials liegt zum Teil in der Festigkeit ohne Massenwirkung. Es hat gewissermaßen eine entmaterialisierende Eigenschaft. Dieser Charakter darf nun freilich, wenn das Eisen zur Verwendung kommt, zum Ausdruck gelangen, dennoch aber soll der raumkörperliche Gedanke einer Architektur nicht Einbuße erleiden. Architektur ist Körpergestaltung, und ihre Aufgabe ist nicht, zu enthüllen, sondern ihr ursprüngliches Wesen ist, Raum einzuschließen. Wenn nun gesagt wird, die Schönheit der puren Eisenkonstruktion liegt in der Linie, so wiederhole ich, die Linie ist wesenlos, die Architektur liegt in der Körperlichkeit. Der praktische Zweck großer Industriegebäude sowie unser heutiges allgemeines Bedürfnis nach Luft und Licht verlangen große Öffnungen, aber es ist kein Grund vorhanden, daß darum nun die ganze Architektur den Eindruck eines dünnen drahtartigen Stabgerüstes oder fadenscheinigen Rahmenwerkes macht. Das Eisen sowohl wie das Glas entbehren naturgemäß in der Erscheinung des Voluminösen der geschichteten Steine. Aber durch eine wohlüberlegte Verteilung von Licht- und Schattenflächen in der Fassade, indem große Glasflächen mit eisernen Stützen zu einer Ebene zusammengezogen werden und anderseits Horizontalverbindungen kräftig hervortreten, kann dem Gebäude zur Körperlichkeit verholfen werden und dadurch auch ästhetisch das Gefühl von Stabilität zum Ausdruck gebracht werden, das ohne diese Anordnung trotz der rechnerisch beweisbaren Festigkeit im Eisen dem an Sinnfälligkeit gebundenen Auge verborgen bleibt. Die Konstruktionen des Ingenieurs sind das Ergebnis mathematisch gerichteten Denkens. Niemand wird rechnerisch ihre Festigkeit anzweifeln, aber es ist ein anderes, ob für das Auge ein dynamischer Ausdruck sichtbar wird, und somit eine ästhetische Forderung erfüllt wird, wie sie z.B. restlos bei dem dorischen Tempel erfüllt ist. Wir haben uns freilich schon an manche moderne Konstruktionsform gewöhnt, aber ich glaube nicht daran, daß die auf mathematischem Wege berechnete Stabilität für das Auge sinnfällige Wirkung bekommen wird. Das hieße sonst soviel als eine Kunst auf intellektueller Basis, was einen Widerspruch in sich bedeutete. Ferner ist das rhythmische Prinzip von großer Bedeutung, die es für die Architektur aller Zeit hatte. Es ist doch eine rhythmische Auffassung, wenn wir sagen, daß unsere Zeit schneller geht als die unserer Väter. Eine Eile hat sich unserer bemächtigt, die keine Muße gewährt, sich in Einzelheiten zu verlieren. Wenn wir im überschnellen Gefährt durch die

Straßen unserer Großstadt jagen, können wir nicht mehr die Details der Gebäude gewahren. Ebensowenig wie vom Schnellzug aus Städtebilder, die wir im schnellen Tempo des Vorbeifahrens streifen, anders wirken können als nur durch ihre Silhouette. Die einzelnen Gebäude sprechen nicht mehr für sich. Einer solchen Betrachtungsweise unserer Außenwelt, die uns bereits zur steten Gewohnheit geworden ist, kommt nur eine Architektur entgegen, die möglichst geschlossene, ruhige Flächen zeigt, die durch ihre Bündigkeit keine Hindernisse bietet. Wenn etwas Besonderes hervorgehoben werden soll, so ist dieser Teil an das Ziel unserer Bewegungsrichtung zu setzen. Ein großflächiges Gliedern, ein übersichtliches Kontrastieren von hervorragenden Merkmalen und breit ausgedehnten Flächen oder ein gleichmäßiges Reihen von notwendigen Einzelheiten, wodurch diese wieder zu gemeinsamer Einheitlichkeit gelangen, ist notwendig.

Gropius/Taut/Behne — Der neue Baugedanke (Ausschnitte)

Erste Erscheinung: Flugblatt zur „Ausstellung für unbekannte Architekten", Berlin, April 1919.
Textquelle: Ulrich Conrads, *Programme und Manifeste zur Architektur des 20. Jahrhunderts* (Berlin, Frankfurt am Main, Wien: Ullstein, 1964), S. 43–44.

Walter Gropius

Walter Gropius (1883–1969, s. Seite 206) war Mitglied des *Arbeitsrates für Kunst* (1918–1921) und der *Novembergruppe* (1918–1933); organisierte Ausstellungen und propagierte neue, radikale künstlerische Ideen. Die Schrift „Der neue Baugedanke", deren Autoren neben Gropius Bruno Taut und Adolf Behne waren, erschien als Flugblatt zur vom Arbeitsrat veranstalteten *Ausstellung für unbekannte Architekten* in Berlin, im April 1919. Gropius, Taut und Behne regten zur Bildung einer „neuen Zunft des Handwerkers" ohne Grenzen zwischen Disziplinen an: „Architektur und Plastik und Malerei, die aus Millionen Händen der Handwerker einst gegen Himmel steigen wird als kristallenes Sinnbild eines kommenden neuen Glaubens". Gropius, der die Wurzel des Kunstverfalls im Kommerzialismus, „im materiellem Sumpf" seiner Zeit sieht, erwähnt bereits hier das Bauhaus, die Bauhütten „wie im goldenen Zeitalter der Kathedralen" als Werkstatt der Erneuerung. Der Architekt ist „Führer der Kunst" in dieser Werkstatt, wo in „enger persönlicher Fühlung der Künstler aller Grade" die Kathedrale der Zukunft entstehen wird. Noch im gleichen Jahre wird Gropius nach Weimar berufen, um dort die Hochschule für bildende Kunst mit der großherzoglichen Kunstgewerbeschule zu vereinigen und das Staatliche Bauhaus zu gründen.

Bibliografie: s. Seite 207.

Was ist Baukunst? Doch der kristallene Ausdruck der edelsten Gedanken der Menschen, ihrer Inbrunst, ihrer Menschlichkeit, ihres Glaubens, ihrer Religion! Das war sie einmal! Aber wer von den Lebenden unserer zweckverfluchten Zeit begreift noch ihr allumfaßbares, beseligendes

Wesen? Da gehen wir durch unsere Straßen und Städte und heulen nicht vor Scham über solche Wüsten der Häßlichkeit! Seien wir uns nur klar: Diese grauen, hohlen, geistlosen Attrappen, in denen wir leben und arbeiten, werden vor der Nachwelt beschämendes Zeugnis für den geistigen Höllensturz unseres Geschlechtes ablegen, das die große einzige Kunst vergaß: Bauen. Bilden wir uns nur nicht ein, in unserer europäischen Anmaßung, die armseligen Bautaten unseres Zeitalters könnten das trostlose Gesamtbild verändern. Unser aller Werk sind nur Splitter. Gebilde, die Zweck und Notdurft schafft, stillen nicht Sehnsucht nach einer von Grund aus neu erbauten Welt der Schönheit, nach Wiedergeburt jener Geisteseinheit, die sich zur Wundertat der gotischen Kathedrale aufschwang. Wir erleben sie nicht mehr. Aber es gibt einen Trost für uns: die Idee, der Aufbau einer glühenden, kühnen, weit vorauseilenden Bauidee, die eine glücklichere Zeit, die kommen muß, erfüllen soll. Künstler, stürzen wir endlich die Mauern um, die unsere verbildende Schulweisheit zwischen den „Künsten" errichtete, um alle wieder Bauende zu werden! Wollen, erdenken, erschaffen wir gemeinsam den neuen Baugedanken. Maler und Bildhauer, durchbrecht also die Schranken zur Architektur und werdet Mitbauende, Mitringende um das letzte Ziel der Kunst: die schöpferische Konzeption der Zukunftskathedrale, die wieder alles in einer Gestalt sein wird, Architektur und Plastik und Malerei.

Aber Ideen sterben, sobald sie Kompromisse werden. Darum klare Wasserscheiden zwischen Traum und Wirklichkeit, zwischen Sternensehnsucht und Alltagsarbeit. Architekten, Bildhauer, Maler, wie alle müssen zum Handwerk zurück! Denn es gibt keine „Kunst von Beruf". Künstler sind Handwerker im Ursinn des Wortes, und nur in seltenen, gnadenreichen Lichtmomenten, die jenseits ihres eigenen Willens stehen, kann unbewußt Kunst aus dem Werk ihrer Hände erblühen. Maler und Bildhauer, werdet auch ihr wieder Handwerker, zerschlagt die Rahmen der Salonkunst um eure Bilder, geht in die Bauten, segnet sie mit Farbenmärchen, meißelt Gedanken in die nackten Wände und – baut in der Phantasie, unbekümmert um technische Schwierigkeiten. Gnade der Phantasie ist wichtiger als alle Technik, die sich immer dem Gestaltungswillen der Menschen fügt. Es gibt ja heute noch keinen Architekten, wir alle sind nur Vorbereitende dessen, der einmal wieder den Namen Architekt verdienen wird, denn das heißt: Herr der Kunst, der aus Wüsten Gärten bauen und Wunder in den Himmel türmen wird.

Bruno Taut

Der Architekt Bruno Taut (1880–1938) studierte an der Baugewerkschule seiner Geburtsstadt Königsberg und hat ab 1902 in verschiedenen Architekturbüros gearbeitet. 1909 hat er in Berlin sein eigenes Büro eröffnet (später in Partnerschaft mit Franz Hoffmann und seinem Bruder Max Taut). Im Jahre 1913 hat er den Schriftsteller Paul Scheerbart kennengelernt, der in seinen Schriften schon seit Jahren die Glasarchitektur als Quelle einer neuen Lebensauffassung forderte. Die Begegnung mit Scheerbart markierte den Anfang einer Periode von Glasarchitekturen in Tauts Werk („Glashaus" an der Werkbund-Ausstellung in Köln, 1914). Taut wurde Gründungsmitglied des *Arbeitsrats für Kunst*, der *Novembergruppe* und später des *Rings*. Wie Gropius, war auch Taut überzeugt, dass die Architekten in ihren Werken das „Volksempfinden" zum Ausdruck bringen sollen. Tauts „Architektur-Programm" wird Weihnachten 1918 mit Einverständnis des *Arbeitsrates für Kunst* als Flugblatt veröffentlicht. Im März des nächsten Jahren erscheint auf der Grundlage dieses Programms ein Rundschreiben des Arbeitsrates, „Unter den Flügeln einer großen Baukunst". In dieser Schrift betonen die Verfasser:

„Kunst und Volk müssen eine Einheit bilden. Die Kunst soll nicht mehr Genuß Weniger, sondern Glück und Leben der Masse sein. Zusammenschluß der Künste unter den Flügeln einer großen Baukunst ist das Ziel. Fortan ist der Künstler allein als Gestalter des Volksempfindens verantwortlich für das sichtbare Gewand des neuen Staates." (Abgedruckt in *Mitteilungen des Deutschen Werkbundes*, 4/1918). Tauts Publikationen *Die Stadtkrone* (1919) und *Alpine Architektur* (1920) inspirieren die junge Architektengeneration der Nachkriegszeit. Die *Gläserne Kette*, eine kleine Gruppe von radikalen Architekten, Künstlern und Kritikern kommt auf Tauts Initiative zustande, der mit einem ersten Brief die Korrespondenz zwischen den Mitgliedern einleitet. Im Jahre 1921 wird Taut als Stadtbaurat nach Magdeburg berufen, wo er seine Gedanken zur farbigen Stadt zu verwirklichen sucht. Die ersten Ergebnisse hat in seiner Zeitschrift *Frühlicht* (1920–1922) veröffentlicht. 1927 Mies van der Rohe ladet ihn und seinen Bruder Max ein, Musterwohnhäuser an der Stuttgarter Weißenhofsiedlung zu errichten. 1924–1932 arbeitet er als künstlerischer Leiter der GEHAG (Gemeinnützigen Heimstätten Spar- und Bau-Aktiengesellschaft) mit Martin Wagner in Berlin. 1932 geht er mit großen Hoffnungen nach Moskau, um im nächsten Jahr enttäuscht nach Japan weiterzureisen. Sein Buch *Das japanische Haus und sein Leben* (1935) erregt großes Interesse, trotzdem findet er dort als Architekt keine Arbeit. 1936 läßt er sich in der Türkei nieder, wo er bis zu seinem frühen Tod wieder als Architekt tätig sein kann.

Bibliografie: Winfried Nerdinger und Kristiana Hartmann, Matthias Schirren, Manfred Speidel (Hrsg.), *Bruno Taut 1880–1938. Architekt zwischen Tradition und Avantgarde* (Stuttgart, München: DVA, 2001).

Gibt es heute Architektur? Gibt es heute Architekten? Erwin von Steinbach, Sinan, Aben Cencid, Diwakara, Pöppelmann – wagt es heute jemand, sich angesichts dieser erlauchten Namen „Architekt" zu nennen? Nein, es gibt heute so wenig eine Architektur wie Architekten.

Sind wir, die wir heute dem Restlosen hingegeben sind, nicht Parasiten im Verbande einer Gesellschaft, die keine Architektur kennt, keine will und also auch den Architekten nicht braucht! Denn wir nennen es nicht Architektur, tausend nützliche Dinge, Wohnhäuser, Büros, Bahnhöfe, Markthallen, Schulen, Wassertürme, Gasometer, Feuerwachen, Fabriken u.dgl. in gefällige Formen zu kleiden. Unsere „Brauchbarkeit" in diesen Dingen, durch die wir unser Leben fristen, hat nichts mit unserem Beruf zu tun, so wenig wie eben irgendein heutiger Bau mit Angkor Vat, der Alhambra oder dem Dresdner Zwinger.

In unserem Beruf können wir heute nicht Schaffende sein, sondern sind Suchende und Rufende. Wir wollen nicht aufhören, zu suchen nach dem, was sich später einmal kristallisieren kann, und zu rufen nach Gefährten, die mit uns den harten Pfad gehen, die in tiefster Bescheidenheit wissen, daß alles Heutige nur ganz frühe Morgenröte ist, und die in selbstvergessener Hingabe sich zum Aufgang der neuen Sonne vorbereiten. Wir rufen nach allen Zukunftsgläubigen. Alle starke Zukunftssehnsucht ist werdende Architektur. Es wird einmal eine Weltanschauung dasein, und dann wird auch ihr Zeichen, ihr Kristall – die Architektur dasein.

Dann gibt es kein Ringen und Grübeln um Kunst im Leben irgendwelcher Banalitäten, dann gibt es eine einzige Kunst, und diese Kunst leuchtet in alle Ecken und Winkel hinein. Bis dahin kann das Nützliche nur dann leidlich sein, wenn der Architekt eine Vorahnung dieser Sonne in sich trägt. Sie allein gibt das Maß aller Dinge, unterscheidet streng das Sakrale vom Profanen, das Große vom Kleinen, gibt aber auch den alltäglichen Dingen einen Schimmer ihres Glanzes.

Paul Valéry

Eupalinos oder der Architekt
(Ausschnitt)

Erste Erscheinung: Paul Valéry, „Eupalinos ou l'architecte" in *Architectures* September, 1921.
Textquelle: Paul Valéry, *Eupalinos oder der Architekt*. Übersetzung von Rainer Maria Rilke (Frankfurt am Main: Suhrkamp, 1973), S. 163–168.

Der französische Dichter und Schriftsteller Paul Valéry (1871–1945) war in seiner Jugend stark beeinflusst von Richard Wagners Musik und von der Philosophie Schopenhauers und Nietzsches. Er war noch nicht zwanzig Jahre alt, als seine erste Schrift „Paradoxe sur l'architecte" in der Zeitschrift *L' Ermitage* (1891) erschien. Diese Arbeit zeigt bereits eine bestimmte thematische Verwandtschaft mit seinem berühmten Dialog „Eupalinos oder der Architekt". Es handelt sich um ein Gespräch zwischen Phaidros und Sokrates über Eupalinos, den Architekten, und sein Werk bzw. über Kunst und Architektur allgemein. Valéry fand den Namen Eupalinos in dem Artikel „Architektur" der *Encyclopédie Berthelot*. Er berichtete später, dass er in diesem Dialog zeigen wollte, dass allein der reine Gedanke und die Suche nach Wahrheit zur Schöpfung oder zur Entdeckung einer *Form* führen können.

Zum ersten Mal erschien der Dialog in der einzigen Nummer der Zeitschrift *Architectures* im September 1921. Noch in demselben Jahr hat Valéry einen anderen Dialog, „L'Âme et la danse" (Die Seele und der Tanz) in der Zeitschrift *La Revue Française* (Dezember 1921) publiziert, der in späteren Buchausgaben als eine Art „apollinische" Einführung zum „dionysischen" Eupalinos veröffentlicht wurde. Valéry zeigt, dass der Körper, die Bewegung, der Raum und die Architektur Glieder in einer logischen Kette bilden.

Valérys Eupalinos wurde in einer Sprache geschrieben, deren Klarheit und Präzision seinem Thema, der Architektur, entsprechen soll. Den Dialog hat Rainer Maria Rilke als seine letzte Arbeit vor seinem Tod ins Deutsche übersetzt.

Bibliografie: Jürgen Schmidt-Radefeldt (Hrsg.), *Paul Valéry: Philosophie der Politik, Wissenschaft und Kultur* (Tübingen: Stauffenburg Verlag, 1999).

Sokrates: […] Nun ist von allen Akten der vollkommenste der des Bauens. Ein Werk bedarf der Liebe, der Überlegung, des Gehorsams gegen den schönsten Gedanken, einer gesetzgeberischen Kraft deiner Seele und noch anderes, was es aus dir sich gewinnen muß, während du nicht ahntest, alles das zu besitzen. Dieses Werk geht aus der innersten Heimlichkeit deines Lebens hervor und ist doch nicht eins mit dir. Wenn es mit der Fähigkeit zu denken begabt wäre, würde es deine Existenz voraussetzen, ohne jemals so weit zu kommen, sie festzustellen oder sie klar zu begreifen. Du wärest ein Gott für es…

Betrachten wir also diese große Handlung des Bauens. Bedenke, Phaidros, der Demiurg, da er daran ging, die Welt zu machen, hatte es zu tun mit der Wirrsal des Chaos. Alles vor ihm war gestaltlos. Es gab in diesem Abgrund nicht eine Handvoll Stoff, die nicht unendlich unrein gewesen wäre, und ein Gemisch von zahllosen Stoffen.

Er machte sich tapfer daran, an dieses entsetzliche Gemenge des Trockenen mit dem Feuchten, des Harten mit dem Weichen, des Lichts mit der Dunkelheit, aus dem das Chaos bestand, dessen ungeheure Unordnung die kleinsten Teile erfüllte. Er hat Ordnung gebracht in diesen irgendwie strahlenden Kot, wo es nicht ein Teilchen Reines gab, wo alle Kräfte aufgelöst waren, daß Vergangenheit und Zukunft, der Stoff und was an ihm geschehen sollte, Dauerhaftes und Vergänglichstes, Nachbarschaft und Entfernung, Ruhe und Bewegung, das Leichte und das Schwere, daß alles so durcheinander war wie der Wein und das Wasser, wenn sie in einer Schale gemischt sind. Unsere Gelehrten versuchen immer, ihren Geist diesem Zustand anzunähern, aber der große Gestalter tat das Gegenteil. Er war der Feind der Ähnlichkeiten und jener versteckten Gleichheiten, die zu entdecken uns entzückt. Er richtete die Ungleichheit ein. Hand anlegend an den Teig der Welt siebte er die Atome heraus. Er hat das Warme getrennt von dem Kalten, den Abend von dem Morgen; beinahe alles Feuer hat er in unterirdische Höhlen verdrängt und Trauben von Eis aufgehängt an den Spalieren der Morgenröte unter den Wölbungen des ewigen Äthers. Durch ihn wurde die Ausdehnung unterschieden von der Bewegung, die Nacht vom Tag. In seiner Wut, alles zu entzweien, spaltete er die ersten Tiere, die er abgetrennt hatte von den Pflanzen, in männliche und weibliche. Nachdem er endlich auch noch das geschieden hatte, was in den Wirrnissen des Ursprungs die dichteste Mischung eingegangen war – Stoff und Geist –, hat er in den Höhen des Feuerhimmels auf den unzulänglichen Gipfeln der Geschichte jene geheimnisvollen Massen aufgehäuft, deren unausweichliches und stummes Niedergleiten bis auf den Grund des Abgrunds die Zeit hervorbringt und mißt. Er hat dem Schlamme die schimmerndsten Meere ausgepreßt und die reinen Gewässer; er hat die Gebirge aus den Wellen gehoben und in schöne Inseln verteilt, was noch an Greifbarem übrigblieb. Auf diese Weise hat er alle Dinge gemacht und aus einem Rest von Schlamm den Menschen.

Aber der Baumeister, den ich jetzt vorstelle, findet sich gegenüber als Chaos und Rohstoff eben diese Ordnung der Welt, die der Demiurg aus der ursprünglichen Unordnung gezogen hat. Die Natur ist gestaltet, die Elemente sind getrennt; aber irgend etwas mutet ihm zu, dieses Werk für unvollendet zu halten, als ob es wieder vorgenommen werden sollte und in Bewegung gesetzt, um ausgerechnet dem Menschen zu genügen. Er nimmt den Punkt, wo Gott stehengeblieben war, zum Ausgangspunkt seines Handelns. – Am Anfang, so sagt er sich, war, was ist: die Gebirge und die Wälder, die Erzlager und die Adern, der rote Ton, der blonde Sand und der weiße Stein, der den Mörtel ergeben wird. Auch die starken Arme der Männer waren da und die schweren Kräfte von Büffeln und Rindern. Anderseits aber gab es Truhen und Speicher von klugen Tyrannen und von Bürgern, die sich unendlich bereichert hatten in ihren Geschäften. Es gab schließlich Priester, denen daran lag, ihren Gott unterzubringen, und gewaltige Könige, denen nichts zu wünschen übrigblieb als ein Grabmahl ohnegleichen, und die Republiken, die von unüberwindlichen Mauern träumten, und greise Räte des Staates voll feinen Geschmacks und voll Nachgiebigkeit gegen Schauspieler und Sängerinnen, die darauf brannten, auf Staatskosten ihnen die geräumigsten Theater zu erbauen.

Götter dürfen nicht ohne Dach bleiben, Seelen nicht ohne Schauspiel. Die Marmormassen sollen nicht tot in der Erde bleiben wie eine massige Nacht; Zedern und Zypressen fühlen sich nicht zufrieden, in Flammen oder Fäulnis unterzugehen, wenn es möglich ist, in wohlriechende Balken und glänzende Möbel verwandelt zu sein. Noch weniger aber geht es an, daß das Gold der reichen Leute träge seinen schweren Schlaf schläft in den Urnen und in den Finsternissen der Schatzkammern. Dieses schwere Metall vermag, wenn es sich mit der Phantasie verbindet, die tätigsten Eigenschaften des Geistes anzunehmen. Es hat seine unruhige Natur. Sein Wesen ist Flucht. Es verwandelt sich in alle Dinge, ohne selbst jemals sich zu verwandeln. Es hebt Steinblöcke, durchbohrt Berge, lenkt Ströme ab, öffnet die Tore von Festungen und die verhaltensten Herzen. Es legt Menschen in Ketten; es kleidet und entkleidet die Frauen mit einer Geschwindigkeit, die ans Wunder grenzt. Es ist sicher die abstrakteste Kraft nach dem Gedanken; dieser schließlich bewirkt nur den Austausch von Bildern, die er umkleidet, während das Gold die Umwandlung der wirklichen Dinge untereinander erreicht und begünstigt. Keiner Verderbnis ausgesetzt, geht es rein durch alle Hände.

Gold, Arme, Pläne, die verschiedensten Stoffe, alles ist da und gleichwohl ohne Ergebnis.

– Da komme ich, sagt der Baumeister, ich bin die Handlung. Ihr seid Stoff, ihr seid Kraft, ihr seid Streben; aber ihr seid getrennt. Eine unbekannte Einrichtung hat euch vereinzelt und vorbereitet, so wie sie konnte. Der Demiurg verfolgte seine Pläne, die nicht Rücksicht nehmen auf seine Kreaturen. Das Gegenspiel mußte kommen. Ihn kümmerten nicht die Sorgen, die hervorgehen mußten aus dieser Trennung, die herzustellen ihn unterhalten hat oder vielleicht gelangweilt. Er hat euch das Leben gegeben und auch noch die Mittel, allerhand Dinge zu genießen, aber nicht gerade diejenigen, auf die ihr Lust habt.

Aber ich komme nach ihm. Ich bin der, der versteht, was ihr wollt, es eine Kleinigkeit besser versteht als ihr selbst; ich werde eure Schätze aufbrauchen mit etwas mehr Folgerichtigkeit und Genie, als ihr es tut; ich werde euch sehr viel kosten, ohne Zweifel, aber alle Welt wird dabei gewinnen. Ab und zu werde ich mich irren, und es wird ein paar Ruinen geben; aber man kann immer und mit großem Vorteil ein verfehltes Werk als eine Stufe ansehen, die uns dem Schönen näher bringt.

Ludwig Mies van der Rohe Baukunst und Zeitwille!

Erste Erscheinung: *Der Querschnitt* Jg. 4. (1/1924), S. 31–32.
Textquelle: Fritz Neumeyer, *Mies van der Rohe. Das kunstlose Wort. Gedanken zur Baukunst* (Berlin: Siedler, 1986), S. 303–304.

Ludwig Mies van der Rohe (1886–1969) absolvierte keine akademische Architekturausbildung, sondern begann seine Laufbahn in der Maurerwerkstatt seines Vaters und als Bauzeichner. Sein wichtigster Architekturlehrer war Peter Behrens, in dessen Büro er in Berlin arbeitete (1908–1911). Als er mit einem Auftrag für das Haus Kröller-Müller in Den Haag beschäftigt war, lernte er die Architektur von H.P. Berlage kennen und fühlte sich von dessen Lehre der Ehrlichkeit in Konstruktion und Material angezogen. Von 1913 an arbeitete er selbstständig in Berlin. Nach dem Ersten Weltkrieg, in Berlins kosmopolitischer Atmosphäre, schloss er sich mit Künstlern der verschiedenen Avantgarde-Strömungen zusammen. Er nahm an der Redaktion der Zeitschrift *G* (Gestaltung) teil. Mies schloss sich 1922 der *Novembergruppe* an und wurde 1924 zum Mitbegründer der progressiven Architektengruppe *Ring*. Sein Hochhausentwurf aus Glas (1922) ist wohl aus der Glasbegeisterung von Scheerbart und Taut geboren, die expressionistischen Züge sind jedoch verschwunden zu Gunsten einer großzügigen und zugleich schwerelosen Monumentalität. 1926 wurde Mies zum Vizepräsidenten des Deutschen Werkbundes ernannt; er nützte die günstige Gelegenheit, um in Stuttgart die Weißenhofsiedlung (1927), das internationale Manifest der Neuen Bauens, zu realisieren. Nach dem Weggang von Hannes Meyer wurde er von Walter Gropius als Leiter des Bauhauses vorgeschlagen (1930). Die nach Berlin umgezogene Schule wurde jedoch von den Nationalsozialisten bald geschlossen (1933). 1938 emigrierte Mies nach Amerika und wurde zum Professor für Architektur am *Armour Institute of Technology* (heute IIT) in Chicago ernannt.

In seiner Schrift „Baukunst und Zeitwille!" (1924) bezeichnet Mies seine Zeit als „unpathetisch", da nicht der „große Schwung", sondern „die Vernunft und das Reale" geschätzt werden, die „Sachlichkeit und Zweckmäßigkeit" erfordern. Schon der Titel verkündet jedoch dieses Unpathetische mit Pathos, die Bauten von heute sollten ja „die Größe tragen, deren die Zeit fähig ist". Mies entwickelt hier ein Programm für diese neue Monumentalität: Es ist nicht mehr die „mammuthafte Schwere" der massigen Konstruktionen, sondern die „spinnedünnen Kraftsysteme" der Eisenkrane, die die vitalen Energien des „Heute" verkörpern. Diese Position ist gut vergleichbar mit Louis I. Kahns späterem Plädoyer für eine moderne Monumentalität, die durch neue Werkstoffe und Konstruktionen ermöglicht wird (s. Seite 436–441).

Bibliografie: Fritz Neumeyer, *Mies van der Rohe. Das kunstlose Wort. Gedanken zur Baukunst* (Berlin: Siedler Verlag, 1986); Terence Riley, Barry Bergdoll (Hrsg.), *Mies in Berlin* (New York: The Museum of Modern Art, 2001).

Nicht die baukünstlerischen Leistungen lassen uns die Bauten früherer Zeiten so bedeutungsvoll erscheinen, sondern der Umstand, daß antike Tempel, römische Basiliken und auch die Kathedralen des Mittelalters nicht Werke einzelner Persönlichkeiten, sondern Schöpfungen ganzer Epochen sind. Wer fragt angesichts solcher Bauten nach Namen, und was bedeutet die zufällige Persönlichkeit ihrer Erbauer? Diese Bauten sind ihrem Wesen nach ganz unpersönlich. Sie sind reine Träger eines Zeitwillens. Hierin liegt ihre tiefste Bedeutung. Nur so konnten sie Symbole ihrer Zeit werden.

Baukunst ist immer raumgefaßter Zeitwille, nichts anderes. Ehe diese einfache Wahrheit nicht klar erkannt wird, kann der Kampf um die Grundlagen einer neuen Baukunst nicht zielsicher und mit wirksamer Stoßkraft geführt werden; bis dahin muß er ein Chaos durcheinander wirkender Kräfte bleiben. Deshalb ist die Frage nach dem Wesen der Baukunst von entscheidender Bedeutung. Man wird begreifen müssen, daß jede Baukunst an ihre Zeit gebunden ist und sich nur an lebendigen Aufgaben und durch die Mittel ihrer Zeit manifestieren läßt. In keiner Zeit ist es anders gewesen.

Deshalb ist es ein aussichtsloses Bemühen, Inhalt und Formen früherer Bauepochen unserer Zeit nutzbar zu machen. Selbst die stärkste künstlerische Begabung muß hier scheitern. Wir erleben immer wieder, daß hervorragende Baumeister nicht zu wirken vermögen, weil ihre Arbeit nicht dem Zeitwillen dient. Sie sind letzten Endes trotz ihrer großen Begabung Dilettanten, denn es ist bedeutungslos, mit welchem Elan das Falsche getan wird. Auf das Wesentliche kommt es an. Man kann nicht mit zurückgewandtem Blick vorwärts schreiten und nicht Träger eines Zeitwillens sein, wenn man in der Vergangenheit lebt. Es ist ein alter Trugschluß fernstehender Betrachter, für die Tragik solcher Fälle die Zeit verantwortlich zu machen.

Das Streben unserer Zeit ist auf das Profane gerichtet. Die Bemühungen der Mystiker werden Episode bleiben. Trotz einer Vertiefung unserer Lebensbegriffe werden wir keine Kathedralen bauen. Auch die große Geste der Romantiker bedeutet uns nichts, denn wir spüren dahinter die

Leere der Form. Unsere Zeit ist unpathetisch, wir schätzen nicht den großen Schwung, sondern die Vernunft und das Reale.

Die Forderungen der Zeit nach Sachlichkeit und Zweckmäßigkeit sind zu erfüllen. Geschieht das großen Sinnes, dann werden die Bauten unserer Tage die Größe tragen, deren die Zeit fähig ist, und nur ein Narr kann behaupten, daß sie ohne Größe sei.

Fragen allgemeiner Natur stehen im Mittelpunkt des Interesses. Der Einzelne verliert immer mehr an Bedeutung; sein Schicksal interessiert uns nicht mehr. Die entscheidenden Leistungen auf allen Gebieten tragen einen objektiven Charakter und ihre Uhrheber sind meist unbekannt. Hier wird der große anonyme Zug unserer Zeit sichtbar. Unsere Ingenieurbauten sind hierfür typische Beispiele. Riesige Wehre, große industrielle Anlagen und wichtige Brücken entstehen mit der größten Selbstverständlichkeit, ohne daß ihre Schöpfer bekannt werden. Diese Bauten zeigen auch die technischen Mittel, deren wir uns in Zukunft zu bedienen haben.

Vergleicht man die mammuthafte Schwere römischer Aquädukte mit den spinnedünnen Kraftsystemen neuzeitlicher Eisenkrane, die massigen Gewölbekonstruktionen mit der schnittigen Leichtigkeit neuer Eisenbetonbauten, so ahnt man, wie sehr sich Form und Ausdruck unserer Bauten von denen früherer Zeit unterscheiden werden. Auch die industriellen Herstellungsmethoden werden hierauf nicht ohne Einfluß bleiben. Der Einwand, daß es sich hier nur um Zweckbauten handle, bleibt ohne Bedeutung.

Verzichtet man auf jede romantische Betrachtungsweise, so wird man auch in den Steinbauten der Antike, den Ziegel- und Betonkonstruktionen der Römer sowie in den mittelalterlichen Kathedralen unerhört kühne Ingenieurleistungen erkennen, und es ist mit Bestimmtheit anzunehmen, daß die ersten gotischen Bauten in ihrer romanischen Umgebung als Fremdkörper empfunden wurden.

Erst dann werden unsere Nutzbauten ins Baukünstlerische hineinwachsen, wenn sie bei ihrer Zweckerfüllung Träger des Zeitwillens sind.

Adolf Behne

Der moderne Zweckbau
(Ausschnitt)

Erste Erscheinung und Textquelle: Adolf Behne, *Der moderne Zweckbau* (München, Wien, Berlin: Drei Masken, 1925), S. 69–73.

Der Kunsthistoriker Adolf Behne (1885–1948) hat nach zwei Jahren Architekturstudium an der Technischen Hochschule in Berlin zur Kunstgeschichte gewechselt. Er promovierte im Jahre 1911 bei Heinrich Wölfflin mit einer Doktorarbeit über mittelalterliche Architekturornamentik in Italien. In den nächsten Jahren widmete er sich der publizistischen Förderung radikaler Künstler, die in Herwarth Waldens Galerie *Der Sturm* ihre Werke ausstellten. Er hat in sozialdemokratischen Zeitschriften wie *Arbeiter-Jugend* und *Sozialistische Monatshefte* die sozialistische Umgestaltung der gesellschaftlichen Verhältnisse befürwortet. 1913 wurde er Mitglied des Deutschen Werkbundes, dessen Tätigkeit (wie später auch jene des Bauhauses) er jedoch kritisch betrachtete. 1918 gründete er mit den Architekten Bruno Taut und Walter Gropius den *Arbeitsrat für*

Kunst, der bis 1921 bestand. Behne wurde Geschäftsführer der Gruppe. Nach 1933 hat er sich mit früheren Perioden der Kunstgeschichte beschäftigt.

Der moderne Zweckbau ist das wichtigste Buch Behnes und zugleich eine der ersten Arbeiten, welche die Zielsetzungen des Neuen Bauens in Deutschland zusammenfassen. Das Buch wurde 1923 geschrieben, erschien jedoch erst im Jahre 1926. Behne will in dieser Schrift die Unterschiede zwischen den verschiedenen Strömungen zeigen, die zur Entwicklung der Architektur der Moderne beitrugen: dem Funktionalismus, dem Rationalismus, dem Organizismus und dem Utilitarismus. Er kritisiert den Technoromantizismus und plädiert für eine strenge Sachlichkeit, die dem neuen Weltbild und dem neuen Wertesystem der Gesellschaft entspricht.

Bibliografie: Adolf Behne, *Architekturkritik in der Zeit und über die Zeit hinaus. Texte 1913–1946*. Hrsg. von Haila Ochs (Basel, Berlin, Boston: Birkhäuser, 1990).

Nicht mehr geformter Raum, sondern gestaltete Wirklichkeit

[…]

Kehren wir zum Bau zurück, so dürfen wir sagen, seine konkrete Gestalt ist das Kompromiß zwischen Individuum (Funktion) und Gesellschaft (Form). In die reine Ausbildung dieses Kompromisses stellen sich „Ausdruck" und „Seele" als Hemmungen. Seine reine Gestalt ist lebendiges Gleichgewicht, Verwirklichung eines nach vielen Seiten spielenden Verhaltens, offen und doch bestimmt. Wir dürfen ihn mit Theo van Doesburg „formlos" nennen, wenn wir nicht „formlos" mit „gestaltlos" verwechseln wollen. Die geschlossene Form im Sinne von „Figur" ist heute kein befriedigendes Element der Kunst mehr, weder in der Architektur noch in den anderen Fächern. Der Wille zur letzten Vereinheitlichung sprengt die Grenzen der geschlossenen Form (in der Malerei besorgte dies der Kubismus) und sucht Gewinnung reiner Verhältnisse, räumlicher, nirgends willkürlich begrenzter Spannungen. „Kunst ist Gleichgewicht durch Wertung aller Teile" (Schwitters). Als Durchdringung von „Funktion" und „Form" ergibt sich die „Proportion", d. h. an Stelle der Morphoplastik stellt sich eine Proportioplastik (Piet Mondrian). „Solange die Gestaltung sich irgendwelcher Form bedient, ist es ausgeschlossen, reine Verhältnismäßigkeiten zu gestalten. Aus diesem Grunde hat sich die neue Gestaltung von jeder Formbildung befreit" (Piet Mondrian).

Die junge Generation der deutschen Architekten stellt sich auf den Boden einer strengen Sachlichkeit. Mies van der Rohe erklärt: „Jede ästhetische Spekulation, jede Doktrin und jeden Formalismus lehnen wir ab. – Gestaltet die Form aus dem Wesen der Aufgabe mit den Mitteln unserer Zeit. Das ist unsere Arbeit" – so, wie es Otto Wagner bereits gefordert und sehr ähnlich formuliert hat.

Ästhetische Spekulation, Formalismus und Doktrinen abzulehnen, ist notwendig und allein gesund – nur scheint uns ein Irrtum, der nicht selten begegnet, diese Ablehnung aus einer antiästhetischen Einstellung heraus vorzunehmen, auch wenn wir hundertmal am Tage gegen das Ästhetische der Ästheten sind. Ästhetische Forderungen ablehnen – etwas anderes als ästhetische Spekulationen – würde bedeuten, den Ast absägen, auf dem man sitzt. Solange nur das Einzelobjekt in Frage steht, mag Zweckerfüllung allein genügen, ein gesundes Gebilde zu schaffen. Stehen wir aber zu der Forderung einer monumentalen Baukunst, d. h. eines architektonischen Ganzen, so kann uns die Tatsache eines Nebeneinander selbst von lauter gesunden Körpern nicht genügen. Die Forderung einer Einheit ist durchaus eine elementarästhetische oder künstlerische Forderung, und annehmen, daß alle streng sachlich geschaffenen Werke „von selbst" eine Einheit bilden würden, auch wenn sie jedes für einen luftleeren Raum ausgearbeitet sind, heißt einen Trugschluß begehen – schon deshalb, weil es sich ja keineswegs allein um das Zusammen von Neubauten handelt, sondern ebensosehr um ein Zusammen mit der landschaftlichen oder städtebaulichen Umgebung. „Haus, Mensch, Sonne, Landschaft bilden den Komplex der gegenseitigen Beziehungen. Wie das einzelne als organisches und durch diese Bindungen geschaffenes Gebilde Gesicht und Körper geformt erhält, so hat die Siedlung als städtebauliche Gesamtkomposition eines komplizierten Organismus mehr und verschiedenartige Forderungen einer Umwelt zu erfüllen, um als Einheit die Persönlichkeit der Einzelorganismen ins Unpersönliche umgestempelt in sich aufzunehmen, einzugliedern und unterzuordnen um der Gesamtidee willen. Alle zusammen erst gelten und bedeuten das, was jedes sein möchte. Die sich bei solchen Bauaufgaben ergebende Typisierung ist nicht ein notwendiges Übel ängstlicher Sparsamkeit, sie ist eine Lebensnotwendigkeit dessen, was die Forderung und der Sinn einer Siedlung ist und was die Einzelobjekte, im Rahmen derselben betrachtet, mit ihr sein wollen – eine organische Einheit." (Richard Döcker, „Volkswohnung", 10. Juli 1923.)

Wir sollen diese Forderung nicht aufgeben, weil wir eingenommen sind – mit Recht! – gegen die bisherigen romantischen Methoden, ihr gerecht zu werden. Die Forderung selbst bleibt, solange wir nicht den vollen Anspruch der Gestaltung aufgeben. Die Brücke über einen Fluß ist nicht allein ein utilitaristisches Problem, sondern auch ein städtebauliches, d. h. die Forderung, ihren Körper in die Bewegung der Ufer, den Rhythmus der Straßen und Plätze einzufügen, anders als durch formalistische Mätzchen und naturalistische Mimikry – ist durchaus eine künstlerisch-ästhetische Forderung. Nur dann kann man diese streichen, wenn man in den Begriff des Utilen auch die Berücksichtigung des Optisch-Logischen, des WahrnehmungshaftRichtigen einbegreift – man hat dann aber nichts anderes getan, als der ästhetischen Forderung einen andern Namen gegeben. Faktisch handelt es sich auch nach den Dogmatikern der Utilität um eine doppelte Forderung: um die Entsprechung der sachlich-konstruktiven Forderungen und um die Entsprechung von Forderungen, die sich aus der Natur unseres Wahrnehmungsorganes ergeben. Und eben diese nennen wir die ästhetischen Forderungen, im reinen ursprünglichen Wortsinne ($\alpha\iota\sigma\theta\alpha\nu o\mu\alpha\iota$ = ich nehme wahr) keinen Augenblick bezweifelnd, daß diese Forderungen ebensosehr wie die konstruktiv-sachlichen dem Bereich menschlicher Ratio, nicht einer mystischen Willkür zuzuweisen sind, aber doch keineswegs sie mit der Erledigung jener schon von selbst für erfüllt haltend.

Zu sorgen, ob und daß Dinge zueinander im Verhältnis stehen, ist unter keinen Umständen mehr Sache der Utilität. Geben wir aber die Forderung der Einheit auf, so können wir nicht mehr gut von Gestaltung sprechen. Daß man die Einheit mit den Werten und Gegebenheiten der landschaftlichen Situation bisher stets nur seelenhaft-romantisch herzustellen versucht hat, beseitigt nicht die Aufgabe. Wir haben sie auf eine Art zu lösen, deren Basis Ratio ist.

Wir finden die deutsche Baukunst leicht geneigt, sich einem Extrem zu verschreiben, das ziemlich häufig wechselt und dann dem entgegengesetzten Extrem Platz macht – Folge einer inneren Unsicherheit. Selten nur wird klar als das Ziel erkannt, die starken dynamischen Spannungen, die eine lebendige Baukunst, um nicht ästhetisch zu werden, immer in sich aufnehmen muß, – und sicherlich auch Spannungen von der äußersten revolutionierenden Kraft und Gewalt, wie sie Selinskis Aufsatz verlangte –, zu stabilisieren.

Es ist ebensosehr ein Irrtum, zu meinen, das Dynamische müsse sich im Aufriß, in der bewegten „Form" ausdrücken – vielmehr ist es in hohem Maße eine Angelegenheit des Grundrisses – wie es ein Irrtum ist, zu glauben, das Statische sei schon gesichert durch eine Quadratur des Grundrisses, die oft genug Reißbrettornamentik bleibt. Demgegenüber Mendelsohn: „Aus eigenem Gesetz statuiert die Architektur die Bedingungen ihrer bewegten Massen: die dynamische Bedingung, Bewegung des Raumes – an der Kontur als seinem Linearelement abzusehen –, die rhythmische Bedingung, Verhältnis der Massen – am Aufriß als ihrer Flächenprojektion abzusehen – und die statische Bedingung, Bewegungsausgleich – an Grundriß und Schnitt als ihren Konstruktionselementen."

Eine sichere und klare Einstellung finden wir in der jungen holländischen Baukunst und in der mit überraschendem Elan einsetzenden jungen tschechischen Baukunst.

Theo van Doesburg, der Herausgeber des „Stijl", betont die Doppelaufgabe des Baues: „Nach der Seite der Praxis die Funktion, nach der Seite der Kunst die Verhältnismäßigkeit" – Zweck und Spiel. „Es vereinigen sich vorbedachte künstlerische Gestaltung und utilistische Konstruktive zu einem vollkommenen Gleichgewicht." („Stijl", VI, 1.) Durch solche realpolitische Sicherheit spart sich die holländische Baukunst das Pendeln zwischen Extremen und das Hin und Her zwischen gegensätzlichen Dogmen, findet sie die Möglichkeit, alle dynamischen Spannungen unserer Zeit offen und frei aufzunehmen, ohne die Forderung der Monumentalität preiszugeben, findet sie die Möglichkeit einer stetigen Entwicklung.

„Unter dem Drange der Umstände und durch Erweiterung ästhetischer Einsicht scheint erst jetzt eine aus und durch sich selbst gestaltende Baukunst möglich, eine Baukunst, bei der nicht die anderen Künste angewendet, also untergeordnet sein, sondern mit der sie organisch zusammenwirken werden, eine Baukunst, welche schon von vornherein in ihren konstruktiven Funktionen die Schönheit erlebt, d. h. welche durch die Gespanntheit ihrer Verhältnisse die Konstruktion selbst über ihre materielle Notwendigkeit hinaus zur ästhetischen Form erhebt." (J.J.P. Oud.)

Max Raphael **Die Idee des dorischen Tempels** (Ausschnitt)

Erste Erscheinung und Textquelle: Max Raphael, *Der dorische Tempel* (Augsburg: Dr. Benno Filser, 1930), S. 64–69.

Der deutsche Kunsttheoretiker Max Raphael (1889–1952) studierte Kunstgeschichte, Nationalökonomie und Philosophie in München und Berlin unter anderem bei Heinrich Wölfflin bzw. Georg Simmel und in Paris bei Henri Bergson. Er lernte 1914 in Paris Künstler wie Rodin, Picasso und Matisse kennen, und wollte eine Dissertation als eine kunsthistorisch-ästhetische Studie „Von Monet zu Picasso" bei Wölfflin schreiben, der aber keine Arbeit über Picasso erlauben wollte. So war seine akademische Laufbahn unterbrochen. Er arbeitete als Volkshochschullehrer in Berlin, führte Besucher im Louvre und begann in Kunstzeitschriften wie *Deutsche Kunst und Dekoration* und *Das Kunstblatt* über Gegenwartskunst zu schreiben. In den zwanziger Jahren hörte er wieder Vorlesungen über Mathematik, Physik und Philosophie. Er suchte nach rein wissenschaftlichen Methoden für die Kunstwissenschaft. Mit seinem Buch *Idee und Gestalt. Ein Führer zum Wesen der Kunst* (1921) und auch mit seinen Vorträgen an der Volkshochschule Berlin (1925–1932), versuchte er, das Publikum zu einem besseren Verständnis von Kunstwerken zu führen, und hat zugleich über die verlorene Totalität geklagt, was ihn zum Marxismus, zur Idee der proletarischen Revolution führte. Seine Studie *Die Kunsttheorie des dialektischen Materialismus* (1932) ist vor allem eine Kritik der bürgerlichen Ästhetik als ein Gemisch von „metaphysischen Ableitungen und erfahrungsgemäßen Feststellungen". 1941 emigrierte er nach Amerika.

Raphaels Buch *Der dorische Tempel* (1930) ist das Ergebnis seiner Reise nach Griechenland. Er schrieb diese Arbeit am Ende seiner „suchenden" Periode. Er gibt in der Studie zu: „Natürlich tappen wie hier in allen wesentlichen Fragen der Kunst im Dunkel herum." Der dorische Tempel ist für Raphael der Inbegriff einer idealen Totalität aller Inhalte: „Mit der dialektischen Methode umfaßt der Grieche alle kulturellen Inhalte in einer systematischen Ordnung, die jedem Inhalt ihren Eigenwert läßt; vor allem aber den Menschen als den Träger dieser Methode und ihrer Inhalte. Sie gibt einem jeden ein bestimmtes Maß und einen bestimmten Ort im Ganzen." Mit ähnlicher Nostalgie betrachtete früher der junge Georg Lukács in seiner *Theorie des Romans* (1916) die geschlossene Kultur der Griechen – und kam zu vergleichbaren Konklusionen.

Bibliografie: Hans-Jürgen Heinrichs (Hrsg.), *Wir lassen uns die Welt nicht zerbrechen. Max Raphaels Werk in der Diskussion* (Frankfurt am Main: Suhrkamp, 1989).

Was uns ein Künstler sagt, kann immer eine Maske sein; wie er es sagt, würde uns stets sein wahres Gesicht zeigen, wenn wir es zu lesen verstünden. Natürlich tappen wir hier in allen wesentlichen Fragen der Kunst völlig im Dunkel herum. Trotzdem wäre es eine unzulässige schaffenstheoretische Naivetät, von „der" Methode des dorischen Tempelbaues zu sprechen. Da wir uns aber bewußt jeder historischen Darstellung enthalten und für die meisten Tempel keine Rekonstruktion der Trümmer Antwort auf die zu stellenden Fragen gäbe, soll der Versuch um seiner prinzipiellen Bedeutung willen gewagt sein.

1. Das erste Merkmal dieser dorischen Methode ist die ἁρμονία ἐκ διαφερόντων. Sie begegnete uns bei der allgemeinen Charakteristik der Raumgestaltung überhaupt, die aufzufassen ist als Synthese zwischen der metaphysisch negativ bewerteten Unendlichkeit der sinnlichen Wahrnehmungen und der Abstraktion der geometrischen Ebene; bei der Durchdringung zweier gegensätzlicher Figuren zur Einheitlichkeit der geometrischen Gestalt des Baukörpers; bei dem Zusammenhang von Werden und Sein, Dynamik und Statik in der Gestaltung des Grundrisses; bei dem Verhältnis der Teile zum Ganzen. Wir haben hier die dialektische Methode vor uns, aber nicht im Hegelschen, sondern im Platonischen Sinn, in dem die „Aufhebung" nicht das funktionale Glied einer fortlaufenden Kette ist, sondern die feste Gestalt der Mitte.

2. Der Anfang dieser Methode ist die Einheit eines Prinzips, der Endpunkt die „lebendige Gestalt", der Weg zwischen beiden das dramatische Oscillieren, das labile Gleichgewicht zweier Gegensätze in dem weiteren Sinne des „Verschiedenen" (bei Plato), der „Streitenden" (bei Sextus Empiricus).

a) Die Einheit dieses Prinzips tritt nicht rein und nicht unmittelbar auf, aber sie bleibt dem Betrachter immer spürbar – vornehmlich als immaterielle Einheit. Ich erinnere an die Mauer, die das Prinzip der Säule ist, und hauptsächlich als imaginäre Modellierungsebene zwischen ihnen steht, dann aber auch als Architrav oder als Wand des Kernbaues in bearbeiteten Abwandlungen erscheint.

b) Zwischen Anfang und Ende liegt immer ein endlicher Weg, bei dem es darauf ankommt, daß man die Anzahl der eine geschlossene Kette bildenden Schritte angeben kann; m. a. W., daß man sich in einem geschlossenen System von Formen befindet, dessen Zusammenhänge nach außen – mögen sie naturalistischer oder metaphysischer Art sein – bedeutungslos geworden sind, weil sie sich in der Mathematik als in ihrer Mitte verselbständigt haben. Die Mathematik ist sozusagen die konkrete Seinsebene oder die feste Achse der Methode und aller in ihr enthaltenen Bewegung. Von ihr aus bestimmt sich die Reichweite wie der Grad des Zusammenhanges der Polarität.

Diese methodisch-konstitutive Rolle der Mathematik wird greifbar in der großen Bedeutung der Gesetzmäßigkeit, die ihrerseits – als künstlerische – Einheit des Rationalen und Irrationalen ist. Man hat bisher diese Gesetzmäßigkeiten arithmetisch ausgedrückt, ich ziehe ihre geometrische Darstellung vor. Der Grund ist ein rein empirischer; die auffallende Beobachtung, daß Höhe und Breite des Abacus – dieses für den Schwergewichtskonflikt des dorischen Tempels ganz besonders wichtigen Baugliedes – keine rationale und einfache Maßbeziehung zu den übrigen Gliedern und Formen des dorischen Tempels haben. Der Übergang als solcher sollte keinerlei Bedenken erwecken, weil jede zahlenmäßige Gesetzmäßigkeit auch eine geometrische sein muß; weil es nahe liegt, daß der Architekt auf dem Reißbrett gezeichnet und nicht mit Zahlen kalkuliert hat, wofür Beweise von Conrad Roritzer über Semper, Thiersch, Viollet-le-Duc bis zu Le Corbusier uns in theoretischen Äußerungen vorliegen; und weil in der griechischen Philosophie die geometrischen Figuren ebenso wie die Zahlen ihre Bedeutung für den Bau der Welt hatten. Für die spezifische Form der Lösung habe ich folgende Bedingungen gestellt:

α) die geometrische Konstruktion muß mit Hilfe einer der Figuren erfolgen, die am dorischen Tempel selbst auftreten.

β) sie muß vollständig sein, d. h. alle wichtigen Punkte des Grund- und Aufrisses festlegen, also nicht bloß in fragmentarischer Weise – wie bisher die Aufrißregler – einiges andeuten, anderes beiseite lassen;

γ) sie muß in sich einheitlich sein.

δ) sie muß den Traditionszusammenhang wahren, d. h. dieselben Konstruktionselemente müssen bei verschiedener Ordnung für alle dorischen Tempel verwendbar sein.

ε) sie muß den sinnlichen Eindruck und den geistigen Gesamtcharakter des Baues klar und deutlich, und zwar in Übereinstimmung zwischen Grundriß und Front wiedergeben. Diese Bedingungen dürften hinreichen, um jede zweite Lösung unwahrscheinlich zu machen.

c) Der Weg selbst ist charakterisiert durch seine Dramatik, durch die Spannung zwischen den in ihm enthaltenen Gegensätzen. Der Grad dieser Spannung kann ein ganz verschiedener sein – er kann bis an die Grenze des Schönen gehen, das die kampflose Einheit aller Gegensätze – aber nicht vor, sondern nach dem Kampf ist. Ebenso verschieden kann auch die Art der Begegnung der Gegensätze sein: eine lyrische oder epische ist ebenso möglich wie eine dramatische. Hier liegen die Möglichkeiten zu allen feineren Differenzierungen der Methode.

d) Der Endpunkt ist nicht darum eine „lebendige Gestalt", weil er eine unmittelbare Analogie zu irgend einem biologischen Wesen hat, sondern weil seine Abwandlungen aus der mathematischen Norm – sei es aus der geometrischen Gestalt oder der arithmetischen Proportion –

den Eindruck einer nicht natürlichen, sondern spezifisch künstlerischen Lebendigkeit der Form hervorrufen, die man allerdings nicht als Ungenauigkeiten wegdeuten darf. Als „lebendige Gestalt" ist er nicht nur die Synthese aller Gegensätze, sondern letzter selbstgenugsamer Zweck, dem jede Transcendenz fernliegt.

3. Diese Methode wendet sich an den Menschen, wie sie den Menschen in sich einbezogen hat. Aber der Mensch, an den sie sich wendet, ist nicht der empirische Mensch, wenn man darunter den sensualistischen versteht. Schon der durchschnittliche Schritt des „normalen" Menschen reicht nicht zu, um den Tempel zu betreten. Der Grundrißkonflikt ist weder sichtbar noch abschreitbar. Trotzdem hat der Grieche nicht für einen überirdischen Gott, sondern für einen irdischen aber vernünftigen Menschen geschaffen. Doch ist auch dies schon zuviel gesagt: er hat auf den sinnlichen nicht verzichtet. Wie die platonische Dialektik beim körperlichen Eros anhebt und bei der Idee des Guten endet, ohne jemals Welt und Wirklichkeit zu verlassen, so meint auch der griechische Architekt als Betrachter den ganzen Menschen, aber vornehmlich den dialektischen.

Und dieser dialektische Mensch – in Zusammenhang mit dem ganzen Menschen – ist es auch, den er selbst in seine Gestaltung mit einbezogen hat. Es wäre eine völlige Verkennung des griechischen Baukünstlers, wollte man die Bedeutung des menschlichen Körpers leugnen, die Poussin in seinen Briefen und neuerdings Valéry im Eupalinos so stark hervorgehoben haben. Ich kann aus eigener Anschauung bestätigen, daß es in Agropoli einen Frauentypus gibt, der die Proportionen der Säulen des Poseidontempels hat, und den der Künstler ebenso zärtlich geliebt haben muß wie die Landschaft, in die er den Tempel hineinbaute. Aber es handelt sich dabei weder um eine naturalistische Nachahmung im Sinne des 19. Jahrhunderts, noch um eine Orientierung an der menschlichen Gestalt im Sinne des Plastikers. Erst als die architektonischen Momente der Gestaltung, d. h. die besondere Art des Spieles der mechanischen Kräfte und ihre geometrische Ordnung festgestellt waren, trat die menschliche Gestalt in ihren bestimmten Proportionen mit ein, verwirklichend, was sie angeregt hatte: ein System in sich abgeschlossener Kräfte.

Der griechische Architekt dachte nicht an den sinnlichen Menschen noch an die Menschheit, sondern – ganz im Banne einer nationalen Tradition – an die „Idee" des Menschen. Dieses εἶδος des Menschen war die Synthese des Bedingten und des Absoluten – angefangen bei Homer, dessen Odysseus es gleichermaßen bei der Kalypso verschmäht, ein Gott zu werden, wie er sich bei der Circe wehrt, sich in ein Schwein verwandeln zu lassen; über Aischylos, in dessen Orestie die tragische Handlung immer dann zustandekommt, wenn die überpersönlichen Motive aus der Reihe des Geschlechterfluches, der bis auf einen Konflikt zwischen den Göttern und Menschen zurückgeführt werden kann, mit den persönlich-egoistischen zusammentreffen; bis zu Platon, der den Philosophen als den Dämon mitten zwischen dem Unsterblichen und Sterblichen definiert. Diesen Menschen: den Dialektiker und Dämon, dessen Gott Eros war, hatte auch der griechische Architekt in seine Gestaltung einbezogen als das Maß aller Dinge.

Jetzt wird sich von selbst abzeichnen, was den jüngsten, eben erst entstehenden Mythos vom Griechentum von den vorhergehenden unterscheidet. Er zielt nicht auf etwas Festes ab, sei es die ideale Endgestalt, sei es das fundamentale Prinzip, sondern er ist ein Weg, der erstens die ganze Spanne zwischen Prinzip und Norm umfaßt, zweitens die Totalität und die Universalität der Inhalte, die auf diesem Wege gestaltet werden können. Er ist methodischer und speziell dialektischer Natur. Nicht als ob das Prinzip und die Norm von der Methode losgetrennt werden sollen, aber die schöpferische Aktivität, die auf dem Wege vom Prinzip zur Norm die Weltmaterie formt, hat den Akzent. Und insofern ist dieser neue Mythos vom Griechentum nicht nur eine systematische Einheit aller Kulturgebiete von der Wirtschaft bis zur Religion, sondern er hat auch einen organischen Zusammenhang mit den Kulturen aller Zeiten und Völker. Er verliert so zwar seinen ausschließlichen Charakter, seine Einseitigkeit, aber nicht seinen bevorzugten Wertakzent. Dieser gründet auf der Totalität der Inhalte, auf der Art und Weise, wie der schöpferische Trieb in die Materie selbst hineingelegt ist. Nicht die Steigerung einer Einseitigkeit, das bewußte Deformieren, sondern die Gleichzeitigkeit und Gleichgewichtigkeit der Gegensätze in jedem Ding und Geschehen wie in jedem Gedanken und Rede heben die Äußerungen griechischen Wesens aus denen der anderen Völker heraus. Ob nach dem Bericht des Homer in des Zeus Hand die Schalen im Gleichgewicht stehen, als der Kampf zwischen Griechen und Trojanern entschieden werden soll; ob in der Orestie des Aischylos die Lose des Areopags für und wider den Muttermord, d.h. die Blutrache, gleich sind; oder ob die Pyrrhoneische Skepsis im Prinzip der Isosthenie die Gleichgewichtigkeit entgegengesetzter Gründe ausspricht, – es ist immer dieselbe kontrastsehende, dialektische Haltung. Sie beherrscht z. B. den Gerechtigkeitsbegriff von Homer über Solon, Aischylos bis Plato. Mit der dialektischen Methode umfaßt der Grieche alle kulturellen Inhalte in einer systematischen Ordnung, die jedem Inhalt ihren Eigenwert läßt; vor allem aber den Menschen als den Träger dieser Methode und ihrer Inhalte. Sie gibt einem jeden ein bestimmtes Maß und einen bestimmten Ort im Ganzen.

Nach dieser Charakteristik können wir die geschichtsphilosophische Frage aufwerfen: wird diese neue Auseinandersetzung von langer Dauer sein? Wird sie helfen, das Chaos unserer Zeit zur Gestalt zu formen? Es scheint kaum zu leugnen, daß auch sie ihren Ursprung noch in der bürgerlichen Gesellschaft hat, die mit der Herausbildung des Humanitätsbegriffes die Kette der Auseinandersetzungen mit der griechischen Antike von der feudalen Gesellschaft ablöste. Aber einer der bewußtesten Vertreter dieser jüngsten Renaissance der Antike, Le Corbusier, prägte bereits die Formel[1]: Bauen oder Revolution! In dem Maße, in dem sich der methodisch dialektische Charakter des sich neu bildenden Mythos klarer herausarbeiten wird, wird auch das revolutionäre Proletariat sein Träger werden. In dem Maße, in dem dieser Charakter zurückgedrängt werden sollte – sei es in Frankreich auf ästhetisches, sei es in Deutschland auf ethisches Gebiet –, wird er noch einmal mit dem Bürgertum verhaftet bleiben. In diesem Sinne ist die Auseinandersetzung mit dem Griechentum ein Politikum von größter Bedeutung.

Wilhelm Pinder

Zur Möglichkeit eines kommenden großen Stiles

Erste Erscheinung und Textquelle: Wilhelm Pinder, *Reden aus der Zeit* (Leipzig: L.A. Seemann, 1934), S. 14–25

Der deutsche Kunsthistoriker Wilhelm Pinder (1878–1947) studierte Kunstgeschichte in Göttingen, München und Berlin. Das Thema seiner Doktorarbeit (bei August Schmarsow in Leipzig, 1903) und seiner Habilitation (1905) war die Untersuchung der Innenräume romanischer Kirchen in der Normandie. Später beschäftigte er sich fast ausnahms-

---

1 Le Corbusier: Kommende Baukunst.

los mit Fragen der deutschen Kunst. Er unterrichtete an verschiedenen deutschen Universitäten. 1935 wurde er Professor in Berlin. Seine Werke, dank auch seiner klaren und kraftvollen Sprache, wurden von einem breiten Publikum gelesen. Als Kunsttheoretiker kritisierte er die herrschende Vorstellung von einer linearen Abfolge („Gänsemarsch") der Stile und sprach stattdessen von einem polyphonen Stilbegriff. In seinem wichtigen Buch *Das Problem der Generationen in der Kunstgeschichte Europas* (Berlin 1926) hat er seine These von der „Ungleichzeitigkeit des Gleichzeitigen" dargestellt: Die einzelnen, gleichzeitig schaffenden Generationen verkörpern verschiedene stilformende Prinzipien. Pinders Hauptwerk ist die vierbändige Publikation *Vom Wesen und Werden deutscher Formen. Geschichtliche Betrachtungen* (Leipzig, Köln, 1935–1951). Er war Mitbegründer der *Kritischen Berichte zur kunsthistorischen Literatur* (1927–1938). Pinder, der eine bewusst nationale Kunstgeschichtsschreibung vertrat, hat sich vom Nationalsozialismus nicht distanziert, was sein Werk als Kunsthistoriker überschattet.

„Zur Möglichkeit eines kommenden großen Stiles" war ein Vortrag, den Pinder bei der Tagung des Deutschen Werkbundes am 6. Juli 1928 in München hielt. Ein Jahr nach Eröffnung der Weißenhofsiedlung des Werkbundes und nach dem Erscheinen der Schrift von Walter Curt Behrendt *Der Sieg des neuen Baustils* (und im Jahre der CIAM-Gründung) kritisiert Pinder von allem die von Le Corbusier vertretene Richtung, da sie für den „Einheitsmenschen" konzipiert ist. Im Band, in dem der Vortrag abgedruckt ist, wurden auch zwei Vorträge Pinders aus dem Jahr 1933 veröffentlicht, wo er die Verwendung von politischen Kategorien wie „bolschewistisch" auf den Bauhaus-Funktionalismus beanstandet: „Das geht ebensowenig, wie man den Klassizismus als bolschewistisch bezeichnen dürfte, weil Stalin ihn diktiert." Im Vorwort zum Buch bemerkt Pinder: Als er am Ende des ersten Vortrags den Saal verließ, zischte ihm „ein Vertreter der ‚Moderne' ins Ohr: ‚Wissen Sie, wer Ihnen da Beifall klatscht? Die ganze Reaktion!' Als ich die zweite gehalten hatte, überfielen mich die Vertreter der ‚Reaktion' mit dem gegensätzlichen Vorwurf. Ich nehme an, dass dies für die innere Einheit der Reden spricht."

Bibliografie: Waltraud Irmscher, *Der ideologische Gehalt der Geschichtsauffassung Wilhelm Pinders und seine Stellung innerhalb der bürgerlichen Kunstwissenschaft* (Dissertation Berlin 1976).

[...]
Es blieb als vorläufige Lehre: bindend ist für den neuen Stilausdruck die Bescheidung auf den Zweck, die Resignation der Form, in mancher Beziehung die der Gesinnung, von der ich gelegentlich der Besprechung des Standpunktes von Le Corbusier noch einen Augenblick reden muß. Da ist am ersten noch eine Gemeinsamkeit, aber eine Gemeinsamkeit vorwiegend negativen Charakters. Wo sie nicht da ist, herrscht das Chaos und die Lüge.

Dazwischen gibt es, wie immer, auch bei diesem Völkerbundpalast eine ganze Reihe von Begegnungs- und Mischformen. Ich glaube, Deutsche waren im wesentlichen an ihnen beteiligt.

Bezeichnend ist, daß der bewußteste Vertreter „kommender Baukunst", Le Corbusier, ganz richtig weiß: es handelt sich beim Bauen durchaus nicht um ein reines Kunstproblem, sondern es gehört dazu eine Menschenart. Es fordert also den Corbusierschen Menschen, und zwar in der Form, daß er ihn als eine Tatsache voraussetzt; aber dieser Corbusiersche Mensch ist eine Verneinung! – Ein Leitsatz unter vielen, die Corbusier immer wiederholt, heißt: Alle Menschen sind gleich und haben die gleichen Bedürfnisse! Das klingt positiv und ist doch nur im grammatischen Sinne ein positiver Satz, nicht inhaltlich. Da dies nicht ein unverbindliches Aperçu ist, sondern eine ernste, immer wieder mit einer dem Kino abgesehenen Technik wiederholte Forderung, so leugnet Le Corbusier bewußt jenes Wesentliche, das von jedem gemeinsamen Mythos gefordert wird: den schöpferischen Unterschied. Unterschiedene Menschen brauchen vereinigende Ideenwelten. „Einheitsmenschen" brauchen nichts Einigendes mehr.

Zu diesem Einheitsmenschen, bei dem es keinen schöpferischen Unterschied mehr gibt, gehört freilich die Schlafmaschine für das Schlafen, die Wohnmaschine für das Wohnen, die Musikmaschine für das Musizieren.

Muß übrigens der Referent wirklich betonen, daß er damit nicht von sozialer, rechtlicher und politischer Ungleichheit als Forderung, sondern vom schöpferischen Unterschiede der Begabung und der menschlichen Wesensarten, der Individuen als einer unaufhebbaren Tatsache spricht?

Wollte man Corbusier in voller Einheit mit seinem Ideal in Genf bauen lassen und hätte man dann das Gefühl, das heutige Europa befriedigt zu haben, so hieße das, den Einheitsmenschen bejahen, und für meine Person erlaube ich mir zu sagen: das wäre das Ende!

Es ist mir dabei wohlbekannt, daß Le Corbusier durchaus nicht konsequent verfährt und beim Genfer Palast sogar mit einer Quadriga und einer Art Barockportal arbeitet. Ich spreche von seinen Ideen in Reinkultur. Ich sehe in jenen Konzessionen die größte Blöße, die sich der „Denker" Le Corbusier gegeben hat.

Die großen stilbildenden Individuen, die auf den Rangunterschieden der Natur beruhten, schufen Stil für verschiedenartige Menschen von gleichartigem Mythos. Was Corbusier fordert, ist ein mythenloser Mensch ohne Unterschiede, und der darf, will, kann und wird in keinem Sinne sakral bauen, und wenn wir an den glauben, so verzichten wir von vorne herein auf die Möglichkeit, in der Baukunst etwas Festliches, Erhabenes, Zusammenfassendes auszudrücken.

(Dieses Festliche und Erhabene ist genau das, was eine holländische „radikale" Stimme kürzlich in der Bauhaus-Zeitschrift als „M-Kunst", d.h. als die „völlig erledigte" Monumentalkunst, bezeichnet und abgelehnt hat. Sachlich stimmen also die „Radikalen" mit dem Referenten überein. Nur das Gefühl ist verschieden.)

Nun erhebt sich freilich die Frage: Ist nicht eben jenes neue Lebensgefühl, von dem geredet wurde, das Versprechen auf den „Mythos" oder auf das, was ihm entspricht? Das wäre möglich, aber wir müssen auf jeden Fall sagen, daß das eine vom Künstler allein gar nicht zu lösende Aufgabe ist, eine Aufgabe, die weit unterhalb aller Kunst, in einer viel größeren Allgemeinheit liegt und dort zuerst gelöst werden muß. Es muß zuerst die Voraussetzungen geschaffen werden, aus der große Stile überhaupt kommen. Ein Versprechen höchstens könnte da sein, aber bestimmt nicht mehr.

Was kann denn eine Welt wie die heutige, in der komplizierte Einzelmenschen ohne einen verbindenden Mythos leben, – was eigentlich kann sie brauchen, um sich, wie wir sagen, stilistisch auszudrücken? Vorläufig scheint die Lage so: Die größte Aussicht muß jene Art von Kunst haben, die am wenigsten unausweichlich vor einer Allgemeinheit steht, d.h. alles, was sich am stärksten freier Wahl anbietet. Welches Buch ich lesen, welchen Film ich sehen, welchen Tanz ich genieße, welche Gedichte, welches Drama, welches musikalische Kunstwerk ich erleben will, das kann ich einzelner Mensch bestimmen. Ich höre oder höre nicht, ich lese oder lese nicht, ich gehe hin oder gehe nicht hin. Das ist der ungeheure Unterschied zunächst einmal aller sogenannten zeitlichen Künste gegen die größte räumliche. Architektur steht, wo sie steht. Sie ist der untersten Tatsächlichkeit, unserem wirklichen Lebensraume, der immer noch da ist, auch wenn die Erde noch so klein geworden, sie ist unserem Boden verhaftet. Ich kann nicht daran vorbei. Architektur ist immer etwas einer Gesamtheit Zugemutetes, ganz anders als jene andere Art von Kunst; darum muß sie von einer Gesamtheit bejaht werden und kann nicht vom Architekten allein her entstehen. Die Werke der zeitlichen Kunst, aber auch alle der privaten angewandten Kunst kann ich mir wählen. Ich kann, um nochmals zusammenzufassen, mein Zimmer in Farben streichen, wie ich will, ich kann die Bilder hineinhängen, die ich haben will, kann die Möbel so stellen, wie ich will. Mit dem neuen Freiheits- und Platzgefühl kann ich meinen Flügel stellen, eine Decke legen, wie es mir gefällt, darauf ein Buch legen – bei anderer Gelegenheit gekauft –, dazu einen Aschenbecher stellen – bei anderer Gelegenheit gekauft – und es ergibt sich sofort eine selbstverständliche Harmonie!

Es ist die Harmonie des Ichs. Ich kann ebenso in meinem Raume die Musik spielen und die Bücher lesen, die ich will. Ich erfülle meinen Anspruch und verletze keinen Gesamtanspruch. Das ist Bereich des Individuums, das Reich der freien Wahl. Und wir müssen uns fragen, ob nicht ein großer Teil der Züge am „neuen Menschen" in Wahrheit so ist, daß gerade er – dieser im Grunde „nach außen nackte" Mensch mit seinem reichen Innenleben – möglichst auch freie Wahl haben möchte?

Ist man sich darüber klar, so versteht man, daß ich gegenüber aller großen feierlichen Architektur im heutigen Augenblicke noch ein vorsichtiges Abwarten vorschlage. Die großen technischen und praktischen Bauten, die z. T. ganz ausgezeichnet sind, entsprechen allgemeinen Zweckbedürfnissen, sie entsprechen aber auch Gefühlen, ganz zweifellos, und sie sollen, sie müssen ihren Lebensraum haben. Wo aber hier und da in unserer Welt noch ein wirklich wertvolles, schönes altes Stadtbild ist – haben wir es da tatsächlich nötig, unsere neuen Formen ausgerechnet mitten hinein zu spritzen?

Können sie sich nicht einen Lebensraum am Rande suchen? Sie sollen es! Das ist nach meinem Gefühle vorbildlich in Stuttgart geschehen mit dem ausgezeichneten Bahnhof von Bonatz, der am Rande der Stadt liegt und von da aus sich vorzüglich mit einem vorhandenen Strassenzuge verbindet. Er führt auf die alten Werte zu, – er erkennt sie an!

Ich bejahe vollkommen auch die sehr vornehme Zurückhaltung des Fischerschen Kunsthaus an dem schönen Stuttgarter Schloßplatze. Das ist ein Beispiel für feinfühlige Angleichung auf Grund anerkannter alter Monumentalwerte, alter Kunstwerte, gruppiert zu neuem Ausdruck mit einer Bescheidenheit, die als solche schon modern ist.

Dieses letztere Beispiel allein beweist schon, wie falsch die gedankenlose, wenn nicht parteiisch mißgünstige Auslegung ist, hier werde einer Nachahmung „altheimischer" Bauten das Wort geredet, imitiertes „Rothenburg" oder „Hildesheim" befürwortet. Der Fischersche Bau ist in keiner Weise „Alt-Stuttgart". „Angleichung" bezieht sich auf Proportion und Farbe, auf jede Art feinfühliger Anerkennung vorhandener Werte! Muß ein neues Haus in eine wirklich gute alte Strasse, so soll es kein altes imitieren, aber in Format und Farbe sich angleichen. Man malt ja auch keine neuen Bilder ausgerechnet auf wertvolle alte!

Ich glaube also, daß die größten Aufgaben einer architektonischen Repräsentation des Seelischen vorläufig noch vom Standpunkt des Wartens aus angesehen werden sollten. Warten ist das Gegenteil von Hoffnungslosigkeit.

Große repräsentative Architektur von völlig unsakraler Haltung wäre gerechtfertigt allein durch einen mythenlosen Einheitsmenschen. Der ist nicht da. Der kommt auch bestimmt nicht, er ist nur ein schrecklicher und häßlicher Wunsch! Kommt dagegen ein solcher Sieg des neuen Lebensgefühls, daß er nun wieder die Gründe irgendeiner (uns jetzt noch gar nicht recht vorstellbaren) Allgemeinseele schafft, dann könnte von selbst eine neue sakrale Architektur kommen. Dann würde man ganz von selbst im Stande sein, zu bauen. Vielleicht – selbst dann nämlich bleibt eine Frage: ob dann gerade überhaupt Bauen ein so typischer Ausdruck sein wird – wenigstens in der uns geschilderten Welt, in der es eigentlich keine Heimat geben soll. Sie müsste sich dann noch sehr ändern!

Große Architektur ist öffentliche Kunst, soziale Angelegenheit seßhafter Gemeinschaften, nicht ohne Gemeinschaft, aber auch sehr schwer ohne Seßhaftigkeit zu denken. Würde die Grundbedingung der Seßhaftigkeit aufgehoben, würde wirklich die Erde so eng, die Heimat in uns so entwertet, wie sie A. Weber sogar für heute schon schildert, würde der Erdraum in unserm Bewußtsein eigentlich enträumlicht, nur noch Stätte rapider und gefahrloser Bewegungen – würde es wirklich so, ja, wäre es dann nicht eher sehr unwahrscheinlich, daß eine solche Welt überhaupt noch ausgerechnet in einer erdverwurzelten Kunst, der immobilsten, der festgegründeten Architektur, irgendeinen wesenhaften, das Größte und Höchste verkündenden Ausdruck finden könnte? Da doch jenes Größte und Höchste im Gegenteil der Seßhaftigkeit liegen würde? Würde nicht dann gerade nur das Beweglichste, das am leichtesten Verpflanzbare, der elektrisch übertragbare Schall, das ebenso übertragbare bewegte Bild, das Transportable, das rein Kinetische und Unstatische übrigbleiben? – Der Referent meint, daß zwar nicht für den Menschen, aber für seine Architektur gerade ein solches Geschichtsbild den größten Pessimismus erzeugen müßte. Er selbst freilich teilt es nicht! Er glaubt noch durchaus nicht an einen so starken Schnitt, wie ihn Weber heute schon sehen will – als seien wir wie „auf einen neuen Stern versetzt". Er hält sogar für wahrscheinlich, daß gerade die Zukunft einen engeren Anschluß des Einzelnen an bestimmte gewählte – gewiß: leichter wählbare – Stellen der festen Erde wiederbringen wird. Vielleicht wird man sogar bald mehr Heimat haben als heute. Der Referent kennt ferner Menschen, die in den Dingen des „neuen Bauens" sehr radikal denken, gleichzeitig aber mit gleicher Leidenschaft Beethoven, Bach, Brahms, Reger, Chopin, Schumann, Pfitzner, Schubert sich andauernd und immer wieder erst anzueignen suchen, nicht als historische Betrachter, sondern als unmittelbar Erlebende, für die die Zeitlage der soeben absichtlich durcheinander Erwähnten noch gar nichts Wertendes bedeutet, – weil in der Musik noch Kontinuität ist, weil da noch etwas lebt, was anderwärts verstorben oder in Schlaf versenkt erscheint, weil es da – trotz aller „Moderne" – noch keine entscheidende, also fortwährend vernichtende Aktualität gibt. Der dunklen Zukunft auf einigen Gebieten steht eine klare Herkunft auf anderen gegenüber. Verschiedene Ausdrucksformen des Menschen, verschiedene Künste haben auch ganz verschiedene Schicksale. Auch unser literarisches Denken ist in voller Kontinuität entfaltet – es kennt überhaupt die *tabula rasa* gar nicht, die wir in der Architektur vor uns sehen. Seine Träger wären starr vor Staunen, wenn ihnen „Traditionslosigkeit" zugemutet würde. Ein Denker mag sich mit noch soviel Recht als „neu" empfinden. Aber da bedeutet „Neuheit" keineswegs einfach Abbruch und Urbeginn, oft vielmehr Wiederkehr; jedenfalls nur Wandlung. Es hat schon viel größere Wandlungen gegeben als die unseres heutigen Denkens. Und schließlich: nicht einmal die „Gefahrenlosigkeit" unserer „neuen Erde", wie sie Weber – abgesehen von sportlich aufgesuchten Gefahren – behauptet, kann der Referent zugeben. Sie bleibt gerade darin immer unsere alte Erde; für jede verschwundene Gefahr bringt sie neue, oft verzehnfachte hervor: nicht aufgesuchte nur (der Heroentyp sucht sie heute, wie immer, auf), sondern zu erleidende, drohende, über den Menschen stehende Gefahren. Der normale Verkehr bringt sie, das normale Erwerbsleben. Nicht einmal der alte Ozean läßt sich spotten. Wenn früher hundertmal zehn Menschen untergingen, so gehen heute auf einmal tausend unter. Das ist kein großer Unterschied. Die Frage wäre nur: ob man heute weniger an Gefahren denkt? Auch hierin wird der ewige, tief menschliche Unterschied zwischen Mutigen und Ängstlichen mit seinen zahllosen Zwischenstufen seine verschiedenen Antworten geben. Die Leidenschaft ist noch da, das Schicksal bleibt, der Tod ist nicht abgeschafft. Die außermenschliche Welt ist nicht entdämonisiert. Katastrophen gehören zum Leben als ein wesentlicher Faktor. Solcher Grundtatsachen gibt es viele, und sie alle behüten uns davor, jemals auf einen gänzlich „neuen Stern" zu gelangen. Wir haben gewiß für das Neue, das geschichtliches Leben beständig erzeugt, eine besonders wache Bewußtheit und horchen mit nervöser Überreiztheit darin, am stärksten die im weitesten Sinne Irreligiösen, am allerstärksten die Amusischen, besonders die Unmusikalischen und die in irgendeinem tieferen Sinne Herkunftslosen, die immer in kritischen Zeiten an die Oberfläche gelangen. Daß eine einzelne Ausdrucksart wie die architektonische in so kritischer Lage war wie heute, daß diese Lage so bewußt gesehen wurde, das mag „nie dagewesen" sein. Andere, gleich kritische Geschichtslagen mögen andere, gleich einmalige Züge aufweisen. Das Irrationale, das hinter allem Leben steht, das weitab von Fahrrad, Auto, Flugzeug liegen kann (und nicht einmal muß), das bleibt uns. Eben hier liegt die Quelle künftiger zusammenfassender Möglichkeiten des Geistes. Wie sie aussehen werden, wissen wir nicht. Aber sie müssen da sein, ehe jene erhabene Architektur, von der allein das Referat handelte, geschaffen werden – könnte. Nur im Außer-„Vernünftigen" können sie liegen. Die Bemerkung Kornmanns, daß man die wirkliche, technische Qualität einer Maschine nicht ästhetisch wahrnehmen könne, trifft den Kern! Wer das begreift, erwartet nicht von der Maschine das Höchste!

Man würde es auf jeden Fall bereuen müssen, wenn man in vorläufigem, unbewußt verzweifeltem Gefühle so gehandelt hätte, als sei der Einheitsmensch da, wenn man an einer großen und weit sichtbaren Stelle, wie z.B. in Genf, einer nach meinem Gefühl des erhabenen Ausdrucks noch unfähigen, noch experimentierenden, nur am Praktischen geschulten Baukunst Raum gelassen hätte. Wir wollen noch warten und uns freuen an den Werten, die uns schon geschenkt und die schon genügend bewährt sind in Farbe, Geräteform und in dem großen, neuen, strengen und oft stolz-schönen Ausdruck, den die praktischen Bauten haben.

Peter Meyer

Überlegungen zum Problem der Monumentalität ...
(Ausschnitte)

Erste Erscheinung: *Werk* Jg. 35 (1938), S. 123–128.
Textquelle: Hans Jakob Wörner (Hrsg.), *Peter Meyer – Aufsätze 1921–1974* (Zürich: Verlags AG der akademischen und technischen Vereine, 1984), S. 201–203, 205–208.

Im Mittelpunkt der wichtigsten Schriften des Schweizer Architekturhistorikers Peter Meyer (s. Seite 94) steht die Frage einer modernen Architektur, welche geschichtliche Kontinuität als ihre Aufgabe versteht. Im Unterschied zum Programm des Neuen

Bauens betrachtet Meyer die Funktionalität und konstruktive Logik der Architektur als vereinbar mit der historischen Reflexivität der Form.

Das englische Landhaus steht für ihn am Anfang der Entwicklung der Moderne. Er plädiert für eine Lockerung des Kanons sowohl im formalen als auch konstruktiven Sinne. Im Laufe der weiteren theoretischen Vertiefung dieser Position greift Meyer den früher abgelehnten Begriff Monumentalität wieder auf, um ihm eine positive Bedeutung zu geben – im Sinne eines „dritten Weges" zwischen akademischem und modernistischem Pathos.

Bibliografie: Katharina Medici-Mall, *Im Durcheinandertal der Stile. Architektur und Kunst im Urteil von Peter Meyer 1894–1984* (Basel, Boston, Berlin: Birkhäuser, 1998).

Was ist Monumentalität?

…Worauf es bei der ganzen Diskussion vor allem ankäme, wenn man nicht aneinander vorbeireden will, wäre eine Definition des Begriffs „Monumentalität". Ob Le Corbusier wirklich irgendwo die Pyramide, den Parthenon, die Omarmoschee mit Silos, Riesenstadion und der Hudsonbrücke unter den gemeinsamen Oberbegriff des Monumentalen zusammenfasst, kann ich im Augenblick nicht verifizieren. Jedenfalls würde ich mit einem solchen Begriff von Monumentalität nichts anfangen können, denn in diesem Fall wäre er wirklich nichts weiter als eine Umschreibung für äussere Grösse der Dimension. In diesem Sinn wird das Wort „monumental" aber doch wohl nur von solchen gebraucht, die Trambahnunfälle „tragisch" und Krawatten „stilvoll" nennen, ohne dass man das gerade zur Definition des Tragischen oder des Begriffs des Stils verwenden möchte. Es ist darum auch gar nicht nötig, wie H. S.[1] unter Zitierung von Doesburg meint, dass erst die neue Architektur den Begriff „monumental" unabhängig von gross und klein gemacht habe – denn davon ist er von jeher grundsätzlich unabhängig gewesen. Der Unterschied von monumental und nicht-monumental ist vielmehr mit allgemeinerer Geltung ganz der gleiche, wie der speziellere zwischen sakral und profan. Es ist ein Unterschied der Tonart, des Anspruchs, der sich in der Komposition ausdrückt, also im rein Ästhetischen, und der mit dem äusseren materiellen Aufwand an sich nichts zu tun hat und der auch nicht von der Menge des Formenaufwandes abhängt. Silo und Fabrikgebäude mögen so gross sein wie sie wollen: sie sind vielleicht staunenerregend, überwältigend, kolossal, aber deswegen keineswegs monumental, wogegen der Briefbeschwerer aus schwarzem Serpentin auf dem Tisch des Generaldirektors monumental sein kann, ohne gross zu sein. Und Riesenstadion und Hudsonbrücke werden erst dann monumental, wenn sie über ihre technische Leistung hinaus auch äusserlich als Manifest einer Staatsideologie in Erscheinung treten, wenn sie also über ihren blossen Nützlichkeitscharakter hinaus noch durch besondere Massnahmen pathetisiert, in eine quasi-sakrale Tonart versetzt sind.

Wo ist Monumentalität sinnvoll?

Hier erheben sich nun zwei Kapitalfragen. Die erste ist weltanschaulicher Natur, wobei das Wort die Sphäre des Religiösen, wie auch die der politischen Ideologie mit enthalten soll. Sie lautet:

---

1 Hans Schmidt, Architekt, Basel, mit seinem Bruder Georg Schmidt, Kunsthistoriker, einer der Wortführer des Schweizerischen Werkbundes.

Wo ist Monumentalität erlaubt und berechtigt, wo liegt die Grenze zwischen profanen und monumentalen Aufgaben? Zwischen dem Alltäglichen und dem Ausserordentlichen? Die zweite Frage ist architektonisch-technischer Natur: Welches sind die Mittel, mit denen Monumentalität ausgesprochen werden kann? Sie enthält die Unterfrage: Ist Monumentalität ein für allemal an die klassische Formensprache gebunden, oder gibt es auch andere Ausdrucksmittel des Monumentalen?

Um diese Fragen zu beantworten, müsste man sehr weit ausholen. Diese Fragen müssten den Kernpunkt der architektonisch-ästhetischen Erziehung des angehenden Architekten bilden, denn es sind die Fragen, die allein das Verständnis für die architektonischen Leistungen der Vergangenheit erschliessen und das Verständnis der Gegenwart zur Vergangenheit abklären können. Was die erste Frage betrifft, so hat die Generation, der H. S. gleichermassen wie P. M. angehört, zunächst mit ihren Reformbestrebungen da eingesetzt, wo die Diskrepanz zwischen der profanen architektonischen Aufgabe und ihrem monumentalen Auftreten am allerdeutlichsten war: beim Fabrikbau und beim Wohnbau. Dass hier die monumentale – also in letzter Instanz stets sakrale – Tonart ein Unsinn ist, ist so offensichtlich, dass man davon jeden einigermassen formempfindlichen und intelligenten Zeitgenossen überzeugen konnte. Sie ist ein doppelter Unsinn: einerseits wird die profane Bauaufgabe auf einen falschen Ton gestimmt (ich sagte in den Zwanzigerjahren einmal, ein monumentaler Bahnhof sei, auch wenn er architektonisch noch so gut sei, genau so verfehlt, wie es verfehlt wäre, wenn der Weichenwärter statt auf dem Signalhörnchen sein Zeichen zu geben, Posaune blasen wollte – auch dies unabhängig davon, ob er noch so schön blasen würde). Zugleich verlor man mit der in der Architektur der zweiten Hälfte des XIX. Jahrhunderts üblich gewordenen hemmungslosen Verschwendung von Monumentalformen an alle erdenklichen noch so harmlosen Aufgaben die Möglichkeit, wirklich aussergewöhnliche und bedeutungsvolle Bauaufgaben auszuzeichnen. Wenn man schon jedes Spekulantenmiethaus, jede „Villa", jedes Postdienstgebäude mit sozusagen grossem Orchester vorträgt, so bleibt für wirkliche Monumentalaufgaben schlechterdings nichts anderes übrig, als die Formmittel ins Barbarische zu häufen, wie es denn auch geschehen ist.

Man begann endlich wieder zu verstehen, dass profanen Bauaufgaben nur eine profane Tonart angemessen ist; es erwachte der Sinn für die Schönheit des Einfachen und damit zugleich das Verständnis für die einfachen Bautypen der Vergangenheit, während man sich vorher ausschliesslich für das kunstgeschichtlich Aussergewöhnliche, Gesteigerte interessiert hatte. Diese gesunde Reaktion, die zu den wichtigsten Grundlagen der modernen Architektur gehört, führte aber dahin, dass den jüngeren Architekten der Sinn für das Monumentale überhaupt verlorenging. Mit der Bekämpfung ihres Missbrauchs drohte die Sache selbst abzusterben, und dies ist die Situation, in der wir heute stehen. Staat und Gesellschaft haben aber keine Ursache, Hungerkuren in Sachen Monumentalität durchzumachen, weil sich die Architekten daran den Magen verdorben haben. Monumentale Aufgaben werden gestellt und fordern eine Lösung, und vor dieser Aufgabe stehen die modernen Architekten mit leeren Händen. Wir sehen, wie jeder Staat, ob demokratischer, faschistischer oder kommunistischer Färbung, für Bauten, an denen das Staatspathos haftet, jene höhere Tonart fordert, die ihren Ausdruck im Monumentalen findet – worüber H. S. in Russland hätte lehrreiche Beobachtungen sammeln können. Der Versuch, dieser Forderung nach Monumentalität aus irgendwelchen architektonischen Überlegungen heraus die „Existenzberechtigung" abzusprechen, wäre Unsinn, denn diese Forderung liegt gar nicht auf der architektonischen Fachebene. Die Frage, ob monumental oder nicht monumental, ist also stets eine spezielle, nicht eine generelle Frage, sie stellt sich von Fall zu Fall: ist die gerade vorliegende Aufgabe würdig, auf monumentale Art gelöst zu werden oder nicht?

Es ist der Architektur nicht damit gedient, dass man den Ausdruck des Fabrikmässigen, der bei der Fabrik vollkommen richtig ist, nun auch auf das Wohnhaus und auf Staatsgebäude ausdehnt, dass man somit alles über den gleichen Leisten einer formalistischen Modernität schlägt, der für eine Bauaufgabe passt und eben deshalb für alle andern falsch wird; hierin bin ich, wie ich glaube, mit H. S. einig. Es scheint mir vielmehr darauf anzukommen, die einzelnen Bauaufgaben möglichst deutlich voneinander abzugrenzen und spezifisch durchzubilden, und dann wird sich auch ein sehr begrenztes Feld ergeben, für das Monumentalität mit Recht gefordert werden darf. Je mehr man das Monumentale da lokalisiert, wo es Sinn hat, desto besser kann man es von jenen Aufgaben fernhalten, wo es Unsinn ist. Sucht man es aber überhaupt zu unterdrücken, so wird es wieder den ganzen Körper der Architektur infizieren.

[...]

Architektur niemals „autonom"

Ein klares, nur auf die fachlichen Rücksichten der einzelnen Aufgabe gegründetes Programm, wie es H. S. vorschwebt, wäre für den Architekten freilich einfach und wünschenswert, aber in Wirklichkeit ist die Architektur jederzeit viel zu eng mit allen anderen Kulturgebieten verflochten gewesen, als dass nicht Rücksichten ausserarchitektonischer Art die Form der Bauten mitbestimmt hätten. Das bedeutet vom reinen Fachstandpunkt betrachtet jeweils eine Trübung, im ganzen gesehen aber einen grossen Vorteil, weil nur so die Architektur zum Kulturfaktor werden konnte. Die Übersetzung der antiken Holzbauformen in Marmor war bautechnisch betrachtet ein Unsinn, kulturell betrachtet ein Faktum ersten Ranges, und ähnliches wiederholt sich noch mehrmals.

Man darf die Architektur nie als ein in sich abgeschlossenes, auf ihre internen Überlegungen beschränktes Gebiet betrachten, sondern man muss sie als Teil eines kulturellen Ganzen sehen, als Organ, das sich diesem Ganzen unterzuordnen hat und im Interesse des Ganzen sogar Opfer bringen muss, also mit Einschluss derjenigen Komponenten, die das rein Architektonische von aussen her beeinflussen und unter Umständen durchkreuzen. Aus diesem Grund kann ich auch mit dem Begriff einer „autonomen Architektur" durchaus nichts anfangen, wie er von E. Kaufmann in seiner Schrift über Ledoux formuliert wird... Es hat meines Erachtens keinen Sinn, die Rücksichten auf das gesellschaftliche Leben, auf den ästhetischen Eindruck usw. als von aussen an die Architektur herangetragene „heterogene" Faktoren zu bezeichnen, sie also vom Ganzen abzuspalten, und zum verbleibenden Rest in Gegensatz zu stellen, denn was bleibt schliesslich von der Architektur übrig, wenn wir sie in ihre Bestandteile zerlegen und diese Bestandteile als architekturfremd bezeichnen, weil selbstverständlich keiner für sich allein betrachtet „Architektur" ist? Architektur ist nun einmal eine sehr komplexe Angelegenheit, die essentiell im Ineinanderwirken der allerverschiedensten Faktoren besteht, ihr Wesen ist gerade dieses Ineinanderwirken, so dass man mit dem Aufspalten in „autonome" und „heteronome" Komponenten nur in sophistische Begriffsspaltereien gerät. So gesehen, wäre Architektur, die sich im Gebiet des Abstrakt-Stereometrischen verliert, wie die von Ledoux, nicht weniger „heteronom" als eine, die sich an menschliche Formen anlehnt.

Die Architektur steht nun einmal in einer kulturellen Tradition, die an ihren Formen haftet. Je nachdem ein Bauherr Wert darauf legt, seine Verbundenheit oder seinen Gegensatz zu dieser kulturellen Tradition zu manifestieren, wird er dies gerade in seinen Bauten aussprechen wollen. Damit bekommt jede architektonische Form – gleichgültig, ob sie aus einer traditionellen Formensprache oder aus technischen Voraussetzungen stammt – ausser ihrer rein architektonischen Funktion auch noch diesen kulturellen Akzent, sie wird unausweichlich zu einem sozialen Manifest, auch dann, wenn das vom Architekten gar nicht beabsichtigt ist. Auf einfacherem Gebiet: wenn einer im Schillerkragen umherläuft, so ist das nicht nur eine hygienische Massnahme, sondern zugleich ein Manifest, mit dem der Betreffende seine oppositionelle Stellung zu seiner normalgekleideten Umgebung ausspricht. Seine Kleidung ist – absolut betrachtet – einfacher, bescheidener als die der andern; solange aber Kragen und Krawatte das Übliche sind, wirkten sie trotzdem als das Auffällige, Besondere, so dass jeder, der auf Diskretion Wert legt, in diesem Fall das effektiv Kompliziertere dem Einfachen vorziehen wird, weil es akzentlos und damit „einfacher" wirkt.

[...]

Monumentalität als Aufgabe

Es steht nicht im Ermessen des Architekten, den Anspruch auf Monumentalität auszurotten, wohl aber ist es eine seiner Aufgaben, ihn auf jene Gelegenheiten zu verweisen, wo er Sinn hat. P. M. ist mit H. S. wahrscheinlich darin einig, dass es zu den in jeder Hinsicht wichtigsten Aufgaben der Gegenwart gehört, Wohnhäuser, Fabrikbauten usw. wieder auf die Ebene des Profanen zurückzubringen, auf die sie gehören. Diese Aufgabe scheint dem Schreibenden so wesentlich, dass es ihm vollkommen nebensächlich ist, ob ein akzentlos, also ohne Monumentalanspruch auftretendes Wohnhaus dann im einzelnen mehr traditionalistisch oder modernistisch durchgebildet ist. Erst wenn wieder die einzelnen Häuser auf den Monumentalanspruch verzichten, sind wieder organische Siedlungen möglich, denn dieser Anspruch wirkt seinem ganzen Wesen nach vereinzelnd. Er hebt seinen Träger aus der Umgebung heraus – wie es für wichtige Ausnahmebauten berechtigt, für Durchschnittsbauten, die von vornherein in der Vielzahl auftreten und auf Vergesellschaftung angewiesen sind, ein Unsinn ist. Erst wenn wieder alltägliche Aufgaben auf eine alltägliche Art erledigt werden, können ausserordentliche Aufgaben auf der Folie des Neutralen zur Geltung kommen.

Bei den seltenen, aber hervorragenden Gelegenheiten jedoch, wo der Anspruch auf Monumentalität Sinn hat, darf sich der Architekt nicht länger der Aufgabe entziehen, dafür einen Ausdruck zu suchen. Und wenn sich unsere verantwortungsbewussten Architekten nicht getrauen, das Problem der Monumentalität bei den Hörnern zu nehmen – ungeachtet der damit verbundenen Gefahren – dann wird dieser ganze grosse Aufgabenkomplex eben in die Hände der weniger ideologisch gehemmten Architekten fallen. Was dann herauskommt, liegt schon heute vor aller Augen: ein schaler Aufguss des Klassizismus, wie in den Staatsbauten Deutschlands, oder eine sensationell pathetisierte Modernität, wie in Italien. Und das sind beileibe keine Zufallsergebnisse einer politischen Konjunktur, sondern die konsequenten Früchte der heutigen Situation. Unsere Modernitätsideologen pflegen sich an solchen Bauten zu rächen, indem sie sie literarisch schlecht behandeln, aber das ist ein mageres Vergnügen, denn die spätere Kunstgeschichte wird auch unsere Zeit unweigerlich nach den Bauten beurteilen, die effektiv gebaut worden sind, und nicht nach den Papier gebliebenen Wünschen unserer Idealisten. Und das mit Recht, denn diese Bauten beweisen eben durch ihre Existenz, dass sie der wirklichen Situation entsprechen.

Die Frage, wie das Bedürfnis nach Monumentalität befriedigt werden kann, ist also eine sehr dringende Frage, die man nicht immer wieder umgehen, sondern die man sich endlich ganz direkt stellen sollte. Denn was ist uns schon mit allen den Monumentalitätssurrogaten geholfen, die sich heute auf „modern" breit machen? Mit den aus äusseren Effektgründen überdimensionierten Fensterflächen – dieser billigen Flucht in den Superlativ, in eine extreme Formel, die von genaueren Überlegungen dispensiert – genau so, wie die klassizistische Formel davon dispensierte – oder mit den kolossalen Treppenhandläufen, den Beleuchtungskuriositäten und dem Aufwand möglichst auffälliger Materialien, die in aller „Schlichtheit" und „Ornamentlosigkeit" bei weitem mehr optischen Lärm machen als jedes Ornament? Oder mit dem wichtigtuerischen, geheimnisvoll-pathetischen Pseudosakraleffekt der indirekten Beleuchtung bei allen und jeden Gelegenheiten, bloss weil sie „modern" – aber dabei wirkungsloser, unangenehmer und teurer ist als die direkte Beleuchtung? Sind das nicht alles Versuche, ein real vorhandenes, zugegebenermassen sehr oft an falscher Stelle vorhandenes, aber gelegentlich durchaus echtes Monumentalitätsbedürfnis auf Schleichwegen zu befriedigen, während die Verwendung von Ornament und klassischen Monumentalformen dieses Bedürfnis auf eine viel direktere, auf bestimmte Punkte lokalisierte und damit zugleich bescheidenere und wirksamere Art befriedigen würde?

Diese Frage mag bei gewissen Leuten Entsetzen erregen, die die klassischen Formen nicht anders als durch die Brille des Klassizismus sehen können. Aber wer sich etwas ernstlicher damit befasst, der weiss heute, dass sie ein ganz anderes, sehr viel „moderneres" Gesicht haben – dass sie nämlich das Intensivste, Potenzierteste sind, was sich an „ungegenständlicher Kunst" denken lässt. Ich könnte mir gut denken, dass ein kühner Architekt oder Bildhauer einmal versuchen würde, an einem Gebäude, das durch seine Wichtigkeit mit Recht einen Anspruch auf Monumentalität erhebt, diesen Anspruch durch eine offen ausgesprochene, aber örtlich beschränkte Monumentalveranstaltung zu erfüllen, unter Verwendung der in ihrem Ausdruck unbeschränkt modulationsfähigen klassischen Bauformen. So etwas schiene mir der weitaus direktere, sauberere und bescheidenere Weg zu sein als die diffuse Pathetisierung eines ganzen scheinbar „sachlichen" Baukörpers durch Überdehnung seiner Proportionen und Übersteigerung seiner Materialakzente.

Nur müsste man sich dabei bewusst sein, dass eine solche partielle Monumentalisierung die Ausbildung des übrigen in keiner Weise präjudiziert (wie man das von der Renaissance bis zum Klassizismus annahm) – ganz im Gegenteil: der grosse Rest des Gebäudes würde vom Monumentalanspruch entlastet.

Einer solchen Entwicklung steht vorläufig noch die falsche Interpretation der klassischen Formen im Wege, wie wir sie oben skizziert haben. Die Säule und alles was damit zusammenhängt, wird als Ausdruck der technischen Struktur des Gebäudes gedeutet und womöglich als Sublimierung statisch-struktiver Überlegungen hingestellt. Das ist Unsinn, von Haus aus ist die Säule, wie gesagt, nicht einmal ein Bauglied gewesen, sondern ein kunstgewerblicher Einzelgegenstand, und erst nachträglich hat man das Motiv auf die „Stütze" übertragen. Es ist Zeit, es wieder aus dieser Verquickung mit technischen Aufgaben zu lösen, und die Säule wieder als die rein geistige, abstrakte Form zu sehen, als die sie von den Griechen gemeint war – und dann kann sie von neuem in unserer Architektur zum Ausdruck des Monumentalen dienen – ohne sich in die moderne technische Struktur des Baukörpers störend einzumischen.

In diesem Zusammenhang hat mich das Museum am Quai de Tokio interessiert, ungeachtet seiner Mängel – das Problem ist dort auch noch nicht rein gestellt, aber mir scheint, man ist doch auf dem Weg dazu. Und in diesem Zusammenhang bin ich überzeugt, dass die Zukunft mehr von Auguste Perret lernen wird als von Le Corbusier.

José Luis Sert, Fernand Léger, Sigfried Giedion

Neun Punkte über: Monumentalität – ein menschliches Bedürfnis

Erste Erscheinung in Originalsprache: José Luis Sert, Fernand Léger, Sigfried Giedion, „Nine Points on Monumentality", New York 1943, in Sigfried Giedion, *Architecture, You and Me* (Cambridge, Mass.: Harvard University Press, 1958), S. 48–52.
Textquelle: Sigfried Giedion, *Architektur und Gemeinschaft. Tagebuch einer Entwicklung* (Hamburg: Rowohlt, 1956), S. 40–42.

Der Schweizer Kunsthistoriker Sigfried Giedion (1888–1968), der mit der Arbeit *Spätbarocker und romantischer Klassizismus* im Jahre 1922 bei Heinrich Wölfflin in München promovierte, war als Generalsekretär der CIAM der wichtigste Organisator, Propagandist und Historiker der modernen Bewegung in der Architektur. Mit seinem Buch *Space, Time and Architecture* (1941) unternahm er den Versuch, die Entwicklung der Kunst und Architektur wieder in Einheit mit den Fortschritten in Wissenschaft und Technik zu betrachten. Über die Entstehung der Schrift „Nine Points on Monumentality" (1943), die unter Architekten und Historikern heftige Diskussionen auslöste, berichtete Giedion später: „1943 saßen eines Tages in New York Fernand Léger, der Maler, José Luis Sert, der Architekt und Städtebauer und spätere Dekan der Architekturabteilung der Harvard-Universität, und ich zusammen. Dabei stellte es sich zufällig heraus, daß alle drei von der Vereinigung „American Abstract Artists" eingeladen worden waren, bei einer ihrer Veröffentlichungen mitzumachen. Wir fanden, es sei im Grunde interessanter, wenn wir alle das gleiche Thema behandelten, der Maler, der Städtebauer und der Historiker, jeder von seinem Gesichtspunkt aus. Wir einigten uns, die Frage einer neuen Monumentalität zu berühren. Schließlich faßten wir unsere Stellungnahme in neun Punkten zusammen."

Der in Barcelona geborene Architekt José Luis Sert (1902–1983) gehört zu der „zweiten Generation" der Moderne; ab 1939 lebte und unterrichtete er in den Vereinigten Staaten. Sert interessierte sich für die urbanen und regionalen Zusammenhänge der Architektur. Der französische Maler Fernand Léger (1881–1955), der dritte Mitverfasser der Neun Punkte, war von der Erfahrung der Dynamik der Großstadt und von den Möglichkeiten des Films fasziniert und hat die Zusammenarbeit mit Architekten gesucht. Sein Interesse für Monumentalität ist wohl auch durch seine Bewunderung für die riesigen Fresken der mexikanischen Realisten wie Diego Rivera oder José Clemente Orozco in Amerika motiviert.

Bibliografie: Sokratis Georgiadis, *Sigfried Giedion. Eine intellektuelle Biographie* (Zürich: gta/Ammann, 1989).

*„… Je donnerai Versailles,
Paris et Saint Denis,
Les tours de Notre Dame,
Le clocher de mon pays …"*

Nach einem alten französischen Lied: *„Auprès de ma blonde."*

1. *Monumente bilden Marksteine*, in denen die Menschen Symbole schufen für ihre Ideale, ihre Ziele und ihre Handlungen. Sie sind dazu bestimmt, die Epoche zu überdauern, in der sie entstanden, und stellen ein Vermächtnis an die zukünftigen Generationen dar. Sie formen ein Bindeglied zwischen Vergangenheit und Zukunft.

2. *Monumente sind Ausdruck der höchsten kulturellen Bedürfnisse des Menschen.* Monumente haben das ewige Verlangen des Volkes zu befriedigen, seine kollektive Kraft in Symbole umzusetzen. Wahrhaft lebendige Monumente sind jene, die dieser kollektiven Kraft Ausdruck verleihen.

3. Jede vergangene Epoche, die ein wirklich kulturelles Leben zeitigte, besaß die Kraft und die Fähigkeit, diese Symbole zu schaffen. Monumente sind deshalb nur in Perioden möglich, in denen ein einigendes Bewußtsein und eine einigende Kultur bestanden. *Perioden, die in den Tag hinein lebten, sind unfähig gewesen, wirklich dauernde Monumente zu schaffen.*

4. Die letzten hundert Jahre waren Zeuge der *Entwertung der Monumentalität*. Das will nicht heißen, daß es an Monumenten fehlte oder noch weniger an architektonischen Beispielen, die vorgaben, diesem Zweck zu dienen. Aber die sogenannten Monumente der jüngsten Vergangenheit erwiesen sich – mit wenigen Ausnahmen – als leere Schalen. In keiner Weise enthalten sie den Geist oder das kollektive Gefühl der modernen Zeit.

5. Dieser Verfall und Mißbrauch der Monumentalität ist der Hauptgrund, weshalb die modernen Architekten Monumenten mißtrauen.

Die heutige Architektur mußte, wie die moderne Malerei und Skulptur, einen schweren Weg gehen. Sie begann mit der Lösung einfacherer Probleme, mit Zweckbauten, wie der Wohnung für das Existenzminimum, Schulen, Bürogebäuden oder Spitälern. Heute sind sich die modernen Architekten klar darüber, daß Bauten nicht als isolierte Einheiten konzipiert werden können: Daß sie vielmehr in eine umfassendere Stadtplanung eingeordnet werden müssen. Es gibt zwischen Architektur und Stadtplanung ebensowenig eine Grenze, wie zwischen der Stadt und der sie umgebenden Region. Zwischen beiden muß eine gegenseitige Beziehung bestehen. In diesen umfassenderen Plänen geben die Monumente die besonderen Akzente.

6. Eine neue Stufe in der Entwicklung steht bevor. Die Nachkriegsveränderungen in der ganzen wirtschaftlichen Struktur der Länder werden die *Neuorganisation des Gemeinschaftslebens in der Stadt mit sich bringen, die bis heute vernachlässigt wurde.*

7. *Das Volk verlangt von den Bauten, die sein soziales Empfinden und sein Gemeinschaftsleben befriedigen sollen, mehr als eine bloße funktionelle Erfüllung.* Es will, daß in ihnen seinem Verlangen nach Monumentalität, nach Freude und innerer Steigerung Rechnung getragen wird.

Die Erfüllung dieser Forderung kann mit den uns zur Verfügung stehenden neuen Ausdrucksmöglichkeiten erreicht werden, obgleich es keine leichte Aufgabe ist.

Folgende Voraussetzungen müssen erfüllt sein: Ein Monument, das die Leistungen des Architekten, Malers, Bildhauers und Regionalplaners zusammenfaßt, verlangt die enge *Zusammenarbeit aller Beteiligten.* Diese Zusammenarbeit fehlt seit mehr als hundert Jahren. Die überwiegende Zahl der modernen Architekten ist für diese Art integrierten Schaffens noch nicht geschult. Es wurden ihnen keine monumentalen Bauaufgaben anvertraut.

Diejenigen, die das Volk regieren und seine Interessen wahrnehmen, mögen in ihrem Bereich glänzende Begabungen sein, aber in künstlerischer Hinsicht vertreten sie den herrschenden Geschmack. Wie der Mann von der Straße leiden auch sie an dem herrschenden Zwiespalt zwischen den Methoden des Denkens und den Methoden des Fühlens.

Das Fühlen der Politiker und Behörden ist leider meistens ungeschult und noch immer durchtränkt von den Pseudoidyllen des 19. Jahrhunderts. Das ist der Grund, weshalb sie nicht fähig sind, die schöpferischen Kräfte unserer Epoche zu erkennen, die allein imstande wären, Monumente und öffentliche Bauten zu entwerfen, welche in unseren Gemeinschaftszentren zum schöpferischen Ausdruck unserer Epoche werden könnten.

8. *Die Situation der Monumente muß geplant werden.* Dies wird möglich sein, wenn die Neuplanung der Mittelpunkte unserer Städte in großem Maßstab vorgenommen und diese Neuplanung die Schaffung offener Räume in den jetzt chaotischen Zentren ermöglichen wird. In diesen offenen Räumen wird die monumentale Architektur den ihr gemäßen Platz finden. Dann werden sich die monumentalen Bauten ausbreiten können: denn – wie Bäume und Pflanzen – können sie nicht zusammengedrängt werden. Erst dann können neue Gemeinschaftszentren sich bilden.

9. *Moderne Materialien und neue technische Möglichkeiten stehen uns zur Verfügung.* Neue Konstruktionen und Materialien mannigfaltiger Art warten auf Verwendung.

Bewegliche Elemente können das Aussehen der Bauten ständig verändern. Diese beweglichen Elemente werfen immer wieder andere Schatten, sobald sie dem Wind oder mechanischem Antrieb ausgesetzt sind, und können zu einer Quelle neuartiger architektonischer Wirkungen werden.

Während der Nacht können *Farben und Formen auf ausgedehnte Flächen projiziert* werden. Projektionen dienen als Publizitäts- und Propagandamittel. Bei Gebäuden sind Flächen besonders vorgesehen und architektonisch eingeordnet, die diesen Zwecken dienen. Heute existiert nur chaotische Reklame.

Die großen belebten Flächen und diese Verwendung von Farbe und Bewegung in einem neuen Geist werden Wandmalern und Bildhauern unerforschte Gebiete erschließen.

Elemente der Natur, wie Bäume, Pflanzen, Wasser etc., werden das Bild vervollständigen. Wir könnten alle diese Elemente gruppieren, die Steine, die immer verwendet wurden, die neuen Materialien, die zu unserer Zeit gehören, und die Farbe in ihrer ganzen Intensität, die so lange als architektonisches Element vernachlässigt wurde.

Die von Menschenhand geformte Landschaft würde mit der Natur verwachsen. Es entstünde ein neues und weites Gesamtbild, wie das Flugzeug es uns enthüllt hat. Ein Helikopter, der ruhig in der Luft schwebt, könnte es uns vor Augen führen.

Unter diesen Bedingungen würde monumentale Architektur wieder ihren ursprünglichen Zweck erfüllen und ihren lyrischen Gehalt zurückgewinnen.

In solchen Verwirklichungen könnten Architekt und Stadtbauer jenen Grad von schöpferischer Kraft und Freiheit erreichen, wie sie in den letzten Jahrzehnten auf dem Gebiet der Malerei, der Plastik, der Musik und der Poesie in Erscheinung trat.

New York 1943

Louis I. Kahn

Monumentalität
(Ausschnitte)

Erste Erscheinung: Louis I. Kahn, „Monumentality", in Paul Zucker (Hrsg.), *Architecture and City Planning: A Symposium* (New York: Philosophical Library, 1944), S. 77–88.
Textquelle: Alessandra Latour (Hrsg.), *Louis I. Kahn – Die Architektur und die Stille. Gespräche und Feststellungen*. Übersetzung von Kyra Stromberg und Lore Ditzen (Basel, Berlin, Boston: Birkhäuser, 1993), S. 44–45, 47–56.

Der in Estland geborene amerikanische Architekt Louis I. Kahn (1901–1974) erwarb seine Ausbildung im Geist der Beaux-Arts-Tradition, vertreten in der Lehre von Paul Cret, Professor an der University of Pennsylvania in Philadelphia (1920–1924). Nach Reisen in Europa hat Kahn sein eigenes Büro in Philadelphia eröffnet. Er arbeitete 1941–1943 in Partnerschaft mit George Howe, einem Vertreter der Rationalismus in der USA, und 1942–1948 mit Oscar Stonorov, der sich für soziale Fragen interessierte und Lewis Mumfords Ansichten teilte, zusammen. Die Idee der Nachbarschaft als eine nukleare Gemeinschaft spielt eine wichtige Rolle in den Vorstellungen von Kahn über Monumentalität. Er schließt sich der von Giedion initiierten Diskussion über Monumentalität mit seiner ersten längeren schriftlichen theoretischen Stellungnahme „Monumentalität" (1944) an. Paul Zucker hat den Aufsatz in seinem Buch *Architecture and City Planning: A Symposium* (1944) neben anderen Beiträgen über das Thema veröffentlicht, deren Autoren Sigfried Giedion („The Need for Monumentality"), George Nelson („Stylistic Trends and the Problem of Monumentality"), Philip L. Goodwin („Monuments") und Ernest Fiene („Murals and Architectural Sculpture") waren. Kahns Beitrag ist nicht unabhängig von Giedions Vorstellung, die traditionellen Assoziationen der Monumentalität mit Dauerhaftigkeit und Schwere durch ihre Gegensätze zu ersetzen, statt Lichtspiele fordert er jedoch Substanzielles: leichte Konstruktionen mit großer Spannweite.

Bibliografie: Sarah Williams Goldhagen, *Louis Kahn's Situated Modernism* (New Haven, London: Yale University Press, 2001).

Gold ist ein wundervolles Material. Es gehört dem Bildhauer.
Monumentalität in der Architektur ist eine geistige Qualität; sie vermittelt die Empfindung von Ewigkeit. In einer Konstruktion solcher Art kann nichts verändert und nichts hinzugefügt werden. Wir empfinden diese Qualität im Parthenon, dem einzigartigen architektonischen Symbol der Griechen.

Manche behaupten, wir leben in einem Zustand unausbalancierten Relativitätsdenkens, das sich nicht auf eine einzige, intensive Zielsetzung hin konzentrieren lasse. Ich denke, das ist der Grund, weshalb einige unserer Kollegen glauben, daß wir einfach psychisch unfähig geworden sind, unseren Bauten Monumentalität zu verleihen.

Aber haben wir denn eigentlich solchen sozialen Monumenten wie der Schule, dem Rathaus oder dem Kulturhaus schon vollkommenen architektonischen Ausdruck verliehen? Auf welche Anregung, welchen Antrieb, welche soziale oder politische Bewegung warten wir denn noch? Welches Ereignis oder welche Philosophie soll uns denn beflügeln, um ihrer Bedeutung für

Louis I. Kahn · Monumentalität

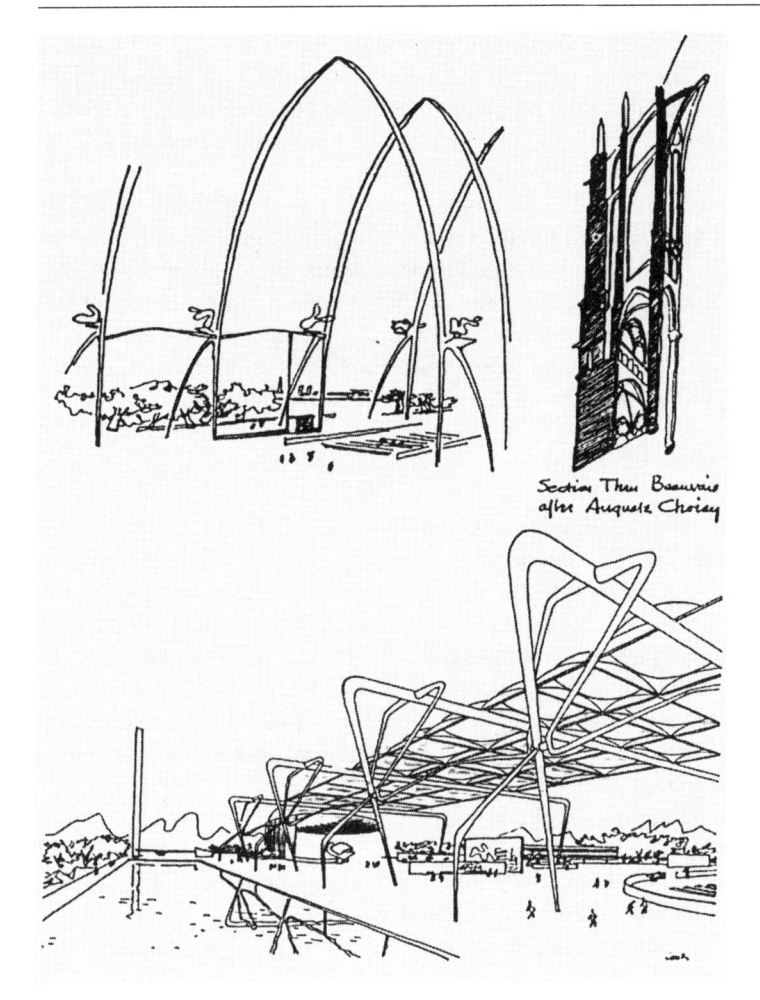

Abb. 93. Louis I. Kahn, Abbildungen zum Aufsatz „Monumentalität" (1944).

unsere Gesellschaft gerecht zu werden? Und wie würden solche Kräfte sich auf unsere Architektur auswirken?

Die Wissenschaft hat dem Architekten neue Materialien mit großer Widerstandsfähigkeit gegen Schwerkraft und Wind verfügbar gemacht.

Philosophen und solche, die mit Malerei, Bildhauerei und Architektur experimentieren, haben die Arbeit ihrer Künstlerkollegen mit neuem Mut und einer neuen Art von Spiritualität bereichert.

Monumentalität hat etwas Enigmatisches. Sie läßt sich nicht erzwingen. Weder das beste Material noch die fortschrittlichste Technologie sind nötig für ein Werk von monumentalem Charakter, genausowenig wie es der besten Tinte bedurfte, um die Magna Charta niederzuschreiben.

Dennoch, unsere architektonischen Monumente streben nach konstruktiver Vollkommenheit. Diese wiederum trägt zu ihrer eindringlichen Wirkung, zu ihrer formalen Klarheit, zu ihrer maßstäblichen Logik bei. Unsere heutigen Erkenntnisse erlauben uns, aus den neuen Materialien und Baumethoden die ihnen innewohnenden Formen herauszupressen. Dieser Text dient dazu, in Kürze die weiteren Horizonte aufzuzeigen, die Wissenschaft und Handwerk für den Architekten und den Ingenieur eröffnet haben. Es geht darum, die Ausdrucksmöglichkeiten neuer konstruktiver Konzeptionen mit aller Vorsicht zu umreißen.

Kein Architekt vermag noch einmal eine Kathedrale zu bauen, die die Wünsche und Sehnsüchte, die Liebe und den Haß jener Menschen verkörpert, deren Hinterlassenschaft sie ist. Deshalb empfinden wir die Botschaften, die die großen Monumente der Vergangenheit für uns bereithalten, nicht mehr mit der gleichen Intensität. Sie haben einfach nicht mehr die gleiche Bedeutung. Selbst ihre getreue Nachbildung bewirkt nichts. Doch können wir auf das, was uns diese Bauwerke lehren, nicht verzichten. Sie zeigen uns, was Größe ist, und die Bauten der Zukunft werden sich, auf die eine oder andere Weise, darauf beziehen müssen.

[...]

Die Kathedrale von Beauvais hätte unseren Stahl gebraucht. Sie hätte auch unser Wissen gebraucht.

Dann hätte das Glas den Himmel freilegen können und wäre ein Teil jenes Zusammenspiels aus Rohren, Platten und Säulen aus Edelstahl geworden, jenes Linienmusters, das den Kräftefluß wahrhaftig abbildet und sichtbar macht. Jedes Bauglied hätte mit seinem Nachbarn verschmelzen können, um eine strukturelle Einheit zu bilden, die es wert gewesen wäre, bewundert zu werden, weil seine ingenieurtechnische Qualität, die ihre eigene Schönheit zu bilden imstande ist, den Gesetzen des Ästhetischen nicht im Wege gestanden hätte. Das Metall wäre heute zu einem freundlichen Material gealtert, seine zweckmäßige Legierung hätte es vor Korrosion geschützt.

Die Generation von heute muß sich auf ihre Aufgaben besinnen, und das ist Massenwohnungsbau in gesunder Umgebung.

Sie ist sich der Überalterung unserer Städte bewußt.

Sie akzeptiert das Flugzeug als lebensnotwendig.

Fabriken breiten sich aus als horizontale Anlagen und beanspruchen, zumindest vorübergehend, große Teile jungfräulichen Landes für Arbeit und Wohnen.

Denken Sie an Willow Run, wo eine feste Stadt für die Arbeiter geplant und beinahe gebaut wurde.

Die Nationen beginnen, sich auf soziale Reformen einzulassen. Die Kriegsproduktion könnte, im gleichen Umfang, zur normalen Produktion erklärt werden und eine gesunde Wirtschaft hervorbringen.

Immer noch nicht verwirklicht, aber nach wie vor hochgelobt, sind die Prinzipien der Atlantik Charta.

Wie werden die Bauten kommender Tage beschaffen sein? Werden die Kirchen, die Kulturzentren, das Parlament der Vereinten Nationen, die Bauten für Arbeit und Industrie, werden die Bauwerke, die die Errungenschaften und Ziele unserer Zeit verkörpern, werden sie aussehen wie Chartres, wie der Kristallpalast, wie der Palazzo Strozzi, wie das Taj Mahal?

Die Rüstungsindustrie ist technisch so ausgereift, daß ihre Produkte aus Beton, Stahl oder Holz uns als Hinweis dienen, bis wohin wir mit unseren Bauten kommen können. Das gigantische Gerüst einer Konstruktion kann mit Recht beanspruchen, daß man es sichtbar macht. Man braucht es für das Auge nicht mehr zu verhüllen. Marmor und Holz nehmen in seiner Gegenwart keinen Schaden. Neue Wandelemente in durchsichtigem, durchscheinendem oder opakem Material mit herrlichen Oberflächen und Farben werden in die zartere Sekundärstruktur eingefügt oder daran aufgehängt. Wandfarben artikulieren die Verkehrsströme innerhalb der überdachten Räume; Skulpturen schmücken sie.

Die großen Meister haben uns die Richtung gewiesen, in die ein moderner Architekt gehen kann, um die Komplexität der Anforderungen heute zu entwirren und in einfache Formen aufzulösen. Sie haben die Bedeutung einer Wand, einer Stütze, eines Balkens, die Bedeutung von Dach und Fenster und deren Verhältnis zum Raum neu definiert. Wie notwendig neue Regeln waren, erkennen wir, wenn wir uns an die überladenen Stilkopien zurückerinnern, mit denen diese Elemente gequält worden sind.

Die Bemühungen um eine ganzheitliche Architektur werden diesen Elementen zu ihrem Recht verhelfen und ihre Bedeutung weiter präzisieren. Eine Wand, die einen Innenraum gliedert, ist nicht die gleiche wie die, die den Innenraum vom Außenraum trennt. Mauerwerk ist immer Einfassung, Einfriedung, auch von Gärten. Man kann es, weil es so dekorativ ist, auch für Außenwände benutzen, aber im Inneren sollte es durch Elemente, die den Anforderungen dort genauer entsprechen, ergänzt werden.

Konstruktiver Erfindergeist wird vielleicht irgendwann imstande sein, stützenfreie Räume zu schaffen, aber solange man Stützen braucht, haben sie Anspruch auf den Platz, den sie brauchen, das heißt, die räumliche Planung muß sie mit Respekt behandeln. Strukturelle Probleme kulminieren im Dach. Seine Haltbarkeit und seine Schönheit sind eine Herausforderung an die Wissenschaft. Die Oberflächen von Kuppeln, Gewölben und Bögen, die im Äußeren in Erscheinung treten, sind ein integraler Bestandteil der konstruktiven Struktur.

Fast alles: rostfreier Stahl, Beton, tragende Tafeln aus Kunststoff oder Glas, auch selbsttragendes Glas können für Kuppeln und Gewölbe verwendet werden. Die Wahl ist abhängig von den klimatischen Bedingungen und der erwünschten Wirkung. Aber auch das flache Dach sollte mit gleicher Aufmerksamkeit behandelt werden, ob man es sehen kann oder nicht.

Ich gebe Ihnen ein Beispiel:

Die Bürger eines großstädtischen Bezirks und ihre Repräsentanten setzten sich ein Programm für ein kulturelles Zentrum. Unterstützt wurde das Ganze vom nationalen Bildungszentrum. Die Bürgervertretung arbeitete mit dem Architekten und seinen Ingenieuren zusammen. Zeit und Kosten spielten keine Rolle; das Gedeihen des Projekts lag vielen am Herzen.

Von oben können wir nun die noble Silhouette des Bauwerks sehen. Manche der viel höheren Bauten der Umgebung lösen keine vergleichbaren Empfindungen aus. Der Bauplatz liegt auf einem Hügel in der umgebenden Landschaft, von dunklen Wäldern gefaßt, die die Landschaft in Streifen zerteilen.

Zu ebener Erde ist der erste Eindruck der einer riesigen Skelettkonstruktion, die wie eine gigantische Skulptur aufragt. Sie ist das gestalterische Rückgrat des Ganzen und konnte allen Einflüssen, die es im Verlauf des Entwurfsprozesses gefährdeten, widerstehen. In die detailliertere Planung hat der Architekt die Wünsche vieler Menschen aufnehmen können.

Der Bau beginnt und endet nicht mit dem Raum, den er einschließt, sondern die reich ausgebildete Skulptur greift in die fließenden Umrisse von Landschaft und Vegetation ein und wirkt weiter bis zu den fernen Hügeln.

Die Beschaffenheit der Landschaft zu Füßen des Baus hat dem Architekten seine gestalterische Antwort vorgegeben und ihm bei der Gestaltung der Terrassen, Wasserbecken, Stufen und Zuwege strenge geometrische Formen auferlegt. Der Landschaftsplaner wiederum hat diese Formen weitergeführt oder widerlegt durch eine teils geometrische, teils freie Gestaltung, die bis ins Ästegewirr der Baumkronen reicht.

Die Entwurfszeichnungen zeigen, daß unter den großen Spannweiten eine feingliedrige Einteilung speziellen Nutzungen dient. Die Trennwände bestehen aus Glas, gedämmten Wandtafeln oder Marmor. Diese Trennungen sind ganz unabhängig von der Konstruktion, sie folgen nur dem Bewegungsablauf. Der Grundriß zeigt Kontinuität. Das große Eingangsfoyer ist Teil des Amphitheaters, das sich zur Bühne hin absenkt. Das Licht kommt von oben durch wellenförmig angeordnete prismatische Glaskuppeln.

In einiger Entfernung vom Eingang leuchtet ein großes farbiges Wandbild. Beim Näherkommen zerlegen sich die von fern festumrissenen Konturen in Einzelformen und Einzelfarben. Alles ist klar und ursprünglich.

Auf der einen Seite liegt das kommunale Museum für Skulptur, Malerei, Kunsthandwerk. Es stellt die Werke von jungen Männern und Frauen aus Berufsschulen und Kunstschulen aus. Sie werden hierher eingeladen, und ihre Arbeiten werden von denen begutachtet, die dasselbe lernen wie sie: die Grundprinzipien einer materialgerechten Gestaltung. Was jeder von ihnen gefühlsmäßig daraus mitnimmt, wird ihm selbst überlassen, er findet Gesprächspartner, er kann sich vergleichen, er lernt durch Erfahrung.

Skulpturen machen Form und Konstruktion zugleich sichtbar. Marmor und Stein werden gemeißelt wie ehedem. Die Gußformen in neuen Legierungen oder Plastik bleiben dauerhaft. Massive Einzelteile werden durch Metalltafeln oder -röhren verbunden. Thematisch gibt es keine Beschränkungen. Die neuen Materialien und Werkzeuge, mit chemischen Farben und industriellen Herstellungsverfahren, die dem Künstler zu Gebot stehen, verlebendigen seine Ideen.

Sprühverfahren für Farben und Oberflächen haben dem Maler, dem Bildhauer und Kunsthandwerker neue Instrumente anhand gegeben.

Einer der jungen Künstler hat im Inneren eines großen unregelmäßigen Würfels aus transparentem Plastik andere Formen und Objekte in leuchtenden Farben installiert. Durch die Plastikhülle hindurch sieht man einen sphärischen Körper, unterschiedlich geneigte Tafeln und ein Gewirr von Kupferdrähten. Von solchen Formexperimenten kann der Architekt lernen und sie eines Tages zur Verschönerung seiner Strukturen verwerten. Bis jetzt hat er sie weitgehend gemieden. Sein Werturteil gipfelt in Formen, die frei und aufrecht im Raum stehen.

Einige der jüngeren Künstler sind von den Arbeiten eines älteren Bildhauers beeinflußt, der eine Theorie der Maßstäblichkeit im Verhältnis zum Raum formuliert hat. Er behauptet, daß, wenn der Maßstab der Skulptur wächst, sich eine monolithische Form von selbst verbiete. Für große Objekte wählt er deshalb ein kleines Grundelement, ein Modul quasi, rein geometrisch, als Würfel, Prisma oder Kugel, das er Stück um Stück, unter feinsinniger Beachtung der Wirkung von Licht und Schatten, zu einer Großform zusammensetzt. Von ferne gesehen hat ein solches Kunstwerk eine vibrierende Textur, die sich aus den zahlreichen Elementen und dem Spiel mit den Sonnenreflexen ergibt. Bevor wir den neuen Geist künftiger Tage beschwören, müssen wir uns zuerst einmal an die vernünftige Auswertung allen verfügbaren Wissens machen. Der nostalgischen Sehnsucht nach den Wegen der Vergangenheit gelten nur wenige und ineffektive Stimmen.

Stahl und viele leichtere Metalle, Beton, Glas, beschichtete Hölzer und Kunststoffe aller Art sind heute unsere wichtigsten Baumaterialien. Nieten wird abgelöst von Schweißtechnik, der Stahlbeton verfeinert sich zu Spannbeton, wird schwingungsfrei und von großer Eleganz. Verleimte, furnierte Hölzer ersetzen Massivholz und sind für das Auge ebenso schön. Und die Kunststoffe bieten so unzählige Möglichkeiten, daß Zeitschriften und Periodika zu diesem Thema immer mehr Leser finden. Noch ungeprüfte Eigenschaften des Kunststoffs werden analysiert, alte Zusammensetzungen vom Markt genommen. Neue Stahllegierungen, bruchsicheres und wärmespeicherndes Glas und zahllose synthetische Verbindungen – das ist die neue Palette des Architekten.

In welchem Umfang der Fortschritt im Bauen verhindert werden wird durch Bodenrecht, alte Dogmen, Stilfragen, Präzedenzfälle, ungeprüfte Materialien, despotische Standards, überholte Vorschriften, schlechte Handwerker und schlechte Künstler, ist nicht vorauszusehen. Doch die Wissenschaft und ihre Anwendung haben in der Rüstungsproduktion so große Fortschritte gemacht und den normalen Ablauf der Dinge so sehr beschleunigt, daß wir im großen und ganzen optimistisch sein dürfen.

Standardisierung, Vorfertigung, kontrollierte Experimente und Spezialisierung sind keine Monstren, vor denen die Feinfühligkeit des Künstlers zurückschrecken sollte. Sie sind nichts anderes als die zeitgemäßen Hilfsmittel, die die Chemie, die Physik, die Technik und Produktion uns zur Verfügung stellen, um die Lebensqualität zu erhöhen. Das notwendige Wissen um alle diese Mittel wird dem Künstler die Furcht nehmen, sie anzuwenden, es wird seine kreativen Möglichkeiten bereichern und ihm den Mut geben, sich auf Abenteuer einzulassen. Dann wird auch seine Arbeit zu einem Stück Zeitgeschichte, sie wird seinen Zeitgenossen dienen und ihnen Freude bereiten.

Ich will mit all dem nicht sagen, daß Monumentalität wissenschaftlich hergestellt werden kann. Noch möchte ich sagen, daß eine Arbeit, die sich der Monumentalität verschreibt, als größtes Verdienst an der Menschheit zu gelten hat.

Ich bewundere nur, und ich verteidige den Architekten, der den Willen hat, an den Herausforderungen unserer Zeit zu wachsen. Er ist allen anderen einen Schritt voraus.

Hans Sedlmayr

Der Angriff auf die Architektur
(Ausschnitt)

Erste Erscheinung: Hans Sedlmayr, *Verlust der Mitte. Die bildende Kunst des 19. und 20. Jahrhunderts als Symptom und Symbol der Zeit* (Salzburg: Otto Müller, 1948).
Textquelle: Hans Sedlmayr, *Verlust der Mitte. Die bildende Kunst des 19. und 20. Jahrhunderts als Symptom und Symbol der Zeit* (Salzburg: Otto Müller, 1951), S. 102–104, 107–109.

Der österreichische Kunsthistoriker Hans Sedlmayr (1896–1984) studierte Architektur und anschließend Kunstgeschichte bei Max Dvořák und Julius von Schlosser an der Universität in Wien. Seine Doktorarbeit hat er über den Barockarchitekten Fischer von Erlach geschrieben. 1936 wurde er als Nachfolger von Schlosser zum Professor für Kunstgeschichte an der Universität in Wien ernannt. 1945 wurde er wegen seiner Unterstützung des österreichischen Ständestaates und Befürwortung der „großdeutschen" Ideologie entlassen; 1951 wurde er Professor in München. Sedlmayr gehörte zur „Neuen Wiener Schule" der Kunstgeschichte und wollte die methodischen Prinzipien einer „strengen Kunstwissenschaft" ausarbeiten. Anstatt des Interesses der älteren Generation (Riegl, Dvořák) an epochalen Prinzipen wie Kunstwollen oder Geistesgeschichte hat er auf die Deutung des individuellen Kunstwerkes konzentriert. Die Stilanalyse kann das Einzelkunstwerk nicht erklären, behauptete Sedlmayr und hat die

Methode der Strukturanalyse vorgeschlagen, um die inneren Gesetze des Werkes zu analysieren.

Sedlmayr untersucht allerdings die Kunst und Architektur der Moderne trotz dieser Prinzipien weniger in ihren einzelnen Werken als eine Epoche – und lehnt sie ab. Er sieht die Kunst des 19. und 20. Jahrhunderts als „Symptom und Symbol" der geschichtlichen Entwicklung, die durch Deismus, Pantheismus und Atheismus, durch das Streben nach Rationalität und Klarheit zum *Verlust der Mitte* führt. Obwohl das Buch mit diesem Titel erst 1948 erschien, hat Sedlmayr seine Ideen überwiegend bereits in den dreißiger Jahren formuliert. Schon die ersten Sätze schlagen einen beinahe tragischen Ton an: „In den Jahren und Jahrzehnten vor 1789 hat in Europa eine innere Revolution von unvorstellbaren Ausmaßen eingesetzt: die Ereignisse, die man als ‚Französische Revolution' zusammenfaßt, sind selbst nur ein sichtbarer Teilvorgang dieser ungeheuren inneren Katastrophe. Es ist bis heute nicht gelungen, die dadurch geschaffene Lage zu bewältigen, weder im Geistigen, noch im Praktischen". Diese grundsätzlich weltanschauliche und politische Verurteilung der Moderne hat zur Zeit der Erscheinung der Arbeit sowohl begeisterte Zustimmung als auch heftige Kritik ausgelöst.

Bibliografie: Lorenz Dittmann, *Stil, Symbol, Struktur. Studien zu Kategorien der Kunstgeschichte* (München: Wilhelm Fink Verlag, 1967).

Die zweite Revolution gegen die Architektur: Leugnung der Erdbasis

„Dieser Umbau der früheren Lebensgestaltung begann unmerklich,
und als er begann, verspürten viele ein unbestimmt schauriges Gefühl,
als verschwände der Grund unter ihren Füßen."

W. Iwanow

Wenn um 1890–1900 die Idee des Kugelbaues wieder erscheint, kündigt ihr Erscheinen den bevorstehenden Ausbruch der neuen Revolution an.

Bei ihrem ersten Auftauchen war die Idee des Kugelbaues rein utopisch gewesen. Es gab um 1800 keinen Werkstoff und keine Technik, durch die sie hätte verwirklicht werden können. Erst mit der Vervollkommnung des Konstruierens in Stahlgerippen, das die Ausstellungen mächtig vorwärtsgetrieben hatten, wurde die Utopie realisierbar. So erscheinen in den Neunzigerjahren wieder Entwürfe für Kugelbauten, in riesigen Dimensionen, die seit der Konstruktion des Eiffelturms in den Bereich des Erreichbaren gerückt sind. So der, künstlerisch wertlose, Entwurf eines Spaniers, der einen stählernen Erdball von 300 Meter Durchmesser als Denkmal für Kolumbus zur Vierhundertjahrfeier der Entdeckung Amerikas 1892 vorschlug; in seinem Inneren sollte er Hörsäle, Museen, Vergnügungsstätten beherbergen. Das Ganze atmet den sensationellen Rekordgeist der Weltausstellungen. Und in einer Ausstellung ist die Idee zum ersten Mal verwirklicht worden: eine der Sensationen der Pariser Weltausstellung von 1900 bildete ein Kugelbau von ungefähr 50 Meter Durchmesser, der den Erdball darstellte.

Die extremste Form sollte der Gedanke aber bei den russischen Futuristen der Architektur annehmen. Sie ist – als Symptom und Symbol – von unvergleichlicher Bedeutung. (Abb. 95).

Die Kugel berührt die Erde nicht mehr, sie *schwebt*, ein Ballon aus Glas und Eisen, scheinbar nicht getragen, sondern nur unterfangen von einem spinnwebdünnen Metallgespinst in Form eines Kegels, der nur mit seiner Spitze die Erde erreicht. Stahltrossen verspannen den Bau.

Abb. 94. Boullée, Kenotaph für Newton. Um 1790 ist führende Aufgabe das architektonische Denkmal. Es sucht die ungebrochenen Flächen, das Gewaltige der Massen, die feierliche Ruhe und den Ausdruck des Ewigen, Unzerstörbaren. Illustration aus Hans Sedlmayrs *Verlust der Mitte* (1948).

Das allgemeine Prinzip, das sich in diesem Entwurf verkörpert, wird von einem zeitgenössischen Kommentator dieses Entwurfs, dem Sowjetarchitekten und Schriftsteller El Lissitzky, prägnant formuliert:

„*Eine unserer Zukunftsideen ist die Überwindung des Fundaments, der Erdgebundenheit(!). Wir haben in einer Reihe von Entwürfen diese Idee entwickelt.*" Er weist dann auf einige andere Entwürfe hin, die sich weitgehend von der Erde abgelöst haben: die sogenannten Wolkenbügel – Wolkenkratzer auf dünnen Trägern –, auf ein Stadion mit aufgehängten Tribünen, auf eine Garage und fährt fort:

„Diese Aufgabe stellt sich auch der Entwurf für das Lenin-Institut auf den Lenin-Bergen bei Moskau. Der Baukomplex besteht aus einem Turmbau (Bibliothek für 15,000.000 Bücher), Flachbauten mit Lese-, Arbeitsräumen, einem *Kugelbau (in die Luft gehoben)* als Zentralauditorium für 4000 Leser. Er ist in einzelne Abschnitte aufteilbar, wobei die Kugel als Planetarium benutzt wird. Aufgabe der Technik ist es, diese elementaren Volumen, die neue Beziehungen im Raume schaffen, statisch zu sichern. *Die Überwindung des Fundaments, der Erdgebundenheit, geht noch weiter und verlangt die Überwindung der Schwerkraft an sich(!), verlangt die schwebenden Körper(!), die physisch-dynamische Architektur.*"[1]

Die äußerste Abstraktheit der ersten Revolutionsarchitektur wird in diesem Entwurf und in den Sätzen, die seine Ideologie enthalten, tatsächlich noch überboten.

Darüber hinaus enthüllt aber ein einziges solches Gebilde die Grundtendenzen der zweiten architektonischen Revolution ebenso wie Ledoux' Flurwächterhaus die der ersten.

---

1 Vgl. den Sammelband „Neues Bauen in der Welt: Rußland". Herausgegeben von El Lissitzky (Wien 1930).

Abb. 95. Leonidow, Entwurf eines Kugelbaus aus Stahl und Glas für ein Lenin-Institut bei Moskau. „Eine unserer Zukunftsideen ist die Überwindung der Erdgebundenheit ... Die Überwindung des Fundaments geht noch weiter und verlangt die Überwindung der Schwerkraft an sich, verlangt die schwebenden Körper." Illustration aus Hans Sedlmayrs *Verlust der Mitte* (1948).

Es zeigt zunächst, daß die Vorliebe für Bauelemente rein geometrischer Form noch immer da ist. Beim Durchblättern der Entwürfe aus den Zwanzigerjahren findet man sie alle wieder: Würfel, Pyramide, Zylinder, Kegel und Kugel. Aber erst jetzt ziehen sie die letzten Folgerungen aus der Gleichsetzung von Geometrie und Architektur. Das Dogma sagt nichts darüber aus, in *welcher* Lage zur Erde sich ein geometrisches Gebilde befinden muß, um zu einer architektonischen Form zu werden. So kann die zweite Revolution den Kegel auf die Spitze stellen und einen Würfel auf die Kante (Entwurf von Korgjew für einen Messepavillon der sowjetrussischen Handelsvertretung in Paris, 1925).

Die geometrischen Formen sind auch jetzt das erste, das den abstrakten Geist verlockt: „Le reveil brutal en nous, parceque foudroyant des joies intenses de la géometrie" (Le Corbusier); „in Freiheit neigt der Mensch zur reinen Geometrie". Die Motivierung wird nachträglich dazu gesucht. Die Kugel findet ihre Bestimmung z. B. in einem Planetarium (obere Halbkugel). Die Idee des Planetariums hat eine eigentümliche Faszination für den Geist, der die Erde überfliegt; nicht zufällig hatte schon Ledoux' Blick sich mit kalter Andacht in diese eisigen, von vollendeten Körpern bevölkerten und nach mechanischen Gesetzen bewegten Räume erhoben. In dem erwähnten Blatt seines Stichwerks, das den Weltenraum mit den kreisenden Planeten zeigt, steht die Erde bezeichnenderweise „auf dem Kopf": der Nordpol ist im Bilde „*unten*"(!). So wird auch im neuen Bauen oben und unten vertauschbar.

Die Grenzflächen der „reinen" Körper sind nun ganz körperlos geworden, hautdünn und aus den kältesten Stoffen.

Vor allem aber: das *Abstoßen von der Erde* ist unvergleichlich stärker geworden. Als würde der in dieser Zeit verwirklichte Traum vom Fliegen die Baukunst mit sich *fort von der Erde* tragen. [...]

Die Architektur wird abgeschafft

Die Gleichsetzung der Architektur mit der Geometrie, auf der das „abstrakte" Bauen beruht, wird noch überboten durch ein *neues Dogma*, welches das ältere in sich einschließt, aber auch überwältigt. Es heißt: „*Jeder Bau ist eine Maschine*". „Die Maschine in ihrer gewaltigen Mechanik wurde jetzt sogar Symbol und Vorbild. Eine Abwendung vom Kreatürlichen... als dem Undurchsichtigeren, schon in früheren Phasen angelegt, erreicht jetzt ihren reichsten Ausdruck."[2] Zwischen dem Bauen von Schiffen, Flugzeugen, Fahrzeugen usw. und dem Bauen von Häusern aller Art wird kein grundsätzlicher Unterschied mehr anerkannt. An Stelle des geometrisch-statischen tritt jetzt das „dynamische" Konstruieren, an Stelle der elementaren die höhere Geometrie.

Dieses offen ausgesprochene oder verhüllt eingeführte Dogma bringt, wo es anerkannt wird, eine Reihe vollkommen neuer Erscheinungen hervor. Auf einer ersten Stufe verwandelt es nur die Oberfläche. Ganzen Bauten wird jetzt eine Form gegeben, die an Maschinen oder an Teile von Maschinen gemahnt. Das gleiche gilt für die einzelnen Baubestandteile hinab bis zu den kleinsten, einem Griff oder einer Türklinke. Die Formen der Schiffe, Flugzeuge, Automobile werden vorbildlich, hier holt sich der neue Stil des Wohnens seine Muster. Tief kennzeichnend, daß er bestimmt wird von jenen Gebilden, in denen der Mensch – als neuer Nomade – nicht bleiben, in denen er nur vorübergehend hausen kann.

Auf einer zweiten Stufe wird die Angleichung tiefer getrieben. Zum Wesen der Maschine gehört es, beweglich zu sein, in sich selbst oder von Ort zu Ort. Darum erscheint jetzt die Idee des drehbaren Hauses, das seine Fronten verändern kann, und wird vereinzelt auch realisiert. (Der drehbare Saal im „Goldenen Haus" des Nero war keiner; drehbar war nur – hochbedeutsames Symptom – seine Kuppel, die das Himmelsgewölbe vorstellte.[3] Es erscheinen – in Amerika schon früher, vor 1890 vorgeahnt – die Utopien der fahrbaren Häuser, die mit Schiff, Flugzeug und Wohnwagen auf eine Stufe hinuntergerückt werden, klarstes Symbol dafür, daß der Mensch keinen Ort mehr haben will, an dem er bleiben, auf den er „bauen" kann.

Im festen Haus wird wenigstens alles Beweglich-Maschinelle betont: die kleinen Hausbahnen der Fahrstühle und Elevatoren, die Vorrichtungen der Küche und der Badezimmer. Die Wände werden verschiebbar – sogar die Außenwand –, Türen und Fenster maschinell bedient. Das Material der Maschine wird mit einem gewissen Pathos auf Gegenstände übertragen, die bis dahin immer aus Stein oder Holz waren. Häuser ganz aus Metall werden propagiert.

Diese Übertragungen sind in den meisten Fällen weder rational begründbar noch praktisch, sie geschehen aus einer Romantisierung der Maschinensphäre. Zum Unterschied von den

---

2 Franz Roh, Nachexpressionismus (Leipzig 1925).
3 Sueton, Leben des Nero, Abschnitt 32.

Schöpfungen der Konstrukteure wirklicher Maschinen sind diese Gebilde der Architekten, die sich an dem Vorbilde der Konstrukteure berauschend die Architektur verraten, in den meisten Fällen keineswegs sachlich, obwohl sie eine „neue Sachlichkeit" fordern und vorschützen. Der Architekt neuen Typs ist eine unsichere Figur geworden. Er schielt nach dem Ingenieur, er ist „Erfinder" und Lebensreformer. Dem Ästhetischen steht er gegenüber, wie der Konstrukteur eines Autos dem Zeichnen der Karosserie gegenübersteht: es ist ihm ein bloßer „Überbau".

Das Dogma von der Vorbildlichkeit der Maschine kommt auch in der Theorie unverhüllt zum Ausdruck. Es kristallisiert sich gleichsam in Wortprägungen wie dem Wort „Wohnmaschine" für das Haus, „Sitzmaschine" für den Stuhl usw.

Auf dem Höhepunkt dieser Auffassung, der in der ganzen Welt in den Zwanzigerjahren des 20. Jahrhunderts erreicht wird, proklamieren die Extremisten *die Abschaffung der Architektur.* Nach ihnen ist es fraglich, ob der beschränkte Begriff Architektur überhaupt bestehen bleiben wird: „… die Architektur ist aus der isolierten Stellung, die sie mit Malerei und Skulptur eingenommen hat, in den Strom gezogen worden… Der Begriff Architektur ist zu eng geworden." (Giedion 1928).[4] Sie wird abgeschafft, indem man sie als eine bloß historische Kategorie auffaßt, die bestimmt ist, auf der jetzt erreichten neuen Stufe des Menschengeistes zu verschwinden und als Sonderfall im universalen Schaffen des Konstrukteurs aufzugehen – so wie die Religion als „überholt", als bloße historische Kategorie, von der Wissenschaft abgelöst werden soll.

Der große Kampf der Maschinen gegen die Architekturen, besonders auch die alten – der weit über alle Friedens- und Kriegsnotwendigkeiten hinausgeht – erscheint, so gesehen, wie der unbewußte Ausbruch eines tiefen Hasses der Maschinenmenschen gegen das Architektonische. Sie realisieren nun, was die avantgardistische Theorie – unter dem Beifall des modernen Publikums – schon früher gefordert hatte: „Der Kern unserer alten Städte mit ihren Domen und Münstern muß zerschlagen und durch Wolkenkratzer ersetzt werden" (Le Corbusier).

Aldo Rossi — **Architektur für die Museen (Ausschnitt)**

Erste Erscheinung und Textquelle: Aldo Rossi, *Vorlesungen, Aufsätze, Entwürfe* (Zürich: Verlag der Fachvereine, 1974), S. 29–32.

Der italienische Architekt Aldo Rossi (1931–1997) erwarb sein Diplom 1959 am *Politecnico* in Mailand, wo er sechs Jahre später Professor für Architektur wurde. Vorher, zwischen 1955 und 1964, war er als Mitarbeiter der Architekturzeitschrift *Casabella-Continuità* tätig. Damals war die Zeitschrift von Ernesto Nathan Rogers herausgegeben, und Rossi gehörte zu seinen Anhängern. In diesem Kreis wurden die Ideen der Moderne und vor allem die Konsequenzen des Funktionalismus für die Stadt, der Bruch in der Stadtstruktur heftig diskutiert. Sie suchten nach neuen theoretischen Grundlagen für ein neues Verhältnis zwischen Stadt und Einzelbauwerk. Rossi führte die Tradition des

---

4 Vgl. auch S. Giedion, Le Corbusier und das neue Bauen in der Zeitschrift „Der Cicerone" 1930, und Architekt und Konstruktion, ebenda, Seite 307.

Rationalismus der Aufklärung, der Architektur von Boullée und Ledoux weiter. Er entdeckte unter dem Einfluss von Adolf Loos die Poetik der Reduktion. In seinem einflussreichen Buch *L'architettura della città* (1966) setzt Rossi sich mit dem Städtebau auseinander. Er untersucht die zeitlose Typologie und Morphologie der Stadt. Er sieht in der Stadt einen fundamentalen Ausdruck menschlicher Kultur und kollektiver Erinnerung. Er betont die Komplexität der Stadt und lehnt sowohl die vereinfachte Auffassung des Funktionalismus als auch eine konservative Typologielehre, die die verlorene Kontinuität der Stadt wiederherstellen will, ab. Von 1972 bis 1974 war Rossi Gastprofessor an der ETH in Zürich (wo er mit seinen Gedanken die Architekturschule und damit das Denken einer Generation Schweizer Architekten mitgestaltete; der unten abgedruckte Text wurde hier vorgetragen), dann wurde er zum Professor für architektonische Komposition am Instituto Universitario di Architettura in Venedig. Als Gastprofessor unterrichtete er an verschiedenen amerikanischen Universitäten (u.a. Cornell, Yale, Harvard); sein Buch *A Scientific Autobiography* (1981) ist ein Dokument dieser Zeit. Es ist ihm nicht gelungen, das poetische Potenzial seiner Schriften und Zeichnungen in seinen verwirklichten Bauten voll zu realisieren.

Bibliografie: Morris Adjmi (ed.), *Aldo Rossi. Architecture 1981–1991* (New York: Princeton Architectural Press, 1991).

Ich werde Euch nun kurz erläutern, was ich unter Architektur verstehe. In positivem Sinne sehe ich die Architektur als eine vom Leben und von der Gesellschaft, in der sie auftritt, nicht zu trennende Schöpfung an. Sie ist zum grossen Teil ein kollektives Faktum. Indem sich die ersten Menschen Wohnstätten bauten, verwirklichten sie eine Umwelt, die ihrem Leben günstiger war; sie schufen ein künstliches Klima und bauten dabei nach einer ästhetischen Intentionalität. Mit den ersten Spuren der Stadt setzten sie den Anfang der Architektur. Die Architektur ist somit gleichen Ursprungs wie die menschliche Kultur; sie bildet ein dauerndes, notwendiges und universales Faktum. Ihre gleichbleibenden Merkmale liegen in der Schaffung einer dem Leben günstigeren Umwelt und in der ästhetischen Intentionalität. In diesem Sinne beziehen sich die Traktate der Aufklärung auf die Urhütte als positiver Grundlage der Architektur. Die Architektur bildet sich also zusammen mit der Stadt, und mit der Stadt bilden sich im Verlaufe der Zeit die Wohnhäuser und die Baudenkmäler.

Wohnhäuser und Baudenkmäler, private und kollektive Manufakte sind für die Untersuchung der Stadt die Bezugspunkte, die von Anfang an gegeben sind. Sie bilden die Klassifikationsprinzipien der aristotelischen Analyse der Stadt. Die Architektur und die Stadt unterscheiden sich von jeder anderen Kunst, weil sie – selber Elemente der Natur – zugleich diese Natur umwandeln. Diese Definitionsweise zieht sich durch die gesamte Geschichte des architektonischen Denkens und lässt sich aus Viollet-le-Ducs Definition als ‚création humaine' und bei Lévi-Strauss herauslesen, der von der Stadt als einer ‚chose humaine par excellence' spricht. Wirklich betrifft uns nichts so sehr wie die grossen Bauwerke, die die Landschaft durchqueren, wie die Architektur, die sich als konkretes Zeichen der Umwandlung der Natur in Menschenwerk setzt. Die gesamte Stadt und das Territorium sind Bestandteil dieser Umwandlung: sie sind Teil der Architektur. In diesem Sinne sprach Carlo Cattaneo im Zusammenhang von Natur und Stadt von der künstlichen Heimat der Menschen und stellte fest, dass man die Wirklichkeit der

Landschaft, des Territoriums und der Stadt nicht verstehen könne, wenn man nicht die gewaltige Arbeit berücksichtige, die sich in ihnen angehäuft hat: diese im Verlaufe der Zeit angehäufte Arbeit stellt das konkrete Entstehen der Stadt dar. Milizia – ich zitiere ihn, weil seine Auffassung der Architektur für das aufgeklärte Denken charakteristisch ist – definiert die Architektur, indem er sie mit den anderen Künsten vergleicht.

Ausgehend vom Naturalismus des 19. Jahrhunderts schreibt er:

„Die Architektur ist eine Kunst, die in der Nachahmung besteht, ungefähr wie die Malerei, Bildhauerei, Musik und Poesie. Der Unterschied beruht bloss darin, dass einige dieser Künste das Original in Natur vor sich haben, und nur die Augen auftun und die sie umgebende Gegenstände betrachten dürfen, um darnach ihre Nachahmung zu bilden. Die Architektur hat aber kein solches Modell vor sich. Die Natur baut keine Häuser, darnach der Baumeister das seinige ausrichten könnte. Allein wenn ihm gleich ein aus den Händen der Natur gekommenes Original fehlt, so hat er doch ein andres, das Menschen gebildet haben, als die Industrie sie ihre ersten Wohnungen bauen lehrte. Die ungekünstelte grobe Hütte ist die natürliche Architektur, und das Original zu ihrer Schönheit."

Milizia sieht sich so in seiner architektonischen Abhandlung gezwungen, den Begriff der naturalistischen Nachahmung aufzugeben. An seine Stelle tritt die geschichtliche Anschauung.

Ich habe hier die Grundsätze der Architekturtheorie genannt, die ich andernorts entwickelt habe. Wir müssen uns nun fragen, welches die Implikationen dieses Erkenntnisprozesses, dieser Analyse sind, und was im allgemeinen eine Theorie der Architektur zum Entwerfen beitragen kann. Mit anderen Worten: welchen Wert kann die Kenntnis einiger Grundsätze für das Entwerfen haben? In erster Annäherung lässt sich meiner Meinung nach antworten, dass es sich um zwei Momente desselben Prozesses handelt: wenn wir entwerfen, vollziehen wir einen Erkenntnisprozess; versuchen wir eine Theorie des Entwerfens, formulieren wir zugleich eine Theorie der Architektur. In diesem Sinne haben alte und moderne Architekten in ihren Schriften und Entwürfen Analyse und Entwurf stets gleichzeitig weiterentwickelt.

Wenn die Grundsätze der Architektur aber von Dauer sind und der Notwendigkeit gehorchen, welche Stellung nehmen sie dann in der geschichtlichen Entwicklung, in der konkreten vielfältigen Architektur ein?

Darauf lässt sich antworten: die Grundsätze der Architektur haben keine Geschichte. Sie stehen unveränderbar fest.

Was sich immerzu verändert, sind die konkreten Lösungen, die Antworten, die die Architekten auf konkrete Probleme geben.

Hier unterscheidet man mit Vorteil die verschiedenen Eigenarten dieser Probleme und der darauf gegebenen Antworten.

Die Stadt und die Architektur der Stadt als kollektives Manufakt sind zu unterscheiden von der Architektur in sich, der Architektur als Technik und als Kunst, die sich rational artikuliert und weitergibt.

Beim ersten handelt es sich um einen kollektiven Prozess, der sich langsam vollzieht und der durch lange Zeiträume verfolgt werden kann; an ihm nimmt die ganze Stadt, die Gesellschaft, die in den verschiedenen Formen vergesellschaftete Menschheit teil. In diesem Sinne ist die städtische Entwicklung, die Modifikation des städtischen Antlitzes ein langsamer und vermittelter Prozess; er verlangt, seinen Gesetzen und seiner Besonderheit gemäss untersucht zu werden. Denkt an die verschiedenen Schichten einer Stadt, an ihre weiterdauernden Elemente und an die

Reaktionen, die einige neue Elemente hervorrufen. Die Untersuchung der Stadt kann mit derjenigen der Sprache verglichen werden; in der Stadt wie in der Sprache sind komplexe Prozesse im Gang: den Modifikationen stehen gleichbleibende, also fortdauernde Elemente gegenüber. Ich beziehe mich hier auf die Ausführungen de Saussure's über die Entwicklung der Sprache. Eine in diesem Sinne verstandene Theorie der Stadt, eine städtische Wissenschaft also, kann schwerlich von einer Theorie der Architektur gesondert werden: vor allem, wenn wir die erste Hypothese gelten lassen, wonach die Architektur mit den ersten Spuren der Stadt entsteht und damit eng verbunden ist.

In diesem Bildungsprozess und in ihrem ständigen sich Ueberprüfen am städtischen Zusammenhang entwickelt die Architektur jedoch Grundsätze und Gesetze, die sie autonom werden lässt.

Sie bildet ein eigentliches Lehrkorpus aus, nach dem sie sich weitervermittelt.

Betrachten wir ein Baudenkmal: das Pantheon. Sehen wir ab von der städtischen Komplexität, die diese Architektur prägt. In einem gewissen Sinne können wir uns auf den Entwurf des Pantheons oder geradewegs auf die Grundsätze, auf die logischen Aussagen beziehen, die diesem Entwurf zugrunde liegen. Ich denke, dass ich von diesen Aussagen genau so viel für die gegenwärtige Situation lernen kann wie von einem Werk der modernen Architektur.

Wir könnten auch zwei Werke miteinander vergleichen und sehen, wie die gesamte Auseinandersetzung über die Architektur, so komplex sie auch sein mag, sich auf einen einzigen Diskurs über die grundlegenden Aussagen reduzieren lässt.

Die Architektur erweist sich damit als ein Nachdenken über die Dinge und Fakten. Die Grundsätze sind beschränkt und unveränderbar; zahlreich sind nur die konkreten Antworten, die der Architekt und die Gesellschaft auf die Probleme geben, die sich im Verlaufe der Zeit stellen.

Die Unveränderbarkeit ergibt sich aus dem rationalen und reduktiven Charakter der architektonischen Aussagen.

„Wenn es eine Einheit in der Baukunst geben soll, dann kann diese nicht in der Anwendung dieser oder jener Form bestehen; sie liegt im Suchen jener Form, die Ausdruck dessen ist, was die Ratio vorschreibt."

Diese Worte stammen von Viollet-le-Duc, aber jeder andere rationalistische Architekt könnte sie ebenfalls geschrieben haben: diese Auffassung ist in der Geschichte der Architektur so vorherrschend, dass man sie als charakteristisch bezeichnen kann.

Dieser Grundzug macht die Arbeit des Architekten typisch.

In seinem den Baudenkmälern Frankreichs gewidmeten Werk von 1816 lobte Alexandre de Laborde gleich wie Quatremère de Quincy die Künstler des ausgehenden 18. und beginnenden 19. Jahrhunderts, die sich nach Rom begeben hatten, um die feststehenden Grundsätze der höheren Studien zu lernen und diese sich anzueignen. Sie folgten den grossen Strassen des Altertums und erwiesen sich dabei als Gelehrte, die ihre Aufmerksamkeit auf die konkreten Fakten ihrer Wissenschaft richteten: auf die Architektur. Diese befand sich auf sicherem Wege, weil ihre Meister besorgt waren, eine Logik der Architektur aufzubauen, die auf wesentlichen Grundsätzen beruhen sollte. „… ils sont à la fois des artistes et des savants: ils ont pris l'abitude de l'observation et de la critique …". Wir nehmen diese Richtung der Architektur und also vor allem des Nachdenkens über die Baudenkmäler wieder auf. Wir denken, sie in einer Reihe von antiken und modernen Werken überprüfen zu können, die wir ausgewählt haben und bei denen wir eine bestimmte Auswahl getroffen haben.

Le Corbusier schrieb: Architektur bedeutet, die Probleme klar zu formulieren. Alles hängt davon ab. Dies ist der entscheidende Moment.

So kehrt diese gedachte Architektur bei den alten und neuen Meistern unablässig wieder. Fast besessen von ihr war Adolf Loos, der erklärte, die Architektur lasse sich beschreiben, aber nicht zeichnen; diese Eigenart der logischen Formulierung die ihre Beschreibung erlaubt, ist Kennzeichen der grossen Architektur: das Pantheon lässt sich beschreiben, die Bauten der Sezession nicht. Ich frage mich nun: In welcher Weise ist es möglich, dies alles zu formalisieren? Wie können wir zu jener Reihe von Aussagen gelangen, die die Grundlage einer Theorie der Architektur und des Entwerfens bilden? Vor allem denke ich, wie ich schon gesagt habe, dass dies alles eine autonome Auseinandersetzung verlangt. Anders gesagt: die Architektur muss auf sich selbst zurückgeführt werden. Ich beziehe mich auf alle jene Fragestellungen, die entscheiden wollen, ob die Architektur Kunst oder Wissenschaft sei usw. Diese Ausgangspunkte sind falsch gestellt und ergeben keine Lösung. Anderseits sollte man auch nicht versuchen, mit irgendeinem fremden Wissen die Architektur zu erklären. Was die jüngste italienische Architekturgeschichte so verschwommen macht und zu jenem genannten Elend der Architektur führte, geht gerade auf die Anwendung irgendeiner Theorie aus einer anderen Disziplin zurück (es handelt sich je nachdem um Oekonomie, Soziologie oder Linguistik). Dabei wird der Anspruch erhoben, aus den für jene Disziplin gültigen Aussagen eine Anwendung und eine notwendigerweise mechanistische Erklärung des architektonischen Faktums folgern zu können. Ihr wisst, dass derartige Vorgehensweisen in den letzten Jahren scheiterten. Ihr Modecharakter kennzeichnet ihre innere Schwäche. Denkt zum Beispiel an die grobschlächtigen und am Ende auch lächerlichen Uebertragungen der Marx'schen Theorie auf die Malerei und selbst auf die Architektur. Ich bin überzeugt, dass die Verifikationen und die Bezüge wichtig sind; wir müssen versuchen, unsere Tätigkeiten miteinander in Beziehung zu bringen. Ich bin jedoch ebenso überzeugt, dass dies nur möglich und wissenschaftlich produktiv ist, wenn wir wissen, womit wir uns befassen.

Ohne abrupt von einer Theorie der Architektur zu derjenigen des Entwerfens übergehen zu wollen, werde ich nun die in meiner Anschauung grundlegenden Elemente einer Theorie des Entwerfens nennen.

Es sind dies:

1. das Lesen der Baudenkmäler
2. der Diskurs über die Form der Architektur und der physischen Welt
3. das Lesen der Stadt, d. h. unser in vieler Hinsicht neue Begriff der Architektur der Stadt.

In bezug auf die Baudenkmäler ist von seiten der Moderne – aber nicht von ihren Meistern – ein derartiges Mass an Terrorismus aufgebaut worden, dass es schwierig scheint, darüber zu sprechen; hierzu hat Tafuri sehr richtig bemerkt, dass die Meister wie Le Corbusier, Loos und andere stets von den Baudenkmälern und der Wichtigkeit ihrer Untersuchung sprachen. Dagegen waren es gerade die Akademiker – im einzelnen etwa Giovannoni –, die das Ambiente als Alternative zum Baudenkmal vorschlugen. Ich gebe zu, dass die Reaktion gegen den hohlen Historismus, die sogenannte Nachahmung der Antike und gegen den eklektischen Gebrauch der historischen Stilarten zu Beginn unseres Jahrhunderts richtig war. Heute können wir uns jedoch mit den Baudenkmälern wieder auseinandersetzen, ohne in Widersprüche zu verfallen. Ich meine damit die architektonische Bildung auf der Grundlage der Architektur selbst, d.h. das Nachdenken über architektonische Sachverhalte. Ich beziehe mich also nicht eigentlich auf die Geschichte der Architektur, sondern eher auf das, was man, vom Standpunkt des Faches aus gesehen, die architektonische Aufnahme (rilievo) nannte und immer noch nennt. Die architektonische Aufnahme des Baudenkmals bildet in der Tat die wichtigste, wenn nicht die einzige Weise, sich die Grundzüge einer bestimmten Architektur anzueignen. Wir können darüber diskutieren, in welcher Weise die Aufnahme zu geschehen und was man darunter zu verstehen habe; auf keinen Fall aber werden wir sagen können, dass sich diese Aufnahme auf etwas anderes als auf den architektonischen Sachverhalt beziehen müsse. Dieser Ausgangspunkt wird von den akademischen Professoren der letzten Zeit nicht geteilt, jedoch von jenen Architekten, die sich den Anspruch stellen, der modernen Architektur eine neue Grundlage zu geben. Nehmt die Schriften von Le Corbusier: für die linguistische Analyse seines Werkes und für die theoretische Bildung dieses Künstlers sind die Untersuchung der Baudenkmäler und der Stadt, das ständige Zurückkommen auf einige Architekturwerke und die wiederholten Aufzeichnungen dazu grundlegend. Diese Architekturwerke werden so zu einem ständigen Verweis. Ich beziehe mich vor allem auf einige Werke des Altertums wie das Baptisterium und den Dom in Pisa, auf die in der ganzen modernen Kunst verwiesen wird. Ganzen Architekturgenerationen haben diese Baudenkmäler nichts bedeutet, bis sie bei Le Corbusier und bei Paul Klee zu wirklichen kompositiven Elementen wurden. Diese besondere Aufnahme, die einige Werke in der Geschichte der Technik und der Kunst erfuhren, ist sicherlich auf den sogenannten Zeitgeist zurückzuführen; aber auch auf die – häufig autobiographisch bedingte – Notwendigkeit eines Künstlers, sich auf etwas zu beziehen, das in vollendeter Form eine Totalität seiner Bestrebungen ausdrückt. Hierin liegt hauptsächlich jenes persönliche Moment, jenes Gewicht der Entscheidungen, der autobiographische Charakter einer Person oder einer Nation.

Rob Krier — Ein Begleitwort an die Architekten: „Nicht länger auf Architektur verzichten ..."

Erste Erscheinung und Textquelle: Rob Krier, *Stadtraum in Theorie und Praxis* (Stuttgart: Karl Krämer, 1975), S. 147–150.

Der in Luxemburg geborene Architekt und Stadtplaner Rob Krier (geb. 1938) studierte an der Technischen Universität in München und arbeitete anschließend in den Büros von Oswald Mathias Ungers und Frei Otto. Nach Unterrichtstätigkeit in Stuttgart, Lausanne und New Haven wurde er 1976 zum Professor an der TU in Wien ernannt. Seine ersten Entwürfe entstanden im Geist des postmodernen Rationalismus, in Zusammenarbeit mit seinem Bruder Léon und dem belgischen Architekturkritiker Maurice Culot. In den siebziger Jahren hat er die Morphologie der historischen Stadt studiert. „Jede Neuplanung in der Stadt hat sich der Ordnung des Gesamtgefüges zu unterwerfen und in ihrer Gestalt eine formale Antwort auf die räumlichen Vorgaben zu leisten" – behauptet Krier. Damit knüpft er wieder an eine Tendenz an, die im Städtebau existierte – bis Camillo Sittes Forderung, aus der Form der historischen Stadt zu lernen, abgelehnt wurde. Krier erklärt diese Diskontinuität mit der „brutalen Macht" der wirtschaftlichen Interessen. Seine Vorschläge sind mit jenen von Sitte vergleichbar: aus dem Studium der typischen Formen der historischen Stadt kann der Architekt lernen, wie er den von der Moderne verursachten Bruch heilen soll. Das Buch *Stadtraum in Theorie und Praxis*

(Stuttgart 1975) ist Rob Kriers wichtigstes theoretisches Werk, das in mehrere Sprachen übersetzt wurde. Nach einer Sammlung typischer Elemente des Stadtraumes (vor allem der städtischen Plätze) beschreibt er den Verlust des Stadtraumes im zwanzigsten Jahrhundert und macht Vorschläge zu seiner Rekonstruktion.

Bibliografie: Vincent van Rossem, *Civil Art: Urban Space as Architectural Task. Rob Krier in The Hague: The Resident* (Rotterdam: NAi Publishers, 1996).

(1) **Die Architekten ...**

Alle gebauten Architekturen wurden von Architekten gezeichnet. Sie allein tragen das Autorenrecht für diese Schöpfungen und sie allein, so glaube ich, sind dafür zur Rechenschaft zu ziehen, wenn ihnen kapitale Fehler unterlaufen sind.

Das zitierte Manifest zur Architektur klingt allzu sehr wie das Plädoyer für einen Freispruch von einer kulturellen Schuld, deren Last und Bedrohung die Autoren sehr wohl verspürten. Und da es zum schlechten gesellschaftlichen und beruflichen Ton gehört, mit dem Finger auf einen Kollegen zu zeigen, wurde in den Forderungen des Manifests auch lediglich ein einziger Satz an die Architekten gerichtet und zwar die Forderung auf die Besinnung ihrer ganzheitlichen Mission.

Das ist zuviel und zuwenig zugleich!

Ich möchte an diesem „mea culpa" noch etwas weiter bohren und betonen, dass ich nicht nur die Prominenten, Dekorierten und Erfolgreichen damit anvisiere, sondern auch die Generation, die am deutschen Bauvolumen noch nicht teilhat. Es ist müssig, wenn der Architekt sich darüber beklagt, sein Bauherr habe kein Verständnis für Gestaltungsprobleme, und dass die Architektur, die aus seinem Auftrag entstand, sich den Geschmacksvorstellungen seines Bauherrn anpassen musste. Mit viel beruflichem und didaktischem Engagement ist manch ein Bauherr zu überreden. Das zehrt natürlich am Honorar des Architekten. Zu diesem ersten Schritt, seien wir ehrlich, sind verschwindend wenige von uns bereit. Und, ach wie einleuchtend, solche Überforderung kann niemandem zugemutet werden ausser Träumern und Poeten.

Wie viele Kollegen haben den Mut, einen Auftrag zu kündigen, wenn der Bauherr die vom Planer erstrebte Qualität verweigert? Ich plädiere also dafür, dass wir, die Architekten, zu der Verantwortung stehen, die wir mit unserer Unterschrift unter die gezeichnete und zur Realisierung freigegebene Architektur eingehen und nicht weiterhin die Schuld für unser eigenes Versagen auf die bösen Klienten abwälzen. Versetzen wir uns in die Lage eines Menschen, der eine Lampe kaufen will. Unsere Testperson hat von Berufswegen nichts mit der Herstellung oder dem Vertrieb von Lampen zu tun. Sie ist also vollkommen unbelastet und erwartet die Befriedigung ihrer geschmacklichen Ansprüche einzig und allein von Seiten der Spezialisten, die sich ein Leben lang um das Problem Lampe mühen und folglich etwas davon verstehen müssen. Betrachtungen zur Nützlichkeit und Funktionstüchtigkeit der zu erwerbenden Lampe wollen wir zunächst ausser Acht lassen. Das Angebot, das unser Käufer vorfindet, ist so reichhaltig, dass er nach der Besichtigung von 3 oder 4 Geschäften mit seiner Entschlusslosigkeit hadert und verzweifelt eine Wahl trifft, die auf seinen Geldbeutel zugeschnitten ist. Denn auch der unvorbereitete Käufer versteht sehr schnell, dass gut gestaltete Lampen meistens teuer sind und daß das zeitraubende Suchen nach dem guten und erschwinglichen Objekt oft erfolglos verläuft. Solche Nöte sind ihm vom Schuh-, Hut- oder Möbelkauf her allgemein vertraut.

Jeder von uns hat das Beispiel Lampenkauf schon erlebt und jeder hat sich schon gefragt, nach welchen Kriterien dieses Kitschkaleidoskop zustandekommt.

Ursächlich ist die Frage nach der Qualität der Lampe der Frage nach der Qualität der Architektur sehr verwandt. Wer ist schuld an der Mittelmässigkeit des Angebots, der Produzent, der Gestalter oder der Abnehmer? Produzent und Designer verschaffen sich nach fragwürdigen Marktforschungen ein klischeehaftes Kundenbild. Sie arbeiten bewusst mit verlockenden, zum Kauf verführenden Gestaltungsmustern, die kaum etwas mit dem Zweck des Objekts zu tun haben. Und wer kann dem Käufer übel wollen, wenn er in diesem Gestrüpp von Geschmacklosigkeiten einen Fehlgriff tut.

Ähnlich ergeht es dem Architekturkunden …!

Ich erlebe immer wieder, dass Architekturlaien die negativen Qualitäten unserer gebauten Umwelt mit untrüglicher Sicherheit entlarven und zwar ganz einfach indem sie altes und neues vergleichen. Die Antwort der Fachleute auf diese Kritik windet sich um die Kernfrage herum mit Bemerkungen wie: „Das sind die Zwänge der Wirtschaftlichkeit, der Technologie, des Verkehrs, der Politik …" Doch all diese Zwänge rechtfertigen nicht die oberflächliche Behandlung unseres Patienten „Architektur". Man kennt diesen schon so lange im kranken Zustand und hat Mühe, sich ihn gesund vorzustellen.

Die Forderung nach „mehr Gestalt" in unserem Manifest wirft indirekt die Frage nach der Art und Gestalt auf, die darunter verstanden sind. Ähnlich wie im Beispiel Lampenkauf kann Gestalt in der Architektur viele Interpretationen erfahren. Vor allem muss man wissen, welche Rolle sie im Gesamtgefüge eines architektonischen Systems spielt. Die drei wichtigsten Determinanten, die Architektur prägen, sind Funktion, Konstruktion und Gestalt. Keinem dieser Faktoren gebührt der Vorrang vor dem anderen und keiner darf zugunsten des einen oder anderen vernachlässigt werden. Im Entwurf müssen sich diese Schritte immer parallel vollziehen und weder das Organisieren, noch das Konstruieren, noch das Gestalten dürfen sich verselbständigen. So wird Architektur immer als Resultat all dieser Prozesse ein sinnvolles Abbild des inneren Gefüges sein müssen, ohne dass unbedingt die ganzen „Innereien" aussen sichtbar in Erscheinung zu treten brauchen. Die Gestalt des menschlichen Körpers ist seit eh und je Vorbild für die strukturellen Gesetzmässigkeiten in der Architektur. Die Natur liefert uns zudem noch weitere unzählige Beispiele, deren ästhetische Erscheinungsformen in einem perfekten Verhältnis zum biologischen System stehen.

Die Frage nach der Gestalt ist die Frage nach der Architektur schlechthin, und diese ist mit rein verbalen Formulierungen nicht zu beantworten. Die Architektur, die wir meinen, muss gezeigt werden, und das mindestens in Zeichnungen. So bleibt also jede manifestartige Auseinandersetzung mit diesem Thema immer blinde, esoterische Spielerei, und als solche betrachte ich auch diese Zeilen. Das mindert nicht die Bedeutung des Gesprächs über Gestalt.

Was Architektur auch immer sein mag, sie muss einen ästhetisch ausgewogenen Eindruck hinterlassen, wie die vorher zitierten Beispiele aus der Natur. Ich habe noch nie einen Baum gesehen, der ästhetisch falsch oder fehlerhaft schien. Dasselbe gilt für die Landschaft.

Architektur darf nicht nur interessant modisch oder aktuell sein, sie muss auch mit der Zeit dem Wandel an Funktionen standhalten und in ihren typischen Merkmalen so stark sein, dass die Spuren des Gebrauchs und der Abnutzung ihr nichts anhaben können. Was Architektur noch ausserdem alles sein muss, das können wir an seltenen Meisterwerken sehen, die uns die Geschichte erhalten hat. Unsere Zeit ist über alle Maßen arm an solchen Beispielen.

Halten wir noch einmal zum Schluss dieses Abschnitts fest, dass einzig und allein der Architekt für die Gestalt seiner Architektur verantwortlich ist.

Die folgenden Betrachtungen befassen sich mit den Ursachen der „zu schlechten Architektur", und ich wende mich mit den folgenden Ratschlägen an den schon apostrophierten Verursacher, den Architekten.

(2) Die Zeit zum Planen ...

können sich offensichtlich die meisten Kollegen nicht leisten. Die Gebührenordnung, die die Architekten sich geschaffen haben, entschädigt in der Tat nur eine Mindestleistung. So betrachtet kann niemandem ein Vorwurf gemacht werden, wenn er sich zuwenig um Architektur bemüht. Die Reform dieser Gebührenordnung, mit der sich unsere Kammern schon seit Jahren befassen, muss endlich abgeschlossen werden. Womit natürlich noch keinerlei Hoffnung auf eine bessere Architektur verbunden werden darf. Die Zeit ist der kapitalste Faktor im Planungsprozess, dreissig Jahre Nachkriegsarchitekturen leiden daran, dass sie auf dem Papier nicht ausreifen konnten. Seit Menschengedenken verwirklicht sich die Architektur durch das Medium der Zeichnung. Die Herstellung derselben geschieht nach wie vor auf manuellem Wege und demzufolge mit der ihr eigenen Trägheit und Gemächlichkeit. Dieser mühevolle Arbeitsprozess ist dem des Malers, Musikers oder Schriftstellers verwandt. Die Wissenschaft liefert noch keine Indizien dafür, dass der Entwurfsprozess durch elektronische Hilfsmittel vollzogen werden könnte.

Frage: „Warum sollte der Architekt nicht versuchen, seine Aufgaben in der kürzest möglichen Zeit zu absolvieren mit einem Minimum an Aufwand und einem Maximum an Profit?"

Antwort: „Er erfindet Objekte, die durch ihre Beschaffenheit mit die wichtigsten Bedürfnisse des Menschen als Individuum und Kollektiv erfüllen müssen. Diese Bedürfnisse haben nicht nur rein nützlichen, sondern auch ethischen, sozialen und kulturellen Charakter, also um einiges mehr als ein normales Konsumgut. Architektur hat sogenannte unbegrenzte Lebensdauer, steht somit auf nicht absehbare Zeit in der Landschaft, die sie mit ihren Merkmalen positiv oder negativ beeinflusst. Jede Architektur, und sei sie noch so privat gedacht, hat eine öffentliche Rolle zu spielen ob sie will oder nicht und diese kann, weiss Gott, zum permanenten kulturellen Ärgernis werden."

Auf diesem Gebiet sind also die elementarsten Manager- und Kaufmannsregeln nicht wörtlich anwendbar. Dazu gehört der Faktor Zeit, der zur Ausreifung der komplexen Zusammenhänge von Funktion, Konstruktion und Gestalt ganz einfach benötigt wird. Die sogenannten genialsten Gestalter brauchen in der Regel am meisten Zeit, bis sie ihr Produkt zum Bau freigeben.

(3) Die Zeit zum Bauen ...

ist ein anderer bedeutsamer Faktor in der Herstellung von Architektur. Er richtet sich fast ausschliesslich nach den Finanzierungsplänen der Bauherrn und übt somit einen oft verheerenden Druck auf die Planerteams, aus dem diese wiederum nicht ausweichen können. Ein beliebter Werbeslogan von Fertighausfirmen ist die Hervorhebung der kurzen Bauzeit. Ausser dass sich dadurch die Reparaturanfälligkeit erhöht, wird sich später niemand für diesen Faktor interessieren.

(4) Die Planermonopole ...

Architektur wird nicht nur im Durchschnitt in zu kurzer Zeit geplant und gebaut, es wird auch von zu wenigen Architekten zu viel in dieser entsprechenden Zeit verplant. Auch hierin ist der

Berufsstand den Verlockungen einer freien Marktwirtschaft auf den Leim gegangen. Die Bauaufgaben sind ins Gigantische gewachsen. Die öffentliche Hand oder die gemeinnützigen Bauträger suchen zur Bewältigung dieser Aufgaben die Planerteams, die in Höllentempo und unter vollem Einsatz breitgestreuter Fachkenntnisse die Aufgabe rationell, ganzheitlich und einheitlich lösen.

Ich will hier nicht die Leistungsfähigkeit gut organisierter Teams in Frage stellen. Die deutsche Nachkriegsarchitektur ist in der Regel perfekt organisiert über die Bühne gelaufen. Diese Tugend ist hierzulande keine Mangelware. Aber die einheitliche Trostlosigkeit neuzeitlicher Grossbaustellen, die aus solchen Teams hervorgehen, treibt sogar schon Architektur-Laien auf die Barrikaden. Dies ist ein gutes Zeichen für den gesunden Menschenverstand derjenigen, die Architektur benutzen und ist auch eine Hoffnung, dass die Reform an der Architektur von aussen her möglich scheint.

Ich sprach davon, dass Architektur sich nicht als Konsumgut vermarkten lässt. Wir mussten aus der Entwicklung lernen, dass grosse Bauaufgaben nicht automatisch besser durch entsprechend grössere Teams gelöst werden. Die Gesetze der Fliessbandarbeit können nicht auf das Entwerfen und Ausarbeiten von Architektur übertragen werden. Die grossen Bauaufgaben können auch von grossen Büros in kurzer Zeit nur durch Simplifizierung der Probleme gelöst werden. Bei der technischen Optimierung wird dann allzu leicht das Maß dessen überschritten, was die konstante Einheit „Mensch" physisch und psychisch verkraften kann. Hier stossen wir auf das Problem des Maßstabs, das später noch getrennt unter die Lupe genommen werden soll.

Die Faszination unserer historischen Städte beruht einzig und allein auf der nahezu unendlichen Vielfalt ihrer Stadtraumformen und der diesen zugeordneten Architekturen. Jede Epoche hat ihre technischen Mittel auf ihre Weise rationalisiert, ebensogut im Fachwerkbau, wie im Massivbau aus Ziegel- oder Sandstein. Die Architektur hat dadurch nie Schaden gelitten, im Gegenteil! Der Reichtum der Ausdrucksformen kommt aber vor allem daher, dass die Bauaufgaben für den einzelnen Architekten überschaubar blieben, die Zeit zur Ausarbeitung der oft unendlich komplizierten Bauteile zur Verfügung stand und die Architektur als Kunstform auch vom Bauherrn verstanden und gefordert wurde. Man wusste noch, wie man in der Stadt zu bauen habe, und wie anders in der Landschaft. In der Stadt hatte Architektur zur historischen Substanz im Dialog zu stehen und sich nicht, wie heute üblich, gegen alle Grundstrukturen der Stadt abzusondern, um ein merkwürdiges, nicht mehr integrierbares Einzelleben zu führen. Jede Neuplanung in der Stadt hat sich der Ordnung des Gesamtgefüges zu unterwerfen und in ihrer Gestalt eine formale Antwort auf die räumlichen Vorgaben zu leisten!

Ich wage zu behaupten, dass dies eine Schlüsselformel ist, die, wenn sie richtig interpretiert wird, unsere einseitigen Konzepte an den Wurzeln kurieren kann.

Ich erwähnte, dass die Vielfalt unserer historischen Städte etwas mit ihrem Maßstab zu tun hat. Das gilt für Bürgerhäuser, wie für Paläste grösseren Ausmaßes. Die Sucht der unartikulierten und brutalen Gigantomanie ist ein Phänomen unserer Zeit. Es gab nie vorher in der Baugeschichte eine Epoche, in der man identische Bauteile horizontal und vertikal so undifferenziert addiert hat wie heute. Dies ist ohne Zweifel ein Produkt von rein arithmetischem Kalkül und rein taktisch würde ich mir schon einiges davon versprechen, wenn grosse Bauaufgaben so strukturiert würden, dass sich viele kleinere Architektenteams beteiligen könnten, vorausgesetzt diese Gruppen von Superindividualisten sind in der Lage so zusammenzuarbeiten, dass ihr Produkt, zum Beispiel eine Siedlung von 500 Wohnungen, auch nachher wie aus einem Guss dasteht mit dem Gewinn der grösseren Vielfalt und ohne dabei ihren Bauherrn in den finanziellen Ruin getrieben zu haben.

Es wurde in letzter Zeit viel von Partizipation geredet. Ich plädiere hier für die Partizipation der vielen auftragslosen Architekten an den wichtigen Bauaufgaben unserer Zeit. Ich befürchte nur, dass dieser Berufsstand zu einer Reform aus dem Innern heraus nicht in der Lage ist. Mir scheint, dass wir von unserer Ausbildung her dafür nicht vorbereitet sind. Der Gesetzgeber könnte diesem lädierten Berufsstand etwas auf die Beine helfen, indem er diese Partizipation durch entsprechende Wettbewerbsverordnungen erwirkt.

(5) **Planen und entwerfen ist ein Handwerk ...**

das am Zeichentisch ausgeübt wird. Wer als Bürochef seine meiste Zeit auf das Organisieren und Akquirieren verwendet, verliert nicht nur die Routine, sondern auch das Können im Umgang mit dem Bleistift. Manche Kollegen sind darauf auch noch stolz und erwähnen diese Tatsache als Tribut an ihren Erfolg. Ich kenne keinen guten Architekten, der schlecht gezeichnet hat und dieses Handwerk nicht mit der entsprechenden Leidenschaft gepflegt hätte. Die Perfektion der räumlichen Konzeption hängt direkt mit der Perfektion der Zeichnung zusammen. Hier hilft weder das beste Management, noch die klügsten verbalen Ergüsse. Wer sich dieser Disziplin entzieht, hat seinen Beruf abgeschrieben.

(6) **Architektur ist keine Mode ...**

die man wie ein abgewetztes Hemd rasch gegen das neue austauscht. Genauso aber ist es in der heutigen Praxis. Auf internationaler Bühne wechselt das „Styling" so schnell wie die Form der Beinkleider. Und was in England gerade fertiggestellt wurde, steht im nächsten Jahr auch schon in Japan und dabei noch scheinbar um einiges perfekter. Wir stehen in einer Ära der unbegrenzten technischen und formalen Möglichkeiten und gerade dieser scheinbare Fortschritt entlarvt sich als der Pferdefuss dieser Epoche, die noch alle Merkmale einer experimentellen Aufbauphase in sich trägt. Wir gehen jedoch etwas zu leichtfertig mit dieser Freiheit um. Was ich hoffnungsfroh als Aufbauphase bezeichnet habe, sehen andere als Merkmal einer Untergangssituation.

Ohne diese Visionen bewerten zu wollen, möchte ich nur raten, etwas an Übertreibungen zu sparen. Die Hoffnungen in die Superlative haben sich nicht erfüllt, weder von Seiten der Technik, noch von anderer Seite. Der Ansturm von Adolf Loos gegen das Ornament war auf seine Art maßlos und unglaubwürdig ebenso wie die einseitige Auslegung des Slogans „Form follows function". Die Wahrhaftigkeit von Architektur hat sehr viel gemeinsam mit der philosophischen Dimension des Seins, über das sich ebensowenig oberflächlich abhandeln lässt. Die Modeschürzchen stehen ihr schlecht. Ich glaube, dass kommende Generationen ohne viel Zögern sich der architektonischen Fehlplanungen entledigen werden. Diese Epoche hinterlässt ihren Kindern einen gigantischen Müllhaufen von nicht mehr zu verwertendem Baumaterial. Hier sind wiederum die Architekten angesprochen, mit ihrem Individualitätsdünkel maßzuhalten, sich nicht von oberflächlichen Modeerscheinungen eingarnen zu lassen und sich auf die typischen Merkmale der Architektur zu besinnen, die alle Moden überdauern.

(7) **Der Maßstab ...**

spielt in diesen Betrachtungen eine enorme Rolle. Ich will hier nicht Amoklaufen gegen grosse Komplexe und hohe Häuser, so wie vor achtzig Jahren gegen die Eisenbahn mit ihrem Feuerwagen gewettert wurde. Ich möchte nur zu bedenken geben, dass zum Beispiel hohe Bauten bei uns auch grosse Abstandsflächen erfordern, die die Hochbauten zum Selbstzweck stilisieren, ohne dass die gewonnene Bodenfläche entsprechend genutzt werden könnte. Leere Grünflächen zwischen Hochhäusern sind ebenso kommunikationshemmend wie die Bauten selbst. Kleinmaßstäbliche Strassen- und Platzformen haben sich über Jahrtausende als typenhafte Kommunikationszonen bewährt. Darunter verstehe ich Masse, die zu Fuss bequem abgeschritten werden können, oder in der Höhe, die Anzahl an Stockwerken, die über Treppen zu erreichen sind. Das klingt alles sehr altmodisch, muss aber ernsthaft überdacht werden, wenn man die schon erwähnte unveränderliche Einheit „Mensch" ernst nimmt. Mir liegt an diesem Faktor um so mehr, als die meisten mir bekannten Hochbauten ohne dringende Not hochgezogen wurden. Dabei werden diese Bauten zu bevorzugten Werbeträgern und künden in der Stadtsilhouette von der Macht eines Konzerns, eines Stadtoberhaupts, usw. Wir haben diese Dummheiten satt, diese Protzerei interessiert niemanden. Mit ihrer besseren Sicht über Stadt und Landschaft sind schon manche komfortabel vereinsamt.

Wir wissen noch zu wenig über die Auswirkungen dieser Bauart auf den Menschen. Als Experimentierobjekt finde ich ihn zu schade. Andere nicht, sie haben deswegen keine Skrupel! Seit ich Kinder habe, denke ich anders über dieses Problem als vorher.

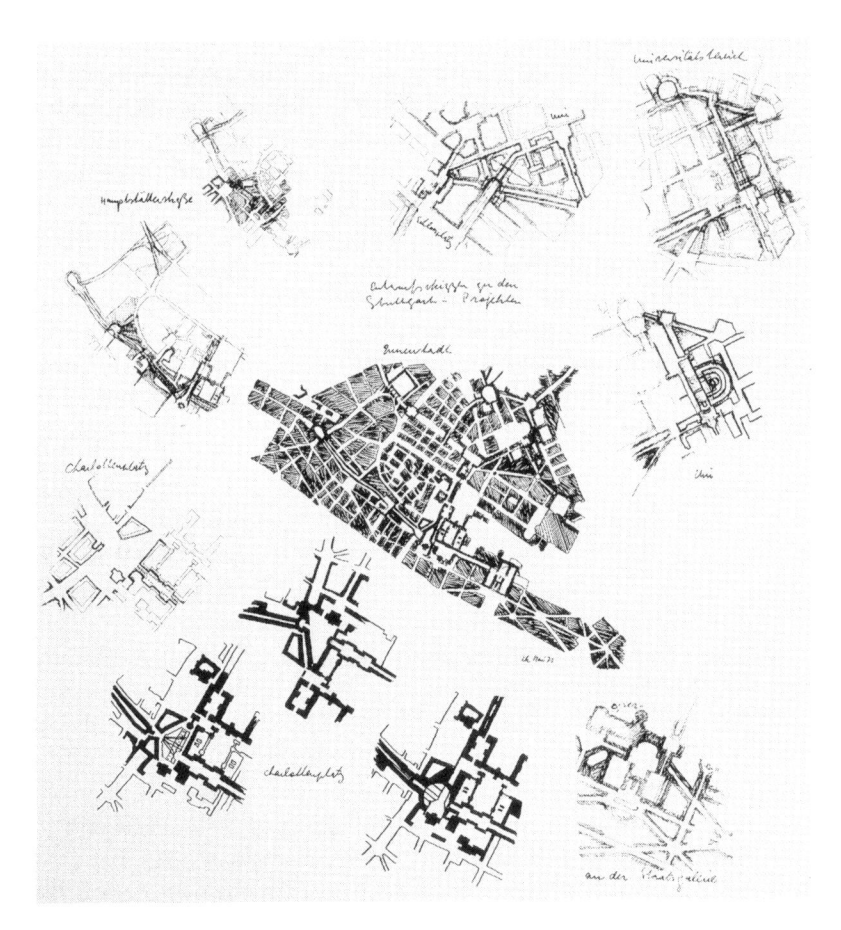

Abb. 96. Seite aus Rob Kriers *Stadtraum in Theorie und Praxis* (1975).

(8) Unser krankes Geschichtsbewusstsein ...

ist an manchen Fehlinterpretationen der Vergangenheit schuld und charakterisiert auch unser Verhältnis zur Zukunft. Es ist reine Blindheit, sich von dem geschichtlichen Erbe entbinden zu wollen. Damit beraubt man sich der Erfahrungsquelle von mehreren Jahrtausenden. Diese Haltung ist Anfang des Jahrhunderts oft frivol von den Pionieren der Moderne ausposaunt worden. Sie alle hatten jedoch eine solide Erziehung genossen und waren über die Geschichte sehr wohl aufgeklärt. Diese Haltung lässt sich als eine Trotzreaktion erklären, die vor allem ihren Standort apostrophieren sollte, gegenüber den noch im alten „Muff" verharrenden Akademieschülern, die sie ja auch selbst waren. Anders verhielt es sich mit den Schülern der Pioniere und mit deren Schülern wiederum. Sie glaubten auf die Basis, die den Pionieren die Entwicklung in die Moderne gestattet hatte, verzichten zu können. Und mit diesem ärmlichen „know how" ausgestattet müssen wir heute viel Versäumtes nacharbeiten. Ich habe die leise Ahnung, dass uns hieraus eine neue Pioniersituation erwächst.

Wir haben erfahren, wie wenig der technische Fortschritt bewirkt und wie schnell der Glanz der Erfindungen verblasst, wenn nicht mehr als die technische Neuheit dahinter steht. Das schmälert nicht die Verdienste der experimentellen Technologie, es relativiert sie nur. Sie muss sich hüten, alleinvertretend eine ganze Entwicklung anführen zu wollen mit einem nicht zu rechtfertigenden universellen Anspruch.

Ich gehe soweit zu behaupten, dass es heute nützlicher ist, etwas „Altes", Bewährtes nachzumachen, als etwas Neues zu erstellen, das das Risiko eingeht, dass Menschen darunter Schaden erleiden. Die vernünftigen und faszinierenden Haustypen und Stadtraumstrukturen, die uns die anonyme Baukunst überliefert hat, sind von unzähligen Generationen verbessert worden. Sie sind zu Meisterwerken herangereift auch ohne den genialen Einzelschöpfer auf Grund eines perfekt optimierten Wissens um die Bedürfnisse des Bauens mit einfachen Mitteln, das Ergebnis einer richtig verstandenen Tradition als Erfahrungsübermittlung in Technik und Kunst.

Bei so viel Ermahnungen befällt einen die entsprechende Melancholie, und man befürchtet, diesem gestellten Anspruch nicht gerecht werden zu können.

Aber um nicht die ganze Schuld bei den bauenden und verwaltenden Architekten zu belassen, muss gerechter Weise ein Teil dieses Kehrichts bei den Hochschulen abgeladen werden, von wo die ganze Lawine ins Rollen kommt.

Colin Rowe, Fred Koetter

Collage City
(Ausschnitte)

Erste Erscheinung: Colin Rowe, Fred Koetter, *Collage City* (Cambridge, London: The MIT Press, 1978). Textquelle: Colin Rowe, Fred Koetter, *Collage City*. Übersetzung: Bernhard Hoesli, Monika Oswald, Christina Reble, Tobi Stöckli, Heinz Unternährer (Basel, Boston, Stuttgart: Birkhäuser, 1984), S. 91–94, 119–123.

Das Buch *Collage City* ist wie Aldo Rossis *L'architettura della città* und Rob Kriers *Stadtraum in Theorie und Praxis* ein Dokument der Städtebautheorie der Postmoderne. Geschrieben von Colin Rowe (s. Seite 213) und vom amerikanischen Architekten Fred Koetter ist die Diagnose jenen von Rossi und Krier ähnlich – die Therapievorschläge zeigen jedoch einige Unterschiede. Auch Rowe und Koetter wollen aus der historischen Stadt lernen, nicht jedoch, um die verlorene Kontinuität zu rekonstruieren. Sie akzeptieren Heterogeneität und wollen das urbanistische „Basteln" in der Stadt ermutigen. Es ist die Kollision von Raster und Gewebefragmenten, die Positiv-negativ-Inversionen von Masse und Leerraum, die Spiele mit dem Maßstab, die in Kenntnis der Vorbilder aus der Geschichte inszeniert werden können. Die Vorstellungen von Rossi und Krier waren stärker an eine politischen Vision gebunden, die hinter den Palastfassaden und Kolonnaden vernehmbar ist — Rowe und Koetter vertreten hier eine liberalere Position.

Bibliografie: s. Seite 213.

Die Krise des Objektes. Der unerfreuliche Zustand der Textur

[...]

Betrachtet man die Moderne Stadt hinsichtlich ihrer **Wahrnehmbarkeit**, kann sie, mit **Gestalt**-Kriterien beurteilt, sicherlich nur verurteilt werden. Denn wenn angenommen wird, dass das Verstehen oder die Wahrnehmung von Objekt oder Figur das Vorhandensein einer Art von Hintergrund oder Feld verlangt, wenn das Erkennen irgendeines, aber begrenzten Feldes Voraussetzung für jede Sinneserfahrung ist und das Bewusstwerden des Feldes dem Bewusstwerden der Figur vorausgeht, dann kann eine Figur ohne Unterstützung durch irgendeinen erkennbaren Bezugsrahmen nur geschwächt und sich selbstzerstörend werden. Selbst wenn es möglich ist, sich ein Feld von Objekten vorzustellen – und sich vorzustellen, davon entzückt zu sein –, ein Feld von Objekten, welche wegen Nähe, Gleichheit, gemeinsamer Gliederung, Dichte usw. erkennbar sind, muss man sich doch fragen, wie viele solcher Objekte zusammengeballt werden können und wie sinnvoll es wirklich ist, anzunehmen, dass es möglich ist, sie einfach zu wiederholen. Oder anders gesagt, diese Fragen beziehen sich auf optische Abläufe, darauf, wieviel ausgehalten werden kann, bevor der ganze Betrieb zusammenbricht und das Einführen von Begrenzung, von Trennung, von Gliederung der Information zwingende Voraussetzung für die Wahrnehmung wird.

Wahrscheinlich ist dieser Zustand vorläufig noch nicht ganz erreicht. Denn die Moderne Stadt existiert als Discount-Ausgaben (die Stadt im Park zur Stadt im Parkplatz geworden) zumeist noch in den geschlossenen Feldern, welche von der traditionellen Stadt geliefert werden. Doch wenn sie so – nicht nur als Form, sondern auch sozial parasitär – weiterhin vom Organismus lebt, den sie zu ersetzen verspricht, dann ist jetzt die Zeit nicht sehr fern, wenn dieser eigentliche Nährgrund schliesslich verschwinden könnte.

Das ist bevorstehende Krise nicht nur in der Wahrnehmung. Die traditionelle Stadt verschwindet; aber selbst die Parodie der Stadt der Modernen Architektur lässt sich nicht errichten. Der öffentliche Bereich ist zu einem kleinlauten Gespenst geschrumpft, doch der private Bereich ist nicht wesentlich bereichert worden; es gibt keine Orientierungsmöglichkeiten – weder historische noch ideelle. Und in einer atomisierten Gesellschaft ist die Kommunikation – ausser der elektronisch gelieferten oder zögernd in gedruckter Form gesuchten – entweder zusammengebrochen oder zum leeren Austausch immer banalerer Wortformeln verkümmert.

Offensichtlich ist es nicht nötig, dass unsere Wörterbücher ihren gegenwärtigen Umfang behalten. Sie enthalten überflüssiges Material; ihr Umfang ist aufgebläht; die wahllose Verwendung ihres Inhalts eignet sich für trügerische Rhetorik; ihre Raffiniertheit hat sehr wenig zu tun mit den Werten des ‹Mannes auf der Strasse›; und bestimmt entsprechen ihre semantischen Kategorien kaum den intellektuellen Aktivitäten des neo-Edlen Wilden. Wenn auch der Aufruf, im Namen der Unschuld das Wörterbuch kräftig zu kürzen, tatsächlich nur ein Minimum an Unterstützung finden **dürfte**, haben wir hier jedoch ein Programm skizziert – obwohl natürlich gebaute Formen nicht ganz das gleiche sind wie Wörter –, das genau dem entspricht, was von der Modernen Architektur in Gang gesetzt wurde.

Lassen wir das Unnötige weg; befassen wir uns mit wirklichen Bedürfnissen eher als mit Wünschen; lassen wir uns nicht so sehr in Anspruch nehmen durch das Formulieren von Unterscheidungen; bauen wir statt dessen vom Grundsätzlichen her ... So etwa hört sich die Botschaft an, die in die heutige Sackgasse führte; und wenn angenommen wird, dass zeitgenössische Ereignisse (wie die Moderne Architektur selbst) unvermeidlich sind, dann werden sie natürlich unvermeidlich. Wenn wir jedoch im Gegenteil nicht annehmen, dass wir im hegelianischen Griff eines irreversiblen Schicksals sind, ist es ja möglich, dass Alternativen gefunden werden können.

Auf jeden Fall geht es nun nicht so sehr darum, ob die traditionelle Stadt absolut gesprochen gut oder schlecht ist, relevant oder irrelevant, dem Zeitgeist entspricht oder nicht. Es geht auch nicht um die offensichtlichen Mängel der Modernen Architektur. Es geht vielmehr um eine Frage des gesunden Menschenverstandes und des Allgemeinwohls. Wir haben zwei Modelle der Stadt. **Weil wir weder auf das eine noch auf das andere verzichten wollen, möchten wir eigentlich beide tauglich machen.** Denn in einer Zeit von angeblich grosser Wahlfreiheit und pluralistischen Bestrebungen sollte es möglich sein, wenigstens eine Art Strategie der Anpassung und der Koexistenz zu entwickeln.

Doch wenn wir nun in dieser Weise Erlösung von der Stadt der Erlösung fordern, muss vom Architekten verlangt werden, dass er sich, um diesem Zustand von Freisein irgendwie nahezukommen, gewisse liebgewordene Vorstellungen, die nicht eines gewissen Wertes entbehren, als abgewandelt und umadressiert vorstellt. Die Vorstellung von sich selbst als Messias ist eine dieser Vorstellungen; und während das Bild von sich selbst als ewigem Verfechter des Avantgardismus eine weitere ist, ist jedoch die merkwürdig verzweifelte Vorstellung, dass Architektur unterdrückend sei und Zwang ausübe, noch schwerwiegender.[1] In der Tat muss besonders dieser seltsame Rest von Neohegelianismus vorübergehend unterdrückt werden, und das zugunsten der Einsicht, dass ‹Unterdrückung› immer als unüberwindliche Bedingung der Existenz vorhanden ist – ‹Unterdrückung› durch Geburt und Tod, durch Raum und Zeit, durch Sprache und Erziehung, durch Erinnerung und durch Zahlen, alles Bestandteile eines Zustandes, der vorläufig noch nicht abgeschafft werden kann.

Um nun vom Diagnostizieren – meist flüchtig – zum Prognostizieren – im allgemeinen sogar noch beiläufiger – zu schreiten, könnte als erstes vorgeschlagen werden, einen der am wenigsten eingestandenen, aber auffallenden Grundsätze der Modernen Architektur umzustossen. Es ist dies die Annahme, aller Aussenraum müsse in öffentlichem Besitz und jedermann zugänglich sein; und selbst wenn kein Zweifel besteht, dass dies eine wesentliche Arbeitshypothese war und seit langem zum bürokratischen Klischee geworden ist, besteht immer noch die Verpflichtung, zu erkennen, dass die übermässige Wichtigkeit gerade dieser Annahme aus dem Repertoire möglicher Ideen wirklich sehr merkwürdig ist. Selbst wenn deren ikonographischer Gehalt

---

1 Alexander Tzonis, *Das verbaute Leben. Vorbereitung zu einem Ausbruchsversuch*, Bauwelt Fundamente 39, Düsseldorf 1973. Original: *Towards a Non-Oppressive Environment*, Boston 1972.

anerkannt werden kann – er bedeutete eine kollektivierte und emanzipierte Gesellschaft, die keine künstlichen Barrieren kannte –, kann man immer noch darüber staunen, dass eine derart abwegige Annahme sich je dermassen etablieren konnte. Man wandert durch die Stadt – ob New York, Rom, London oder Paris ist unwichtig –, man sieht oben Lichter, eine Decke, Schatten, einige Gegenstände; aber während man im Geiste alles andere hinzufügt und sich eine Gesellschaft von beispiellosem Glanz vorstellt, von der einen das Schicksal ausgeschlossen hat, empfindet man das nicht eigentlich als Entbehrung. Denn bei diesem eigenartigen Austausch zwischen Sichtbarem und Verborgenem sind wir uns wohl bewusst, dass auch wir unser eigenes, privates Proszenium errichten können und, indem wir bei uns Licht machen, die allgemeine Halluzination steigern können, welche, so absurd sie auch sein mag, immer stimulierend ist.

Damit soll in einer besonders extremen Form gesagt werden, wie Ausgeschlossensein die Vorstellungskraft beflügeln kann. Man ist aufgefordert, scheinbar geheimnisvolle, in Wirklichkeit ganz normale Situationen, die man nur teilweise gewahr wird, zu ergänzen. Und wenn es das spekulative Vergnügen zerstören sollte, in alle diese Situationen tatsächlich einzudringen, könnte man nun aber das Bild des erleuchteten Zimmers analog auf das Gewebe der Stadt als Ganzes übertragen. Damit ist einfach gesagt, dass die absoluten räumlichen Freiheiten der Ville Radieuse und ihrer neueren Abkömmlinge keinerlei Anregung bieten. Es ist beinahe gewiss, dass anstelle der Ermächtigung, überall frei herumgehen zu können – wobei überall immer dasselbe ist –, es mehr befriedigen würde, Ausschliessendes wie Mauern, Geländer, Zäune, Tore, Barrieren einer vernünftig eingeteilten Bodenfläche, entgegengestellt zu bekommen.

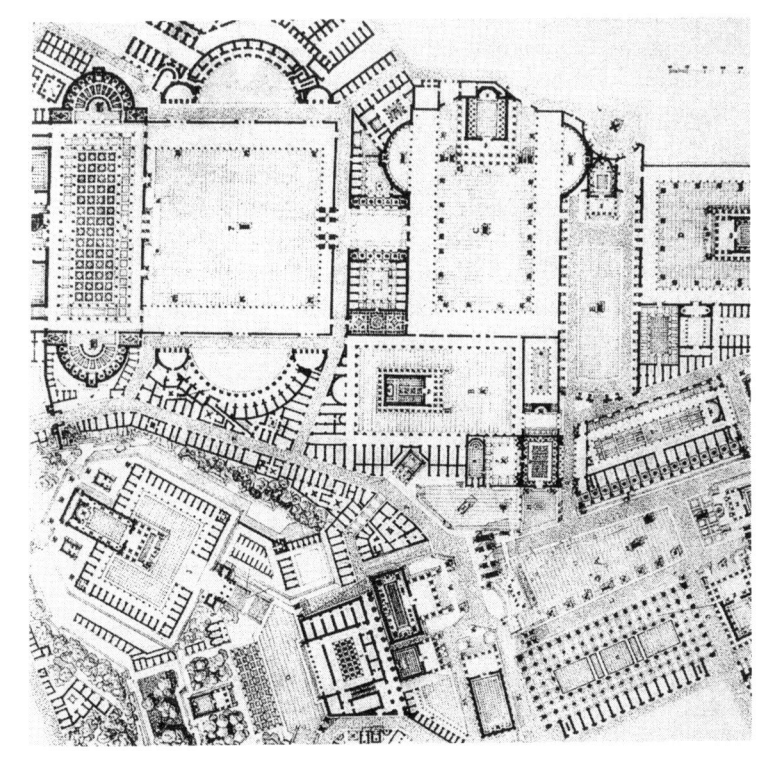

Abb. 97. Rom, Forum Romanum und Kaiserforen. Seite aus Colin Rowe und Fred Koetter, *Collage City* (1978).

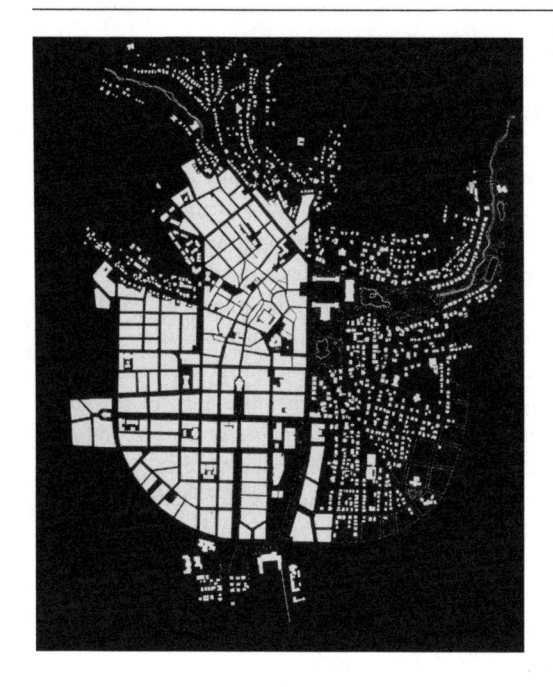

Abb. 98. Wiesbaden, Deutschland, um 1900, Figur-Grund-Plan. „Die Probleme, die wir diskutieren, können vielleicht am besten durch eine Untersuchung des Plans von Wiesbaden, wie es um etwa 1900 bestand, erörtert werden. Dann dieser Plan zeigt (noch bevor die Ville Radieuse auch nur entworfen war) in höchst vollkommener Weise einen Mechanismus der Vermittlung zwischen anscheinend antagonistischen urbanen Aussagearten." Abbildung aus Colin Rowe und Fred Koetter, *Collage City* (1978).

Wir haben mit dem Gesagten jedoch nur in Worte gefasst, was bereits eine sich undeutlich abzeichnende Tendenz ist und gewöhnlich soziologisch begründet wird[2] (Identität, kollektives Territorium usw.). Aber sicherlich sind bedeutendere Opfer von zeitgenössischer Tradition erforderlich; es geht um die Bereitschaft, uns wieder mit dem Objekt zu befassen, das angeblich niemand will, und das **Bauwerk weniger als Figur, sondern vielmehr als Grund zu werten**.

[...]

Fassen wir zusammen: Es wird hier vorgeschlagen, dass es in den meisten Fällen vernünftiger wäre, dem Objekt zu ermöglichen und ihm zu helfen, sich in eine vorherrschende Textur oder Matrix einzuordnen, statt zu hoffen und auf das Dahinschwinden des Objektes zu warten (und gleichzeitig in beispielloser Fülle Versionen davon herzustellen). Ferner wird darauf hingewiesen, dass weder Objektfixierung noch Raumfixierung für sich genommen weiterhin nützliche Verhaltensweisen bezeichnen. Die eine mag tatsächlich die „Neue" Stadt charakterisieren, die andere die alte; doch wenn das Verhältnisse sind, die eher überwunden als nachgeahmt werden müssen, sollte erkannt werden, dass auf den Zustand gehofft werden sollte, in welchem sich beide, Bauwerke **und** Räume, gleichberechtigt in einer dauernden Debatte befinden. Die Auseinandersetzung, eine Debatte, bei welcher der Erfolg darin besteht, dass keiner der Beteiligten unterliegt, stellen wir uns als eine Art Voll-Hohl-Dialektik vor, welche das gemeinsame Vorkommen des deutlich Geplanten und des tatsächlich Ungeplanten zulassen würde, des Festgelegten und des

---

2 Oscar Newman, *Defensible Space*, New York und London 1972. *Architectural Design for Crime Prevention*, Washington 1973. Newman liefert pragmatische Rechtfertigung für etwas, das in jedem Fall normatives Handeln sein sollte; seine Folgerung aber (die sicher zutrifft), dass räumliche Dispositionen dazu beitragen können, Verbrechen zu verhüten, ist bedauerlich weit von der eher klassischen Annahme entfernt, dass die Ziele der Architektur mit der Idee der guten Gesellschaft eng verwandt sind.

Zufälligen, des Öffentlichen und des Privaten, des Staates und des einzelnen. Was uns vorschwebt, ist ein Zustand des aufmerksamen Gleichgewichts; und um das Potential eines solchen Wettstreites zu beleuchten, haben wir eine unvollständige Auswahl möglicher Strategien angeführt. Züchtung von Mischformen, Angleichung, Verzerrung, Herausforderung, Erwiderung, Aufpfropfen, Überlagern, Vermittlung: Diesen Strategien könnten viele Namen gegeben werden, und gewiss kann man sie nicht, noch sollte man sie allzu genau bezeichnen. Wenn sich nun diese Argumentation auch hauptsächlich auf die Morphologie der Stadt stützte, auf Physisches und Lebloses, nimmt man nicht an, dass dabei weder ‹die Leute› noch ‹Politik› ausgeschlossen worden sind. Tatsächlich erfordern nachgerade ‹Politik› und ‹Leute› eindringlich Beachtung; aber wenn auch deren eingehende Untersuchung kaum länger hinausgezögert werden kann, mag doch noch eine weitere morphologische Feststellung angebracht sein.

Letzten Endes ist – und hinsichtlich von Figur und Grund – die hier geforderte Debatte zwischen Baukörper und Raumkörper eine Auseinandersetzung zwischen zwei Modellen, und diese können kurz und bündig als Akropolis und Forum typisiert werden.

Rem Koolhaas

Europäer: Attention! Dalí und Le Corbusier erobern New York
(Ausschnitte)

Erste Erscheinung: Rem Koolhaas, *Delirious New York: A Retroactive Manifesto for Manhattan* (New York: Rizzoli, 1978).
Textquelle: Rem Koolhaas, *Delirious New York. Ein retroaktives Manifest für Manhattan*. Übersetzung: Fritz Schneider (Aachen: ARCH+ Verlag, 1999), S. 261–266, 274–276.

In der Reihe der europäischen Auseinandersetzungen mit der Kultur und Architektur von New York, die das Erlebnis von Manhattan als Schlüssel zur modernen Zivilisation interpretieren, gehört das 1978 veröffentliche Buch *Delirious New York* von Rem Koolhaas (s. Seite 112) zu den wichtigsten Manifestationen. Koolhaas' Darstellung der „culture of congestion" erzielte einen ähnlichen Erfolg wie zwanzig Jahre früher Venturis *Learning from Las Vegas.*

Im Gegensatz zu früheren Untersuchungen, welche die Entstehung des amerikanischen Wolkenkratzers durch Grundstückswerte, moderne Konstruktionsweisen, Brandschutz oder die Erfindung des Aufzugs erklären sollen, geht Koolhaas von der Irrationalität der kapitalistischen Konditionen aus, die Manhattan ermöglichten. New York wurde ohne Theorie gebaut, behauptet Koolhaas; er will jetzt die Theorie im Rückblick schreiben, deshalb nennt er das Buch ein „retroaktives Manifest". Es sind die übertriebenen, irrationalen Ambitionen, die uns im Bild der Wolkenkratzer begeistern – und Koolhaas sieht diese Begeisterung als die treibende Kraft der Architektur. Die konzeptuellen Projekte, die das OMA-Büro von Koolhaas für Manhattan entwarf (z.B. „The City of the Captive Globe") erscheinen im Buch, sinnvoll in die Erzählung eingebettet.

Bibliografie: s. Seite 112.

Indianer 1

Paranoisch-kritische Aktivität gab es schon lange vor ihrer offiziellen Erfindung. Als Columbus gen Westen segelte, wollte er zwei Hypothesen beweisen:

1. daß die Erde rund sei, und
2. daß er in Indien landen würde, wenn er westwärts segelte.

Die erste Annahme erwies sich als richtig, die zweite als falsch.

Doch als er seinen Fuß auf die Neue Welt setzte, waren für Columbus beide Thesen bewiesen.

Von diesem Moment an waren die Einheimischen „Indianer" – selbstfabrizierte Beweise dafür, daß ihr Entdecker tatsächlich in Indien gelandet war: Fingerabdrücke eines Denkfehlers.

(Als PK-Rasse waren die Indianer zur Ausrottung verdammt, als der Irrtum erkannt wurde – ein peinlicher Beweis, der vernichtet werden mußte.)

Transplantation

Jeder Prozeß der Kolonisierung – die Transplantation einer bestimmten Kultur an einen fremden Ort – ist von sich aus ein PK-Vorgang, um so mehr, wenn er sich in der Leere vollzieht, die die Ausrottung der vorangegangenen Kultur hinterlassen hat.

Amsterdam zu New Amsterdam = von Schlamm zu felsigem Untergrund; doch dieses neue Fundament ist unerheblich. Die Besiedlung von New Amsterdam erfolgt als ein Akt konzeptuellen *Klonens:* die Transplantation des urbanen Modells Amsterdam auf eine Indianerinsel, inklusive Giebeldächern und einer Gracht, die mit übermenschlicher Anstrengung aus dem Felsboden gemeißelt werden muß.

Auf bewußtere Weise sind Murray's Roman Gardens – die Antike an der 42nd Street – ebenfalls ein Akt paranoischer Übertragung. Erkins weiß, daß die von ihm angeblich reproduzierte Situation nie existiert hat, außer als Hypothese in seinem Kopf. Um die Analogie zwischen den Römern und den Bewohnern Manhattans als „Realität" zu etablieren – die Vergangenheit, neu gemischt zu einer modernen Botschaft –, ist er daher auf die größtmögliche Authentizität seiner zusammengestohlenen Güter angewiesen, auf äußerst konventionelle, imitative, unwiderlegbare Souvenirs einer Reise, die es nie gegeben hat – bis hin zur Verwendung von Gipsabgüssen antiker Objekte zur Durchsetzung seiner Form von Modernität.

Projekt

Im künstlichen Licht der PKM wird der 1672 entstandene „Stadtplan" von New York – eine Insel, die einen kompletten Katalog europäischer Muster und Vorbilder beherbergt – zur einzigen echten Darstellung von New York *als Projekt.*

Seit seiner Entdeckung ist Manhattan eine urbane Leinwand, Ziel eines unablässigen Bombardements von Projektionen, Verdrehungen, Transplantationen und Aufpfropfungen. Vieles davon „blieb haften", doch auch das, was zurückgewiesen wurde, hinterließ Spuren oder Narben. In Anbetracht der Strategien des Rasters (mit seinem sagenhaften, schier grenzenlosen Aufnahmevermögen), des unerschöpflichen *Lebensraums* des künstlichen Wilden Westens der Wolkenkratzer und der *großen Lobotomien* (mit ihren unsichtbaren Innenarchitekturen) wird der Stadtplan von 1672 im nachhinein zu einer immer präziseren Vorhersage: zum Porträt eines paranoischen Venedig, eines Archipels aus gigantischen Souvenirs, Inkarnationen und Simulacra, allesamt Zeugnisse der akkumulierten „Tourismen" der – tatsächlichen und ideellen – Kultur des Abendlandes.

Kampf

Le Corbusier ist zehn Jahre älter als Dalí.

Der aus der Schweiz stammende Le Corbusier teilt mit Dalí jenes Paris, das nicht bloß die Wiege des Surrealismus ist, sondern auch die des Kubismus (oder des Purismus, Le Corbusiers eigener, protestantischer Spielart des Kubismus).

Dalí verabscheut die Moderne, Le Corbusier verachtet den Surrealismus. Doch Le Corbusiers Persönlichkeit und sein Modus operandi verraten eine Menge Gemeinsamkeiten mit Dalís PKM.

Einige davon müssen unfreiwillige Anzeichen eines durch und durch paranoischen Charakters sein, und daß sein stolzer Besitzer diesen systematisch, und mit Genuß, ausgebeutet hat, daran kann kein Zweifel bestehen. In einer klassischen paranoiden Selbstdarstellung behauptet er: „Ich lebe wie ein Mönch und hasse das Licht der Öffentlichkeit, doch ich trage die Idee des Kampfes in mir. Ich bin in aller Herren Länder gerufen worden, um dort zu kämpfen. In Zeiten der Gefahr muß der Chef dort sein, wo andere nicht sind. Er muß immer die Lücke finden, wie bei einem Straßenverkehr ohne rotes oder grünes Licht!"[1]

Überweltlichkeit

Architektur = der Welt Bauwerke aufzuoktroyieren, um die sie nie gebeten hat und die vorher bloß als vage Gedankengebilde in den Köpfen ihrer Schöpfer existiert haben.

Architektur ist *zwangsläufig* eine Form von PK-Aktivität.

Die Überführung des Spekulativen in das unleugbare, konkrete „Da" ist für die moderne Architektur etwas Traumatisches. Wie ein einsamer Schauspieler, der ein völlig anderes Stück aufführt als die übrigen Schauspieler, die mit ihm auf der Bühne stehen, will die moderne Architektur etwas aufführen, ohne ein Teil der geplanten Inszenierung zu sein: Selbst bei ihren aggressivsten Realisierungskampagnen beharrt sie auf ihrer Überweltlichkeit.

Für dieses subversive Spiel im Spiel hat sie sich eine rhetorische Rechtfertigung zurechtgelegt, deren Vorbild Noahs paranoisch-kritische Episode in der Bibel ist. Die moderne Architektur wird immer präsentiert als eine in letzter Minute auftauchende Rettungsmöglichkeit, als nachdrückliche Aufforderung, sich die paranoische These zu eigen zu machen, wonach eine Katastrophe jenen unvernünftigen Teil der Menschheit vernichten werde, der sich an alte Formen des Wohnens und des städtischen Zusammenlebens klammert.

„Während die anderen törichterweise so tun, als sei alles in Ordnung, bauen wir unsere Archen, damit die Menschheit die kommende Flut überleben kann..."

Beton

Le Corbusiers Lieblingsmethode der Objektivierung – seine Bauwerke *kritisch* zu machen – ist Stahlbeton. Die aufeinanderfolgenden Schritte – vom Spekulativen zum Konkreten – seiner

---

1 Geoffrey T. Hellman: „From Within to Without" Teil 1 und 2, in: *New Yorker*, 27. April und 3 Mai 1947.

Konstruktionsmethode sind eine Abwandlung des Dalíschen Traums über den Schnappschuß von Marias Himmelfahrt, die, mag sie noch so alltäglich anmuten, nicht weniger traumartig ist.

In ihre einzelnen Phasen zerlegt, läuft die Stahlbeton-Konstruktion folgendermaßen ab: Zunächst wird die hypothetische Schalung errichtet – das Negativ der Ausgangsthese.

Als nächstes werden – genauestens dimensioniert nach den rationalen Gesetzen der Newtonschen Physik – Stahlarmierungen eingeführt: der Verstärkungsprozeß der paranoischen Kalkulation.

Dann wird eine mausgraue Flüssigkeit in die leeren, spekulativen Negativformen gegossen, um ihnen ein dauerhaftes Leben auf Erden zu geben, eine unleugbare Realität, besonders nachdem die Anzeichen des anfänglichen Irrsinns – die Schalung – entfernt worden und nur noch die Fingerabdrücke der Holzmaserung übriggeblieben sind.

Zunächst unbegrenzt formbar, dann plötzlich hart wie Stein, kann Stahlbeton Leere und Fülle mit der gleichen Leichtigkeit objektivieren: er ist die Modelliermasse der Architekten.

(Es ist kein Zufall, daß Baustellen von Stahlbetongebäuden angesichts ihres wilden Durcheinanders von Schalungen an Noahs Projekt erinnern: merkwürdige, von Land umschlossene Werften.)

Was Noah gefehlt hat, war Stahlbeton.

Was der modernen Architektur fehlt, ist eine Sintflut.

Nachgeburt

Während der zwanziger Jahre, als Manhattan „die Alhambra, den Kreml und den Louvre Stein für Stein abträgt", um sie „an den Ufern des Hudson neu aufzubauen", nimmt Le Corbusier New York auseinander, schmuggelt es nach Europa, macht es unkenntlich und lagert es ein für einen zukünftigen Wiederaufbau.

Beide Operationen sind lupenreine PK-Prozesse – Städte aus gefälschtem Gewebe –, doch wenn Manhattan eine Scheinschwangerschaft ist, dann ist die Strahlende Stadt deren Nachgeburt: eine theoretische Metropole auf der Suche nach einem Standort.

Im Jahre 1925 erfolgt der erste Versuch, sie ins Antlitz der Erde zu implantieren, „im Namen der Schönheit und des Schicksals von Paris".[2] Der Plan Voisin entsteht, so scheint es, in Einklang mit dem frühen surrealistischen Theorem „Le Cadavre Exquis" – einer Abwandlung jenes Kinderspiels, bei dem ein Blatt Papier mehrmals hintereinander umgefaltet wird: der erste Mitspieler zeichnet einen Kopf und faltet das Papier um, der zweite zeichnet einen Körper und faltet es weiter um etc., wobei ein poetisches Gemisch aus dem Unterbewußtsein „entlassen" wird.

Le Corbusier zeichnet, so als wäre Paris' Oberfläche umgefaltet, einen Torso, der die restliche Anatomie des „exquisiten Kadavers" absichtlich ignoriert.

Niedrigere Gebäudeblocks winden sich mäanderförmig um cartesische Wolkenkratzer, die sich im Zentrum von Paris erheben, auf einer ebenen Fläche, von der alle historischen Spuren entfernt und durch „Dschungel" ersetzt worden sind: die sogenannte *Mobilisierung des Bodens*, der der Louvre um Haaresbreite entkommt.

Obwohl Le Corbusier die Zukunft von Paris am Herzen liegt, ist dieser Plan eindeutig ein Vorwand. Die Transplantation soll kein neues Paris hervorbringen, sondern ein erstes Anti-Manhattan.

---

2 Le Corbusier: *La ville radieuse*, S. 207.

"Unsere Erfindung richtete sich von Anfang an gegen das rein formalistische und romantische Konzept des amerikanischen Wolkenkratzers...

Gegen den New Yorker Wolkenkratzer setzten wir den cartesischen Wolkenkratzer, klar, präzise, elegant erstrahlend am Himmel Frankreichs...

Gegen New York, ungestümes Getöse des riesenwüchsigen Halbstarken des Maschinenzeitalters – setze ich den horizontalen Wolkenkratzer. Paris, die Stadt der geraden Linie und der Horizontale, wird die Vertikale bändigen..." [3]

Manhattan wird *in Paris* zerstört werden.

Peter Eisenman

Aspekte der Moderne: Die Maison Dom-ino und das selbstreferentielle Zeichen
(Ausschnitte)

Erste Erscheinung: Peter Eisenman, "Aspects of Modernism: Maison Dom-ino and the Self-Referential Sign", in *Oppositions* 15/16, Winter/Frühjahr 1980, S. 119–128.
Textquelle: Peter Eisenman, *Aura und Exzeß. Zur Überwindung der Metaphysik der Architektur.* Hrsg. von Ullrich Schwarz, Übersetzung: Martina Kögl und Ullrich Schwarz (Wien: Passagen Verlag, 1995), S. 55–59, 61–63.

Der amerikanische Architekt Peter Eisenman (geb. 1932) studierte Architektur an der Cornell Universität, und – nach einer Arbeitsperiode in verschiedenen Architekturbüros – an der Columbia Universität bzw. an der Universität in Cambridge, England. Nach Unterrichtspraxis an verschiedenen amerikanischen Universitäten wurde er Direktor des *Institute for Architecture and Urban Studies* in New York (1967–1982) das er als ein Forum für internationale architekturtheoretische Diskussionen und zur Förderung der Architekturkritik gründete. Zwischen 1973 und 1981 war er Mitherausgeber der wichtigsten Architekturtheorie-Zeitschrift der Zeit, *Oppositions*. Als Architekt und Architekturtheoretiker reagierte Eisenman auf die aktuellen Strömungen in der Kultur. Seine Grundhaltung in der frühen Periode war von der kritischen Auseinandersetzung mit der klassischen Moderne als formales System geprägt, sein damaliger Mentor Colin Rowe hat die Methodik Rudolf Wittkowers vermittelt. Er hat die Bauten des italienischen Rationalisten Giuseppe Terragni untersucht, und Terragnis formale Strategien zu rekonstruieren versucht (Transparenz, Fassade als Maske). Der Formalismus als Methode geht bis zu der Literaturtheorie der russischen Avantgarde zurück; für Eisenman bedeutete er das Ausklammern der Fragen der semantischen Bedeutung und die Konzentration auf die Kompositionsregeln (räumliche Kombination von Elementen, Rotation u.a.). In der Erarbeitung der Grundlagen war für Eisenman die Sprachtheorie von Noam Chomsky wichtig, der zwischen einer "Tiefenstruktur" (Transformationsregel) und einer "Oberflächenstruktur" (konkrete Erscheinungsform) der Sprache unterschied – was Eisenman direkt auf die Architektur anwendete.

---

3 a.a.O., S. 134.

1980 eröffnete Eisenman sein eigenes Architekturbüro in New York. Seine wichtigsten architektonischen Werke, das Wexner Center for Visual Arts (1983–1989) und das Convention Center (1990–1993), beide in Columbus, Ohio, und das Cincinnati Collage of Design, Architecture and Planning (1988–1996) zählen zu den viel publizierten Bauten des Dekonstruktivismus. Die theoretischen Grundlagen dieser architektonischen Richtung wurden in den achtziger Jahren unter dem Einfluss (und der Mitwirkung) des französischen Philosophen Jacques Derrida (s. Seite 557) ausgearbeitet.

Eisenmans 1979 geschriebenes Essay, „Aspekte der Moderne: Die Maison Dom-ino und das selbstreferentielle Zeichen" ist eine Auseinandersetzung mit Le Corbusiers berühmtem Strukturprinzip. Er interpretiert die *Maison dom-ino* nicht als Gerüst eines Wohnhauses, sondern als ein Zeichen außerhalb der Sphären der Funktionalität und der Konstruktion. Indem er das Modell gegen die Intentionen von Le Corbusier interpretiert, kann er in ihm ein Emblem der autonomen, aus dem Bedeutungskomplex der humanistischen Tradition ausgelösten Architektur erblicken.

Bibliografie: Peter Eisenman, *Houses of Cards* (New York, Oxford: Oxford University Press, 1987).

Gewiß ist jedes Diagramm ein mögliches Grundgerüst für Architektur, dies aber nicht mehr oder weniger als jede andere dreidimensionale Konfiguration. In der Tat scheint ein sehr einfaches geometrisches Schema weniger als ein komplexes geeignet zu sein, seine Existenz als bloße Geometrie zu übersteigen, da es schwieriger ist, es zu verändern – ein Element hinzufügen, oder wegzunehmen –, ohne sein Grundprinzip abzuändern (ohne es in eine andere geometrische Struktur zu verwandeln); die Elemente neigen dazu, ein geschlossenes System zu bilden, welches weder Veränderung noch Interpretation erlaubt, außer mehr oder weniger geringfügige Änderungen in Größe und Form. Daher erscheint die *Architektur* in den Fällen, die ein einfaches geometrisches Schema als Grundlage haben, auf das dekorative Ankleben irgendeiner ästhetischen Haut oder auf die Einführung einer speziellen Nutzung in eine vorgegebene Geometrie beschränkt. Die Frage bleibt dieselbe, ob ein Schema bereits Architektur ist oder nicht, auch wenn wir den Vorgang umkehren und mit einem Nutzungsprogramm oder den Vorgaben des Grundstücks anfangen.

Kehren wir jedoch nochmals zu den ursprünglichen Elementen der Maison Dom-ino und ihrer genauen Anordnung im Plan zurück. Wenn wir ihre Stellung analysieren, so erkennen wir, daß die Elemente mit ihrer Größe und Lage einer offensichtlichen Intentionalität folgen. Diese läßt sich nicht in der Ebene allein erkennen, sondern nur im Verhältnis zwischen der Ebene und den Stützen. Man muß sich nun einmal mehr eine Reihe möglicher oder vernünftiger Standorte für Stützen, und verschiedene Formen dieser Elemente vorstellen – rund, quadratisch oder rechteckig. Die Tatsache, daß die drei Stützenpaare im gleichen Abstand von der Längsseite zurückgesetzt sind, während sie an der Schmalseite direkt an der Kante stehen, läßt darauf schließen, daß sie mehr als einfache geometrische Konfigurationen sind (Abb. 100a/6). Erstens kann man die Stützen, da sie selber in einem AB Verhältnis zur Kante der Platte stehen, als Verstärkung des Unterschiedes zwischen der Seite A und der Seite B der Platte selber ansehen. Zweitens kann man erkennen, da A und B selber nur eine Bezeichnung sind, ein Proportionsunterschied – die buchstäbliche Tatsache, daß die Platte kein Quadrat ist – daß die vorgestellte Funktion – Wohnhaus – die Proportionsverhältnisse nicht vorherbestimmt, da die meisten Funktionen in jeder einfachen Form untergebracht werden können. Ein Wohnhaus kann zum

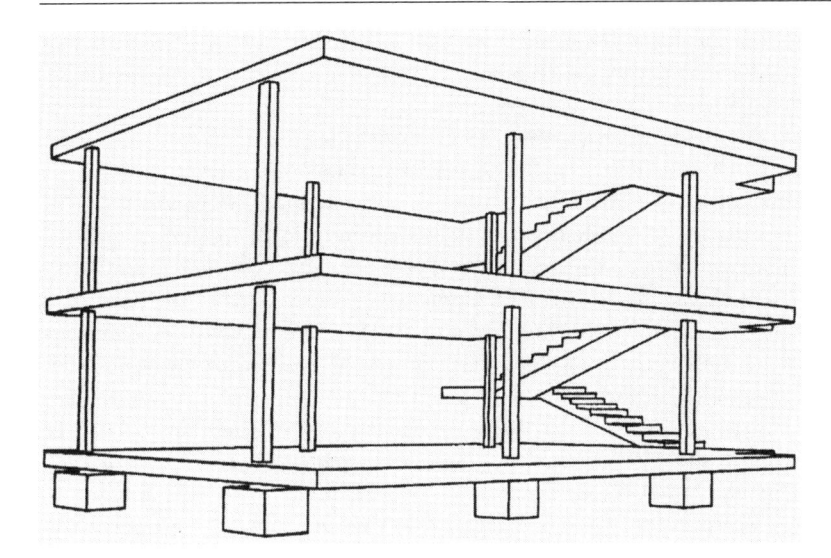

Abb. 99. Le Corbusier: Maison Domino, 1914. Konstruktionsschema.

Beispiel genauso einfach in einem Quadrat wie in einem Rechteck untergebracht werden. Und drittens hätte eine AB Unterscheidung, wäre sie die einzige Proportion gewesen, auch durch das Zurücksetzen der zwei Endpaare von den Seiten und das Bündigsetzen der seitlichen Stützen mit der Vorder- und Rückseite der Platte erreicht werden können (Abb. 100a/7). Die Stützen hätten aber auch allseitig um das gleiche Maß zurückgesetzt werden können (Abb. 100a/8). In diesem Fall hätten nur die ungleichen Seiten die Unterscheidung AB verkörpert; alle Stützen hätten in dem gleichen AA-Verhältnis zur Kante gestanden. Und letztendlich hätte die Länge B aus dem Abstand A durch Einfügen eines weiteren Stützenpaares abgeleitet werden können, wodurch A in zwei gleichgroße Abschnitte geteilt worden wäre (Abb. 100a/9). Alle diese Versionen – und natürlich noch viele weitere – hätten vom Standpunkt der Konstruktion, der Funktion oder der Geometrie gleich gut funktioniert.

Da aber nur eine Möglichkeit ausgewählt wurde, müssen wir, in Anbetracht all der anderen möglichen Permutationen, von einer Vorsätzlichkeit in dieser speziellen Anordnung ausgehen und annehmen, daß diese genaue Stellung der Stützen eine Absicht enthüllt. Die Idee der Markierung und die Zeichenhaftigkeit der Stützen im Gegensatz zu einer nur unterteilenden oder rein konstruktiven Funktion lassen sich mithilfe des linguistischen Konzepts der *Redundanz* besser verstehen. Wenn somit die Plazierung der Säulen *zur Unterstützung des vorliegenden geometrischen Verhältnisses AB dient, welches jedoch selber so offensichtlich ist, daß es dieser Verdeutlichung nicht bedarf,* so kann das als ein absichtlicher Hinweis gewertet werden, als eine bedeutungstragende Redundanz. Während A und B buchstäblich vorhanden sind, gibt es darüber hinaus auch eine Absicht, A und B noch über ihr faktisches Vorhandensein hinauszuheben. Die Überflüssigkeit der Markierung signalisiert dabei, daß noch etwas anderes als die bloße Geometrie oder Funktion von Stütze oder Platte im Spiel ist.

Es gibt somit eine wörtliche Lesart von Stütze und Platte, welche A und B als ungleiche Seiten der Platten setzt, und weiterhin eine absichtliche Betonung durch die Lage der Stützen, welche A und B zu einer zusätzlichen Präsenz verhelfen. Das Objekt selbst – die Platte – und ihre räumliche Markierung – die Stellung der Stützen – präsentiert ein Relationskonzept der beiden

Seiten A und B, das nur auf sich selbst bezogen ist, eine selbstreferentielle Aussage. Das wäre dann ein schlichtes, jedoch im Kern wirklich modernes Phänomen, welches von seiner bloßen Existenz und den Bedingungen seines Existierens spricht.

Ein zweiter Aspekt des Dom-ino Diagramms, der ebenfalls selbstreferentiell genannt werden kann, ist der horizontale Bezugspunkt. Der Begriff des Bezugspunktes, in seiner traditionellen architektonischen Bedeutung, ist nicht modern, sondern spiegelt eine Haltung zur vertikalen Ebene, die ihren Ursprung im 16. Jahrhundert zu haben scheint. Ein Bezugspunkt ergab sich aufgrund seiner dominanten Gestalt oder Lage, und er diente dazu, den Betrachter eines Objekts zu lenken und zu leiten. Das trifft auch auf Le Corbusiers Villa in Garches zu, deren stark ausgeprägte Frontalität aus dem 16. Jahrhundert stammt. Es stimmt natürlich, daß deren periphere Komposition – im Gegensatz zu einer zentralen – sie als *modern* auszuweisen scheint, jedoch gab es auch schon im 16. Jahrhundert eine periphere Kompositionsform, obwohl diese Idee mit den Zentralisierungstendenzen der Beaux-Arts-Lehre verloren ging. Um es hier aber nochmals zu wiederholen, die Modernität dieses Gebäudes, wenn man es so nennen kann, besteht nur hinsichtlich der Struktur oder der Komposition des Bildes, und nicht in bezug auf eine Veränderung des Verhältnisses Objekt-Betrachter. Die Villa in Garches kann nur dann als modern bezeichnet werden, wenn man die Frontfassade als Bezugspunkt betrachtet, als das In-eins-Fallen der Kräfte der anderen drei Seiten, projiziert auf eine einzelne Ebene. Denn in dieser Betrachtungsweise haben wir es mit einer Art Selbstbezüglichkeit zu tun. Damit wird ein neues Verhältnis des Menschen zum Objekt etabliert, das heißt, daß der Mensch nicht mehr um ein Gebäude herumgehen muß, um es zu verstehen. Das Verstehen erfolgt vielmehr von einem einzigen, festen Punkt aus. Es unterscheidet sich aber von der klassischen Vorstellung von Frontalität und Bezugspunkt. Während die Renaissance einen bevorzugten Blickpunkt fixierte und ihn dem Betrachter eines Objektes vorgab, hieß das noch nicht, daß die anderen drei Blickpunkte an einem einzigen Standort zusammenfallen.

Die Betonung liegt bei der Maison Dom-ino auf der Horizontalen und nicht der Vertikalität. Durch das Zurücksetzen des Stützenrasters von der Plattenkante erhält der Raum einen stark sandwichähnlichen Charakter. Und es ist die Stellung der Stützen, welche die selbstreferentielle Natur des Bezugspunktes offenbart. In der Gleichmäßigkeit des Rücksprunges liegt ein Verweis auf Symmetrie und Stillstand, die langen Seiten sind fertig und werden nicht mehr verlängert werden (Abb. 100b/10). Zugleich stellen die an den Enden auf die Kante gestellten Stützen einen Gegensatz zu den seitlich zurückgesetzten her und legen darüber hinaus den Gedanken nahe, daß die Enden der Platte abgeschnitten wurden, wodurch auf die Möglichkeit, oder den vormaligen Zustand, einer horizontalen Verlängerung der Platte in Richtung der Längsachse verwiesen wird. Eine horizontale Verlängerung bezieht sich auf die Vorstellung von Horizontalität, mehr aber noch auf die eines *Horizonts*. Und nachdem eine Verlängerung nur in einer Achsrichtung möglich erscheint, ist auch die Unterscheidung zwischen Erweiterung und Stillstand selbst verzeichnet. Somit wird die horizontale Platte selbst zu einem Basispunkt, welche sowohl den Gedanken einer unendlichen *Erweiterung* des Raumes in Längsrichtung in sich trägt als auch den der Unmöglichkeit dieses Vorhabens in seitlicher Richtung. Darüber hinaus unterscheidet es sich sowohl vom grundsätzlichen Konzept von Garches als auch von dem traditionellen Konzept des klassischen westlichen Raums, da es nur auf Horizontalität, räumliche Erweiterung oder Verkürzung verweist, auf rein innerarchitektonische Ideen. Traditionell – und so ist es auch in Garches – ordnet der Bezugspunkt die Wahrnehmung eines Objekts durch einen Betrachter. Diese Voraussetzung bietet dem Betrachter einen physischen Fixpunkt, um sowohl die Logik seiner Bewegung auf ein

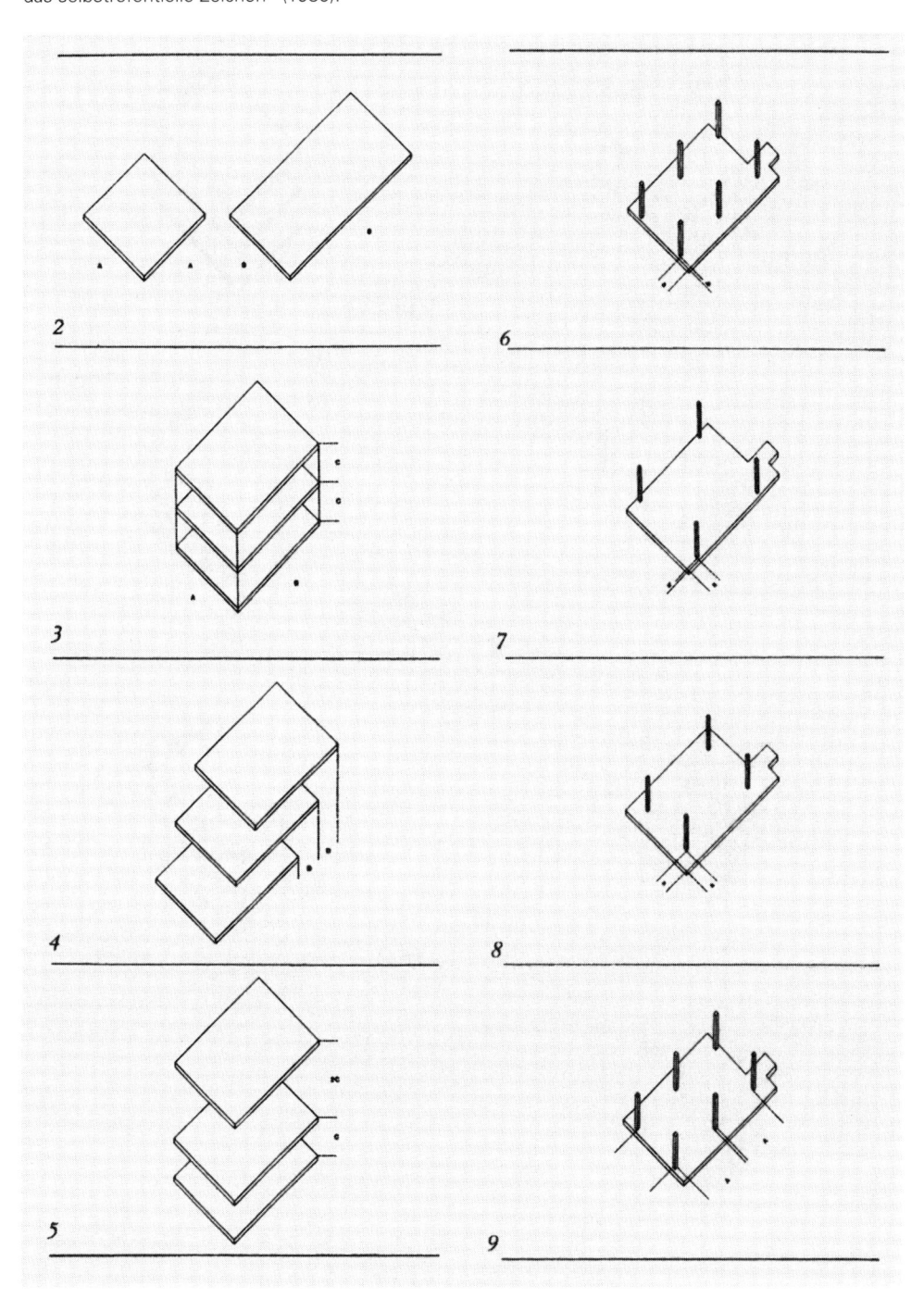

Abb. 100a. Illustrationen zu Peter Eisenmans Studie „Aspekte der Moderne: Die Maison Dom-ino und das selbstrefentielle Zeichen" (1980).

Abb. 100b. Illustrationen zu Peter Eisenmans Studie „Aspekte der Moderne: Die Maison Dom-ino und das selbstrefentielle Zeichen" (1980).

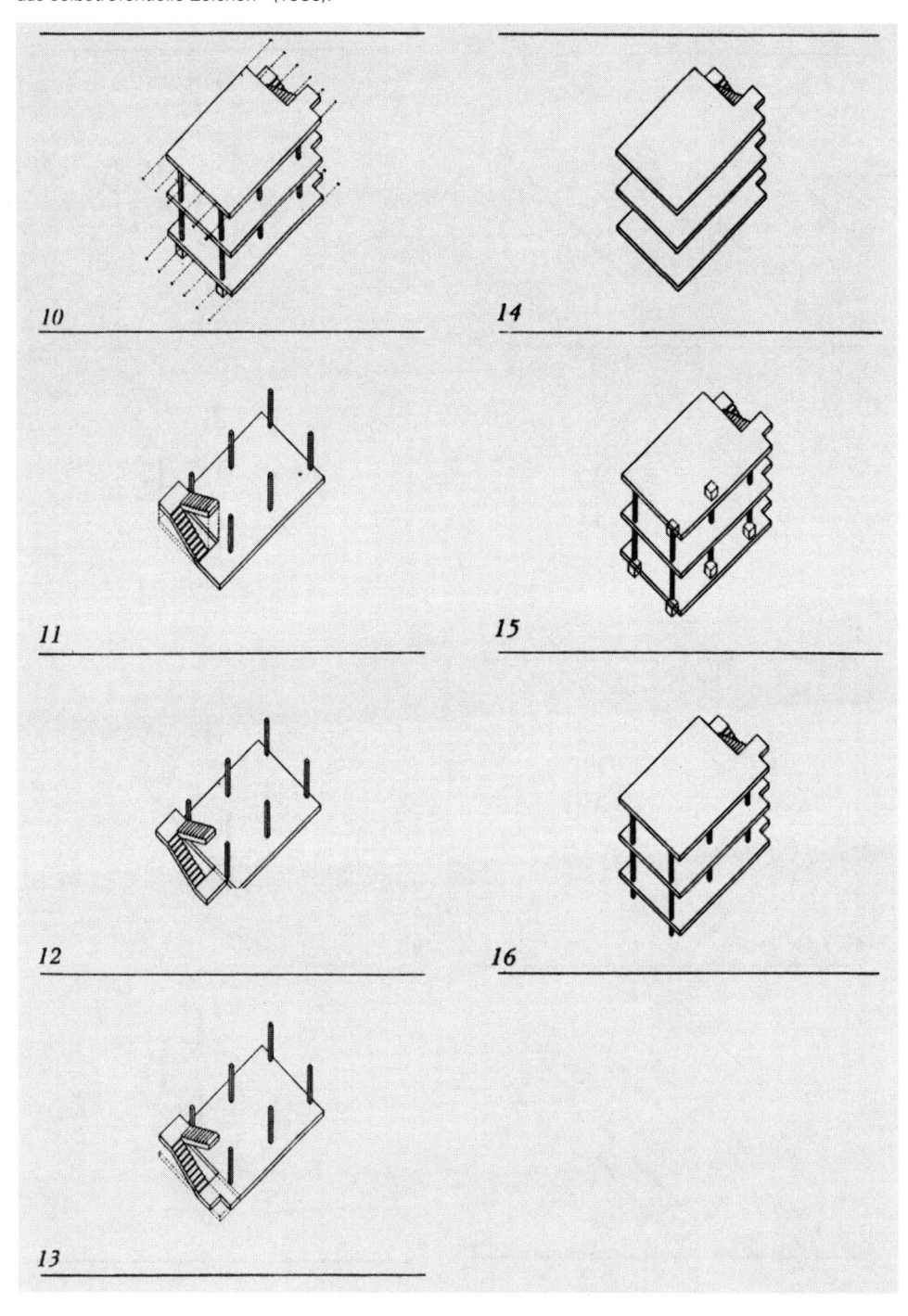

Gebäude zu, um es herum und in seinem Inneren, als auch seine statische Stellung an bestimmten Punkten entlang dieser Bewegung zu verstehen. In beiden Fällen ordnet der Bezugspunkt die menschliche Erfahrung. Und in diesem Sinne verweist das Objekt nach außen, es bezieht sich auf etwas außerhalb seiner selbst Liegendes. Die Horizontalität des Dom-ino-Systems spricht nur von dessen eigener physischer Beschaffenheit. Sie ist ein Zeichen dieses Zustands und nicht mehr. In dieser Hinsicht verweist sie auf sich selbst. Sie existiert als eine Markierung ihres eigenen Zustandes und wird durch sich selbst kenntlich. Mit dieser Behandlung des Bezugspunktes beim Dom-ino System beginnt eine Änderung des Architekturbegriffes.

[...]

Wenn die Architektur mit Hilfe der hier vorgeschlagenen Betrachtungsweise von der Geometrie unterschieden werden kann, was unterscheidet sie dann von einer Skulptur? Wir wissen, daß auch eine Skulptur mehr als eine einfache Geometrie in drei Dimensionen ist und mehr als die körperliche Darstellung eines mathematischen Konzepts. Sie kann, ähnlich der Architektur, eine geometrische Ordnung beinhalten, und in manchen Fällen durch diese erklärt werden (obgleich, anders als in der Architektur, eine Skulptur nicht unbedingt dazu gemacht wird, um auf oder in ihr gehen zu können, und daher auch keine Oberflächen notwendig sind, deren Flachheit und Horizontalität durch die Gesetze der Schwerkraft oder die Formen geradliniger Geometrie vorgegeben sind). Eine Skulptur scheint all das auszuzeichnen, was bisher als hinreichende Bedingungen für Architektur genannt wurde, ohne aber deren notwendige Bedingungen erfüllen zu müssen. Ähnlich der Architektur geht es bei ihr um Objekthaftigkeit, um Körperlichkeit und Räumlichkeit, und um Zeichenhaftigkeit, was sie von der Geometrie unterscheidet. Was Architektur und Skulptur aber voneinander unterscheidet, ist ihr Verhältnis zur Nutzung. Eine Skulptur hat keine Wände, außer im übertragenen Sinn. Hierin ist ein wesentlicher Unterschied zur Architektur zu sehen.

Die *Ebenheit* ist eine Eigenschaft aller ebenen Flächen und somit auch aller Wände. Sie umfaßt Größe, Physikalität und Ausgedehntheit; sie signalisiert Unterteilung und Nachbarschaft. Aber *Ebenheit* ist, im Gegensatz zu *Wandheit*, keine ausreichende Voraussetzung für Architektur, da auch eine Skulptur *Ebenheit* besitzen kann; es sind aus ihr auch keine eigentlichen Trag-, Schutz- oder Umschließungsfunktionen ableitbar, jene Funktionsmerkmale, die wir als das Mindestmaß konstitutiver Bedingungen für Architektur bestimmt haben. Somit ist *Ebenheit* keine notwendige oder hinreichende Bedingung von Architektur. *Wandheit* andererseits besitzt jene Eigenschaften, welche die nötige Unterscheidung zwischen Architektur und Skulptur ermöglichen; diese Eigenschaften aber sind selbst zwar notwendige, aber keine hinreichenden Bedingungen für Architektur, denn sie unterscheiden diese nur von einer Skulptur, nicht aber vom bloßen Bauen. Wie wir gesehen haben, bedarf es eines intentionellen Aktes – eines Zeichens, das erkennbar macht, daß eine Wand mehr als nur ihre Trag-, Schutz- und Umschließungsfunktion erfüllt – um die Architektur vom Bauen zu unterscheiden; die Wand muß eine Bedeutung verkörpern, die über die bloße Nutzung, ein bloßes Funktionieren oder einen externen Bezug hinausführt. Daher rührt auch die widersprüchliche Natur der Architektur: das Zeichen muß die Nutzung oder eine extrinsische Bedeutung übersteigen, um als Architektur anerkannt zu werden; andererseits fehlte ohne Nutzung, Funktion oder das Vorhandensein einer extrinsischen Bedeutung jede Voraussetzung, die solch einen bewußten Akt der Überschreitung erforderlich machen würde.

Zusammenfassend kann man sagen, daß eine Ansammlung von Ebenen und Linien, wie sie in der Geometrie dargestellt oder in einer Skulptur materialisiert werden, nie Architektur sein kann, weil ihr die Dimensionen der Benutzung oder des Tragens von Bedeutung fehlen, welche ihrerseits, im Fall der Architektur, überschritten werden müssen. Die gleiche Ansammlung von Ebenen und Linien kann, nachdem sie mit Eigenschaften wie *Wandheit* und der *Trägerhaftigkeit* ausgestattet worden ist, zu Architektur werden, wenn eine zusätzliche Absicht gegeben ist, diese *Wandheit* oder *Trägerhaftigkeit* als Architektur zu kennzeichnen. Diese Markierung, die intentionale Erzeugung einer Qualität, die über den Gebrauchswert, die Geometrie oder die extrinsische Bedeutung hinausgeht, offenbart, daß die *hinreichende* Bedingung der Architektur nicht nur durch das bloße Aneinanderfügen von allem anderen erfüllt werden kann, sondern eine eigenständige Ebene darstellt.

Somit ist die Architektur sowohl Substanz als auch Handlung. Das Zeichen ist die Niederschrift eines Eingriffes – eines Ereignisses und einer Handlung, die über die Gegenwart der Elemente hinausgeht, welche nur die notwendigen Voraussetzungen sind. Architektur kann als das Ordnen von Momenten und Elementen beschrieben werden, welche dem Universum der Formen entstammen, verbunden mit der Bestimmung von Geometrie, Nutzung und Bedeutung, zu einer neuen Klasse von Objekten.

In diesem Sinn ist die Maison Dom-ino ein Zeichensystem, welches auf den einfachsten Zustand der Architektur verweist, der sie von der Geometrie oder von Geometrie plus Nutzung und Bedeutung unterscheidet. In diesem Zusammenhang ist aber der Umstand noch wichtiger, daß sich in der Maison Dom-ino eine moderne oder selbstreferentielle Zeichenhaftigkeit reflektiert und somit ein wirklicher und zukunftsweisender Bruch mit der vierhundert Jahre alten Tradition westlicher, humanistischer Architektur herstellt.

Massimo Cacciari — **Nihilismus und Projekt**

Erste Erscheinung und Textquelle: Massimo Cacciari, *Großstadt. Baukunst. Nihilismus. Essays.* Übersetzung: Reinhard Kacianka (Klagenfurt, Wien: Ritter, 1995), S. 9–17.

Der italienische Philosoph Massimo Cacciari (geb. 1944) studierte das Problem des negativen Denkens im Werk von Nietzsche und Heidegger bzw. deren Umwertung in der marxistischen Theorie. Mit Alberto Asor Rosa und Mario Tronti unterstützte er die italienische Arbeiterbewegung. Er gründete die Zeitschriften *Angelus Novus* (1964) und *Contropiano* (1968). Zwischen 1976 und 1983 war Cacciari Abgeordneter der Italienischen Kommunistischen Partei (PCI). Seit 1983 wendete er sich zunehmend metaphysischen und theologischen Studien zu. Zwischen 1987 und 1993 nahm er am Seminar „Cattedra dei non credenti" des Erzbischofs von Mailand, Carlo Maria Marini, teil. Zwischen 1993 und 2000 war er Bürgermeister von Venedig, wo er Professor für Ästhetik an der Universität ist.

Im Zentrum der architekturbezogenen Schriften Cacciaris steht das Problem des Nihilismus, dessen Ort die Großstadt ist, wo Wohnen im Sinne Heideggers unmöglich ist. Das Projekt ist eine utopische Antwort auf diese Situation: In dem Begriff des Projektes kommt der Wunsch zur Versöhnung, zur Aufhebung des vernunftzentrischen Systems der Metropole zum Ausdruck. Die Möglichkeit des Projekts ist jedoch eine Illusion: Cacciari ist mit Nietzsche einverstanden, für den das Programm des Nihilismus ein Aufruf zum Leben ohne Illusionen bedeutete.

Bibliografie: Massimo Cacciari, *Gewalt und Harmonie. Geo-Philosophie Europas* (München: Hanser, 1995).

In wahrscheinlich keiner anderen *téchne* ist der Geist des *vollendeten Nihilismus* von Nietzsche so gut ausgedrückt wie in jener der Architektur. Allerdings sind jene, die die „gänzliche Illusionslosigkeit" verstanden haben, gerade die, die sich „dennoch" „rückhaltlos" für ihn ausgesprochen haben.[1] Gerade die völlige Askese von jeglicher Nostalgie oder jedwedem Vorbild schließt ein rückhaltloses Bekenntnis zum Geist der Zeit aus. Die Gründe dafür sind höchst *logisch-philosophisch,* nicht aber ästhetischer oder moralischer Natur: „die besten Köpfe" sind jene, die gegen die Beschränkung, die konstitutive Aporie des vollendeten Nihilismus ankämpfen, jene also, die – weit davon entfernt, ihn bloß zu betrachten – ihn auf die Probe stellen, sein Problem klar hervortreten lassen. Wenn die *Rekonstruktion* der Tendenzwechsel in der zeitgenössischen Architektur durch die Makro-Schemata der Moderne, des Rationalismus etc.[2] sich *nur als Legende erweist,* bleibt der Anspruch trotzdem absurd, daraus, wenn man schon nicht *das Problem,* das einzigartige Drama erfaßt, auf das die verschiedenen Positionen und die unterschiedlichen Antworten rückführbar sind, zumindest *die Beweggründe* ableiten zu können.

Dieses Drama erweist sich im Verlauf des letzten Jahrhunderts als *Folge* einer Architektur des vollendeten Nihilismus, weil sie gerade den Metropolen eignet: genau die Figur des Produzierens, des Weiterbringens und der unausgesetzten und unbegrenzbaren *Überwindung.*[3] Diese Architektur *verwirklicht* die völlige Abschaffung des *eschaton* vom Bild der Zeit als *überwindendes* unumkehrbares Vergehen. Das Wüten der Überwindung wirkt als *entwurzelnde* Kraft. Wie es bereits Sedlmayr mit völliger Klarheit erkennt,[4] ist das Thema der Entwurzelung auch ikonologisch wesentlich für die zeitgenössische Architektur: Die Überwindung der Grenzen der Stadt (urbs) als *dieser* Erdbasis; die Aufhebung sozialer Schichtungen, die in der Stadt (urbs) ihre *Gestalt* als *Ort* des Wohnens hatte.[5] Die Metropole entfaltet sich entlang der Straßen und Achsen, die ihre Struktur genau an dem Moment festmachen, an dem sie jegliche Gestalt von ihr auflösen: ganz anders als die „Holzwege" von Heidegger führen sie *an keinen Ort.* Es ist, als verwandelte sich die Stadt in der Metropole in einen ‚Fall' der Straße, in einen Kontext von Wegstrecken, in nichts als (reines) „Dis-Kurieren" oder in ein Labyrinth ohne Mitte und daher: in ein *absurdes* Labyrinth.

Bereits die großen Soziologien zu Jahrhundertbeginn haben die aufhebende Bedeutung dieser explosiven Verzweigung oder dieses unaufhaltsamen *Abweichens* vom Bild der Stadt wahrgenommen. Ihnen erschien die Metropole als großartige, zusammenfassende Metapher des kalkulierenden, jeglichen Zwecks enthobenen Intellekts, deren nervöses Leben in eine Abfolge von Gleichwertigkeiten *eingetaucht* ist. Die Architektur *ohne Eigenschaften* der Metropolen *schließt das dem Ort Eignende* aus: ihr Projekt läßt jeden Ort zum gleichwertigen Ausschnitt des Gesamtraums,

---

[1] Ich übernehme die Begriffe von Benjamin aus: *Erfahrung und Armut* in vertauschter Abfolge. Benjamin, *Erfahrung und Armut,* Gesammelte Schriften, Bd. II, 1, wa 4, Frankfurt/Main 1980 (1977), S. 216.
[2] Das ist das bedeutende Ergebnis der Forschung von M. Tafuri und F. Dal Co, *Architettura contemporanea,* Mailand 1978.
[3] Zur Dialektik des Überwindens als Voraussetzung für „Politik" (und vor allem für die „Kultur"-Politik) hat sich treffend wie kein anderer Canetti geäußert.
[4] Vgl. dazu das Kapitel *Adolf Loos und sein Engel.*
[5] Dazu eine Analyse dieser Begriffe bei Heidegger „Eupalinos o l'architettura" in: *Nuova Corrente,* 76–77/1978 von Massimo Cacciari.

des allumfassenden Verkehrs und der Austauschbarkeit werden. Das Wesen des metropolitanen Projekts besteht im Ausschluß jeglicher Eigenschaften: darin, Raum und Zeit völlig *mathémata*, meßbar, more a-rithmetico rekonstruierbar werden zu lassen.[6]

Innerhalb dieses Projekt-Rahmens stehen die unterschiedlichsten Ausdrucksweisen der Architektur des vollendeten Nihilismus zur Verfügung: von der einfachen Apologie der Prozessualität, der Wandelbarkeit und der unendlichen Austauschbarkeit der Werte, die mit solcher Augenscheinlichkeit bereits vor der Jahrhundertwende in der vielfältigen Vermählung von ‚Kunst und Handwerk' widerhallen – bis zu den Versuchen, sich die gänzliche Mobilmachung der Epoche, ihre Dromomanie *auszudenken,* die der ihr eignende *Normalzustand,* ihre paradoxe Norm als Ausschluß jeglichen bestimmten Inhalts und als Wiederbelebung einer Art Metaphysik des Lichts ist. Von der nihilistisch-dekretierenden Position, die zur Utopie der Ordnung voller Offensichtlichkeit der Funktion wird, der kein *Individuum* widerstehen kann und in deren Raum jeder Widerspruch nichts als eine *überwundene Kontingenz* darstellt – bis zur nihilistisch-pragmatischen Position, die sich der vergänglichen Künstlichkeit ihrer eigenen Panoptika bewußt und daher gegenüber dem Werden viel mächtiger ist, weil sie über die unüberwindliche Zufälligkeit des Werdens völlig bewußt wird.[7]

Die Grenzen dieses Projekts jedoch ergeben sich gerade, weil ein Hinterfragen möglich ist, das von innen her die Gesamtproblematik daran auslotet. Eine Grenze wird dann als solche wahrgenommen, wenn ein *méthodos* zu seiner eigenen *Aporie* wird – die Grenze wird von dem wahrgenommen, der die Aporie erkennt und sie *fort-spinnt* (dia-porein): was aber noch nicht heißt, sie tatsächlich überwinden oder auflösen zu können. Das ist nun die Haltung von Loos – aber auch die von Mies van der Rohe – gegenüber dem vollendeten Nihilismus, das ist die besondere Form ihrer „Schule des Widerstands"[8] gegenüber dem Geist des vollendeten Nihilismus.

Im Mittelpunkt dieser Auseinandersetzung steht das Konzept des *Projekts*[9] selbst. Zunächst noch selbst-verständlicher Schlüssel-Begriff des Homo faber unserer Tage, muß das Wort im Lichte dieser Untersuchung seine eigene Absurdität oder besser *A-topizität* preisgeben. Das *a-topon* besteht in der Tatsache, daß im Begriff des Projekts das kategoriale Primat des *Neuen* (und selbst die Kritik der metaphysischen Setzung als Verborgenheit des *Neuen* oder der Leug-

---

6 Über die Beziehung von Rhythmus und A-rhythmus von der griechischen Wissenschaft bis hin zur *Enharmonik* der Renaissance und zur Musikwissenschaft unserer Tage äußert sich Albert von Thimus in seinem wiederzuentdeckenden Werk, das in unserem Jahrhundert von Hans Kayser aktualisiert wurde. Zur Einführung empfiehlt sich die Auseinandersetzung mit *Akroasis. Die Lehre von der Harmonik der Welt,* Basel 1946 von H. Kayser.

7 Die Positionen „Kunst und Handwerk" vom Werkbund bis zur Wiener Werkstätte sind gewissermaßen a priori zur Absurdität verdammt, den Zustand des vollendeten Nihilismus als eine Kausalkette zu denken. Kultur – eine absurde Verkündigung zeitgleich mit ihrer ersten Blüte wird sie von Autoren wie Lukács oder Wittgenstein, Weininger oder Michelstädter, Selbstmördern oder ... Überlebenden von Selbstmorden als absurd denunziert. In der Arbeit des Expressionisten Bruno Taut oder in den Schriften von Scheerbart erscheint das Verschwinden der Verrückten als kosmische Templifikation ironisch aufgefaßt als selbst-zerstörerisch, als äußerste Vorstellung vom romantischen „Taugenichts". Der Rest bleibt in der noch „planerischen Auflösung" der Stadt im Projekt nach Le Corbusier einerseits und jener, die wir im Gegensatz dazu als „grammatologisch" definieren könnten, die einzig der technischen Eigenart *der verschiedenen Funktionen Aufmerksamkeit* schenkt.

8 Eine umfassende Auseinandersetzung mit dem Begriff „Projekt-Entwurf" findet sich in meinem Essay *Progetto,* „Laboratorio Politico", 2/1981.

9 Ich verweise hier auf Elias Canetti, Karl Kraus, *Schule des Widerstands,* Berlin 1972.

nung des Zukünftigen) paradoxerweise mit dem gewalttätigsten Willen-gewesen zu sein, der vollkommenen Utopien des Staates,[10] die Quintessenz der Form der Utopie[11] selbst ist, unauflösbar verbinden – daß also die größtmögliche Öffnung zum und die größtmögliche Abschottung gegen das Werden gleichzeitig und in gleicher Weise angesagt werden.

Mit seinem Abstellen auf das *Neue* entwirft sich das Projekt als *ab-solutum*: entwurzelt von jedem Ort der Tradition, immanente Kritik jedes ‚Eigenen' und daher *frei – frei* in zweifacher Hinsicht: einerseits losgelöst von jedem Band oder jeder *religio* zum Vergangenen, andererseits pro-duktiv und kon-struktiv als Freiheit, über jeden Ort zu *schalten und walten*, ihn zur *Verfügung* zu haben, um ihn der eigenen *Bewertung* entsprechend analysieren und umgestalten zu können. Doch darf das Projekt sich nicht als ab-solutus von der Dimension der Subjektivität, die sie begründet, auffassen. Die Freiheit von jedem ‚Eigenen' verkehrt sich zur Religio an das ‚Eigene' des Fundamentums, das schließlich doch noch zum Vorschein kommt. Das *Über-Maß*[12] des Projekts – dieser Begriff eignet Europa, „etwas freies, gottloses ..."[13] besteht in der Herrschaft das Subjekts,[14] es ist quasi ein Anzeichen der Diskontinuitäten und der Brüche, besser: der *katastrophischen* Natur,[15] die auf die Wechselfälle solcher Herrschaft verweisen. Demnach ist das nicht Freiheit von ihr und daher im Kern Nicht-Freiheit, sondern vielmehr deren Anerkenntnis: Amor fati. Die unersättlichen Künstler, die Sklaven von Hephaistos[16], die den Raum von jedem Ort und die indifferente Dauer um jeden *tempus-templum* ‚befreit' haben, zeigen die A-topizität des eigenen Projekts nicht einfach in der Opferung des gegenwärtigen Seins, sondern in dem Zwang, die Zukunft als *Vergangenes* zu denken. Dies vorher-sehend und vorweg-nehmend, *will* das Projekt, daß die Zukunft vergangen wäre: *So will ich, daß es werde*.

Die Autonomie des Projekts, die von dem Bruch abhängt, der es als „frei" von jeder Tradition verfaßt, seine irreligiöse Autonomie, möchte jedes mögliche Eindringen des Werdens als Werden, des Ereignisses als Ereignis vereiteln.[17] Sein Wille zum Absolutsetzen ist seinem Wesen nach Absolutsetzung *von der Begebenheit* weg – weg von der Möglichkeit, von der Begebenheit *betroffen* (pathein), vom *autómaton* eines Augenblicks oder eines Orts *überrascht* zu werden.

Kraft, die entwurzelt, *und* Wille des *Gewesen-Seins;* Behauptung eines völlig „verzukünftigten" Neuen und sein Umschlagen in Vergangenes; Annahme der eigenen Absolutsetzung *und gleichzeitig* der eigenen Geltung als besseres Verständnis der Vor-Formen als deren bestimmte Ausführung – dieser unlösbare Knoten der Ou-topia und á-topon ist vielleicht tatsächlich zu seiner *Erfüllung* gelangt. Die Erfüllung des vollendeten Nihilismus zu betrachten – das heißt: die Ausprägungen seiner radikalen Hinterfragung, nicht seines Übergangs – bedeutet, auf die

---

10 Im italienischen Original: *Volontà-di-stato* = ein Wortspiel mit der Vergangenheitsform von „essere" = sein; „stato" bedeutet „gewesen" ebenso wie „Zustand" oder „Staat". (Anm. d. Ü.)

11 Zur Architektur-Utopie vgl. insbesondere R. Klein, *La forma e l'intelligibile,* Turin 1975. Weiterführend: G. Lapouge, *Utopie et civilisation,* Paris 1978; Servier, *Historie de l'utopie,* Paris 1967; E. M. Cioran, *Histoire et utopie,* Paris 1960.

12 Die Erfahrung der zeitgenössischen Welt als Erfahrung des *Über-maßes* begleitet all das abgründliche Denken des letzten Jahrhunderts in seinen verschiedensten Ausprägungen von Nietzsche bis Simone Weill.

13 Das Zitat stammt aus Eugen Rosenstock-Huessy, *Die europäische Revolution,* Jena 1931.

14 Vgl. das schöne Buch von S. Natoli, *Soggetto e fondamento,* Padua 1979.

15 Über die Bedeutung des Gebrauchs des Begriffs Katastrophe in diesem Zusammenhang vgl. die Nr. 5–6/1981 von „Laboratorio politico", *Catastrofi e trasformazioni.*

16 Ich zitiere den Titel des Buches von F. Masini, *Gli schiavi di Efesto,* Rom 1981.

17 Vgl. E. Severino, *Legge e caso,* Mailand 1979.

Erfüllung jedes überwindenden Anspruchs zu blicken, jeder Verkündigung eines „consummatum est". Darin gelangt die Vorstellung von einer Lösung selbst zur Erfüllung, der der vollendete Nihilismus nicht entsagen kann. Weil es seine eigenen auflösenden Intentionen nicht „auflösen" kann, ist das Projekt, das ihn darstellt, dazu gezwungen, sich in einem – erschlichenen – *mythischen* Schlüssel zu offenbaren, seinen eigenen Willen zur Macht oder zum Staat* zu mythifizieren. Eine Politik des Mythos bedrängt daher die gesamte Chronologie der „großen", metropolitanen Architektur. Die tektonische Kraft des Bauens, die metaphorische Tradition des aedificium,[18] verwandelt sich in ein Bild der unbestimmbaren Produktivität der Technik. Das Absolutsetzen der Technik-Sprache – die an sich schon radikale Reduktion des Werts auf das Bewertete ist, Zersetzung jeder „solidissima pietra" – läßt das á-topon der Wiederentdeckung des aedificium unvermeidlich werden. Hier hört es auf, irgendeine symbolische Funktion zu entwickeln, um nicht als die unauflösliche Aporie des Projekts als Willen, das Werden im Gewesenen festzumachen, offenkundig werden zu lassen.

Der Erfüllung jedoch kommt es zu, die wechselseitige Irreduzibilität dieser Dimension zu erfassen. Ihre Differenzen können *beschrieben,* nicht aber gelöst – verständlich komponiert, nicht synthetisiert werden. In der Architektur der Erfüllung des Nihilismus kann eine profane Beachtung der Differenzen leben. Die Zeitlichkeit des „großen" Projekts wird die „ärmliche" Vielfältigkeit der Zeiten, die Tradition, Brauchtum, Ambiente, Funktion, Äußeres und Inneres *rhythmisieren: Lebens-Formen.* Das heißt, Rhythmus zwischen Ort und Raum, *Rhythmus* zwischen Symbolträchtigkeit des Werks, die sich im zeitgenössischen Projekt *nicht* „aufhebt", und jener grundlegenden Erkenntnis der Aporie dieses letzteren selbst, Rhythmus, der die Grenzen des Projekts auslotet und seine Vollendung beschreibt. Auf dieser Linie macht sich der „Widerstand" von Loos fest: Sehnsüchtig, nostalgisch ist nicht das Hören dieser „Eigenschaften", die das Projekt völlig auflösen möchte, sondern ganz im Gegenteil gerade der Wille, in der ordnendhieratisierten Sprache des Projekts zu dauern, weil es in seinem absolutsetzenden Willen liegt, daß sich aus „romantischen" Notwendigkeiten Vermischungen mit jenen mythisch-symbolischen Dimensionen reproduzieren, die das Projekt für immer „aufgeklärt" zu haben beanspruchte.

Analog dazu ist auch bei Mies die Askese von jeglichem symbolischen Wert keine einfach nihilistische Bestätigung des Tods der Symbole, oder gar des davon ab-soluten Projekts als deren „höheres" Verständnis, sondern das wahrhafte Hüten des Sinnbilds im *Unsichtbaren.* Der Dialektik des Projekts wegen wird die rationale Erkenntnis wesenseins mit dem sprachlichen Ausdruck, mit der diskursiven *Manifestation:* Jedweder Wert wird unmittelbar in den Formen solcher Offenbarung „verwahrt". Weit davon entfernt, die *Vernunft* des sprachlichen Ausdrucks zu leugnen, weit davon entfernt, ihm eine ex-statische Utopie entgegensetzen zu wollen, bestätigt die Kritik von Mies van der Rohe die grundlegende Unmöglichkeit, daß eine Sprachtheorie als *Aufhebung* der Stellung der Werte funktioniert: sie kann Idola vernichten, nicht aber Werte. Diese bestehen aber gerade nicht in der Dimension des Manifesten; sie erscheinen vielmehr als „allgegenwärtige und unauffindbare"[19] Quellen von und in jeder rationalen Handlung. Ohne Wahrnehmung solch Unsichtbaren, ohne *Auge* für seine Formen, für seine strukturelle Rolle in

---

18 Zum Begriff „aedificium" vgl. das großartige Kapitel *Symbols architecturaux,* in: H. de Lubac, *Exégèse médiévale,* 2. Teil, Bd. II, S. 41–60.
19 Hermann Broch, „Gedanken zum Problem der Erkenntnis in der Musik", in: *Philosophische Schriften 2, Theorie,* P. M. Lützeler (Hrsg), Frankfurt/Main 1977.

der Architektur, in der Komposition, ohne Augenmerk auf die strukturierende Funktion eines Schweigens widerfährt es Mies ebenso unweigerlich wie Loos, auf die aktuelle Chiffre, die für den modernen Rationalismus und des gleichwertigen Raums seiner Ordnung viel zu aktuelle Chiffre, reduziert zu werden.

Die Zeit des vollendeten Nihilismus stimmt im Innersten mit dem Historismus überein. Auch dieser bestätigt den letzten Sieger als ‚gerecht': der vollendete Nihilismus konnte tatsächlich nicht nicht-sein. Für die Zeit der Vollendung jedoch ist *das Zertrümmerte* niemals durch die Position, die *es* zertrümmert, ‚bewahrheitet': das aedificium ‚wird' nicht in der tektonischen Kraft der metropolitanen Technik; die Übereinstimmung der Fülle Vollkommenheit mit der Vielfalt, die im Begriff der Polis widerhallt, oder der Sinn einer festen Behausung, der im Begriff der Civitas bestand, kehrt in der geometrischen Ordnung des kalkulierenden, metropolitanen Intellekts, *a-rythmos,* durchaus nicht wieder; das Bild der Tempel[20] und die Zeit, die ihnen eignet, vermag keine Nostalgie je wiederherzustellen. Aber gerade weil die Erfüllung weiß, daß das Zertrümmerte nicht wiedergesehen werden kann, ist sie sich dessen bewußt, daß sie es weder begreifen noch überwinden kann. Und nun könnte sie es schließlich als wahres Individuum *hören:* in der unzerbrechlichen Fülle seines Zum-Tode-Seins. Die Zeit der Erfüllung ist Kontext-Komposition dieser *Einheitlichkeit,* die keine hegemoniale Zeit als vergangen bestimmen kann, die keine Dike zu etwas sich selbst Fremdem verfügen kann. Der Engel von Benjamin „überwindet" die Kette der Katastrophen nicht, die sich vor seinem rückwärts gewandten Blick abwickelt – sondern er sieht an diesen Katastrophen, an jeder einzelnen, die *Einzigartigkeit,* jede von ihnen ist *jenes Singularis,* das er anruft und verantwortet, jede von ihnen ist jener Ort und jene Zeit, keine ist absolut setzbar. Möglicherweise wahrt sich in einem solchen Blick das Versprechen, das die Architektur des vollendeten Nihilismus abgründlich hinterfragt, sich in jenes seiner Vollendung umkehren zu können.[21]

---

20 Zur Vorstellung von templum und seinem Verhältnis zu tempus vgl. den interessanten Essay von H. Corbin, *L'Imago Templi face aux normes profanes,* in: Temple et contemplation, Paris 1980.

21 Der Versuch, diesen Weg zu „eröffnen", der vom Denken hier und in vielen anderen Orten gesucht wird, erweist sich nur im Bereich der derzeit aktuellen Debatte über das Konzept des Nihilismus als verständlich. In AA.VV. *Problemi di nichilismo,* Mailand 1981, AA.VV., *Nichilismo e nichilismi,* „Riscontri" 2–3/1981 läßt sich das beinahe vollständige Spektrum der verschiedenen Positionen von G. Vattimo bis E. Severino übersichtlich überblicken und verifizieren. Als Einblick in das Problem empfiehlt sich: V. Verra, „Nichilismo", in: *Enciclopedia del Novecento,* Bd. IV, Rom 1979.

V. Der Ort der Architektur

Grenzziehungen

Die Bewohner des Dorfes Zurite im peruanischen Hochland errichten jedes Jahr eine *Posa*, ein Haus, das nur aus Eckpfosten und Dachbalken besteht, ohne jegliche Ausfüllung – die Zeichnung eines Hauses im Raum. Diese Struktur steht im Dorf, manchmal betritt ein Bauer das Bauwerk, um einige Minuten in Stille zu verweilen. Bevor nach einem Jahr die *Posa* niedergebrannt wird, nehmen die Dorfbewohner einige ihrer Holzteile mit und bauen sie in ihre Häuser ein.[1]

Die *Posa* weist eine merkwürdige Ähnlichkeit zu Darstellungen der Urhütte auf. Am bekanntesten ist wohl das Frontispiz zur zweiten Auflage von Laugiers *Essai sur l'architecture* (1755), das das Urhaus aus vier Bäumen, Gebälk und Giebel aus Ästen bestehend zeigt. Im Unterschied zu dieser Fiktion ist die *posa* gerade nicht in den Boden eingewurzelt, sondern verkörpert das Provisorische, Temporäre, von dem trotzdem eine konzentrierte Energie für das Alltagsleben ausgeht. Die Rationalität des Regelwerks von Laugier ist mit der schützenden Funktion der Urhütte begründet, die *posa* jedoch hat kein schützendes Dach. In ihrer totalen Offenheit bestätigt sie die Wichtigkeit der Symbolik der Form, der Ornamentalität des Semper'schen Knotens. Zugleich markiert die *posa* einen Ort in der Nähe des Dorfhauptplatzes, der während der Zeit des Aufenthaltes im Raum intensiv erlebt wird. Was man als Raum bezeichnen kann, hat weniger mit der von Holzpfosten und Balken definierten Luftkubatur der *posa* als mit dem Ort zu tun, wo sie steht.

Das Beispiel der *posa*, die im Leben und in der Topografie des Dorfes einen wichtigen Platz einnimmt und die die Form eines Hauses hat, ohne seine elementarsten Funktionen zu erfüllen, erlaubt uns, einige Fragen über den Ort der Architektur zu stellen. Einerseits geht es um die Frage der Markierung eines Territoriums, der Abgrenzung eines Raumes, auch wenn dieser Raum – zumindest im direkten, materiellen Sinne – kein „bergender Raum" ist. Andererseits geht es um den Ort der Architektur innerhalb einer Gesellschaft und ihrer Kultur. Können wir sagen, was diesseits und was jenseits des Territoriums der Architektur liegt? Wo verläuft die Grenze zwischen Aufgabenbereichen des Architekten und des Ingenieurs oder des Architekten und des Künstlers? Ist die Aufgabe der Architektur die Erfüllung konkreter, infrastruktureller Notwendigkeiten wie die Herstellung von Wohnungen oder Schulen in genügender Anzahl, wirtschaftlich und nachhaltig? Oder, wie unser Beispiel nahe legt, geht es vor allem um symbolische Funktionen? Die Repräsentation politischer Macht oder demokratischer Ordnung, nationaler Identität oder religiösen Glaubens, individuellen Erfolgs und Geschmacks ist etwas, was von Ingenieuren kaum oder viel seltener erwartet wird.

---

[1] Juan Muñoz, „Segment", in *Kunst & Museumjournaal* Jg. 3 (3/1991), S. 26–32.

Abb. 101. Die Baustelle der Utopie. Paolo Soleris Arcosanti in Arizona, im Bau seit 1970. Aufnahme Á.M.

Die Texte in diesem letzten Kapitel der Anthologie versuchen, den Ort der Architektur in einigen oder mehreren dieser Kategorien zu klären. Mit dieser Ortsbestimmung hängt das Selbstverständnis des Architektenberufes eng zusammen. Im zwanzigsten Jahrhundert finden wir diesbezüglich verschiedene Ansätze, die von der Apotheose des Baukünstlers als Planer des Weltgebäudes über die Festschreibung seiner Rolle als Moderator im Gespräch der Experten bis zur resignierten Feststellung seiner Ohnmacht reichen.

Der populäre Kritiker und Kunstschriftsteller Karl Scheffler hat am Anfang des Jahrhunderts in der von Martin Buber herausgegebenen Buchreihe *Die Gesellschaft* einen kleinen Band mit dem Titel *Der Architekt* veröffentlicht. Er spricht darin von der Krise des Architektenberufs, die er auf die neuen Bedürfnisse der kapitalistischen Weltwirtschaft zurückführt. Die Folge ist, dass

„der Architekt nicht mehr ein Unternehmer, Handwerker, Gelehrter, Beamter und Künstler zugleich ist, sondern immer nur eines davon ... Hier erblicken wir den Architekten als einen kapitalistisch entarteten Unternehmer, dort als einen trockenen Wissenschaftler; er tritt uns als ein dem Handwerk Entfremdeter entgegen oder als ein pedantischer Bureaukrat ... Mitglieder desselben Berufs reichen sich um keinen Preis die Hand und sind weiter voneinander entfernt als Männer mit ganz verschiedenen Interessenkreisen, die aber gesellschaftlich gleich stehen".[2]

2 Karl Scheffler, *Der Architekt* (Frankfurt am Main: Rütten & Loening, 1907), S. 31.

Scheffler beschreibt mit kritischen Worten die einzelnen Interessengruppen innerhalb des Architektenberufes: den Unternehmer, den Gelehrten, den Beamten, den Politiker und den Künstler und findet, dass der Architekt sogar als Künstler zum „Opfer der Berufskorruption" geworden ist; es fehlt ihm der Zusammenhang mit lebendigen sozialen Ideen. „Er hat die große Idee von der Baukunst, aber diese Idee schwebt im bodenlosen Raum der Phantastik. Was ihm verderblich wird, ist sein unbedingtes Streben zur Kunst. Denn in der Baukunst ist solches Streben nur bedingt zulässig."³ Unschwer lässt sich hinter Schefflers Kritik die Erfahrung der Atomisierung, die zuerst von Ferdinand Tönnies unternommene Analyse der Auflösung der sozialen Totalität erkennen.⁴ Die auf Vitruv zurückgehende Beschreibung des ganzheitlichen Architekten-Individuums, der von der Philosophie über Musikinstrumente und Kriegsgeräte bis zur Medizin alle Gebiete des Wissens integriert, ist nicht mehr gültig. Wenn sich diese soziale Ganzheit auflöst, kann der Architekt nicht einmal innerhalb eines Teilgebietes, etwa der Kunst, authentisch agieren.

Wen wundert es, dass die Architekten mit dieser Diagnose nicht einverstanden waren. Womit ist die Autorität des Architekten begründbar, wenn die Erfahrung der Modernisierung die Richtigkeit der soziologischen und sozialpsychologischen Thesen von Tönnies, Weber und Simmel bestätigt? Grundsätzlich gibt es zwei Möglichkeiten. Entweder stellt man die ungebrochene Gültigkeit des Mythos vom schöpferischen Künstler-Subjekt fest, dessen Vision gerade in einer modernen Massengesellschaft eine führende Rolle zukommt. Egal, ob im Dienst eines kaiserlichen Hofes oder einer Demokratie, kann der Architekt „als die Krone des modernen Menschen in seiner glücklichen Vereinigung von Idealismus und Realismus"⁵ die Symptome des Zeitgeistes deuten und sie in Form eines Projektes zum Ausdruck bringen. Oder er verzichtet bewusst auf die glückliche Vereinigung und zieht sich auf Gebiete zurück, die man mit einer der Wesensdefinitionen der Architektur verbinden kann und in denen er als Experte gilt.

Architektur als Kunst

Unter den Architekten, die im imaginären Wald nach dem Ursprung der Architektur suchen (s. Seite 257f.), finden wir auch Adolf Loos. Was er dort entdeckt, ist nicht die Urhütte, sondern das Urmonument: „Wenn wir im walde einen hügel finden, sechs schuh lang und drei schuh breit, mit der schaufel pyramidenförmig aufgerichtet, dann werden wir ernst und es sagt etwas in uns: hier liegt jemand begraben. *Das ist architektur.*"⁶ Die Konklusion, dass das Wesen der Architektur in der Stiftung von Erinnerung zu suchen ist, wäre jedoch etwas verfrüht. Loos beansprucht nämlich für das Grabmal zusammen mit dem Denkmal einen Sonderplatz in der Architektur; sie haben eine kommemorative Funktion, sie gehören in die Kategorie der Kunst. Er zieht eine strikte Demarkationslinie zwischen Architektur und Kunst; seiner Ansicht nach nur „ein ganz kleiner teil der architektur gehört der kunst an: das grabmal und das denkmal. Alles andere,

---

3 Ebenda, S. 57.
4 Ferdinand Tönnies, *Gemeinschaft und Gesellschaft: Grundbegriffe der reinen Soziologie* (1887, 8. Aufl. Leipzig: Hans Buske, 1935).
5 Otto Wagner, *Die Baukunst unserer Zeit* (4. Aufl. Wien: Schroll, 1914; Nachdruck Wien: Löcker, 1979), S. 13.
6 Adolf Loos: „Architektur" (1909), in ders., *Trotzdem* (Wien: Georg Prachner, 1982), S. 101–103.

was einem zweck dient, ist aus dem reiche der kunst auszuschließen."⁷ Die Architektur produziert eben keine Kunstwerke, sondern Gebrauchsgegenstände. Deshalb sollen die Werke der Architektur allen Menschen gefallen, sollen der Bequemlichkeit dienen – im Unterschied zum Kunstwerk, das „die menschen aus ihrer bequemlichkeit reißen" will, „niemandem zu gefallen" hat, da es „die privatangelegenheit des künstlers" ist. „Das kunstwerk ist revolutionär, das haus konservativ. Das kunstwerk weist der menschheit neue wege und denkt an die zukunft. Das haus denkt an die gegenwart."⁸

Die Bemerkung von Loos über den kleinen Hügel im Walde ist verknüpft mit Gedanken über Stimmungen, die von der Architektur erweckt werden: „Die aufgabe des architekten ist es daher, diese stimmung zu präzisieren." Damit entsteht gleich eine historische Perspektive, die mit Loos' Hinweis auf die pyramidenförmige Form einen Horizont von Jahrtausenden der Architekturgeschichte öffnet, wo die Dimension von dreimal sechs Schuh oder Hunderten von Metern keine definitive Rolle spielt. Ohne diesen Hauch des Sakralen bleibt der Hügel im Walde ein Haufen Erde, bis er vom Regen oder von weniger feinfühligen Wanderern als Loos vernichtet wird. Auch die historische Tradition wird eher stimmungshaft-atmosphärisch als konkret wahrgenommen; „die erkenntnis von der alles überragenden größe des klassischen altertums" hat nichts mit Profilierungen oder Ornamentik zu tun. Loos' plakative Gegenüberstellung von Architektur und Kunst wird damit letztlich von ihm selbst relativiert.

---

7 Adolf Loos, „Architektur" (wie Anm. 6), S. 101.
8 Ebenda, S. 103.

Loos, ein „Maurer, der Latein gelernt hat" (wie er den Architektenberuf definierte), hat seine Architektenkollegen mit Baukünstler-Ambitionen bekanntlich scharf kritisiert. Im Gegensatz zum Bauer und zum Handwerker, deren Hände das Wissen vom Bauen (noch) nicht verlernt haben, destabilisiert die individuelle Stilsuche der „modernen" Architekten die ewige Modernität der richtig verstandenen Tradition. Im Bewusstsein der stabilen Grundlagen des eigenen guten Geschmacks in allen Sachen des Lebens verurteilt Loos jene anderen, die ihren (schlechten) Geschmack auf ihre Klienten oktroyieren. Das Dictum von Adolf Loos, „Alle Architekten sind Verbrecher", bezieht sich auf Baukünstler, die sich im Handwerk nicht auskennen und deshalb unschöpferische Produkte der Akademien sind. Die Eckwerte der Loos'schen Kulturbetrachtung, verkörpert etwa in den Typen „slowakische Bäuerin" als (unbewusste, deshalb unschuldige) Ornamentträgerin und „amerikanischer Plumber" als Held der modernen Zivilisation, sind zugleich Eckwerte der Weltanschauung eines mitteleuropäischen Subjekts.

Der Mecklenburger Architekt Heinrich Tessenow stammt aus einer anderen Region als Loos, war aber ähnlich beeinflusst von einer Architekturtradition, die Elemente städtischer Hochkultur und vernakulärer Tradition verschmilzt. Das Ergebnis ist keinesfalls eklektisch, wir können sogar von einer Bereinigung sprechen: Die Physiognomie der Formen gewinnt an Stärke dank des Abstreifens jeglicher Zeichen, die in einer konkreten Stilperiode verankert sind.

Architektur als Handwerk

Die Diskussion um das Handwerk hat im deutschsprachigen Raum seit der Jahrhundertwende dazu beigetragen, dass die Architektur nicht nur als Stilfrage, sondern auch als eine Frage der Arbeit betrachtet wurde. Dieser neuen Perspektive sind gewiss auch spätere formale Erneuerungen zu verdanken – in der Bauhausgründung spielten ja die gängigen Thesen vom Handwerk eine wichtige Rolle. Die Ursprünge dieser Entwicklung gehen auf die wirtschaftsgeschichtlichen Untersuchungen von Werner Sombart, Max Weber und anderen zurück, die Handwerk als eine Organisationsform der Wirtschaft analysierten. Der Handwerker ist nach Sombarts Definition ein Arbeiter mit technischen Fähigkeiten, für den die Arbeit noch ein organisches Ganzes ist.[9]

Das Handwerk ist für Tessenow (wie für Loos) der Gegenbegriff zum akademischen Wissen. In Übereinstimmung mit Scheffler sieht Tessenow in der modernen Welt die Aufsplitterung des traditionellen Wissens in Zuständigkeitsbereiche; dadurch ist auch das Handwerk bedroht: „Der übriggebliebene Handwerker schämt sich fast immer, noch Handwerker zu sein, flickt eigentlich nur noch an sich und an der Welt herum und sucht ängstlich, dass es ihm gelinge, aus seiner Werkstatt auch eine Fabrik, ein Kaufhaus oder ein Atelier zu machen."[10] Deshalb muss Handwerk im alten Sinne, als eine Arbeitsweise, die „am wenigsten einseitig ist und am meisten verbindet"[11], verstanden werden. Der Ort des Handwerks ist die Kleinstadt, als Land der Mitte: Für Tessenow sind Dorf und Großstadt ähnlich fremd, er zeigt sogar, dass die negativen Qualitäten des Dorfes und der Großstadt eine strukturelle Ähnlichkeit aufweisen. Eine negative Dialektik also, mit dem Handwerk als Synthese; was zugleich eine Ortsdefinition der Architektur ist – Kleinstadt als Utopie, als imaginärer Ort des Widerstands gegen die Kräfte, die potenziell die Architektur zerstören können.

Karl Scheffler hat ein Kapitel seines Buchs *Die Architektur der Großstadt* Heinrich Tessenow gewidmet. Sorgfältig analysiert er die wesentlichen Unterschiede zwischen Vertretern der Reformbestrebungen am Anfang des Jahrhunderts. Der Traditionalismus Paul Schultze-Naumburgs, der die Tradition „im Gehirn" hat, die Jugendstilkunst van de Veldes, eines

Abb. 102. Buchumschlag von Heinrich Tessenows *Hausbau und dergleichen* (1916).

---

9 Werner Sombart, *Der moderne Kapitalismus. Historisch-systematische Darstellung des gesamteuropäischen Wirtschaftslebens von seinen Anfängen bis zur Gegenwart.* 2. Band (1917, 3. Auf. München und Berlin: Duncker & Humblot, 1919), S. 681 ff.

10 Heinrich Tessenow, *Handwerk und Kleinstadt* (Berlin: Bruno Cassirer, 1919), S. 8.

11 Ebenda.

Abb. 103. Vignette aus Heinrich Tessenows *Hausbau und dergleichen* (1916).

„vom Monumentaltrieb besessenen Detaillisten", die Artistik Josef Hoffmanns – sie alle unterscheiden sich von der künstlerischen Ehrlichkeit Tessenows, die „etwas über alle Originalität hinauswachsendes Allgemeingültiges, etwas Quintessenzhaftes" zeigt.[12]

Der politische Kontext von Tessenows Position ist eine oft diskutierte Frage, die meistens mit den politischen Äußerungen Tessenows oder mit seinem Mißfallen an nationalsozialistischer Architektur beantwortet wird (was biografisch gesehen durchaus richtig ist). Interessanter sind jedoch die Analysen, die den romantischen Antikapitalismus, der auch *Handwerk und Kleinstadt* bestimmt, als eine kleinbürgerliche Opposition kritisieren. Es würde zu weit führen, auch die von Loos geäußerte Kritik gegen Raum- und Arbeitsverschwendung, seine Ablehnung des Ornaments aus einer ähnlichen Perspektive zu untersuchen. Jedenfalls sind Loos und Tessenow von einer kultur- und zivilisationskritischen Position ausgehend zu einer kritischen Revision traditioneller Typen und Physiognomien gelangt.

Die Ortsbindung der Architektur

Heidegger nach Tessenow zu lesen ist anregend: Man spürt trotz der zeitlichen Distanz der zwei in dieser Anthologie veröffentlichten Schriften eine gewisse Nähe, etwa in der Art und Weise, wie Handwerk als Kategorie der Kultur besprochen wird. Auch Heidegger differenziert zwischen Herstellen und Produzieren, zwischen handwerklicher und maschineller Fertigung. Der Bau das Hauses ist immer Herstellung, was dem Haus einen Werkcharakter verleiht. Wohnen ist nicht eine bloße Funktion, die durch das Bauen ermöglicht wird, sondern eher umgekehrt; bevor wir bauen, muss Wohnen im existenzialen Sinne bereits vorhanden sein: „Wir wohnen nicht, weil wir gebaut haben, sondern wir bauen und haben gebaut, insofern wir wohnen, d.h. als die Wohnenden sind."[13]

Das Wohnen der Menschen in der Welt beschreibt Heidegger als die Einfügung in ein Geviert, dessen Elemente „Erde und Himmel, die Göttlichen und die Sterblichen" sind. *Ort* ist die Stelle der Durchdringung dieser weltstrukturierenden Elemente. Was ein Bauwerk sei, zeigt Heidegger in der viel zitierten Beschreibung der Brücke – in seiner Interpretation auch eine Form des Wohnens. Er führt vor Augen, wie ein konstruiertes

---

12 Karl Scheffler, *Die Architektur der Großstadt* (Berlin: Bruno Cassirer, 1913, Nachdruck Berlin: Gebr. Mann 1998), S. 140.

13 Martin Heidegger, „Bauen Wohnen Denken", in ders., *Vorträge und Aufsätze* (Pfullingen: Neske, 1954), S. 143.

Ding, in diesem Fall die Brücke, eine Stelle in der Landschaft zum Ort transformiert:

> „Die Brücke ist freilich ein Ding eigener Art; denn sie versammelt das Geviert in der Weise, dass sie ihm eine Stätte verstattet. Aber nur solches, was selber ein Ort ist, kann eine Stätte einräumen. Der Ort ist nicht schon vor der Brücke vorhanden. Zwar gibt es, bevor die Brücke steht, den Strom entlang viele Stellen, die durch etwas besetzt werden können. Eine unter ihnen ergibt sich als ein Ort und zwar durch die Brücke. So kommt denn die Brücke nicht erst an einen Ort hin zu stehen, sondern von der Brücke selbst her entsteht erst ein Ort. Sie ist ein Ding, versammelt das Geviert, versammelt jedoch in der Weise, dass sie dem Geviert eine Stätte verstattet. Aus dieser Stätte bestimmten sich Plätze und Wege, durch die ein Raum eingeräumt wird."[14]

Ort als eine besondere Stelle im Raum existiert also nicht vor der Errichtung der Brücke als Ding – im Gegensatz etwa zu dem *genius-loci*-Konzept von Christian Norberg-Schulz.[15]

Obwohl sich Norberg-Schulz auf Heidegger beruft, ist sein Ortsbegriff viel rigider, knüpft viel direkter an die antike Vorstellung des *genius loci* an. Der *genius loci* ist der „Geist, der an einem Ort herrscht", also eine konkrete, wenn auch mythologische Realität, der der Mensch in seinem täglichen Leben gegenübersteht. Die Existenz dieses Geistes definiert die Aufgabe des Architekten: Architektur bedeutet die „Visualisierung des genius loci, und Aufgabe des Architekten ist es, sinnvolle Orte zu schaffen, durch die er den Menschen zum Wohnen verhelfen kann".[16]

Der Mensch wohnt, wenn er sich in einer Umgebung orientieren und mit ihr identifizieren kann, kurz, wenn er seine Umgebung als sinnvoll erlebt – behauptet Norberg-Schulz. Diese These besagt etwas anderes als Heideggers Beschreibung des Versammelns im Geviert. Für Norberg-Schulz (wie für Gaston Bachelard, s. Seite 233) gelten bestimmte Orte, wie zum Beispiel der Ort der Kindheit, schlechthin als sinnvoll. Diese Behauptung ist zumindest fraglich; bestimmt gibt es Orte der Kindheit die – zumindest für das Kind – völlig „sinnlos" sind. Norberg-Schulz stellt den Architekten vor die Aufgabe, zuerst eine Art Einfühlung in den *genius loci* zu entwickeln und dann aufgrund dieses empathischen Vermögens die entsprechende formale Struktur zu finden. Für uns geht es darum, ob wir mit Norberg-Schulz die Autorität des Gründungsmythos (z.B. einer Stadt) als ununterbrochen anerkennen oder solche Thesen als Ausdruck eines der Realität nicht mehr entsprechenden Kontinuitätsgedankens ablehnen.

Imaginäre Geografien

Die Untersuchungen des Religionshistorikers Mircea Eliade über heilige Zeit und heilige Orte sind den Prämissen von Norberg-Schulz ähnlich. Ort ist, sagt Eliade, wo man die Präsenz des Heiligen erfährt. Ort ist immer ein Mittelpunkt, Einbruch im homogenen Raum, eine Stelle der Verbindungen zwischen verschiedenen Ebenen der Existenz. Die Wiederholung des kos-

---

14 Ebenda, S. 154.
15 Christian Norberg-Schulz, *Genius loci: Landschaft, Lebensraum, Baukunst*. Übersetzung: Angelika Schweikhart (Stuttgart: Klett-Cotta, 1982).

16 Ebenda, S. 5.

mischen Akts der Schöpfung ist in der Bautätigkeit eindeutig: Durch Hausbau wird der Raum, in dem man wohnt, zum Analogon des heiligen Zentrums.¹⁷

Die Geografie des Landes spielt eine wichtige Rolle in den Vorstellungen der Nationen von ihrer Identität, und die imaginären Regionen sind dabei besonders wichtig. In dieser mythischen Geografie wird der Raum nicht als homogen, sondern als aus spezifischen Orten bestehend vorgestellt. Das Gebiet hat einen starken Symbolismus und besitzt die Qualität des Heiligen. Laut Mircea Eliade sieht die ethnische Gruppe ihr Land als ihr von Gott geschenktes, heiliges Eigentum. Auch die Verbindung anderer Länder mit ihrer geografischen Heimat ist in den Legenden besungen und fest in dem kollektiven Gedächtnis verankert, das dann als symbolische Landschaft die Bilder und Gedanken der Nation prägt. Die Geografie der Heimat ist auf diese Weise gestaltet und mythologisiert, was auch infrastrukturelle Konsequenzen hat. Die Kulturdenkmäler werden restauriert, die Natur gepflegt, und diejenigen Objekte der Materialkultur, die die Mythologie unterstützen, werden geschützt und propagiert. Archäologie spielt dabei eine besonders wichtige Rolle, indem sie das Beweismaterial liefern soll.

Wann wird ein Ort zur Heimat? Die Meinungen gehen darüber auseinander, je nachdem, wie man Heimat definiert (Ort der Existenzsicherheit, Ort des Miteinanderseins usw.) und wo man sie in der Zeit lokalisiert: in der Vergangenheit (als das ursprüngliche Heim), in der Gegenwart (als Ort des existenzialen Wohnens) oder in der Zukunft (als Utopie der Versöhnung). Für Heidegger bedeutet Heimat Rückkehr in das Haus nahe des Ursprungs, die Rettung der Sprache. Für Norberg-Schulz sind es phänomenologische Kriterien, die entscheidend sind: die Beschaffenheit des Ortes, seine Schutzfunktion (die mit der Frage seiner Grenzen zusammenhängt), die Möglichkeit der sinnvollen Orientierung. Für den Philosophen Ernst Bloch gehört der authentische Modus des Wohnens – überraschend für einen Marxisten – ins Reich der Utopie, des Noch-Nicht. Bloch betrachtet wie Norberg-Schulz, Tessenow und Heidegger Wohnen als eine zentrale Kategorie der Architektur, die mehr als die anderen Künste „eine soziale Schöpfung ist und bleibt", und zwar „ein Produktionsversuch menschlicher Heimat – vom gesetzten Wohnzweck bis zur Erscheinung einer schöneren Welt in Proportion und Ornament"¹⁸. Aus Sozialismus, Messianismus und Mystik entstand ein eklektisches Gedankengut, charakteristisch für die expressionistischen Nachkriegsjahre um 1920. Die Vorstellungskraft des Subjekts, ein Konzept des Idealismus, und der Materialismus von Marx ergeben zusammen in seinem umfassenden Werk *Das Prinzip Hoffnung* ein Programm zur Neubewertung der Architekturgeschichte. Bloch zieht eine Trennlinie in der Geschichte der Utopien zwischen zwei Entwicklungslinien, zwei dialektischen (oder alchimistischen?) Kategorien: „Ägypten oder die Utopie Todeskristall, Gotik oder die Utopie Lebensbaum" ist der Titel eines Kapitels, in dem zwei Wege beschrieben sind, den „vollkommenen Raum" zu konstruieren.¹⁹ Der Ort der Architektur ist nicht in der Gegenwart: das Prinzip Hoffnung ist ein Aufruf, die Zu-

---

17 Mircea Eliade, *Das Heilige und das Profane* (Hamburg: Rowohlt, 1957).

18 Ernst Bloch: *Das Prinzip Hoffnung. Zweiter Band* (Frankfurt am Main: Suhrkamp, 1959), S. 862.

19 Ebenda, S. 844.

kunft von dem Subjekt aus zu ent-werfen als die Stadt ohne Entfremdung, die Stadt des „aufrechten Gangs".

Mentale Karten

Für Bloch sollte Hoffnung die Diskrepanz zwischen den alltäglichen Lebensbedingungen und der Imagination des Individuums überbrücken. Andere Marxisten wie Louis Althusser haben Ideologie als die Repräsentation des imaginären Verhältnisses des Subjektes zu den Existenzbedingungen untersucht. Genau dieses Verhältnis stand im Mittelpunkt der Stadtanalysen, die der amerikanische Architekt Kevin Lynch unternahm. Sein 1960 veröffentlichtes Buch *The Image of the City* versucht, das mentale Bild der Stadt aufzuzeichnen – oder besser gesagt, die mentalen Bilder, die die verschiedenen Bewohner von ihrer Stadt konstruieren. Lynch hat eine Methode des *cognitive mapping*, einer erfahrungsbezogenen Kartografie der Stadt entwickelt, die eine Verbindung zwischen der Struktur der Stadt und ihrer Wahrnehmung im Bewusstsein der Stadtbewohner herstellen soll. Es geht um die Verbindung zwischen der konkreten, direkt wahrnehmbaren Umgebung und der unsichtbaren, nur in der Vorstellung existierenden Totalität. Lynch arbeitet mit Befragungen, oft bittet er die Stadtbewohner, kleine Skizzen von ihrer Umgebung zu fertigen. Für Lynch ist das Ziel die geordnete Stadt, die – vergleichbar mit dem Ideal des „sinnvollen Ortes" von Norberg-Schulz – eine klare Orientierung durch eindeutige Grenzen (wo das Stadtgewebe endet oder bricht), durch Knotenpunkte, Denkmäler und Bezirke ermöglicht. Dieser *well-formed place* bedeutet ein positives Verhältnis zwischen der kognitiven Struktur des Bewohners und der „bewohnten" Umgebung, was das Erkennen, die Erinnerung, die Navigation in der Stadt ermöglicht.

Lynchs *cognitive mapping* als Methode wird heute verwendet, um Unterschiede in den kognitiven Karten von sozialen Klassen oder Minderheiten zu untersuchen. Dolores Hayden zeigt in ihrem Buch *The Power of Place*, dass die Vorstellung eines schwarzen Bewohners in einem armen Bezirk von Los Angeles nur einige Straßenblöcke der unmittelbarsten Nachbarschaft umfasst, ein Bruchteil der ausgedehnten Karte eines Anglo-Amerikaners, der in der Mittelklasse-Gemeinde Westwood wohnt.[20] Der Raum wird in den Untersuchungen von Lynch als etwas verstanden, was eine kommunikative, vermittelnde Funktion hat. Die mentale Karte, wie Dolores Hayden sie verwendet, macht ein raumpolitisches System sichtbar.

Man kann die Betrachtungsweise von Lynch gut mit der Bildstrategie der italienischen Regisseure des Neorealismus wie Vittorio de Sica vergleichen, die sich ebenfalls für das Bild der alltäglichen Realität der Stadt in der Wahrnehmung ihrer Bewohner interessieren. Das Bild des Alltags in einem Film wie De Sicas *Wunder in Mailand* ist alles andere als alltäglich, die Obdachlosensiedlung wird zum Ort des Zaubers. De Sicas *Fahrraddiebe* wurde ein paar Jahre vor 1952 gedreht, als Lynch sich mit einem Stipendium der Ford Foundation in Italien aufhielt.

Die italienischen Regisseure des Neorealismus waren von Werken der marxistischen Philosophen Antonio Gramsci und Georg Lukács stark beeinflusst, die die formalistische Ästhetik ablehnten. Lukács hat bereits in seinen frühen Werken die Formobsession der Wiener Jahrhundert-

---

20 Dolores Hayden, *The Power of Place: Urban Landscapes as Public History* (Cambridge, Mass., London: The MIT Press, 1995).

Abb. 104. Kevin Lynch, *The Image of the City* (1960), Umschlag.

wende als Dekadenz kritisiert. Die Form ist das große Erlebnis der Ästheten, sie wird zum einzig wirklich Lebendigen. Der Raum für die Form lässt keinen Raum für das Leben, betont Lukács und beschäftigt sich in seinem Werk *Die Eigenart des Ästhetischen* mit einer umfassenden Interpretation der früheren Beobachtungen.[21] Die philosophische Grundproblematik solcher Themen zeigt Berührungspunkte mit den Interessen Heideggers: die Untrennbarkeit von Mensch, Welt und Sinn, die Frage des Werks, das Subjekt-Objekt-Verhältnis. Statt Sein spricht Lukács von Totalität, einer Grundkategorie, mit der er den

Gegensatz von Leben und Sehnsucht überwinden kann. Es ist das Alltagsleben, d.h. die Arbeit und das Wohnen, wo alle Ansätze einer ästhetischen Praxis bereits erhalten sind, die die Ausgangspunkte eines Befreiungsprozesses sein müssen. Entscheidend ist natürlich, wo die Baukunst über das Alltägliche hinausgeht, worin das Werk das nachgeahmte Objekt überholt. Lukács verneint als Materialist das transzendendierende Potenzial der Kunst: „dieses Hinausgehen über den Alltag beinhaltet keineswegs das Setzen oder Anerkennen irgendeiner transzendenten Macht oder Substanz."[22] Damit wird die „Eigenart des Ästhetischen" jedoch auf eine bloße „Perspektive" des sinnvollen Lebens reduziert.

Der Alltag war nicht nur für Heidegger kein authentischer Ort der Architektur, auch der Marxist Bloch fand im Alltag nur quälende Verfremdung und Angst, weshalb man nur in die Tagträume flüchten kann. Bei Lukács ist Alltag kein Wort, das mit Pathos ausgesprochen wird; damit wird einfach die gegebene Realität akzeptiert. Unser Verhältnis zum Raum, anfänglich abstrakt und generell, wird sich ändern, wenn wir Raum als den Raum unseres Lebens erkennen. Dieses emotionelle Ja-Sagen zum Raum kann in der Architektur der Anfang einer zunehmend reicheren, gesellschaftlich definierten Raumgestaltung sein. In dem Augenblick, wenn eine spontane Raumbenützung zu einer kollektiv-gesellschaftlichen Raumgestaltung wird, beginnt Architektur.

Architektur und Ideologie

In den Repräsentationen des Verhältnisses zum Raum zeigt sich eine Ideologie,

---

21 Georg Lukács, *Die Eigenart des Ästhetischen* (Neuwied am Rhein, Berlin-Spandau: Hermann Luchterhand, 1963).

22 Georg Lukács, op.cit. (Anm. 21), Bd. I, S. 533.

ein Wahrnehmungsmuster der Realität. Der italienischen Architekturtheoretiker Manfredo Tafuri verwendet den Begriff Ideologie allerdings anders, und zwar ausgesprochen pejorativ: als falsches Bewusstsein, Verzerrung und Verdeckung der Realität durch gewisse Aktivitäten oder Theorien. Diese Verzerrung geschieht im Interesse der Machthaber gegen die Interessen der Machtlosen. Tafuri analysiert in seinem *Progetto e Utopia* (1973) Architektur auf der Grundlage der Ideen, die in den Entwürfen und Äußerungen der Architekten nachvollziehbar sind.[23] Diese Studie gehörte neben Aldo Rossis *Architettura della città* zu den Büchern, die in Amerika auf das Denken von Peter Eisenman, Diana Agrest oder Mario Gandelsonas einen großen Einfluss hatten und in der zweiten Hälfte der siebziger Jahre die wichtige New York-Venedig-Achse festigten.[24] Tafuri untersucht in *Progetto e Utopia* die großen Projekte der Architekturgeschichte, um die ihnen zugrunde liegenden utopischen Inhalte zu zeigen. In Jeffersons bzw. L'Enfants Entwurf für die amerikanische Hauptstadt Washington wird der Raster, der der ökonomischen Notwendigkeit folgt, mit einer absolutistischen Stadtkomposition kombiniert, was laut Tafuri eine bloß nostalgische Erinnerung an europäische Wertvorstellungen verkörpert: „Das schlechte Gewissen des radikalen Amerika von Jefferson bis Kahn tritt den Rückzug zu sich selbst an, mit einer pathetischen Hommage an wirkungslose Werte."[25] In solchen Projekten lebt Piranesis Vision des antiken Rom als ein maschinenhaftes, absurdes Gebilde weiter.

Tafuri beschreibt den Wolkenkratzer als ein antiurbanes Objekt, als ein Symbol der Verfremdung inmitten des Dschungels der anarchischen Großstadt, die er zu beherrschen versucht. Die Utopien der europäischen Avantgarde sind damit vergleichbar, indem sie ähnlich versuchen, die Authentizität des Stadtbildes trotz Kommerzialisierung des Lebens aufzubewahren. Diese Beispiele beweisen, dass der Architekt innerhalb des existierenden politischen Systems keine radikal andere Wirklichkeit, keine revolutionäre oder utopische Architektur entwerfen kann. Tafuri ist überzeugt, dass alles, was das Funktionieren eines Systems nicht unterbricht, nur dessen Überleben verlängert. Man kann eine Architektur für eine gesellschaftliche Klasse nicht vorwegnehmen (ebenso wenig wie man eine Architektur für eine befreite Gesellschaft vorwegnehmen kann). Was möglich ist, ist die Einführung einer klassenspezifischen Kritik in der Architektur. Die Architektur der Zukunft ist nur nach der Umgestaltung der Gesellschaft möglich – die Möglichkeiten der Architekten sind auf das „Glasperlenspiel" der Komposition begrenzt: Das ist, was Tafuri unter *l'architecture dans le boudoir* versteht. In amerikanischen Intellektuellenkreisen wurde Tafuris – später von ihm selbst zunehmend revidierte – Position vor allem zur Kritik der postmodernen Architektur herangezogen; erst in den achtziger Jahren entfaltete sich eine Auseinandersetzung über das Verhältnis zwischen Architektur und Ideologie.

In seinem Beitrag zu einem 1982 in New York über Tafuris Ideologiekritik ver-

---

23 Manfredo Tafuri, *Kapitalismus und Architektur. Von Corbusiers „Utopia" zur Trabantenstadt.* Übersetzung von Thomas Bandholtz, Nikolaus Kuhnert und Juan Rodriguez-Lores (Hamburg/Westberlin: VSA, 1977).
24 Über die New York-Venedig-Achse s. Joan Ockman, „,Boudoir-Architektur' als Anschauungsmaterial: Manfredo Tafuri und New York", in *Werk, Bauen+Wohnen* 9/1995, S. 41–48.
25 Tafuri, op. cit., S. 36.

anstaltenen Symposium lehnt der amerikanische Philosoph Fredric Jameson Tafuris Pessimismus ab und betont das Potential der „kognitiven Karten", um Wirklichkeit auf eine Weise abzubilden, die die politische Situation (Lukács' *Klassenbewusstsein*) reflektiert.[26] Jameson setzt sich in seiner Philosophie wie Tafuri mit der technologischen und urbanen Wirklichkeit auseinander. Für Jameson hat jedoch Architektur den wichtigen Auftrag, die unsichtbaren Kräfte dieser Wirklichkeit sichtbar zu machen, und zwar auf der Ebene der alltäglichsten, intimsten Kenntnisse des Ortes. Seine Analyse der Postmoderne als dominierende Form zeigt in Beispielen aus der Literatur, der Architektur und dem Film die Strategien der Verräumlichung und Verinnerlichung einer totalen Wirklichkeit.[27]

Alexander Mitscherlichs „Anstiftung zum Unfrieden", das 1965 veröffentlichte Pamphlet *Die Unwirtlichkeit unserer Städte* hat die städtischen Realität aus einer psychologischen Perspektive kritisiert.[28] Der deutsche Sozialpsychologe zeigt im kleinen Buch die verheerenden psychologischen Folgen einer nur wirtschaftliche und politische Interessen berücksichtigenden Stadtplanung. Mitscherlichs Studie ist natürlich keine Wiederbelebung von Tessenows Kleinstadt-Hoffnungen; er schließt nicht an die lange Reihe deutscher Kulturkritiker an, die den „Dämon Großstadt" als Wurzel des Übels betrachten. Mitscherlich sieht die Lösung in der Neuordnung des Grundbesitzes in den Städten – in einer Utopie im Sinne Tafuris, die schon oft gefordert, aber nie verwirklicht wurde.

Architektur als Kommunikation

Für Robert Venturi und Denise Scott Brown ist das Problem der modernen Stadt vor allem ein Sprachproblem. Mit dieser These war Tafuri nicht einverstanden. Er warf Venturi und allen, die die Humanwissenschaften aus der modischen Perspektive der Sprache untersuchten, Eskapismus vor. Er schien die soziale Dimension der Werke von Venturi und Scott Brown nicht zu bemerken.

Venturi beantwortet die elitäre Haltung des herrschenden Architekturestablishments mit Ironie. *Ugly and ordinary*, hässlich und ordinär war das Urteil von Gordon Bunshaft und Philip Johnson im Jahre 1967, mit dem sie einen Wettbewerbsbeitrag von Venturi und Scott Brown ablehnten. Venturi dreht die Kritik zum Programm um: *ugly and ordinary* ist charakteristisch für den amerikanischen Alltag und geeignet, darauf eine neue, allgemeinverständliche und normative Ästhetik des Konsenses zu gründen. Venturis *Komplexität und Widerspruch in der Architektur* (das in gleichem Jahr, 1966, wie Rossis *Architektur der Stadt* erschien) kritisiert Tafuri vor allem deswegen, da darin die Analyse direkt in eine Methode der architektonischen Komposition umfunktioniert wurde.[29]

---

26 Fredric Jameson, „Architecture and the Critique of Ideology", in Joan Ockman (Hrsg.), *Architecture, Criticism, Ideology* (Princeton: Princeton Architectural Press, 1985), S. 51–87.

27 Fredric Jameson, *Postmodernism, or, the Cultural Logic of Late Capitalism* (Duke University Press, 1991), S. 417.

28 Alexander Mitscherlich, *Die Unwirtlichkeit unserer Städte. Anstiftung zum Unfrieden* (Frankfurt am Main: Suhrkamp, 1965).

29 Robert Venturi, *Komplexität und Widerspruch in der Architektur*. Hrsg. von Heinrich Klotz, Übersetzung: Heinz Schollwöck (Braunschweig/Wiesbaden: Vieweg, 1978, 1993). Für Tafuris Kritik, s. ders., *Theories and History of Architecture* (London, Toronto, Sydney: Granada, 1980), S. 213.

Die Betrachtung der Architektur als Sprache, wie viele andere Hypothesen der Architekturtheorie, geht auf Vitruv zurück. Im ersten Kapitel seiner Zehn Bücher über Architektur schreibt er: „Wie nämlich auf allen Gebieten, so gibt es ganz besonders auch in der Baukunst folgende zwei Dinge: was angedeutet wird und was andeutet. Angedeutet wird der beabsichtigte Gegenstand (das Ziel), von dem man spricht. Diesen aber deutet an die mit wissenschaftlichen Methoden entwickelte Darstellung. Deshalb muß der, der sich als Architekt ausgeben will, in beidem geübt sein."[30]

Bei der Suche nach einer Methode, mit der man die Frage der Bedeutung in der Architektur begreifen kann, war für die Postmoderne die strukturelle Sprachwissenschaft von Ferdinand de Saussure besonders wichtig. De Saussure war ein Philosoph, dessen Vorträge (*Cours de linguistique générale*) an der Universität von Genf zwischen 1906 und 1911 von seinen Studenten veröffentlicht wurden. Saussure wollte eine allgemeine Theorie der Bezeichnung (Signifikation) aufstellen, um zu zeigen, wie ein Wort, ein Bild oder ein Zeichen uns an etwas erinnert, „für etwas steht".[31] Die Semiologie oder Semiotik definiert Saussure als eine Wissenschaft, welche das Leben der Zeichen im Rahmen des sozialen Lebens untersucht. Die Semiologie studiert die verschiedenen Zeichensysteme, um die Regeln zu finden, die ihr Verhalten innerhalb des Systems bestimmen. Es geht um Bezeichnung, um die Produktion von Bedeutung, also um die Beziehung zwischen zwei Komponenten des Zeichens: des Bedeutenden (Signifikant, zum Beispiel ein Wort) und des Bedeuteten (Signifikat, das Objekt). Die Semiotik beschäftigt sich nicht nur abstrakt mit verschiedenen Zeichensystemen, sondern untersucht alle Kulturphänomene als solche. Das heißt, sie geht von der Hypothese aus, dass Kultur im Wesentlichen Kommunikation ist; Architektur ist deshalb einer der Bereiche, in denen Semiotik als abstrakte Wissenschaft etwas sehr Konkretes verstehen und analysieren will.

In der Architektur geht es vor allem darum, dass Bauten funktionieren sollen – die Frage der Bedeutung steht nicht im Vordergrund. Eine Säule wird für die Unterstützung eines Balkens verwendet; wie diese Funktion mitgeteilt wird, der Kommunikationsakt selbst, ist zweitrangig. Die Semiotik hat die Aufgabe, diese Funktionalität unter dem Aspekt der Kommunikation so zu untersuchen, dass unsere Auffassung von Funktion revidiert wird. In diesem Sinne hat eine Säule durchaus auch eine ästhetische oder symbolische, also kommunikative Funktionen.

Architektur als Sprache erfährt in der Theorie von Robert Venturi und von Peter Eisenman diametral entgegengesetzte Interpretationen. Venturi wie auch Charles Jencks beschäftigt sich intensiv mit Fragen der Semantik; mit den externen Bedeutungen, die mit den Zeichen verbunden oder assoziierbar sind. Die Cartoon-Sprechblasen der *Signs of Life*-Ausstellung (s. Seite 29) teilen solche semantische Bedeutungen mit. (Sie sind allerdings keinesfalls die einzigen, welche zum Beispiel mit einer Chippendale-Kommode assoziiert werden können.) Eisenman findet diese semantische Dimension irrelevant. Er untersucht in seinen frühen Projekten die Syntaktik der Sprache der

---

30 Vitruv, *Zehn Bücher über Architektur*. Übersetzung: Curt Fensterbusch (Berlin: Akademie-Verlag, 1964), S. 23f.
31 Ferdinand de Saussure, *Grundfragen der allgemeinen Sprachwissenschaft*. Hrsg. von Charles Bally und Albert Sechehaye, Übers. Herman Lommel (2. Aufl. Berlin: Walter de Gruyter, 1967).

Architektur: das Regelwerk, das bestimmt, wie die einzelnen Elemente der Sprache miteinander kombiniert werden können. Noam Chomsky behauptet in seiner Theorie der transformationellen Grammatik: Unser Wissen von diesen Regeln erlaubt, dass wir ein nie zuvor gehörtes Wort sofort in grammatisch richtige Sätze integrieren können.

Die syntaktischen Spiele, die Kombinatorik von Platten, Balken, Stützen und Treppen, die die „grammatische" Grundlage des *House VI* von Eisenman bilden, werden bald vom Architekten selbst aufgegeben. Die semantische Deutung der „Sprache der Architektur" ist jedoch (auch) im Laufe des zwanzigsten Jahrhunderts allgegenwärtig. Hier können wir nur auf einige der einflussreicheren Werke hinweisen, wie John Summersons *The Classical Language of Architecture*[32], Bruno Zevis *Il linguaggio moderno dell'architettura*[33], Christopher Alexanders bereits diskutiertes Buch *A Pattern Language*[34] oder Giorgio Grassis *Architettura, lingua morta*[35]. Selten unterscheiden diese Autoren zwischen einer Deutung der Architektur nach dem Muster der Sprache und der bewussten, intendierten Verwendung der Zeichen der Architektur, um eine Bedeutung zu vermitteln. (Wir können etwa über die Sprache der Natur sprechen und das trockene Laub als Zeichen für den kommenden Winter lesen, obwohl diese „Kommunikation" nicht intendiert ist.) Der Architekturkritiker Charles Jencks will die Sprache der Architektur unter Anwendung der Figuren der Rhetorik wie Symbol, Metapher, Simile, Paradox oder Parabel verstehen. In seinem Buch *The Language of Post-Modern Architecture* – das den Begriff *Postmodern* international verbreitete – behauptet Jencks, dass ein postmodernes Bauwerk zumindest auf zwei Ebenen zugleich spricht: einerseits zu anderen Architekten und zu einer kultivierten Minderheit, die die Bedeutung der architektonischen Formen versteht, andererseits zum großen Publikum, das vor allem bereits bekannte Motive sucht.[36] Die von Venturi zum Programm erhobene Komplexität und Widersprüchlichkeit zusammen mit den von Jencks analysierten Denotationen, Konnotationen, Assoziationen und rhetorischen Figuren erlauben eine Vielzahl von potenziellen Interpretationen.

Haben wir überhaupt Kriterien, um zwischen richtigen oder zumindest zulässigen Deutungen und Fehlinterpretationen zu unterscheiden? Die Meinungen darüber gehen auseinander; der amerikanische Philosoph Richard Rorty scheint dies – im Namen des Pragmatismus – zu verneinen[37], sein italienischer Kollege Umberto Eco spricht wiederum über die Grenzen der Interpretation.[38] Indem Eco

---

32 John Summerson, *The Classical Language of Architecture* (Cambridge, Mass.: The MIT Press, 1963).

33 Bruno Zevi, *The Modern Language of Architecture* (Seattle: The University of Washington Press, 1978).

34 Christopher Alexander, *Eine Muster-Sprache. Städte – Gebäude – Konstruktion*. Herausgegeben von Hermann Czech (Wien: Löcker, 1995).

35 Giorgio Grassi, *Architettura, lingua morta – Architecture, dead language* (Mailand: Electa, 1988).

36 Charles Jencks, *Die Sprache der postmodernen Architektur. Entstehung und Entwicklung einer alternativen Tradition*. Übersetzung von Nora von Mühlendahl-Krehl (Stuttgart: Deutsche Verlags-Anstalt, 3. Erw. Aufl. 1988).

37 Richard Rorty, „The Pragmatist's Progress", in Umberto Eco mit Richard Rorty, Jonathan Culler, Christine Brooke-Rose, *Interpretation and Overinterpretation* (Cambridge: Cambridge University Press, 1992), S. 89–108.

38 Umberto Eco, *Die Grenzen der Interpretation*. Übersetzung: Günter Memmert (München, Wien: Carl Hanser, 1992).

zwischen verschiedenen Codes unterscheidet, führt er eine gewisse Flexibilität in die Deutung der Zeichensprache der Architektur ein. Architektur kann zwar als Sprache untersucht werden, sie hat trotzdem wenig mit Sprache und Verbalität als bewusste Kommunikation, umso mehr mit assoziativer Bedeutung zu tun, die nicht die Eindeutigkeit einer verbalen Aussage hat:

> „Es stimmt nicht, dass einige leere und rein differentiale Formen des architektonischen Bedeutens (Pfeiler oder Balken) jede mögliche architektonische Kommunikation erlauben: sie erlauben die Art von architektonischer Kommunikation, an die uns die westliche Kultur gewöhnt hat, nach dem Modell gewisser statischer und dynamischer Kriterien und gewisser Regeln der Euklidischen Geometrie, die, auch wenn sie stabiler und gegen Verschleiß widerstandsfähiger zu sein scheinen als andere Regelsysteme, uns zwingen, uns innerhalb einer gewissen Grammatik des Bauens zu bewegen. Zumindest findet man sie kodifiziert unter der Bezeichnung Baukonstruktionslehre."39

Der architektonische Raum ist für Eco ein System von Relationen, wo selbst die Abstände zwischen den Individuen (im Sinne der „Proxemik" von Hall, s. Seite 137) kulturelle Bedeutung tragen. Es ist Aufgabe der Architekten, nach Erfüllung der primären Funktionen des Bauwerks die Offenheit des Werkes bezüglich solcher kultureller Bedeutungen zu sichern.

Heterotopien

Der lähmende Pessimismus Tafuris bezüglich der Möglichkeiten der Architektur wird von Venturi und Eco aufgehoben, indem sie auf die symbolischen Bedeutungen, die symbolischen Werte aufmerksam machen, die nicht die Ideologie der herrschenden Klasse, sondern die Gegenvorschläge des Architekten verkörpern. Diese Gegenvorschläge, zum Beispiel durch Appell an die Sinne inmitten der zunehmenden Mediatisierung der Architektur, zeigen Möglichkeiten eines Widerstands, die von Tafuri nicht wahrgenommen wurden. Tafuris Kritik der Utopien wird auch von dem Heterotopie-Konzept von Michel Foucault in Frage gestellt. Heterotopien (der Begriff wurde früher in der Anatomie verwendet und bezeichnet Gewebe am falschen Ort) sind im Gegensatz zu den Utopien real existierende, wirkliche Orte, die sich aber in ihrer Struktur von der Umgebung unterscheiden. So sind zum Beispiel Krankenhäuser oder Friedhöfe Heterotopien, „andere Räume" im Gesamtraum einer Stadt. Heterotopien sind „Gegenplazierungen oder Widerlager, tatsächlich realisierte Utopien, in denen die wirklichen Plätze innerhalb der Kultur gleichzeitig repräsentiert, bestritten und gewendet sind, gewissermaßen Orte außerhalb aller Orte".40 Die Heterotopien funktionieren anders; die feinen Fäden der Macht, die alle Schauplätze der Gesellschaft durchdringen, zeigen innerhalb der Grenzen der Heterotopien ein anderes Bild. Die realisierten Utopien – die Planstädte der Kolonien, die Kommunen – sind deshalb keine Utopien

---

39 Umberto Eco, *Einführung in die Semiotik*. Übersetzung Jürgen Trabant (8. Aufl. München: Wilhelm Fink, 1994), S. 331.

40 Michel Foucault, „Andere Räume", in *Other Spaces: The Affair of the Heterotopia*. Hrsg. von Roland Ritter, Bernd Knaller-Vlay (Graz: Haus der Architektur, Wien: Prachner 1998), S. 22–37.

(das würde auch der Bedeutung von Utopie widersprechen), sondern Heterotopien, die durch ihre formale Ordnung den Schein einer vollkommenen Gesellschaft in starkem Kontrast zur Außenwelt erwecken.

Die in diesem Band von mehreren Autoren vertretene Behauptung, Architektur diene dem Wohnen in einem existenzialen Sinne, verwendet Jacques Derrida, eine Gründerfigur der postmodernen Dekonstruktion, zur Kritik einer reduktivistischen, vulgarisierenden Interpretation der von ihm vertretenen Richtung. Dekonstruktion ist ganz allgemein betrachtet die Kritik gewisser Grundelemente unseres Denkens, seiner metaphysischen Grundlagen, von denen wir annehmen, dass sie wahr sind, ohne sie je zu hinterfragen. Auf die Architektur bezogen erwähnt Derrida vier solche Axiome, die alle darauf abzielen, dass Architektur einen Sinn, eine Bedeutung haben muss. Diese Axiome sind die folgenden: Architektur dient dem Wohnen (hier bezieht sich Derrida auf Heidegger); sie macht sich als Fundament einer Gesellschaft und ihrer Institutionen sichtbar (Sempers Erdaufwurf-Gedanke wird hier weitergeführt); sie ist sinnvoll, indem sie der aktuellen Vorstellung von Zweckmäßigkeit dient; und sie ist mit den schönen Künsten eng verbunden. Dass Dekonstruktion die Idee des Sinns bekämpfen und eine „sinnlose" Architektur befürworten sollte, wäre allerdings eine falscher Schluss. Was möglich (und notwendig) ist: die Sinnfrage zu stellen und damit Architektur zu *rekonstruieren*. „Die Sterblichen müssen das Wohnen erst lernen" – schreibt Derrida in Anlehnung an Heidegger:

> „Das ist keine Dekonstruktion, sondern der Aufruf, gerade das Fundament der Architektur, die wir bewohnen, die wir zu bewohnen wieder lernen sollten, den Ursprung seines Sinns zu wiederholen. Selbstverständlich, wenn die ‚Verrücktheiten' diesen Ursprung denken und zerlegen, müssen sie sich nicht länger der Bejubelung der modernen Technologie oder der manischen Beherrschung ihrer Kräfte ausliefern. Das wäre eine neue Wendung derselben Metaphysik."[41]

Der französische Ethnologie Marc Augé analysiert Beispiele, die ein Axiom Heideggers und Derridas, nämlich dass Bauen und Wohnen untrennbar sind, zu widerlegen scheinen. Die öffentlichen Räume unserer Städte bestehen zunehmend aus Räumen für Verkehr, aus überwachten Einkaufszentren, Flughafen- und Hotellobbys. In diesen Räumen ist der Aufenthalt für alle gleich möglich und durch die Präsenz der bekannten Ladenketten, der Zeichen des Konsums usw. sogar angenehm.[42] Zugleich sind diese Räume so sorgfältig bereinigt von jeglicher Spur von Geschichte oder von konkreten, ortsbezogenen Zeichen, dass man sie mit dem Begriff „Nicht-Orte" gut beschreiben kann. Ihre Struktur, ihre Grenzen, ihre Kontrolle, ihre Ästhetik sind identisch oder ähnlich, deshalb kann die summarische Charakterisierung Augés überzeugen. Sind die Nicht-Orte Heterotopien im Sinne Foucaults? Die beunruhigenden, unheimlichen Orte der unterirdischen Parkgaragen

---

[41] Jacques Derrida: „Am Nullpunkt der Verrücktheit – Jetzt die Architektur" (Übersetzung: Michael Wetzel) in Wolfgang Welsch (Hrsg.): *Wege aus der Moderne. Schlüsseltexte der Postmoderne-Diskussion* (Weinheim: VCH Verlagsgesellschaft, 1988), S. 219–220.

[42] Marc Augé, *Orte und Nicht-Orte. Vorüberlegungen zu einer Ethnologie der Einsamkeit.* Übersetzung: Michael Bischoff (Frankfurt am Main: S. Fischer, 1994).

und die tröstenden, elektrisiernden Orte des Konsumrausches mit ihren verschiedenen Zeitlichkeiten sind zwei Seiten derselben Medaille.

„Existenziales Wohnen" im Sinne Heideggers ist in „Nicht-Orten" unmöglich und unerwünscht, sie sind nicht nur andere Orte, sondern auch Orte der Anderen, die einen Aufenthalt in ihrem Raum nur so lange dulden, als man als Konsument, Reisender, Tourist sein Eintrittsgeld bezahlt. Vor allem der Tourismus zeigt, wie der „authentische Ort" selbst zum Simulakrum, zum Bild wird, weitestgehend von dem wirklichen, geografischen Ort abgehoben, Zielpunkt von nostalgischen Fantasien, die durch die Reise symbolisch eingelöst werden. Der Strom der Touristen, gefesselt von Bildern der einprägsamen Orte, und der Gegenstrom von Asyl- und Arbeitssuchenden, angezogen von den Bildern eines Lebens in Wohlstand – ist dies eine späte Bestätigung von Lukács' These von der Inkompatibilität oder gegenseitigen Ausschließlichkeit von Leben und Form?

Heute üben die von Augé beschriebenen „Nicht-Orte" der Stadt auf eine Reihe junger Photographen eine besondere Anziehungskraft aus. Wird dadurch die These des französischen Ethnografen widerlegt oder bestätigt? Die Beurteilung dessen, ob ein städtischer oder landschaftlicher Raum ein Ort oder ein Nicht-Ort sei, hängt viel stärker mit unserer Erfahrung zusammen, als Augé es zugibt. Reicht ein Ereignis, eine Begegnung nicht aus, um die ödeste Wartehalle in unsere Erinnerung einzuprägen? Und wird die Authentizität der sogenannten „einprägsamen Orte" nicht durch Vermarktung und Inszenierung erodiert?

Die Geste der Architektur

Der „Kommunikologe" Vilém Flusser, der – wie das von ihm erfundene Wort zeigt – die menschliche Kommunikation, also die Vermittlung von Informationen untersucht, gibt in seinen Arbeiten sehr kritische Diagnosen der Mediengesellschaft. Die technischen Medien, behauptet Flusser – keinesfalls als Erster –, führen zur Entfremdung des Menschen. In der Verbreitung der neuen, digitalisierten Bilder sieht er jedoch die Verwirklichung einer konkreten Utopie: Diese Bilder sind nicht mehr Abbilder, Simulationen, sondern „Vor-bilder für etwas, das es nicht gibt, aber geben könnte", „Konkretisationen von Möglichkeiten".[43] In Anlehnung auf Heidegger, aber ihm widersprechend, charakterisiert er das neue, postmoderne Denken als „einbildend entwerfend": „Alle vorangegangenen Schritte zurück aus der Lebenswelt sind Phasen unseres Verfalls in die Entfremdung, und jetzt befinden wir uns an jenem entscheidenden Punkt, von dem ab wir uns zu entwerfen beginnen."[44]

Städte, Häuser, Familien, Kinder oder Arbeit entwerfen: Sie alle gehören zum Prozess, der vom Subjekt zum Projekt von anderen Bildern der Welt führt. Der Ausgangspunkt zum Entwerfen von Häusern ist auch der „Ort der Gewohnheit", der unsere Bewegungen zentriert. Flussers Aufzählung der vier Elemente des „heilen" Hauses sind mit den vier Elementen der Semper'schen Fischerhütte vergleichbar. Dach und Mauern/Wände sind identisch, aber statt Erdaufschüttung und Herd nennt Flusser Fenster und Türe. Es geht also weniger um Wohnen, als um

---

43 Vilém Flusser, *Vom Subjekt zum Projekt. Menschwerdung* (Bensheim und Düsseldorf: Bollmann, 1994), S. 25.
44 Ebenda.

Bewegungen der Körper und der Blicke, und der Autor wundert sich darüber, wie es die Bewohner zu Hause aushalten könnten, wenn sie dank der Verkabelung des Hauses nicht mit Bildern überflutet wären. Er schlägt vor, sich das Haus der Zukunft als ein verkabeltes zwischenmenschliches Haus „ohne Dach, Mauer, Fenster und Tür" zu denken, um die Unmenschlichkeit eines solchen Entwurfs vor Augen zu führen.

Sowohl Vilém Flusser als auch Paul Virilio geben Reiseberichte aus jenem Universum der Hyperrealität und der Medien, das am beeindruckendsten wohl von Jean Baudrillard beschrieben wurde. Baudrillard behauptet, dass wir in der Postmoderne nicht mehr über Zeichen, sondern über Simulakra sprechen müssen. Ein Simulakrum ist eine mit dem Original identische Kopie. Damit ist Walter Benjamins Analyse der Zerstörung der Aura als Folge der technischen Reproduzierbarkeit des Originals nicht mehr gültig. In der postmodernen Welt der Hyperrealität werden Modelle erzeugt, die nicht mehr auf ihre Ursprünge oder auf eine Wirklichkeit zurückführbar sind. Die Realität wird an Filmdarstellungen gemessen, die oft realer als die Wirklichkeit erscheinen. Dies soll bestätigen, dass alle Behauptungen bezüglich „Wahrheit" ins Reich der Mythen gehören. Die Haltung von Baudrillard, wie diejenige von Flusser oder Virilio, ist ambivalent: Begeisterung und Ablehnung sind voneinander untrennbar. Sie alle neigen zu einer totalisierenden Denkweise, die aus kleinen Beobachtungen und sich oft widersprechenden Fragmenten des Alltags ein umfassendes Gesamtbild unserer postmodernen Befindlichkeit zusammenfügen will.

Der Angriff an die Zwillingstürme des World Trade Centers am 11. September 2001 galt der selbstbewussten Führungsmacht der kapitalistischen Welt, zugleich aber – zumindest vordergründig – einem Denkmal der modernen Architekturgeschichte, das schon einige Jahre früher von Terroristen attackiert worden ist. Die zwei Wolkenkratzer an der Spitze von Manhattan, 110 Geschosse hoch, gebaut aus rund einer Million Tonnen Stahl und Beton, standen seit ihrer Errichtung im Zentrum des Interesses vieler Interpreten der postmodernen Kultur – deren Anfänge Charles Jencks mit der Sprengung der sozialen Wohnanlage Pruitt-Igoe in St. Louis verband[45]. Jean Baudrillard sprach in seinem 1999 gehaltenen Vortrag *Architektur: Wahrheit oder Radikalität?* darüber, dass die zwei Türme „als Zwillinge bereits Klone voneinander waren, quasi die Vorwegnahme des Endes des Originals. Sind sie also eine Vorwegnahme unserer Zeit?"[46]

Baudrillard vergleicht die allgemein bewunderten, von den Medien verbreiteten Beispiele der heutigen Architektur wie zum Beispiel Frank Gehrys Guggenheim-Museum in Bilbao mit den Ergebnissen des Klonens: Die Form ist generierbar durch Computertechnologie; schön und beliebig, ein *ready-made*, eine „räumliche Schimäre".[47] Mit Hinweis auf Flusser, der in der Fotografie das Verschwinden des abbildenden Subjekts zugunsten der Entfaltung der technischen Möglichkeiten des Apparats beobachtet, sieht er in der Architektur ähnliche Tendenzen. Sie dient „der Kultur und der Kommunikation, d.h. der virtuellen Ästhetisierung der ganzen

---

45 Charles A. Jencks, *The Language of Post-Modern Architecture* (London: Academy Editions, 1977, 4. Aufl. 1984), S. 9.
46 Jean Baudrillard, *Architektur: Wahrheit oder Radikalität?* Übersetzung: Colin Fournier, Maria Nievoll und Manfred Wolff-Plotegg (Graz: Literaturverlag Droschl, 1999), S. 8.
47 Ebenda, S. 26.

Gesellschaft. Sie fungiert als Museum für die Verpackung einer sozialen Form, die man Kultur nennt, von immateriellen Bedürfnissen, die keine andere Definition haben als ihre Markierung in unzähligen Kulturgebäuden".[48]

Wie für Derrida ist Architektur auch für Baudrillard ein Terrain des Widerstandes gegen die totale Virtualisierung der Welt. Dabei findet er – etwas überraschend – in dem *genius loci* den archimedischen Punkt. Es ist möglich, schreibt er, „*dass man auch in der Architektur ausgehend vom genius loci, von der Lust am Ort und unter Einbeziehung all dessen, was sich zufällig ergibt, neue Strategien, neue Dramaturgien erfinden kann, um gegen dieses universale Klonen von Menschen, Orten, Gebäuden, gegen diesen Einbruch einer universellen virtuellen Realität zu arbeiten. Ich würde das einen poetischen Transfer der Situation oder eine Situation des poetischen Transfers nennen ...*"[49] Es ist allerdings sehr fraglich, ob der *genius loci* als poetische Fiktion tatsächlich als Stützpunkt dieser Strategie dienen kann – als geklonter Geist dient dieser *genius* mit größerer Wahrscheinlichkeit der Vermarktung von Nostalgieprodukten.

Flussers durch eine euphorische Erzählweise etwas gedämpfter Pessimismus steht in deutlichem Kontrast zum Bild, das Hubert Damisch beschreibt.[50] Das Fenster ist auch für Damisch eine wichtige Schnittstelle zwischen Wohnung und Stadt. Ausgangspunkt für seine Überlegungen ist Descartes, der in seinem berühmten *Discours de la méthode* das Bild einer Stadt aus seinem Fenster beschrieb.

Er sieht Menschen, die sich als Automaten auf der Straße bewegen. Damit hat Descartes einen *topos* des abendländischen Denkens von der Stadt geschaffen, ein Modell der modernen Realität, das bis heute tausendfach reproduziert wurde. *Topoi*, im Sinne von Szenen oder „Gemeinplätze", wie zum Beispiel die Metropole oder der Boulevard, können aus verschiedenen Perspektiven betrachtet und beschrieben werden. Während die Funktionen der Metropole und die Wege der Massen eine labyrinthische, unentzifferbare Gestalt annehmen, produziert die narzißtische Stadt ununterbrochen Bilder, Projektionen und nostalgische oder futuristische Stadt-Träume. Diese ideologische Bilderproduktion, welche die gelebte Stadt zur Kulisse erstarrt, macht es schwer, „dem menschlichen Element seinen Platz" einzuräumen.

Die Produktion der Stadt-Bilder spielt jedoch nicht zwangsläufig diese negative, verdinglichende Rolle, da die Bilder nie klar und eindeutig sind. Die Orte der Stadt sind Projektionsflächen für verschiedene städtische Identitätsvorstellungen – als Ergebnis muss ein unscharfes Bild, eine immer in Frage gestellte Identität entstehen. Die Stadtpolitiker, die Stadtbewohner, die Touristen nehmen an der Produktion und am Konsum der Stadtbilder teil. Man muss dabei an die soziale Kunst des in Amerika lebenden polnischen Künstlers Krzysztof Wodiczko denken, der seine Bilder von Obdachlosen, Raketen oder Dollarnoten auf patriotische Denkmäler und Bankverwaltungen projiziert.[51] So entsteht eine ähnliche Situation wie in Freuds Beispiel der gleichzeitigen Sichtbarkeit aller archäologischen Schichten

---

48 Ebenda, S. 29.
49 Ebenda, S. 36–37.
50 Hubert Damisch, „Fenster zur Straße" in ders., *Skyline. Architektur als Denkform*. Übersetzung: Markus Sedlaczek (Wien: Passagen Verlag, 1997), S. 38–42.

51 Krzysztof Wodiczko, *Public Address* (Ausstellungskatalog Minneapolis: Walker Art Center, 1992).

von Rom[52]: Die Geschichte mit ihren Widersprüchen kommt zum Vorschein.

Der letzte Text in der Sammlung stammt vom ungarischen Schriftsteller Péter Nádas, der auch als Fotograf arbeitete. Obgleich keine Architekturtheorie, sagt der Text trotzdem mehr über die Architektur und ihre versteckte Programmierungen als viele theoretischen Abhandlungen. Nádas beschreibt, wie das Wissen vom Bauen ohne Worte weitergegeben wird. Er erzählt, wie er beim Reparieren einer verlassenen alten Scheune plötzlich den Abdruck jener unbekannten Hände fühlte, die den Heuboden einmal sachkundig verputzt haben: „Es war wie eine prähistorische Entdeckung. Meine Hand glitt über das Negativ der anderen Hand."[53] Diese Erfahrung ist Anlass, um die Stadt ebenfalls als den „Abdruck jener Handfläche von einst" zu verstehen, und es braucht die Kultur seiner Bürger, um das Negativ wahrzunehmen und von ihm zu lernen.

Sind wir damit wieder bei Sempers Bemerkung über Architektur als „fossiles Gehäuse ausgestorbener Gesellschaftsorganismen" angelangt? Braucht das Lernen von den „Handflächen von einst" die Sprache gar nicht, von der Theorie nicht zu sprechen? Die Antwort finden wir, wenn wir die Texte weiterlesen. Semper selbst betont ja die Rolle von „Verstand, Naturbeobachtung, Genie, Willen, Wissen und Macht" noch im selben Satz, wie wir im Kapitel über den Raum gesehen haben. Und Nádas spricht in seinem Text ebenfalls davon, dass die Gesellschaft ein „Gespür für den erregenden und großartigen Abdruck" haben muss, um überhaupt die Handfläche der Geschichte zu bemerken. Die Rolle der Theorie ist nicht einfach die Vermittlung zwischen Räumen des Denkens und der Architektur, sondern sie konfiguriert beide: Sie macht den Architekten bewusst, dass sie ein breites Spektrum von Möglichkeiten haben, „andere Räume" zu gestalten, und den Bürgern, was sie von den Architekten erwarten dürfen und sollen.

---

52 Sigmund Freud, „Das Unbehagen in der Kultur", in ders., *Das Unbewusste: Schriften zur Psychoanalyse* (Frankfurt am Main: S. Fischer, 1964), S. 346.

53 Péter Nádas, *Der Lebensläufer. Ein Jahrbuch: Neunzehnhundertsiebenundachtzig – Neunzehnhundertachtundachtzig*. Übersetzung: Hildegard Grosche (Reinbek bei Hamburg: Rowohlt, 1998), S. 105.

Karl Scheffler

Der Unternehmer
(Ausschnitte)

Erste Erscheinung und Textquelle: Karl Scheffler, *Der Architekt* (Frankfurt am Main: Rütten & Loening, 1907), S. 32–35, 58.

Der deutsche Kunstschriftsteller und Kritiker Karl Scheffler (1869–1951) war ein Autodidakt, der während seines langen und strebsamen Lebens mehr als fünfzig Bücher und Hunderte von Aufsätzen und Rezensionen veröffentlichte. Der aus einer Handwerkerfamilie stammende Scheffler lernte 1888 an der Kunstgewerbeschule in Berlin das Entwerfen von Tapetenmustern; anschließend wurde er als Zeichner in einer Berliner Tapetenfabrik angestellt. Gleichzeitig begann er, für verschiedene Kunstzeitschriften wie z.B. *Das Atelier*, *Dekorative Kunst* und *Die Zukunft* zu schreiben. Er beschäftigte sich mit besonders aktuellen Fragen der kunstgewerblichen Bewegung und der Kulturpolitik. 1906 hat ihn der Verleger Bruno Cassirer mit der Redaktion der Zeitschrift *Kunst und Künstler* beauftragt. Diese bis 1933 existierende Kunstzeitschrift genoss wegen ihres breiten Horizonts und der Qualität der Beiträge ein hohes Ansehen unter Kunstliebhabern.

Schefflers Buch *Moderne Baukunst* (1907) ist eine Sammlung von Essays über neue Eisenkonstruktionen („Stein und Eisen"), großstädtische Bautypen, Denkmalpflege und Erziehungsfragen. Der 1913 veröffentlichte Band *Die Architektur der Großstadt* enthält neben einer umfassenderen, wichtigen Studie über die Entstehung, charakteristischen Bautypen und Stilformen der Metropole sieben Aufsätze über Berliner Architekten der Zeit. Mit dem erfolgreichen Buch *Der Geist der Gotik* (1917) trifft er genau das neu entflammte Interesse: Die Gotik-Frage schafft den Kontext zur Diskussion über die orientalische Kunst und die im Werkbund-Jahrbuch veröffentlichen Getreidesilos.

Der Architekt ist eines der ersten Bücher Schefflers. Der kleine Band erschien in der von Martin Buber herausgegebenen Reihe *Die Gesellschaft. Sammlung sozialpsychologischer Monographien*, ein wichtiges Dokument des Denkens über gesellschaftliche Formen am Anfang des Jahrhunderts. Werner Sombart hat den ersten Band über das Proletariat geschrieben, gefolgt von weiteren Schriften von Georg Simmel (*Die Religion*), Fritz Mauthner (*Die Sprache*), Ferdinand Tönnies (*Die Sitte*), Rudolf Kassner (*Der Dilettantismus*) und Lou Andreas-Salomé (*Die Erotik*). *Der Architekt* war das zehnte Bändchen und der zweite in der Sammlung über einen Berufsstand (nach E. Schweningers *Der Arzt*). „Die Entstehung der Baukunst, die gegenwärtige Entartung des Architektenberufs und die moderne Reformbewegung sind die Hauptthemen dieser Arbeit und ihr einheitlicher Gesichtspunkt das Verhältnis des Architekten zur Gesellschaft, zur sozialen Wirklichkeit und zur sozialen Aufgabe", schrieb der Verlag zur Publikation. Die Frage der Spezialisierung des Architekten beschäftigt Scheffler auch später. In seinem 1935 veröffentlichten Buch *Deutsche Baumeister* bemerkt er zu diesem Thema: „Die Zerstörung im neunzehnten Jahrhundert hat darin bestanden, daß die einzelnen Kräfte isoliert und auf verschiede Subjekte verteilt wurden. Solche Auflösungen von lebendigen Einheiten finden oft statt in Zeiten, die zugleich kulturell müde und zivilisatorisch rege sind".

Bibliografie: Karl Scheffler, *Der Architekt und andere Essays über Baukunst, Kultur und Stil* (Basel, Berlin, Boston: Birkhäuser, 1993).

Unter normalen Verhältnissen beschränkt sich die kommerzielle Unternehmerarbeit des Architekten darauf, daß er Verträge mit den Lieferanten und Handwerkern schließt, das Material und die gelieferte Arbeit prüft und alle Rechnungen visiert. Als Materialkäufer und Arbeitsleiter muß er die Bedingungen des Marktes genau kennen und günstige Konjunkturen zu nützen wissen. Er ist dem Bauherrn verantwortlich, aber nicht unmittelbar am Verlust und Gewinn beteiligt; er kann sich auf legalem Wege nicht bereichern, weil er als Äquivalent eine bestimmte, voraus vereinbarte Summe empfängt. Er ist der Beauftragte des Bauherrn.

Dieses gesunde Verhältnis von Bauherrn und Baumeister hat sich in unserer Zeit aber entscheidend geändert, weil der Typus der Bauherrn sich verändert. Der Besitzer, der sich auf eigenem Grundstück ein Haus zu eigenem Gebrauch bauen läßt, gehört heute zu den Seltenheiten. An seine Stelle tritt in der Großstadt der Spekulant, der Geschäftsgebäude oder Wohnhäuser auf Vorrat bauen läßt, im Vertrauen auf die Nachfrage. Diese unpersönliche, mit den Konjunkturen des Wirtschaftslebens schwankende Nachfrage ist jetzt der Bauherr geworden, und ihr muß sich der Architekt wohl oder übel anvertrauen. Er tut es, indem er einem dem Beruf fernstehenden Unternehmer seine Dienste leiht, oder indem er selbst zum Spekulanten wird. Das heißt: er hilft entweder irgend einem Kapitalisten Häuser auf Vorrat bauen oder er tut dieses selbst, wenn er genügend Kapital sein eigen nennt. In beiden Fällen ist das Kapital, das zur Spekulation verführt, das Ausschlaggebende. Es zwingt den Architekten, der auf eigene Gefahr baut, in die mannichfaltigsten Sorgen des Grundstückkaufs, der Beschaffung von Baugeldern, des Hypothekenverkehrs hinein, so daß er sich kaum noch ein Baumeister nennen darf; oder ihn nötigt die Abhängigkeit vom kaufmännischen Unternehmer, jede höhere Gestaltungsidee aufzugeben, weil dem spekulierenden Kapitalisten nicht daran liegt, wirkliche allgemeine Bedürfnisse zu erkunden und diesen Befriedigung zu schaffen, sondern weil er nach dem unmittelbaren Nutzen allein fragt, der in Geld auszudrücken ist. Vor der Notwendigkeit, das Anlagekapital möglichst sicher und möglichst hoch zu verzinsen, vor dem schwankenden Willen der Nachfrage muß jede ideale, ja jede konsequente Berufsauffassung zurücktreten. Der wahre Bauherr ist auch nur selten ein Einzelner; meistens ist es eine Bank, der der Baugrund gehört und die die Baugelder gibt. Der nominelle Bauherr dagegen, wenn der Architekt es nicht selber, als ein von den Banken Abhängiger wird, ist ein Zwischenunternehmer. Ein Maurermeister etwa, ein früherer Zimmerpolier oder gar ein spekulativ begabter Gärtner oder Kellner. Von diesen ist der beauftragte Architekt abhängig, ihr Wille ist ihm Gesetz. Dieser Wille aber richtet sich nach den Äußerungen der Nachfrage, nach dem Belieben des Kunden. Das heißt in den meisten Fällen: des Mieters. Und dessen Forderung berührt sich immer nur ungefähr mit den wirklichen und allgemeinen Bedürfnissen, mit diesen Voraussetzungen charaktervoller Profanbaukunst. Der Wille zum allgemein Notwendigen wird freilich von eben diesen Kunden, diesen Mietern vertreten; daneben werden von ihnen aber auch die törichten Modelaunen und unkultivierten Sonderwünsche vertreten. Und der Architekt, muß um seiner Existenz willen, allen diesen Instinkten, den sachlichen und vor allen den unsachlichen, den unbewußt zweckmäßigen und noch mehr den bewußt modischen nachgeben. Nein, er muß vielmehr diesen vagen Instinkten noch vorauseilen und ihnen Befriedigung suchen, bevor sie noch formuliert worden sind und damit das Geschäftsprinzip jeder Spekulation befolgen oder sich ihm doch fügen lernen. In solcher Tätigkeit verliert er notwendig den letzten Rest von Standesgefühl und Berufstüchtigkeit.

Sehr oft wird er, als Werkzeug des Kapitals, zu Schwindeleien mißbraucht; und nicht selten muß er teilnehmen an der kapitalistischen Erdrosselung der Bauhandwerker, denen er doch Vertreter, Führer und Anwalt sein soll. Was in seinen Gebäuden an entwicklungsfähigen Gedanken enthalten ist, entsteht wie von selbst, auf Grund eben jener allgemeinen Bedürfnisinstinkte; aber es fehlt dem Architekten dann Gelegenheit, es bewußt zu vervollkommen. Seine Hauptaufgabe besteht nicht darin, charaktervolle Heimstätten zu bauen, sondern Massenquartiere zu fabrizieren, nach denselben Prinzipien, wonach der Kunstindustrielle wohlfeile Marktware für Proletarier herrichtet. Mit Bewußtsein dient er nie den wirklichen, fortschreitenden, sondern nur den eingebildeten, wechselnden Bedürfnissen.

Seine Grundrisse sind Rechenexempel. Die gegebenen Größen darin sind der Bodenpreis, die Baukosten, die polizeilichen Vorschriften der Baubeschränkung und Hygiene und die Forderungen der Kunden. Es gilt zu kalkulieren, wie auf Grund solcher Voraussetzungen der denkbar größte Zins, der höchste Mietspreis herausgewirtschaftet werden kann. Diesen Berechnungen muß sich jede billige Rücksicht auf Kultur des Wohnens beugen, soweit die Polizei es gestattet und der Kunde es sich gefallen läßt. Es kollidieren immer zwei Tendenzen. Zu dem Hilfsmittel der Augentäuschung durch einen unsinnigen Aufwand von Gipsstuck wird gegriffen, weil der Kunde notwendig über die Unvollkommenheiten des Spekulationsgebildes hinweggetäuscht werden muß. –

Selbst unter den schwierigen Übergangsverhältnissen der Gegenwart ließe sich aber eine reinere architektonische Form für Profanbauten schaffen, wenn das allgemeine Bedürfnis nicht mit sich selbst im Streit läge, wenn die Nachfrage bewußt auf allen Tand verzichtete und, da sie nun einmal der Bauherr ist, auch wollend dessen Rechte und Pflichten übernähme. Was die Architektur heute braucht, ist eben dieser wollende Bauherr; er allein kann den Architekten einer reineren Berufsauffassung zurückgeben. Den einzigen Weg aus dem Labyrinth des Verkehrten und der Entartung kann ein prägnanter sozialer Wille weisen, der über das Kapital Macht gewinnt und selbst Bauherr und Bodenspekulant wird, weil er die alles regelnde Nachfrage in Person ist. Auf diese Möglichkeit darf hingewiesen werden, weil solch ein allgemeiner Wille latent in der Tat vorhanden ist, weil er heimlich schon seine formbildende Kraft erweist. Als Beispiel mag die Entwickelung des Miethauses in der Großstadt dienen.

[...]

So ist es in unserer Zeit geschehen, und der Architekt ist darum Jedermann untertan und über nichts freier Herr. Anderseits kann er die verlorene Stellung des Organisators nicht zurückgewinnen durch den bloßen Entschluß; denn er vermag nicht die Voraussetzungen sozialer und wirtschaftlicher Natur zu schaffen, die seinem Berufe unerläßlich sind. Die Vorbedingung zur großen Baukunst ist eine Synthese der Kulturkräfte. In demselben Maße, wie der Architekt Herrscher ist in Zeiten eines gebietenden sozialen Willens, als dessen Vertreter und Organ, so sehr ist er ein Opfer in Zuständen sozialer Entartung, in einem Interregnum, wie wir es erleben. Der Maler kann sich ins Atelier zurückziehen und, fern vom Treiben der Welt, dem noch unsichtbaren Willen der Zeit dienen, indem er den regierenden Meinungen und Forderungen vorgreift. Der Architekt aber kann nicht für die Zukunft schaffen. Er braucht am meisten von allen Künstlern die lebendige Gegenwart, kann sich nicht harmonisch vollenden, wenn er nicht Verweser leitender Bedürfnisse profaner und geistiger Art, nicht Beauftragter eines bewußten Bauherrn ist. Eine Erneuerung der Baukunst setzt darum stets die Erneuerung des Kulturgedankens, die Konsolidierung und Vergeistigung allgemeiner Bedürfnisse voraus.

Adolf Loos

Architektur
(Ausschnitt)

Erste Erscheinung: *Der Sturm*, 15. Dezember 1910.
Textquelle: Adolf Loos, *Trotzdem* (Wien: Georg Prachner, 1982), S. 101–103.

Der Aufsatz „Architektur" von Adolf Loos (s. Seite 58) ist der Text eines Vortrags, den der Wiener Architekt zuerst im Oktober 1910 im Berliner Architekturhaus hielt. Loos fuhr nach Berlin, um dort an dem ersten Schönberg-Musikabend außerhalb Wiens teilzunehmen. Der Text erschien am 15. Dezember 1910 in gekürzter Form in der Zeitschrift *Der Sturm*, gegründet und herausgegeben vom Berliner Galeristen Herwarth Walden – zu einer Zeit, als in Wien die Kontroverse um Loos' Warenhaus Goldman und Salatsch am Michaelerplatz besonders angeheizt war.

Im Essay wurde die rhetorisch hervorragend gestaltete Form der Rede beibehalten; Loos will hier weniger provozieren als seine Gedanken über die Architektur überzeugend präsentieren. Um sein Publikum von den negativen Folgen eines individualistischen Baukünstlertums zu überzeugen, führt er den Kontrast zwischen der anonymen Architektur eines Bergdorfes und der dort gebauten Villa eines Architekten: ein „Gekreisch", ein Misston im Frieden. Der Bauer und der Ingenieur, der Maurer und der Zimmermann schaffen „anders" – natürlich, ohne ästhetischen Überlegungen, da sie – unbewusst – Teil einer Kultur sind, wo sie sich von ihren Instinkten leiten lassen können. Der Zimmermann „macht das dach. Was für ein dach? Ein schönes oder ein häßliches? Er weiß es nicht. Das dach." Der Stadtbewohner ist dagegen „entwurzelt", kulturlos, kann sich Schönheit nur als Ornament vorstellen. Die Tätowierung ist ein Degenerationszeichen – die Evolution der Kultur führt vom Ornament zur Ornamentlosigkeit. Der Architekt, der nur zeichnen kann, lässt vom Handwerker aus Vorlagewerken kopierte Formen ausführen. Loos behauptet, dass gute Architektur als zweidimensionale Zeichnung oder Fotoaufnahme nicht vermittelbar ist. Es ist die Eitelkeit des Baukünstlers, die Erfolg mit Veröffentlichungen und mit eindrucksvollen Bildern misst. Damit ist die Grundlage der Differenzierung zwischen Kunst und Architektur gegeben: Architektur gehört seit ihren Anfängen zum Handwerk wie die Schneiderei, die in der Form des modernen Kleides noch immer fähig sei, „den stil des zwanzigsten jahrhunderts in reiner form" zu zeigen. Anders die bildende Kunst, die als Privatangelegenheit des Künstlers niemandem verantwortlich sei. Hier bricht die Linie der Argumentation. Um das Wesen der Architektur zu definieren, hebt Loos nicht mehr diesen der Alltäglichkeit dienenden Aspekt der Architektur hervor, sondern die Inszenierung von Stimmungen, beziehungsweise die erinnerungsstiftende Funktion: mit dem Bild des Grabhügels im Walde wird Architektur zum Denkmal – also gerade das, was er zuvor als Ausnahme beschrieb, wo sich die Gebiete von Kunst und Architektur überschneiden.

Bibliografie: s. Seite 59.

Das haus hat allen zu gefallen. Zum unterschiede vom kunstwerk, das niemandem zu gefallen hat. Das kunstwerk ist eine privatangelegenheit des künstlers. Das haus ist es nicht. Das kunstwerk wird in die welt gesetzt, ohne daß ein bedürfnis dafür vorhanden wäre. Das haus deckt ein bedürfnis. Das kunstwerk ist niemandem verantwortlich, das haus einem jeden. Das kunstwerk will die menschen aus ihrer bequemlichkeit reißen. Das haus hat der bequemlichkeit zu dienen. Das kunstwerk ist revolutionär, das haus konservativ. Das kunstwerk weist der menschheit neue wege und denkt an die zukunft. Das haus denkt an die gegenwart. Der mensch liebt alles, was seiner bequemlichkeit dient. Er haßt alles, was ihn aus seiner gewonnenen und gesicherten position reißen will und belästigt. Und so liebt er das haus und haßt die kunst.

So hätte also das haus nichts mit kunst zu tun und wäre die architektur nicht unter die künste einzureihen? Es ist so. Nur ein ganz kleiner teil der architektur gehört der kunst an: das grabmal und das denkmal. Alles andere, was einem zweck dient, ist aus dem reiche der kunst auszuschließen.

Erst wenn das große mißverständnis, daß die kunst etwas ist, was einem zwecke angepaßt werden kann, überwunden sein wird, erst wenn das lügnerische schlagwort „angewandte kunst" aus dem sprachschatz der völker verschwunden sein wird, erst dann werden wir die architektur unserer zeit haben. Der künstler hat nur sich selbst zu dienen, der architekt der allgemeinheit. Aber die verquickung von kunst und handwerk hat beiden, hat der menschheit unendlichen schaden zugefügt. Die menschheit weiß dadurch nicht mehr, was kunst ist. In sinnloser wut verfolgt sie den künstler und vereitelt dadurch das schaffen des kunstwerkes. Die menschheit begeht stündlich die ungeheure sünde, die nicht vergeben werden kann, die sünde wider den heiligen geist. Mord und raub, alles kann vergeben werden. Aber die vielen neunten symphonien, die die menschheit in ihrer verblendung durch verfolgung des künstlers, – nein, schon durch unterlassungssünden – verhindert hat, die werden ihr nicht vergeben. Die durchkreuzung der pläne gottes wird ihr nicht vergeben.

Die menschheit weiß nicht mehr, was kunst ist. „Die kunst im dienste des kaufmannes" hieß neulich eine ausstellung in München und keine hand fand sich, die das freche wort gezüchtigt hätte. Und niemand lacht bei dem schönen wort „angewandte kunst".

Wer aber weiß, daß die kunst dazu da ist, um die menschen immer weiter und weiter, immer höher und höher zu führen, sie gottähnlicher zu machen, der empfindet die verquickung von materiellem zweck mit kunst als profanation des höchsten. Die menschen lassen den künstler nicht gewähren, weil sie keine scheu vor ihm haben, und das handwerk kann sich, mit den zentnergewichten idealer forderungen belastet, nicht frei entfalten. Der künstler hat bei den lebenden keine majorität hinter sich zu haben. Sein reich ist die zukunft.

Da es geschmackvolle und geschmacklose gebäude gibt, so nehmen die menschen an, daß die einen von künstlern herrühren, die anderen von nichtkünstlern. Aber geschmackvoll bauen ist noch kein verdienst, wie es kein verdienst ist, das messer nicht in den mund zu stecken oder sich des morgens die zähne zu putzen. Man verwechselt hier kunst und kultur. Wer kann mir aus vergangenen epochen, also aus kultivierten zeiten, eine geschmacklosigkeit nachweisen? Die häuser des kleinsten maurermeisters in der provinzstadt hatten geschmack. Freilich gab es große und kleine meister. Den großen meistern waren die großen arbeiten vorbehalten. Die großen meister hatten dank ihrer hervorragenden bildung einen innigeren kontakt mit dem weltgeist als die andern.

Die architektur erweckt stimmungen im menschen. Die aufgabe des architekten ist es daher, diese stimmung zu präzisieren. Das zimmer muß gemütlich, das haus wohnlich aussehen. Das justizgebäude muß dem heimlichen laster wie eine drohende gebärde erscheinen. Das bankhaus muß sagen: hier ist dein geld bei ehrlichen leuten fest und gut verwahrt.

Der architekt kann das nur erreichen, wenn er bei jenen gebäuden anknüpft, die bisher im menschen diese stimmung erzeugt haben. Bei den chinesen ist die farbe der trauer weiß, bei uns schwarz. Unseren baukünstlern wäre es daher unmöglich, mit schwarzer farbe freudige stimmung zu erregen.

Wenn wir im walde einen hügel finden, sechs schuh lang und drei schuh breit, mit der schaufel pyramidenförmig aufgerichtet, dann werden wir ernst und es sagt etwas in uns: hier liegt jemand begraben. *Das ist architektur.*

Heinrich Tessenow — Handwerk und Kleinstadt (Ausschnitte)

Erste Erscheinung und Textquelle: Heinrich Tessenow, *Handwerk und Kleinstadt* (Berlin: Bruno Cassirer, 1919), S. 6–10, 12–13, 17–19, 87–89.

Die Ausbildung des deutschen Architekten Heinrich Tessenow (1876–1950) begann 1894 mit einer Zimmermannslehre in der Werkstatt seines Vaters in Rostock. Anschließend hat er zwei Baugewerbeschulen besucht und absolvierte letztlich 1901 sein Architekturstudium an der Technischen Hochschule in München. Schon das nächste Jahr begann er seine Unterrichtstätigkeit, die ihn durch verschiedene Baugewerbe- und Kunstschulen nach Wien (als Professor an der Kunstgewerbeschule 1914–1919), nach Dresden (Staatliche Hochschule für bildende Künste, 1920–1924), und nach Berlin-Charlottenburg (als Professor an der TH 1926–1941 und wieder ab 1946) führte. Während die Ambition der meisten Architekten der Zeit das Entwerfen repräsentativer öffentlicher Bauten war, wendete sich Tessenow dem dringenden Problem des sozialen Wohnungsbaus zu. Dabei war er einerseits beeinflusst von der Architektur der englischen Gartenstädte und von der Arts-and-Crafts-Bewegung im Allgemeinen; andererseits von der bodenständigen und der klassischen Tradition – Quellen, auf die sich auch Adolf Loos berief. Er veröffentlichte mehrere Bücher über seine Ansichten und zeigte von ihm gebaute Beispiele und Entwürfe: *Der Wohnhausbau* (1909); *Hausbau und dergleichen* (1916), *Handwerk und Kleinstadt* (1919). Mit der Ablehnung des großbürgerlichen Geschmacks und mit seinen symmetrischen, ornamentlosen, aber Erinnerungen der klassischen Tradition wachhaltenden Häusern demonstriert Tessenow die Möglichkeit der schwierigen Balance zwischen Moderne und Tradition. Für ihn ist dies gar kein Balanceakt, sondern eine rigorose und konsequente Realisierung seiner Idee des Funktionalismus, der mit Flachdach und Fensterstreifen nichts zu tun hat. Er arbeitet jedoch ebenfalls mit einem relativ knappen Vokabular von Typen und Formen – ein Grund, warum er in den siebziger-achtziger Jahren von den italienischen Rationalisten (z.B. Giorgio Grassi) wieder geschätzt wird.

Bibliografie: Marco De Michelis, *Heinrich Tessenow 1876–1950. Das architektonische Gesamtwerk* (Stuttgart: DVA, 1991).

Das Maßgebende, Entscheidende oder Eigenartige unserer Leistungen ist im Großen, was etwa die Leistungen der Varietébühne im Kleinen sind. Dort ist auch alles, gegenseitig konkurrierend, ins Tolle übertrieben oder gesteigert und ist doch unerbittlich immer noch mehr Steigerung gefordert. Alle diese speziellen oder einseitigen Leistungen, besonders auch, soweit wir sie entsprechend einseitig bewerten, sind sehr ergreifend oder großartig, aber sie sind schließlich nur so etwas wie ein ergreifender oder großartiger Unsinn, es fehlt ihnen fast jede hohe oder edle Wirkung, und soviel der Varietékünstler und auch zu lachen mag, um uns zu beweisen, daß sein Mühen ihn erfreue, wir wissen schon, daß sein Lachen eine Maske ist. Aber – wie gesagt – er widerspiegelt uns gut, so peinlich das auch sein mag.

Soviel sich unsere heutigen Aufgaben auch voneinander unterscheiden, sie sind doch alle gleich eigenartig oder varietémäßig einseitig, kümmern sich alle gleich wenig darum, daß wir selbst „von Haus aus" unendlich vielseitig sind und immer sein wollen, oder daß wir selbst der Weltmittelpunkt sind und uns von diesem Punkt aus notwendig und immerfort für unendlich vieles interessieren, unsere Aufgaben lachen über solche Weisheit und fordern kurz und bündig, daß wir Spezialisten seien; es handelt sich ihnen nicht mehr darum, daß wir einfach klug, sondern daß wir spitzfindig sind, wir haben nicht mehr fleißig, sondern clownhaft betriebsam, nicht mehr meisterlich, sondern raffiniert zu sein usw.

Und so stehen wir heute in einer Welt, die den sozusagen richtigen Menschen, mit einfach gesundem Verstand und mit einfach gesunden fünf Sinnen, kaum noch gebrauchen kann und tatsächlich auch diese sozusagen rundherum vollgültige Menschenart als wertlos fast ganz beiseitegeschoben hat, nämlich die Menschenart, die wir besonders gut mit dem selbstständigen Handwerker begreifen.

Zwar wir haben nicht ganz gleichgültig den Handwerker verkümmern sehen[1], wir hatten lange noch das lebendige Gefühl für den hohen Wert des selbstständigen Handwerks und haben dann auch immer wieder gesucht, es zu erhalten; aber wir taten das, indem wir auch hier – unserer sonstigen Lebens- und Willensart folgend – wieder übertrieben: Das eine Mal behandelten wir den Handwerker als Bettler und bildeten ihm dann alle möglichen geldlichen oder sonstigen wirtschaftlichen Unterstützungen, und gleich nachher wieder wollten wir den Handwerker – ganz anders 'rum – als Künstler und schickten ihn auf Ästhetenschulen, bis wir schließlich fast jedes gute Beispiel für den richtigen selbständigen Handwerker verloren haben. Wir kennen ihn heute kaum noch dem Namen nach. Der übriggebliebene Handwerker schämt sich fast immer, noch Handwerker zu sein, flickt eigentlich nur noch an sich und an der Welt herum und sucht ängstlich, daß es ihm gelinge, aus seiner Werkstatt auch eine Fabrik, ein Kaufhaus oder ein Atelier zu machen.

[...]

Die überragende Bedeutung des Handwerkers besteht darin, daß er im Arbeiten am wenigsten einseitig ist und am meisten verbindet. Er ist auch einseitig, aber am wenigsten, und er verbindet nicht alles, aber am meisten.

In keinem Berufe sind die Verschiedenheiten oder ist das Gegensätzliche so gleichartig wichtig wie im handwerklichen Berufe. Ihm ist z.B. die körperliche Gesundheit oder Tüchtigkeit genau so wichtig wie die verstandliche, die persönliche Freiheit oder Selbständigkeit genau so wichtig wie die gesellschaftliche Bindung oder die Zunft, das Werkzeug an sich genau so wichtig wie das Handhaben des Werkzeuges usw.

---

[1] Es sei hier auch noch besonders erinnert an die handwerklichen Bestrebungen in England, die außerordentlich vornehm von Morris und von Ruskin geführt wurden.

Außerhalb des Handwerks, z.B. als Kaufmann oder als Gelehrter, können wir ausgesprochen spekulativ oder einseitig geistig arbeiten, können wir körperlich sehr untüchtig sein, und doch ist es möglich, daß unsere Werke hohe Geltung haben, sich als durchaus richtig zeigen und unsere berufliche Existenz durchaus bejahen; oder wir können als Bauer so ungesellig dickköpfig sein, wie wir nur wollen, brauchen uns geistig kaum zu bemühen und bauen doch vielleicht die größten Kartoffeln.

Und so können wir fast überall, ganz gleich, an welchen Beruf wir denken mögen, betont einseitig sein und arbeiten, ohne uns dadurch beruflich irgendwie zu gefährden, im Gegenteil, wir sind fast überall genötigt, Einseitiges zu entwickeln, nur im selbständigen Handwerk können wir es nicht, oder wir gehen kurz darauf schon als Handwerker zugrunde. Z. B. betont der Handwerker das Wirtschaftliche, das Gesellschaftliche, das Organisatorische usw., so steuert er auf die Fabrik los, und ändert er nicht nächstens die Richtung, so ist er bald kein Handwerker mehr, sondern wird er bald entweder Fabrikdirektor oder Maschinenarbeiter sein; betont der Handwerker aber, umgekehrt, das Empfindliche, das Persönliche, das Eigenwillige oder Eigenartige usw., so kann er auch nicht als Handwerker bestehen, da doch seine Werke immer auch einfach verständlich und nüchtern und allgemein brauchbar sein sollen.

Der Handwerker erfährt, werktätig, besser als jeder andere, daß überall und an allem etwas Brauchbares, aber daß auch überall und an allem etwas Gefährliches ist. Der Handwerker versteht das Unterschiedliche oder Gegensätzliche am besten oder am greifbarsten, z. B. das Gegensätzliche zwischen Holz und Stein und Eisen und Papier usw.; er hat handgreiflich am meisten mit den Verschiedenheiten zu tun und hat sie am meisten zu verbinden. Dieses weitgehende handgreifliche Verstehen und Verbinden aber ist dem Handwerker nicht nur in der Werkstatt, sondern im Leben überhaupt, ist ihm wesentlich; er versteht und verbindet am besten nicht nur die materiellen, sondern ebenso auch die menschlichen, etwa die menschlich-gesellschaftlichen Gegensätze.

Der Handwerker ist in der Welt der beste vermittelnde oder Mittelstand, alles, was wir sonst noch Mittelstand nennen, ist es nur sehr künstlich oder kümmerlich, ist Mittelstand viel mehr in wirtschaftlicher als in umfassend menschlicher Hinsicht.

[...]

Ist das Handwerk nicht im Mittelpunkt unserer Interessen-, so ist es natürlich auch nicht im Mittelpunkt unserer Tatsachenwelt, ist es aber nicht dort, so fehlt uns im Leben und Arbeiten der greifbare Mittelpunkt oder Maßstab oder das greifbare Vorbild überhaupt, und wir sind allgemein in der unglücklichster Verfassung. Wir erkennen das heute, da das Handwerk so auffallend an der Oberfläche unserer Interessen oder an der Peripherie unserer Städte ist, ohne weiteres sehr gut, indem wir uns einfach fragen, was wir denn heute eigentlich mit dem Mittelpunkt unserer vielfachen Interessen und Arbeiten begreifen? oder was uns allgemein heute das nachhaltig Wichtige oder Maßgebende ist? Und wir werden nichts Überzeugendes nennen können – außer wir nennen den Krieg. Und dieser Zustand wird uns so lange quälend hin und her jagen, wird so lange jeden festen und klaren Willen und jedes hohe Werk verhindern, bis uns gelungen ist, das selbständige Handwerk stark und einflußreich in unsere Welt- oder in unsere Stadtmitte zu stellen.

[...]

Unseren Großstadtzentren wird das Handwerk immer lächerlich oder bestenfalls nebensächlich sein; solange sie für das große Ganze unseres Lebens und Arbeitens maßgebend bleiben, so lange ist unser Handwerk krank.

Der ungeheure Einfluß, den heute unsere Großstädte auf unser Leben und Arbeiten haben, ist geeignet, uns das Schlimmste befürchten zu lassen. Solange dieser Einfluß nicht gebrochen ist, werden wir für härteste Kämpfe bereit sein müssen, für Kämpfe, die uns alle möglichen Ziele nennen werden und doch nur das eine Ziel haben: den gesunden, tatkräftigen Bürgerstand, der am reinsten und besten im selbständigen Handwerk lebt. Alle anderen Ziele werden uns irreführen oder uns bestenfalls nur auf großen Umwegen das Richtige treffen lassen.

[…]

Großstadt und Dorf erklären uns eigenwillig klug und schmeichelnd, Kleinstadt und Handwerk sei „halber Kram", und das glauben wir dann um so lieber, je mehr wir uns mit Großstadt und Dorf verbunden sehen und auch je mehr wir in einem ehrlich hohen Wollen alles Halbe ablehnen. Uns so lassen wir uns nach wie vor zwischen Großstadtlärm und Dorfeinsamkeiten hin und her jagen und bleiben, was wir sind, und suchen es immer noch vollständiger zu werden: Sklaven und Zigeuner, auf der einen Seite „hoch zu Roß" und heimatlos und viele Musik und Gedichte, und auf der anderen Seite der denkbar härteste Alltag, ringsum voll unbegreiflicher Arbeit, die uns immer wieder neue, unbegreifliche Arbeit diktiert und mehr und mehr jeden persönlich freien oder jeden männlichen Herrenwillen auszuschalten sucht.

[…]

Die Großstadt überwältigt uns z. B. in dem übertrieben Technischen etwa der Voreinfahrt des Bahnhofes, in der übertriebenen Organisation einer Telephonzentrale oder eines Warenhauses, im Luxus des Opernfoyers, im übertrieben Spekulativen der Handelsbörse, im übertriebenen Durcheinander der abendlichen Hauptstraße, im Elend der Arbeiterwohnungen usw., hier vergeht uns so ungefähr alles Hören und Sehen, hier sind wir einfach dumm, hier kann nur noch der scharfe Spezialist etwas Rechtes sagen und helfen; als Mensch aber, in unserem naturnotwendigen Bemühen, möglichst die ganze Welt umfassend zu begreifen und zu fördern, sind wir hier einfach lächerlich.

Im Dorfe heißen die Einzelheiten meistens zwar ganz anders, aber der Schluß ist ziemlich genau ebenso wie in der Großstadt. Bedenklich gleichartig sind Dorf und Großstadt u. a. darin, daß sie nicht produzieren, sondern überproduzieren, und sie verbrauchen nicht, sondern haben großen Überverbrauch. Darum ist ihnen beiden auch Ausfuhr und Einfuhr, so viele Schwierigkeiten solche Fahrereien auch schaffen mögen, immer gleichartig unbedingt wichtig.

Weder das Dorf noch die Großstadt bemüht sich ernstlich, die hohe Forderung zu erfüllen, die immer für uns besteht: alles Einzelne so herauszubilden, daß es in sich möglichst organisch oder für sich allein lebensfähig sei.

[…]

Aber vielleicht ist dies alles sehr unrichtig?

Vielleicht passen Dorf und Großstadt sehr gut zu uns? Man möchte das jedenfalls glauben, wenn man sie immer wieder durch sehr kluge und durch gutwillige Menschen so sehr gefördert und verteidigt sieht, die vom Handwerk und von der Kleinstadt kaum viel wissen wollen.

Vielleicht muß von dem bisherigen Handwerk und von der bisherigen Kleinstadt zuerst noch jeder begreifliche Rest vernichtet werden?

Vielleicht ist der Krieg gar nicht der Schluß einer besonders fürchterlichen Zeit, sondern erst der deutliche Anfang von einem mörderischen Durcheinander, das uns die „Haare zu Berge treiben" würde, wenn wir es heute schon voraussehen könnten?

Wir sehen uns von tausend Fragen umstellt; aber vielleicht sind es noch viel zu wenig, vielleicht ist unser Selbstvertrauen noch viel zu groß.

Vielleicht muß das Dörfliche und Großstädtische zuerst noch sehr viel klarer und peitschender herausgebildet werden, als es bisher schon geschehen ist?
Vielleicht sind wir viel stumpfsinniger und verlogener, als wir zu sein glauben?
Vielleicht leiden wir gar nicht so schrecklich unter dem Krieg?
Vielleicht haben wir noch viel zu sparsam und viel zu zaghaft unsere Kirchenglocken eingeschmolzen?
Vielleicht schickt sich das bisherige Kirchenglockenläuten überhaupt gar nicht mehr für uns.
Vielleicht sind uns Grammophon und Kinotheater wirklich sehr viel passender.
Vielleicht sind ringsum überall unverständliche, wirklich größte Helden, die in einem höchsten Wollen und Können sehr wohl berechtigt sind, auch Allergrausigstes als unbedeutende Nebenerscheinung gut sein zu lassen und zu belachen.
Vielleicht sind wir in einem sogenannten „besseren" Wollen viel zu zimperlich.
Vielleicht ist es wirklich lächerlich, heute Handwerk und Kleinstadt zu wollen, oder vielleicht, bevor sie wieder blühen können, muß es zuerst noch so etwas wie „Schwefel regnen", ihre nächste Blüte ist vielleicht nur möglich in einer Pracht, die wir heute vielleicht kaum schattenhaft verstehen können und will vielleicht Völker, die durch Höllen gegangen sind.

Martin Heidegger — Bauen Wohnen Denken (Ausschnitt)

Erste Erscheinung: *Mensch und Raum. Darmstädter Gespräch II.* (Darmstadt: Neue Darmstädter Verlagsanstalt, 1952), S. 72 ff.
Textquelle: Martin Heidegger, *Vorträge und Aufsätze* (Pfullingen: Günther Neske, 1954), S. 152–158.

Der deutsche Philosoph Martin Heidegger (1889–1976) hat zuerst (1909) Theologie studiert, um Priester zu werden, bald wendete er sich jedoch der Philosophie zu. Nach seiner Habilitation (1915) wurde er Assistent von Edmund Husserl in Freiburg im Breisgau. Husserl, dem Begründer der Phänomenologie (der Wissenschaft von der Erfahrung der Sachen als Schlüssel zu ihrem Wesen), widmete Heidegger sein erstes Hauptwerk, *Sein und Zeit* (1927). Mit dieser Abhandlung, die das Philosophieren selbst als ein Interpretieren auffasste, schlug Heidegger einen neuen Weg des Denkens. Als Anerkennung für diese Leistung wurde er 1928 als Nachfolger Husserls zum Professor für Philosophie an die Universität Freiburg berufen, wo er bis zum Jahre 1945 wirkte. Heidegger gehörte zu jenen Philosophen des 20. Jahrhunderts, die sich mit dem Wesen der Kunst beschäftigten (z.B. in seinem 1935 gehaltenen Vortrag „Das Wesen des Kunstwerkes"), obwohl gerade das Phänomen der Kunst sich nicht leicht im von *Sein und Zeit* abgesteckten Rahmen analysieren lässt.

Nach dem Zweiten Weltkrieg entstanden die zwei Abhandlungen, die für die Architekturtheorie am interessantesten sind: „Bauen Wohnen Denken" (1951) und „Die Kunst und der Raum" (1969). Heidegger hielt den Vortrag „Bauen Wohnen Denken" 1951 in Darmstadt, im Rahmen der so genannten Darmstädter Gespräche, einer Konferenzreihe, deren erste Veranstaltung ein Jahr früher stattfand. Die Darmstädter Gespräche waren der „öffentlichen Debatte europäischer Lebensfragen" gewidmet, in Form einer Folge von Thesen und Gegenthesen. Diesmal haben neben Heidegger die Architekten Otto Ernst Schweizer und Rudolf Schwarz sowie der spanische Philosoph José Ortega y Gasset Vorträge gehalten. Heidegger suchte in seinem Vortrag die Antwort auf zwei Fragen: Was ist das Wohnen? Inwiefern gehört das Bauen in das Wohnen?

Er beantwortet die erste Frage, indem er das eigentliche Wohnen von der bloßen Unterkunft abgrenzt und seine existenzielle Dimension betont. Wohnen heißt als Sterblicher auf der Erde sein, ihre uns dienende, tragende Fülle zu schonen. Zum Wohnen gelangen wir durch das Bauen, durch das Herstellen von Dingen, durch das Schaffen von Orten. Es sind die Orte, die die Räume zum Wohnen eröffnen.

Bibliografie: Rüdiger Safranski, *Ein Meister aus Deutschland. Heidegger und seine Zeit* (Frankfurt am Main: Fischer Taschenbuch Verlag, 1997).

Inwiefern gehört das Bauen in das Wohnen?

Die Antwort auf diese Frage erläutert uns, was das Bauen, aus dem Wesen des Wohnens gedacht, eigentlich ist. Wir beschränken uns auf das Bauen im Sinne des Errichtens von Dingen und fragen: was ist ein gebautes Ding? Als Beispiel diene unserem nachdenken eine Brücke.

Die Brücke schwingt sich „leicht und kräftig" über den Strom. Sie verbindet nicht nur schon vorhandene Ufer. Im Übergang der Brücke treten die Ufer erst als Ufer hervor. Die Brücke läßt sie eigens gegeneinander über liegen. Die andere Seite ist durch die Brücke gegen die eine abgesetzt. Die Ufer ziehen auch nicht als gleichgültige Grenzstreifen des festen Landes den Strom entlang. Die Brücke bringt mit den Ufern jeweils die eine und die andere Weite der rückwärtigen Uferlandschaft an den Strom. Sie bringt Strom und Ufer und Land in die wechselseitige Nachbarschaft. Die Brücke *versammelt* die Erde als Landschaft um den Strom. So geleitet sie ihn durch die Auen. Die Brückenpfeiler tragen, aufruhend im Strombett, den Schwung der Bogen, die den Wassern des Stromes ihre Bahn lassen. Mögen die Wasser ruhig und munter fortwandern, mögen die Fluten des Himmels beim Gewittersturm oder der Schneeschmelze in reißenden Wogen um die Pfeilerbogen schießen, die Brücke ist bereit für die Wetter des Himmels und deren wendisches Wesen. Auch dort, wo die Brücke den Strom überdeckt, hält sie sein Strömen dadurch dem Himmel zu, daß sie es für Augenblicke in das Bogentor aufnimmt und daraus wieder freigibt.

Die Brücke läßt dem Strom seine Bahn und gewährt zugleich den Sterblichen ihren Weg, daß sie von Land zu Land gehen und fahren. Brücken geleiten auf mannigfache Weise. Die Stadtbrücke führt vom Schloßbezirk zum Domplatz, die Flußbrücke vor der Landstadt bringt Wagen und Gespann zu den umliegenden Dörfern. Der unscheinbare Bachübergang der alten Steinbrücke gibt dem Erntewagen seinen Weg von der Flur in das Dorf, trägt die Holzfuhre vom Feldweg zur Landstraße. Die Autobahnbrücke ist eingespannt in das Liniennetz des rechnenden und möglichst schnellen Fernverkehrs. Immer und je anders geleitet die Brücke hin und her die zögernden und die hastigen Wege der Menschen, daß sie zu anderen Ufern und zuletzt als die Sterblichen auf die andere Seite kommen. Die Brücke überschwingt bald in hohen, bald in flachen Bogen Fluß und Schlucht; ob die Sterblichen das Überschwingende der Brückenbahn in der Acht behalten oder vergessen, daß sie, immer schon unterwegs zur letzten Brücke, im Grunde danach trachten, ihr Gewöhnliches und Unheiles zu übersteigen, um sich vor das Heile des Göttlichen zu bringen. Die Brücke *sammelt* als der überschwingende Übergang vor die

Göttlichen. Mag deren Anwesen eigens bedacht und sichtbarlich *bedankt* sein wie in der Figur des Brückenheiligen, mag es verstellt oder gar weggeschoben bleiben.

Die Brücke *versammelt* auf *ihre* Weise Erde und Himmel, die Göttlichen und die Sterblichen bei sich.

Versammlung heißt nach einem alten Wort unserer Sprache „thing". Die Brücke ist – und zwar *als* die gekennzeichnete Versammlung des Gevierts – ein Ding. Man meint freilich, die Brücke sei zunächst und eigentlich *bloß* eine Brücke. Nachträglich und gelegentlich könne sie dann auch noch mancherlei ausdrücken. Als ein solcher Ausdruck werde sie dann zum Symbol, zum Beispiel für all das, was vorhin genannt wurde. Allein die Brücke ist, wenn sie eine echte Brücke ist, niemals zuerst bloße Brücke und hinterher ein Symbol. Die Brücke ist ebensowenig im voraus nur ein Symbol in dem Sinn, daß sie etwas ausdrückt, was, streng genommen, nicht zu ihr gehört. Wenn wir die Brücke streng nehmen, zeigt sie sich nie als Ausdruck. Die Brücke ist ein Ding und *nur dies*. Nur? Als dieses Ding versammelt sie das Geviert.

Unser Denken ist freilich von altersher gewohnt, das Wesen des Dinges *zu dürftig* anzusetzen. Dies hatte im Verlauf des abendländischen Denkens zur Folge, daß man das Ding als ein unbekanntes X vorstellt, das mit wahrnehmbaren Eigenschaften behaftet ist. Von da aus gesehen, erscheint uns freilich alles, *was schon zum versammelnden Wesen dieses Dinges gehört*, als nachträglich hineingedeutete Zutat. Indessen wäre die Brücke niemals eine bloße Brücke, wäre sie nicht ein Ding.

Die Brücke ist freilich ein Ding *eigener* Art; denn sie versammelt das Geviert in *der* Weise, daß sie ihm eine *Stätte* verstattet. Aber nur solches, was *selber* ein *Ort* ist, kann eine Stätte einräumen. Der Ort ist nicht schon vor der Brücke vorhanden. Zwar gibt es, bevor die Brücke steht, den Strom entlang viele Stellen, die durch etwas besetzt werden können. Eine unter ihnen ergibt sich als ein Ort und zwar *durch die Brücke*. So kommt denn die Brücke nicht erst an einen Ort hin zu stehen, sondern von der Brücke selbst her entsteht erst ein Ort. Sie ist ein Ding, versammelt das Geviert, versammelt jedoch in der Weise, daß sie dem Geviert eine Stätte verstattet. Aus dieser Stätte bestimmen sich Plätze und Wege, durch die ein Raum eingeräumt wird.

Dinge, die in solcher Art Orte sind, verstatten jeweils erst Räume. Was dieses Wort „Raum" nennt, sagt seine alte Bedeutung. Raum, Rum heißt freigemachter Platz für Siedlung und Lager. Ein Raum ist etwas Eingeräumtes, Freigegebenes, nämlich in eine Grenze, griechisch πέρας. Die Grenze ist nicht das, wobei etwas aufhört, sondern, wie die Griechen es erkannten, die Grenze ist jenes, von woher etwas sein *Wesen beginnt*. Darum ist der Begriff: ὁρισμός, d. h. Grenze. Raum ist wesenhaft das Eingeräumte, in seine Grenze Eingelassene. Das Eingeräumte wird jeweils gestattet und so gefügt, d. h. versammelt durch einen Ort, d. h. durch ein Ding von der Art der Brücke. *Demnach empfangen die Räume ihr Wesen aus Orten und nicht aus „dem" Raum.*

Dinge, die als Orte eine Stätte verstatten, nennen wir jetzt vorgreifend Bauten. Sie heißen so, weil sie durch das errichtende Bauen hervorgebracht sind. Welcher Art jedoch dieses Hervorbringen, nämlich das Bauen, sein muß, erfahren wir erst, wenn wir zuvor das Wesen jener Dinge bedacht haben, die von sich her zu ihrer Herstellung das Bauen als Hervorbringen verlangen. Diese Dinge sind Orte, die dem Geviert eine Stätte verstatten, welche Stätte jeweils einen Raum einräumt. Im Wesen dieser Dinge als Orte liegt der Bezug von Ort und Raum, liegt aber auch die Beziehung des Ortes zum Menschen, der sich bei ihm aufhält. Darum versuchen wir jetzt, das Wesen dieser Dinge, die wir Bauten nennen, dadurch zu verdeutlichen, daß wir folgendes kurz bedenken.

Einmal: in welcher Beziehung stehen Ort und Raum? und zum anderen: welches ist das Verhältnis von Mensch und Raum?

Die Brücke ist ein Ort. Als solches Ding verstattet sie einen Raum, in den Erde und Himmel, die Göttlichen und die Sterblichen eingelassen sind. Der von der Brücke verstattete Raum enthält mancherlei Plätze in verschieder Nähe und Ferne zur Brücke. Diese Plätze lassen sich nun aber als bloße Stellen ansetzen, zwischen denen ein durchmeßbarer Abstand besteht; ein Abstand, griechisch ein στάδιον, ist immer eingeräumt, und zwar durch bloße Stellen. Das so von den Stellen Eingeräumte ist ein Raum eigener Art. Er ist als Abstand, als Stadion, das, was uns dasselbe Wort Stadion lateinisch sagt, ein „spatium", ein Zwischenraum. So können Nähe und Ferne zwischen Menschen und Dingen zu bloßen Entfernungen, zu Abständen des Zwischenraums werden. In einem Raum, der lediglich als spatium vorgestellt ist, erscheint jetzt die Brücke als ein bloßes Etwas an einer Stelle, welche Stelle jederzeit von irgendetwas anderem besetzt oder durch eine bloße Markierung ersetzt werden kann. Nicht genug, aus dem Raum als Zwischenraum lassen sich die bloßen Ausspannungen nach Höhe, Breite und Tiefe herausheben. Dieses so Abgezogene, lateinisch abstractum, stellen wir als die reine Mannigfaltigkeit der drei Dimensionen vor. Was jedoch diese Mannigfaltigkeit einräumt, wird auch nicht mehr durch Abstände bestimmt, ist kein spatium mehr, sondern nur noch extensio – Ausdehnung. Der Raum als extensio läßt sich aber noch einmal abziehen, nämlich auf analytisch-algebraische Relationen. Was diese einräumen, ist die Möglichkeit der rein mathematischen Konstruktion von Mannigfaltigkeiten mit beliebig vielen Dimensionen. Man kann dieses mathematisch Eingeräumte „den" Raum nennen. Aber „der" Raum in diesem Sinne enthält keine Räume und Plätze. Wir finden in ihm niemals Orte, d. h. Dinge von der Art der Brücke. Wohl dagegen liegt umgekehrt in den Räumen, die durch Orte eingeräumt sind, jederzeit der Raum als Zwischenraum und in diesem wieder der Raum als reine Ausdehnung. Spatium und extensio geben jederzeit die Möglichkeit, die Dinge und das, was sie einräumen, nach Abständen, nach Strecken, nach Richtungen zu durchmessen und diese Maße zu berechnen. In keinem Falle sind jedoch die Maß-Zahlen und ihre Dimensionen nur deshalb, weil sie auf alles Ausgedehnte *allgemein* anwendbar sind, auch schon der *Grund* für das Wesen der Räume und Orte, die mit Hilfe des Mathematischen durchmeßbar sind. Inwiefern unterdessen auch die moderne Physik durch die Sache selbst gezwungen wurde, das räumliche Medium des kosmischen Raumes als Feldeinheit vorzustellen, die durch den Körper als dynamisches Zentrum bestimmt wird, kann hier nicht erörtert werden. Die Räume, die wir alltäglich durchgehen, sind von Orten eingeräumt; deren Wesen gründet in Dingen von der Art der Bauten. Achten wir auf diese Beziehungen zwischen Ort und Räumen, zwischen Räumen und Raum, dann gewinnen wir einen Anhalt, um das Verhältnis von Mensch und Raum zu bedenken.

Ist die Rede von Mensch und Raum, dann hört sich dies an, als stünde der Mensch auf der einen und der Raum auf der anderen Seite. Doch der Raum ist kein Gegenüber für den Menschen. Er ist weder ein äußerer Gegenstand noch ein inneres Erlebnis. Es gibt nicht die Menschen und außerdem *Raum*; denn sage ich „ein Mensch" und denke ich mit diesem Wort denjenigen, der menschlicher Weise ist, das heißt wohnt, dann nenne ich mit dem Namen „ein Mensch" bereits den Aufenthalt im Geviert bei den Dingen. Auch dann, wenn wir uns zu Dingen verhalten, die nicht in der greifbaren Nähe sind, halten wir uns bei den Dingen selbst auf. Wir stellen die fernen Dinge nicht bloß – wie man lehrt – innerlich vor, so daß als Ersatz für die fernen Dinge in unserem Innern und im Kopf nur Vorstellungen von ihnen ablaufen. Wenn wir jetzt – wir alle – von hier aus an die alte Brücke in Heidelberg denken, dann ist das

Hindenken zu jenem Ort kein bloßes Erlebnis in den hier anwesenden Personen, vielmehr gehört es zum Wesen unseres Denkens *an* die genannte Brücke, daß dieses Denken *in sich* die Ferne zu diesem Ort *durchsteht*. Wir sind von hier aus bei der Brücke dort und nicht etwa bei einem Vorstellungsinhalt in unserem Bewußtsein. Wir können sogar von hier aus jener Brücke und dem, was sie einräumt, weit näher sein als jemand, der sie alltäglich als gleichgültigen Flußübergang benützt. Räume und mit ihnen „der" Raum sind in den Aufenthalt der Sterblichen stets schon eingeräumt. Räume öffnen sich dadurch, daß sie in das Wohnen des Menschen eingelassen sind. Die Sterblichen *sind*, das sagt: *wohnend* durchstehen sie Räume auf Grund ihres Aufenthaltes bei Dingen und Orten. Und nur weil die Sterblichen ihrem Wesen gemäß Räume durchstehen, können sie Räume durchgehen. Doch beim Gehen geben wir jenes Stehen nicht auf. Vielmehr gehen wir stets so durch Räume, daß wir sie dabei schon ausstehen, indem wir uns ständig bei nahen und fernen Orten und Dingen aufhalten. Wenn ich zum Ausgang des Saales gehe, bin ich schon dort und könnte gar nicht hingehen, wenn ich nicht so wäre, daß ich dort bin. Ich bin niemals nur hier als dieser abgekapselte Leib, sondern ich bin dort, d. h. den Raum schon durchstehend, und nur so kann ich ihn durchgehen.

Selbst dann, wenn die Sterblichen „in sich gehen", verlassen sie die Zugehörigkeit zum Geviert nicht. Wenn wir uns – wie man sagt – auf uns selbst besinnen, kommen wir im Rückgang auf uns von den Dingen her, *ohne* den Aufenthalt bei den Dingen je *preiszugeben*. Sogar der Bezugsverlust zu den Dingen, der in depressiven Zuständen eintritt, wäre gar nicht möglich, wenn nicht auch dieser Zustand das bliebe, was er als ein menschlicher ist, nämlich ein Aufenthalt *bei* den Dingen. Nur wenn dieser Aufenthalt das Menschsein schon bestimmt, können uns die Dinge, bei denen wir sind, auch *nicht* ansprechen, uns auch *nichts* mehr angehen.

Der Bezug des Menschen zu Orten und durch Orte zu Räumen beruht im Wohnen. Das Verhältnis von Mensch und Raum ist nichts anderes als das wesentlich gedachte Wohnen.

Wenn wir auf die versuchte Weise der Beziehung zwischen Ort und Raum, aber auch dem Verhältnis von Mensch und Raum nachdenken, fällt ein Licht auf das Wesen der Dinge, die Orte sind und die wir Bauten nennen.

Ernst Bloch — Die Bebauung des Hohlraums (Ausschnitt)

Erste Erscheinung und Textquelle: Ernst Bloch, *Das Prinzip Hoffnung. Zweiter Band* (Frankfurt am Main: Suhrkamp, 1959), S. 858–863.

Der Philosoph Ernst Bloch (1885–1977) studierte Philosophie, Musikwissenschaft und Physik in München und Würzburg. Er promovierte bei Oswald Külpe im Jahre 1908. Bloch blieb ein Einzelgänger, der in Berlin, Heidelberg, Zürich, Bern, Wien, Paris, Prag und während der Kriegsjahre (ab 1933) in Amerika lebte. 1949 wurde er als Professor für Philosophie nach Leipzig berufen, geriet jedoch wegen der ungarischen Revolution im Jahre 1956 in Widerspruch mit der kommunistischen Partei. 1961 siedelte er nach Tübingen um.

Mit seinem ersten wichtigen Werk *Geist der Utopie* (1918/1923) wollte Bloch den Utopiebegriff erweitern, um nicht nur Visionen besserer Gesellschaftsordnungen, sondern auch die Kritik der Gegenwart und die Hoffnung in die Zukunft als utopisches Denken zu bezeichnen. Die Erfahrung des Ersten Weltkriegs motivierte ihn zur Ablehnung der Zweckform und der „technischen Kälte" und zur Bejahung des „ausdrucksvollen Überschwangs" im Ornament. Wie Lukács betrachtet auch Bloch den revolutionären Willen als Motor des Umwandlungsprozesses, den Ursprung dieses Willens vermutet er jedoch in mystischen Quellen außerhalb der Gesellschaft. Die expressionistischen Dithyramben seiner Schriften unterscheiden sich entsprechend von Lukács' Prosa.

In den Vereinigten Staaten beginnt Bloch sein Hauptwerk *Das Prinzip Hoffnung* (1954–1959) zu schreiben. Er verbindet in diesem Buch Gesellschaftskritik mit Tagträumen, mit Fantasieren von der Wunscherfüllung. Die utopische Funktion der Kunst besteht in der Materialisierung des Träumens. Aus dieser Perspektive interpretiert Bloch die Architekturgeschichte neu, er sucht die Wunschvorstellungen hinter den Formen. So wird die ägyptische Architektur als Utopie des Todeskristalls, die Gotik als Utopie des Lebensbaums charakterisiert. Wichtiger ist seine Betrachtung der Moderne als Traum von Klarheit. Die lichtdurchfluteten Räume der modernen Architektur sind jedoch nur „Lichtkitsch", wenn der „Boden", die Gesellschaft, „nicht stimmt". Er definiert Architektur als „Produktionsversuch menschlicher Heimat – vom gesetzten Wohnzweck bis zur Erscheinung einer schöneren Welt in Proportion und Ornament".

Bibliografie: Francesca Vidal, *Kunst als Vermittlung von Welterfahrung. Zur Rekonstruktion der Ästhetik von Ernst Bloch* (Würzburg: Königshausen und Neumann, 1994).

Neue Häuser und wirkliche Klarheit

„Eine Geburtszange muß glatt sein, eine Zuckerzange mitnichten."
Ernst Bloch, *Geist der Utopie*, 1918

Heute sehen die Häuser vielerorts wie reisefertig drein. Obwohl sie schmucklos sind oder eben deshalb, drückt sich in ihnen Abschied aus. Im Innern sind sie hell und kahl wie Krankenzimmer, im Äußeren wirken sie wie Schachteln auf bewegbaren Stangen, aber auch wie Schiffe. Haben flaches Deck, Bullaugen, Fallreep, Reling, leuchten weiß und südlich, haben als Schiffe Lust, zu verschwinden. Ja, die Feinfühligkeit der westlichen Architektur geht so weit, daß sie ziemlich lange schon, auf Umwegen, den Krieg witterte, der das Hitlerische ist, und sich auf ihn bereitete. Da erscheint selbst die Schiffsform, die rein dekorative, dem Fluchtmotiv der meisten heutigen Menschen in der kapitalistischen Kriegswelt nicht real genug. In ihr werden seit geraumer Zeit Häuser ohne Fenster projektiert, künstlich beleuchtete und entlüftete, stählern durch und durch, das Ganze ist ein Panzerhaus. Überhaupt mehrt sich, während die moderne Architektur bei ihrem Entstehen grundsätzlich auf das Draußen orientiert war, auf Sonne und Öffentlichkeit, – es mehrt sich das Bedürfnis nach verschlossener Lebenssicherheit, wenigstens im Wohnraum. Der begonnene Grundzug der neuen Baukunst war Offenheit: sie brach die dunklen Steinhöhlen, sie öffnete Blickfelder durch leichte Glaswände, doch dieser Ausgleichswille mit der äußeren Welt war zweifelsohne verfrüht. Die Entinnerlichung wurde Hohlheit, die südliche Lust zur Außenwelt wurde, beim gegenwärtigen Anblick der kapitalistischen Außenwelt, kein Glück. Denn nichts Gutes geschieht hier auf der Straße, an der Sonne; die offene Tür, die riesig geöffneten Fenster sind im Zeitalter der Faschisierung bedrohlich, das Haus mag wieder zur Festung werden, wo nicht zur Katakombe. Das breite Fenster voll lauter Außenwelt braucht ein Draußen voll anziehender Fremdlinge, nicht voll Nazis; die Glastüre bis zum Boden setzt wirklich Sonnenschein voraus, der hereinblickt und eindringt, keine Gestapo. Auch kaum ohne Zusammenhang mit den Schützengräben des ersten Weltkriegs, vor allem aber mit den freilich vergeblichen Maginotlinien des zweiten entwickelte sich der Plan einer unterirdischen Stadt – als der der Sicherheit. Statt des Wolkenkratzers laden so projektierte „Earthscraper" ein, glänzende Dachslöcher, rettende Kellerstadt. Droben am Licht wiederum erschien der weniger reale, doch dekorative Fluchtplan einer fliegenden Stadt, in Stuttgart, auch in Paris utopisiert: die Häuser erheben sich in Kugelgestalt auf einem Mast, oder sie hängen als veritable Ballons an Drahtseilen; im letzteren Fall wirken die Schwebebauten besonders abgetrennt und abfahrtwillig. Aber auch diese Spielformen zeigen nur, daß Häuser hier als Höhlen, dort auf Pfählen wieder geträumt werden müssen.

Wie nun, wenn auf solchem Boden trotzdem ein Sprung ins Helle vorgemacht werden soll? Was bautechnisch in der Tat versucht wurde, doch jetzt mit der *bejaht* ungemütlichen Lust auf lauter Fenster und ebenso kahlklare Häuser und Geräte. Gewiß, dergleichen gab sich als Reinigung vom Muff des vorigen Jahrhunderts und seinem unsäglichen Zierat. Doch je länger, je mehr wurde deutlich, daß es bei dieser bloßen Weglassung auch geblieben ist und – innerhalb der spätbürgerlichen Leere – bleiben mußte. Je länger, je deutlicher tritt als Inschrift über dem Bauhaus und dem, was damit zusammenhängt, die Devise hervor: Hurra, es fällt uns nicht mehr ein. Wo ein Lebenszuschnitt so verworfen ist wie der spätbürgerliche, kann eine bloße Baureform nur erreichen, nicht mehr verhüllt-, sondern dezidiert-seelenlos zu sein. Das ist der Effekt, sobald zwischen Plüsch und Stahlsessel, zwischen Postämtern in Renaissance und Eierkisten kein Drittes mehr in die Phantasie greift. Der Effekt ist desto erkältender, als er nichts Schlupfwinkliges, sondern nur Lichtkitsch an sich hat; mag auch, wie unbestreitbar, sein Anfang noch so sauber, nämlich staubsaugerisch gemeint gewesen sein. Adolf Loos zog in Europa, Frank Lloyd Wright in Amerika gegen das epigonale Geschwulst die ersten Negationslinien. Wright allerdings auch mit Stadthaß, mit teils anarchistelndem, teils gesundem, mit Aufteilung der mörderischen Überstädte zu „home towns", zu einer „Broadacre City" und zehnmal soviel Raum für jeden, als er zu haben gewohnt ist. Corbusier wiederum pries umgekehrt eine hochstädtische „Wohnmaschine", er bezeichnet zusammen mit Gropius und gar geringeren Bildnern neuer Sachlichkeit jenes Stück Ingenieurkunst, das sich so progressiv gibt und das so rasch stagniert, so rasch zum alten Eisen wird. Seit über einer Generation steht darum dieses Stahlmöbel-, Betonkuben-, Flachdach-Wesen geschichtslos da, hochmodern und langweilig, scheinbar kühn und echt trivial, voll Haß gegen die Floskel angeblich jedes Ornaments und doch mehr im Schema festgerannt als je eine Stilkopie im schlimmen neunzehnten Jahrhundert. Bis es dann auch in Frankreich zu dem Satz eines so bedeutenden Betonarchitekten wie Perret langte: „Das Ornament verdeckt immer einen Konstruktionsfehler." Wobei ein klassizistisches Möchte-gern, fast romantisch, nicht fehlt, teils wegen der geometrischen Formen, teils wegen der Ruhe als erster Bürgerpflicht, teils wegen abstrakter Menschlichkeit. Corbusiers Programm „La ville radieuse" sucht überall eine Art griechisches Paris („Les éléments urbanistiques constitutifs de la ville"), er illustriert an der Akropolis eine Art allgemein-menschlichen Geist („le marbre des temples porte la voix humaine"). Aber Griechenland ist hier eine Abstraktion geworden wie nirgends zuvor, ebenso das weiter nicht differenzierte „Être humain", auf das sich die Bauelemente rein funktionell beziehen sollen. Auch die Stadtplanung dieser unentwegten Funktionalisten ist privat, abstrakt; vor lauter „Être humain" werden die wirklichen Menschen in diesen Häusern und Städten zu genormten

Termiten oder, innerhalb einer „Wohnmaschine", zu Fremdkörpern, noch allzu organischen; so abgehoben ist das alles von wirklichen Menschen, von Heim, Behagen, Heimat. Das ist das Ergebnis, muß es sein, solange eine Baukunst um den Boden, der nicht stimmt, sich nicht bekümmert. Solange die „Reinheit" aus Weglassungen und Einfallslosigkeit besteht, die Heiterkeit aus Vogel-Strauß-Politik, wo nicht aus Irreführung, und die silberne Sonne, die hier überall blitzen will, eine verchromte Misere ist. Hier überall ist Architektur als Oberfläche, als ewig funktionelle; wonach sie auch in größter Durchsichtigkeit keinen Inhalt zeigt, kein Ausschlagen und keine ornamentbildende Blüte eines Inhalts. Diese Abstraktheit allerdings verbindet sich ausgezeichnet mit Glas, konnte darin seltsam gebildet werden, geschliffene Leere in Luft und Licht, neukosmisch aus Nichts. Bruno Taut, ein Jünger Scheerbarts, hat so ein „Haus des Himmels" skizziert (vgl. „Die Stadtkrone", 1919), der Grundriß besteht aus sieben Dreiecken, die Wände, die Decke, der Boden sind aus Glas, die Beleuchtung macht das Haus zum farbigen Stern. Eben in Nachfolge des „Pankosmikers" Paul Scheerbart, der zuerst Glasarchitektur universalisiert hatte, sollte letzthin die ganze Erde zum Kristall umgebaut werden. Und als Exempel der neuen Durchsichtigkeit zitierte Taut aus Claudels „Verkündigung" die Verse: „In die Wellen des göttlichen Lichtes stellt der Baumeister planmäßig weise / das Steingerüst hin wie ein Filter / Und gibt dem ganzen Bauwerk das Wasser einer Perle." Auch hatte in Tauts Programmen Zahlenmystik neben modernstem Material Platz, mit Astralischem letzthin über Farbigkeit; so ging hier das Abenteuer eines Ägyptens aus Nichts auf, ging vergebens auf. Daneben wieder grassierte eine Gotik aus Nichts, mit Strahlen und Strahlenbüscheln ohne Inhalt emporschießend wie haltlose Raketen. Pure Zweckform und anschlußloser Überschwang verhalten sich so dualistisch, aber auch ergänzend, dergestalt, daß der Maschinenstil kältet und entlastet, die Phantasie aber desto heimatloser wird und erst recht verkommt. Während doch in der alten Baukunst gerade die drei von Vitruv angegebenen Prinzipien: die utilitas und die firmitas, die nirgends fehlten, mit der venustas oder Phantasie sich durchdrungen und so im Einzelnen wie Ganzen das Gebilde durchornamentiert haben. Doch im Zerfall kommen auch Zweckform und Phantasie nicht mehr zusammen, selbst dann nicht, wenn letztere, wie bei manchen expressionistischen Malern – als Malern, nicht Architekten –, eine ungeheuerliche, oft bedeutsame war. Anschluß an mehr als das umgebende bürgerliche Nichts oder Halb-Nichts war zwar durchaus gesucht, er wurde meistens halb ingenieurtechnisch, halb ohne rechten Sinn und Verstand einer an die „Gesetze des Weltalls" genannt: doch so interessant die Ausbeute in der Malerei, auch Plastik sein mochte, so fruchtlos blieb ein Taut- und Scheerbart-Wesen in der Baukunst. Eben weil diese weit mehr als die anderen bildenden Künste eine soziale Schöpfung ist und bleibt, kann sie im spätkapitalistischen Hohlraum überhaupt nicht blühen. Erst die Anfänge einer anderen Gesellschaft ermöglichen wieder echte Architektur, eine aus eigenem Kunstwollen konstruktiv und ornamental zugleich durchdrungene. Der abstrakte Ingenieurstil wird auf keinen Fall qualitativ, trotz der Phrasen, die seine Literaten ihm anhängen, trotz der Schwindelfrische von „Modernität", womit polierter Tod wie Morgenglanz verabreicht wird. Die Technik von heute, die selber noch so sehr abstrakte, führt auch als ästhetisch aufgezogene, als künstlerischer Ersatz aus dem Hohlraum nicht heraus; dieser durchdringt vielmehr die sogenannte Ingenieurkunst, so wie diese ihn durch eigene Leere notwendig vermehrt. Das einzig Bedeutsame daran ist die Abfahrtsrichtung dieser Zeiterscheinungen aus sich selbst, eben das Haus als Schiff. Gewiß, weitere Umschlagsmomente bereiten sich auch hier, im selben Maß, wie die blühenden neuen Mensch- und Naturbeziehungen einer neuen Gesellschaft dazu reif und deutlich sind, sich auch in architektonischen Grundrissen und Ornamenten niederzuschlagen. Voll Erbe, ohne

Historismus, erst recht – wie sich jetzt von selbst versteht – ohne die infamen Stilkopien, die knotige Romantik der Gründerzeit. Gegen die Extreme Kiste und Kitsch gilt so schlechthin: Reinigung aller noch erhaltenen, Pflege und Flußbett-Bereitung aller entspringenden Quellen zum bildnerischen Überfluß. Dem geht die radikale Unterscheidung der Baukunst von der Maschine voran. Und auch das relativ Interessanteste von heute oder gestern: die Glasbau-Utopie braucht Gestalten, die die Durchsichtigkeit verdienen. Braucht Gestaltungen, die den Menschen als Frage behalten und den Kristall als eine erst noch zu vermittelnde, erst noch aufzuschlagende Antwort. Der Baumeister gibt dann seinem Werk vielleicht „das Wasser einer Perle", doch endlich auch eine verlorene, weniger durchsichtige Chiffer: den bildnerischen Überfluß in nuce – das Ornament.

Kevin Lynch — **Das Bild der Umwelt** (Ausschnitt)

Erste Erscheinung: Kevin Lynch, *The Image of the City* (Cambridge, Mass.: The MIT Press & Harvard University Press, 1960).
Textquelle: Kevin Lynch, *Das Bild der Stadt*. Übersetzung: Henni Korssakoff-Schröder, Richard Michael (Berlin, Frankfurt am Main, Wien: Ullstein, 1965), S. 18–21.

Der amerikanische Stadtplaner und Theoretiker Kevin Lynch (1918–1984) begann 1935 an der Yale Universität Architektur zu studieren, war jedoch von der konservativen Linie der Schule enttäuscht. Zwischen 1937 und 1938 bildete er sich bei Frank Lloyd Wright weiter. Anschließend studierte er Ingenieurwesen am Rensselaer Polytechnic Institute. Von 1941 bis Ende des Zweiten Weltkriegs erfüllte er seinen Wehrdienst. Beeinflusst von Lewis Mumfords *The Culture of Cities*, begann er sich für Stadtplanung zu interessieren und erwarb sein Bakkalaureat in Städtebau am Massachusetts Institute of Technology mit einer sehr erfolgreichen Arbeit über Wechsel und Erneuerung in Wohngebieten. Er wurde bald auf das MIT berufen, wo er bis 1978 als Autorität der amerikanischen Stadtplanung unterrichtete. Noch im Jahre 1953 erhielt er ein Ford-Stipendium, mit dem er ein Jahr lang in Europa leben und vor allem die italienischen Städte studieren konnte. Nach seiner Rückkehr nach Amerika hat er mit seinen Kollegen Fred Adams, Jack Howard und Lloyd Rodwin ein ambitiöses Unterrichtsprogramm von internationalem Ruf für Städtebau aufgebaut. Mit seinem Professorkollegen György Kepes hat er eine Methode ausgearbeitet, um die Wechsel im Stadtbild von drei amerikanischen Städten, Boston, Jersey City und Los Angeles, zu studieren.

Das Buch *The Image of the City* (1960) machte Lynchs Namen international bekannt. Lynch beschäftigt sich in dieser Arbeit mit Fragen der Wahrnehmung der sichtbaren Struktur der Stadt, mit der Rolle, die das Bild der Umwelt in unserem Bewußtsein und unserem Leben spielt. Den Ausgangspunkt bilden Befragungen von Stadtbewohnern: Was sind ihre unmittelbaren Eindrücke, und wie ändern sich diese später in der Erinnerung? Was wird von den Stadtbewohnern bemerkt, wie strukturieren sie diese Eindrücke, und wie orientieren sie sich in der Stadt? Als die Orientierung bestimmenden Elemente der Stadt identifiziert er den Weg, die Grenzlinie, den Brennpunkt, das Bereich und das Merkzeichen. Die in dem Buch ausgearbeitete Methode ist noch sehr stark gebunden an die visuell wahrnehmbaren Aspekte der Stadt und vom Ideal des klar gestalteten Erscheinungsbildes geleitet.

Bibliografie: Tridib Banerjee, Michael Southworth (ed.), *City Sense and City Design. Writings and Projects of Kevin Lynch* (Cambridge, Mass., London, England: The MIT Press, 1990).

Struktur und Identität

Das Vorstellungsbild der Umwelt enthält die folgenden drei Komponenten: Identität, Struktur und Bedeutung. Es ist zweckmäßig, diese drei bei der Untersuchung gesondert zu betrachten – man darf dabei nur nicht vergessen, daß sie in Wirklichkeit zusammengehören. Ein brauchbares Bild erfordert zunächst die Identifizierung eines Gegenstandes, die es möglich macht, ihn von anderen Gegenständen zu unterscheiden und als Separat-„Wesen" zu erkennen. Wir nennen dies „Identität" – nicht im Sinn der Übereinstimmung mit irgend etwas anderem, sondern im Sinn von „Individualität" oder „Ganzheit". Zweitens muß das Bild eine räumliche oder strukturelle Beziehung des Gegenstands zum Beobachter und zu anderen Gegenständen enthalten. Und schließlich muß der Gegenstand für den Beobachter irgendeinen Sinn haben – entweder praktisch oder gefühlsmäßig. „Sinn" ist ebenfalls eine Beziehung, die sich aber ganz und gar von räumlichen oder strukturellen Beziehungen unterscheidet.

So muß also bei einem Bild, das den Zweck des Hinausgehens veranschaulichen soll, notwendig eine Tür als deutlich von anderen unterschiedene Wesenheit erkannt werden, und ihre räumliche Beziehung zum Beschauer sowie ihre Bedeutung als Öffnung, durch die man hinausgeht, müssen klar ersichtlich sein. Diese Eigenschaften sind im wesentlichen nicht voneinander zu trennen. Das visuelle Erkennen einer Tür hängt eng mit ihrer Bedeutung als Tür zusammen. Es ist jedoch möglich, die Tür in bezug auf die Identität ihrer Form und die Deutlichkeit ihrer Position so zu betrachten, als ob diese beiden Merkmale den Vorrang vor ihrer Bedeutung hätten.

Solch ein analytisches Kunststück mag bei der Untersuchung einer Tür sinnlos sein, nicht aber bei der Untersuchung städtischer Umgebung. Vor allem ist die Frage der Bedeutung innerhalb der Stadt sehr kompliziert. Gruppenvorstellungen in bezug auf Bedeutung sind hier weniger wahrscheinlich als solche in bezug auf Wahrnehmungen des Wesens und der Beziehungen. Die Bedeutung ist überdies weniger leicht als die beiden anderen Komponenten durch physische Kunstgriffe zu beeinflussen. Wenn wir beabsichtigen, Städte zu bauen, an denen sich eine große Anzahl von Menschen der verschiedensten Verhältnisse erfreuen soll (Städte zudem, die auch auf künftig lebende Menschen zugeschnitten sein sollen), so werden wir sogar gut daran tun, uns auf die physische Klarheit des Bildes zu konzentrieren und die Entwicklung der Bedeutung abzuwarten, ohne direkt auf sie hinzuwirken.

Das Bild der Silhouette von Manhattan kann als symbolisch angesehen werden für Vitalität, Kraft, Dekadenz, Rätselhaftigkeit, Überfüllung, Größe – oder was immer man sonst noch will; aber in jedem Fall wird die Bedeutung durch die scharfumrissene Linie dieses Bildes kristallisiert und intensiviert. Die persönlichen Meinungen über eine Stadt – selbst wenn ihre Form leicht zugänglich ist – sind so verschieden, daß es möglich erscheint, die Bedeutung von der Form zu trennen – wenigstens im frühen Stadium der Analyse. Unsere Untersuchung wird sich daher auf die Identität und die Struktur der Stadtbilder konzentrieren.

Soll ein Bild Wert haben im Hinblick auf Orientierung innerhalb des Lebensraums, so muß es über bestimmte Qualitäten verfügen. Es muß zweckmäßig und zuverlässig im nüchternen

Sinn sein und dem Individuum gestatten, sich in den Grenzen seiner Umgebung nach Wunsch zu bewegen. Die Stadtkarte, sei sie nun ganz exakt oder nicht, muß jedenfalls so gut sein, daß man mit ihrer Hilfe nach Hause findet. Sie muß so deutlich und so vollständig sein, daß es zum Entziffern keiner großen geistigen Anstrengung bedarf: Sie muß gut zu lesen sein. Sie muß Sicherheit bieten und zusätzliche Hinweise enthalten, so daß eine Wahl der Bewegung bleibt und das Risiko des Versagens nicht allzu groß ist. Wenn ein Blinklicht das einzige Zeichen an einer gefährlichen Kurve ist, dann kann ein Stromausfall verheerende Folgen haben. Das Bild sollte möglichst „offen" bleiben, so daß Änderungen möglich sind und der Besitzer der Karte fortfahren kann, die Wirklichkeit zu erforschen und zu organisieren: er muß genügend freien Platz finden, um selbst weitere Eintragungen in die Zeichnung vornehmen zu können. Schließlich sollte sie bis zu einem gewissen Grad anderen zugänglich sein. Der relative Wert dieser Kriterien eines „guten" Bildes variiert je nach Person und Situation; der eine wird ein sparsames und zweckmäßiges System loben, während ein anderer ein „offenes" und leicht verständliches rühmt.

Einprägsamkeit (Bildhaftigkeit, Bildprägekraft)

Da bei dieser Untersuchung der Nachdruck auf der physischen Umgebung als der unabhängigen Variablen liegt, beschäftigen wir uns mit den physischen Qualitäten, die mit den Eigenschaften der Individualität und der Struktur des geistig geschauten Bildes in Zusammenhang stehen. Wir kommen dabei zur Definition einer Eigenschaft, die als „Einprägsamkeit" (oder „Bildprägekraft") bezeichnet werden könnte: jener Eigenschaft eines Gegenstandes, die mit großer Wahrscheinlichkeit in jedem Beobachter ein lebendiges Bild dieses Gegenstandes hervorruft. Bestimmte Formen, Farben und Anordnungen helfen dem Beschauer, sich ein zweckmäßiges und – was starke Individualität und Struktur angeht – ausgezeichnetes Bild von der Umwelt zu machen. Man könnte auch „Ablesbarkeit" oder – in einem höheren Sinn – „Greifbarkeit" sagen; damit ist gemeint, daß Gegenstände sich den Sinnen klar umrissen und intensiv darstellen.

Vor einem halben Jahrhundert beschrieb Stern dieses Merkmal eines Kunstwerkes und nannte es „Offensichtlichkeit"[1]. Die Kunst beschränkt sich nicht auf dieses Ziel – aber er empfand doch, daß eine ihrer beiden fundamentalen Funktionen die sei, „Bilder zu schaffen, die durch Klarheit und Harmonie der Form dem Bedürfnis nach lebendig begreiflicher Erscheinung Rechnung tragen". Seiner Meinung nach war dies ein wichtiger erster Schritt auf dem Weg zum Ausdruck inneren Wesens.

Eine in diesem Sinn bild- oder vorstellungsprägekräftige (sichtbare, ablesbare, greifbare) Stadt müßte wohlgeformt, ausgeprägt, bemerkenswert sein; sie müßte Auge und Ohr zu größerer Aufmerksamkeit und Teilnahme anregen. Das sinnenmäßige Erfassen einer solchen Umgebung würde nicht nur vereinfacht, sondern ausgedehnt und vertieft. Eine solche Stadt könnte – über die Zeit hinaus – als ein Gefüge von großer Kontinuität mit ausgeprägten und deutlich untereinander verbundenen Teilen verstanden werden. Die Sinne des wahrnehmenden und bereits vertrauten Beobachters könnten neue Eindrücke aufnehmen, ohne daß sein Grundbild zerstört würde, und jeder neue Eindruck könnte eine Reihe bereits vorhandener Elemente berühren. Der Beschauer wäre gut orientiert und könnte sich mit Leichtigkeit in seiner Umgebung bewegen. Er wäre sich seiner Umwelt voll bewußt. Als Beispiel für eine derart einprägsame Umgebung könnte

---

1 Stern, Paul, „On the Problem of Artistic Form", *Logos*, Bd. V, 1914–15, S. 165–172.

Venedig gelten. In den Vereinigten Staaten könnte man Teile von Manhattan, San Francisco, Boston und vielleicht die Seeseite von Chicago anführen.

Diese Charakteristik ergibt sich aus unseren Definitionen. Der Begriff der Einprägsamkeit umfaßt nicht notwendig etwas Feststehendes, Begrenztes, Präzises, Einheitliches, regelmäßig Angeordnetes – wenn damit auch manchmal diese Qualitäten gemeint sein können. Es soll auch nicht gesagt werden, daß etwas auf den ersten Blick greifbar, augenfällig, großartig oder einfach erscheinen muß. Die gesamte zu modellierende Umwelt ist äußerst kompliziert, während das augenfällige Bild bald langweilig wird und immer nur wenige Züge der lebendigen Welt zeichnet. Die Einprägsamkeit der Stadtform wird im Mittelpunkt der nachfolgenden Untersuchung stehen. Es gibt noch andere grundlegende Merkmale einer schönen Umgebung: Wirkung oder Ausdruck, Sinnenfreude, Rhythmus, Anregung, Erlesenheit. Wenn wir uns auch auf die Einprägsamkeit konzentrieren, so leugnen wir doch nicht den Wert der genannten Eigenschaften. Unser Zweck ist einfach der, dem Bedürfnis nach Identität und Struktur in unserer Wahrnehmungswelt Rechnung zu tragen und auf die besondere Wichtigkeit dieser Qualität im besonderen Fall der komplexen und veränderlichen städtischen Umgebung hinzuweisen.

Georg Lukács

Grenzfragen der ästhetischen Mimesis. Architektur
(Ausschnitt)

Erste Erscheinung und Textquelle: Georg Lukács, *Ästhetik. Teil I. Die Eigenart des Ästhetischen* 2. Halbband (Neuwied am Rhein, Berlin-Spandau: Hermann Luchterhand, 1963), S. 426–430.

Der ungarische Philosoph Georg Lukács (1885–1971) studierte Rechtswissenschaft in Budapest, anschließend hörte er in Berlin Georg Simmels und Walter Diltheys, in Heidelberg Max Webers und Emil Lasks Vorlesungen. Nach seiner Rückkehr nach Budapest wurde er Mitglied des „Sonntagskreises", einer Diskussionsgruppe von Künstlern und Intellektuellen. Seine bedeutendsten Frühwerke, *Die Seele und die Formen* (1911) und die *Theorie des Romans* (1916/1920) kritisieren, von einer Nostalgie zur Kultur der griechischen Antike geleitet, die impressionistische Weltanschauung der Wiener Moderne. Nach der bolschewistischen Revolution in Russland trat Lukács in die Ungarische Kommunistische Partei ein (1918). Seine Abweichungen von der offiziellen Linie der Partei brachten ihm viele Schwierigkeiten und sogar Gefahren ein, vor allem als er 1930 Ungarn verließ und bis 1945 in Moskau lebte. 1941 wurde er dort wegen seiner Position verhaftet. Nach der Machtübernahme der Kommunisten in Ungarn erhielt er eine Professur für Ästhetik und Kulturwissenschaft an der Budapester Universität; dann, im Jahre 1956, nach der Niederschlagung der Revolution, wurde er nach Rumänien deportiert.

Das monumentale kunsttheoretische Werk von Lukács, *Die Eigenart des Ästhetischen* (1963) war als erster Teil eines umfassenden Systems der Ästhetik gedacht. Er spricht in diesem Buch von Nachahmung (mimesis) als die „ausschlaggebende Quelle der Kunst". Nachahmung ist die Widerspiegelung der Wirklichkeit, aber keine „mechanische Photokopie" – das Werk muss über den Alltag hinausgehen. Lukács' „Prinzip

Hoffnung", die Noch-nicht-Realität heißt „Perspektive". Die Überlegungen über Architektur sind in dem Kapitel „Grenzfragen der ästhetischen Mimesis" enthalten, wo auch die Musik, die Gewerbekunst, die Gartenkunst und die Filmkunst besprochen sind. Lukács stellt die Forderung nach Authentizität schon früh ins Zentrum seines Denkens, und behauptet, dass die Seele das Absolute nach dem Verlust der Totalität der antiken Welt in der Form findet. Die Seele wird damit zum Entfaltungsraum der Kunst. In dem hier abgedrucktem Text werden diese Gedanken über den Raum in Kunst und Architektur modifiziert weitergeführt und Architektur von der rein mimetischen Raumgestaltung anderer Künste abgegrenzt. In der Darstellung der „desanthropomorphisierenden" Widerspiegelung der Wirklichkeit in der Architektur stützt sich Lukács auf Leopold Zieglers Analyse von Brunelleschis Kuppel in Florenz (*Florentinische Introduktion*, s. Seite 164).

Bibliografie: Jutta Matzner (Hrsg.), *Lehrstück Lukács* (Frankfurt am Main: Suhrkamp, 1974).

Wenn man diesen Empfindungskomplex, der zwar aus äußerst mannigfaltigen Quellen entspringt und deshalb anfangs verschiedene, ja untereinander heterogene Gefühle in sich birgt, nunmehr als gesellschaftlich-geschichtlich entstandene Einheit betrachtet, so ist sein Gehalt, sein einheitsschaffendes Prinzip der vermenschlichte Raum, d. h. der eigene Raum des Menschen. In einem früheren Zusammenhang haben wir den Ausspruch von Marx „Die Zeit ist der Raum für die menschliche Entwicklung" angeführt und darauf hingewiesen, daß es sich dabei um viel mehr als um eine Metapher handelt. Ohne nun hier eine einfache Umdrehung zu vollziehen, die natürlich nur eine mechanische sein könnte und darum diesen neuen Tatbestand schematisieren würde, kann man sagen, daß es sich auch hier um eine Ausdehnung des Raumerlebnisses (und dadurch vermittelt der – anthropomorphisierenden – Raumauffassung) handelt. Wir haben bereits darauf hingewiesen, daß im Alltagsleben spontan ein Anthropomorphisieren des Raums vor sich geht. Damit erhält aber der Raum noch keineswegs die Eigenschaften, die ihn zu einem derartigen eigenen Raum der Menschen machen würden. Im Gegenteil. Im Alltagsleben muß notwendigerweise seine vom menschlichen Bewußtsein unabhängige, menschenfremde, ja – gerade vom unmittelbar anthropomorphisierenden Standpunkt – menschenfeindliche Wesensart oft im Vordergrund des Gefühlslebens stehen. Erst wenn der Mensch die Natur seinen Zielsetzungen unterworfen hat, kann für gewisse Raumabschnitte das Erlebnis entstehen, daß diese zu seiner menschlichen Umwelt als Elemente seiner erweiterten Persönlichkeit gehören. Die Architektur, soweit sie als Kunst wirkt, setzt gerade hier ein. Es ist sicher kein Zufall, daß sie erst dort zur echten Kunst wird, wo das bewußte Schaffen eines solchen Raums auf kollektiver Grundlage zustande kommt, wo den Charakter eines solchen Raums nicht die Bedürfnisse und Forderungen eines einzelnen Menschen, sondern die einer Gemeinschaft bestimmen. (Der Einzelherrscher der frühen orientalischen Gesellschaften ist natürlicher Repräsentant einer solchen Gemeinschaft.) Für je ein solches konkretes Kollektiv entstehen die ersten architektonischen Kunstwerke. Ihre Formensprache – mag sie noch so vereinfacht sein, wie die der Pyramiden – ist dazu da, um derartige Empfindungskomplexe der einzelnen Menschen zu generellen, die ganze Gemeinschaft umfassenden zu synthetisieren; andererseits und zugleich vereinigen sich in ihnen durch ihre evokative Wirkung die verschiedenen Gefühlsströme, die, von räumlichen Konfigurationen veranlaßt, sich lange Perioden hindurch getrennt entfalteten, zu einem einheitlichen Gesamtstrom. Da nun ein solcher Raum der notwendige und adäquate Schauplatz der wichtigsten kollektiven Handlungen der Menschen wird, erhält er den Akzent, der eigene Raum des

Menschen zu sein, der einzig angemessene Rahmen, die einzig adäquate Umwelt für höchst wichtige Inhalte seines Lebens. Diese kollektive Basis setzt sich auch dort durch, wo das Bauen Privatzwecken dient. Vor allem sei nicht vergessen, daß der Zusammenhang des individuellen Lebens mit seinen sozialen Grundlagen in den vorkapitalistischen Gesellschaften viel enger und unmittelbarer geknüpft war als im Kapitalismus. Der Privatmensch, der für seine eigenen Zwecke bauen ließ, tat dies als Mitglied eines Standes etc., und der Bau drückte stets den eigenen Raum der betreffenden Schicht weit stärker aus als die partikularen Eigenschaften des Besitzers. Für einen Palazzo der italienischen Städte gilt dies ebenso wie für die antike Villa oder für das Bürgerhaus des Mittelalters.

Wir haben früher den kategoriellen Prozeß, den das ästhetische Setzen in der Architektur vollzieht, so beschrieben, daß zwei Allgemeinheiten, ein System gedanklich bewältigter Naturgesetze, ein System des ihnen unterworfenen Widerstreits von Naturkräften einerseits und ein verallgemeinertes gesellschaftliches Bedürfnis, ein allgemein gewordener sozialer Auftrag andererseits durch eine neue Mimesis in eine Besonderheit: in einen konkreten, visuell-evokativen Raum umschlagen. Das kategorielle Umschlagen ist hier strikt wörtlich zu nehmen: gerade jener Gehalt, der aus der wissenschaftlich-technologischen Lösung des sozialen Auftrags entsteht, wird darin zu einer erlebbaren Einheit gebracht; die struktiven Momente des Bauens in und infolge ihrer visuell evokativen Bearbeitung drücken deshalb das Wesentlichste des sozialen Auftrags und seiner technologischen Lösung, aufs Ästhetische konzentriert, aus, um die in den Menschen bis dahin zerstreut und vereinzelt erweckten Gefühle und Gedanken zu dem von ihm gemeinten einheitlichen Erlebnis des eigenen Raums zu synthetisieren. Die Erfüllung muß aber durch die Gestaltung des Raumes selbst herbeigeführt werden. Wir haben früher gezeigt, daß der instinktiv richtig gemeinte Anlauf Hegels zum Verständnis der Architektur als Kunst daran scheitern mußte, daß er diese Erfüllung nur als Götterbild (Bild des Menschen) zu fassen imstande war. Wir können hier auf die äußerst komplizierte Problematik, die aus dem immer wieder versuchten organischen Vereinigen von Architektur und Skulptur, auf die Bestrebungen, ihre diametral entgegengesetzten Tendenzen des Raumschaffens zu einer gegenseitigen Steigerung zu führen, noch nicht näher eingehen. Es genügt, die Tatsache festzustellen, daß die Architektur aufhören würde, eine selbständige Kunst zu sein, daß sie auf dem Niveau des bloß Nützlichen verharren müßte, wenn ihre Aufgabe darauf beschränkt bliebe, einen Rahmen für die Selbstdarstellung des Menschen in der Form der Götterbildnerei der Skulptur zu schaffen. Natürlich existierte das von Hegel als alleiniges Ziel der Architektur aufgefaßte Bedürfnis als ein Teil des sozialen Auftrags der religiösen Architektur. Aber abgesehen davon, daß es – mit der Entwicklung der Gesellschaft im steigenden Maße – auch eine weltliche gab, handelt es sich, vom Standpunkt der Architektur aus, um eine in der Form der Allgemeinheit gestellte Aufgabe, die gerade dadurch erfüllt werden kann, daß ihre Allgemeinheit in eine architektonische Besonderheit verwandelt, daß sie zum organischen Bestandteil eines einheitlich erlebbaren Raumes wird.

Das Spezifische des architektonischen Raumes ist seine Wirklichkeit. In Malerei und auch in Skulptur wird ein Raum geschaffen, dessen ästhetisches Wesen rein mimetisch in Erscheinung tritt; er entsteht dadurch, daß mimetisch abgebildete Körper ihre eigene, ihnen angemessene visuelle Umwelt als einen solchen Raum schaffen. (Daß Malerei und Skulptur auch in dieser Hinsicht untereinander qualitativ verschieden sind, und beide großen historischen Umwandlungen unterworfen waren, kann hier nicht behandelt werden.) Der architektonische Raum ist dagegen etwas Wirkliches: er umgibt den ganzen Menschen des Alltags; seine Verwandlung in ein Evokationen leitendes homogenes Medium der Architektur verwandelt den Menschen des

Alltags in den Menschen ganz dieser Kunst. Nur so, nur als wirklicher Raum kann er zum eigenen Raum des Menschen in diesem unmittelbarsten Sinn werden. Denn die Adäquatheit des Raums und der ihn erfüllenden, von ihm umgebenen menschlichen Gegenstände (Menschen oder Sachen, die mit seiner Existenz eng verbunden sind, die seine Beziehungen zu den Mitmenschen, zur Natur vermitteln) ist für den Betrachter von Malerei und Skulptur immer ein Erlebnis der Kontemplation von außer seinem Ich befindlichen Objekten, die nur durch das „tua causa agitur" in seine eigene Welt erhoben werden können; sie bilden eine ihm gegenüberstehende „Welt", an welcher er durch das rezeptive Erlebnis partizipiert. In der Architektur ist er aber mit seinem vollen körperlich-seelischen Sein unmittelbar von einem künstlerisch gestalteten Raum umgeben; soweit dieser eine „Welt" repräsentiert, ist diese in ihrer Realität unmittelbar auf den wirklichen Menschen bezogen; er lebt im buchstäblichen Sinn in diesem Raum.

Dieser Wirklichkeitscharakter des architektonischen Raums bildet den Schlüssel zum Verständnis der spezifischen Beschaffenheit der Mimesis in dieser Kunst. In jeder anderen ästhetischen Setzung erscheint die Wirklichkeit als eine rein mimetische, als eine rein gesetzte. Wird die Setzung aufgehoben, verliert jedes Werk seine Wirklichkeit, werden auch die von ihm bedingten Gegenständlichkeitsformen aufgehoben; das Bild ist dann bloß ein Stück Leinwand mit Farbenflecken, etc. Der architektonische Raum bleibt aber – unabhängig von jeder ästhetischen Setzung – ein genau und konkret beschaffener wirklicher Raum; was an ihm ästhetisch gesetzt ist, ist eine spezifische Qualität seiner Wirklichkeit, und die Wirklichkeit selbst bleibt auch mit der Aufhebung des ästhetischen Setzens unverändert bestehen, sie wird bloß vom Subjekt, das in diesem Raum existiert, nicht beachtet; man denke an unser Beispiel von Brunelleschis Kuppel in Florenz, wo alle ästhetischen Änderungen in der sichtbaren Konstruktion („Weglassen") ebenso materiell-wirklich sind, wie die von ihnen verdeckte. Wenn wir nun dieses Phänomen vom Standpunkt der Mimesis betrachten, so können wir auch hier, wie früher bei der Musik, eine doppelte Mimesis beobachten. In der primären, ersten Gruppe ist die Form der Widerspiegelung, die Naturgesetzlichkeiten wie Schwere und Starrheit in ihrem statischen Gleichgewicht abbildet, ebenso dem Wesen nach von desanthropomorphisierend-wissenschaftlicher Art, wie die zweite, die den in den Einzelmenschen heranreifenden sozialen Auftrag begrifflich verallgemeinert. Dieses gedoppelte System von desanthropomorphisierenden Widerspiegelungen der Wirklichkeit wird nun zum Objekt einer zweiten Mimesis, der anthropomorphisierend-ästhetischen, die aber die bereits objektiv vorhandene, bzw. auf Grundlage der ersten Mimesis projektierte Wirklichkeit des Raums nicht aufhebt, sondern „bloß" seine konkrete Geformtheit, den Prinzipien des Ästhetischen entsprechend, qualitativ umwandelt.

Manfredo Tafuri

Probleme in Form von Schlussfolgerungen
(Ausschnitt)

Erste Erscheinung: Manfredo Tafuri, *Progetto e utopia* (Rom: Gius. Laterza & Figli, 1973).
Textquelle: Manfredo Tafuri, *Kapitalismus und Architektur. Von Corbusiers „Utopia" zur Trabantenstadt*. Übersetzung: Thomas Bandholtz, Nikolaus Kuhnert und Juan Rodriguez-Lores (Hamburg/Westberlin: VSA, 1977), S. 129–133.

Der italienische Architekturhistoriker und Kritiker Manfredo Tafuri (1935–1994) erwarb sein Architekturdiplom 1960 in Rom. Seine geistige Entwicklung war am Anfang vom Architekturhistoriker Giulio Carlo Argan stark beeinflusst. Tafuri gehörte zu den in den sechziger Jahren aktiv politisierenden italienischen Marxisten, zunehmend hat er jedoch die marxistische Doktrin unter dem Einfluss der Psychoanalyse, der Semiologie und des Strukturalismus revidiert. Er verstand die Architekturgeschichte als Teil der Geschichte der menschlichen Produktion und konfrontierte die Ideenwelt der modernen Architektur und Stadtplanung mit der gesellschaftlichen Realität. In seinem wichtigen Werk *Theorien und Geschichte der Architektur* (1968) plädierte er für eine „operative" Kritik, die den Berührungspunkt von zurückblickender „Geschichte" und zukunftsgerichtetem „Projekt" als eine ständige Infragestellung der Gegenwart untersucht. Tafuris historisch gründlich recherchierte, in einer poetischen (und manchmal etwas obskuren) Sprache geschriebenen Werke untersuchen ein breites Spektrum von Themen. Er beschäftigt sich mit der Architektur der Renaissance und des Barock, mit dem Werk von Sansovino, Raffaello, Giulio Romano und Piranesi, mit der Bautätigkeit im „Roten Wien" der zwanziger Jahre und mit den Utopien des Sozialismus.

Das kleine Buch *Progetto e utopia. Architettura e sviluppo capitalistico* (Rom, 1973) enthält überarbeitete und erweiterte Fassungen von Essays, die ursprünglich unter dem Titel „Per una critica dell' ideologia architettonica" im Heft 1/1969 der Zeitschrift *Contrapiano* veröffentlicht wurden. Sein Ziel ist „die kritische Zerstörung überholter Mythen", denen sich viele Architekten zuwenden „wie zu Wunderkräften, die das Überleben anachronistisch gewordener ‚Entwurfshoffnungen' gestatten können". Diese Hoffnungen beziehen sich auf die Möglichkeit der Utopie als gesellschaftskritische Architektur. Tafuri lehnt jedoch die Möglichkeit, Architektur „für eine befreite Gesellschaft" zu antizipieren, entschieden ab.

Bibliografie: *The Historical Project of Manfredo Tafuri*, Themenheft *Casabella* 619–620, LIX, 1995 January–February.

Was bleibt in dieser Situation von der traditionellen Rolle der Architektur? Bis zu welchem Grade wird die Architektur durch ihre Subsumtion unter ökonomische Prozesse selbst zu einem rein ökonomischen Faktor? Wie weit schlagen sich ihre fachspezifischen Entscheidungen in größeren Strukturen nieder? Es ist schwierig, innerhalb der gegenwärtigen Architekturdebatte kohärente Antworten auf solche Fragen zu finden. Das läßt sich an der neuen Haltung der Architektur belegen.

Die Erfahrung des Untergangs als praktischer Ideologielieferant; das Bewußtsein von den ungeheuren technologischen Mitteln, die der Rationalisierung der Stadt und des Territoriums zur Verfügung stehen und gleichzeitig die tägliche Erfahrung ihrer nutzlosen Verschwendung; die Feststellung, daß jede neue Entwurfsmethode schneller altert als sie praktisch erprobt werden kann: das alles beschwört bei den Architekten eine Atmosphäre der Verunsicherung herauf, die immerhin einen sehr konkreten Hintergrund hat, nämlich den als das Schlimmste aller Übel gefürchteten Untergang der „Profession" und die Subsumtion der Architekten unter ökonomische Programme, in denen die ideologische Rolle der Architektur minimal ist, und die neohumanistische Fluchträume nicht mehr gestatten.

In den entwickelten kapitalistischen Ländern ist diese Berufssituation bereits Wirklichkeit geworden. Auf diese Berufssituation reagieren die Architekten zweideutig: mit Furcht und mit formalem und ideologischem Eskapismus – alles Zeichen für die politische Rückständigkeit dieser Gruppe von Intellektuellen.

Die Architekten erweisen sich – obwohl sie die Logik des Plans antizipiert haben – als unfähig, ihre eigene Geschichte zu interpretieren und beginnen gegen die letzten Konsequenzen dieses Prozesses, dem sie selbst auf den Weg geholfen haben, zu rebellieren. Sie bemühen sich – was noch schlimmer ist – um pathetische, „ethische" Ausbrüche und versuchen der modernen Architektur politische Aufgaben aufzuoktroyieren, die nur dazu taugen, ihren ebenso abstrakten wie ungerechtfertigten Unmut zu besänftigen.

Man muß endlich einsehen, daß die moderne Architektur und die neuen Systeme der visuellen Kommunikation entstanden sind, sich entwickelt haben und gescheitert sind als grandioser Versuch – der letzte der bürgerlichen figurativen Kultur –, mittels einer immer unzeitgemäßeren Ideologie Ungleichgewichte, Widersprüche und Ungleichzeitigkeiten, die für die kapitalistische Reorganisation des Weltmarktes und der kapitalistischen Produktion typisch sind, zu lösen. Bei einem solchen Versuch schließen sich Ordnung und Unordnung nicht mehr aus. In ihrer realen historischen Bedeutung verstanden gibt es keinen Gegensatz zwischen Konstruktivismus und „Protestkunst", zwischen Rationalisierung der Bauproduktion und Subjektivismus bzw. Ironie der Pop-Art, zwischen kapitalistischer Planung und städtischem Chaos, zwischen der Planungsideologie der „Poetik des Objekts".

Dabei steht das Schicksal der kapitalistischen Gesellschaft dem Projekt durchaus nicht fremd gegenüber. Die Ideologie des Projekts ist in gleichem Maße essentiell für die Verwirklichung des Spätkapitalismus in allen geistigen und materiellen Lebensbereichen wie die Illusion, man könne gegen dieses Projekt mit den Instrumenten eines alternativen Projekts oder eines radikalen „Antiprojekts" vorgehen. Es kann auch sein, daß mehrere spezifische Aufgaben für die Architektur existieren. Uns interessiert hier aber die Frage, warum bis heute das marxistisch orientierte Denken mit größter Sorgfalt und unnötiger Energieverschwendung diese einfache Wahrheit negiert bzw. unterschlagen hat. Ebenso wie es keine politische Ökonomie der Arbeiterklasse geben kann, sondern nur eine Kritik der politischen Ökonomie vom Standpunkt der Arbeiterklasse aus, kann es auch keine Ästhetik, keine Kunst, keine Architektur der Arbeiterklasse geben, sondern nur eine Kritik der Ästhetik, der Kunst, der Architektur und der Stadt vom Standpunkt der Arbeiterklasse aus.

Eine kohärente marxistische Kritik der architektonischen und urbanistischen Ideologie kann nur kontingente und historische Realitäten entmystifizieren, die keinesfalls objektiv bzw. universell sind und die sich hinter solchen Sammelbegriffen wie Kunst, Architektur, Stadt verbergen. Sie kann vor allem die neuen Fronten der kapitalistischen Entwicklung erkennbar machen, an denen der Klassenkampf weiter ausgetragen werden muß. Viele Illusionen der Intellektuellen müssen endlich entlarvt werden, an erster Stelle aber der illusorische Versuch, mit der alleinigen Kraft des Bildes die Bedingungen einer Architektur „für eine befreite Gesellschaft" antizipieren zu wollen. Ganz abgesehen von dem offensichtlichen Utopismus dieses Vorhabens: wer eine solche Parole ausgibt, weicht nur der Frage aus, ob dieses Ziel ohne linguistische, methodologische und strukturelle Revolution zu erreichen ist, Revolutionen aber, die doch über den bloßen subjektiven Willen oder die bloße Erneuerung einer Syntax hinausgehen.

Das Schicksal der modernen Architektur war bereits vorgezeichnet, als sie sich – innerhalb einer autonomen politischen Strategie – zur Trägerin von idealen Rationalisierungsformen gemacht hat, die auf die Arbeiterklasse nur indirekt einwirken konnten. Man mag ein solches Phänomen für historisch unvermeidlich halten. Aber dies einmal zugestanden, ist es nicht mehr möglich, sich seinen letzten Konsequenzen zu entziehen. Dieses verzweifelte Beharren der Architekten auf der Autonomie ihrer Disziplin ist hoffnungslos, weil es nun einmal unsinnig ist, einen Irrtum zu wiederholen. Die Krise der modernen Architektur ist nicht das Resultat von „Überdruß" oder „Verschwendung", sie ist in erster Linie eine Krise der ideologischen Funktion der Architektur überhaupt. Der „Untergang" der modernen Kunst ist das letzte Zeugnis der bürgerlichen Ambiguität, zwischen „positiven" Zielsetzungen und erbarmungsloser Selbsterforschung des eigenen objektiven Warencharakters zu schwanken – keine immanente „Erlösung" findet mehr statt: weder durch rastloses Suchen im Labyrinth der schweigenden und vieldeutigen Zeichen, noch durch Unterordnung unter das Schweigen der Geometrie. Daher kann man keine rein architektonischen „Alternativen" vorschlagen: Die Suche nach einer Alternative allein innerhalb der Strukturen, die das Wesen des Entwerfens selbst bedingen, ist ein Widerspruch in sich selbst.

Die Reflexion über Architektur, insoweit sie Kritik der konkreten Ideologie ist, die die Architektur selbst „realisiert" hat, kann nichts anderes tun als über sich selbst hinausgehen und eine spezifisch politische Dimension einnehmen. Erst jetzt, nachdem man die Verbindung mit jeder fachbezogenen Ideologie abgebrochen hat, kann man die neuen Rollen der Techniker, der Bauplaner, des *Planers* überhaupt unter den neuen Bedingungen der spätkapitalistischen Entwicklung thematisieren. Erst jetzt wird es möglich sein, die Berührungspunkte bzw. die unvermeidlichen Widersprüche zwischen dieser neuen Art von technisch-intellektueller Arbeit und den materiellen Bedingungen des Klassenkampfes zu analysieren.

In diesem Sinne ist die systematische Kritik der Ideologien, die sich im Zusammenhang mit der kapitalistischen Entwicklung herausgebildet haben, nichts anderes als ein Kapitel einer solchen politischen Praxis. Dabei muß mitberücksichtigt werden, daß die Kritik der Ideologien heute die besondere Aufgabe hat, machtlose und unwirksame Mythen zu zerstören – Mythen, denen sich viele zuwenden wie zu Wunderkräften, die das Überleben anachronistisch gewordener „Entwurfshoffnungen" gestatten könnten.

Alexander Mitscherlich

Die Unwirtlichkeit unserer Städte
(Ausschnitt)

Erste Erscheinung und Textquelle: Alexander Mitscherlich, *Die Unwirtlichkeit unserer Städte. Anstiftung zum Unfrieden* (Frankfurt am Main: Suhrkamp, 1965), S. 22–27.

Der deutsche Sozialpsychologe Alexander Mitscherlich (1908–1982) begann 1928 in München Geschichte zu studieren, dann wechselte er für ein Medizinstudium in Berlin. Bei dem Neurologen und Internisten Viktor von Weizsäcker in Heidelberg lernte er die Freud'sche Psychoanalyse kennen, und 1946 habilitierte er bei ihm mit der Arbeit *Vom Ursprung der Sucht*. Seine Schriften, die er in Zusammenhang mit dem Nürnberger Ärzteprozess verfasste, wurden wichtig für die Entwicklung der medizinischen Ethik in

Deutschland. 1950–1967 leitete er die erste psychosomatische Klinik des Landes in Heidelberg.

1966–1973 unterrichtete Mitscherlich als Professor der Psychologie an der Frankfurter Universität. Er war nicht nur ein wichtiger Vertreter der Psychosomatik und Psychoanalyse im Nachkriegsdeutschland, sondern auch ein Gesellschaftskritiker, dessen Schriften die Studentenbewegung von 1968 inspirierten. Er betonte die Auswirkung gesellschaftlicher Faktoren auf psychosomatische Krankheiten und war überzeugt, dass die Psychoanalyse auch für das Studium des Soziallebens nutzbar gemacht werden kann. Zu seinen wichtigsten Werke zählen: *Auf dem Weg zur vaterlosen Gesellschaft* (1963), *Die Unfähigkeit zu trauern. Grundlagen kollektiven Verhaltens* (1967).

Mitscherlichs Buch *Die Unwirtlichkeit unserer Städte. Anstiftung zum Unfrieden* (1965) verdankt seinen Erfolg neben dem provokantem Titel seiner polemischen Rhetorik: Er zeigt in einer Reihe von Essays, wie der nur auf wirtschaftliche Interessen gerichtete Städtebau schwere psychologische und soziale Schäden verursacht. Er weist z.B. darauf hin, dass die engen Wohnungen, wo der Bewegungsdrang von Kindern gebremst wird, spätere „antisoziale Reaktionsweisen" konditionieren. Als Lösung fordert er die Reform des Grundbesitzes in den Städten. Mitscherlichs Buch hat wichtige Argumente zur Funktionalismuskritik der siebziger Jahre geliefert, indem es überzeugend die Konsequenzen einer zu engen und technizistischen Definition des Funktionsbegriffes zeigte.

Bibliografie: In memoriam Alexander Mitscherlich mit Nekrologen von Jürgen Habermas u. a., in: *Psyche* 36 (1982) S. 1057–1077.

Hamburgs Stadtbaumeister Hebebrand hat auf eine Regelung der städtischen Bodenverhältnisse hingewiesen, die durch lange Jahrhunderte im Mittelalter bestanden hat und als Anregung für die Lösung uns aufgegebener Probleme wertvoll erscheint: es ist das Prinzip der Erbpacht, „eine klare Trennung von Boden und Bauwerk; juristisch ausgedrückt – ein Obereigentum und ein Untereigentum". Das Obereigentum liegt bei der Stadt, das Untereigentum beim Bürger. Es bedarf sicher großer Anstrengungen, um eine gerechte und als gerecht empfundene Lösung in unserer Lage zu erarbeiten. Aber es schien mir ein charakteristisches Zurückweichen vor der mit soviel hemmenden Emotionen besetzten Problematik, daß Hebebrands Gedanken auch im Kreis der Fachleute in der Diskussion übergangen wurden. Immerhin berichtete Hebebrand vom Kongreß des Forschungsinstituts für die lombardischen Städte 1962 in Stresa. Dort kam man zu dem Schluß, daß, „wenn der Westen nicht eine sehr viel stärkere Planung auf allen Gebieten betreibe und – damit zusammenhängend – nicht stärkeren Einfluß auf die ‚Kontrolle des Grundes und Bodens' gewänne, er niemals gegen den ‚Osten' gewinnen könne. Man sprach sehr offen und deutlich in diesem Zusammenhang vom ‚Chaos', das vor der Tür stehe." Ich denke, es ist schon durch die Tür getreten! Man merkt es an der Unwirtlichkeit unserer Städte.

Auch im Binnenraum der technischen Zivilisation, der ihn mehr und mehr als sekundäre, für ihn allein relevante Quasi-Natur umgibt, bleibt der Mensch der primären verhaftet. Seine Anpassungsfähigkeit ist zwar außerordentlich; was dabei aber leicht übersehen wird, ist die Tatsache, daß offenbar nur unter Einhaltung bestimmter Minimalbedingungen die Kümmerform seines Existierens überschritten wird. Mit anderen Worten: die Geschichte der Menschheit ist, wie die Ethnologie lehrt, voll von Beispielen unproduktiver, eben kümmerlicher Gesellungsformen, deren mentales Niveau sehr bescheiden blieb. In der Vergangenheit waren es vornehmlich die unzureichenden oder einseitigen Ernährungsbedingungen, klimatische Ungunst oder natürliche Feinde, die bedrückend wirkten. Im Binnenraum der zweiten, industrietechnischen Natur sind es andersartige feindliche Belastungsfaktoren, die eine freie Entwicklung der menschlichen Fähigkeiten schleichend, aber deshalb nicht weniger gravierend hemmen und zu typischen Verkümmerungen führen können. Nochmals: Es ist nicht besser oder schlechter, als es früher war – es ist anders. Und mit dieser unvorhersagbaren Entwicklung des menschlichen Lebens müssen wir rechnen. Es *hat* sie nie gegeben und es *wird* auch nie eine beste menschliche Selbstdarstellung geben – es gibt immer neue, andere – aber eben auch so sehr neuartige, daß wir von Mutationsvorgängen sprechen dürfen, wie es Julian Huxley, Waddington und, aus ganz anderer Perspektive, der geistreiche Franzose Pierre Bertaux tun.

Dieser Menschentyp ist ein Produkt der Erziehung. Der junge Mensch ist noch arm an höherer geistiger Leistungsfähigkeit – er ist weitgehend ein triebbestimmtes Spielwesen. Er braucht deshalb seinesgleichen – nämlich Tiere, überhaupt Elementares, Wasser, Dreck, Gebüsche, Spiel-raum. Man kann ihn auch ohne das alles aufwachsen lassen, mit Teppichen, Stofftieren oder auf asphaltierten Straßen und Höfen. Er überlebt es – doch man soll sich dann nicht wundern, wenn er später bestimmte soziale Grundleistungen nie mehr erlernt, zum Beispiel ein Zugehörigkeitsgefühl zu einem Ort und Initiative. Um Schwung zu haben, muß man sich von einem festen Ort abstoßen können, ein Gefühl der Sicherheit erworben haben. Wenn der Jugendliche aus den Slums oder aus komfortablem Vorstadtmilieu mit emotioneller Spar- und Rohkost aufgezogen – wenn beide Jugendliche, äußerlich so verschiedener Herkunft, plötzlich sadistische Gewalttaten verüben, an blindem Zerstörungsdrang Gefallen finden, wenn der Städter, dem die Einsamkeit angeblich nichts anhat, Jahr für Jahr mehr Alkohol trinkt, nicht weil er sich am Saft der Trauben labt, sondern weil er sich besaufen muß, wenn er Jahr für Jahr blindlings mehr Kilometer herunterrast in seiner zwecklosen Freizeit, weil er es nirgends mehr aushält – dann wird mir eine gewisse, sich ganz unsentimental gebende soziologische Auffassung, die das alles als Unvermeidlichkeiten des sozialen Daseins hinzunehmen bereit ist, fragwürdig. Es gibt einen modernen Snobismus: er kommt sich wirklichkeitsnahe, aufgeklärt vor, weil er die sentimentalen Rückwärtsträume unter der Last dessen, was uns gegenwärtig weh tut, nicht mitmacht; aber de facto vollzieht er ein faules appeasement mit allem, was ungekonnt, brutal, verachtungswürdig an unserer Gegenwart ist. Ich rechne auch einige Soziologen und Sozialpsychologen unseres Landes zu dieser Gruppe der *geheimen Beruhiger*.

Hier hätte die harte Kritik anzufangen. Warum werden unsere städtischen Kinder nicht wie Kinder von Menschen behandelt, sondern wie Puppen oder Miniaturerwachsene, von infantilisierten Erwachsenen umgeben, deren städtische Vorerfahrungen sie dermaßen beschädigt haben, daß sie schon gar nicht mehr wissen, was der Mensch bis zum 6., bis zum 14. Lebensjahr für eine Umwelt braucht, um nicht später ein Renten- und Pensionsbettler zu werden?

Das, und nicht nur die ästhetische Gestalt unserer Städte, ist zu bedenken, will man die Ursachen ihrer Unwirtlichkeit und der verbauten Zukunft der Städter auffinden. Der Mensch und seine Umwelt sind untrennbar. Der städtische, genauer: der Mensch der Siedlungs- und Produktionszentren und die Lebensbedingungen, die diese technischen Räume ihm geben, sind untrennbar. Wenn es nicht nur zu einer Planung für einen enthemmten Prozeß der Vermehrung und der wirtschaftlichen Produktion und des Verbrauches kommen soll, oder bei ihm sein Bewenden haben soll, dann müssen wir ganz scharf zu sehen lernen: was ist gelungene Anpassung und was ist *Biopathologie* der industriellen Massenzivilisation.

Es ist natürlich lukrativer – wie die Dinge liegen –, ein Rasenstück an eine Versicherungsgesellschaft zu verkaufen, statt einen Spielplatz für Kinder daraus zu machen. Es ist ungleich bequemer, die noch produktiven alten Menschen irgendwo an gottverlassenen Orten in Altersheime auszusiedeln, als sich zu bemühen, Lösungen zu finden, in denen sie produktiv, und wenn nicht mehr dies, so doch respektiert unter uns bleiben können. Manches Altersschicksal verliefe anders, wenn die Struktur unserer Siedlungsräume nicht von borniertem Profitgier verzerrt wäre.

„Nachbarschaft", dieses sentimentalisierte Schlagwort, behält trotzdem seinen Aussagegehalt. Ohne emotionelle Nachbarschaft kann keine reife Menschlichkeit entstehen. Der Mensch ist ein Sozialwesen; „Nachbarschaft" aber, so sagt Elisabeth Pfeil[1], muß immer funktional gesehen werden; nur wo man auf den Nachbarn angewiesen ist, macht man von ihm als Nachbarn Gebrauch. In unseren Städten wird aber jede Anstrengung zur kommunikationslosen Bedürfnisbefriedigung unternommen. Die vollendete Auflösung der städtischen Gesellung spiegelt sich in dem Wort „Selbstbedienung".

So kann man an zahlreichen Stellen die kritische Beobachtung ansetzen. Was ist gelungene Bewältigung unserer Lebensproblematik, was ist Ausbeutung in neuem Gewand? Was wirkt bindend, beheimatend? Wo kann man den Horizont offen halten, und wo rennt man in die Selbstzerstörung?

Es ist der Mühe wert, diese Analysen zu versuchen, immer neue Experimente zu wagen, immer deutlicher die Tabus zu durchleuchten, denn wenig Heiliges und viel Egoistisches steckt in ihnen. Es ist aller Mühen wert, weil die Menschheit, wie sie geworden ist, in den *Städten* ihre Wurzeln hat. Die Stadt ist der Geburtsort dessen, was wir bürgerliche Freiheit nennen, dieses Lebensgefühls, das sich dumpfen Herrschaftsgewalten widersetzte. Es könnte sein, daß die Struktur dessen, was wir gewohnheitsmäßig noch Stadt nennen, sich so verändert, daß sie kein Biotop mehr für freie Menschen ist, sondern eine soziale Umwelt, aus welcher, wie früher aus der natürlichen, unbegreifliche Katastrophen – Kriege statt Seuchen – hereinbrechen. Die große Arbeitslosigkeit, die ideologische Sturmflut des Nazismus und Faschismus waren solche Katastropheneinbrüche aus dem Milieu der technischen Massengesellschaft. Diesen neuen Gefahren einer, wie die Soziologen sagen, „zunehmenden Vergesellschaftung der Individuen"[2] ist nur mit einer besseren Befriedung der Affekte des Menschen beizukommen. Befriedung soll nicht heißen Verödung der Leidenschaften durch Überanpassung im Auftrag des „großen Bruders"; denn Befriedung meint nicht Abwehr der Leidenschaften und Kanalisierung in manipulierten Richtungen, auf manipulierte Objekte hin, sondern höhere Cerebrierung. Mehr Intellektualität, freierer, bewußtseinskontrollierter Umgang mit der Triebnatur, ein festeres Verhältnis von Einsicht und Leidenschaft. Das ist wünschenswert – aber es könnte leicht sein, daß der spürbare Mutationsschritt zur höheren Bewußtheit in einem relativ langsamen Verwirklichungstempo sich vollzieht, während er zugleich mächtige Gegenkräfte in Gang gesetzt hat, die nichts anderes im Sinn haben, als die zerbrechliche Spielbreite der menschlichen Freiheit einzuschränken, wenn nicht zu vernichten. So optimistisch sollten wir nicht sein, zu glauben, daß der Mensch in jedem Fall am Leben bleibt. Er bleibt vielleicht am Leben, die Frage ist aber, ob als freier, als einer also, der überhaupt mit diesem Wort Freiheit noch einen Sinn und ein Ziel verbindet. – Was aus dem Biotop unserer Städte wird, trägt zu der Entscheidung bei, welche Seite in diesem Geschichtsabschnitt den Wettlauf gewinnt.

---

1 E. Pfeil: *Zur Kritik der Nachbarschaftsidee,* Arch. f. Kommunalwissenschaften 2, 1963, 40.
2 Vgl. Ch. v. Ferber: *Zum Begriff der gesellschaftlichen Konzentration,* in: Delius, H. und G. Patzig (Hrsg.): Argumentationen. Göttingen (Vandenhoeck & Ruprecht), 1964.

Robert Venturi   Für eine beziehungsreiche Architektur!

Erste Erscheinung: Robert Venturi, *Complexity and Contradiction in Architecture* (New York: The Museum of Modern Art, 1966).
Textquelle: Robert Venturi, *Komplexität und Widerspruch in der Architektur*. Hrsg. von Heinrich Klotz, Übersetzung: Heinz Schollwöck (Braunschweig/Wiesbaden: Vieweg, 1978; Nachdruck: 1993), S. 23–24.

Complexity and Contradiction in Architecture war laut dem amerikanischen Architekturhistoriker Vincent Scully seit Le Corbusiers *Vers une architecture* das wichtigste Buch über Architektur. Sein Verfasser, Robert Venturi (siehe S. 97) hat den kleinen Band, der als Ergebnis eines italienischen Studienaufenthaltes entstand, als ersten in der Reihe „The Museum of Modern Art Papers on Architecture" im Jahre 1966 veröffentlicht. In der ersten Ausgabe ist der Text mit Bildern in Briefmarkengröße illustriert, die aus allen Perioden der Architekturgeschichte gewählten Beispiele zeigen. Sie sollen belegen, dass gute Architektur (auch die gute moderne Architektur) mehrdeutig und interessant ist; im Gegensatz zum doktrinären, langweiligen Internationalen Stil. Venturi argumentiert als praktischer Architekt (im Schlussteil des Buchs stellt er seine eigenen Projekte vor), und zieht eine lebhafte, gut lesbare, mit geistvollen Wortspielen gespickte Sprache der historischen Präzision der Analyse vor. Eine *both-and* (sowohl-als auch) Attitüde soll laut Venturi die Entweder-oder-Ästhetik des Funktionalismus ersetzen, um eine reichere, interessantere und damit populärere Architektur zu schaffen, wo Mies van der Rohes Diktum, *less is more*, nicht mehr akzeptiert werden muss. Die populistische Position Venturis kommt in seinem 1972 veröffentlichten nächsten Buch, *Learning from Las Vegas* noch stärker zum Ausdruck.

Bibliografie: s. Seite 97.

Ein behutsames Manifest

Ich freue mich über Vielfalt und Widerspruch in der Architektur. Die Zusammenhangslosigkeit und die Willkür nicht bewältigter Architektur aber lehne ich ab; ebensowenig mag ich die erkünstelten Raffinessen pittoresker oder expressiv übersteigerter Architektur. Im Gegensatz dazu will ich über eine komplexe und widerspruchsreiche Architektur sprechen, die von dem Reichtum und der Vieldeutigkeit moderner Lebenserfahrung zehrt, einschließlich der Erfahrungen, die nur in der Kunst gemacht werden. Überall wurde das Prinzip von Vielfalt und Widerspruch anerkannt, nur nicht in der Architektur: so durch Gödels Beweis letzendlicher Inkonsistenz in der Mathematik, durch T. S. Eliots Analyse ‚schwieriger' Dichtung und durch Joseph Albers' Bestimmung des paradoxen Charakters von Malerei.

    Architektur ist aber auch schon durch die Beachtung der alten Vitruv'schen Forderungen nach Zweckdienlichkeit, solider Bauweise und Anmut* notwendig vielfältig und widerspruchsreich. Heute kommt aber noch hinzu, daß die Anforderungen des Bauprogramms wie der Konstruktionsweise, der technischen Ausstattung und der Gestaltung sogar bei einfachen Bauvorhaben unter einfachen Bedingungen in die verschiedensten Richtungen auseinanderlaufen und so in

---

* Utilitas, firmitas, venustas.

einem Ausmaß miteinander in Konflikt geraten können, wie man es sich früher kaum vorstellen konnte. Die zunehmenden Größendimensionen und der veränderte Stellenwert von Architektur im Rahmen der Stadt- und Regionalplanung kommen erschwerend hinzu. Ich will mich hier diesen Problemen stellen und versuchen, das beste aus dieser Situation allgemeiner Verunsicherung herauszuholen. Weil ich das Widersprüchliche dabei ebenso akzeptiere wie das Komplexe, liegt mir die Lebendigkeit der Architektur genauso am Herzen wie ihre Gediegenheit.

Die Architekten können es sich nicht länger mehr leisten, durch die puritanisch-moralische Geste der orthodoxen modernen Architektur eingeschüchtert zu werden. Ich ziehe eine Haltung, die sich auch vor dem Vermessenen nicht scheut, einem Kult des ‚Reinen' vor; ich mag eine teilweise kompromißlerische Architektur mehr als eine ‚puristische', eine verzerrte mehr als eine ‚stocksteife', eine vieldeutige mehr als eine ‚artikulierte', eine verrückte genauso wie eine unpersönliche, eine lästig-aufdringliche genauso wie eine ‚interessante', eine konventionelle noch mehr als eine angestrengt ‚neue', die angepaßte mehr als die exklusiv abgegrenzte, eine redundante mehr als eine simple, die schon verkümmernde genauso wie die noch nie dagewesene, eine in sich widersprüchliche und zweideutige mehr als eine direkte und klare. Ich ziehe eine vermurkste Lebendigkeit einer langweiligen Einheitlichkeit vor. Dementsprechend befürworte ich den Widerspruch, vertrete den Vorrang des ‚Sowohl-als-auch'.

Ich stelle die Vielfalt der Meinungen höher als die Klarheit der Meinungen; die latenten Bedeutungen halte ich für ebenso wichtig wie die manifesten. Ich bevorzuge das ‚Beide-zusammen' vor dem ‚Entweder-oder', das Schwarz und Weiß und manchmal auch Grau, vor dem ‚Schwarz-oder-Weiß'. Gute Architektur spricht viele Bedeutungsebenen an und lenkt die Aufmerksamkeit auf eine Vielzahl von Zusammenhängen: ihr Raum und ihre Elemente sind auf mehrere Weisen gleichzeitig erfahrbar und benutzbar.

Eine Architektur der Komplexität und des Widerspruchs hat aber auch eine besondere Verpflichtung für das Ganze: ihre Wahrheit muß in ihrer Totalität – oder in ihrer Bezogenheit auf diese Totalität – liegen. Sie muß eher eine Verwirklichung der schwer erreichbaren Einheit im Mannigfachen sein als die leicht reproduzierbare Einheitlichkeit durch die Elimination des Mannigfachen. Mehr ist nicht weniger!

Charles Jencks **Die Arten der architektonischen Kommunikation** (Ausschnitte)

Erste Erscheinung: Charles Jencks, *The Language of Post-Modern Architecture* (5. Aufl. London: Academy Editions, 1987).
Textquelle: Charles Jencks, *Die Sprache der Postmodernen Architektur. Entstehung und Entwicklung einer alternativen Tradition*. Übersetzung: Nora von Mühlendahl-Krehl (Stuttgart: Deutsche Verlags-Anstalt, 1988; 3. Erw. Aufl.), S. 39, 40, 50, 52, 54, 63, 64, 69, 79.

Der amerikanische Architekt, Architekturhistoriker und Kritiker Charles Jencks (geb. 1939) studierte Literatur und Architektur an der Harvard Universität und schrieb anschließend seine Doktorarbeit an der University of London bei Reyner Banham. Seine Dissertation wurde in Buchform als *Modern Movements in Architecture* veröffentlicht

(1970). Er unterrichtete ab 1968 Architekturgeschichte an der Architectural Association in London; seit 1974 ist er Professor an der University of California in Los Angeles. Das Buch *Die Sprache der postmodernen Architektur* hat Jencks international bekannt gemacht, nicht nur unter Architekten. Obwohl der Begriff „postmodern" nicht seine Erfindung ist, hat er ihm zuerst eine Bedeutung gegeben, die viele neue Erscheinungen der Kultur der Zeit identifizierbar machte. Im erwähnten Buch charakterisiert Jencks „postmodern" als einen Begriff, der verschiedene Phänomene beschreibt, die „der orthodoxen Moderne zuwiderlaufen". Er fordert, dass die Bezeichnung „postmodern" nur auf jene Architekten angewendet wird, „die sich der Architektur als einer Sprache bedienen". In Jencks' Auffassung war die moderne Architektur strikt exklusiv, die postmoderne Architektur ist dagegen inklusiv – was Venturis Programm der „Complexity and Contradiction" entspricht. Zu ihren charakteristischen Eigenschaften gehören die „Doppelkodierung", oder „Mehrfachkodierung", die Hybridisierung und Verdichtung der Bedeutungen. Ein postmodernes Gebäude muss vielschichtig interpretierbar sein, um der heutigen, pluralistisch geprägten Gesellschaft zu entsprechen – argumentiert Jencks.

Bibliografie: Charles Jencks, *Was ist Postmoderne?* (Zürich: Artemis, 1990).

Monsieur Jourdain, Molières „Bürger als Edelmann", war recht erstaunt festzustellen, daß er „schon mehr als vierzig Jahre lang Prosa" gesprochen hatte, „ohne es zu wissen". Die modernen Architekten erleben einen ähnlichen Schock oder Zweifel, daß sie etwas so Erhabenes wie Prosa sprechen. Die Umwelt erkennen heißt ihre Zweifelhaftigkeit akzeptieren. Wir sehen ein Sprachgewirr, einen offenen Kampf persönlicher Idiolekte, nicht die klassischen Sprachen der dorischen, ionischen und korinthischen Ordnung. Während es einst Regeln der architektonischen Grammatik gab, haben wir jetzt gegenseitige Angriffe der Spekulationsbauträger. Wo einst ein vornehmer Diskurs zwischen den Houses of Parliament und der Westminster Abbey stattfand, schreit jetzt jenseits der Themse das Shell-Gebäude die Hayward Gallery an, die wiederum eine stotternde und kichernde Royal Festival Hall anmault. Es herrscht nur Verwirrung und Streit, und doch ist diese Beschimpfung noch eine Sprache, auch wenn sie nicht sehr verständlich oder überzeugend ist. Es *gibt* verschiedene Analogien, welche die Architektur mit der Sprache gemeinsam hat, und wenn wir die Begriffe frei anwenden, können wir von architektonischen „Wörtern", „Sätzen", „Syntax" und „Semantik" sprechen[1]. Ich will einige dieser Analogien nacheinander abhandeln und zeigen, wie sie bewußter als Ausdrucksmittel genutzt werden können. Dabei beginne ich mit dem in der modernen Architektur allgemein am meisten vernachlässigten Aspekt.

Die Metapher

Die Menschen betrachten ein Gebäude unweigerlich in Verbindung mit einem anderen Bauwerk oder einem ähnlichen Objekt, kurz, als Metapher. Je ungewohnter ein modernes Bauwerk ihnen erscheint, desto mehr werden sie es metaphorisch mit dem vergleichen, was ihnen vertraut ist.

---

1 Eine klarere Gegenüberstellung von Architektur und Sprache erfolgt durch die Architektursemiotiker, die diese unpräzisen Analogien durch Fachbegriffe ersetzen. Für unsere allgemeinen Zwecke reichen diese Analogien jedoch aus, solange wir sie nicht allzu wörtlich nehmen.

Abb. 105. Betongitter, heute das Zeichen für Parkhäuser, wurden zuerst in Amerika Ende der fünfziger Jahre für Bürogebäude verwendet. Sie sind hier tragende Konstruktionen und verbergen die Autos. Während die „Käsereibe" heute nicht mehr als Metapher erkannt wird, nutzt man das vorgefertigte Gitter noch gelegentlich für Büros. Ob es Garage oder Büro bedeutet, hängt von der Häufigkeit seiner Anwendung in einer Gesellschaft ab. Abbildung aus Charles Jencks' *The Language of Post-Modern Architecture* (1977).

Diese Übertragung von einer Erfahrung auf eine andere ist Bestandteil allen Denkens – vor allem des kreativen. So wurden Ende der fünfziger Jahre die ersten vorgefertigten Betongitter als „Käsereiben", „Bienenstöcke", „Kettenzäune" bezeichnet. Dagegen benannte man sie zehn Jahre später, als sie zur Norm bei einem bestimmten Gebäudetyp geworden waren, in funktionalen Begriffen: „Es sieht aus wie ein Parkhaus." Von der Metapher zum Klischee, vom neuen Ausdruck durch ständige Verwendung zum architektonischen Zeichen, das ist der immer wiederkehrende Ablauf, dem neue und erfolgreiche Formen und Techniken folgen.

Typische negative Metaphern, die von der Öffentlichkeit und von Kritikern wie Lewis Mumford benutzt wurden, um die moderne Architektur zu verteufeln, waren „Pappschachtel", „Schuhkarton", „Eierkiste", „Aktenschrank", „kariertes Papier". Diese Vergleiche wurden nicht nur wegen ihrer pejorativen, mechanistischen Bedeutung gewählt, sondern auch, weil sie stark *kodiert* waren in einer Zivilisation, die sensibilisiert war auf das Gespenst von 1984 (George Orwell: 1984 [1949, dtsch. 1950]). Dieser naheliegende Aspekt hat, wie wir noch sehen werden, einige seltsame Zusammenhänge.

[...]

Die Sprache der Architektur ist viel gefügiger als die gesprochene Sprache und mehr der Veränderung durch kurzlebige Kodes unterworfen. Ein Gebäude kann dreihundert Jahre bestehen, aber die Art, wie Menschen es betrachten und nutzen, kann sich alle zehn Jahre ändern. Es wäre pervers, Shakespeares Sonette umschreiben, Liebesgedichte in haßerfüllte Briefe zu verwandeln, eine Komödie als Tragödie zu lesen. Aber es ist vollkommen akzeptabel, Wäsche auf dekorative Balustraden zu hängen, eine Kirche in eine Konzerthalle umzuwandeln und ein Gebäude täglich zu nutzen, ohne es anzuschauen (was tatsächlich die Norm ist). Architektur wird häufig unbeteiligt oder mit den größten Vorurteilen je nach Stimmung und Wunsch erlebt – genau entgegengesetzt dazu, wie man gewöhnlich eine Sinfonie oder ein Kunstwerk genießt[2]. Eine Folgerung daraus für die Architektur ist, unter anderem, daß der Architekt seine Bauten überkodieren muß, indem er ein Übermaß an populären Zeichen und Metaphern verwendet, wenn sein Werk sich, wie beabsichtigt, mitteilen und die Transformation schnell veränderlicher Kodes überstehen soll.

Erstaunlicherweise leugnen viele modernen Architekten diese wichtigste metaphorische Stufe der Bedeutung. Sie empfinden sie als unfunktional und subjektiv, literarisch und vage, gewiß nicht als etwas, das sie bewußt kontrollieren und sinnvoll anwenden können. Statt dessen konzentrieren sie sich auf vermeintlich rationale Aspekte des Entwurfs – auf Kosten und Funktion, wie sie es eng definieren. Das Ergebnis ist, daß ihre unbeabsichtigten Metaphern metaphorische Rache üben und sie in den Hintern treten: Ihre Bauten sehen schließlich aus wie Metaphern für Funktion und Wirtschaftlichkeit und werden als solche verdammt. Die Situation wird sich jedoch ändern, weil sowohl die Sozialforschung als auch die Architektursemiotik die allgemeine Reaktion auf die Metapher darstellen. Diese ist weit besser vorhersehbar und kontrollierbar, als die Architekten es gedacht hatten, und da die Metapher eine entscheidende Rolle für die Annahme oder Ablehnung eines Gebäudes durch die Öffentlichkeit spielt, werden die Architekten das mit Sicherheit bald erkennen, wenn auch nur in ihrem eigenen Interesse. Die Metapher, durch konventionelle visuelle Kodes gesehen, unterscheidet sich von Gruppe zu Gruppe, aber sie kann im großen und ganzen, wenn nicht sogar exakt, für alle Gruppen einer Gesellschaft umschrieben werden.

Wörter

Vielem von dem, was ich bisher gesagt habe, liegt die Klischeevorstellung zugrunde, daß die Sprache der Architektur, wie die gesprochene Sprache, bekannte Bedeutungselemente anwenden muß. Um die linguistische Analogie zu vervollständigen, könnten wir alle diese Elemente als architektonische „Wörter" bezeichnen. Es gibt Wörterbücher der Architektur, welche die Bedeutung dieser Wörter definieren: Türen, Fenster, Pfeiler, Zwischenwände, Auskragungen usw. Offenbar sind diese wiederholbaren Elemente eine Notwendigkeit der architektonischen Praxis. Die Bauindustrie standardisiert zahllose Produkte (es gibt in England über 400 Bausysteme), und in jedem Architekturbüro werden die jeweils bevorzugten Details wiederholt.

Wie in der Sprache wird die kreative Metapher von gestern durch ständige Anwendung heute zum konventionellen Wort. Ich habe bereits erwähnt, daß die Keilform zum Zeichen für das Auditorium und das Betongitter – die Metapher der Käsereibe – zum Zeichen für Parkhäuser wurde („Bürobau" ist seine andere Anwendung). Doch gibt es einen entscheidenden Unterschied zwischen den „Wörtern" der Architektur und denen der Sprache. Betrachten wir den Fall der

---

2 Ein Argument von Umberto Eco in: *Funktion und Zeichen. Semiologie der Architektur*, in: *Konzept 1, Architektur als Zeichensystem*, Tübingen 1971.

Abb. 106. Kisho Kurokawa: Appartementhaus Nagakin Capsule Building, Tokio, 1972. 140 Kisten wurden zur Baustelle gefahren und am dem beiden Betonkernen befestigt. Jeder bewohnbare Raum hat ein eingebautes Badezimmer, eine Stereoanlage, Rechenmaschinen und andere Einrichtungen für Geschäftsleute. Die Metapher der Stapelung von Räumen wie Ziegelsteine oder Zuckerstücke taucht etwa alle fünf Jahre wieder auf, seit Walter Gropius sie im Jahr 1922 vorgeschlagen hatte. Die Assoziationen sind doppelsinnig: Dem einen bedeuten sie bereits Reglementierung, dem anderen die Einheit in der Vielfalt der italienischen Hügelstadt. Abbildung aus Charles Jencks' *The Language of Post-Modern Architecture* (1977).

Säule. Eine Säule an einem Gebäude ist eine Sache für sich, die Nelsonsäule auf dem Trafalgar Square in London eine andere, die Säulenschornsteine des Kraftwerks Battersea sind ein Drittes, und der Entwurf von Adolf Loos für den Wettbewerb der Chicago Tribune ist ein Viertes. Wenn die Säule ein „Wort" ist, dann ist das Wort zur Redewendung, zum Satz und schließlich zu einem ganzen Roman geworden. Architektonische Wörter sind mit Sicherheit elastischer und vielgestaltiger als die der gesprochenen oder geschriebenen Sprache und basieren wegen ihrer spezifischen Bedeutung stärker auf ihrem physischen Kontext und dem Kode des Betrachters. Um festzustellen, was die Nelsonsäule bedeutet, muß man den sozial-physischen Kontext analysieren (den Trafalgar Square als Zentrum für politische Versammlungen), den semantischen Hintergrund von Nelson (siegreiche Seeschlachten, historische Figur usw.), die syntaktischen Merkmale (freistehend, umgeben von Freiraum und Springbrunnen) und die historischen Kennzeichen der Säule an sich (Anwendung an Tempeln, drei Ordnungen, phallisches Symbol usw.). Eine derartige Analyse geht über den Rahmen dieses Buches hinaus, aber der Beginn eines Versuchs ist mit der allgemeinen Analyse der Säule gemacht. Sie zeigt, wie gewinnbringend das sein kann[3].

---

3 Siehe Umberto Eco: *Komponentenanalyse einer Säule*, in: *Werk*, Nr. 10/1971.

Wir können eine Teilanalyse der architektonischen Elemente durchführen und herausfinden, welches die unterschiedlichen Elemente jeder Kultur sind.

Die modernen Architekten haben sich nicht immer der Frage nach dem tieferen Sinn der Klischees oder der überlieferten Wörter gestellt. Sie haben im großen und ganzen versucht, die Wiederverwendung *symbolischer Zeichen* zu vermeiden (das ist der Terminus technicus für Bedeutung, die durch konventionelle Anwendung bestimmt wird), weil sie meinten, die Anwendung dieser historischen Elemente würde einen Mangel an Kreativität darstellen. Für Frank Lloyd Wright und Walter Gropius bedeutete sie sogar einen Mangel an Integrität und Charakter. Ein Architekt, der das symbolische Zeichen anwendete, war in ihren Augen unaufrichtig und mit Sicherheit snobistisch – die klassischen Ordnungen waren eine Art anmaßendes Latein, der alltägliche, einheimische Industriebau und die nüchterne Sachlichkeit im Gegensatz dazu nicht. Aus diesen letztgenannten Bauaufgaben könnte, so hofften sie, eine universale Sprache konstruiert werden, eine Art Esperanto in Anwendung über die unterschiedlichen Kulturen hinweg, basierend auf funktionalen Typen. Diese Zeichen würden *indexikalisch* sein (unmittelbar auf ihre Anwendung hindeutend, wie zum Beispiel Pfeile, gerade Korridore) oder andernfalls *ikonisch,* in diesem Fall eine Darstellung ihrer Funktion (die von der Statik bestimmte Form einer Brücke oder sogar Venturis Ente). Die Wörter der modernen Architektur wären begrenzt auf diese Zeichentypen.

Das einzige Problem dieser Auffassung ist jedoch, daß die meisten architektonischen Wörter symbolische Zeichen sind. Mit Sicherheit sind diejenigen die stärksten und überzeugendsten, die erlernt und konventionell sind, nicht die „natürlichen". Das symbolische Zeichen beherrscht das

Abb. 107. Die Säule als Wort in verschiedenen Kontexten. Säulenförmige Schornsteine des Battersea Kraftwerkes, London (1929–1955), der Wettbewerbsentwurf von Adolf Loos für das Chicago Tribune Hochhaus und der Kenton County Wasserturm, Ohio (1955). Abbildung aus Charles Jencks' *The Language of Post-Modern Architecture* (1977).

indexikalische und das ikonische, und selbst diese letzteren sind zur korrekten Interpretation in gewisser Weise vom Wissensstand und von der Konvention abhängig. Es gab daher einen verheerenden theoretischen Irrtum gleich an der Basis der Sprache der Moderne. Sie konnte nicht funktionieren, wie die Architekten es erhofften, weil keine lebende Sprache das kann: Alle basieren überwiegend auf erlernten Konventionen, auf symbolischen Zeichen, nicht auf solchen, die direkt und ohne Ausbildung verstanden werden können.

[...]

Die Syntax (System der Zeichen)

Ein weiterer Aspekt, den die Architektur mit der Sprache gemeinsam hat, ist noch konkreter als Metaphern und Wörter. Ein Bau muß nach bestimmten Regeln oder Methoden erstellt werden. Die Gesetze der Schwerkraft und der Geometrie diktieren das Aufwärts und Abwärts: ein Dach, Fußboden, verschiedene Geschosse dazwischen, genauso wie die Gesetze des Klangs und des Sprachaufbaus bestimmte Vokale, Konsonanten und Aussprachen bedingen. Diese bestimmenden Kräfte erzeugen das, was als Syntax der Architektur bezeichnet werden könnte – das heißt die Regeln für die Kombination der verschiedenen Wörter Tür, Fenster, Wand usw. Die meisten Türen zum Beispiel folgen der syntaktischen Regel, daß sie auf beiden Seiten einen notwendigerweise ebenen Fußboden erfordern. Was passiert, wenn diese Regel ständig durchbrochen wird? Der Unterhaltungspalast im Amüsierpark profitiert von der Tatsache, daß das Nervensystem unbewußt die syntaktischen Regeln kennt und es genießt, wenn sie von Zeit zu Zeit durchbrochen werden. Unsinnige Wortsalate, die Sprache von Schizophrenen und die Poesie – sie alle verdrehen die konventionelle Grammatik. Das ist offensichtlich ein typisches Merkmal aller Zeichensysteme, die in ästhetischer Weise angewendet werden. Sie machen auf die Sprache aufmerksam durch Mißbrauch, Übertreibung, Wiederholung und alle anderen Mittel der Rhetorik.

[...]

Die Semantik (Fragen der Bedeutung)

Als im neunzehnten Jahrhundert verschiedene Architekturstile wieder auflebten, gab es eine relativ einheitliche Doktrin der Semantik, die erklärte, welcher Stil für welchen Bautyp anzuwenden war. Ein Architekt wählte die dorische Ordnung für ein Bankgebäude, weil diese Ordnung und die Funktion der Bank gewisse gemeinsame Hintergründe hatten: Nüchternheit, Unpersönlichkeit, Männlichkeit und Rationalität. (Eine Bank sollte streng genug aussehen, um Einbrecher zu entmutigen, und sachlich genug, um Kunden zu ermutigen.) Diese semantischen Eigenschaften wurden durch Vergleich festgelegt, indem man die Ordnungen einander und anderen Stilen gegenüberstellte. Das gleiche gilt für eine Menge syntaktischer Aspekte: die Größe des dorischen Kapitells, das Verhältnis der Säule zu anderen Säulen und ihre Proportionen zu Sims, Fries und Basis. Da diese Formen und Relationen einheitlich angewendet wurden, fühlten sich die Menschen in der Lage, ein Urteil über ihre *Eignung* abzugeben. Sie konnten erkennen, was das Gebäude bedeutete, und sie konnten einen leichten Wechsel der Betonung, eine Variation der Proportionen ebenso wie einen Wechsel in der Bedeutung wahrnehmen.

[...]

→ heute "Lesebrille" verloren... → Umgang?

Des weiteren sind die Werke der „Meister der modernen Architektur" (ich benutze den Titel der Buchreihe) zu Konsumprodukten wie Coca Cola, Xerox und Ford geworden, jedes Büro mit eigenem Firmenstil und eigener Firmenmarke. Sie haben dies natürlich nicht beabsichtigt, aber da sie nicht werben konnten und da sie in einer Konsumgesellschaft arbeiten mußten, lag für sie die Hauptmöglichkeit, ihr Ansehen zu verkaufen, darin, einen einzigen, erkennbaren Stil zu entwickeln, der über Zeitschriften, Bücher und Fernsehen geliefert werden konnte. Kurz, ihre Glaubwürdigkeit und ihre Aufrichtigkeit selbst wurden zur gängigen Ware, genauso wie in anderen Bereichen die von Picasso und Ché Guevara.

Die Nachfolger der „Meister" sind in die gleiche Richtung geführt worden mit dem Ergebnis, daß wir jetzt den Safdie-Stil erkennen können, die Firmenzeichen von Kurokawa und Tange, die Stirling-Manier und so weiter. Wie weiß ein Bauherr oder ein Komitee, welche zu wählen sei? Sie wählen aus Büchern, die einen Stil vor den Stilen der Konkurrenz auszeichnen. Originalität und Besonderheit sind zu verkäuflichen Gegenständen geworden.

Das Ergebnis dieses verborgenen Prozesses der Vermarktung von Ansehen ist die Produktion eines ablesbaren Stils der elitären Mittelklasse-Architekten. Er tendiert zur Univalenz wegen dem Zwang zur Konsequenz. Dieser Stil besteht aus wiederholbaren geometrischen Elementen, getrennt von den meisten Metaphern, mit Ausnahme derjenigen der Maschine, und gereinigt von der Vulgarität und den Zeichen, die anderen semiotischen Gruppen als den Architekten vertraut sind. In der Umwelt, die durch eine solche Situation geschaffen wird, stellt jedes Bauwerk ein Denkmal für die Konsequenz des Architekten dar, anstatt der Aufgabe oder der städtischen Umgebung gerecht zu werden.

Die damit verbundenen Folgen sind offensichtlich komplexer Natur. Ein Architekt muß bis zum gewissen Grade seine eigene Arbeitsweise entwickeln, seine eigenen Details und seine Manierismen. Aber diese garantieren oder bezeichnen heute nicht mehr Glaubwürdigkeit, was der Fall war, ehe sich die Avantgarde in die Konsumgesellschaft integrierte. Und wenn diese Praxis gegenwärtig im wesentlichen langweilige, abweisende Formen erzeugt, künstlich vereinfacht in einer einzigen Sprache, dann kann heute die Aufrichtigkeit des Architekten an seiner Fähigkeit gemessen werden, in einem Stilpluralismus zu entwerfen.

Umberto Eco

Funktion und Zeichen (Semiotik der Architektur)
(Ausschnitte)

Erste Erscheinung: Umberto Eco, *Einführung in die Semiotik*. Autorisierte deutsche Ausgabe von Jürgen Trabant (München: Wilhelm Fink, 1972).
Textquelle: Umberto Eco, *Einführung in die Semiotik*. Autorisierte deutsche Ausgabe von Jürgen Trabant (8. Aufl. München: Wilhelm Fink, 1994) S. 352–356.

Der 1932 in Alexandria geborene italienische Philosoph und Schriftsteller Umberto Eco gehört zu den vielseitigsten und weltweit bekanntesten Denkern unserer Zeit. Er studierte Philosophie und Mediävistik in Turin und unterrichtete ab 1961 Ästhetik an den Universitäten in Turin, Florenz und Mailand. Seit 1975 ist er Professor für Semiotik an der Universität von Bologna. In seinem ersten Buch *Il problema estetico in San Tom-*

maso (1956) interpretierte er Thomas von Aquins Reflexionen über das Schöne und die Kunst in ihrem Zusammenhang mit der mittelalterlichen Philosophie. Danach entwickelte sich sein Interesse – wie sein folgendes Buch, *Opera aperta* (1962; deutsch: *Das offene Kunstwerk*, 1972), zeigte – von der historiografischen Beschäftigung zur Problematik der zeitgenössischen Ästhetik, vor allem zur Frage der Freiheit und ihrer Grenzen in der Interpretation von Kunstwerken, zum Verhältnis von Werk und Betrachter. Wie die französischen Strukturalisten der Zeit, Claude Lévi-Strauss und Roland Barthes, wandte er sich auch den „Mythen des Alltags" zu. Als Mitarbeiter der Wochenzeitschrift *L'Espresso* setzte sich Eco in seiner politischen Publizistik mit Themen wie Film, Fernsehen, Popmusik, Plakaten, Kitsch usw. auseinander. Die Beschäftigung mit der von den Medien kontrollierten Massenkultur und dem Problem der visuellen Codes führte ihn zur Verfassung seines Werkes *Einführung in die Semiotik*. Er widmet einen Teil dieses Buches der Architektur. Er untersucht das Problem der architektonischen Zeichen und Codes, und die Fragen der architektonischen Kommunikation und Geschichte. Eco stellt fest, dass auch Objekte, die vor allem funktionieren und nicht etwas mitteilen wollen, wie Bauten oder Gebrauchsgegenstände, auch Zeichen ihres Gebrauchs, also semiotische Objekte sind.

Bibliografie: Dieter Mersch, *Umberto Eco zur Einführung* (Hamburg: Junius 1992).

Alles was gesagt wurde, könnte den Gedanken aufkommen lassen, in der Architektur ginge es darum, „Worte" zu erfinden, um „Funktionen" zu bedeuten, die nicht sie festlegt.

Oder auch den entgegengesetzten Gedanken: daß die Architektur, nachdem sie außerhalb ihrer selbst das System der zu fördernden und zu denotierenden Funktionen festgestellt hat, mit ihrem System von Signifikans-Reizen die Menschen zwingen würde, ganz anders zu leben, und dem Gang der Ereignisse Gesetze vorschreiben würde.

Das sind zwei entgegengesetzte Mißverständnisse, die zu zwei Verfälschungen des Begriffs „Architekt" führen. Im ersten Fall hätte der Architekt nichts anderes zu tun all den soziologischen und „politischen" Entscheidungen dessen zu gehorchen, der an seiner Stelle entscheidet, und nur die passenden „Worte" zu liefern, um damit „Dinge" zu sagen, die nicht seine eigenen sind und über die er nicht entscheiden kann.

Im zweiten Fall hält sich der Architekt (und wir wissen, wie sehr diese Illusion die Geschichte der modernen Architektur beherrscht hat) für einen Demiurgen, den Schöpfer der Geschichte.

Die Antwort auf diese zwei Mißverständnisse war [...]: *der Architekt muß variable erste Funktionen und offene zweite Funktionen entwerfen*.

Das Problem wird deutlicher an einem berühmten Beispiel: Brasilia.

Entstanden unter äußerst günstigen Bedingungen für die architektonische Planung, nämlich aus einer politischen Entscheidung aus dem Nichts, ohne Bindung an Bestimmungen irgendwelcher Art, konnte Brasilia als eine Stadt konzipiert werden, die ein neues Lebenssystem errichten und gleichzeitig eine komplexe konnotative Botschaft schaffen sollte. Sie sollte fähig sein, Idealvorstellungen von demokratischem Leben, von Pioniergeist gegenüber dem unerforschten Landesinneren, von triumphaler Selbstidentifizierung eines jungen Landes auf der Suche nach einer eigenen Physiognomie mitzuteilen.

Brasilia sollte eine Stadt von Gleichen werden, eine Stadt der Zukunft.

Es wurde in Form eines Flugzeugs (oder Vogels) entworfen, das seine Flügel über die Hochebene ausbreitet, auf der die Stadt liegt; ihrem Körperzentrum wurden erste Funktionen zugewiesen, die im Verhältnis zu den zweiten reduziert waren: das Körperzentrum beherbergt die öffentlichen Gebäude und sollte vor allem symbolische Werte konnotieren, die inspiriert wurden vom Identitätswillen des jungen Brasilien. Dagegen sollten die zwei seitlichen Flügel für Wohnbauten da sein und den ersten Funktionen Vorrang vor den zweiten geben. Große Blöcke von Wohneinheiten, „Superblöcke" nach dem Muster von Le Corbusier sollten dem Minister wie dem Amtsdiener erlauben (Brasilia ist eine Stadt der Bürokratie), nebeneinander zu wohnen und dieselben Dienstleistungen zu benutzen, die jeder Block von vier Einheiten den Einwohnern anbietet, vom Supermarkt bis zur Kirche, von der Schule zum Freizeitklub, vom Krankenhaus bis zur Polizeistation.

Um diese Blöcke herum führen die Straßen von Brasilia – wie Le Corbusier es wollte – ohne Kreuzungen dank breiter Kleeblattverbindungen.

Die Architekten hatten also ganz richtig die Systeme zu erfüllender Funktionen in einer Modellstadt der Zukunft untersucht (sie hatten biologische, soziologische, politische, ästhetische Daten und Bedingungen der Erkennbarkeit und der Orientierungsmöglichkeit, Verkehrsgesetze etc. einander zugeordnet und sie in architektonische Codes übersetzt, indem sie Systeme von Signifikanten schufen, die in günstigem Verhältnis zu den traditionellen Formen standen (hinreichend redundant waren), um damit unbekannte und – maßvoll – informative Möglichkeiten zu artikulieren. „Archetypische" Symbole (Vogel, Obelisk) fügten sich in ein Netz neuer Bilder (Pfeiler, Kleeblatt); die Kathedrale, außerhalb der gewohnten typologischen Schemata konstruiert, bezog sich doch auf eine archaische ikonographische Codifizierung (die Blume, das Sichöffnen der Blütenblätter, das Zusammenschließen der Finger einer Hand beim Gebet, sogar – und das war Absicht – das Rutenbündel als Symbol für die Vereinigung verschiedener Staaten).

Die Architekten begingen jedoch beide Fehler, die wir am Anfang dieses Abschnitts aufgezählt haben: sie hatten blindlings die Funktionen akzeptiert, die unter soziologisch-politischen Gesichtspunkten ermittelt worden waren, und hatten diese in völliger Anpassung denotiert und konnotiert; sie hatten geglaubt, daß schon aufgrund der Tatsache, daß Brasilia in der Art gebaut wurde, die Stadt die Geschichte für ihre eigenen Zwecke zurechtgebogen hätte.

Statt dessen haben sich gegenüber der *Struktur* Brasilia die *Ereignisse* ganz autonom entwickelt; und in ihrer Bewegung haben sie andere historisch-soziologische Kontexte geschaffen, einige der vorgesehenen Funktionen dahinwelken lassen, andere wiederum vordringlich gemacht.

A) Die Bauleute von Brasilia, die dort hätten wohnen sollen, waren offensichtlich zahlreicher als die verfügbaren Plätze. So wucherte an den Randzonen der Stadt der Nucleo Bandeirante, eine der elendsten Favelas, ein immenser *Slum* aus Baracken, miserablen Bars, folkloristischen Lokalen und Bordellen.

B) Die Superblöcke im Süden sind früher und besser gebaut worden als die im Norden; diese wurden in größerer Eile hochgezogen und, obwohl sie noch neu sind, zeigen sie schon Alterserscheinungen. Folglich wohnen die hohen Funktionäre lieber im Südflügel als im Nordflügel.

C) Die Zuwachsrate hat die Voraussagen übertroffen, und Brasilia konnte nicht einmal die Personen aufnehmen, die dort arbeiten. Es entstanden so Satellitenstädte, in denen sich in wenigen Jahren die Bevölkerung verzehnfacht hat.

D) Die Industriemagnaten und die Privatunternehmer, die nicht in den Superblöcken und auch nicht in den Satellitenstädten unterzubringen waren, wohnen jetzt in *Avenues,* welche parallel zu den beiden Flügeln der Superblöcke verlaufen; sie bestehen aus kleinen Villen, die die privacy des Bewohners gegenüber der Gesellschaft und der Gemeinschaft des Superblocks demonstrieren.

E) Um neue Einwohner unterzubringen, wurden an den Stadträndern riesige Flächen mit kleinen Häusern bebaut, die die Bewohner der *Slums* aus Angst vor der Reglementierung oft nicht bewohnen wollen.

F) Die Beseitigung von Straßenkreuzungen hat die Straßenzüge übermäßig verlängert, so daß sie nur für den da sind, der Auto fährt. Die Entfernung zwischen den einzelnen Superblöcken und zwischen Superblöcken und Zentralkörper erschwert die Verbindungen und verschärft die Unterschiede in der Besiedlung.

Wie uns die Untersuchungen der Proxemik zeigen, ist die räumliche Anordnung ein kommunikatives Faktum geworden, und – mehr als in jeder anderen Stadt – wird in Brasilia der *Status* eines Individuums durch den Ort mitgeteilt, wo es wohnt und von dem es sich nur schwer lösen kann.

Zusammenfassend läßt sich sagen, daß aus der sozialistischen Stadt, die Brasilia sein sollte, das Abbild sozialer Unterschiede geworden ist. Primäre Funktionen sind zu sekundären geworden, und die letzteren haben ihr Signifikat geändert; die Gemeinschaftsideologie, die aus dem Stadtnetz und dem Aussehen der Gebäude hervorgehen sollte, hat anderen Anschauungen vom Leben in der Gesellschaft Platz gemacht. Und das, *obwohl der Architekt in Bezug auf den Ausgangsentwurf nichts falsch gemacht hat.* Nur, daß sich der Ausgangsentwurf auf ein System von sozialen Beziehungen stützte, das ein für allemal als definitiv betrachtet wurde, während in Wirklichkeit der Wandel der Ereignisse die *Umstände,* in denen die architektonischen Zeichen interpretiert werden sollten, verändert hatte, und damit auch das *globale Signifikat der Stadt als Kommunikationsfaktum.* Zwischen dem Augenblick, in welchem die signifikanten Formen konzipiert wurden, und dem, wo sie empfangen wurden, war genug Zeit vergangen, um den historisch-sozialen Kontext zu verändern. *Und keine vom Architekten geschaffene Form hätte verhindern können, daß sich die Ereignisse anders entwickeln; als wäre der Architekt in eine Situation passiver Dienstleistung versetzt* worden, indem er Formen erfand, die den vom Soziologen und Politiker geltend gemachten Forderungen entsprachen.

Aber im Unterschied zum Soziologen und Politiker – die arbeiten, um die Welt zu verändern, jedoch innerhalb eines kontrollierbaren Zeitraums – darf der Architekt nicht unbedingt von sich aus die Welt ändern, und muß doch für einen nicht kontrollierbaren Zeitraum den Wandel der Ereignisse im Rahmen seiner eigenen Arbeit voraussehen können.

Wenn man die Forderung theoretisch und paradox formuliert, wäre Brasilia eine Zukunftsstadt geworden, wenn sie auf Rädern erbaut worden wäre oder mit vorfabrizierten und demontierbaren Elementen oder nach so dehnbaren Formen und Gesichtspunkten, daß sie verschiedene Signifikate je nach der Situation hätte annehmen können; stattdessen wurde Brasilia als Monument gebaut, dauerhafter noch als Bronze. Es erfährt allmählich das Schicksal der großen Monumente der Vergangenheit, welche die Geschichte mit anderen Inhalten füllt und welche von den Ereignissen verändert werden, während doch sie die Ereignisse verändern wollten.

In dem Augenblick, wo der Architekt außerhalb der Architektur den architektonischen Code sucht, muß er auch seine signifikanten Formen so zu gestalten wissen, daß sie anderen Lesecodes genügen. Denn die historische Situation, auf welche er sich stützt, um den Code festzustellen, ist vergänglicher als die signifikanten Formen, mit denen er diesen Code füllt. Der Architekt muß sich also an Soziologen, Physiologen, Politikern, Anthropologen orientieren, aber beim Anlegen von Formen, die ihren Forderungen entsprechen, die Fehlbarkeit ihrer Hypothesen und die Fehlerquote ihrer Untersuchungen voraussehen. Er muß jedenfalls wissen, daß es seine Aufgabe ist, Bewegungen der Geschichte zu antizipieren und aufzugreifen, nicht sie in Gang zu setzen.

Der architektonische Kommunikationsakt trägt sicherlich dazu bei, die Verhältnisse zu ändern, *aber er stellt nicht die einzige Form der Praxis dar.*

Christian Norberg-Schulz   **Das Phänomen „Ort"**

Erste Erscheinung: Christian Norberg-Schulz, *Genius loci* (Mailand: Electa, 1979).
Textquelle: Christian Norberg-Schulz, *Genius loci: Landschaft, Lebensraum, Baukunst*. Übersetzung: Angelika Schweikhart (Stuttgart: Klett-Cotta, 1982), S. 6–11.

Der norwegische Architekturhistoriker Christian Norberg-Schulz (1926–2000) erwarb sein Architekturdiplom an der ETH Zürich (1949) und begründete im gleichen Jahr die norwegische Gruppe der CIAM. Er studierte weiter an der Harvard Universität bzw. in Rom und schrieb seiner Doktorarbeit an der Technischen Universität in Trondheim (1963). Seit 1951 lehrte er an der Universität Oslo, wo er 1966 zum Professor für Architektur ernannt wurde. In seinen theoretischen Werken: *Intentions in Architecture* (Oslo 1963; – deutsch: *Logik der Baukunst*), *Existence, Space, and Architecture* (London, New York 1971), *Genius loci* (Mailand 1979) und in seiner historischen Studie *Meaning in Western Architecture* (London, New York, 1975; – deutsch: *Vom Sinn des Bauens*) vertritt Norberg-Schulz die Ansicht, dass die Architektur ein Mittel darstellt, dem Menschen einen „existentiellen Halt" zu geben. Er konzentriert sich nicht auf die „funktionalen", sondern auf die psychischen Dimensionen der Architektur. Der Mensch braucht Symbole: „Zu den Grundbedürfnissen des Menschen gehört, daß er seine Lebenssituationen als sinnvoll erfahren möchte, und der Zweck eines Kunstwerks ist es, Sinn zu ‚behalten' und übermitteln" – schreibt er im Vorwort von *Genius loci*. Während er in *Logik der Baukunst* Kunst und Architektur mit einer begrifflich orientierten „wissenschaftlichen" Methode analysiert, beachtet er in *Existence, Space, and Architecture* auch die sinnliche Dimension der Architektur – den konkreten Charakter der Umwelt, womit sich der Mensch identifizieren kann. „Existentieller Raum" – betont er – „ist kein logisch-matematischer Begriff, sondern umschreibt die Grundbeziehung zwischen dem Menschen und seiner Umwelt". Als Historiker veröffentlichte Norberg-Schulz mehrere Bücher über barocke und moderne Architektur bzw. über die Geschichte der skandinavischen, vor allem der norwegischen Baukunst (*Nightlands: Nordic Building*, Cambridge, Mass. 1996).

Christian Norberg-Schulz' Buch *Genius loci* ist ein Versuch, die Grundlagen einer Phänomenologie der Architektur zu erarbeiten. Der hier abgedruckte Text über das Phänomen ‚Ort' zeigt, dass sich Norberg-Schulz auf Gedanken von Martin Heidegger (vor allem auf *Sein und Zeit*, 1926, und auf „Bauen Wohnen Denken", 1951, s. Seite 510–514) stützt. Heideggers Begriff des Wohnens wird bei Norberg-Schulz zum Konzept des „existentiellen Halts".

Bibliografie: Fabio Mangone, „Christian Norberg-Schulz", lexikalisches Stichwort in Carlo Olmo, *Dizionario dell'architettura del XX secolo*. Band 4 (Turin, London: Umberto Allemandi, 2001), S. 451.

Unsere alltägliche Lebenswelt besteht aus konkreten „Phänomenen". Sie besteht aus Menschen, Tieren, Blumen, Bäumen und Wäldern, aus Stein, Erde, Holz und Wasser, aus Städten, Straßen und Häusern, Türen, Fenstern und Möbeln. Und sie besteht aus Sonne, Mond und Sternen, aus ziehenden Wolken, aus Tag und Nacht und dem Wechsel der Jahreszeiten. Aber auch weniger faßbare Phänomene wie Gefühle gehören dazu. Dies ist das „Vorgegebene", der „Inhalt" unserer Existenz. So kann Rilke fragen: „Sind wir vielleicht *hier*, um zu sagen: Haus, Brücke, Brunnen, Tor, Krug, Obstbaum, Fenster, – höchstens: Säule, Turm…"[1] Alles übrige, wie Atome und Moleküle, Zahlen und „Daten" jeglicher Art sind Abstraktionen oder Hilfsmittel, die zu einem anderen Zweck gebildet wurden als zur Verwendung im Alltagsleben. Heute ist es üblich geworden, den Hilfsmitteln größeres Gewicht beizulegen als unserer Lebenswelt.

Die konkreten Dinge, die unsere gegebene Welt ausmachen, stehen auf komplexe und vielleicht widersprüchliche Weise miteinander in Beziehung. So können beispielsweise manche dieser Phänomene andere umfassen. Der Wald besteht aus Bäumen, und eine Stadt setzt sich aus Häusern zusammen. „Landschaft" ist solch ein übergreifendes Phänomen. Ganz allgemein ließe sich sagen, daß manche Phänomene eine „Umwelt" für andere darstellen.

Eine konkrete Bezeichnung für Umwelt ist *Ort, Stätte*. Man spricht davon, daß Handlungen und Ereignisse *stattfinden*. Es ist in der Tat sinnlos, sich ein Geschehen ohne Beziehung zu einer Örtlichkeit vorstellen zu wollen. Der Ort ist offenkundig ein unverzichtbarer Bestandteil der Existenz.

Was also meinen wir mit der Bezeichnung „Ort"? Offensichtlich ist damit mehr gemeint als die abstrakte Lokalisierung. Wir meinen eine Totalität, die aus konkreten Dingen mit materieller Substanz, Form, Oberfläche und Farbe gebildet wird. Zusammengenommen determinieren diese Dinge einen „Umweltcharakter", das Wesen eines Ortes. Im allgemeinen existiert ein Ort als ein derartiger Charakter oder eine „Atmosphäre". Ein Ort ist deshalb ein qualitatives „Gesamt"-Phänomen, das sich auch nicht auf irgendwelche seiner Eigentümlichkeiten wie etwa räumliche Verhältnisse reduzieren läßt, ohne daß dabei der Blick auf seine konkrete Natur verlorengehe.

Unsere Alltagserfahrung lehrt uns außerdem, daß verschiedene Tätigkeiten verschiedene Umgebungen brauchen, damit sie auf befriedigende Weise stattfinden können. Infolgedessen bestehen Städte und Häuser aus einer Vielzahl besonderer Orte. Natürlich wird diese Tatsache in der derzeitigen Theorie über Planen und Architektur berücksichtigt, aber bislang ist das Problem auf einer viel zu abstrakten Ebene behandelt worden. „Stattfinden" ist weithin in einem quantitativen, „funktionalen" Sinn aufgefaßt worden, mit Konsequenzen etwa für räumliche Verteilung und Größenanordnung. Aber sind nicht „Funktionen" allgemein menschlich und überall ähnlich? Ganz offenkundig nicht. „Ähnliche" Funktionen, sogar die allerelementarsten wie Schlafen und Essen, finden auf sehr unterschiedliche Weise statt und verlangen entsprechend den ver-

---

[1] Rainer Maria Rilke, *Die Duineser Elegien*. Neunte Elegie. (Erste Veröffentlichung 1922.)

schiedenen kulturellen Traditionen und verschiedenen Umweltbedingungen Orte mit verschiedenen Eigenschaften. Der funktionale Ansatz ließ deshalb den Ort als das konkrete „Hier" mit seiner je eigenen Identität außer acht.

Da Orte qualitative Gebilde komplexer Art sind, können sie nicht mit analytischen, „wissenschaftlichen" Begriffen beschrieben werden. Wissenschaft „abstrahiert" von ihrem Prinzip her vom Gegebenen, um zu neutraler, „objektiver" Erkenntnis zu gelangen.

Was jedoch dabei verlorengeht, ist die alltägliche Lebenswelt, die doch das wirkliche Anliegen aller und ganz besonders das der Planer und Architekten sein sollte.[2] Doch steht glücklicherweise mit der als *Phänomenologie* bekannten Methode ein Ausweg aus der Sackgasse zur Verfügung.

Die Phänomenologie wurde im Gegensatz zu den Abstraktionen und Denkkonstruktionen als eine „Rückkehr zu den Dingen" verstanden. Bislang haben sich die Phänomenologen hauptsächlich mit Ontologie, Psychologie, Ethik und in geringem Umfang auch mit Ästhetik befaßt und der Phänomenologie der alltäglichen Umwelt nur geringe Aufmerksamkeit geschenkt. Es gibt allerdings einige bahnbrechende Werke, aber sie enthalten kaum direkte Bezüge zu Architektur.[3] Eine Phänomenologie der Architektur ist deshalb dringend erforderlich.

Von den Philosophen, die sich dem Problem der Lebenswelt zugewandt haben, sind Sprache und Literatur als „Informations"-Quellen herangezogen worden. Tatsächlich kann die Poesie gerade solche Totalitäten, die sich der Wissenschaft entziehen, konkretisieren und deshalb vielleicht ein Verfahren anbieten, mit dem wir das erforderliche Verstehen erreichen können. Ein Gedicht, das Heidegger für seine Erläuterung vom Wesen der Sprache heranzieht, ist das herrliche *Ein Winterabend* von Georg Trakl.[4] Das Gedicht von Trakl kommt unserer Absicht hier sehr entgegen, da es eine ganze Lebenssituation vergegenwärtigt, in der der Aspekt des Ortes sehr spürbar wird.

Ein Winterabend

Wenn der Schnee ans Fenster fällt,
Lang die Abendglocke läutet,
Vielen ist der Tisch bereitet,
Und das Haus ist wohlbestellt.

Mancher auf der Wanderschaft
Kommt ans Tor auf dunklen Pfaden.
Golden blüht der Baum der Gnaden
Aus der Erde kühlem Saft.

Wanderer tritt still herein;
Schmerz versteinerte die Schwelle.
Da erglänzt in reiner Helle
Auf dem Tische Brot und Wein.[5]

---

2 Den Begriff „Alltagswelt" hat Husserl in seinem Werk *Die Krisis der europäischen Wissenschaften und die Transzendentale Phänomenologie,* Den Haag 1936, eingeführt.
3 Martin Heidegger, „Bauen Wohnen Denken"; O. F. Bollnow, *Mensch und Raum;* Merleau-Ponty, *Phänomenologie der Wahrnehmung;* G. Bachelard, *Poetik des Raumes;* L. Kruse, *Räumliche Umwelt.*
4 Martin Heidegger, „Die Sprache", in: *Unterwegs zur Sprache.* 4. Aufl., Pfullingen 1971.
5 Georg Trakl, *Die Dichtungen.* 12. Aufl., Salzburg 1938.

Wir wollen hier nicht Heideggers tiefsinnige Analyse dieses Gedichts wiederholen, vielmehr auf einige Eigentümlichkeiten verweisen, die unser Problem veranschaulichen. Insgesamt fällt auf, daß Trakl *konkrete* Bilder verwendet, die wir alle aus unserer Alltagswelt kennen. Er spricht von „Schnee", „Fenster", „Haus", „Tisch", „Tor", „Baum", „Schwelle", „Brot und Wein", von „dunkel" und „hell", und er beschreibt den Menschen als „Wanderer". Diese Bilder jedoch beziehen auch eher allgemeine Strukturen ein. Zunächst einmal unterscheidet das Gedicht zwischen einem *Außen* und einem *Innen*. Das *Außen* wird in den ersten beiden Versen der ersten Strophe dargestellt und schließt *natürliche* wie *artifizielle* Elemente ein. Der natürliche Ort ist im fallenden Schnee gegenwärtig, was auf Winter hindeutet, und im Abend. Gerade der Titel des Gedichtes gibt jedem Ding seinen „Ort" in diesem Naturzusammenhang. Doch ist ein Winterabend mehr als nur ein Kalenderdatum. Da er eine konkrete Erscheinung ist, wird er als ein Ensemble von bestimmten Qualitäten oder, allgemein, als Stimmung oder „Charakter" erfahren, der den Hintergrund zu Handlungen und Ereignissen abgibt. Im Gedicht wird dieser Charakter durch den Schnee angegeben, der gegen das Fenster fällt, kühl, weich und lautlos, und die Konturen all jener Gegenstände zudeckt, die in der hereinbrechenden Dunkelheit noch zu erkennen sind. Das Wort „fallen" vermittelt darüber hinaus ein *räumliches* Empfinden oder, besser, das mitgedachte Vorhandensein von Erde und Himmel. Mit einem Minimum an Worten stellt Trakl eine vollständige natürliche Umwelt vor uns. Aber auch zum Außen gehören artifizielle Elemente. Dies ist durch die Abendglocke angedeutet, die überall zu hören ist und das „private" Innen zum Bestandteil einer umfassenderen „öffentlichen" Totalität werden läßt. Doch ist die Abendglocke mehr als ein benutzbares, von Menschen gefertigtes kunstvolles Produkt. Sie ist ein Symbol, das an die Werte erinnert, die dieser Totalität zugrunde liegen. In Heideggers Worten: „Das Läuten der Abendglocke bringt sie [die Menschen] als die Sterblichen vor das Göttliche."[6]

Vom *Innen* sprechen die nächsten beiden Verse. Es wird beschrieben als Haus, das Unterkunft und Sicherheit bietet, weil es umschlossen und „wohlbestellt" ist. Doch gibt es auch ein Fenster, eine Öffnung, die uns das Innen als eine Ergänzung zum Außen erfahren läßt. Als Zentrum innerhalb des Hauses finden wir dann den Tisch, der „vielen bereitet ist". Am Tisch kommen Menschen zusammen, er ist der *Mittelpunkt*, der mehr als alles andere das Innen konstituiert. Der Charakter des Innen wird kaum ausgesprochen und ist doch gegenwärtig. Im Gegensatz zur kalten Dunkelheit draußen ist das Innen erleuchtet und warm, und in seiner Stille sind schon zukünftige Laute enthalten. Im allgemeinen ist das Innen eine begreifbare Welt von *Dingen*, in der das Leben von „vielen" stattfinden könnte.

In den nächsten beiden Versen verdichtet sich die Perspektive. Die *Bedeutung* von Orten und Dingen tritt hervor, der Mensch wird ein Wanderer „auf dunklen Pfaden" genannt. Er hat keinen sicheren Ort innerhalb des Hauses, das er für sich geschaffen hat, vielmehr kommt er vom Außen, von seinem „Lebensweg", mit dem das Bemühen des Menschen gemeint ist, sich in der vorgegebenen unbekannten Umgebung zu „orientieren".

Die Natur hat aber noch ein anderes Gesicht: Sie bietet die Gnade von Wachstum und Blüte. Das Bild von dem „goldenen" Baum einigt Erde und Himmel und läßt daraus eine *Welt* werden. Durch die Arbeit des Menschen kommt diese Welt in der Gestalt von Brot und Wein ins Innen, und dieses Innen ist erleuchtet, das heißt, es wird sinnvoll.

Ohne die „heiligen" Früchte des Himmels und der Erde bliebe das Innen „leer". Das Haus und der Tisch empfangen und versammeln und bringen die Welt „in die Nähe". *Deshalb bedeutet*

---

6 Heidegger, op. cit., S. 22.

in einem Haus wohnen, die Welt bewohnen. Aber dieses Wohnen ist nicht leicht; man kann dazu nur auf dunklen Pfaden gelangen, und eine Schwelle trennt das Außen vom Innen. Sie steht für den „Riß" zwischen dem „Anderssein" und der manifesten Bedeutung, sie schließt den Schmerz in sich, der sie „versteinerte". In der Schwelle tritt so das *Problem* des Wohnens hervor.[7]

Trakls Gedicht erhellt wesentliche Phänomene unserer Lebenswelt, vor allem elementare Eigentümlichkeiten des Orts. Zunächst spricht es davon, daß jede Situation sowohl einen besonderen Ort hat als auch allgemein ist. Der geschilderte Winterabend ist offensichtlich ein örtlich festgelegtes, nordisches Phänomen, aber die darin einbegriffenen Vorstellungen von Außen und Innen sind wie auch die mit dieser Unterscheidung verknüpften Bedeutungen allgemein gültig. Das Gedicht konkretisiert daher elementare Eigentümlichkeiten des Daseins. „Konkretisieren" heißt hier: das Allgemeine als eine konkrete, örtlich festgelegte Situation „sichtbar" machen. Indem es so verfährt, bewegt sich das Gedicht gerade in die dem wissenschaftlichen Denken entgegengesetzte Richtung. Geht die Wissenschaft von dem „Gegebenen" aus, so bringt uns die Dichtung zurück zu den konkreten Dingen und deckt dadurch den der Lebenswelt eigenen Sinn auf.[8]

Trakls Gedicht unterscheidet weiter zwischen natürlichen und von Menschen geschaffenen Elementen und bietet damit einen möglichen Ausgangspunkt für eine „Phänomenologie der Umwelt".

Zweifelsohne sind die natürlichen Elemente die vorrangigen Bestandteile des Gegebenen, und Orte werden denn auch üblicherweise in geographischen Termini definiert. Doch sei hier wiederholt, daß „Ort" mehr bedeutet als die bloße Lage.

Soweit sich die zeitgenössische Literatur mit „Landschaft" befaßt, kennt sie verschiedene Versuche, natürliche Orte zu beschreiben, aber auch in diesem Fall erscheint uns der übliche Ansatz, der sich auf „funktionale" oder vielleicht „visuelle" Überlegungen gründet, als zu abstrakt.[9] Doch kann auch hier die Philosophie weiterhelfen. Als erste grundlegende Unterscheidung führt Heidegger die Begriffe „Erde" und „Himmel" ein und schreibt: „Die Erde ist die dienend Tragende, die blühend Fruchtende, hingebreitet in Gestein und Gewässer, aufgehend zu Gewächs und Getier... Der Himmel ist der wölbende Sonnengang, der gestaltwechselnde Mondlauf, der wandernde Glanz der Gestirne, die Zeiten des Jahres und ihre Wende, Licht und Dämmer des Tages, Dunkel und Helle der Nacht, das Wirtliche und Unwirtliche der Wetter, Wolkenzug und blauende Tiefe des Äthers".[10] Wie auch sonst manche Grundeinsichten könnte diese Unterscheidung zwischen Erde und Himmel vielleicht trivial erscheinen, ihre Bedeutung tritt jedoch hervor, nimmt man noch Heideggers Definition vom Wohnen hinzu: „Die Art, wie du bist und ich bin, die Weise, nach der wir Menschen auf der Erde *sind*, ist das Buan, das Wohnen." – „Doch ‚auf der Erde' heißt schon ‚unter dem Himmel'."[11] Er nennt das, was *zwischen* Erde und Himmel ist, *die Welt* und spricht von der Welt als von dem „Haus, das die Sterblichen bewohnen".[12] Anders gesagt: Wenn wir das Wohnen vermögen, wird die Welt zum „Innen". Ganz allgemein: Die Natur bildet eine ausgedehnte, umfassende Totalität, einen „Ort"

---

7 Heidegger, op. cit., S. 27.
8 Christian Norberg-Schulz, *Intentions in Architecture*. Oslo und London 1963; deutsch: *Logik der Baukunst*. Gütersloh 1968, Kapitel über „Symbolisierung".
9 Siehe z. B. J. Appleton, *The Experience of Landscape*. London 1975.
10 Heidegger, „Bauen Wohnen Denken", in: *Vorträge und Aufsätze*. Pfullingen 1954, S. 149 f.
11 Heidegger, op. cit., S. 147, 149.
12 Heidegger, *Hebel der Hausfreund*. Pfullingen 1957, S. 13.

Abb. 108. Oben: Aussen-Innen, auf der Erde unter dem Himmel. Kappelle von Hildebrandt, Göllersdorf. Unten links: Aussen-Innen. Giglio Castello. Unten rechts: Stimmung. Nordischer Wald bei Oslo. Illustrationen aus Christian Norberg-Schulz, *Genius loci* (1979).

mit je nach den vorhandenen Gegebenheiten besonderer Identität. Diese Identität oder der „Geist" könnte etwa mit so konkreten, „qualitativen" Begriffen beschrieben werden, wie sie Heidegger zur Charakterisierung von Erde und Himmel verwendet, und hätte diese fundamentale Unterscheidung als Ausgangspunkt zu nehmen. Mit einem solchen Verfahren ließe sich ein existentiell relevantes Verständnis von *Landschaft* erreichen, die man sich als wichtigste Besonderheit der natürlichen Orte merken sollte. Innerhalb der Landschaft jedoch gibt es nachrangige Orte wie auch natürliche „Dinge", etwa Trakls „Baum". In diesen Dingen „verdichtet sich" der Sinn von natürlichen Umgebungen.

Die von Menschen geschaffenen Bestandteile der Umgebung sind zunächst einmal „Siedlungen" verschiedener Größe, von Häusern und Höfen zu Dörfern und Städten, zum zweiten dann die Wege, die diese Siedlungen miteinander verbinden wie auch die verschiedenen Elemente, die aus der Natur eine „Kulturlandschaft" machen. Stehen die Ansiedlungen in einer organischen Beziehung mit ihrer Umwelt, können sie zu Brennpunkten werden, in denen der Umweltcharakter sich verdichtet und „sich ausdrückt". Daher kann Heidegger sagen: „Die einzelnen Häuser dagegen, die Dörfer, die Städte sind jeweils Bauwerke, die in sich und um sich jenes vielfältige Zwischen versammeln. Die Bauwerke holen erst die Erde als die bewohnte Landschaft in die Nähe des Menschen und stellen zugleich die Nähe des nachbarlichen Wohnens unter die Weite des Himmels".[13] Eine Grundeigenschaft der von Menschen geschaffenen Orte ist daher Konzentrierung und Einfriedung. Sie sind „Innen" in seiner ganzen Bedeutung, womit gemeint ist, daß sie das Bekannte „versammeln". Um diese Funktion erfüllen zu können, haben sie Öffnungen, die die Beziehung zum Außen herstellen. (Nur ein *Innen* kann eine Öffnung haben.) Außerdem stehen Gebäude auch noch dadurch in Beziehung zur Umwelt, daß sie auf dem Grund ruhen und zum Himmel aufragen. Und schließlich können die von Menschen hergestellten Umgebungen noch Artefakte oder „Dinge" umfassen, die innere Brennpunkte sein und dadurch die Funktion des Versammelns betonen können, die eine Siedlung hat. In Heideggers Worten: „Das Ding dingt Welt", wobei „dingen" in seinem ursprünglichen Sinn als „versammeln" verwendet ist, und weiter: „Nur was aus Welt gering, wird einmal Ding".[14]

In diesen einführenden Bemerkungen finden sich einige Hinweise auf die *Struktur* von Orten. Etliches davon ist bereits von Philosophen der phänomenologischen Richtung ausgearbeitet worden und gibt einen geeigneten Ausgangspunkt für eine umfassendere Phänomenologie ab.

Ein erster Schritt mit der Unterscheidung zwischen natürlichen und von Menschen gefertigten Phänomenen vollzogen oder, konkreter formuliert, zwischen „Landschaft" und „Siedlung". Für einen zweiten Schritt stehen die Kategorien Erde – Himmel (horizontal – vertikal) und Außen – Innen.

Da diese Kategorien Räumliches mit einbegreifen, wird „Raum" wieder eingeführt, und zwar vorrangig nicht als mathematischer Begriff, sondern als eine existentielle Dimension.[15] Ein letzter und besonders wichtiger Schritt wird mit dem Begriff „Charakter" vollzogen. Charakter ist durch das *Wie* der Dinge bestimmt und verankert unsere Untersuchung in den konkreten Phänomenen unserer alltäglichen Lebenswelt. Nur so läßt sich der *genius loci* ganz erfassen – jener „Geist, der an einem Ort herrscht" und der in der Antike als das „Gegenüber" verstanden wurde, mit dem der Mensch sich einigen muß, will er das Wohnen vermögen.[16]

Michel Foucault

Andere Räume

Erste Erscheinung und Textquelle: Michel Foucault, „Andere Räume". Übersetzung: Walter Seitter, in *Idee, Prozess Ergebnis. Die Reparatur und Rekonstruktion der Stadt.* Katalog zur Internationalen Bauausstellung Berlin 1987 (Berlin: Senator für Bau- und Wohnungswesen, 1984), S. 337–340.

Der französische Philosoph und Kulturhistoriker Michel Foucault (1926–1984) wird oft mit dem Anthropologen Claude Lévi-Strauss, dem Semiologen Roland Barthes, dem Psychoanalytiker Jacques Lacan und dem Philosophen Jacques Derrida als der wichtig-

---

13 Heidegger, op. cit., S. 13.
14 Heidegger, „Das Ding", in: *Vorträge und Aufsätze,* S. 179, 181.
15 Chr. Norberg-Schulz, *Existence, Space and Architecture,* London und New York 1971, wo der Begriff „existentieller Raum" verwendet wird.
16 Heidegger verweist auf die Verwandtschaft der beiden Wörter *gegen* und *Gegend.*

ste Vertreter des französischen Strukturalismus erwähnt, obwohl er in seinem Werk nie bei der formalen Analyse einer symbolischen Struktur (wie z.B. Sprache oder Raum) bleibt. Foucault studierte zuerst Philosophie und Psychologie, vor allem die Schriften von Gaston Bachelard über die Macht der Imagination, später wurde er von Heidegger und Marx beeinflusst. Alle diese relativ inkompatiblen Quellen sind in seinem ersten Buch *Geisteskrankheit und Persönlichkeit* (1954) erkenntlich. Im Zentrum des Interesses von Foucault stand seitdem die Grenzlinie zwischen dem klassischen und modernen Denken; *Transgression* als die Entdeckung neuer Grenzen, neuer Erfahrungen und neuer Lüste, wenn die klassischen Regeln nicht mehr gelten. Foucaults Archäologie des Denkens förderte Schichten zutage, die das Wirken des „unaufgeklärten" Wissens dokumentieren. So konnte er moderne Institutionen wie die psychiatrische Klinik oder das Gefängnis kritisieren, indem er zeigte, wie in ihren Raumstrukturen die kontrollierende Macht der Vernunft regiert.

„Andere Räume" ist der Titel eines Vortrags, den Michel Foucault im Jahre 1967 im *Cercle d'études architecturales* hielt. Der Text erschien in deutscher Übersetzung in einem Sammelband erst 1984, im Jahre seines Todes. Foucault verwendet den Begriff Heterotopie, um seine „anderen Räume" von jenen der Utopien zu unterscheiden. Im Unterschied zum Wunscherfüllungscharakter der Utopien (den Bloch begrüßte und Tafuri kritisierte) sind Heterotopien wirkliche Orte, die jedoch innerhalb einer Kultur Transgressionen, alternative Machtstrukturen darstellen. So gesehen ist Foucaults Beitrag ein wichtiger Schritt zur Theorie der Verräumlichung sozialer Machtbeziehungen.

Bibliografie: James Miller, *The Passion of Michel Foucault* (New York: Simon & Schuster, 1993).

Die große Obsession des 19. Jahrhunderts ist bekanntlich die Geschichte gewesen: die Entwicklung und der Stillstand, die Krise und der Kreislauf, die Akkumulation der Vergangenheit, die Überlast der Toten, die drohende Erkaltung der Welt. Im Zweiten Grundsatz der Thermodynamik hat das 19. Jahrhundert das Wesentliche seiner mythologischen Ressourcen gefunden. Hingegen wäre die aktuelle Epoche eher die Epoche des Raumes. Wir sind in der Epoche des Simultanen, wir sind in der Epoche der Juxtaposition, in der Epoche des Nahen und des Fernen, des Nebeneinander, des Auseinander. Wir sind, glaube ich, in einem Moment, wo sich die Welt weniger als ein großes sich durch die Zeit entwickelndes Leben erfährt, sondern eher als ein Netz, das seine Punkte verknüpft und sein Gewirr durchkreuzt. Vielleicht könnte man sagen, daß manche ideologischen Konflikte in den heutigen Polemiken sich zwischen den anhänglichen Nachfahren der Zeit und den hartnäckigen Bewohnern des Raumes abspielen. Der Strukturalismus oder, was man unter diesem ein bißchen allgemeinen Namen gruppiert, ist der Versuch, zwischen den Elementen, die in der Zeit verteilt worden sein mögen, ein Ensemble von Relationen zu etablieren, das sie als nebeneinandergestellte, einander entgegengesetzte, ineinander enthaltene erscheinen läßt: also als eine Art Konfiguration; dabei geht es überhaupt nicht darum, die Zeit zu leugnen; es handelt sich um eine bestimmte Weise, das zu behandeln, was man die Zeit und was man die Geschichte nennt.

Indessen muß bemerkt werden, daß der Raum, der heute am Horizont unserer Sorgen, unserer Theorie, unserer Systeme auftaucht, keine Neuigkeit ist. Der Raum selber hat in der abendländischen Erfahrung eine Geschichte, und es ist unmöglich, diese schicksalhafte Kreuzung der Zeit mit dem Raum zu verkennen. Um diese Geschichte des Raumes ganz grob nachzuzeichnen, könnte man sagen, daß er im Mittelalter ein hierarchisiertes Ensemble von Orten war: heilige Orte und profane Orte; geschützte Orte und offene, wehrlose Orte; städtische und ländliche Orte: für das wirkliche Leben der Menschen. Für die kosmologische Theorie gab es die überhimmlischen Orte, die dem himmlischen Ort entgegengesetzt waren; und der himmlische Ort setzte sich seinerseits dem irdischen Ort entgegen. Es gab die Orte, wo sich die Dinge befanden, weil sie anderswo gewaltsam entfernt worden waren, und die Orte, wo die Dinge ihre natürliche Lagerung und Ruhe fanden. Es war diese Hierarchie, diese Entgegensetzung, diese Durchkreuzung von Ortschaften, die konstituierten, was man grob den mittelalterlichen Raum nennen könnte: Ortungsraum.

Dieser Ortungsraum hat sich mit Galilei geöffnet; denn der wahre Skandal von Galileis Werk ist nicht so sehr die Entdeckung, die Wiederentdeckung, daß sich die Erde um die Sonne dreht, sondern die Konstituierung eines unendlichen und unendlich offenen Raumes; dergestalt, daß sich die Ortschaft des Mittelalters gewissermaßen aufgelöst fand: der Ort einer Sache war nur mehr ein Punkt in ihrer Bewegung, so wie die Ruhe einer Sache nur mehr ihre unendlich verlangsamte Bewegung war. Anders gesagt: seit Galilei, seit dem 17. Jahrhundert, setzt sich die Ausdehnung an die Stelle der Ortung.

Heutzutage setzt sich die Lagerung an die Stelle der Ausdehnung, die die Ortschaften ersetzt hatte. Die Lagerung oder Plazierung wird durch die Nachbarschaftsbeziehungen zwischen Punkten oder Elementen definiert; formal kann man sie als Reihen, Bäume, Gitter beschreiben. Andererseits kennt man die Bedeutsamkeit der Probleme der Lagerung in der zeitgenössischen Technik: Speicherung der Information oder der Rechnungsteilresultate im Gedächtnis einer Maschine, Zirkulation diskreter Elemente mit zufälligem Ausgang (wie etwa die Autos auf einer Straße oder auch die Töne auf einer Telefonleitung), Zuordnung von markierten oder codierten Elementen innerhalb einer Menge, die entweder zufällig verteilt oder univok oder plurivok klassiert ist usw. Noch konkreter stellt sich das Problem der Plazierung oder der Lagerung für die Menschen auf dem Gebiet der Demographie. Beim Problem der Menschenunterbringung geht es nicht bloß um die Frage, ob es in der Welt genug Platz für den Menschen gibt – eine immerhin recht wichtige Frage, es geht auch darum zu wissen, welche Nachbarschaftsbeziehungen, welche Stapelungen, welche Umläufe, welche Markierungen und Klassierungen für die Menschenelemente in bestimmten Lagen und zu bestimmten Zwecken gewählt werden sollen. Wir sind in einer Epoche, in der sich uns der Raum in der Form von Lagerungsbeziehungen darbietet.

Ich glaube also, daß die heutige Unruhe grundlegend den Raum betrifft – jedenfalls viel mehr als die Zeit. Die Zeit erscheint wohl nur als eine der möglichen Verteilungen zwischen den Elementen im Raum.

Trotz aller Techniken, die ihn besetzen, und dem ganzen Wissensnetz, das ihn bestimmen oder formalisieren läßt, ist der zeitgenössische Raum wohl noch nicht gänzlich entsakralisiert (im Unterschied zur Zeit, die im 19. Jahrhundert entsakralisiert worden ist). Gewiß hat es eine bestimmte theoretische Entsakralisierung des Raumes gegeben (zu der Galileis Werk das Signal gegeben hat), aber wir sind vielleicht noch nicht zu einer praktischen Entsakralisierung des Raumes gelangt. Vielleicht ist unser Leben noch von Entgegensetzungen geleitet, an die man nicht rühren kann, an die sich die Institutionen und die Praktiken noch nicht herangewagt haben. Entgegensetzungen, die wir als Gegebenheiten akzeptieren: z. B. zwischen dem privaten Raum und dem öffentlichen Raum, zwischen dem Raum der Familie und dem gesellschaftlichen Raum, zwischen dem kulturellen Raum und dem nützlichen Raum, zwischen dem Raum der

Freizeit und dem Raum der Arbeit. Alle diese Gegensätze leben noch von einer stummen Sakralisierung. Das – unermeßliche – Werk von Bachelard, die Beschreibungen der Phänomenologen haben uns gelehrt, daß wir nicht in einem homogenen und leeren Raum leben, sondern in einem Raum, der mit Qualitäten aufgeladen ist, der vielleicht auch von Phantasmen bevölkert ist. Der Raum unserer ersten Wahrnehmung, der Raum unserer Träume, der Raum unserer Leidenschaften – sie enthalten in sich gleichsam innere Qualitäten; es ist ein leichter, ätherischer, durchsichtiger Raum, oder es ist ein dunkler, steiniger, versperrter Raum; es ist ein Raum der Höhe, ein Raum der Gipfel oder es ist im Gegenteil ein Raum der Niederung, ein Raum des Schlammes; es ist ein Raum, der fließt wie das Wasser; es ist ein Raum, der fest und gefroren ist wie der Stein oder der Kristall. Diese für die zeitgenössische Reflexion grundlegenden Analysen betreffen vor allem den Raum des Innen. Ich möchte nun vom Raum des Außen sprechen.

Der Raum, in dem wir leben, durch den wir aus uns herausgezogen werden, in dem sich die Erosion unseres Lebens, unserer Zeit und unserer Geschichte abspielt, dieser Raum, der uns zernagt und auswäscht, ist selber auch ein heterogener Raum. Anders gesagt: wir leben nicht in einer Leere, innerhalb derer man Individuen und Dinge einfach situieren kann. Wir leben nicht innerhalb einer Leere, die nachträglich mit bunten Farben eingefärbt wird. Wir leben innerhalb einer Gemengelage von Beziehungen, die Plazierungen definieren, die nicht aufeinander zurückzuführen und nicht miteinander zu vereinen sind. Gewiß könnte man die Beschreibung dieser verschiedenen Plazierungen versuchen, indem man das sie definierende Relationenensemble aufsucht. So könnte man das Ensemble der Beziehungen beschreiben, die die Verkehrsplätze definieren: die Straßen, die Züge (ein Zug ist ein außerordentliches Beziehungsbündel, denn er ist etwas, was man durchquert, etwas, womit man von einem Punkt zum andern gelangen kann, und etwas, was selber passiert). Man könnte mit dem Bündel der sie definierenden Relationen die provisorischen Halteplätze definieren – die Cafés, die Kinos, die Strände. Man könnte ebenfalls mit seinem Beziehungsnetz den geschlossenen oder halbgeschlossenen Ruheplatz definieren, den das Haus, das Zimmer, das Bett bilden... Aber was mich interessiert, das sind unter allen diesen Plazierungen diejenigen, die die sonderbare Eigenschaft haben, sich auf alle anderen Plazierungen zu beziehen, aber so, daß sie die von diesen bezeichneten oder reflektierten Verhältnisse suspendieren, neutralisieren oder umkehren. Diese Räume, die mit allen anderen in Verbindung stehen und dennoch allen anderen Plazierungen widersprechen, gehören zwei großen Typen an.

Es gibt zum einen die Utopien. Die Utopien sind die Plazierungen ohne wirklichen Ort: die Plazierungen, die mit dem wirklichen Raum der Gesellschaft ein Verhältnis unmittelbarer oder umgekehrter Analogie unterhalten. Perfektionierung der Gesellschaft oder Kehrseite der Gesellschaft: jedenfalls sind die Utopien wesentlich unwirkliche Räume.

Es gibt gleichfalls – und das wohl in jeder Kultur, in jeder Zivilisation – wirkliche Orte, wirksame Orte, die in die Einrichtung der Gesellschaft hineingezeichnet sind, sozusagen Gegenplazierungen oder Widerlager, tatsächlich realisierte Utopien, in denen die wirklichen Plätze innerhalb der Kultur gleichzeitig repräsentiert, bestritten und gewendet sind, gewissermaßen Orte außerhalb aller Orte, wiewohl sie tatsächlich geortet werden können. Weil diese Orte ganz *andere* sind als alle Plätze, die sie reflektieren oder von denen sie sprechen, nenne ich sie im Gegensatz zu den Utopien die *Heterotopien*. Und ich glaube, daß es zwischen den Utopien und diesen anderen Plätzen, den Heterotopien, eine Art Misch- oder Mittelerfahrung gibt: den Spiegel. Der Spiegel ist nämlich eine Utopie, sofern er ein Ort ohne Ort ist. Im Spiegel sehe ich mich da, wo ich nicht bin: in einem unwirklichen Raum, der sich virtuell hinter der Oberfläche auftut; ich bin dort, wo ich nicht bin, eine Art Schatten, der mir meine eigene Sichtbarkeit gibt, der mich mich erblicken läßt, wo ich abwesend bin: Utopie des Spiegels. Aber der Spiegel ist auch eine Heterotopie, insofern er wirklich existiert und insofern er mich auf den Platz zurückschickt, den ich wirklich einnehme; vom Spiegel aus entdecke ich mich als abwesend auf dem Platz, wo ich bin, da ich mich dort sehe; von diesem Blick aus, der sich auf mich richtet, und aus der Tiefe dieses virtuellen Raumes hinter dem Glas kehre ich zu mir zurück und beginne meine Augen wieder auf mich zu richten und mich da wieder einzufinden, wo ich bin. Der Spiegel funktioniert als eine Heterotopie in dem Sinn, daß er den Platz, den ich einnehme, während ich mich im Glas erblicke, ganz wirklich macht und mit dem ganzen Umraum verbindet, und daß er ihn zugleich ganz unwirklich macht, da er nur über den virtuellen Punkt dort wahrzunehmen ist.

Was nun die eigentlichen Heterotopien anlangt: wie kann man sie beschreiben, welchen Sinn haben sie? Man könnte eine Wissenschaft annehmen – nein, lassen wir das heruntergekommene Wort, sagen wir: eine systematische Beschreibung, deren Aufgabe in einer bestimmten Gesellschaft das Studium, die Analyse, die Beschreibung, die „Lektüren" (wie man jetzt gern sagt) dieser verschiedenen Räume, dieser anderen Orte wäre: gewissermaßen eine zugleich mythische und reale Bestreitung des Raumes, in dem wir leben; diese Beschreibung könnte *Heterotopologie* heißen.

Erster Grundsatz. Es gibt wahrscheinlich keine einzige Kultur auf der Welt, die nicht Heterotopien etabliert. Es handelt sich da um eine Konstante jeder menschlichen Gruppe. Aber offensichtlich nehmen die Heterotopien sehr unterschiedliche Formen an, und vielleicht ist nicht eine einzige Heterotopieform zu finden, die absolut universal ist. Immerhin kann man sie in zwei große Typen einteilen.

In den sogenannten Urgesellschaften gibt es eine Form von Heterotopien, die ich die Krisenheterotopien nennen würde; d. h. es gibt privilegierte oder geheiligte oder verbotene Orte, die Individuen vorbehalten sind, welche sich im Verhältnis zur Gesellschaft und inmitten ihrer menschlichen Umwelt in einem Krisenzustand befinden: die Heranwachsenden, die menstruierenden Frauen, die Frauen im Wochenbett, die Alten usw. In unserer Gesellschaft hören diese Krisenheterotopien nicht auf zu verschwinden, obgleich man nur noch Reste davon findet. So haben das Kolleg des 19. Jahrhunderts oder der Militärdienst für die Knaben eine solche Rolle gespielt – die ersten Äußerungen der männlichen Sexualität sollten „anderswo" stattfinden als in der Familie. Für die Mädchen gab es bis in die Mitte des 20. Jahrhunderts eine Tradition, die sich „Hochzeitsreise" nannte; ein althergebrachtes Phänomen. Die Defloration des Mädchens mußte „nirgendwo" stattfinden – da war der Zug, das Hotel der Hochzeitsreise gerade der Ort des Nirgendwo: Heterotopie ohne geographische Fixierung.

Aber diese Krisenheterotopien verschwinden heute und sie werden, glaube ich, durch Abweichungsheterotopien abgelöst. In sie steckt man die Individuen, deren Verhalten abweichend ist im Verhältnis zur Norm. Das sind die Erholungsheime, die psychiatrischen Kliniken; das sind wohlgemerkt auch die Gefängnisse, und man müßte auch die Altersheime dazu zählen, die an der Grenze zwischen der Krisenheterotopie und der Abweichungsheterotopie liegen; denn das Alter ist eine Krise, aber auch eine Abweichung, da in unserer Gesellschaft, wo die Freiheit die Regel ist, der Müßiggang eine Art Abweichung ist.

Der zweite Grundsatz dieser Beschreibung der Heterotopien ist, daß eine Gesellschaft im Laufe ihrer Geschichte eine immer noch existierende Heterotopie anders funktionieren lassen kann; tatsächlich hat jede Heterotopie ein ganz bestimmtes Funktionieren innerhalb der Gesellschaft, und dieselbe Heterotopie kann je nach der Synchronie der Kultur, in der sie sich befindet, so oder so funktionieren. Als Beispiel nehme ich die sonderbare Heterotopie des Friedhofs. Der Friedhof ist sicherlich ein anderer Ort im Verhältnis zu den gewöhnlichen kulturellen Orten; gleichwohl ist er ein Raum, der mit der Gesamtheit der Stätten der Stadt oder der Gesellschaft oder des Dorfes verbunden ist, da jedes Individuum, jede Familie auf dem Friedhof Verwandte hat. In der abendländischen Kultur hat der Friedhof praktisch immer existiert. Aber er hat wichtige Mutationen erfahren. Bis zum Ende des 18. Jahrhunderts war der Friedhof im Herzen der Stadt, neben der Kirche, angesiedelt. Da gab es eine ganze Hierarchie von möglichen Gräbern. Da war der Karner, in dem die Leichen jede Individualität verloren; es gab einige individuelle Gräber; und dann gab es innerhalb der Kirche die Grüfte, die wieder von zweierlei Art waren: entweder einfach Steinplatten mit Inschrift oder Mausoleen mit Statuen usw. Dieser Friedhof, der im geheiligten Raum der Kirche untergebracht war, hat in den modernen Zivilisationen eine ganz andere Richtung eingeschlagen; ausgerechnet in der Epoche, in der die Zivilisation, wie man gemeinhin sagt, „atheistisch" geworden ist, hat die abendländische Kultur den Kult der Toten installiert. Im Grunde war es natürlich, daß man in der Zeit, da man tatsächlich an die Auferstehung der Leiber und an die Unsterblichkeit der Seele glaubte, den sterblichen Überresten keine besondere Bedeutung zumaß. Sobald man jedoch nicht mehr ganz sicher ist, daß man eine Seele hat, daß der Leib auferstehen wird, muß man vielleicht dem sterblichen Rest viel mehr Aufmerksamkeit schenken, der schließlich die einzige Spur unserer Existenz inmitten der Welt und der Worte ist. Jedenfalls hat seit dem 19. Jahrhundert jedermann ein Recht auf seinen kleinen Kasten für seine kleine persönliche Verwesung; andererseits hat man erst seit dem 19. Jahrhundert begonnen, die Friedhöfe an den äußeren Rand der Städte zu legen. Zusammen mit der Individualisierung des Todes und mit der bürgerlichen Aneignung des Friedhofs ist die Angst vor dem Tod als „Krankheit" entstanden. Es sind die Toten, so unterstellt man, die den Lebenden die Krankheiten bringen, und es ist die Gegenwart, die Nähe der Toten gleich neben den Häusern, gleich neben der Kirche, fast mitten auf der Straße, es ist diese Nähe, die den Tod selber verbreitet. Das große Thema der durch die Ansteckung der Friedhöfe verbreiteten Krankheit hat das Ende des 18. Jahrhunderts geprägt; und erst im Laufe des 19. Jahrhunderts hat man begonnen, die Verlegung der Friedhöfe in die Vorstädte vorzunehmen. Seither bilden die Friedhöfe nicht mehr den heiligen und unsterblichen Bauch der Stadt, sondern die „andere Stadt", wo jede Familie ihre schwarze Bleibe besitzt.

Dritter Grundsatz. Die Heterotopie vermag an einen einzigen Ort mehrere Räume, mehrere Plazierungen zusammenzulegen, die an sich unvereinbar sind. So läßt das Theater auf dem Viereck der Bühne eine ganze Reihe von einander fremden Orten aufeinander folgen; so ist das Kino ein merkwürdiger viereckiger Saal, in dessen Hintergrund man einen zweidimensionalen Schirm einen dreidimensionalen Raum sich projizieren sieht. Aber vielleicht ist die älteste dieser Heterotopien mit widersprüchlichen Plazierungen der Garten. Man muß nicht vergessen, daß der Garten, diese erstaunliche Schöpfung von Jahrtausenden, im Orient sehr tiefe und gleichsam übereinander gelagerte Bedeutungen hatte. Der traditionelle Garten der Perser war ein geheiligter Raum, der in seinem Rechteck vier Teile enthalten mußte, die die vier Teile der Welt repräsentierten, und außerdem einen noch heiligeren Raum in der Mitte, der gleichsam der Nabel der Welt war (dort befanden sich das Becken und der Wasserstrahl); und die ganze Vegetation des Gartens mußte sich in diesem Mikrokosmos verteilen. Und die Teppiche waren ursprünglich Reproduktionen von Gärten: der Garten ist ein Teppich, auf dem die ganze Welt ihre symbolische Vollkommenheit erreicht, und der Teppich ist so etwas wie ein im Raum mobiler Garten. Der Garten ist die kleinste Parzelle der Welt und darauf ist er die Totalität der Welt. Der Garten ist seit dem ältesten Altertum eine selige und universalisierende Heterotopie (daher unsere zoologischen Gärten).

Vierter Grundsatz. Die Heterotopien sind häufig an Zeitschnitte gebunden, d.h. an etwas, was man symmetrischerweise Heterochronien nennen könnte. Die Heterotopie erreicht ihr volles Funktionieren, wenn die Menschen mit ihrer herkömmlichen Zeit brechen. Man sieht daran, daß der Friedhof ein eminent heterotopischer Ort ist; denn er beginnt mit der sonderbaren Heterochronie, die für das Individuum der Verlust des Lebens ist und die Quasi-Ewigkeit, in der es nicht aufhört, sich zu zersetzen und zu verwischen.

Überhaupt organisieren und arrangieren sich Heterotopie und Heterochronie in einer Gesellschaft wie der unsrigen auf ziemlich komplexe Weise. Es gibt einmal die Heterotopien der sich endlos akkumulierenden Zeit, z. B. die Museen, die Bibliotheken. Museen und Bibliotheken sind Heterotopien, in denen die Zeit nicht aufhört, sich auf den Gipfel ihrer selber zu stapeln und zu drängen, während im 17. und noch bis zum Ende des 18. Jahrhunderts die Museen und die Bibliotheken Ausdruck einer individuellen Wahl waren. Doch die Idee, alles zu akkumulieren, die Idee, eine Art Generalarchiv zusammenzutragen, der Wille, an einem Ort alle Zeiten, alle Epochen, alle Formen, alle Geschmäcker einzuschließen, die Idee, einen Ort aller Zeiten zu installieren, der selber außer der Zeit und sicher vor ihrem Zahn sein soll, das Projekt, solchermaßen eine fortwährende und unbegrenzte Anhäufung der Zeit an einem unerschütterlichen Ort zu organisieren – all das gehört unserer Modernität an. Das Museum und die Bibliothek sind Heterotopien, die der abendländischen Kultur des 19. Jahrhunderts eigen sind.

Gegenüber diesen Heterotopien, die an die Speicherung der Zeit gebunden sind, gibt es Heterotopien, die im Gegenteil an das Flüchtigste, an das Vorübergehendste, an das Prekärste der Zeit geknüpft sind: in der Weise des Festes. Das sind nicht mehr ewigkeitliche, sondern absolut chronische Heterotopien. So die Festwiesen, diese wundersamen leeren Plätze am Rand der Städte, die sich ein- oder zweimal jährlich mit Baracken, Schaustellungen, heterogensten Objekten, Kämpfern, Schlangenfrauen, Wahrsagerinnen usw. bevölkern. Jüngst noch hat man eine neue chronische Heterotopie erfunden, es sind die Feriendörfer: diese polynesischen Dörfer, die den Bewohnern der Städte drei kurze Wochen einer ursprünglichen und ewigen Nacktheit bieten. Sofern sich da zwei Heterotopien treffen, die des Festes und die der Ewigkeit der sich akkumulierenden Zeit, sind die Strohhütten von Djerba auch Verwandte der Bibliotheken und der Museen; denn indem man ins polynesische Leben eintaucht, hebt man die Zeit auf; aber ebenso findet die Zeit sich wieder, und die ganze Geschichte der Menschheit steigt zu ihrer Quelle zurück wie in einem großen unmittelbaren Wissen.

Fünfter Grundsatz. Die Heterotopien setzen immer ein System von Öffnungen und Schließungen voraus, das sie gleichzeitig isoliert und durchdringlich macht. Im allgemeinen ist ein heterotopischer Platz nicht ohne weiteres zugänglich. Entweder wird man zum Eintritt gezwungen, das ist der Fall der Kaserne, der Fall des Gefängnisses, oder man muß sich Riten und Reinigungen unterziehen. Man kann nur mit einer gewissen Erlaubnis und mit der Vollziehung gewisser Gesten eintreten. Übrigens gibt es sogar Heterotopien, die gänzlich den Reinigungsaktivitäten gewidmet sind – ob es sich nun um die halb religiöse, halb hygienische Reinigung in den islamischen Hammam handelt oder um die anscheinend rein hygienische Reinigung wie in den skandinavischen Saunas. Es gibt aber auch Heterotopien, die ganz nach Öffnungen aussehen, jedoch zumeist sonderbare Ausschließungen bergen. Jeder kann diese heterotopischen Plätze betreten, aber in Wahrheit ist es nur eine Illusion: man glaubt einzutreten und ist damit ausgeschlossen. Ich denke etwa an die berühmten Kammern in den großen Pachthöfen Brasiliens oder überhaupt Südamerikas. Die Eingangstür führte gerade nicht in die Wohnung der Familie. Jeder Passant, jeder Reisende durfte diese Tür öffnen, in die Kammer eintreten und darin eine Nacht schlafen. Diese Kammern waren so, daß der Ankömmling niemals mit der Familie zusammenkam. So ein Gast war kein Eingeladener, sondern nur ein Vorbeigänger. Dieser Heterotopietyp, der in unseren Zivilisationen praktisch verschwunden ist, ließe sich vielleicht in den Zimmern der amerikanischen Motels wiederfinden, wo man mit seinem Wagen und mit seiner Freundin einfährt und wo die illegale Sexualität zugleich geschützt und versteckt ist: ausgelagert, ohne ins Freie gesetzt zu sein.

Der letzte Zug der Heterotopien besteht schließlich darin, daß sie gegenüber dem verbleibenden Raum eine Funktion haben. Diese entfaltet sich zwischen zwei extremen Polen. Entweder haben sie einen Illusionsraum zu schaffen, der den gesamten Realraum, alle Plazierungen, in die da menschliche Leben gesperrt ist, als noch illusorischer denunziert. Vielleicht ist es diese Rolle, die lange Zeit die berühmten Bordelle gespielt haben, deren man sich nun beraubt findet. Oder man schafft einen anderen Raum, einen anderen wirklichen Raum, der so vollkommen, so sorgfältig, so wohlgeordnet ist wie der unsrige ungeordnet, mißraten und wirr ist. Das wäre also nicht die Illusionsheterotopie, sondern die Kompensationsheterotopie, und ich frage mich, ob nicht Kolonien ein bißchen so funktioniert haben. In einigen Fällen haben sie für die Gesamtorganisation des Erdenraums die Rolle der Heterotopie gespielt. Ich denke etwa an die erste Kolonisationswelle im 17. Jahrhundert, an die puritanischen Gesellschaften, die die Engländer in Amerika gründeten und die absolut vollkommene andere Orte waren. Ich denke auch an die außerordentlichen Jesuitenkolonien, die in Südamerika gegründet worden sind: vortreffliche, absolut geregelte Kolonien, in denen die menschliche Vollkommenheit tatsächlich erreicht war. Die Jesuiten haben in Paraguay Kolonien errichtet, in denen die Existenz in jedem ihrer Punkte geregelt war. Das Dorf war in einer strengen Ordnung um einen rechteckigen Platz angelegt, an dessen Ende die Kirche stand; an einer Seite das Kolleg, an der andern der Friedhof, und gegenüber der Kirche öffnete sich eine Straße, die eine andere im rechten Winkel kreuzte. Die Familien hatten jeweils ihre kleine Hütte an diesen beiden Achsen, und so fand sich das Zeichen Christi genau reproduziert. Die Christenheit markierte so mit ihrem Grundzeichen den Raum und die Geographie der amerikanischen Welt. Das tägliche Leben der Individuen wurde nicht mit der Pfeife, sondern mit der Glocke geregelt. Das Erwachen war für alle auf die selbe Stunde festgesetzt; die Arbeit begann für alle zur selben Stunde; die Mahlzeiten waren um 12 und 5 Uhr; dann legte man sich nieder, und zur Mitternacht gab es das, was man das Ehewachen nannte, d. h. wenn die Glocke des Klosters ertönte, erfüllte jeder seine Pflicht.

Bordelle und Kolonien sind zwei extreme Typen der Heterotopie, und wenn man daran denkt, daß das Schiff ein schaukelndes Stück Raum ist, ein Ort ohne Ort, der aus sich selber lebt, der in sich geschlossen ist und gleichzeitig dem Unendlichen des Meeres ausgeliefert ist und der, von Hafen zu Hafen, von Ladung zu Ladung, von Bordell zu Bordell, bis zu den Kolonien suchen fährt, was sie an Kostbarstem in ihren Gärten bergen, dann versteht man, warum das Schiff für unsere Zivilisation vom 16. Jahrhundert bis in unsere Tage nicht nur das größte Instrument der wirtschaftlichen Entwicklung gewesen ist (nicht davon spreche ich heute), sondern auch das größte Imaginationsarsenal. Das Schiff, das ist die Heterotopie schlechthin. In den Zivilisationen ohne Schiff versiegen die Träume, die Spionage ersetzt das Abenteuer und die Polizei die Freibeuter.

Jacques Derrida — Am Nullpunkt der Verrücktheit – Jetzt die Architektur
(Ausschnitt)

Erste Erscheinung: Jacques Derrida, „Point de folie – maintenant l'architecture" in Bernard Tschumi, *La case vide* (London: Architectural Association, Folio VIII, 1986).
Textquelle: Jacques Derrida „Am Nullpunkt der Verrücktheit – Jetzt die Architektur". Übersetzung: Michael Wetzel, in Wolfgang Welsch (Hrsg.), *Wege aus der Moderne. Schlüsseltexte der Postmoderne-Diskussion* (Weinheim: VCH Verlagsgesellschaft, 1988), S. 219–221.

Der französische Philosoph Jacques Derrida (geb. 1930) war von 1964 bis 1984 Dozent an der École Normale Superieure, dann wurde er Professor an der École des Hautes Études en Sciences Sociales in Paris. Sein kunsttheoretisches Hauptwerk, in dem er nach den Grenzen der Repräsentation suchte, ist die Aufsatzsammlung *La verité en peinture* (1978). In der Architekturtheorie wird Derridas Name mit der Postmoderne beziehungsweise mit dem Dekonstruktivismus verbunden. Dekonstruktion ist ein Schlüsselbegriff der Philosophie Derridas. Er versteht darunter keine Zerstörung (Destruktion), sondern einen kritischen Prozess der Offenlegung von Begriffszusammenhängen, die in ihrer Erstarrung als Wahrheiten betrachtet werden. Gewissermaßen stellt er die ganze auf den Logos konzentrierte philosophische Tradition des Abendlandes in Frage. Es ist schwer, im Werk von Derrida zentrale Thesen zu finden, es geht vielmehr um heterogene Schriften, die sich fragmentiert und dezentriert präsentieren. Zugleich wendet er sich mit einer psychoanalytischen Aufmerksamkeit zu den kleinsten Textfragmenten und Wörtern.

In den 80er Jahren entwickelte sich eine enge Beziehung, ein fruchtbarer Ideenaustausch zwischen Derrida und einigen, an Theorie interessierten Architekten, wie Peter Eisenman, Daniel Libeskind und Bernard Tschumi. Tschumi öffnete 1982 sein Architekturbüro in Paris und entwarf, mit dem Philosophen diskutierend, die *Folies* im Parc de la Villette. Derrida widmete seinen Aufsatz „Am Nullpunkt der Verrücktheit – Jetzt die Architektur" Bernard Tschumi bzw. „dem Projekt der Folies [Verrücktheiten], das gegenwärtig im Park La Villette in Paris erstellt wird.". Sein Text ist exemplarisch auch für seine postmoderne Schreibtechnik: Er verwendet Gedanken aus Foucaults *Wahnsinn und Gesellschaft* und aus Heideggers „Bauen Wohnen Denken" und kreuzt die zwei Schriften. Er setzt sich der Fortschrittideologie der Moderne entgegen und macht die „Unveränderlichkeiten" zum Thema. Architektur in ihrer Stofflichkeit hat einen Widerstand, sie ist die „letzte Festung der Metaphysik" – Derrida sucht dagegen Permeabilität: „Weder Architektur noch Anarchitektur: Transarchitektur! Sie setzt sich mit dem Ereignis auseinander, sie bietet ihr Werk nicht Benutzern, Getreuen oder Bewohnern, Betrachtern, Ästheten oder Verbrauchern an, sie beruft sich auf das andere, damit es seinerseits das Ereignis, Zeichen, Pfandzeichen [consigne] oder Gegenzeichen [contre-signe] erfindet: Sie ist um die Avance avanciert, die sie dem anderen macht, — und jetzt die Architektur!" Es geht ihm freilich weniger um gebaute Architektur als um den Bau ihrer Axiome, und darüber hinaus um den postmodernen Umgang mit Gedanken und Texten.

Bibliografie: Andreas Papadakis, Catherine Cooke, Andrew Benjamin (Hrsg.), *Deconstruction: Omnibus Volume* (London: Academy, 1989).

Der Begriff von Architektur ist selbst ein bewohntes *Konstruktum,* ein Erbe, das uns miteinbegreift, noch bevor wir versucht haben, es zu denken. Durch alle Wandlungen der Architektur hindurch verweilen Unveränderlichkeiten. Eine Axiomatik durchzieht, unbewegt, unerschütterlich, die ganze Geschichte der Architektur. Eine Axiomatik, das heißt eine Gesamtheit, die durch fundamentale und immer vorausgesetzte Wertbestimmungen organisiert ist. Diese Hierarchie ist im Stein erstarrt, sie informiert fortan den gesamten sozialen Raum. Was sind diese Unveränderlichkeiten? Ich werde vier unterscheiden, die ein wenig artifizielle Charta von vier Zügen, sagen wir besser von vier Punkten. Sie übersetzen ein und dasselbe Postulat: Die Architektur *muß einen Sinn haben,* sie muß ihn *darstellen* [présenter] und dadurch *bedeuten* [signifier]. Der signifikante oder symbolische Wert dieses Sinns muß die Struktur und die Syntax, die Form und die Funktion der Architektur beherrschen. Er muß sie von *außen,* von einem Prinzip *(arché)* her, einem Fundament oder einer Fundierung, einer Transzendenz oder einer Zweckmäßigkeit *(telos)* beherrschen, deren Orte selbst nicht zur Architektur gehören. Es ist eine anarchitekturale Topik dieses Semantismus, von dem unausbleiblich *vier Punkte* der Unveränderlichkeit entspringen:

Die Erfahrung des Sinns muß das *Bewohnen,* das Gesetz des *oikos,* die Ökonomie der Menschen oder der Götter sein. Ohne seine nicht-repräsentative Präsenz, die, im Unterschied zu den anderen Künsten, nur auf sich selbst zu verweisen scheint, wird das Werk der Architektur für die Präsenz der Menschen und der Götter bestimmt gewesen sein. Anlage, Besetzung und Ausstattung der Orte sollten sich an dieser Ökonomie bemessen. An sie erinnert noch Heidegger in dem Moment, wo er die Abwesenheit der *Heimatlosigkeit** als Symptom der Onto-Theologie und genauer der modernen Technik interpretiert. Er lädt uns dazu ein, hinter der Krise des Wohnens die eigentlich wahre Not, die Armseligkeit, die Mangelhaftigkeit des Wohnens selbst *(die eigentliche Not des Wohnens*)* zu denken. Die Sterblichen müssen *das Wohnen erst lernen*,* vernehmen, was sie *ruft/ heißt* zu wohnen.¹ Das ist keine Dekonstruktion, sondern der Aufruf, gerade das Fundament der Architektur, die wir bewohnen, die wir zu bewohnen wieder lernen sollten, den Ursprung seines Sinns zu wiederholen. Selbstverständlich, wenn die „Verrücktheiten" diesen Ursprung denken und zerlegen, müssen sie sich nicht länger der Bejubelung der modernen Technologie oder der manischen Beherrschung ihrer Kräfte ausliefern. Das wäre eine neue Wendung derselben Metaphysik. Von daher die Schwierigkeit dessen, was sich just – jetzt – ankündigt.

Als zentrierte, hierarchisierte wird die zur Architektur gehörende Organisation sich der Anamnese des Ursprungs und der Schicht eines Grundes zugeordnet haben müssen. Nicht allein von ihrer Fundierung auf dem Erdboden her, sondern von ihrem politisch-juridischen Fundament her, der Institution, die die Mythen der Stadt, die Gründerhelden oder -götter ins Gedächtnis ruft. Als religiöses oder politisches Gedächtnis hat dieser Historizismus – allem Anschein zum Trotz – die moderne Architektur nicht verlassen. Letztere bewahrt die Nostalgie, sie ist Bewahrerin durch Bestimmung. Es ist eine immer hierarchisierende Nostalgie: Die Architektur wird die Hierarchie im Stein oder im Holz *(hylè)* materialisiert haben, es ist eine Hyletik des Heiligen *(hieros)* und des Prinzips *(arché),* eine *Archi-Hieratik.*

Diese Ökonomie bleibt notwendigerweise eine *Teleologie* der Wohnstatt. Sie pflichtet allen herrschenden Formen der Zweckmäßigkeit bei. Politisch-ethische Zweckmäßigkeit, religiöser Dienst, nützliche oder funktionelle Zweckausrichtung, immer handelt es sich darum, die Archi-

---

* Im Original deutsch.
1 A.d. Ü.: Vgl. Martin Heidegger, „Bauen, Wohnen, Denken", in: *Vorträge und Aufsätze,* Pfullingen 1954, S. 162.

tektur *in Betrieb* [en service] und *in Dienst* [au service] zu nehmen. Dieser Endzweck ist das Prinzip der archi-hieratischen Ordnung.

Diese Ordnung hängt schließlich von den *schönen Künsten* ab, was auch immer herrschende Mode, Alter oder Stil ist. Der Wert der Schönheit, Harmonie, Totalität muß dabei noch herrschen.

Diese vier Punkte der Unveränderlichkeit stehen nicht nebeneinander. Von den Winkeln eines Rahmens her zeichnen sie die Karte eines Systems. Man wird nicht nur sagen können, daß sie sich zusammenfügen und untrennbar bleiben, was stimmt. Sie geben Anlaß zu einem gewissen Experiment der *Versammlung,* derjenigen der kohärenten Totalität, der Kontinuität, des Systems. Sie beherrschen also ein Netz von Wertbestimmungen, sie induzieren und instruieren, sei es auch indirekt, die ganze Theorie und die ganze Kritik der spezialisiertesten oder trivialsten Architektur. Die Wertbestimmung schreibt die Hierarchie in eine Hyletik ein, auch in den Raum einer formalen Verteilung der Werte. Aber diese Architektonik der unveränderlichen Punkte beherrscht auch all das, was man die abendländische Kultur weit über ihre Architektur hinaus nennt. Von daher der Widerspruch, das *double bind* oder die Antinomie, die diese Geschichte zugleich mobilisiert und beunruhigt. Einerseits *löscht* und *überbordet* diese allgemeine Architektonik die zugespitzte Besonderheit der Architektur, sie gilt für andere Künste und für andere Bereiche der Erfahrung. Andererseits bildet die Architektur daraus die mächtigste Metonymie, gibt sie ihr die festeste *Konsistenz,* die objektivste Substanz. Unter Konsistenz verstehe ich nicht allein die logische Kohärenz, diejenige, die in demselben Netz alle Dimensionen der menschlichen Erfahrung bindet: kein Werk der Architektur ohne Interpretation, ja sogar ohne ökonomische, religiöse, politische, ästhetische und philosophische Entscheidung. Sondern unter Konsistenz verstehe ich auch die Dauer, die Härte, die monumentale, mineralische oder hölzerne Subsistenz, das Hyletische der Tradition. Von daher der *Widerstand:* der Widerstand der Materialien als Widerstand der Bewußtheiten und der Unbewußtheiten, die diese Architektur als letzte Festung der Metaphysik einsetzt. Widerstand und Übertragung. Eine konsequente Dekonstruktion wäre nichts, wenn sie diesen Widerstand und diese Übertragung nicht berücksichtigte; sie würde wenig ausrichten, wenn sie sich nicht an die Architektur ebenso wie an das Architektonische hielte. Sich an sie halten:[2] nicht sie angreifen, sie zerstören oder irreführen, sie kritisieren oder disqualifizieren, sondern sie wirklich *denken,* sich von ihr genügend ablösen, um sie durch ein Denken zu ergreifen, das sich über das Theorem hinaus erstreckt – und auf seine Weise zum Werk wird.

Marc Augé

Orte und Nicht-Orte
(Ausschnitte)

Erste Erscheinung: Marc Augé, *Non-Lieux. Introduction à une anthropologie de la surmodernité* (Paris: Seuil, 1992).
Textquelle: Marc Augé, *Orte und Nicht-Orte. Vorüberlegungen zu einer Ethnologie der Einsamkeit*. Übersetzung: Michael Bischoff (Frankfurt am Main: S. Fischer, 1994), S. 92–94, 125–127, 138–141.

---

2 A.d.Ü.: i.O.: „s'en prendre à", was soviel heißt wie „jmd. die Schuld zuschieben", „vorwerfen" bzw. „sich an jmd. schadlos halten".

Der französische Ethnograf Marc Augé (geb. 1935) studierte Literaturwissenschaft in Paris und begann seine Karriere als Mittelschullehrer. Später war er als Dozent und Leiter von verschiedenen Forschungsinstituten tätig. Seine Werke zeigen ein breites Spektrum des Interesses vom Paganismus über französische Geschichte bis Themen der Anthropologie. Das zuerst 1992 veröffentlichte Buch *Non-Lieux. Introduction à une anthropologie de la surmodernité* ist eine lose Sammlung von Beobachtungen über die Veränderungen in unserer Umgebung. Augé behauptet, dass wir immer mehr Zeit in Räumen verbringen, die nicht als Orte zu bezeichnen sind. Supermarkets, Flughäfen und Hotelhallen sind mit der Geschichte oder mit der Identität nicht verbunden. Seine Hypothese lautet, dass „die ‚Übermoderne' Nicht-Orte hervorbringt, also Räume, die selbst keine anthropologischen Orte sind". Wenn Augé behauptet, dass die Unterscheidung zwischen Orten und Nicht-Orten auf dem Gegensatz von Ort und Raum beruht, scheint er auf Heideggers Gedanken zu reflektieren (ohne Heidegger zu erwähnen). Die Identität eines Ortes ist keinesfalls eine objektive, im Raum eingeschriebene Qualität, sondern etwas, das mit dem gesellschaftlichen „Aufenthalt" in Raum zusammenhängt.

Bibliografie: Marc Augé, *Domaines et châteaux* (Paris 1989); ders., *Pour une anthropologie des mondes contemporaines* (Paris 1994); ders., *L'impossible voyage: le tourisme et ses images* (Paris 1997).

Von den Orten zu den Nicht-Orten

So wie ein Ort durch Identität, Relation und Geschichte gekennzeichnet ist, so definiert ein Raum, der keine Identität besitzt und sich weder als relational noch als historisch bezeichnen läßt, einen Nicht-Ort. Unsere Hypothese lautet nun, daß die „Übermoderne" Nicht-Orte hervorbringt, also Räume, die selbst keine anthropologischen Orte sind und, anders als die Baudelairesche Moderne, die alten Orte nicht integrieren; registriert, klassifiziert und zu „Orten der Erinnerung" erhoben, nehmen die alten Orte darin einen speziellen, festumschriebenen Platz ein. Eine Welt, die Geburt und Tod ins Krankenhaus verbannt, eine Welt, in der die Anzahl der Transiträume und provisorischen Beschäftigungen unter luxuriösen oder widerwärtigen Bedingungen unablässig wächst (die Hotelketten und Durchgangswohnheime, die Feriendörfer, die Flüchtlingslager, die Slums, die zum Abbruch oder zum Verfall bestimmt sind), eine Welt, in der sich ein enges Netz von Verkehrsmitteln entwickelt, die gleichfalls bewegliche Behausungen sind, wo der mit weiten Strecken, automatischen Verteilern und Kreditkarten Vertraute an die Gesten des stummen Verkehrs anknüpft, eine Welt, die solcherart der einsamen Individualität, der Durchreise, dem Provisorischen und Ephemeren überantwortet ist, bietet dem Anthropologen ein neues Objekt, dessen bislang unbekannte Dimensionen zu ermessen wären, bevor man sich fragt, mit welchem Blick es sich erfassen und beurteilen läßt. Dabei gilt für den Nicht-Ort geradeso wie für den Ort, daß er niemals in reiner Gestalt existiert; vielmehr setzen sich darin Orte neu zusammen, Relationen werden rekonstruiert, und die „jahrtausendealten Listen" der „Erfindung des Alltäglichen" und der „Künste des Machens", die Michel de Certeau subtil analysiert hat, können sich darin einen Weg bahnen und ihre Strategien entfalten. Ort und Nicht-Ort sind fliehende Pole; der Ort verschwindet niemals vollständig, und der Nicht-Ort stellt sich niemals vollständig her – es sind Palimpseste, auf denen das verworrene Spiel von Identität und Relation ständig aufs neue seine Spiegelung findet. Dennoch sind die Nicht-Orte das Maß unserer Zeit, ein Maß, das sich quantifizieren läßt und das man nehmen könnte, indem man – mit gewissen Umrechnungen zwischen Fläche, Volumen und Abstand – die Summe bildete aus den Flugstrecken, den Bahnlinien und den Autobahnen, den mobilen Behausungen, die man als „Verkehrsmittel" bezeichnet (Flugzeuge, Eisenbahnen, Automobile), den Flughäfen, Bahnhöfen und Raumstationen, den großen Hotelketten, den Freizeitparks, den Einkaufszentren und schließlich dem komplizierten Gewirr der verkabelten oder drahtlosen Netze, die den extraterrestrischen Raum für eine seltsame Art der Kommunikation einsetzen, welche das Individuum vielfach nur mit einem anderen Bild seiner selbst in Kontakt bringt.

[...]

In der konkreten Realität der Welt von heute überschneiden und durchdringen Orte und Räume, Orte und Nicht-Orte sich gegenseitig. Die Möglichkeit des Nicht-Ortes ist an jedem beliebigen Ort gegeben. Die Rückkehr zum Ort ist die Rückkehr dessen, der die Nicht-Orte frequentiert (und der zum Beispiel von einem Zweitwohnsitz träumt, an dem er fest im Boden verwurzelt ist). Orte und Nicht-Orte verhalten sich zueinander (oder verweisen aufeinander) wie die Worte und die Begriffe, mit denen sie beschrieben werden können. Doch die Worte der Nicht-Orte sind die Modeworte, die noch vor dreißig Jahren keine Daseinsberechtigung hatten. So können wir die Realitäten des *Transits* (Durchgangslager oder Transitpassagiere) den Realitäten der festen Wohnung entgegensetzen, das *Autobahnkreuz* (das kreuzungsfrei ist) der *Straßenkreuzung* (oder der Begegnung), den *Passagier* (der durch seinen Zielort definiert ist) dem *Reisenden* (der auf einem *Weg* flaniert) – bezeichnenderweise werden die Reisenden der gewöhnlichen Bahn in den Hochgeschwindigkeitszügen zu Passagieren –, den *Komplex* – das *ensemble*, das der Larousse als „Gruppierung neuer Wohneinheiten" definiert, in dem man nicht mehr zusammenlebt und das alles andere als ein Zentrum darstellt (die *„grands ensembles"*, die Hochhaussiedlungen, sind zum Symbol der städtischen Randregionen geworden) – dem *Monument*, an dem man Erinnerung und Gedächtnis mit anderen teilt, die *Kommunikation* schließlich (ihre Codes, ihre Bilder, ihre Strategien) der *Sprache* (die gesprochen wird).

Der Wortschatz ist hier von hoher Bedeutung, denn er webt das Geflecht der Gewohnheiten, erzieht den Blick, prägt die Landschaft. Kehren wir einen Augenblick zu der von Vincent Descombes vorgeschlagenen Definition für den Begriff eines „rhetorischen Landes" zurück, die auf einer Analyse der „Philosophie" oder vielmehr der „Kosmologie" von Combray basiert: „Wo ist die Person zu Hause? Die Frage bezieht sich weniger auf ein geographisches als vielmehr auf ein rhetorisches Gebiet (wobei ‚rhetorisch' im klassischen Sinne zu verstehen ist, definiert durch ‚rhetorische Handlungen' wie das Plädoyer, die Anklage, die Lobrede, die Rezension, die Empfehlung, die Mahnung usw.). Die Person ist dort zu Hause, wo sie sich in der Rhetorik der Menschen auskennt, mit denen sie das Leben teilt. Daß man zu Hause ist, erkennt man daran, daß man sich ohne Schwierigkeiten verständlich machen kann und ohne langwierige Erläuterungen Zugang zu den Denkweisen seiner Gesprächspartner findet. Das rhetorische Land einer Person endet dort, wo ihre Gesprächspartner die Gründe, die sie für ihr Tun und Lassen angibt, oder die Klagen, die sie vorbringt, und die Bewunderung, die sie äußert, nicht mehr verstehen. Eine rhetorische Kommunikationsverwirrung zeigt an, daß eine Grenze überschritten worden ist, eine Grenze, die man sich eher als Grenzzone oder Schwelle vorstellen muß denn als klar gezogene Linie".*

[...]

---

* Vincent Descombes, *Proust, philosophie du roman* (Editions de Minuit, Paris, 1987), S. 179.

Nachwort

[...]

Die Ethnologie hat es stets zumindest mit zwei Räumen zu tun: mit dem des Ortes, den sie untersucht (ein Dorf, ein Unternehmen), und mit dem größeren Raum, in den der Ort eingebettet ist und von dem Einflüsse oder Zwänge ausgehen, die nicht ohne Auswirkungen auf das interne Spiel der lokalen Beziehungen bleiben (die Ethnie, der Staat). Der Ethnologe ist dadurch zu methodologischem Schielen verdammt; er darf weder den unmittelbaren Ort seiner Beobachtung noch die Grenzen der umgebenden Regionen aus dem Blick verlieren.

In der Situation der Übermoderne besteht ein Teil dieser Umgebung aus Nicht-Orten und ein Teil dieser Nicht-Orte aus Bildern. Die Frequentierung von Nicht-Orten gibt heute Gelegenheit zu einer historisch neuen Erfahrung einsamer Individualität und nichtmenschlicher Vermittlung zwischen Individuum und Öffentlichkeit (es genügt ein Plakat oder ein Bildschirm).

Der Ethnologe der zeitgenössischen Gesellschaften findet also das Individuum in der Umgebung wieder, in der er traditionell nach den allgemeinen Determinanten suchte, die den partikularen Konstellationen und den singulären Ereignissen ihren Sinn verliehen.

Es wäre ein Irrtum, wollte man in diesem Spiel der Bilder nur eine Täuschung sehen (eine postmoderne Form von Entfremdung). Die Analyse der Determinanten vermag die Wirklichkeit eines Phänomens niemals auszuschöpfen. Entscheidend an der Erfahrung des Nicht-Ortes ist dessen Anziehungskraft, die sich umgekehrt proportional zur Anziehungskraft des Territoriums wie auch zum Gewicht des Ortes und der Tradition verhält. Die gewaltigen Stauungen auf den Autobahnen an Wochenenden oder in der Urlaubszeit, die Schwierigkeiten der Fluglotsen mit dem überfüllten Luftraum und die Erfolge der neuen Einkaufszentren zeugen zur Genüge davon, aber auch Erscheinungen, die man auf den ersten Blick dem Wunsch zuschreiben könnte, die Werte des „Heimischen" zu verteidigen oder wieder zu einer „heimischen" Identität zurückzufinden. Daß die Einwanderer eine so starke (und oft so abstrakte) Furcht bei den Einheimischen auslösen, rührt vielleicht daher, daß sie ihnen zeigen, wie relativ die an den Boden geknüpften Gewißheiten sind. Eigentlich ist es der Auswanderer, der sie in der Person des Einwanderers beunruhigt und zugleich fasziniert. Da wir im heutigen Europa nicht an der „Wiederkehr" der Nationalismen zweifeln können, sollten wir aufmerksam beobachten, was in dieser „Wiederkehr" auf die Ablehnung der kollektiven Ordnung hinausläuft: Das an der Nation orientierte Identitätsmodell läßt sich offenbar dazu gebrauchen, dieser Ablehnung Gestalt zu verleihen; doch erst das individuelle Bild (das Bild des freien individuellen Weges) erfüllt sie heute mit Sinn und Leben, so wie es morgen zu ihrer Schwächung beitragen mag.

Sowohl in ihren bescheidenen Formen als auch in ihren luxuriösen Ausprägungen ist die Erfahrung des Nicht-Ortes (die unlösbar verbunden ist mit der mehr oder minder deutlichen Wahrnehmung, daß die Geschichte sich beschleunigt und unsere Erde kleiner wird) heute ein wesentlicher Bestandteil sozialer Existenz. Daher rührt der sehr spezielle und insgesamt paradoxe Charakter dessen, was man im Westen zuweilen die Mode der Selbstbespiegelung oder des Sich-Einspinnens nennt – niemals zuvor war die individuelle Geschichte (aufgrund ihrer unvermeidlichen Beziehung zum Raum, zum Bild und zum Konsum) so sehr in der allgemeinen Geschichte, also der Geschichte schlechthin, gefangen. Erst sofern dies bewußt gemacht worden ist, lassen sich die gravierenden individuellen Praktiken nachvollziehen: die Flucht (in sich selbst oder anderswohin), die Angst (vor sich selbst und vor den anderen), aber auch die Intensität der Erfahrung (die Performanz) oder die Revolte (gegen die herrschenden Wertvorstellungen). Keine

Analyse des sozialen Gefüges darf länger das Individuum verkennen, und keine Analyse des Individuums kann fortan die Räume ignorieren, durch die es sich hindurchbewegt.

Eines Tages werden wir vielleicht einmal Signale von einem anderen Planeten empfangen. Dann wird aufgrund einer Solidarisierung, deren Mechanismen die Ethnologen in kleinem Maßstab untersucht haben, der ganze irdische Raum zu einem Ort werden. Ein Erdenbürger zu sein wird dann etwas bedeuten. Bis dahin ist es nicht sicher, daß die Bedrohung der Umwelt dazu ausreichen wird, dieses Bewußtsein herzustellen und es in der Erfahrung wachzuhalten. In der Anonymität des Nicht-Ortes spüren wir, ein jeder für sich allein, das gemeinschaftliche Schicksal der Gattung.

Wir werden also morgen – vielleicht schon heute – trotz der scheinbaren *contradictio in adjecto* Anlaß und Raum zu einer Ethnologie der Einsamkeit haben.

Vilém Flusser **Häuser entwerfen (Ausschnitte)**

Erste Erscheinung und Textquelle: Vilém Flusser, *Schriften. Band 3: Vom Subjekt zum Projekt. Menschwerdung*. Hrsg. von Stefan Bollmann und Edith Flusser (Bensheim, Düsseldorf: Bollmann, 1994), S. 63–66, 71–74.

Der in Prag geborene Philosoph Vilém Flusser (1920–1991) studierte Philosophie an der Karls-Universität in Prag. 1940 emigrierte er nach Brasilien. 1959 wurde er in São Paulo zum Dozent für Wissenschaftsphilosophie an der Universität ernannt, von 1963 an war er als Professor für Kommunikationsphilosophie an der Hochschule für Kommunikation und Geisteswissenschaft tätig. 1972 kehrte er nach Europa zurück, hielt Vorlesungen an verschiedenen Universitäten und veröffentlichte Bücher wie *Für eine Philosophie der Fotografie* (1983), *Ins Universum der technischen Bilder* (1985) und *Die Schrift* (1987). Während im Mittelpunkt seines Interesses in den 60er Jahren die Sprachphilosophie und die Phänomenologie standen, wendete er sich in den 80er Jahren der Kommunikationstheorie und der Philosophie der Neuen Medien zu. Seine medientheoretischen Schriften werden von vielen Architekten und Designern gelesen. Flusser geht in seiner Kunsttheorie davon aus, dass nur das Ungewöhnliche in der Kunst Aufmerksamkeit bekommt. Aus einer ethischen Position kritisiert er die „telematische Kultur", die Rolle der technischen Medien, der Digitalisierung. Im Unterschied zu Baudrillard und anderen Kritikern der Simulationen befürchtet Flusser nicht das Verschwinden der Wirklichkeit. Er sieht in den neuen Bildern nicht mehr bloße Abbilder, sondern aus Virtualitäten entwickelte Alternativvorstellungen. In dem Essay „Häuser entwerfen" zeigt er (mit Blochs These vom „Prinzip Hoffnung" vergleichbar), dass Entwerfen ein projektiver Prozess ist, der dem Subjekt erlaubt, aus seiner Situation „andere Bilder", eben alternative Vorstellungen der Welt zu entwickeln.

Bibliografie: Elisabeth Neswald, *Medien-Theologie. Das Werk Vilém Flussers* (Köln: Böhlau, 1998).

So wie wir gegenwärtig Häuser bauen, sind sie selbstredend nicht mehr ganz die alten. Die intersubjektive Lebenseinstellung beginnt sich zu artikulieren: Kabel dringen in die Häuser. Will man einen Entwurf für Häuser bedenken, die der zwischenmenschlichen Einstellung entsprächen, ist es daher angebracht, das alte, „heile", von Kabeln noch nicht durchbrochene Haus zu Vergleichszwecken heranzuziehen, um zu zeigen, wie das künftige Haus nicht zu sein hat.

Das „heile" Haus besteht aus folgenden Grundelementen: einem Dach, Mauern, Fenstern und Türen. Aus gegenwärtiger Sicht können diese Elemente neu bedacht werden, und dabei wird das Dach als das entscheidende erscheinen. (Womit auch die alte Sicht einverstanden ist, da sie ja „unbehaust" und „obdachlos" beinahe als Synonyme verwendet.) Das Dach ist ein Werkzeug für Untertanen. Es soll das Subjekt vom Herrscher sichtbar unterscheiden und dadurch vor ihm schützen. Der Herrscher soll transzendent bleiben, gleichgültig, ob dieser Herrscher ein Gott oder die Natur ist. Seine Gesetze, gleichgültig, ob es sich um Gebote oder Naturgesetze handelt, sollen unter dem Dach wenigstens nicht ebenso dringlich sein wie darüber. Das Dach soll verbergen (Höhle) oder decken (Zelte). Sollte das deutsche „Dach" den gleichen Wortstamm haben wie das griechische *techne*, so wäre auch im Deutschen ersichtlich, daß das Dächerbauen („Architektur") die „Erz-kunst" ist, weil es jener Kunstgriff ist, dank dessen sich das Subjekt vor dem Herrscher zu ducken versucht (wie Kain in der Bibel). Aufrecht und aufrichtig Lebende brauchen keine Dächer. Das Subjekt braucht sie.

Seit der Mensch aus der Lebenswelt in die Subjektivität ausbrach, baut er Dächer. Ob schon die Baumkrone als Nestdach zu verstehen ist, bleibe dahingestellt, aber die Höhle muß als ein „verwendetes" Dach angesehen werden. Das Zelt hingegen ist nicht als künstliche Höhle, sondern als aus der Höhle herausgezogenes („hergestelltes") Dach zu betrachten. Dank Zelt zieht sich das Subjekt aus der Lebenswelt heraus und geht in Deckung. Beim Übergang zur Seßhaftigkeit hebt sich das Dach vom Boden und ruht nun auf Mauern. Diese sind jedoch nicht nur Stützen (Säulen), sondern auch Schutzmaßnahmen (das Wort stammt von *munire*). Der seßhafte Untertan fühlt sich nicht nur von oben bedroht, sondern auch von allen Seiten. Die Mauer soll ihn (und seine nächsten Mithäftlinge) vor dem Ausland schützen. Sie soll für ihn haften, ihn definieren. Wenn Hegel und Sartre vom unglücklichen Bewußtsein sprechen oder auf es abzielen, dann denken sie weniger ans Dach als an die Mauer, denn sie ducken sich nicht mehr so sehr vor dem Oben, sondern beugen sich eher über das Unten. Nicht der Dachboden, sondern der Erdboden interessiert sie, und dorthin bauen sie Mauern. Mauern als Munitionen gegen das Ausland haben zwei Wände. Die Innenwand wendet sich an die Häftlinge, die Außenwand an „gefährliche" (draußen fahrende) potentielle Immigranten. Eine Phänomenologie der Mauer und ihrer beiden Wände ist noch zu leisten und dabei müßte den obdachlosen Mauern (etwa den Stadtmauern) besondere Aufmerksamkeit gewidmet werden. Jedenfalls ist die Mauer eine Grenze, und ihre Funktion wird in Berlin noch deutlicher als in China. Man kann von der Mauer sagen, daß sie Unheil vom Heiligen abhält, daß ihre Außenwand „politisch" ist und ihre Innenwand „heimlich". Das Heim ist jene Bewandtnis, an die sich die Innenwand wendet. Aufrecht und aufrichtig Lebende sind am Niederreißen aller Mauern engagiert, weil sie in ihnen Unterbrechungen zwischenmenschlicher Beziehungen erkennen. Heimat und Heimlichtuerei sind ihnen zuwider.

Aber selbst unterwürfige Patrioten und Geheimniskrämer (Hegel inbegriffen) müssen Löcher in die Mauer schlagen, so sehr sie diese auch zur eigenen Identifikation verwenden möchten. Bekanntlich gibt es zwei Arten von Mauerlöchern, Fenster und Türen, obwohl die Unterscheidung zwischen ihnen nicht immer leicht ist. Man kann durch die Tür schauen und durchs

Fenster klettern. Ausländer können durch Tür und Fenster Einblicke gewinnen und durch beide dringen. Die Unterscheidung wird erleichtert, wenn man bedenkt, daß die Öffentlichkeit meist durch die Tür einbricht und Privatinteressen durchs Fenster. Daher sollen Fallbrücken vor der Öffentlichkeit und Gitter vor privaten Gefahren schützen. Das ist ein Aspekt der Dialektik der Mauer (des unglücklichen Bewußtseins): daß man desto mehr in der Angst (der Enge) ist, je mehr Mauerlöcher man zu schlagen genötigt ist. Eine operativere Unterscheidung zwischen Fenster und Tür jedoch als diejenige zwischen Einbrecher und Polizei ist es, das Fenster als ein Schauwerkzeug und die Tür als ein Fahrzeug anzusehen. Fenster als Ausschau und Tür als Zufahrt.

Bevor das Wort „Schau" als Synonym für „show" verwendet wurde – was zwar etymologisch und phonetisch richtig sein mag, aber semantisch falsch ist, weil „to show" zeigen bedeutet –, hatte es einige verwirrende Konnotationen. Als Beispiel dafür mag der Begriff „Wesensschau" dienen, aber das Fenster kann schwerlich als ein Werkzeug für solch ein Schauen (als ein derartiges Mikroskop) angesehen werden. Eine andere Konnotation von „Schau" paßt besser auf das Fenster, nämlich jene, die mit dem griechischen „Theorie" gemeint ist. Theorie ist ein Schauen mit dem inneren Auge, und das durchs Fenster schauende Auge ist innen. Es läßt sich zwar sagen, daß ein derartiges inniges Fensterschauen auf Äußerlichkeiten gerade nicht das von der Theorie gemeinte Schauen sei. Aber vielleicht kann das Fenster umgekehrt gerade zur Kritik an der Theorie dienen. Denn es handelt sich um ein Werkzeug zum Anschauen, bei dessen Gebrauch man nicht naß wird; um ein Werkzeug zum gefahrlosen und daher erfahrungslosen Erkennen. Die vom Fenster aus geübte Kritik an der Theorie ist nicht unbedingt schlagend (der Vorwurf, reine Hände behalten zu wollen, läßt sich ihr gegenüber nicht unbedingt erheben), aber die reine theoretische Wissenschaft steht doch vor dem Problem, durch das Fenster Instrumente nach draußen zu strecken, ohne selbst aus der Tür zu schreiten. Man könnte das Fensterproblem etwa so fassen: Sind Experimente, mit denen man sich aus dem Fenster hinauslehnt, aus der Sicht der Erfahrung, die den Schritt über die Schwelle tut, vielleicht „impertinent" im ursprünglichen Sinn von „unsachgemäß"? Für Aufrechte und Aufrichtige stellt sich dieses Problem nicht mehr, denn sie experimentieren nicht, sondern projizieren. Sie brauchen keine Fenster.

Für überdachte Untertanen hingegen (Leute, die Fenster brauchen) erfordert das Problem eine Synchronisation von Fenstern und Türen, von Theorie und Praxis. Für sie soll der aus dem Fenster gewonnene Überblick als Landkarte für das Hinausgehen durch die Tür dienen, und die Türerfahrung soll den Fensterblick korrigieren und vertiefen. Wenn man über die Schwelle tritt und dabei Vorsichtsmaßnahmen ergreift, um nicht über sie zu stolpern, hebt man die Tür nicht notwendigerweise aus der Angel, sondern darf bei komfortablen Häusern hoffen, daß sie sich hinter dem Rücken von selbst schließt, um sich dem Rückkehrenden ebenfalls von selbst wieder zu öffnen. Eine derartige Hoffnung ist nicht mehr berechtigt. Die Gefahr beim Ausfahren ist gerade, daß man bei der Rückkehr verschlossene Türen vorfindet. Man hat zwar selbstredend einen Schlüsselbund in der Tasche (man hat den heimatlichen Code auswendig gelernt und kann ihn entschlüsseln), aber wie bei Heimtückischen üblich, kann sich während der Abwesenheit der Geheimcode geändert haben. Die Tür und ihr Schloß stellen gegenwärtig an Marx und Heidegger eine ungemütliche Frage. Nicht die Materie, sondern die Heimat ist tückisch (nicht das Objekt, sondern das häuslich verkapselte Subjekt), und nicht der Entschluß, sondern der Abschluß (nicht De-zision, sondern die Ak-zision) ist die Angel des Entwerfens. Aufrecht und aufrichtig Lebende können zu Türen kein Vertrauen haben, sie können sie nicht brauchen. Kurz, das zu entwerfende Haus hat weder Dach noch Mauern, weder Fenster noch Türen zu haben.

[…]

Die Verwunderung darüber, wie dies ausgehalten werden konnte, läßt sich so fassen: Da sitzen Leute zwischen vier Wänden oder in rollenden Metallkisten und schauen entweder in Fernsehkisten oder manipulieren Symbole, und dieselben Leute behaupten, die künftige Verkabelung zu fürchten. Es wäre zu einfach, diese Leute wie die platonischen Höhlenbewohner, die nicht befreit werden wollen, mit der Bemerkung zu verachten, daß sie nur Schatten sehen. Man muß versuchen, sie ernst zu nehmen. Dabei ist davon auszugehen, daß gegenwärtig die meisten Menschen in ihren Häusern nicht mehr Objekte, sondern Symbole manipulieren (oder, wie man gewöhnlich sagt, daß der tertiäre Sektor über den primären und sekundären immer mehr überhandnimmt). Wenn die Leute im Haus nicht ihren Körper bedienen oder sich von ihm bedienen lassen – wenn sie nicht kochen und essen, schlafen und bettlägerig sind, Sex machen und Körperpflege betreiben –, dann empfangen oder senden sie Bilder, lesen oder schreiben Buchstaben, beziffern oder entziffern Tonzeichen oder hantieren mit Zahlen (abgesehen von jenen, welche „do it yourself" als Spiel betreiben). Warum fürchten die Leute die Verkabelung, wo diese doch gerade das Manipulieren von Symbolen bis ins Unvorstellbare bereichert?

Sie fürchten sie aus dem richtigen Grund: Sie wollen von Symbolen nicht überflutet werden. Wenn man vor dem brennenden Kaminfeuer sitzt, die Beine weit ausgestreckt hat und ein Buch in der Hand hält, dann fühlt man sich häuslich, weil die Menge der Symbole zwischen zwei Deckel gebunden ist und einem nicht zwischen den Fingern davonläuft. Wenn man hingegen auf einem Schirm Texte aufleuchten läßt, die in atemloser Geschwindigkeit vorbeihuschen und aufgehalten werden müssen, dann sitzt man einem offenen Buchstabenozean gegenüber und ist rückhaltlos, selbst wenn im Rücken ein Kaminfeuer brennen sollte. Man sitzt zwar noch im alten Haus, aber dieses ist nun dem Abgrund geöffnet und hat seine behütende Funktion verloren. Bedenkt man jedoch diese berechtigte Furcht, so erweist sie sich als Heimweh. Es kann kein Heim mehr geben. Das Lesen von Büchern vor Kaminfeuern ist eine archaische, immer seltener werdende Situation. Meist sitzt man vor Fernsehkisten, hört Radio oder telefoniert. Das Haus, dessen Verlust man befürchtet, ist bereits verloren. Die Kabel haben mit dem Durch- und Abbruch des Hauses bereits begonnen. Die Kapsel der Identität, die Hülle des Individuums ist bereits durchbrochen, und in allen Masken sind Löcher. Die Leute befürchten etwas, das bereits stattgefunden hat und womit sie täglich leben. Sie mögen die Verkabelung fürchten, aber ihr Telefon würden sie trotzdem nicht abschalten wollen.

Das Entwerfen von neuen Häusern ist keine leichtfertige, sondern eine schwerfallende Entscheidung. Die gegenwärtigen Häuser sind durchlöcherte Ruinen, bei denen weder Dach noch Mauer, weder Fenster noch Tür funktionieren, durch die der Orkan der Intersubjektivität in Stößen hindurchbläst und innerhalb derer niemand vor dem Einbruch der Symbolflut geschützt ist. Das Entwerfen der neuen Häuser ist eine Sanierungsaktion nach dem Erdbeben, in dessen Verlauf das Individuum zusammengestürzt ist. Was einen bei den Leuten wundert, ist nicht so sehr, daß sie Heimweh haben, sondern daß sie in den vom Erdbeben zerstörten Häusern weiter hocken wollen. Daß sie die rissigen Wände, die zersplitterten Fenster und vor allem das an vielen Stellen eingebrochene Dach beweinen, anstatt sich durch die ihnen jetzt offenstehenden Kabel ins Weite zu entwerfen. Daß sie versuchen, Subjekte von nichts zu sein, anstatt sich aufzurichten.

Diese Leute, über die man sich wundert, sind natürlich wir selber. Mit Ausnahme vielleicht der ganz Jungen ducken wir uns alle in den Ruinen und versuchen, die Löcher zu stopfen. Unser ganzer Kulturbetrieb kann als ein derartiges Flickwerk angesehen werden. Wo immer eine Mauer zusammenbricht, bauen wir eine neue, die allerdings schon baufällig ist, bevor sie noch fertiggestellt wird. Wo immer ein Dach einstürzt, suchen wir neue Deckung, durch die jedoch der Hagel der eisigen Argumente gegen alle Transzendenz durchschlägt. Der Entwurf des Hauses der Zukunft, dieses verkabelten zwischenmenschlichen Hauses ohne Dach, Mauer, Fenster und Tür, ist nicht ein Gegenentwurf gegen heile Häuser, in denen wir gemächlich Gegenstände schnitzen (wie im Mittelalter), sondern eine Alternative zu unserer gegenwärtigen obdachlosen Unbehaustheit. Die offene Vernetzung von Kompetenzen ist die Alternative zur inkompetent gewordenen einsamen Vermassung. Nicht vom heilen Haus her, sondern vom zitternden Hocken in Winkeln nach dem Erdbeben her ist der hier vorgeschlagene Hausentwurf zu kritisieren.

Er ist allerdings kritisierbar. Und weil er es ist, ist er vorgeschlagen worden. Und zwar ist er nicht nur in allen seinen einzelnen Aspekten einer scharfen Kritik zu unterwerfen, sondern er kann und soll als Ganzes in Frage gestellt werden. An früherer Stelle wurde gesagt, daß der Schreibende unbeholfen ist, weil er kein Architekt ist. Das ist ganz in Ordnung. Nach dem Erdbeben ist das Entwerfen von Häusern zuerst einmal eine ontologische Frage: Was hat man zu tun, um sich aus der Unterwürfigkeit aufzurichten? Aber auch die Unbeholfenheit ist ganz in Ordnung. Wenn man jede Stütze verloren hat, kein Dach mehr hat, unter dem man sich ducken kann, keine Wand, an die man sich lehnen kann, wo anders kann man Hilfe suchen als beim ebenso unbeholfenen Nächsten? Die Hände, die sich an keinen Ast mehr klammern können, wo andershin können sie langen als in Richtung der Hand des anderen? Das ist die Geste des Hausentwurfs, wie er hier vorgeschlagen wurde.

Hubert Damisch

Fenster zur Straße
(Ausschnitt)

Erste Erscheinung: Hubert Damisch, „Fenêtre sur rue", in Jean Dethier, Alain Guiheux (Hrsg.), *La ville, art et architecture en Europe, 1870–1993* (Ausstellungs-Kat. Paris: Centre Georges Pompidou, 1994), S. 20–25.
Textquelle: Hubert Damisch, *Skyline. Architektur als Denkform.* Übersetzung: Markus Sedlaczek (Wien: Passagen Verlag, 1997), S. 38–42.

Der Kunsthistoriker und Philosoph Hubert Damisch (geb. 1928) lehrt an der *École des hautes études en sciences sociales* in Paris. Seine Studien zeigen den starken Einfluss des Poststrukturalismus, der Psychoanalyse Freud'scher und Lacan'scher Prägung und der Phänomenologie von Maurice Merleau-Ponty. Er beschäftigt sich neben Themen der Malerei und der Architekturgeschichte auch mit dem Film und mit der Fotografie. Seine wichtigsten früheren Bücher sind: *Théorie du nuage: Pour une historie de la peinture* (Editions du Seuil, Paris, 1972); *L'Origine de la perspective* (Flammarion, Paris, 1987); *Le Jugement de Pâris* (Flammarion, Paris, 1992).

Den Aufsatz „Fenster zur Straße" hat Damisch ursprünglich als Einleitung zum Katalog der Ausstellung *La ville. Art et architecture en Europe, 1870–1993* geschrieben, die im Jahre 1994 im Centre Georges Pompidou in Paris stattfand. Er bezeichnet seinen Essay als eine „topische" Übung in dem Sinne, dass es darin um imaginäre oder symbolische Orte geht, die im westlichen Denken eine wichtige Rolle spielen. Das Fenster zur Straße macht die Stadt zum Schauplatz: Schauplatz der Geschichte, des utopischen

Traums. Damisch vergleicht Freuds Charakterisierung der – metaphorisch verstandenen – mentalen Räume des Unbewussten mit dem „realen" Raum der Stadt, um aus der konventionellen Stadtanalyse eine Theorie des Ortes zu machen.

Bibliografie: Hubert Damisch, *The Origin of Perspective* (Cambridge, Mass.: The MIT Press, 1994).

Die Schwierigkeit, möglichst objektiv über die Stadt zu sprechen, und im Gegensatz dazu die Stärke der literarischen Zeugnisse[1] über sie, rühren nicht daher, daß es nur einen subjektiven Diskurs über die Stadt, über die Beziehung zur Stadt, über das Bild oder die Vision der Stadt selbst geben würde oder geben dürfte. Sie hat ihren Grund wohl eher in der Tatsache, daß die Stadt immer schon in besonderer, doch ständig neuer Weise der Ort eines Nachdenkens über das Subjekt sowie die Marken war, mittels derer sich dieses in dem Umfeld, in dem es sich entwickelt, als solches kenntlich macht: falls sie nicht jener Ort ist, an dem sich die Frage des Subjekts im modernen, cartesianischen Sinne des Wortes erst stellte, so ist sie doch zumindest derjenige, an dem sie in Begriffen der Beziehung zur Geschichte und zum Anderen ihren konzeptuellen Ausdruck fand. Die Stadt auf ein Objekt zu reduzieren ist nur dem Subjekt möglich, das diese in der Wahrnehmung des Anderen wie eine „Maschine" betrachtet und sich selbst gleichzeitig von der Aussageordnung ausschließt, die die Voraussetzung für den Diskurs selbst ist: paradoxerweise ist die Einsamkeit, der der Bewohner einer Großstadt oder ihrer endlosen Vorstädte ausgesetzt ist, kaum von der Art, daß sie zum Solipsismus führen würde. Genauso unmöglich ist es aber, sich an das Bild der als eine freie Gemeinschaft von Subjekten definierten *polis* zu halten, die eine mit ihrem ursprünglichen Projekt genau übereinstimmende urbane Gestalt voraussetzen würde. Mit der *Großstadt** (von der Megalopole noch ganz zu schweigen) sind wir von der antiken Stadt weit entfernt; doch ebenso weit entfernt von der klassischen Stadt sowie den mechanistischen Träumereien oder industriellen Utopien.

Der von Descartes angeführte Gegensatz zwischen einem sozusagen spontanen Werden der Stadt und einer mehr oder weniger kontrollierten Entwicklung (falls sie auf keiner expliziten und überlegten Anordnung beruht) reicht nicht aus, um der Vielfältigkeit und Komplexität der Ursachen Rechnung zu tragen, die, historisch gesprochen, zum Aufkommen der Großstadt, der antiken wie der modernen, beigetragen haben. Die Stadt läßt sich nicht wie das Stück Wachs des Philosophen auf etwas Ausgedehntes, Biegsames und Veränderliches reduzieren. Die Stadt ist weder ein Ding, noch läßt sie sich auf eine Substanz zurückführen. Doch wie soll man in der Analyse, die sie zum Gegenstand hat, dem menschlichen Element seinen Platz einräumen, wenn nicht auf quantitative Art und Weise, oder wenn nicht auf der anderen Seite in der Art von „Lebensgeschichten", an denen die Chicagoer Schule[2] solchen Gefallen fand? Und wie soll man das Ereignis sowie lokale Initiativen und die Entscheidungen der gesellschaftlichen Akteure in ein deterministisches Bild des Werdens der Stadt integrieren? Die aus der Spieltheorie, der Thermodynamik oder der Künstlichen Intelligenz abgeleiteten Paradigmen scheitern, so ausgeklügelt sie sich auch geben, alle am selben Punkt: sowenig die Fortschritte in der Neurobiologie den Ansatz einer Philosophie der Erkenntnis oder des Geistes[3] überflüssig machen, ebensowenig

---

1 Siehe Marcel Roncayolo, *La ville et ses territoires* (Gallimard, Paris 1990), S. 21.
* Im Original deutsch (A.d.Ü.).
2 Siehe dazu Kapitel 6 in: Hubert Damisch, *Skyline. Architektur als Denkform* (Passagen Verlag, Wien, 1997).
3 Siehe Gerald Edelman, *Biologie de la conscience* (Odile Jacob, Paris, 1992).

werden die Fortschritte in der Analyse der Stadt vom Nachdenken darüber entbinden, was es mit dem Begriff, dem Konzept, der Idee der „Stadt" selbst und den Vorstellungen auf sich haben könnte, die in der Vorstellungswelt des Abendlands mit ihr verbunden sind.

Man dürfte sich allerdings nicht an eine Art ethnozentrische Phänomenologie halten, die von den in der Literatur und der Ikonographie angebotenen Bildern der europäischen Stadt gespeist wäre, wobei in der Annäherung an das Phänomen Stadt nur Bewußtes Berücksichtigung fände. Annähernd drei Jahrhunderte nach Descartes griff Freud auf die Metapher der Stadt zurück, um zu Beginn von *Das Unbehagen in der Kultur* die Archäologie dessen, was er „die Seele"* nennt, zu erklären, und zwar in ihrem Unterschied zur Archäologie jener Stadt (des antiken Roms), die das Abendland ohne Scheu die „Ewige" nennt: als hätte die Idee der Stadt – und mit ihr die der Kultur –, die das europäische Denken mit sich trägt, letztlich nur Sinn, wenn sie den Wechselfällen der Zeit unterworfen wäre (in den Augen Spenglers ging der Untergang des Abendlandes mit dem der Stadt Hand in Hand). Doch könnte man sich bei der Analyse der Stadt vor ein Problem gestellt sehen, das dem, welches Freud zum Ausdruck bringt, genau entgegengesetzt wäre: es ginge weniger darum, das Leben der „Seele" (wenn nicht des Geistes) mit dem Rückgriff auf visuelle Bilder zu erklären, als vielmehr darum, sich auf die paradoxe Zeitlichkeit des Unbewußten zu berufen, um das räumliche Werden der Stadt zu erläutern. Wenn die Behauptung Freuds zutrifft, daß das besagte Unbewußte keine Geschichte besitzt und daß es sich unsterblich wissen will, dann bewahrt es deswegen nicht weniger die Spur aller Stadien, die das psychische Leben durchlaufen mußte, sowie aller Ereignisse und aller Erfahrungen, die seine materielle Grundlage bilden. Wobei es Aufgabe des Subjekts ist, diesem dunklen Grund, den es nur in Bruchstücken und Gestalten kennen kann, und dessen Aufstieg an die Oberfläche, dessen Ans-Tageslicht-kommen sich jeglicher bewußten Kontrolle entzieht, die Form einer Geschichte in der ersten Person zu geben.

Vermutlich unterliegt die Geschichte der Städte ganz anderen Bestimmungen, und zwar schon allein deswegen, weil die Errichtung eines neuen Gebäudes den Abriß dessen voraussetzt, das vorher an seiner Stelle stand und seinen Platz einnahm; wohingegen das Unbewußte mit dem Fortbestehen archaischer Formationen an der Seite derer, die sie ersetzt haben, und sogar an derselben Stelle wie diese, ziemlich gut zurechtkommt. Daher der erwähnte Unterschied zwischen den charakteristischen Merkmalen des geistigen Lebens (des *Seelen*lebens) und den visuellen Bildern (sowie den mechanischen, biologischen, informatischen Modellen), durch die man es zu fassen sucht. Wie Freud schreibt: „Wenn wir das historische Nacheinander räumlich darstellen wollen, kann es nur durch ein Nebeneinander im Raum geschehen, derselbe Raum verträgt nicht zweierlei Ausfüllung."[4]

Doch die Stadt kennt durchaus auch jene Arten von Operationen, die dem Unbewußten eigentümlich sind: die lächerlichen Versuche, neue städtische Ensembles zu errichten, die gleichsam vorverdaut sein und wie ausgewaschen verkaufte Blue-Jeans bereits die Patina des Alten besitzen sollen, haben allerdings nicht den geringsten Effekt, verglichen mit einer „Collage" heterogener Elemente, die im Bereich der Stadt eine Aufgabe erfüllt, die im Traum der Verschiebung und der Verdichtung zukommt, wenn Vergangenheit und Gegenwart aufeinanderstoßen.[5] So läuft es in formaler Hinsicht auf ein- und dasselbe hinaus, einerseits zu sagen, daß die Wirklichkeit der Stadt nur eine historische sei, und andererseits zu wollen, daß sie nur in der

---

4 Sigmund Freud, „Das Unbehagen in der Kultur", in: GW, Band 14, S. 428.
5 Siehe Colin Rowe, Fred Koetter, *Collage City* (MIT Press, Cambridge, Mass., 1978).

Gegenwart existiere.⁶ So liegen die Dinge auf ihre Weise auch beim Unbewußten, das sich außer in unmittelbar wahrnehmbaren palimpsestischen Effekten ebenfalls nur im gegenwärtigen Augenblick offen manifestieren kann. Es ist also nicht verwunderlich, wenn man zeitgleich mit dem Übergang von der klassischen Stadt zur Großstadt* auch von der Stadt als einer Figur in einem Diskurs über die Methode zur Stadt als einer Figur in einem Diskurs über das Unbewußte überging: hier wie dort eher eine Frage der *Darstellbarkeit** als des Sehens.

Von Descartes zu Freud wird sich die Beziehung des Denkens zu seinem (Wohn)Ort [*habitat*] radikal verändert haben, wie das bekannte Bild des Verdrängten zeigt, das, nachdem es aus der Tür gejagt worden war, durch das Fenster wieder zurückkommt. Doch auf welchen Umwegen? Daher die Frage: welchen Unterschied macht es für das Unbewußte, auf freiem Feld umherzustreifen oder sich der Stadt, ihren verwinkelten Gassen, ihrem Labyrinth zu überlassen? Und eine weitere Frage stellt sich, die vor jedem Nachdenken nicht nur über die Repräsentationen der Stadt, sondern auch über die Position, die das Subjekt in diesem Falle einnehmen könnte, gestellt werden sollte: läßt sich die Fabel von Narziß auf den Bereich der Stadt übertragen? Oder anders ausgedrückt: wie sähe der Narziß der Städte im Unterschied zum Narziß der Felder oder dem der Quellen und Wälder aus? Auf welche Formen, welche Weisen des Narzißmus, die sich von seiner Sicht der Stadt abheben, sieht sich der Stadtbewohner reduziert? Und wie steht es demgegenüber mit der grundsätzlich narzißtischen Struktur, die sowohl dem städtischen Milieu, als auch seinen Bewohnern und Nutznießern eigentümlich ist? Was ist mit dem Blick, den die Stadt freigibt – oder besser noch: mit dem Blick, den sie induziert, den sie bestimmt, den sie prägt, den sie programmiert, den sie organisiert: nicht nur mit dem Blick, mit dem das Subjekt auf sich selbst blicken kann, sondern auch mit dem Blick, mit dem die Stadt-Maschine durch besagtes *Subjekt* auf sich selbst blickt? Was hat es, damit untrennbar verbunden, mit der Stadt als Realität, als Bild und als Symbol auf sich? Was hat es mit diesem Objekt des Begehrens auf sich, das zugleich nah und unfaßbar, faszinierend und zurückweisend, anziehend und widerspenstig, notwendig und unerträglich, vertraut und undurchdringlich, offen und unzugänglich ist, und zwar sowohl für sich selbst wie auch für den Massenmenschen, für den Mann (auf) der Straße, für den Stadtmenschen, für seine Bewohner oder seine Besucher, oder aber für den, der weiß, daß es sich um ein Labyrinth handelt, in das er stets hineingezogen werden wird?

Jean Baudrillard

Architektur: Wahrheit oder Radikalität?
(Ausschnitt)

Erste Erscheinung und Textquelle: Jean Baudrillard, *Architektur: Wahrheit oder Radikalität?* Übersetzung: Colin Fournier, Maria Nievoll, Manfred Wolff-Plottegg (Graz, Wien: Literaturverlag Droschl, 1999), S. 24–29.

Der Soziologe, Gesellschaftskritiker und Medientheoretiker Jean Baudrillard (geb. 1929) war Assistent von Henri Lefebvre an der Universität Paris-Nanterre. Er promovierte 1968 mit der Doktorarbeit *Le système des objets* und wurde Professor für Soziologie in

---

6 Siehe Marcel Roncayolo, *La ville*, und Bernard Lepetit, Denise Pumain (Hrsg.), *Temporalités urbaines* (Economica, Paris 1993).

* Im Original deutsch (A. d. Ü.).

Paris-Nanterre (1968–1987). Er habilitierte 1987 mit dem Werk *L'Autre par lui même*. Am Anfang der 70er Jahre entwickelte er seine medienästhetische Positionen, die er in seinen Werke *L'Échange symbolique et la mort* (1976); *Simulacres et simulation* (1981); *Les stratégies fatales* (1983) festlegte. Die Hauptthemen seiner Schriften wurden zu viel zitierten Stichworten der Theorie des Postmoderne. Begriffe und Konzepte wie „Hyperrealität", „das Verschwinden der Kunst" oder „transästhetischer Fetischismus" beruhen auf der These, dass Tausch nicht nur in der Theorie der Wirtschaft, sondern auch in der Theorie der Kommunikation eine zentrale Kategorie ist. Das Zeichen ersetzt die Ware zunehmend. Simulakrum und Simulation sind Schlüsselbegriffe seiner Ästhetik, die die Wirkung der Medien auf die Gesellschaft, Politik und Kunst untersucht. Er steht den Ereignissen der Kommunikationsrevolution kritisch gegenüber.

Der Essay *Architektur: Wahrheit oder Radikalität?* basiert auf seinem Vortrag, den Baudrillard im Künstlerhaus Graz am 8. Januar 1999 anlässlich der Eröffnung einer Ausstellung eigener Fotografien („Im Horizont des Objekts") hielt. Er stellt die Realität der Architektur der Radikalität des unbegrenzten Raumes entgegen, um diese Realität herauszufordern. Die „geklonten" Zwillingstürme des World Trade Centers nehmen das Ende des Originals, also unsere postmoderne Zeit vorweg. In dieser Situation stellen sich die Grundfragen der Architektur nicht mehr, da ihre Stofflichkeit und Ortsgebundenheit in den virtuellen Medienströmen aufgelöst ist. Wie Damisch sieht auch Baudrillard im Ort, im *genius loci*, die Möglichkeit eines Widerstands gegen „dieses universale Klonen von Menschen, Orten, Gebäuden, gegen diesen Einbruch einer universellen virtuellen Realität".

Bibliografie: Falko Blask, *Baudrillard zur Einführung* (Hamburg: Junius, 1995).

Der Hypothese Vilém Flussers zufolge übersetzt die überwältigende Mehrheit der gegenwärtigen fotografischen Bilder nicht mehr die Wahl noch die Sicht des fotografischen Subjekts, sondern die einfache Entfaltung der technischen Virtualitäten des Apparats. Es ist die Maschine, die befiehlt und all ihre Möglichkeiten ausschöpfen möchte. Der Mensch ist nur der technische Operator der Programme. Das Virtuelle ist: das Ausschöpfen aller technischen Virtualitäten des Gerätes. Man kann diese Analyse auf den Computer und auf die künstliche Intelligenz ausdehnen, wo der Gedanke meist nur mehr eine Kombinatorik der Software, die virtuelle und unendliche Operation der Maschine ist. All das, was auf diese Weise durch die Technik und durch die immensen Möglichkeiten der Diversifizierung der Technik geschieht, führt zu einer *écriture automatique* der Welt, und gilt auch für die Architektur, welche all ihren technischen Möglichkeiten ausgeliefert ist – ich meine damit nicht nur die Materialien und die Konstruktion, sondern auch die konzeptuellen Modelle. Wie alle Bilder vom Fotoapparat aus möglich sind, der nur zu funktionieren braucht, der einem und sich ein reibungsloses Funktionieren abverlangt, so können alle Architekturformen von einem virtuellen Lager aus wieder aktualisiert werden, geordnet oder ungeordnet. Folglich verweist die Architektur nicht mehr auf irgendeine Wahrheit, auf irgendeine Originalität, sondern nur mehr auf die technische Verfügbarkeit der Formen und der Materialien. Die Wahrheit, die auftaucht, ist nicht einmal mehr jene der objektiven Bedingungen, und noch weniger jene des subjektiven Willens des Architekten, sondern ganz einfach jene des technischen Dispositivs und seiner Funktionsweise. Man kann das noch Architektur nennen, aber nichts ist dabei sicher.

Nehmen wir als Beispiel das Guggenheim-Museum in Bilbao: Das ist ein virtuelles Objekt par excellence, der Prototyp einer virtuellen Architektur. Am Computer aus kombinierbaren Elementen und Modulen zusammengesetzt, derart, daß tausend ähnliche Museen gebaut werden könnten, indem einfach die Software oder die Berechnungsregeln ausgetauscht werden. Auch sein Bezug zum Inhalt – Sammlungen und Kunstwerke – ist vollkommen virtuell. So sehr es durch seine instabile Struktur und seine unlogischen Linien erstaunt, so wenig überraschend sind seine Ausstellungsräume, die konventionellen Räumen sehr nahe kommen. Es symbolisiert nur die Performance und die Inszenierung einer Maschinerie, einer angewandten geistigen Technologie – zugegebenermaßen nicht einer x-beliebigen –, und das Objekt ist wunderbar, aber es ist ein experimentelles Wunder, vergleichbar mit der biogenetischen Erforschung des Körpers, die Unmengen von Klonen und Schimären hervorbringen wird. Das Guggenheim ist eine räumliche Schimäre, das Ergebnis eines maschinellen Prozesses, die die Architekturform selbst überholt hat.

Eigentlich ist es ein Ready-made. Und es stimmt, daß durch die Technik und die Apparate alles ready-made wird. Alle Elemente, die kombiniert werden, sind schon vorhanden, sie brauchen nur mehr wieder in die Szene eingefügt werden, wie die meisten postmodernen Formen. Duchamp machte das mit seinem Flaschentrockner, mit einem realen Objekt, aus dem er ein virtuelles machte, durch ein einfaches displacement. Heute macht man das mit Sequenzen und Informatikprogrammen, aber das kommt auf das Gleiche heraus, man nimmt sie so, wie sie sind, und überträgt sie in die Architekturszenerie, wo sie gegebenenfalls zu Kunstwerken werden.

Man kann sich mit Recht fragen: Hat diese Art von acting-out Duchamps, die in der Transposition irgendeines Objekts in die Kunstsphäre durch einfaches displacement besteht – eines ästhetischen displacements, das der Ästhetik ein Ende setzt, jedoch gleichzeitig eine allgemeine Ästhetisierung eröffnet –, hat diese Revolution des Ready-made, die darin besteht, reale Objekte, die reale Welt als vorgegebenes Programm für eine automatische ästhetische und unendliche Operation zu nehmen – weil ja alle Objekte potentiell in diese virtuelle Performanz eintreten könnten –, hat dieser radikale Eingriff, der auf dem Gebiet der Kunst und der Malerei stattgefunden hat, in der Architektursphäre irgendwo eine Entsprechung? Gibt es in der Architekturgeschichte einen Bruch wie diesen? So etwas wie eine brutale Nivellierung der erhabenen Bedeutung der Ästhetik? Was von jetzt an auf dem Gebiet der Kunst passiert, wird niemals mehr die gleiche Bedeutung haben: alles wird irgendwie jenseits des Endes passieren, basierend auf dem Verschwinden der Kunst als solcher. Ich möchte die gleiche Frage bezüglich der Architektur stellen: Hat in der Architektur nicht etwas stattgefunden, daß alles, was seither passiert ist, auf Grundlage eines Verschwindens der Architektur als solcher stattgefunden hat – als Geschichte, als symbolischer Konfiguration einer Gesellschaft? Diese Hypothese müßte sogar die Architekten verführen: die Hypothese eines Jenseits von ihrer Disziplin. Die Frage stellt sich auch für die Politik: Ist es nicht so, daß alles, was heute in der sogenannten politischen Szene geschieht, auf der Basis einer Indifferenz gegenüber der Politik und gegenüber dem politischen Willen als solchem geschieht? Oder, allgemeiner gesagt: Ist es nicht so, daß alles das, was sich heute in allen Bereichen abspielt, auf der Basis des Verschwindens des Realen – ausgerechnet im Virtuellen – geschieht? Diese Hypothese ist überhaupt nicht pessimistisch. Das, was jenseits passiert, jenseits des Endes, kann mehr begeistern als die einfache Verlängerung der Kunstgeschichte. Das verleiht all dem, was jenseits aus diesem Verschwinden werden kann, die Eigenschaft des Originellen und Außergewöhnlichen. Alles kann noch in Erscheinung treten unter der Voraussetzung, daß man die Hypothese des Verschwindens aufstellt. Mir gefällt die Radikalität dieser Hypothese, weil ich möchte, daß die Architektur, daß das Architektur-Objekt etwas Außergewöhnliches bleibt und nicht in das hineinfällt, was heute überall auf uns lauert: in die virtuelle Realität der Architektur.

Péter Nádas

Der Lebensläufer
(Ausschnitt)

Erste Erscheinung: Péter Nádas, *Évkönyv* (Budapest: Szépirodalmi Kiadó, 1989).
Textquelle: Péter Nádas, *Der Lebensläufer. Ein Jahrbuch: Neunzehnhundertsiebenundachtzig – Neunzehnhundertachtundachtzig.* Übersetzung: Hildegard Grosche (Reinbek bei Hamburg: Rowohlt, 1998), S. 104–108.

Der ungarische Schriftsteller Péter Nádas (geb. 1942) begann 1961, nach seiner Ausbildung in einer Berufsschule, als Fotograf bei verschiedenen Zeitungen in Budapest zu arbeiten. Dann studierte er weiter und wurde Journalist. In der gleichen Zeit begann er Novellen zu schreiben; die ersten erschienen im Jahre 1967 in Budapest. Später schrieb und veröffentlichte er auch Romane, Theaterstücke, Kritiken und Essays. 1972–1973 hat er als Stipendiat in Ost-Berlin, dann 1981–1982 in West-Berlin gelebt. 1985 erhielt er in Ungarn einen bedeutenden Literaturpreis (József Attila Preis). Seine Schriften, ob autobiografisch, fiktiv oder essayistisch, sind immer politisch, geschrieben in einer asketischen Sprache, die gerade in ihrer Strenge eine metaphysische Dimension hat. Im Ausschnitt „Juni" seines Buches *Der Lebensläufer* beschreibt Nádas die Geschichte einer intimen, leiblichen Beziehung zu Haus und Stadt. Wie später Richard Sennett in seiner historischen Untersuchung *Flesh and Stone: The Body and the City in Western Civilization* (1994) macht uns damit auf die Erotik unserer Verbindung zur *polis* und zur Politik aufmerksam. Die literarische Dekonstruktion leistet damit einen wesentlichen Beitrag zur Rekonstruktion der Idee der Stadt.

Bibliografie: Péter Balassa, *Nádas Péter* (Pressburg: Kalligram, 1997).

Gombosszeg hat heute vierundvierzig Einwohner. Ende der dreißiger Jahre lebten hier noch zweihunderteinundsiebzig Menschen. Nur nach der Türkenherrschaft waren es weniger als heute; damals hatte die schon im Mittelalter urkundlich erwähnte Siedlung siebenundzwanzig Seelen.
    Die Vorbesitzer hatten dieses Haus Jahre bevor wir einzogen verlassen. Man hatte sie auf den kleinen Friedhof hinausgetragen, wo letzten Winter auch noch das aus einer Kastanie gezimmerte große Kreuz umgestürzt ist. Niemand hatte die von Wind und Sturm verschobenen Dachziegel wieder an ihren Platz gerückt, in das Nebengebäude war seit Jahren Wasser eingesickert, es war in die verputzte Decke eingedrungen und hatte große Risse verursacht, und die nach einem Winterquartier suchenden Mäuse taten ein übriges. Am anderen Ende des Dorfes, in einer verlassenen Scheune, fand ich Spreu, rührte sie mit Wasser und Lehm an und tat ein wenig Kuhmist als Bindemittel dazu. Einige Ziegel nahm ich ab, um beim Arbeiten Licht zu haben.

Warf das jahrzehntealte Heu hinunter und fand leere Weinflaschen darunter versteckt, der Bauer hatte sich wohl heimlich einen Schluck genehmigt. Dann machte ich mich ans Verputzen. Ich hatte früher einmal dabei zugeschaut, es selbst aber noch nie versucht.

Als ich anfing, den feinen, fremdartig riechender Matsch aufzutragen, glaubte ich unter meiner Handfläche jene unbekannte Hand zu spüren, die den Heuboden vor Jahren, ja vor Jahrzehnten so ordentlich und sachkundig verputzt hatte. Es war wie eine prähistorische Entdeckung. Meine Hand glitt über das Negativ der anderen Hand. Mein Handballen paßte sich ihrem Handballen an. Eine Gänsehaut überlief mich beim Erspüren dieser längst dahingegangenen Hand. Ich brauchte ihr nur zu folgen. Bei meinem Nachbarn hatte ich mich erkundigt, wie man es machen muß. Gelernt aber habe ich es von ihm, der es vor mir gemacht hat. Mit einer so einschneidenden Erfahrung des Lernens war ich noch nie zuvor beschenkt worden. Das beglückte mich und mahnte mich, es ihm gleichzutun. Mit der Handfläche ertastete ich, was seine Hand vorgeprägt hatte, und so wurde seine Arbeitsweise und mit ihr sein Leben Bestandteil meines Wissens.

So sollte es auch umgekehrt sein. Denn wenn es tatsächlich etwas an jenem Stadtleben gab, das ich mit meiner Lebensform oder Lebensauffassung nicht so recht habe in Einklang bringen können, dann war es gerade dieses scheinbar vollständige Verschwinden aller überlieferten Formen, die wir, in Ermangelung eines Besseren, als städtische Tradition zu bezeichnen gewohnt waren. Anfang der sechziger Jahre hatte das Ordnungsgefüge des Stadtlebens noch funktioniert. Damals paßten sich die Zugezogenen den Gewohnheiten der alten Stadtbewohner noch an. Wenn auch zähneknirschend, gesetzesübertretend, revoltierend oder umgekehrt mit übertriebenem Eifer, aber immerhin. Doch anscheinend hat die unverantwortliche Abschaffung des Hausmeisterpostens dieser Ordnung den Gnadenstoß versetzt. Angesichts der zweiten Welle der Zuzüge blieben die in die Minderheit geratenen Stadtbewohner ohne diese machtvolle Interessenvertretung.

Wenn sich ein neues Ordnungsgefüge menschlichen Zusammenlebens herausgebildet und das alte vernünftig abgelöst hätte, wenn die neuen Bürger die Stadt oder eines ihrer Viertel nach neuen Spielregeln in Besitz nähmen, würde ich nicht mäkeln. Aber ich habe den Eindruck, daß sich nur wenige in dieser Stadt zu Hause fühlen. Darauf verweisen die zahlreichen Erkrankungen der Atemwege, der Alkoholismus, die Zahl der Selbstmörder und der Neurotiker, der Unfallgeschädigten und jugendlichen Drogenabhängigen. Das Leben in dieser Stadt ist chaotisch geworden. Seit Jahrzehnten gibt es keinen einzigen Winkel mehr, wo man Ruhe oder wenigstens eine vorübergehende Sicherheit finden könnte. Die Stadt wird porös, sie bricht ein, wird zerstört und abgerissen, umgebaut, unterwühlt und ausgehöhlt, abgestützt und überbaut. Ein solches Ausmaß an Stümperei und Flickwerk noch dazu mit schlechtem Material verträgt sie weder in technischer noch in seelischer Hinsicht. Mangelwirtschaft, Korruption und das Fehlen einer verantwortungsvollen Stadtregierung haben ebenfalls das Ihrige getan: Das Augenblicksinteresse, die dringende Notwendigkeit regiert überall, wodurch sich das Maß der vernünftigen Planung auf ein Minimum reduziert hat. Es gibt keine Stadtväter mehr.

Als vor ein paar Jahren mein schwedischer Freund, der meine Geburtsstadt gut kennt, vor einer unschönen Betonbefestigung stehenblieb und angesichts der beispiellosen Verwüstungen des Stadtwäldchens erklärte, das Ärgerliche an den Ungarn sei nicht, daß sie einen schlechten Geschmack hätten, sondern überhaupt keinen, war ich empört. Die Behauptung ist nicht nur schockierend, sondern auch ungerecht, trotzdem kann man sie nicht einfach abtun. Geschmack bedeutet: Maß und Ausgewogenheit. Was ist denn aus der von Landschaft zu Landschaft variierenden, den Lebensbedingungen angepaßten, mit der Natur in vernünftigem Einklang stehenden Tradition der bäuerlichen, adeligen und bürgerlichen Baukunst geworden? Ist noch wiedergutzumachen, was im Namen der nackten Funktionalität den Städten und Dörfern angetan wurde? Wie lange ist es her, daß in den Zeitungen Architekturkritik zu lesen war? Kann das Ghetto der Skansen-Dörfer oder der Eifer der Denkmalschützer die Verluste wettmachen, die das Ignorieren der ungarischen Bautraditionen angerichtet hat?

Städtische Existenz verlangt von jedem Bürger äußerste Toleranz und eine hohe Kultur des Umgangs und Geschmacks. Was weder verkappte Gleichgültigkeit und Oberflächlichkeit noch frivole Heuchelei, sondern im Gegenteil Aufmerksamkeit und feinfühlige Zurückhaltung erfordert: niemanden mit seinen Problemen zu behelligen, sich aber auch nicht zu verschließen, niemanden mit den eigenen Lebensgewohnheiten zu bedrängen, sich aber selbst nur im Rahmen festgeschriebener Verbote einzuschränken. Die gemeinsamen Belange des gemeinsamen Wohnens sollten gleichmäßig und vor allem freundschaftlich geteilt werden. Aber heute ist diese ins Riesenhafte aufgeblähte, ihren historischen Kern sprengende Stadt gerade aufgrund ihres Mangels an historischem Gespür nicht mehr als Kommune anzusehen, sie beherbergt nicht mehr Bürger, sondern nur noch Einwohner. So ist es kein Zufall, daß sie überall dort am verletzlichsten geworden ist, wo die Kommune einwandfrei funktionieren muß; das betrifft die Krankenhäuser, Friedhöfe, Kanalisation, Schulen, Wasserversorgung, Reinhaltung der Luft, Kabelnetz, Briefzustellung, Schneebeseitigung oder Reinigung der Gehsteige, Toreinfahrten und Treppenhäuser, die seit zehn Jahren nicht mehr ordentlich geputzt werden und wo der Schmutz schon die Ecksteine anfrißt. Budapest wird immer mehr Einwohner haben, die in den Regeln städtischen Wohnens unbewandert sind, weil der Niemand seine große Schaufelhand auf diese Stadt gelegt hat. Dieser Niemand bin weder ich, noch sind es wir gemeinsam. Die Hand dieses Niemand aber hat kein Gespür für den erregenden und großartigen Abdruck jener Handfläche von einst und kann daher auch nicht von ihm lernen.

Die Autoren

Prof. Dr. Ákos Moravánszky unterrichtet Architekturtheorie am Institut gta der ETH Zürich. Geboren am 26. November 1950 in Székesfehérvár (Ungarn), hat er sein Architekturdiplom an der TU Budapest erworben und war danach als Architekt tätig. Ab 1977 studierte er als Herder-Stipendiat Kunstgeschichte und Denkmalpflege an der TU Wien, wo er 1980 promovierte. Zwischen 1983 und 1986 war er Chefredakteur der Architekturzeitschrift „Magyar Épitömüvészet", 1986 bis 1988 Gastforscher mit Humboldt-Stipendium im Zentralinstitut für Kunstgeschichte in München, 1989 bis 1991 Research Associate im Getty Center for the History of Art and the Humanities in Santa Monica, Kalifornien. Zwischen 1991 und 1996 war er Visiting Professor im Massachusetts Institute of Technology (Cambridge, Massachusetts).

Zu seinen wichtigsten Buchveröffentlichungen gehören Antoni Gaudí (Berlin: Henschelverlag 1985); Die Architektur der Jahrhundertwende in Ungarn und ihre Beziehungen zu der Wiener Architektur der Zeit (Wien: VWGÖ 1983); Die Architektur der Donaumonarchie (Berlin: Ernst & Sohn, 1988); Die Erneuerung der Baukunst: Wege zur Moderne in Mitteleuropa (Salzburg: Residenz Verlag, 1988); Competing Visions: Aesthetic Invention and Social Imagination in Central European Architecture, 1867–1918 (Cambridge, Mass.: The MIT Press, 1998); Räumlinge: Valentin Bearth & Andrea Deplazes (Luzern: Quart Verlag, 1999). Er ist Herausgeber der Buchreihe TheorieBau (Quart Verlag, Luzern) und des Sammelbandes Das entfernte Dorf: Moderne Kunst und ethnischer Artefakt (Wien, Köln, Weimar: Böhlau Verlag, 2002).

Katalin M. Gyöngy ist Architektin, Autorin und Übersetzerin von Texten über Architektur und bildende Kunst. Sie lebt in Zürich und ist Mitredakteurin der in Budapest erscheinenden, zweisprachigen theoretischen Architekturzeitschrift ARC.

Bildquellen

1. Eugène E. Viollet-le-Duc, *Dictionnaire raisonné*, Band 8.
2. Ludwig Hilberseimer, *Groszstadtarchitektur* (1927).
3, 18–22, 57, 62, 67–68, 71, 84, 86, 88–91, 101. Aufnahme Ákos Moravánszky.
4, 69. Archiv Ákos Moravánszky.
5. Zeichnung von Johan Briedé, in Hendrik Petrus Berlage, *Studies over bouwkunst, stijl en samenleving* (2. Aufl. 1922).
6–10, 72. Le Corbusier, *Kommende Baukunst* (1926).
11. Walter Curt Behrendt, *Der Sieg des neuen Baustils* (1927).
12. Peter Meyer, *Moderne Architektur und Tradition* (1927)
13–17. Robert Venturi, Denise Scott Brown, Steven Izenour, *Learning from Las Vegas* (1972).
23–24. Carl Einstein, Paul Westheim (Hrsg.), *Europa-Almanach* (1925).
25–34. László Moholy-Nagy, *Von Material zu Architektur* (Nachdruck 1968).
35. Fritz Schumacher, *Das bauliche Gestalten* (1926).
36–39. Walter Gropius, *Architektur* (1956).
40–54. Colin Rowe, Robert Slutzky, *Transparenz* (3. Aufl.1989).
55–56. Colin Rowe, *Die Mathematik der idealen Villa* (1998).
58. Marc-Antoine Laugier, *An Essay on Architrecture* (Nachdruck 1977).
59. Eugène E. Viollet-le-Duc, *Histoire de l'habitation humaine* (1875).
60. Eugène E. Viollet-le-Duc, *Histoire d'un dessinateur* (1879).
61. *Die Kunst* (1904)
63–64. Ludwig Kassák, László Moholy-Nagy, *Buch neuer Künstler* (1922).
65. Werner Lindner, *Die Ingenieurbauten in ihrer guten Gestaltung* (1923).
66. Jakow Tschernichow, *Konstruktion der Architektur und Maschinenformen* (1931, Nachdruck 1991).
70. Christopher Alexander, *Notes on the Synthesis of Form* (1964).
73. Werner Lindner, *Bauten der Technik, ihre Form und Wirkung* (1927).
74–79. Rudolf Schwarz, *Von der Bebauung der Erde* (1949).
80. Konrad Wachsmann, *Wendepunkt im Bauen* (Nachdruck 1989).
81. Aufnahme Josef Dapra, aus R.J.Abraham, *Elementare Architektur* (1963).
82. *A Guide to Archigram – Ein Archigram-Program 1961–74* (1994).
83, 92. Gottfried Semper, *Der Stil in den technischen und tektonischen Künsten ...* (1860, 1863).
85. Otto Wagner, *Die Groszstadt* (1911).
87. Adolf Behne, *Der moderne Zweckbau* (1926).
93. Alessandra Latour (Hrsg.), *Louis I. Kahn* (1993).
94–95. Hans Sedlmayr, *Verlust der Mitte* (1948).

96. Rob Krier, *Stadtraum in Theorie und Praxis* (1975).
97–98. Colin Rowe und Fred Koetter, *Collage City* (1978).
99–100. Peter Eisenman, *Aura und Exzeß* (1995).
102–103. Heinrich Tessenow, *Hausbau und dergleichen* (1916).
104. Kevin Lynch, *The Image of the City* (1960).
105–107. Charles Jencks, *The Language of Post-Modern Architecture* (1977).
108. Christian Norberg-Schulz, *Genius loci* (1979).

Le Corbusier	Gruppe von Häusern	© FLC/VBK, Wien, 2002	72
	Diagramm aus Modulor	© FLC/VBK, Wien, 2002	212
	Völkerbundpalast, Genf	© FLC/VBK, Wien, 2002	224
	Wettbewerbsprojekt	© FLC/VBK, Wien, 2002	
	Villa Stein, Grundriss, Hauptgeschoss	© FLC/VBK, Wien, 2002	218
	Villa Stein, Dachgeschoss	© FLC/VBK, Wien, 2002	218
	La Tourette	© FLC/VBK, Wien, 2002	228
	Entwurf für Maison Citrohan	© FLC/VBK, Wien, 2002	226
	Maison Domino	© FLC/VBK, Wien, 2002	469
El Lissitzky	Imaginärer Rotationskörper	© VBK, Wien, 2002	185
	Zeichnung	© VBK, Wien, 2002	272
Pablo Picasso	Gesicht einer Frau	© Succession Picasso/ VBK, Wien, 2002	209
	L'Arlésienne	© Succession Picasso/ VBK, Wien, 2002	215
Fernand Léger	Drei Gesichter	© VBK, Wien, 2002	214
Laszlo Moholy-Nagy	Umschlagbild	© VBK, Wien, 2002	272
Rudolf Schwarz	6 x Abbildungen	© VBK, Wien, 2002	341–346
Wladimir Tatlin	Denkmal III. Internationale	© VBK, Wien, 2002	375
Adolf Loos	Chicago Tribune Hochhaus	© VBK, Wien, 2002	537
Giacomo Balla	Bewegung im Raum	© VBK, Wien, 2002	209

Personenregister

Aalto, Alvar 263
Abraham, Raimund J. 286, 288, **351–354**
Ackerman, Fred 317
Adams, Fred 518
Adams, Henry 279
Adamy, Rudolf 158
Addams, Jane 264
Adjmi, Morris 447
Adler & Sullivan 397
Adler, Dankmar 290, 397
Adler, Leo 24, **78–81**, 132, 135
Aeschylos (Aischylos) 396, 421, 422
Agrest, Diana 491
Albers, Josef 212, 531
Alberti, Leon Battista 10, 85
Albert von Thimus 476
Alexander, Christopher 287, 494
Alexander der Große 34, 288, 395
Althusser, Louis 489
Anderson, Stanford 50, 303, 406
Andreas-Salomé, Lou 501
Appia, Adolphe 145
Appleton, Jay 547
Archigram 288, 328, **354–360**
Argan, Giulio Carlo 525
Aristophanes 396
Aristoteles 36, 148, 248, 338
Arnheim, Rudolf 161
Arnold, Matthew 317
Arp, Hans 61
Artaria, Paul 95, 276
Arvatov, Boris 275
Asor Rosa, Alberto 474
Atalay Franck, Oya 6
Auer, Hans 122
Augé, Marc 496, 497, **559–563**
Aymonino, Carlo 385, 386

Babson, Robert 330
Bach, Johann Sebastian 426
Bachelard, Gaston 140, 141, **233–236**, 237, 238, 362, 487, 550, 545, 552
Bächler, Hagen 9, 10, 61
Bachmann, Plinio 289

Baier, Franz Xaver 121
Baird, George 106
Baker, Herbert 27
Balassa, Péter 573
Balla, Giacomo 209
Bally, Charles 493
Balmori, Diana 391
Bandholtz, Thomas 491, 524
Banerjee, Tridib 519
Banham, Reyner 109, 355, 532
Barr, Alfred 7, 23, 214
Barthes, Roland 540, 549
Baudelaire, Charles 560
Baudrillard, Jean 498, 499, 563, **570–573**
Bauer, Catherine 317
Beatles 355
Beethoven, Ludwig van 57, 178, 426
Behne, Adolf 22, 187, 375, 376, 377, 408, **415–418**
Behrendt, Walter Curt 21–23, **91–94**, 126, 280, 317, 372, 373, 423
Behrens, Peter 17, 32, 64, 65, 75, 177, 206, 283, 373–395, **405–408**, 413
Bekaert, Geert 38
Benjamin, Andrew 557
Benjamin, Walter 475, 479, 498
Bergdoll, Barry 414
Bergelt, Martin 288, 360
Bergquist, Mikael 86
Bergson, Henri 201, 202, 235, 376, 418
Berkeley, George 123
Berlage, Hendrik Petrus 13, 14, **52–55**, 61, 64, 413
Berner, Eugen 269
Bertaux, Pierre 529
Beveridge, Charles E. 289
Bing, Samuel 300
Birkerts, Gunnar 11
Birnie Danzker, Jo-Anne 61
Birot, Pierre-Albert 233
Bischoff, Michael 496, 559
Blask, Falko 571
Bloch, Ernst 488, 489, 490, **514–518**, 550, 563
Blossfeld, Karl 286
Blumenberg, Hans 2

Boccioni, Umberto 184
Bock, Manfred 52
Böckler, Erich 321
Bofill, Ricardo 31
Böhm, Dominikus 340
Böhme, Gernot 144, **248–251**, 252
Böhme, Hartmut 249
Bollmann, Stefan 563
Bollnow, Otto Friedrich 140, **236–239**, 240, 545
Boltanski, Christian 391
Bonatz, Paul 380, 425
Bonnevay, Jules 72
Borchmeyer, Dieter 20
Borromini, Francesco 173, 175
Botta, Mario 386
Botticelli, Sandro 57
Bötticher, Karl 270, 296–298
Boullée, Etienne-Louis 122, 370, 384, 443, 447
Bragdon, Claude 137, 139
Braghieri, Gianni 386
Brahms, Johannes 426
Bramante, Donato 173
Branzi, Andrea 31
Braque, George 214, 221
Brecht, Bertolt 180
Breuer, Marcel 186
Breysig, Kurt 129
Brinckmann, A. E. 193
Brinkman, J. A. 310
Broch, Hermann 478
Brooke-Rose, Christine 494
Brooks Pfeiffer, Bruce 264, 290
Brunelleschi, Filippo 2, 164, 171, 175, 176, 524
Buber, Martin 482, 501
Buddensieg, Tilmann 129, 375, 405, 406
Bunshaft, Gordon 492
Burckhardt, Jakob 299, 378
Burke, Edmund 271
Burkhalter & Sumi 284
Busoni, Ferruccio 204

Cacciari, Massimo 391, **474–479**
Cache, Bernard 32
Cage, John 252
Calabrese, Omar 31
Calatrava, Santiago 266
Calvino, Italo 254
Candela, Felix 286
Canetti, Elias 475, 476
Caniggia, Gianfranco 384, 385
Caragonne, Alexander 213
Cardano, Girolamo 181
Cassirer, Bruno 501
Cassirer, Ernst 141, 142

Cassirer, Kurt 176
Castello, Giglio 548
Castells, Manuel 142, 143
Cato, Marcus Porcius Censorius 89
Cattaneo, Carlo 447
Cavalli, Alessandro 55
Cencid, Aben 410
Certeau, Michel de 560
Cézanne, Paul 202, 203
Chalk, Warren 354, 355
Chamber, Frank 63, 64
Chan-Magomedow, Selim O. 306
Chirico, Giorgio de 378, 385
Chochol, Josef 130
Chomsky, Noam 467, 494
Chopin, Frederic 426
Christoph & Unmack 347
Cicero, Marcus Tullius 123
Cioran, Emile M. 477
Claudel, Paul 517
Cobden-Sanderson, Thomas J. 305
Cocteau, Jean 378
Cohen, Jean-Louis 279
Cohen, Robert S. 32
Colli, Giorgio 13
Collini, Stefan 1
Colquhoun, Alan 28, 30, 106, 107, **108–111**
Columbus (Kolumbus), Christoph 442, 464
Conrads, Ulrich 164, 375, 408
Cook, Peter 354, 355
Cooke, Catherine 557
Copernicus (Kopernikus), Nikolaus 181
Corbin, Henri 479
Costa, Lucio 383
Coudenhove-Kalergi, Richard 283
Court, Christiane 244
Craig, Lois 27
Crane, Walter 300
Cret, Paul 436
Crompton, Dennis 354, 355
Culler, Jonathan 494
Culot, Maurice 451
Curjel, Hans 262, 300
Cuvier, Georges 265, 266
Cuypers, P.J.H. 52
Cysarz, Herbert 201
Czech, Hermann 85, 337, 494

Dal Co, Francesco 475
Dalí, Salvador 389, 463, 465, 466
Damisch, Hubert 279, 499, **567–570**, 571
Dapra, Josef 351, 352
D'Arcy, Wentworth Thompson 260
Darwin, Charles 34, 294

Davis, Mike 142
Dehio, Georg 368, 401
De Klerk, Michel 203
Deleuze, Gilles 32, 141, 161
Delorme (de l'Orme), Philibert 40
De Michelis, Marco 506
Derrida, Jacques 123, 468, 496, 499, 549, **557–559**
Descartes, René 68, 568, 569, 570
Descombes, Vincent 561
De Sica, Vittorio 489
Dethier, Jean 567
Deutsch, Leonhard 205
Dewey, John 281
Diebold, Bernhard 204
Diesel, Eugen 272, 273
Dietzen, Lore 382
Dilthey, Walter 521
Diodor 395
Diogenes 89
Dittmann, Lorenz 442
Ditzen, Lore 436
Diwakara 410
Döcker, Richard 417
Doesburg, Theo van **61–64**, 180, 186, 206, 221, 416, 418, 428
Döllgast, Hans 177, 283
Donatello (Donato di Niccolò Bardi) 35, 173
Duchamp, Marcel 572
Duhem, Pierre 202
Dürer, Albrecht 45
Dvořák, Max 199, 441

Eckmann, Otto 59, 60
Eco, Umberto 1, 494, 495, 535, 536, **539–543**
Edelman, Gerald 568
Eesteren, Cornelis van 283
Eggeling, Viking 185
Ehrenburg, Ilja 314
Eicken, Hermann 17
Eigen, Edward 4
Einstein, Albert 137, 201, 282
Einstein, Carl 135, 180, 182
Eisenman, Peter 7, 28, 32, 136, 139, 390, **467–474**, 491, 493, 494, 557
Eisenwerth, Adolf Scholl gen. 159
Eliade, Mircea 487, 488
Eliot, T. S. 531
Emerson, Ralph Waldo 262, 264, 371, 398
Empiricus, Sextus 419
Endell, August 129
Erkins, Henri 464
Euklid 180, 181, 183, 200, 495
Euripides 396

Fechter, Paul 130, 131
Fensterbusch, Curt 1, 258, 493
Ferber, Christian von 530
Ferstel, Heinrich von 80
Feyerabend, Paul 4
Fiedler, Konrad 48, 109
Fiene, Ernest 436
Filarete, Averlino Antonio 258
Firle, O. 189
Fischer, Ole W. 6
Fischer, Theodor 95
Fischer von Erlach, Johann Bernhard 27, 45, 259, 425, 441
Fleckner, Uwe 123
Flusser, Edith 563
Flusser, Vilém 497, 498, **563–567**, 571
Focillon, Henri 11
Ford, Henry 329
Förster, Ludwig 122
Foster, Norman 289
Foucault, Michel 3, 122, 143, 495, 496, **549–556**, 557
Fournier, Colin 498, 570
Francé, Raoul 277, 279
Franck, Christoph 6
Frank, Hartmut 193
Frank, Josef 27, **85–91**, 284, **337–339**
Frank, Manfred 25
Frankl, Paul 130, **167–176**
Freud, Sigmund 141, 210, 370, 499, 527, 567–570
Frey, Dagobert 137, **199–206**
Frey, Gerhard 200
Frisby, David 56
Frobenius, Leo 141
Froebel, Friedrich 280, 281
Fuchs, Georg 150
Fuller, Richard Buckminster 281, 282, **328–332**
Furness, Frank 397

Gabo, Naum 184, 380
Galilei, Galileo 361, 551
Gan, Alexei 274
Gandelsonas, Mario 491
Gantner, Joseph 124
Gärtner, Eva 64, 307
Gaudí, Antoni 38, 257, 260, 261, 266, 391
Gauß, Karl Friedrich 181, 183, 200
Gebser, Jean 130
Geddes, Patrick 316
Gehry, Frank O. 7, 386, 388, 498
Georgiadis, Sokratis 137, 433
Geretsegger, Heinz 44
Geymüller, Heinrich von 172

Ghyka, Matila 260
Giedion, Sigfried 16, 23, 109, 137, 187, 221, 226, 257, 380–383, **433–435**, 436, 446
Ginzburg, Moisei 275, 306
Giovannoni, Gustavo 450
Gladbach, Ernst 20
Gloor, Frank 22, 75
Gödel, Kurt 531
Goethe, Johann Wolfgang von 16, 57, 148, 162, 250, 251, 259, 265, 378
Goldhagen, Sarah Williams 436
Göller, Adolf 24
Gombrich, E.H. 106, 107
Goodwin, Philip L. 436
Gordon, Colin 122
Gorki, Maxim 119
Gosztonyi, Alexander 237
Graf, Otto Antonia 132, 268
Gramm, Josef 25, 26
Gramsci, Antonio 489
Granpré Molière, M.J. 240
Grassi, Giorgio 28, 494, 506
Greene, David 355
Greenhalgh, Michael 30
Greissle, Felix 205
Grimm, Jakob 259
Gris, Juan 214, 221
Gropius, Walter 3, 4, 16, 22, 29, 96, 134, 186, 191, **206–212**, 215–217, 219–222, 226, 270, 271, 290, 300, 325, 340, 347, 348, 375, 377, 383, 406, **408–410**, 413, 415, 516, 536, 537
Grosche, Hildegard 500, 573
Guardini, Romano 231, 340
Guattari, Félix 141, 161
Gubler, Jacques 276, 278, 310
Guevara, Ché 539
Guiheux, Alain 3, 567
Gutsmiedl, Franz 321
Gyöngy, Katalin M. 6

Habermas, Jürgen 528
Hadid, Zaha M. 7
Haefeli, Max Ernst 95
Hall, Edward T. 137
Hamlin, A.D.F. 372
Handke, Peter 253, 254
Hansen, Theophil 80
Häring, Hugo 22, 82, **75–78**, 203
Harrington, Kevin 82
Hartmann, Kristiana 410
Hartmann, Nicolai 29
Haslinger, Regina 286
Hauer, Josef Matthias 204
Hayden, Dolores 489

Hays, Michael K. 4
Hebebrand, Werner 528
Hegel, Georg Wilhelm Friedrich 109, 128, 523, 564
Hegemann, Werner 78
Heidegger, Martin 1, 9, 121, 140, 237, 239, 254, 474, 475, 486–488, 490, 496, 497, **510–514**, 544–550, 557, 558, 560, 565
Heilmann & Littmann 150
Hein, A. R. 42
Heinrichs, Hans-Jürgen 419
Hejduk, John 213
Hellman, Geoffrey T. 465
Helmle & Corbett 320
Herakles 2
Herbert, Gilbert 348
Herdeg, Klaus 4
Herrmann, Wolfgang 267
Herron, Ron 355
Hersey, George 105
Herzog & de Meuron 252
Heuss, Theodor 333, 377
Hevesi, Ludwig 13
Hilberseimer, Ludwig 14, 15, **81–85**
Hildebrand, Adolf 16, 17, **47–49**, 78, 125, 131, 132, **150–153**, 164, 177, 192
Hildebrandt, Hans 64, 307
Hildebrandt, Johann Lucas von 548
Himmelberg, Wolfgang 244
Hinton, Charles Howard 137
Hitchcock, Henry-Russell 7, 23, 383
Hitler, Adolf 379, 515
Hoesli, Bernard 138, 213, 388, 458
Hoffmann, Franz 409
Hoffmann, Josef 43, 86, 486
Hoffmann, Ludwig 85
Höger, Fritz 177
Holford, William 383
Holz, Hans Heinz 28
Homer 178, 421, 422
Hönig, Roderick 145
Hopper, Edward 254
Horta, Victor 262
Höver, Otto 168
Howard, Jack 518
Howe, George 436
Hubrich, Hans-Joachim 50
Huet, Bernard 28
Hughes, Agatha C. 317
Hughes, Thomas P. 317
Hugo, Victor 1
Husserl, Edmund 139, 510, 545
Huszár, Vilmos 61
Huxley, Julian 529

Ikonomou, Eleftherios 153
Iktinos 207
Irmscher, Waltraud 423
Itten, Johannes 186, 206
Iwanow, W. 442
Izenour, Steven 30, **97–108**, 139, 386

Jahn, Hedwig 264
Jameson, Fredric 492
Janák, Pavel 129, 130
Jefferson, Thomas 264, 491
Jencks, Charles 4, 30, 106, 493, 494, **532–539**
Jepantschin, N. A. 275
Jessner, Leopold 203
Jodl, Friedrich 135
Jofan, Boris 379, 381
Johnson, Philip 7, 23, 24, 390, 492
Jones, Inigo 213
Jones, Peter Blundell 76
Junod, Philippe 109

Kacianka, Reinhard 391, 474
Kahn, Louis I. 97, 281, 381, 382, 414, **436–441**, 491
Kallmann, McKinnell & Knowles 384
Kandinsky, Wassily 107, 203, 221
Kant, Immanuel 24, 122, 134, 137, 142, 201, 248, 249, 271, 279, 284
Kassák, Ludwig (Lajos) 186, 272, 274
Kassner, Rudolf 501
Kaufmann, Edgar 290, 430
Kayser, Hans 476
Kepes, György (George) 212, 214, 215, 219, 261, 285, 518
Kern, Stephen 130
Kerschensteiner, Georg 281
Kiczka, Harald 262
Kiesler, Friedrich 204
Kipnis, Jeffrey 32
Klee, Paul 186, 206, 221, 451
Klein, Robert 477
Kleinerüschkamp, Werner 325
Klenze, Leo von 80
Klopfer, Paul 131
Klotz, Heinrich 492, 531
Knaller-Vlay, Bernd 3, 495
Knust, Jutta 290
Knust, Theodor 290
Koetter, Fred 213, 388, **458–463**, 569
Kögl, Martina 390, 467
Kohlenbach, Bernhard 13, 52
Kohtz, Otto 262
Kok, Anthony 61
Kokoschka, Oskar 203

Kollmann, Franz 271, 272
Konstantin der Große 100
Koolhaas, Rem 3, 7, 11, 32, **112–119**, 389, **463–467**
Koopmann, Helmut 159
Korgjew, M. 444
Kornmann, Egon 427
Korssakoff-Schröder, Henni 371, 397, 518
Kostof, Spiro 168
Kratz, Walter 321
Kraus, Karl 476
Krauss, Rosalind 28
Krausse, Joachim 282, 328
Krech, Volkhard 55
Kreis, Wilhelm 283
Krier, Léon 451
Krier, Rob 386–388, **451–458**, 459
Kropf, Karl 4
Kruft, Hanno-Walter 5
Kruntorad, Paul 312
Kruse, Lenelis 545
Kuhnert, Nikolaus 491, 524
Kulka, Heinrich 133
Kulke, Erich 321
Külpe, Oswald 514
Küppers, Emil Marie 61
Kurokawa, Kisho 3, 536, 539

Laan, Dom H. van der 138, **240–244**, 245, 340
Laan, Nico van der 240
Laborde, Alexandre de 449
Lacan, Jacques 141, 549, 567
Lapouge, Gilles 477
Lasius, Georg 52
Lask, Emil 521
Latour, Alessandra 382, 436
Latour, Bruno 4
Laudel, Heidrun 34, 265, 266
Laugier, Marc-Antoine 258, 259, 373, 481
Leach, Neil 4
Le Baron Jenney, William 397
Lechner, Ödön 26
Leck, Bart van der 61
Le Corbusier (Charles Edouard Jeanneret) 11, 38, 59, **64–74**, 76, 78, 81, 96, 108, 109, 134, 138, 180, 203, 212, 213, 215, 217–228, 230–232, 261, 274, 277, 288, **307–310**, 317, 321, 333, 376–379, 383, 390, 406, 420, 422–424, 428, 433, 444, 446, 450, 451, 463, 465, 466, 468, 469, 470, 476, 491, 516, 524, 531, 541
Ledoux, Claude-Nicolas 230, 384, 430, 443, 444, 447
Lefaivre, Liane 389
Lefebvre, Henri 121, 137, 142–144, 570

Léger, Fernand   180, 204, 214, 217–219, 221, 381, 382, **433–435**
Leibniz, Gottfried Wilhelm   32, 248
L'Enfant, Pierre Charles   491
Leonardo da Vinci   175, 258
Leonhard, Kurt   233
Leonidow, Iwan I.   444
Lepetit, Bernard   570
Lesser, Jonas   279
Lessing, Gotthold Ephraim   157, 396
Letsch, Herbert   9, 10, 61
Lévi-Strauss, Claude   106, 388, 447, 540, 549
Levine, Neil   291
Libeskind, Daniel   7, 141, **244–248**, 557
Lichtenstein, Claude   282, 328
Lichtwark, Alfred   198
Liebermann, Max   406
Lieshout, Joep van   33
Liess, Reinhard   259
Ligeti, Paul (Pál)   25, 26
Lindner, Werner   273, 274, **321–325**
Linse, Ulrich   321
Lipps, Theodor   124–126, 129, 130, **159–160**, 161, 163, 296, 297
Lissitzky, El   61, 135, **180–186**, 221, 276–279, 310, 443
Lissitzky-Küppers, Sophie   181, 278
Liszt, Franz   204
Lobatschewski, Nikolai   181, 183
Loeffler, Jane C.   27
Lommel, Herman   493
Loos, Adolf   12, 18–20, **58–61**, 86, 133, 134, 145, 280, 337, 373, 447, 450, 456, 475, 476, 478, 479, 483–486, **504–506**, 516, 536, 537
Lötscher, Sascha   6
Lotze, Rudolf Hermann   158, 163
Loucheur, Louis   72
Lubac, Henri de   478
Ludwig XIV.   173
Ludwig XV.   67
Lukács, Georg (György)   6, 142, 419, 476, 489, 490, 492, 497, 515, **521–524**
Lumière (Gebrüder)   363
Lurz, Meinhold   147
Lutyens, Edwin   27
Lützeler, Paul Michael   478
Lynch, Kevin   489, 490, **518–521**
Lynn, Greg   32

Maas, Winy   7
Máčel, Otakar   28
Maeterlinck, Maurice   138
Mager, Felix   288, 360
Majakowskij, Wladimir   180

Malewitsch (Malewitch), Kasimir   180, 181, 221, 305
Mallet-Stevens, Robert   203
Mallgrave, Harry Francis   34, 44, 153
Mangone, Fabio   544
Margiela, Martin   33
Marini, Carlo Maria   474
Marold, David   6
Martin, John L.   380
Marx, Karl   25, 450, 488, 522, 550, 565
Masini, Ferrucci   477
Matisse, Henri   418
Matzner, Jutta   522
Mau, Bruce   11, 112
Mauthner, Fritz   501
Mauthner, Margarete   280, 316
May, Ernst   96, 310
Mayer, Franz   389
McLuhan, Marshall   363
Medici-Mall, Katharina   95, 428
Memmert, Günter   494
Mendelsohn, Erich   177, 283, 317, 332, 418
Menocal, Narciso G.   371, 398
Merleau-Ponty, Maurice   140, 545, 567
Mersch, Dieter   540
Metken, Günter   391
Meyer, Adolf   206
Meyer, Hannes   4, 276, 278, **325–327**, 413
Meyer, Julius   296
Meyer, Peter   22, 23, **94–97**, 380, 381, **427–433**
Meyerhold, Wsewolod E.   203
Michael, Richard   518
Michelangelo (Michel Angelo) Buonarotti   35, 45, 56, 57, 82, 170, 173, 175
Michélsen, Olof   86
Michelstädter, Carlo   476
Michetti, Francesco Paolo   402
Mies van der Rohe, Ludwig   5, 23, 75, 82, 117, 180, 321, 277, 286, 288, 290, 310, 317, 352, 353, 376, 406, 410, **413–415**, 416, 476, 478, 479, 531
Milizia, Francesco   448
Miller, James   550
Miller, John Harmsworth   108
Minkowski, Hermann   200
Mitscherlich, Alexander   492, **527–530**
Mock, Elizabeth   381
Moeller van den Bruck, Arthur   27
Moholy-Nagy, László   108, 136, **186–192**, 206, 207, 212, 272, 221, 279, 285
Möhring, Bruno   85
Molière (Jean Baptiste Poquelin)   240, 533
Molnár, Farkas   25
Mondrian, Piet   61, 181, 221, 416

Monet, Claude 418
Montinari, Mazzino 13
Moore, Charles 30
Moos, Stanislaus von 65, 97
Moravánszky, Ákos 139, 150, 262, 281, 365
Moravánszky, Bertalan 6
Morris, William 263, 264, 300, 317, 405, 507
Morton, Margaret 391
Moser, Karl 310
Moser, Werner 276, 310
Mozart, Wolfgang Amadeus 396
Mühlendahl-Krehl, Nora von 494, 532
Müller Hofstede, Justus 129
Mumford, Lewis 91, 280, **316–320**, 380, 383, 436, 518, 534
Muñoz, Juan 481
Muratori, Saverio 384, 385
Musil, Robert 373
Muthesius, Hermann 18, 20, 43, **49–52**, 58, 59, 61, 267, **302–305**, 307

Nádas, Péter 500, **573–575**
Napoleon Bonaparte 173
Naredi-Rainer, Paul von 261
Natoli, Salvatore 477
Nelson, George 436, 536
Nerdinger, Winfried 207, 410
Nero 445
Nervi, Pier Luigi 286
Nesbitt, Kate 4
Neswald, Elisabeth 563
Neumann, Balthasar 259
Neumeyer, Fritz 8, 376, 413, 414
Neurath, Marie 32
Neurath, Otto 32
Newman, Oscar 462
Newton, Isaac 122, 208, 443, 466
Nicholson, Ben 380
Niedermoser, Otto 145
Nietzsche, Friedrich 13–15, 21, 61, 82, 85, 112, 131, 202, 283, 371, 375, 376, 378, 391, 406, 411, 474, 475, 477
Nievoll, Maria 498, 570
Nolde, Emil 203
Norberg-Schulz, Christian 487–489, **543–549**
Novalis (Friedrich von Hardenberg) 361

Obrist, Hermann 262
Ochs, Haila 416
Ockman, Joan 4, 491, 492
Olbrich, Joseph Maria 43, 60
Oldenbourg, Claes 386
Olin, Margaret 42

Olmo, Carlo 544
Olmsted, Frederick Law 262, 289
Opel, Adolf 58
Orozco, José Clemente 433
Ortega y Gasset, José 511
Orwell, George 534
Ostendorf, Friedrich 179
Osthaus, Karl Ernst 14
Oswald, Monika 388, 458
Otto, Frei 261, 451
Oud, J.J.P. 9, 10, 61, 180, 203, 418
Ouspensky, P.D. 137
Ozenfant, Amédée 59, 65, 212, 221, 274, 277, 307, 376, 377

Pabst, W. 238
Padovan, Richard 240
Palissy, Bernard 69
Palladio, Andrea 170, 213
Papadakis, Andreas 557
Parent, Claude 360
Pascal, Blaise 68
Paulsson, Georg 383
Pehnt, Wolfgang 340
Peintner, Max 44
Perret, August 38, 433, 516
Perret (Gebrüder) 96
Pestalozzi, Johann Heinrich 280
Pevsner, Nikolaus 109
Pfeil, Elisabeth 530
Pfitzner, Hans 426
Phaidros 411
Phidias 395, 396
Piacentini, Marcello 381
Picasso, Pablo 181, 203, 209, 214, 215, 221, 378, 418, 539
Piel, Friedrich 393
Pigafetta, Giorgio 385
Pinder, Wilhelm 199, 379, 380, 385, **422–427**
Pirandello, Luigi 204
Piranesi, Giovanni Battista 491, 525
Pistorius, Elke 275, 305
Planck, Max 2
Platon 121, 123, 248, 317, 419–422
Plinius 395
Poelzig, Hans 75, 177, 262, 283, 284, **332–337**, 340, 347, 377, 378
Poirier, Anne 391
Poirier, Patrick 391
Pollak, Martha 281
Pommer, Richard 82
Pöppelmann, Matthäus Daniel 410
Porphyrios, Demetri 30
Porsche, Ferdinand 271

Posener, Julius 267, 302
Poussin, Nicolas 421
Prampolini, Enrico 204
Proust, Marcel 561
Prusakow, Nikolai 184
Ptolemaios (Ptolemeus) 181
Pumain, Denise 570

Quatremère de Quincy, Antoine 449

Raeburg, Ben 290
Raffael (Raffaello Santi) 170, 525
Rajchman, John 32
Raphael, Max 378, 379, **418–422**
Rauch, John 103
Ray, Man 63
Read, Herbert 212
Reber, Franz von 270, 295, 269
Reble, Christina 388, 458
Redtenbacher, Rudolf 158
Reger, Max 426
Reichlin, Bruno 28, 284
Rembrandt (Harmensz van Rijn) 56, 335
Richardson, Henry Hobson 262, 290, 397
Rickert, Heinrich 81
Riegl, Alois 12, 15, 16, **41–43**, 48, 55, 61, 76, 82, 111, 128, 129, 131, 147, 161, 169, 200, 368, 369, 370, **401–405**, 441
Riemann, Georg Friedrich Bernhard 181
Riley, Terence 414
Rilke, Rainer Maria 411, 544
Rimbaud, Arthur 143
Ritter, Roland 3, 495
Rivera, Diego 433
Robin, Ron 27
Robinson, Sidney K. 263
Rocheleau, Paul 289
Rodin, Auguste 418
Rodriguez-Lores, Juan 491, 524
Rodtschenko, Alexander M. 279
Rogers, Ernesto Nathan 383, 446
Roh, Franz 445
Romano, Giulio 525
Roncayolo, Marcel 568, 570
Roritzer, Conrad 420
Rorty, Richard 1, 494
Rosenberg, Alfred 379
Rosenstock-Huessy, Eugen 477
Rossem, Vincent van 452
Rossi, Aldo 28, 274, 385–388, **446–451**, 458, 491, 492
Roth, Alfred 383
Roth, Emil 276

Roth, Fedor 59
Rowe, Colin 138, **213–232**, 387, 388, 390, **458–463**, 467, 569
Rubens, Peter Paul 45
Rudofsky, Berta 286
Rudofsky, Bernard 286, 288
Rukschcio, Burkhardt 59
Ruskin, John 52, 192, 263, 264, 300, 365, 369, 507
Rykwert, Joseph 258
Rysselberghe, Theo van 203

Saarinen, Eero 97
Safranski, Rüdiger 511
Sander, Hans-Dietrich 379
Sangallo, Antonio da 173, 175
Sansovino, Jacopo 525
Sartre, Jean-Paul 238, 564
Sattler, Bernhard 48
Saussure, Ferdinand de 449, 493
Savonarola, Giorlamo 89, 171
Schachel, Roland 59
Schäfer, Carl 80, 334
Scharoun, Hans 75, 203
Scheerbart, Paul 84, 409, 413, 476, 517
Scheffler, Karl 22, 91, 482, 483, 485, **501–503**
Schinkel, Karl Friedrich 131, 298
Schirren, Matthias 76, 333, 410
Schläppi, Christoph 6
Schlemmer, Oskar 136, 180, 204
Schlemmer, Tut 136
Schlosser, Julius von 441
Schmarsow, August 5, 78, 126–129, 131, 136, 141, 147, **153–158**, 160, 169, 193, 296–299, 422
Schmidt, Georg 428
Schmidt, Hans 276, 310, 380, 381, 428–431
Schmidt-Radefeldt, Jürgen 411
Schmitz, Hermann 249, 250
Schnaase, Carl 158
Schneider, Fritz 112
Schneider, Karl 95
Schnoor, Christoph 227
Schoelermann, Wilhelm 264
Schollwöck, Heinz 97, 492, 531
Schönberg, Arnold 204, 205
Schopenhauer, Arthur 148, 411
Schrödinger, Erwin 353
Schtschussew, Alexej 379
Schubert, Franz 426
Schubert, Otto 25, 26
Schulte, Birgit 301
Schulte-Frohlinde, Julius 321
Schultze-Naumburg, Paul 274, 321, 485

Schumacher, Fritz 20, 135, **192–199**
Schumann, Robert 426
Schünemann, Georg 205
Schwarz, Felix 22, 75
Schwarz, Rudolf 284, **340–347**, 511
Schwarz, Ullrich 390, 467
Schweikhart, Angelika 487, 543
Schweizer, Otto Ernst 511
Schweninger, Ernst 501
Schwitters, Kurt 61, 118, 416
Scott, Geoffrey 129, 132, 277
Scott Brown, Denise 28–30, **97–108**, 98, 139, 386, 492
Scully, Vincent 531
Sechehaye, Albert 493
Sedlaczek, Markus 499, 567
Sedlmayr, Hans 12, 383, 384, 390, 391, **441–446**, 475
Seel, Martin 249
Seitter, Walter 143, 549
Sembach, Klaus-Jürgen 301
Semper, Gottfried 2, 8–10, 12, 15, 16, 18, 21, **34–37**, 41, 43, 52, 54, 122–124, 126–128, 130, 133, 136, 145, 153, 262, 265–270, 279, 292–294, 297, 298, 365–368, 370, 373, **393–397**, 420, 481, 496, 497, 500
Semper, Hans 8, 34, 127, 266, 367
Semper, Manfred 8, 34, 127, 266, 367
Sennett, Richard 573
Sert, José Luis 381–383, **433–435**
Servier, Jean 477
Severino, Emanuele 477, 479
Shakespeare, William 396, 535
Sherman, Paul 371, 397
Sieden, Lloyd Steven 282, 328
Simmel, Georg 18, **55–58**, 141, 142, 391, 418, 483, 501, 521
Sinan 410
Sitte, Camillo 123, 129, 141, 451
Skinner, B.F. 246, 247
Sloterdijk, Peter 122
Slutzky, Robert 138, **213–227**
Smithson, Alice 355
Smithson, Peter 355
Snozzi, Luigi 386
Soja, Edward W. 142, 143
Sokrates 411
Soleri, Paolo 482
Solon 422
Sombart, Werner 485, 501
Sophokles 396
Sörgel, Herman 5, 130, 131, 135, **176–179**, 180, 192–194, 197, 283
Sottsass, Ettore 31

Southworth, Michael 519
Spaeth, David 82
Spalt, Johannes 85
Speer, Albert 379, 381
Speidel, Manfred 410
Spengler, Oswald 25, 26, 141, 177, 202, 283, 569
Spies, Werner 129
Spinoza, Baruch 202
Stadler, Julius 52
Stalin, Josef Wissarianowitsch 28, 423
Stam, Mart 180, 276–278, **310–312**
Starck, Philippe 33
Starobinski, Jean 233
Stein, Clarence 317
Steinbach, Erwin von 410
Steinmann, Martin 28
Steinmetz, Georg 274, 321
Stepken, Angelika 244
Stern, Paul 297, 520
Stevens, Mallet 96
Stevens, Wallace 254
Stickley, Gustav 264
Stirling, James 30, 539
Stöckli, Tobi 388, 458
Stonorov, Oscar 436
Strawinsky, Igor 378
Streiter, Richard 269, 270, **295–300**
Strindberg, Arthur 204
Stritzler-Levine, Nina 86
Strnad, Oskar 86, 145, 204
Stromberg, Kyra 382, 436
Strzygowski, Josef 199
Stuck, Franz von 406
Sueton 445
Sulger-Gebing, Emil 270, 295, 296
Sullivan, Louis Henri 263, 290, 370, 371, 375, 376, **397–401**
Sumi, Christian 284
Summerson, John 494

Tadd, James Liberty 281
Taeuber-Arp, Sophie 61
Tafuri, Manfredo 28, 390, 391, 450, 475, 491, 492, 495, **524–527**, 550
Tange, Kenzo 539
Tartaglia, Niccolò 181
Tatlin, Wladimir 181, 184, 279, 305, 375, 376
Taut, Bruno 75, 317, 375, 377, **408–410**, 413, 415, 476, 517
Taut, Max 75, 409
Teige, Karel 276, 277, 279, **312–316**
Terragni, Giuseppe 467
Terry, Quinlan 30

Tessenow, Heinrich 81, 280, 347, 484–486, 492, **506–510**
Teut, Anna 377
Thiersch, August 420
Thomas von Aquin 540
Thun, Matteo 31
Tolziner, Philipp 4
Tönnies, Ferdinand 483, 501
Toynbee, Arnold 210
Trabant, Jürgen 539
Trakl, Georg 545–547
Trier, Eduard 129
Tronti, Mario 474
Tschanz, Martin 6
Tschernichow, Jakow 275
Tschumi, Bernard 143, 146, 557
Tyrwhitt, Jacqueline 383
Tzonis, Alexander 389, 460

Uexküll, Jakob von 136, 137
Uhde, Fritz von 406
Uhl, Marianne 260
Ungers, Oswald Mathias 451
Unternährer, Heinz 458

Valéry, Paul 377, 378, **411–413**, 421
Van Gogh, Vincent 203
Van Zanten, David 398
Vattimo, Gianni 479
Veillich, Josef 134
Velasquez (Velázquez), Diego de Silva 56
Velde, Henry van de 13, 59, 64, 262, 268, **300–305**, 485
Venturi, Robert 5, 29–31, **97–108**, 139, 386, 463, 492–495, **531–532**, 533, 537
Verra, Valerio 479
Vidal, Francesca 515
Vidler, Anthony 141
Vieweg, Eduard 265, 266
Viollet-le-Duc, Eugène-Emmanuel 10–12, 14, **37–41**, 52, 64, 76, 258, 259, 260, 264, 266, 267, 274, 365, 382, 420, 447, 449
Virilio, Paul 288, 289, **360–363**, 498
Vischer, Friedrich Theodor 125, 130
Vischer, Robert 124
Vitruv (Marcus Vitruvius Pollio) 1, 174, 177, 258, 395, 483, 493, 517, 531
Vlugt, L. C. van der 310
Voigt, Wolfgang 177, 283
Völckers, Hortensia 288, 360
Volkelt, Johannes 124
Vriesendorp, Madelon 112

Wachsmann, Konrad 286, **347–350**, 351, 353, 354
Wagner, Martin 410

Wagner, Otto 18, **43–47**, 50, 58, 132, 268–270, 276, 277, 286, **292–295**, 296–298, 303, 306, 310, 372–374, 416, 483
Wagner, Richard 20, 21, 411
Walden, Herwarth 415, 504
Wallot, Paul 295
Walpole, Robert 395
Walz, Tino 383
Warburg, Aby 199
Warhaftig, Myra 79
Warhol, Andy 104
Webb, Michael 355
Weber, Max 10, 391, 483, 485, 521
Wedekind, Frank 204
Weese, Artur 160
Weigl, Bruno 204
Weill, Simone 477
Weiner, Tibor 4
Weininger, Otto 476
Weizsäcker, Viktor von 527
Welsch, Wolfgang 496, 557
Welzig, Maria 86
Werner, Heinz 251
Werner, M. 297
Wesnin, Alexander A. 275–277, **305–307**, 312
Wesnin, Leonid 306
Wesnin, Viktor 306
West, Robert 27
Westheim, Paul 135, 180, 182
Wetzel, Michael 496, 557
Whiteread, Rachel 141
Wigley, Mark 7
Wilczek, Bernd 289
Williams, William Carlos 254
Wils, Jan 61
Winckelmann, Johann Joachim 162, 175, 378
Winter, Helmut 134
Wittgenstein, Ludwig 476
Wittkower, Rudolf 213, 467
Wittwer, Hans 276
Wlach, Oskar 86
Wlasow, Aleksander 28
Wodiczko, Krzysztof 499
Wolff-Plotegg, Manfred 498, 570
Wölfflin, Heinrich 15, 16, 22, 25, 48, 78, 124, 125, 130, **147–150**, 153, 160, 168, 169, 193, 199, 270, 298, 299, 324, 415, 418, 433
Wörner, Hans Jakob 95, 380, 427
Worringer, Wilhelm 129–131, 139, 141, **160–163**
Wren, Christopher 259, 319
Wright, Frank Lloyd 5, 10, 14, 38, 122, 132, 133, 231, 257, 263–265, 281, 282, 288, **290–292**, 302, 516, 518, 537

Wundt, Wilhelm Maximilian 123
Wyss, Beat 122

Yellin, Samuel 319

Zenghelis, Elia 112

Zenghelis, Zoe 112
Zevi, Bruno 30, 494
Ziegler, Leopold 2, 18, **164–167**, 522
Zille, Heinrich 187
Zucker, Paul 134, 381, 382, 436
Zumthor, Peter 145, **251–255**, 289

*Springer-Verlag
und Umwelt*

ALS INTERNATIONALER WISSENSCHAFTLICHER VERLAG sind wir uns unserer besonderen Verpflichtung der Umwelt gegenüber bewußt und beziehen umweltorientierte Grundsätze in Unternehmensentscheidungen mit ein.

VON UNSEREN GESCHÄFTSPARTNERN (DRUCKEREIEN, Papierfabriken, Verpackungsherstellern usw.) verlangen wir, daß sie sowohl beim Herstellungsprozeß selbst als auch beim Einsatz der zur Verwendung kommenden Materialien ökologische Gesichtspunkte berücksichtigen.

DAS FÜR DIESES BUCH VERWENDETE PAPIER IST AUS chlorfrei hergestelltem Zellstoff gefertigt und im pH-Wert neutral.